J. von Staudingers
Kommentar zum Bürgerlichen Gesetzbuch
mit Einführungsgesetz und Nebengesetzen
Fünftes Buch. Erbrecht
§§ 2197–2264

Kommentatoren

Dr. Karl-Dieter Albrecht
Richter am Bayerischen Verwaltungsgerichtshof, München

Dr. Hermann Amann
Notar in Berchtesgaden

Dr. Martin Avenarius
Wiss. Assistent an der Universität Göttingen

Dr. Christian von Bar
Professor an der Universität Osnabrück

Dr. Wolfgang Baumann
Notar in Wuppertal

Dr. Okko Behrends
Professor an der Universität Göttingen

Dr. Detlev W. Belling, M.C.L.
Professor an der Universität Potsdam

Dr. Werner Bienwald
Professor an der Evangelischen Fachhochschule Hannover

Dr. Dieter Blumenwitz
Professor an der Universität Würzburg

Dr. Reinhard Bork
Professor an der Universität Hamburg, Richter am Hanseatischen Oberlandesgericht zu Hamburg

Dr. Wolf-Rüdiger Bub
Rechtsanwalt in München

Dr. Elmar Bund
Professor an der Universität Freiburg i. Br.

Dr. Jan Busche
Wiss. Assistent an der Freien Universität Berlin

Dr. Michael Coester
Professor an der Universität München

Dr. Dagmar Coester-Waltjen, LL.M.
Professorin an der Universität München

Dr. Dr. h. c. mult. Helmut Coing
em. Professor an der Universität Frankfurt am Main

Dr. Matthias Cremer
Notar in Dresden

Dr. Hermann Dilcher
em. Professor an der Universität Bochum

Dr. Heinrich Dörner
Professor an der Universität Düsseldorf

Dr. Christina Eberl
Wiss. Mitarbeiterin an der Universität Potsdam

Dr. Werner Ebke, LL.M.
Professor an der Universität Konstanz

Dr. Eberhard Eichenhofer
Professor an der Universität Osnabrück

Dr. Volker Emmerich
Professor an der Universität Bayreuth, Richter am Oberlandesgericht Nürnberg

Dipl.-Kfm. Dr. Norbert Engel
Ministerialrat im Bayerischen Senat, München

Dr. Helmut Engler
Professor an der Universität Freiburg i. Br., Minister in Baden-Württemberg a. D.

Dr. Karl-Heinz Fezer
Professor an der Universität Konstanz, Richter am Oberlandesgericht Stuttgart

Dr. Johann Frank
Notar in Amberg

Dr. Rainer Frank
Professor an der Universität Freiburg i. Br.

Dr. Bernhard Großfeld, LL.M.
Professor an der Universität Münster

Dr. Karl-Heinz Gursky
Professor an der Universität Osnabrück

Dr. Ulrich Haas
Wiss. Assistent an der Universität Regensburg

Norbert Habermann
Richter am Amtsgericht Offenbach

Dr. Johannes Hager
Professor an der Humboldt-Universität Berlin

Dr. Rainer Hausmann
Professor an der Universität Konstanz

Dr. Dott. h. c. Dieter Henrich
Professor an der Universität Regensburg

Dr. Reinhard Hepting
Professor an der Universität Mainz

Joseph Hönle
Notar in Tittmoning

Dr. Bernd von Hoffmann
Professor an der Universität Trier

Dr. Heinrich Honsell
Professor an der Universität Zürich

Dr. Dr. Klaus J. Hopt, M.C.J.
Professor, Direktor des Max-Planck-Instituts für Ausländisches und Internationales Privatrecht, Hamburg

Dr. Norbert Horn
Professor an der Universität Köln

Dr. Heinz Hübner
Professor an der Universität Köln

Dr. Rainer Jagmann
Richter am Oberlandesgericht Karlsruhe

Dr. Ulrich von Jeinsen
Rechtsanwalt in Hannover

Dr. Dagmar Kaiser
Wiss. Assistentin an der Universität Freiburg i. Br.

Dr. Rainer Kanzleiter
Notar in Neu-Ulm, Professor an der Universität Augsburg

Wolfgang Kappe
Vorsitzender Richter am Oberlandesgericht Celle a. D.

Dr. Benno Keim
Notar in München

Dr. Sibylle Kessal-Wulf
Richterin am Schleswig-Holsteinischen Oberlandesgericht in Schleswig

Dr. Diethelm Klippel
Professor an der Universität Gießen

Dr. Helmut Köhler
Professor an der Universität Augsburg, Richter am Oberlandesgericht München

Dr. Jürgen Kohler
Professor an der Universität Greifswald

Dr. Heinrich Kreuzer
Notar in München

Dr. Jan Kropholler
Professor an der Universität Hamburg, Wiss. Referent am Max-Planck-Institut für Ausländisches und Internationales Privatrecht, Hamburg

Dr. Hans-Dieter Kutter
Notar in Schweinfurt

Dr. Gerd-Hinrich Langhein
Notar in Hamburg

Dr. Dr. h. c. Manfred Löwisch
Professor an der Universität Freiburg i. Br., vorm. Richter am Oberlandesgericht Karlsruhe

Friedrich Lohmann
Vorsitzender Richter am Bundesgerichtshof a. D., Karlsruhe

Dr. Dr. h. c. Werner Lorenz
Professor an der Universität München

Dr. Peter Mader
Univ. Dozent an der Universität Salzburg

Dr. Ulrich Magnus
Professor an der Universität Hamburg, Richter am Hanseatischen Oberlandesgericht zu Hamburg

Dr. Peter Mankowski
Wiss. Assistent an der Universität Osnabrück

Dr. Heinz-Peter Mansel
Akademischer Rat an der Universität Heidelberg

Dr. Peter Marburger
Professor an der Universität Trier

Dr. Wolfgang Marotzke
Professor an der Universität Tübingen

Dr. Dr. Michael Martinek, M.C.J.
Professor an der Universität des Saarlandes, Saarbrücken

Dr. Jörg Mayer
Notar in Pottenstein

Dr. Dr. h. c. mult. Theo Mayer-Maly
Professor an der Universität Salzburg

Dr. Dr. Detlef Merten
Professor an der Hochschule fur Verwaltungswissenschaften, Speyer

Dr. Peter O. Mülbert
Professor an der Universität Trier

Dr. Dirk Neumann
Vizepräsident des Bundesarbeitsgerichts a. D., Kassel, Präsident des Landesarbeitsgerichts Chemnitz a. D.

Dr. Ulrich Noack
Professor an der Universität Düsseldorf

Dr. Hans-Heinrich Nöll
Rechtsanwalt in Hamburg

Dr. Jürgen Oechsler
Wiss. Assistent an der Universität des Saarlandes, Saarbrücken

Dr. Hartmut Oetker
Professor an der Universität Jena

Wolfgang Olshausen
Notar in Rain am Lech

Dr. Dirk Olzen
Professor an der Universität Düsseldorf

Dr. Gerhard Otte
Professor an der Universität Bielefeld

Dr. Hansjörg Otto
Professor an der Universität Göttingen

Dr. Lore Maria Peschel-Gutzeit
Senatorin für Justiz in Berlin, Vorsitzende Richterin am Hanseatischen Oberlandesgericht zu Hamburg i. R.

Dr. Frank Peters
Professor an der Universität Hamburg, Richter am Hanseatischen Oberlandesgericht zu Hamburg

Dr. Axel Pfeifer
Notar in Hamburg

Dr. Alfred Pikalo
Notar in Düren

Dr. Jörg Pirrung
Ministerialrat im Bundesministerium der Justiz, Bonn

Dipl.-Verwaltungswirt
Dr. Rainer Pitschas
Professor an der Hochschule für Verwaltungswissenschaften, Speyer

Dr. Ulrich Preis
Professor an der Fern-Universität Hagen und an der Universität Düsseldorf

Dr. Manfred Rapp
Notar in Landsberg

Dr. Thomas Rauscher
Professor an der Universität Leipzig, Dipl. Math.

Dr. Peter Rawert, LL.M.
Notar in Hamburg

Eckhard Rehme
Vorsitzender Richter am Oberlandesgericht Oldenburg

Dr. Wolfgang Reimann
Notar in Passau, Professor an der Universität Regensburg

Dr. Gert Reinhart
Professor an der Universität Heidelberg

Dr. Dieter Reuter
Professor an der Universität Kiel, Richter am Schleswig-Holsteinischen Oberlandesgericht in Schleswig

Dr. Reinhard Richardi
Professor an der Universität Regensburg

Dr. Volker Rieble
Wiss. Assistent an der Universität Freiburg i. Br.

Dr. Wolfgang Ring
Notar in Landshut

Dr. Herbert Roth
Professor an der Universität Münster

Dr. Rolf Sack
Professor an der Universität Mannheim

Dr. Ludwig Salgo
Professor an der Universität Frankfurt am Main

Dr. Gottfried Schiemann
Professor an der Universität Tübingen

Dr. Eberhard Schilken
Professor an der Universität Bonn

Dr. Peter Schlosser
Professor an der Universität München

Dr. Jürgen Schmidt
Professor an der Universität Münster

Dr. Karsten Schmidt
Professor an der Universität Hamburg

Dr. Günther Schotten
Notar in Köln, Professor an der Universität Bielefeld

Dr. Peter Schwerdtner
Professor an der Universität Bielefeld, Richter am Oberlandesgericht Hamm

Dr. Hans Hermann Seiler
Professor an der Universität Hamburg

Dr. Walter Selb †
Professor an der Universität Wien

Dr. Jürgen Sonnenschein
Professor an der Universität Kiel

Dr. Ulrich Spellenberg
Professor an der Universität Bayreuth

Dr. Sebastian Spiegelberger
Notar in Rosenheim

Dr. Hans Stoll
Professor an der Universität Freiburg i. Br.

Dr. Hans-Wolfgang Strätz
Professor an der Universität Konstanz

Dr. Gerd Stuhrmann
Ministerialrat im Bundesministerium der Finanzen, Bonn

Dr. Dr. h. c. Fritz Sturm
Professor an der Universität Lausanne

Dr. Gudrun Sturm
Assessorin, Wiss. Mitarbeiterin an der Universität Lausanne

Burkhard Thiele
Ministerialdirigent im Justizministerium des Landes Mecklenburg-Vorpommern, Schwerin

Reinhard Voppel
Wiss. Mitarbeiter an der Universität Köln

Dr. Günter Weick
Professor an der Universität Gießen

Gerd Weinreich
Richter am Oberlandesgericht Oldenburg

Dr. Joachim Wenzel
Richter am Bundesgerichtshof, Karlsruhe

Dr. Olaf Werner
Professor an der Universität Jena

Dr. Wolfgang Wiegand
Professor an der Universität Bern

Dr. Roland Wittmann
Professor an der Universität Frankfurt (Oder), Richter am Brandenburgischen Oberlandesgericht

Dr. Hans Wolfsteiner
Notar in München

Dr. Eduard Wufka
Notar in Starnberg

Redaktoren

Dr. Christian von Bar
Dr. Wolf-Rüdiger Bub
Dr. Heinrich Dörner
Dr. Helmut Engler
Dr. Karl-Heinz Gursky
Norbert Habermann
Dr. Dieter Henrich
Dr. Heinrich Honsell
Dr. Norbert Horn
Dr. Heinz Hübner

Dr. Jan Kropholler
Dr. Dr. h. c. Manfred Löwisch
Dr. Ulrich Magnus
Dr. Dr. Michael Martinek, M.C.J.
Dr. Gerhard Otte
Dr. Peter Rawert, LL.M.
Dr. Dieter Reuter
Dr. Herbert Roth
Dr. Wolfgang Wiegand

J. von Staudingers
Kommentar zum Bürgerlichen Gesetzbuch
mit Einführungsgesetz und Nebengesetzen

Fünftes Buch
Erbrecht
§§ 2197–2264

Dreizehnte
Bearbeitung 1996
von
Wolfgang Baumann
Wolfgang Reimann

Redaktor
Gerhard Otte

Sellier – de Gruyter · Berlin

Die Kommentatoren

Dreizehnte Bearbeitung 1996
§§ 2197–2228: WOLFGANG REIMANN
§§ 2229–2264: WOLFGANG BAUMANN

12. Auflage
§§ 2197–2228: WOLFGANG REIMANN (1979)
§§ 2229–2264: Professor Dr. KARL FIRSCHING (1982)

11. Auflage
§§ 2197–2228: Oberstlandesgerichtsrat OTTMAR DITTMANN (1960)
§§ 2229–2264: Amtsgerichtsrat Dr. KARL FIRSCHING (1960)

Sachregister

Rechtsanwalt Dr. Dr. VOLKER KLUGE, Berlin

Zitierweise

STAUDINGER/REIMANN (1996) Vorbem 1 zu §§ 2197 ff
STAUDINGER/BAUMANN (1996) § 2229 Rn 1

Zitiert wird nach Paragraph bzw Artikel und Randnummer.

Hinweise

Das **vorläufige Abkürzungsverzeichnis** für das Gesamtwerk STAUDINGER befindet sich in einer Broschüre, die zusammen mit dem Band §§ 985–1011 (1993) geliefert worden ist.

Der **Stand der Bearbeitung** ist jeweils mit Monat und Jahr auf den linken Seiten unten angegeben.

Am Ende des Bandes befindet sich eine Übersicht über den aktuellen **Stand des Gesamtwerks** STAUDINGER zum Zeitpunkt des Erscheinens dieses Bandes.

Die Deutsche Bibliothek – CIP-Einheitsaufnahme

J. von Staudingers Kommentar zum Bürgerlichen Gesetzbuch : mit Einführungsgesetz und Nebengesetzen / [Kommentatoren Karl-Dieter Albrecht ...]. – Berlin : Sellier de Gruyter.
Teilw. hrsg. von Günther Beitzke ... – Teilw. im Verl. Schweitzer, Berlin. – Teilw. im Verl. Schweitzer de Gruyter, Berlin. – Teilw. u. d. T.: J. v. Staudingers Kommentar zum Bürgerlichen Gesetzbuch
ISBN 3-8059-0784-2
NE: Staudinger, Julius von [Begr.]; Beitzke, Günther [Hrsg.]; Staudingers Kommentar zum Bürgerlichen Gesetzbuch; Kommentar zum Bürgerlichen Gesetzbuch; J. v. Staudingers Kommentar zum Bürgerlichen Gesetzbuch

Buch 5. Erbrecht.
§§ 2197–2264 / von Wolfgang Baumann ; Wolfgang Reimann. Red. Gerhard Otte. – 13. Bearb. – 1996
ISBN 3-8059-0864-4
NE: Baumann, Wolfgang

© Copyright 1996 by Dr. Arthur L. Sellier & Co. – Walter de Gruyter & Co., Berlin.

Dieses Werk einschließlich aller seiner Teile ist urheberrechtlich geschützt. Jede Verwertung außerhalb der engen Grenzen des Urheberrechtsgesetzes ist ohne Zustimmung des Verlages unzulässig und strafbar. Das gilt insbesondere für Vervielfältigungen, Übersetzungen, Mikroverfilmungen und die Einspeicherung und Verarbeitung in elektronischen Systemen.

Printed in Germany. – Satz und Druck: Buch- und Offsetdruckerei Wagner GmbH, Nördlingen. – Bindearbeiten: Lüderitz und Bauer, Buchgewerbe GmbH, Berlin. – Umschlaggestaltung: Bib Wies, München.

♾ Gedruckt auf säurefreiem Papier, das die US-ANSI-Norm über Haltbarkeit erfüllt.

Inhaltsübersicht

	Seite*
Allgemeines Schrifttum	IX
Fünftes Buch. Erbrecht	
Dritter Abschnitt. Testament	
Sechster Titel. Testamentsvollstreckung	1
Siebenter Titel. Errichtung und Aufhebung eines Testaments	306
Sachregister	521

---

* Zitiert wird nicht nach Seiten, sondern nach Paragraph bzw Artikel und Randnummer; siehe dazu auch S VI.

Allgemeines Schrifttum

Alternativkommentar zum Bürgerlichen Gesetzbuch, Bd 6 (1990), bearb v BUCHHOLZ, DÄUBLER, DERLEDER, DUBISCHAR, FINGER, F PARDEY, K-D PARDEY, SCHAPER, TEUBNER und WENDT
BAUMGÄRTEL/STRIEDER, Handbuch der Beweislast im Privatrecht, Bd 2 (1984)
BROX, Erbrecht (15. Aufl 1994)
Das bürgerliche Gesetzbuch mit besonderer Berücksichtigung der Rechtsprechung des Reichsgerichts und des Bundesgerichtshofes, Kommentar hrsg v Mitgliedern des Bundesgerichtshofes, Bd V (12. Aufl 1974 f), bearb v JOHANNSEN und KREGEL
DITTMANN/REIMANN/BENGEL, Testament und Erbvertrag (2. Aufl 1986)
EBENROTH, Erbrecht (1992)
ERMAN, Handkommentar zum Bürgerlichen Gesetzbuch, 2. Bd (9. Aufl 1993), Erbrecht bearb v SCHLÜTER und M SCHMIDT
FIRSCHING/GRAF, Nachlaßrecht (7. Aufl 1994)
GURSKY, Erbrecht (2. Aufl 1993)
HARDER, Grundzüge des Erbrechts (3. Aufl 1992)
JAUERNIG, Bürgerliches Gesetzbuch mit Erläuterungen (7. Aufl 1994), Erbrecht bearb v STÜRNER
KIPP, Erbrecht (8. Aufl 1930)

KIPP/COING, Erbrecht (14. Aufl 1990)
LANGE/KUCHINKE, Lehrbuch des Erbrechts (3. Aufl 1989)
LANGE/WULFF/LÜDTKE-HANDJERY, Höfeordnung (9. Aufl 1991)
LEIPOLD, Erbrecht (10. Aufl 1993)
vLÜBTOW, Erbrecht (1971)
Münchener Kommentar zum Bürgerlichen Gesetzbuch, Bd 6 (2. Aufl 1989), bearb v BRANDNER, BURKART, DÜTZ, FRANK, GRUNSKY, LEIPOLD, MUSIELAK, PROMBERGER, SIEGMANN, SKIBBE und STROBEL
NIEDER, Handbuch der Testamentsgestaltung (1992)
OTTE, Erbrecht in programmierter Form (1974)
PALANDT, Bürgerliches Gesetzbuch (54. Aufl 1995), Erbrecht bearb v EDENHOFER
PLANCK, Kommentar zum Bürgerlichen Gesetzbuch, V. Bd (4. Aufl 1930), bearb v EBBECKE, FLAD, GREIFF und STRECKER
SCHLÜTER, Erbrecht (12. Aufl 1986)
SOERGEL, Bürgerliches Gesetzbuch, Bd 7 (12. Aufl 1992), bearb v DAMRAU, DIECKMANN, HARDER, LORITZ, STEIN und WOLF
WÖHRMANN/STÖCKER, Landwirtschaftserbrecht (6. Aufl 1995)

Sechster Titel
Testamentsvollstrecker

Vorbemerkungen zu §§ 2197–2228

Schrifttum

Zum früheren Recht s 10./11. Aufl Vorbem zu §§ 2197 ff Fn 1; zum ausländischen und internationalen Recht s ebd Fn 2 und Literaturhinweise zu Art 24 ff EGBGB; weiteres Schrifttum bei § 2203 und § 2221.
BAUR, Der Testamentsvollstrecker als Unternehmer, in: FS Dölle I (1963) 249
BENGEL/REIMANN, Handbuch der Testamentsvollstreckung (1994) (zit: BEARBEITER, in: BENGEL/REIMANN, HbTV)
BUND, Aufgaben und Risiko des Testamentsvollstreckers, JuS 1966, 60
BUSCHMANN, Die Befugnisse des Testamentsvollstreckers im Grundbuchrecht, BlGBW 1970, 124
DAMRAU, Auswirkungen des Testamentsvollstreckeramtes auf elterliche Sorge, Vormundschaft und Betreuung, ZEV 1994, 1
DIETERICH, Testamentsvollstreckung zur Ausübung der Rechte des Nachvermächtnisnehmers vor Anfall des Nachvermächtnisses, NJW 1971, 2017
FRIEDRICH, Die Abziehbarkeit der Testamentsvollstreckerkosten bei der Einkommensbesteuerung, DB 1978, 1901
HAEGELE, Der TV im Landwirtschaftsrecht, RdL 1954, 144
ders, Familienrechtliche Fragen um den Testamentsvollstrecker bei Konkurs, Vergleich und Anfechtung außerhalb des Konkurses, KTS 1969, 158
ders, Einzelfragen der Testamentsvollstreckung, BWNotZ 1974, 109
HAEGELE/WINKLER, Der Testamentsvollstrecker (12. Aufl 1993)
HARTMANN, Testamentsvollstreckung und Nießbrauch zur Sicherung der Nachfolge des Einzelunternehmers im Zivil- und Steuerrecht (2. Aufl 1983)
HÄUSSERMANN, Überlassung von Nachlaßgegenständen durch den Testamentsvollstrecker, BWNotZ 1967, 234
JOHANNSEN, Rechtsprechung des BGH auf dem Gebiete des Erbrechts 3. Teil, WM 1969, 1402, und 1. Teil, WM 1973, 530, 535 und WM 1985, Sonderbeil 1, 3
ders, Führung von Handelsgeschäften und Verwaltung von Geschäftsanteilen einer Handelsgesellschaft durch den Testamentsvollstrecker, WM 1970, 570
KAPP, Die rechtliche Stellung des Testamentsvollstreckers zum Erben, BB 1981, 113
ders, Rechte und Pflichten des Testamentsvollstreckers im Besteuerungsverfahren, DStR 1985, 725
KERSTEN/BÜHLING/APPELL, Formularbuch und Praxis der Freiw Gerichtsbarkeit (20. Aufl 1994)
KESSLER, Der Testamentsvollstrecker im Prozeß, DRiZ 1967, 299
KLUMPP, Handlungsspielraum und Haftung bei Vermögensanlagen durch den Testamentsvollstrecker, ZEV 1994, 65
LANGE, Die Rechtsmacht des Testamentsvollstreckers und ihre Grenzen, JuS 1970, 101
LÖWISCH, Kann der Testamentsvollstrecker Prozesse über das Erbrecht bestimmter Personen führen?, DRiZ 1971, 273
MAYER, Der Prozeßkostenersatz des unterlegenen Testamentsvollstreckers, WürttZ 1954, 1
MERKEL, Die Anordnung der Testamentsvollstreckung – Auswirkungen auf eine postmortale Bankvollmacht?, WM 1987, 1001
MEYDING, Erbvertrag und nachträgliche Aus-

wechslung des Testamentsvollstreckers, ZEV 1994, 98
MÖHRING/BEISSWINGERT/KLINGELHÖFFER, Vermögensverwaltung in Vormundschafts- und Nachlaßsachen (7. Aufl 1992)
vMORGEN/GOETTING, „Gespaltene" Testamentsvollstreckung bei gesamtdeutschen Nachlässen, DtZ 1994, 199
MUSCHELER, Die Haftungsordnung der Testamentsvollstreckung (1994)
ders, Testamentsvollstreckung über Erbteile, AcP 195 (1995), 35
OFFERGELD, Die Rechtsstellung des Testamentsvollstreckers (1995)
PICKEL, Die Haftung des Testamentsvollstreckers und seine Versicherung (Diss Köln 1987)
PINKERNELLE/SPREEN, Das Internationale Nachlaßverfahrensrecht, DNotZ 1967, 195, 206
REHMANN, Die Beschränkung der postmortalen Vollmacht durch eine angeordnete Testamentsvollstreckung am Beispiel der Bankvollmacht, BB 1987, 213
ders, Testamentsvollstreckung an Gesellschaftsanteilen, BB 1985, 297

REIMANN, Zur Zulässigkeit der Testamentsvollstreckung für einen Kommanditanteil, DNotZ 1990, 190
ders, Testamentsvollstreckung in der Wirtschaftspraxis (2. Aufl 1992)
ders, Notare als Testamentsvollstrecker, DNotZ 1994, 659
ders, Die Kontrolle des Testamentsvollstreckers, FamRZ 1995, 588
REITHMANN, Testamentsvollstreckung und postmortale Vollmacht als Instrumente der Kautelarjurisprudenz, BB 1984, 1394
RICHARDI, Das Verwaltungsrecht des Testamentsvollstreckers an der Mitgliedschaft in einer Personengesellschaft (1961)
ROHLFF, Nießbraucher und Vorerbe als Testamentsvollstrecker, DNotZ 1971, 518
TIEDTKE, Der Testamentsvollstrecker als gesetzlicher oder gewillkürter Prozeßstandschafter, JZ 1981, 429
ZEUNER, Zur Stellung des wirklichen und des vermeintlichen Testamentsvollstreckers gegenüber Nachlaß und Erben, in: FS Mühl (1981) 721.

Systematische Übersicht

I. **Geschichtliche Entwicklung der Einrichtung des Testamentsvollstreckers** — 1

II. **Gesetzliche Systematik** — 3

III. **Das Wesen der Testamentsvollstreckung**
1. Grundsätzliches — 4
2. Wesen und Wirkungen der Testamentsvollstreckung — 6
3. Die Aufgaben eines Testamentsvollstreckers — 10

IV. **Die Rechtsstellung des Testamentsvollstreckers**
1. Der Testamentsvollstrecker als Träger eines Amtes — 14
2. Das Verhältnis des Testamentsvollstreckers zu den Erben — 16
3. Das Verhältnis des Testamentsvollstreckers zum Nachlaßgericht
a) Allgemeines — 20
b) Vom Gesetz ausschließlich vorgesehene Tätigkeiten des Nachlaßgerichts — 23
c) Die Folgen einer Aufsichtsanordnung — 31
d) Berührungen von Testamentsvollstrecker und Nachlaßgericht — 32
4. Einwirkungen des Prozeßgerichts auf die Testamentsvollstreckung — 39
5. Familienrechtliche Beschränkungen des Testamentsvollstreckers — 41
6. Die Kontrolle des Testamentsvollstreckers — 43

V. **Testamentsvollstreckung, transmortale und postmortale Vollmacht**
1. Allgemeines — 53
2. Die Erteilung von trans- und postmortalen Vollmachten — 55
3. Form der Erteilung — 61
4. Wirkung der trans- bzw postmortalen Vollmacht — 62
5. Widerruf durch den Erben — 71

6. Titel.
Testamentsvollstrecker

Vorbem zu §§ 2197 ff

6.	Generalvollmacht über den Tod hinaus oder auf den Todesfall		74
7.	Vollmacht an den Testamentsvollstrecker		76
8.	Postmortale Vollmacht des Vorerben und Nacherbfolge		78

VI. Der Nachweis des Amtes
1. Grundsatz 79
2. Bekanntmachung im Erbschein 81
3. Bekanntmachung im Grundbuch, Schiffs- und Luftfahrzeugsregister ... 93

4. Eintragung im Handelsregister 102
5. Testamentsvollstreckerzeugnis 106

VII. Zeitliche und räumliche Geltung
1. Zeitliche Geltung 109
2. Räumliche Geltung (Internationales Privatrecht) 110
3. Recht der ehem DDR und ausländisches Recht 113

Alphabetische Übersicht

Amtsstellung	14 f
Amtstheorie	14
Aufgaben	10 ff
Auflage	47, 77
Aufsicht	20 f, 30
Anordnung	31
– durch Dritte	52 f
Auseinandersetzung	37
Ausländisches Recht	116
Auslegung des Testaments	11
Befugnis	10 ff
– Beschränkung	13, 46, 89 f, 97
Beschränkungen	41, 50 ff, 64
– des Erben	17
Beschwerde	36, 99
DDR	113 ff
Demokratieklausel	48 f
Einstweilige Anordnung	30
Entlassung	29 f
Erben	16 ff
Erblasseranordnung	26
Erbrecht	4
Erbschein	32, 79 ff
– Herausgabeanspruch	92
– unrichtiger	91
Erklärung gegenüber Nachlaßgericht	24
Ernennung	23, 87
Erteilung einer Vollmacht	55 ff
Erweiterung des Aufgabenkreises	12
Familienrecht	41 f

Gemeines Recht	2
Gemeinschaftliches Testament	17
Genehmigung des Vormundschaftsgerichts	66
Generalvollmacht	74 f
Gesetzessystematik	3
Gesetzliche Folgen	9
Gesetzlicher Vertreter	15
Gesetzliches Schuldverhältnis	16
Gespaltene Testamentsvollstreckung	115
Grundbuch	64, 93 ff
– Beschwerde	99
– Nachweis	94
– Unrichtigkeit	100
Grundstücksauflassung	67
Handelsregister	102 ff
– Anmeldung	105
– Nachweis	103
Internationales Privatrecht	111 f
Konfusion	70
Kontrolle	43 ff
Kontrollmechanismen	44
Kündigung	28
Landesrecht	2
Legitimation	6
Löschungsbewilligung	101
Luftfahrzeugregister	93, 95
Machtbefugnisse	12
Mega-Vollstrecker	51
Mehrere Testamentsvollstrecker	45

Wolfgang Reimann

Meinungsverschiedenheiten	27	Testamentsvollstreckerzeugnis	25, 94, 106 ff
		– öffentlicher Glaube	107 f
Nacherbentestamentsvollstreckung	85, 88	Transmortale Vollmacht	53 ff
Nachlaßgericht	20 ff		
– Verhältnis zum Prozeßgericht	40	Verfahren	38
Nachlaßgerichtsverfahren	38	Verfügung	63
Nachlaßpfleger	33 ff	– unentgeltliche	65
Nachlaßsicherung	33 f	Verfügungsbeschränkung	41, 104
Nachlaßspaltung	115	Verhältnis zum Erben	16 ff
Nachweis	79 ff, 94, 106 ff	Vermächtnisvollstreckung	86, 98
Nichterbrechtliche Aufgaben	5	Vermögensrecht	4 f
		Verselbständigung des Nachlasses	8
Öffentliches Recht	21	Verwaltungsanordnung	48
Ordnungsstrafen	22	Vollmacht	53 ff
		– Abgrenzung zur Einsetzung	54
Pflegschaft	34 f	– Beschränkungen	68
Pflichten	19	– Erlöschen	67
Postmortale Vollmacht	53 ff	– des Vorerben	78
Prozeßgericht	22, 39 f	– Nachweis	59
		– und Testamentsvollstrecker	68, 76 f
Räumliche Geltung	110 ff	– Widerruf	62, 71 ff, 75, 67
Rechtsstellung	14 ff	– Wirksamkeit	56 ff
Römisches Recht	2	– Wirkung	62 ff
		Vollmachtserteilung	55 ff
Salmannen	2	– Form	61
Schiedsgericht	52	Vollmachtsurkunde	60
Schiffsregister	93, 95	Vormundschaftsgericht	42
Staatsverträge	111		
Streitigkeiten	22	Wesen der Testamentsvollstreckung	4 ff
Systematik	3	Wille des Erblassers	1, 6
		Wirkung der Testamentsvollstreckung	7
Testament	57 ff		
Testamentsvollstreckervermerk	79 ff	Zeitliche Geltung	109
– im Erbschein	81 ff	ZGB-DDR	113 ff
– im Grundbuch	93 ff	Zivilprozeß	39 f
– Löschung	100 f	Zustimmungsklausel	49

I. Geschichtliche Entwicklung der Einrichtung des Testamentsvollstreckers

1 Soweit das Erbrecht Testierfreiheit gewährt, ermöglicht es dem Erblasser, seinen Willen hinsichtlich seines Vermögens **über seinen Tod hinaus** fortwirken zu lassen. Um diesen Erfolg sicherzustellen, wird der Erblasser nicht selten das Bedürfnis haben, Personen seines Vertrauens zu bestimmen, die seinen letzten Willen ausführen oder vollstrecken, maW Testamentsvollstrecker zu ernennen.

2 Dem römischen Recht war die Einrichtung des Testamentsvollstreckers fremd. Das germanische Recht kannte die Salmannen, die als Vorläufer der heutigen Testamentsvollstrecker bezeichnet werden können. Aus diesen Ansätzen hat die mittelalterliche, insbesondere die kirchliche Rechtspraxis, die Einrichtung des Testamentsvollstreckers herausgebildet (KIPP/COING § 66 I). Freilich war sie im gemeinen Recht nicht scharf umrissen und auch in den dem BGB vorhergehenden Landesgesetzen (BayLandrecht III 2 §§ 15 ff, ALR 1 12 §§ 557 ff, Code civil Art 1025 ff, SächsBGB §§ 2230 ff) nur dürftig geregelt. Das BGB hat sich daher bemüht, **„Klarheit in ein dunkles Institut zu bringen"** (Mot V 236).

II. Gesetzliche Systematik

Die §§ 2197 bis 2202 handeln von der Ernennung des Testamentsvollstreckers, von der Annahme des Amtes und von seiner Ablehnung, die §§ 2203–2209 von den Aufgaben und Befugnissen des Testamentsvollstreckers, die §§ 2211–2214 von den Wirkungen der Testamentsvollstreckung, nämlich von der Verfügungsbeschränkung des Erben, die dem Verwaltungsrecht des Testamentsvollstreckers entspricht (§ 2211), der Befugnis zur Führung von Rechtsstreitigkeiten (§§ 2212, 2213) und dem Schutz des Nachlasses vor Eigengläubigern des Erben (§ 2214). Die §§ 2215–2220 behandeln die Rechte und Pflichten des Testamentsvollstreckers gegenüber dem Erben. § 2221 betrifft die Testamentsvollstreckervergütung, die §§ 2222 und 2223 regeln Sonderfälle der Testamentsvollstreckung (Nacherbenvollstreckung und Vermächtnisvollstreckung), § 2224 die Führung des Amtes durch mehrere Testamentsvollstrecker. In den §§ 2210 und 2225–2227 wird die (reguläre) Dauer und die (vorzeitige) Beendigung der Testamentsvollstreckung geregelt, in § 2228 das Recht zur Einsicht in gewisse Erklärungen, die mit der Testamentsvollstreckung zusammenhängen.

III. Das Wesen der Testamentsvollstreckung

1. Grundsätzliches

Die Testamentsvollstreckung ist ein erbrechtliches Institut. Sein Inhalt und seine Grenzen werden durch das **Erbrecht** bestimmt. Die Zuweisung anderer, zB familienrechtlicher Aufgaben scheidet im Rahmen der Testamentsvollstreckeranordnung ebenso aus wie die Annahme nicht-erbrechtlicher (zB familienrechtlicher) Schranken. Das Erbrecht als objektives Recht regelt die Rechtsverhältnisse des Vermögens eines Verstorbenen, es betrifft grundsätzlich nur die vermögensrechtliche Nachfolge (LANGE/KUCHINKE § 1 V 3; vgl DITTMANN/REIMANN/BENGEL A Rn 1).

Hieraus folgt für den Inhalt einer Testamentsvollstreckung, daß diese auf **vermögensrechtliche** Aufgaben beschränkt bleiben muß. So unterfallen fortwirkende Persönlichkeitsrechte nicht der Vermögenssorge des Erben, sondern der Personensorge der Familienangehörigen; Bestattungsart und -modalitäten, Umbettungen, Exhumierungen, postmortale Organentnahmen, ideeller Schutz des Namens und der Ehre sind daher an sich keine originären Aufgaben eines Testamentsvollstreckers (vgl DITTMANN/REIMANN/BENGEL A Rn 25 ff; REIMANN, in: FS Küchenhoff [1972] 341 ff). Daß für einzelne Maßnahmen (vgl § 2 FeuerbestG) die Testamentsform zugelassen ist, macht sie noch nicht zu „letztwilligen Verfügungen" iSv § 2203, die der Testamentsvollstrecker auszuführen hat. Lediglich die Ausführung von Bestattungsanordnungen wird man wegen § 1968 originär dem Testamentsvollstrecker überantworten können (RG JW 1912, 540). Sollen derartige **nichterbrechtliche Aufgaben**, was häufig der Fall ist, gleichwohl vom Testamentsvollstrecker wahrgenommen werden, wird der Erblasser die Erben durch Auflage verpflichten müssen, entsprechende Maßnahmen zu dulden und uU Vollmachten zu erteilen. Es ist jedenfalls möglich, dem Testamentsvollstrecker (wie jedem anderen) derartige nicht-originäre Aufgaben zuzuweisen (BGH FamRZ 1992, 657), aber nicht als Testamentsvollstrecker.

2. Wesen und Wirkungen der Testamentsvollstreckung

6 Das Wesen der Testamentsvollstreckung erschließt sich aus den Aufgaben des Testamentsvollstreckers sowie aus den vom Gesetz angeordneten Wirkungen der Testamentsvollstreckung. Aufgabe des Testamentsvollstreckers ist es, den Willen des Erblassers auszuführen und abzusichern. Der Testamentsvollstrecker leitet also seine Legitimation, seine Rechtsposition und seinen Aufgabenbereich unmittelbar vom **Willen des Erblassers** ab. Dieser ist in der Lage (wenn auch im gesetzlich vorgegebenen Rahmen), den Umfang und den Aufgabenbereich der Testamentsvollstreckung und damit deren Wesen und Wirkungen im Einzelfall zu bestimmen und zu konkretisieren.

7 Die Testamentsvollstreckung wird – auch ohne diese Konkretisierung durch den Erblasser – in ihrem Wesen determiniert durch die vom **Gesetz ausgesprochenen** bzw zugelassenen **Wirkungen**, wie die Zuweisung der Auseinandersetzungs-, Verwaltungs- und Verfügungsbefugnis an den Testamentsvollstrecker (§§ 2204, 2205) und der entsprechende Entzug der Verfügungsbefugnis des Erben (§ 2211) einerseits sowie die Absicherung des Nachlasses gegen Eigengläubiger des Erben (§ 2214) andererseits. Diese beiden Wirkungen sind konstitutiv für die Testamentsvollstreckung und ergeben auch die Antwort auf die Frage, warum Testamentsvollstreckung im Einzelfall angeordnet werden soll.

8 Gerade durch die **Verselbständigung des Nachlasses** gegenüber Eigengläubigern des Erben (§ 2214) wird der vom Testamentsvollstrecker verwaltete Nachlaß zu einer Art „Sondervermögen" (BGHZ 48, 214), der über den Erbfall vom sonstigen Vermögen des Erben getrennt wird. Diese Verselbständigung des Nachlasses verhindert jedoch nicht, daß mit dem Erbfall eine Konfusion von Ansprüchen des Erben gegen den Erblasser eintritt (str, vgl § 2214 Rn 1).

9 Die Determinierung der Testamentsvollstreckung und ihre Wirkung zeigt sich bei den übrigen gesetzlichen Folgen, insbesondere beim Besitzrecht (§§ 2205 S 2, 854) und bei der Prozeßführungsbefugnis (§ 2212).

3. Die Aufgaben eines Testamentsvollstreckers

10 Zu den **regelmäßigen gesetzlichen Aufgaben und Befugnissen** des Testamentsvollstreckers gehört es, die letztwilligen Verfügungen des Erblassers auszuführen (§ 2203), die Auseinandersetzung unter mehreren Erben zu bewirken (§ 2204) und den Nachlaß zu verwalten (§ 2205), wobei die Verwaltung auch Selbstzweck sein kann (§ 2209).

11 Das Recht der Verwaltung des Nachlasses schließt das Recht ein, den Nachlaß in Besitz zu nehmen und – mit Einschränkungen – über den Nachlaß zu verfügen

(§ 2205 S 2, 3). Das Verfügungsrecht des Testamentsvollstreckers schließt dasjenige des Erben aus (§ 2211). Soweit die ordnungsgemäße Verwaltung des Nachlasses die Eingehung von Verbindlichkeiten für diesen erfordert, ist der Testamentsvollstrecker hierzu berechtigt (§ 2206). Zur authentischen Auslegung des Testaments ist der Testamentsvollstrecker allerdings nicht berechtigt (§ 2203 Rn 15). Ihm kann wegen § 2065 auch nicht das Recht eingeräumt werden, zu wählen, welches von zwei Testamenten gelten soll (LG Leipzig JW 1922, 629).

Der Erblasser kann den gesetzlichen **Aufgabenkreis** des Testamentsvollstreckers **erweitern**. So kann er anordnen, daß der Testamentsvollstrecker in der Eingehung von Verbindlichkeiten für den Nachlaß nicht beschränkt sein soll (§ 2207), daß er die Verwaltung des Nachlasses nach der Erledigung seiner sonstigen Aufgaben fortzuführen hat (§ 2209 S 1 HS 2, sog Dauervollstreckung), daß er die Auseinandersetzung unter mehreren Erben nach billigem Ermessen vorzunehmen hat (§§ 2204, 2048 S 2). Der Erblasser kann dem Testamentsvollstrecker Befugnisse übertragen, die er auch jedem Dritten verleihen könnte, insbesondere kann er ihn ermächtigen, bei Vermächtnissen und Auflagen gewisse Punkte zu regeln (vgl §§ 2048, 2151, 2153–2156, 2192, 2193; PALANDT/EDENHOFER § 2208 Rn 4). Von dieser Ausnahme abgesehen, kann der Erblasser die **Machtbefugnisse** des Testamentsvollstreckers in dieser Funktion über das in §§ 2203–2210 zugelassene Höchstmaß hinaus nicht erweitern (Mot V 241; Prot V 307, 309, 543; RG WarnR 1915 Nr 292; ERMAN/M SCHMIDT Rn 4). Die Position des Testamentsvollstreckers kann jedoch dadurch verstärkt werden, daß ihm weitere Aufgaben im familien- und handelsrechtlichen Bereich zugewiesen werden (vgl § 2205 Rn 15), vor allem durch entsprechende Vollmachten und deren Absicherung durch Auflagen (vgl auch Rn 53 ff). 12

Andererseits kann der Erblasser die regelmäßigen **Befugnisse** des Testamentsvollstreckers auch **einschränken**, er kann sogar die eine oder andere Befugnis ganz ausschließen (§ 2208 Abs 1 S 1, S 2, Abs 2, § 2209 S 1 HS 1, §§ 2222 f, 2338 Abs 1). Der Erblasser kann nicht anordnen, daß der Testamentsvollstrecker der Aufsicht des Nachlaßgerichts unterstehen solle oder nur mit dessen Genehmigung über Nachlaßgegenstände verfügen dürfe (Rn 20 f; § 2208 Rn 4). 13

IV. Die Rechtsstellung des Testamentsvollstreckers

1. Der Testamentsvollstrecker als Träger eines Amtes

Der Testamentsvollstrecker ist Träger eines **privaten Amtes**, das ihm vom Erblasser übertragen ist und das er kraft eigenen Rechts, also unabhängig vom Willen des Erben, und im eigenen Namen, aber – im Rahmen der letztwilligen Anordnungen des Erblassers – doch im Interesse anderer, vor allem der Erben, ausübt (Amtstheorie, hM; so RG und BGH; vgl RGZ 56, 327, 330; 68, 257, 258; 76, 125, 126; 81, 292; 86, 294; 132, 138; BGHZ 13, 203; SOERGEL/DAMRAU Rn 14; PALANDT/EDENHOFER Rn 2; MünchKomm/BRANDNER Rn 5; ERMAN/M SCHMIDT Rn 3). Für die Amtstheorie spricht, daß das Gesetz mehrfach von dem „Amt" des Testamentsvollstreckers spricht (§§ 2197, 2201, 2202, 2221, 2224 ff; vgl auch § 116 Abs 1 Nr 1 ZPO) und daß der Testamentsvollstrecker die Interessen verschiedener Personen oder Personengruppen, insbesondere die Weisungen des Erblassers, die Interessen des oder der Erben und diejenigen der Nachlaßgläubiger zu beachten hat. 14

15 Diese Auffassung ändert nichts daran, daß der Erbe Eigentümer der zum Nachlaß gehörigen Sachen und Träger der zum Nachlaß gehörigen Rechte ist. Die Rechtsstellung des Testamentsvollstreckers nähert sich immerhin derjenigen eines **gesetzlichen Vertreters** so weit, daß die Vorschriften in §§ 181, 207, 278, 254 BGB und § 241 ZPO auf ihn entsprechend angewandt werden können (RGZ 100, 279, 281; 144, 399; BGH BB 1957, 347; BGHZ 51, 209, 215). Mit dem Vertreter hat der Testamentsvollstrecker auch das gemeinsam, daß er sich als solcher bezeichnen muß, wenn er vermeiden will, aus den Rechtsgeschäften, die er in seiner Eigenschaft als Testamentsvollstrecker vornimmt, persönlich haftbar gemacht zu werden (PALANDT/EDENHOFER Rn 2).

2. Das Verhältnis des Testamentsvollstreckers zu den Erben

16 Auf das Rechtsverhältnis zwischen dem Testamentsvollstrecker und dem Erben finden zwar gewisse für den **Auftrag** geltende Vorschriften entsprechende Anwendung (§ 2218). Zwischen dem Testamentsvollstrecker und dem Erben besteht jedoch ein gesetzliches, kein vertragliches oder vertragsähnliches Schuldverhältnis (BGHZ 69, 235; PALANDT/EDENHOFER Rn 1).

17 Die Verfügungsbefugnis des Testamentsvollstreckers schließt diejenige des Erben aus (§§ 2205 S 2, 2211). Die Anordnung der Testamentsvollstreckung enthält also eine **Beschränkung** der Rechtsstellung **des Erben** (vgl §§ 2306, 2338 Abs 1 S 2, 2376); sie stellt auch eine Beeinträchtigung des Rechtes des Vertragserben im Sinne des § 2289 dar (BGH NJW 1982, 912; BayObLGZ 30, 59; 31, 283). Deshalb kommt die Einsetzung eines Testamentsvollstreckers durch einen Ehegatten einem teilweisen Widerruf eines früheren gemeinschaftlichen Testamentes gleich, wenn sich in diesem die Eheleute gegenseitig zu Erben eingesetzt haben (§§ 2270, 2271; § 2197 Rn 23).

18 Der Testamentsvollstrecker hat gegenüber den Erben das Recht, die Herausgabe des Nachlasses (§ 2205 S 1), den Ersatz seiner notwendigen Aufwendungen (§§ 2218, 670) und eine angemessene Vergütung (§ 2221) zu verlangen.

19 Die **Pflichten** des Testamentsvollstreckers gegenüber den Erben ergeben sich aus den §§ 2215–2219 und sind gemäß § 2220 zwingender Natur.

3. Das Verhältnis des Testamentsvollstreckers zum Nachlaßgericht

a) Allgemeines

20 Der Testamentsvollstrecker leitet seine Rechtsmacht vom Erblasser ab, nicht vom Nachlaßgericht; das gilt auch dann, wenn dieses auf Ansuchen des Erblassers gem § 2200 die Ernennung ausspricht. Der Testamentsvollstrecker unterliegt daher im allgemeinen **nicht** der **Aufsicht des Nachlaßgerichts** (wie etwa der Vormund der Aufsicht des Vormundschaftsgerichts, § 1837), und zwar selbst dann nicht, wenn der Erblasser dies anordnet (BayObLGZ 1953, 357, 361; BayObLGZ 21, 314; KG JR 1951, 732).

21 Der Aufgabenkreis des Nachlaßgerichts beruht auf **öffentlichem Recht**. Er kann daher vom Erblasser weder erweitert noch eingeengt werden. Insbesondere kann der Erblasser den Testamentsvollstrecker nicht einer weitergehenden Aufsicht des Nachlaßgerichts unterwerfen. Wohl kann der Erblasser nach § 2208 die Rechte des

Testamentsvollstreckers beschränken; er kann dies aber nicht in der Weise, daß er dem Testamentsvollstrecker die Einholung von Weisungen des Nachlaßgerichts vorschreibt oder die Wirksamkeit seiner Verfügungen von der Genehmigung des Nachlaßgerichtes abhängig macht.

Der Testamentsvollstrecker kann auch nicht durch Ordnungsstrafen zur Führung seiner Geschäfte angehalten werden (KEIDEL/KUNTZE/WINKLER § 33 FGG Rn 5). Das Nachlaßgericht hat auch im allgemeinen nicht über Streitigkeiten zwischen Erben und Testamentsvollstrecker – etwa über die Art der Verwaltung oder Auseinandersetzung des Nachlasses – zu entscheiden, es hat insbesondere nicht darüber zu befinden, ob das Amt des Testamentsvollstreckers noch fortbesteht oder wegen Erledigung seiner Aufgaben erloschen ist. Über solche **Streitigkeiten** hat vielmehr das **Prozeßgericht** zu entscheiden (BayObLGZ 1953, 357; KG JR 1951, 732). Die Festsetzung der Vergütung des Testamentsvollstreckers (§ 2221) ist nicht Sache des Nachlaßgerichts, sie ist vielmehr im Streitfall dem Prozeßgericht vorbehalten (§ 2221 Rn 27). 22

b) Vom Gesetz ausschließlich vorgesehene Tätigkeiten des Nachlaßgerichts
Wenn der Erblasser in dem Testament das Nachlaßgericht ersucht hat, einen Testamentsvollstrecker zu ernennen, kann das Nachlaßgericht die **Ernennung** vornehmen (§ 2200). 23

Wenn der Erblasser die Bestimmung der Person des Testamentsvollstreckers einem Dritten überlassen hat, so erfolgt die Bestimmung durch **Erklärung gegenüber dem Nachlaßgericht**. Das Nachlaßgericht kann für die Bestimmung eine Frist setzen (§ 2198 Abs 2). Auch die Ernennung eines Mitvollstreckers oder eines Nachfolgers durch den Testamentsvollstrecker geschieht durch Erklärung gegenüber dem Nachlaßgericht (§ 2199). Desgleichen ist die Annahme oder Ablehnung des Amtes dem Nachlaßgericht gegenüber zu erklären (§ 2202). 24

Dem Nachlaßgericht steht die Erteilung des **Testamentsvollstreckerzeugnisses** zu (§ 2368). Ferner hat es, wenn ein Testamentsvollstrecker ernannt ist, diese Tatsache im Erbschein anzugeben (§ 2364). 25

Nach § 2216 Abs 2 S 2 kann das Nachlaßgericht Anordnungen des Erblassers für die Verwaltung des Nachlasses auf Antrag eines Beteiligten **außer Kraft setzen**, wenn ihre Befolgung den Nachlaß erheblich gefährden würde. 26

Weiterhin entscheidet das Nachlaßgericht bei **Meinungsverschiedenheiten** unter mehreren Testamentsvollstreckern (§ 2224). 27

Die **Kündigung** des Amtes durch den Testamentsvollstrecker erfolgt durch Erklärung gegenüber dem Nachlaßgericht (§ 2226). 28

Nach § 2227 kann das Nachlaßgericht den Testamentsvollstrecker auf Antrag eines Beteiligten **entlassen**, wenn ein **wichtiger** Grund vorliegt. Diese Zuständigkeit gibt dem Nachlaßgericht mittelbar ein gewisses Recht zur Überwachung des Testamentsvollstreckers. 29

Fraglich ist, ob das Nachlaßgericht durch **einstweilige Anordnungen** in die Amtsfüh- 30 rung des Testamentsvollstreckers eingreifen kann. Nach OLG Köln (OLGZ 1987, 280) ist dies nicht der Fall. Tatsächlich läßt das Gesetz keine Grundlage für Maßnahmen des einstweiligen Rechtsschutzes erkennen. Auch die Vorschrift des § 24 Abs 3 FGG kommt als Ermächtigungsgrundlage nicht in Betracht. Danach kann zwar das Beschwerdegericht – nie das Amtsgericht – vor der Entscheidung eine einstweilige Anordnung erlassen. Dieses Anordnungsverfahren ist Teil des Hauptverfahrens, das Voraussetzung für die Zulässigkeit ist und die Grenzen möglicher einstweiliger Anordnungen bestimmt (BUMILLER/WINKLER, FGG, § 24 Anm 9). Das hier in Betracht kommende Hauptverfahren ist dasjenige auf Entlassung des Testamentsvollstreckers nach § 2227. Im Verfahren nach § 2227 kommt jedoch nur eine Entlassung mit der Wirkung endgültiger Beendigung des konkreten Amtes in Betracht (KG OLGR 46, 21). **Eine vorläufige Entlassung** des Testamentsvollstreckers ist gesetzlich nicht vorgesehen, weil das Nachlaßgericht nicht die Möglichkeit hat, während dieser Zeit anderweitig Vorsorge für den Nachlaß zu treffen, etwa vorübergehend einen Dritten von Amts wegen zum Testamentsvollstrecker zu ernennen. Bei nur vorläufiger Entlassung des Testamentsvollstreckers bliebe daher ungewiß, wem während dieser Zeit die Verwaltung und die Verfügung über den Nachlaß zustünde. Auch einstweilige Anordnungen mit dem Ziel der bloß vorläufigen Untersagung von einzelnen Amtshandlungen scheiden damit aus (OLG München DFG 1937, 42).

c) **Die Folgen einer Aufsichtsanordnung**

31 Eine Anordnung, durch die der Testamentsvollstrecker der Aufsicht des Nachlaßgerichts unterstellt würde, wäre unwirksam (§ 2208 Rn 12). Hierdurch würde aber die Wirksamkeit der Bestellung des Testamentsvollstreckers in der Regel nicht berührt werden (§§ 139, 2085). Eine Frage der Auslegung ist es, ob die **Unwirksamkeit einer Anordnung** der bezeichneten Art zur Folge hat, daß der Testamentsvollstrecker die Verfügungen, auf die sich die Anordnung des Erblassers bezieht, nach freiem Ermessen treffen kann, oder ob insoweit sein Verfügungsrecht ausgeschlossen und dasjenige des Erben entsprechend ausgedehnt sein soll (PLANCK/FLAD § 2208 Anm 2; KIPP/COING § 69 I 3).

d) **Berührungen von Testamentsvollstrecker und Nachlaßgericht**

32 Der Testamentsvollstrecker hat in **vielfältiger Weise** mit dem **Nachlaßgericht** zu tun. Er kann sowohl gem § 2353 einen Erbschein beantragen (wegen seines Zeugnisses vgl § 2368) als auch gem § 2364 Abs 2 die Einziehung des Erbscheins bei Unrichtigkeit verlangen; er kann sich auch gegen nach seiner Ansicht unrichtige Entscheidungen in bezug auf Erbscheine wehren (OLG München DNotZ 1937, 704; OLG Oldenburg Rpfleger 1965, 305).

33 Die Ernennung eines Testamentsvollstreckers enthebt das Nachlaßgericht nicht der Pflicht, in den vom Gesetz vorgesehenen Fällen für die **Sicherung des Nachlasses** zu sorgen und nötigenfalls einen Nachlaßpfleger zu bestellen (§ 1960 bzw § 1913).

34 Ein Bedürfnis für die Nachlaßsicherung gem § 1960 Abs 1 S 1 wird jedoch bei angeordneter Testamentsvollstreckung nur **ausnahmsweise** hervortreten. Zwar haben Nachlaßpflegschaft und Testamentsvollstreckung nicht die gleiche Zielrichtung, da erstere keine Vermögens-, sondern eine Personalpflegschaft ist (s STAUDINGER/ MAROTZKE [1994] § 1960 Rn 23). Der Nachlaßpfleger hat jedoch die Interessen der Erben nicht schlechthin, sondern nur in bezug auf den Nachlaß wahrzunehmen, und zwar

auch insoweit nur, als es sich um dessen Sicherung handelt (KG OLGZ 1971, 210; KG OLGZ 1973, 106). Da der Testamentsvollstrecker überdies nur in beschränktem Umfang der gerichtlichen Überwachung, hingegen vornehmlich der Kontrolle durch die Erben unterliegt, ist es prinzipiell nicht gerechtfertigt, ihn über die Anordnung der Nachlaßpflegschaft mittelbar gerichtlich zu überwachen (KG OLGZ 1973, 106). Ein **Bedürfnis** für die Bestellung eines Nachlaßpflegers iSv § 1960 kann gegeben sein, wenn sich der Testamentsvollstrecker über die Annahme des Amtes noch nicht erklärt hat, wenn er an der Ausübung des Amtes verhindert ist (vgl § 2202; Prot V 665), oder wenn die Vertrauenswürdigkeit des Testamentsvollstreckers zu bezweifeln ist, wofür ausreichende Anhaltspunkte vorliegen müssen (KG RJA 15, 28; KG OLGZ 1973, 106; SOERGEL/STEIN § 1960 Rn 4); ist der Testamentsvollstrecker vertrauenswürdig, fehlt ein Bedürfnis iSv § 1960 selbst dann, wenn die Rechte der unbekannten Erben gegen den Testamentsvollstrecker auf Rechnungslegung und Herausgabe des Nachlasses wahrgenommen werden sollen (KG OLGZ 1973, 106).

Eine **Pflegschaft** nach § 1913 (für unbekannte Erben) kann unter weniger strengen Voraussetzungen angeordnet werden, da insoweit – anders als bei § 1960 – kein Bedürfnis zur Sicherung des Nachlasses gegeben sein muß; erforderlich ist lediglich, daß eine Fürsorge für die unbekannten Beteiligten die Bestellung eines Pflegers gebietet (KG OLGZ 1973, 106; vgl auch zum Unterschied zwischen Pflegschaft nach § 1960 und § 1913: W MÜLLER NJW 1956, 652; STAUDINGER/MAROTZKE [1994] § 1960 Rn 25). 35

Der Testamentsvollstrecker ist berechtigt, gegen die Einleitung einer Nachlaßpflegschaft **Beschwerde** einzulegen, § 20 Abs 1 FGG. Sein Beschwerderecht ergibt sich schon daraus, daß der Nachlaß durch das Einsetzen eines Nachlaßpflegers mit Kosten belastet würde (OLG Dresden ZBlFG 1906, 370; KG OLGZ 1973, 106). 36

Wenn ein zur Bewirkung der **Auseinandersetzung** berechtigter Testamentsvollstrecker vorhanden ist, entfällt die Zuständigkeit des Nachlaßgerichts zur Vermittlung der Auseinandersetzung des Nachlasses unter mehreren Erben (§ 86 Abs 1 FGG). 37

Das **Verfahren des Nachlaßgerichts** in Angelegenheiten der Testamentsvollstrecker richtet sich nach den allgemeinen Vorschriften des FGG, soweit nicht dieses oder das BGB Sondervorschriften enthält (vgl §§ 80–82 FGG, §§ 2200 Abs 2, 2216 Abs 2 S 3, 2227 Abs 2, 2368). § 46 FGG (Abgabe an ein anderes Gericht) ist in Angelegenheiten der Testamentsvollstreckung nicht anwendbar (BayObLGZ 22, 233). 38

4. Einwirkungen des Prozeßgerichts auf die Testamentsvollstreckung

Aufgrund des gesetzlichen Verpflichtungsverhältnisses zwischen dem Testamentsvollstrecker und dem Erben ist es diesem möglich, seinen Rechtsanspruch auf ordnungsgemäße Verwaltung gegen den Testamentsvollstrecker im **Zivilprozeß** durchzusetzen. Der Erbe kann vom Testamentsvollstrecker jederzeit verlangen, daß dieser seine Befugnisse nicht überschreite (BGHZ 25, 275, 283). Bei mehreren Erben ist jeder einzelne berechtigt, den Testamentsvollstrecker auf Erfüllung seiner Pflichten zu verklagen. Unter den Voraussetzungen der §§ 935 ff ZPO wird dementsprechend auch einstweiliger Rechtsschutz zu gewähren sein (OLG Köln OLGZ 1987, 280). 39

40 Die Kontrolle des Testamentsvollstreckers durch das Prozeßgericht ist jedoch dadurch eingeschränkt, daß die §§ 2197 ff dem **Nachlaßgericht ausschließliche** Zuständigkeiten zuweisen. Nach Auffassung des BGH (BGHZ 25, 275, 284) kann bei Maßnahmen, die im Verfahren nach § 2227 BGB zu einer Entlassung des Testamentsvollstreckers führen könnten, „die Berechtigung des Vorgehens des Testamentsvollstreckers ... in der Regel nur im Rahmen der Entscheidung über einen Antrag auf Entlassung des Testamentsvollstreckers nach § 2227 überprüft werden", also nur durch das Nachlaßgericht, nicht durch das Prozeßgericht; dieses würde „sonst in einer vom Gesetz nicht gewollten Weise die Tätigkeit des Testamentsvollstreckers überwachen und unter Umständen hemmen". Damit scheiden auch Maßnahmen des vorläufigen Rechtsschutzes durch das Prozeßgericht dort aus, wo der Anwendungsbereich des § 2227 tangiert wird.

5. Familienrechtliche Beschränkungen des Testamentsvollstreckers

41 Auch sonstige familienrechtliche **Beschränkungen** des Erben gelten idR nicht für den Testamentsvollstrecker. § 1365 gilt nicht für den Testamentsvollstrecker, wenn der Erbe im gesetzlichen Güterstand lebt (RIPFEL BWNotZ 1960, 69; STAUDENMAIER Rpfleger 1960, 385; HAEGELE Rpfleger 1960, 386; PALANDT/EDENHOFER § 2205 Rn 28; **aM** AG Delmenhorst FamRZ 1959, 249; MEYER-STOLTE FamRZ 1959, 231). Einschränkungen der Verfügungsmacht des Testamentsvollstreckers ergeben sich auch nicht aus der Gütergemeinschaft des Erben (HAEGELE Rpfleger 1960, 386). Der Grund hierfür liegt darin, daß der Testamentsvollstrecker sein Recht vom Erblasser, nicht vom Erben ableitet. Beruhen Verfügungen des Testamentsvollstreckers – zB bei Auseinandersetzung – nicht nur auf der letztwilligen Anordnung, sondern auch auf besonderen Vereinbarungen mit den Beteiligten, kommen jedoch die familienrechtlichen Beschränkungen zur Geltung (HAEGELE Rpfleger 1963, 331).

42 Es ist bei minderjährigen oder in der Geschäftsfähigkeit beschränkten Erben auch nicht möglich, den Testamentsvollstrecker letztwillig der **Kontrolle durch das Vormundschaftsgericht** zu unterwerfen (PALANDT/EDENHOFER Rn 3).

6. Die Kontrolle des Testamentsvollstreckers

43 Der Testamentsvollstrecker hat eine **relativ unabhängige Position** gegenüber den Nachlaßbeteiligten. Die vom Gesetz vorgesehene Kontrolle ist gering und vor allem bei größeren Nachlässen unzureichend (BENGEL, in: BENGEL/REIMANN, HbTV I Rn 17 ff).

44 Der Erblasser kann durch geeignete Detailanordnungen dafür sorgen, daß andere **Kontrollmechanismen** wirksam werden. Bei diesen speziellen Kontrollmechanismen kommen vor allem
– das Mehr-Testamentsvollstrecker-Modell,
– das Erben-Beteiligungs-Modell,
– das Dritt-Beteiligungs-Modell
in Betracht, also eine Kontrolle durch Testamentsvollstrecker, durch Erben oder durch Dritte, die weder Testamentsvollstrecker noch Erbe sind.

45 Der Erblasser vermag **mehrere Testamentsvollstrecker** auch unter dem speziellen

Aspekt, die Machtfülle des einzelnen Testamentsvollstreckers zu beschränken, einsetzen. Wählt er dieses Kontrollsystem, kann er letztwillig Anordnungen für die Amtsführung mehrerer Testamentsvollstrecker treffen. Durch mehrere Testamentsvollstrecker wird, welche Variante auch immer zugrundeliegt, über den „balance of power"-Effekt eine interne Kontrolle der Testamentsvollstrecker geschaffen.

Der Erblasser kann die Macht des Testamentsvollstreckers so reduzieren, daß sie **46** derjenigen eines Vorerben, eines gesetzlichen Vertreters, Vormunds oder Betreuers, eines Konkursverwalters etc angenähert wird.

Diese Bindung des Testamentsvollstreckers ist keinesfalls als **Auflage** zu werten, und **47** zwar auch dann nicht, wenn der Testamentsvollstrecker Miterbe sein sollte. Mit der Auflage kann nur der Erbe (§ 2192) oder der Vermächtnisnehmer (§ 2147) beschwert werden. Die Auflage bindet also den Testamentsvollstrecker in seiner Funktion nicht (aA zT BENGEL, in: BENGEL/REIMANN, HbTV I Rn 31). Als gesetzestechnische Möglichkeit kommen eine Beschränkung der Rechte des Testamentsvollstreckers nach § 2208 durch den Erblasser sowie die Verwaltungsanordnung nach § 2216 in Betracht.

Während **Verwaltungsanordnungen** nach § 2216 schuldrechtlich wirken, also das Han- **48** deln des Testamentsvollstreckers gegen die Verwaltungsanordnungen nicht unwirksam werden läßt, führt § 2208 zu einer der Rechtsstellung anderer Amtsinhaber (Vormund, Konkursverwalter etc) und des Vorerben vergleichbaren dinglichen **Beschränkung der Verfügungsbefugnis** des Testamentsvollstreckers.

Der Erblasser hat die Rechtsmacht, im Rahmen einer Verwaltungsanordnung nach **49** § 2216 zu bestimmen, der Testamentsvollstrecker habe generell oder bei bestimmten Maßnahmen, oder auch bei Maßnahmen, die ein bestimmtes Objekt betreffen, etwa in dem Umfang, in dem ein Vorerbe der Zustimmung des Nacherben bedarf, die **Zustimmung** der Erben oder eines Dritten, auch eines Gremiums, etwa eines Schiedsgerichtes, einzuholen. Es könnte auch angeordnet werden, der Testamentsvollstrecker sollte bestimmte Maßnahmen nur treffen, wenn die – einfache oder qualifizierte – Mehrheit der Erben dem vorweg innerhalb einer bestimmten vom Erblasser eingeräumten und dem Testamentsvollstrecker ad hoc gesetzten Frist zugestimmt hat (Demokratieklausel).

Außerordentlich **problematisch** wird es, wenn § **2208** (Beschränkung der Rechte des **50** Testamentsvollstreckers) bemüht wird. Ist dies – dingliche Mitberechtigung der Erben neben dem Testamentsvollstrecker – beabsichtigt, ergeben sich dogmatische Schwierigkeiten: Die „demokratische" Beteiligung der Erben bei bestimmten Maßnahmen, etwa solchen, bei denen ein Vorerbe der Zustimmung des Nacherben oder ein gesetzlicher Vertreter der Genehmigung des Vormundschaftsgerichtes bedarf, kann dazu führen, daß die Erben – einer, einzelne oder alle – Mit-Testamentsvollstrecker gemäß § 2224 würden. Es ist fraglich, ob daneben auch eine Lösung denkbar ist, welche die Sphäre des Testamentsvollstreckers von der Sphäre der Erben getrennt hält. Dies muß dann möglich sein, wenn die Testamentsvollstreckung in ihrem Gesamtgepräge unangetastet bleibt und die Mitwirkungsbefugnisse der Erben punktueller Natur sind, etwa wenn der Testamentsvollstrecker (nur) wie ein Vorerbe oder ein Vormund gebunden wird und die Verwaltungs- und Verfügungsbefugnis des Testamentsvollstreckers im übrigen unangetastet bleibt. Soll jedoch der Erbe wie ein weiterer Testamentsvollstrecker mitwirkungsberechtigt sein, nicht nur hinsichtlich der Verfügungsbefugnis, sondern auch bei Verwaltungsmaßnahmen, wird man die letztwillige Anordnung in eine Ernennung des Erben als **Mitvollstrecker** nach § 2224 umzudeuten haben. Auch im Testamentsvollstreckerzeugnis kann die Beschränkung der Verfügungsbefugnis des Testamentsvollstreckers ohne Probleme vermerkt werden, etwa durch den Hinweis darauf, der Testamentsvollstrecker bedürfe der Zustimmung des Erben bei denjenigen Maßnahmen, bei denen ein befreiter oder nicht befreiter Vorerbe der Zustimmung des Nacherben bedarf. Es ist auch möglich, die Mitwirkungsbefugnisse des Erben auf bestimmte Nachlaßgegenstände zu beschränken. Bei einer Mehrheit von Erben ist eine Demokratieklausel oder auch eine Repräsentationsverpflichtung bei diesen dinglichen Mitwirkungsrechten ohne weiteres denkbar.

51 Grundsätzlich anders ist die Rechtslage, wenn ein Dritter, der weder Mitvollstrecker noch Erbe ist, etwa ein Wirtschaftsprüferunternehmen oder eine Stiftung, Träger des Zustimmungs- oder Genehmigungsvorbehalts wäre. Das deutsche Recht kennt **keinen „Mega-Testamentsvollstrecker"**, der dem regulären Testamentsvollstrecker übergeordnet wäre. Durch eine so gestaltete dingliche Beschränkung der Rechte des Testamentsvollstreckers würde die Kontrollinstanz automatisch Mitvollstrecker nach § 2224 (vgl SOERGEL/DAMRAU § 2208 Fn 4).

52 Eine **anderweitige Beschränkung** des Testamentsvollstreckers, wonach er an die Zustimmung Dritter, die weder Erben noch Testamentsvollstrecker sind (wie an die Zustimmung des Erben) mit dinglicher Wirkung gebunden wäre, ist wegen des dann gegebenen Verstoßes gegen § 137 nicht möglich, und zwar auch dann nicht, wenn die dingliche Beschränkung im Testamentsvollstreckerzeugnis gemäß § 2368 Abs 1 S 1 angegeben wäre. Der Dritte, von dessen Mitwirkung die Verfügung abhinge, könnte sich zudem nicht – wie der Testamentsvollstrecker durch das Testamentsvollstreckerzeugnis – legitimieren, so daß die Wirksamkeit von Verfügungen des Testamentsvollstreckers im Außenverhältnis nicht nachprüfbar wäre. Damit sind auch prozessuale Gestaltungen, insbesondere der Einbau von **Schiedsgerichten**, nicht möglich, wenn sie im Rahmen von § 2208 erfolgen: Es ist nicht möglich, Verfügungen eines Testamentsvollstreckers von der Zustimmung eines Schiedsgerichtes abhängig zu machen, etwa in dem Umfang, in dem ein gesetzlicher Vertreter, ein Vormund oder Betreuer der vormundschaftsgerichtlichen Genehmigung bedarf. Die Schiedsrichter wären dann ipso jure Mitvollstrecker und im Testamentsvollstreckerzeugnis anzugeben. Soll das Schiedsgericht jeweils nur ad hoc mit dann zu bestimmenden Schiedsrichtern tätig werden, muß eine derartige Anordnung wegen Verstoßes gegen § 2208 als unwirksam angesehen werden. Es kommt dann lediglich eine Umdeutung in eine Verwaltungsanordnung nach § 2216 in Betracht (vgl ausführlich REIMANN FamRZ 1995, 588 ff).

V. Testamentsvollstreckung, transmortale und postmortale Vollmacht

1. Allgemeines

53 Die Erteilung einer Vollmacht, die über den Tod des Vollmachtgebers hinaus gelten soll (**transmortale** Vollmacht) oder mit dem Tode des Vollmachtgebers entstehen soll (**postmortale** Vollmacht), ist grundsätzlich zulässig (BGHZ 87, 19; OLG Köln NJW-RR

1992, 1357). Der Passus „mit Wirkung für mich und meine Erben" ist entbehrlich (aM offenbar LG Koblenz DNotZ 1971, 49). Der Übergang bzw die Entstehung der Vollmacht beruht nicht auf dem Willen des Erblassers, sondern auf dem Grundsatz der Universalsukzession, wonach alle nicht höchstpersönlichen Rechte und Pflichten auf den Erben übergehen. Die Vollmacht wirkt nur dann nicht gegen den Erben, wenn das Geschäft, auf das sich die Vollmacht bezieht, untrennbar mit der Person des Erblassers verbunden war (EULE, Die über den Tod des Machtgebers erteilte Vollmacht [Diss 1934] 44 ff; DITTMAN/REIMANN/BENGEL A Rn 60). Wenn der Erteilung der Vollmacht ein Auftrag oder ein Geschäftsbesorgungsvertrag zugrunde liegt, so ergibt sich die Fortgeltung der Vollmacht nach dem Tode des Vollmachtgebers für den Regelfall ohnehin aus dem Gesetz (§§ 168, 672, 675; § 52 Abs 3 HGB; § 86 ZPO). Aber auch die sogenannte isolierte Vollmacht, dh diejenige, der kein Kausalverhältnis zugrunde liegt, gilt nach dem Grundsatz der Gesamtrechtsnachfolge im Zweifel nach dem Tode des Machtgebers weiter (aM HILDERSCHEIDT DNotZ 1938, 491).

Die Vollmacht kann als **postmortale** Vollmacht auch von vornherein nur für die Zeit 54 nach dem Tode des Machtgebers erteilt werden (RGZ 114, 351, 354; RG LZ 1926, 1326; einschränkend KIPP/COING § 91 IV 11). Freilich wird gerade in solchen Fällen sorgfältig zu prüfen sein, ob nicht in Wahrheit eine letztwillige Verfügung, etwa die Einsetzung eines Testamentsvollstreckers, beabsichtigt ist; ist dies der Fall, müßten die für solche Verfügungen geltenden Formvorschriften eingehalten sein.

2. Die Erteilung von trans- und postmortalen Vollmachten

Die Vollmacht kann schon durch ein **Rechtsgeschäft unter Lebenden** erteilt werden. 55 Der Erblasser gibt gegenüber dem Vertreter oder gegenüber einem Dritten, demgegenüber er vertreten werden soll, eine entsprechende Erklärung ab (§ 167 Abs 1). Die Erklärung ist grundsätzlich formfrei (§ 167 Abs 2). Sie ist auch dann wirksam, wenn sie dem Vertreter oder dem Dritten erst nach dem Tode des Erblassers zugeht (§ 130 Abs 2).

Wenn der Erblasser die trans- oder postmortale Vollmacht in einer Verfügung von 56 Todes wegen (Erbvertrag oder gemeinschaftliches Testament) erteilt, an deren Errichtung auch der Bevollmächtigte beteiligt ist, so unterliegt die **Wirksamkeit** der Vollmacht keinen Bedenken. Zweifelhaft ist aber die Wirksamkeit, wenn die Vollmacht in einer Verfügung von Todes wegen erteilt wird, an deren Errichtung der Bevollmächtigte nicht beteiligt ist, insbesondere in einer einseitigen letztwilligen Verfügung. Zwar besteht Übereinstimmung darüber, daß auch ein Testament eine Vollmacht enthalten kann (RGZ 170, 380, 383); die Frage ist nur, ob die Aufnahme einer Vollmacht in ein Testament als „Abgabe" einer empfangsbedürftigen Willenserklärung im Sinne des § 130 Abs 1 angesehen werden kann. Die ältere Rechtsprechung hat diese Frage und damit die Wirksamkeit einer in der gedachten Weise erteilten Vollmacht verneint (KG DNotZ 1928, 309). In neuerer Zeit gewinnt jedoch die Ansicht an Boden, daß eine Vollmacht auch in einer einseitigen Verfügung von Todes wegen erteilt werden kann, wenn der Erblasser dafür Sorge trägt, daß die Erklärung nach seinem Tode dem Vertreter zugeht (vgl RGZ 65, 274; 170, 380; KG JW 1936, 2462; OLG Köln NJW 1950, 702; GRUSSENDORF DNotZ 1950, 164; LINDEMANN DNotZ 1951, 215; HAEGELE Rpfleger 1965, 306; 1968, 345; BENGEL, in: BENGEL/REIMANN, HbTV I Rn 46; s auch

STAUDINGER/OTTE [1994] Vorbem 13 zu §§ 1937 ff; aM noch BGHZ 9, 233 für den Widerruf einer korrespektiven Verfügung eines gemeinschaftlichen Testamentes).

57 Bei **öffentlichen Testamenten** braucht der Erblasser nichts weiter zu unternehmen, um den Zugang der Erklärung an den Vertreter sicherzustellen; denn durch die gesetzlichen Vorschriften ist ohnehin dafür gesorgt, daß der Vertreter, der als Beteiligter anzusehen ist, von der testamentarischen Vollmacht Kenntnis erlangt (s §§ 2260, 2262). Dasselbe gilt für eigenhändige Testamente, die auf Verlangen des Erblassers in besondere amtliche Verwahrung gebracht werden (§ 2248).

58 Aber auch in einem **eigenhändigen Testament** wird die Vollmacht regelmäßig abgegeben werden können, weil der Erblasser davon ausgehen kann, daß das Gesetz für die Ablieferung, Eröffnung und Bekanntmachung des Testamentes nach seinem Tode sorgt (§§ 2259 ff; GRUSSENDORF DNotZ 1950, 166). Wirksam werden kann freilich die in einem öffentlichen oder eigenhändigen Testament enthaltene Vollmacht nur dann, wenn die Vollmachterklärung gemäß den angeführten Vorschriften dem Vertreter oder dem Dritten, dem gegenüber die Vertretung stattfinden soll, tatsächlich zugeht (§§ 130 Abs 2, 167). Hierfür hat der Erblasser durch geeignete begleitende Maßnahmen zu sorgen (vgl OLG Köln Rpfleger 1992, 299).

59 Bei postmortalen Vollmachten in privatschriftlichen Testamenten stellt sich ferner das Problem des **Nachweises**. Denn die Vollmachtsurkunde (Testament) verbleibt nach Eröffnung in den Nachlaßakten. Gleiches gilt zwar auch für das öffentliche Testament und den Erbvertrag. Der beurkundende Notar kann jedoch vom Testator und Vollmachtgeber angewiesen werden, zusätzlich zu der in die Urkundensammlung zu gebenden beglaubigten Abschrift eine Ausfertigung zu nehmen, welche auf Anforderung des Bevollmächtigten nach dem Ableben des Erblassers diesem auszuhändigen ist.

60 Sinnvoll ist also die Erteilung einer solchen Vollmacht in einer Verfügung von Todes wegen nicht; das Ausstellen einer **separaten Vollmachtsurkunde** ist sicherer.

3. Form der Erteilung

61 Die Erteilung der Vollmacht bedarf auch hier grundsätzlich **keiner** besonderen Form (§ 167 Abs 2; KG JFG 1, 318; aM WOLFF Recht 1922, 70, der für vererbliche Vollmachten die Form letztwilliger Verfügungen für erforderlich erachtet). Doch gelten die Ausnahmen, die Gesetz und Rechtsprechung von diesem Grundsatz machen, auch hier (vgl Erl zu § 167). Insbesondere muß eine Auflassungsvollmacht dem Grundbuchamt in der Form des § 29 GBO vorgelegt werden (RGZ 88, 345; KG JFG 1, 318). Wenn der Vollmachterteilung eine Ermächtigung zugrunde liegt, über ein Grundstück des Erblassers im eigenen Interesse des Vertreters zu verfügen, so bedarf die Vollmacht der Form des § 313 (RG SeuffA 79 Nr 221).

4. Wirkung der trans- bzw postmortalen Vollmacht

62 Die Wirkung einer trans- oder postmortalen Vollmacht ist – was ihren Bestandsschutz betrifft – naturgemäß **schwächer** als diejenige der Ernennung eines Testamentsvollstreckers: Während dieser ein Amt bekleidet, das ihm vom Erblasser übertragen ist, und in der Regel ein vom Willen der Erben unabhängiges Verwaltungsrecht hat (§ 2205), wirkt die vom Erblasser erteilte Vollmacht nach dem Erbfall nur gleich einer von den Erben selbst erteilten Vollmacht; der Bevollmächtigte ist daher zur Vertretung der Erben und zur Einwirkung auf den Nachlaß nur solange befugt, als die Erben die Vollmacht nicht widerrufen (RGZ 139, 41; BayObLGZ 19 A 171). Ein die Erben bindendes unkündbares Recht zur Verwaltung und Verfügung über den Nachlaß kann der Erblasser nicht durch Erteilung einer Vollmacht (oder Generalvollmacht, s Rn 74 f), sondern nur im Wege einer Verfügung von Todes wegen durch Ernennung eines Testamentsvollstreckers begründen (RG JR 1925 Nr 1860; vgl auch RGZ 139, 41).

63 Auf Grund einer trans- oder postmortalen Vollmacht ist der Bevollmächtigte andererseits rechtlich in der Lage, über Nachlaßgegenstände, auch zum Nachlaß gehörige Grundstücke oder Rechte an Grundstücken, ohne Vorlegung eines Erbscheins oder eines öffentlichen Testamentes wirksam zu **verfügen** (RGZ 88, 345; 106, 185; KG DNotZ 1935, 600 unter Aufgabe von KGJ 42, 225; 44, 237; 48, 153). Freilich kann der grundbuchamtliche Vollzug einer Verfügung des Bevollmächtigten unter Umständen daran scheitern, daß die Vollmacht nicht in der Form des § 29 GBO erteilt ist.

64 Bei der aufgrund einer trans- oder postmortalen Vollmacht im Wege der Erbauseinandersetzung vorgenommenen Übertragung eines Grundstücks auf einen Miterben erwirbt dieser das Eigentum **frei von** etwaigen **Beschränkungen** des Nachlasses durch Nacherbfolge oder Testamentsvollstreckung, so daß die Anordnung der Nacherbfolge oder die Testamentsvollstreckung nicht in das Grundbuch einzutragen ist.

65 Ein Bevollmächtigter kann auch **unentgeltlich** über Nachlaßgegenstände verfügen oder Rechtsgeschäfte mit sich selbst abschließen (wenn er von den Beschränkungen des § 181 befreit ist), was einem Testamentsvollstrecker grundsätzlich nicht möglich ist, § 2205 (vgl BGH DNotZ 1963, 305).

66 Der vom Erblasser ernannte Bevollmächtigte bedarf, wenn minderjährige Erben vorhanden sind und ein Vormund das Rechtsgeschäft nur mit **Genehmigung** des Vormundschaftsgerichts vornehmen könnte, nicht dieser Genehmigung (RGZ 88, 345; 106, 185; MERKEL WM 1987, 1001, 1002; BENGEL, in: BENGEL/REIMANN, HbTV I Rn 50).

67 Nach dem Gesagten **erlischt** die dem Käufer eines Grundstücks vom Verkäufer erteilte Vollmacht, sich das Grundstück selbst aufzulassen, in der Regel nicht mit dem Tode des Käufers, sie geht vielmehr mit dem Auflassungsanspruch, dessen Erfüllung sie dient, auf die Erben des Käufers über (KG HRR 1939 Nr 300).

68 Daß eine vom Erblasser erteilte Vollmacht über seinen Tod hinaus wirkt, ist auch dann nicht ausgeschlossen, wenn eine andere Person als der Bevollmächtigte zum Testamentsvollstrecker ernannt ist (HILDERSCHEIDT DNotZ 1938, 491). Allerdings wird ihre Wirkung durch die Rechte des Testamentsvollstreckers **eingeschränkt**, sobald dieser das Amt angenommen hat (§ 2202). Denn da der Bevollmächtigte nunmehr als Bevollmächtigter der Erben anzusehen ist (s Rn 43), kann er nur im Rahmen der Verfügungsmacht der Erben handeln; diese ist aber durch die Rechte des Testamentsvollstreckers **beschränkt** (§§ 2211, 2212; aM BGH WM 1962, 840; ERMAN/M SCHMIDT Rn 9; HAEGELE/WINKLER Rn 253; MERKEL WM 1987, 1001, der postmortale Bankvollmachten

unabhängig von einer Testamentsvollstreckung wirken lassen will; ebenso REHMANN BB 1987, 213).
Anders ist freilich das Verhältnis zwischen postmortaler Vollmacht und Testamentsvollstreckung zu beurteilen, wenn anzunehmen ist, daß nach dem Willen des Erblassers die Rechte des Testamentsvollstreckers durch die des Bevollmächtigten eingeschränkt sein sollen (§ 2208 Abs 1 S 1; KGJ 37 A 231, 238; OLG Köln NJW-RR 1992, 1357; MünchKomm/BRANDNER § 2211 Rn 13; differenzierend BENGEL, in: BENGEL/REIMANN, HbTV I Rn 39 ff; vgl § 2211 Rn 12). Durch Erteilung einer Vollmacht (auch Generalvollmacht) an den Testamentsvollstrecker selber kann dessen Position allerdings verstärkt werden (BGH DNotZ 1963, 305; vgl Rn 76).

69 Die Erteilung einer trans- oder postmortalen Vollmacht kommt als **Ausweg** in Frage, wenn der Erblasser durch einen Erbvertrag oder ein gemeinschaftliches Testament gehindert ist, einen Testamentsvollstrecker zu ernennen (vgl § 2197 Rn 23 und BayObLGZ 19 A 71).

70 Wenn der Bevollmächtigte Alleinerbe des Vollmachtgebers wird, so erlischt der Auftrag und demgemäß auch die Vollmacht durch **Konfusion**. Trotzdem bleiben die Rechtsgeschäfte, die der Bevollmächtigte im Namen des Vollmachtgebers nach dessen Tod vornimmt, zum mindesten dann grundsätzlich wirksam, wenn er von dem Erbfall nichts weiß. Denn dann ist seine Willenserklärung im Wege der ergänzenden Auslegung dahin umzudeuten, daß er im Namen des wahren Rechtsinhabers, also im eigenen Namen, handeln will (vgl HUECK SJZ 1948, 458; KLAUS NJW 1948, 627; **aM** OLG Stuttgart NJW 1948, 627 und KGJ 43, 157 für den Fall, daß der Erblasser seinem alleinigen Erben oder Vorerben eine Generalvollmacht erteilt).

5. Widerruf durch den Erben

71 Es ist zu unterscheiden zwischen der kausalen und der abstrakten oder isolierten Vollmacht. Ob eine kausale trans- oder postmortale Vollmacht widerruflich ist, richtet sich nach dem ihr **zugrundeliegenden Rechtsverhältnis** (§ 168; RG SeuffA 79 Nr 221). Liegt ein Auftrag zugrunde, so ist dieser und infolgedessen auch die Vollmacht grundsätzlich frei widerruflich (§§ 671 Abs 1, 168). Wenn aber der Erblasser auf das Widerrufsrecht verzichtet, so liegt sachlich die Einsetzung eines Testamentsvollstreckers vor; die Anordnung ist daher nur wirksam, wenn sie in der für die Ernennung eines Testamentsvollstreckers vorgeschriebenen Form getroffen ist (RGZ 139, 41).

72 Die **abstrakte** oder isolierte Vollmacht kann **stets** widerrufen werden, weil ihr kein bestimmtes Rechtsverhältnis zugrunde liegt, so daß § 168 unanwendbar ist (KG JFG 1, 318; RG SeuffA 79 Nr 221; **aM** MünchKomm/BRANDNER Rn 17, der in bestimmten Fällen die Beschränkung eines Widerrufs aus wichtigem Grund durch den Erblasser zulassen will).

73 Daß der Alleinerbe die vom Erblasser erteilte widerrufliche Vollmacht zurückziehen kann, ergibt sich aus der Gesamtrechtsnachfolge (§ 1922). Wenn **mehrere Erben** eingesetzt sind, so kann jeder Miterbe auch schon vor Teilung des Nachlasses die Vollmacht für seine Person mit der Wirkung widerrufen, daß der Bevollmächtigte zur Vertretung dieses Miterben nicht mehr befugt ist, mag auch der Widerruf des etwa zugrunde liegenden Auftrags nach § 2040 nur der Gesamtheit der Erben zustehen (RG SeuffA 79 Nr 221; KG DNotZ 1937, 813). Durch den Widerruf eines Miterben wird aber das Recht des Bevollmächtigten zur Vertretung der übrigen Miterben nicht berührt; dieser ist daher nicht verpflichtet, die Vollmachtsurkunde zurückzugeben (§ 175, RG JW 1938, 1892). Auch der Testamentsvollstrecker kann im Rahmen seines Verwaltungsrechtes (§ 2205) die Vollmacht, die der Erblasser einem anderen mit Wirkung über den Tod hinaus erteilt hat, widerrufen, sofern nicht das Testament ein anderes bestimmt (§ 2208).

6. Generalvollmacht über den Tod hinaus oder auf den Todesfall

Auch die Generalvollmacht wirkt über den Tod des Vollmachtgebers hinaus, wenn ihr ein obligatorisches Rechtsverhältnis zugrunde liegt (kausale Generalvollmacht) und wenn dieses den Tod des Vollmachtgebers **überdauert** (RGZ 88, 345; RG Recht 1924 Nr 1453; RG JR 1925 Nr 1860; RG SeuffA 83 Nr 160; BayObLGZ 19 A 171; aM WOLFF Recht 1922, 70: die Generalvollmacht sei in der Regel abstrakt und erlösche mit dem Tode des Vollmachtgebers außer bei ausdrücklicher gegenteiliger Anordnung, die aber nur durch letztwillige Verfügung getroffen werden könne). Zum mindesten wird dies dann gelten müssen, wenn der Wille des Vollmachtgebers, daß die Vollmacht seinen Tod überdauern solle, erkennbar zu Tage getreten ist (LEHMANN JW 1929, 1647). Aber auch die abstrakte Generalvollmacht muß nach dem Grundsatz der Gesamtrechtsnachfolge im Zweifel als den Tod des Machtgebers überdauernd angesehen werden (aM anscheinend RG SeuffA 83 Nr 160).

Ob und wie die kausale Generalvollmacht widerrufen werden kann, richtet sich nach dem zugrundeliegenden Rechtsverhältnis (RG Recht 1924 Nr 1453). Da es aber kein Rechtsverhältnis gibt, das eine Vollmacht zur unbeschränkten Vertretung eines Beteiligten durch einen anderen in allen Rechtsangelegenheiten einschließen würde, kann eine Generalvollmacht nur insoweit unwiderruflich sein, als sie im Innenverhältnis auf die Besorgung der Rechtsangelegenheiten innerhalb eines bestimmten engeren Kreises beschränkt sein soll. Eine abstrakte Generalvollmacht ist **frei widerruflich** (RGZ 62, 337; aM MünchKomm/BRANDNER unter Berufung auf LARENZ, AT § 31 III b). Eine Unwiderruflichkeitsklausel ist schon wegen § 138 wirkungslos (BGH DNotZ 1972, 229; wegen diesbezüglicher Auflagen s Rn 77).

7. Vollmacht an den Testamentsvollstrecker

Es bestehen keine Bedenken dagegen, daß jemand sowohl die Stellung eines Testamentsvollstreckers als auch die eines Bevollmächtigten oder Generalbevollmächtigten auf Grund einer ihm vom Erblasser über dessen Tod hinaus erteilten Vollmacht innehat (BGH DNotZ 1963, 305; vgl BayObLG-Rp 1995, 59). Eine Generalvollmacht wird auch nicht dadurch eingeschränkt, daß der Bevollmächtigte zugleich Testamentsvollstrecker ist, vielmehr wird die Position des Testamentsvollstreckers durch die Vollmacht **erweitert**. Er kann als Bevollmächtigter uU – wenn die Vollmacht (zB Generalvollmacht) dies gestattet – auch unentgeltlich Geschäfte vornehmen oder Rechtsgeschäfte mit sich selbst, wenn er von den Beschränkungen des § 181 befreit ist, was er als Testamentsvollstrecker grundsätzlich nicht kann (§ 2205). Der Erbe muß vor derartigen Geschäften des Testamentsvollstreckers geschützt werden, weil er dessen Entlassung nur erreichen kann, wenn ein wichtiger Grund vorliegt (§ 2227); ein Schutzbedürfnis gegenüber solchen Maßnahmen des (General-)Bevollmächtigten entfällt jedoch, da der Erbe die vom Erblasser erteilte Vollmacht widerrufen kann. Die einzige gesetzliche Schranke für den Bevollmächtigten liegt in dem Verbot, die Vollmacht zu mißbrauchen (BGH DNotZ 1963, 305; vgl BayObLG-Rp

1995, 59). Ein solcher Mißbrauch ist nicht anzunehmen, wenn der Testamentsvollstrecker-Generalbevollmächtigte mit Zustimmung der Erben handelt, zB Wechselverbindlichkeiten eingeht, die dazu dienen sollen, seine eigenen Schulden zu tilgen (BGH BNotZ 1963, 305).

77 Die Vollmacht kann dadurch verstärkt werden, daß der Erblasser die Erben durch **Auflage** verpflichtet, die Vollmacht beizubehalten, und zur Durchführung der Auflage wiederum Testamentsvollstreckung anordnet (mit demselben Testamentsvollstrecker!); schließlich kann der Erblasser die Erfüllung seiner Anordnung zugunsten des Testamentsvollstreckers zur aufschiebenden oder ihre Nichterfüllung zur auflösenden Bedingung der Berufung des Erben machen (LANGE JuS 1970, 102).

8. Postmortale Vollmacht des Vorerben und Nacherbfolge

78 Eine Vollmacht, die der Vorerbe über seinen Tod hinaus oder auf seinen Tod erteilt, ermächtigt den Bevollmächtigten grundsätzlich nicht, nach dem Eintritt des Nacherbfalles den Nacherben zu vertreten; denn der Nacherbe ist nicht Rechtsnachfolger des Vorerben, sondern des Erblassers (KG DRZ 1928 Nr 466). Wohl haftet auch der Nacherbe für die Nachlaßverbindlichkeiten; aber die Erteilung der Vollmacht ist kein Verpflichtungsgeschäft, das eine Nachlaßverbindlichkeit begründen könnte. Eine Ausnahme kann gerechtfertigt sein, wenn der Erteilung der Vollmacht ein dem Nacherben gegenüber wirksames Rechtsverhältnis zugrunde liegt. In diesem Fall dürfte es auch zulässig sein, daß der Vorerbe die Vollmacht ausschließlich für die Zeit nach dem Eintritt des Nacherbfalles erteilt (**aM** KGJ 50, 159; vgl HILDERSCHEIDT DNotZ 1938, 491).

VI. Der Nachweis des Amtes

1. Grundsatz

79 Das Amt beginnt bei Vorliegen der erforderlichen Voraussetzungen (s § 2197 Rn 45), ohne **Kundbarmachung nach außen**. Die Verwaltungs- und Verfügungsbefugnis des Testamentsvollstreckers bestehen ipso jure mit dem Beginn des Amtes, in gleicher Weise werden dem (den) Erben die entsprechenden Verwaltungs- und Verfügungsbefugnisse entzogen. Es ist allerdings evident, daß ohne Manifestation des Amtes nach außen Gutglaubensschutzprobleme auftreten würden. Zu deren Regulierung stehen außerhalb des Testamentsvollstreckerrechtes der Erbschein, das Grundbuch sowie das Handelsregister zur Verfügung, im Recht der Testamentsvollstreckung zusätzlich das Testamentsvollstreckerzeugnis (§ 2368).

80 Im **Erbschein** wie auch im **Grundbuch** wird die Testamentsvollstreckung nur dem Grunde nach verlautbart, während das Testamentsvollstreckerzeugnis die Person des Testamentsvollstreckers sowie etwaige Beschränkungen und Erweiterungen des Amtes kundtut. Die Bedeutung des Handelsregisters in Testamentsvollstreckersachen ist umstritten und noch nicht restlos geklärt.

2. Bekanntmachung im Erbschein

81 Wird ein Erbschein erteilt, ist auch die Testamentsvollstreckung darin als **Beschrän-**

kung der Verfügungsmacht **der Erben** zu vermerken; schuldrechtliche Beschränkungen haben im Erbschein dagegen keinen Platz. Durch die Verlautbarung der Testamentsvollstreckung im Erbschein (§ 2364 Abs 1) wird die Verfügungsbeschränkung des Erben Dritten bekanntgemacht.

Abweichend vom Wortlaut des § 2364 Abs 1 „Ernennung des Testamentsvollstreckers" wird der **Name** des Testamentsvollstreckers im Erbschein nicht angegeben, es wird vielmehr lediglich vermerkt, daß Testamentsvollstreckung angeordnet ist. Diese Verlautbarung hat auch zu erfolgen, wenn in den Fällen der §§ 2198, 2200 BGB zwar Testamentsvollstreckung angeordnet, aber ein Testamentsvollstrecker noch nicht ernannt ist (MünchKomm/PROMBERGER § 2364 Rn 3; PALANDT/EDENHOFER § 2364 Rn 1). Der Name des Testamentsvollstreckers ergibt sich erst aus dem Testamentsvollstreckerzeugnis (§ 2368). **82**

Der Testamentsvollstreckervermerk ist in den Erbschein von Amts wegen, also **ohne speziellen Antrag**, aufzunehmen, sofern nur ein Erbschein beantragt wurde. **83**

Die **Eintragung im Erbschein erübrigt sich**, wenn der ernannte Testamentsvollstrecker die Annahme abgelehnt hatte und auch ein Ersatzmann nicht ernannt ist oder wenn zwischen Erbfall und Erbscheinserteilung die Testamentsvollstreckung weggefallen ist (BayObLG Rpfleger 1974, 345). **84**

Auch die **Nacherbentestamentsvollstreckung** (§ 2222) ist anzugeben. Bei **aufschiebender Bedingung** wird die Testamentsvollstreckung erst mit deren Eintritt im Erbschein vermerkt. Betrifft die Testamentsvollstreckung nur einen **Miterben**, so ist sie nur in dessen Teilerbschein oder in einem gemeinschaftlichen Erbschein unter Beschränkung auf seinen Erbteil zu vermerken (§§ 2353, 2364 Abs 1). **85**

Ist nur eine **Vermächtnisvollstreckung** (§ 2223) angeordnet, ist ein Testamentsvollstreckungsvermerk in dem Erbschein, der nur das Erbrecht der Erben, nicht aber deren schuldrechtliche Beschränkungen auszuweisen hat, nicht zu erwähnen (STAUDINGER/FIRSCHING[12] § 2364 Rn 7; MünchKomm/PROMBERGER § 2364 Rn 4). **86**

Ist der Testamentsvollstrecker erst für die Zeit nach dem Tod des Erben ernannt (etwa zur Betreuung dessen minderjähriger Erben) so handelt es sich um eine **aufschiebend befristete**, uU auch bedingte Ernennung. Sie ist daher im Erbschein noch nicht oder unter Angabe ihrer hinausgeschobenen Wirksamkeit anzugeben. **87**

Ist die Testamentsvollstreckung angeordnet, die erst **nach Eintritt des Nacherbfalls** wirksam werden soll (nicht zu verwechseln mit der Nacherbenvollstreckung gemäß § 2222), so wird diese Testamentsvollstreckung nicht im Erbschein ausgewiesen, der das Erbrecht der Vorerben bezeugt. Sie kann auch nicht, wie die gegenüber dem Erbeserben wirksame Testamentsvollstreckung behandelt und unter Angabe ihres späteren Wirksamwerdens angegeben werden, da der Nacherbe für die in seiner Person eintretenden Erbfolge einen neuen Erbschein erhält (MünchKomm/PROMBERGER § 2364 Rn 8). **88**

Aus der ratio legis des Testamentsvollstreckervermerks im Erbschein ist auch zu beurteilen, ob etwaige **Beschränkungen der Befugnisse** des Testamentsvollstreckers im **89**

Erbschein zu berücksichtigen sind. Handelt es sich um eine „normale Testamentsvollstreckung", ist der Testamentsvollstrecker über den gesamten Nachlaß verfügungsbefugt (§ 2205 S 2), während der Erbe insoweit nicht verfügungsbefugt ist (§ 2211). In einem derartigen Fall ist in den Erbschein kein Hinweis auf den Umfang der Befugnisse des Testamentsvollstreckers aufzunehmen. Die Testamentsvollstreckung ist überhaupt im Erbschein nicht zu erwähnen, wenn sie den Erben zu keinem Zeitpunkt in der Verfügungsmacht beschränkt, zB bei einer nur beaufsichtigenden Testamentsvollstreckung gemäß § 2208 Abs 2 (BayObLG FamRZ 1991, 986; STAUDINGER/FIRSCHING[12] § 2364 Rn 3, 6; SOERGEL/DAMRAU § 2364 Rn 1).

90 Fraglich ist, ob Beschränkungen der Befugnis des Testamentsvollstreckers im übrigen im Erbschein anzugeben sind. Beschränkt die Testamentsvollstreckung den Erben im gesamten Umfang des Nachlasses und sind dabei lediglich auch die Befugnisse des Testamentsvollstreckers begrenzt, so ist eine Angabe über den Umfang der Befugnis des Testamentsvollstreckers nicht erforderlich, sofern der Erbe seinerseits nicht verfügungsbefugt ist. Handelt es sich dagegen um **gegenständliche Beschränkungen**, mit der Folge, daß der Erbe über bestimmte Nachlaßgegenstände verfügungsbefugt ist, ist dies im Erbschein zu verlautbaren. Dies gilt sowohl, wenn der Testamentsvollstrecker nur für bestimmte Gegenstände des Nachlasses verfügungsbefugt ist (§ 2208 Abs 1 S 2), wie auch, wenn bestimmte Gegenstände von seiner Verfügungsbefugnis ausgenommen sind (MünchKomm/PROMBERGER § 2364 Rn 12).

91 Der Erbschein ist bei **fehlender** Angabe der Testamentsvollstreckung **unrichtig** und damit einzuziehen (§ 2361). Wegen der nachträglichen Erledigung der Testamentsvollstreckung (Amtsbeendigung) s § 2210 Rn 18. Ein Wechsel in der Person des Testamentsvollstreckers berührt die Richtigkeit des Erbscheins bei Fortbestehen der Testamentsvollstreckung nicht.

92 Nach § 2364 Abs 2 hat der Testamentsvollstrecker einen **Herausgabeanspruch** und kann die Herausgabe des unrichtigen Erbscheins verlangen. Nicht nur bei Fehlen oder Unrichtigkeit des Testamentsvollstreckervermerks, sondern auch bei sonstiger Unrichtigkeit des Erbscheins ist es wegen der Aufgaben des Testamentsvollstreckers für den Nachlaß zweckmäßig, daß dieser anstelle des Erben, aber auch gegen den Erben, den Herausgabeanspruch erheben kann. Um die Unrichtigkeit des Erbscheins nachprüfen zu können, hat der Testamentsvollstrecker auch einen gegen den Inhaber des unrichtigen Erbscheins gerichteten Auskunftsanspruch nach § 2362 Abs 2 (PALANDT/EDENHOFER § 2364 Rn 2).

3. Bekanntmachung im Grundbuch, Schiffs- und Luftfahrzeugregister

93 Dem Testamentsvollstreckervermerk im Erbschein entsprechen nach Sinn und Inhalt die Testamentsvollstreckervermerke im Grundbuch (§ 52 GBO), im Schiffs- und Schiffsbauregister (§ 55, 74 SchiffsRegO) und im Register für Pfandrechte an Luftfahrzeugen (§ 86 LuftfzRG). Der Vermerk hat zur Folge, daß Verfügungen des Erben nicht mehr eingetragen werden dürfen, weil diesem die Verfügungsbefugnis entzogen ist (§ 2211). Solange der Vermerk eingetragen ist (§ 891), hat das Grundbuchamt Eintragungsanträge, die auf eine Bewilligung des Erben gestützt sind, zurückzuweisen (KUNTZE/ERTL/HERRMANN/EICKMANN, GBO § 52 Rn 8). Die Eintragung des Testamentsvollstreckervermerks im Grundbuch kommt nicht in Betracht, wenn ein Grundstück im Eigentum einer Personengesellschaft (BGB-Gesellschaft, OHG, KG, EWIV) steht und Testamentsvollstreckung über den Nachlaß eines Gesellschafters angeordnet ist (LG Hamburg Rpfleger 1979, 26; ULMER BWNotZ 1990, 69; aM HÖRER BWNotZ 1990, 16).

Der **Nachweis der Anordnung** einer Testamentsvollstreckung ist dem Grundbuchamt **94** gegenüber gemäß § 35 GBO zu führen, also entweder durch Vorlage eines Testamentsvollstreckerzeugnisses oder durch eine öffentlich beurkundete Verfügung von Todes wegen mit der Niederschrift über ihre Eröffnung. Bloße Erklärungen der Beteiligten sind unbeachtlich. Die Vorlage eines Erbscheins reicht allein nicht aus, ist jedoch in der Regel zum Nachweis der gleichzeitig einzutragenden Erbfolge erforderlich. Geht aus dem öffentlichen Testament nebst der Eröffnungsniederschrift die Tatsache der Annahme des Amtes nicht hervor, so muß darüber ein gesondertes Zeugnis des Nachlaßgerichtes verlangt werden; eine Erklärung des Testamentsvollstreckers gegenüber dem Grundbuchamt genügt nicht (KUNTZE/ERTL/HERRMANN/EICKMANN, GBO § 52 Rn 4).

Im Grundbuch (§ 52 GBO) ist die Testamentsvollstreckung **gleichzeitig mit der Ein- 95 tragung des Erben** (KG DNotZ 1956, 195), aber niemals ohne diese zu vermerken, wenn der Nachlaßgegenstand seiner Verwaltung unterliegt. Die Eintragung der Testamentsvollstreckung im Grundbuch ist also unzulässig, wenn nicht die Erben zugleich eingetragen werden, es sei denn, die Eintragung der Erben ist gemäß § 40 GBO nicht erforderlich. Das gleiche gilt auch für das Schiffsregister (§ 55 SchiffsregO; s auch § 86 Abs 1 S 1 LuftfzRG). Der Erblasser kann die Eintragung nicht verbieten, der Testamentsvollstrecker auf sie nicht verzichten, da er seine Befugnisse im Interesse des Erben auszuüben hat (OLG München JFG 20, 294).

Nicht einzutragen ist – entgegen dem problematischen Wortlaut des § 52 GBO („Ist **96** ein Testamentsvollstrecker ernannt, so ist dies ... miteinzutragen") – der **Name des Testamentsvollstreckers**. Dieser ergibt sich nur aus dem Testamentsvollstreckerzeugnis nach § 2368.

Auch eine **Beschränkung der Befugnisse** des Testamentsvollstreckers ist – anders als im **97** Erbschein – nicht zu vermerken. Allerdings darf der Testamentsvollstreckervermerk im Grundbuch nicht eingetragen werden, sofern der dort vorgetragene Grundbesitz nicht dem Verwaltungsrecht des Testamentsvollstreckers unterliegt (KUNTZE/ERTL/HERMANN/EICKMANN, GBO § 52 Rn 5). Ist Nacherbenvollstreckung (§ 2222) angeordnet, so ist dies anzugeben.

Die Eintragung der Testamentsvollstreckung im Grundbuch hat auch dann zu erfol- **98** gen, wenn sich die Testamentsvollstreckung auf ein **Vermächtnis** bezieht und der vermachte Gegenstand ein Grundstück ist (BayObLG Rpfleger 1990, 365). Auf die Eintragung der Testamentsvollstreckung im Grundbuch bei einem Vermächtnis muß der Testamentsvollstrecker besonders dann achten, wenn die Erfüllung der Vermächtnisse nicht unmittelbar nach dem Ableben des Erblassers, sondern zu einem späteren Zeitpunkt, in Sonderheit beim Ableben des Erben, zu erfüllen sind. In derartigen Fällen besteht die Gefahr, daß bei Nichteintragung des Testamentsvollstreckervermerks nach dem Ableben des Erblassers der Erbe über den Vermächtnisgegenstand verfügt oder aber seinerseits letztwillig über diesen Gegenstand verfügt

(MÖHRING/BEISSWINGERT/KLINGELHÖFFER, Vermögensverwaltung in Vormundschafts- und Nachlaßsachen 179).

99 Gegen die Eintragung kann zunächst formlose Erinnerung, dann **Beschwerde** mit dem Antrag auf Löschung eingelegt werden. Ist die Eintragung unterblieben, ist eine Nachholung so lange möglich, als das betreffende Recht noch nicht auf einen Dritten umgeschrieben ist. Danach kommt nur die Eintragung eines Widerspruchs in Betracht.

100 Der Testamentsvollstreckervermerk wird, wenn er gegenstandslos ist, nach den §§ 84 ff GBO, in allen anderen Fällen auf Antrag gelöscht. Voraussetzung ist, daß entweder der Testamentsvollstrecker die Löschung bewilligt oder der Unrichtigkeitsnachweis gemäß § 22 GBO geführt wird (OLG Hamm Rpfleger 1958, 15, 18). **Unrichtigkeit** des Testamentsvollstreckervermerks im Grundbuch kann gegeben sein, wenn die Testamentsvollstreckung beendet ist (s §§ 2210, 2225 ff), weil ein Nachlaßgegenstand der Verfügungsbefugnis des Testamentsvollstreckers nicht mehr unterliegt, etwa wegen wirksamer Veräußerung oder wegen Überlassung an den Erben nach § 2217, ferner weil die Testamentsvollstreckung nicht bestanden hat.

101 Eine Löschung kommt allein aufgrund der **Bewilligung des Testamentsvollstreckers** nicht in Betracht (OLG Hamm Rpfleger 1958, 15), vielmehr ist der Grund hinreichend nachzuweisen; in der Löschungsbewilligung kann jedoch zugleich eine Freigabe nach § 2217 liegen. Bei Niederlegung des Amtes durch einen Testamentsvollstrecker ist jedoch noch nicht nachgewiesen, daß auch die Testamentsvollstreckung als solche beendet ist, da der Erblasser Ersatzbestimmungen getroffen haben kann (OLG Hamm Rpfleger 1958, 15).

4. Eintragung im Handelsregister

102 Ob die Testamentsvollstreckung im Handelsregister zu verlautbaren ist, ist **bestritten** (vgl SCHAUB ZEV 1994, 71). Einzutragen im Handelsregister ist nach neuerer Auffassung nicht nur, was gesetzlich ausdrücklich angeordnet ist, sondern was auch ohne ausdrückliche gesetzliche Vorschrift Sinn und Zweck des Handelsregisters erfordern (BAUMBACH/HOPT, HGB § 8 Rn 5), zB die Gestattung des Selbstkontrahierens (BGHZ 87, 60). Das Handelsregister soll die Zugehörigkeit gewerblicher Unternehmen zum Handelsstand und deren wichtigste Rechtsverhältnisse offenbaren (vgl BAUMBACH/HOPT HGB § 8 Rn 1). Aus der gegenwärtigen Rechtsprechung (BGHZ 108, 187) ergibt sich, daß dinglich wirkende Beschränkungen der Rechtsmacht des Kommanditisten, die uU Einfluß auf die Wirksamkeit von Gesellschafterbeschlüssen, also Außenwirkung, haben, in das Handelsregister einzutragen sind. Die Beteiligung an einer Personenhandelsgesellschaft, die trotz § 124 Abs 1 HGB Gesamthand ist, hat unmittelbare Außenwirkung, sie hat – anders als die Beteiligung an einer Kapitalgesellschaft – nicht nur kapitalistisch-internen Charakter; dies wird dadurch belegt, daß bei Personenhandelsgesellschaften Registeranmeldungen von allen Gesellschaftern vorzunehmen sind (vgl §§ 161 Abs 2, 108 Abs 1 HGB). Man wird daher und auch wegen § 2214 den Ansichten zuneigen müssen (SCHLEGELBERGER/K SCHMIDT, HGB § 177 Rn 34; HEYMANN/HORN, HGB § 177 Rn 14; ROWEDDER EWiR 1989, 991; ULMER NJW 1990, 73; REIMANN DNotZ 1990, 194; D MAYER ZIP 1990, 978; KLEIN DStR 1992, 328; PALANDT/EDENHOFER Rn 15), welche die Eintragung eines Testamentsvollstreckervermerks im Handelsregister für zulässig und geboten halten. Diese Konsequenz ist wegen des BGH-Urteils vom 14. 5. 1986 (DNotZ 1987, 116) für alle Personenhandelsgesellschaften und auch für einzelkaufmännische Unternehmen zu ziehen. Steht man dagegen auf dem Standpunkt (so DAMRAU BWNotZ 1990, 69; MAROTZKE EWiR 1992, 981; REINKE Rpfleger 1994, 1; KEIDEL/SCHMATZ/STÖBER, Registerrecht Rn 288), das Handelsregister habe nur die Aufgabe, die Vertretungsverhältnisse einer Gesellschaft zu verlautbaren, ist es logisch, die Eintragungsfähigkeit der Testamentsvollstreckung im Handelsregister zu verneinen (so für den Kommanditanteil KG-Rp 1995, 184; LG Berlin ZIP 1992, 1557 = EWiR 1992, 981 m Anm MAROTZKE).

Der **Nachweis der Anordnung der Testamentsvollstreckung** ist dem Handelsregister **103** gegenüber gemäß § 12 Abs 2 S 2 HGB, soweit tunlich, durch öffentliche Urkunden zu führen. Der Nachweis ist untunlich, wenn sich die Rechtsnachfolge aus den Akten des Registergerichtes selbst oder aus bei demselben Gericht geführten Nachlaßakten ergibt; dann genügt eine einfache Bezugnahme (BayObLG WM 1983, 1092). Bei gesetzlicher Erbfolge oder bei gewillkürter Erbfolge aufgrund privatschriftlichen Testaments ist ein Testamentsvollstreckerzeugnis erforderlich, nicht aber, wenn das Testament in einer öffentlichen Urkunde enthalten ist, dann genügt die Vorlage einer Ausfertigung des Testaments nebst dem Eröffnungsprotokoll.

Eine Eintragung im Handelsregister hat in jedem Fall nur zu erfolgen, wenn die **104** **Verfügungsmacht des Erben dinglich**, nicht nur schuldrechtlich **beschränkt** wird, also nicht bei einer nur beaufsichtigenden Testamentsvollstreckung (§ 2208 Abs 2). Wenn der Geschäftsanteil nicht von der Testamentsvollstreckung umfaßt wird, hat die Eintragung im Handelsregister zu unterbleiben.

Zur **Anmeldung** des Eintritts des Gesellschafter-Erben ist der Testamentsvollstrecker **105** berechtigt und verpflichtet, soweit seine Befugnis reicht (BGHZ 108, 187), welche nur bei Testamentsvollstreckung nach § 2209 besteht, nicht aber bei bloßer Abwicklungsvollstreckung (KG OLGZ 91, 261) oder bei einer nur beaufsichtigenden Vollstreckung (§ 2208 Abs 2); dagegen kann er das Ausscheiden des Erblassers für die Erben, die selbst nicht Gesellschafter wurden, stets ohne Rücksicht auf die Art der Testamentsvollstreckung anmelden (KG aaO; §§ 107; 108 Abs 1, 142 Abs 2, 161 Abs 2 HGB). Ob neben einer bestehenden Befugnis des Testamentsvollstreckers auch noch der Erbe ein Anmelderecht hat, hat der BGH (BGHZ 108, 187) offengelassen, die Frage ist aber zu verneinen (REIMANN DNotZ 1990, 190; vgl ausführlich SCHAUB ZEV 1994, 78).

5. Testamentsvollstreckerzeugnis

Der Erbe bedient sich zum Nachweis seiner Rechte im Rechtsverkehr des Erb- **106** scheins, der gutgläubige Dritte kann sich auf die Richtigkeit des Inhalts verlassen (§ 2365). Die gleiche Funktion hat im Rahmen einer Testamentsvollstreckung das Testamentsvollstreckerzeugnis für den Testamentsvollstrecker. Die **Legitimation des Testamentsvollstreckers** kann nicht nur durch das Testamentsvollstreckerzeugnis nachgewiesen werden. Der Testamentsvollstrecker kann den Beweis seiner Ernennung und Amtsannahme auch in anderer Weise, also insbesondere durch Vorlage des Testaments und der Ausfertigung der Annahmeerklärung führen (RGZ 100, 282; BGH WM 1961, 479). Insbesondere bei der Eintragung des Testamentsvollstreckervermerkes gemäß § 52 GBO genügt es, wenn die letztwillige Verfügung, auf welcher die

Testamentsvollstreckung beruht, in einer öffentlichen Urkunde enthalten ist, und die Niederschrift über ihre Eröffnung vorgelegt wird; geht aus dem Eröffnungsprotokoll die Tatsache der Annahme des Amtes nicht hervor, so muß darüber ein gesondertes Zeugnis des Nachlaßgerichtes erteilt sein. Entsprechendes gilt im Handelsregisterverfahren (s oben Rn 103). Das Testamentsvollstreckerzeugnis wird durch die Bestätigung des Nachlaßgerichtes über die Annahme des Amtes gemäß § 2202 nicht entbehrlich. Im rechtsgeschäftlichen Verkehr kann immer die Vorlage des Testamentsvollstreckerzeugnisses verlangt werden, insbesondere von Banken, ohne daß ein derartiges Begehren Schadensersatzansprüche auslösen würde (BGH WM 1961, 479).

107 Das Testamentsvollstreckerzeugnis begründet allein die Vermutung der Vollständigkeit und Richtigkeit und genießt **öffentlichen Glauben** (§ 2368 Abs 3 HS 1 iVm § 2365). Auch im übrigen finden die Vorschriften über den Erbschein auf das Testamentsvollstreckerzeugnis entsprechende Anwendung (§ 2368 Abs 3). Das Testamentsvollstreckerzeugnis weist die Gültigkeit der Ernennung zum Testamentsvollstrecker aus. An das Zeugnis knüpft sich die **weitere Vermutung**, daß der Testamentsvollstrecker durch keine anderen als die im Zeugnis angegebenen Anordnungen beschränkt ist.

108 Es **bezeugt nicht**, daß das Amt noch besteht, da das Testamentsvollstreckerzeugnis gemäß § 2368 Abs 3 HS 2 (im Gegensatz zum Erbschein) mit Beendigung des Amtes des Testamentsvollstreckers von selbst kraftlos wird. Die mit dem Testamentsvollstreckerzeugnis verbundene Vermutung (§ 2365) und ein möglicher gutgläubiger Erwerb werden damit gegenstandslos (Wiegand JuS 1975, 285). Das Testamentsvollstreckerzeugnis bezeugt auch nicht, daß sich die Verfügung des Testamentsvollstreckers auf einen Nachlaßgegenstand bezieht (Firsching/Graf Rn 4.449). Nicht vermutet wird, daß eine im Testamentsvollstreckerzeugnis angegebene Beschränkung der Befugnisse des Testamentsvollstreckers tatsächlich besteht (s Erl zu § 2368).

VII. Zeitliche und räumliche Geltung

1. Zeitliche Geltung

109 Ist der Erblasser vor 1900 gestorben, gilt für die Testamentsvollstreckung das alte Recht (Art 213 EGBGB). Ist er nach dem Inkrafttreten des BGB (1. 1. 1900) gestorben, so ist neues Recht maßgebend, mag auch das Testament in dem der Testamentsvollstrecker ernannt wurde, vor dem 1. 1. 1900 errichtet worden sein (RGZ 46, 70).

2. Räumliche Geltung (Internationales Privatrecht)

110 Bei einer **Auslandsberührung** sind zwei Fallkonstellationen denkbar. Entweder ein ausländischer Testamentsvollstrecker wird im Rahmen eines in Deutschland gelegenen Nachlasses tätig oder ein nach deutschem Recht Ernannter muß im Rahmen seiner Tätigkeit im Ausland handeln.

111 Die dabei aufkommende Frage, welche Vorschriften hierbei zur Anwendung kommen, wird durch die Kollisionsnormen des deutschen IPR gelöst. Dabei kommen entweder Staatsverträge gem Art 3 Abs 2 EGBGB (Übersicht s Gottwald/Haas, in:

BENGEL/REIMANN, HbTV IX Rn 4 ff) oder die Kollisionsnormen des EGBGB zur Anwendung.

Zu beachten ist, daß stets erbrechtliche Kollisionsnormen des EGBGB anzuwenden sind, auch wenn das ausländische Recht die Testamentsvollstreckung nicht im Rahmen des Erbstatutes regelt (BGH NJW 1963, 46, 47; vgl BayObLGZ 1990, 51). Desgleichen richten sich die Fragen der Gültigkeit der Verfügung von Todes wegen nach dem Formstatut (Näheres s Erl zu Art 24 EGBGB). **112**

3. Recht der ehem DDR und ausländisches Recht

Das ZGB der DDR enthielt über den Testamentsvollstrecker lediglich die Vorschrift des § 371 Abs 3: „Der Erblasser kann einen Miterben oder einen anderen Bürger dazu bestimmen, im Testament getroffene Festlegungen auszuführen und insoweit den Nachlaß zu verwalten sowie darüber zu verfügen (Testamentsvollstrecker)". In diesem Rahmen konnte der Erblasser die Befugnisse des Testamentsvollstreckers im einzelnen regeln. **113**

Der Testamentsvollstrecker hatte also eine wesentlich **schwächere Position**, als im BGB vorgesehen. Weder liegt in der Testamentsvollstreckung eine Verfügungsbeschränkung des Erben, noch war eine Dauertestamentsvollstreckung möglich (EBENROTH § 10 VI). Im übrigen richtete sich das Verhältnis zwischen Erbe und Testamentsvollstrecker nach dem Recht der Vertretung (§§ 53 ff ZGB-DDR; KG-Rp 1995, 150 zum Widerruf der Testamentsvollstreckung durch die Vertretenen). Die stark eingeschränkte Stellung sowie die lückenhafte Regelung – insbesondere die Vergütung war nicht geregelt – ist Ausdruck dafür, daß in der sozialistischen Rechts- und Wirtschaftsordnung ein starker und eigenverantwortlicher Testamentsvollstrecker keinen Platz hatte (LANGE/KUCHINKE § 29 I 2; vMORGEN/GÖTTING DtZ 1994, 199, 200 f). **114**

Nach Art 8 EinigungsV (BGBl II 1990, 885) bleibt das Erbrecht der ehemaligen DDR für Erbfälle vor dem 3. 10. 1990 in Kraft. Dies bedeutet für Fälle, in denen ein westdeutscher Erblasser Immobilienvermögen in der ehemaligen DDR besaß, die sog Nachlaßspaltung, sie führt bei Anordnung der umfassenden Testamentsvollstreckung zur **gespaltenen Testamentsvollstreckung** (vgl MünchKomm/LEIPOLD Ergbd EinigungsV Rn 656). Dabei stellt sich die Frage, wie sich die unterschiedliche Ausgestaltung der Testamentsvollstreckung in BGB und ZGB-DDR auf die Amtsführung des Testamentsvollstreckers auswirkt (KG-Rp 1995, 150; vMORGEN/GÖTTING DtZ 1994, 199, 201 ff). vMORGEN/GÖTTING (aaO) schlagen ua eine getrennte Annahme und Niederlegung bezüglich der Teilnachlässe vor und weisen darauf hin, daß in einem Erbschein, der sich auf den ostdeutschen Immobiliarnachlaß bezieht, kein Testamentsvollstreckervermerk eingetragen werden kann. Zudem raten sie dem betroffenen Testamentsvollstrecker, sich mit dem Erben über die im ZGB-DDR gesetzlich nicht geregelten Fragen zu einigen. **115**

Zum sonstigen ausländischen Recht s Erl zu Art 24, 25 EGBGB. **116**

§ 2197

[1] Der Erblasser kann durch Testament einen oder mehrere Testamentsvollstrecker ernennen.

[2] Der Erblasser kann für den Fall, daß der ernannte Testamentsvollstrecker vor oder nach der Annahme des Amtes wegfällt, einen anderen Testamentsvollstrecker ernennen.

Materialien: E I § 1889; II § 2067; III § 2171; Mot V 217 ff; Prot V 248.

Systematische Übersicht

I. Allgemeines	e) Höferecht 31
1. Anordnung der Testamentsvollstreckung/Ernennung des Testamentsvollstreckers 1	4. Bedingte und beschränkte Anordnung 33
	5. Fassung der Anordnung 38
2. Der Rechtszustand zwischen Anordnung und Ernennung 5	**III. Die Ernennung des Testamentsvollstreckers** 45
II. Die Anordnung der Testamentsvollstreckung	1. Möglichkeiten der Ernennung 46
1. Grundsatz der Eigenanordnung 10	2. Persönliche Voraussetzungen 49
2. Die Form der Anordnung 13	3. Mehrere Testamentsvollstrecker 68
3. Wirksamkeit der Anordnung 18	**IV. Folgen fehlerhafter Ernennung oder Anordnung**
a) Rechtswirksame Verfügung von Todes wegen 18	1. Das Erlöschen des Testamentsvollstreckeramtes 70
b) Testierfreiheit 19	
c) Pflichtteilsrecht 25	2. Die vermeintliche Testamentsvollstreckung 72
d) Handels- und gesellschaftsrechtliche Vorgaben 28	

Alphabetische Übersicht

Alleinerbe 53	Bevollmächtigung 44, 59
Anordnung .... 1 f, 10 ff	BGB-Gesellschaft 50
Anzahl der Testamentsvollstrecker 69	Briefliche Anordnung 39
Auftrag 17	
Auseinandersetzung 58	Differenzierung 9
	Dispositionsmißbrauch 42
Bedingung .... 33 ff	Dritter 3
Beeinträchtigung des Erben 23	
Beendigung 7	Ehegatten 15, 55
Behörde 51	Einzelkaufmännisches Unternehmen 28
Beistand 40	Erbvertrag 11, 16, 19, 22
Beobachtungspflegschaft 57	Erbvertraglicher Vorbehalt .... 19 ff
Beschränkung 36	Ergänzungspflegschaft 56

August 1995

6. Titel.
Testamentsvollstrecker

§ 2197
1

Erlöschen	70 f
Ermächtigung zur Ernennung	48
Ernennung	1 f, 45 ff
Ersatz-Testamentsvollstrecker	47
EWIV	50
Fassung	38 ff
Feststellung der Unwirksamkeit	27
Form	13
Formulierung	38 ff
Gemeinschaftliches Testament	11, 15, 19, 23
Geschäftsfähigkeit	49
Handels- und Gesellschafsrecht	28 ff
Höferecht	31 f
Juristische Personen	50
Kapitalgesellschaften	30
Kommanditanteil	29
Kreditinstitute	66
Kuratel	40
Mehrere Testamentsvollstrecker	68
Minderjährige	43
Miterbe	53
Nacherbe	42, 54
Nachlaßgericht	3, 46, 52
Nachlaßpfleger	6, 40, 56
Nießbrauch	59
Notar	60 ff
Notarsozius	63
Offene Handelsgesellschaft	28, 50
Partnerschaft	50
Persönliche Voraussetzung	49
Pflegschaft	6, 40, 56
Pflichtteil	25 ff, 59
Quotentheorie	25
Rechtsanwalt	65
Rechtsgeschäft unter Lebenden	17
Schiedsrichter	67
Schwebezustand	6
Steuerberater	65
Teilnichtigkeit	24, 26, 37
Testament	18
Testierfreiheit	19 ff
Treuhänder	40
Umdeutung	22
Urkundsnotar	60, 62
Vermächtnis	25, 59
Vermeintliche Testamentsvollstreckung	72 ff
Vertretung	10, 12
Verwaltungsrecht	41
Vollmacht	44
Vorerbe	42, 54
Vormund	55
Widerruf	14 f, 17
Wille des Erblassers	23
Wirksamkeit	18 ff
Wirtschaftsprüfer	65
Zwei Testamentsvollstreckungen	15
Zwischenzeit	5, 8

I. Allgemeines

1. Anordnung der Testamentsvollstreckung/Ernennung des Testamentsvollstreckers

Die **Anordnung** der Testamentsvollstreckung ist von der **Ernennung** des Testaments- **1** vollstreckers zu **unterscheiden**, auch wenn beides häufig zusammenfällt und das Gesetz eine klare Differenzierung vermissen läßt. Jedenfalls setzt der Beginn des Testamentsvollstreckeramtes die Anordnung der Testamentsvollstreckung durch den Erblasser **und** die Ernennung eines Testamentsvollstreckers voraus (daneben auch die Annahme des Amtes durch den Ernannten gem § 2202 Abs 1).

2 In der **Ernennung** eines Testamentsvollstreckers durch den Erblasser, in der Übertragung des Bestimmungsrechts auf einen Dritten gem § 2198 und in dem Ersuchen an das Nachlaßgericht gem § 2200, einen Testamentsvollstrecker zu ernennen, liegt **zugleich die Anordnung der Testamentsvollstreckung**. Es ist, wenn die letztwillige Verfügung keine klare Aussage enthält, lediglich durch Auslegung zu ermitteln, ob bei Nichtantritt des Amtes oder nach Wegfall des konkreten Testamentsvollstreckers die Testamentsvollstreckung selbst andauern soll oder nicht.

3 Der Erblasser kann sich zunächst auch darauf beschränken, Testamentsvollstreckung anzuordnen; die Ernennung des Testamentsvollstreckers kann dann von ihm selbst nachgeholt, einem Dritten gem § 2198 übertragen oder vom Nachlaß gem § 2200 vorgenommen werden, wenn ein entsprechendes (ausdrückliches oder stillschweigendes) Ersuchen vorliegt. Hat der Erblasser **lediglich Testamentsvollstreckung angeordnet**, ohne einen Testamentsvollstrecker zu ernennen oder einen Bestimmungsberechtigten zu bezeichnen, wird, da ansonsten die Anordnung scheitern müßte, durch wohlwollende Auslegung (§ 2084) ein Ersuchen an das Nachlaßgericht nach § 2200 anzunehmen sein (MünchKomm/Brandner Rn 2).

4 Die Testamentsvollstreckung kann **bedingt, befristet und eingeschränkt** angeordnet werden (s Rn 33 ff).

2. Der Rechtszustand zwischen Anordnung und Ernennung

5 Hat der Erblasser selbst nur die Anordnung der Testamentsvollstreckung vorgenommen, so stellt sich die Frage, wer bis zur Ernennung eines Testamentsvollstreckers, also in der **Zwischenzeit**, das Verwaltungs- und Verfügungsrecht über den Nachlaß ausübt, da der Erbe hiervon ausgeschlossen ist (§ 2211 Abs 1). Das gleiche Problem entsteht, wenn ein ernannter Testamentsvollstrecker wegfällt (§§ 2225, 2227) und die Frage geklärt werden muß, ob die Anordnung fortdauert und wer neuer Testamentsvollstrecker werden soll.

6 Für diesen **Schwebezustand**, der bisher wenig erforscht ist, werden bisher zwei Lösungsvorschläge diskutiert. Damrau (in: FS Lange 797 ff) möchte analog § 1913 einen **Pfleger** für den unbekannten Testamentsvollstrecker durch das Vormundschaftsgericht ernennen lassen. Bengel (in: Bengel/Reimann, HbTV I Rn 14 ff) bejaht ebenfalls eine Analogie zur Pflegschaft, sieht jedoch § 1960 (**Nachlaßpflegschaft**) als den richtigen Ansatz. Für diese Ansicht spricht, daß das auch in den sonstigen Fragen der Testamentsvollstreckung vertraute Nachlaßgericht zuständig wird und zudem eine erbrechtsinterne Lösung gefunden ist. Für die Analogie zu § 1913 spricht, daß das Fehlen eines Testamentsvollstreckers allein noch nicht zu einem Sicherungsbedürfnis nach § 1960 führt.

7 Ist Testamentsvollstreckung angeordnet und der Testamentsvollstrecker ernannt und fällt dieser – aus welchen Gründen auch immer – nach Antritt des Amtes weg, stellt sich die Frage, ob die **Testamentsvollstreckung andauern** oder die **Testamentsvollstreckung insgesamt beendet** sein soll. Dies ist eine Auslegungsfrage. Soll die Testamentsvollstreckung andauern, ist – sofern nicht vom Erblasser eine andere Vorsorge betrieben ist – vom Nachlaßgericht gem § 2200 ein neuer Testamentsvollstrecker zu ernennen.

Auch in dem Zeitraum zwischen dem Wegfall des (alten) Testamentsvollstreckers **8** und der Ernennung eines neuen (nach Entscheidung der Frage, ob die Testamentsvollstreckung fortbestehen soll oder nicht), ist uU ein **Pfleger** (s Rn 6) zu bestellen.

In jedem Fall sollte der Erblasser, um derartige Schwierigkeiten zu vermeiden, **zwi- 9 schen Ernennung und Anordnung differenzieren** und für beides eine eindeutige Regelung treffen.

II. Die Anordnung der Testamentsvollstreckung

1. Grundsatz der Eigenanordnung

Die Anordnung der Testamentsvollstreckung ist prinzipiell Sache des Erblassers **10** selbst (§ 2065 Abs 1). Eine **Vertretung im Willen** scheidet insoweit aus. Die §§ 2198–2200 ermöglichen es nur, Dritten die Bestimmung der Person des Testamentsvollstreckers zu übertragen, der Dritte kann aber nicht ermächtigt werden, die Entscheidung darüber zu treffen, ob eine Testamentsvollstreckung zu erfolgen hat.

Allerdings kann die in einem **gemeinschaftlichen Testament** oder in einem **Erbvertrag 11** enthaltene Bestimmung, daß der überlebende Ehegatte für sich allein berechtigt sein soll, Testamentsvollstreckung anzuordnen, dahin ausgelegt werden, daß jeder Ehegatte für seinen Nachlaß Testamentsvollstreckung anordnet, wenn auch erst ab dem Zeitpunkt des Ablebens des längerlebenden Eheteils, und zu seinem Testamentsvollstrecker denjenigen bestimmt, welchen der überlebende Ehegatte zu seinem eigenen Testamentsvollstrecker ernennt (RG Recht 1921 Nr 1918).

Da eine **Vertretung** nach § 2064 grundsätzlich **unzulässig** ist, kann der Erblasser auch **12** nicht einen anderen ermächtigen, die von ihm, dem Erblasser, getroffene Verfügung über die Testamentsvollstreckung abzuändern oder aufzuheben.

2. Die Form der Anordnung

Die Anordnung der Testamentsvollstreckung erfolgt „**durch Testament**". Das Testa- **13** ment braucht keine weiteren Verfügungen, insbesondere keine Erbeinsetzung, zu enthalten; es kann sich auf die Anordnung der Testamentsvollstreckung und die Berufung des Testamentsvollstreckers beschränken und es im übrigen bei der gesetzlichen Erbfolge oder bei der Anordnung gegenständlicher Vermächtnisse belassen. Testamentsvollstreckung ist also sowohl bei gewillkürter als auch bei gesetzlicher Erbfolge möglich.

Die Anordnung der Testamentsvollstreckung kann wie jede andere einseitige letzt- **14** willige Verfügung vom Erblasser jederzeit gem §§ 2253 ff **widerrufen** werden. Wenn ein Testament eine in einem früheren Testament angeordnete Testamentsvollstreckung nicht erwähnt, ist es eine Frage der Auslegung, ob die Anordnung durch das spätere Testament aufgehoben wird. Bei der Gestaltung späterer Testamente ist also insoweit Vorsicht geboten, vor allem, wenn die gebräuchliche Klausel „vorsorglich widerrufe ich alle bisher von mir getroffenen Verfügungen von Todes wegen" verwendet wird.

15 Die Testamentsvollstreckung kann auch in einem **gemeinschaftlichen Testament (§§ 2265 ff)** angeordnet werden, jedoch ohne den Charakter einer wechselbezüglichen Verfügung iSv § 2270 Abs 1 erhalten zu können (§ 2270 Abs 3). Sie kann daher von demjenigen Ehegatten, der den Testamentsvollstrecker ernannt hat, jederzeit gem §§ 2253 ff **widerrufen** werden (MünchKomm/BRANDNER Rn 5). Setzen Eheleute in einem gemeinschaftlichen Testament gemeinsam einen Dritten zum Testamentsvollstrecker ein, so ist es eine Frage der Auslegung, ob diese Anordnung für die Nachlässe beider Eheleute gelten soll oder nur für den Nachlaß des Überlebenden. Im Zweifel wird die erste Auslegung vorzuziehen sein, so daß zwei voneinander **unabhängige Testamentsvollstreckungen** entstehen (BayObLGZ 1985, 233). Wenn aber der überlebende Ehegatte Alleinerbe des erstversterbenden sein soll, für den ersten Erbfall keine weiteren letztwilligen Verfügungen getroffen sind, die der Ausführung bedürften, und keine Anhaltspunkte für die Annahme einer Verwaltungsvollstreckung oder Dauervollstreckung (§ 2209) vorhanden sind, wird im allgemeinen anzunehmen sein, daß der Testamentsvollstrecker nur für den Nachlaß des überlebenden Ehegatten eingesetzt ist (KG HRR 1937 Nr 259; GRANICKY NJW 1957, 407). Etwas anderes gilt, wenn der Testamentsvollstrecker nach dem erkennbaren Willen der Erblasser schon beim ersten Erbfall die Pflichtteilsansprüche regeln und erfüllen soll (KG aaO).

16 Auch in einem Erbvertrag kann Testamentsvollstreckung angeordnet werden, allerdings nur durch **einseitige**, nicht durch vertragsmäßige **Verfügung** (§§ 2299 Abs 1, 2278 Abs 2; OLG Düsseldorf FamRZ 1995, 123). Eine solche Verfügung kann wie eine testamentarische Verfügung jederzeit widerrufen werden. Ist die Testamentsvollstreckerernennung vertragsmäßig ausgestaltet, kann eine solche, an sich unwirksame Verfügung, allenfalls in eine jederzeit widerrufliche Anordnung der Testamentsvollstreckung umgedeutet werden.

17 Eine Anordnung der Testamentsvollstreckung durch **Rechtsgeschäft unter Lebenden** ist nicht möglich. Allerdings kann der Erblasser durch Rechtsgeschäft unter Lebenden mit dem Testamentsvollstrecker die Vergütungsfragen, die mit der Testamentsvollstreckung zusammenhängen, regeln. Der Erblasser kann darüber hinaus durch Rechtsgeschäft unter Lebenden **Aufträge über seinen Tod** hinaus erteilen, die gegenüber den Erben wirksam sind (§ 672). Derartige Aufträge können jedoch gem § 671 vom Auftraggeber (Erblasser) oder dessen Erben widerrufen werden, es sei denn, die Widerrufsfähigkeit ist durch eine Auflage ausgeschlossen. Dies gilt insbesondere für Vollmachten, die über den Tod des Erblassers hinaus erteilt werden. Ist eine Vollmacht unwiderruflich erteilt, liegt sachlich die Anordnung einer Testamentsvollstreckung vor, mit der Folge, daß die Form der letztwilligen Verfügung gewahrt sein muß, andernfalls ist die Vollmacht unwirksam (RGZ 139, 41; vgl auch Vorbem 46 ff zu §§ 2197 ff).

3. Wirksamkeit der Anordnung

a) Rechtswirksame Verfügung von Todes wegen

18 Die Wirksamkeit der Anordnung der Testamentsvollstreckung setzt in erster Linie voraus, daß die **Verfügung von Todes wegen**, in der sie enthalten ist, **rechtswirksam ist**. Dies ist nach allgemeinen Grundsätzen zu beurteilen (§§ 2229 ff, 2265 ff, 2274 ff, 133, 138, 2084, 2078 ff, 2281 ff; vgl BGHZ 111, 36 zur Frage einer sittenwidrigen Testamentsvollstreckungsanordnung). Wenn eine Verfügung von Todes wegen außer der Ernennung eines Testamentsvollstreckers auch andere Verfügungen enthält und eine dieser Verfügungen oder die Ernennung des Testamentsvollstreckers unwirksam ist, so ist regelmäßig der übrige Inhalt des Testamentes als wirksam anzusehen (§ 2085).

b) Testierfreiheit

Die Anordnung der Testamentsvollstreckung enthält eine Beschränkung des Erben (§§ 2306 Abs 1 S 1, 2376 Abs 1). Sie kann daher gegenüber einem Vertragserben (§§ 1941 Abs 2, 2278 Abs 1) grundsätzlich nur in dem **Erbvertrag** selbst, durch Aufhebungsvertrag (§ 2290) oder durch gemeinschaftliches Testament (§ 2292) verfügt werden; durch einseitige Verfügung des Erblassers nur dann, wenn eine solche in dem Erbvertrag vorbehalten war, mit Zustimmung des Vertragserben im Erbvertrag (SOERGEL/DAMRAU Rn 3 aE) oder in den Ausnahmefällen der §§ 2293 ff (Rücktritt) und 2289 Abs 2 (Beschränkung des Pflichtteils in guter Absicht, vgl § 2289 Abs 2; RGZ 139, 41; s aber OLG Düsseldorf FamRZ 1995, 123: Keine Beschränkung bei bloßer Auswechslung des Testamentsvollstreckers). 19

Der **erbvertragliche Vorbehalt**, einseitig Testamentsvollstreckung anzuordnen, kann jedoch in der Weise **beschränkt** werden, daß der Erblasser nur eine bestimmte Person zum Testamentsvollstrecker ernennen darf oder nur berechtigt ist, aus einem bestimmten Personenkreis einen Testamentsvollstrecker zu ernennen (OLG Stuttgart OLGZ 1979, 49). Der Vorbehalt, Testamentsvollstreckung anzuordnen, kann auch – ausdrücklich oder stillschweigend – auf die Ernennung eines Testamentsvollstreckers beschränkt sein, so daß der Erblasser nicht wirksam mehrere Testamentsvollstrecker ernennen kann. Denn in der Ernennung mehrerer Testamentsvollstrecker liegt, da jeder von ihnen grundsätzlich Anspruch auf eine eigene Vergütung hat, eine stärkere Belastung des Vertragserben als bei einem Testamentsvollstrecker (vgl MEYDING ZEV 1994, 100). 20

Ist die nachträgliche Anordnung der Testamentsvollstreckung hiernach unwirksam, so wird sie auch **nicht** dadurch **wirksam**, daß der Bedachte sich mit ihr vor oder nach dem Erbfall einverstanden erklärt (HAEGELE/WINKLER Rn 64). Die formlose Zustimmung des Vertragsgegners eines Erbvertrages oder des vertragsmäßig Bedachten genügen nicht, um einer Verfügung von Todes wegen, die das Recht des in einem früheren Erbvertrag vertraglich Bedachten beeinträchtigen würde, Wirkung zu verleihen (OLG Hamm DNotZ 1974, 627). 21

Ordnet jedoch der Erblasser in einem Erbvertrag zu Lasten des vertragsmäßig berufenen Erben gleichzeitig einseitig Testamentsvollstreckung an, so ist diese Anordnung **wirksam**, wenn der Vertragserbe zugleich Partner des Erbvertrages ist; in seiner vorbehaltlosen Genehmigung der Urkunde ist zugleich die Zustimmung zur Testamentsvollstreckeranordnung zu sehen (OLG Hamm OLGZ 1976, 20, 23). Ist die Testamentsvollstreckung nur bezüglich eines Erben aufgrund des Erbvertrages unwirksam, so bleibt die Testamentsvollstreckung für die übrigen Erben wirksam (BayObLG NJW-RR 1991, 6 unter Hinweis auf § 2085). 22

Wenn in einem **gemeinschaftlichen Testament** der eine Ehegatte durch eine wechselbezügliche Verfügung einen Erben eingesetzt hat, so kann er diesen Erben nach dem Tode des anderen Ehegatten nicht mehr durch Anordnung einer Testamentsvoll- 23 streckung beschränken, es sei denn, daß das gemeinschaftliche Testament einen entsprechenden Vorbehalt enthält oder daß ausnahmsweise nach den besonderen Umständen des Falles anzunehmen ist, daß die Anordnung der Testamentsvollstreckung dem früher erklärten übereinstimmenden Willen der Ehegatten nicht zuwiderläuft, oder endlich, daß einer der Ausnahmefälle der §§ 2294, 2336, 2338 vorliegt. Denn die Anordnung der Testamentsvollstreckung **beeinträchtigt** die Rechtsstellung des Erben und enthält einen teilweisen Widerruf der Erbeinsetzung (§§ 2270, 2271; KGJ 42 A 123; KG DNotZ 1967, 438; BayObLGZ 19 A 171; NJW-RR 1991, 525; FamRZ 1992, 111, 113; OLG Frankfurt/Main WM 1993, 803). Die nachträgliche Anordnung der Testamentsvollstreckung ist nur dann zulässig, wenn objektiv feststellbar ist, daß diese auch von dem erstverstorbenen Ehegatten gebilligt werden würde (ergänzende Auslegung), nicht schon dann, wenn dies nur der überlebende Ehegatte annimmt (KG DNotZ 1942, 101); die ergänzende Testamentsauslegung beschränkt sich nicht darauf, einen erwiesenen oder mutmaßlichen wirklichen Willen des Erblassers zu verwirklichen, sie hat vielmehr auf einen **Willen** abzustellen, der **vermutlich** vorhanden gewesen wäre, hätte der Erblasser beim Testieren vorausschauend die später eingetretenen Umstände bedacht (KG DNotZ 1967, 438).

24 Wenn hiernach die Anordnung der Testamentsvollstreckung **für einen Teil** der letztwilligen Verfügungen wegen eines entgegenstehenden früheren wechselbezüglichen Testaments **unwirksam** ist, so ist doch die Anordnung nicht ohne weiteres im übrigen wirksam; vielmehr ist zu prüfen, ob die Teilvollstreckung dem Willen des Erblassers entspricht (§ 2085; BayObLG NJW-RR 1991, 6).

c) Pflichtteilsrecht

25 Die Testamentsvollstreckung **gilt als nicht angeordnet**, wenn sie einen zum Nachlaß berufenen Pflichtteilsberechtigten beschränkt, dem nicht mehr als die Hälfte des gesetzlichen Erbteils hinterlassen ist (§ 2306 Abs 1 S 1). Ob der hinterlassene Erbteil kleiner, gleich oder größer als die Hälfte des gesetzlichen Erbteils ist, wird durch Vergleich der halben gesetzlichen Erbquote mit dem hinterlassenen quotenmäßigen Anteil am Gesamtnachlaß festgestellt. Die Belastungen und Beschwerungen des hinterlassenen Erbteils werden dabei außer Betracht gelassen. Maßgebend sind die erbrechtlichen Verhältnisse zum Zeitpunkt des Erbfalls. Abgestellt wird sowohl beim hinterlassenen als auch bei dem zum Vergleich stehenden gesetzlichen Erbteil grundsätzlich auf die Nachlaßquote, nicht auf den Wert des Hinterlassenen (**Quotentheorie**, vgl BGH WM 1968, 543; BayObLGZ 1968, 112). Ein zusätzlich zum Erbteil zugewendetes Vermächtnis ist hinzuzurechnen. Ein Wertvergleich anstatt des Quotenvergleichs ist allerdings vorzunehmen, wenn bei Berechnung des Pflichtteils Anrechnungs- und Ausgleichspflichten (§§ 2315, 2316) zu berücksichtigen sind. Wenn im Einzelfall der Pflichtteil nicht dem Wert des halben gesetzlichen Erbteils entspricht, weil Vorempfänge anzurechnen sind, gibt es keinen Grund, dem Pflichtteilsberechtigten einen zugewendeten beschwerten halben Erbteil lastenfrei zukommen zu lassen (BayObLGZ 1968, 112; PALANDT/EDENHOFER § 2306 Rn 6).

26 Die **Unwirksamkeit** der Testamentsvollstreckung aufgrund des § 2306 kann auch gegenüber nur einem **Teil der Miterben** eintreten; die Testamentsvollstreckung bleibt dann den anderen Miterben gegenüber wirksam (HAEGELE BWNotZ 1974, 109, 110; LANGE JuS 1970, 10; vgl BayObLG NJW-RR 1991, 6).

Die nach § 2306 Abs 1 S 1 eintretende Unwirksamkeit der Testamentsvollstreckung **27**
ist vom Nachlaßgericht **von Amts wegen** zu beachten (HAEGELE BWNotZ 1974, 109). Der
als Erbe berufene Pflichtteilsberechtigte kann gem § 2306 Abs 1 S 1 trotz § 2213
Abs 1 S 3 gegen den Testamentsvollstrecker auf **Feststellung der Unwirksamkeit** der
Testamentsvollstreckung und auf Unterlassung der Vollstreckungsmaßnahmen klagen (OLG Hamm FamRZ 1992, 113; vgl § 2213 Rn 3).

d) Handels- und gesellschaftsrechtliche Vorgaben
Die Testamentsvollstreckung an **einzelkaufmännischen Unternehmen** und an **voll haf-** **28**
tenden Gesellschaftsbeteiligungen ist **nicht** in vollem Umfang anerkannt (BGH NJW 1981,
749, 750). Auch wenn die Rechtsprechung dem Testamentsvollstrecker an der
„Außenseite" von Unternehmen und voll haftenden Beteiligungen Funktionen zubilligt (BGHZ 98, 48, 58; BGH NJW 1985, 1953, 1954), kann doch der Testamentsvollstrecker
damit nur einen Teil der Erbenrechte wahrnehmen, im Unternehmen selbst hat er
keine originären Rechte (vgl NIEDER, Hb der Testamentsgestaltung Rn 708).

Die Testamentsvollstreckung an **Kommanditbeteiligungen** ist nunmehr zwar aner- **29**
kannt (BGHZ 108, 187), jedoch mit der Einschränkung, daß die Mitgesellschafter eine
Vertretung anderer Gesellschafter durch gesellschaftsfremde Personen nicht hinnehmen brauchen, auch nicht im Rahmen der Testamentsvollstreckung. Die Testamentsvollstreckung erstreckt sich damit – trotz prinzipieller Zulässigkeit – nicht auf
den Kommanditanteil, wenn nicht die Mitgesellschafter im Gesellschaftsvertrag oder
ad hoc der Wahrnehmung der Gesellschafterrechte durch den Testamentsvollstrecker zugestimmt haben. Die Zustimmung der Mitgesellschafter ist zwar kein Wirksamkeitserfordernis für die Testamentsvollstreckung (aM OLG Hamm FamRZ 1992,
113), da die Testamentsvollstreckungsanordnung für den übrigen Nachlaß gültig ist.
Gleichwohl ist der Testamentsvollstrecker bezüglich der Kommanditbeteiligung
daran gehindert, den Willen des Erblassers durchzusetzen. Die Testamentsvollstreckung ist ferner blockiert, wenn der Erbe des Kommanditisten bereits vor dem Erbfall
(aus eigenem Recht) Gesellschafter war. Durch den erbrechtlichen Zuerwerb entsteht eine neue vergrößerte, aber einheitliche Kommanditbeteiligung. Würde man
die Testamentsvollstreckung für den geerbten Anteil zulassen, käme man zu einer
Abspaltung des entstandenen einheitlichen Gesellschaftsanteils, die nicht möglich ist
(BGHZ 24, 106; 108, 187). Auch im sog Kernrechtsbereich ist es dem Testamentsvollstrecker verwehrt, die Beteiligung zu verwalten (BGHZ 108, 187; PRIESTER, in: FS Stimpel
463 ff).

Bei **Kapitalgesellschaften**, in Sonderheit bei der GmbH, ist die Testamentsvollstrek- **30**
kung zwar nach allgemeiner Auffassung zulässig (BGHZ 24, 106; BGH NJW 1959, 1820;
BGHZ 51, 209). Gesellschaftsrechtlich kann die Satzung jedoch die Ausübung von
Verwaltungsrechten durch Außenstehende, damit auch durch einen Testamentsvollstrecker, wirksam beschränken oder ausschließen (BGH NJW 1959, 1820). Dem Testamentsvollstrecker ist ferner die Mitwirkung im sogenannten Kernrechtsbereich
untersagt, in jedem Fall dort, wo zur Wirksamkeit eines Beschlusses die Zustimmung
des betroffenen Gesellschafters erforderlich wäre (PRIESTER, in: FS Stimpel 463, 483).
Auch hier stellen die gesellschaftsrechtlichen Vorbehalte keine Zulässigkeitsbeschränkung für die Testamentsvollstreckung im allgemeinen dar, es wird lediglich die
Ausübung der Testamentsvollstreckerrechte im betroffenen Bereich verhindert (REIMANN FamRZ 1992, 117).

e) **Höferecht**

31 Wenn ein Testamentsvollstrecker während der Geltung des Reichserbhofgesetzes ernannt worden ist und die Ernennung nach diesem Gesetz (§ 24 Abs 1) unzulässig und unwirksam war, so ist sie auch später unwirksam geblieben, wenn der Erbfall noch während der Geltung des Erbhofgesetzes, also vor dem 24. 4. 1947, eingetreten ist (s Art I, XII KRG Nr 45; WÖHRMANN RdL 1949, 131).

32 Wenn aber der Erblasser erst nach dem 23. 4. 1947 gestorben ist, so ist neues Recht maßgebend; die Ernennung des Testamentsvollstreckers ist daher, wenn nicht andere Hindernisse vorliegen, wirksam (BGH DNotZ 1951, 187).

4. Bedingte und beschränkte Anordnung

33 Die Anordnung kann auch unter einer aufschiebenden oder auflösenden **Bedingung** (vgl Abs 2) oder unter Bestimmung eines **Anfangs- oder Endtermins** erfolgen (Mot V 220; PALANDT/EDENHOFER Rn 4; SOERGEL/DAMRAU Rn 5). So kann der Erblasser bestimmen, daß die Anordnung erst mit dem Tode des Erben wirksam wird (vgl auch OLG Düsseldorf NJW 1988, 2615 zur Frage, ob die Anordnung der Testamentsvollstreckung wegen Verstoßes gegen die Glaubensfreiheit sittenwidrig ist, wenn sie von der Mitgliedschaft in einer Sekte abhängig gemacht wird; **aM** noch LG Düsseldorf NJW 1987, 3141).

34 Die Anordnung des Testamentsvollstreckers kann auch ausnahmsweise (vgl §§ 2085, 2161) ausdrücklich oder stillschweigend davon abhängig gemacht sein, daß eine **bestimmte Person** Erbe wird. Wenn sich diese Erwartung nicht erfüllt – sei es, daß die Erbeinsetzung unwirksam ist oder daß der Eingesetzte wegfällt – so ist die Anordnung der Testamentsvollstreckung gegenstandslos (vgl GREISER DFG 1936, 247). Wenn die Abhängigkeit der Anordnung der Testamentsvollstreckung von der Erbeinsetzung aus dem Testament nicht klar hervorgeht, so kann unter Umständen der nunmehrige Erbe die Anordnung gemäß §§ 2078 Abs 2, 2081 anfechten, etwa, wenn der Erblasser die Testamentsvollstreckung mit Rücksicht auf solche persönliche Eigenschaften oder Verhältnisse des zunächst berufenen Erben angeordnet hat, die bei dem wirklichen Erben fehlen (PLANCK/FLAD Anm 11).

35 Wenn die Testamentsvollstreckung nur zur Ausführung **bestimmter** erbrechtlicher Anordnungen dient, diese aber unwirksam sind, so ist auch die Ernennung des Testamentsvollstreckers unwirksam (RG LZ 1922, 513; siehe zur Abgrenzung von Auflage und Testamentsvollstreckung OLG Köln NJW-RR 1991, 525, 526).

36 Die Testamentsvollstreckung kann sich auf einen Erbanteil, auf bestimmte Nachlaßgegenstände, auf die Ausführung einer Vermächtnisanordnung **beschränken** (vgl OLG München DNotZ 1937, 704; KG OLGE 21, 329; LG Berlin DFG 1942, 113). Im Falle des § 2338 Abs 1 S 2 beschränkt sie sich auf das Pflichtteilsrecht des verschwenderischen oder überschuldeten Abkömmlings.

37 Wenn die Anordnung der Testamentsvollstreckung für einen Teil des Nachlasses oder hinsichtlich eines Miterben (zB wegen eines früheren Erbvertrages) **unwirksam** ist, ist sie regelmäßig für den übrigen Teil aufrecht zu erhalten (§ 2085; BGH NJW 1962, 912, allerdings unter Berufung auf § 139; BayObLG NJW-RR 1991, 6; LANGE JuS 1970, 101, 108). Wegen der Folgen der Beschränkung auf einen Erbteil s § 2208 Rn 16.

5. Fassung der Anordnung

Wenn der Erblasser den Wunsch, die Hoffnung oder Bitte äußert, daß jemand die Aufgaben eines Testamentsvollstreckers erfüllen möge, so kann darin die Anordnung einer Testamentsvollstreckung liegen; es kann sich aber auch nur um einen unverbindlichen Wunsch handeln. **Entscheidend** ist nicht der Wortlaut, sondern der aus dem gesamten Inhalt der Verfügung und aus den Umständen des einzelnen Falles zu entnehmende **Sinn der Erklärung** (§ 133; RGZ 92, 68, 72).

So wurde die Ernennung zum Testamentsvollstrecker darin gefunden, daß der Erblasser in einem handschriftlichen **Brief** den Empfänger beauftragt, sich des Nachlasses **anzunehmen** und diesen in einer näher bezeichneten Weise zu verteilen (BayObLGZ 30 A 99, 102). Andererseits wurde ein **Zettel**, in dem der in Untermiete wohnende Erblasser seinen Vermieter bat, sich seiner Sachen anzunehmen und diese zu ordnen, als nicht genügend erachtet (OLG Hamburg ZBlFG 1904, 623).

Die Ernennung eines Testamentsvollstreckers kann gewollt sein, wenn der Erblasser einen „**Pfleger**" einsetzt, mag auch vielleicht die Benennung eines Pflegers nach §§ 1909 Abs 1 S 2, 1917 Abs 1 an sich zulässig sein (OLG Rostock OLGE 26, 344; KGJ 20 A 21, 25). Erst recht wird die Auslegung oder Umdeutung der letztwilligen Verfügung in die Einsetzung eines Testamentsvollstreckers naheliegen, wenn die vom Erblasser vorgesehene Pflegschaft unzulässig ist, etwa weil der Bedachte zur Zeit des Erbfalls unbeschränkt geschäftsfähig ist (§§ 140, 2084; BayObLGZ 16, 128). Auch die Ausdrücke „Beistand, Kuratel" können auf die Anordnung einer Testamentsvollstreckung hindeuten. Die Ernennung eines Testamentsvollstreckers kann auch gewollt sein, wenn der Erblasser einen „**Treuhänder**" oder „executor" einsetzt.

Auch die dauernde oder zeitweilige Betrauung einer Person mit der Verwaltung des Nachlasses oder eines Teiles von ihm ist als Anordnung einer Testamentsvollstreckung aufgefaßt worden (vgl § 2209; BGH NJW 1983, 40). Doch kann unter Umständen in der **Übertragung des Verwaltungsrechts** auch die Anordnung eines Vermächtnisses oder Vorausvermächtnisses gefunden werden, insbesondere dann, wenn die Verwaltung gegen Entgelt erfolgen soll (vgl OGHBrZ 4, 223; hiergegen wegen §§ 2174, 137 KGJ 30 A 92).

Wenn der Erblasser jemandem außer dem Verwaltungsrecht auch noch das Recht der freien Verfügung über den Nachlaß oder den Nießbrauch am Nachlaß oder beides einräumt – im letzten Fall spricht man von **Dispositionsnießbrauch** – so kann Testamentsvollstreckung, gegebenenfalls verbunden mit einem Nießbrauchsvermächtnis, vorliegen (KG LZ 1917, 536; KGJ 32 A 87; KG SeuffA 61 Nr 216; KG JW 1937, 43; vgl Rohlff DNotZ 1971, 518). Es kann aber auch **Vor- und Nacherbfolge** gewollt sein (OLG Darmstadt OLGE 34, 291). Im allgemeinen wird darauf abzustellen sein, in wessen Interesse das Verwaltungsrecht eingeräumt wird; Nießbrauch wird anzunehmen sein, wenn das Verwaltungsrecht jemandem – etwa dem überlebenden Ehegatten – in der Hauptsache im Interesse eines Dritten – etwa der zu Erben eingesetzten Kinder – übertragen ist oder zur Vollziehung des letzten Willens des Erblassers, Vor- und Nacherbfolge dagegen, wenn das Verwaltungsrecht dem anderen in der Hauptsache in seinem eigenen Interesse und zu seinem eigenen Nutzen zugewandt ist (KGJ 30 A 92; KG DRZ 1927 Nr 680; KGJ 33 A 159; KGJ 38 A 124; BayObLGZ 22, 75; 43, 100; OLG

München DNotZ 1938, 172). Vor- und Nacherbfolge ist auch anzunehmen, wenn der Erblasser Frau und Kinder zu Erben eingesetzt und verfügt hat, daß seine Frau bis zu ihrem Tode oder ihrer Wiederverheiratung den Nießbrauch und die uneingeschränkte Verfügung über den Nachlaß haben soll und daß seine Kinder sich mit dem Überrest zu begnügen haben (BayObLGZ 22, 75).

43 Zu beachten ist, daß der Erblasser, wenn er einem minderjährigen Kind etwas zuwendet, auch nach §§ 1639, 1803 nähere **Anordnungen für die Verwaltung** des zugewendeten Vermögens oder der Gegenstände durch den Sorgeberechtigten treffen kann. Wenn aber der Erblasser seine Kinder zu Erben einsetzt, seiner Ehefrau den lebenslänglichen Nießbrauch am Nachlaß vermacht und bestimmt, daß sie den Nachlaß bis zum vollendeten 30. Lebensjahr der Kinder nach bestimmten Grundsätzen verwalten soll, so ist darin keine Anordnung nach § 1629, sondern die Einsetzung eines Testamentsvollstreckers zu erblicken (KG JW 1937, 43).

44 Auch mit der Ernennung eines „**Bevollmächtigten**" oder mit der Erteilung einer „**Vollmacht**" in einer Verfügung von Todes wegen kann unter Umständen die Einsetzung eines Testamentsvollstreckers gemeint sein (BayObLGZ 1982, 59, 66). So wurde in der in einem Testament enthaltenen Vollmacht zur Verteilung des Nachlasses nach billigem Ermessen die Ernennung eines Testamentsvollstreckers gefunden (BayObLG Recht 195 Nr 329). Über die echte Vollmacht über den Tod hinaus s Vorbem 43 ff zu §§ 2197 ff.

III. Die Ernennung des Testamentsvollstreckers

45 Die Anordnung der Testamentsvollstreckung ist nur wirksam, wenn die **Ernennung** eines bestimmten Testamentsvollstreckers durch den Erblasser (§ 2197), einen Dritten (§§ 2198, 2199) oder durch das Nachlaßgericht (§ 2200) hinzukommt. Namentliche Bezeichnung im Testament ist nicht vorgeschrieben, auch Bezeichnung nach anderen Merkmalen genügt. Die Bestimmung eines gemeinschaftlichen Testaments, der überlebende Ehegatte solle für sich allein zur Ernennung des Testamentsvollstreckers berechtigt sein, kann uU dahin ausgelegt werden, daß jeder Ehegatte zu seinem Testamentsvollstrecker denjenigen bestimmt, den der überlebende Ehegatte zu seinem, des Überlebenden Testamentsvollstrecker ernennt (RG BayZ 1921, 148). Das ist dann kein Fall des § 2198; die Bestimmung des Testamentsvollstreckers bedarf daher dann nicht der Form des § 2198 Abs 1 S 2.

1. Möglichkeiten der Ernennung

46 Die **Person des Testamentsvollstreckers** kann bestimmt werden durch den Erblasser selbst (§ 2197), durch einen vom Erblasser hierzu ermächtigten Dritten (§ 2198), durch den in erster Linie ernannten Testamentsvollstrecker in bezug auf Mitvollstrecker oder Nachfolger, wenn der Erblasser ihn dazu ermächtigt hat (§ 2199), sowie durch das Nachlaßgericht, wenn es vom Erblasser im Testament darum ersucht wurde (§ 2200).

47 Der Erblasser kann für den Fall, daß der ernannte Testamentsvollstrecker vor oder nach der Annahme des Amtes wegfällt, zB durch Ablehnung, Tod usw (§§ 2202, 2225 ff), einen **Ersatz-Testamentsvollstrecker** ernennen (Abs 2). Er kann auch eine

Reihe von Personen hintereinander ersatzweise zu Testamentsvollstreckern ernennen. Die Zahl der Ersatzberufungen ist nicht beschränkt, auch nicht durch die zeitliche Grenze des § 2210. Die Ernennung des Ersatz-Testamentsvollstreckers kann uU auch für den Fall gelten, daß die Ernennung des in erster Linie bestimmten Testamentsvollstreckers nach § 2201 unwirksam ist.

Der Erblasser kann **nicht einen anderen ermächtigen**, seine Verfügungen über die Ernennung von Testamentsvollstreckern durch Testament umzustoßen oder den vom Erblasser ernannten Testamentsvollstrecker zur Ernennung von Mitvollstreckern zu ermächtigen (KG OLGE 44, 100). **48**

2. Persönliche Voraussetzungen

Die §§ 2197—2228 enthalten nur **eine einzige materiellrechtliche Einschränkung** der Fähigkeit, Testamentsvollstrecker zu sein: § 2201 bestimmt, daß die Ernennung des Testamentsvollstreckers unwirksam ist, wenn er zu der Zeit, zu welcher er das Amt anzutreten hat, geschäftsunfähig oder in der Geschäftsfähigkeit beschränkt ist oder nach § 1896 zur Besorgung seiner Vermögensangelegenheiten einen Betreuer erhalten hat. Somit kann prinzipiell jede sonstige inländische oder ausländische Person Testamentsvollstrecker sein. Aus der Natur der Sache heraus kann man jedoch uU weitere Inkompatibilitäten ableiten, die neben § 2201 stehen. **49**

Juristische Personen können Testamentsvollstrecker sein (§ 2210 S 3 iVm § 2163 Abs 2), zB ein Kreditinstitut, eine Gemeinde oder ein Verein. Gleiches gilt – obwohl keine juristische Person – wegen §§ 124 Abs 1, 161 Abs 1 HGB für die teilrechtsfähigen **Handelsgesellschaften** des HGB (Schlegelberger/K Schmidt § 124 HGB Rn 1), die EWIV und die freiberufliche Partnerschaft nach dem PartGG, die wie OHG und KG teilrechtsfähig sind. Eine BGB-Gesellschaft und ein nicht rechtsfähiger Verein haben dagegen nicht die Qualifikation zum Testamentsvollstrecker, allerdings wird es bei einem überschaubaren Teilnehmerkreis uU möglich sein, die Verfügung dahin umzudeuten, daß die Gesellschafter bzw Mitglieder zu Testamentsvollstreckern ernannt werden (vgl § 2224; MünchKomm/Brandner Rn 9). **50**

Eine **Behörde** kann **nicht** Testamentsvollstrecker sein, da auf diese Weise der gesetzlich festgesetzte Wirkungsbereich durch privatrechtliche Erklärungen erweitert würde (Soergel/Damrau Rn 7; MünchKomm/Brandner Rn 7; Palandt/Edenhofer Rn 3; **aM** RGRK-BGB/Kregel Rn 4, der nach Landesverfassungsrecht differenzieren will). Allerdings kann der **Inhaber eines bestimmten Amtes** zum Testamentsvollstrecker ernannt werden, zB der jeweilige Vorstand einer Behörde usw, der jeweilige Notar einer bestimmten Notarstelle (BayObLGZ 20, 55). Eine solche Bestimmung weist darüber hinaus die Besonderheit auf, daß damit zugleich eine Ersatztestamentsvollstreckerbestimmung getroffen ist (Abs 2), auf eine derartige Anordnung werden jedoch die Vorschriften der §§ 2210 S 3, 2163 Abs 2 (dreißigjährige Maximaldauer) entsprechend anzuwenden sein. **51**

Das **Nachlaßgericht** kann **nicht** zum Testamentsvollstrecker ernannt werden. Auch eine Umdeutung in die Berufung des jeweiligen Nachlaßrichters kommt nicht in Betracht, da es dem Erblasser nicht gestattet sein kann, den an sich zuständigen **52**

Amtsrichter durch Ernennung zum Testamentsvollstrecker auszuschalten (Münch-Komm/BRANDNER Rn 9).

53 Der **Alleinerbe** kann grundsätzlich nicht alleiniger Testamentsvollstrecker sein (RGZ 77, 177, st Rsp). Der Alleinerbe kann jedoch zu einem von mehreren Testamentsvollstreckern ernannt werden, zumindest dann, wenn sie nach § 2224 Abs 1 S 1 das Amt gemeinschaftlich führen (RGZ 163, 57, st Rsp). Ausnahmsweise kann der Alleinerbe alleiniger Testamentsvollstrecker sein, wenn er nur für die Ausführung der einem Vermächtnisnehmer auferlegten Beschränkungen zu sorgen hat (§ 2223); diese Art der Testamentsvollstreckung beschränkt nicht den Erben, sondern nur den Vermächtnisnehmer. Ein **Miterbe** kann zum Testamentsvollstrecker bestellt werden, weil er dadurch Rechte erlangt, die er als Erbe nicht hat (§§ 2033 Abs 2, 2038 ff, 2203 ff; BGH DNotZ 1959, 480). Auch **sämtliche Miterben** können zu Testamentsvollstreckern ernannt werden, und zwar unabhängig davon, ob neben ihnen noch ein weiterer Testamentsvollstrecker bestellt wird oder ob sie als Testamentsvollstrecker und Miterben identisch sind; im ersten Fall gilt für die gemeinsame Verwaltung § 2224, für das Verhalten der Miterben zueinander § 2038 (vgl PALANDT/EDENHOFER Rn 3; SOERGEL/DAMRAU Rn 11).

54 Der alleinige **Vorerbe** kann – abgesehen vom Fall der Vermächtnisvollstreckung gem § 2223 – ebensowenig wie der alleinige Vollerbe zum einzigen Testamentsvollstrecker bestellt werden, auch nicht zu dem Zweck, die Rechte des Nacherben gem § 2222 auszuüben (hM: RGZ 77, 177; SOERGEL/DAMRAU Rn 11; MünchKomm/BRANDNER Rn 11; aM ROHLFF DNotZ 1971, 518, 527 ff). Er kann jedoch zu einem von mehreren Testamentsvollstreckern oder Nacherben-Testamentsvollstreckern ernannt werden, insbesondere, wenn der Erblasser anordnet, daß der Wegfall des erst bestellten Mitvollstreckers nicht den Übergang des Amtes auf den Vorerben allein, sondern die Bestellung eines anderen Mitvollstreckers zur Folge hat (BayObLGZ 20 A 242). Ebenso kann ein **Mitvorerbe** zum Testamentsvollstrecker und zugleich zum Nacherbenvollstrecker berufen werden, wenn die Testamentsvollstreckung durch ein Kollegium ausgeübt wird (BayObLGZ 1976, 67). Der **Nacherbe** oder einer von mehreren Nacherben kann zu einem den Vorerben beschränkenden Testamentsvollstrecker ernannt werden (BayObLG NJW 1959, 1920).

55 Auch **Familienangehörige** können wegen ihrer Nähe zu den Erben geeignete Testamentsvollstrecker sein. Dies gilt insbesondere für die überlebenden Ehegatten. Überträgt ein Erblasser, der den Ehegatten und Kinder zu Erben einsetzt, dem Ehegatten die Testamentsvollstreckung, so gibt er ihm damit, sofern es sich um eine länger andauernde Vollstreckung, insbesondere um eine Verwaltungsvollstreckung handelt, in vermögensrechtlicher Hinsicht die Stellung eines Familienoberhauptes. Der längerlebende Eheteil ist damit von denjenigen Beschränkungen und Verpflichtungen befreit, die bestünden, wenn er zur Verwaltung der Erbteile der Kinder nur kraft seiner elterlichen Gewalt befugt wäre. Insbesondere entfallen damit Mitwirkungsbefugnisse des Vormundschaftsgerichtes. Auch die Erstreckung der Verwaltung durch den längerlebenden Elternteil auf die Zeit nach der Volljährigkeit der Kinder kann erhebliche Vorteile mit sich bringen (HARTMANN 15 f). Der **Vormund des Alleinerben** kann zugleich Testamentsvollstrecker sein. Wegen der Schwierigkeiten der Abgrenzung beider Ämter im Detail vgl §§ 1778, 1886, 1897, 1909.

Nach Auffassung des OLG Hamm (FamRZ 1993, 1122) ergibt sich allerdings aus der **56** Doppelstellung als gesetzlicher Vertreter einerseits und Testamentsvollstrecker andererseits ein Interessengegensatz, der Anlaß sein kann, **Ergänzungspflegschaft** anzuordnen, und zwar selbst dann, wenn der Testamentsvollstrecker vom Erblasser von den Beschränkungen des § 181 BGB befreit worden sein sollte. Folgte man diesem Urteil, wäre die Intention des Erblassers – Verstärkung der Position des gesetzlichen Vertreters – in das Gegenteil verkehrt. Das OLG Hamm stützt seine Entscheidung nicht auf § 181, der auch auf die hier in Frage stehenden Realakte analog anwendbar wäre, sondern auf § 1796; hiernach kann dem gesetzlichen Vertreter seine Vertretungsmacht entzogen werden (für einzelne Angelegenheiten oder für einen bestimmten Kreis von Angelegenheiten), jedoch nur, wenn das Interesse des Vertretenen zu dem Interesse des gesetzlichen Vertreters oder eines von diesem vertretenen Dritten oder einer der im § 1795 Nr 1 bezeichneten Personen „in erheblichem Gegensatz steht". Die Begründung, „niemand" könne „sein eigener Aufseher sein", ist pauschal und steht im Gegensatz zu der im Beschluß dann folgenden richtigen Aussage, es genüge für die Bejahung eines solchen Bedürfnisses nicht, daß die Eltern irgendwann an der Besorgung einer bestimmten Angelegenheit gehindert sein könnten, vielmehr müsse ein konkreter Anlaß gegenwärtig bestehen. Daß ein Gegensatz zwischen beiden Aufgabenbereichen besteht, ist unbestritten. Es ist aber nicht erkennbar, wo es im Rahmen der von OLG Hamm aaO zitierten §§ 2215 und 2216 zu einem **erheblichen** Gegensatz kommen könnte. Die Übergabe eines Nachlaßverzeichnisses durch den Testamentsvollstrecker an sich selbst als gesetzlichen Vertreter ist naturgemäß nicht möglich; da jedoch der gesetzliche Vertreter nach § 1640 verpflichtet ist, ein Vermögensverzeichnis dem Vormundschaftsgericht zuzuleiten, ist es durchaus denkbar, daß der Testamentsvollstrecker das Vermögensverzeichnis zugleich in Erfüllung seiner Verpflichtung nach § 1640 dem Vormundschaftsgericht zuleitet (Damrau ZEV 1994, 1 ff).

Welche Funktion hier ein Ergänzungspfleger haben sollte, ist nicht erkennbar, ein **57** „erheblicher Gegensatz" im Sinne von § 1796 ohnehin nicht. Im Rahmen des § 2216 liefe die frühzeitige Bestellung eines Ergänzungspflegers dann doch wohl auf eine **Beobachtungspflegschaft** hinaus, die auch durch das OLG Hamm aaO für unzulässig erklärt wird. Gleiches gilt für das Verlangen des Erben auf Freigabe gemäß § 2217. Im Rahmen des § 2218 (Rechnungslegung) kann es zu Kollisionen vor allem bei der Anwendung des § 666 kommen. Es wird im Einzelfall zu prüfen sein, ob und wann hier ein erheblicher Gegensatz im Sinn des § 1796 besteht, er kann zumindest nicht von vornherein unterstellt werden. Nur bejahendenfalls ist eine Pflegschaft anzuordnen.

Bei **Auseinandersetzung der Erbengemeinschaft** muß allerdings, selbst wenn der Erb- **58** lasser den Testamentsvollstrecker von den Beschränkungen des § 181 befreit hat, eine Ergänzungspflegschaft angeordnet werden. Es ist aber denkbar, neben dem gesetzlichen Vertreter einen weiteren Testamentsvollstrecker als **Nebenvollstrecker** zu ernennen und ihm gemäß § 2224 Abs 1 S 3 diejenigen Aufgaben zuzuweisen, die ansonsten, blieben sie beim gesetzlichen Vertreter, zu einem „erheblichen Gegensatz" im Sinne von § 1796 Abs 2 führen würden (vgl Reimann MittBayNot 1994, 52).

Sowohl ein **Vermächtnisnehmer** als auch der **Nießbraucher** kann Testamentsvollstrec- **59** ker sein. Auch ein **Pflichtteilsberechtigter** oder Inhaber eines Erbersatzanspruchs

(§ 1934 b) kann Testamentsvollstrecker sein, da es wegen § 2213 Abs 1 S 2 nicht zu einem Interessenkonflikt kommen kann. Der postmortale wie auch der transmortale **Bevollmächtigte**, auch der Generalbevollmächtigte kann Testamentsvollstrecker sein (BGH DNotZ 1963, 305).

60 Der **Notar**, der die Verfügung von Todes wegen beurkundet (**Urkundsnotar**), ist nicht durch eine materiell-rechtliche, sondern durch eine verfahrensrechtliche Norm (§ 27 BeurkG) daran gehindert, Testamentsvollstrecker zu sein. § 27 BeurkG statuiert durch die Verweisung auf § 7 BeurkG ein Mitwirkungsverbot. Mißachtet der Notar die §§ 27, 7 BeurkG, ist die Beurkundung insoweit unwirksam. Die materiell-rechtliche Nichtigkeit der Anordnung selbst ergibt sich aus § 125. Ob die Teilnichtigkeit die Nichtigkeit der Gesamtverfügung von Todes wegen zur Folge hat, ist bei Testamenten nach § 2085, bei Erbverträgen nach § 2298 zu beurteilen (DITTMANN/REIMANN/BENGEL, Testament und Erbvertrag, § 27 BeurkG Rn 11).

61 Ernennt das Nachlaßgericht gemäß § 2200 auf Ersuchen des Erblassers den Notar zum Testamentsvollstrecker, der die letztwillige Verfügung beurkundet hat, so ist dies auch dann wirksam, wenn der Notar den **Wunsch** des Erblassers, nach Möglichkeit ihn zu berufen, **mitbeurkundet** hat (OLG Stuttgart OLGZ 1990, 14 = DNotZ 1990, 430 mit Anm REIMANN).

62 Wünscht der Erblasser den Urkundsnotar als Testamentsvollstrecker, so ist er darauf angewiesen, ihn in einem **separaten Ergänzungstestament** zum Testamentsvollstrecker zu ernennen, das entweder privatschriftlich verfaßt oder von einem anderen Notar protokolliert ist (OLG Oldenburg DNotZ 1990, 431; HUHN/VSCHUCKMANN § 27 BeurkG Rn 7).

63 Das Testament, das die Ernennung zum Testamentsvollstrecker enthält, kann (als ganzes oder als Ergänzungstestament im vorgenannten Sinn) auch vom **Sozius des Notars** beurkundet werden, der zum Testamentsvollstrecker ernannt wird (BGH DNotZ 1987, 768). Nach vereinzelter Auffassung (OLG Oldenburg DNotZ 1990, 431 mit abl Anm REIMANN; MORITZ NJW 1992, 3215) ist diese Beurkundung allerdings dann unwirksam, wenn der beurkundende Notar an der im Testament vorgesehenen Testamentsvollstreckervergütung seines Sozius über die Sozietätseinkünfte beteiligt ist. Diese Auffassung ist abzulehnen, da die §§ 27, 7 BeurkG auf den rechtlichen und nicht auf den wirtschaftlichen Vorteil abstellen und damit der Geltungsbereich einer verfahrensrechtlichen Vorschrift (§ 27 BeurkG) auf einen nicht an der Beurkundung beteiligten Dritten, nämlich den Notar, der zum Testamentsvollstrecker ernannt wird, ausgedehnt würde (REIMANN, in: FS vLübtow [1991] 317 ff; REIMANN DNotZ 1994, 659).

64 Der Erblasser kann das Bestimmungsrecht des Dritten und/oder des Nachlaßgerichtes dadurch beschränken, daß er das **Auswahlrecht** auf den Urkundsnotar und die Mitglieder einer Sozietät **beschränkt**.

65 **Rechtsanwälte, Steuerberater und Wirtschaftsprüfer** sind besonders geeignete Testamentsvollstrecker, nicht nur wegen ihrer fachlichen Eignung, sondern auch wegen ihrer **beruflichen Verschwiegenheitspflicht**. Gesetzlichen Beschränkungen kraft Berufsrecht unterliegen sie im Grundsatz nicht (vgl § 3 BRAO, § 57 Abs 3 Nr 2 und 3

StBerG, § 43 Abs 4 Nr 1 und 4 WPO; vgl Stockebrand, in: Bengel/Reimann HbTV XI Rn 44 ff, 50 ff; Carlé, KÖSDI 1989, 7556; Streck DStR 1991, 592).

Banken und sonstige **Kreditinstitute** kommen als Testamentsvollstrecker ebenfalls in 66 Frage. Sie sind insbesondere dann fachlich geeignet, wenn sie bereits zu Lebzeiten den Erblasser finanziell betreut haben; allerdings ist die Gefahr von Interessenkollisionen besonders gegeben; § 181 kann zu bisher in der Praxis kaum beachteten Problemen führen. Nach Ansicht des OLG Karlsruhe (NJW-RR 1994, 236, 237 = ZEV 1994, 300; ebenso Schaub FamRZ 1995, 845) verstößt die gewerbsmäßige Übernahme von Testamentsvollstreckungen durch Kreditinstitute gegen das Rechtsberatungsgesetz (vgl dazu Henssler ZEV 1994, 261; ablehnend Bork WM 1995, 225; Leverenz ZBB 1995, 156).

Auch ein als **Schiedsrichter und Schiedsgutachter** bei der Nachlaßregulierung Beteilig- 67 ter kann Testamentsvollstrecker sein. Vor allem, wenn Unternehmerrechte in einen Nachlaß fallen, wird es in vielen Fällen geradezu geboten sein, die Position des Testamentsvollstreckers dadurch zu verstärken, daß ihm Rechte als Schiedsgutachter und Schiedsrichter eingeräumt werden. Die Personalunion von Schiedsrichter und Testamentsvollstrecker kann jedoch zu einer Interessenkollision und zu einem Ausschluß vom Schiedsrichteramt führen, wenn der Testamentsvollstrecker Partei ist. Ein dennoch ergangener Schiedsspruch könnte nach § 1041 Nr 2 ZPO aufgehoben werden. Selbst betroffen ist der Testamentsvollstrecker zB bei Streitigkeiten über die Rechtswirksamkeit von Testamenten, von deren Bestand auch die Bestellung zum Testamentsvollstrecker abhängt, oder Streitigkeiten über die Auslegung eines Testamentes, soweit diese den Bestand des Testamentsvollstreckeramtes selbst betreffen, ferner an den von ihm geführten Aktivprozessen gem § 2212 und den gegen ihn geführten Passivprozessen gem § 2213, wie schließlich auch bei Streitigkeiten über den von ihm nach § 2204 Abs 2 vorgelegten Auseinandersetzungsplan. In allen derartigen Fällen kann der Testamentsvollstrecker nicht Schiedsrichter sein (Walter MittRhNotK 1984, 69, 78).

3. Mehrere Testamentsvollstrecker

Die Entscheidung darüber, ob man eine Person mit dem Amt betraut oder mehrere 68 Personen auswählt, gehört ebenfalls in den Gesamtproblembereich „Testamentsvollstreckerernennung". Gerade bei wirtschaftlich **komplizierten** und schwer zu regulierenden und zu verwaltenden Nachlässen kann es zweckmäßig sein, mehrere Testamentsvollstrecker zu haben, sei es in der Weise, daß
– der eine dem geschäftlichen, der andere dem familiären Bereich zugeordnet ist,
– mehrere Fachleute unterschiedlicher Provenienz zur Testamentsvollstreckung berufen werden,
– mehrere Fachleute aus der gleichen Branche sich auf diese Weise gegenseitig kontrollieren.

Der Erblasser selbst kann mehrere Testamentsvollstrecker ernennen. Er kann auch 69 einen Dritten oder das Nachlaßgericht ersuchen, mehrere Testamentsvollstrecker zu ernennen (§§ 2198, 2200). Er kann auch den Testamentsvollstrecker ermächtigen, einen oder mehrere Mitvollstrecker zu ernennen (§ 2199). Die **Zahl** der Testamentsvollstrecker ist vom Gesetz **nicht begrenzt**. Allerdings wird es nicht stets notwendig sein, Fachleute, die zu Rate gezogen werden, zu Testamentsvollstreckern zu ernennen; es ist auch möglich, daß die Testamentsvollstrecker sich für bestimmte Gebiete des Rates sachkundiger Personen bedienen, ohne daß diese Testamentsvollstrecker sind (vgl im übrigen § 2224).

IV. Folgen fehlerhafter Ernennung oder Anordnung

1. Das Erlöschen des Testamentsvollstreckeramtes

70 Sowohl die Anordnung als auch die Ernennung des Testamentsvollstreckers können von **Anfang an nichtig** sein bzw durch **überholende Ereignisse** nachträglich unwirksam werden; es ist jedoch zu prüfen, ob durch Auslegung nicht zumindest eine teilweise Wirksamkeit der Vollstreckungsanordnung bzw Testamentsvollstreckerernennung erreicht werden kann (zu den Kriterien BayObLG NJW-RR 1991, 6). Soweit dies nicht möglich ist, hat das Amt des Testamentsvollstreckers nie bestanden. Die Anordnungen der Testamentsvollstreckung und die Ernennung des Testamentsvollstreckers sind evident unwirksam, wenn deren Grundlage, die letztwillige Verfügung, sich nachträglich etwa durch das Bekanntwerden einer früheren (bindenden) oder späteren (die Anordnung und Ernennung widerrufenden) Verfügung von Todes wegen als nicht tragfähig herausstellt. Da die Nichtigkeitsgründe oftmals umstritten sind oder erst später bekannt werden, ist es möglich, daß eine Person über einen längeren Zeitraum hinweg die Tätigkeit eines Testamentsvollstreckers ausübt, ohne daß eine Testamentsvollstreckung besteht.

71 Erlischt ein zunächst bestehendes Amt nachträglich, greifen die §§ 2218 Abs 1 iVm 674 ein. Danach wird die Fortdauer des Amtes fingiert bis der Testamentsvollstrecker von dem Erlöschen seines Amtes erfährt (näheres s § 2218 Rn 35). Im übrigen sind die Rechtsfolgen vermeintlicher Testamentsvollstreckung unklar.

2. Die vermeintliche Testamentsvollstreckung

72 Probleme bei der vermeintlichen Testamentsvollstreckung ergeben sich bei der Vergütung bzw beim Auslagenersatz, beim Innenverhältnis zu den Erben und im Außenverhältnis. Es wird vorgeschlagen, die vermeintliche Vollstreckung der **Regel des § 177** mit einer Genehmigungsberechtigung durch die Erben zu unterstellen (NAEGELE, Das vermeintliche Testamentsvollstreckeramt [Diss 1986] 27 ff). Ob damit für die Lösung der Einzelfragen etwas gewonnen ist, erscheint jedoch fraglich.

73 Bei der **Vergütung** (näheres s § 2221 Rn 54) sowie dem **Auslagenersatz** (näheres s § 2218 Rn 33) differiert die Rechtsprechung danach, ob die Erben der Testamentsvollstreckung widersprochen haben (BGH NJW 1977, 1726).

74 Im **Innenverhältnis** besteht eine Schadensersatzpflicht nach § 2219 (näheres s § 2219 Rn 21) wie bei einer wirksamen Testamentsvollstreckung. Bei der Frage, ob die Erben einen vermeintlichen Testamentsvollstrecker auf die Vornahme einer Vollstreckungshandlung verklagen können, ist danach zu differenzieren, ob die Nichtigkeit des Amtes bereits erkannt ist oder nicht.

75 Im **Außenverhältnis** richtet sich die Wirksamkeit von Verfügungen (§ 2205) und Ver-

pflichtungen (§ 2206) nach den allgemeinen Gutglaubensvorschriften (vgl PALANDT/ HEINRICHS § 173 Rn 10 f). Hierbei kommt dem Testamentsvollstreckerzeugnis eine zentrale Bedeutung zu (s STAUDINGER/FIRSCHING[12] § 2368 Rn 14). Ist ein Testamentsvollstreckerzeugnis erteilt, so finden die **Erbscheinsregeln** entsprechende Anwendung (§§ 2368, 2365 BGB). Dies gilt auch dann, wenn der im Zeugnis Bezeichnete in Wirklichkeit nicht Testamentsvollstrecker ist. Legitimiert sich der Testamentsvollstrecker auf andere Weise (Vorlage des Testaments und Ausfertigung der Annahmeerklärung), sind die Grundsätze zur **Duldungs-** und **Anscheinsvollmacht** heranzuziehen (vgl BENGEL, in: BENGEL/REIMANN, HbTV I Rn 240 f).

§ 2198

[1] **Der Erblasser kann die Bestimmung der Person des Testamentsvollstreckers einem Dritten überlassen. Die Bestimmung erfolgt durch Erklärung gegenüber dem Nachlaßgerichte; die Erklärung ist in öffentlich-beglaubigter Form abzugeben.**

[2] **Das Bestimmungsrecht des Dritten erlischt mit dem Ablauf einer ihm auf Antrag eines der Beteiligten von dem Nachlaßgerichte bestimmten Frist.**

Materialien: E I § 1890; II § 2068; III § 2172;
Mot V 219; Prot V 248 ff; VI 95 f.

Systematische Übersicht

I. Allgemeines ___ 1	V.	Die Dauer des Bestimmungsrechts (Abs 2)
II. Die Person des Dritten ___ 3	1.	Grundsatz ___ 18
III. Die Aufgabe des Dritten ___ 4	2.	Fristsetzung durch den Erblasser ___ 19
IV. Die Bestimmung des Testamentsvollstreckers	3.	Fristsetzung durch das Gericht ___ 20
	a)	Der Begriff des Beteiligten ___ 21
1. Person des Testamentsvollstreckers ___ 6	b)	Entscheidung des Nachlaßgerichts ___ 25
2. Die Bestimmungserklärung ___ 7	VI.	Die Entscheidung über die Wirksamkeit der Ernennung ___ 28
3. Form der Erklärung (Abs 1 S 2) ___ 13		

Alphabetische Übersicht

Beschwerde	5, 27	Dritter	3
Bestimmung	2 ff	– Aufgabe	4
– Auswahl	6		
– der Testamentsvollstreckung	2	Erbe	24
– des Testamentsvollstreckers	6 ff	Erklärung	13 ff
Bestimmungserklärung	7 ff	– Bekanntgabe	10
Bestimmungsrecht	18 ff	– Beurkundung	13
Beteiligter	21 ff	– Eingang	9
Bindungswirkung der Entscheidung	26	– Form	13 ff

– Formbestimmung	14	Nachlaßgericht	5
– im Testament	15	– Entscheidung	25 ff
– Unwiderruflichkeit	8		
Ernennung, bedingte	11 f	Pflichtteilsberechtigter	24
Ernennungspflicht	2, 4	Privatgläubiger	24
		Prüfung der Ernennung	28
Fristsetzung	19 ff		
– durch das Gericht	20	Rechtliches Interesse	23
– durch den Erblasser	19		
		Testament	1
Hinweispflicht	16		
		Unzuständiges Gericht	9, 25
Kürzung der Frist	17	Urkundsnotar	3
Mitvollstrecker	6, 24	Verfahren	17
		Vermächtnisnehmer	24

I. Allgemeines

1 Der Erblasser kann – in Abweichung vom Grundgedanken des § 2065 – die Bestimmung, wer Testamentsvollstrecker (oder Ersatz-Testamentsvollstrecker, § 2197 Abs 2) sein soll, einem Dritten überlassen. Die Erklärung muß in dem **Testament**, in dem die Testamentsvollstreckung angeordnet ist oder in einer anderen wirksamen Verfügung von Todes wegen (§ 2299) enthalten sein. Sie ist in anderer Form auch dann nicht zulässig, wenn die Testamentsvollstreckung selbst in einem Testament angeordnet ist.

2 Die Bestimmung, ob **überhaupt** Testamentsvollstreckung stattfinden soll, kann der Erblasser nicht in den Willen eines anderen stellen. Der Erblasser kann insbesondere nicht anordnen, daß eine gewisse Person Testamentsvollstrecker werden soll, falls ein Erbe oder ein anderer Dritter die Ernennung eines Testamentsvollstreckers verlangen sollte (KG RJA 12, 65; KG OLGE 44, 100). Eine solche Verfügung wäre nichtig; eine Umdeutung nach § 140 BGB ist nicht möglich. Jedoch kann oft wohlwollende Auslegung helfen. Da aber der Dritte zur Ernennung eines Testamentsvollstreckers im allgemeinen nicht gezwungen werden kann (Rn 4), liegt die Entscheidung darüber, ob eine Testamentsvollstreckung zustandekommt, in der Regel sachlich doch in seinen Händen – es sei denn, der Erblasser habe für diesen Fall anderweitig vorgesorgt, etwa durch Bestimmung eines Ersatzmannes, der beim Versagen des primär Ermächtigten den Testamentsvollstrecker auswählt, oder durch Ernennung eines Ersatz-Testamentsvollstreckers (§ 2197 Abs 2) oder durch hilfsweises Ersuchen an das Nachlaßgericht (§ 2200; HAEGELE/WINKLER Rn 47).

II. Die Person des Dritten

3 Als Dritten kann der Erblasser jeden bezeichnen, den er **als Testamentsvollstrecker** selbst benennen könnte (§ 2197 Rn 49 ff), darüber hinaus den Alleinerben selbst (RGZ 92, 68, 72; KG OLGE 40, 130; PALANDT/EDENHOFER Rn 1; SOERGEL/DAMRAU Rn 2; MünchKomm/ BRANDNER Rn 3). Die Ermächtigung des Alleinerben kann zweckmäßig sein, wenn die

Testamentsvollstreckung nur in seinem Interesse zu seiner Unterstützung angeordnet ist. Der Dritte kann auch eine juristische Person oder doch das Organ einer solchen sein (PLANCK/FLAD Anm 3; MünchKomm/BRANDNER Rn 4; aM BRETTNER ArchBürgR 17, 216). Insbesondere kann der Leiter einer Behörde (zB der Präsident einer Anwaltskammer – KG JW 1938, 1900 – oder der Bürgermeister einer Stadt) als Amtsperson ermächtigt werden (KG DRWiss 1942, 1330 Nr 8); es kann aber auch der jeweilige Leiter einer Behörde als Privatperson beauftragt sein (KG JW 1938, 1900). „Dritter" iSv Abs 1 S 1 kann auch der Direktor eines Amtsgerichtes sein, wenn dieser darum gebeten wird, den Testamentsvollstrecker zu bestimmen (OLG Hamm DNotZ 1965, 487); wegen Umdeutung in Antrag nach § 2200 vgl dort Rn 7 f. Wegen § 7 BeurkG kann „Dritter" iSd Abs 1 S 1 nach vordringender Auffassung nicht der beurkundende Notar (Urkundsnotar) sein (STOCKEBRANDT, in: BENGEL/REIMANN, HbTV XI Rn 36; REIMANN DNotZ 1994, 664; aM STAUDINGER/REIMANN[12] Rn 3; MünchKomm/BRANDNER Rn 3). Der Urkundsnotar erhält durch das Gestaltungsrecht nach Abs 1 S 1 (vgl auch die Formulierung in Abs 2: „Bestimmungsrecht") einen rechtlichen Vorteil; dies soll durch § 7 BeurkG jedoch ausgeschlossen werden.

III. Die Aufgabe des Dritten

Die Aufgabe des Dritten **erschöpft** sich in der Bestimmung des Testamentsvollstreckers. Zum Erben steht er, sofern er sich nicht selbst zum Testamentsvollstrecker ernennt (vgl unten Rn 6), grundsätzlich in keinem Rechtsverhältnis. Er haftet deshalb dem Erben auch nicht für die Auswahl des Testamentsvollstreckers, vom Fall des § 826 BGB abgesehen (arglistige Bestimmung eines unfähigen oder unzuverlässigen Testamentsvollstreckers). Der Dritte kann in der Regel weder vom Nachlaßgericht noch im Wege der Klage zur Ausübung seines Bestimmungsrechtes gezwungen werden. Freilich kann der Erblasser dadurch einen gewissen Druck auf den von ihm ermächtigten Dritten ausüben, daß er ihm letztwillig etwas zuwendet unter der Bedingung oder mit der Auflage, daß der Dritte sein Bestimmungsrecht rechtzeitig ausübt (vgl KIPP/COING § 67 II 1 für die Annahme des Testamentsvollstreckeramtes). Ferner ist es denkbar, daß sich der Dritte gegenüber dem Erblasser oder gegenüber dem Erben zur Ausübung des Bestimmungsrechtes verpflichtet hat.

Wenn die **Auffassung** des Dritten über das Bestimmungsrecht und seine Ausübung von der des Nachlaßgerichts **abweicht**, so kann der Dritte die ihm ungünstige Ansicht des Nachlaßgerichtes im Rahmen eines Fristsetzungsverfahrens nach § 2198 Abs 2 im Beschwerdewege angreifen (OLG Stuttgart RJA 5, 41). Wenn aber das Nachlaßgericht die Bestimmung durch den Dritten nicht als rechtswirksam anerkennt und deshalb, entsprechend dem hilfsweise geäußerten Ersuchen des Erblassers, gemäß § 2200 einen anderen Testamentsvollstrecker ernennt, so steht dem Dritten gegen diese Verfügung nicht das Recht der Beschwerde zu (KG HRR 1939 Nr 1166).

IV. Die Bestimmung des Testamentsvollstreckers

1. Person des Testamentsvollstreckers

Als Testamentsvollstrecker kann der Dritte **jeden** bestimmen, den der Erblasser selbst im Testament hätte bestimmen können (§ 2197 Rn 49 ff). Der Dritte darf, wenn er nicht der Alleinerbe oder der Notar, der das Testament beurkundet hatte, ist, auch sich selbst ernennen (BRETTNER ArchBürgR 17, 216). Der **Erblasser** kann aber den Dritten im Testament bestimmten Beschränkungen unterwerfen und ihm einen Kreis von Personen **vorschreiben**, aus dem er den Testamentsvollstrecker zu ernennen hat, zB die Mitglieder einer Familie, die Rechtsanwälte einer bestimmten Stadt (vgl KG JFG 23, 306) oder einer bestimmten Anwaltssozietät (OLG Oldenburg DNotZ 1990, 431). Der Erblasser kann auch bestimmen, daß der Dritte Mitvollstrecker wird, wenn er einen anderen zum Testamentsvollstrecker ernennt (vgl § 2199 Rn 9 ff; KIPP/COING § 67 I 5 c). Über die Wahl eines Ersatzvollstreckers durch eine Mehrheit von Bestimmungsberechtigten s KG OLGE 40, 130 und KG OLGE 44, 100.

2. Die Bestimmungserklärung

7 Die Erklärung, mit welcher der Dritte den Testamentsvollstrecker bestimmt, muß dem zuständigen Nachlaßgericht gegenüber abgegeben werden. Für die Zuständigkeit gelten die §§ 72, 73 FGG.

8 Die Erklärung ist **unwiderruflich**. Sie ist eine einseitige empfangsbedürftige Willenserklärung; sie wird daher, wenn sie schriftlich abgegeben wird, wirksam und unwiderruflich, sobald sie dem Nachlaßgericht zugeht (§ 130 Abs 1, 3). Nur ein Widerruf, der dem Nachlaßgericht vorher oder gleichzeitig zugeht, macht die Bestimmungserklärung unwirksam (§ 130 Abs 1 S 2). Die Erklärung, daß ein Testamentsvollstrecker nicht ernannt wird, kann, solange das Bestimmungsrecht des Dritten noch besteht, durch nachfolgende Ernennung eines Testamentsvollstreckers rückgängig gemacht werden (HÖVER DFG 1939, 25; **aM** GREISER DFG 1939, 216).

9 Die Erklärung wird **mit** dem **Eingang** beim Nachlaßgericht **wirksam**, auch wenn sie diesem erst nach dem Tode des Erklärenden zugeht (§ 130 Abs 2; vgl KG HRR 1936 Nr 953; HÖVER DFG 1939, 25, 26). Zur Entgegennahme der Bestimmungserklärung ist das Nachlaßgericht berufen, also das Amtsgericht, in dessen Bezirk der Erblasser zur Zeit des Erbfalls seinen Wohnsitz hatte (§§ 72, 73 FGG). Die Erklärung gegenüber einem sachlich **unzuständigen** Gericht (zB Landgericht) ist unwirksam (HÖVER DFG 1939, 25, 27; vgl § 32 FGG), diejenige gegenüber einem nur örtlich unzuständigen Amtsgericht dagegen ist wirksam, wenn das angegangene Gericht als Nachlaßgericht tätig wird oder die Erklärung – gegebenenfalls innerhalb der vom Erblasser oder vom Nachlaßgericht gesetzten Frist – an das zuständige Gericht weiterleitet (§ 7 FGG).

10 Das Nachlaßgericht wird, wenn das auch nicht vorgeschrieben ist, den von dem Dritten Benannten sowie die sonstigen Beteiligten von der Ernennung **verständigen** (FIRSCHING/GRAF Rn 4.435; HAEGELE/WINKLER Rn 48).

11 Der Dritte kann, wie der Erblasser selbst, den Testamentsvollstrecker unter einer **Bedingung** oder auf Zeit oder für einen bestimmten Teil des Nachlasses, einen Erbteil oder einen bestimmten Erben ernennen (§ 2197 Rn 36). Der Dritte kann sich in der Erklärung, nicht aber im Willen vertreten lassen, es sei denn, der Erblasser habe etwas anderes bestimmt.

12 Wenn der Dritte eine Person zum Testamentsvollstrecker bestimmt, deren **Ernennung**, wegen Geschäftsunfähigkeit usw, nach § 2201 **unwirksam** ist, so ist dadurch sein Bestimmungsrecht nicht verbraucht. Er kann daher – aber nur innerhalb der ihm ggf gesetzten Frist – eine andere Person benennen; darin liegt kein (echter) Widerruf der ersten Erklärung. Ist die vom Erblasser oder vom Abs 2 gesetzte Frist abgelaufen, ist die Testamentsvollstreckung hinfällig (vgl aber § 2200).

3. Form der Erklärung (Abs 1 S 2)

Die Erklärung, ist in **öffentlich beglaubigter** Form abzugeben (§ 129 BGB; §§ 39 ff BeurkG). Ist die Erklärung in einer öffentlichen Urkunde enthalten, so bedarf es der Beglaubigung nicht (OLG Stuttgart NJW-RR 1986, 7 – Urkunde des Präsidenten eines Oberlandesgerichts –; KG DNotZ 1942, 415 mit Anm HIEBER – Urkunde des Präsidenten der Rechtsanwaltskammer –; OLG Neustadt DNotZ 1951, 339 – Urkunde eines Notars –; letzteres wird jedoch nur gelten können, wenn der Notar als Amtsinhaber bestimmungsberechtigt ist, nicht als Privatperson, da er ansonsten seine eigene Erklärung nicht beglaubigen dürfte; vgl § 3 Abs 1 Nr 1 BeurkG). Dagegen bedürfen Erklärungen von Vorstehern anderer Körperschaften und Behörden der Beglaubigung (KG JW 1938, 1900 – Präsident der IHK –; OLG Hamm DNotZ 1965, 487 – Amtsgerichtsdirektor –). Die Abgabe der Erklärung zur Niederschrift vor dem Nachlaßgericht ist nur möglich, wenn ein landesrechtlicher Vorbehalt gem § 63 BeurkG besteht oder § 1 Abs 2 BeurkG dies erlaubt. 13

Der Erblasser kann im Testament eine **strengere Form** vorschreiben, zB gerichtliche oder notarielle Beurkundung (KG JW 1936, 2462). In diesem Fall genügt die öffentliche Beglaubigung nicht (str; wie hier BGB-RGRK/KREGEL § 2199 Rn 5; PLANCK/FLAD Anm 6; HÖVER DFG 1939, 26; aM PALANDT/EDENHOFER Rn 2; ERMAN/M SCHMIDT Rn 3; SOERGEL/DAMRAU Rn 4; MünchKomm/BRANDNER Rn 7 und GREISER DFG 1939, 216, der annimmt, daß die Einhaltung der gesetzlichen Form stets ausreicht). 14

Die Rechtsprechung hat es früher im allgemeinen nicht für zulässig gehalten, daß der Dritte den Testamentsvollstrecker **in einem Testament** bestimmt, weil das Testament erst mit dem Tode des Dritten wirksam werde, während die Bestimmungserklärung dem Nachlaßgericht als Erklärung eines Lebenden durch den Dritten zugehen müsse (KG OLGE 44, 100). Im Schrifttum wurde eine Ausnahme anerkannt für den Fall, daß die Erklärung im äußeren Rahmen eines Testaments abgegeben wird, innerlich aber aus dem Inhalt der letztwilligen Verfügung herausfällt und nach dem Willen des Testators noch bei dessen Lebzeiten dem Nachlaßgericht zugehen soll und auch tatsächlich zugeht (PLANCK/FLAD § 1945 Anm 3). Folgt man der Rechtsprechung des RG über die Abgabe von empfangsbedürftigen Willenserklärungen in Verfügungen von Todes wegen (RGZ 170, 380), so wird man jedoch die Bestimmung in einem öffentlichen oder eigenhändigen Testament des Dritten allgemein als wirksam erachten müssen, sofern das Testament dem Nachlaßgericht, gegebenenfalls in der dem Dritten gesetzten Frist, tatsächlich zugeht (§ 130 Abs 2; PALANDT/EDENHOFER Rn 2; aM SOERGEL/DAMRAU Rn 4; einschränkend MünchKomm/BRANDNER Rn 7). Auf den zufälligen Umstand, daß das Nachlaßgericht des Dritten dasselbe ist wie das des Erblassers oder nicht, kann es nicht ankommen. Auch in letzterem Fall kann der Dritte erwarten, daß sein Nachlaßgericht die Bestimmungserklärung an das Nachlaßgericht des Erblassers weiterleitet, ganz abgesehen von der Frage, ob die örtliche Zuständigkeit des Nachlaßgerichts überhaupt für die Wirksamkeit der Bestimmung von entscheidender Bedeutung ist (Rn 9). 15

16 Ist die Erklärung formwidrig, so muß das Nachlaßgericht den Dritten auf diese Formwidrigkeit umgehend **hinweisen** (KGJ 35 A 59; HÖVER DFG 1939, 25, 26).

17 Weitere Behandlung der Erklärung: Die Erklärung, in der der Dritte den Testamentsvollstrecker bestimmt, wird vom Nachlaßgericht ohne weitere Verfügung zu den Akten genommen; eine Benachrichtigung der Erben durch das Nachlaßgericht ist nicht vorgeschrieben, ist aber zweckmäßig und erfolgt vielfach (HAEGELE BWNotZ 1974, 112). Nach § 2228 hat das Nachlaßgericht jedem, der ein rechtliches Interesse glaubhaft macht, die Einsicht in die Bestimmungserklärung zu gestatten. Die Kosten der Beglaubigung oder Beurkundung trägt der Bestimmungsberechtigte mit Rückgriffsanspruch gegen den Erben gemäß §§ 2218, 670 (PALANDT/EDENHOFER Rn 2). Die Gebühr für die Entgegennahme der Bestimmungserklärung durch das Nachlaßgericht bemißt sich nach § 112 Abs 1 Nr 6 KostO.

V. Die Dauer des Bestimmungsrechts (Abs 2)

1. Grundsatz

18 Ist die Erklärung in der vorgeschriebenen Form wirksam abgegeben, so ist damit das Bestimmungsrecht des Dritten erschöpft. Vorher erlischt das Recht nur, wenn der Dritte die Bestimmung ablehnt (PALANDT/EDENHOFER Rn 3) oder wenn dem Dritten durch den Erblasser oder gemäß Abs 2 durch das Nachlaßgericht auf Antrag eines Beteiligten eine Frist zur Ausübung des Rechts gesetzt wurde; in diesen Fällen kann nach Ablauf der Frist die Bestimmung nicht mehr erfolgen, auch wenn noch kein Testamentsvollstrecker ernannt ist. Ist auch kein Bestimmungsrecht des Nachlaßgerichts gem § 2200 durch wohlwollende Auslegung des Testaments zu ermitteln (§ 2200 Rn 7 f), so findet dann keine Testamentsvollstreckung statt, sofern nicht ein Ersatztestamentsvollstrecker (§ 2197 Abs 2) ernannt ist. Insofern hat der Dritte einen **Einfluß auf den Bestand** der Testamentsvollstreckung (HAEGELE BWNotZ 1974, 112).

2. Fristsetzung durch den Erblasser

19 Wenn der Erblasser in der Verfügung von Todes wegen, in der er den Bestimmungsberechtigten ernannt hat, eine Frist zur Ausübung des Bestimmungsrechtes gesetzt hat, so ist diese Frist regelmäßig maßgebend, und für eine Fristsetzung durch das **Gericht** ist dann **kein Raum**. Hat aber der Erblasser eine unangemessen lange Frist vorgeschrieben, so ist die Wirkung für die Beteiligten ähnlich, wie wenn gar keine Frist gesetzt ist; der Schwebezustand dauert zu lange. Daher kann in einem solchen Fall jeder Beteiligte beim Nachlaßgericht beantragen, daß die Frist **gekürzt** wird (GREISER DFG 1939, 216 f; HÖVER DFG 1939, 25, 26). Ist dagegen die vom Erblasser bestimmte Frist zu kurz bemessen, so daß der Dritte sie nicht einhalten kann oder keine angemessene Zeit zur Überlegung hat, so läuft nicht etwa ohne weiteres eine angemessene Frist, vielmehr ist es dann so anzusehen, als ob der Erblasser überhaupt keine Frist gesetzt hätte; die Beteiligten können daher beim Nachlaßgericht die Festsetzung einer Frist beantragen.

3. Fristsetzung durch das Gericht

20 Wenn der Erblasser keine Frist bestimmt hat oder seine Bestimmung mangelhaft ist (vgl Rn 19), so kann das Nachlaßgericht auf Antrag eines Beteiligten eine Frist setzen, innerhalb deren der Dritte – wenn er sein Bestimmungsrecht nicht verlieren will – die Bestimmung des Testamentsvollstreckers vornehmen muß (Abs 2). Muster s FIRSCHING/GRAF Rn 4.437.

a) Der Begriff des Beteiligten

Das Gesetz sagt nichts darüber aus, wer Beteiligter iSv Abs 2 ist. Bei der Regelung 21 der Testamentsvollstreckung wird der Begriff des Beteiligten, dem ein Antragsrecht zusteht, noch in § 2202 Abs 3, in § 2216 Abs 2 und in § 2227 verwandt. Grundsätzlich ist davon auszugehen, daß ein Begriff in sämtlichen Vorschriften eines bestimmten Gebietes im gleichen Sinne aufzufassen ist, es sei denn, daß sich aus Wortlaut, Sinn oder Zweck einer Bestimmung etwas anderes ergibt (BGH DNotZ 1962, 142).

Die Bezeichnung, „Beteiligter" wird überall da gebraucht, wo über eine Partei und 22 über den Inhaber eines Anspruchs hinaus einem größeren Personenkreis die Möglichkeit gegeben werden soll, Rechtsschutz zu erlangen (BGH DNotZ 1962, 142). Der Begriff ist daher **weit auszulegen**.

Beteiligt ist daher grundsätzlich jeder, der ein **rechtliches Interesse** an der Regelung 23 der Angelegenheit hat (BGHZ 35, 296; Prot V 251), dh ein Interesse, das sich auf eine spezielle Rechtsnorm oder Rechtsbeziehung zu einer anderen Person oder einer Sache gründet, auch wenn es nicht Anspruch iSv § 194 Abs 1 ist (BGHZ 4, 323; KG NJW 1963, 1553). Die Qualifikation als Beteiligter setzt nicht voraus, daß ein Recht iSv § 20 Abs 1 FGG durch die Verfügung des Gerichts betroffen ist (KG NJW 1963, 1553; aM BAUR JZ 1962, 123).

Im **einzelnen** bedeutet dies für § 2198: Beteiligt ist der **Erbe**, auch wenn er seinen 24 Anteil am Nachlaß nach § 2033 übertragen oder verpfändet hat oder wenn dieser Anteil gepfändet worden ist, da seine Haftung für die Nachlaßverbindlichkeiten (§ 1967, 2058) weiterbesteht (§§ 2382, 2385); eine Mitwirkung des Pfandgläubigers bei der Antragstellung ist nicht nötig (KG DRiZ 1929 Nr 656; vgl auch SOERGEL/DAMRAU § 2227 Rn 15); der Nacherbe; der Vermächtnisnehmer (KG JFG 5, 154; KG OLGE 40, 137; OLG München DFG 1937, 35); der Pflichtteilsberechtigte (BGHZ 35, 296 ff; KG NJW 1963, 1553); der Erbersatzanspruchsberechtigte (§ 1934 b Abs 2); der Auflageberechtigte (§ 2194); der Auflagebegünstigte, da auch seine objektiv, wenn auch ohne Anspruch gegebene Rechtsstellung durch die Testamentsvollstreckung betroffen ist (ERMAN/M SCHMIDT Rn 5; aM LG Verden MDR 1955, 231; PALANDT/EDENHOFER Rn 3; SOERGEL/DAMRAU Rn 9); Mitvollstrecker; der Nachlaßgläubiger wegen § 2213 und § 748 ZPO (BGH DNotZ 1962, 142, 143), **nicht aber** wegen § 2214 Privatgläubiger des Erben; der gesetzliche Vertreter des Erben, es sei denn, dem (den minderjährigen Erben vertretenden) Elternteil ist gem § 1638 die Verwaltung der dem Kind zugefallenen Erbschaft entzogen (BGHZ 106, 96; BayObLGZ 17 A 156; OLG Frankfurt DNotZ 1965, 482; aM BAUR DNotZ 1965, 484; unklar PALANDT/EDENHOFER § 2227 Rn 8); ist der gesetzliche Vertreter verhindert, muß ein Pfleger für die Antragstellung ernannt werden, da der Minderjährige selbst den Antrag wegen möglicher auf ihn zukommender Verfahrenskosten gem § 107 nicht stellen kann (BayObLGZ 1967, 238 f); der im Testament ernannte Vormund des Erben.

b) Entscheidung des Nachlaßgerichts

25 Die Entscheidung des Nachlaßgerichts ergeht in **Beschlußform**. Zuständigkeit: §§ 72, 73 FGG. Die Frist wird vom Rechtspfleger gesetzt (§ 3 Nr 2 c RPflG). Die Entscheidung eines örtlich unzuständigen Gerichts ist wirksam (§ 7 FGG), doch kann sie wegen der fehlenden Zuständigkeit angefochten und vom Beschwerdegericht aufgehoben werden. Um für die Beteiligten Klarheit zu schaffen, findet die Fristsetzung auch dann statt, wenn der Dritte, zB wegen Geschäftsunfähigkeit, sein Recht nicht ausüben kann (PLANCK/FLAD Anm 8), oder wenn der Dritte einen Testamentsvollstrecker ernannt hat, der seinerseits aus solchen Gründen sein Amt nicht ausüben kann (Rn 4).

26 Das Nachlaßgericht ist gemäß §§ 18 Abs 2, 80 FGG an seine Entscheidung **gebunden**. Eine Abänderung einer einmal gesetzten Frist ist nach Ablauf der Rechtsmittelfrist unzulässig (PLANCK/FLAD Anm 9; PALANDT/EDENHOFER Rn 3; SOERGEL/DAMRAU Rn 7; HÖVER DFG 1939, 25; aM GREISER DFG 1939, 216; HAEGELE BWNotZ 1974, 112).

27 Gegen die Verfügung des Nachlaßgerichts, durch die dem Dritten eine Frist zur Ausübung seines Bestimmungsrechtes gesetzt wird, ist die **sofortige Beschwerde** nach §§ 80, 22 FGG gegeben. Beschwerdegrund kann zB eine zu kurz bemessene Frist sein (KG HRR 1939 Nr 1166). Mit der Beschwerde kann auch geltend gemacht werden, daß eine Testamentsvollstreckung überhaupt nicht angeordnet oder das Bestimmungsrecht nicht übertragen sei. Diese Einwendungen können jedoch auch noch nach Ablauf der Beschwerdefrist durch Feststellungsklage geltend gemacht werden. **Beschwerdeberechtigt** ist zB der Dritte, wenn er behauptet, daß die Frist zu kurz sei, jeder andere Beteiligte, der geltend macht, die Frist sei zu lang. Gegen die Ablehnung eines Antrags auf Bestimmung einer Frist steht dem Antragsteller, aber nur diesem, die einfache Beschwerde zu (§§ 19, 20 FGG). Hat diese Beschwerde Erfolg, hebt also das Beschwerdegericht die ablehnende Verfügung des Nachlaßgerichts auf und bestimmt es die Frist, so findet gegen diese Entscheidung die sofortige weitere Beschwerde statt (KEIDEL/KUNTZE/WINKLER § 80 FGG Rn 12). Gebühren für das Fristsetzungsverfahren: § 113 KostO.

VI. Die Entscheidung über die Wirksamkeit der Ernennung

28 Ob die Ernennung des Testamentsvollstreckers **durch den Dritten** wirksam ist, hat das Nachlaßgericht mittelbar zu entscheiden, wenn der Ernannte die Erteilung eines Zeugnisses nach § 2368 beantragt. Mit unmittelbarer Wirkung für und gegen den Erben und den Ernannten kann aber über die Wirksamkeit nur im Prozeßwege entschieden werden.

§ 2199

[1] Der Erblasser kann den Testamentsvollstrecker ermächtigen, einen oder mehrere Mitvollstrecker zu ernennen.

[2] Der Erblasser kann den Testamentsvollstrecker ermächtigen, einen Nachfolger zu ernennen.

[3] Die Ernennung erfolgt nach § 2198 Abs. 1 Satz 2.

Materialien: E II § 2069; III § 2173; Prot V 248 ff.

I. Allgemeines

1. Grundsatz

Der Erblasser kann selbst mehrere Testamentsvollstrecker (Nachfolger) ernennen **1** (§ 2197) oder die Ernennung mehrerer Testamentsvollstrecker (Nachfolger) oder eines Teiles von ihnen einem Dritten oder dem Nachlaßgericht überlassen (§§ 2198, 2200). Er kann aber auch einen von ihm, dem Nachlaßgericht oder einem Dritten ernannten Testamentsvollstrecker ermächtigen, einen oder mehrere Mitvollstrecker oder Nachfolger zu ernennen. Einem **Dritten** kann der Erblasser das Recht, einen Testamentsvollstrecker zur Ernennung von Mitvollstreckern oder Nachfolgern zu ermächtigen, **nicht** einräumen (KG OLGE 44, 100).

Bezüglich der Person des Mitvollstreckers oder Nachfolgers vgl § 2197 Rn 49 ff. Der **2** zunächst ernannte Testamentsvollstrecker hat **nicht** das Recht, die von ihm ernannten Mitvollstrecker oder Nachfolger wieder **abzusetzen**. Auch der Erblasser kann ihm dieses Recht nicht verleihen. Die Ernennung durch den ersten Testamentsvollstrecker nach § 2199 ist unwiderruflich und die Gründe, aus denen das Amt eines Testamentsvollstreckers erlöschen kann, sind im Gesetz abschließend aufgezählt.

Die Ermächtigung muß in einer **wirksamen** Verfügung von Todes wegen enthalten **3** sein. Sie kann vollkommen frei erteilt werden oder auch auf bestimmte Fälle beschränkt sein (Tod, Unfähigkeit, Wechsel des Wohnsitzes; vgl PLANCK/FLAD Anm 4). Das ändert nichts daran, daß einerseits der Testamentsvollstrecker jederzeit kündigen kann (§ 2226) und daß andererseits der ermächtigte Testamentsvollstrecker einen Nachfolger begrifflich nur für den Fall der Beendigung seines eigenen Amtes ernennen kann (Rn 11). Ob eine letztwillige Anordnung des Erblassers, daß der Testamentsvollstrecker in einem bestimmten Fall (zB Ausscheiden aus dem Geschäft des Erblassers) einen Nachfolger ernennen könne, zugleich eine auflösende Bedingung für die Ernennung des Testamentsvollstreckers enthält (§ 2197 Rn 33), ist eine Frage des einzelnen Falles.

2. Ausübung des Ernennungsrechts bei Vorhandensein mehrerer Testamentsvollstrecker

Ist die Ermächtigung mehreren Testamentsvollstreckern **gemeinsam** erteilt, so ist es **4** Auslegungsfrage, ob der oder die Mitvollstrecker oder Nachfolger durch Mehrheits- oder einstimmigen Beschluß hinzugewählt werden sollen. Für eine Entscheidung durch das Nachlaßgericht nach § 2224 Abs 1 S 1 HS 2 ist kein Raum, da das in das Ermessen der Mitvollstrecker gestellte Ernennungsrecht nur einstimmig ausgeübt werden kann (§ 2224 Abs 1 S 1 HS 1) (OLG Hamburg OLGE 44, 96; **aM** KG Recht 1914 Nr 1117).

3. Form der Ernennung

5 Die Ernennung eines Mitvollstreckers oder Nachfolgers durch den ersten Testamentsvollstrecker erfolgt durch eine **öffentlich beglaubigte** Erklärung gegenüber dem Nachlaßgericht, wie die Bestimmung des Testamentsvollstreckers durch einen Dritten nach § 2198 (§ 2199 Abs 3; § 2198 Rn 13). Die Ernennung im Testament des ersten Testamentsvollstreckers genügt auch hier (vgl § 2198 Rn 13; aM PLANCK/FLAD Anm 5).

6 Die **Kosten** für die Beglaubigung und Entgegennahme der Erklärung trägt der Testamentsvollstrecker, der sie gemäß §§ 2218, 670 vom Erben ersetzt verlangen kann; Gebühr für die Entgegennahme der Erklärung: KostO § 112 Abs 1 Nr 6.

4. Dauer des Ernennungsrechtes

7 Das Recht des Testamentsvollstreckers zur Ernennung von Mitvollstreckern oder Nachfolgern **erlischt** mit der völligen Ausschöpfung des Rechts, spätestens aber mit dem Ende des Testamentsvollstreckeramtes des Ernennungsberechtigten (KGJ 31 A 93; JW 1928, 1943). Es genügt gem § 130 Abs 2, wenn der erste Testamentsvollstrecker zu diesem Zeitpunkt alles getan hat, was von seiner Seite erforderlich ist, um die Wirksamkeit der Erklärung herbeizuführen, auch wenn diese erst nach seinem Tod dem Nachlaßgericht zugeht (KG HRR 1936 Nr 953). Der Testamentsvollstrecker darf also nicht bestimmt haben, die Erklärung solle dem Nachlaßgericht erst nach seinem Tode zugehen (HAEGELE BWNotZ 1974, 112). Wenn der Testamentsvollstrecker nach dem Testament verpflichtet ist, bei Annahme des Amtes einen Nachfolger zu ernennen, so kann er diese Ernennung bis zur Beendigung seines Amtes vornehmen, auch wenn zur Zeit der Ernennung des Nachfolgers Gründe vorliegen, die die Entlassung des ersten Testamentsvollstreckers rechtfertigen würden (KG JW 1928, 1943).

5. Haftung

8 Im Gegensatz zum bestimmungsberechtigten Dritten (§ 2198) haftet der Testamentsvollstrecker dem Erben **für die Auswahl** des Mitvollstreckers oder Nachfolgers nach § 2219. Aus § 2219 kann auch eine Haftung bei Nichtausübung des Rechts folgen, wenn es im Sinn der Anordnung lag, daß ein Mitvollstrecker oder Nachfolger ernannt werden soll.

II. Ernennung eines oder mehrerer Mitvollstrecker

9 Der Erblasser kann die Ermächtigung unbedingt oder nur für einen bestimmten Fall – zB Wegzug oder Krankheit – erteilen. Er kann auch bestimmen, daß dem ersten Testamentsvollstrecker die Oberleitung der Testamentsvollstreckung zusteht in dem Sinne, daß bei Meinungsverschiedenheiten nicht das Nachlaßgericht anzurufen wäre, sondern die Stimme des Vorsitzenden den Ausschlag geben würde (§ 2224 Abs 1 S 3; PLANCK/FLAD Anm 2 sowie § 2224 Anm 6 a). Auslegungsfrage ist es, ob der Ernennungsberechtigte **bis zur Ernennung der Mitvollstrecker** allein mit allen Rechten und Pflichten des Testamentsvollstreckers ausgestattet sein soll oder ob er nur zu gemeinschaftlicher Führung des Amtes mit den Mitvollstreckern berufen sein soll (PLANCK/FLAD Anm 2; KIPP/COING §§ 67 I 5). Im letzteren Fall ist der Ernennungsberechtigte zwar Testamentsvollstrecker, aber zunächst nur mit der Aufgabe, weitere

Testamentsvollstrecker zu ernennen. Die Auffassung, er sei zunächst Dritter im Sinne des § 2198 und werde daher erst zusammen mit den von ihm ernannten Mitvollstreckern Testamentsvollstrecker, erscheint gekünstelt und ist daher abzulehnen (PLANCK/FLAD aaO; MünchKomm/BRANDNER Rn 7; SOERGEL/DAMRAU Rn 3; aM KIPP/COING aaO). Die Frage ist nicht ohne praktische Bedeutung, weil nach der Gegenmeinung der Ernennungsberechtigte, wenn er mit der Ernennung zögert, durch Fristsetzung nach § 2198 Abs 2 zur Ernennung anzuhalten ist, nach der hier vertretenen Ansicht aber durch Antrag auf Entlassung nach § 2227 (KIPP/COING aaO; weitgehend MünchKomm/BRANDNER aaO, der bei Nichternennung eine Haftung nach § 2219 auslösen will; dagegen SOERGEL/DAMRAU Rn 3).

Fraglich ist, ob der zur Ernennung von Mitvollstreckern ermächtigte Testamentsvollstrecker auch befugt ist, die **Aufgaben abzugrenzen**. Der Ermächtigte wäre dann uU eine Art Obervollstrecker, der seine Mitvollstrecker auf den ihnen zugewiesenen Bereich beschränkt, wenn er seine eigene Zuständigkeit nicht beschneidet. Da die gesetzliche Regel des § 2224 Abs 1 eine gemeinschaftliche Amtsführung vorsieht, wird man eine derartige Ermächtigung nur bei Vorliegen einer entsprechenden Erblasseranordnung annehmen dürfen; insoweit sind Klarstellungen in der letztwilligen Verfügung geboten. **10**

III. Nachfolger-Ernennung

Der ermächtigte Testamentsvollstrecker kann einen Nachfolger begrifflich nur für den Fall des **Erlöschens seines eigenen Amtes** (§§ 2225–2227) ernennen und regelmäßig nur, solange er selbst noch im Amt ist (KG KGJ 31 A 90; KG JW 1928, 1943; PLANCK/FLAD Anm 6; ERMAN/M SCHMIDT Rn 2). Hat der ernannte Nachfolger das Amt noch nicht abgelehnt, ist die Anwendung des § 2200 ausgeschlossen (BayObLG v 7. 4. 1988, Az: BReg 1 Z 58/87). **11**

Wenn er freilich durch den Eintritt einer auflösenden Bedingung überrascht wird, so wird er unter Umständen als berechtigt angesehen werden müssen, unmittelbar danach einen Nachfolger zu ernennen (**Nachwirkung des Amtes**). Auch dann, wenn der Testamentsvollstrecker unbeschränkt ermächtigt ist, einen Nachfolger zu ernennen, etwa „jederzeit nach seinem Belieben", kann er sein Amt nicht unmittelbar auf einen Nachfolger übertragen (vgl §§ 2218, 664; § 2218 Rn 8 f), vielmehr kann er nur kündigen (§ 2226) und gleichzeitig einen Nachfolger ernennen (aM PLANCK/FLAD Anm 4). In der Zeit zwischen Kündigung und Annahme des Amtes durch den Nachfolger (§ 2202) besteht wohl die Testamentsvollstreckung, aber das Amt des Testamentsvollstreckers ist verwaist. **12**

Der Testamentsvollstrecker kann, sofern nicht der Erblasser es durch letztwillige Verfügung untersagt hat, einen Dritten – auch einen Mitvollstrecker oder den in Aussicht genommenen Nachfolger – zum **Generalbevollmächtigten** bestellen; nur darf das Recht des Widerrufs nicht ausgeschlossen sein (KG JFG 7, 279; **aM** früher KGJ 27 A 197). Hierin ist keine Aufgabe des eigenen Amtes durch den Testamentsvollstrecker zu sehen. **13**

Der Testamentsvollstrecker kann gem § 2199 einen Nachfolger mit **beschränktem Wirkungskreis** auch ohne volle Niederlegung des eigenen Amtes ernennen, wenn er **14** sein Amt partiell niederlegt und für diesen „frei" gewordenen Teil einen Nachfolger bestimmt. Er kann sich also einen Teil seiner Amtstätigkeit selbst vorbehalten, für den anderen Teil einen Nachfolger ernennen (KGJ 43 A 88).

15 Abs 2 ist dahin auszulegen, daß auch eine **Mehrzahl von Nachfolgern** ernannt werden kann. Der Erblasser kann die Ermächtigung, einen Nachfolger zu ernennen, auch einem Testamentsvollstrecker im voraus erteilen, welchen der zunächst ernannte Testamentsvollstrecker nach § 2199 zu seinem Nachfolger berufen wird (KG RJA 12, 112). Diese Ermächtigung braucht nicht ausdrücklich erklärt zu werden, sie muß aber dem Testament selbst zu entnehmen sein. Im Zweifel ist die Ausdehnung der Ermächtigung auf spätere Nachfolger zu verneinen (PLANCK/FLAD Anm 3; MünchKomm/ BRANDNER Rn 10; aM HAEGELE/WINKLER Rn 50; ERMAN/M SCHMIDT Rn 2). Wenn so der Nachfolger auch seinerseits wieder einen Nachfolger ernennen kann, kann die Testamentsvollstreckung uU sehr lange dauern. Eine zeitliche Schranke besteht nur bei der Verwaltungsvollstreckung (§ 2210).

16 Von **mehreren** Testamentsvollstreckern kann sich in der Regel **jeder einzeln** seinen Nachfolger wählen, ohne an die Zustimmung der Mitvollstrecker gebunden zu sein (KG DFG 1942, 45).

17 Ernennt der Testamentsvollstrecker gem § 2199 mehrere Nachfolger, kann er zugleich die **Aufgabenverteilung** im künftigen Testamentsvollstreckergremium festlegen (vgl dazu Erl zu § 2224).

§ 2200

[1] **Hat der Erblasser in dem Testamente das Nachlaßgericht ersucht, einen Testamentsvollstrecker zu ernennen, so kann das Nachlaßgericht die Ernennung vornehmen.**

[2] **Das Nachlaßgericht soll vor der Ernennung die Beteiligten hören, wenn es ohne erhebliche Verzögerung und ohne unverhältnismäßige Kosten geschehen kann.**

Materialien: E II § 2070; III § 2174; Prot V 250 ff.

Systematische Übersicht

I.	Allgemeines	1	III.	Die Ernennung des Testamentsvollstreckers durch das Nachlaßgericht	
II.	Die Voraussetzungen der gerichtlichen Ernennung		1.	Auswahl des Testamentsvollstreckers	11
			2.	Anhörung der Beteiligten	12
1.	Grundsatz	2	3.	Form und Qualität der Ernennung und der Ablehnung	14
2.	Ersuchen	3			
3.	Prüfung des Ersuchens	9	4.	Beschwerde	

6. Titel.
Testamentsvollstrecker

§ 2200
1

| a) | Gegen die Ernennung | 16 |
| b) | Gegen die Ablehnung der Ernennung | 20 |

5. Bestandskraft der Ernennung und spätere Nachprüfung — 22

Alphabetische Übersicht

Aktenvermerk	14
Andeutung	7
Anhörung	12 f
Auffangtatbestand	1
Auswahl des Testamentsvollstreckers	11
Beschwerde	16 ff
– gegen die Ablehnung der Ernennung	20 ff
– gegen die Ernennung	16 ff
– Begründung	18
Beschwerderecht	16 f, 21
Entlassung	6
Ermessen des Nachlaßgerichts	10 f
Ernennung	11 ff
– Ablehnung	15
– Aufhebung	19
– Bekanntgabe	14
– Bestandskraft	22 ff
– Form	14
– Nachprüfung	22 ff
– ohne Ersuchen	6

– Qualität	14
Ernennungsrecht	1 ff
Ersatztestamentsvollstrecker	1
Ersuchen	2 ff
– bedingtes	4
– Inhalt	3
– Prüfung	9 f
– stillschweigendes	8
– Vorliegen	7 ff
– vorsorgliches	4
Mutmaßlicher Wille	7
Nachlaßgericht	1 ff
Notar	11
Verfahrensmängel	18
Verfügung von Todes wegen	5
Vermeintlicher Testamentsvollstrecker	19
wohlwollende Auslegung	7 f

I. Allgemeines

Es ist in erster Linie Sache des **Erblassers**, den Testamentsvollstrecker zu ernennen. **1**
Je weiter sich das Ernennungsrecht von der Person des Erblassers entfernt, desto schlechter sind die Chancen für ein Funktionieren der Testamentsvollstreckung. Insbesondere bei Testamentsvollstreckungen im wirtschaftlichen Bereich wird die Ernennung des Testamentsvollstreckers durch das Nachlaßgericht kaum in Frage kommen, da dieses regelmäßig nicht über den erforderlichen Einblick in die wirtschaftlichen Verhältnisse verfügt (FELIX DStZ 1987, 601). Die Ernennung des Testamentsvollstreckers durch das Nachlaßgericht ist allerdings dort ins Auge zu fassen, wo es um Dauervollstreckungen geht und Ersatz- bzw Nachfolge-Testamentsvollstrecker auszuwählen sind, der Erblasser selbst jedoch wegen der Weiträumigkeit der Verfügung keine klaren personellen Entscheidungen treffen kann. Die größte Bedeutung kommt § 2200 jedoch als **Auffangtatbestand** für fehlgeschlagene Ernennungen zu (s Rn 8).

II. Die Voraussetzungen der gerichtlichen Ernennung

1. Grundsatz

2 Das Nachlaßgericht kann einen Testamentsvollstrecker ernennen, wenn es der Erblasser im Testament in erkennbarer Weise darum **ersucht** hat. Das Nachlaßgericht hat bei der Ernennung im Grunde dieselbe Stellung wie die gemäß § 2198 um Ernennung eines Testamentsvollstreckers ersuchte Privatperson. Ersucht der Erblasser eine andere öffentliche Behörde als das Nachlaßgericht, so kommt § 2198 unmittelbar zur Anwendung (vgl § 2198 Rn 3).

2. Das Ersuchen

3 Das Ersuchen kann auf Ernennung eines oder mehrerer Testamentsvollstrecker, Mitvollstrecker oder auf Ernennung eines Ersatzmanns (KG OLGE 40, 132) gerichtet sein. Es begreift in der Regel auch das Ersuchen in sich, einen Nachfolger zu bestellen, wenn der zuerst Ernannte vor Erledigung aller Nachlaßgeschäfte **wegfällt** (KG OLGE 42, 128; LG Berlin DFG 1941, 154; MünchKomm/Brandner Rn 3) oder gem § 2227 entlassen wird (Muster s Firsching/Graf Rn 4.444). Es dauert auch fort, wenn der zunächst Ernannte das Amt ablehnt. Ob der vom Gericht Berufene selbst einen Nachfolger ernennen kann, ist zweifelhaft und in der Regel nicht anzunehmen (vgl KGJ 31 A 92).

4 Das Ersuchen kann auch **bedingt** gestellt sein, zB nur für den Fall, daß der vom Erblasser Ernannte das Amt nicht annimmt oder daß ein bestimmungsberechtigter Dritter (§ 2198) sein Recht nicht ausübt (KG OLGE 40, 132). Daher liegt kein Ersuchen vor, wenn ein vom Erblasser ernannter Testamentsvollstrecker einen Nachfolger ernannt hat und dieser das Amt noch nicht abgelehnt hat (BayObLG v 7. 4. 1988, Az: BReg 1 Z 58/87). Es empfiehlt sich im allgemeinen, daß der Erblasser für den Fall, daß der von ihm selbst Ernannte das Amt ablehnt oder daß der von ihm ermächtigte Dritte von seinem Bestimmungsrecht keinen Gebrauch macht, **vorsorglich** das Nachlaßgericht um Ernennung des Testamentsvollstreckers ersucht. Das für den Fall des Todes des vom Erblasser ernannten Testamentsvollstreckers gestellte Ersuchen kann auch für den Fall der Ablehnung oder der vorzeitigen Kündigung gelten (KG OLGE 40, 132). Der Erblasser kann das Ersuchen und so den Wirkungskreis des Testamentsvollstreckers auf einen Erbteil, einzelne Nachlaßgegenstände oder bestimmte Aufgaben beschränken, etwa auf die in § 2222 oder § 2223 bezeichneten Aufgaben; dem Nachlaßgericht kann er die Bestimmung des Wirkungskreises nicht überlassen (KG OLGE 40, 132).

5 Das Ersuchen muß in einer **wirksamen** Verfügung von Todes wegen enthalten sein. Deshalb kann auch nur der Erblasser, nicht ein anderer Beteiligter oder eine Behörde das Ersuchen aussprechen (BayObLGZ 16, 128; KG OLGE 42, 139; Soergel/Damrau Rn 2).

6 Das Nachlaßgericht wird nur auf Ersuchen hin tätig, **nicht von Amts wegen** (BayObLGZ 16, 128; KG OLGE 42, 139). Aber auch wenn kein Ersuchen vorlag, ist die vom Nachlaßgericht vorgenommene Ernennung nicht nichtig, sondern nur **anfechtbar**; bis zur Aufhebung der Entscheidung des Nachlaßgerichts ist der vom Gericht ohne Ersu-

chen ernannte Testamentsvollstrecker als solcher anzusehen (KG Recht 1925 Nr 2438; KG DNotZ 1955, 649; PLANCK/FLAD Anm 10; SOERGEL/DAMRAU Rn 9; **aM** offenbar BayObLG FamRZ 1995, 124 = ZEV 1995, 22 mit Anm KLUMPP: Ernennung ohne Ersuchen ist „gegenstandslos"). Der ohne Ersuchen des Erblassers vom Gericht ernannte Testamentsvollstrecker kann auch gemäß § 2227 entlassen werden (KG Recht 1925 Nr 2438). Freilich wird ein Rechtsschutzbedürfnis für den Entlassungsantrag erst dann anzuerkennen sein, wenn das Recht zur Beschwerde gegen die Ernennung (§ 81 FGG) verbraucht ist.

Das Ersuchen braucht **nicht ausdrücklich** gestellt zu sein (BayObLG NJW-RR 1988, 387). **7** Es genügt, wenn sich der darauf gerichtete Wille des Erblassers durch Auslegung des Testaments – gegebenenfalls durch ergänzende Auslegung – ermitteln läßt. An die Feststellung des Ersuchens iSv Abs 1 sind keine strengen Anforderungen zu stellen (OLG Hamm OLGZ 1976, 20; einschränkend MünchKomm/BRANDNER Rn 4, der eine strengere Auslegung fordert; ERMAN/M SCHMIDT Rn 1). Der Wille des Erblassers, das Nachlaßgericht solle den Testamentsvollstrecker ernennen, kann schon dann unterstellt werden, wenn der Erblasser – hätte er den später eingetretenen Fall bedacht – **vermutlich** die Ernennung durch das Nachlaßgericht gewünscht haben würde (vgl BayObLG FamRZ 1988, 325). Hat der Erblasser die Testamentsvollstreckung selbst angeordnet, so genügt es idR, daß das Testament in seiner Gesamtheit den Willen des Erblassers erkennen läßt, die Testamentsvollstreckung auch nach dem Wegfall der vom Erblasser genannten Person **fortdauern** zu lassen (vgl KG OLGZ 1992, 139). Beim Ermitteln des – auch mutmaßlichen – Willens des Erblassers ist zu prüfen, welche Gründe ihn bestimmt haben, Testamentsvollstreckung anzuordnen, und ob diese Gründe – von seinem Standpunkt aus – auch nach dem Wegfall der im Testament benannten Person fortbestehen, insbesondere ob noch Aufgaben des Testamentsvollstreckers zu erfüllen sind (OLG Düsseldorf MDR 1957, 421; OLG Hamm OLGZ 1976, 20; BayObLG FamRZ 1988, 325; LG Kiel MDR 1967, 593). Die Willensrichtung des Erblassers muß sich wenigstens **andeutungsweise** der letztwilligen Verfügung entnehmen lassen, doch können auch andere Umstände (zB ein früherer Erbvertrag) herangezogen werden (OLG Hamm OLGZ 1976, 20; BayObLG FamRZ 1987, 98).

Ein **stillschweigendes** oder „verstecktes **Ersuchen**" (PLANCK/FLAD Anm 1) kann zB ange- **8** nommen werden, wenn der Erblasser für einen volljährigen Erben Pflegschaft angeordnet hat, wenn er den Ausschluß des Erben von der Verwaltung angeordnet oder klar zum Ausdruck gebracht hat, daß er eine fortdauernde Testamentsvollstreckung will (KG DRiZ 1934 Nr 264; KG OLGE 43, 401 Fn 1). Auch wenn der Erblasser Testamentsvollstreckung angeordnet, aber den Testamentsvollstrecker nicht benannt hat, wird häufig ein stillschweigendes Ersuchen um gerichtliche Ernennung anzunehmen sein, zumal sich andernfalls die Anordnung der Testamentsvollstreckung nicht auswirken könnte (§ 2084). Wenn dagegen der Erblasser einen Testamentsvollstrecker ernannt hat oder gemäß §§ 2198, 2199 hat ernennen lassen, die Ernannten aber ablehnen oder wegfallen, so kann nicht ohne weiteres auf ein Ersuchen des Nachlaßgerichts geschlossen werden (KG OLGE 42, 139; KIPP/COING § 67 Fn 12). Etwas anderes kann gelten, wenn der Erblasser (für den Fall des Ausscheidens der von ihm selbst benannten Personen) den Direktor des Amtsgerichts bittet, einen Testamentsvollstrecker zu bestimmen, die Bestimmung jedoch abgelehnt wird; die letztwillige Verfügung kann uU ein Ersuchen an das Nachlaßgericht iSv § 2200 Abs 1 enthalten (OLG Hamm DNotZ 1965, 487). Jedoch kann aus der dem Testamentsvollstrecker obliegenden Aufgabe, die Auseinandersetzung zwischen den Erben zu bewirken, die Notwendigkeit einer Testamentsvollstreckung und weiter ein Ersuchen an das Nachlaßgericht, einen Testamentsvollstrecker zu ernennen, wenn ein anders eingesetzter Testamentsvollstrecker wegfällt, gefolgert werden (BayObLG FamRZ 1987, 98). Auch die einem Testamentsvollstrecker auferlegte Pflicht, einen Nachfolger zu ernennen, enthält nicht ohne weiteres ein Ersuchen an das Nachlaßgericht, den Nachfolger zu ernennen, wenn der erste Testamentsvollstrecker seiner Pflicht nicht nachkommt (KG OLGE 42, 139). Wenn dagegen der vom Erblasser ernannte Testamentsvollstrecker wegfällt, aus dem gesamten Inhalt des Testaments aber zu entnehmen ist, daß die Erben von der Verwaltung des Nachlasses ausgeschlossen sein sollen, so kann ein stillschweigendes Ersuchen des Erblassers an das Nachlaßgericht angenommen werden (RG WarnR 1913 Nr 239; KG DNotZ 1955, 649).

3. Prüfung des Ersuchens

9 Das Nachlaßgericht hat **von Amts wegen** zu prüfen, ob ein die Ernennung eines Testamentsvollstreckers rechtfertigendes Ersuchen vorliegt (BayObLGZ 16, 128). Die Prüfung steht nur dem Nachlaßgericht und den ihm übergeordneten Gerichten, **nicht** aber dem **Prozeßgericht** oder dem Grundbuchamt zu; diese Behörden haben ebensowenig zu prüfen, ob der Verfügung des Nachlaßgerichts über die Ernennung des Testamentsvollstreckers ein entsprechendes Ersuchen des Erblassers zugrunde liegt, wie sie die Bestellung eines Vormundes nachprüfen können (KG Recht 1925 Nr 2438; OLG Stuttgart JW 1934, 923; SOERGEL/DAMRAU Rn 10; KEIDEL/KUNTZE/WINKLER § 81 FGG Rn 1, 4). Eine Ausnahme ist zu machen, wenn neue Tatsachen vorliegen, die dem Nachlaßgericht noch nicht bekannt gewesen sind und die der Ernennung entgegengestanden hätten (KGJ 45 A 252).

10 Das Nachlaßgericht **kann** nach pflichtmäßigem Ermessen, muß aber nicht dem Ersuchen des Erblassers durch Ernennung eines Testamentsvollstreckers nachkommen (KG OLGE 30, 208 Anm 1; KG HRR 1942 Nr 691; BayObLGZ 1964, 153; OLG Hamm Rpfleger 1984, 316; **aM** MünchKomm/BRANDNER Rn 5). Die Ernennung eines Testamentsvollstreckers kann abgelehnt werden, wenn eine Testamentsvollstreckung mit Rücksicht auf die Lage des Nachlasses und die berechtigten Interessen der Nachlaßbeteiligten nicht zweckmäßig erscheint oder wenn das Gericht der Meinung ist, die Aufgaben des Testamentsvollstreckers seien weitgehend abgeschlossen (BGH NJW 1964, 1316).

III. Die Ernennung des Testamentsvollstreckers durch das Nachlaßgericht

1. Auswahl des Testamentsvollstreckers

11 Das Nachlaßgericht kann **jeden** zum Testamentsvollstrecker ernennen, den der Erblasser selbst hätte ernennen können, mit Ausnahme der vom Erblasser ausdrücklich ausgeschlossenen Personen (insoweit **aM** PLANCK/FLAD Anm 4). Das Gericht hat die Auswahl nach pflichtmäßigem Ermessen zu treffen, wobei der Wille des Erblassers beachtlich ist; das Ermessen des Nachlaßgerichtes geht nicht soweit, daß es eine für das Amt ungeeignete Person ernennen darf (OLG Hamm JMBlNRW 1962, 21 f; BayObLGZ 1964, 153; OLG Frankfurt DB 1978, 1126). Wenn der Erblasser zB erkennbar davon ausging, daß der Testamentsvollstrecker das Amt unentgeltlich ausüben werde, so darf das Gericht für einen nicht beträchtlichen Nachlaß keinen Rechtsanwalt zum Testamentsvollstrecker ernennen, der schon auf Grund seines Berufes

Anspruch auf Vergütung hätte. An Vorschläge und Einigungen der Beteiligten ist das Gericht nicht gebunden (KG OLGE 40, 132; OLG Hamm Rpfleger 1959, 53). **Auch der Notar**, der die Verfügung von Todes wegen beurkundet hat, kann ernannt werden; §§ 27, 7 BeurkG stehen hier nicht entgegen (OLG Stuttgart OLGZ 1990, 14 = DNotZ 1990, 430 mit Anm REIMANN; PALANDT/EDENHOFER Rn 2).

2. Anhörung der Beteiligten

Das Nachlaßgericht soll vor der Ernennung die Beteiligten hören, wenn es ohne 12 erhebliche Verzögerung und ohne unverhältnismäßige Kosten geschehen kann (Abs 2), und zwar, wenn veranlaßt, auch darüber, ob überhaupt ein Testamentsvollstrecker ernannt werden soll (PLANCK/FLAD Anm 6). Die Nichtbeachtung dieser Vorschrift beeinträchtigt jedoch die Wirksamkeit der Ernennung nicht. Über den Kreis der Beteiligten s § 2198 Rn 21 ff. Der zu ernennende Testamentsvollstrecker ist nicht Beteiligter.

Die Beteiligten haben gemäß §§ 78, 85 FGG ein Recht auf Akteneinsicht und auf 13 Erteilung von Ausfertigungen aller gerichtlichen Verfügungen, die sich auf die Ernennung eines Testamentsvollstreckers beziehen. Die Ernennung ist dem Richter vorbehalten (§ 16 Abs 1 Nr 2 RPflG).

3. Form und Qualität der Ernennung und der Ablehnung

Die Ernennung des Testamentsvollstreckers ist eine **rechtsgestaltende Verfügung** der 14 freiwilligen Gerichtsbarkeit (Muster s FIRSCHING/GRAF Rn 4.442). Sie erfolgt durch Beschluß, sie kann auch in der Erteilung eines Testamentsvollstreckerzeugnisses liegen (BayObLGZ 1985, 233; 1987, 46; 1992, 175). Auch in einem unterzeichneten Aktenvermerk des Nachlaßgerichts kann eine Ernennung gesehen werden (BayObLG FamRZ 1987, 98; PALANDT/EDENHOFER Rn 2). Der Beschluß muß allen Beteiligten bekanntgemacht werden (KEIDEL/KUNTZE/WINKLER § 81 FGG Rn 4). Er wird mit der Bekanntgabe an den Testamentsvollstrecker durch Zustellung oder Eröffnung zu Protokoll wirksam (§ 16 FGG; KG HRR 1939 Nr 167; JANSEN NJW 1966, 332; HAEGELE BWNotZ 1974, 113). Ein Vorbescheid, in dem das Nachlaßgericht die Ernennung eines Testamentsvollstreckers lediglich ankündigt, ist unzulässig (BayObLGZ 1993, 389; NJW-RR 1994, 590; OLG Hamm OLGZ 1984, 282). Die Testamentsvollstreckung tritt aber erst mit der Annahme des Amtes durch den Ernannten in Kraft (§ 2202). Der Beschluß des Nachlaßgerichts ersetzt die Annahme ebensowenig wie die Übersendung eines Testamentsvollstreckerzeugnisses. Die Gebühr für die Ernennung bemißt sich nach § 112 Abs 1 Nr 6 KostO; sie ist vom Erben zu tragen.

Die **Ablehnung** der Ernennung ist eine beschwerdefähige Verfügung der freiwilligen 15 Gerichtsbarkeit iSv § 19 FGG (KG RJA 11, 15; KG NJW 1963, 1553). Sie ist allen Beteiligten, insonderheit den Erben, bekannt zu machen. Sie wird – mangels eines anderen Adressaten – mit Bekanntgabe an die Erben wirksam.

4. Beschwerde

a) Gegen die Ernennung

Gegen den Beschluß des Nachlaßgerichts, durch den ein Testamentsvollstrecker 16 ernannt wird, steht den Beteiligten nach §§ 81, 22 FGG die sofortige Beschwerde zu. Im einzelnen ist beschwerdeberechtigt: Jeder Erbe für sich (auch wenn das Nachlaßgericht nur um Ernennung eines Testamentsvollstreckers für den Erbteil eines anderen Miterben ersucht worden ist, KG RJA 11, 15); die Mitvollstrecker, die Nachlaßgläubiger (KG OLGE 40, 132 Fn 1 b), die Vermächtnisnehmer (KG RJA 8, 189), die Pflichtteilsberechtigten (KG OLGZ 40, 132 Fn 1 b; BayObLGZ 16, 128). Die Beschwerde ist auch dann zulässig, wenn sich der Beschwerdeführer zunächst mit der Ernennung einverstanden erklärt hat (BayObLGZ 16, 128).

17 Der ernannte Testamentsvollstrecker ist im Hinblick auf §§ 2202, 2226 **nicht beschwerdeberechtigt**, weil er durch seine Ernennung nicht beschwert ist (HAEGELE/ WINKLER Rn 84).

18 Die Beschwerde kann vor allem darauf **gestützt** werden, daß die Entscheidung an Verfahrensmängeln leidet (zB weil die Beteiligten ohne triftigen Grund nicht gehört worden seien oder weil lediglich ein unzulässiger Ankündigungsbescheid ergangen sei), daß ein Ersuchen überhaupt nicht vorgelegen oder daß das Gericht von seinem Ermessen fehlerhaft Gebrauch gemacht habe, etwa, indem es eine ungeeignete Persönlichkeit ernannt habe. Auch ein von Anfang an vorhandener wichtiger Grund zur Entlassung des Testamentsvollstreckers nach § 2227 rechtfertigt die Beschwerde (LG Göttingen NdsRpfl 1942, 104; **aM** PALANDT/EDENHOFER Rn 7, der hier nur einen Antrag auf Entlassung zulassen will). Umstände, die nach der Ernennung eingetreten sind und ggf die Entlassung des Testamentsvollstreckers rechtfertigen, können im Verfahren über die Beschwerde gegen die Ernennung nicht berücksichtigt werden (OLG Frankfurt DB 1978, 1126).

19 Wird die Ernennung vom Beschwerdegericht **aufgehoben** – dies geschieht stets rückwirkend (BayObLG v 7.4.1988, Az: BReg 1 Z 58/87) –, so greift hinsichtlich der inzwischen vom Testamentsvollstrecker oder ihm gegenüber vorgenommenen Rechtsgeschäfte § 32 FGG ein. Die Rechtsgeschäfte sind im allg wirksam. Der Ernannte ist, solange er sein Amt im Vertrauen auf die Wirksamkeit seiner Bestellung ausübt, den Beteiligten gegenüber wie ein wirksam bestellter Testamentsvollstrecker berechtigt und verpflichtet (RG DNotZ 1937, 902). Dies gilt auch, wenn der Testamentsvollstrecker ohne Ersuchen des Erblassers ernannt wurde (vgl Rn 6). Es erlöschen alle vom „Testamentsvollstrecker" erteilten Vollmachten (KGJ 41, 79). Gegen den Aufhebungsbeschluß hat der Testamentsvollstrecker das Beschwerderecht, wenn er sein Amt schon angetreten hat (KGJ 40 A 42, HRR 1939 Nr 1166; KG OLGZ 1992, 139).

b) Gegen die Ablehnung der Ernennung

20 Gegen einen Beschluß des Nachlaßgerichts, durch den die Ernennung eines Testamentsvollstreckers abgelehnt wird, steht **jedem Beteiligten** die einfache Beschwerde zu (§§ 19, 20 FGG). Das Beschwerderecht steht auch dem Beteiligten zu, der selbst keine Anregung zur Ernennung des Testamentsvollstreckers gegeben hat. § 20 Abs 2 FGG trifft hier nicht zu, da die Ernennung eines Testamentsvollstreckers nach § 2200 einen echten Antrag weder erfordert noch zuläßt (**aM** PLANCK/FLAD Anm 9).

21 Die Beschwerde ist nur zulässig, wenn dem Beschwerdeführer ein **Beschwerderecht** zusteht. Ein Recht iSv § 20 Abs 1 FGG kann auch eine rechtlich gesicherte Anwartschaft sein (BGHZ 3, 203). Selbst wenn ein Schlußerbe ein Anwartschaftsrecht haben

sollte (vgl dazu BGHZ 37, 319), wird dieses nicht durch das Fehlen eines Testamentsvollstreckers beeinträchtigt, da der Erbe seine Verfügungsbefugnis unter Lebenden insoweit nicht verloren hat (§ 2286); auch Ansprüche aus böswilligen Schenkungen entstehen erst nach dem Ableben des Erben (§ 2287). Der Testamentsvollstrecker könnte zwar beeinträchtigende Maßnahmen zu Lasten des Schlußerben verhindern, doch hat der Schlußerbe hieran kein Recht, das er durchsetzen könnte. Daher hat er kein Beschwerderecht (KG NJW 1963, 1553). Der Pflichtteilsberechtigte hat jedoch ein Beschwerderecht (KG aaO; vgl § 2198 Rn 24), ebenso der einzelne Miterbe, und zwar auch dann, wenn Testamentsvollstreckung nur für den Erbteil eines anderen Miterben angeordnet ist (KG RJA 11, 15).

5. Bestandskraft der Ernennung und spätere Nachprüfung

Die Ernennung wird nach § 16 Abs 1 FGG **mit Bekanntgabe** an den Ernannten wirksam. Dies bedeutet, daß die gerichtliche Verfügung verbindliche Kraft hat und die Wirkung äußert, die sie nach ihrem Inhalt herbeiführen soll (BGH NJW 1955, 503). Die formelle Rechtskraft ist nicht Voraussetzung des Wirksamwerdens. **22**

Die **Verfügung** ist – wie jede andere gerichtliche Verfügung im Bereich der freiwilligen Gerichtsbarkeit – für alle anderen Gerichte und Behörden **bindend**, es sei denn, sie ist nicht wirksam geworden (zB wegen fehlender Bekanntgabe) oder sie ist nichtig (BGHZ 24, 47; 41, 303); letzteres wird allerdings nur selten der Fall sein, nämlich wenn die Verfügung bei keiner denkbaren Sachgestaltung gerechtfertigt sein könnte. Eine Nachprüfung durch ein anderes Gericht (Prozeßgericht, Nachlaßgericht im Erbscheinsverfahren) oder eine andere Behörde scheidet daher in allen anderen Fällen aus (OLG Hamburg NJW 1964, 1968). **23**

Die bindende Wirkung der Ernennungsverfügung allein führt jedoch noch nicht zur **Wirksamkeit** der Testamentsvollstreckung durch den Ernannten; hierfür ist erforderlich (JANSEN NJW 1966, 332): (1) Anordnung der Testamentsvollstreckung durch den Erblasser (2) Wirksame Ernennung des Testamentsvollstreckers gem §§ 2198, 2199 oder § 2200 (3) Annahme des Amtes durch den Ernannten (§ 2202) (4) Fehlen von Endigungsgründen für die Testamentsvollstreckung. **24**

Alle Tatbestandsmerkmale – ausgenommen die wirksame Ernennung (2) – können von anderen Gerichten **überprüft** werden; insoweit ist keine Bindungswirkung gegeben. Diese bezieht sich nur auf die Ernennungsverfügung; die Person des Amtsinhabers – die Annahme des Amtes vorausgesetzt – kann nicht in Frage gestellt werden. War daher zZ der Ernennung des Testamentsvollstreckers gem § 2200 die Testamentsvollstreckung selbst infolge Erledigung der Aufgaben bereits beendet, so ist das Prozeßgericht nicht daran gehindert, die Ernennungsverfügung trotz ihrer formellen Wirksamkeit als gegenstandslos zu betrachten (BGHZ 41, 28, 29; dazu JANSEN NJW 1966, 332, 333). **25**

§ 2201

Die Ernennung des Testamentsvollstreckers ist unwirksam, wenn er zu der Zeit, zu welcher er das Amt anzutreten hat, geschäftsunfähig oder in der Geschäftsfähigkeit

beschränkt ist oder nach § 1896 zur Besorgung seiner Vermögensangelegenheiten einen Betreuer erhalten hat.

Materialien: E I § 189 1; II § 207 1; III § 2175; Mot V 219 f; Prot V 252. Geändert durch Betreuungsgesetz vom 12. 9. 1990 (BGBl I 2202).

I. Allgemeines

1 Abgesehen von den in § 2201 genannten Erfordernissen sind **besondere** persönliche Eigenschaften für das Amt des Testamentsvollstreckers **nicht notwendig**. Auch juristische Personen können daher zum Testamentsvollstrecker ernannt werden. Zu den Ausnahmen s § 2197 Rn 50 ff. Die Ernennung eines im Konkurs befindlichen Testamentsvollstreckers ist wirksam; auch der Verlust der bürgerlichen Ehrenrechte hindert die Ernennung nicht. In solchen Fällen kann aber die Entlassung des Testamentsvollstreckers nach § 2227 in Frage kommen (PALANDT/EDENHOFER Rn 2). Außerdem kann der Erbe die Ernennung einer solchen Person durch den Erblasser gemäß § 2078 anfechten, wenn der Erblasser diese Umstände nicht gekannt hat und anzunehmen ist, daß er die Ernennung bei Kenntnis der Sachlage nicht vorgenommen haben würde. Überhaupt kann die Ernennung eines Testamentsvollstreckers aus denselben Gründen unwirksam sein wie jede andere letztwillige Anordnung. Zu weiteren Verhinderungsgründen s § 2197 Rn 60.

II. Unfähigkeit für das Amt des Testamentsvollstreckers

2 Der gemäß §§ 2197, 2198, 2199 oder 2200 Ernannte darf weder geschäftsunfähig (§ 104) noch in der Geschäftsfähigkeit beschränkt sein (§§ 106, 114), noch darf er nach § 1896 zur Besorgung seiner **sämtlichen** Vermögensangelegenheiten, weil er diese infolge körperlicher oder geistiger Gebrechen nicht zu besorgen vermag, einen – durch das Betreuungsgesetz vom 12. 9. 1990 (BGBl I 2202) eingeführten – Betreuer erhalten haben (BayObLG NJW-RR 1995, 330 = ZEV 1995, 63 mit Anm DAMRAU). Ist ein Betreuer nur für die persönlichen Angelegenheiten oder nur für einzelne Vermögensangelegenheiten bestellt, so ist die Ernennung wirksam (SOERGEL/DAMRAU Rn 1; KIPP/COING § 67 I 8 Fn 18).

3 Liegt einer der in § 2201 genannten Mängel vor, so ist die Ernennung von **vornherein** kraft Gesetzes **unwirksam**; es bedarf keiner besonderen Aufhebung, um die Unwirksamkeit herbeizuführen (ERMAN/M SCHMIDT Rn 1). Während nämlich beim Vormund unterschieden wird zwischen Unfähigkeit (§ 1780; Folge: Nichtigkeit: RGSt 45, 311) und Untauglichkeit (§ 1781; Folge: Entlassung: § 1886), kennt das Gesetz beim Testamentsvollstrecker nur solche persönliche Mängel, die die Ernennung unwirksam machen. Das schließt natürlich nicht aus, daß andere, weniger gewichtige Mängel zur Entlassung des Testamentsvollstreckers führen können (§ 2227; vgl Rn 1).

III. Maßgebender Zeitpunkt

4 Für die Beurteilung der Fähigkeit des Ernannten zum Amt des Testamentsvollstrekkers ist weder der Zeitpunkt der Ernennung noch der des Erbfalls noch derjenige der Annahme des Amtes maßgebend, vielmehr kommt es auf den Zeitpunkt an, zu dem der Ernannte das Amt des Testamentsvollstreckers **anzutreten** hat. Dieser Zeitpunkt fällt aber regelmäßig zusammen mit dem Zeitpunkt, in dem der Ernannte von seiner Ernennung erfährt. Denn von da an ist er in der Lage und infolgedessen nach dem Willen des Erblassers, auf den das Gesetz mit den Worten „anzutreten hat" abstellt, auch gehalten, sich über die Annahme des Amtes zu äußern, und damit, es anzutreten (KG RJA 11, 92; Kipp/Coing § 67 I 8 Fn 16; BGB-RGRK/Kregel Rn 2; **aM** Planck/Flad Anm 3; Lange/Kuchinke § 29 IV 3 b Fn 89; MünchKomm/Brandner Rn 3: Annahme des Amtes). Wenn aber der Testamentsvollstrecker unter einer aufschiebenden Bedingung (zB nach § 2197 Abs 2) oder von einem bestimmten Zeitpunkt an ernannt ist, so ist der Eintritt der Bedingung oder des Zeitpunktes entscheidend, wenn auch der bedingt Ernannte schon vorher das Amt annehmen kann (§ 2202 Rn 13).

Wenn der **Grund** für die Unfähigkeit des Ernannten zum Amt des Testamentsvoll- 5 streckers nachträglich **wegfällt** (zB wenn er volljährig wird), so bleibt die Unwirksamkeit doch bestehen (KG RJA 11, 92; KG Recht 1912 Nr 766; Soergel/Damrau Rn 4).

Wenn jedoch der Beschluß, einen Betreuer zu bestellen, von Amts wegen oder im 6 Beschwerdeweg (§ 69 g Abs 1 FGG) **aufgehoben** wird (§ 1908 d Abs 1, 2), ist zu differenzieren. Bei einer **echten** Wiederaufhebung, wenn der Grund für eine ursprünglich zu Recht erfolgte Bestellung des Betreuers inzwischen weggefallen ist, erfällt die Betreuung ex nunc. Der Betroffene ist so zu behandeln wie derjenige, der nach dem maßgeblichen Zeitpunkt volljährig wird; die Ernennung bleibt unwirksam.

Anders ist die Lage bei einer **unechten** Wiederaufhebung, wenn nämlich der Grund 7 für die Betreuung von Anfang an nicht bestand. Eine solche Wiederaufhebung ist wie eine Anfechtung zu behandeln, so daß die Betreuung als von Anfang an nichtig anzusehen ist. Die Ernennung des Betroffenen zum Testamentsvollstrecker muß von Anfang an als wirksam angesehen werden (**aM** zum alten Rechtsinstitut der Entmündigung Planck/Flad Anm 3; MünchKomm/Brandner Rn 4). Freilich müssen im Interesse der Rechtssicherheit auch die Rechtsgeschäfte desjenigen, der durch die Betreuungsanordnung als zur Verfügung über Nachlaßgegenstände bzw den Nachlaß berechtigt anzusehen war – der Erbe oder ein Ersatztestamentsvollstrecker etwa – grundsätzlich als wirksam erachtet werden (§ 32 FGG analog).

Wenn einer der in § 2201 angeführten persönlichen Mängel erst nach dem maßge- 8 benden Zeitpunkt eintritt, so erlischt das Amt des Testamentsvollstreckers kraft Gesetzes ex nunc (§ 2225). Bezüglich der Rechtslage vor Inkrafttreten des Betreuungsgesetzes s Staudinger/Reimann[12] Rn 4 f.

§ 2202

[1] **Das Amt des Testamentsvollstreckers beginnt mit dem Zeitpunkt, in welchem der Ernannte das Amt annimmt.**

[2] **Die Annahme sowie die Ablehnung des Amtes erfolgt durch Erklärung gegenüber**

dem Nachlaßgerichte. Die Erklärung kann erst nach dem Eintritte des Erbfalls abgegeben werden; sie ist unwirksam, wenn sie unter einer Bedingung oder Zeitbestimmung abgegeben wird.

[3] Das Nachlaßgericht kann dem Ernannten auf Antrag eines der Beteiligten eine Frist zur Erklärung über die Annahme bestimmen. Mit dem Ablaufe der Frist gilt das Amt als abgelehnt, wenn nicht die Annahme vorher erklärt wird.

Materialien: E I § 1892; II § 2072; III § 2176; Mot V 220 ff; Prot V 252 f.

Systematische Übersicht

I.	**Allgemeines**	1	6.	Tätigkeit des Nachlaßgerichts	20
II.	**Annahme und Ablehnung**	5	III.	**Pflicht zur Annahme?**	23
1.	Form der Erklärung	6			
2.	Inhalt der Erklärung	9	IV.	**Nachweis der Annahme oder Ablehnung**	29
3.	Erklärungsgegner	12			
4.	Zeitpunkt der Erklärung	13			
5.	Wirksamkeit der Erklärung	18	V.	**Rechtsgeschäfte vor Amtsbeginn**	32

Alphabetische Übersicht

Ablehnung	5 ff	– Einsicht	21
– des Amtes	5 ff, 11	– Form	6
– Fiktion	17	– Inhalt	9 ff
– Nachweis	31	– mündliche	8
Amtspflichten	26	– Wirksamkeit	6, 18 f
Annahme	4 ff	– Zeitpunkt	13
– der Erbschaft	4	Erklärungsgegner	12
– des Amtes	5 ff	Ernennung	2
– Nachweis	29 f		
Annahmepflicht	23 ff	Fristsetzung	14 ff
– durch Auflage	27	– Bekanntgabe	15
– durch Bedingung	28	– Beschwerde	16
– vertragliche	25	– von Amts wegen	20
Annahmezeugnis	12, 20		
Annahmezwang	1	Gebühren	21
Anordnung	2	Genehmigung	32
		Grundbuchamt	29 f
Beamter	19		
Beginn des Amtes	1 ff	Nachlaßgericht	20 ff
		Notar	24
Einwilligung des Erben	33		
Erklärung	6 ff	Rechtsgeschäfte vor Amtsbeginn	32 f
– Auslegung	7, 9		
– bedingte	10	Schadensersatz	25 ff

August 1995

I. Allgemeines

Das Amt des Testamentsvollstreckers beginnt **nicht schon mit dem Erbfall**. Der **1** Beginn setzt vielmehr kumulativ
- die Anordnung der Testamentsvollstreckung durch den Erblasser,
- die Ernennung des Testamentsvollstreckers durch den Erblasser, durch einen von ihm ermächtigten Dritten, im Falle des § 2199 auch durch den schon im Amt befindlichen Testamentsvollstrecker, oder das vom Erblasser ersuchte Nachlaßgericht,
- die Annahme des Amtes durch den Ernannten (§ 2202 Abs 1)

voraus. Es gibt also einerseits keine Testamentsvollstreckung ohne Anordnung durch den Erblasser, andererseits keine Testamentsvollstreckung gegen den Willen des Testamentsvollstreckers.

Es besteht – schon wegen § 2226 – **kein Annahmezwang**, auch dann nicht, wenn sich **2** der Betroffene rechtsgeschäftlich dazu verpflichtet hat (Palandt/Edenhofer Rn 2). Deshalb scheiden in einem solchen Falle auch Schadensersatzansprüche gegen den Betroffenen aus. Es ist also Vorsorge für den – häufigen – Fall zu treffen, daß der ins Auge gefaßte Testamentsvollstrecker seine Zusage, das Amt anzunehmen und auszuführen, nicht oder nicht auf die gewünschte Dauer einhält oder einhalten kann.

Die **Anordnung der Testamentsvollstreckung** und die **Ernennung des Testamentsvoll-** **3** **streckers** durch den Erblasser werden regelmäßig zusammenfallen (§ 2197). Lediglich bei der Ernennung des Testamentsvollstreckers durch einen vom Erblasser hierzu ermächtigten Dritten (§§ 2198, 2199) oder durch das vom Erblasser ersuchte Nachlaßgericht (§ 2200) müssen beide Voraussetzungen getrennt vorliegen. Die Ernennung eines Testamentsvollstreckers durch den Erblasser und das Ersuchen auf Ernennung durch Dritte oder das Nachlaßgericht schließt aber begrifflich die Anordnung der Testamentsvollstreckung ein. Bei bloßer Anordnung der Testamentsvollstreckung wird man unter Umständen im Wege der Auslegung ein Ersuchen des Nachlaßgerichtes nach § 2200 annehmen können (s § 2200 Rn 7 f).

Der Beginn des Amtes hängt nicht von der **Annahme der Erbschaft** durch den Erben **4** ab. Das Amt des Testamentsvollstreckers kann sogar beginnen, wenn eine Erbenfeststellung überhaupt nicht vorgesehen ist, wie etwa bei der gegenständlichen Verteilung des Vermögens durch den Erblasser im Wege von Vermächtnissen (vgl Bengel/Reimann, in: Beck'sches Notar-Handbuch C Rn 92).

II. Annahme und Ablehnung

Die Annahme und die Ablehnung des Amtes erfolgen durch Erklärung gegenüber **5** dem zuständigen Nachlaßgericht (vgl §§ 72, 73 FGG).

1. Form der Erklärung

Eine bestimmte Form ist für die Erklärung nicht vorgeschrieben (RGZ 81, 166, 171; RG **6** WarnR 1914 Nr 63). Sie kann privatschriftlich (RG JW 1910, 803) oder mündlich zu Protokoll des Nachlaßgerichts oder zu Protokoll der Geschäftsstelle eines beliebigen Amtsgerichts abgegeben werden (§ 11 FGG). Jedes Amtsgericht ist verpflichtet, die

Erklärung entgegenzunehmen und, wenn sie nur mündlich erfolgt, zu beurkunden; ist das angegangene Amtsgericht an sich nicht zuständig, so muß es die Erklärung an das zuständige Amtsgericht (Nachlaßgericht) weiterleiten. Erst **mit** dem **Eingang** bei diesem wird die Erklärung **wirksam** (§ 130). Bei größeren Amtsgerichten kann der Ernannte, der bei der Geschäftsstelle einer anderen Abteilung vorspricht, an die Geschäftsstelle des Nachlaßgerichts verwiesen werden. Wirksam ist aber auch eine Erklärung, die gegenüber dem Grundbuchamt des zuständigen Amtsgerichts abgegeben wird (OLG München JFG 17, 282; SOERGEL/DAMRAU Rn 4; **aM** OLG Colmar OLGE 26, 349; PLANCK/FLAD Anm 2).

7 Der **Wortlaut** der Erklärung ist **nicht entscheidend**; es kommt nur darauf an, ob die Erklärung deutlich den Willen erkennen läßt, das Amt anzunehmen oder es abzulehnen. So genügt es, wenn der Ernannte beim Nachlaßgericht beantragt, ihm ein Testamentsvollstreckerzeugnis zu erteilen, oder wenn er unter Berufung auf seine Eigenschaft als Testamentsvollstrecker Erteilung von Urkundenabschriften beantragt oder wenn er in dieser Eigenschaft an Verhandlungen des Nachlaßgerichts teilnimmt (RGZ 81, 166, 171; RG WarnR 1914 Nr 63; PLANCK/FLAD Anm 2, der in solchen Fällen eine stillschweigende Willenserklärung annimmt). Dagegen reichen **schlüssige Handlungen**, besonders gegenüber Dritten, zB Besorgung von Testamentsvollstrecker-Geschäften, **nicht** aus, da durch solche die erforderliche Klarheit über die Annahme oder Ablehnung des Amtes nicht geschaffen wird (RGZ 81, 166, 171).

8 Auch eine **mündliche** Erklärung vor dem Nachlaßgericht genügt **nicht**, wenn sie nicht beurkundet wird, denn § 2228 setzt voraus, daß die Erklärung in den Akten des Nachlaßgerichts festgehalten wird (**aM** PLANCK/FLAD Anm 2; MünchKomm/BRANDNER Rn 5). Die Erklärung kann von einem Bevollmächtigten des Ernannten abgegeben werden (KG OLGE 10, 452).

2. Inhalt der Erklärung

9 Die Erklärung braucht **nicht wörtlich** die Annahme oder die Ablehnung zu enthalten, wenn sie nur den Willen des Ernannten unzweifelhaft zum Ausdruck bringt (s Rn 7). Erklärt der Ernannte, daß er grundsätzlich bereit sei, das Amt anzunehmen, aber gleichzeitig um Verlängerung der nach § 2202 Abs 3 bestimmten Annahmefrist bitte, so liegt darin nur die Erklärung der Bereitschaft zur Annahme, nicht aber schon die Annahme des Amtes selbst (KG DFG 1944, 34).

10 Die Erklärung kann **nicht** unter einer **Bedingung** oder Zeitbestimmung abgegeben werden (Abs 2 S 2 HS 2; zum Begriff der Bedingung vgl auch STAUDINGER/OTTE [1994] § 1947 Rn 2). Eine bedingte oder befristete Erklärung ist unwirksam. Die Erklärung der Annahme oder Ablehnung ist unwiderruflich, § 130 Abs 1 S 2 (KG OLGE 11, 242; KG OLGE 43, 402; PALANDT/EDENHOFER Rn 3). Allerdings kann der Testamentsvollstrecker sein Amt jederzeit kündigen (§ 2226) und eine Kündigung, die der Annahme rasch nachfolgt, kommt praktisch einem Widerruf gleich; indes ist doch die Kündigung, welche die zunächst eingetretene Testamentsvollstreckung beendigt, etwas anderes als der Widerruf, der die Annahme ungeschehen machen würde (PLANCK/FLAD Anm 5).

11 Wenn der Ernannte **abgelehnt** hat, kann er das Amt nicht mehr annehmen, mögen

auch alle Beteiligten das billigen oder sogar wünschen. Dagegen kann der vom Erblasser Ernannte, der abgelehnt hat, immer noch von einem bestimmungsberechtigten Dritten (§ 2198) oder vom Nachlaßgericht (§ 2200) zum Ersatz-Testamentsvollstrecker ernannt werden, wenn der Erblasser hilfsweise eine solche mittelbare Ernennung vorgesehen hat (Planck/Flad Anm 5).

3. Erklärungsgegner

Die Erklärung muß dem **zuständigen Nachlaßgericht** gegenüber abgegeben werden (Abs 2 S 1). Wenn jedoch ein Amtsgericht mit mehreren Richtern besetzt ist, so braucht die Annahme nicht gegenüber der mit der Bearbeitung der Nachlaßsachen betrauten Abteilung abgegeben zu werden; denn Nachlaßgericht ist nicht eine Abteilung des Amtsgerichts, sondern das Amtsgericht als die für die Behandlung von Nachlaßsachen zuständige Behörde (§ 72 FGG). Es genügt also, wenn die Erklärung dem zuständigen Amtsgericht gegenüber abgegeben und von diesem entgegengenommen wird (OLG München HRR 1938 Nr 1018; aM Güthe/Triebel § 35 GBO Rn 65). Zur sachlichen Prüfung und zur Entscheidung, ob die Annahmeerklärung wirksam ist, ist jedoch außer dem Prozeßrichter nur der Nachlaßrichter uU berufen. Ein anderer Richter kann nötigenfalls verlangen, daß ihm eine Bescheinigung des Nachlaßgerichts über die Annahme vorgelegt wird. Der Testamentsvollstrecker kann deshalb fordern, daß das Nachlaßgericht ihm ein **Zeugnis** über die Annahme erteilt (KG OLGE 14, 316; Haegele/Winkler Rn 106). Die Voraussetzungen für die Erteilung dieses Zeugnisses sind dieselben wie beim Testamentsvollstrecker-Zeugnis (§ 2368). Doch unterscheidet sich das Annahmezeugnis von diesem dadurch, daß es Beschränkungen oder Erweiterungen der Befugnisse des Testamentsvollstreckers nicht angibt und keinen öffentlichen Glauben genießt. 12

4. Zeitpunkt der Erklärung

Die Erklärung kann **frühestens** nach dem Eintritt des Erbfalls abgegeben werden (Abs 2 S 2; vgl §§ 1946, 2180 Abs 2 S 2). Die Eröffnung des Testaments oder die Annahme der Erbschaft braucht der Ernannte nicht abzuwarten (RGZ 74, 37; MünchKomm/Brandner Rn 3). Ist der Testamentsvollstrecker unter einer Bedingung oder Zeitbestimmung ernannt, so kann er sein Amt sogleich nach dem Erbfall annehmen; das Amt beginnt hier aber nicht vor Eintritt der Bedingung oder Ablauf der Frist. Die Erklärung kann erst abgegeben werden, wenn die Ernennung wirksam geworden ist. Wenn der Erblasser die Bestimmung der Person des Testamentsvollstreckers einem Dritten überlassen hat (§ 2198 Abs 1 S 1), so kann die Annahme nicht erklärt werden, bevor die Bestimmung wirksam geworden ist (OLG Colmar OLGE 26, 349; ähnlich in den Fällen der §§ 2199, 2200). Ist die Testamentsvollstreckung in bezug auf eine Nacherbenschaft angeordnet, so kann die Annahme nicht vor Eintritt der Nacherbfolge erklärt werden (§ 2139). Wenn der Testamentsvollstrecker nur für den Fall ernannt ist, daß eine bestimmte Person Erbe wird, so kann er schon vor Annahme der Erbschaft durch diese Person sein Amt annehmen; er kann dann auch sofort über den Nachlaß verfügen (§§ 2202 Abs 1, 2205, 1942 Abs 1). Wenn dann freilich jener die Erbschaft rechtzeitig ausschlägt, so erweisen sich die Rechtsgeschäfte des vermeintlichen Testamentsvollstreckers als unwirksam (§ 1953 Abs 1), soweit nicht der Schutz gutgläubiger Dritter eine andere Entscheidung gebietet (§§ 2368 Abs 3, 2365 ff). 13

14 Damit die Beteiligten möglichst bald Gewißheit über die Annahme des Amtes durch den Ernannten erlangen können, ist vorgesehen, daß das Nachlaßgericht dem Ernannten auf Antrag eines der Beteiligten eine **Frist** setzen kann, innerhalb deren sich der Ernannte über die Annahme zu erklären hat (**Abs 3**; Muster s FIRSCHING/GRAF Rn 4.447). Zuständig zur Fristbestimmung ist der Rechtspfleger (§ 3 Nr 2 c RPflG). Der Begriff des Beteiligten ist mit dem in § 2198 Abs 2 gebrauchten identisch (vgl dort Rn 21). In dem Antrag, an Stelle des im Testament erwähnten Testamentsvollstreckers einen anderen zu erkennen, ist nicht zugleich der Antrag auf Bestimmung einer Frist nach Abs 3 enthalten (KG OLGE 40, 132 Fn 1 a). Die Frist kann, wenn der Testamentsvollstrecker unter einer aufschiebenden Bedingung oder für einen späteren Termin als den Erbfall ernannt ist, nicht vor dem Eintritt der Bedingung oder des Termins gesetzt werden (MünchKomm/BRANDNER Rn 3). Der Antrag auf Fristsetzung ist überhaupt abzulehnen, wenn derjenige, gegen den sich die Fristsetzung richten soll, zur Führung des Amtes nicht oder noch nicht berufen ist (HAEGELE/WINKLER Rn 105). Ist der Testamentsvollstrecker unbekannten Aufenthalts oder unerreichbar, so kann keine Frist gesetzt werden; der Testamentsvollstrecker kann aber uU nach § 2227 entlassen werden (PLANCK/FLAD Anm 11).

15 Der Beschluß des Nachlaßgerichts ist nicht nur dem Antragsteller und dem Ernannten, sondern auch den sonstigen Beteiligten, insbesondere dem Erben, **bekanntzumachen** (§ 16 FGG; KG JW 1939, 421; KEIDEL/KUNTZE/WINKLER § 81 FGG Rn 4). Er wird mit Bekanntgabe an den Ernannten wirksam.

16 Gegen die Ablehnung der Fristbestimmung steht dem Antragsteller die einfache **Beschwerde** zu (§§ 19, 20 FGG). Gegen den Beschluß des Nachlaßgerichts, durch den eine Frist gemäß § 2202 Abs 3 bestimmt wird, findet sofortige Beschwerde statt (§ 81 FGG). Beschwerdeberechtigt ist insbesondere der Ernannte (im übrigen vgl wegen des Beschwerderechts KEIDEL/KUNTZE/WINKLER § 81 FGG Rn 2). Wegen Erteilung einer Ausfertigung des Gerichtsbeschlusses s § 85 FGG, wegen der Fristberechnung §§ 187 ff BGB.

17 Wenn der Ernannte innerhalb der Frist die Annahme nicht erklärt, so gilt das Amt als abgelehnt (**Abs 3 S 2**). Dies gilt auch dann, wenn der Ernannte während der Frist der irrigen Ansicht war, er sei nicht zum Testamentsvollstrecker ernannt, und wenn er deshalb gegen die Fristbestimmung erfolglos sofortige Beschwerde eingelegt hatte (KGJ 43 A 86).

5. Wirksamkeit der Erklärung

18 Die Annahme oder Ablehnung des Amtes erfordert **Geschäftsfähigkeit**. Der gesetzliche Vertreter eines Geschäftsunfähigen kann die Erklärung wegen der höchstpersönlichen Natur der Berufung zum Amt des Testamentsvollstreckers nicht abgeben (BGB-RGRK/KREGEL Rn 9; unklar MünchKomm/BRANDNER Rn 8). Wenn der Ernannte in der Geschäftsfähigkeit beschränkt ist (§§ 106, 114), so bedarf er zur Annahme – und wohl auch zur Ablehnung – des Amtes der Einwilligung seines gesetzlichen Vertreters (§ 107). Im Hinblick auf § 2201 kommt jedoch die Annahme durch einen beschränkt Geschäftsfähigen praktisch nur dann in Frage, wenn der Testamentsvollstrecker unter einer aufschiebenden Bedingung oder Zeitbestimmung ernannt ist (PALANDT/EDENHOFER Rn 3). Dann kann es nämlich vorkommen, daß er zu der Zeit, zu der er das Amt anzutreten hat (§ 2201), bereits voll geschäftsfähig (zB volljährig) ist (§ 2201 Rn 4; PLANCK/FLAD Anm 10).

Beamte bedürfen uU dienstintern zur Übernahme einer Testamentsvollstreckung 19 einer **Genehmigung** ihrer vorgesetzten **Behörde** (s zB § 66 Abs 1 Nr 1 Bundesbeamtengesetz vom 3.1.1977 [BGBl I 1], Art 74 Abs 1 Nr 1 BayBeamtengesetz vom 9.11.1970 [GVBl 569]). Der Mangel der Genehmigung ist aber ohne Einfluß auf die Wirksamkeit der Annahme (vgl §§ 1784, 1888; PLANCK/FLAD Anm 10).

6. Tätigkeit des Nachlaßgerichts

Nach dem BGB kann sich das Nachlaßgericht – abgesehen von der oben erörterten 20 Fristsetzung nach Abs 3 – im allgemeinen auf die Entgegennahme der Erklärung beschränken. Allerdings ist es in manchen Ländern, so in Bayern, üblich, daß das Nachlaßgericht den Ernannten **von Amts wegen** auffordert zu erklären, ob er das Amt annimmt (Muster s FIRSCHING/GRAF Rn 4.447). Dann mag es sich auch empfehlen, die Beteiligten von der Annahme der Ablehnung zu verständigen. Das Nachlaßgericht ist auch grundsätzlich nicht verpflichtet, die Wirksamkeit der Erklärung zu prüfen und bei Zweifeln die Beteiligten auf die bestehenden Bedenken hinzuweisen. Zu einer Entscheidung über die Wirksamkeit der Erklärung wird das Nachlaßgericht nur dann Anlaß haben, wenn die Erteilung eines Testamentsvollstreckerzeugnisses (§ 2368) oder einer Bescheinigung über die Annahme (Rn 12) beantragt wird oder wenn es von der Wirksamkeit der Annahme oder Ablehnung abhängt, ob in den Erbschein ein Testamentsvollstrecker-Vermerk aufzunehmen ist (§ 2364; so zB, wenn der Ernannte ablehnt und ein Ersatzmann nicht vorgesehen ist; KGJ 48 A 143; OLG München JFG 15, 211). Im übrigen hat über die Wirksamkeit der Erklärung das Prozeßgericht zu entscheiden. Das Nachlaßgericht kann ohne sachliche Prüfung ein Zeugnis über den Eingang der Annahmeerklärung ausstellen (Muster s FIRSCHING/GRAF Rn 4.457).

Die **Einsicht** der nach Abs 2 abgegebenen Erklärungen hat das Nachlaßgericht 21 gemäß § 2228 jedem zu gestatten, der ein rechtliches Interesse glaubhaft macht. Die Gebühren für die Entgegennahme der Erklärung des Ernannten bemessen sich nach § 112 Abs 1 Nr 6 KostO. Sie fallen in jedem Fall dem Erben zur Last (§ 6 S 2 KostO).

Die Frist des § 207 beginnt mit der Abgabe der Annahmeerklärung gegenüber dem 22 Nachlaßgericht, nicht erst mit dem Empfang des Testamentsvollstreckerzeugnisses (RGZ 100, 281).

III. Pflicht zur Annahme?

Eine Pflicht zur Annahme besteht nach dem BGB nicht. Die Annahme oder Ableh- 23 nung des Amtes steht grundsätzlich im Ermessen des Ernannten.

Für **Notare** kann eine Verpflichtung zur Übernahme des Amtes landesgesetzlich 24 bestimmt werden (§ 200 FGG). Die BNotO enthält keine derartige Verpflichtung.

Eine Verpflichtung zur Übernahme des Amtes kann **durch Vertrag** des Erblassers 25 oder des Erben mit dem Ernannten begründet werden (RGZ 139, 41; PLANCK/FLAD Anm 9 b); die bloße Erklärung der Bereitwilligkeit, das Amt zu übernehmen, verpflichtet freilich in der Regel nicht. Aus einem solchen Vertrag kann auf Annahme des Amtes, auf Leistung der etwa bedungenen Vertragsstrafe oder auf Schadensersatz geklagt werden (OLG Hamburg DRWiss 1939, 1524 mit Anm SMOLLA; BGB-RGRK/KREGEL Rn 10; PLANCK/FLAD Anm 9 b; **gegen** Klage auf Annahme, da eine solche der Natur der Testamentsvollstreckung als eines Vertrauensamtes widersprechen würde: PALANDT/EDENHOFER Rn 2). Bei der Klage auf Annahme des Amtes ist es fraglich, ob § 894 ZPO zur Anwendung kommen kann. Selbst wenn man diese Frage (vgl STEIN/JONAS/MÜNZBERG § 894 ZPO Rn 9) bejaht, könnte der Testamentsvollstrecker nach § 2226 sein Amt sofort kündigen (PALANDT/EDENHOFER Rn 2). Allerdings kann er sich durch diese Kündigung uU schadensersatzpflichtig machen. Doch wird der Schaden schwer nachzuweisen sein.

26 Wenn der Testamentsvollstrecker zwar das Amt annimmt, aber trotz des Vertrages mit dem Erblasser oder dem Erben seine **Amtspflichten vernachlässigt**, so kann er auf Klage des Erben zur Ausführung einzelner Verrichtungen verurteilt werden. Aber das Urteil dürfte nicht vollstreckbar sein (§ 888 Abs 2 ZPO). Auch hier bleibt nur die Klage auf Schadensersatz (§ 893 ZPO). Wenn der Ernannte das Amt bereits abgelehnt hat, kann er es nicht mehr annehmen; eine Klage auf Annahme wäre unbegründet, da die Leistung unmöglich ist.

27 Wenn der Erblasser einen Miterben oder einen Vermächtnisnehmer zum Testamentsvollstrecker ernennt, kann er ihm die Annahme des Amtes zur **Auflage** machen. Die nach § 2194 Berechtigten können dann, wenn der Ernannte die Zuwendung annimmt, auf Annahme des Amtes klagen (PLANCK/FLAD Anm 9 c). Der Anspruch auf Schadensersatz steht ihnen aber nicht zu, da dieser Anspruch Verletzung eines Rechtes voraussetzt, ein solches aber bei der Auflage fehlt (§ 1940). Auch hier steht dem zur Annahme Verurteilten die Kündigung frei, welche die Unwirksamkeit der Zuwendung nicht unbedingt zur Folge haben muß (§ 2195). § 2196 ist nicht anwendbar, da die Testamentsvollstreckung in der Regel keinen Vermögensaufwand des Testamentsvollstreckers erfordert (PLANCK/FLAD Anm 9 c).

28 Einen wirksamen Zwang zur Annahme und Fortführung des Amtes durch einen Miterben oder Vermächtnisnehmer kann der Erblasser dadurch ausüben, daß er die Erbeinsetzung oder Vermächtnisanordnung von der **Bedingung** der Annahme und Fortführung des Amtes abhängig macht.

IV. Nachweis der Annahme oder Ablehnung

29 Annahme und Ablehnung können an sich durch Verweisung auf die **Akten des Nachlaßgerichts** bewiesen werden. Gegenüber dem Grundbuchamt genügt aber dieser Beweis im Hinblick auf §§ 35, 29 GBO nicht ohne weiteres (KGJ 40 A 196).

30 Der Beweis der Annahme erfordert a) Vorlegung eines Testamentsvollstrecker-Zeugnisses (§ 2368; § 35 Abs 2 HS 1 GBO); dieses beweist auch die Annahme des Amtes (RG JW 1906, 132; KG OLGE 44, 107; PLANCK/FLAD Anm 7); oder b) wenn der Testamentsvollstrecker seine Ernennung durch eine öffentlich beurkundete Verfügung von Todes wegen nebst Eröffnungsprotokoll nachweisen kann (§ 35 Abs 2 HS 2 mit Abs 1 S 2 GBO): Vorlegung einer Bescheinigung des Nachlaßgerichts über die Annahme (KG OLGE 14, 316; KGJ 28 A 283; 38 A 129, 136; OLG München DNotZ 1938, 536; DEMHARTER § 35 GBO Rn 63). Wenn die Annahme zu Protokoll des Nachlaßgerichts erklärt ist, genügt statt der Bescheinigung eine beglaubigte Abschrift des Protokolls.

Der **Beweis der Ablehnung** kann, wenn die Ablehnung in einer öffentlichen Urkunde 31 erklärt worden ist, durch Vorlegung einer Ausfertigung oder einer beglaubigten Abschrift der Urkunde geführt werden. Ist aber die Ablehnung in einem privaten Schreiben des Ernannten an das Nachlaßgericht enthalten, so kann sie, wenn kein Ersatz-Testamentsvollstrecker eingetreten ist (§§ 2197 Abs 2, 2368), nur durch einen Erbschein, der keinen Testamentsvollstrecker-Vermerk aufweist, geführt werden (§ 2364; KG OLGE 43, 401).

V. Rechtsgeschäfte vor Amtsbeginn

Rechtsgeschäfte, die der Testamentsvollstrecker vor Amtsbeginn als solcher vorge- 32 nommen hat, sind **unwirksam**; sie werden auch durch die spätere Annahme grundsätzlich nicht ohne weiteres wirksam (OLG Colmar OLGE 26, 349; KGJ 40, 196; aM LANGE/KUCHINKE § 29 V 3, die § 1959 Abs 2 entsprechend anwenden wollen). Eine vorzeitige Verfügung des Testamentsvollstreckers wird ohne weiteres wirksam, wenn er das Amt annimmt und damit die Verfügungsmacht erlangt; denn dann ist § 185 Abs 2 S 1, 2. Alt entsprechend anzuwenden (RGZ 111, 250; 149, 19; MÜLLER JZ 1981, 377; aM HAEGELE/WINKLER Rn 109; MünchKomm/BRANDNER Rn 4; SOERGEL/DAMRAU Rn 5; ERMAN/M SCHMIDT Rn 4, die § 185 Abs 2 S 1, 1. Alt analog anwenden). Um juristische Streitfragen auszuschließen, sollte der Testamentsvollstrecker jedenfalls nach § 185 Abs 2 S 1, 1. Alt die Vorverfügung genehmigen, wenn er das Amt annimmt. Ein schuldrechtlicher Vertrag, den der Testamentsvollstrecker vorzeitig schließt, ist nur wirksam, wenn er ihn nach Annahme des Amtes genehmigt (§§ 177, 184 analog; vgl KG DNotZ 1942, 225; SOERGEL/DAMRAU Rn 5). Ein **einseitiges Rechtsgeschäft**, das der Testamentsvollstrecker vorzeitig vornimmt, ist grundsätzlich nichtig (§ 180 S 1). Die eigenen Rechte und Pflichten des Testamentsvollstreckers bestimmen sich in solchen Fällen nach den Vorschriften über die Geschäftsführung ohne Auftrag; als Geschäftsherr ist dabei zunächst der Erbe, nach der Annahme des Amtes der Testamentsvollstrecker selbst anzusehen (vgl Prot V 253).

Eine Verfügung über Nachlaßgegenstände, die der Testamentsvollstrecker vor 33 Annahme seines Amtes getroffen hat, ist auch dann **nicht** wirksam (etwa nach § 185 Abs 1), wenn der Erbe **eingewilligt** hat; denn der Erbe ist, wenn ein Testamentsvollstrecker ernannt ist, auch schon in der Zeit zwischen Erbfall und Annahme des Testamentsvollstrecker-Amtes nicht verfügungsberechtigt (vgl § 2211; KG KGJ 40, 196, 200).

§ 2203

Der Testamentsvollstrecker hat die letztwilligen Verfügungen des Erblassers zur Ausführung zu bringen.

§ 2203

Materialien: E I § 1897 Abs 1; II § 2073; III § 2177; Mot V 226 ff; Prot V 261 ff, 283.

Schrifttum

BOMMERT, Neue Entwicklungen in Fragen der Testamentsvollstreckung in Personengesellschaften, BB 1984, 178
BRANDNER, Das einzelkaufmännische Unternehmen unter Testamentsvollstreckung, in: FS Stimpel (1985) 991
DAMRAU, Kann ein Testamentsvollstrecker einen Kommanditanteil erwerben?, DNotZ 1984, 660
ders, Zur Testamentsvollstreckung am Kommanditanteil, NJW 1984, 2785
EINMAHL, Die Ausübung der Verwaltungsrechte des Gesellschaftererben durch den Testamentsvollstrecker, AcP 160 (1960), 29
FINGER, Testamentsvollstreckung und Nachfolge in der OHG, DB 1975, 2021
FLUME, Die Erbennachfolge in der Beteiligung an einer Personengesellschaft und die sonstige Erbfolge in Hinsicht auf die Problematik von Nachlaßverwaltung, Nachlaßkonkurs und Testamentsvollstreckung, in: FS Müller-Freienfels (1986) 113
ders, Die Nachlaßzugehörigkeit der Beteiligung an einer Personengesellschaft in ihrer Bedeutung für Testamentsvollstreckung, Nachlaßverwaltung und Nachlaßkonkurs und Surrogatserwerb, ZHR 155 (1991) 501
HAEGELE, Zur Verfügungsbefugnis des Testamentsvollstreckers über Grundbesitz, Justiz 1953, 139
ders, Recht des Testamentsvollstrecker zu unentgeltlichen Verfügungen und zur Erbteilung bei Dauervollstreckung, BWNotZ 1969, 260
ders, Testamentsvollstrecker im Handels- und Gesellschaftsrecht, BWNotZ 1968, 62, 85
ders, Zu den Verfügungsrechten eines Testamentsvollstreckers, Rpfleger 1972, 43
HEINEMANN, Mindeststammkapitalerhöhung bei Testamentsvollstreckung, GmbHR 1985, 349
HOLZHAUER, Einschränkung der Verwaltungstestamentsvollstreckung im Handelsrecht (1973)

HUECK, Schuldenhaftung bei Vererbung eines Handelsgeschäfts, ZHK 108, 1, 28
KLUSSMANN, Zur Testamentsvollstreckung bei Beteiligung an Personengesellschaften, BB 1966, 1209
KOCH, Streit der BGH-Senate um die Nachlaßzugehörigkeit des vererbten Gesellschaftsanteils, BB 1987, 2106
LEHMANN, Die unbeschränkte Verfügungsbefugnis des Testamentsvollstreckers, AcP 188 (1988) 1
LORZ, Testamentsvollstreckung und Unternehmensrecht (1995)
MAROTZKE, Die Mitgliedschaft in einer offenen Handelsgesellschaft als Gegenstand der Testamentsvollstreckung, JZ 1986, 457
ders, Die Nachlaßzugehörigkeit ererbter Personengesellschaftsanteile und der Machtbereich des Testamentsvollstreckers nach dem Urteil des BGH vom 14. 5. 1986, AcP 187 (1987) 223
MATTERN, In-sich-Geschäfte des Testamentsvollstreckers, BWNotZ 1961, 149
MEYDING, Testamentsvollstreckervermerk und Verschaffungsvermächtnis, ZEV 1995, 100
K MÜLLER, Zur Unentgeltlichkeit der Verfügung als Schranke der Verfügungsmacht des Testamentsvollstreckers, WM 1982, 466
NOLTE, Zur Frage der Zulässigkeit der Testamentsvollstreckung nach Handelsrecht, in: FS Nipperdey (1965) I 667
NORDEMANN, Zur „Testamentsvollstreckung" an Handelsgeschäften und in Personalgesellschaften, NJW 1963, 1139
PRIESTER, Testamentsvollstreckung am GmbH-Anteil, in: FS Stimpel (1985) 463
PYSZKA, Unentgeltliche Verfügungen des Vorerben und des Testamentsvollstreckers (1989)
REIMANN, Testamentsvollstreckung an Gesamthandsanteilen jetzt möglich?, MittBayNot 1986, 232
ROHWEDDER, Die Zulässigkeit der Testamentsvollstreckung bei Kommanditbeteiligungen, in: FS Goerdeler (1987) 445
SCHMITZ, Testamentsvollstreckung an Perso-

nengesellschaftsanteilen – Folgerungen für die Praxis aus BGHZ 98, 48, ZGR 1988, 140
TREES, Die Begründung von Nachlaßverbindlichkeiten durch rechtsgeschäftliches Handeln des Testamentsvollstreckers (Diss Mainz 1981)
ULMER, Nachlaßzugehörigkeit vererbter Personengesellschaftsbeteiligungen?, NJW 1984, 1496
ders, Testamentsvollstreckung an Kommanditanteilen? ZHR 146 (1982) 555
ders, Probleme der Vererbung von Personengesellschaftsanteilen, JuS 1986, 856
WACKE, Die Testamentsvollstreckung im deutschen und europäischen Recht, Jura 1989, 577

WEBER, Testamentsvollstreckung an Kommanditanteilen, in: FS Stiefel (1987) 829
WEIDLICH, Die Testamentsvollstreckung im Recht der Personengesellschaften (1993)
ders, Verwaltungsrecht des Testamentsvollstreckers bei Veräußerung eines Nachlaßgrundstücks und Aufteilung des Erlöses unter den Erben, DNotZ 1993, 403
ders, Die Testamentsvollstreckung an Beteiligungen einer werbenden OHG bzw Kommanditgesellschaft, ZEV 1994, 205.

Systematische Übersicht

I. Allgemeines 1	1. Testamentseröffnung 22
	2. Konstituierung des Nachlasses 23
II. Die Aufgaben des Testamentsvollstreckers bei der Abwicklungsvollstreckung	3. Ermittlung der Abwicklungspflichten aus der letztwilligen Verfügung 27
1. Grundsatz 3	4. Art und Weise der Ausführung 29
2. Die möglichen Aufgaben 5	5. Der Testamentsvollstrecker vor Notar und Grundbuchamt 31
3. Zwingende Beschränkungen des Aufgabenbereichs 9	6. Anzeigepflicht des Testamentsvollstreckers 34
4. Der Testamentsvollstrecker im Nachlaßverfahren 11	
5. Steuerrechtliche Pflichten 19	**IV. Die Unabhängigkeit der Amtsführung**
	1. Grundsatz 35
III. Die Durchführung der Abwicklung	2. Prozessuales 37

Alphabetische Übersicht

Abwicklungspflichten 27 f	Erbschein 18
Abwicklungsvollstreckung 2	Erbstatut 24
Anfechtung des Testaments 17	Erweiterung der Rechtsstellung 6, 8
Anordnungen 4 f	
Anzeigepflicht 20, 34	Familienrechtliche Anordnung 9
Aufgaben 3 ff	Feststellungsinteresse des Erben 38
Auslegung des Testaments 6, 15, 27	Feststellungsklage 37 ff
Bankkonto 10	Gesetz 6
Beschränkungen 7, 9 f	Gerichtliche Zuständigkeit 39 f
	Grundbuch 24
Einkommensteuer 19	Grundbuchamt 24, 32 ff
Einstweiliger Rechtschutz 39	
Erben 8	Haftung für Prozeßkosten 39
Erbprätendentenstreit 28	Haftung für Steuerschulden 20
Erbschaftsteuer 21	

Ideelle Interessen	36	Rechte des Testamentsvollstreckers	29
Inbesitznahme	24	Rechtsstreit über das Erbrecht	13
Inventur des Erben	26		
		Schiedsrichter	16
Konstituierung des Nachlasses	23 ff	Steuerrechtliche Pflichten	19
		Streitige Gerichtsbarkeit	39 f
Lebensversicherung	10	Systematik des Gesetzes	1
Meinungsverschiedenheiten von Erbe und		Testament	3
Testamentsvollstrecker	37	Testamentseröffnung	11, 22
		Testamentsvollstreckervermerk	32
Nachlaßgericht	39 f		
Nachlaßkonkurs	26	Überschuldung des Nachlasses	26
Nachlaßverfahren	11 ff	Unabhängigkeit der Amtsführung	30, 35 ff
Nachlaßverzeichnis	25		
Nachweis gegenüber dem Grundbuchamt	33	Verfügung über das Erbrecht	17
Notar	31	Vermächtnis	5, 29
Person des Erben	28	Wertpapierdepot	10
Pflichten des Testamentsvollstreckers	27		
Prozeßkosten	39	Zuständigkeit	39 f
Prüfung des Testamentes	12, 14		

I. Allgemeines

1 Die §§ 2203–2209 handeln von den Aufgaben des Testamentsvollstreckers. Die **Systematik des Gesetzes** ist dabei relativ kompliziert und nicht einfach zu durchschauen. Das Gesetz enthält in §§ 2203 und 2204 ausdrückliche Aufgabenzuweisungen, nämlich die Ausführung der letztwilligen Verfügung des Erblassers (§ 2203) und die Auseinandersetzung des Nachlasses (§ 2204). Die Vorschriften der §§ 2205–2208 haben zunächst nur sekundäre Bedeutung, sie sagen nämlich, welche Rechte der Testamentsvollstrecker bei einer Abwicklungsvollstreckung (§ 2203) und bei einer Auseinandersetzungsvollstreckung (§ 2204) hat. Er ist berechtigt, den Nachlaß in Besitz zu nehmen, zu verwalten und darüber zu verfügen (§ 2205), wobei diese Befugnisse in den §§ 2206–2208 (Eingehung von Verbindlichkeiten, weitere Verpflichtungsbefugnisse, Beschränkung der Rechte) lediglich eingegrenzt werden. § 2209 gibt allerdings dem Erblasser die Möglichkeit, eine Verwaltungsvollstreckung anzuordnen. Nur in diesen Fällen erlangt die Vorschrift des § 2205 eigenständigen Charakter, im übrigen ist sie Hilfsvorschrift zu § 2203 und § 2204.

2 § 2203 regelt dabei die **wichtigste Aufgabe** des Testamentsvollstreckers, die auch dieser Rechtseinrichtung den Namen verschafft hat, nämlich, die letztwilligen Anordnungen des Erblassers auszuführen. Die Testamentsvollstreckung ist also in der Regel eine ausführende oder Abwicklungsvollstreckung (im Gegensatz zur Verwaltungsvollstreckung, § 2209). Zu den anderen Aufgaben des Testamentsvollstreckers s Vorbem 10 ff zu §§ 2197 ff.

II. Die Aufgaben des Testamentsvollstreckers bei der Abwicklungsvollstreckung

1. Grundsatz

Der Testamentsvollstrecker hat alle „letztwilligen Verfügungen des Erblassers" auszuführen. Die Terminologie des Gesetzes ist insoweit problematisch. Auszuführen sind nicht nur die letztwilligen Verfügungen des Erblassers, sondern auch seine **Verfügungen von Todes** wegen. Das Gesetz (vgl §§ 1937, 1941) bezeichnet allein die einseitigen Verfügungen von Todes wegen als letztwillige Verfügungen, während der Erbvertrag nicht letztwillige Verfügung genannt wird, da er auch bei Änderungen des im Vertrag niedergelegten Willens unabänderlich ist. „Letztwillige Verfügung" ist grundsätzlich gleichbedeutend mit Testament (vgl § 1937), jedoch kann der Begriff auch die einzelne Anordnung, die in einem Testament oder Erbvertrag enthalten ist, bezeichnen (s DITTMANN/REIMANN/BENGEL, Testament und Erbvertrag A Rn 4). Eine Testamentsvollstreckungsanordnung kann zwar nur durch (einseitige) letztwillige Verfügung getroffen werden, die Aufgabenzuweisung für den Testamentsvollstrecker kann aber durchaus in einer Verfügung von Todes wegen, also auch in einem Erbvertrag, enthalten sein.

Die zentrale Aufgabe des Abwicklungsvollstreckers ist es, durch die Abwicklung des Nachlasses den vom Erblasser gewünschten **Endzustand des Vermögens** herbeizuführen. Dabei sind, wenn vom Erblasser letztwillig nichts anderes bestimmt ist, seine sämtlichen Anordnungen auszuführen, es sind die Nachlaßverbindlichkeiten zu begleichen und es ist der überschießende Teil des Nachlaßvermögens an die Erben entsprechend der gesetzlichen oder im Testament vorgeschriebenen Verteilung auszukehren (LANGE/KUCHINKE § 29 V 1 a). Mit der Vollendung der Abwicklung endet das Amt ipso jure, ohne daß es einer weiteren konstitutiven Handlung hierfür bedarf (BGHZ 41, 23, 25).

2. Die möglichen Aufgaben

Die (letztwilligen oder in einer Verfügung von Todes wegen enthaltenen) **Anordnungen** des Erblassers können **verschiedenster Art** sein: zB Vermächtnisse oder Auflagen zu Lasten des Erben, Teilungsanordnungen, überhaupt alle Verfügungen, die ohne Ernennung eines Testamentsvollstreckers der Erbe auszuführen hätte. Der Erblasser kann sogar den Testamentsvollstrecker mit der Aufgabe betrauen, zu einem bestimmten Zeitpunkt zu entscheiden, wer von den Söhnen des Erblassers oder von den Mitgliedern seiner Familie die Leitung seines Unternehmens übernehmen soll (BÖTTCHER StBJb 1952, 100). Der Erblasser kann dem Testamentsvollstrecker auch die Ausführung solcher Beschwerungen übertragen, die an sich einen Vermächtnisnehmer treffen (§ 2223; zB Untervermächtnisse, Auflagen zu Lasten eines Vermächtnisnehmers – § 2186 –, Nachvermächtnisse – § 2191). Ob ein Testamentsvollstrecker, der schlechthin und ohne Einschränkung zu diesem Amt berufen ist, auch für die Überprüfung der Voraussetzungen, unter denen ein Vermächtnis zugewandt wurde, und für die Erfüllung der den Vermächtnisnehmern auferlegten Beschwerungen zu sorgen hat, ist eine Frage der Auslegung des Testaments; im Zweifel wird aber die Frage zu bejahen sein (vgl § 2208 Abs 1 S 1; Mot V 246; RG DJZ 1924, 475; BGH WM 1970, 930).

6 Wie sich auch aus § 2203 ergibt, erhält das Amt des Testamentsvollstreckers seinen Inhalt in erster Linie durch die Anordnungen des Erblassers. Doch wird sein Wirkungskreis durch das **Gesetz** ergänzt, festgelegt und beschränkt. So kann der Erblasser die Rechtsstellung des Testamentsvollstreckers nicht über das gesetzliche Höchstmaß hinaus erweitern (Mot V 241; RG WarnR 1915 Nr 292). Er kann dem Testamentsvollstrecker ebensowenig wie einem anderen die Entscheidung darüber übertragen, ob eine letztwillige Verfügung gelten soll, wer Erbe sein oder eine bestimmte Zuwendung erhalten soll, was einer bestimmten Person zufallen soll (§ 2065; KG JR 1953, 422). Er kann ihm auch nicht die Bestimmung des Zeitpunktes, in dem die Nacherbfolge eintreten soll, überlassen (BGHZ 15, 199). Auch zu einer Auslegung des Testaments kann der Testamentsvollstrecker nicht ermächtigt werden (Vorbem 11 zu §§ 2197 ff). Mittelbare Erweiterungen sind möglich durch gleichzeitiges Ernennen des Testamentsvollstreckers zum Schiedsgutachter, zum Schiedsrichter, durch Bevollmächtigung und durch das Übertragen von Bestimmungsrechten (Vorbem 12 zu §§ 2197 ff).

7 Der Erblasser kann die Testamentsvollstreckung auch auf bestimmte Nachlaßgegenstände oder auf bestimmte Befugnisse **beschränken** (§ 2208 Abs 1). Auch die in § 2203 bezeichnete Aufgabe kann dem Testamentsvollstrecker durch den Erblasser ganz oder teilweise entzogen werden (vgl § 2209). Aber auch wenn der Testamentsvollstrecker die Verfügungen des Erblassers nicht selbst auszuführen hat, so kann er doch die Ausführung von dem Erben verlangen, sofern nicht ein anderer Wille des Erblassers anzunehmen ist (§ 2208 Abs 2).

8 Die **Erben** können den Wirkungskreis des Testamentsvollstreckers **nicht** über den Willen des Erblassers und das Gesetz hinaus **erweitern** oder ihn von der Einhaltung zwingender Vorschriften befreien (über die Frage, ob das Verbot unentgeltlicher Verfügungen – § 2205 S 3 – in diesem Sinne zwingend ist s § 2205 Rn 56 ff). Das schließt natürlich nicht aus, daß der Testamentsvollstrecker freiwillig auf berechtigte, mit dem letzten Willen des Erblassers vereinbare Wünsche, Vorschläge und Anregungen der Erben eingeht, sie vor der Ausführung letztwilliger Verfügungen über seine Absichten unterrichtet und überhaupt mit ihnen zusammenarbeitet. Bei Einverständnis zwischen Testamentsvollstrecker und Erben (Vor- und Nacherben) können auch solche Verfügungen wirksam getroffen werden, die nicht vom Erblasserwillen gedeckt sind. Beide Seiten zusammen sind immer verfügungsbefugt (vgl § 2204 Rn 27; § 2208 Rn 26; § 2211 Rn 27; § 2217 Rn 21).

3. Zwingende Beschränkungen des Aufgabenbereichs

9 Welchen Inhalt die Verfügungen des Erblassers haben, ist gleichgültig für die Anwendung des § 2203, wenn es nur nach der Natur der Verfügung möglich ist, daß ein Dritter sie zur Ausführung bringt. Ausgenommen sind aus diesem Grunde insbesondere gewisse im Testament etwa enthaltene **familienrechtliche Anordnungen**, deren besonderer Inhalt die Ausführung durch einen Testamentsvollstrecker ausschließt, zB Anordnungen nach §§ 1639, 1803, 1909, 1917 (vgl Mot V 227; s aber auch § 2208 Abs 2). Dasselbe gilt für Auflagen, die ein Unterlassen des Beschwerten zum Gegenstand haben (PLANCK/FLAD Anm 2). Ob der Testamentsvollstrecker berechtigt ist, Bestattungsanordnungen auszuführen und andere fortwirkende Persönlich-

keitsrechte des Erblassers wahrzunehmen, ist Auslegungsfrage; vgl Vorbem 12 zu §§ 2197 ff.

Der Testamentsvollstrecker kann auch nicht solche Maßnahmen für die Erben treffen, die mit dem Nachlaß in keiner Verbindung stehen, zB Maßnahmen, welche Vermögensgegenstände betreffen, die dem Erben nicht im Erbgang zugegangen sind, also ihm entweder aus eigenem Recht bereits vor dem Erbfall gehörten oder mit dem Erbfall, oder durch Sonderrechtsnachfolge (zB § 331, § 2301) auf ihn übergegangen sind. Dies trifft zu auf **Bankkonten, Wertpapierdepots, Lebensversicherungen** und Guthaben bei Bausparkassen (vgl DITTMANN/REIMANN/BENGEL, Testament und Erbvertrag D Rn 231 ff). Sollte der Erbe eine Bankvollmacht erhalten haben, so bleibt dies trotz der Anordnung der Vollstreckung zunächst bestehen (MERKEL WM 1987, 1001). Meldungen an die Lebensversicherung hat der Erbe persönlich abzugeben. Allerdings kann der Erblasser den Erben durch Auflage verpflichten, die Verwaltung auch solcher Vermögensgegenstände durch den Testamentsvollstrecker zu dulden. **10**

4. Der Testamentsvollstrecker im Nachlaßverfahren

Die amtliche Kenntnis der auszuführenden Verfügungen ist naturgemäß die erste Voraussetzung für die Tätigkeit des Testamentsvollstreckers. Dieser hat daher das Recht und die Pflicht, in erster Linie die möglichst rasche Eröffnung des Testaments zu betreiben (vgl §§ 2259 ff). Darüber hinaus klären sich viele Fragen im Zusammenhang mit der Testamentsvollstreckertätigkeit erst im Nachlaßverfahren. Daher ist eine **aktive Rolle** des Testamentsvollstreckers im Nachlaßverfahren für seine spätere Tätigkeit von Bedeutung. Dies gilt natürlich nur dann, wenn der Testamentsvollstrecker von seiner Ernennung bereits anderweitig erfahren hat. Er hat jedoch sofort in das Nachlaßverfahren einzugreifen, wenn er von seiner Ernennung durch die Testamentseröffnung erfährt. Hierzu ist ihm Akteneinsicht zu gewähren und eine beglaubigte Abschrift des Testaments zu übergeben. Eine Aushändigung der Akten kann der Testamentsvollstrecker nicht verlangen (OLG Köln Rpfleger 1983, 325). **11**

Der Testamentsvollstrecker hat die Rechtswirksamkeit der von ihm auszuführenden letztwilligen Verfügungen zu **prüfen** und die Ausführung zu unterlassen, wenn er zum Ergebnis kommt, daß die entsprechende Anordnung unwirksam ist (vgl Prot V 300). Wenn der Testamentsvollstrecker ein unwirksames Vermächtnis oder eine unwirksame Auflage erfüllt hat, so ist er nach § 2219 verantwortlich, wenn ihm ein Verschulden zur Last fällt. Außerdem kann in solchen Fällen der Erbe die Leistung nach den Grundsätzen über ungerechtfertigte Bereicherung zurückfordern (PLANCK/FLAD Anm 7). Der Testamentsvollstrecker kann begehren festzustellen, daß zwischen ihm und dem Beklagten nicht das Rechtsverhältnis eines Testamentsvollstreckers zu einem Erben bestehe (RG Recht 1909 Nr 288). **12**

Dagegen kann der Testamentsvollstrecker grundsätzlich **keinen** Rechtsstreit über das Erbrecht selbst (oder das Nacherbrecht) führen, etwa mit einem Erbprätendenten (RG Recht 1909 Nr 228; HRR 1932 Nr 1453). Doch sind Ausnahmen möglich, so, wenn von der mit der Klage begehrten Feststellung, daß ein Erbrecht aufgrund einer sog Verwirkungsklausel verwirkt sei, die Art der vom Testamentsvollstrecker vorzunehmenden Erbteilung oder sonst die Vollziehung einer letztwilligen Verfügung abhängt (RGZ 106, 47). **13**

14 In Rechtsstreitigkeiten, die vom Testamentsvollstrecker geführt werden, kann die Frage, ob das Testament, das seine Ernennung enthält, rechtswirksam ist, als **Vorfrage** für seine Prozeßführungsbefugnis zu entscheiden sein. Dabei wird der Testamentsvollstrecker meist den Standpunkt vertreten, daß das Testament wirksam sei. Der Testamentsvollstrecker ist aber nicht berufen, das Testament schlechthin zu verteidigen.

15 Der Testamentsvollstrecker hat wegen § 2065 **nicht** die Befugnis zur **authentischen Interpretation** des **Testamentes** (BayObLG FamRZ 1989, 668); dies gilt insbesondere für die den Testamentsvollstrecker selbst betreffenden Teile (vgl RGZ 100, 76; BGHZ 41, 23). Auch der Erblasser kann ihm diese Befugnis nicht übertragen (RGZ 66, 103; RG HRR 1938 Nr 1398; BGHZ 41, 23). Allerdings werden Äußerungen des Testamentsvollstreckers zur Auslegung von letztwilligen Verfügungen wegen der oftmals vorhandenen Vertrauensstellung zwischen Erblasser und Testamentsvollstrecker vor Gericht eine gewisse Beachtung finden (SCHAUB, in: BENGEL/REIMANN, HbTV III Rn 121). Dies gilt jedoch nicht für die Interpretation der Vollstreckungsanordnung und hierzu ergangener begleitender Verfügungen.

16 Der Erblasser kann den Testamentsvollstrecker jedoch zum **Schiedsrichter** bestellen und ihn ermächtigen, als solcher Streitigkeiten über die Auslegung des Testamentes zu entscheiden (RGZ 100, 76), jedoch nicht solche, die den Bestand der Testamentsvollstreckung selbst betreffen (BGHZ 41, 23; aM KIPP/COING § 78 III 5, welche die Aufgabe des Schiedsrichters mit der des Testamentsvollstreckers für unvereinbar halten). Ist ein Miterbe oder der überlebende Ehegatte zum Testamentsvollstrecker und Schiedsrichter eingesetzt, so kann diese Mehrfachfunktion uU zur Ablehnung des Testamentsvollstreckers als Schiedsrichter gemäß §§ 1032, 42 ZPO führen (KOHLER DNotZ 1969, 125 mit Beispielsfällen).

17 Das Recht zur **Anfechtung** einer Verfügung von Todes wegen (§§ 2078, 2080, 2281, 2285, 2299) steht dem Testamentsvollstrecker nicht zu. Diese ist auch bei noch so umfassender Testamentsvollstreckung Sache des Erben (BGH NJW 1962, 1058). Die Einrede der Anfechtbarkeit (§ 2083) ist Ausfluß des Anfechtungsrechtes, so daß insoweit das gleiche gilt; der Erbe muß daher die Anfechtung selbst erklären oder der Geltendmachung der Einrede durch den Testamentsvollstrecker zustimmen, der insoweit nicht über den Nachlaß, sondern das Erbenrecht verfügt (BGH NJW 1962, 1058). Nur gegenüber solchen Verfügungen des Erblassers, die sein Recht als Testamentsvollstrecker beschränken oder aufheben, hat der Testamentsvollstrecker ein eigenes Anfechtungsrecht. Auch zu einer Verfügung über das Erbrecht in anderer Weise (Annahme, Ausschlagung, Verzicht) ist der Testamentsvollstrecker nicht berechtigt (OLG Zweibrücken OLGZ 1980, 142).

18 Dagegen darf der Testamentsvollstrecker einen **Erbschein** sowohl beantragen (OLG München DNotZ 1937, 704) als auch seine Einziehung verlangen. Hierbei genügt es zur Zulässigkeit einer Beschwerde (§§ 19 ff, 27 ff FGG), wenn der Erbschein nach Vortrag des Testamentsvollstreckers unrichtige Erben enthält oder in ihm die Testamentsvollstreckung verneint wird (OLG Oldenburg Rpfleger 1965, 305).

5. Steuerrechtliche Pflichten

§ 34 Abs 3 AO begründet ein **Pflichtverhältnis** zwischen dem Testamentsvollstrecker 19 und der Finanzverwaltung (BFH BStBl II 1970, 826; BOECKER, in: HÜBSCHMANN/HEPP/SPITALER § 34 AO Rn 35, 70 ff). Damit trifft ihn die Verpflichtung, die mit dem Nachlaß zusammenhängenden Steuern zu entrichten und an ihrer Erhebung mitzuwirken. Hierunter fallen die noch fällige Einkommen- und Kirchensteuer des Erblassers sowie betriebliche Steuern bei einem in den Nachlaß fallenden Unternehmen. Zur Erbschaftsteuer s Rn 21. Von dieser Verpflichtung kann der Erblasser den Testamentsvollstrecker den Finanzbehörden gegenüber nicht wirksam befreien (HAEGELE/WINKLER Rn 749). Jedoch ist Steuerschuldner nicht der Nachlaß, sondern der Erbe (BFH BStBl II 1974, 100; KAPP DStR 1985, 725, 728).

Gem § 69 AO **haftet** der Testamentsvollstrecker im Rahmen des Steuerpflichtver- 20 hältnisses dafür, daß durch seine vorsätzliche oder grob fahrlässige Verletzung seiner Pflichten Steuern nicht erhoben werden konnten oder zu unrecht Steuern erstattet wurden. Es kann daher ein besonderer Haftungsbescheid gegen ihn erlassen werden (§ 191 Abs 1 S 1 AO). Desweiteren hat der Testamentsvollstrecker eine Anzeige- und Berichtigungspflicht bei erkennbar falschen Steuerbescheiden (§ 153 Abs 1 AO, strafbewehrt durch § 370 AO). Dies gilt auch, wenn der Testamentsvollstrecker Miterbe ist und ihm als Erbe ein Auskunftsverweigerungsrecht nach § 101 AO zustehen würde; denn der Testamentsvollstrecker erfüllt mit einer Anzeige nach § 153 AO keine persönliche, sondern eine allen Beteiligten obliegende Verpflichtung (TRZASKALIK, in: HÜBSCHMANN/HEPP/SPITALER § 153 AO Rn 3; TIPKE/KRUSE § 101 AO Rn 2; § 153 AO Rn 1a; aM HAEGELE/WINKLER Rn 756).

Nach § 31 Abs 5 S 1 ErbStG hat der Testamentsvollstrecker die **Erbschaftsteuererklä-** 21 **rung** abzugeben. Auf der anderen Seite ist auch ihm der Steuerbescheid bekanntzugeben. Eine wirksame Bekanntgabe ist nur ihm gegenüber möglich (§ 32 Abs 1 S 1 ErbStG; BFH NJW 1991, 3302, 3303). Für die Bezahlung der Steuer haftet der Testamentsvollstrecker (§ 32 Abs 1 S 2 ErbStG). Bei der Erstellung der Erklärung ist auf den richtigen Wertansatz zu achten, der oftmals vom Wertansatz im Nachlaßverzeichnis abweichen kann (Näheres s PILTZ, in: BENGEL/REIMANN, HbTV VIII Rn 42 ff).

III. Die Durchführung der Abwicklung

1. Testamentseröffnung

Sofern noch nicht erfolgt, hat der Testamentsvollstrecker durch eine baldige Testa- 22 mentseröffnung sich über seinen Aufgabenbereich zu informieren. Die Testamentseröffnung dient auch dazu, sich über den Umfang und die Beschaffenheit des zu vollstreckenden Nachlasses **Klarheit zu verschaffen** (KAPP DStR 1985, 725). Auch Einschränkungen hinsichtlich des der Vollstreckung unterworfenen Nachlasses ergeben sich aus dem Testament.

2. Konstituierung des Nachlasses

Erstrangige Aufgabe des Testamentsvollstreckers ist die Konstituierung, dh die ver- 23 bindliche und nach außen dokumentierte **Abgrenzung** der zu verwaltenden Güter und

Rechte des Nachlasses. Hierzu nimmt der Testamentsvollstrecker den Nachlaß in Besitz, erstellt ein Nachlaßverzeichnis und erfüllt die sonstigen Pflichten im Zusammenhang mit der Konstituierung.

24 Zur **Inbesitznahme** ist der Testamentsvollstrecker nach § 2205 S 2 berechtigt und verpflichtet, er wird jedoch nicht nach § 857 Besitzer. Der Testamentsvollstrecker mittelt dem Erben lediglich den Besitz. Bei Grundstücken ist von Amts wegen mit der Eintragung des Erben ein Testamentsvollstreckervermerk einzutragen (§ 52 GBO). Eine solche Eintragung kommt auch dann in Betracht, wenn nach einem ausländischen Erbstatut ein mit dem Testamentsvollstrecker vergleichbares Institut angeordnet worden ist (BayObLG FamRZ 1990, 669). Der Antrag hierzu ist vom Testamentsvollstrecker zu stellen (s näher Rn 32), das Grundbuchamt kann ihn hierzu auch verpflichten (§ 82 GBO). Bei der Inbesitznahme eines Handelsgeschäfts ist zu beachten, daß die Antragsberechtigung des Testamentsvollstreckers beim Handelsregister nur teilweise bejaht wird (s § 2205 Rn 134 f; KG OLGZ 1991, 262).

25 Das **Nachlaßverzeichnis** (§ 2215 Abs 1) dient dem Testamentsvollstrecker als Grundlage seiner Tätigkeit und als Beweismittel in Zweifelsfragen. Der Erbe wird durch das Verzeichnis über den Umfang seiner Verfügungsbeschränkung informiert und kann den Testamentsvollstrecker bei seiner Tätigkeit kontrollieren (näheres s § 2215 Rn 1 ff).

26 Darüber hinaus hat der Testamentsvollstrecker den Erben bei der **Inventaraufnahme** zu unterstützen (Klumpp, in: Bengel/Reimann, HbTV III Rn 61). Zu den steuerlichen Pflichten des Testamentsvollstreckers s Rn 19 ff. Ermittelt der Testamentsvollstrecker eine Überschuldung des Nachlasses, so hat er einen Antrag auf Eröffnung des Nachlaßkonkurses zu stellen (§ 1980 Abs 1 S 1; §§ 215, 217 Abs 1 KO) oder dies durch die Stellung eines Vergleichsantrages abzuwenden (§ 1980 Abs 1 S 1; § 113 VerglO). Ansonsten hat er den Nachlaß durch seine prozessualen Antragsrechte, insbesondere die Erschöpfungseinrede, vor einer angeordneten Zwangsvollstreckung zu schützen (Klumpp aaO Rn 96).

3. Ermittlung der Abwicklungspflichten aus der letztwilligen Verfügung

27 Um eine Haftung aus § 2219 zu vermeiden, muß der Testamentsvollstrecker durch Auslegung der letztwilligen Verfügung den Umfang seiner Pflichten ermitteln. Dabei hat er zwar nicht das Recht zur authentischen Interpretation des Testaments (Rn 15 f), doch muß er das Testament auf die Rechtswirksamkeit hin untersuchen (MünchKomm/Brandner Rn 7). Auch muß er eine **eigenverantwortliche Auslegung** vornehmen. Will er sich hierbei absichern, bleibt ihm nur der Weg der Anrufung des Nachlaßgerichts (§ 2216 Abs 2), der Verständigung mit den Erben oder der Feststellungsklage (Erman/M Schmidt Rn 5). Diese kann auch bei berechtigtem Interesse vom Erben angestrengt werden.

28 Im Regelfall hat die Vollstreckung für den **wahren Erben** zu erfolgen. Daher hat sich der Testamentsvollstrecker an einem Erbprätendentenstreit nicht zu beteiligen (MünchKomm/Brandner Rn 8). Kann der Testamentsvollstrecker seine Vollstreckungshandlungen nur bei einem bestimmten Erben oder nur dann ausführen, wenn ihm die Person des Erben zweifelsfrei bekannt ist, so muß er Feststellungsklage zur Klä-

rung des Erbrechts erheben (BGH WM 1987, 84; BGH NJW 1951, 559). Gleiches gilt für Vermächtnisse und Auflagen.

4. Art und Weise der Ausführung

Die Mittel und Wege, die dem Testamentsvollstrecker zur Verfügung stehen, um die letztwilligen Anordnungen des Erblassers zur Ausführung zu bringen, sind in den §§ 2205, 2206 enthalten. Danach hat der Testamentsvollstrecker das Recht, den Nachlaß in Besitz zu nehmen und zu verwalten, das Recht, über die Nachlaßgegenstände zu verfügen, und das Recht, in gewissem Umfang mit Wirkung für den Nachlaß Verbindlichkeiten einzugehen. Selbstverständlich hat der Testamentsvollstrecker die letztwilligen Verfügungen nur aus Mitteln des Nachlasses, nicht aus seinem Vermögen auszuführen (Mot V 226). Wenn ein Vermächtnis nicht aus den Nachlaßgegenständen erfüllt werden kann, so wird er im Zweifel vom Erben verlangen können, daß dieser es vollziehe (§ 2208 Abs 2; PLANCK/FLAD Anm 3). Dasselbe gilt für eine Auflage (§§ 2208 Abs 2, 2194). **29**

Wegen der stark geschützten **Unabhängigkeit** der Amtsführung (Rn 35 ff) und der nur eingeschränkten Kontrollmöglichkeiten (Vorbem 40 ff zu §§ 2197 ff) muß die Art und Weise der Abwicklung durch den Testamentsvollstrecker sachgerecht und angemessen sein und sich in bezug auf eine Haftung auch daran messen lassen. Der Testamentsvollstrecker sollte daher stets darauf achten, die Rationalität und Erforderlichkeit seiner Vollstreckungshandlung darlegen zu können. Offensichtlich unangemessene und nicht sachgerechte Handlungen führen zu einer Haftung des Testamentsvollstreckers aus § 2219. **30**

5. Der Testamentsvollstrecker vor Notar und Grundbuchamt

Die Rechtsstellung des Testamentsvollstreckers vor Notar und Grundbuchamt ergibt sich aus seiner Stellung als Partei kraft Amtes (Vorbem 14 zu §§ 2197 ff). Daher braucht der Erbe bei notariellen Rechtsgeschäften nicht mitzuwirken. **Beurkundungen** sind nur durch den Testamentsvollstrecker zu veranlassen (vgl § 9 Abs 1 S 1 Nr 1 BeurkG, § 9 Abs 2 S 2 DONot). Bei eventuellen Grundstückskäufen im Rahmen der Vollstreckung sind die notwendigen Willenserklärungen vor dem Notar durch den Testamentsvollstrecker abzugeben. **31**

Bei der Eintragung des Testamentsvollstreckervermerks im Grundbuch (ein solcher Eintrag ist auch bei der Vermächtnisvollstreckung zulässig: BayObLG NJW-RR 1990, 844) hat der Testamentsvollstrecker den **Erbschein** (§ 2364 Abs 1) und das **Testamentsvollstreckerzeugnis** vorzulegen (KGJ 50, 167). Das Zeugnis allein genügt nicht. Der Testamentsvollstreckervermerk enthält nicht den Namen des Testamentsvollstreckers. Eine Löschung des Vermerks erfolgt auf Antrag von Testamentsvollstrecker oder Erbe nach § 22 Abs 1 GBO oder von Amts wegen (§§ 84 ff GBO), wenn der Nachweis der Beendigung der Vollstreckung erbracht ist. Dieser Nachweis muß durch eine **öffentliche Urkunde** geführt werden (BayObLG NJW-RR 1990, 906; LG Köln MittRhNotK 1986, 49; SOERGEL/DAMRAU Nachtrag § 2225 Rn 7; aA WINKLER NJW 1993, 1120). Gegen Entscheidungen des Grundbuchamtes in bezug auf der Vollstreckung unterliegende Nachlaßgegenstände ist der Testamentsvollstrecker zur Einlegung der Beschwerde befugt (§ 71 GBO). **32**

33 Bei Verfügungen ist dem Grundbuchamt die **Verfügungsbefugnis** und das Fehlen einer Beschränkung nach § 181 nachzuweisen. Das Grundbuchamt hat einen entgegenstehenden Erblasserwillen (§ 2208) und die Voraussetzungen des § 181 und die Befugnis von Amts wegen zu prüfen (BayObLG NJW-RR 1989, 587). Für den Nachweis genügt eine substantiierte Darlegung, die Form des § 29 GBO braucht nicht beachtet zu werden (OLG München HRR 1940 Nr 1128). Allerdings hat das Grundbuchamt keine Befugnis, die Verfügungsbefugnis des Testamentsvollstreckers durch berichtigende Testamentsauslegung in Frage zu stellen. Insoweit darf es das Testamentsvollstreckerzeugnis nicht anzweifeln (BayObLG NJW-RR 1990, 844; Roth IPRax 1991, 322, 323). Hat der Erblasser den Testamentsvollstrecker zum Generalbevollmächtigten ernannt (Vorbem 65 zu §§ 2197 ff) und ihn von den Beschränkungen des § 181 befreit, muß ein Nachweis im oben genannten Sinn nicht geführt werden (BGH DNotZ 1963, 306).

6. Anzeigepflicht des Testamentsvollstreckers

34 Der Testamentsvollstrecker ist **nicht** unbedingt verpflichtet, dem Erben von der Ausführung einer letztwilligen Verfügung – etwa dem Vollzug eines Vermächtnisses oder einer Auflage – Anzeige zu erstatten (vgl Prot V 283 im Gegensatz zu Prot V 267, 271). Doch wird sich eine solche vorherige Anzeige oder eine Fühlungnahme mit dem Erben (uU auch mit dem Nachlaßgericht) häufig für den Testamentsvollstrecker **empfehlen**, besonders, wenn Bedenken gegen die Wirksamkeit der Verfügung oder Zweifel über die Art ihrer Ausführung bestehen. In solchen Fällen kann er auch zur „Voranzeige" verpflichtet sein. Denn nach §§ 2218, 666 hat der Testamentsvollstrecker dem Erben nicht nur auf Verlangen über den Stand der Testamentsvollstreckung Auskunft zu erteilen; er hat ihm auch unaufgefordert die erforderlichen Nachrichten zu geben, auch über erst bevorstehende Geschäfte (RGZ 130, 139). Dies trifft zB dann zu, wenn, wie in dem vom RG aaO entschiedenen Fall, eine wichtige Anordnung des Erblassers durch Veränderung der Umstände unausführbar geworden ist.

IV. Die Unabhängigkeit der Amtsführung

1. Grundsatz

35 Bei der Durchführung seiner Aufgaben ist der Testamentsvollstrecker nur an den **Willen des Erblassers** und an das **Gesetz** gebunden, nicht aber an Weisungen des Erben (BGHZ 25, 275, 279). Auch der übereinstimmende Wille der Erben und der übrigen Beteiligten kann daher den Testamentsvollstrecker nicht hindern, wirksame Verfügungen des Erblassers zur Ausführung zu bringen (RGZ 74, 215 ff; 81, 170; 105, 250; BGHZ 25, 275, 280). Freilich wird in einem solchen Falle die Unterlassung den Testamentsvollstrecker nicht nach § 2219 haftbar machen. Das Nachlaßgericht kann nur im Falle des § 83 a FGG eingreifen, die zuständige Behörde nur im Falle einer Auflage, deren Vollziehung im öffentlichen Interesse liegt (§ 2194 S 2; näheres zur Kontrolle des Testamentsvollstreckers Vorbem 40 ff zu §§ 2197 ff; zu beachten ist jedoch, daß Erbe und Testamentsvollstrecker gemeinsam Handlungen vornehmen können, die nicht vom Erblasserwillen gedeckt sind s Rn 8).

36 Für die Pflicht des Testamentsvollstreckers zur Ausführung der letztwilligen Verfügung ist es gleichgültig, ob ein Dritter an der Ausführung ein rechtliches Interesse hat oder nicht. Der Testamentsvollstrecker hat nicht nur solche Anordnungen auszuführen, durch die ein Bedachter in seinem eigenen Interesse in der Verfügung über das Zugewendete beschränkt wird (§ 2338 Abs 1 S 2), sondern auch solche, die ihren Grund in einem **ideellen Interesse** des Erblassers haben (RGZ 74, 215, 218; 105, 248, 249 f), zB Anordnungen für die Bestattung des Erblassers (RG JW 1912, 540; HACKENBERGER DNotZ 1913, 394; JOSEF Gruchot 65, 310; KIPP/COING § 69 I Fn 1) oder die Veröffentlichung hinterlassener Schriften (PLANCK/FLAD Anm 4). Wenn freilich der Testamentsvollstrecker die Ausführung ideeller Anordnungen pflichtwidrig unterläßt, so wird häufig niemand da sein, der ihn zur Erfüllung seiner Pflicht anhält. Wenn der Erblasser selbst durch letztwillige Verfügung Anordnungen für die Verwaltung des Nachlasses getroffen hat, so sind diese nach § 2216 Abs 2 vom Testamentsvollstrecker zu befolgen, können jedoch vom Nachlaßgericht uU außer Kraft gesetzt werden.

2. Prozessuales

Meinungsverschiedenheiten zwischen dem Testamentsvollstrecker und dem oder den Erben darüber, ob und wie eine letztwillige Verfügung des Erblassers auszuführen sei, vermögen das Recht und die Pflicht des Testamentsvollstreckers zur Ausführung der letztwilligen Verfügungen weder auszuschließen noch aufzuschieben. Doch kann in solchen Fällen von beiden Seiten **Feststellungsklage** nach § 256 Abs 1 ZPO erhoben werden, wenn ein rechtliches Interesse an der alsbaldigen Feststellung vorliegt. Ein solches wird beim Testamentsvollstrecker immer vorhanden sein, da dieser einerseits verpflichtet ist, die letztwilligen Verfügungen des Erblassers alsbald auszuführen, und auf Erfüllung dieser Pflicht verklagt werden kann (§§ 2203, 2213), andererseits aber dem Erben bei verschuldetem Fehlgriff Schadensersatz leisten muß (§ 2219; Prot V 270; PLANCK/FLAD Anm 7). So ist zB eine Feststellungsklage des Testamentsvollstreckers gegen den Vorerben zugelassen worden, in der Entscheidung der Frage begehrt wurde, ob ein gewisser Nachlaßzuwachs beim Tode des Vorerben dessen Erben oder den Nacherben herauszugeben sei (RG WarnR 1912 Nr 174). Der Erbe kann zB einwenden, der Erblasser sei bei Errichtung des Testaments geschäftsunfähig gewesen (RG JW 1919, 724). 37

Auch der widersprechende Erbe kann unter Umständen ein Interesse an der alsbaldigen Feststellung, ob oder wie eine letztwillige Verfügung auszuführen sei, haben. Freilich wird das **Feststellungsinteresse** des Erben besonders vorsichtig zu prüfen sein, wenn nicht die Tätigkeit des Testamentsvollstreckers lahmgelegt werden soll (PLANCK/FLAD Anm 7). Wenn die Ausführung einer umstrittenen letztwilligen Verfügung durch den Testamentsvollstrecker unmittelbar bevorsteht oder bereits begonnen hat, so können die widersprechenden Erben, und zwar jeder einzelne von ihnen, Klage auf Unterlassung erheben und deren Erfolg gegebenenfalls durch Erwirkung einer einstweiligen Verfügung sichern; denn jeder Erbe kann den Testamentsvollstrecker auf Erfüllung der ihm nach § 2216 obliegenden Verpflichtungen und auf Einhaltung der Grenzen seiner Verwaltungsbefugnis, also auch auf Unterlassung der Ausführung einer umstrittenen letztwilligen Verfügung verklagen (RGZ 73, 26; Prot V 270). 38

Zuständig ist nicht das Nachlaßgericht (Freiwillige Gerichtsbarkeit), sondern das Prozeßgericht (Streitige Gerichtsbarkeit), die der Erbe bemühen kann, damit der Testamentsvollstrecker seine Befugnisse nicht überschreitet; bei mehreren Erben ist 39 jeder einzelne berechtigt, den Testamentsvollstrecker auf Erfüllung seiner Pflichten zu verklagen. In Prozessen der vorbezeichneten Art zwischen dem Erben und dem Testamentsvollstrecker tritt dieser in seiner Eigenschaft „kraft Amtes" (§ 114 Abs 3 ZPO) auf, nicht als Privatperson. Für die Kosten des Prozesses haftet daher nur der Nachlaß, nicht das Vermögen des Testamentsvollstreckers (§ 780 Abs 2 ZPO; STEIN/JONAS/LEIRICH Vorbem zu § 91 ZPO Rn 23). Wenn der Erbe geltend machen will, daß der Testamentsvollstrecker bei sorgfältiger Prüfung der Sach- und Rechtslage den Prozeß hätte vermeiden können und daß er infolgedessen für die Kosten des Prozesses persönlich hafte (§§ 2219, 276, 249), so muß er eine besondere Klage gegen den Testamentsvollstrecker persönlich anstrengen. Er wird diese Schadensersatzklage mit der Klage über die Ausführung der letztwilligen Verfügung verbinden können (§ 60 ZPO analog). Das Gesagte gilt auch dann, wenn der Streit darum geht, ob eine letztwillige Anordnung, die der Testamentsvollstrecker ausführen will, wirksam ist. Anders aber, wenn die Wirksamkeit der Ernennung des Testamentsvollstreckers selbst in Frage gestellt wird: Dann ist die Klage gegen denjenigen, der das Amt in Anspruch nimmt, persönlich zu richten (OGHBrZ 2, 45). Unter den Voraussetzungen der §§ 935 ff ZPO wird auch **einstweiliger Rechtsschutz** zu gewähren sein (OLG Köln OLGZ 1987, 280).

40 Die Möglichkeit der Erben, durch Bemühen der Streitigen Gerichtsbarkeit die Amtsführung des Testamentsvollstreckers zu beeinflussen, ist dadurch eingeschränkt, daß die §§ 2197 ff dem Nachlaßgericht ausschließliche Zuständigkeiten zuweisen. Nach Auffassung des BGH (BGHZ 25, 275, 284) kann bei Maßnahmen, die im Verfahren nach § 2227 zu einer Entlassung des Testamentsvollstreckers führen könnten, „die Berechtigung des Vorgehens des Testamentsvollstreckers ... in der Regel nur im Rahmen der Entscheidung über einen Antrag auf Entlassung des Testamentsvollstreckers nach § 2227 überprüft werden", also nur durch das Nachlaßgericht, nicht durch das Prozeßgericht, da dieses „sonst in einer vom Gesetz nicht gewollten Weise die Tätigkeit des Testamentsvollstreckers überwachen und unter Umständen hemmen" würde. Damit scheiden auch Maßnahmen des vorläufigen Rechtsschutzes durch das Prozeßgericht dort aus, wo der Anwendungsbereich des § 2227 tangiert wird (vgl REIMANN FamRZ 1995, 588, 590).

§ 2204

[1] Der Testamentsvollstrecker hat, wenn mehrere Erben vorhanden sind, die Auseinandersetzung unter ihnen nach Maßgabe der §§ 2042 bis 2056 zu bewirken.

[2] Der Testamentsvollstrecker hat die Erben über den Auseinandersetzungsplan vor der Ausführung zu hören.

Materialien: E I § 1898 Abs 1, Abs 2 S 1, Abs 3–6; II § 2074 Abs 1 S 1, Abs 2; III § 2178; Mot V 228 ff; Prot V 272 ff; VI 96 ff, 342, 348.

6. Titel.
Testamentsvollstrecker

§ 2204

Systematische Übersicht

I. **Allgemeines**
1. Auseinandersetzung als gesetzliche Aufgabe des Testamentsvollstreckers _____ 1
2. Schranken des Auseinandersetzungsrechts _____ 2
3. Pflicht zur Auseinandersetzung _____ 9
4. Verhältnis zur amtlichen Vermittlung der Auseinandersetzung _____ 10

II. **Der Zeitpunkt der Auseinandersetzung** _____ 12

III. **Die Art der Auseinandersetzung**
1. Anordnungen des Erblassers _____ 16
2. Gesetzliche Vorschriften _____ 17
3. Vereinbarungen der Erben _____ 27

IV. **Der Auseinandersetzungsplan**
1. Aufstellung des Plans _____ 28
2. Wirkung des Plans _____ 30
3. Verfahren
   a) Anhörung der Erben _____ 31
   b) Widerspruch eines Miterben _____ 32
4. Unwirksamkeit des Auseinandersetzungsplans _____ 33
5. Ausführung des Auseinandersetzungsplans _____ 36

V. **Besondere Fälle**
1. Auseinandersetzungsvollstreckung und Miterbenschaft _____ 40
2. Auseinandersetzungsvertrag _____ 42

Alphabetische Übersicht

Amtliche Auseinandersetzung _____ 10 f	Formvorschriften _____ 36
Anhörung der Erben _____ 31	
Anordnungen des Erblassers _____ 16	Genehmigung des Vormundschaftsgerichts _____ 22, 32, 44
Art und Weise der Auseinandersetzung _____ 16 ff	Gesamtgut _____ 21
Aufschieben der Auseinandersetzung _____ 13 f	Gesetzliche Aufgabe _____ 1
Auseinandersetzungsplan _____ 28 ff	Gesetzliche Vorschriften _____ 17 ff
– Aufstellung _____ 28 f	Grundbuch _____ 38
– Ausführung _____ 36 ff	Grundschuld _____ 39
– Bindung _____ 29 f	Gütergemeinschaft _____ 21
– Unwirksamkeit _____ 33	
– Wirkung _____ 30	Klage auf Auseinandersetzung _____ 34
– Verfahren _____ 31	
Auseinandersetzungsverbot _____ 3 f	Landwirtschaftliche Grundstücke _____ 20
Auseinandersetzungsvertrag _____ 42 ff	
– Form _____ 43	Minderjährige _____ 22 f
Auskunftpflicht der Erben _____ 26	Miterbe als Nachlaßschuldner _____ 24
Ausschluß der Auseinandersetzung _____ 3, 8, 15	Miterben _____ 40 f
Beendigung des Amtes _____ 7	Nachlaßverbindlichkeiten _____ 18
Beschränkung _____ 2 ff	
– durch die Erben _____ 6	Pfändung _____ 9
	Pflegerbestellung _____ 23, 44
Dingliche Wirksamkeit _____ 5	Pflicht zur Auseinandersetzung _____ 9
Eigentumsübertragung _____ 37	Schadensersatz _____ 35
Erbenvereinbarung _____ 6 f	Schranken _____ 2 ff
Ermessen _____ 16	

Wolfgang Reimann

Unbilligkeit	33 f	Vorempfänge	25 f
Unteilbare Gegenstände	18		
		Wichtiger Grund	3
Vereinbarung der Erben	27	Widerspruch des Miterben	32
Verfügungsbefugnis	5		
Versteigerung	19 f	Zeit der Auseinandersetzung	12 ff
Verteilung des Überschusses	18	Zwangsversteigerung	20

I. Allgemeines

1. Auseinandersetzung als gesetzliche Aufgabe des Testamentsvollstreckers

1 Als zweite gesetzliche Aufgabe (neben der Ausführung letztwilliger Anordnungen, § 2203) obliegt dem Testamentsvollstrecker nach § 2204 die Auseinandersetzung des Nachlasses, wenn mehrere Erben vorhanden sind. Der Testamentsvollstrecker ist kraft Gesetzes zur Auseinandersetzung berufen; einer besonderen Anordnung des Erblassers bedarf es hierzu nicht. Das Gesetz nimmt an, daß die Auseinandersetzung durch den Testamentsvollstrecker dem **mutmaßlichen Willen** des Erblassers entspricht (Prot V 273). Eine gleichzeitige Miterbenstellung steht der Auseinandersetzung durch den Testamentsvollstrecker nicht entgegen (Haegele/Winkler Rn 507).

2. Schranken des Auseinandersetzungsrechts

2 Der Erblasser kann dem Testamentsvollstrecker, wie andere Rechte, so auch das Recht zur Auseinandersetzung des Nachlasses **entziehen** oder es auf einzelne Nachlaßgegenstände **beschränken** (§§ 2208, 2209). Im letzteren Fall ist freilich das Recht des Testamentsvollstreckers zur Auseinandersetzung auch inhaltlich sehr eingeschränkt (§ 2208 Rn 11). Auch wenn das Testament nur erkennen läßt, daß die Auseinandersetzung durch den Testamentsvollstrecker nicht dem Willen des Erblassers entspricht, so steht ihm diese nicht zu.

3 Der Erblasser kann durch letztwillige Verfügung die Auseinandersetzung in Ansehung des Nachlasses oder einzelner Nachlaßgegenstände überhaupt ausschließen, freilich nicht auf ewig (§ 2044); eine Auseinandersetzung ist außerdem möglich, wenn hierfür ein **wichtiger Grund** vorliegt (§§ 2044 Abs 1 S 2, 749 Abs 2 S 1; vgl KGJ 52 A 113, 118; BayObLGZ 1967, 230) oder wenn sie gar durch eine zwingende Vorschrift (wie § 1683 für den Fall der Wiederverheiratung eines Elternteils bei Vermögensgemeinschaft mit dem minderjährigen Kind) geboten wird (BayObLGZ 1967, 230).

4 Ein letztwilliges Auseinandersetzungsverbot wirkt, da es sich weder um ein gesetzliches, noch ein gerichtliches, noch ein behördliches (§§ 134, 135, 136), sondern nur um ein **rechtsgeschäftliches Verbot** handelt, gem § 137 nicht dinglich; es begründet nur eine schuldrechtliche Unterlassungspflicht der Erben, deren Verletzung die dingliche Wirksamkeit des Verfügungsgeschäftes – ohne Rücksicht auf den guten Glauben – nicht berührt (BGHZ 40, 115; Kipp/Coing § 116 IV 3 c). Die Ausschlußanordnung hat den Rechtscharakter einer Auflage (§§ 1940, 2192 ff).

5 Ist Testamentsvollstreckung angeordnet, so hat eine Beschränkung der Testamentsvollstreckerrechte grundsätzlich wegen § 2208 **dingliche Wirkung** (vgl § 2208 Rn 3), so daß bei Ausschluß der Auseinandersetzung durch den Erblasser der Testamentsvollstrecker nicht nur schuldrechtlich gebunden ist, sondern – mit den gesetzlich normierten Ausnahmen (vgl Rn 3) – überhaupt nicht die Verfügungsbefugnis zu einer Auseinandersetzung des Nachlasses hat. Bei der Testamentsvollstreckung ist die Verfügungsbefugnis grundsätzlich den Erben entzogen und dem Testamentsvollstrecker übertragen (§§ 2205 S 2, 2211 Abs 1). Unterliegt der Nachlaßgegenstand ausnahmsweise – zB wegen eines letztwilligen Auseinandersetzungverbotes – nicht den Rechten des Testamentsvollstreckers (§ 2208), so muß die **Verfügungsbefugnis** insoweit, da sie einerseits dem Testamentsvollstrecker wegen § 2208 nicht zustehen, andererseits nicht untergegangen sein kann – nemo minus juris transferre potest quam ipse habet (KEGEL, in: FS R Lange 927, 940) – den Erben zustehen (§ 2211 Abs 1). Der Testamentsvollstrecker darf und kann sich demgemäß zwar (wegen seiner dinglich beschränkten Verfügungsmacht) nicht allein über das Auseinandersetzungsverbot hinwegsetzen, wohl aber kann er es mit Zustimmung der insoweit verfügungsbefugten Erben (und etwaiger Nacherben; nicht jedoch der Ersatznacherben, BGHZ 40, 115); insoweit kommt die Schranke des § 137 S 1 gegenüber einem Auseinandersetzungsausschluß durch den Erblasser auch dann zur Geltung, wenn Testamentsvollstreckung angeordnet ist (BGHZ 40, 115; 56, 275 mit Anm MATTERN LM Nr 3 zu § 2208). Ist ein Erbe, dessen Zustimmung zur Wirksamkeit der Maßnahme benötigt wird, minderjährig, so ist bei Verfügungen über Nachlaßgrundstücke die vormundschaftliche Genehmigung erforderlich (MATTERN WM 1973, 535).

Auch wenn die **Erben einstimmig beschließen**, sich überhaupt nicht auseinanderzusetzen und die Erbengemeinschaft – hinsichtlich des ganzen Nachlasses oder hinsichtlich einzelner Nachlaßgegenstände, für immer, für unbestimmte Zeit oder bis zu einem bestimmten Zeitpunkt – weiterzuführen, bindet dieser Beschluß nach Maßgabe der §§ 2043, 2045 den Testamentsvollstrecker (§§ 2204, 2042, 749 Abs 2; RG WarnR 1934 Nr 21; BayObLGZ 21, 312; OLG München DNotZ 1936, 810; PALANDT/EDENHOFER Rn 2; HAEGELE/WINKLER Rn 542; SOERGEL/DAMRAU Rn 5; aM MünchKomm/DÜTZ § 2042 Rn 10 mit unzutreffendem Hinweis auf KIPP/COING § 116 III 4). Denn nach der Vorschrift in § 2042 Abs 1, die gem § 2204 Abs 1 auch für den Testamentsvollstrecker maßgebend ist, haben die Erben in ihrer Gesamtheit nur das Recht zur Auseinandersetzung, aber nicht die Pflicht, sie vorzunehmen; nach §§ 2042 Abs 2, 749 Abs 2 können sie das Recht auf die Auseinandersetzung durch Vereinbarung mit gewissen Einschränkungen auf immer oder auf Zeit ausschließen. Eine solche Vereinbarung bindet freilich den Testamentsvollstrecker nur **schuldrechtlich**; eine Verfügung über Nachlaßgegenstände, die er entgegen einer derartigen Vereinbarung zum Zwecke der Auseinandersetzung vornimmt, ist also gleichwohl wirksam (KG OLGE 40, 112; **aM** SOERGEL/ DAMRAU Rn 5 mit Hinweis auf Mißbrauch der Vertretungsvollmacht). Ferner darf der Testamentsvollstrecker – auch schuldrechtlich – trotz entgegenstehender Vereinbarung der Erben die Auseinandersetzung vornehmen, wenn ein wichtiger Grund für die vorzeitige Auseinandersetzung vorliegt (§ 749 Abs 2; KG aaO; SOERGEL/DAMRAU Rn 5; einschränkend MünchKomm/BRANDNER Rn 22). Denn sonst wäre die Stellung des Testamentsvollstreckers gegenüber den Erben zu sehr geschwächt; die Erben könnten durch die Drohung mit dem zeitweiligen Ausschluß der Auseinandersetzung einen unzulässigen Druck auf ihn ausüben (vgl Rn 13).

Wenn die Auseinandersetzung durch eine Vereinbarung der Erben **endgültig** verhindert wird und der Testamentsvollstrecker auch sonst keine Aufgabe mehr zu erfüllen hat, ist sein Amt durch Erledigung der Aufgaben erloschen (vgl § 2225; RGZ 81, 166; BayObLGZ 1953, 357). Besinnen sich später die Erben eines anderen oder verlangt einer von ihnen die Auseinandersetzung, weil ein wichtiger Grund vorliege (§ 749 Abs 2), so ist der frühere Testamentsvollstrecker nicht mehr zur Auseinandersetzung berufen; wohl aber ist dann amtliche Vermittlung der Auseinandersetzung zulässig (§§ 86, 193 FGG; OLG München JFG 14, 190; aM PALANDT/EDENHOFER Rn 1; SOERGEL/DAMRAU Rn 5).

8 Nach Abs 1 mit §§ 2043, 2045 muß die Auseinandersetzung auch unterbleiben, solange die **Erbteile** wegen der zu erwartenden Geburt eines Miterben oder aus einigen anderen Gründen noch **unbestimmt** sind, desgleichen, wenn ein Miterbe Aufschub bis zum Abschluß des Aufgebots der Nachlaßgläubiger verlangt.

3. Pflicht zur Auseinandersetzung

9 Der Testamentsvollstrecker ist nicht nur berechtigt, sondern auch **verpflichtet**, die Auseinandersetzung zu bewirken. Jeder Erbe kann jederzeit von ihm verlangen – nötigenfalls im Wege der Klage –, daß er die Auseinandersetzung vornimmt (RGZ 100, 97). Wenn sich der Testamentsvollstrecker einem solchen Verlangen grundlos widersetzt, setzt er sich der Gefahr aus, daß er nach § 2219 für den daraus entstehenden Schaden haftbar gemacht wird (BayObLGZ 21, 312). Andererseits kann ein Miterbe, wenn ein Testamentsvollstrecker vorhanden ist, die Auseinandersetzung nur von diesem verlangen, nicht – wie sonst nach § 2042 – von den übrigen Miterben (BayObLGZ 1967, 230, 239). Nur der Testamentsvollstrecker ist Schuldner des Auseinandersetzungsguthabens und Drittschuldner bei der Pfändung des Anteils eines Miterben am Nachlaß (§ 859 Abs 2 ZPO; RGZ 86, 294; KG OLGE 23, 221). Der Pfändungsbeschluß ist daher ihm, nicht den Erben zuzustellen (§§ 857, 829 ZPO). Eine Verpflichtung zur Auseinandersetzung kann sich auch – uU trotz entgegenstehender letztwilliger Anordnungen – aus §§ 2044 Abs 1 S 2, 749 Abs 2 S 1 (wichtiger Grund) und aus § 1683 (Wiederverheiratung) ergeben, s Rn 3.

4. Verhältnis zur amtlichen Vermittlung der Auseinandersetzung

10 Wenn ein Testamentsvollstrecker berufen ist, die Auseinandersetzung vorzunehmen, ist für eine amtliche Vermittlung der Auseinandersetzung **kein Raum** (§ 86 FGG), auch wenn alle Erben und der Testamentsvollstrecker selbst darüber einig sind, daß nicht dieser die Auseinandersetzung bewirken soll, sondern daß vielmehr das Nachlaßgericht um Vermittlung angegangen werden soll (KG OLGE 26, 286; KGJ 33 A 106).

11 Die Macht des Testamentsvollstreckers bei der Auseinandersetzung geht **weiter** als die des Nachlaßgerichts. Während dieses im wesentlichen nur vermitteln kann und sein Auseinandersetzungsplan nur wirksam wird, wenn alle Beteiligten zustimmen oder ihre Zustimmung zu unterstellen ist, bewirkt der Testamentsvollstrecker die Auseinandersetzung, ohne der Zustimmung der Erben zu bedürfen (RGZ 61, 139, 145; 85, 1, 8; 108, 289; RG WarnR 1916 Nr 285; LZ 1918, 2170; PLANCK/FLAD Anm 2).

II. Der Zeitpunkt der Auseinandersetzung

Der Testamentsvollstrecker hat die Auseinandersetzung in der Regel **alsbald** zu bewirken. Er darf sie nicht etwa aufschieben, bis alle Nachlaßverbindlichkeiten berichtigt sind (vgl § 2046); vielmehr hat er nur die Beträge, die zur Tilgung zweifelhafter, bestrittener oder betagter Forderungen nötig sein können, zurückzubehalten (§ 2046 Abs 1 S 2; BayObLGZ 14, 580; vgl RGZ 95, 325). Er braucht auch nicht zu warten, bis entschieden ist, wem ein bestimmter Teil des Nachlasses überhaupt zusteht, er kann vielmehr auch bezüglich des umstrittenen Teiles die Auseinandersetzung bewirken (RG WarnR 1910 Nr 338).   12

Dagegen muß der Testamentsvollstrecker die Auseinandersetzung **aufschieben**, solange eines der in §§ 2043–2045 bezeichneten Hindernisse vorliegt (Unbestimmtheit der Erbteile, zeitweiliger Ausschluß durch den Erblasser oder aufgrund einer von ihm bestimmten Kündigungsfrist, Aufgebot der Nachlaßgläubiger). Der Testamentsvollstrecker muß in der Regel auch dann zuwarten, wenn die Erben übereinkommen, die Auseinandersetzung auf Zeit auszuschließen (§§ 2042 Abs 2, 749 Abs 2 S 1; vgl Rn 6).   13

Wenn der Erblasser anordnet, daß der Testamentsvollstrecker den **günstigen Zeitpunkt** zum Verkauf eines Nachlaßgrundstücks zu bestimmen hat, so ist damit bis zu diesem Zeitpunkt die Auseinandersetzung ausgeschlossen (RG WarnR 1934 Nr 21).   14

Wenn Eheleute durch letztwillige Verfügung den Überlebenden bis zu seiner **Wiederverheiratung** zum Testamentsvollstrecker berufen und bis dahin die Auseinandersetzung über den Nachlaß des Erstversterbenden ausschließen, so ist anzunehmen, daß der Ausschluß nur im Interesse des überlebenden Ehegatten angeordnet ist und daß dieser daher schon vor seiner Wiederverheiratung die Auseinandersetzung bewirken darf (OLG Stuttgart HEZ 2, 115).   15

III. Die Art der Auseinandersetzung

1. Anordnungen des Erblassers

Die Art und Weise, in der der Testamentsvollstrecker die Auseinandersetzung zu bewirken hat, richtet sich in erster Linie nach den letztwilligen Anordnungen des Erblassers (§ 2048; HAEGELE/WINKLER Rn 511). So kann der Erblasser vorschreiben, daß der Testamentsvollstrecker Nachlaßgegenstände nicht freihändig verkaufen darf, sondern sie nach den Regeln des Pfandverkaufs oder der Zwangsversteigerung verwerten muß. Andererseits kann der Erblasser den Testamentsvollstrecker auch besonders frei stellen, indem er ihn ermächtigt, die Auseinandersetzung nach seinem billigen **Ermessen** vorzunehmen (§ 2048 S 2; RG SeuffA 88 Nr 124). Eine solche Ermächtigung muß aber deutlich erteilt werden; zu vermuten ist sie als Abweichung von der Regel nicht (Prot V 273, 274, 285). Aufgrund der Ermächtigung kann der Testamentsvollstrecker Gegenstände, die er sonst versilbern müßte, einzelnen Miterben, auch gegen ihren Willen, unter Anrechnung auf ihren Erbteil zuweisen. In einem solchen Fall ist aber die Auseinandersetzung, soweit sie von den sonstigen gesetzlichen Regeln abweicht und somit nur auf die Anordnung nach § 2048 S 2   16 gestützt werden kann, für die Erben nicht verbindlich, wenn sie offenbar unbillig ist (§ 2048 S 3).

2. Gesetzliche Vorschriften

17 Soweit der Erblasser **keine** besonderen **Anordnungen** getroffen hat, hat sich der Testamentsvollstrecker an die gesetzlichen Vorschriften über die Auseinandersetzung für die Miterben zu halten (Abs 1, §§ 2042, 2046 ff, 2050 ff, 752–754, 755 ff).

18 Zunächst hat der Testamentsvollstrecker die Gläubiger des Nachlasses und die jeweiligen Schuldensaldi zu ermitteln. Sodann hat er die **Nachlaßverbindlichkeiten** zu berichtigen (§ 2046 Abs 1, 3; vgl STAUDINGER/WERNER[12] § 2042 Rn 51). Den Überschuß hat er auf die Erben nach dem Verhältnis ihrer Erbteile zu **verteilen** (§ 2047). Dabei hat er teilbare Gegenstände in Natur zu teilen (§ 752). War der Erblasser Kommanditist und treten nach dem Gesellschaftsvertrag die Erben an seine Stelle, so kann der Testamentsvollstrecker von ihnen verlangen, daß sich jeder mit dem auf ihn entfallenden Teil der Einlage als Kommanditist in das Handelsregister eintragen läßt (RGZ 171, 328). **Unteilbare Gegenstände** darf er einzelnen Erben unter Anrechnung des Wertes auf ihren Erbteil zuweisen, wenn alle Erben mit dieser Abweichung von der gesetzlichen Regel (§ 752) einverstanden sind und wenn er es für zweckmäßig hält, andernfalls muß er die unteilbaren Gegenstände veräußern und den Erlös verteilen (vgl § 753 und § 2042; aM ERMAN/M SCHMIDT Rn 3; LANGE/KUCHINKE § 29 V 6). Der Testamentsvollstrecker kann Nachlaßgegenstände, die er zum Zwecke der Tilgung der Nachlaßverbindlichkeiten oder zur Verteilung auf die Erben veräußern muß, nach seinem pflichtgemäßen Ermessen im Wege des Pfandverkaufes oder der Zwangsversteigerung veräußern oder auch freihändig verkaufen; § 753 ist hier durch § 2205 S 2 ausgeschaltet (RGZ 108, 289; SOERGEL/DAMRAU Rn 10; JOHANNSEN WM 1969, 1409). Das gilt auch, wenn ein Miterbe Testamentsvollstrecker ist.

19 Der Testamentsvollstrecker kann Nachlaßgegenstände auch durch freiwillige (öffentliche) **Versteigerung** verwerten, etwa durch einen Notar (§ 20 Abs 3 BNotO; OLG Saarbrücken JZ 1953, 509 mit Anm KEIDEL). Wie er die Versteigerung durchführt, steht an sich in seinem Ermessen; doch muß er auf bestmögliche Verwertung bedacht sein (§§ 2216, 2219) und auf berechtigte Wünsche und Bedenken der Erben eingehen (Abs 2).

20 Der Testamentsvollstrecker, dem die Verwaltung des Nachlasses zusteht, kann die **Zwangsversteigerung** eines Nachlaßgrundstückes sowohl nach § 175 Abs 1 S 2 ZVG (in Verbindung mit § 991 Abs 2 ZPO) als auch nach § 181 Abs 1 S 1 ZVG beantragen. Betreibt ein Miterbe unzulässig dieses Verfahren, so ist der Testamentsvollstrecker zur Einlage von Erinnerung und sofortiger Beschwerde befugt (RG 108, 289; ZELLER/STÖBER § 180 ZVG Rn 3.15). Der Testamentsvollstrecker kann jedoch das Grundstück auch freihändig verkaufen (HAEGELE/WINKLER Rn 512). Bei landwirtschaftlichen Grundstücken empfiehlt sich wegen der Ausnahme von der Genehmigungspflicht (§§ 2, 37 GrdstVG) die Zwangsversteigerung (PALANDT/EDENHOFER Rn 3).

21 Wenn der Erblasser in **ehelicher Gütergemeinschaft** gelebt hat und diese bei seinem Tode nicht zwischen dem überlebenden Ehegatten und gemeinschaftlichen Abkömmlingen fortgesetzt wird, wenn also der Anteil des Erblassers am Gesamtgut

der Gütergemeinschaft zu seinem Nachlaß gehört (vgl §§ 1482–1484, 1508, 1510, 1546, 1557), so kann der Testamentsvollstrecker die Auseinandersetzung des Nachlasses nicht bewirken, bevor nicht das Gesamtgut auseinandergesetzt ist, weil erst diese Auseinandersetzung ergibt, welche Vermögenswerte dem Testamentsvollstrecker für die Ausführung der letztwilligen Anordnungen des Erblassers und für die Auseinandersetzung unter den Miterben zur Verfügung stehen. Die Auseinandersetzung des Gesamtgutes kann der Testamentsvollstrecker nicht allein bewirken, sondern nur gemeinsam mit dem überlebenden Ehegatten (HAEGELE Rpfleger 1963, 331). Er hat dabei in eben dem Maße mitzuwirken, im dem der Erblasser zur Mitwirkung berufen gewesen wäre, wenn die Gütergemeinschaft zu seinen Lebzeiten beendigt worden wäre (vgl §§ 1471 ff). Er kann sowohl den Anspruch auf Auseinandersetzung des Gesamtgutes als auch die aus diesem Anspruch erfließenden Befugnisse (auch das Übernahmerecht nach § 1477 Abs 2) geltend machen, soweit nicht der Erblasser etwas anderes angeordnet hat (§ 2208). Er ist dazu auch verpflichtet, soweit es seine Hauptaufgabe (§§ 2203, 2204) und die Umstände gebieten (RGZ 85, 1; PLANCK/FLAD Anm 3 e). Ist der überlebende Ehegatte Testamentsvollstrecker, so kann er die Auseinandersetzung allein vornehmen; § 181 steht nicht entgegen (HAEGELE Rpfleger 1963, 331). Bei Vorhandensein von Grundbesitz ist bei derartigen Doppelauseinandersetzungen die Vorschrift des § 313 zu beachten, die für den Teilungsplan des Testamentsvollstreckers sonst nicht gilt (HAEGELE Rpfleger 1963, 331 Fn 13).

Die vom Testamentsvollstrecker bewirkte Auseinandersetzung bedarf – im Gegensatz zum Auseinandersetzungsvertrag und zu der gerichtlichen Erbteilung (§ 1822 Nr 2; § 97 FGG) – auch dann **nicht der Genehmigung** des Vormundschaftsgerichts, wenn zu den Erben Personen gehören, die minderjährig sind oder unter Vormundschaft, Pflegschaft oder Betreuung stehen. Denn die einseitige Festlegung des Auseinandersetzungsplanes durch den Testamentsvollstrecker ist kein Vertrag, wenn sie auch den Auseinandersetzungsvertrag der Erben ersetzt. Etwas anderes gilt bei Abweichungen von den letztwilligen Anordnungen bzw vom Gesetz (Rn 17). 22

Wenn der Erblasser einen **Minderjährigen** zum Miterben eingesetzt, die Verwaltung seines Erbteils durch den Inhaber der elterlichen Gewalt ausgeschlossen (§ 1638) und einen Testamentsvollstrecker ernannt hat, so ist nach dem Erbfall zur Wahrnehmung der Rechte des Minderjährigen bei der Auseinandersetzung ein **Pfleger** zu bestellen; denn wenn auch das Gesetz dem Testamentsvollstrecker für die Auseinandersetzung große Machtbefugnisse einräumt, so bleiben doch den Erben noch bedeutende Rechte, insbesondere das Recht auf Gehör (§ 2204 Abs 2; BayObLGZ 1967, 230, 240). Zur Frage, ob ein Pfleger bestellt werden muß, wenn der Testamentsvollstrecker gleichzeitig gesetzlicher Vertreter eines Miterben ist, vgl § 2197 Rn 56 f. 23

Wenn ein Miterbe zugleich **Nachlaßschuldner** ist, so kann der Testamentsvollstrecker von ihm verlangen, daß er seine Schuld noch vor der Auseinandersetzung begleicht, soweit nicht ausnahmsweise der (im allgemeinen vor der Auseinandersetzung noch nicht fällige) Gegenanspruch auf das Auseinandersetzungsguthaben die Zurückbehaltung rechtfertigt (RGZ 65, 5; s STAUDINGER/WERNER[12] § 2039 Rn 20). 24

Die Bestimmungen über die Ausgleichung von **Vorempfängen** bei der Erbfolge von Abkömmlingen des Erblassers (§§ 2050 ff) hat auch der Testamentsvollstrecker zu 25 beachten. Jedoch bindet eine Einigung der beteiligten Erben über die Ausgleichung auch den Testamentsvollstrecker, weil die Vorschriften über die Ausgleichung nachgiebiger Natur sind und die Ausgleichungsberechtigten auf die Ausgleichung verzichten können (SOERGEL/DAMRAU Rn 20). Einen Streit über die Ausgleichungspflicht haben die beteiligten Erben grundsätzlich untereinander und nicht gegen den Testamentsvollstrecker auszutragen (RG Recht 1929 Nr 516; HRR 1932 Nr 1307); doch können besondere Umstände ein Rechtsschutzbedürfnis für eine Feststellungsklage des Testamentsvollstreckers oder gegen ihn begründen.

26 Um bei der Auseinandersetzung etwaige Vorempfänge berücksichtigen zu können, muß der Testamentsvollstrecker das Recht haben, von den Erben **Auskunft** über ausgleichungspflichtige Zuwendungen zu verlangen, zumal er nach §§ 2216, 2219 für eine gesetzmäßige Verteilung haftet. Gegenüber diesen sachlichen Erwägungen muß der äußere Umstand, daß § 2057 in § 2204 nicht angeführt ist, zurücktreten (s STAUDINGER/WERNER[12] § 2057 Rn 3; **aM** PLANCK/FLAD Anm 3 c; RGRK-BGB/KREGEL Rn 5; SOERGEL/DAMRAU Rn 20).

3. Vereinbarungen der Erben

27 Vereinbarungen der Erben über die Art der Auseinandersetzung **binden** den Testamentsvollstrecker **nicht** (RGZ 61, 145; 85, 1, 8; 108, 290; RG WarnR 1916 Nr 285; LZ 1918, 270; Prot VI 348). Das gilt nicht nur dann, wenn der Erblasser die Auseinandersetzung in das billige Ermessen des Testamentsvollstreckers gestellt hat (§ 2048 S 2), sondern auch, wenn er bestimmte Anordnungen für die Auseinandersetzung getroffen hat (§ 2048 S 1) oder wenn in Ermangelung solcher Anordnungen die gesetzlichen Teilungsvorschriften maßgebend sind (RGZ 108, 291; PLANCK/FLAD Anm 4). Wenn freilich die Erben übereinstimmend eine bestimmte Art der Auseinandersetzung wünschen, die mit den Anordnungen des Erblassers vereinbar ist, so wird der Testamentsvollstrecker im allgemeinen gut daran tun, einen solchen **Wunsch zu beachten**; einmal, um seine Verantwortung nach § 2219 auszuschließen oder doch zu mindern (§§ 276 Abs 2, 254; RGZ 138, 132, 137) und sodann, weil es den Erben ohnehin freisteht, sich nach Abschluß der Auseinandersetzung durch den Testamentsvollstrecker und Beendigung seines Amtes anderweitig über die Teilung des Nachlasses zu verständigen (Prot VI 348 entgegen V 273; VI 96 ff; BayObLGZ 5, 472; PLANCK/FLAD Anm 4). Selbst wenn der Testamentsvollstrecker einer Vereinbarung der Erben zustimmt, die von den Anordnungen des Erblassers abweicht, wird er sich dadurch nicht unbedingt einer Pflichtverletzung schuldig machen (Prot VI 348 f). Allerdings kann bei derartigen abweichenden Vereinbarungen eine vormundschaftliche Genehmigung nötig sein, wenn Minderjährige beteiligt sind (vgl § 2205 Rn 76).

IV. Der Auseinandersetzungsplan

1. Aufstellung des Plans

28 Der Testamentsvollstrecker hat einen Auseinandersetzungsplan aufzustellen, sobald die Nachlaßverbindlichkeiten berichtigt sind und feststeht, daß ein Überschuß vorhanden ist (§ 2047). Der Aufstellung eines Planes bedarf es jedoch **nicht**, wenn der Testamentsvollstrecker zugleich Miterbe ist und sich mit den übrigen Miterben über die Auseinandersetzung einigt (RG Recht 1917 Nr 1442). Etwaige Vertretungshindernisse (§§ 181, 1795) sind zu beachten.

Der Plan **bindet** erst dann die Erben und den Testamentsvollstrecker, wenn dieser – **29** was er erst nach Anhörung der Erben tun sollte, Abs 2 – (ausdrücklich oder stillschweigend) endgültig durch einseitiges empfangsbedürftiges Rechtsgeschäft (BayObLGZ 1967, 230, 240) den Erben erklärt, daß die Auseinandersetzung schlechthin nach dem Plan erfolgen soll (RG WarnR 1916 Nr 285). Ist der Erbe minderjährig, ist ein Testamentsvollstrecker nicht berechtigt, diese Erklärung zugleich als gesetzlicher Vertreter des Kindes in Empfang zu nehmen (§ 181; vgl BayObLGZ 1967, 230, 240). Bis zur Erklärung kann der Testamentsvollstrecker den Plan ändern. Eine bestimmte Form ist nicht vorgeschrieben, § 313 gilt selbst dann nicht, wenn Grundstücke zum Nachlaß gehören (HAEGELE Rpfleger 1963, 331), vgl aber Rn 36.

2. Wirkung des Plans

Der Auseinandersetzungsplan **bindet** sowohl den Testamentsvollstrecker selbst als **30** auch die Erben. Diese sind auch dann an den Plan gebunden, wenn die Testamentsvollstreckung vor Durchführung des Planes wegfällt, etwa durch Tod des Testamentsvollstreckers. Nur bei allseitiger Übereinstimmung können sie den Plan wieder aufheben (RG JW 1938, 2972; SOERGEL/DAMRAU Rn 22). Der Auseinandersetzungsplan hat nur verpflichtende, nicht dingliche Wirkung: Er verpflichtet die Erben, einander die ihnen zugeteilten Nachlaßgegenstände zu übertragen (MünchKomm/BRANDNER Rn 4).

3. Verfahren

a) Anhörung der Erben

Nach **Abs 2** hat der Testamentsvollstrecker die Erben über den Auseinanderset- **31** zungsplan vor der Ausführung zu hören, dh er muß ihnen Gelegenheit geben, ihre Wünsche oder Bedenken mündlich oder schriftlich zu äußern. Jedoch ist auch eine Anhörung **vor** der endgültigen Planaufstellung sinnvoll (SCHAUB, in: BENGEL/REIMANN, HbTV IV Rn 236). Wenn ein Miterbe abwesend, erst erzeugt oder unbekannt ist, so muß der Testamentsvollstrecker die Bestellung eines Pflegers veranlassen und diesen hören (§§ 1911–1913; HAEGELE/WINKLER Rn 520). Wenn der Testamentsvollstrecker die Anhörung unterläßt, so macht er sich haftbar (§ 2219), aber die Wirksamkeit der Auseinandersetzung wird dadurch nicht berührt. Die Verwirklichung des Anhörungsrechtes stellt eine geschäftsähnliche Rechtshandlung dar (BayObLGZ 1967, 230, 240). Bei minderjährigen Erben ist daher bei der Anhörung die Vertretungsbefugnis zu prüfen; wegen § 181 ist uU Pflegerbestellung nach § 1909 notwendig.

b) Widerspruch eines Miterben

Der Auseinandersetzungsplan bedarf **nicht der Genehmigung** der Erben (BayObLGZ **32** 1967, 230, 240). Eine gegenteilige Vorschrift im E I ist gestrichen worden, weil der Testamentsvollstrecker über einen einigermaßen begründeten Widerspruch ohnehin nicht leichtfertig hinweggehen werde, ein unbegründeter Widerspruch ihn aber nicht an der Ausführung seines Planes hindern solle (Prot V 275). Auch einer Genehmigung durch das Vormundschaftsgericht bedarf es nicht (PALANDT/EDENHOFER Rn 4; SOERGEL/DAMRAU Rn 8 f, 14). Der Widerspruch eines Miterben nötigt also den Testamentsvollstrecker nicht, die Ausführung des Planes aufzuschieben. Dem widersprechenden Erben steht es frei, den Weg der Klage zu beschreiten (zum Streitwert einer Feststellungsklage auf Unwirksamkeit des Auseinandersetzungsplans OLG München v 26. 1. 1995,

Az: 15-W-2687/94) auch der Testamentsvollstrecker kann das Prozeßgericht anrufen, nicht aber das Nachlaßgericht (KG KGBl 1909, 28; KG OLGE 3, 382). Wenn die Ausführung des Planes unmittelbar bevorsteht, kann der widersprechende Erbe unter Umständen den Erlaß einer einstweiligen Verfügung beantragen. Der Miterbe kann insbesondere geltend machen, daß der Plan des Testamentsvollstreckers gegen eine Teilungsanordnung des Erblassers oder gegen die gesetzlichen Teilungsvorschriften (§§ 752–754) verstoße oder – wenn der Testamentsvollstrecker zur Auseinandersetzung nach billigem Ermessen ermächtigt ist – daß die vom Testamentsvollstrecker beabsichtigte Teilung unbillig sei. Der Testamentsvollstrecker kann nur auf Feststellung klagen (MünchKomm/BRANDNER Rn 8), der widersprechende Miterbe dagegen auch auf Auseinandersetzung nach der Anordnung des Erblassers, nach der gesetzlichen Teilungsvorschrift oder nach billigem Ermessen (OLG Hamburg HansRGZ 1934 B 367).

4. Unwirksamkeit des Auseinandersetzungsplans

33 Wenn ein Auseinandersetzungsplan mit letztwilligen Anordnungen des Erblassers oder, soweit solche fehlen, mit den gesetzlichen Teilungsvorschriften oder – bei Auseinandersetzung nach billigem Ermessen des Testamentsvollstreckers – mit der Billigkeit **nicht zu vereinbaren** ist, so kann er nicht als wirksam angesehen werden. Ein solcher Plan bindet weder den Testamentsvollstrecker noch die Erben. Der Testamentsvollstrecker kann ihn aus eigenem Antrieb oder auf Widerspruch eines Miterben aufheben; er darf ihn nicht ausführen (RG JW 1938, 2972; OLG Hamburg HansRGZ 1934 B 367). Nötigenfalls kann dem Testamentsvollstrecker die Ausführung des unwirksamen Teilungsplanes auf Klage eines Miterben durch Richterspruch untersagt werden. Die Aufteilung darf insbesondere nicht gegen § 2205 S 3 – Verbot unentgeltlicher Verfügungen – verstoßen.

34 Das OLG Hamburg (HansRGZ 1934 B 367) erkennt dem Erben das Recht zu, den Testamentsvollstrecker auf Ausführung des von ihnen aufgestellten Teilungsplanes zu **verklagen**, wenn der Teilungsplan des Testamentsvollstreckers offenbar grob unbillig ist. Dieser Standpunkt dürfte auch dann gerechtfertigt sein, wenn der Erblasser die Auseinandersetzung nicht dem billigen Ermessen des Testamentsvollstreckers überlassen hat. Denn eine Auseinandersetzung, die offenbar grob unbillig ist, wird weder im Sinn der letztwilligen Anordnungen des Erblassers noch im Sinn der gesetzlichen Teilungsvorschriften liegen. Freilich müssen, wie auch das OLG Hamburg betont, an die Voraussetzung der offenbaren Unbilligkeit strenge Anforderungen gestellt werden, wenn nicht die Rechtsstellung des Testamentsvollstreckers untergraben und Streitigkeiten zwischen ihm und den Erben heraufbeschworen werden sollen.

35 Wenn der Testamentsvollstrecker die Auseinandersetzung unter Verletzung gesetzlicher Vorschriften vornimmt – sei es, daß der Auseinandersetzungsplan oder seine Durchführung gegen das Gesetz verstößt –, so kann er sich **schadensersatzpflichtig** machen (§ 2219); außerdem können unter Umständen die benachteiligten Erben gegen die Begünstigten Bereicherungsansprüche erheben (JOHANNSEN WM 1970, 744; MünchKomm/BRANDNER Rn 7; **aM** SOERGEL/DAMRAU Rn 27 unter Hinweis auf § 2205).

5. Ausführung des Auseinandersetzungsplans

Die Festsetzung des Auseinandersetzungsplanes hat nur schuldrechtliche Bedeu- **36** tung. Ob und welche Rechtsgeschäfte zu seiner Durchführung erforderlich sind, richtet sich nach der **Art** der zugeteilten Nachlaßgegenstände. Die zur Ausführung erforderlichen Rechtsgeschäfte sind mit den dafür allgemein vorgesehenen Genehmigungsvorbehalten behaftet, zB nach GrdstVG, BauGB, GVO, WaldG, WährG etc. Ob und welche **Formvorschriften** zu beachten sind, richtet sich ebenfalls nach der Art der zugeteilten Nachlaßgegenstände.

Wenn der Testamentsvollstrecker, wozu er berechtigt ist, im Teilungsplan eine **For-** **37** **derung** eines Miterben gegen einen anderen Miterben begründet, so entsteht diese ohne weiteres mit der endgültigen Festsetzung des Teilungsplanes. Dagegen bedarf die **Übertragung des Eigentums** an einer beweglichen Sache, die einem Miterben zugeteilt ist, auf diesen der Einigung zwischen ihm und dem Testamentsvollstrecker und der Übergabe (§ 929 S 1). Zur Übertragung des Eigentums an einem Nachlaßgrundstück auf einen Miterben ist Auflassung und Eintragung des Eigentumsübergangs im Grundbuch erforderlich (§§ 873 Abs 1, 925 Abs 1 S 1; BayObLGZ 7, 349). Die Übertragung des Geschäftsanteils einer GmbH erfordert notarielle Beurkundung (§ 15 GmbHG). Bei der Übertragung von Nachlaßgegenständen auf einzelne Miterben kommt dem Testamentsvollstrecker seine Befugnis zur Verfügung über die Nachlaßgegenstände (§ 2205) zustatten. Freilich muß zu der Erklärung des Testamentsvollstreckers die Annahmeerklärung des begünstigten Miterben hinzukommen. Dieser ist aber verpflichtet, die Annahme zu erklären; wenn er sich weigert, kann ihn der Testamentsvollstrecker auf Annahme – etwa auf Entgegennahme der Auflassung – verklagen (RG WarnR 1916 Nr 285; Recht 1917 Nr 1442).

Wenn die Durchführung des Teilungsplanes Eintragungen im **Grundbuch** erfordert, **38** so braucht der Testamentsvollstrecker dem Grundbuchamt nicht nachzuweisen, daß er vor Ausführung des Planes die Erben gehört hat (KGJ 31 A 299). An die Stelle des Vertrages nach § 313 tritt hier der Teilungsplan (HAEGELE Justiz 1955, 218). Dieser genügt auch zur Einleitung etwa erforderlicher Genehmigungsverfahren (HAEGELE aaO 219).

Wird einem Miterben ein Nachlaßgrundstück übereignet, für einen anderen dagegen **39** eine Ausgleichsforderung begründet, so kann nach Ansicht des KG (Rpfleger 1972, 58) der Testamentsvollstrecker „für den Nachlaß, dh für beide Erben, eine **Grundschuld** bestellen und diese als Sicherheit für den Ausgleichsanspruch in seiner Verwaltung belassen"; da mit Eigentumsumschreibung auch der neue Alleineigentümer mitberechtigt an der Sicherheit wäre, die Testamentsvollstreckung an dem Grundstück außerdem mit Umschreibung des Grundbuchs endet, empfiehlt es sich jedoch, die Grundschuld von Anfang an zugunsten des Ausgleichsberechtigten zu bestellen (HAEGELE Rpfleger 1972, 49).

V. Besondere Fälle

1. Auseinandersetzungsvollstreckung und Miterbenschaft

Auch ein **Miterbe**, der zum Testamentsvollstrecker ernannt ist, hat die Auseinander- **40** setzung unter den Miterben zu bewirken und kann die hierzu erforderlichen Verfügungen über Nachlaßgegenstände auch insoweit vornehmen, als sie in seinem Interesse liegen, es sei denn, daß der Erblasser nach § 2208 ein anderes bestimmt hat; § 181 steht nicht entgegen (vgl § 2205 Rn 59 ff). Er kann insbesondere zur Ausführung des Teilungsplanes ein Nachlaßgrundstück an sich selbst auflassen (HAEGELE Justiz 1955, 218).

41 Wenn der Testamentsvollstrecker nur für einen **bestimmten Erbteil** oder einen bestimmten Miterben bestellt ist, so kann er die Auseinandersetzung nicht selbst bewirken, sondern sie nur betreiben, wobei er an die Stelle des Miterben tritt, dessen Erbteil er verwaltet (vgl § 2211; RGZ 61, 358). Insbesondere kann er die gerichtliche Vermittlung der Auseinandersetzung beantragen.

2. Auseinandersetzungsvertrag

42 Miterben und der Testamentsvollstrecker können auch einen **Auseinandersetzungsvertrag** schließen. Dieser ersetzt den Aufteilungsplan. Der Vertrag bildet dann den Rechtsgrund für den Erwerb der Nachlaßgegenstände durch die Erben (BGH DNotZ 1956, 406; HAEGELE/WINKLER Rn 518). Im Rahmen eines Auseinandersetzungsvertrages kann eine von der gesetzlichen Quote abweichende Nachlaßaufteilung vorgenommen werden, ohne daß eine unentgeltliche Verfügung iSd § 2205 S 3 vorläge (vgl BGHZ 57, 84; BayObLG FamRZ 1987, 104 zum Zustimmungserfordernis durch die Nacherben).

43 Bezüglich der **Form** des Auseinandersetzungsvertrages gelten die allgemeinen Regeln (zB §§ 313, 766 BGB, 15 GmbHG). Allerdings ist nach § 2033 notarielle Beurkundung nötig, wenn ein Miterbe durch Vertrag alle Erbanteile übernimmt (MünchVertragshandbuch/NIEDER IV/2 Form XIX, 1 Rn 2.2.b; **aM** OLG Celle NJW 1951, 198 mit Anm RÖTELMANN).

44 Da ein Auseinandersetzungsvertrag eine **Verfügung** über den Miterbenanteil darstellt, sind verschiedene Genehmigungs- und Schutzvorschriften zu beachten: § 1822 Nr 2 bei Vormundschaft, Pflegschaft oder Betreuung, die Bestellung eines Ergänzungspflegers (§ 1909) bei minderjährigen Miterben neben ihren Eltern sowie § 1365 bei Ehegatten, wenn der Miterbenanteil das wesentliche Vermögen ausmacht.

§ 2205

Der Testamentsvollstrecker hat den Nachlaß zu verwalten. Er ist insbesondere berechtigt, den Nachlaß in Besitz zu nehmen und über die Nachlaßgegenstände zu verfügen. Zu unentgeltlichen Verfügungen ist er nur berechtigt, soweit sie einer sittlichen Pflicht oder einer auf den Anstand zu nehmenden Rücksicht entsprechen.

Materialien: E I §§ 1899 Abs 1 S 1, 1900; II
§ 2075; III § 2179; Mot V 231 ff; Prot V 276 ff,
527, 543; Denkschr 733.

6. Titel.
Testamentsvollstrecker

§ 2205

Schrifttum

S bei § 2203.

Systematische Übersicht

I. **Allgemeines** — 1

II. **Das Wesen des Verwaltungsrechts**
1. Begriff der Verwaltung — 4
2. Umfang des Verwaltungsrechts — 6
3. Verpflichtung zur Verwaltung — 13

III. **Der Gegenstand des Verwaltungsrechts**
1. Grundsatz — 14
2. Beschränkung auf Erbteile — 16
3. Mögliche Beschränkungen wegen Höchstpersönlichkeit von Rechten — 17

IV. **Der Inhalt des Verwaltungsrecht**
1. Verwaltung im allgemeinen — 23
2. Recht zum Besitz — 29
3. Verfügungsbefugnis — 32

V. **Unentgeltliche Verfügungen**
1. Grundsatz — 39
2. Der Begriff der Unentgeltlichkeit — 42
3. Einzelfälle — 47
4. Grundbuchamtliches Verfahren bei möglicherweise unentgeltlichen Verfügungen — 51
5. Zustimmung der Erben zu unentgeltlichen Verfügungen — 56

VI. **In-sich-Geschäfte des Testamentsvollstreckers**
1. Grundsatz — 59
2. Einzelfälle — 68
3. Grundbuchamtliches Verfahren bei möglichen In-sich-Geschäften — 73

VII. **Sonstige Beschränkungen der Verfügungsmacht des Testamentsvollstreckers**
1. Grundsatz — 75
2. Minderjähriger, geschäftsunfähiger oder in der Geschäftsfähigkeit beschränkter Erbe — 76
3. Familienrechtliche Beschränkungen — 79
4. Pfändung und Verpfändung des Erbteils — 80
5. Auseinandersetzungsverbot — 81
6. Pflichtteilsrecht — 82
7. Öffentlich-rechtliche Genehmigungsvorbehalte — 83

VIII. **Die Wirkung der Verwaltungshandlungen für und gegen den Erben** — 84

IX. **Das Verwaltungsrecht des Testamentsvollstreckers hinsichtlich eines Handelsgeschäftes oder eines Gesellschaftsanteils**
1. Grundsätzliches — 89
2. Einzelkaufmännisches Unternehmen — 92
   a) Treuhandlösung — 93
   b) Vollmachtslösung — 97
   c) Weisungsgeberlösung — 101
   d) Weitere Gestaltungsmöglichkeiten — 103
3. Testamentsvollstreckung bei einer oHG, einer BGB-Gesellschaft und einem Komplementäranteil an einer KG
   a) Grundsätzliches — 106
   b) Bisherige Ersatzlösungen — 108
   c) Weitere Möglichkeiten nach der neueren Rechtsprechung des BGH — 113
   d) Gesellschaftsrechtliche Schranken der Testamentsvollstreckung — 121
4. Die Testamentsvollstreckung an einem Kommanditanteil
   a) Grundsatz — 124
   b) Einzelfragen — 127
5. Andere Personengesellschaften — 137
6. Kapitalgesellschaften
   a) Grundsatz — 140
   b) GmbH — 141
   c) Aktiengesellschaft — 143
   d) Genossenschaften — 144
7. Mischformen — 145
8. Neugründung von Gesellschaften, Umwandlungen — 146

X. Testamentsvollstreckung in weiteren besonderen Situationen
1. Testamentsvollstreckung in Zwangsvollstreckung und Zwangsversteigerung ——— 148
2. Testamentsvollstreckung in Prozeß, Konkurs und Vergleich ——— 150
3. Testamentsvollstreckung und Vor- und Nacherbschaft ——— 155
4. Der Nießbraucher als Testamentsvollstrecker ——— 160
5. Urheberrecht ——— 162
6. Bankrecht ——— 163

Alphabetische Übersicht

Abfindungsanspruch ——— 113	Dispositionsnießbrauch ——— 160 ff
Abwicklungsvollstreckung ——— 91	– am Einzelunternehmen ——— 161
Aktiengesellschaft ——— 143	– bei Gesellschaften ——— 161
Anfechtungsrecht ——— 18	– bei Kapitalgesellschaften ——— 161
Annahme der Erbschaft ——— 18	
Aufgabenbereich, Erweiterung ——— 118	Ehepartner des Testamentsvollstreckers ——— 71
Aufgebot ——— 9	Eigenforderung des Testamentsvollstreckers ——— 69
Auflage ——— 97	Eidesstattliche Versicherung ——— 30
Auflassung ——— 49, 68	Eintrittsrecht ——— 120
Auflösungsklage ——— 123	Einziehung von Nachlaßforderungen ——— 25
Aufstockung eigener Beteiligung ——— 131	Entgeltlichkeit ——— 51 ff
Auseinandersetzungsverbot ——— 81	– Nachweis ——— 51
Ausgleichsanspruch des Handelsvertreters ——— 20	– Prüfung von Amts wegen ——— 52
Auskehrung ——— 76	Erbabfindung ——— 19
Auskunftsanspruch ——— 30	Erbauseinandersetzung ——— 49
Ausschlagung der Erbschaft ——— 18	Erbrechtliche Beschränkungen ——— 128
Außenseite des Gesellschaftsanteils ——— 114, 119, 142	Erbschein ——— 27
Außenverhältnis ——— 95	Erbteil ——— 16
	Erbteilskauf ——— 34
Bankrecht ——— 163 ff	Erbteilspfändung ——— 34 f, 80
Beaufsichtigende Testamentsvollstreckung ——— 104	– Eintragung ——— 35
Beaufsichtigung ——— 116	Ersatzlösungen ——— 92, 108 ff, 132
Bedingung ——— 97	– Auswahl ——— 100, 112
Belastung, unentgeltliche ——— 40	– weitere ——— 103 ff
– eines Grundstücks ——— 47	EWIV ——— 138
Berichtigungsbewilligung ——— 37	
Beschränkte Geschäftsfähigkeit ——— 76	Fortführung des Unternehmens ——— 89
Besitz ——— 29 ff	– durch den Erben ——— 98
– Klage auf Einräumung ——— 30	Fortsetzungsklausel ——— 106
Besitznahme ——— 24, 29 ff	
Besitzschutz ——— 31	Gegenwert ——— 43 f
Besitzübergang ——— 29	– guter Glaube ——— 44
Betriebsgrundstücke ——— 28	Geldanlage ——— 77
Beweiswürdigung ——— 51	Genehmigung eines Vertrages ——— 46
	Genehmigungsvorbehalte ——— 83
Darlehensgeschäfte ——— 163	Genossenschaft ——— 144
Dingliche Surrogation ——— 15	Geschäftsführungsberechtigter Kommanditist ——— 130
Dingliche Wirkung ——— 118	

6. Titel.
Testamentsvollstrecker

Gesellschaft	19	Kernbereichslehre	122, 127
– des bürgerlichen Rechts	106 ff	Kommanditanteil	124 ff
– mit beschränkter Haftung	141 ff	Komplementäranteil	106 ff
– – Errichtung	146	Kündigung	20
– Kündigung	123		
– Umwandlung	147	Löschung im Grundbuch	48
Gesellschaftsanteil	89 ff		
Gesellschaftsauflösung	106	Masseschulden	153
Gesellschaftsrechtliche Schranken	121 ff, 129	Minderjähriger Erbe	76
Gesellschaftsvertrag	117	Mißbrauch des Amtes	85
Gesetzlicher Vertreter des Erben	10	Miterbenanteil	7, 33
Gestattung	61 ff	Mitgesellschafter, Zustimmung	121, 126
– Unwirksamkeit	63		
GmbH & Co KG	145	Nacherbe	8, 19, 112
GmbH-Geschäftsführer	72	– Zustimmung	155
Grundbuch	27, 136	Nacherbschaft	155 ff
Grundbuchamtliches Verfahren	51 ff, 73 f	Nacherbenrechtliche Beschränkungen	156
Grundbuchberichtigung	37	Nachfolgeklausel	107
Grundbucheintragung, Anfechtung	55	Nachlaß	7, 14
Grundpfandrechte	53	Nachlaßgegenstände	7
Grundschuld, Abtretung	54	Nachlaßgrundstücke, Veräußerung	36
Gütergemeinschaft	79	Nachlaßkonkurs	9, 152
Gutgläubiger Erwerb	40	– Beantragung	18
		Nachlaßpfleger	78
Hafteinlage	124	Nachlaßverwaltung	151
Haftpflichtversicherung	21 f	Namensrecht	18
Haftung	102	Nießbraucher	160 ff
– des Erben	87		
– des Testamentsvollstreckers	88	Oder-Konto	164
Haftungsbeschränkung der Erben	9, 11, 95	Offene Handelsgesellschaft	106 ff
Haftungsgrundsätze	90		
Handelsgeschäft	89 ff	Partnerschaft	139
Handelsregister	96, 99, 134 ff	Pfandgläubiger, Zustimmung	35, 80
– Anmeldung	133	Pflichtteilsrecht	82
Herausgabeanspruch	31	Privatgläubiger	8
Höchstpersönliche Rechte	17 ff	Prokurist	103
Hypothek	47	Prozeß	150
		Publikums-Kommanditgesellschaft	126
In-sich-Geschäft	59 ff		
– Beweislast	67	Rechtsstellung	3
– Heilung	65		
– Nichtigkeit	65	Schadensersatzanspruch	20
– Prüfung von Amts wegen	73	Schenkung	42
Inkassoauftrag	25	Schulderlaß	47
Innenseite des Gesellschaftsanteils	114, 142	Schutz des Erben	56
Innenverhältnis	95	Sonderbetriebsvermögen	115
Interessenkonflikt	60	Stille Gesellschaft	137
		Stimmrecht	140
Kapitalgesellschaften	140 ff		

Teilungsanordnung	41	Verträge zugunsten Dritter	165
Testamentsvollstreckerzeugnis	27	Vertreter	59, 70
Todeserklärung	27	Verwaltung	1
Treuhandlösung	93 ff, 108	– Begriff	4 ff, 23
		Verwaltungshandlung, Wirkung	84 ff
Umwandlung	105, 147	Verwaltungsmaßnahmen	5
Und-Konto	164	Verwaltungsrecht	2
Unentgeltlichkeit	42 ff	– am Gesellschaftsanteil	91
– Begriff	42 ff	– am Handelsgeschäft	91
– Einigung	45	– Beschränkung	10, 16 ff
Unternehmen	28	– Gegenstand	14
Unwirksamkeit, schwebende	64	– Inhalt	23 ff
Urheberrecht	162	– Umfang	6 ff
		– Wesen	4 ff
Verbindlichkeit, Erfüllung	61	Verwaltungstreuhand	94
Verbot der Zustimmung	57	Verwaltungsvollstrecker	1, 12
Verfügung, Begriff	32	Vollmacht	58, 74
Verfügung, unentgeltliche	39 ff	– Grenzen	98
– Folgen	40	Vollmachtslösung	97 ff, 109 f
– Unwirksamkeit	40	Vollrechtstreuhand	94
– Zustimmung	56 ff	Vorerbe	8, 12
Verfügung von Todes wegen	38	– befreiter	156 f
Verfügungsbefugnis	24, 32 ff	Vorerbschaft	155 ff
– der Erben	8	Vormundschaftsgericht	76
– Beschränkung	39	Vorratsgründung	105
–– Befreiung	41		
Verfügungsmacht, Beschränkung	75 ff	Wechsel	38
– Familienrecht	79	Weisungsgeberlösung	101 ff, 111
Verfügungsmacht, Mißbrauch	11	Willenserklärungen, Entgegennahme	26
Vergleich	46, 49, 154	Willensmängel	86
Verhinderung des Testamentsvollstreckers	66		
Vermächtnis	16	Zurechnung	87
Verpflichtung zur Verwaltung	13	Zurückbehaltungsrecht	31
Verschaffungsvermächtnis	97	Zuschreibung	32
Verschulden	87	Zwangsversteigerung	9, 149
Versicherungsansprüche	22	Zwangsvollstreckung	148
Versteigerung	38		

I. Allgemeines

1 § 2205 gibt dem Testamentsvollstrecker die Befugnis, den Nachlaß zu verwalten. Diese Befugnis ist in der Regel nicht Selbstzweck, sondern nur **Mittel zum Zweck** (vgl Prot V 277 u § 2217), nämlich zur Ausführung der dem Testamentsvollstrecker nach §§ 2203, 2204 obliegenden eigentlichen Aufgaben. Nur bei der sog Verwaltungsvollstreckung (§ 2209 S 1) ist die Verwaltung des Nachlasses dem Testamentsvollstrecker als selbständige, von seinen übrigen Aufgaben unabhängige Aufgabe übertragen; die Verwaltung wird hier zum Selbstzweck (vgl BayObLGZ 13, 49; PLANCK/FLAD Anm 1).

Die Bestimmung des § 2205 wird **ergänzt** hinsichtlich der Berechtigung, Verbindlichkeiten einzugehen, durch §§ 2206, 2207, hinsichtlich der Befugnis, zum Nachlaß gehörende Rechte gerichtlich geltend zu machen, durch § 2212, hinsichtlich der Befugnis, das Gläubigeraufgebot, die Zwangsversteigerung von Nachlaßgrundstücken und die Eröffnung des Nachlaßkonkurses zu beantragen, durch § 991 ZPO, § 175 ZVG und § 217 KO, ferner hinsichtlich der Art und Weise, wie die Verwaltung zu führen ist, durch §§ 2216, 2218. Die Wirkung des Verwaltungsrechts des Testamentsvollstreckers gegenüber dem Erben und dessen Privatgläubigern (Ausschluß des Verfügungsrechts des ersteren und des Zugriffsrechts der letzteren) ist in §§ 2211, 2214 geregelt, die Beendigung des Verwaltungsrechts (abgesehen von der Beendigung des Amtes des Testamentsvollstreckers überhaupt) in § 2217.

Die Bestimmung des § 2205 (S 1 und 2) entspricht im Zusammenhang mit §§ 2211, 2214 den Vorschriften über die **Rechtsstellung des Nachlaßverwalters** und **des Konkursverwalters** (§§ 1984, 1985 BGB iVm § 784 Abs 2 ZPO; §§ 6, 15 KO).

II. Das Wesen des Verwaltungsrechts

1. Begriff der Verwaltung

Der Begriff der Verwaltung umfaßt diejenigen Maßnahmen, die zur **Erhaltung, Sicherung, Nutzung** und **Vermehrung** des verwalteten Gutes erforderlich sind. Aus dieser Begriffsbestimmung ergibt sich, daß zur Verwaltung des Nachlasses auch die Ausübung des Besitzes an den Nachlaßgegenständen sowie das Führen von Rechtsstreitigkeiten hinsichtlich der Nachlaßgegenstände gehört (vgl §§ 2205 S 2, 2212 f). Das Gesetz rechnet aber darüber hinaus zur Verwaltung auch die Verfügung über die Nachlaßgegenstände (einschließlich ihrer Veräußerung) und in einem weiteren Sinn sogar die Eingehung von Verbindlichkeiten für den Nachlaß (§§ 2205 S 2, 2206 ff).

Dem Testamentsvollstrecker steht aber nicht nur die rechtliche Einwirkung auf den Nachlaß zu, er ist auch zu **Verwaltungsmaßnahmen tatsächlicher Art**, zB dem Umbau eines zum Nachlaß gehörigen Hauses, befugt. Solange er sich dabei an die Grundsätze einer ordnungsmäßigen Verwaltung hält, kann ihm der Erbe nicht in den Arm fallen (§ 2216).

2. Umfang des Verwaltungsrechts

Das Verwaltungsrecht des Testamentsvollstreckers ist grundsätzlich **allgemein, ausschließlich** und **unbeschränkt**, es erstreckt sich also in der Regel auf den ganzen Nachlaß, schließt das Verfügungsrecht des Erben aus und ist in seinem Inhalt nur durch die Vorschrift des S 2 (Schenkungsverbot), durch eine Anordnung des Erblassers (§ 2208) und in gewissem Sinn durch den Grundsatz der ordnungsmäßigen Verwaltung (§§ 2206, 2216) beschränkt.

Im allgemeinen unterliegt der **ganze Nachlaß** der Verwaltung des Testamentsvollstreckers. Doch kann der Erblasser dessen Verwaltungsrecht auf einen **Teil des Nachlasses** oder auf **einzelne Nachlaßgegenstände** beschränken (§ 2208). Wird dem Erben vom Erblasser das uneingeschränkte Verwaltungsrecht an einem Nachlaßgegenstand eingeräumt, ist das Verwaltungsrecht des Testamentsvollstreckers nach

§ 2205 insoweit ausgeschlossen (OLG Düsseldorf NJW 1961, 561, 562). Gleiches gilt bei einem Nießbrauchsvermächtnis. Ein Nießbrauch zugunsten des Erben selbst ist dabei möglich; ein Nießbrauch am eigenen Recht kann zwar im allgemeinen nicht anerkannt werden (KGJ 51, 291), doch besteht bei angeordneter Testamentsvollstreckung ein Bedürfnis dafür, da dadurch das Verwaltungsrecht des Testamentsvollstreckers bei fortbestehendem Verfügungsrecht ausgeschlossen wird (vgl OLG Düsseldorf NJW 1961, 561, 562). Über einen **Miterbenanteil** kann der Testamentsvollstrecker nicht verfügen (BGH NJW 1984, 2464 = JR 1985, 106 mit abl Anm DAMRAU).

8 Das Verwaltungsrecht des Testamentsvollstreckers schließt grundsätzlich die **Verfügungsbefugnis des Erben** und den **Zugriff der Privatgläubiger** des Erben auf die vom Testamentsvollstrecker verwalteten Nachlaßgegenstände aus (§§ 2211, 2214). Das ausschließliche Verwaltungsrecht des Testamentsvollstreckers besteht gegenüber jedem Nacherben (PLANCK/FLAD Anm 7 b; aM KRECH DNotZ 1940, 269, 273, der dem Testamentsvollstrecker bei befreiter Vorerbschaft nur ein tatsächliches, wirtschaftliches Verwaltungsrecht einräumen will). Der Testamentsvollstrecker bedarf auch während der Dauer der Vorerbschaft zu Verfügungen über Nachlaßgegenstände grundsätzlich nicht der Zustimmung des Nacherben (s STAUDINGER/BEHRENDS[12] § 2113 Rn 7; KG OLGE 34, 298; KG RJA 13, 252; SOERGEL/DAMRAU Rn 58; aM MünchKomm/BRANDNER Rn 55 für den Fall, daß der Testamentsvollstrecker nur für den Vorerben bestellt ist). Die sich aus §§ 2205 S 3, 2216 ergebenden Beschränkungen des Verwaltungsrechtes des Testamentsvollstreckers, die auch hier gelten, sind kein Grund, dem unbekannten Nacherben einen Pfleger zu bestellen; der Testamentsvollstrecker hat aber kein Beschwerderecht, wenn es doch geschieht (PLANCK/FLAD Anm 7 b).

9 Das Verwaltungsrecht des Testamentsvollstreckers schließt nicht aus, daß der Erbe von den Mitteln Gebrauch macht, durch welche er die **Beschränkung seiner Haftung als Erbe** bewirken kann; es ist sogar im allgemeinen Sache des Erben, sich die Möglichkeit der Beschränkung seiner Haftung zu erhalten. Allerdings kann neben dem Erben auch der Testamentsvollstrecker das Aufgebot der Nachlaßgläubiger (§ 1970), die Zwangsversteigerung eines Nachlaßgrundstücks (§ 175 ZVG), Nachlaßverwaltung oder Nachlaßkonkurs (§ 1975) beantragen.

10 Das **Verwaltungsrecht** des Testamentsvollstreckers ist **grundsätzlich unbeschränkt**. Ausnahmen können sich aus letztwilligen Anordnungen des Erblassers ergeben (§ 2208; BGH NJW 1984, 2464 = JR 1985, 106 in Anm DAMRAU). Das Gesetz selbst schränkt das Verwaltungsrecht des Testamentsvollstreckers ein, indem es ihm das Verschenken von Nachlaßgegenständen im allgemeinen verbietet (S 3) und ihm die Pflicht zur ordnungsmäßigen Verwaltung des Nachlasses auferlegt (§§ 2206, 2216). An entgeltlichen Verfügungen, zB Veräußerung von Nachlaßgrundstücken, kann der Testamentsvollstrecker nur durch Anordnung des Erblassers, nicht durch die Erben gehindert werden (vgl § 2204 Rn 5). Das Verwaltungsrecht des Testamentsvollstreckers schließt das des gesetzlichen Vertreters des minderjährigen Erben aus (PALANDT/DIEDERICHSEN § 1638 Rn 3; differenzierend ERMAN/MICHALSKI § 1638 Rn 8).

11 Gegen einen **Mißbrauch der Verfügungsmacht** sind die Erben im wesentlichen nur geschützt durch die zivilrechtliche und strafrechtliche Verantwortlichkeit des Testamentsvollstreckers (§§ 2216, 2218, 2219 BGB; § 266 StGB; s auch Vorbem 12 zu

§§ 2197 ff), sowie durch die Vorschriften über die beschränkte Haftung des Erben (§§ 1975, 1981 ff) und das Pflichtteilsrecht (§ 2306).

Auch dem Testamentsvollstrecker, dem nur die Verwaltung des Nachlasses übertragen ist (§ 2209, Verwaltungsvollstrecker), stehen die **gesamten** in § 2205 behandelten **Befugnisse** zu (BGHZ 56, 275, 279; KG DNotZ 1944, 9; OLG Düsseldorf NJW 1952, 1259; SOERGEL/DAMRAU Rn 6 b). **12**

3. Verpflichtung zur Verwaltung

Der Testamentsvollstrecker ist zur Verwaltung des Nachlasses nicht nur berechtigt, sondern **gegenüber den Erben und Vermächtnisnehmern** auch **verpflichtet**, also nicht nur zur ordnungsmäßigen Verwaltung, sondern zur Verwaltung als solcher (§§ 2216, 2218, 2219). Jeder Erbe kann ihn auf Erfüllung dieser Verpflichtung, also auf Vornahme einer bei ordnungsmäßiger Verwaltung gebotenen oder auf Unterlassung einer verbotenen Verwaltungsmaßnahme verklagen (RGZ 73, 26, 28; § 2203 Rn 27). **13**

III. Der Gegenstand des Verwaltungsrechts

1. Grundsatz

Gegenstand der Verwaltung des Testamentsvollstreckers ist der **Nachlaß**, vorbehaltlich der Einschränkungen gemäß § 2208. Über den Begriff des Nachlasses s STAUDINGER/MAROTZKE (1994) § 1922 Rn 102 ff. Zum Nachlaß gehört auch der dem Erben als solchem zustehende Anteil an einem anderen Nachlaß (RG WarnR 1919 Nr 136) oder an einer anderen Gesamthand, zB sein Anteil am Gesamtgut der durch den Tod beendeten, aber noch nicht auseinandergesetzten Gütergemeinschaft (OLG Stuttgart DNotZ 1968, 50) einschließlich des Übernahmerechtes gem § 1477 Abs 2, das nicht höchstpersönlicher Natur ist (RGZ 85, 1, 4), ebenso, was der Testamentsvollstrecker für den Nachlaß erwirbt (RGZ 59, 366; 91, 70). **14**

Der **Grundsatz der dinglichen Surrogation** (§§ 2019, 2041, 2111) ist zwar vom Gesetz für den von einem Testamentsvollstrecker verwalteten Nachlaß nicht ausgesprochen, doch wird die Vorschrift des § 2041 auch auf einen solchen Nachlaß entsprechend anzuwenden sein (KIPP/COING § 68 III 1; RGZ 138, 134; KG DJ 1941, 350). Auch bei der Verwaltungsvollstreckung wird das Surrogationsprinzip gelten, unbeschadet etwaiger Ansprüche des Erben auf Herausgabe von Nutzungen des Nachlasses (§ 2216 Rn 9; § 2217 Rn 13; aM KIPP/COING aaO). **15**

2. Beschränkung auf Erbteile

Bei Beschränkung der Anordnung der Testamentsvollstreckung auf einen **Bruchteil des Nachlasses**, insbesondere einen **Erbteil**, oder bei Unwirksamkeit der Anordnung hinsichtlich eines solchen Teils ist der Gegenstand der Verwaltung des Testamentsvollstreckers entsprechend beschränkt (KG OLGE 21, 329; vgl § 2208 Rn 16). Wenn der Erblasser, was er kann, den Testamentsvollstrecker nur für einen **Vermächtnisnehmer** ernennt, so beschränkt sich das Verwaltungsrecht des Testamentsvollstreckers auf den vermachten Gegenstand (BGHZ 13, 203). **16**

3. Mögliche Beschränkungen wegen Höchstpersönlichkeit von Rechten

17 Beschränkungen des Verwaltungsrechtes des Testamentsvollstreckers können sich auch aus der **höchstpersönlichen Natur** der betroffenen Rechte ergeben. Höchstpersönliche Rechte, dh Rechte, die so stark mit der Person ihres Inhabers verknüpft sind, daß sie von dieser nicht gelöst werden können, sind unvererblich, sie erlöschen mit dem Tode des Inhabers. Aber auch solche persönlichen Rechte, die infolge des Einrückens des Erben in die Rechtsstellung des Erblassers oder infolge seines Eintritts in gewisse Rechtslagen in der Person des Erben neu entstehen, die aber ihrer Natur nach nicht von einem anderen für den Erben ausgeübt werden können, unterliegen der Verwaltung des Testamentsvollstreckers nicht (vgl RGZ 85, 1 ff).

18 **Beispiele:** Hierher gehört das Recht des Widerrufs einer Schenkung nach § 530 Abs 2 und das Anfechtungsrecht wegen Erbunwürdigkeit nach §§ 2341, 2345 (so WEILER DNotZ 1952, 291; vgl SOERGEL/DAMRAU Rn 5, 7). Auch zur Verfolgung einer Verletzung des Namensrechts ist der Testamentsvollstrecker nicht befugt (vgl RGZ Recht 1921 Nr 2319; WEILER aaO). Der Anspruch auf Herausgabe der böslichen Schenkung nach § 2287 gehört nicht zum Nachlaß und ist daher nicht vom Testamentsvollstrecker geltend zu machen (RGZ 77, 5). Die Erbschaft, für die der Testamentsvollstrecker bestellt ist, kann er nicht für den Erben annehmen oder ausschlagen, soweit er nicht selbst zum Erben berufen ist (vgl STAUDINGER/OTTE [1994] § 1943 Rn 12). Auch die Annahme und Ausschlagung einer Erbschaft oder eines Vermächtnisses, die noch zu Lebzeiten des Erblassers angefallen sind, von diesem aber nicht mehr angenommen oder ausgeschlagen wurden, werden so zu behandeln sein, da der Gesetzgeber (arg: § 9 KO) dem Erwerb von Todes wegen neben dem vermögensrechtlichen auch einen persönlichen Charakter beilegt (PLANCK/FLAD Anm 19). Die mißliche Folge, daß der Erbe durch **Ausschlagung** einer aktiven Erbschaft die Gläubiger des von dem Testamentsvollstrecker verwalteten Nachlasses benachteiligen kann, muß de lege lata in Kauf genommen werden (vgl STAUDINGER/OTTE [1994] § 1942 Rn 11, 15). In dem umgekehrten Fall, daß der Erbe eine überschuldete Erbschaft annimmt, kann der Testamentsvollstrecker dadurch Abhilfe schaffen, daß er (nur) für den überschuldeten Nachlaß Eröffnung des Nachlaßkonkurses beantragt. Das Recht zu diesem Antrag wird dem Testamentsvollstrecker zuzugestehen sein, da die überschuldete Erbschaft immerhin Bestandteil des von ihm verwalteten Nachlasses ist (§ 217 KO; PLANCK/FLAD Anm 19). Der Testamentsvollstrecker kann auch nicht (ohne Zustimmung der Erben) das Anfechtungsrecht nach § 2080 geltend machen, auch nicht gegenüber einer Leistungspflicht aus einer nicht (rechtzeitig) angefochtenen letztwilligen Verfügung die Einrede der Anfechtbarkeit erheben (BGH NJW 1962, 1058).

19 Der Testamentsvollstrecker kann auch weder die Erbschaft für einen **Nacherben** ausschlagen noch das Anwartschaftsrecht auf den Vorerben übertragen (KG DNotZ 1930, 480). Das Abfindungsrecht des Erben gegenüber einem nichtehelichen Kinde des Erblassers nach § 1712 Abs 2 aF war von dem Erben, nicht vom Testamentsvollstrecker geltend zu machen, während die **Abfindung** selbst Aufgabe des Testamentsvollstreckers war (RGZ 90, 202). Der Testamentsvollstrecker kann nicht Maßnahmen treffen, die mit dem Nachlaß in keiner Verbindung stehen, so, wenn etwa die Erben als neue selbständige Mitglieder in eine bereits bestehende **Gesellschaft** einzuführen bestimmt sind (so KG OLGE 14, 322; 27, 339). Der Testamentsvollstrecker kann aber die zur Errichtung einer Gesellschaft erforderlichen Werte nach § 2217 freigeben, damit die Erben selbst die Gesellschaft errichten können. Der Widerruf eines vom Erblasser erteilten Mitgiftversprechens steht, auch wenn er zulässig sein sollte, dem Testamentsvollstrecker nicht zu, weil die erforderliche Beziehung zum Nachlaß fehlt (RGZ 46, 300). Auch das Übernahmerecht gem § 1477 Abs 2 ist nicht höchstpersönlicher Natur (RGZ 85, 1, 4).

Kein höchstpersönliches Recht ist der **Ausgleichsanspruch des Handelsvertreters** gem **20** § 89 b HGB, der in den Nachlaß fällt und damit vom Testamentsvollstrecker verwaltet werden kann (SOERGEL/DAMRAU Rn 8). Das Recht zur **Kündigung** eines Mietvertrages nach § 569 ist kein an die Person des Erben geknüpftes Recht, steht also dem Testamentsvollstrecker zu (RGZ 74, 35 ff). Der Testamentsvollstrecker kann auch den **Ersatzanspruch** geltend machen, der dem Erben aus der Pflichtverletzung eines früheren Testamentsvollstreckers nach § 2219 erwachsen ist, denn dieser Ersatzanspruch gehört analog § 2041 zum Nachlaß (RGZ 138, 132 ff).

Ob ein **Haftpflichtversicherungsverhältnis** mit dem Tode des Versicherungsnehmers **21** auf dessen Erben übergeht, ist eine Frage des einzelnen Falles. Die Haftpflichtversicherung knüpft häufig an besondere Umstände und Eigenschaften eines gerade für den Versicherungsnehmer (Erblasser) und nur für ihn gegebenen Gefahrenbereichs in der Weise an, daß sich daraus das Erlöschen des Versicherungsverhältnisses notwendig von selbst ergeben muß (zB Anwaltsversicherung). Für die Beantwortung der Frage des Übergangs sind hauptsächlich der durch Auslegung zu ermittelnde Vertragswille, die Natur des versicherten Gefahrenbereichs und die Beziehungen des Erblassers und des Erben zu diesem Bereich maßgebend (RGZ 159, 341).

Geht ein Haftpflichtversicherungsverhältnis auf den Erben über, so entstehen **Rechte 22 und Pflichten** hieraus von da an in der Person des Erben, der nunmehr Versicherungsnehmer, uU auch Versicherter wird; diese Rechte und Pflichten gehören grundsätzlich **nicht zum Nachlaß** im Gegensatz zu solchen Rechten und Pflichten, die bereits vor dem Erbfall entstanden sind, zB durch ein vor dem Erbfall eingetretenes Schadensereignis und den dadurch ausgelösten Versicherungsfall (RGZ 159, 342). Wenn nun aber der Gegenstand, an dessen Betrieb oder Besitz die Haftpflichtversicherung anknüpft (Kraftwagen), zu einem Nachlaß gehört und dieser von einem Testamentsvollstrecker verwaltet wird, so fragt es sich doch, ob nicht dann auch **die Ansprüche aus einem** nach dem Erbfall eingetretenen **Versicherungsfall** zum Nachlaß gehören und von dem Testamentsvollstrecker geltend zu machen sind. Erhebt in einem solchen Fall ein Verletzter Ansprüche gegen den Testamentsvollstrecker, etwa als den Halter eines zum Nachlaß gehörigen Kraftwagens, so ist es denkbar, daß die Haftung des Halters als Nachlaßverbindlichkeit, der Anspruch auf Versicherungsschutz als Nachlaßforderung anzusehen ist (RGZ 159, 342, 345). Ergibt sich aber, daß sich der Anspruch des Verletzten, so wie er von diesem erhoben ist, gegen den Erben nicht nur als den Inhaber des der Testamentsvollstreckung unterworfenen Nachlasses, sondern gegen sein gesamtes Vermögen richtet, dann kann auch der Anspruch auf Versicherungsschutz nicht nur dem Testamentsvollstrecker als Teil des seiner Verwaltung unterworfenen Erblasservermögens zustehen, vielmehr muß ihn dann mindestens auch der Erbe selbst haben, der Versicherungsnehmer und Versicherter geworden ist und trotz der Anordnung der Testamentsvollstreckung auch geblieben ist (RGZ 159, 342, 346). Entscheidend dafür, wer zur Geltendmachung des Versicherungsanspruches befugt ist, ist deshalb vor allem, ob sich der Anspruch des Dritten nur gegen das der Verwaltung des Testamentsvollstreckers unterliegende Vermögen, den Nachlaß, richtet oder auch gegen den Erben persönlich mit dessen ganzem Vermögen (RGZ 159, 342, 347).

IV. Der Inhalt des Verwaltungsrechts

1. Verwaltung im allgemeinen

23 Unter Verwaltung versteht man die gesamte tatsächliche und rechtliche Verfügung über das verwaltete Gut (vgl Rn 4); der **Begriff** schließt auch Veräußerungen nicht aus (Mot V 627). Zur Verwaltung des Nachlasses gehört vor allem das Feststellen, Aufbewahren und Sichern der Nachlaßgegenstände, das Aufstellen eines Nachlaßverzeichnisses, das Instandhalten der Nachlaßgegenstände und ihr Bewirtschaften. Das Eingehen von Verbindlichkeiten für den Nachlaß fällt in gewissem Sinne unter den Begriff der Verwaltung des Nachlasses; das Gesetz handelt hiervon aber gesondert in § 2206.

24 Das Gesetz hebt beispielsweise, aber nicht erschöpfend als Befugnisse des Testamentsvollstreckers hervor: das Recht, den Nachlaß in **Besitz** zu nehmen (näheres Rn 29 ff) und das Recht, über die Nachlaßgegenstände zu **verfügen** (näheres Rn 32 ff).

25 Die im E I enthaltene Spezialisierung, daß der Testamentsvollstrecker zur **Einziehung der Nachlaßforderungen** und zur Geltendmachung aller zum Nachlaß gehörenden Rechte sowie zur Erfüllung der Nachlaßverbindlichkeiten (auch abgesehen von den Vermächtnissen und Auflagen) berechtigt sei, wurde von der II. Komm für bedenklich erachtet, weil der Begriff der Verwaltung diese einzelnen Rechte mitumfasse und andererseits die Erfüllung der Nachlaßverbindlichkeiten nur insoweit dem Testamentsvollstrecker obliege, als sie zur ordnungsmäßigen Verwaltung gehöre (Prot V 278, 282, 313, 529). Hierzu ist zu bemerken, daß nach §§ 2204, 2046, 2047 im Falle einer Mehrheit von Erben die Berichtigung der Nachlaßverbindlichkeiten dem Testamentsvollstrecker schlechthin vor der Verteilung des Nachlasses obliegt, daß aber andererseits immer auch die §§ 1978, 1980 vom Testamentsvollstrecker mit Rücksicht auf seine Verantwortlichkeit dem Erben gegenüber zu beachten sind. Zur vorherigen Anzeige an den Erben ist der Testamentsvollstrecker bei der Berichtigung von Nachlaßverbindlichkeiten – seien es solche aus Vermächtnissen und Auflagen oder andere – nicht unbedingt, sondern nur, wenn die Lage des Falles es erfordert, verpflichtet (Prot V 282). Ob er die Berichtigung wegen Widerspruchs eines Erben aussetzen will, steht in seinem pflichtgemäßen Ermessen (PLANCK/FLAD Anm 17 b). Übernimmt der Testamentsvollstrecker die Einziehung von Nachlaßforderungen gegen 5% des eingehenden Betrages, so liegt ein **Inkassoauftrag** vor, den die Erben nach § 627 kündigen können (OLG Hamburg Recht 1941 Nr 2354).

26 Als Akt der Verwaltung ist regelmäßig auch die **Entgegennahme empfangsbedürftiger Willenserklärungen** anzusehen, die zur Auseinandersetzung in unmittelbarer Beziehung stehen und zu ihrer Durchführung oder Vorbereitung dienen, zB die Erklärung der Erben, denen im Erbvertrage das Recht eingeräumt ist, bestimmte Gegenstände zu übernehmen, bedingt durch rechtzeitige Annahmeerklärung.

27 Kraft seines Verwaltungsrechts ist der Testamentsvollstrecker weiter befugt, **die Aus-**

stellung eines **Testamentsvollstrecker-Zeugnisses** (§ 2368), die **Erteilung eines Erbscheins** (§ 2353), die Einziehung eines unrichtigen Erbscheins (§ 2361) zu beantragen und unter Nachweis der Erbfolge die Eintragung des Erben als Eigentümer der Nachlaßgrundstücke im Grundbuch herbeizuführen (KGJ 44 A 231; 48 A 152). Der Testamentsvollstrecker ist auch befugt, den **Antrag auf Todeserklärung** eines Beteiligten zu stellen (§ 16 Abs 2 c VerschG; ARNOLD Rpfleger 1952, 25; COENEN ZZP 42, 198; PLANCK/ FLAD Anm 2 e; zweifelnd SCHUBART NJW 1947/48, 376). Gleiches gilt für den Antrag auf Feststellung des wahrscheinlichsten Todeszeitpunktes (OLG Düsseldorf JMBlNRW 1966, 141).

Über die Mitwirkung des Testamentsvollstreckers bei einer Gesellschaftsgründung **28** vgl § 2206 Rn 4. Ein Testamentsvollstrecker, dem die Verwaltung und Veräußerung des zum Nachlaß gehörenden **Unternehmens** übertragen ist, kann auch die dazu gehörigen Grundstücke verwalten und veräußern, wenn nicht bestimmte Anhaltspunkte für die gegenteilige Auslegung vorliegen (AnnSächsOLG 40, 204). Dies gilt zumindest in den Fällen, in welchen das zivilrechtliche Eigentum an diesen Grundstücken beim Unternehmen liegt, aber auch, wenn die Grundstücke vom Erblasser dem Unternehmen zur Nutzung überlassen, also bei Eintritt des Erbfalls steuerliches Sonderbetriebsvermögen des Erblassers waren. Eine derartige steuerrechtlich orientierte Abgrenzung zivilrechtlicher Aufgaben ist zwar nicht zwingend, sie ist aber sinnvoll und liefert im Einzelfall brauchbare und nachvollziehbare Kriterien. Wegen der Aufgaben des Testamentsvollstreckers speziell bei der Erbschaftsteuer vgl § 2203 Rn 21.

2. Recht zum Besitz

Nach § 857 geht der **Besitz** des Erblassers mit dem Erbfall auf den Erben über. Daran **29** ändert auch die Testamentsvollstreckung nichts. Der Besitz der Nachlaßgegenstände geht also nicht etwa, wenn ein Testamentsvollstrecker ernannt ist, statt auf den Erben, auf den Testamentsvollstrecker über (MünchKomm/BRANDNER Rn 48; ERMAN/M SCHMIDT Rn 7). Vielmehr wird der Testamentsvollstrecker erst dadurch Besitzer der Nachlaßgegenstände, daß er sie in Besitz nimmt (§ 854). Er ist dann **unmittelbarer Besitzer**, der Erbe mittelbarer Besitzer (§ 868). Hatte der Erbe die Nachlaßgegenstände noch nicht in (tatsächlichen) Besitz genommen und hat auch kein Dritter sie in Besitz, so kann der Testamentsvollstrecker ohne weiteres Besitz von ihnen ergreifen.

Hat aber der Erbe oder ein Dritter sie bereits in Besitz, so muß der Testamentsvoll- **30** strecker seinen Anspruch auf Besitzeinräumung gegen den (die) Erben oder Dritten nötigenfalls im Wege der **Klage** erzwingen (SCHAUB, in: BENGEL/REIMANN, HbTV IV Rn 8). Eine solche Klage kann sich auch gegen den Abwesenheitspfleger des Erben oder eines Miterben richten (OLG Oldenburg NdsRpfl 1948, 10). Ist dem Testamentsvollstrecker die Zusammensetzung des Nachlasses bekannt, muß er in seinem Klageantrag die einzelnen Gegenstände genau bezeichnen. Andernfalls kann der Testamentsvollstrecker gegen den (die) Erben einen vorbereitenden Auskunftsanspruch geltend machen. Dieser ergibt sich aus § 260 Abs 1. Darüber hinaus kann er Versicherung der Vollständigkeit verlangen (§ 260 Abs 2). Bei der Klageerhebung können der Herausgabeanspruch und die Ansprüche aus § 260 in einer Stufenklage (§ 254 ZPO) verbunden werden (Formulierungsbeispiel bei SCHAUB aaO).

31 Ein **Herausgabeanspruch** des Testamentsvollstreckers gegen den Erben besteht nicht, wenn der Nachlaßgegenstand nicht der Testamentsvollstreckung unterliegt, nach § 2217 freigegeben werden müßte oder im Wege der Auseinandersetzung an den Besitzer wieder zugeteilt werden müßte (dolo petit-Einwand § 242). Ein Dritter kann ein **Zurückbehaltungsrecht** wegen Aufwendungen für den Nachlaß geltend machen (MünchKomm/BRANDNER Rn 49). **Besitzschutz** (§§ 859 ff) steht dem Testamentsvollstrecker erst von der Besitzergreifung an zu (PALANDT/EDENHOFER Rn 6).

3. Verfügungsbefugnis

32 Unter **Verfügung** versteht das BGB ein Rechtsgeschäft, das – im Gegensatz zum schuldrechtlichen (obligatorischen) Geschäft (§ 2206) – die Rechtslage eines Gegenstandes unmittelbar ändert, das also ein Recht überträgt, belastet, ändert oder aufhebt (vgl STAUDINGER/DILCHER[12] Einl 44 zu §§ 104 ff; KG RJA 8, 144). Zu den Verfügungen gehören die Veräußerung oder Belastung von Sachen oder Rechten, die Abtretung, Umwandlung (Novation), Aufrechnung, Einziehung und der Erlaß von Forderungen, der Verzicht auf ein Recht (auch im Prozeß), die Annahme einer Leistung (RG HRR 1928 Nr 1629), die Kündigung eines Rechtsverhältnisses wie überhaupt die Ausübung eines Gestaltungsrechts. Eine Verfügung iS des § 2205 ist – wegen der Ausdehnung der Haftung nach § 1131 – auch der Antrag des Testamentsvollstreckers, ein Nachlaßgrundstück einem anderen als Bestandteil zuzuschreiben (§ 890 Abs 2; KG JW 1938, 679). Keine Verfügung iS des § 2205 ist dagegen die Bewilligung der Löschung eines Widerspruchs (KG HRR 1928 Nr 842). Die Übernahme der Verpflichtung zu einer Verfügung (§ 2206) ist ebensowenig eine Verfügung wie die Führung eines Prozesses über einen Nachlaßgegenstand als solchen (§§ 2212, 2213).

33 Das Verfügungsrecht des Testamentsvollstreckers bezieht sich nur auf die einzelnen Nachlaßgegenstände, nicht aber auf die **Anteile mehrerer Erben am Nachlaß**. Die Verfügung über einen solchen Anteil steht nur dem Miterben zu (§ 2033); auch der Erblasser kann sie weder dem Testamentsvollstrecker einräumen noch mit Wirkung gegen Dritte von seiner Zustimmung abhängig machen (BGH NJW 1984, 2464 = JR 1985, 106 mit abl Anm DAMRAU).

34 Die Frage, ob die **bei einem Erbteilsverkauf erzielte Gegenleistung** der Verwaltung des Testamentsvollstreckers unterliegt, ist zu verneinen (PLANCK/FLAD Anm 19). Mit der Übertragung des Erbteils tritt der Erwerber grundsätzlich in die Rechtsstellung des Veräußerers hinsichtlich des Nachlasses ein, und das Recht des Testamentsvollstreckers zur Verfügung über die einzelnen Nachlaßgegenstände bleibt bestehen (vgl § 2376). Bei der Pfändung des Anteils eines Miterben am Nachlaß (§ 859 Abs 2 ZPO) ist der Pfändungsbeschluß nicht den Miterben, sondern dem verwaltungsberechtigten Testamentsvollstrecker als Drittschuldner zuzustellen (RGZ 86, 294).

35 Die **Pfändung oder Verpfändung des Erbteils** kann bei den Grundstücken und Grundstücksrechten, die zum Nachlaß gehören, im Grundbuch eingetragen werden (s STAUDINGER/WERNER[12] § 2033 Rn 28, 34; RGZ 90, 232; KG JFG 22, 122, 350 mit Anm VOGELS). Diese Eintragung wird gegenstandslos und kann nach § 84 GBO gelöscht werden, wenn der Testamentsvollstrecker ein solches Grundstück oder Grundstücksrecht wirksam veräußert (KG DJ 1941, 350); denn das Pfandrecht des Pfändungsgläubigers besteht nur an dem Erbteil, nicht an den einzelnen Nachlaßgegenständen und nicht an dem Anteil des Schuldners an diesen Gegenständen (RGZ 90, 235). Der Testamentsvollstrecker bedarf zu einer solchen Veräußerung oder Belastung – im Gegensatz zu den Erben eines Nachlasses, der nicht von einem Testamentsvollstrecker verwaltet wird – nicht der Zustimmung des Pfändungsgläubigers nach § 1276 (KG JR 1952, 323; PALANDT/EDENHOFER Rn 28). Das Recht des Pfändungsgläubigers kann die Verfügungsmacht des Testamentsvollstreckers ebensowenig beeinträchtigen, wie dies das Recht des Schuldners (Miterben) kann. Der Pfändungsgläubiger erleidet aber keinen Nachteil; denn an Stelle des Grundstücks oder Rechtes fällt der Erlös in den Nachlaß.

Wegen der **freihändigen Veräußerung von Nachlaßgrundstücken** s § 2204 Rn 20. Der **36** Testamentsvollstrecker, der vom Erblasser die Befugnis erhalten hat, Nachlaßgrundstücke zu veräußern, kann dieses Recht auch hinsichtlich einzuwerfender Grundstücke eines Miterben vor der Einwerfung ausüben (RG Recht 1921 Nr 1632). Die Übereignung oder Belastung eines Nachlaßgrundstücks durch den Testamentsvollstrecker kann ohne vorherige Umschreibung des Grundstücks auf den Erben im Grundbuch eingetragen werden (§ 40 Abs 2 GBO).

Der Testamentsvollstrecker kann auch die Umschreibung eines zum Nachlaß gehö- **37** rigen Grundstückes oder Grundstücksrechtes auf die Erben im Grundbuch durch Berichtigungsantrag veranlassen (§§ 13, 22 GBO; KGJ 51 A 214; KG RJA 11, 125; RJA 13, 57; OLG München JFG 20, 373). Dem Erben steht das Recht, die **Berichtigung des Grundbuchs** zu beantragen, nicht zu, wenn der Nachlaßgegenstand der Verwaltung eines Testamentsvollstreckers unterliegt (OLG München JFG 20, 373). Der Testamentsvollstrecker hat jedoch in jedem Falle seine Befugnis zur Verfügung dem Grundbuchbeamten durch ein Zeugnis nach § 2368 oder gemäß § 35 Abs 2, 3 GBO und die Erbfolge gemäß § 35 Abs 1, 3 GBO nachzuweisen. Der Testamentsvollstrecker ist nicht befugt, zum Zwecke der berichtigenden Umschreibung eines Grundstücksrechtes auf den Erben eine Berichtigungsbewilligung abzugeben. Eine solche Befugnis, an Stelle des Erblassers die Berichtigung zu bewilligen, wird durch § 2205 nicht begründet. Die Unrichtigkeit des Grundbuchs ist vielmehr gemäß §§ 22, 35 GBO nachzuweisen (KG DNotZ 1938, 169; KG JW 1938, 2830). Statt der Vorlegung der in § 35 Abs 1 GBO vorgeschriebenen Nachweise der Erbfolge genügt jedoch die Bezugnahme auf die Nachlaßakten des gleichen Gerichts (OLG München JFG 20, 373). Die nach § 22 Abs 2 GBO erforderliche Zustimmung des Eigentümers zu seiner Eintragung hat bei Testamentsvollstreckung nicht der Erbe, sondern der Testamentsvollstrecker in der Form des § 29 GBO zu erteilen (KGJ 24 A 204; 40, 204).

Selbstverständlich fallen **Verfügungen von Todes wegen** nicht in den Aufgabenkreis des **38** Testamentsvollstreckers. Das Ausfüllen von Wechselblanketten und das **Begeben von Wechseln**, die sich im Nachlaß befinden, wird dem Testamentsvollstrecker zustehen, sofern es nicht als Sache rein persönlichen Vertrauens zum Erblasser vom seinerzeitigen Wechselaussteller und -übergeber aufgefaßt und daher nur dem Erblasser selbst anheimgegeben wurde. Wenn durch den Testamentsvollstrecker mit Mitteln des Nachlasses ein Grundstück in der Versteigerung erworben wird, so ist der Erbe Ersteher und nicht der Testamentsvollstrecker. Der Erbe ist daher im Zuschlagsbeschluß als Ersteher zu bezeichnen, es wird aber dabei zum Ausdruck zu bringen sein, daß das Grundstück der Verwaltung des Testamentsvollstreckers unterliegt (SEIBERT JW 1934, 1542).

V. Unentgeltliche Verfügungen

1. Grundsatz

39 Eine Einschränkung der Verfügungsmacht des Testamentsvollstreckers bringt der S 3: Der Testamentsvollstrecker ist zu unentgeltlichen Verfügungen nur berechtigt, soweit sie einer sittlichen Pflicht oder einer auf den Anstand zu nehmenden Rücksicht entsprechen. Die Bestimmung entspricht dem § 2113 Abs 2. Hinsichtlich unentgeltlicher Verfügungen ist die **Verfügungsmacht** des Testamentsvollstreckers **dinglich beschränkt** (PALANDT/EDENHOFER Rn 3). Allerdings ist die Erfüllung einer letztwilligen Verfügung nie eine unentgeltliche Verfügung (BayObLG NJW-RR 1989, 587).

40 Eine unentgeltliche Verfügung des Testamentsvollstreckers, die nicht einer sittlichen oder Anstandspflicht entspricht, ist **unwirksam**, nicht nichtig (SOERGEL/DAMRAU Rn 78; MünchKomm/BRANDNER Rn 70). Es handelt sich sogar nur um eine schwebende Unwirksamkeit, da die Erben und Vermächtnisnehmer die Möglichkeit haben, die Verfügung zu genehmigen (BGH DNotZ 1972, 90; s Rn 56; einschränkend SOERGEL/DAMRAU Rn 79). Nachlaßgegenstände, über die der Testamentsvollstrecker ohne sittliche oder Anstandspflicht unentgeltlich verfügt, gehören nach wie vor zum Nachlaß (Grundstücke trotz Auflassung und Eintragung), die Erben können daher als Eigentümer vom Besitzer Herausgabe nach § 985 verlangen (RGZ 105, 247, 250). Das gilt auch dann, wenn der Erwerber von der Testamentsvollstrecker-Eigenschaft des Veräußerers und von der Zugehörigkeit des Gegenstandes zu einem der Testamentsvollstreckung unterliegenden Nachlaß nichts weiß. Denn der **gute Glaube** des Erwerbers ersetzt nach §§ 932 ff grundsätzlich nur das fehlende Eigentum des Veräußerers, nicht aber die mangelnde Verfügungsbefugnis (RGZ 83, 252; 93, 231; 100, 194; SOERGEL/DAMRAU Rn 81). Eine dem § 2211 Abs 2 entsprechende Vorschrift fehlt hier. Eine vom Testamentsvollstrecker getroffene Verfügung ist auch dann in vollem Umfange unwirksam, wenn sie nur teilweise unentgeltlich war (KG BankArch 36, 572; OLGZ 1968, 337; DNotZ 1972, 176, 179). Eine unwirksame unentgeltliche Verfügung wird auch nicht durch die nachträgliche Zustimmung des Testamentsvollstreckers nach § 185 wirksam, denn diese Zustimmung wäre wiederum eine unentgeltliche Verfügung (RG DRWiss 1939, 1949). Dagegen macht ein nachträglicher Erwerb des unentgeltlich belasteten Gegenstandes durch den Testamentsvollstrecker die Verfügung nach § 185 Abs 2 wirksam. Belastet etwa ein Testamentsvollstrecker ein Nachlaßgrundstück mit einer Hypothek, deren Bestellung als unentgeltliche Verfügung über den Nachlaß unwirksam ist, und erwirbt er dann später einen Bruchteil des Grundstücks als Eigentum, so wird die Hypothek auf diesem Bruchteil voll wirksam (RG aaO). Wirksam wird eine unentgeltliche Verfügung jedenfalls auch nach § 185, wenn der Erbe nach Erlöschen des Verwaltungsrechts des Testamentsvollstreckers sie genehmigt (s Rn 56).

41 Der Erblasser kann den Testamentsvollstrecker von der in S 3 festgelegten Grenze des Verwaltungsrechts **nicht befreien** (§ 2207 S 2), auch nicht in der Weise, daß die Entscheidung, ob ein eine unentgeltliche Verfügung unter dem Gesichtspunkt der sittlichen Pflicht rechtfertigender Sachverhalt gegeben ist, in das freie, nicht nachprüfbare Ermessen des Testamentsvollstreckers gestellt wird (RG DRWiss 1939, 776). Erfüllt der Testamentsvollstrecker jedoch eine **Teilungsanordnung** ordnungsgemäß, so kann dies keine unentgeltliche Verfügung bewirken (OLG Düsseldorf NJW-RR 1991, 1056).

2. Der Begriff der Unentgeltlichkeit

Die Unentgeltlichkeit einer Verfügung wird durch **subjektive und objektive** Merkmale **42** konstituiert. Nicht erforderlich ist zur Entgeltlichkeit die objektive Gleichwertigkeit oder Gleichartigkeit von Leistung und Gegenleistung; es genügt, wenn die beiden Leistungen von den Beteiligten für die von ihnen verfolgten Zwecke einander gleichgestellt sind und von dem Testamentsvollstrecker nach dem Maßstab einer ordnungsmäßigen Verwaltung einander gleichgestellt werden dürfen. Die Entgeltlichkeit setzt auch nicht die sofortige Fälligkeit oder die dingliche Sicherung der Gegenleistung voraus (KG DNotZ 1972, 176; aM für die dingliche Sicherung OLG Hamm Rpfleger 1971, 147). Demgemäß liegt nach ständiger Rechtsprechung eine unentgeltliche Verfügung über einen Erbschaftsgegenstand dann vor, wenn der Testamentsvollstrecker – objektiv betrachtet – ohne gleichwertige Gegenleistung ein Opfer aus der Erbschaftsmasse bringt und – subjektiv betrachtet – entweder weiß, daß diesem Opfer keine gleichwertige Gegenleistung an die Erbschaftsmasse gegenübersteht, oder doch bei ordnungsmäßiger Verwaltung der Masse (unter Berücksichtigung seiner künftigen Pflicht, die Erbschaft an den Erben herauszugeben) das Fehlen oder die Unzulänglichkeit der Gegenleistung hätte erkennen müssen (KG JW 1929, 2614 mit Anm BEHRENS; RGZ 87, 364; 105, 245; 117, 97; BGHZ 5, 174; 7, 274; BGH NJW 1963, 1613; WM 1970, 1422; DNotZ 1972, 91; NJW 1991, 842; kritisch SPELLENBERG FamRZ 1974, 350; aM MÜLLER WM 1982, 466, der eine unentgeltliche Verfügung nur bei einem unentgeltlichen Kausalverhältnis annimmt). Unentgeltliche Verfügungen im Sinne von S 3 sind nicht notwendig Schenkungen, deren Versprechen der Form des § 518 bedürfte (BaWüJM BWNotZ 1955, 281). Für die Beurteilung der Frage, ob eine unentgeltliche Verfügung vorliegt, ist der Zeitpunkt maßgebend, zu dem die Verfügung vorgenommen worden ist (BGH WM 1970, 1422).

Ein **Gegenwert**, der nicht **in den Nachlaß** gelangt, ist für die Frage der Entgeltlichkeit **43** nicht zu berücksichtigen (RG DRWiss 1939, 1949). Nach RGZ 83, 349 ist die Verfügung über eine Nachlaßgrundschuld unentgeltlich, wenn der Testamentsvollstrecker den Gegenwert zu eigenem Nutzen veruntreut. Dies gilt jedoch nicht, wenn die Gegenleistung zunächst in den Nachlaß gelangt; denn es ist für die Beurteilung der Unentgeltlichkeit ohne Bedeutung, wie der Testamentsvollstrecker die Gegenleistung weiter verwendet (KG DNotZ 1938, 310, vgl auch OLG München JFG 19, 241). Zweifelhaft ist es, ob Unentgeltlichkeit angenommen werden kann, wenn der Vertragsgegner des Testamentsvollstreckers seine Leistung auf dessen Anweisung, aber ohne eigenes Interesse daran, für Rechnung des Nachlasses an einen Dritten bewirkt (KG aaO); bei einheitlicher und wirtschaftlicher Betrachtung des Geschäftes wird aber hier die Entgeltlichkeit zu bejahen sein (KG DNotZ 1972, 176). Im übrigen bleiben Vermögensvorteile, die Dritten, Miterben oder Vorerben zufließen, außer Betracht, können also nicht die Entgeltlichkeit iSv § 2205 begründen (BGHZ 7, 274).

Der **Gegenwert einer Zuwendung** kann auch in der Rechtswirkung der Verfügung **44** selbst liegen, so bei Erfüllung einer rechtsbeständigen Schuld, zB eines Vermächtnisses oder einer Auflage (KG OLGZ 1992, 139), vorausgesetzt natürlich, daß dieses gültig angeordnet ist und nicht bloß irrig als bestehend angenommen wurde (RGZ 105, 247; KG aaO). Dagegen ist eine Leistung, die zur Erfüllung einer vermeintlichen, in Wahrheit nicht bestehenden Nachlaßverbindlichkeit vorgenommen wird, objektiv eine unentgeltliche (RGZ 105, 246; RG DRWiss 1941, 59; SOERGEL/DAMRAU Rn 84; Münch-Komm/BRANDNER Rn 67); denn eine Zuwendung, für die der Leistende keine Gegenleistung erhält, wird nicht dadurch entgeltlich, daß sie in irrigem Glauben an eine Gegenleistung bewirkt wird. Ein nicht vorhandenes Entgelt wird nicht durch den Glauben der Beteiligten an ein Entgelt ersetzt (RGZ 105, 246; RG DRWiss 1939, 1949; RG DRWiss 1941, 59). Jeder, der in rechtsgeschäftliche Beziehungen zu einem Testamentsvollstrecker tritt, muß daher im eigenen Interesse die Frage der Berechtigung des Testamentsvollstreckers zur Vornahme des in Aussicht genommenen Geschäftes sorgfältig prüfen (RG BankArch 1936, 572; RG DFG 1936, 232).

45 Sind beide Teile darüber einig, daß der Zuwendung zwar keine rechtliche, wohl aber eine sittliche oder Anstandsverpflichtung zugrunde liege, so besteht **Einigkeit** nicht über die Entgeltlichkeit sondern **über die Unentgeltlichkeit** der Zuwendung (RGZ 125, 380, 383).

46 Für die Frage, ob eine vom Testamentsvollstrecker ausgesprochene **Genehmigung eines Vertrages** eine entgeltliche Verfügung im Sinne des S 3 ist, kommt es darauf an, ob der Testamentsvollstrecker im Zeitpunkt der Genehmigung bei Beachtung der Pflicht zur ordnungsmäßigen Verwaltung Leistung und Gegenleistung einander gleichstellen konnte (RG JW 1932, 1358). Auch der **Abschluß eines Vergleiches** kann eine unentgeltliche Verfügung nach S 3 sein (BGH NJW 1991, 842 = JZ 1991, 728 mit Anm BORK).

3. Einzelfälle

47 Als unentgeltliche Verfügung erscheint ein **Schulderlaß** ohne Gegenleistung, nicht aber die Unterlassung eines Erwerbs oder die Duldung des Eintritts der Verjährung (PLANCK/FLAD § 2113 Anm 2), auch nicht eine fiduziarische Rechtsübertragung (KG OLGE 26, 351). Die Bestandteilszuschreibung gem § 890 Abs 2 ist mit Rücksicht auf die nach § 1131 eintretende Mitverhaftung des ersteren für die dinglichen Lasten des letzteren eine Verfügung iSv § 2205; sie ist mit Rücksicht auf die damit verbundene Wertminderung des ersteren Grundstücks unentgeltlich, wenn keine Umstände ersichtlich sind, die diese Wertverschlechterung vom Standpunkt der ordnungsgemäßen Verwaltung als notwendig oder doch billigenswert erscheinen lassen (KG JW 1938, 679). Die **Belastung** eines Grundstücks mit einem Grundpfandrecht ist nicht unentgeltlich erfolgt, wenn die Valuta in den Nachlaß gelangt. Gleiches gilt bei Abtretung einer Eigentümergrundschuld. Die Bestellung einer Eigentümergrundschuld ist keine unentgeltliche Verfügung; das Entgelt besteht in dem neu entstandenen Recht (HAEGELE BWNotZ 1969, 262). Die Sicherstellung einer Vermächtnisforderung durch Belastung von Nachlaßgrundstücken setzt, wenn der Erblasser eine Sicherstellung anderer Art angeordnet hat, zu ihrer Wirksamkeit eine vorherige Außerkraftsetzung der Anordnung des Erblassers durch das Nachlaßgericht (§ 2216 Abs 2) voraus; andernfalls ist die Sicherung wegen der entgegenstehenden letztwilligen Anordnung nicht ordnungsmäßige Verwaltung und damit auch nicht entgeltlich (KG HRR 1933 Nr 19). Eine unentgeltliche Verfügung liegt wg § 1179 a nicht vor, wenn ein nicht an letzter Rangstelle stehendes, zur Eigentümergrundschuld gewordenes **Grundpfandrecht** gelöscht wird (aA noch unter der Geltung des § 1179 a aF: KGJ 41, 180; KG DNotZ 1968, 669); etwas anderes gilt, wenn die **Löschung** in Erfüllung der in einem Kaufvertrag übernommenen Verpflichtung bewilligt wird, dem Käufer des Nachlaßgrundstück lastenfrei zu verschaffen (KG DNotZ 1968, 669). Der Testamentsvollstrecker kann die Löschung einer zum Nachlaß gehörigen getilgten Hypothek auf seinem eigenen Grundstück bewilligen und als Eigentümer der Löschung zustimmen (KG HRR 1937 Nr 995; HAEGELE Justiz 1953, 142; vgl Rn 69).

Die Bewilligung der **Löschung eines Widerspruchs** fällt nicht unter S 3; denn der **48** Widerspruch ist kein Recht, auch nicht ein Ausfluß eines solchen, sondern lediglich ein Verfahrensmittel zum Schutze eines solchen (KG Recht 1928 Nr 1059). Die Freigabe eines Nachlaßgrundstücks durch den Testamentsvollstrecker kann die unzulässige Umgehung des Verbots der unentgeltlichen Verfügung darstellen (AG Starnberg Rpfleger 1985, 57). Auch die Löschung eines dem Vorerben zustehenden Vorkaufsrechts ist eine unentgeltliche Verfügung (BayObLG MDR 1984, 145).

Die **Auflassung** eines Nachlaßgrundstückes, die der Testamentsvollstrecker zur Erfül- **49** lung einer vermeintlichen, in Wahrheit nicht bestehenden Vermächtnisschuld vornimmt, ist als unentgeltliche Verfügung unwirksam (nach RG DRWiss 1941, 59 mit Anm HIPPEL 157 selbst dann, wenn die Erben zustimmen). Über die Befriedigung einer vermeintlichen Forderung des Vorerben s RG Recht 1940 Nr 1273. Eine unentgeltliche Verfügung kann auch im Rahmen einer **Erbauseinandersetzung** vorliegen, wenn ein Miterbe wertmäßig mehr zugeteilt bekommt, als seiner Erbquote entspricht (BGH NJW 1963, 1613). Eine unentgeltliche Verfügung liegt auch vor, wenn ein Nachlaßgegenstand im Wege einer Vorwegnahme des Nacherbfalls dem Nacherben übertragen wird (BGHZ 57, 84). Kauft der Testamentsvollstrecker für den Nachlaß und zahlt er dabei einen überhöhten Kaufpreis, so liegt hierin, soweit der Kaufpreis überhöht ist, eine unentgeltliche Verfügung (SPELLENBERG FamRZ 1974, 354).

Eine unentgeltliche Verfügung liegt nicht vor, wenn ein Testamentsvollstrecker über **50** beiderseits unsichere Ansprüche, die von ihm und dem Gegner einander gleichgestellt werden, einen **Vergleich** abschließt (RG WarnR 1935 Nr 143). Ausstattungen an gemeinschaftliche Kinder darf der überlebende Ehegatte als Testamentsvollstrecker des vorverstorbenen Ehegatten nach der Rechtsprechung des RG wohl nur dann gewähren, wenn ihm eine entsprechende Pflicht vom Erblasser auferlegt worden ist oder wenn die Gewährung einer sittlichen oder Anstandspflicht entspricht; denn nach RG WarnR 1942 Nr 42 ist eine Ausstattung, wenn auch keine Schenkung, so doch eine unentgeltliche Zuwendung, die selbst ein befreiter Vorerbe nicht aus der Vorerbschaft machen kann.

4. Grundbuchamtliches Verfahren bei möglicherweise unentgeltlichen Verfügungen

Bei Verfügungen über Grundstücksrechte ist dem Grundbuchamt gegenüber nach- **51** zuweisen, daß die vom Testamentsvollstrecker erteilte Bewilligung einer Eintragung oder Löschung keine unentgeltliche Verfügung enthält. Dieser **Nachweis** bedarf nicht der Form des § 29 GBO, da die Einhaltung dieser Vorschrift regelmäßig praktisch nicht möglich ist (BayObLG NJW-RR 1989, 587; LG Köln MittRhNotK 1989, 172; jedoch bedarf nach BayObLGZ 1986, 208 der Nachweis, der Empfänger sei Miterbe und die Verfügung deshalb nicht unentgeltlich, der Form der §§ 35, 36 GBO). Es genügt daher, daß der Testamentsvollstrecker einen Sachverhalt glaubhaft darlegt, der nach den Grundsätzen der **freien Beweiswürdigung** die Entgeltlichkeit der Verfügung ergibt (RG JW 1938, 949; KG JW 1932, 1390). Entsprechend hat er bei einer unentgeltlichen Verfügung die Zustimmung des Erben (Rn 56) dem Grundbuchamt nachzuweisen (BayObLG MittRhNotK 1995, 177). Eine Maßnahme des Testamentsvollstreckers darf im Grundbuchverkehr dann als in ordnungsmäßiger Verwaltung erfolgend angesehen werden, wenn die Beweggründe für sie substantiiert vorgetragen, verständlich und der Wirklichkeit gerecht werdend erscheinen (KG JW 1929, 2614 mit zust Anm BEHRENS; LG Köln aaO). Regelmäßig muß der Testamentsvollstrecker das Grundgeschäft darlegen, um den Grundbuchbeamten die Entgeltlichkeit des Rechtsgeschäfts nachzuweisen. Das Grundbuchamt muß in der Lage sein, nach allgemeinen Erfahrungssätzen die Entgeltlichkeit zu beurteilen (KG JW 1929, 1805 mit zust Anm HERZFELDER, KG Recht 1929 Nr 1522). Das Grundbuchamt hat den notwendigen Erklärungen des Testamentsvollstreckers über die Entgeltlichkeit kein Mißtrauen entgegenzubringen, sofern nicht besondere Umstände, insbesondere auch das eigene Vorbringen des Testamentsvollstreckers, einen bestimmten Anhalt dafür geben (HERZFELDER aaO). So kann der Grundbuchbeamte Entgeltlichkeit annehmen, wenn zugleich mit der Löschung einer Hypothek drei neue Hypotheken bestellt werden (KG OLGE 30, 200). Vgl hierzu noch RGZ 65, 222; KG RJA 8, 147; KG RJA 14, 273 (über die Voraussetzungen der Umschreibung einer durch den Testamentsvollstrecker an einen Miterben im Wege der Erbteilung überwiesenen Hypothek im Grundbuch).

52 Das **Grundbuchamt** ist verpflichtet, **von Amts wegen** die Frage der Entgeltlichkeit zu **prüfen** (KG JW 1932, 1390; BayObLG NJW-RR 1989, 587; vgl auch KG OLGE 36, 171; 40, 48; 43, 403). Hat das Grundbuchamt vor der Eintragung des neuen Eigentümers nicht in dem erforderlichen Umfang geprüft, ob die Veräußerung etwa unentgeltlich war, so ist ein Amtswiderspruch schon allein wegen dieses Verfahrensfehlers einzutragen (OLG Zweibrücken Rpfleger 1968, 88; RIEDEL Rpfleger 1966, 175). Wenn das Entgelt durch Leistung an den Testamentsvollstrecker in den Nachlaß gekommen ist, kann ein weiterer Nachweis, zu welchem Zweck der Testamentsvollstrecker das Entgelt verwendet hat, in der Regel nicht verlangt werden (OLG München JFG 19, 241).

53 Problematisch kann im Einzelfall die **Bestellung von Grundpfandrechten** sein. Veräußert der Testamentsvollstrecker ein Nachlaßgrundstück in der Weise, daß das gestundete Restkaufgeld in Teilhypotheken für die einzelnen Miterben eingetragen werden soll, so ist zur Eigentumsumschreibung und zur Eintragung der Hypotheken im Grundbuch die Erbfolge nach § 35 GBO nachzuweisen. Dieser Nachweis, daß die Hypothekengläubiger die Erben sind, ist zum Nachweis der Entgeltlichkeit der Verfügung erforderlich. Die Beweiserleichterung (Rn 51) für den Nachweis der Unentgeltlichkeit kann hier nicht Platz greifen; denn hier besteht die Möglichkeit eines grundbuchmäßigen Nachweises (KG JW 1938, 2830). Soll auf einem Nachlaßgrundstück eine Grundschuld zugunsten eines Dritten bestellt oder eine für die Erben eingetragene Eigentümergrundschuld an einen Dritten abgetreten werden, so müssen dem Grundbuchamt die Beweggründe und der Zweck des Geschäftes so vorgetragen werden, daß es nach der Lebenserfahrung Entgeltlichkeit des Geschäftes annehmen kann (KG DNotZ 1938, 310; HAEGELE BWNotZ 1969, 262). Wenn der Testamentsvollstrecker eine Grundschuld an einem Nachlaßgrundstück für sich selbst bestellen will oder der Gegenwert einer für einen Dritten bestellten Grundschuld ihm zufließen soll, so liegt, wenn er nicht ausnahmsweise – etwa auf Grund eines Vermächtnisses – einen Anspruch auf Bestellung der Grundschuld oder auf den Gegenwert hat, ein Mißbrauch seines Amtes und vom Standpunkt der Erben aus ein unentgeltliches Rechtsgeschäft vor (OLG München HRR 1940 Nr 1128; HAEGELE Justiz 1953, 141). Die Bestellung oder Abtretung der Grundschuld ist daher unwirksam (über gutgläubigen Erwerb s HAEGELE aaO). Die Bestellung wird aber wirksam, wenn der Testamentsvollstrecker später das Grundstück erwirbt (§ 185 Abs 2; RG DRWiss 1939, 1949).

54 Der Nachweis, daß eine vom Testamentsvollstrecker in der Form der §§ 1154 Abs 1 S 1, 1192 vorgenommene **Abtretung einer Grundschuld** nicht unentgeltlich war, ist auch dann erforderlich, wenn der Zessionar die Grundschuld in derselben Form weiter abgetreten hat und wenn der letzte Zessionar als Gläubiger in das Grundbuch eingetragen werden soll (OLG München JFG 19, 241).

55 Eine auf Grund einer unentgeltlichen Verfügung des Testamentsvollstreckers erfolgte Eintragung kann vom Nacherben selbständig im **Beschwerdewege angefochten** werden mit dem Ziele der Eintragung eines Amtswiderspruches zu Gunsten des Vorerben (KG DRWiss 1943, 19). Über die Frage, ob der Testamentsvollstrecker einen zu einem Nachlaß gehörigen Bauernhof einem Erben zu einem ermäßigten Preis übergeben kann oder darf, s HAEGELE Justiz 1953, 142.

5. Zustimmung der Erben zu unentgeltlichen Verfügungen

56 Der Testamentsvollstrecker kann mit Zustimmung der Erben (Vor- und Nacherben) und der Vermächtnisnehmer auch über den Rahmen von Pflicht- und Anstandsschenkungen hinaus unentgeltlich über Nachlaßgegenstände verfügen (BGH DNotZ 1972, 90; BayObLG NJW-RR 1989, 587; **aM** RGZ 74, 219; 105, 247 und früher hM, s Nachweise STAUDINGER/DITTMANN[10/11] Rn 37; zweifelnd SOERGEL/DAMRAU Rn 79). S 3 ist eine Vorschrift, die zum Schutz der nicht verfügungsberechtigten Erben und etwaiger Vermächtnisnehmer vor dem verfügungsberechtigten Testamentsvollstrecker geschaffen ist; andere Willensrichtungen des Erblassers scheitern an S 3 (vgl auch § 2207 S 2). Der Erbe hat demgemäß die Möglichkeit, auf den ihm vom Gesetz zugedachten **Schutz zu verzichten**, indem er einer unentgeltlichen Verfügung des Testamentsvollstreckers zustimmt (LEHMANN AcP 188, 1). Das Gleiche gilt für den Vermächtnisnehmer, dem durch den Erblasser etwas zugewendet wurde. Die Zustimmung kann nicht durch die Wertung ersetzt werden, die geschützten Interessen der Zustimmungspflichtigen seien anderweitig gesichert (KG OLGZ 1992, 139). Andere Beteiligte (vgl § 2198 Rn 21), wie Nachlaßgläubiger und Auflagenbegünstigte, stehen insoweit nicht im Schutzbereich von S 3, so daß ihre Zustimmung nicht erforderlich ist (BGH DNotZ 1972, 90; vgl auch MATTERN BWNotZ 1961, 153). Ist ein Erbe oder Vermächtnisnehmer minderjährig und wird über ein Nachlaßgrundstück verfügt, so ist die vormundschaftsgerichtliche Genehmigung zur Zustimmung erforderlich (MATTERN WM 1973, 535). Dem Grundbuchamt ist eine etwaige Zustimmung nachzuweisen (Rn 51).

57 Die Erben und Vermächtnisnehmer können auch durch ein entsprechendes **Verbot des Erblassers** nicht daran gehindert werden, ihre Zustimmung zu erteilen (BGHZ 57, 84; BayObLGZ 1986, 208; KG OLGZ 92, 138). Der Erblasser kann mittelbar nur durch

Straf- oder Verwirkungsklauseln (für Erben und Testamentsvollstrecker) unentgeltliche Verfügungen verhindern (HAEGELE Rpfleger 1972, 45; ders BWNotZ 1974, 115).

58 Die Beschränkungen des § 2205 in Bezug auf unentgeltliche Verfügungen gelten nicht, wenn der **Testamentsvollstrecker zugleich** vom Erblasser als **Bevollmächtigter** mit entsprechendem Wirkungskreis eingesetzt wurde. Das Schutzbedürfnis der Erben ist hier nicht in gleichem Maße gegeben wie gegenüber einem (einfachen) Testamentsvollstrecker, da sie die Vollmacht widerrufen können (BGHZ DNotZ 1963, 306; vgl Vorbem 61 ff zu §§ 2197 ff).

VI. In-sich-Geschäfte des Testamentsvollstreckers

1. Grundsatz

59 Da der **Testamentsvollstrecker nicht Vertreter des Erben** ist, sondern im eigenen Namen ein Amt ausübt, kann § 181 auf ihn nicht unmittelbar angewendet werden (RGZ 61, 139, 144 f; BGH NJW 1954, 1036; BGH DNotZ 1969, 381).

60 Wegen **Gleichheit der Konfliktslage** ist § 181 jedoch auf den Testamentsvollstrecker – wie auf andere Träger von privaten Ämtern (Nachlaßverwalter, Konkursverwalter) – entsprechend anwendbar; Interessenwiderstreit kann also das Handeln des Testamentsvollstreckers unwirksam machen (BGH DNotZ 1959, 480).

61 Ein Rechtsgeschäft, das der Testamentsvollstrecker als Inhaber dieses Amtes mit Wirkung für die Erben mit sich im eigenen Namen oder mit sich als Vertreter eines Dritten abschließt, kann jedoch ohne Verstoß gegen § 181, also wirksam, vorgenommen werden, wenn es ausschließlich in der **Erfüllung einer Verbindlichkeit** besteht oder eine **Gestattung** vorliegt.

62 Eine – ausdrückliche oder stillschweigende – **Gestattung** ist **nur durch den Erblasser** möglich, von dessen Willen der Testamentsvollstrecker sein Amt ableitet. Je nach Sachlage ist in weitem Umfang eine Gestattung des Insichgeschäftes anzunehmen (BGH NJW 1954, 1036; BGH DNotZ 1959, 480). Die Tragweite dieser Gestattung; durch den Erblasser muß im Einzelfall durch Auslegung der Verfügung von Todes wegen ermittelt werden. Generell kann aus der selbständigen Stellung des Testamentsvollstreckers gefolgert werden, daß dieser an sich auch befugt ist, Rechtshandlungen vorzunehmen, die in seinem Interesse liegen, insbesondere wenn er Miterbe ist oder Ansprüche gegen den Nachlaß hat. Es kann davon ausgegangen werden, daß der Erblasser dem Testamentsvollstrecker alle diejenigen Rechtsgeschäfte – auch unter § 181 fallende – gestattet hat, die im Rahmen ordnungsmäßiger Verwaltung des Nachlasses (§ 2216) liegen; insofern besteht ein enger inhaltlicher Zusammenhang zwischen § 181 und § 2216.

63 Anderseits ist ein Insichgeschäft des (erbenden oder nichterbenden) Testamentsvollstreckers, das gegen das Gebot ordnungsmäßiger Verwaltung verstößt, selbst dann unwirksam, wenn es etwa einmal vom Willen des Erblassers gedeckt sein sollte, denn das Gebot der ordnungsmäßigen Verwaltung kann auch vom Erblasser nicht außer Kraft gesetzt werden (§ 2220), seine etwaige **Gestattung des Selbstkontrahierens**

wäre daher insoweit **unwirksam**, mit der Folge, daß die Regelvorschrift des § 181 wieder (analog) zum Zuge käme (BGH DNotZ 1959, 480).

Aus der analogen Anwendung von § 181 folgt, daß ein unzulässiges Insichgeschäft **64** des Testamentsvollstreckers nicht nichtig, sondern **schwebend unwirksam** ist. Daß ein Verstoß gegen § 2216 selbst im allgemeinen nicht zur Unwirksamkeit der Maßnahme führt, sondern nur schuldrechtliche Folgen hat (§ 2219, vgl § 2216 Rn 17), ist hier ohne Bedeutung, da nur der Rechtsgedanke des § 2216 in die §§ 2205, 181 hineininterpretiert wird (BGH DNotZ 1959, 480).

Es besteht – wie bei unmittelbarer Anwendung des § 181 – die Möglichkeit, den **65** **Mangel** zu **heilen**, und zwar durch Genehmigung der (übrigen) Erben entsprechend § 177 (RGZ 80, 416); wird die Genehmigung verweigert, ist das Rechtsgeschäft nichtig (BGH DNotZ 1959, 480). Der Testamentsvollstrecker, der Miterbe ist, darf als Miterbe nicht mitstimmen, wenn es darum geht, eine unter § 181 fallende Maßnahme, zB Überlassung eines Nachlaßgegenstandes an ihn, zu genehmigen (BGH WM 1973, 360). Der Erblasserwille kann hier keine Schranke darstellen. Laufen also die Geschäfte dem ausdrücklichen oder mutmaßlichen Willen des Erblassers zuwider, ist eine Genehmigung durch die Erben gleichwohl möglich (MATTERN BWNotZ 1961, 155; aM vLÜBTOW JZ 1960, 157; PALANDT/EDENHOFER Rn 30); dieses Ergebnis liegt auch in der Konsequenz der BGH-Rspr zur gemeinsamen Verfügungsbefugnis von Testamentsvollstrecker und Erben (BGHZ 40, 115; 56, 275).

Damit scheidet auch der Fall, daß ein Testamentsvollstrecker entspr § 181 an der **66** **Ausübung seines Amtes** verhindert ist (vgl STAUDINGER/DITTMANN[10/11] Rn 43), aus. Denn entweder ist ein Insichgeschäft auf Grund der letztwilligen Verfügung notwendig; dann ist zugleich eine Gestattung durch den Erblasser anzunehmen. Ist es nicht notwendig, gehört es nicht zur Ausübung des Amtes, kann also unterbleiben oder auf Wunsch der Erben mit deren Genehmigung ausgeführt werden.

Beweislast: Beweispflichtig für die Gestattung des Selbstkontrahierens durch den **67** Erblasser ist der Testamentsvollstrecker, nicht sein Prozeßgegner (§ 181 BGB). Der Testamentsvollstrecker kann den Beweis dadurch führen, daß er Ordnungsmäßigkeit im Sinne von § 2216 BGB nachweist (BGH WM 1960, 1419; PALANDT/EDENHOFER Rn 30); denn so weit reicht grundsätzlich auch die Gestattung (Rn 61 ff); daß die Gestattung geringeren Umfang hätte, müßte hier die Gegenseite beweisen. Der Testamentsvollstrecker kann aber auch die Gestattung unmittelbar nachweisen; dann ist die Gegenseite dafür beweispflichtig, daß trotz dieser Gestattung etwa der Rahmen ordnungsmäßiger Verwaltung des Nachlasses (§ 2216 BGB) überschritten sei (BGH DNotZ 1959, 480).

2. Einzelfälle

Der Testamentsvollstrecker ist, wenn die Berichtigung von Nachlaßverbindlichkei- **68** ten zu seiner Aufgabe gehört, befugt, eine **Schuld** des Nachlasses an ihn selbst aus dem Nachlaß zu **tilgen**. Wenn ihm nach einer letztwilligen Anordnung des Erblassers ein Nachlaßgegenstand für seine Person gebührt, kann er das zum Vollzug der Anordnung Erforderliche veranlassen. Der zum Testamentsvollstrecker ernannte **Miterbe** kann bei der Auseinandersetzung sich selbst einen Anteil an einem Nachlaßgrundstück auflassen (PLANCK/FLAD Anm 13). Dies gilt auch, wenn ihm vermächtnisweise die Möglichkeit zum Erwerb des Grundstücks eingeräumt wurde (BayObLG DNotZ 1983, 176). Er ist überhaupt im Rahmen seines Verwaltungs- und Verfügungsrechtes auch zu solchen entgeltlichen Rechtsgeschäften befugt, die zugleich in seinem persönlichen Interesse als Miterbe liegen (RGZ 61, 139). Ein Eigenerwerb weit unter Wert ist jedoch wegen Verstoßes gegen das Gebot der ordnungsmäßigen Verwaltung unwirksam, falls nicht ein dahingehendes Vorausvermächtnis vorliegt (BGH DNotZ 1959, 480).

69 Der Testamentsvollstrecker kann über die Zahlung einer zum Nachlaß gehörenden Forderung, für welche an dem Anwesen des Testamentsvollstreckers eine Hypothek besteht, quittieren, weil er damit nach § 368 nur eine Verbindlichkeit erfüllt. Er kann auch mit Hilfe der **Quittung** und **Löschungsbewilligung**, die er sich selbst erteilt, die Löschung der auf seinem Anwesen lastenden zum Nachlaß gehörigen Hypotheken herbeiführen. Er kann dies insbesondere dann, wenn die Löschung auf Verlangen einer öffentlichen Kreditanstalt erfolgt, welche die Hingabe eines für sie durch neue Hypothek zu sichernden und zur Auszahlung an die Erben bestimmten Darlehens von der vorherigen Löschung der Nachlaßhypothek abhängig macht; denn dann entspricht die Verfügung des Testamentsvollstreckers den Grundsätzen einer ordnungsmäßigen Verwaltung (KG HRR 1937 Nr 995).

70 Der Testamentsvollstrecker ist befugt, einen anderen als **Vertreter** zu bestellen mit der Ermächtigung, in des Testamentsvollstreckers Namen mit sich selbst als dem Bevollmächtigten der Erben einen Auflassungsvertrag über Nachlaßgrundstücke zu schließen (RGZ 61, 139). Diese Vollmacht kann, wenn zwei Testamentsvollstrecker ernannt sind, von jedem derselben einem gemeinsamen Bevollmächtigten wirksam erteilt werden, weil jeder der beiden allein nach § 2224 das Amt führt, soweit der andere rechtlich daran gehindert ist.

71 Der Testamentsvollstrecker ist im allgemeinen berechtigt, über Nachlaßgegenstände zugunsten seiner als Miterbin beteiligten **Ehefrau** zu verfügen, insbesondere dann, wenn er selbst vom Erblasser nicht bedacht ist (KG OLGE 11, 244).

72 Ein Testamentsvollstrecker, der als solcher Anteilsrechte an einer **GmbH** verwaltet, darf bei seiner Wahl zum Geschäftsführer unmittelbar oder mittelbar (zB durch Bestellung eines gemeinsamen Stimmführers) nur mitwirken, wenn der Erblasser ihm dies gestattet hat oder die Erben zustimmen (BGH DNotZ 1969, 381). Insoweit ist die Lage wegen des fehlenden eigenen Interesses des Testamentsvollstreckers anders zu beurteilen als bei einem Gesellschafter, der bei derartigen Sozialakten mitstimmen darf (BGHZ 18, 205, 211).

3. Grundbuchamtliches Verfahren bei möglichen In-sich-Geschäften

73 Daß die Verfügungsbefugnis des Testamentsvollstreckers nicht gemäß § 181 beschränkt ist, ist dem Grundbuchamt gegenüber in gleicher Weise nachzuweisen wie die Entgeltlichkeit einer Verfügung. Das **Grundbuchamt** hat **von Amts wegen zu prüfen**, ob der Verfügungsbefugnis der Wille des Erblassers entgegensteht (§ 2208) oder ob ein Interessenwiderstreit im oben erörterten Sinne vorliegt. Eine Verfügung des Testamentsvollstreckers über einen Nachlaßgegenstand zu seinen eigenen Gunsten kann im Grundbuch nur dann vollzogen werden, wenn dargetan ist, daß sie in ordnungsmäßiger Verwaltung des Amtes des Testamentsvollstreckers erfolgt ist. Der Nachweis der pflichtgemäßen Ausübung dieses Amtes bedarf nicht der Form des § 29 GBO (OLG München HRR 1940 Nr 1128). Es genügt, wenn die Beweggründe für die Verfügung substantiiert vorgetragen werden, verständlich und der Wirklichkeit gerecht werdend erscheinen und wenn irgendwelche Zweifel an der Pflichtmäßigkeit der Handlung nicht ersichtlich sind (KG JFG 7, 284; KG JW 1937, 2100). Es gelten also die in Rn 51 ff dargelegten Grundsätze entsprechend.

Das Verbot des Selbstkontrahierens gilt nicht, wenn der Erblasser den **Testaments-** **74** **vollstrecker** zugleich zum Bevollmächtigten mit entsprechendem Wirkungskreis ernannt und ihn insoweit von den Beschränkungen des § 181 befreit hat (vgl BGH DNotZ 1963, 306; Vorbem 53 ff zu §§ 2197 ff).

VII. Sonstige Beschränkungen der Verfügungsmacht des Testamentsvollstreckers

1. Grundsatz

Abgesehen von den in Rn 39 erörterten Einschränkungen ist die Verfügungsmacht **75** des Testamentsvollstreckers vollständig **frei** und insbesondere **nicht kausal bedingt** (wie das Recht, Verbindlichkeiten für den Nachlaß einzugehen, nach § 2206 S 1), etwa dahin, daß im einzelnen Falle zu prüfen wäre, ob die Verfügung zur ordnungsmäßigen Verwaltung oder zur Beschaffung der Mittel für die Erfüllung einer Nachlaßverbindlichkeit erforderlich sei (vgl KGJ 31 A 229; OLGE 11, 246 ff).

2. Minderjähriger, geschäftsunfähiger oder in der Geschäftsfähigkeit beschränkter Erbe

Auch wenn der Erbe geschäftsunfähig oder beschränkt geschäftsfähig ist, ist die **76** **Freiheit der Verfügungsmacht** des Testamentsvollstreckers **nicht eingeschränkt** wie diejenige eines gesetzlichen Vertreters oder Vormundes, es sei denn, es werden – zB im Rahmen einer Auseinandersetzung – Sondervereinbarungen mit den Beteiligten getroffen, die über die letztwillige Verfügung hinausgehen (HAEGELE Rpfleger 1957, 149 u 1963, 336; aM FEIGE BWNotZ 1955, 269). Gibt der Testamentsvollstrecker beim Verkauf eines Nachlaßobjektes, zB eines Grundstücks, den Kaufpreis gem § 2217 frei, ist er zu einer Wiederanlage nur mit Zustimmung des Erben berechtigt, er benötigt dann alle etwa erforderlichen Einwilligungen (gesetzlicher Vertreter, Vormundschaftsgericht, etc). Fraglich ist, ob in einer Veräußerung ohne weiteres eine Freigabe des Erlöses zu sehen ist. Dies wird wohl nur im Ausnahmefall so sein (aM offenbar BayObLGZ 1991, 390 = FamRZ 1992, 604 mit Anm DAMRAU = DNotZ 1993, 400 mit abl Anm WEIDLICH). Der Testamentsvollstrecker bedarf zu Rechtsgeschäften über den Nachlaß nicht der Genehmigung des Vormundschaftsgerichts; denn er handelt für den gesetzlich vertretenen und damit bereits geschützten minderjährigen oder geschäftsunfähigen Erben (RGZ 61, 144; KG OLGE 38, 260; 39, 263; BayObLGZ 1991, 390 = FamRZ 1992, 606 mit Anm DAMRAU zur Bestellung einer Grundschuld; FEIGE BWNotZ 1955, 269; aM GREISER DFG 1936, 245 ff; s auch Vorbem 32 zu §§ 2197 ff; § 2204 Rn 22). Dem Vormund bleibt die Entschließung über die Annahme oder Ausschlagung der Erbschaft sowie die Ausübung der Rechte, welche dem Erben als solchem gegenüber dem Testamentsvollstrecker zustehen (PLANCK/FLAD Anm 7).

77 Der Testamentsvollstrecker ist auch nicht wie ein gesetzlicher Vertreter verpflichtet, Nachlaßgeld **mündelsicher anzulegen** und Wertpapiere zu hinterlegen, doch kann sich eine solche Verpflichtung aus der Pflicht zur ordnungsmäßigen Verwaltung oder einer Anordnung des Erblassers ergeben (§ 2216 Rn 13).

78 Die Ernennung eines Testamentsvollstreckers zum Zwecke der Verwaltung des einem Minderjährigen von Todes wegen zugewandten Vermögens und zur Wahrnehmung der Rechte des Minderjährigen bei der Erbauseinandersetzung macht die **Bestellung eines Pflegers** nach § 1909 Abs 1 S 2 nicht entbehrlich (KG RJA 10, 102; OLG Rostock JFG 2, 132 ff). Über den Umfang des Wirkungskreises eines solchen Pflegers neben dem des zur Verwaltung des Vermögens berufenen Testamentsvollstreckers s DAMRAU ZEV 1994, 1 ff.

3. Familienrechtliche Beschränkungen

79 Auch sonstige familienrechtliche Beschränkungen des Erben gelten idR **nicht für den Testamentsvollstrecker**. § 1365 gilt nicht für den Testamentsvollstrecker, wenn der Erbe im gesetzlichen Güterstand lebt (RIPFEL BWNotZ 1960, 69; STAUDENMAIER Rpfleger 1960, 385; HAEGELE Rpfleger 1960, 386; PALANDT/EDENHOFER Rn 28; **aM** AG Delmenhorst FamRZ 1959, 249; MEYER-STOLTE FamRZ 1959, 231). Einschränkungen der Verfügungsmacht des Testamentsvollstreckers ergeben sich auch nicht aus der Gütergemeinschaft des Erben (HAEGELE Rpfleger 1960, 386). Der Grund hierfür liegt darin, daß der Testamentsvollstrecker sein Recht vom Erblasser, nicht vom Erben ableitet. Beruhen Verfügungen des Testamentsvollstreckers – zB bei Auseinandersetzung – nicht nur auf der letztwilligen Anordnung, sondern auch auf besonderen Vereinbarungen mit den Beteiligten, kommen jedoch die familienrechtlichen Beschränkungen zur Geltung (HAEGELE Rpfleger 1963, 331).

4. Pfändung und Verpfändung des Erbteils

80 Die Pfändung oder Verpfändung des Erbteils eines Miterben hindert Verfügungen des Testamentsvollstreckers (zB Veräußerungen oder Belastungen) über einzelne Nachlaßgegenstände, insbesondere über Grundstücke, nicht. Eine **Zustimmung der Pfandgläubiger** ist nicht erforderlich (KG DJ 1941, 350; KG JR 1952, 323). Die Pfandgläubiger können nicht mehr Recht haben als diejenigen, von denen sie ihr Recht ableiten. § 1276 gilt daher nur für Verfügungen des Miterben über seinen Erbteil, nicht aber für Verfügungen des Testamentsvollstreckers (vgl Rn 35).

5. Auseinandersetzungsverbot

81 Ein Auseinandersetzungsverbot des Erblassers nach § 2044 beschränkt die Verfügungsmacht des Testamentsvollstreckers gem § 2208 mit **dinglicher Wirkung** (vgl § 2204 Rn 3 f und § 2208 Rn 11). Eine gleichwohl vorgenommene Auseinandersetzung ist wirksam nach Ablauf der in § 2044 gesetzten Frist, bei Vorliegen eines wichtigen Grundes (§§ 2044 Abs 1 S 2, 749 Abs 2 S 1), wenn sie durch eine zwingende gesetzliche Norm (zB § 1683) geboten ist und bei Zustimmung aller verfügungsbefugten Erben.

6. Pflichtteilsrecht

Nach § 2306 gilt die **Testamentsvollstreckung** hinsichtlich des einem Pflichtteilsberechtigten hinterlassenen Erbteils, der die Hälfte des gesetzlichen Erbteils nicht übersteigt, als **nicht angeordnet** (§ 2197 Rn 25). Im übrigen bleibt die Testamentsvollstreckung auch in diesem Fall wirksam. Der Pflichtteil muß also (abgesehen von dem Ausnahmefall des § 2338) von der Beschränkung durch die Verwaltung eines Testamentsvollstreckers frei bleiben. Der Erblasser kann einen Pflichtteilsberechtigten, wenn er ihm mehr als die Hälfte des gesetzlichen Erbteils hinterläßt, durch die Anordnung der Testamentsvollstreckung vor die Alternative stellen, seine letztwillige Verfügung ganz wirksam werden zu lassen oder aber sich mit dem Pflichtteil zu begnügen. 82

7. Öffentlich-rechtliche Genehmigungsvorbehalte

Ist der Erbe, wie bei der Veräußerung von Grundstücken, an eine **staatliche Genehmigung** gebunden (zB GrdstVG, BauGB, GVO, WährG etc), so gelten diese Beschränkungen naturgemäß auch für den Testamentsvollstrecker. 83

VIII. Die Wirkung der Verwaltungshandlungen für und gegen den Erben

Die vom Testamentsvollstrecker über den Nachlaß abgeschlossenen Rechtsgeschäfte wirken, gleichviel, ob sie dinglicher oder schuldrechtlicher Natur sind, für und gegen den Erben. Was der Testamentsvollstrecker in seiner Eigenschaft erwirbt, erwirbt er für den Erben. Obgleich er selbst Vertragsteil ist, bringt er Rechte und Verbindlichkeiten nicht in seiner Person, sondern unmittelbar für und gegen den Nachlaß, dh **für und gegen den Erben** zur Entstehung (RGZ 59, 366; 68, 257; 76, 125; RG Recht 1911 Nr 2354). Wirksam veräußerte Nachlaßgegenstände scheiden aus dem Nachlaß aus und unterliegen nicht mehr dem Verwaltungsrecht des Testamentsvollstreckers (KG JFG 12, 278; über die Anwendung der §§ 177, 185 auf Rechtsgeschäfte des Testamentsvollstreckers vgl RGZ 111, 247; RG DRWiss 1939, 1949). 84

Aus einem durch den Testamentsvollstrecker mit einem Dritten abgeschlossenen Rechtsgeschäft können gegen den Erben dann keine Rechte hergeleitet werden, wenn der Testamentsvollstrecker sein **Amt** bewußt zum Nachteil des Erben **mißbraucht** hat und der Dritte dies wußte oder erkennen mußte. Vom Dritten ist dabei jede, nicht nur grobe Fahrlässigkeit zu vertreten. Es kommt nicht nur auf die objektive Rechtslage, sondern auch auf die subjektive Auffassung an, von der der Dritte zulässigerweise ausgehen durfte (RGZ 75, 299; 83, 351; § 2216 Rn 6). 85

Soweit die rechtlichen Folgen einer Willenserklärung durch **Willensmängel** oder durch Kenntnis oder das Kennenmüssen dieser Umstände beeinflußt werden, kommt nur die Person des Testamentsvollstreckers in Betracht. Das folgt zwar nicht aus § 166 – denn der Testamentsvollstrecker ist nicht Vertreter des Erben –, wohl aber daraus, daß der Testamentsvollstrecker selbst Vertragspartei ist (PALANDT/HEINRICHS § 166 Rn 2). 86

Ein **Verschulden des Testamentsvollstreckers** bei der Ausführung der von ihm mit Dritten geschlossenen Verträge hat der Erbe nach § 278 den Dritten gegenüber zu 87 vertreten, da der Testamentsvollstrecker im Rahmen des § 278 als gesetzlicher Vertreter im weiteren Sinn angesehen werden muß (BGH LM Nr 1 zu § 823; RGZ 144, 402; KIPP/COING § 68 III 7 c; PALANDT/HEINRICHS § 278 Rn 5; PALANDT/EDENHOFER § 2219 Rn 5; aM hinsichtlich der Anwendung des § 278 RGZ 159, 352; PLANCK/FLAD § 2219 Anm 8). Diese Haftung des Erben kann unter den gleichen Voraussetzungen auf den Nachlaß beschränkt werden wie seine Haftung für eigene Verwaltungshandlungen. Der Testamentsvollstrecker muß, um nicht seinerseits dem Erben haftbar zu werden, die §§ 1978–1980 beachten.

88 Der **Testamentsvollstrecker** selbst **haftet** für die Verbindlichkeiten, die er innerhalb seiner Zuständigkeit durch Rechtsgeschäft eingeht, **nicht persönlich**. Überschreitet er aber seine Zuständigkeit, so ist § 179 entsprechend anzuwenden (RG SeuffA 87, 194; KIPP/COING § 68 III 7 c). Für Schadensersatz aus unerlaubten Handlungen, die der Testamentsvollstrecker im inneren Zusammenhang mit der Verwaltung des Nachlasses begeht, haftet er persönlich, es haftet aber auch der Erbe mit dem Nachlaß; Näheres s § 2219 Rn 28 f.

IX. Das Verwaltungsrecht des Testamentsvollstreckers hinsichtlich eines Handelsgeschäftes oder eines Gesellschaftsanteils

1. Grundsätzliches

89 Der Erblasser wird häufig auch ein Handelsgeschäft oder eine Gesellschaftsbeteiligung der Testamentsvollstreckung unterwerfen wollen. Der Wunsch, das **Unternehmen fortzuführen**, wird dabei zu den sonst festzustellenden Regelungszielen hinzukommen, nämlich die Existenzgrundlage der Familie zu erhalten und den Zugriff von Eigengläubigern des Erben zu verhindern (§ 2214).

90 Schwierigkeiten ergeben sich diesbezüglich jedoch dadurch, daß **Haftungsgrundsätze des Handelsrechts mit denen des Erbrechts unvereinbar** sind. Im Handelsrecht, dem nach Art 2 EGHGB der Vorrang einzuräumen ist, haften der Einzelkaufmann und persönlich haftende Gesellschafter grundsätzlich unbeschränkt mit ihrem Privatvermögen (§§ 22, 25, 27, 128, 130 HGB). Nach den Bestimmungen des Erbrechts (§ 2206) kann der Testamentsvollstrecker Verbindlichkeiten nur für den Nachlaß eingehen; er kann nicht verhindern, daß der Erbe die Beschränkung seiner Haftung für die Nachlaßverbindlichkeiten herbeiführt (vgl §§ 1967, 1973 ff, 1980, 1990).

Führt also der Testamentsvollstrecker ein zum Nachlaß gehörendes Handelsgeschäft weiter oder verwaltet er eine unbeschränkt haftende Gesellschaftsbeteiligung, so würde weder der Erbe noch der Testamentsvollstrecker für die von ihm begründeten Verbindlichkeiten voll haften. Dies wäre nicht mit den Bedürfnissen des Handelsverkehrs und den Haftungsvorschriften des HGB vereinbar. Der Erblasser könnte gleichsam ein Unternehmen mit **beschränkter Haftung** schaffen, ohne die gesetzlich vorgesehenen und für den Rechtsverkehr erkennbaren Rechtsformen (GmbH, AG) zu verwenden (RGZ 132, 138, 144).

91 Daher ist nach allgemeiner Ansicht eine **verwaltende Testamentsvollstreckung** an einem einzelkaufmännischen Unternehmen oder einer persönlich haftenden Beteiligung **im Grundsatz nicht möglich** (RGZ 132, 138, 144; BGHZ 12, 100; NJW 1989, 3154 st Rspr;

RICHARDI 26 f; HUECK ZfHK 108, 31; D MAYER, in: BENGEL/REIMANN, HbTV V Rn 113; DITTMANN/REIMANN/BENGEL D Rn 121; aM BUCHWALD AcP 154, 29 f; MUSCHELER 295 ff, 416 unter Rückgriff auf die Rechtspraxis vor RGZ 132, 138; BAUR, in: FS Dölle I 249 ff, 260). Eine Ausnahme gilt nur für die reine **Abwicklungsvollstreckung**. Hier läßt sich wegen des kurzen Auftritts im Rechtsverkehr und der beschränkten Aufgabe des Testamentsvollstreckers, das Handelsgeschäft der vorgeschriebenen Abwicklung zuzuführen, eine Haftungsbeschränkung durch die Testamentsvollstreckung rechtfertigen (BRANDNER, in: FS Stimpel 997). Bei einer Beteiligung an einer Personengesellschaft bedarf es wegen der Sonderrechtserbfolge (Rn 107) keiner Auseinandersetzung; hier ist nur Raum für die „reine" Abwicklungsvollstreckung (DAMRAU NJW 1984, 2785; D MAYER, in: BENGEL/REIMANN, HbTV V Rn 117). Wegen des erheblichen praktischen Bedürfnisses für die Zulassung einer Testamentsvollstreckung in diesem Bereich haben Rechtsprechung und Literatur für die einzelnen Bereiche **Ersatzlösungen** gefunden bzw bei beschränkt haftenden Beteiligungen Kriterien für die Testamentsvollstreckung entwickelt. Soweit dann noch theoretische Probleme bestehen, weicht die Praxis auf Kapitalgesellschaften, vor allem auf die GmbH, aus.

2. Einzelkaufmännisches Unternehmen

Literatur und Rechtsprechung haben für die Fortführung eines Handelsgeschäftes **92** durch einen Testamentsvollstrecker als Ersatzmöglichkeiten die sog **Treuhandlösung** (Führung durch den Testamentsvollstrecker in eigenem Namen, Rn 93), die **Vollmachtlösung** (Führung im Namen der Erben, Rn 97) und die **Weisungsgeberlösung** (Führung durch den Erben nach Weisung durch den Testamentsvollstrecker, Rn 101) entwickelt. Daneben werden in der Literatur nun auch **andere Ansätze** diskutiert (Rn 103).

a) Treuhandlösung

Ordnet der Erblasser letztwillig eine Testamentsvollstreckung zur Verwaltung eines **93** von ihm betriebenen Handelsgeschäftes an, so kann der Testamentsvollstrecker diese Anordnung dadurch ausführen, daß er das Geschäft **im eigenen Namen unter eigener persönlicher Haftung als Treuhänder** für den Erben betreibt (RGZ 132, 142; BGHZ 12, 102; KG JW 1939, 104; KIPP/COING § 68 III 3 a; JOHN BB 1980, 758 ff; aM MUSCHELER 329). Im Zweifel, dh bei fehlender ausdrücklicher Anordnung, ist anzunehmen, daß die Verfügung eines Erblassers, der die Weiterführung eines Handelsgeschäftes einem Testamentsvollstrecker übertragen hat, ohne daß es ihm auf die Art der Durchführung dieser Anordnung, wesentlich ankam, bei der gegebenen Unzulässigkeit der eigentlichen Testamentsvollstreckung regelmäßig dahin zu verstehen sei, daß der Ernannte befugt sein soll, das Geschäft als treuhänderischer Inhaber für Rechnung des Erben zu betreiben (BGHZ 24, 106; KG JW 1939, 104; FISCHER LM Nr 1 zu § 2218; SOERGEL/DAMRAU Rn 19; HAEGELE/WINKLER Rn 328).

Es sind zwei Arten der Treuhand möglich: Die **Verwaltungstreuhand**, bei welcher der **94** Testamentsvollstrecker die Verfügungsmacht über die Gegenstände übertragen bekommt, und die **Vollrechtstreuhand**, bei der der Erbe dem Testamentsvollstrecker das Eigentum an dem Handelsgeschäft überträgt. Dies ist jedoch wegen der damit verbundenen Einzelübertragung aller Gegenstände uU sehr aufwendig (JOHN BB 1980, 757, 760; kritisch MUSCHELER 330 ff). Die Stellung des Testamentsvollstreckers ist bei der **Verwaltungstreuhand** der eines Pächters des Handelsgeschäftes ähnlich. Er wird nicht als Eigentümer der Geschäftsgrundstücke im Grundbuch eingetragen, ebensowenig erwirbt er Eigentum an den beweglichen Geschäftsgegenständen. Infolgedessen geht auch sein Recht zur Verfügung über diese nur so weit, wie es ihm als Testamentsvollstrecker zusteht, und das Geschäftsvermögen haftet für die von ihm begründeten Verbindlichkeiten nicht, wenn er die ihm gezogenen Grenzen überschritten hat. In der Praxis werden deshalb oft Mischformen gewählt (s BRANDNER, in: FS Stimpel 997 f, der darauf hinweist, daß die Kautelarpraxis vielfach bereits im Vorfeld Vorsorgen trifft und daher echte Ersatzlösungen selten sind; JOHN aaO).

95 Im Verhältnis zu den Erben unterscheidet sich die Stellung des Testamentsvollstreckers, der das zum Nachlaß gehörende Handelsgeschäft nach außen als Inhaber fortführt, keinesfalls von der eines gewöhnlichen Testamentsvollstreckers (KG JW 1939, 104; RICHARDI 58; HAEGELE/WINKLER Rn 299). Übernimmt der Testamentsvollstrecker das Handelsgeschäft als Treuhänder, so wird er nach außen alleiniger Inhaber und haftet den Gläubigern persönlich (vgl LSG Berlin Breith 1985, 106); im **Innenverhältnis** aber hat er gegenüber den Erben, für deren Rechnung er das Geschäft führt, gemäß §§ 2218, 670 einen **Anspruch auf Befreiung von seiner unbeschränkten Haftung** (BGHZ 24, 106; HAEGELE/WINKLER Rn 308; MünchKomm/BRANDNER Rn 16). Fraglich ist, ob die Erben ihre Haftung auf den Nachlaß beschränken können. Zwar ist zuzugeben, daß ein Testamentsvollstrecker dann davon abgehalten werden könnte, ein Handelsgeschäft im Rahmen einer Treuhandlösung fortzuführen (MünchKomm/BRANDNER Rn 23; SCHELTER DNotZ 1976, 703), doch darf nicht übersehen werden, daß es sich um eine Ersatzkonstruktion für die Testamentsvollstreckung handelt, bei der der Erbe nur mit dem Nachlaß haftet. Daher ist eine **Beschränkung der Freistellungshaftung des Erben auf den Nachlaß** sachgerecht (SOERGEL/DAMRAU Rn 20; RICHARDI 58; ULMER, in: Großkomm HGB § 139 Rn 78; **aM** MünchKomm/BRANDNER Rn 23; HAEGELE/WINKLER Rn 308; JOHN BB 1980, 757, 761; D MAYER, in: BENGEL/REIMANN, HbTV V Rn 127). Der Testamentsvollstrecker kann sich, soweit erreichbar, durch abweichende Vereinbarungen mit den Erben absichern. Gelingt dies nicht, wird der Testamentsvollstrecker regelmäßig die Tätigkeit als Treuhänder ablehnen. Der Testamentsvollstrecker vermag seine Haftung lediglich für die vom Erblasser herrührenden Geschäftsschulden nach §§ 25, 27 HGB auf den Bestand des Nachlasses zu beschränken (KG JW 1939, 104; HUECK ZfHK 108, 28; JOHN BB 1980, 757, 758; HAEGELE/WINKLER Rn 303 f; **aM** RGZ 132, 138).

96 Der Testamentsvollstrecker wird als Inhaber des Geschäftes in das **Handelsregister** eingetragen ohne Rücksicht darauf, daß er im Innenverhältnis für die Rechnung und auf das Risiko des Erben handelt (RGZ 132, 138; BayObLG Rpfleger 1972, 259; HAEGELE/WINKLER Rn 301; PALANDT/EDENHOFER Rn 8). Für die Eintragung der Testamentsvollstreckung als solcher ist aber auch in diesem Fall kein Raum (HAEGELE/WINKLER Rn 301; D MAYER, in: BENGEL/REIMANN, HbTV V Rn 120; **aM** BAUR, in: FS Dölle 249, 260). Bei der Handelsregisteranmeldung haben die Erben, da sie nach außen die Übertragung eines Handelsgeschäftes anmelden, mitzuwirken (MünchKomm/BRANDNER Rn 22; **aM** KEIDEL/SCHMATZ/STÖBER Rn 196).

b) **Vollmachtslösung**

97 Der Testamentsvollstrecker kann das zum Nachlaß gehörige Handelsgeschäft auch als Bevollmächtigter der Erben unter deren persönlicher Haftung führen, wenn die Erben einer solchen Regelung freiwillig zustimmen oder wenn eine entsprechende Ermächtigung des Testamentsvollstreckers aus der letztwilligen Anordnung des Erb-

lassers zu entnehmen ist (BGHZ 12, 102; KG JW 1936, 1137; allgemein zur postmortalen Vollmacht s Vorbem 53 ff zu §§ 2197 ff; aM MUSCHELER 342 ff). Zwar kann der Testamentsvollstrecker grundsätzlich nur Verpflichtungen für den Nachlaß eingehen, es ist aber rechtlich möglich, daß der Erbe durch letztwillige Anordnung einer entsprechenden **Auflage oder Bedingung** angehalten wird, dem Testamentsvollstrecker die Befugnis einzuräumen, auch über den Rahmen der §§ 2206, 2207 hinaus persönliche Verpflichtungen für den Erben zu übernehmen; die Situation ist derjenigen bei einem Verschaffungsvermächtnis vergleichbar (kritisch BGH BB 1969, 773). Gemäß §§ 2208 Abs 2, 2194, 2074 kann dann der Testamentsvollstrecker vom Erben die Vollziehung der Auflage oder Bedingung verlangen. Hierzu muß er Klage gegen den Erben vor dem Prozeßgericht erheben (BayObLGZ 1969, 138). Das Nachlaßgericht kann eine derartige Vollmacht nicht erteilen (BayObLG aaO). Voraussetzung für die Annahme einer solchen Auflage oder Bedingung ist allerdings, daß sich etwas derartiges aus dem Testament entnehmen läßt (BGH aaO). Will der Erbe das Risiko vermeiden, so kann er die Erbschaft ausschlagen. Sodann haftet der Testamentsvollstrecker dem Erben gemäß §§ 2219, 2220 für jegliches Verschulden. Die Kontrollmöglichkeit des Erben unterscheidet sich hier nicht von der, die ihm sonst zu Gebote steht (Vorbem 43 zu §§ 2197 ff).

Der bezeichneten Ermächtigung des Testamentsvollstreckers durch den Erblasser **98** sind freilich auch **Grenzen** gesetzt. Die Vollmachtlösung verhindert nicht das **eigene Tätigwerden des Erben**, durch das er die Maßnahmen des Testamentsvollstreckers „unterlaufen" kann. Das deutsche Recht kennt keine verdrängende Vollmacht (arg § 137; s ULMER ZHR 146, 555). Eine dem Testamentsvollstrecker in dem Testament erteilte Generalvollmacht verstößt, wenn sie unwiderruflich sein soll, zudem noch gegen die **guten Sitten** (§ 138), auch wenn sie sachlich auf den Nachlaß beschränkt ist und Selbstkontrahieren nicht gestattet ist; denn der Erbe kann nicht mit gebundenen Händen einem so ausgedehnten Machtbereich des Testamentsvollstreckers ausgeliefert werden (HAEGELE/WINKLER Rn 314; JOHANSSEN WM 1970, 570; JOHN BB 1980, 757, 758). Aus diesen Gründen wird die Vollmachtslösung als problematisch angesehen (Münch-Komm/BRANDNER Rn 20 f; JOHN BB 1980, 751; D MAYER, in: BENGEL/REIMANN, HbTV V Rn 134). Als Gestaltungsmöglichkeit wird eine Beschränkung der Vollmacht vorgeschlagen (HAEGELE/WINKLER Rn 316 mwN).

Bei der Vollmachtslösung werden die Erben als Inhaber des Geschäftes in das **Han-** **99** **delsregister** eingetragen. Die Eintragung eines Testamentsvollstreckervermerkes ist dann unzulässig (BGHZ 12, 100; KEIDEL/SCHMATZ/STÖBER Rn 195). Die Erben haften für die neu entstehenden Geschäftsverbindlichkeiten persönlich und unbeschränkt. Sie müssen auch die Haftungsbeschränkungen der §§ 25, 27 HGB geltend machen (s Rn 95). Der Testamentsvollstrecker haftet nur den Erben nach § 2219 und nach den allgemeinen Haftungsregeln.

Da die Vollmachtslösung einer ausdrücklichen Anweisung oder postmortalen Voll- **100** macht des Erblassers bedarf, ist bei fehlenden Anweisungen im Testament im Zweifel anzunehmen, daß nicht die Vollmachtslösung, sondern die Treuhandlösung gewünscht ist, wenn die Anordnung der Testamentsvollstreckung andernfalls unwirksam wäre (BGHZ 24, 106, 112; SOERGEL/DAMRAU Rn 19). Im Hinblick auf neu entwickelte Möglichkeiten der Geschäftsfortführung (Rn 113 ff) wird jedoch zunehmend gefordert, daß der Testamentsvollstrecker in der Auswahl der Ersatzlösung die freie Wahl im Rahmen seines pflichtgemäßen Ermessens haben soll (MünchKomm/ BRANDNER Rn 24; D MAYER, in: BENGEL/REIMANN, HbTV V Rn 145).

c) **Weisungsgeberlösung**

101 Der Testamentsvollstrecker kann, wenn er etwa die persönliche Haftung vermeiden will, in der Regel das zum Nachlaß gehörige Handelsgeschäft im Außenverhältnis freigeben (§ 2217), sich aber uU – wozu er in der Regel verpflichtet ist – im Innenverhältnis die **Entscheidungsbefugnis vorbehalten** (DONNER DNotZ 1944, 14; RICHARDI 44; DITTMANN/REIMANN/BENGEL D Rn 119). Dies setzt entweder eine entsprechende Ermächtigung durch den Erblasser oder eine Einigung mit den Erben voraus.

102 Wird das Handelsgeschäft nach § 2217 vom Testamentsvollstrecker freigegeben oder von den **Erben** – wenn uU auch nach Weisung durch den Testamentsvollstrecker – fortgeführt, so **haften** diese für die entstehenden Geschäftsverbindlichkeiten **persönlich** (KG JW 1937, 2599). Die Erben werden dann als Inhaber des Handelsgeschäftes in Erbengemeinschaft in das Handelsregister eingetragen, der Testamentsvollstrecker hat der Anmeldung beizutreten (HAEGELE/WINKLER Rn 321). Die Firma muß aber dann den Vorschriften über die Bildung einer Einzelfirma entsprechen und zugleich das Bestehen der Erbengemeinschaft zum Ausdruck bringen. Die Erbengemeinschaft kann das Geschäft auch als solche weiterführen, wenn ein Miterbe ausgeschieden ist (MAINS DFG 1939, 191). Für eine Erbengemeinschaft, die ein Handelsgeschäft als solche fortführt, kann kein Liquidator bestellt werden; anders, wenn die Erbengemeinschaft stillschweigend in eine OHG umgewandelt wurde (OLG München HRR 1937 Nr 1593).

d) **Weitere Gestaltungsmöglichkeiten**

103 Ist weder das eine noch das andere der Fall, will aber der Testamentsvollstrecker eine persönliche Haftung im Außenverhältnis vermeiden, so bleibt ihm die Möglichkeit, das **Amt abzulehnen** oder, wenn er es schon angenommen hat, zu kündigen (§§ 2202, 2226); ferner kann er im Rahmen seines Verwaltungsrechtes (§§ 2205, 2216) das Unternehmen **stillegen, veräußern, verpachten** (DONNER DNotZ 1944, 14). Die Bestellung eines Prokuristen ist nach dem KG (NJW 1959, 1086, 1088) in Aufgabe seiner früheren Rechtsprechung (RJA 11, 271) nur dann möglich, wenn das Unternehmen im Rahmen der Treuhand- oder Vollmachtslösung weitergeführt wird. Hat der Inhaber eines Handelsgeschäftes seinen Prokuristen zum Testamentsvollstrecker bestellt, so kann dieser das Handelsgeschäfts im eigenen Namen fortführen oder auch – mangels abweichender Bestimmung im Testament – gemäß § 2217 die Fortführung dem Erben überlassen. Eine Vereinigung der Ämter des Prokuristen und des Testamentsvollstreckers in einer Person tritt in beiden Fällen nicht ein (KG JW 1936, 1137; SOERGEL/DAMRAU Rn 42). In der Ernennung zum Testamentsvollstrecker liegt also kein Widerruf der Prokura (PALANDT/EDENHOFER Rn 8; unklar DEMPEWOLFF DB 1955, 889). Zur Erteilung einer Prokura an den Testamentsvollstrecker s WEIDLICH ZEV 1994, 205, 211.

104 Eine weitere Ersatzlösung wird neuerdings in der sog **beaufsichtigenden Testamentsvollstreckung** gesehen. Aufgrund der Rechtsprechung des BGH zur Verwaltungsvollstreckung an der „Außenseite" einer Personengesellschaftsbeteiligung (BGH NJW 1985, 1953; Rn 113), wird es für zulässig erachtet, daß der Erbe das Einzelhandelsunternehmen unter der Aufsicht des Testamentsvollstreckers fortführt (D MAYER, in:

BENGEL/REIMANN, HbTV V Rn 146). Zu beachten ist auch, daß eine Testamentsvollstreckeranordnung in jedem Fall die zum Unternehmen gehörenden Einzelwirtschaftsgüter, vor allem das Anlagevermögen, wie etwa Betriebsgrundbesitz, erfaßt. Dadurch wird auch eine Vollstreckung der Eigengläubiger des Erben in das Handelsgeschäft vermieden (s REIMANN 74).

Der Erblasser kann auch die **Umwandlung seines Geschäftes in eine Kapitalgesellschaft** **105** (GmbH, AG) anordnen. Bei diesen ist eine Testamentsvollstreckung im wesentlichen anerkannt (Rn 140). Dadurch kann dem Testamentsvollstrecker ohne Umwege die Leitungsmacht des Unternehmens anvertraut, das Eigentum an den Gesellschaftsanteilen dem Erben übertragen und hierfür Testamentsvollstreckung angeordnet werden (BRANDNER, in: FS Stimpel 991, 1005; D MAYER, in: BENGEL/REIMANN, HbTV V Rn 142). Auch eine sog Vorratsgründung einer GmbH zu Lebzeiten durch den Erblasser ist zulässig (BGH NJW 1992, 1824).

3. Testamentsvollstreckung bei einer oHG, einer BGB-Gesellschaft und einem Komplementäranteil an einer KG

a) Grundsätzliches

Der mögliche Aufgabenbereich des Testamentsvollstreckers hängt davon ab, welche **106** Regelung der Gesellschaftsvertrag für den Fall des Todes eines Gesellschafters vorsieht. Wird die Gesellschaft mit dem Tod des voll haftenden Gesellschafters **aufgelöst** (vgl § 131 Nr 4 HGB), kann der Testamentsvollstrecker im Rahmen einer Abwicklungsvollstreckung sämtliche Liquidationsansprüche für die Erben geltend machen (vgl aber KLEIN DStR 1992, 294 für den Fall, daß der Erbe eine ihm eingeräumte Möglichkeit der Weiterführung wahrnimmt). Bei einer Fortsetzung unter den verbleibenden Gesellschaftern (**Fortsetzungsklausel**) kann der Testamentsvollstrecker die Abfindungsansprüche der Erben gegen die Gesellschaft geltend machen.

Ist im Gesellschaftsvertrag die Fortsetzung der Gesellschaft mit dem (den) Erben **107** vorgesehen (**Nachfolgeklausel**), unterliegen wegen der mit dem Gesellschaftsanteil verbundenen personenrechtlichen Elemente und der unterschiedlichen Haftungsgrundsätze von Erbrecht und Gesellschaftsrecht die Rechte eines voll haftenden Gesellschafters prinzipiell **nicht** der Testamentsvollstreckung (RGZ 170, 392; 172, 199; BGHZ 68, 225 für OHG und Komplementäranteil; BGH NJW 1981, 749; BayObLGZ 1984, 225 für die BGB-Gesellschaft; aM MAROTZKE JZ 1986, 457; MUSCHELER 534 ff; differenzierend BOMMERT BB 1984, 178). Die Rechtsprechung des BGH hat sich jedoch zum Teil geändert (BGHZ 98, 48; BGH NJW 1989, 3152), so daß neue Gestaltungen entwickelt werden können.

b) Bisherige Ersatzlösungen

Testamentsvollstrecker als Treuhänder (vgl Rn 93 ff): Auch bei der Beteiligung des Erb- **108** lassers an einer Personalgesellschaft besteht die Möglichkeit, daß der Testamentsvollstrecker selbst als Treuhänder für die Erben Gesellschafter wird (HAEGELE/ WINKLER Rn 349; RICHARDI 56 ff). Dies ergibt sich aus den gleichen Gründen, aus denen der BGH (BGHZ 12, 102) die treuhänderische Führung einer Einzelfirma durch den Testamentsvollstrecker für zulässig erklärt hat. Erforderlich ist hier allerdings, daß im Gesellschaftsvertrag die Übernahme des Anteils durch den Testamentsvollstrecker vorgesehen ist oder daß die Mitgesellschafter einer solchen Übernahme später zustimmen (s Rn 121). Wenn der Testamentsvollstrecker als Treuhänder für die Erben Gesellschafter einer OHG wird, so haftet er den Gläubigern der Gesellschaft persönlich unbeschränkt. Das Treuhandverhältnis hat grundsätzlich keinen Einfluß auf das Rechtsverhältnis des Testamentsvollstreckers zu den anderen Gesellschaftern (BGHZ 3, 354, 360 = JZ 1952, 114 mit Anm HUECK). Der im Innenverhältnis treuhänderische, im Außenverhältnis aber unbeschränkte Übergang des Geschäftsanteils auf den Testamentsvollstrecker muß von diesem und den Erben zum Handelsregister angemeldet werden. Der Testamentsvollstrecker wird für den Erben Gesellschafter und ist als solcher in das Handelsregister einzutragen.

109 **Testamentsvollstrecker als Bevollmächtigter der Erben** (vgl Rn 97 ff): Bei dieser Ersatzlösung bleiben die Erben Gesellschafter und werden in das Handelsregister eingetragen. Der Testamentsvollstrecker nimmt als Bevollmächtigter der Erben deren Gesellschafterrechte wahr. Will der Erblasser dies erreichen, so kann er seine Erben durch eine letztwillige Auflage (oder Bedingung) dazu anhalten, daß sie sich die Ausübung der Mitgliedschaftsrechte – gleichgültig, ob sie übertragbar sind oder nicht – durch den Testamentsvollstrecker gefallen lassen (NIEDER Rn 712; aM EMMERICH ZHR 132, 314). Gleiches kann für die Neugründung einer Gesellschaft durch die Erben gelten (vgl Rn 143). Der Testamentsvollstrecker kann dann von den Erben ohne weiteres die Vollziehung der Auflage verlangen mit der Wirkung, daß die Erben der Rechtsausübung durch ihn nicht widersprechen dürfen, vielmehr sie zu dulden verpflichtet sind, soweit sich seine Handlungen im Rahmen einer Ordnungsmäßigen Verwaltung halten (§§ 2108 Abs 2, 2194; RGZ 172, 199, 205; KG DNotZ 1955, 418, 422; BayObLG 1986, 614; REHMANN BB 1985, 297, 299). Gegen diese Auffassung werden aber grundsätzliche Bedenken erhoben, da der Erblasser die Rechte des Testamentsvollstreckers nicht über das gesetzliche Höchstmaß hinaus erweitern könne (D Mayer, in: BENGEL/REIMANN, HbTV V Rn 170 f).

110 Auch eine Vollmachtslösung im Rahmen einer **postmortalen Vollmacht** des Erblassers (dazu REITMANN BB 1984, 1394) ist unter den genannten Einschränkungen möglich. Auch hier muß ein Widerruf durch Auflagen oder bedingte Erbeinsetzung verhindert werden (gegen die Zulässigkeit solcher Auflagen JOHANNSEN WM 1970, 570). Da es eine verdrängende Vollmacht im deutschen Recht nicht gibt (vgl ULMER ZHR 146, 555), hindert die Vollmacht den Gesellschafter-Nachfolger nicht daran, selbst tätig zu werden.

111 **Testamentsvollstrecker als Weisungsgeber:** Der Testamentsvollstrecker übt hier lediglich im Innenverhältnis Weisungsrechte gegenüber dem Erben (Gesellschafter-Nachfolger) aus. Der Erbe ist dann vollhaftender Gesellschafter und muß durch entsprechende Auflagen gezwungen werden, im Innenverhältnis den Weisungen des Testamentsvollstreckers zu folgen.

112 Ob der Erblasser durch seine letztwillige Verfügung die Erben im Wege der Auflage oder Bedingung veranlassen wollte, dem Testamentsvollstrecker die Ausübung ihrer Rechte zu überlassen, oder welche Ersatzlösung sonst gewollt ist, ist im Einzelfall **Auslegungsfrage**. Es gelten hierfür die gleichen Grundsätze, wie sie oben zu Rn 100 erörtert wurden. Auch ohne ausdrückliche Bestimmung wird ein solcher Wille des Erblassers insbesondere dann anzunehmen sein, wenn der Gesellschaftsanteil das einzige erhebliche Nachlaßstück ist oder die Erben nicht geschäftsgewandt sind oder wenn eine Verwaltungsvollstreckung (§ 2209) vorliegt (WEILER DNotZ 1952, 298; KIPP/COING § 68 III 3 a). Die Zulässigkeit einer solchen Anordnung wird nach RG DRWiss 1944, 339 auch nicht durch einen gewissen Interessenwiderstreit ausgeschlossen, der dadurch entsteht, daß der Testamentsvollstrecker zugleich zum Nacherben für den Vorerben, sogar für den befreiten Vorerben, eingesetzt ist. Auch in diesem Falle kann der Erbe (befreite Vorerbe) der Ausübung seiner Mitgliedschaftsrechte durch den Testamentsvollstrecker nicht widersprechen, sofern sie sich im Rahmen einer ordnungsmäßigen Verwaltung hält.

c) Weitere Möglichkeiten nach der neueren Rechtsprechung des BGH

Nach BGH DNotZ 1985, 561 = MittBayNot 1985, 134 mit Anm REIMANN ist nunmehr eine getrennte Betrachtungsweise angebracht: Die personenrechtlichen Elemente unterliegen nicht der Testamentsvollstreckung, wohl aber der – auch latente, also künftige – **Abfindungsanspruch** des Erben gegen die Gesellschaft, so daß zu allen Maßnahmen, die den Abfindungsanspruch des Erben tangieren (zB Verkauf des Anteils, Gesellschaftsvertragsänderung etc) die Zustimmung des Testamentsvollstreckers dinglich nötig ist. **113**

Das Urteil des Bundesgerichtshofs vom 14. 5. 1986 (BGHZ 98, 48 = DNotZ 1987, 116) enthält eine Änderung der Rechtsprechung zu der Frage, ob der Anteil an einer Personengesellschaft der Testamentsvollstreckung unterliegen kann. Der Bundesgerichtshof rückt darin von seiner bisherigen Auffassung ab, nach welcher „sich der Machtbereich eines Testamentsvollstreckers ... nicht auf den Anteil eines persönlich haftenden Gesellschafters ... erstreckt" (vgl Rn 107). Der BGH bestätigt zwar seine bisherige Auffassung, daß der Testamentsvollstrecker in der Gesellschaft (sog **Innenseite**) keine Mitwirkungsrechte haben könne. Er weist ihm aber eine den Gesellschafter-Erben beaufsichtigende Funktion (sog **Außenseite**) zu. Der Testamentsvollstrecker kann somit zwar nicht selbst mit Wirkung für den Erben in seiner Funktion als Gesellschafter handeln, anderseits kann auch der Erbe ohne den Testamentsvollstrecker nicht über seine Beteiligung verfügen (dingliche Beschränkung; HAEGELE/WINKLER Rn 344; D MAYER, in: BENGEL/REIMANN, HbTV V Rn 161; D MAYER ZIP 1990, 979; kritisch ULMER, in: FS Schilling 79, 85). Eigengläubiger des Erben können nicht in den geerbten Anteil und die daraus erwachsenden Vermögensrechte (Erträge) vollstrecken (§ 2214 BGB; HAEGELE/WINKLER Rn 344). **114**

Ist der Gesellschafter zivilrechtlicher Eigentümer von **Betriebsvermögensgegenständen**, kann insoweit ohne Probleme und unbeeinflußt von dogmatischen Streitfragen Testamentsvollstreckung angeordnet werden, insbesondere wenn sie steuerliches Betriebsvermögen des Gesellschafters sind. **115**

Eine Testamentsvollstreckung ist bei Personengesellschaften für den Gesellschafter einer oHG, einer BGB-Gesellschaft und den Komplementär einer KG dem Erben gegenüber jetzt zwar zulässig, der Erbe ist jedoch **in der Gesellschaft** nicht daran gehindert, seine Rechte selbst wahrzunehmen. Der Testamentsvollstrecker hat jedoch eine **beaufsichtigende Funktion** über den Erben, soweit dieser Gesellschafter-Nachfolger geworden ist. Er kann verhindern, daß der Gesellschafter-Erbe über den ererbten Geschäftsanteil verfügt. Der Gesellschafter-Erbe bedarf zu Maßnahmen, die sein Abfindungsguthaben gegenüber der Gesellschaft tangieren, der Zustimmung des Testamentsvollstreckers. Fehlt diese Zustimmung, bleibt die Maßnahme **116** des Erben unwirksam (dingliche Wirkung der Testamentsvollstreckung). Dies gilt insbesondere für Änderungen des Gesellschaftsvertrages, für die Veräußerung der Beteiligung, aber wohl auch für Maßnahmen, welche die Gewinnverwendung (Ausschüttung oder Thesaurierung) betreffen (vgl REIMANN MittBayNot 1985, 135). Bei sonstigen gesellschaftsinternen Verwaltungsmaßnahmen hat der Testamentsvollstrecker keine Mitwirkungs- und Aufsichtsrechte.

117 Der **Gesellschaftsvertrag** könnte die Testamentsvollstreckung an sich auch für die „Innenseite" der Beteiligung zulassen. Da jedoch die Eigenrechte der Erben bei der Beteiligung an einer oHG, einer BGB-Gesellschaft und als Komplementär an einer KG (Gefahr einer Verpflichtung des Privatvermögens durch Maßnahmen des Testamentsvollstreckers) dem entgegenstehen, muß es auch in derartigen Fällen bei der beaufsichtigenden Funktion des Testamentsvollstreckers und der Testamentsvollstreckung in Bezug auf das latente Abfindungsguthaben verbleiben.

118 Eine **Erweiterung** des Aufgabenbereichs des Testamentsvollstreckers ist mit dinglicher Wirkung **nicht möglich**. Ist von der Gesellschaft und vom Erblasser eine weitergehende Funktion des Testamentsvollstreckers auf der „Innenseite" der Beteiligung gewollt, insbesondere bei gesellschaftsinternen Maßnahmen, die weder eine Verfügung darstellen noch den Abfindungsanspruch berühren, so muß es bei den bisher schon praktizierten Ersatzkonstruktionen bleiben (s Rn 108 ff).

119 Da die Funktionen des Testamentsvollstreckers an der „Außenseite" der Beteiligung **erbrechtlichen** Ursprungs sind, können sie durch Gesellschaftsvertrag nicht ausgeschlossen oder eingeschränkt werden.

120 Die Testamentsvollstreckung kann bei einem **Eintrittsrecht** des Erben in die Gesellschaft nicht angeordnet werden, da das Eintrittsrecht dem Erben kraft Gesellschaftsvertrag zusteht und nicht in den Nachlaß fällt (BGHZ 22, 186). Ersatzmöglichkeiten bestehen wie bei der Vollnachfolge.

d) Gesellschaftsrechtliche Schranken der Testamentsvollstreckung

121 Die **übrigen Gesellschafter** brauchen sich die Ausübung der Mitgliedschaftsrechte durch den Testamentsvollstrecker gegen ihren Willen nicht gefallen zu lassen. Eine solche Rechtsausübung ist daher nur zulässig, wenn sie entweder im Gesellschaftsvertrag vorgesehen ist oder wenn die Mitgesellschafter nachträglich zustimmen (RGZ 172, 189, 207; SOMMER DNotZ 1936, 941; KIPP/COING § 68 III 3 a; BOMMERT BB 1984, 178, 183; vgl BGH NJW 1995, 2551, 2552). Die Zustimmung der Mitgesellschafter kann aber unter Umständen schon in der Fortsetzungsklausel (Vererblichkeitsklausel, § 139 HGB) oder der Zulassung der Übertragung des Gesellschaftsanteils liegen (aM MünchKomm/ BRANDNER Rn 29; D MAYER, in: BENGEL/REIMANN, HbTV V Rn 157). Verweigern die übrigen Gesellschafter ihre Zustimmung und führt der Erbe den Anteil fort, so ändert dies an der Testamentsvollstreckung der Außenseite des Anteils nichts (BGH NJW 1986, 2431, 2433; MUSCHELER 478 ff). Allerdings stehen die Gewinnansprüche, die ja dann auf der persönlichen Leistung des Erben beruhen, trotz der damit verbundenen Bewertungsschwierigkeiten zum Teil dem Erben zu und fallen nicht in den vollstreckten Nachlaß (BGH aaO; NJW 1985, 1953, 1954; KLEIN DStR 1992, 95; aM WEIDLICH 102 f). Der Testamentsvollstrecker kann jedoch alle Informationsrechte geltend machen, die mit

dem Vermögenswert des Anteils zusammenhängen (D Mayer, in: Bengel/Reimann, HbTV V Rn 193; aM Weidlich 104).

Auch im Rahmen der Ersatzlösungen ergeben sich Einschränkungen der Verfü- **122** gungsmacht des Testamentsvollstreckers aus der sog **Kernbereichslehre** (BGH NJW 1989, 3152; Priester, in: FS Stimpel 471; Weidlich 47 ff; Weidlich ZEV 1994, 206, 208 ff). Danach existieren unentziehbare Gesellschaftsrechte, die geeignet sind, die Rechtsstellung, so zB die Rechte nach §§ 118 Abs 2, 139 HGB, des Gesellschafters in ihrem Bestand zu gefährden (Quack BB 1989, 2271, 2273; D Mayer ZIP 1990, 978; Überblick bei Weidlich aaO). Zur Ausübung dieser Rechte sowie zur diesbezüglichen Stimmrechtsausübung bedarf der Testamentsvollstrecker der Mitwirkung des Gesellschafter-Erben (Priester aaO; Haegele/Winkler Rn 372; D Mayer, in: Bengel/Reimann, HbTV V Rn 177). Bei den Kernbereich berührenden Angelegenheiten hat der Erbe das Recht, statt des Testamentsvollstreckers aktiv an der Gesellschafterversammlung teilzunehmen. Ein unzulässiger Eingriff in den Kernbereich löst die Haftung nach § 2219 aus (D Mayer ZIP 1990, 978).

Unberührt von der Kernbereichslehre bleibt das Recht des Testamentsvollstreckers, **123** die Gesellschaft zu **kündigen** (§ 132 HGB) oder die **Auflösungsklage** nach § 133 HGB zu erheben (Ulmer NJW 1990, 73, 79 f), sofern der Erbe einen angemessenen Vermögensausgleich erhält (S 3!). Ob der Erbe neben dem Testamentsvollstrecker zur Ausübung dieser Rechte befugt ist, ist umstritten (bejahend Weidlich 56 f; D Mayer, in: Bengel/Reimann, HbTV V Rn 182; aM Ulmer NJW 1990, 80). Da die Testamentsvollstreckung und ihre Ersatzlösungen gerade auch die Kontinuität einer Gesellschaftsbeteiligung sichern sollen, sind hier Zweifel angebracht.

4. Die Testamentsvollstreckung an einem Kommanditanteil

a) Grundsatz

Die Rechtslage bei der Testamentsvollstreckung von Kommanditanteilen war **bisher 124** unübersichtlich: Nach RGZ 172, 199 ist eine Testamentsvollstreckung unzulässig, wenn die Hafteinlage des Kommanditisten nicht voll eingezahlt ist. Nach OLG Frankfurt (DNotZ 1983, 394) und BayObLG (Rpfleger 1983, 442) gilt dies auch dann, wenn die Hafteinlage voll eingezahlt ist. Der BGH (DNotZ 1985, 561) neigte, ohne die Frage zu entscheiden, zunächst der Zulässigkeit der Testamentsvollstreckung zu, wenn die Hafteinlage voll eingezahlt ist. Zudem wurden dem Testamentsvollstrecker sämtliche Rechte in Bezug auf den Abfindungsanspruch, auch soweit dieser wegen Fortsetzung der Gesellschaft mit den Erben nicht aktuell ist, und Mitwirkungsbefugnisse an der Außenseite der Beteiligung zuerkannt (s Rn 113).

Nach dem BGH-Beschluß vom 3. 7. 1989 (BGHZ 108, 187 = WM 1989, 1331 = DNotZ 1990, **125** 183 mit Anm Reimann) ist nunmehr die **Zulässigkeit der Testamentsvollstreckung für einen Kommanditanteil gesichert**, und zwar unabhängig davon, ob die Kommanditeinlage (Hafteinlage) des durch Tod ausgeschiedenen Kommanditisten bei dessen Ableben voll eingezahlt war oder nicht. Dies rechtfertigt sich mit der beschränkten Haftung des Kommanditisten (auch die noch nicht eingezahlte Einlage ist eine wertmäßig begrenzte Nachlaßverbindlichkeit) und der Tatsache, daß der Kommanditist nicht geschäftsführungs- und vertretungsbefugt ist. Der Kommanditanteil stellt damit in seiner Gesamtheit einen Teil des Nachlasses dar, welcher der Testamentsvollstreckung zugänglich ist

(ULMER NJW 1990, 73; D MAYER ZIP 1990, 976; HAEGELE/WINKLER Rn 368). Damit eröffnen sich im Gesellschaftsrecht erhebliche erbrechtliche Gestaltungsmöglichkeiten, die bislang nur bei Kapitalgesellschaften gegeben waren. Insbesondere ist auch an die Umwandlung einer oHG-Beteiligung in eine Kommanditbeteiligung zu denken, wenn Testamentsvollstreckung gewünscht ist (WEIDLICH ZEV 1994, 205, 212 ff).

126 **Voraussetzung ist aber stets**, daß die übrigen Gesellschafter – im Gesellschaftsvertrag oder ad hoc – der Wahrnehmung der Gesellschafterrechte durch den Testamentsvollstrecker **zugestimmt** haben (vgl Rn 121). Im Gesellschaftsvertrag sollte also insoweit eine vorsorgliche Regelung enthalten sein, allerdings ist bei einer Publikums-KG davon konkludent auszugehen (ULMER NJW 1990, 73, 76). Ist eine Zustimmung der Mitgesellschafter – im Gesellschaftsvertrag oder ad hoc – nicht gegeben, bleibt eine Testamentsvollstreckung an der „Außenseite" der Beteiligung gleichwohl möglich (Rn 121). Auch das Testament muß eine ausdrückliche Regelung enthalten (KLEIN DStR 1992, 326).

b) **Einzelfragen**

127 Allerdings verbleiben auch nach der BGH-Entscheidung vom 3. 7. 1989 einige Restprobleme: Die Frage, ob dem Testamentsvollstrecker bei der Verwaltung von Geschäftsanteilen Grenzen gesetzt sind (**Kernrechtsproblematik**, s Rn 122), wurde bislang naturgemäß nur für Kapitalgesellschaften erörtert (vBURCHARD GmbHR 1954, 150; PRIESTER, in: FS Stimpel 463). Der BGH spricht die Problematik bei der Frage an, ob der Testamentsvollstrecker ohne Mitwirkung des Erben bei einer Erhöhung der Hafteinlage mitwirken könne. Die dem Testamentsvollstrecker bei der Verwaltung einer Kommanditistenbeteiligung gesetzten Schranken können erbrechtlicher und gesellschaftsrechtlicher Art sein.

128 **Erbrechtliche Beschränkungen** ergeben sich aus dem Gebot der ordnungsgemäßen Verwaltung des Nachlasses (Abs 1 S 1, § 2216 Abs 1) und dem Verbot unentgeltlicher Verfügungen (S 3). Der Testamentsvollstrecker ist hiernach nicht berechtigt, an Verträgen (insbesondere Satzungsänderungen) und Beschlüssen mitzuwirken, die zu einer einseitigen Rechtseinbuße für den Gesellschafter führen; die Überlegungen, die der BGH (BGHZ 78, 177) für den Vorerben angestellt hat, könnten insoweit bei der Abgrenzung verwertbar sein. Erbrechtlichen Ursprungs ist auch die Beschränkung der Verpflichtungsmacht des Testamentsvollstreckers auf den Nachlaß. Problematisch ist hiernach die Befugnis des Testamentsvollstreckers, an Kapitalerhöhungen und bei der Begründung neuer Nebenverpflichtungen mitzuwirken. Kapitalerhöhungen, aber auch haftungsbegründende Entnahmen (§ 172 Abs 4 HGB) kann der Testamentsvollstrecker ohne Mitwirkung des Erben nur vornehmen, wenn eine Verpflichtung des Erben mit seinem sonstigen (nicht geerbten) Vermögen ausgeschlossen, also die Erfüllbarkeit solcher Verpflichtungen aus dem Nachlaß (nicht unbedingt aus der Beteiligung selbst) gesichert ist.

129 **Gesellschaftsrechtliche Beschränkungen** ergeben sich aus der sogenannten Kernbereichslehre (WIEDEMANN, Gesellschaftsrecht I 360 ff; MUSCHELER 504 f; Rn 122). Eingriffe in den Kernbereich der Mitgliedschaft dürfen hiernach nur mit Billigung des betroffenen Gesellschafters vorgenommen werden; dadurch wird die Möglichkeit von Mehrheitsbeschlüssen eingeschränkt, Gesellschafterbeschlüsse oder Gesellschaftervereinbarungen, die zu ihrer Wirksamkeit, sofern keine Testamentsvollstreckung be-

stünde, der Zustimmung des betroffenen Gesellschafters bedürften, überschreiten regelmäßig auch den Machtbereich des Testamentsvollstreckers (vgl PRIESTER, in: FS Stimpel 481 ff).

Besonderheiten bei geschäftsführungs- und vertretungsberechtigten Kommanditisten: Der 130 BGH (BGHZ 108, 187, 195 f) deutet an, gegen die Zulässigkeit der Testamentsvollstreckung über einen Kommanditanteil könnten dann Bedenken bestehen, wenn der Kommanditist – abweichend von der gesetzlichen Regelung (§§ 164, 170 HGB) – geschäftsführungs- und vertretungsberechtigt ist (aM MUSCHELER 516). Der Gesellschaftsvertrag kann Kommanditisten Geschäftsführungsbefugnisse geben, eine organschaftliche Vertretung durch Kommanditisten ist allerdings zwingend ausgeschlossen. Soll der Kommanditist gleichwohl zur Vertretung berechtigt sein, müßte ihm eine Vollmacht oder eine Prokura erteilt werden. Die Vertretungsmacht ist allerdings für sich allein keine vererbliche Rechtsposition im Sinn des § 1922 BGB, sie kann es aber im Zusammenhang mit der Rechtsstellung sein, die sich aus dem Grundverhältnis ergibt. Ist dieses ein Auftrag oder ein Geschäftsbesorgungsvertrag, erlischt es im Zweifel mit dem Tod des Bevollmächtigten (§§ 673 S 1, 675), so daß sich die Frage, ob der Testamentsvollstrecker insoweit Rechte zu verwalten hat, nicht stellt. Die im eigenen Interesse des Bevollmächtigten eingeräumte Vollmacht erlischt mit dessen Tod dagegen regelmäßig nicht, wenn das Eigeninteresse in gleicher Weise auch beim Erben gegeben ist (vgl MünchKomm/THIELE § 168 Rn 6). Die Abgrenzung wird aus dem Gesellschaftsvertrag, dem insoweit maßgeblichen Grundverhältnis, vorzunehmen sein; kommt man zu vererblichen Sonderrechten des verstorbenen Gesellschafters, wird auch die Frage nach der Zulässigkeit der Testamentsvollstreckung neu zu überdenken sein. Die Zulässigkeit wird idR scheitern müssen, wenn nicht die Zustimmung der übrigen Gesellschafter dazu erteilt ist, daß der vorgesehene Testamentsvollstrecker (wohl nicht irgendein Testamentsvollstrecker) die Möglichkeit hat, sie durch seine Geschäftsführungs- und Vertretungsbefugnisse möglicherweise sogar mit ihrem gesamten Vermögen zu verpflichten.

Aufstockung der eigenen Beteiligung durch geerbte Beteiligung: War der Erbe bereits vor 131 dem Erbfall (aus eigenem Recht) Gesellschafter und erbt er eine Kommanditbeteiligung, läßt sich nach Auffassung des BGH die Testamentsvollstreckung nicht realisieren. Durch den erbrechtlichen Zuerwerb entsteht eine neue vergrößerte, aber einheitliche Kommanditbeteiligung. Würde man die Testamentsvollstreckung für den geerbten Teil zulassen, käme man zu einer Abspaltung des entstandenen einheitlichen Gesellschaftsanteils, die schon nach früherer Rechtsprechung (BGHZ 24, 106, 113) nicht möglich ist. Jedoch ist eine Vereinigung von Gesellschaftsanteilen nicht zwingend, zumal Privatvermögen und Nachlaß, zu dem eine Kommanditbeteiligung gehört, verschiedene Vermögensmassen sind. Daher muß die Testamentsvollstreckung an einem Kommanditanteil auch dann möglich sein, wenn der Erbe bereits anderweitig Gesellschafter ist (ULMER NJW 1984, 1501; WEIDLICH 100; D MAYER, in: BENGEL/REIMANN, HbTV V Rn 186). Inwieweit die Rechtsprechung auch hier umschwenken wird, bleibt abzuwarten. Im Rahmen der derzeitigen Rechtsprechung wird bei lebzeitiger Aufnahme eines Erben in die Gesellschaft Vorsicht geboten sein, der Erblasser gibt damit, meist ohne diese Konsequenz zu bedenken, uU das Instrument der Testamentsvollstreckung aus der Hand.

Ist es zu einer derartigen Konstellation gekommen, besteht aber gleichwohl das 132

Bedürfnis für eine Testamentsvollstreckung, so bleiben bislang nur die bisherigen **Ausweichmöglichkeiten** (Treuhandlösung, Vollmachtslösung, Weisungsgeberlösung s Rn 108 ff). Auch die Entscheidung des II. Senats vom 25. 2. 1985 (BGH DNotZ 1985, 561), wonach Verfügungen über den (auch künftigen) Abfindungsanspruch des Gesellschafters gegen die Gesellschaft der Zustimmung des Testamentsvollstreckers bedürfen, gewinnt dann wieder an Bedeutung, ebenso das Urteil des IVa-Senats vom 14. 5. 1986 (DNotZ 1987, 116), welches dem Testamentsvollstrecker Befugnisse an der „Außenseite" der Beteiligung zuweist; diesen Mitwirkungsrechten steht die Rechtsprechung des BGH zur Einheit des entstandenen Gesellschaftsanteils (BGHZ 24, 106) nicht entgegen (vgl Rn 121).

133 **Anmelderecht der Erben:** Wenn die Testamentsvollstreckung über eine Kommanditbeteiligung zulässig ist, hat sie ggf den gesetzlichen Umfang. Durch die Testamentsvollstreckung wird die Verwaltung des Nachlasses und die Verfügung über die Nachlaßgegenstände aus der Rechtssphäre des Erben herausgenommen, der Erbe hat insoweit keine Befugnisse mehr. Dies muß auch für die Handelsregisteranmeldung gelten. Der Testamentsvollstrecker ist also allein anmeldeberechtigt.

134 **Eintragung eines Testamentsvollstreckervermerks im Handelsregister:** Einzutragen im Handelsregister ist nicht nur, was gesetzlich ausdrücklich angeordnet ist, sondern was auch ohne ausdrückliche gesetzliche Vorschrift Sinn und Zweck des Handelsregisters erfordern (BAUMBACH/HOPT § 8 HGB Rn 5). Das Handelsregister soll die Zugehörigkeit gewerblicher Unternehmen zum Handelsstand und die wichtigsten Rechtsverhältnisse der Unternehmen des Handelsstands offenbaren (vgl BAUMBACH/HOPT § 8 HGB Rn 1).

135 Aus der gegenwärtigen Judikatur ergeben sich aber dinglich wirkende Beschränkungen der Rechtsmacht des Kommanditisten, die uU Einfluß auf die Wirksamkeit von Gesellschafterbeschlüssen, also Außenwirkung, haben. Man wird nach der nunmehr eingetretenen Entwicklung in der Rechtsprechung – auch wegen § 2214 BGB – die Eintragung eines Testamentsvollstreckervermerks im Handelsregister für zulässig und **geboten** halten müssen. Vgl im einzelnen Vorbem 102 zu §§ 2197 ff.

136 **Eintragung im Grundbuch**: Hat die KG Grundbesitz, kommt die Eintragung der Testamentsvollstreckung im Grundbuch nicht in Betracht, da nicht der Kommanditist, sondern die Kommanditgesellschaft Eigentümer ist (DAMRAU BWNotZ 1990, 69; aM HÖRER BWNotZ 1990, 16). Etwas anderes gilt aber, wenn der Kommanditist zivilrechtlicher Eigentümer ist und den Grundbesitz zur Nutzung (als steuerliches Sonderbetriebsvermögen) in die KG eingebracht hat.

5. Andere Personengesellschaften

137 **Stille Gesellschaft:** Da die stille Gesellschaft, auch die atypische stille Gesellschaft, nur schuldrechtliche Beziehungen begründet, ist nach dem Tod des stillen Gesellschafters (§ 339 Abs 2 HGB) eine Testamentsvollstreckung uneingeschränkt zulässig (BGH WM 1962, 1084; PAULICK, Handbuch der Stillen Gesellschaft § 16 II 9; HAEGELE/WINKLER Rn 391; PALANDT/EDENHOFER Rn 23).

138 **EWIV:** Die EWIV ist eine ausgeprägte Personengesellschaft, die in ihrer Struktur der oHG ähnlich ist. Nach § 1 EWIV-AG v 14. 4. 1988 (BGBl I 514) gilt für sie das oHG-Recht, soweit nicht die EG-VO Nr 2137/85 etwas anderes anordnet. Daher sind bei der Testamentsvollstreckung über einen EWIV-Anteil die Grundsätze über die oHG anzuwenden. Besonderheiten können sich aus der Möglichkeit der Fremdorganschaft ergeben.

Partnerschaft: Freiberufler haben nach dem PartGG (BGBl I 1994, 1744) seit 1. 7. 1995 **139** die Möglichkeit, sich in der Rechtsform der Partnerschaft zusammenzuschließen. Kraft Verweisung im PartGG sind wesentliche Regeln über die oHG und die BGB-Gesellschaft anzuwenden (§ 1 Abs 2 PartGG). § 9 Abs 2 PartGG sieht allerdings – anders als bei der oHG – vor, daß der Tod eines Partners grundsätzlich nur zum Ausscheiden des Verstorbenen führt. Da die Beteiligung an der Partnerschaft gem § 9 Abs 4 S 1 PartGG also nicht vererblich ist, kommt § 738 BGB zur Anwendung, wonach der Anteil des ausscheidenden Partners den verbleibenden Partnern zuwächst. Der Auseinandersetzungsanspruch fällt dann in den Nachlaß, er steht ggf mehreren Erben zur gesamten Hand zu. Er kann mit Testamentsvollstreckung belastet werden. Die Frage, ob durch Erbgang ein neuer Partner hinzutreten kann, kann im Partnerschaftsvertrag jedoch abweichend hiervon geregelt werden, indem die Partner ihre Beteiligungen vererblich stellen. Der erbrechtlich legitimierte Nachfolger muß dabei jedoch als Partner im Sinne des PartGG in Betracht kommen (vgl § 9 Abs 4 S 2 PartGG). Die berufsrechtliche Qualifikation des Testamentsvollstreckers allein ermöglicht die Nachfolge nicht, wenn nicht der Erbe bzw Vermächtnisnehmer selbst als Partner in Frage kommt. Möglich ist auch eine strengere Regelung, so die Vereinbarung einer qualifizierten Nachfolgeklausel, wofür wiederum die zur oHG entwickelten Rechtsgrundsätze gelten. Ist die Beteiligung an der Partnerschaft durch Gesellschaftsvertrag vererblich gestellt worden, ist Testamentsvollstreckung in dem Umfang wie bei der oHG (vgl Rn 106) zulässig.

6. Kapitalgesellschaften

a) Grundsatz

Gehört ein Anteil am Vermögen einer Kapitalgesellschaft (Geschäftsanteil einer **140** GmbH, Aktie, Genossenschaftsanteil) zum Nachlaß, so hat der Testamentsvollstrecker die ihm in den §§ 2203 ff eingeräumten Befugnisse prinzipiell in **vollem Umfang** (BGHZ 24, 106; 51, 209). Er kann auch die Stimmrechte des Erblassers als Aktionär (§ 134 AktG) oder als Gesellschafter einer GmbH (§ 47 GmbHG) ausüben (BayObLG v 18. 3. 1991, Az: 3-Z-69/90; KGJ 33 A 135; SCHOLZ § 47 GmbHG Rn 16; vBURCHARD GmbHR 1954, 150 mit Einschränkungen für Beschlüsse über Erweiterung von Gesellschafterpflichten). Er ist allerdings – anders als der Gesellschafter selbst (BGHZ 18, 205) – ohne besondere Ermächtigung durch den Erblasser oder die Erben nicht berechtigt, bei seiner Wahl zum Geschäftsführer unmittelbar oder mittelbar (durch Bestellung eines gemeinsamen Stimmführers) mitzuwirken (§ 181 analog, BGH DNotZ 1969, 381). Auch bei seiner Entlastung als Geschäftsführer darf der Testamentsvollstrecker das Stimmrecht nicht ausüben, wenn er nicht von den Beschränkungen des § 181 befreit ist (BGH DB 1989, 1715).

b) GmbH

Aus S 3 folgt, daß der Testamentsvollstrecker im Rahmen seiner Gesellschaftsrechts- **141** ausübung **keiner Rechtsverkürzung** des Gesellschaftsanteils zustimmen darf, wenn damit keine Entschädigung verbunden ist (vgl BGHZ 78, 177 für den Fall der Nacherbfolge). Jedoch ist eine testamentarisch angeordnete Anteilsübertragung zulässig (OLG Düsseldorf DB 1990, 214). Auch die Kernbereichslehre (Rn 122) beschränkt die Ausübung der Gesellschafterrechte durch den Testamentsvollstrecker. Im Bereich der GmbH gehören hierzu insbesondere die Beschlüsse, die in den Bestand der Beteiligung eingreifen (zB Satzungsänderungen, welche den Abfindungsanspruch oder die Abtretbarkeit des Anteils einschränken) oder zu einer Verpflichtung des Erben mit seinem Eigenvermögen führen (zB Kapitalerhöhung). Auch das Kontrollrecht gem § 51a GmbHG ist dem Kernbereich zuzuordnen.

142 Schließt das Gesetz (Freiberufler-GmbH!) oder die Satzung die Ausübung der Gesellschafterrechte durch Dritte aus, so ist eine Testamentsvollstreckung an der „**Innenseite**" (Rn 114) des Gesellschaftsanteils ausgeschlossen (PETZOLD GmbHR 1977, 25, 28; PRIESTER, in: FS Stimpel 471). Zulässig bleibt dennoch die Testamentsvollstreckung an der „**Außenseite**" (Rn 114) des Anteils (HAEGELE/WINKLER Rn 400; HACHENBURG/ ZUTT Anh zu § 15 GmbHG Rn 208).

c) Aktiengesellschaft

143 Das Gesagte gilt entsprechend für die AG. Auch hier verneint die hM wegen der strengen persönlichen Haftung der Gründer (§ 46 AktG) das Recht des Testamentsvollstreckers, sich an der Gründung einer AG zu beteiligen (KGJ 33 A 135). Die entsprechende Anwendung der von der Rechtsprechung entwickelten Grundsätze über die Führung eines Handelsgeschäftes durch den Testamentsvollstrecker gebietet aber auch hier, die Beteiligung des Testamentsvollstreckers in dem oben dargestellten Umfang zuzulassen.

d) Genossenschaften

144 In bezug auf die Verwaltung eines in den Nachlaß fallenden Genossenschaftsanteils gilt das für andere Kapitalgesellschaften Gesagte (Rn 140 ff) entsprechend. Der Testamentsvollstrecker kann (wegen der Verpflichtung zur Einzahlung des Anteils) prinzipiell nicht mit Wirkung für den Nachlaß Mitglied einer Genossenschaft werden, es sei denn, die Mittel zur Deckung des Anteils kämen nachweislich aus dem Nachlaß (MÜLLER § 15 GenG Rn 6; **aM** MünchKomm/BRANDNER Rn 47). Etwas anderes kann sich uU jedoch aus der Verpflichtung des Testamentsvollstreckers, den Nachlaß ordnungsgemäß zu verwalten, ergeben, etwa wenn es notwendig ist, gem § 2206 eine Verbindlichkeit bei einer Kreditgenossenschaft einzugehen und der Kredit an Genossen zu günstigeren Konditionen ausgereicht wird. Auch bei der Genossenschaft gibt es die allgemein entwickelten Ausweichmöglichkeiten (Rn 108 ff). Fraglich ist, ob der Testamentsvollstrecker die nach § 77 Abs 2 GenG erforderlichen Erklärungen zur **Fortsetzung einer Genossenschaft** abgeben kann, da nach § 77 Abs 1 GenG die Mitgliedschaft des Erben mit dem Schluß des Geschäftsjahres, in dem der Erbfall eintritt, endet. Man wird hier die gleichen Grundsätze wie bei der Begründung eines Gesellschaftsanteils anwenden müssen. Ohne Ersatzlösung ist daher auch hier ein Recht des Testamentsvollstreckers, im Rahmen des § 77 Abs 2 GenG tätig zu werden, abzulehnen (HAEGELE/WINKLER Rn 429 f; **aM** MünchKomm/BRANDNER Rn 45).

7. Mischformen

145 Für GmbH & Co, Betriebsspaltung und „GmbH & Still" gilt das, was für die **jeweilige**

Unternehmensform gilt. Wegen des Problems, ob eine Testamentsvollstreckung in eine Gesellschaftsbeteiligung an einer Personengesellschaft zulässig ist, funktioniert eine Testamentsvollstreckung in der Regel nur dann weitgehend problemlos, wenn eine Kapitalgesellschaft beteiligt ist. Bei einer GmbH & Co muß allerdings die GmbH dann eine relativ starke gesellschaftsrechtliche Position haben. Bei der Betriebsaufspaltung ist das Funktionieren auch in der Zeit nach dem Ableben eines Gesellschafters nach außen gewährleistet, da nur die GmbH nach außen auftritt. Die „GmbH und Still" bietet unter dem Aspekt der Testamentsvollstreckung die geringsten Schwierigkeiten.

8. Neugründung von Gesellschaften, Umwandlungen

146 Der Testamentsvollstrecker kann einen **Gesellschaftsvertrag zur Neugründung einer Gesellschaft** nicht mit Wirkung für den Nachlaß abschließen, wenn durch diesen, wie bei Personenhandelsgesellschaften, Verbindlichkeiten begründet werden, die ihrem Inhalt nach mit der Beschränkung der Haftung auf den Nachlaß nicht vereinbar sind. Der Testamentsvollstrecker kann daher auch nicht mit Wirkung für den Nachlaß bei der Errichtung einer GmbH mitwirken, wenn den Gesellschaftern in dem Vertrag persönliche Verpflichtungen auferlegt werden (§ 3 Abs 2 GmbHG) oder wenn eine erweiterte Haftung der Gesellschafter nach § 24 GmbHG in Betracht kommt (KG RJA 8, 127; 16, 102; OLGE 40, 134 Anm 1; KGJ 33, 135; BAUMBACH/HUECK § 2 GmbHG Anm 2 B; **aM** POHL DNotZ 1919, 131; 1920, 265; SOMMER DNotZ 1936, 937). Nur wenn solche weitergehenden Verpflichtungen der Gesellschafter von vornherein auszuschließen sind, kann der Testamentsvollstrecker einen Gesellschaftsvertrag abschließen, wie er auch unter der gleichen Voraussetzung im Rahmen seiner Verpflichtungsbefugnis einen Geschäftsanteil einer GmbH kaufen kann (FISCHER JZ 1954, 426). Darüber hinaus wird man aber in entsprechender Anwendung der Grundsätze, die RG und BGH für die Führung eines Handelsgeschäftes durch den Testamentsvollstrecker aufgestellt haben, gestatten müssen, daß der Testamentsvollstrecker im eigenen Namen unter eigener persönlicher Haftung, aber auf Rechnung der Erben als deren Treuhänder bei der Errichtung einer Gesellschaft mitwirkt, insbesondere dann, wenn ihn der Erblasser im Testament ausdrücklich beauftragt hat, das Geschäft des Erblassers in eine Gesellschaft umzuwandeln oder sich sonst an der Errichtung einer Gesellschaft zu beteiligen (vgl SOMMER DNotZ 1936, 937). Es gelten dann die hierfür aufgestellten Grundsätze (Rn 73 ff).

147 Der Testamentsvollstrecker ist berechtigt, aufgrund seiner Verwaltungsbefugnis bei einer Satzungsänderung mitzuwirken, durch die eine Gesellschaft in eine oder mehrere andere **umgewandelt** wird, wenn dadurch weitergehende Verpflichtungen für den Erben nicht begründet werden (BayObLG NJW 1976, 1692). Dies gilt naturgemäß nur, wenn er aufgrund der gegebenen Rechtslage unter Beachtung satzungsmäßiger Vorgaben und aufgrund der vom Erblasser getroffenen letztwilligen Verfügungen Funktionen an der „Innenseite" der Beteiligung hat. Ist er auf die „Außenseite" beschränkt, kann der Gesellschafter-Nachfolger derartige Beschlüsse mit dinglicher Wirkung nur fassen, wenn der Testamentsvollstrecker zustimmt. Das Instrumentarium, das durch das Umwandlungsgesetz vom 28. 10. 1994 (BGBl I 3210) geschaffen wurde, steht dem Testamentsvollstrecker mit diesen Maßgaben zur Verfügung. Die Zustimmungsbeschlüsse nach dem UmwG sind zwar prinzipiell dem Kernbereich der Beteiligung zuzuordnen (vgl Rn 141). Dies äußert sich aber im wesentlichen nur bei der Frage, ob eine obligatorische Gruppenvertretung angeordnet und damit dem

Gesellschafter-Nachfolger die Möglichkeit, seine Rechte in einem Umwandlungsverfahren selbst wahrzunehmen, entzogen werden kann. Würde man über die oben genannte Beschränkung hinaus dem Testamentsvollstrecker die Möglichkeit nehmen, die Zustimmungsvorbehalte für die Erben auszuüben, könnte er angesichts der schon aus steuerlichen Gründen gelegentlich gegebenen Notwendigkeit, die Rechtsform zu wechseln, sein Amt als Testamentsvollstrecker nicht entsprechend den Intentionen des Erblassers ausüben.

X. Testamentsvollstreckung in weiteren besonderen Situationen

1. Testamentsvollstreckung in Zwangsvollstreckung und Zwangsversteigerung

148 Steht dem Testamentsvollstrecker ein Verwaltungsrecht an dem Nachlaß zu, so kann eine Zwangsvollstreckung nur durch einen **an ihn gerichteten Titel** bewirkt werden (§ 2213 Abs 1 S 1, § 748 ZPO; § 2213 Rn 26 f). Dies gilt auch für die Verwaltung einzelner Nachlaßgegenstände. Hatte die Vollstreckung bereits zu Lebzeiten des Erblassers begonnen, so setzt sich diese trotz der Testamentsvollstreckung fort. Der Testamentsvollstrecker nimmt dann die Rolle des Schuldners ein. War zu Lebzeiten des Erblassers nur ein Titel erwirkt worden, so muß und kann die Klausel auf den Testamentsvollstrecker umgeschrieben werden (§ 749 S 1 ZPO).

149 Im Rahmen seines Verwaltungsrechts hat der Testamentsvollstrecker die Befugnis, **Antrag auf Zwangsversteigerung** von Nachlaßgrundstücken zu stellen, wenn dies zur Nachlaßgläubigerbefriedigung oder zur Miterbenauseinandersetzung nötig ist (§§ 175 Abs 1 S 2, 180 ZVG). Er ist dann, wenn die Testamentsvollstreckung im Grundbuch eingetragen ist, Verfahrensbeteiligter (§ 9 ZVG). Andererseits kann der Testamentsvollstrecker auch zur Verfolgung von Nachlaßforderungen Zwangsversteigerung bzw -verwaltung beantragen (§§ 15, 16, 146 ZVG). Im Rahmen des § 2206 kann der Testamentsvollstrecker auch Gebote im Zwangsversteigerungsverfahren abgeben (KG OLGE 17, 354).

2. Testamentsvollstreckung in Prozeß, Konkurs und Vergleich

150 Soweit es die Verwaltung des Nachlasses erfordert, führt der Testamentsvollstrecker Prozesse für und gegen den Nachlaß in seiner Stellung als **Partei kraft Amtes** (s Vorbem 14 f zu §§ 2197 ff; s auch bezgl Prozeßführungsrecht und Rechtskraftwirkung Erl in §§ 2212, 2213). Insbesondere kann der Testamentsvollstrecker den Erbschaftsanspruch und die Ansprüche nach §§ 2027, 2028 geltend machen (STAUDINGER/WERNER[12] § 2018 Rn 3). Gegen den Testamentsvollstrecker kann der Erbschaftsanspruch dagegen nicht geltend gemacht werden (s STAUDINGER/WERNER[12] § 2018 Rn 13). Zu Rechtsstreitigkeiten über das Erbrecht s § 2212 Rn 25 ff. Die Führung von eigenen Prozessen, etwa wegen der Gültigkeit seiner Ernennung, fällt nicht unter die Verwaltung des Nachlasses nach S 1 (s § 2212 Rn 4 ff).

151 Die Verwaltung des Nachlasses durch den Testamentsvollstrecker steht der **Anordnung der Nachlaßverwaltung** (auch bei Antrag des Erben) nicht entgegen (s STAUDINGER/MAROTZKE[12] § 1981 Rn 14). Das Verwaltungsrecht des Testamentsvollstreckers ruht dann nach § 1984. Nach Beendigung der Verwaltung lebt es wieder auf (RG LZ 1991, 875). Der Testamentsvollstrecker kann auch zum Verwalter bestimmt werden. Gegen

die Anordnung der Verwaltung auf Antrag der Nachlaßgläubiger (s STAUDINGER/ MAROTZKE[12] § 1981 Rn 37) steht dem verwaltenden Testamentsvollstrecker die sofortige Beschwerde zu (§ 76 Abs 2 FGG).

Bei Eröffnung eines **Nachlaßkonkurses** ruht die Verwaltungsbefugnis des Testamentsvollstreckers (§ 6 KO). Nach Beendigung des Konkursverfahrens lebt es wieder auf (KUHN/UHLENBRUCK § 214 KO Rn 11). Der Testamentsvollstrecker ist nach § 217 Abs 1 KO berechtigt, im Falle der Überschuldung des Nachlasses (§ 215 KO) Antrag auf Nachlaßkonkurs zu stellen, aber nur dann, wenn ihm das Verwaltungsrecht hinsichtlich des gesamten Nachlasses zusteht (ARNOLD, in: GOTTWALD, Insolvenzrechtshandbuch § 104 Rn 13). Stellt der Erbe den Antrag, ist der Testamentsvollstrecker zu hören (§ 217 Abs 3 KO). Den Nachlaßgläubigern gegenüber ist der Testamentsvollstrecker nicht verpflichtet, bei Überschuldung die Eröffnung des Nachlaßkonkurses zu beantragen (D MAYER, in: BENGEL/REIMANN, HbTV V Rn 409; ARNOLD, in: GOTTWALD, Insolvenzrechtshandbuch § 104 Rn 13; aM HAEGELE/WINKLER Rn 170). Dem Erben gegenüber kann eine Verpflichtung aus §§ 2216, 2219 gegeben sein. 152

Im Konkursverfahren sind **Masseschulden** nach § 224 Nr 5 KO alle Verbindlichkeiten, die der Testamentsvollstrecker im Rahmen einer ordnungsgemäßen Verwaltung für den Nachlaß eingegangen ist (RGZ 60, 31). Ansprüche des Testamentsvollstreckers auf Vergütung und Auslagenersatz sind Masseschulden nach § 224 Nr 6 KO. Im Rahmen einer Konkursanfechtung werden Rechtshandlungen des Testamentsvollstreckers dem Gemeinschuldner zugerechnet (BGH NJW 1954, 1036). Ein zum Nachlaß gehörendes Einzelunternehmen oder Gesellschaftsanteil gehört zur Konkursmasse (D MAYER, in: BENGEL/REIMANN, HbTV V Rn 418 f). 153

Erbe und Testamentsvollstrecker können auch zur Abwendung eines Konkursverfahrens einen **Vergleichsantrag** stellen (§ 113 VerglO). Der Testamentsvollstrecker nimmt im Vergleichsverfahren die Rolle des Vergleichsschuldners ein, sein Verfügungsrecht besteht weiterhin (HAEGELE KTS 1969, 164). Der Testamentsvollstrecker ist zum Abschluß des Vergleichs befugt. Allerdings wird bei Vergleichen oftmals eine persönliche Mithaftung der Erben vereinbart. Dann ist auch deren Mitwirkung am Vergleich notwendig (BLEY/MOHRBUTTER VerglO § 113 Rn 20). 154

3. Testamentsvollstreckung und Vor- und Nacherbschaft

Hat der Erblasser Vor- und Nacherbfolge angeordnet, wirkt sich dies auf das Verwaltungsrecht des Testamentsvollstreckers je nach der gegebenen Sachlage unterschiedlich aus. Es gibt folgende **Gestaltungsmöglichkeiten** (NIEDER Rn 541; D MAYER, in: BENGEL/REIMANN, HbTV V Rn 268 ff): 155
– Testamentsvollstreckung nur für die Vorerbschaft,
– Testamentsvollstreckung für Vor- und Nacherbschaft,
– Testamentsvollstreckung für Vorerbschaft und Nacherbenvollstreckung gem § 2222,
– Testamentsvollstreckung nur für die Nacherbschaft,
– nur Nacherbenvollstreckung (§ 2222).

Ist die Testamentsvollstreckung **nur für den Vorerben** angeordnet, beruht die Verwaltungs- und Verfügungsbefugnis des Testamentsvollstreckers in Bezug auf den Nach- 156 laß auf den Rechten, die der Erbe selbst hätte, wenn keine Testamentsvollstreckung bestünde. Der Testamentsvollstrecker kann im Verhältnis zum Nacherben nicht mehr Rechte haben, als der Vorerbe. Er unterliegt also ggf den Verfügungsbeschränkungen des Vorerben, ihm kommen bei der befreiten Vorerbschaft auch die Befreiungen zugute. Ist also der Vorerbe nicht von den Beschränkungen der §§ 2113 ff befreit, so kann auch der Testamentsvollstrecker nicht frei über die Nachlaßgegenstände verfügen (MünchKomm/BRANDNER § 2222 Rn 9; ERMAN/M SCHMIDT § 2222 Rn 4; aM noch STAUDINGER/REIMANN[12] Rn 20; PALANDT/EDENHOFER Rn 28; D MAYER, in: BENGEL/REIMANN, HbTV V Rn 270; HAEGELE/WINKLER Rn 215; die von der Gegenmeinung zitierte Entscheidung RG JW 1938, 1454 betrifft jedoch nur den Fall eines befreiten Vorerben). Will der Erblasser bei Vor- und Nacherbschaft den Testamentsvollstrecker von den §§ 2113 ff befreien, muß er den Vorerben befreien. Auch die zusätzliche Ernennung ein- und desselben Testamentsvollstreckers zum Nacherbentestamentsvollstrecker nach § 2222 kann (in Grenzen, vgl § 2222 Rn 13) zum erstrebten Erfolg führen. Problematisch könnte bei der befreiten Vorerbschaft sein, ob, falls der Vorerbe von den Beschränkungen der §§ 2113, 2114 befreit wurde, die Verwaltungs- und Verfügungsbefugnisse des Testamentsvollstreckers in Bezug auf den Nachlaß eingeschränkt sind. Dies ist im Normalfall nicht anzunehmen (RG JW 1938, 1454; KG DNotZ 1928, 931 mit Anm DREWES; SOERGEL/DAMRAU § 2222 Rn 13; unentschieden MünchKomm/BRANDNER § 2222 Rn 10; aM ERMAN/M SCHMIDT Rn 4). Etwas anderes ergibt sich nur, wenn das Testament dahin auszulegen ist, daß der Testamentsvollstrecker gemäß § 2208 zugunsten des befreiten Vorerben in seinem Verfügungsrecht beschränkt sein soll (MünchKomm/BRANDNER § 2222 Rn 10); hier trägt aber der Vorerbe die Beweislast (RG JW 1938, 1454; aM MünchKomm/BRANDNER § 2222 Rn 10).

157 Ist die Testamentsvollstreckung für die **Vor- und Nacherbschaft** angeordnet, handelt es sich im Grundsatz um zwei aufeinanderfolgende „ganz normale" Testamentsvollstreckungen. Zunächst werden die Rechte des Vorerben, danach die Rechte des Nacherben von der Verwaltungsbefugnis des Testamentsvollstreckers verdrängt. Ist der Testamentvollstrecker zugleich für den Nacherben eingesetzt, ist er jedoch wegen dieser Doppelfunktion während der Vorerbschaft nur gemäß S 3 in der Verfügung beschränkt, nicht dagegen nach den weitergehenden §§ 2113 ff, selbst wenn der Vorerbe nicht von den Beschränkungen der §§ 2113 ff befreit ist (BGHZ 40, 115; BayObLG MittBayNot 1983, 229; FamRZ 1991, 985; OLG Stuttgart BWNotZ 1980, 92). Es liegt andererseits auf der Hand, daß der Testamentsvollstrecker einen Nachlaß, welcher der Vor- und Nacherbfolge unterliegt, nicht in der selben Weise verwalten darf, wie ihm das ohne diese Besonderheit gestattet wäre. Dem Vorerben stehen im Verhältnis zum Nacherben die vollen Nutzungen (§ 100) seiner Vorerbschaft zu, während für den Nacherben lediglich die Substanz des Nachlasses erhalten bleiben muß (BGH FamRZ 1986, 900). Ein auf seinen Vorteil bedachter Vorerbe könnte es darauf anlegen, während der Vorerbschaft möglichst hohe Nutzungen zu erzielen und alle Ausgaben zu vermeiden, die seinen Gewinn schmälern. Demgegenüber geht das Interesse des Nacherben dahin, hohe Nutzungen durch den Vorerben zu vermeiden und langfristig auf eine Vermehrung der Nachlaßsubstanz hinzuwirken. Der Erblasser sollte diesen **Interessengegensatz**, in den der Testamentsvollstrecker geraten kann, berücksichtigen. Der Testmentsvollstrecker darf weder die dem Vorerben gebührenden Nutzungen schmälern, noch die Substanz zum Nachteil des Nacherben mindern oder gefährden, er hat zugleich die §§ 2142–2146 zu beachten, die den Ausgleich von

Aufwendungen zwischen Vor- und Nacherben regeln (BGH NJW 1985, 382; BGH FamRZ 1986, 900; BGH DNotZ 1988, 440; Möhring/Beisswingert/Klinghöfer 172 ff).

Besonderheiten ergeben sich, wenn eine Testamentsvollstreckung für den Vorerben **158** und **zugleich eine Nacherbenvollstreckung** gemäß § 2222 angeordnet ist. Die Nacherbenvollstreckung gemäß § 2222 besteht während der Dauer der Vorerbschaft, sie beschwert nicht den Vorerben, sondern den Nacherben. Der Testamentsvollstrecker hat hier für die Dauer der Vorerbschaft die Kontroll-, Sicherungs- und Mitwirkungsrecht anstelle des künftigen Nacherben auszuüben und dessen Pflichten zu erfüllen. Durch eine derartige Kombination kann die Position des Testamentsvollstreckers weiter verstärkt werden.

Ist Testamentsvollstreckung **nur für die Nacherbschaft** angeordnet, tritt diese mit dem **159** Eintritt der Nacherbfolge in Kraft. Es handelt sich insoweit um eine ganz normale Verwaltungsvollstreckung, für die keine Besonderheiten gelten.

4. Der Nießbraucher als Testamentsvollstrecker

Im Bereich des Erbrechts spricht man von **Dispositionsnießbrauch**, wenn ein Nießbrau- **160** cher (am Nachlaß oder an einem Nachlaßgegenstand) zugleich Testamentsvollstrecker ist. Die Verbindung von Nießbrauch und Testamentsvollstreckung ist typisch für die Fälle des Versorgungsnießbrauchs zugunsten des überlebenden Ehegatten. Der Erblasser kann den Nießbraucher-Testamentsvollstrecker auf diese Weise so weitgehend freistellen, daß er über alle Nachlaßgegenstände im Rahmen einer ordnungsgemäßen Verwaltung gem § 2216 verfügen darf. Es tritt dann dingliche Surrogation nach § 2041 ein, so daß der Erlös in den Nachlaß fällt und sich der Nießbrauch daran fortsetzt; die Substanz kann vom Nießbraucher-Testamentsvollstrecker nur mit Hilfe eines zusätzlichen Vermächtnisses verwertet werden (Rohlff DNotZ 1971, 522; Hartmann 117 ff). Die Dispositionsnießbrauchlösung hat gegenüber der Vorerbschaftslösung den **Vorteil**, daß – bei gleicher Verfügungsbefugnis – der Eigentümer gegenüber dem Testamentsvollstrecker nach §§ 2218, 666 weitergehende Ansprüche auf Auskunftserteilung und Rechnungslegung hat als nach § 2122 der Nacherbe gegen den Vorerben. Während der befreite Vorerbe nicht der Verpflichtung zur ordnungsgemäßen Verwaltung nach §§ 2130, 2136 unterliegt und seine Befugnisse lediglich an dem Verbot der absichtlichen Schädigung des Nacherben eine Grenze finden (BGH LM § 2136 Nr 1), trifft den Nießbraucher-Testamentsvollstrecker die gem § 2220 unabdingbare Verpflichtung zur ordnungsgemäßen Ausübung seines Amtes (§ 2216). So ist der Nießbraucher nach §§ 1036 Abs 2, 1037 Abs 1, 1041 grundsätzlich verpflichtet, die wirtschaftliche Zweckbestimmung des belasteten Vermögensgegenstandes zu erhalten, während der Vorerbe als Eigentümer auf Zeit dazu verpflichtet ist. Bei einer Dispositionsnießbrauchlösung liegt somit eine strengere Bindung im Innenverhältnis gegenüber dem künftigen Berechtigten des Nachlaßgegenstandes bei gleichzeitiger freier Verfügungsbefugnis nach außen gegenüber der Vorerbenlösung vor (vgl Hartmann 121 ff; MünchVertragshb/Nieder Bd 4 VIII 34 Anm 2).

Besonderheiten gelten für den erbrechtlichen **Dispositionsnießbrauch im Handels- und** **161** **Gesellschaftsrecht**. Er kann am **Einzelunternehmen** in dreierlei Form angeordnet werden (vgl MünchVertragshb/Nieder Bd 4 VIII 37 Anm 3): Der Erblasser kann ein Nutzungsvermächtnis, einen Ertragsnießbrauch oder einen sog echten Unternehmensnießbrauch (vgl Dittmann/Reimann/Bengel D Rn 201 f) anordnen. Bei letzterem kann durch die gleichzeitige Ernennung des Nießbrauchers zum Testamentsvollstrecker die Problematik der Testamentsvollstreckung an Einzelunternehmen entschärft werden, da der Nießbraucher die ganze Unternehmerstellung erhält und gleichzeitig Verwaltungstestamentsvollstreckung gegeben ist (JOHN BB 1980, 757; DITTMANN/REIMANN/ BENGEL aaO). Bei **Personengesellschaften** kann durch die Verbindung einer Testamentsvollstreckung mit einem Vollnießbrauch (zeitlich begrenzte Übertragung) die Problematik der Testamentsvollstreckung am Gesellschaftsanteil teilweise umgangen werden (vgl DITTMANN/REIMANN/BENGEL D Rn 207 ff; D MAYER, in: BENGEL/REIMANN, HbTV V Rn 318 ff). Der Dispositionsnießbraucher ist im Handelsregister einzutragen (D MAYER aaO). Beim normalen Nießbrauch an einem **Kapitalgesellschaftsanteil** gehen nur die Vermögensrechte auf den Nießbraucher über (MünchVertragshb/NIEDER Bd 4 VIII 40 Anm 7). Durch die zusätzliche Anordnung der Testamentsvollstreckung wird sichergestellt, daß auch die Ausübung der Mitverwaltungsrechte und des Stimmrechts dem Dispositionsnießbraucher obliegen, wodurch seine Position gestärkt wird.

5. Urheberrecht

162 Will ein Erblasser die **Verwaltung seines geistigen Eigentums** nicht den Erben nach § 28 Abs 1 UrhG überlassen, kann er – und nur er (FROMM NJW 1966, 1245) – nach § 28 Abs 2 UrhG bezüglich der Ausübung des Urheberrechts Testamentsvollstreckung anordnen. Dann kann nur der Testamentsvollstrecker Ansprüche aus dem Urheberrecht geltend machen (FROMM/NORDMANN Urheberrecht § 28 Rn 2). Zu beachten ist, daß wegen § 28 Abs 2 S 2 UrhG § 2210 nicht anwendbar ist; die Testamentsvollstreckung kann also, wenn vom Erblasser so gewollt, auf die Dauer von siebzig Jahren (§ 64 Abs 1 UrhG) bzw – bei nachgelassenen Werken – bis zehn Jahre nach der Veröffentlichung (§ 64 Abs 2 UrhG) ausgedehnt werden.

6. Bankrecht

163 Bei **Verfügungen** über Bankkonten uä wird sich die Bank, um nach Nr 24 AGB-Banken mit befreiender Wirkung leisten zu können, stets das Testamentsvollstreckerzeugnis vorweisen lassen. Bei Darlehensgeschäften zu Lasten des Nachlasses hat das Kreditinstitut wg S 3 sicherzustellen, daß die gesamte Darlehenssumme auf Nachlaßkonten eingezahlt wird.

164 Bei **Konten**, die der Erblasser mit dem Erben gemeinschaftlich führte, ist zwischen Und- und Oder-Konten zu unterscheiden. Während bei Und-Konten eine Verfügung nur von Erbe und Testamentsvollstrecker vorgenommen werden kann, bleibt bei einem Oder-Konto, das vor dem Tod des Erblassers auf dessen Namen und den Namen des Erben lautete, auch trotz Testamentsvollstreckung der Erbe allein verfügungsberechtigt. Der Testamentsvollstrecker kann nur im Innenverhältnis die Zahlung des dem Erblasser zustehenden Teil an den Nachlaß fordern (D MAYER, in: BENGEL/REIMANN, HbTV V Rn 339; vgl BGH MittBayNot 1986, 197).

165 Wegen der Problematik bei **Verträgen zugunsten Dritter auf den Todesfall** (§§ 331, 2301) und dem damit verbundenen „Wettlauf" hat der Testamentsvollstrecker zu prüfen, ob derartige Verfügungen vorliegen und ob das Schenkungsangebot widerrufen werden soll. Hierbei ist für den Testamentsvollstrecker der Erblasserwille maßgebend (vgl DITTMANN/REIMANN/BENGEL D Rn 245 ff; MUSCHELER WM 1994, 921 ff). Zu Börsentermingeschäften s D MAYER, in: BENGEL/REIMANN HbTV V Rn 340 f.

6. Titel. Testamentsvollstrecker

§ 2206

[1] Der Testamentsvollstrecker ist berechtigt, Verbindlichkeiten für den Nachlaß einzugehen, soweit die Eingehung zur ordnungsmäßigen Verwaltung erforderlich ist. Die Verbindlichkeit zu einer Verfügung über einen Nachlaßgegenstand kann der Testamentsvollstrecker für den Nachlaß auch dann eingehen, wenn er zu der Verfügung berechtigt ist.

[2] Der Erbe ist verpflichtet, zur Eingehung solcher Verbindlichkeiten seine Einwilligung zu erteilen, unbeschadet des Rechtes, die Beschränkung seiner Haftung für die Nachlaßverbindlichkeiten geltend zu machen.

Materialien: E I § 1902; II § 2076; III § 2180; Mot V 234; Prot V 278 ff, 287, 528 ff, 544; Denkschr 734.

Schrifttum

MÜLLER, Zur Heilung der fehlenden Verpflichtungsbefugnis des Testamentsvollstreckers, JZ 1981, 370.

Systematische Übersicht

I.	Allgemeines	1	III.	Einwilligung des Erben
II.	Recht zur Eingehung von Verbindlichkeiten		1. Grundsatz	13
			2. Verpflichtung zur Einwilligung	15
1.	Erfordernis der ordnungsgemäßen Verwaltung	2	3. Wirkung der Einwilligung	16
2.	Erweiterung der Verpflichtungsbefugnis	5	IV.	Die Wirkung des Eingehens von Verbindlichkeiten durch den Testamentsvollstrecker	17
3.	Einschränkung der Verpflichtungsbefugnis	10	V.	Die Heilung der fehlenden Verpflichtungsbefugnis	20
4.	Gutglaubensschutz	11			

Alphabetische Übersicht

Amtserlangung	22	Feststellungsklage	13
Beweislast	12	Genehmigung	21 f
		Grundstücke	7
Einwilligung des Erben	13 ff	Gutglaubensschutz	11 f
– Verpflichtung	15		
– Wirkung	16	Haftungsbeschränkung	17
Erbschaftskauf	8	Heilung der fehlenden Verpflichtungsbefugnis	20 ff
Errichtung einer Gesellschaft	4		

§ 2206
1–3

5. Buch
3. Abschnitt. Testament

Klarheit	14	Verbindlichkeiten	3
Kollusion	12	Verfügung	6
		Vermeintlicher Testamentsvollstrecker	23
Nachlaßhypothek	4	Verpflichtung, Wirkung	17 ff
Nachlaßkonkurs	19	Verpflichtungsbefugnis	1 ff
Nachlaßverbindlichkeiten	17	– Einschränkung	10
		– Erweiterung	5 ff
Ordnungsgemäße Verwaltung	2 ff	Verwaltungsrecht	1
		Verwaltungsvollstreckung	5
Prozeßführung	3		
		Willensmängel	18
Schenkungsversprechen	9		
		Zustimmung des Erben	13 ff

I. Allgemeines

1 Das Recht, Verbindlichkeiten für den Nachlaß einzugehen, gehört an sich zum Verwaltungsrecht des Testamentsvollstreckers, das in § 2205 geregelt ist. § 2206 behandelt jedoch dieses Recht des Testamentsvollstreckers wegen seiner wirtschaftlichen Tragweite gesondert und anders als das Recht zu dinglichen Verfügungen.

II. Recht zur Eingehung von Verbindlichkeiten

1. Erfordernis der ordnungsgemäßen Verwaltung

2 Das Recht, Verbindlichkeiten einzugehen, ist nicht wie das Recht zur Verfügung über Nachlaßgegenstände frei und unbeschränkt, sondern regelmäßig kausal bedingt. Es steht dem Testamentsvollstrecker nur insoweit zu, als das Eingehen einer Verbindlichkeit zur **ordnungsmäßigen Verwaltung** des Nachlasses erforderlich ist (Abs 1). Die Einschränkung beruht auf der Erwägung, daß dem Testamentsvollstrecker die Verwaltung des Nachlasses regelmäßig nur in dem Umfang zustehe, in welchem sie zur Erfüllung der in den §§ 2203, 2204 bezeichneten Aufgaben erforderlich sei, daß aber für seine solche Verwaltung die Befugnis zur Eingehung von Verbindlichkeiten im Rahmen der ordnungsmäßigen Verwaltung des Nachlasses genüge (Prot V 528 ff; MünchKomm/BRANDNER Rn 1; vgl die ähnliche Regelung bei der Liquidation einer OHG in § 149 HGB). Zur ordungsgemäßen Verwaltung s Erl zu § 2216.

3 Unter „Eingehung von Verbindlichkeiten" sind alle Rechtsgeschäfte zu verstehen, durch die der **Nachlaß verpflichtet** wird, zB vertragsmäßige Schuldanerkenntnisse, Kaufverträge, Mietverträge, Werkverträge, Wechselverbindlichkeiten (RGZ 60, 30); das Ausbieten einer Nachlaßhypothek (KG OLGE 17, 354; KG JW 1932, 1398; Rn 4); die Führung von **Prozessen** für den Nachlaß (mit der Folge, daß die Kosten des Prozesses dem Nachlaß zur Last fallen: RGZ 60, 30; SchlHOLG JurBüro 1984, 1699, 1700). Im Rahmen eines solchen Prozesses kann der Testamentsvollstrecker auch Vergleiche schließen und Anerkenntnisse abgeben (LANGE/KUCHINKE § 29 VI 3 d). Jedoch kann nach der Rechtsprechung nur der Erbe einen Pflichtteilsanspruch anerkennen (BGHZ 51, 125; aM LANGE/KUCHINKE aaO).

August 1995

Das Ausbieten einer **Nachlaßhypothek** muß idR als zur ordnungsmäßigen Verwaltung **4** gehörig angesehen werden, auch wenn der Testamentsvollstrecker bei seinem Gebot über das unbedingt erforderliche Maß hinausgeht. Eine Überschreitung der gesetzlichen Verpflichtungsbefugnis würde darin nicht ohne weiteres zu erblicken sein. Aber selbst wenn dies der Fall wäre, so wäre zur Unwirksamkeit erforderlich, daß die Überschreitung vom Testamentsvollstrecker bewußt vorgenommen würde und daß der Versteigerungsrichter sie hätte erkennen müssen (KG JW 1932, 1398). **Verträge** über die **Errichtung** einer OHG, KG, GmbH oder AG und deren Beteiligung an ihnen und an einer Genossenschaft kann der Testamentsvollstrecker prinzipiell nur dann für den Nachlaß oder die Erben abschließen, wenn hierdurch ausschließlich der Nachlaß, nicht das Eigenvermögen der Erben verpflichtet wird (vgl § 2205 Rn 143). Es kommen jedoch die allgemein geltenden Ausweichmöglichkeiten (Testamentsvollstrecker als Treuhänder oder Bevollmächtigter) in Frage; uU kann der Erblasser Entsprechendes durch Bedingung oder Auflage letztwillig anordnen (vgl § 2205 Rn 97).

2. Erweiterung der Verpflichtungsbefugnis

Wenn der Erblasser dies besonders angeordnet hat, ist der Testamentsvollstrecker in **5** der Eingehung von Verbindlichkeiten für den Nachlaß nicht beschränkt (§ 2207). Eine solche Ermächtigung ist in den Fällen des § 2209 (Verwaltungsvollstreckung) im Zweifel stets anzunehmen (§ 2209 S 2).

Die Verpflichtung zu einer **Verfügung** über einen Nachlaßgegenstand kann der Testa- **6** mentsvollstrecker ohne Rücksicht darauf, ob die Übernahme zur ordnungsmäßigen Verwaltung erforderlich ist, auch dann für den Nachlaß eingehen, wenn er zu der Verfügung nach §§ 2205, 2208 berechtigt ist (**Abs 1 S 2**). Diese Ausnahme war erforderlich, da sonst die dingliche Verfügungsmacht und die Berechtigung zur Eingehung der Verpflichtung zu einer Verfügung auseinanderfallen würden (KGJ 27, 192; MünchKomm/Brandner Rn 4; Kipp/Coing § 68 III 7 b). Für den Fall der Berufung auf Abs 1 S 2 ist der andere Teil dafür beweispflichtig, daß das Geschäft unwirksam war (BGHR § 2206 Abs 1 S 2 Beweislast 1).

Zu den Geschäften, die der Testamentsvollstrecker hiernach im Rahmen seines Ver- **7** waltungsrechts **ohne weiteres** abschließen kann, gehört der Verkauf eines Nachlaßgrundstücks; die Einräumung eines persönlichen Wiederkaufsrechtes oder Vorkaufsrechts hinsichtlich eines Nachlaßgegenstandes (§§ 497, 504; vgl Planck/Flad Anm 4); die Verpflichtung, zur Bestellung eines dinglichen Vorkaufsrechtes an einem Nachlaßgrundstück (§ 1094); die Verpflichtung zur Bestellung einer Hypothek an einem solchen, nicht aber die Aufnahme des Darlehens, zu dessen Sicherung die Hypothek bestellt wird (Planck/Flad Anm 4; aM KGJ 27 A 192; Soergel/Damrau Rn 2). Der Darlehensvertrag ist also nur dann für den Nachlaß wirksam, wenn die Aufnahme des Darlehens zur ordnungsmäßigen Verwaltung des Nachlasses erforderlich ist.

Der **Verkauf einer Erbschaft** (§ 2371) durch den Testamentsvollstrecker ist für den **8** Nachlaß wirksam. Zwar ist Gegenstand des Erbschaftskaufes die Erbschaft als Ganzes. Da diese aber – im Gegensatz zum Erbteil, § 2033 – nicht im Ganzen übertragen werden kann, kann die Verpflichtung des Verkäufers nur dahin gehen, daß er die den Inbegriff der Erbschaft bildenden Gegenstände in den für die einzelnen Gegenstände vorgeschriebenen Formen auf den Käufer übertragen muß. Da der Testamentsvollstrecker zu dieser Übertragung berechtigt ist (§ 2205), ist er auch zum Verkauf befugt. Freilich wird sich der Verkauf der gesamten Erbschaft nur selten mit den Grundsätzen einer ordnungsmäßigen Verwaltung (§ 2216) vereinbaren lassen – etwa, wenn er bei der Auseinandersetzung (§ 2204) zur Berichtigung der Nachlaßverbindlichkeiten geboten ist, – und der Testamentsvollstrecker kann sich durch den Verkauf gegenüber den Erben schadensersatzpflichtig machen (§ 2219).

9 Zu **Schenkungsversprechen** ist der Testamentsvollstrecker nach Abs 1 S 2 in Verbindung mit § 2205 S 3 nur berechtigt, wenn eine sittliche oder Anstandspflicht die Schenkung gebietet. Die Anwendung des Abs 1 S 1 wird im großen und ganzen zu demselben Ergebnis führen (PLANCK/FLAD Anm 6). Abs 1 S 2 deckt nicht die Übernahme besonderer Verpflichtungen, die über die gesetzliche Haftung bei Verträgen der fraglichen Art hinausgehen, zB die Übernahme der Gewähr für die Freiheit eines Nachlaßgrundstücks von öffentlichen Abgaben und anderen öffentlichen Lasten entgegen § 436 (PLANCK/FLAD Anm 5).

3. Einschränkung der Verpflichtungsbefugnis

10 Der **Erblasser** kann dem Testamentsvollstrecker die Berechtigung, Verbindlichkeiten für den Nachlaß einzugehen, über die Beschränkung des Abs 1 S 1 hinaus, ganz oder teilweise **entziehen** (§ 2208).

4. Gutglaubensschutz

11 Die Vorschrift des Abs 1 S 1 ist dahin zu verstehen, daß eine für den Nachlaß wirksame Verbindlichkeit schon dann zustande kommt, wenn derjenige, mit dem der Testamentsvollstrecker einen Vertrag abschließt, bei dem Vertragsschluß angenommen hat und ohne Fahrlässigkeit annehmen konnte, daß die Eingehung der daraus hergeleiteten Verbindlichkeit zur ordnungsmäßigen Verwaltung des Nachlasses erforderlich sei, auch wenn dies objektiv nicht der Fall war (Prot V 528, 530, 544; RGZ 83, 348, 353; 130, 131, 134; BGH NJW 1983, 40, 41 = JuS 1983, 309 mit Anm HOHLOCH; PALANDT/EDENHOFER Rn 1; LANGE/KUCHINKE § 29 VI 3 b; ERMAN/M SCHMIDT Rn 1). Dieser Satz ist im **Wortlaut** des Gesetzes **nicht zum Ausdruck** gekommen, weil angesichts der Rechtsprechung zu der verwandten Vorschrift in § 149 ADHGB (ROHGE 13, 224; 21, 307) eine Klarstellung entbehrlich erschien und weil man andererseits für verwandte Vorschriften einem argumentum e contrario vorbeugen wollte. Er entspricht jedoch einem zwingenden Bedürfnis des **Rechtsverkehrs:** man kann den Geschäftsgegner des Testamentsvollstreckers zwar verpflichten, gewissenhaft zu prüfen, ob dieser im Rahmen ordnungsmäßiger Verwaltung handelt (MünchKomm/BRANDNER Rn 7; aM SOERGEL/DAMRAU Rn 3; LANGE/KUCHINKE § 29 VI 3 b, die eine Prüfungspflicht generell ablehnen), aber man kann ihm nicht die Gefahr aufbürden, daß das Ergebnis seiner Prüfung ohne seine Schuld unrichtig ist, weil dann eine so große Gefährdung und Unsicherheit des Rechtsverkehrs mit einem Testamentsvollstrecker einträte, daß hierdurch auch ernsthafte Nachteile für den Erben selbst entstehen könnten (PALANDT/EDENHOFER Rn 1; einschränkend BGH NJW-RR 1989, 642, wenn sich der Testamentsvollstrecker „ersichtlich verdächtig" verhalten habe).

12 Der Dritte wird aber nur in seinem guten Glauben daran geschützt, daß die Eingehung der Verbindlichkeit zur **ordnungsmäßigen Verwaltung** erforderlich sei. Bestimmt sich das Recht des Testamentsvollstreckers zur Eingehung einer Verbindlichkeit danach, ob er zur Vornahme der Verfügung, zu der er sich verpflichten will, berechtigt ist (Abs 1 S 2), so entscheidet allein die objektive Rechtslage. Da der Testamentsvollstrecker – von Anstandsschenkungen abgesehen – keine unentgeltlichen Verfügungen vornehmen kann, so fehlt ihm in der Regel auch die Befugnis, die Verpflichtung zu einer unentgeltlichen Verfügung für den Nachlaß zu übernehmen (Schenkungsversprechen). Aus einem derartigen Rechtsgeschäft kann der Dritte keine Rechte gegen den Nachlaß herleiten, gleichgültig ob er Entgeltlichkeit der Verfügung angenommen hat bzw annehmen durfte oder nicht. Wenn der Vertragsgegner wußte oder hätte erkennen müssen, daß der Testamentsvollstrecker seine Befugnisse mißbraucht, so kann er aus dem Vertrag keine Rechte gegen den Nachlaß, also gegen den Erben, herleiten, er kann höchstens den Testamentsvollstrecker entsprechend § 179 in Anspruch nehmen (BGH NJW-RR 1989, 642 unter Hinweis auf unzulässige Rechtsausübung des Dritten; RGZ 75, 301; 83, 348; 130, 134; Haegele/Winkler Rn 193). Haben der Testamentsvollstrecker und der Dritte **bewußt** zum Nachteil des Nachlasses **zusammengewirkt**, so ist der Vertrag gem § 138 Abs 1 nichtig; der Dritte kann keine Rechte aus diesem geltend machen (BGH NJW-RR 1989, 642). Im Streitfall ist der Dritte **beweispflichtig** dafür, daß er ohne Fahrlässigkeit annehmen konnte, der Testamentsvollstrecker handle in den Grenzen seines Amtes (Erman/M Schmidt Rn 1; Palandt/Edenhofer Rn 1).

III. Einwilligung des Erben

1. Grundsatz

Der Erbe ist **verpflichtet**, zur Eingehung einer im Abs 1 bezeichneten Verbindlichkeiten seine Zustimmung (§§ 183, 184) zu erteilen, wenn der Testamentsvollstrecker dies verlangt (**Abs 2**). Nötigenfalls kann der Testamentsvollstrecker den Erben auf Zustimmung verklagen. Dagegen kann dies der Vertragsgegner des Testamentsvollstreckers nicht. Der Erbe kann, wenn die Voraussetzungen des § 256 ZPO vorliegen, gegen den Testamentsvollstrecker oder gegen den Dritten Klage auf Feststellung der mangelnden Verpflichtungsbefugnis des Testamentsvollstreckers oder auf Feststellung der Unwirksamkeit der von ihm eingegangenen Verpflichtung erheben. Wenn der Testamentsvollstrecker im Rechtsstreit gegen den Erben unterliegt, hat er die Kosten persönlich zu tragen (Planck/Flad Anm 8).

Zweck dieser Bestimmung, ist es, **Klarheit** zu schaffen, wenn es zweifelhaft ist, ob die Eingehung der Verbindlichkeit zur ordnungsmäßigen Verwaltung erforderlich ist oder ob es sich um eine Verbindlichkeit der im Abs 1 S 2 bezeichneten Art handelt. Der Testamentsvollstrecker soll die Möglichkeit haben, in Zweifelsfällen seine Verpflichtungsbefugnis sowohl gegenüber dem Erben als auch gegenüber Dritten klarzustellen und so Schadensersatzansprüchen des Erben nach § 2219 vorzubeugen. Hieraus folgt, daß die Einwilligung des Erben nicht nur den Testamentsvollstrecker von der Verantwortung gegenüber dem Erben befreit, sondern auch den Vertragsgegner des Testamentsvollstreckers gegen Einwendungen aus Abs 1 schützt (MünchKomm/Brandner Rn 10).

2. Verpflichtung zur Einwilligung

15 Der Erbe ist dem Testamentsvollstrecker gegenüber zur Einwilligung **verpflichtet**, wenn die Voraussetzungen des Abs 1 S 1 vorliegen. Der Erbe kann seine Einwilligung verweigern, wenn die Eingehung der Verbindlichkeit den Grundsätzen einer ordnungsgemäßen Verwaltung widerspricht. Dies gilt auch dann, wenn der Testamentsvollstrecker die Verbindlichkeit zu einer Verfügung eingehen will, zu der er befugt ist, die Verbindlichkeit aber nicht zur ordnungsmäßigen Verwaltung erforderlich ist. Zwar verpflichtet Abs 2 nach seinem Wortlaut den Erben in allen Fällen des Abs 1 zur Einwilligung. Hinsichtlich der Fälle des Abs 1 S 2 ist jedoch eine Einschränkung geboten: der Testamentsvollstrecker kann eine Verbindlichkeit zu einer Verfügung, zu der er nach §§ 2205, 2208 befugt ist, auch dann wirksam eingehen, wenn sie nicht zur ordnungsmäßigen Verwaltung erforderlich ist, doch wird er dadurch dem Erben gegenüber uU zum Schadensersatz verpflichtet (§ 2219). Der Erbe kann aber nicht verpflichtet sein, in eine Handlung einzuwilligen, die für ihn Schadensersatzansprüche erzeugen würde (ERMAN/M SCHMIDT Rn 3; KIPP/COING § 68 III 7 d; PALANDT/EDENHOFER Rn 3).

3. Wirkung der Einwilligung

16 Die Wirkung der Zustimmung des Erben besteht hauptsächlich darin, daß er den Testamentsvollstrecker **nicht** nach § 2219 haftbar machen kann. Es bleibt ihm jedoch unbenommen, die Beschränkung seiner Haftung für die Nachlaßverbindlichkeiten geltend zu machen (Abs 2). Auch wenn der Erbe freiwillig einer Verbindlichkeit zustimmt, wird dadurch der Testamentsvollstrecker nicht berechtigt, den Nachlaß zu verpflichten, wenn sein Anspruch auf Einwilligung nach Abs 2 zweifellos nicht begründet ist (RGZ 74, 219; ERMAN/M SCHMIDT Rn 3; **aM** MünchKomm/BRANDNER Rn 12; LANGE/KUCHINKE § 29 VI 3 e; vermittelnd MÜLLER JZ 1981, 371, 379). Die Einwilligung des Erben hat hier nicht dieselbe Bedeutung wie bei Verfügungen über Nachlaßgegenstände (§ 2205 Rn 56 ff), weil die Grenzen, innerhalb deren der Testamentsvollstrecker Verbindlichkeiten mit Haftung der Erben eingehen kann, im Interesse der Rechtssicherheit nicht beliebig erweitert werden dürfen. Zur Heilung einer fehlenden Verpflichtungsbefugnis durch den Erben s Rn 20 ff.

IV. Die Wirkung des Eingehens von Verbindlichkeiten durch den Testamentsvollstrecker

17 Soweit der Testamentsvollstrecker im Rahmen seiner Berechtigung Verbindlichkeiten über den Nachlaß eingeht, entstehen für den Erben **Nachlaßverbindlichkeiten** im Sinne des § 1967 (KG OLGE 17, 354). Der Erbe haftet für diese ebenso wie für andere Nachlaßverbindlichkeiten, also zunächst auch mit seinem persönlichen Vermögen, aber mit der Möglichkeit, die **Beschränkung** seiner **Haftung** herbeizuführen (PLANCK/FLAD Anm 7; MünchKomm/BRANDNER Rn 14; PALANDT/EDENHOFER Rn 4). Diese Möglichkeit kann der Testamentsvollstrecker dem Erben nicht nehmen. Das wegen einer Nachlaßverbindlichkeit gegen den Testamentsvollstrecker ergehende Urteil bedarf keines Vorbehalts (§ 780 Abs 2 ZPO). Der Testamentsvollstrecker haftet für die innerhalb seiner Zuständigkeit eingegangenen Verbindlichkeiten nicht persönlich (RGZ 80, 418; KIPP/COING § 68 III 7 e). Doch hat er wegen der ihm auferlegten Kosten eines von ihm geführten Rechtsstreites gegebenenfalls eine eidesstattliche Versicherung nach § 807

ZPO hinsichtlich des Nachlasses abzugeben (KG LZ 1916, 865; MünchKomm/BRANDNER Rn 14).

Willensmängel, Gutgläubigkeit und Schlechtgläubigkeit bestimmen sich nach der Person des Testamentsvollstreckers (§ 2205 Rn 86). Für ein Verschulden des Testamentsvollstreckers bei der Erfüllung der von ihm eingegangenen Verbindlichkeiten haftet der Erbe nach § 278 (§ 2205 Rn 87). **18**

Im **Nachlaßkonkurs** gehören nach § 224 Abs 1 Nr 5 KO die Verbindlichkeiten aus den von einem Testamentsvollstrecker vorgenommenen Rechtsgeschäften zu den Masseschulden. Dies gilt auch für die von einem Testamentsvollstrecker eingegangenen Wechselverbindlichkeiten (RGZ 60, 30; KUHN/UHLENBRUCK § 224 KO Rn 6). Im Nachlaßvergleichsverfahren sind die bezeichneten Verbindlichkeiten auch dann nicht beteiligt und von einem Vergleich nicht betroffen, wenn sie schon vor der Eröffnung des Verfahrens begründet waren (§ 113 Abs 1 Nr 6 VglO). **19**

V. Die Heilung der fehlenden Verpflichtungsbefugnis

Fehlt die Berechtigung zur Eingehung der Verpflichtung und wird sie auch nicht durch den guten Glauben des Geschäftsgegners ersetzt (Rn 11 f), so wird durch die Rechtshandlung des Testamentsvollstreckers der Nachlaß, dh der Erben **nicht verpflichtet**. Der Dritte kann sich dann nur analog § 179 an den Testamentsvollstrecker halten (HAEGELE/WINKLER Rn 193; Münchkomm/BRANDNER Rn 8). **20**

Eine **Heilung** der fehlenden Verpflichtungsbefugnis hängt nach MÜLLER (JZ 1981, 370 ff) davon ab, auf welchem Grund das Fehlen beruht. Bestand das Testamentsvollstreckeramt zur Zeit des Verpflichtungsgeschäftes nicht, so kann der Erbe durch seine Genehmigung das Geschäft wirksam machen. Er kann sich aber uU von der Zustimmungserklärung wieder lösen, wenn er sie für eine Erklärung nach Abs 2 hielt (MÜLLER JZ 1981, 370, 372, 375). **21**

Erlangt der Testamentsvollstrecker erst **nach** dem Abschluß eines Verpflichtungsgeschäftes das Amt, so wird das Geschäft wirksam bzw kann von dem Testamentsvollstrecker genehmigt werden. § 181 steht dem nicht entgegen (MÜLLER JZ 1981, 370, 378). **22**

Hat ein **vermeintlicher Testamentsvollstrecker** ein Rechtsgeschäft getätigt, so kann der wahre Testamentsvollstrecker dieses genehmigen (MÜLLER JZ 1981, 370, 375, 380; PALANDT/EDENHOFER Rn 5). **23**

§ 2207

Der Erblasser kann anordnen, daß der Testamentsvollstrecker in der Eingehung von Verbindlichkeiten für den Nachlaß nicht beschränkt sein soll. Der Testamentsvollstrecker ist auch in einem solchen Falle zu einem Schenkungsversprechen nur nach Maßgabe des § 2205 Satz 3 berechtigt.

Materialien: E II § 2277; III § 2181; Prot V 528 ff; Denkschr 734.

I. Allgemeines

1 Eine **wichtige Ausnahme** von der Bestimmung des § 2206 bringt § 2207: Durch Anordnung des Erblassers kann die Berechtigung des Testamentsvollstreckers, Verbindlichkeiten für den Nachlaß einzugehen, von der Beschränkung, daß die Eingehung zur ordnungsmäßigen Verwaltung erforderlich sein muß, befreit werden.

II. Erweiterte Verpflichtungsbefugnis des Testamentsvollstreckers

2 Eine **Erweiterung** der Verpflichtungsbefugnis ist regelmäßig in beiden Fällen der Verwaltungsvollstreckung nach § 2209 S 2 sowie beim **Verschaffungsvermächtnis** (§§ 2169, 2170) anzunehmen: Der Auftrag des Erblassers zur Erfüllung eines Verschaffungsvermächtnisses enthält regelmäßig eine Ermächtigung im Sinne des § 2207, die zum Erwerb des Vermächtnisgegenstandes unumgänglichen Verpflichtungen für den Nachlaß einzugehen (RGZ 85, 7). Die Eingehung einer solchen Verbindlichkeit ist nicht schon nach § 2206 wirksam; denn die Beschaffung eines Gegenstandes gehört nicht zur ordnungsmäßigen Verwaltung des vorhandenen Nachlasses, sie ist vielmehr die Ausführung einer letztwilligen Verfügung. Die erweiterte Verpflichtungsbefugnis gem § 2207 muß im Testamentsvollstreckerzeugnis angegeben werden (§ 2368 Abs 1 S 2).

III. Schenkungsversprechen

3 Die dem Testamentsvollstrecker gemäß § 2207 eingeräumte Freiheit geht niemals so weit, daß der Testamentsvollstrecker auch zu Schenkungsversprechen mit verpflichtender Wirkung für den Erben berechtigt wäre, abgesehen von den Fällen, in welchen ein solches Versprechen einer sittlichen Pflicht oder einer auf den Anstand zu nehmenden Rücksicht entspricht (S 2; vgl § 2206 Rn 9 und §§ 2113 Abs 2, 2136). In dieser Richtung kann auch der Erblasser **keine entgegenstehende Anordnung** rechtswirksam treffen. Ebenso kann der Erblasser den Testamentsvollstrecker nicht ermächtigen, das Privatvermögen des Erben zu verpflichten (BGHZ 12, 100, 103).

IV. Bedeutung der erweiterten Verpflichtungsbefugnis

4 Die Bestimmung des S 1 gilt nur für das Verhältnis des Testamentsvollstreckers und des Erben **gegenüber Dritten**. Sie bedeutet, daß bei entsprechender Ermächtigung durch den Erblasser weder der Testamentsvollstrecker noch der Erbe einem Dritten entgegenhalten können, daß die von dem Testamentsvollstrecker gegenüber dem Dritten eingegangenen Verpflichtungen für den Nachlaß nicht wirksam seien, etwa, weil die Eingehung den Grundsätzen einer ordnungsmäßigen Verwaltung zuwiderlaufe.

5 Die Frage, ob der Testamentsvollstrecker auch im Falle des § 2207 gemäß § 2206 Abs 2 vom Erben die **Einwilligung** zur Eingehung von Verbindlichkeiten **verlangen**

kann, ist bestritten (bejahend SOERGEL/DAMRAU Rn 1; MünchKomm/BRANDNER Rn 1; PALANDT/EDENHOFER Rn 2). Es sind zwei Fälle zu unterscheiden:

Soweit sich die besondere Ermächtigung des § 2207 mit der gesetzlichen Ermächtigung des § 2206 Abs 1 S 1 deckt, soweit also die Eingehung von Verbindlichkeiten zur **ordnungsmäßigen Verwaltung erforderlich** ist, kann der Testamentsvollstrecker auch hier die Einwilligung des Erben verlangen; denn sonst wäre er bei der weitergehenden Ermächtigung des § 2207 schlechter gestellt als im Regelfall. Nötigenfalls kann er die Einwilligung im Wege der Klage erzwingen. 6

Wenn aber das Eingehen der Verbindlichkeit zur ordnungsmäßigen Verwaltung des Nachlasses **nicht** erforderlich und infolgedessen nur aufgrund der besonderen Ermächtigung des § 2207 Dritten gegenüber zulässig ist, so wird der Testamentsvollstrecker durch das unnötige Begründen der Verbindlichkeit in der Regel seine Pflicht zur ordnungsmäßigen Verwaltung des Nachlasses (§ 2216) verletzen; er kann daher von dem Erben nicht verlangen, daß er in die Übernahme der Verpflichtung einwilligt (vgl § 2206 Rn 15). 7

§ 2208

[1] **Der Testamentsvollstrecker hat die in den §§ 2203 bis 2206 bestimmten Rechte nicht, soweit anzunehmen ist, daß sie ihm nach dem Willen des Erblassers nicht zustehen sollen. Unterliegen der Verwaltung des Testamentsvollstreckers nur einzelne Nachlaßgegenstände, so stehen ihm die im § 2205 Satz 2 bestimmten Befugnisse nur in Ansehung dieser Gegenstände zu.**

[2] **Hat der Testamentsvollstrecker Verfügungen des Erblassers nicht selbst zur Ausführung zu bringen, so kann er die Ausführung von dem Erben verlangen, sofern nicht ein anderer Wille des Erblassers anzunehmen ist.**

Materialien: E I § 1905; II § 2078; III § 2182;
Mot V 241; Prot V 301 f, 308 ff, 527, 542, 545.

Systematische Übersicht

I. Allgemeines _____ 1	III.	Die beaufsichtigende Testamentsvollstreckung _____ 19
II. Die Beschränkung der Rechte des Testamentsvollstreckers	IV.	Die Erweiterung der Rechte des Testamentsvollstreckers
1. Grundsatz _____ 2	1.	Allgemeines _____ 22
2. Feststellung des Erblasserwillens _____ 4	2.	Gesetzliche Erweiterungsmöglichkeiten _____ 23
3. Arten der Beschränkung		
a) Inhaltliche Beschränkung _____ 6	3.	Erweiterung durch Übereinkommen der Nachlaßbeteiligten _____ 26
b) Gegenständliche Beschränkung _____ 8		
c) Zeitliche Beschränkung _____ 12		
4. Einzelfälle _____ 13		
5. Wirkung der Beschränkung gegenüber Dritten _____ 17		

Alphabetische Übersicht

Auflösende Bedingung	12	Kontrolle des Testamentsvollstreckers	2
Aufsicht	15		
Auseinandersetzung	11, 16	Letztwillige Verfügung	4
Beaufsichtigende Testamentsvollstreckung	19 ff	Mehrere Testamentsvollstrecker	3
		Mehrheit von Erben	11
Beaufsichtigung des Testamentsvollstreckers	4	Nachlaßgericht	4
Berater des Erben	21	Nießbrauchsvermächtnis	5
Beschränkung auf einen Erbteil	16		
Beweislast	5	Rechtsmacht des Testamentsvollstreckers	1
Dauervollstreckung	24	Schuldrechtliche Beschränkung	3
Dingliche Beschränkung	3, 17		
		Testamentsvollstreckerzeugnis	5, 18
Einspruchsrecht	13		
Einzelne Nachlaßgegenstände	8	Unternehmen	9
Erbengemeinschaft	16		
Erblasserwille	4	Verbindlichkeiten	10
Erweiterung der Rechte	22 ff	Vermächtnis	19
		Verwaltungsvollstreckung	7
Gegenständliche Beschränkung	8 ff	Vollmacht	25
Gemeinsame Verfügung	6	Vormundschaftliche Genehmigung	6
Gesetzliche Erweiterung	23		
Gutgläubiger Erwerb	18	Weisung Dritter	14
		Wille des Erblassers	1
Haftung des Erben	20	Wirkung der Beschränkung	17
Haftung des Testamentsvollstreckers	20		
		Zeitliche Beschränkung	12
Inhaltliche Beschränkung	6 ff	Zustimmung der Nachlaßbeteiligten	26
		Zustimmung des Testamentsvollstreckers	13

I. Allgemeines

1 Die Vorschrift des § 2208 hat eine zentrale Bedeutung für die Ermittlung der Rechtsmacht des Testamentsvollstreckers. In ihr kommt der Grundsatz zum Ausdruck, daß innerhalb der gesetzlichen Schranken der **Wille des Erblassers die oberste Richtschnur** für Gestaltung und Umfang der Aufgabe und Befugnisse des Testamentsvollstreckers ist (RGZ 74, 215, 218; 81, 168, 170). Es stellt sich die Frage, in welchem Umfang der Erblasser die Befugnisse des Testamentsvollstreckers, wie sie im Bürgerlichen Gesetzbuch umschrieben sind, beschränken oder erweitern kann. Für diese Frage hat neben § 2208 auch die Vorschrift des § 2216 Abs 2 S 1 Bedeutung.

II. Die Beschränkung der Rechte des Testamentsvollstreckers

1. Grundsatz

Der Erblasser kann dem Testamentsvollstrecker geringere Befugnisse zuweisen als 2 die, welche sich aus dem Gesetz ergeben; nach Abs 1 S 1 können durch den Willen des Erblassers die in den §§ 2203–2206 dem Testamentsvollstrecker zugebilligten Rechte diesem ganz oder teilweise entzogen werden. § 2208 gibt dem Erblasser – neben § 2216 – das Instrumentarium zur **Kontrolle** des Testamentsvollstreckers (vgl REIMANN, in: BENGEL/REIMANN, HbTV II Rn 112). Die genaue dogmatische Einordnung der Beschränkung der Testamentsvollstreckung sowie das Verhältnis zu § 137 S 1 sind allerdings in einzelnen Details ungeklärt (dazu LEHMANN AcP 188, 1 ff).

§ 2208 ermöglicht eine **dingliche Beschränkung** der Rechtsmacht des Testamentsvoll- 3 streckers (vgl Rn 16). Die Position des Testamentsvollstreckers kann daneben auch gem § 2216 Abs 2 S 1 durch Verwaltungsanordnungen des Erblassers **schuldrechtlich** eingeschränkt werden. Schließlich beschränkt die **Ernennung mehrerer Testamentsvollstrecker** gem § 2224 deren Machtfülle. Es ist ratsam, in der letztwilligen Anordnung klarzustellen, welche Beschränkung gewollt ist.

2. Feststellung des Erblasserwillens

Der die Befugnisse des Testamentsvollstreckers beschränkende Wille des Erblassers 4 muß deutlich zum Ausdruck kommen (RG JW 1938, 1454 = DFG 1938, 155 mit Anm VOGELS). Er muß entweder in der **letztwilligen Verfügung** ausgesprochen sein oder sich aus anderweitigen **Äußerungen des Erblassers** oder aus den **Umständen** ergeben (OLG München HRR 1938 Nr 381; OLG Düsseldorf NJW 1952, 1259). Auch die mittelbare Erkennbarkeit des Erblasserwillens reicht aus; denn es genügt zur Beschränkung der Befugnisse, wenn anzunehmen ist, daß die fraglichen Rechte dem Testamentsvollstrecker nach dem Willen des Erblassers nicht zustehen sollen. Aus den Umständen kann der Wille des Erblassers zur Einschränkung der Verfügungsmacht des Testamentsvollstreckers insbesondere dann entnommen werden, wenn bei einer Verfügung ein schwerwiegender Interessenwiderstreit vorliegt (RG SeuffA 85 Nr 165; RG JW 1938, 1464). Eine Beschränkung im Sinne des Abs 1 S 1 kann auch in der Anordnung gefunden werden, die Geschäftsführung des Testamentsvollstreckers solle der **Beaufsichtigung des Nachlaßgerichts** unterliegen und dessen Genehmigung solle zu bestimmten Rechtshandlungen des Testamentsvollstreckers erforderlich sein. Zwar kann das Nachlaßgericht derartige Funktionen, da sie das Gesetz ihm nicht zuweist, nicht wahrnehmen, doch kann die Auslegung einer solchen letztwilligen Verfügung uU zu der Feststellung führen, daß der Testamentsvollstrecker die fraglichen Rechtshandlungen überhaupt nicht vornehmen kann (KG OLGE 7, 360; 14, 302; KIPP/COING § 69 I 3). Eine Beschränkung der Verfügungsmacht des Testamentsvollstreckers ist auch anzunehmen, wenn dieser nach dem Willen des Erblassers den Nachlaß nur zum Zwecke der Erhaltung in dem bei Erbfall bestehenden Zustand verwalten soll (KG DRWiss 1944, 245).

Die Beschränkung der Befugnisse des Testamentsvollstreckers muß derjenige **bewei-** 5 **sen**, der sich auf sie beruft, da § 2208 eine Ausnahmebestimmung darstellt (RGZ 61, 142; RG HRR 1938 Nr 665; OLG München HRR 1938 Nr 381). Dabei ist aber zu beachten, daß es gerade im Testamentsrecht anerkannte Aufgabe des Richters ist, den Willen des Erblassers, der vermutlich wirklich wäre, wenn der Erblasser bei Errichtung des Testaments die künftige Entwicklung als möglich vorausgesehen hätte, zur Geltung zu bringen (BGH NJW 1950, 65; ergänzende Auslegung). Aus der Tatsache allein, daß der Erblasser bestimmt hat, der Vorerbe solle über den Nachlaß frei verfügen können, ergibt sich noch nicht, daß die Befugnisse des für den Vorerben bestellten Testamentsvollstreckers eingeschränkt sein sollen (RG JW 1938, 1454; BayObLGZ 1958, 299, 304; § 2205 Rn 155 ff). Auch die Aussetzung eines **Nießbrauchsvermächtnisses** deutet mangels besonderer Umstände noch nicht auf den Willen des Erblassers hin, die freie Verfügungsbefugnis des Testamentsvollstreckers zu beschränken (OLG Düsseldorf NJW 1952, 1259; vgl BGH LM Nr 1 zu 2203); dem Testamentsvollstrecker wird jedoch durch ein solches Nießbrauchsrecht das Verwaltungsrecht nach § 2205 insoweit genommen (OLG Düsseldorf NJW 1961, 561). Beschränkungen gemäß § 2208 sind im **Testamentsvollstreckerzeugnis** anzugeben (§ 2368 Abs 1 S 2). Diese Angabe ist wichtig, da ihr Fehlen zu einem gutgläubigen Erwerb Dritter führen kann (§§ 2368 Abs 3, 2366, 2365).

3. Arten der Beschränkung

6 a) **Inhaltliche Beschränkung.** Der Erblasser kann dem Testamentsvollstrecker die ihm in §§ 2203–2206 zugewiesenen Aufgaben und Befugnisse, insbesondere die Verwaltungs-, Verfügungs- und Verpflichtungsbefugnis, **ganz oder teilweise** entziehen oder ihm nur einzelne Aufgaben dieser Art übertragen. Er kann ihm zB die Verfügung über Grundstücke oder die Eingehung von Wechselverbindlichkeiten untersagen. Denkbar ist es auch, die Rechtsmacht des Testamentsvollstreckers in der Weise zu beschränken, daß er nur wie ein (befreiter oder nicht befreiter) Vorerbe oder wie ein gesetzlicher Vertreter, ein Vormund oder Betreuer verfügungsbefugt sein oder in ähnlicher Weise beschränkt werden soll. Der dem Testamentsvollstrecker entzogene Teil der Verfügungsbefugnis steht dann den Erben zu. Der Erblasser kann die Verfügungsmacht des Testamentsvollstreckers inhaltlich aber nicht in der Weise beschränken, daß über einzelne Nachlaßgegenstände von überhaupt niemandem verfügt werden kann (Verstoß gegen § 137); vielmehr können Testamentsvollstrecker und Erben stets gemeinsam über Nachlaßgegenstände verfügen, und zwar auch dann, wenn der Erblasser eine Verfügung verboten hat (BGHZ 56, 275; BGH NJW 1984, 2464; MünchKomm/BRANDNER Rn 7; anders Lehmann AcP 188, 1, 10 ff, der nur den Testamentsvollstrecker selbst als unbeschränkbar Verfügenden ansieht; vgl § 2204 Rn 5). Nur das Schenkungsverbot des § 2205 S 3 steht ggf einer derartigen gemeinsamen Verfügung entgegen. Wirken bei einer solchen Vereinbarung minderjährige Erben mit, ist die vormundschaftsgerichtliche Genehmigung bei Verfügungen über Grundbesitz nötig (§ 1821 Abs 1 Nr 1), da sie nicht auf der Verfügungsmacht des Testamentsvollstreckers beruht (BGHZ 56, 275). Ein **Mindestumfang** der Rechte des Testamentsvollstreckers ist **nicht** vorgeschrieben (KGJ 44 A 81); daher kann der Erblasser dem Testamentsvollstrecker auch als einzige Aufgabe die Ausführung einer Bestattungsanordnung oder die Vollstreckung einer Auflage übertragen (BayObLG NJW-RR 1986, 629).

7 Eine inhaltliche Beschränkung besonderer Art ist in § 2209 behandelt; sie besteht darin, daß der Erblasser dem Testamentsvollstrecker die **Verwaltung des Nachlasses als einzige Aufgabe** übertragen kann, sei es, daß er ihm von vornherein keine andere

August 1995

Aufgabe zuweist oder daß der Testamentsvollstrecker die Verwaltung des Nachlasses nach Erledigung seiner sonstigen Aufgaben weiterführen soll. Auch die §§ 2222, 2223 behandeln die Betrauung eines Testamentsvollstreckers mit einer einzelnen Aufgabe; doch kann diese mit der Übertragung weiterer Aufgaben verbunden sein.

b) Gegenständliche Beschränkung. Das Verwaltungs-, Verfügungs- und Verpflichtungsrecht kann auch gegenständlich beschränkt sein, wenn dem Testamentsvollstrecker nur die **Verwaltung einzelner Nachlaßgegenstände** übertragen ist (Abs 1 S 2). Dabei ist zu beachten, daß Vorschriften, deren Anwendung davon abhängig gemacht ist, daß dem Testamentsvollstrecker die Verwaltung „des Nachlasses" zusteht, nicht anwendbar sind, wenn der Testamentsvollstrecker nur einzelne Nachlaßgegenstände zu verwalten hat (so ausdrücklich § 748 Abs 2 ZPO; ebenso aber auch in den Fällen des § 2213 Abs 1 und der §§ 779 Abs 2 S 2, 780 Abs 2, 991 Abs 2 ZPO; § 217 KO, § 76 Abs 2 FGG, § 40 Abs 2 GBO in Verbindung mit § 748 ZPO). Anders ist es bei Vorschriften, die darauf abstellen, ob ein bestimmter Gegenstand der Verwaltung eines Testamentsvollstreckers unterliegt (§§ 2211, 2212, 2214; § 52 GBO).

Unterliegen der Verwaltung des Testamentsvollstreckers nur einzelne Nachlaßgegenstände, so kann er **nur die betreffenden Gegenstände**, nicht auch die übrigen Nachlaßgegenstände **in Besitz nehmen** und über sie verfügen. Ein Testamentsvollstrecker, dem die Verwaltung und Veräußerung eines zum Nachlaß gehörenden **Unternehmens** übertragen ist, kann auch die dazu gehörenden Grundstücke verwalten und veräußern, wenn nicht bestimmte Anhaltspunkte für eine gegenteilige Auslegung vorliegen (OLG Dresden AnnSächsOLG 40, 204); diese Interpretation wird zumindest dann geboten sein, wenn es sich dabei um (im steuerlichen Sinne) notwendiges Betriebsvermögen handelt. Bei der Bezugnahme auf die steuerliche Qualifizierung von Nachlaßgegenständen stellt sich stets die Frage des Nachweises.

Nach § 2206 Abs 1 kann der Testamentsvollstrecker Verbindlichkeiten zu Verfügungen über die von ihm verwalteten Gegenstände eingehen, desgleichen andere **Verbindlichkeiten**, deren Eingehung zur ordnungsgemäßen Verwaltung dieser Gegenstände erforderlich ist. Solche Verbindlichkeiten sind Nachlaßverbindlichkeiten wie andere; für sie haften daher nicht nur diejenigen Gegenstände, auf deren Verwaltung der Testamentsvollstrecker beschränkt ist, sondern der **gesamte Nachlaß** (SOERGEL/ DAMRAU § 2206 Rn 6; KIPP/COING § 69 I 2). Trotzdem kann der Anspruch des Dritten gegen den Nachlaß in einem solchen Fall nicht gegen den – nur teilweise verwaltungsberechtigten – Testamentsvollstrecker, sondern nur gegen den Erben geltend gemacht werden (§ 2213 Abs 1 S 2).

Wenn dem Testamentsvollstrecker nur die Verwaltung einzelner Nachlaßgegenstände übertragen und eine Mehrheit von Erben vorhanden ist, so ist der Testamentsvollstrecker grundsätzlich nicht berechtigt, ohne Zustimmung sämtlicher Erben die Auseinandersetzung unter ihnen hinsichtlich der von ihm verwalteten Gegenstände vorzunehmen; denn eine **gegenständlich beschränkte Teilauseinandersetzung gegen den Willen eines Miterben** ist regelmäßig unzulässig (STAUDINGER/WERNER[12] § 2042 Rn 40). Nur in solchen Fällen, in denen auch ohne Testamentsvollstreckung ausnahmsweise die Teilauseinandersetzung gefordert werden kann, – wenn nämlich besondere Gründe für diese vorliegen und Belange der Erbengemeinschaft nicht beeinträchtigt werden – wird der Testamentsvollstrecker berechtigt sein, die Auseinandersetzung hinsichtlich der von ihm verwalteten Gegenstände oder hinsichtlich eines Teiles von ihnen – etwa hinsichtlich eines Nachlaßgrundstücks – auch gegen den Willen einzelner Miterben vorzunehmen (aM PLANCK/FLAD Anm 3 aE). Widersprechen alle Miterben der Teilauseinandersetzung, so ist diese unzulässig (s § 2204 Rn 32). In jedem Fall muß der Testamentsvollstrecker auch die Belange der Nachlaßgläubiger im Auge behalten.

12 c) **Zeitliche Beschränkung.** Der Erblasser kann den Wirkungskreis des Testamentsvollstreckers auch zeitlich beschränken, insbesondere durch **Verkürzen** der in § 2210 genannten Frist oder das Anordnen einer **auflösenden Bedingung** (BayObLG NJW 1976, 1692; SOERGEL/DAMRAU Rn 2). Der Erblasser kann auch den Testamentsvollstrecker ermächtigen, die Testamentsvollstreckung vor dem letztwillig festgelegten oder gem § 2210 geltenden Endtermin zu beenden, wenn die Entscheidungskriterien hierfür vom Erblasser selbst hinreichend bestimmt sind, zB dadurch, daß die Erhaltung des Nachlaßvermögens gesichert sein muß; gerade ein mit den Wechselfällen des Wirtschaftslebens vertrauter Erblasser wird ins Auge fassen, daß die starre Regel des § 2210 S 1, die auch nicht nach § 2216 Abs 2 S 2 außer Kraft gesetzt werden kann, unter bestimmten Voraussetzungen aufgelockert werden sollte (BayObLG NJW 1976, 1692). Wegen § 2065 ist hier jedoch beim Abfassen des Testaments darauf zu achten, daß die Entscheidungskriterien präzise formuliert sind.

4. Einzelfälle

13 Bloßes Einspruchsrecht des Testamentsvollstreckers: Die Testamentsvollstreckung kann auch in der Weise beschränkt sein, daß die Zulässigkeit von Verfügungen des Erben über Nachlaßgegenstände von der Zustimmung des Testamentsvollstreckers abhängig gemacht ist oder daß diesem nur ein Einspruchsrecht gegen die Rechtshandlungen des Erben oder Vorerben zusteht. Die Verfügungen des Erben sind in einem solchen Fall nur mit Zustimmung des Testamentsvollstreckers wirksam (KGJ 44 A 81). Dagegen ist eine letztwillige Verfügung, wonach zur Eingehung einer persönlichen Verpflichtung durch den Vorerben bezüglich eines Nachlaßgegenstandes die Zustimmung des Testamentsvollstreckers erfordert wird, Dritten gegenüber unwirksam.

14 Bindung des Testamentsvollstreckers an Weisungen Dritter: Da der Erblasser nach Abs 1 S 1 die dort bezeichneten Rechte dem Testamentsvollstrecker entziehen oder sie beschränken kann, ist dieser auch an Weisungen Dritter gebunden, soweit dies der Erblasser verfügt hat, und der „Dritte" entweder Erbe (Miterbe) oder Mitvollstrecker ist. Ist der „Dritte" weder Erbe noch Mitvollstrecker, ist eine derartige Anordnung entweder in eine Mitvollstreckerernennung oder in eine bloße Beschränkung nach § 2216 Abs 2 S 1 umzudeuten, da ansonsten eine „Megavollstreckung" begründet würde, die dem deutschen Recht fremd ist (REIMANN FamRZ 1995, 592; vgl auch Vorbem 3 zu §§ 2197 ff). Wenn dem Testamentsvollstrecker letztwillig ein „Rechtsbeistand" beigeordnet ist, so kann darin also eine Beschränkung des Verwaltungsrechts nach § 2208 liegen, es kann aber auch eine bloße Verwaltungsanordnung des Erblassers (§ 2216 Abs 2 S 1) oder endlich die Berufung eines Mitvollstreckers (§§ 2197, 2224) vorliegen (KG OLGE 14, 301; KG Recht 1907 Nr 2334).

15 Der Erblasser kann auch **nicht** anordnen, daß der Testamentsvollstrecker bei seiner

Tätigkeit über das Gesetz hinaus der **Aufsicht** des Nachlaßgerichtes untersteht oder von dort Weisungen entgegenzunehmen hat (Vorbem 20 ff zu §§ 2197 ff).

Beschränkung der Testamentsvollstreckung auf einen Erbteil: Der Erblasser kann einen 16 Testamentsvollstrecker auch nur für den Erbteil eines Miterben (Mitvorerben) ernennen (KGJ 31 A 259; OLG München JFG 15, 262; LG Berlin DFG 1942, 113). Eine solche Testamentsvollstreckung ist an sich weder gegenständlich noch inhaltlich beschränkt, ihre Grenzen ergeben sich vielmehr aus den Vorschriften über die **Erbengemeinschaft** (§§ 2033 ff). Danach kann der Testamentsvollstrecker alle die, aber auch nur die Verwaltungsrechte ausüben, die dem Miterben zustehen. Er kann zB die zur Erhaltung eines Nachlaßgegenstandes notwendigen Maßregeln treffen (§ 2038 Abs 1 S 2), Nachlaßforderungen zugunsten aller Erben geltend machen (§ 2039) sowie das Vorkaufsrecht nach § 2034 ausüben. Zur Verwaltung des Nachlasses und zur Verfügung über Nachlaßgegenstände ist er grundsätzlich nur in Gemeinschaft mit den übrigen Miterben berechtigt (§§ 2038 Abs 1 S 1, 2040). Er ist nicht befugt, die **Auseinandersetzung** zu bewirken (§ 2204), sondern nur, sie zu betreiben (§ 2042). Er kann weder über den Erbteil verfügen – das kann nur der Miterbe selbst, § 2033 Abs 1 – noch über den Anteil des Miterben an den einzelnen Nachlaßgegenständen; denn über diesen könnte auch der Miterbe selbst nicht verfügen (§ 2033 Abs 2). Erst nach der Teilung tritt das Verwaltungs- und Verfügungsrecht des Testamentsvollstreckers hinsichtlich der dem Miterben zugefallenen Vermögenswerte voll in Kraft. Der Testamentsvollstrecker kann diese Werte in Besitz nehmen, über sie verfügen und im Rahmen des entsprechend anwendbaren § 2206 Nachlaßverbindlichkeiten eingehen (einschränkend MünchKomm/BRANDNER Rn 11, der nach der Auseinandersetzung nur bei entsprechendem Erblasserwillen eine weitere Verwaltung zulassen möchte). Er kann diese Verbindlichkeiten allerdings nicht für den Nachlaß – denn ein solcher ist nach der Teilung nicht mehr vorhanden – eingehen, sondern nur für die Gesamtheit der Gegenstände, die seiner Verwaltung unterliegen. Das bedeutet aber, daß der Miterbe nicht mit seinem Vermögen unbeschränkt haftet, sondern nur mit dem, was er aus der Teilung des Nachlasses erhalten hat (ähnlich SOERGEL/DAMRAU § 2206 Rn 6; PLANCK/FLAD Anm 3).

5. Wirkung der Beschränkung gegenüber Dritten

Die Beschränkung der Verwaltungsrechte des Testamentsvollstreckers wirkt **ding-** 17 **lich**, also auch gegenüber Dritten, nicht bloß schuldrechtlich (wie die Anordnungen nach § 2216 Abs 2 S 1). Dies folgt daraus, daß der Testamentsvollstrecker nur die Rechte hat, die ihm das Gesetz zubilligt; seine Rechtsmacht ist von vornherein inhaltlich beschränkt. Er ist also nicht etwa nur obligatorisch gehalten, gewisse ihm etwa zustehende Rechte nicht auszuüben, sondern er „hat die ... Rechte nicht" (Abs 1 S 1; vgl auch BGH NJW 1984, 2464; BGHZ 56, 275; **aM** DAMRAU JR 1985, 106; vermittelnd MünchKomm/BRANDNER § 2205 Rn 81; grundsätzlich anders LEHMANN AcP 188, 1, 18, der in der Rechtsprechung des BGH einen Verstoß gegen § 137 sieht und daher eine unbeschränkte Verfügungsbefugnis des Testamentsvollstreckers postuliert; für den Ausschluß des Rechts zur Auseinandersetzung KGJ 52 A 113; vgl § 2204 Rn 5).

Der Dritte kann sich gegenüber einer Beschränkung des Verwaltungsrechts des 18 Testamentsvollstreckers an sich nicht auf seinen **guten Glauben** berufen. Er kann sich aber dadurch schützen, daß er den Abschluß eines Rechtsgeschäftes mit dem Testamentsvollstrecker von der Vorlegung eines Testamentsvollstrecker-Zeugnisses abhängig macht (ebenso MünchKomm/BRANDNER Rn 4); denn nach § 2368 Abs 1 S 2 ist eine Beschränkung des Verwaltungsrechtes des Testamentsvollstreckers im Zeugnis anzugeben (BayObLG NJW-RR 1986, 629). Enthält das Zeugnis keine Beschränkung, dann gilt sie für den Dritten als nicht bestehend, es sei denn, daß er die Beschränkung kannte (§§ 2368 Abs 3, 2366, 2365).

III. Die beaufsichtigende Testamentsvollstreckung

19 Ist dem Testamentsvollstrecker die Pflicht und das Recht zur Ausführung von irgendwelchen letztwilligen Verfügungen des Erblassers (§ 2203) entzogen, so hat er als bloß beaufsichtigender Testamentsvollstrecker doch immerhin das Recht, die **Ausführung** der fraglichen Verfügungen von dem Erben zu **verlangen**, wenn nicht ein gegenteiliger Wille des Erblassers irgendwie zum Ausdruck gekommen ist (**Abs 2**). Dieser Anspruch, der nötigenfalls im Wege der Klage durchgesetzt werden kann, entspricht demjenigen nach § 2194 (s STAUDINGER/OTTE[12] § 2194 Rn 4), beschränkt sich aber nicht auf die Vollziehung von Auflagen. Vielmehr gilt Abs 2 für alle letztwilligen Verfügungen, deren Ausführung durch den Erben möglich ist (SOERGEL/DAMRAU Rn 6; wohl auch MünchKomm/BRANDNER Rn 13), also auch für Vermächtnisse, Teilungsanordnungen oder die Anordnung, „daß die Erbschaft in einem bestimmten Zeitpunkt einem Nacherben herauszugeben ist" (vgl § 2103; der Nacherbenvollstrecker, § 2222, kann nur bis zum Eintritt der Nacherbfolge tätig sein). Auch die Befugnisse des **Vermächtnisvollstreckers** (§ 2223) können sich darauf beschränken, daß er von dem Vermächtnisnehmer die Ausführung der ihn beschwerenden Anordnungen verlangen kann. Wenn aber der Testamentsvollstrecker zur Verwaltung des Gegenstandes des Vermächtnisses berechtigt ist, so hat er das Untervermächtnis oder die Auflage selbst zu vollziehen (§ 2223 Rn 6).

20 Der Testamentsvollstrecker kann zwar nach Abs 2 vom Erben die Vollziehung einer Auflage verlangen, er kann aber wegen des Fehlens einer Leistungsberechtigung (§ 1940) keinen **Schadensersatz** wegen Nichtvollziehung der Auflage verlangen (s STAUDINGER/OTTE[12] § 2194 Rn 13). Aus dem gleichen Grund besteht auch keine **Haftung** des Testamentsvollstreckers gegenüber dem durch die Auflage Begünstigten (RG WarnR 1937 Nr 133). Diese Grundsätze gelten aber nur, wenn die Anordnung des Erblassers in einer Auflage besteht; handelt es sich dagegen um andere Anordnungen (etwa Vermächtnisse, Teilungsanordnungen), so dürften auf die Haftung des Erben gegenüber dem nur beaufsichtigenden Testamentsvollstrecker und dessen Haftung gegenüber einem Vermächtnisnehmer oder sonstigen Nachlaßbeteiligten dieselben Grundsätze anzuwenden sein, die für den verwaltungsberechtigten Testamentsvollstrecker gelten (vgl §§ 2218 ff). Prozessiert der Testamentsvollstrecker gegen den Erben im Rahmen des Abs 2, so treffen die Prozeßkosten dennoch den Nachlaß (LANGE/KUCHINKE § 29 V 1 a Fn 108; MünchKomm/BRANDNER Rn 13; aM PALANDT/EDENHOFER Rn 6).

21 Es ist möglich, daß der „Testamentsvollstrecker" nach dem Willen des Erblassers auch das in Abs 2 vorgesehene Recht nicht haben soll. Dann ist er, wenn ihm keine sonstigen Aufgaben zugewiesen sind, überhaupt nicht Testamentsvollstrecker, sondern nur **Berater des Erben** (Prot V 310; PALANDT/EDENHOFER Rn 6).

IV. Die Erweiterung der Rechte des Testamentsvollstreckers

1. Allgemeines

Grundsätzlich ausgeschlossen ist, daß der Erblasser die Befugnisse des Testaments- 22 vollstreckers über die im Gesetz vorgesehenen Möglichkeiten hinaus **erweitert** (Prot V 307, 309, 310, 543; Mot V 241; RG WarnR 1915 Nr 292; SOERGEL/DAMRAU Rn 8; HAEGELE/ WINKLER Rn 142). Doch kann der Erblasser solche Befugnisse, die er jedem Dritten verleihen könnte, auch dem Testamentsvollstrecker übertragen, so insbesondere die Befugnisse und Aufgaben nach §§ 2151, 2153–2156, 2193, 2048 (SOERGEL/DAMRAU Rn 8; HAEGELE/WINKLER Rn 142), schiedsgutachter- und schiedsgerichtliche Aufgaben sowie Bestimmungsrechte aller Art. Dagegen kann der Erblasser den Testamentsvollstrecker nicht ermächtigen, über den Nachlaß als Ganzes oder über den Erbteil eines Miterben zu verfügen. Daher ist auch eine Bestimmung des Erblassers, wonach die Verfügung von Testamentserben über ihren Erbteil nur mit Zustimmung des Testamentsvollstreckers wirksam sein soll, unwirksam (RG JW 1915, 245; BGB-RGRK/ KREGEL Rn 10). Der Erblasser kann dem Testamentsvollstrecker auch **nicht übertragen**: die Bestimmung des Erben (§ 2065 Abs 2), die Verwaltung oder Verfügung in bezug auf nachlaßfremde Rechte Dritter (§§ 2203 ff), die Erklärung über Annahme oder Ausschlagung der Erbschaft, für die der Testamentsvollstrecker bestellt ist (vgl KG OLGE 21, 349) sowie die Verfügung über den Anteil eines Miterben am Nachlaß (§ 2033 Abs 1). Ebensowenig kann er den Testamentsvollstrecker zur unbeschränkten Vornahme unentgeltlicher Verfügungen (§ 2205 S 3), zur unbeschränkten Erteilung von Schenkungsversprechen (§ 2207 S 2) oder zur Führung von Rechtsstreitigkeiten über die gesetzlichen Grenzen (§§ 2212 ff) hinaus ermächtigen (PLANCK/FLAD Anm 6; MünchKomm/BRANDNER Rn 15). Dem Testamentsvollstrecker kann auch nicht das Recht zur authentischen Interpretation des Testaments übertragen werden (MünchKomm/BRANDNER Rn 15). Allgemein ist zu sagen, daß die Befugnisse des Testamentsvollstreckers ihre Schranken in den Bestimmungen des bürgerlichen Rechts finden, und zwar ohne Unterschied, ob diese Bestimmungen die Rechtskonsequenz verwirklichen oder unter deren Aufgabe auf Grund von Zweckmäßigkeitserwägungen erlassen sind (BayObLGZ 18, 161, 165).

2. Gesetzliche Erweiterungsmöglichkeiten

Schon durch die §§ 2203, 2208 Abs 2 ist dem Erblasser durch die inhaltliche Gestal- 23 tung seines letzten Willens ein **weiter Spielraum** für die Zuweisung von Aufgaben an einen Testamentsvollstrecker gegeben. Denn nach diesen Bestimmungen kann der Erblasser, soweit überhaupt die Testierfreiheit reicht, durch letztwillige Anordnungen, die vom Testamentsvollstrecker auszuführen sind oder deren Ausführung von ihm zu überwachen ist, insbesondere durch Anordnung von Auflagen, den Wirkungskreis des Testamentsvollstreckers erweitern. Auch eine Beschränkung des Bedachten in der Verfügung über die Reinerträgnisse des Nachlasses durch Übertragung ihrer Verwaltung auf den Testamentsvollstrecker ist zulässig (RG WarnR 1919 Nr 71).

Die **Dauervollstreckung** (§ 2209), bei der dem Testamentsvollstrecker die Verwaltung 24 des Nachlasses auch für die Zeit nach der Erledigung seiner sonstigen Aufgaben übertragen ist, stellt eine wichtige Erweiterung der regelmäßigen Befugnisse des

Testamentsvollstreckers dar. Dazu kommt, daß der Erblasser den Testamentsvollstrecker von bestimmten gesetzlichen Beschränkungen befreien kann (§§ 2207, 2220). Er kann ihm auch gestatten, daß er die Auseinandersetzung nach freiem Ermessen vornimmt (§ 2048 S 2).

25 Der Erblasser kann Befugnisse, die er **jedem Dritten** einräumen kann, auch dem Testamentsvollstrecker übertragen. Insbesondere kann der Erblasser den Testamentsvollstrecker zugleich zum (General-)Bevollmächtigten über seinen Tod hinaus ernennen (Vorbem 43 ff zu §§ 2197 ff). Die Zuweisung von Aufgaben, die jedem Dritten übertragen werden könnten, erweitert allerdings nicht die dinglich wirksame Rechtsmacht des Testamentsvollstreckers, die Aufgaben werden ihm gewissermaßen nur zufällig und gelegentlich übertragen. Deshalb ist in solchen Fällen durch geeignete erbrechtliche Maßnahmen, zB durch Auflage, sicherzustellen, daß die Erben diese Zusatzbefugnisse dulden.

3. Erweiterung durch Übereinkommen der Nachlaßbeteiligten

26 Der Inhalt des Amtes des Testamentsvollstreckers wird durch die Anordnungen des Erblassers in Verbindung mit dem Gesetz festgelegt; er kann durch die **Zustimmung der Nachlaßbeteiligten** grundsätzlich nicht geändert werden, jedenfalls nicht in der Weise, daß das „rechtliche Dürfen" des Testamentsvollstreckers erweitert würde (RGZ 74, 215; 81, 170). Das „rechtliche Können" des Testamentsvollstreckers ist jedoch immer gegeben, wenn die Erben (Vor- und Nacherben) zustimmen (aM LEHMANN AcP 188, 1, 4), so daß insoweit Verfügungen des Testamentsvollstreckers wirksam sind. Bei Zustimmung der Erben werden auch durch solche Maßnahmen keine Schadensersatzansprüche nach §§ 2219 begründet.

§ 2209

Der Erblasser kann einem Testamentsvollstrecker die Verwaltung des Nachlasses übertragen, ohne ihm andere Aufgaben als die Verwaltung zuzuweisen; er kann auch anordnen, daß der Testamentsvollstrecker die Verwaltung nach der Erledigung der ihm sonst zugewiesenen Aufgaben fortzuführen hat. Im Zweifel ist anzunehmen, daß einem solchen Testamentsvollstrecker die im § 2207 bezeichnete Ermächtigung erteilt ist.

Materialien: E II § 2079; III § 2183; Prot V 305 ff, 528 ff, 543, 546.

Systematische Übersicht

I. **Allgemeines** 1	b) Dauervollstreckung 4
	2. Zweck der Verwaltungsvollstreckung 5
II. **Die Verwaltungsvollstreckung**	3. Die Anordnung der Verwaltungsvollstreckung 10
1. Arten der Verwaltungsvollstreckung	
a) Verwaltungsvollstreckung im engeren Sinne 3	4. Unterschied zur Auflage 11

5. Verwaltungsvollstreckung bei Mehrheit von Erben	12
6. Beschränkte Verwaltungsvollstreckung	13
7. Grenzen der Verwaltungsvollstreckung	14

III. Die Rechtsstellung des Verwaltungsvollstreckers	
1. Allgemeines	15
2. Eingehung von Verbindlichkeiten	18
3. Erträgnisse des Nachlasses	19
4. Testamentsvollstreckerzeugnis	22

Alphabetische Übersicht

Anordnung	9
Auflage	11
Auseinandersetzung	12
Auskehrung	19
Auslegung	10
Beschränkung	2, 13
Dauervollstreckung	4
Enterbung	6
Erbengemeinschaft	12
Erträge	5, 19 ff
Erweiterung	2
exheredatio bona mente	6
Familienoberhaupt	8
Freigabe	15
Grenzen	14
Herausgabe	15
Naturalverpflegung	20
Nießbrauchsvermächtnis	17
Pflegschaft	7
Pflichtteilsrecht	14
Sittenwidrigkeit	14
Testamentsvollstreckerzeugnis	22
Unternehmen	9
Verbindlichkeiten	18
Verpflichtungsbefugnis	18
Verwaltung	1 ff
Verwaltungsvollstrecker, Rechtsstellung	15 ff
Verwaltungsvollstreckung	3 ff
Vor- und Nacherbschaft	19, 21
Zweck	5 ff

I. Allgemeines

Nach § 2209 kann dem Testamentsvollstrecker die **Verwaltung** des Nachlasses auch **als** **1** **selbständige Aufgabe** übertragen werden, also nicht zum Zwecke der Ausführung anderer letztwilliger Anordnungen (§ 2203) oder der Auseinandersetzung unter den Miterben (§ 2204), sondern um ihrer selbst willen.

In der Verwaltungsvollstreckung liegt sowohl eine **inhaltliche Beschränkung** der Testa- **2** mentsvollstreckeraufgaben (S 1 HS 1) als auch eine **zeitliche** und wohl auch **sachliche** **Erweiterung der Rechtsmacht des Testamentsvollstreckers** (MünchKomm/BRANDNER Rn 1). Gerade wegen des mit einer Dauervollstreckung verbundenen langdauernden Entzugs der Erbmasse vom Erben ist die Verwaltungsvollstreckung immer wieder angegriffen worden (LANGE/KUCHINKE § 29 V 2; LANGE JuS 1970, 102). Da der Erblasser mit einer Verwaltungsvollstreckung zumeist billigenswerte Motive verfolgt (Rn 5 ff) und eine sachgerechte Testamentsvollstreckung ohne das Institut der Verwaltungsvollstreckung gerade bei großen Nachlässen kaum möglich ist, stellt sie jedoch ein wichtiges Mittel zur Ausgestaltung der Testamentsvollstreckung dar. Da der Testamentsvollstrecker keiner ex officio wahrzunehmenden gerichtlichen oder behördlichen Aufsicht unterliegt, stellt sich jedoch das Problem der Kontrolle des Testamentsvollstreckers durch Anordnungen des Erblassers in verstärktem Maße (REIMANN FamRZ 1995, 588).

II. Die Verwaltungsvollstreckung

1. Arten der Verwaltungsvollstreckung

Es gibt zwei Arten von Verwaltungsvollstreckungen:

a) Verwaltungsvollstreckung im engeren Sinne

3 Der Erblasser weist dem Testamentsvollstrecker überhaupt keine anderen Aufgaben zu als die Verwaltung des Nachlasses, diese ist also von vornherein Selbstzweck.

b) Dauervollstreckung

4 Der Erblasser ordnet an, daß die Verwaltung des Nachlasses durch den Testamentsvollstrecker ausnahmsweise nach Erledigung der ihm sonst zugewiesenen Aufgaben fortdauern soll (während sie sonst mit der Erledigung dieser Aufgaben endigt). Auch hier erhält aber der Testamentsvollstrecker die **besondere Rechtsstellung**, die mit dem selbständigen Verwaltungsrecht – insbesondere nach S 2 – verbunden ist, schon mit dem Erbfall, nicht erst mit der Erledigung seiner sonstigen Aufgaben (PLANCK/FLAD Anm 4).

2. Zweck der Verwaltungsvollstreckung

5 Der Zweck der Verwaltung ist bei der Verwaltungsvollstreckung ein anderer als bei der gewöhnlichen Testamentsvollstreckung (Abwicklungsvollstreckung). Während bei dieser die Verwaltung des Nachlasses nur der Abwicklung der schwebenden Geschäfte sowie der Beschaffung der zur Ausführung der letztwilligen Verfügungen (§ 2203) und zur Verteilung des Nachlasses unter mehrere Erben (§ 2204) erforderlichen Mittel dient, ist sie bei der Verwaltungsvollstreckung auf die Nutzbarmachung des verwalteten Vermögens und auf die **Erzielung von Erträgen** gerichtet (BGH NJW-RR 1991, 835, 836; MünchKomm/BRANDNER Rn 3). Die Verwaltungsvollstreckung stellt praktisch eine Art von fürsorglicher Bevormundung des Erben dar (PALANDT/EDENHOFER Rn 2). Der Erblasser kann mit ihrer Anordnung verschiedene Absichten verfolgen (vgl Prot V 306 ff):

6 Er kann auf diese Weise den Erben gegen seine eigene Unzulänglichkeit in Schutz nehmen, vor allem im Falle der **Enterbung in guter Absicht** (exheredatio bona mente, vgl §§ 2211, 2338 Abs 1 S 2; OLG Bremen FamRZ 1984, 213). Er kann dadurch auch den Zugriff der Eigengläubiger des Erben auf den Nachlaß verhindern (§ 2214, § 863 Abs 1 S 2 ZPO). Allerdings ist die Verwaltungsvollstreckung kein geeignetes Instrument, den Nachlaß an den Gläubigern vorbei auf folgende Generationen zu übertragen (§ 2214 Rn 7).

7 Der Erblasser kann durch eine Anordnung nach § 2209 einen geschäftsuntüchtigen

oder verschuldeten Elternteil oder einen unerwünschten Vormund des Erben von der Verwaltung des Nachlasses **ausschließen**. Denn das Verwaltungsrecht des gesetzlichen Vertreters (§§ 1627, 1630, 1638, 1793) kann nicht weiter reichen als dasjenige des Erben und wird wie dieses durch das Verwaltungsrecht des Testamentsvollstreckers ganz oder doch in weitem Umfang ausgeschlossen (§ 2211). Das bezeichnete Verfahren hat gegenüber einer letztwilligen Verfügung nach §§ 1638 Abs 1, 1909 Abs 1 S 2, 1794 den Vorteil, daß es weniger schroff erscheint und die Anordnung einer **Pflegschaft** nach § 1909 **entbehrlich** macht (LG Dortmund NJW 1959, 2264; Palandt/Edenhofer Rn 5; MünchKomm/Brandner Rn 5; Erman/M Schmidt Rn 2; aM hinsichtlich der Pflegschaft KGJ 38 A 73; BGB-RGRK/Kregel Rn 2).

Der Erblasser, der Frau und Kinder zu Erben einsetzt, kann seiner Witwe in vermögensrechtlicher Beziehung die Stellung eines **Familienoberhaupts** geben, wenn er sie zur Testamentsvollstreckerin nach § 2209 ernennt (KGJ 32 A 87; MünchKomm/Brandner Rn 4). Die Witwe ist dann von den Beschränkungen und Verpflichtungen befreit, die sie treffen würden, wenn sie die Erbteile der Kinder nur kraft ihrer elterlichen Gewalt zu verwalten hätte (vgl § 1643 und § 2205); sie behält, wenn der Erblasser nichts anders anordnet, das Verwaltungsrecht auch, wenn die Kinder volljährig werden (§ 1626; Planck/Flad Anm 2). Allerdings findet die Verleihung einer so überragenden Rechtsstellung an die Witwe ihre Grenze in den Vorschriften des Pflichtteilsrechtes (§ 2306). **8**

Der Erblasser kann endlich durch Anordnung einer Verwaltungsvollstreckung ein großes Vermögen oder ein **Unternehmen** für lange Zeit **zusammenhalten** (Haegele/Winkler Rn 132). Gerade dieser Zweck rechtfertigt auch weitgehende Einschränkungen des Zugriffs der Erben, da insoweit das Verfügungsrecht des Erblassers über sein Lebenswerk das Entfaltungsinteresse der Erben überwiegen kann (OLG Düsseldorf NJW 1988, 2615 zur Verwaltungsvollstreckung an einer Firma während Zugehörigkeit des Erben zu einer Sekte). **9**

3. Die Anordnung der Verwaltungsvollstreckung

Ob der Erblasser eine Verwaltungsvollstreckung angeordnet hat, ist nach allgemeinen **Auslegungsgrundsätzen** festzustellen. Dabei ist wegen der weitreichenden Konsequenzen der Verwaltungsvollstreckung ein strengerer Maßstab anzulegen als bei § 2208 (MünchKomm/Brandner Rn 7; Soergel/Damrau Rn 3, der in Zweifelsfällen keine Verwaltungsvollstreckung annimmt). Aus der Bestimmung des Erblassers, der Testamentsvollstrecker solle die den Hauptbestandteil des Nachlasses bildende Villa verwalten, verpachten und verkaufen, muß nicht ohne weiteres die Anordnung einer dauernden Verwaltung nach § 2209 entnommen werden (BayObLGZ 21, 312). Nach Errichtung einer dem Testamentsvollstrecker aufgetragenen Stiftung ist in der Regel kein Raum mehr zur Verwaltung nach § 2209; hat jedoch der Erblasser dem Testamentsvollstrecker weitere Aufgaben zugewiesen, zB die Mitwirkung bei Satzungsänderungen oder die stiftungsinterne Überwachung, ist eine Dauervollstreckung auch hier möglich (BGHZ 41, 23; Strickrodt NJW 1964, 1316; Bund JuS 1966, 60). Die Bestimmung, daß die Witwe des Erblassers die weitestgehende Unabhängigkeit in der Verwaltung des Nachlasses haben solle, ist als Ernennung der Witwe zum Testamentsvollstrecker mit Übertragung des dauernden Verwaltungsrechts ausgelegt worden (OLG Stuttgart Recht 1913 Nr 1317). Auch die letztwillige Zuwendung des unbeschränkten Verwaltungs- **10** und Verfügungsrechts an den überlebenden Ehegatten kann als dessen Ernennung zum Dauervollstrecker aufgefaßt werden, sofern nicht Vor- und Nacherbfolge anzunehmen ist (RG LZ 1917, 536; KGJ 32 A 87; SOERGEL/DAMRAU Rn 3; im einzelnen ist die Abgrenzung von reiner Vor- und Nacherbenschaft und einer Verwaltungsvollstreckung oft schwierig s BayObLGZ 1958, 299, 305). Andererseits ist es auch möglich, daß der Erblasser, der dem Testamentsvollstrecker die dauernde unbeschränkte Verwaltung überträgt, damit nur sagen will, daß der Testamentsvollstrecker die Verwaltung bis zur Erledigung seiner sonstigen Aufgaben führen soll (OLG Kiel SchlHAnz 1912, 155; KIPP/COING § 69 II 2 Fn 10). Wenn ein Testament oder ein Erbvertrag nichts enthält als die Einsetzung eines Alleinerben und die Ernennung eines Testamentsvollstreckers, so liegt es nahe, die Testamentsvollstreckung als eine Dauervollstreckung anzusehen, da sie sonst keinen Sinn hätte (BGH NJW 1983, 2247; BayObLGZ 1988, 42; SOERGEL/DAMRAU Rn 3; MünchKomm/BRANDNER Rn 7). Die Frage, ob eine Dauertestamentsvollstreckung vorliegt, ist insbesondere auch für das Anmelderecht zum Handelsregister (§ 2205 Rn 133) von Bedeutung (BGH NJW 1989, 3152; BGH NJW-RR 1991, 835).

4. Unterschied zur Auflage

11 Eine Anordnung nach § 2209 unterscheidet sich von einer den gleichen wirtschaftlichen Zweck verfolgenden Auflage, daß der Erbe einem Dritten eine unwiderrufliche Vollmacht zur Verwaltung des Nachlasses ausstellen und sich selbst aller Verwaltungshandlungen enthalten solle, rechtlich dadurch, daß eine solche Auflage den Erben nur **schuldrechtlich** bindet (§§ 1940, 2194, 2208 Abs 2) und nicht dinglich wirkt, insbesondere dem Dritten nicht das mit der Testamentsvollstreckung verbundene absolute Verwaltungsrecht verleiht und auch nicht den Zugriff der persönlichen Gläubiger des Erben auf den Nachlaß hindert (vgl §§ 2205, 2214; Prot V 306; RG SeuffA 78 Nr 3; KG JR 1925 Nr 146).

5. Verwaltungsvollstreckung bei Mehrheit von Erben

12 Die Anordnung einer Verwaltungsvollstreckung ist auch bei einer Mehrheit von Erben zulässig. In der Anordnung der Verwaltungsvollstreckung für alle Erben wird dann in der Regel zugleich die Verfügung liegen, daß die Auseinandersetzung des Nachlasses unterbleiben soll, solange die Testamentsvollstreckung wirksam ist (§ 2044; PLANCK/FLAD Anm 6). Nur wenn diese Auslegung ausnahmsweise nicht zutrifft oder das Teilungsverbot durch Zeitablauf außer Kraft tritt (§ 2044 Abs 2), kann die **Auseinandersetzung** verlangt werden. Nach der Auseinandersetzung unterliegen die Werte, die an die einzelnen Erben gefallen sind, der Verwaltung des Testamentsvollstreckers (PLANCK/FLAD Anm 6; PALANDT/EDENHOFER Rn 6; einschränkend MünchKomm/BRANDNER Rn 9, der einen feststellbaren Willen des Erblassers in dieser Hinsicht fordert).

6. Beschränkte Verwaltungsvollstreckung

13 Die Übertragung der Verwaltungsvollstreckung kann, wie sich schon aus § 2338 ergibt, auch nur einen **Teil des Nachlasses**, insbesondere einen **Erbteil** (KGJ 31 A 259; KG RJA 7, 24) oder **einzelne Nachlaßgegenstände** betreffen, zB ein Landgut oder ein Handelsgeschäft (OLG Dresden JFG 5, 217). Bei einer Mehrheit von Erben setzt die Anordnung der Verwaltungsvollstreckung für einzelne Nachlaßgegenstände voraus, daß für diese die Auseinandersetzung ausgeschlossen oder aufgehoben ist (BayObLGZ 13, 49). Das Verbot der Auseinandersetzung ist aber in diesem Fall regelmäßig als vom Erblasser gewollt anzunehmen (RG WarnR 1934 Nr 21).

7. Grenzen der Verwaltungsvollstreckung

Die Bestimmung des § 2209 ist praktisch wichtig, da sie eine lange dauernde **14** Beschränkung des Erben und die Ausschließung des Zugriffs seiner Privatgläubiger auf den Nachlaß ermöglicht (§§ 2211, 2214; § 863 Abs 1 S 2 ZPO). Der Erbe kann sich gegen die Anordnung einer Verwaltungsvollstreckung im allgemeinen nur dann und insoweit wehren, als diese sein etwaiges **Pflichtteilsrecht** beeinträchtigt (§ 2306). In Ausnahmefällen mag er sich dadurch helfen können, daß er die Erbschaft ausschlägt und den Pflichtteil verlangt oder – bei vorhandenem Grunde – die letztwillige Verfügung hinsichtlich der Anordnung nach § 2209 anficht (§ 2078). Es ist auch möglich, daß die Verwaltungsvollstreckung im Zusammenhang mit weiteren Maßnahmen des Erblassers – etwa Verpflichtung des Erben zur Erteilung einer unwiderruflichen Generalvollmacht nebst Prokura – zu einer so starken Beschränkung des Erben führt, daß die einschlägigen Bestimmungen des Testaments wegen **Sittenwidrigkeit** (§ 138 Abs 1) unwirksam sind (OLG München JFG 14, 428; Kipp/Coing § 69 II 2 d; Lange JuS 1970, 101, 107; hierbei ist jedoch der Zweck der Vollstreckungsanordnung wohlwollend zu ermitteln: vgl OLG Düsseldorf NJW 1988, 2615, 2617). Dagegen kann der Erbe **nicht** beantragen, die Anordnung der Verwaltungsvollstreckung gemäß **§ 2216 Abs 2 S 2** außer Kraft zu setzen (Palandt/Edenhofer Rn 2; Soergel/Damrau Rn 4); denn § 2216 betrifft nur Anordnungen des Erblassers über die Art und Weise der Verwaltung durch den Testamentsvollstrecker, nicht aber die Anordnung der Testamentsvollstreckung selbst oder Anordnungen über ihre Dauer (KG JW 1937, 475; KG HRR 1934 Nr 1681).

III. Die Rechtsstellung des Verwaltungsvollstreckers

1. Allgemeines

Trotz der Verschiedenheit des Zweckes (Rn 5 ff) ist die Rechtsstellung des Testa- **15** mentsvollstreckers bei der Verwaltungsvollstreckung im allgemeinen dieselbe wie bei der gewöhnlichen Testamentsvollstreckung. Auch hier legt in der Regel § 2205 den Umfang seiner Verfügungsbefugnis fest (KG DNotZ 1944, 9). Auch der Testamentsvollstrecker, dem nach S 1 HS 1 lediglich die Verwaltung des Nachlasses ohne Zuweisung anderer Aufgaben übertragen ist, ist im Zweifel befugt, über die Nachlaßgegenstände zu verfügen (KG aaO; OLG Düsseldorf NJW 1952, 1259). Das Verwaltungsrecht des Testamentsvollstreckers verdrängt auch im Falle des § 2209 dasjenige des Erben oder Vorerben, wird aber seinerseits durch die Anordnung der Nachlaßverwaltung oder die Eröffnung des Nachlaßkonkurses eingeschränkt oder suspendiert (§ 2211; § 2205 Rn 151). Die §§ 2211 ff, 2215 ff finden auch hier Anwendung. Der Verwaltungsvollstrecker wird aber, solange die Testamentsvollstreckung dauert, im Gegensatz zum gewöhnlichen Testamentsvollstrecker regelmäßig nicht zur **Herausgabe** des Nachlasses oder einzelner Nachlaßgegenstände an den Erben verpflichtet sein (§§ 2218, 667; Planck/Flad Anm 5 b). Solange die Verwaltungsvollstreckung besteht, hat der Erbe nicht einmal einen bedingten Anspruch gegen den Testamentsvollstrecker auf Herausgabe des Nachlasses (OLG Stuttgart WürttZ 1924, 23).

16 § 2217 ist bei der Verwaltungsvollstreckung **nicht** anwendbar. Denn der Testamentsvollstrecker, dem die Verwaltung des Nachlasses oder einzelner Bestandteile des Nachlasses nach § 2209 als Selbstzweck übertragen ist, bedarf zur Erfüllung dieser Obliegenheit aller Nachlaßgegenstände, an denen fremde Verwaltung möglich ist, solange seine Verwaltungsaufgabe und -befugnis dauert (Prot VI 357; RG JR 1929 Nr 1652; einschränkend MünchKomm/Brandner Rn 12).

17 Mit der Anordnung der Verwaltungsvollstreckung kann ein **Nießbrauchsvermächtnis** zugunsten des Testamentsvollstreckers in der Weise verbunden sein, daß der Nießbraucher, solange der ihm zugewendete Nießbrauch dauert, zugleich die Stellung eines Testamentsvollstreckers haben soll (OLG München DNotZ 1938, 172; BayObLGZ 1967, 230; BayObLGZ 1992, 175).

2. Eingehung von Verbindlichkeiten

18 Für alle Fälle, in denen einem Testamentsvollstrecker die Verwaltung des Nachlasses nach § 2209 übertragen ist, gilt nach S 2 die Auslegungsregel, daß der Testamentsvollstrecker in der Eingehung von Verbindlichkeiten für den Nachlaß **nicht beschränkt** sein soll, wenn nicht ein anderer Wille des Erblassers anzunehmen ist (in diesem Falle bleibt es bei der Regel des § 2206). Das gilt bei Dauervollstreckung auch schon während der Zeit, zu der die dem Testamentsvollstrecker sonst zugewiesenen Aufgaben noch nicht erledigt sind. Das Gesetz hat die **Verpflichtungsbefugnis** des Verwaltungsvollstreckers erweitert, weil eine länger dauernde Verwaltung es mit sich bringt, daß der Testamentsvollstrecker immer wieder neue Geschäfte abschließen muß. Zudem ist bei einer längerdauernden Verwaltung auch das Verkehrsschutzinteresse größer (MünchKomm/Brandner Rn 11). Ausgenommen ist aber auch hier die Befugnis zu Schenkungsversprechen, soweit diese nicht einer sittlichen Pflicht oder einer auf den Anstand zu nehmenden Rücksicht entsprechen (§ 2205 S 3).

3. Erträgnisse des Nachlasses

19 Bei Anordnung einer Verwaltung nach § 2209 ist der Testamentsvollstrecker, abgesehen vom Fall des § 2338 Abs 1 S 2 und von einer besonderen Anordnung des Erblassers, grundsätzlich **nicht** verpflichtet, die Erträgnisse des Nachlasses alljährlich an den Erben **auszuliefern**, er kann sie vielmehr auch thesaurieren (RG JR 1929 Nr 1652; BGH Rpfleger 1986, 434; BGH FamRZ 1988, 279; Planck/Flad Anm 5 b; differenzierend MünchKomm/Brandner Rn 12; unentschieden Palandt/Edenhofer Rn 3; aM Dernburg, BürgerlR V § 143 I, der die standesgemäßen Bedürfnisse des Erben entscheiden lassen will; Holtz, Die verwaltende Testamentsvollstreckung der §§ 2209 und 2210 BGB [Diss Tübingen 1907] 30, der betont, daß es stets im Sinne des Erblassers sein werde, einem bedürftigen Erben Erträgnisse abzugeben). Ein Anspruch des Erben gegen den Testamentsvollstrecker auf Aushändigung von Nutzungen wird sich aber auch dann, wenn der Erblasser hierüber nichts bestimmt hat, vielfach aus dem Willen des Erblassers oder aus dem Grundsatz der ordnungsmäßigen Verwaltung des Nachlasses ergeben, aber auch daraus, daß die Erbenstellung nicht völlig ihres wirtschaftlichen Inhalts beraubt werden darf (§ 2216 Abs 1, Abs 2 S 2; RG BayZ 1922, 123; RG LZ 1918, 1268). Gehört ein Unternehmen oder eine Unternehmensbeteiligung zum Nachlaß, wird der Testamentsvollstrecker im Rahmen einer ordnungsmäßigen Verwaltung verpflichtet sein, dem Erben die auf das Unternehmen bzw die Beteiligung entfallende Steuer aus den Nachlaßerträgnissen zur Verfügung zu stellen. Bei bestehender **Vor- und Nacherbschaft** hat der Testamentsvollstrecker den Interessensgegensatz des Vorerben (hohe Ertragsauskehrung) und des Nacherben (Substanzmehrung durch Thesaurierung) zu berücksichtigen. Insbesondere ist die Kosten- und Lastenregelung der §§ 2124–2126 zu beachten. Der Testamentsvollstrecker muß bei der Höhe der ausgekehrten Gewinne beide Interessen angemessen berücksichtigen (BGH FamRZ 1988, 279 = WM 1988, 125; vgl § 2205 Rn 155 ff). Hat der Erblasser angeordnet, daß der Verwaltungsvollstrecker dem Erben alljährlich einen bestimmten Geldbetrag zu seiner freien Verfügung auszahlen soll, so kann der Erbe den Testamentsvollstrecker zur Zahlung dieses Betrages im Wege der Klage zwingen (RG JR 1929 Nr 1652). Das Recht des Erben auf jährliche Rechnungslegung (§§ 2218 Abs 2, 2220) und die Verantwortlichkeit des Testamentsvollstreckers (§§ 2216, 2218, 2219) bleiben in jedem Fall bestehen (PALANDT/EDENHOFER Rn 3).

Der Erblasser kann den Testamentsvollstrecker auch rechtswirksam ermächtigen, **20** dem Erben die Reinerträgnisse seines Erbteils nur in Form der **Naturalverpflegung** zuzuwenden, sei es von vornherein und unbedingt, sei es von einem gewissen Zeitpunkt an oder unter gewissen Voraussetzungen und zwar auf die Gefahr hin, daß dadurch die Gläubiger des Bedachten benachteiligt werden (RG WarnR 1919 Nr 71).

Das gesetzliche Recht des **Vorerben** auf die Nutzungen der Erbschaft besteht auch, **21** wenn für die Zeit der Vorerbfolge eine Verwaltungsvollstreckung nach § 2209 angeordnet ist, es sei denn, daß dieses Recht zugunsten des Nacherben oder anderer Personen durch Vermächtnisse oder Auflagen eingeschränkt ist (RG BayZ 1912, 213).

4. Testamentsvollstreckerzeugnis

Wenn der Erblasser dem Testamentsvollstrecker die selbständige Verwaltung des **22** Nachlasses nach § 2209 übertragen hat, so ist dies sowie – bei Dauervollstreckung – die Dauer der Verwaltung im Testamentsvollstreckerzeugnis anzugeben (vgl § 2368 Abs 1 S 1, 2. Alt; BGH NJW-RR 1991, 835, 836; BayObLGZ 1992, 175). Dagegen gehört bei gewöhnlicher Testamentsvollstreckung ein Vermerk, daß dem Testamentsvollstrecker die Verwaltung des Nachlasses in Verbindung mit seinen sonstigen Aufgaben zusteht, nicht in das Zeugnis. Ein solcher Vermerk würde das Zeugnis unrichtig machen (KG RJA 7, 24; KG JW 1938, 2823).

§ 2210

Eine nach § 2209 getroffene Anordnung wird unwirksam, wenn seit dem Erbfalle dreißig Jahre verstrichen sind. Der Erblasser kann jedoch anordnen, daß die Verwaltung bis zum Tode des Erben oder des Testamentsvollstreckers oder bis zum Eintritt eines anderen Ereignisses in der Person des einen oder des anderen fortdauern soll. Die Vorschrift des § 2163 Abs. 2 findet entsprechende Anwendung.

Materialien: E II § 2080; III § 2184; Prot V 303, 308; VI 91.

I. Allgemeines

1. Problem

1 Die Frage, wann das Amt des Testamentsvollstreckers und – darüber hinausgehend – die Testamentsvollstreckung insgesamt **erlischt**, hat im Hinblick auf die Verwaltungs-, Verfügungs- und Verpflichtungsbefugnisse des Testamentsvollstreckers (§§ 2205 ff BGB), die damit verbundene Verdrängung der entsprechenden Rechte des Erben sowie den Ausschluß des Zugriffs von Eigengläubigern des Erben auf den Nachlaß (§ 2214 BGB) entscheidende Bedeutung. Zu unterscheiden ist zwischen der (bloßen) Beendigung des konkreten Testamentsvollstreckeramtes einerseits und – andererseits – der Testamentsvollstreckung insgesamt.

2. Gesetzliche Grundlagen

2 Die reguläre Dauer einer Testamentsvollstreckung richtet sich primär nach den **Anordnungen des Erblassers**, jedoch mit der in § 2210 BGB gesetzten zeitlichen Schranke. Das Gesetz regelt die mit einer vorzeitigen Beendigung der Testamentsvollstreckung zusammenhängenden Fragen in den §§ 2225 bis 2227 BGB. Die Regelung ist unvollständig. Sie ist aus dem Wesen der Testamentsvollstreckung heraus zu vervollständigen.

3. Überlegungen und Anordnungen des Erblassers

3 Im Hinblick auf die unvollständige gesetzliche Regelung empfiehlt es sich, mit der Anordnung der Testamentsvollstreckung zugleich deren reguläre Dauer und die sonstigen, zu einem Ende der Testamentsvollstreckung führenden Tatbestände möglichst exakt zu regeln, insbesondere klarzustellen, ob mit der Beendigung eines konkreten Testamentsvollstreckeramtes auch die Testamentsvollstreckung **insgesamt** beendet oder diese mit einem Nachfolgetestamentsvollstrecker **fortgesetzt** werden soll. Zweifelsfragen dieser Art lassen sich, sofern der Lebenssachverhalt dies gestattet, vor allem durch einen Endtermin der Testamentsvollstreckung regeln.

II. Zeitliche Beschränkung der Verwaltungsvollstreckung

1. Grundsatz

4 Ist in der letztwilligen Verfügung ein **Endtermin** für die Testamentsvollstreckung oder eine auflösende Bedingung vorgesehen, so erlischt das Amt des Testamentsvollstreckers mit Eintritt des Endtermins oder der auflösenden Bedingung.

5 Die Anordnung einer Verwaltungsvollstreckung (§ 2209) wird ansonsten, gleichviel, ob sie sich auf den ganzen Nachlaß erstreckt oder nicht, nach S 1 mit dem Ablauf von **30 Jahren** seit dem Erbfall (§ 1922) von selbst unwirksam. Diese zeitliche Begrenzung hat das Gesetz bei der Verwaltungsvollstreckung aus denselben Gründen verfügt wie

bei der Einsetzung eines Nacherben, der Anordnung eines aufschiebend bedingten oder befristeten Vermächtnisses und dem Teilungsverbot (§§ 2109, 2162, 2044 Abs 2), nämlich, um eine übermäßig lange Bindung des Nachlasses zu verhindern. Wenn die zeitliche Schranke des § 2210 nicht bestünde, könnte der Erblasser auf dem Umweg über die Anordnung einer Verwaltungsvollstreckung ohne landesrechtliche Genehmigung eine Stiftung oder entgegen den geltenden Gesetzen ein Fideikommiß ins Leben rufen (§ 80; Art 10 KRG 45; Prot V 308).

War sich der Erblasser im klaren darüber, daß er eine so einschneidende Einschränkung, wie sie die Verwaltungsvollstreckung darstellt, nicht für alle Zeiten treffen kann, so ist zunächst das **Testament** hinsichtlich der Geltungsdauer der Anordnung **auszulegen**. Führt die Auslegung zu dem Ergebnis, daß die Testamentsvollstreckung nach dem Willen des Erblassers weniger als 30 Jahre dauern sollte, so kommt es auf § 2210 nicht mehr an (MünchKomm/Brandner Rn 2). Das gleiche gilt, wenn der Erblasser selbst die Testamentsvollstreckung zeitlich beschränkt hat (vgl dazu § 2208 Rn 12). 6

2. Ausnahmen

Die Verwaltungsvollstreckung kann ausnahmsweise länger als 30 Jahre wirksam bleiben, wenn der Erblasser angeordnet hat, daß die Verwaltung bis zum Tode des Erben oder bis zum Tode des Testamentsvollstreckers oder **bis zum Eintritt** eines anderen **Ereignisses** in der Person des einen oder anderen – nicht eines Dritten – fortdauern soll (zB Heirat oder Erreichung eines bestimmten Lebensalters), S 2 (vgl §§ 2109 Abs 1 S 2 Nr 1; 2163 Abs 1 Nr 1; 2044 Abs 2 S 2). Erbe im Sinne des S 2 kann auch der Nacherbe sein. Ist die Testamentsvollstreckung mit der Ausübung eines Urheberrechts verbunden, gilt insoweit § 2210 gem § 28 Abs 2 UrhG nicht. Die maximale Schutzfrist beträgt dann gem § 64 Abs 1 UrhG 70 Jahre bzw bei nachgelassenen Werken 10 Jahre nach der Veröffentlichung (§ 64 Abs 2 UrhG). 7

Ist der Erbe oder der Testamentsvollstrecker, in dessen Person das Ereignis eintreten soll, eine **juristische Person**, so bewendet es bei der 30jährigen Frist, weil sich sonst der Zweck der Vorschrift durch Umgehung vereiteln ließe (§ 2163 Abs 2). 8

Wenn der Erblasser angeordnet hat, daß der Verwaltungsvollstrecker berechtigt sein soll, einen **Nachfolger** zu ernennen (§ 2199 Abs 2), und daß die Verwaltung bis zum Tode des Testamentsvollstreckers dauern soll, so fragt es sich, ob die Verwaltung mit dem Tode des ersten Testamentsvollstreckers endet oder gegebenenfalls erst mit dem Tode des gemäß § 2199 Abs 2 ernannten zweiten oder weiteren Testamentsvollstreckers. Es liegt auf der Hand, daß die Frage nicht schlechthin im letzteren Sinn entschieden werden kann, da sonst die Testamentsvollstreckung entgegen dem Sinn und Zweck des § 2210 beliebig lang ausgedehnt werden könnte. Andererseits wird es auch in manchen Fällen weder dem Willen des Erblassers entsprechend noch durch den Zweck des § 2210 geboten sein, daß die Anwendung des S 2 auf Nachfolger des ursprünglichen Testamentsvollstreckers völlig abgelehnt wird (man denke etwa an den Fall, daß der erste Testamentsvollstrecker alsbald nach dem Erbfall stirbt). Der Auffassung von Planck/Flad Anm 3, wonach die in S 2 zugelassene Verlängerung der 30jährigen Frist nur für den ersten Testamentsvollstrecker gilt, kann daher nicht zugestimmt werden. Vielmehr wird nach einer Lösung zu suchen sein, die eine maß- 9 volle Anwendung des S 2 auf Nachfolger des ersten Testamentsvollstreckers erlaubt, aber doch dem Zweck des § 2210 Rechnung trägt. In diesem Sinn will BGB-RGRK/ KREGEL Rn 2 die Verwaltung bis zum Tode des Nachfolgers dauern lassen, wenn dieser vor Ablauf der 30jährigen Frist ernannt ist. Vorzuziehen ist aber die von KIPP/COING § 69 III 2 in Anlehnung an § 2109 Abs 1 S 2 Nr 1 vorgeschlagene Lösung, wonach die Verwaltung bis zum Tode des Nachfolgers dauern soll, wenn dieser zur Zeit des Erbfalls bereits gelebt hat (so auch MünchKomm/BRANDNER Rn 6; SOERGEL/DAMRAU Rn 2). Zuzustimmen ist PLANCK/FLAD freilich darin, daß der Verwaltungsvollstrecker einen Nachfolger gemäß § 2199 Abs 2 nur ernennen kann, solange ein Verwaltungsrecht nach § 2210 noch besteht.

III. Fortdauer des Verwaltungsrechts nach § 2205

10 Wenn die Verwaltung des Testamentsvollstreckers als selbständige Aufgabe (§ 2209) gemäß § 2210 beendet ist, so ist damit nicht gesagt, daß die Verwaltungsbefugnis des Testamentsvollstreckers schlechthin erlischt. Vielmehr kann eine solche auf Grund der §§ 2203–2205 fortbestehen, wenn die sonstigen Aufgaben des Testamentsvollstreckers – zB Ermittlung eines Bedachten, Ausführung einer Auflage, Auseinandersetzung des Nachlasses – noch nicht erledigt sind; denn die beiden Verwaltungsrechte nach § 2205 und § 2209 bestehen **selbständig** und unabhängig **voneinander** und die 30jährige Frist des § 2210 gilt nur für das besondere Verwaltungsrecht nach § 2209, nicht für das allgemeine Verwaltungsrecht nach §§ 2203–2205 (RGZ 155, 350; SOERGEL/DAMRAU Rn 1; MünchKomm/BRANDNER Rn 3).

11 Da die **Auflage** nicht den zeitlichen Beschränkungen des Vermächtnisses unterliegt (§§ 2162, 2192), könnte der Testamentsvollstrecker die zur Erfüllung einer Auflage notwendige Verwaltung uU unbeschränkt fortführen. In einem solchen Fall schützt den Erben gegen Mißbrauch besonders die Vorschrift des § 2217.

IV. Die Folgen der Beendigung des Amtes nach § 2210

1. Grundsatz

12 Mit der Beendigung des Amtes verliert der Testamentsvollstrecker seine Verwaltungs-, Verfügungs- und Verpflichtungsbefugnis. Nach Beendigung des Amtes vorgenommene **Rechtshandlungen** sind grundsätzlich **unwirksam**.

13 Eine vom Testamentsvollstrecker aufgrund seines Amtes erteilte **Vollmacht erlischt** mit Beendigung des Amtes (KGJ 41 A 79). Versäumt der Testamentsvollstrecker, nach Beendigung des Amtes die Vollmacht zurückzuverlangen, kommt eine Haftung entsprechend § 179 BGB in Betracht (RG DRiZ 1933 Nr 295).

14 Wenn während des Prozesses das Amt des Testamentsvollstreckers oder sein Verwaltungsrecht erlischt, finden die §§ 239, 246 ZPO entsprechende Anwendung. Der **Rechtsstreit** wird also in der Regel **unterbrochen**. Ist der Testamentsvollstrecker durch einen Prozeßbevollmächtigten vertreten, tritt keine Unterbrechung ein, das Verfahren ist auf Antrag nur auszusetzen. § 265 ZPO ist bei dem Erlöschen der Prozeßführungsbefugnis des Testamentsvollstreckers nicht entsprechend anwendbar (BGHZ 1, 65, 68).

Ein Dritter ist in seinem **guten Glauben** geschützt, wenn Grundbesitz betroffen ist 15 und im Grundbuch noch der Testamentsvollstreckervermerk eingetragen war (§ 892 BGB).

Nach der Beendigung des Amtes hat der Testamentsvollstrecker den Nachlaß an den 16 Erben herauszugeben, Rechenschaft abzulegen und uU eine eidesstattliche Versicherung hierüber abzugeben (§ 2218).

2. Testamentsvollstreckerzeugnis

Das Testamentsvollstreckerzeugnis wird mit Beendigung des Amtes von **selbst kraft-** 17 **los** (§ 2368 Abs 3 HS 2) und verliert seine Beweiskraft ohne Rücksicht, ob ein Dritter das Erlöschen kennt. Das Zeugnis kann nicht iSv § 2361 „eingezogen" oder für kraftlos erklärt werden, das Nachlaßgericht soll es aber zur Wahrung der Rechtssicherheit von Amts wegen zurückfordern (BayObLGZ 1953, 357; OLG Köln Rpfleger 1986, 261) und entweder bei den Gerichtsakten behalten oder auf ihm vermerken, wann das Amt erloschen ist (KGJ 28 A 201). War noch kein Testamentsvollstreckerzeugnis erteilt, ist es auch nach Beendigung des Amtes möglich, ein Zeugnis mit einem entsprechenden Negativvermerk zu erteilen (KG DNotZ 1965, 480; Firsching/Graf Rn 4.471). Stellt sich **nachträglich** heraus, daß noch Aufgaben zu erledigen sind, so ist das Zeugnis nicht neu zu erteilen, es ist dem Testamentsvollstrecker lediglich wieder auszuhändigen (BayObLGZ 1953, 357). Ein isoliertes Zeugnis über den Wegfall des Testamentsvollstreckers (Negativattest) ist nicht möglich (OLG München NJW 1951, 74), wohl aber – bei entsprechendem Rechtsschutzbedürfnis – über das Fortbestehen des Amtes (Firsching/Graf Rn 4.472).

3. Erbscheinberichtigung

Nach § 2364 Abs 1 ist die Ernennung eines Testamentsvollstreckers im Erbschein 18 anzugeben. Der Name des Testamentsvollstreckers erscheint im Erbschein – anders als im Testamentsvollstreckerzeugnis nach § 2368 – nicht. Die Beendigung des Amtes des Testamentsvollstreckers macht den **Erbschein unrichtig** (§ 2361). Er kann nicht berichtigt werden (OLG Hamm OLGZ 1983, 59).

4. Grundbuch

Ist ein Testamentsvollstrecker ernannt, so ist dies bei der Eintragung des Erben in 19 das Grundbuch von Amts wegen miteinzutragen (§ 52 GBO). Der Testamentsvollstreckervermerk wird auf Antrag gelöscht. Voraussetzung ist, daß entweder der Testamentsvollstrecker die Löschung bewilligt (dann liegt zugleich eine Freigabe im Sinne von § 2217 vor) oder Unrichtigkeitsnachweis gemäß § 22 GBO geführt wird. Dieser Nachweis kann bei Beendigung der Testamentsvollstreckung erbracht werden.

5. Die Folgen der Beendigung des Amtes aus anderen Gründen

Hinsichtlich der Folgen ist zu differenzieren, ob mit der Beendigung die Testaments- 20 vollstreckung selbst endet oder nur ein bestimmter Testamentsvollstrecker wegfällt. Einen Streit hierüber entscheidet das Prozeßgericht (BGHZ 41, 23). Fällt nur ein bestimmter Testamentsvollstrecker weg, so gelten die Folgen der Rn 12 ff nicht. Bei schwebenden Prozessen sind die §§ 241, 246 ZPO entsprechend anzuwenden (RGZ 155, 350). Vgl im übrigen § 2225.

§ 2211

[1] **Über einen der Verwaltung des Testamentsvollstreckers unterliegenden Nachlaßgegenstand kann der Erbe nicht verfügen.**

[2] **Die Vorschriften zugunsten derjenigen, welche Rechte von einem Nichtberechtigten herleiten, finden entsprechende Anwendung.**

Materialien: E I § 1901; II § 2081 Abs 1 S 1, Abs 2; III § 2185; Mot V 233 f; Prot I 125; V 286, 531; VI 129.

Systematische Übersicht

I. Allgemeines ____ 1	a) Nachlaßgegenstände ____ 9
II. Die Beschränkung der Verfügungsmacht des Erben	b) Für den Testamentsvollstrecker bestimmte Gegenstände ____ 13
1. Rechtsnatur der Beschränkung ____ 2	c) Verfügung über den Anteil eines Miterben ____ 14
2. Wirksame Verfügungen des Erben ____ 3	5. Von der Verfügungsbeschränkung erfaßte Maßnahmen ____ 15
3. Die Dauer der Verfügungsbeschränkung	
a) Beginn der Verfügungsbeschränkung ____ 6	III. Schutz des guten Glaubens (Abs 2) ____ 19
b) Das Ende der Verfügungsbeschränkung ____ 7	IV. Testamentsvollstreckervermerk im Grundbuch ____ 28
c) Unterbrechung der Verfügungsbeschränkung ____ 8	
4. Von der Verfügungsbefugnis erfaßte Gegenstände	

Alphabetische Übersicht

Bedingte Verfügung	5	Genehmigung des Testamentsvollstreckers	3
Bewegliche Sachen	23 ff	Grundbuch	28 ff
		Grundstücke	22
Einwilligung des Testamentsvollstreckers	3	Guter Glaube	19 ff
Empfangsberechtigung	27		
Erbschein	21, 25	Heilung von Verfügungen	4
Erträge des Nachlasses	10		
		Konkurs	2
Forderungen	22	Kündigung	16
Freigabe	10		
		Miterbenanteil	14

6. Titel. §2211
Testamentsvollstrecker 1, 2

Nachlaßgegenstände	9 ff	– durch Bevollmächtigten	12
Nachlaßzugehörigkeit	24	– durch Urteil	18
		Verfügungsbefugnis, Irrtum über Umfang	26
Rechtsirrtum	20	Verfügungsbefugnis, Unterbrechung	8
		Verfügungsbeschränkung, Beginn	6
Schweizerisches Recht	31	– Ende	7
		– Umfang	9 ff
Testamentsvollstreckervermerk	28 ff	Verfügungsmacht	1
– grundbuchrechtliche Wirkung	30	– Beschränkung	2 ff
– materielle Wirkung	29	Verfügungsverbot	2
Testamentsvollstreckerzeugnis	19, 26	Verpflichtungsgeschäfte	17
		Verwaltungsmaßnahmen	15
Unwirksamkeit	2	Vollmacht	12
		Vormund	1
Verfügung	15 ff		

I. Allgemeines

Das Verwaltungs- und Verfügungsrecht, das dem Testamentsvollstrecker nach **1** §§ 2205, 2209 zusteht, wäre unvollkommen, wenn daneben auch der Erbe zur freien Verfügung über den Nachlaß berechtigt wäre. Der Erbe könnte dann durch seine Verfügung die Verfügungsmacht des Testamentsvollstreckers zunichte machen und so die Erledigung seiner Aufgaben vereiteln oder doch erschweren (Mot V 233; Prot V 286). Daher ist in § 2211 bestimmt, daß der **Erbe** über Nachlaßgegenstände, die der Verwaltung eines Testamentsvollstreckers unterliegen, **nicht verfügen** kann. Dadurch wird zB auch erreicht, daß der Nachlaß nicht zu dem nach §§ 88 I, 89 S 1 BSHG ansetzbaren Vermögen gehört, das auf die Sozialhilfe anzurechnen wäre (VGH Mannheim NJW 1993, 152). Diese Vorschrift **ergänzt** diejenige des **§ 2205**; sie bedeutet, daß die Verfügungsmacht des Testamentsvollstreckers ausschließlich ist. Daß auch Verfügungen über Nachlaßgegenstände, die im Wege der Zwangsvollstreckung gegen den Erben, im Wege der Arrestvollziehung gegen ihn oder durch den Verwalter im Konkurs über das Vermögen des Erben erfolgen, unzulässig und unwirksam sind, ergibt sich aus § 2214 (PLANCK/FLAD Anm 2). Was § 2211 für den Erben bestimmt, gilt natürlich auch für dessen **Vormund**: Auch dieser kann über Nachlaßgegenstände nicht verfügen, solange die Testamentsvollstreckung besteht.

II. Die Beschränkung der Verfügungsmacht des Erben

1. Rechtsnatur der Beschränkung

Die in § 2211 angeordnete Beschränkung der Verfügungsmacht des Erben hat **ding- 2 lichen** Charakter (BGHZ 56, 275). Es liegt weder ein nur relatives Veräußerungsverbot im Sinne des § 135 noch überhaupt ein Veräußerungsverbot vor, sondern eine für die Dauer der Testamentsvollstreckung angeordnete Entziehung der Verfügungsmacht des Erben in Bezug auf die von dem Testamentsvollstrecker verwalteten Nachlaßgegenstände. Die trotzdem vorgenommene Verfügung des Erben ist nicht nur gegenüber dem Testamentsvollstrecker, sondern jedermann gegenüber, also **absolut** unwirksam (RGZ 87, 433 = JW 1916, 485 mit Anm HERZFELDER; STAUDINGER/DILCHER[12] § 135

KG DNotZ 1941, 127; eingehend Kipp/Coing § 70 I; MünchKomm/Brandner Rn 2; Palandt/Edenhofer Rn 3). Die Unwirksamkeit ist freilich nur eine **schwebende**. Der Erblasser kann die Erben nicht in der Weise beschränken, daß diese auch nicht mit Zustimmung des Testamentsvollstreckers über den Nachlaß (bzw Nachlaßgegenstände) verfügen können, da die Verfügungsbefugnis zwar gem § 2211 von den Erben auf den Testamentsvollstrecker (ebenso wie gem § 2208 vom Testamentsvollstrecker auf die Erben) verlagert, aber nicht beseitigt werden kann. Bei einem letztwilligen Verfügungsverbot handelt es sich nicht um ein gesetzliches, gerichtliches oder behördliches (§§ 134, 135, 136), sondern um ein rechtsgeschäftliches, so daß die zwingende Vorschrift des § 137 S 1 einen etwaigen Erblasserwillen verdrängt (BGHZ 56, 275). Da es sich um kein Veräußerungsverbot im Sinne von § 135 handelt, ist auch § 13 KO nicht anwendbar, vielmehr gilt die Unwirksamkeit der vom Erben getroffenen Verfügung und die Verfügungsbeschränkung des Erben auch im Konkurs über dessen Vermögen, was sich besonders aus § 2214 ergibt (Prot V 286; Planck/Flad § 2214 Anm 8).

2. Wirksame Verfügungen des Erben

3 Verfügungen des Erben über Nachlaßgegenstände sind trotz der Vorschrift des § 2211 von Anfang an wirksam, wenn sie mit **Einwilligung** des Testamentsvollstreckers (auch gegen den erklärten letzten Willen des Erblassers, vgl Rn 2) erfolgen – §§ 183, 185 Abs 1. Verfügungen des Erben über Nachlaßgegenstände werden als von Anfang an wirksam betrachtet, wenn der Testamentsvollstrecker sie – auch gegen den erklärten letzten Willen des Erblassers (vgl Rn 2) – genehmigt (§§ 185 Abs 2, 184; RGZ 87, 432; KG DNotZ 1929, 118).

4 Durch den Wegfall des Verwaltungsrechts des Testamentsvollstreckers – etwa nach § 2217 Abs 1 S 2 – oder durch die Beendigung der Testamentsvollstreckung werden Verfügungen des Erben über Nachlaßgegenstände **geheilt**, ohne daß es noch einer Genehmigung oder Bestätigung durch den Erben bedürfte, jedoch ohne Rückwirkung (§ 186 Abs 2; Prot V 287; RGZ 87, 432; RG LZ 1915, 699; RG LZ 1931, 1325; MünchKomm/Brandner Rn 10; Kipp/Coing § 70 I; Soergel/Damrau Rn 7). Der Wegfall der Verfügungsbeschränkung des Erben steht hier dem Erwerb des Gegenstandes durch den Verfügenden (§ 185 Abs 2) gleich. Die Heilung tritt natürlich nicht ein, wenn der Testamentsvollstrecker vor dem Erlöschen seines Verwaltungsrechts eine entgegenstehende Verfügung wirksam getroffen hat (Planck/Flad Anm 8).

5 Der Erbe kann auch von vornherein nur für den Fall verfügen, daß das Verwaltungsrecht des Testamentsvollstreckers wegfällt (Planck/Flad Anm 8). Eine solche **bedingte Verfügung** wird, sofern sie überhaupt ihrer Art nach getroffen werden kann, vgl § 925 Abs 2, wirksam, wenn das Verwaltungsrecht des Testamentsvollstreckers erlischt (§ 158 Abs 1). Hat freilich der Testamentsvollstrecker inzwischen eine entgegenstehende Verfügung getroffen, so geht diese vor; denn den Testamentsvollstrecker bindet die Verfügung des Erben nicht. Die Verfügung des Testamentsvollstreckers wird je nachdem diejenige des Erben vereiteln oder doch das von diesem eingeräumte Recht hinter das vom Testamentsvollstrecker begründete zurücktreten lassen (Planck/Flad Anm 8). Der Erbe wird schon während des Schwebezustandes durch seine bedingte Verfügung in gewissem Grad gebunden (§§ 159 ff).

3. Die Dauer der Verfügungsbeschränkung

a) Beginn der Verfügungsbeschränkung

Voraussetzung für die Anwendung des § 2211 ist trotz § 2202 Abs 1 nur der **Eintritt** **6** **des Erbfalles**, nicht auch der Amtsantritt des Testamentsvollstreckers (BGHZ 48, 214, 220; KG DNotZ 1929, 119; KGJ 40 A 196; LANGE/KUCHINKE § 29 V 4; MünchKomm/BRANDNER Rn 3). Der Zweck der Testamentsvollstreckung könnte allzu leicht vereitelt werden, wenn der Erbe zwischen dem Erbfall und der Annahme des Amtes des Testamentsvollstreckers frei über den Nachlaß verfügen könnte. Hiernach fehlt es, wenn der Testamentsvollstrecker das Amt annimmt, in der Zeit zwischen dem Erbfall und der Annahme überhaupt an einem Verfügungsberechtigten. Wenn dagegen keiner der ernannten Testamentsvollstrecker und Ersatzvollstrecker das Amt annimmt, dann ist im Sinne des Gesetzes überhaupt kein Testamentsvollstrecker vorhanden; § 2211 (und § 2214) erweisen sich dann nachträglich, aber rückwirkend als unanwendbar und die in der Zwischenzeit von dem Erben getroffenen Verfügungen sind als von Anfang an wirksam anzusehen.

b) Das Ende der Verfügungsbeschränkung

Die Verfügungsbefugnis des Testamentsvollstreckers und die Verfügungsbeschrän- **7** kung des Erben enden, sobald das **Verfügungsrecht des Testamentsvollstreckers** über den Nachlaß oder über den speziellen Nachlaßgegenstand **wegfällt**. Das Ende der Verfügungsbeschränkung des Erben kann also insgesamt für den Gesamtnachlaß oder gegenständlich beschränkt (zB wegen § 2217 Abs 1) eintreten.

c) Unterbrechung der Verfügungsbeschränkung

Es sind Gestaltungen denkbar, in denen die Verfügungsbefugnis des Testamentsvoll- **8** streckers temporär beendet wird, jedoch später wieder **auflebt**, etwa wenn die Testamentsvollstreckung für einen bestimmten Lebensabschnitt des Erben angeordnet wird. Überschreitet der Erbe ein bestimmtes Alter, entfällt die Testamentsvollstreckung. Der Erbe wird in seine volle Verfügungsbefugnis eingesetzt. Verstirbt der Erbe, lebt die Testamentsvollstreckung im ursprünglich angeordneten Umfang wieder auf, wenn der nunmehrige Erbe im Hinblick auf sein geringes Alter nach dem Willen des Erblassers der Testamentsvollstreckung unterworfen sein sollte. Es lebt dann auch die Verfügungsbefugnis des Testamentsvollstreckers wieder auf.

4. Von der Verfügungsbeschränkung erfaßte Gegenstände

a) Nachlaßgegenstände

Objekt der Verfügungsbeschränkung sind nur diejenigen Nachlaßgegenstände, die **9** der **Verwaltung** des Testamentsvollstreckers **unterliegen**. Soweit der Nachlaß oder einzelne Nachlaßgegenstände der Verwaltung des Testamentsvollstreckers nicht unterliegen (vgl § 2208), kann der Erbe über sie frei verfügen.

Auch **Reinerträgnisse** des Nachlasses können von der Verwaltung des Testamentsvoll- **10** streckers erfaßt werden (§ 2209 Rn 19; RG WarnR 1919 Nr 71). Gegenstände, die der Testamentsvollstrecker nach § 2217 dem Erben herausgegeben hat, werden von der Verfügungsbeschränkung des § 2211 nicht betroffen (§ 2217 Abs 1 S 2). Dabei ist es gleichgültig, ob bei der Freigabe die Voraussetzungen des § 2217 Abs 1 S 1 gegeben waren oder nicht (PLANCK/FLAD Anm 3). Wenn Nachlaßgegenstände nach § 2217 dem

Erben zu überlassen wären, aber noch nicht freigegeben sind, so kann der Erbe statt der Freigabe als minus auch die Einwilligung des Testamentsvollstreckers zu der von ihm beabsichtigten Verfügung über die Nachlaßgegenstände verlangen (ERMAN/M SCHMIDT Rn 3; PALANDT/EDENHOFER Rn 3).

11 Ist der Testamentsvollstrecker im Einzelfall an der Vornahme einer Verfügung über einen Nachlaßgegenstand **rechtlich verhindert**, etwa durch Interessenwiderstreit, so erlangt der Erbe die freie Verfügungsmacht über diesen Gegenstand, wenn nicht der Erblasser letztwillig einen Ersatz für den Wegfall oder die Verhinderung des Testamentsvollstreckers vorgesehen hat (OLG München DNotZ 1937, 337; § 2205 Rn 2 ff).

12 Der Erbe kann auch über solche Nachlaßgegenstände frei verfügen, die endgültig aus dem Nachlaß ausgeschieden sind. Nach der Rechtsprechung des KG (JFG 12, 274; KGJ 37 A 231; KGJ 43 A 157; DJ 1935, 940) ist ein vom Erblasser durch Vollmacht über den Tod hinaus **Bevollmächtigter** berechtigt, auch über solche Nachlaßgegenstände zu verfügen, die der Verwaltung eines Testamentsvollstreckers unterliegen, und wenn er solche Gegenstände im Wege der Erbauseinandersetzung auf einen Miterben überträgt, erwirbt sie dieser frei von den durch die Testamentsvollstreckung bedingten Beschränkungen, weil die Gegenstände dann aufhören, Nachlaßgegenstände zu sein (HAEGELE/WINKLER Rn 254). Dieser Auffassung kann nicht beigetreten werden; denn da der vom Erblasser Bevollmächtigte nach dem Erbfall als Bevollmächtigter der Erben anzusehen ist, kann er nur im Rahmen der Verfügungsmacht **der Erben** handeln; diese aber ist durch die Rechte des Testamentsvollstreckers beschränkt (Abs 1; Vorbem 68 zu §§ 2197 ff). Nur dann wird die Einwirkungsmöglichkeit des Bevollmächtigten durch die Verfügungsmacht des Testamentsvollstreckers nicht berührt, wenn im Einzelfall in der Erteilung der Vollmacht eine Aufhebung der Anordnung über die Testamentsvollstreckung oder eine Beschränkung der Rechte des Testamentsvollstreckers (§ 2208) liegt. Das wird im allgemeinen nur dann anzunehmen sein, wenn die Vollmacht erst nach Anordnung der Testamentsvollstreckung oder doch zugleich mit dieser erteilt wird. Dagegen ist es nicht unbedingt erforderlich, daß die nur beschränkende Vollmacht in einer Verfügung von Todes wegen enthalten ist (Vorbem 46 ff zu §§ 2197 ff; § 2208 Rn 25).

b) Für den Testamentsvollstrecker bestimmte Gegenstände

13 Gebührt dem Testamentsvollstrecker auf Grund einer letztwilligen Anordnung des Erblassers ein Nachlaßgegenstand für seine Person, so kann er den Erben auf Herausgabe verklagen. Er **begibt sich** damit in Ansehung der geforderten Leistung der **eigenen Verfügung** über den Nachlaßgegenstand und überläßt ihn zum Zwecke der Erfüllung der streitigen Verbindlichkeit dem Erben (RGZ 82, 151). Der Testamentsvollstrecker kann aber den ihm zustehenden Nachlaßgegenstand auch selbst auf sich übertragen, da er – analog § 181 – ausschließlich in Erfüllung einer Verbindlichkeit handelt (§ 2205 Rn 61 ff).

c) Verfügung über den Anteil eines Miterben

14 Auch wenn und solange der Nachlaß oder ein Erbteil von einem Testamentsvollstrecker verwaltet wird, kann ein Miterbe nach § 2033 über seinen Anteil am Nachlaß verfügen, weil dem Testamentsvollstrecker die Verfügung über einen solchen Anteil nicht zusteht (§ 2205 Rn 33). Die **Verpfändung** eines Erbteils durch den Miterben hindert aber den Testamentsvollstrecker nicht, wirksam über einzelne

Nachlaßgegenstände zu verfügen, da sich das Pfandrecht nicht auf die einzelnen Nachlaßgegenstände erstreckt (KG DNotZ 1941, 127). Eine Verfügung des Alleinerben über den ganzen Nachlaß als solchen ist nicht möglich (STAUDINGER/WERNER[12] § 2033 Rn 17).

5. Von der Verfügungsbeschränkung erfaßte Maßnahmen

Wie in § 2205 handelt es sich auch hier nur um sog **dingliche Verfügungen** (§ 2205 Rn 32) **15** in Gegensatz zu schuldrechtlichen Geschäften zB schuldrechtliche Versprechen (RG Recht 1921 Nr 1394). § 2211 behandelt im Gegensatz zu § 2205 nur die Verfügungsbefugnis, nicht auch den weiteren Begriff des Verwaltungsrechts. Da aber die Vorschrift des § 2211 eine unentbehrliche Ergänzung zu § 2205 bildet, ist der Begriff der Verfügung in § 2211 weit auszulegen. Dieser umfaßt daher auch Verwaltungsmaßnahmen **tatsächlicher** Art, zB den Umbau eines zum Nachlaß gehörigen Hauses (aM PLANCK/FLAD Anm 2).

Eine Verfügung im Sinne des § 2211 ist auch die **Kündigung der Miete** wegen des **16** Todes des Mieters nach § 569; sie kann also, wenn der Mieter einen Testamentsvollstrecker ernannt hat, nur von diesem ausgesprochen werden, nicht vom Erben des Mieters (RGZ 74, 35). Die Anmeldung zur Aufwertung nach § 16 AufwG konnte vom Testamentsvollstrecker wie auch vom Erben vorgenommen werden (STAUDINGER/ DITTMANN[10/11] Rn 13). Bei Umstellung von Rechten konnte nur der Testamentsvollstrecker nach der 40. DVO z UmstG am Verfahren teilnehmen (STAUDINGER/ DITTMANN[10/11] Rn 13).

Es steht dem Erben frei, hinsichtlich der von einem Testamentsvollstrecker verwal- **17** teten Nachlaßgegenstände oder auch hinsichtlich des ganzen Nachlasses **schuldrechtliche** Verpflichtungen einzugehen (Mot V 233; RG HRR 1929 Nr 1833). Die Vollziehung solcher Geschäfte wird allerdings durch Abs 1 iVm § 2214 gehemmt oder doch verzögert; denn solange die Verwaltung des Testamentsvollstreckers besteht, kann der Erbe Verbindlichkeiten der bezeichneten Art nicht ohne Zustimmung des Testamentsvollstreckers aus dem Nachlaß erfüllen. Diese Verbindlichkeiten sind auch keine Nachlaßverbindlichkeiten, weil solche nur der verwaltungsberechtigte Erbe begründen kann (MünchKomm/BRANDNER Rn 8; vgl STAUDINGER/MAROTZKE[12] § 1967 Rn 39 ff).

Zu den Verfügungen im Sinne des Abs 1 gehören nicht nur die rechtsgeschäftlichen, **18** sondern auch die sog Verfügungen **durch Urteil** im Sinne der §§ 894 ff ZPO (Prot V 287; VI 129). Verfügungen, die im Wege der Zwangsvollstreckung oder Arrestvollziehung gegen den Erben oder durch den Verwalter im Konkurs über das Vermögen des Erben erfolgen (vgl §§ 135 Abs 1 S 2, 2115 S 1), werden durch § 2214 hinsichtlich der von einem Testamentsvollstrecker verwalteten Gegenstände ausgeschlossen.

III. Schutz des guten Glaubens (Abs 2)

Nach Abs 2 finden die Vorschriften zugunsten derjenigen Rechte von einem Nicht- **19** berechtigten herleiten, **entsprechende Anwendung**. Dadurch wird die Verfügungsentziehung des Abs 1 in ihrer Wirkung gegenüber gutgläubigen Dritten eingeschränkt. Abs 2 schützt aber nur denjenigen, der einen der Verwaltung des Testamentsvollstreckers unterliegenden Nachlaßgegenstand (oder ein Recht an einem solchen Gegenstand) im guten Glauben an die Verfügungsmacht des Erben von diesem erwirbt, nicht etwa auch denjenigen, der einen Nachlaßgegenstand, auf den sich die Verfügungsbefugnis des Testamentsvollstreckers nicht erstreckt, im guten Glauben an die Verfügungsbefugnis von dem Testamentsvollstrecker erwirbt (PALANDT/EDENHOFER Rn 7; SOERGEL/DAMRAU Rn 8). In dem letzteren Fall kann sich der Erwerber nur auf den öffentlichen Glauben eines etwa vorgelegten Testamentsvollstreckerzeugnisses berufen (§§ 2368 Abs 3, 2366, 2367; § 2208 Rn 18). Über andere Fälle, in denen der gute Glaube des Dritten an die Verfügungsbefugnis des Testamentsvollstreckers geschützt wird, s § 2206 Rn 11 f; § 2216 Rn 17.

20 Der gute Glaube kann zwar grundsätzlich auch auf **Rechtsirrtum** beruhen; doch wird ein solcher im Falle des Abs 2 kaum in Betracht kommen. Jedenfalls entschuldigt ein Irrtum über die allgemeinen Schranken, die den Verwaltungsbefugnissen des Testamentsvollstreckers gezogen sind, oder der gute Glaube, daß der Erbe über die von dem Testamentsvollstrecker verwalteten Gegenstände verfügen könne (etwa deswegen, weil der Testamentsvollstrecker einverstanden sei), den Dritten grundsätzlich nicht (RGZ 74, 215, 219).

21 Die Vorschrift des Abs 2 entspricht den §§ 135 Abs 2, 161 Abs 3, 2113 Abs 3 (vgl STAUDINGER/BEHRENDS[12] § 2113 Rn 89). Für die entsprechende Anwendung kommen besonders die §§ 892, 893, 932 ff, 1032, 1207, 1244 sowie die Vorschriften der §§ 2364 ff über den Erbschein in Betracht.

22 Bei **Forderungen** gibt es grundsätzlich keinen Schutz des guten Glaubens des Erwerbers (§ 404). Bei **Grundstücken** und Grundstücksrechten versagt der Schutz in der Regel deswegen, weil nach § 52 GBO bei der Eintragung des Erben von Amts wegen der Testamentsvollstrecker-Vermerk in das Grundbuch einzutragen ist (§ 892 Abs 1 S 2). Zwar stellt die in Abs 1 angeordnete Entziehung der Verfügungsmacht des Erben eigentlich keine relative Verfügungsbeschränkung dar (Rn 2); sie wird aber bei der Anwendung des § 892 Abs 1 S 2 einer solchen gleichgestellt (PALANDT/BASSENGE § 878 Rn 9). Sofern der Erbe verfügen kann, ohne sich in das Grundbuch eintragen zu lassen (§ 40 GBO), ist derjenige, zu dessen Gunsten er verfügt, ohne eingetragen zu sein, durch Unkenntnis des Verwaltungsrechts des Testamentsvollstreckers nicht geschützt (§ 892; KIPP/COING § 70 II 2).

23 Bei **beweglichen Sachen** sind folgende Fälle zu unterscheiden:

24 – Der Dritte **weiß** überhaupt **nicht**, daß die von ihm erworbene Sache zu einem **Nachlaß** gehört. Dann kommt der Schutz nach §§ 932 ff in Frage (aM SOERGEL/DAMRAU Rn 8: Schutz nach §§ 2211, 932).

25 – Der Dritte **weiß** zwar, daß die Sache zu einem Nachlaß gehört, er weiß aber **nicht**, daß ein **Testamentsvollstrecker** ernannt ist. Dieser Irrtum wird meistens nicht entschuldbar sein; denn wenn nicht besondere Umstände vorliegen – etwa geringer Wert der Sache, lange zurückliegender Erbfall –, so wird es dem Erwerber als grobe Fahrlässigkeit (§ 932 Abs 2) angerechnet werden müssen, wenn er sich nicht über die Verfügungsbefugnis des Erben vergewissert, indem er sich etwa einen

Erbschein vorlegen läßt (§§ 2364 ff; etwas geringere Anforderungen SOERGEL/DAMRAU Rn 10).

– Wenn der Dritte weiß, daß ein Testamentsvollstrecker ernannt ist, aber meint, daß dessen Verwaltungsrecht sich **nicht** auf die von ihm erworbene Sache **erstrecke**, so wird er in der Regel nicht als gutgläubig angesehen werden können. Denn wenn auch der Erbschein im allgemeinen nichts über den Umfang der Befugnisse des Testamentsvollstreckers enthält (§ 2364), so stellt doch die Beschränkung des Verwaltungsrechts des Testamentsvollstreckers (§ 2208) eine Ausnahme dar, die der Dritte nicht ohne nähere Erkundigung und Prüfung annehmen darf (PALANDT/ EDENHOFER Rn 6). Er kann leicht Gewißheit erlangen, indem er sich ein Testamentsvollstreckerzeugnis vorlegen läßt (§ 2368 Abs 1 S 2). 26

– Geschützt wird auch ein Dritter, der eine Schuld an den Erben statt an den Testamentsvollstrecker zahlt, wenn er den Erben ohne schuldhaften Irrtum für den **Empfangsberechtigten** hält (entspr Anwendung des § 1984 Abs 1 S 2 iVm § 8 KO; ebenso PALANDT/EDENHOFER Rn 7; SOERGEL/DAMRAU Rn 10). Er wird dann gegenüber dem Testamentsvollstrecker frei. Freilich wird ein solcher Fall selten sein, weil sich der Dritte im allgemeinen dadurch sichern kann und muß, daß er Vorlegung eines Erbscheins verlangt. Zahlt eine Bank an den wegen Testamentsvollstreckung nicht verfügungsberechtigten Erben aus, kommt es für den Gutglaubensschutz auf die Kenntnis der auszahlenden Stelle an. Beruht deren Unkenntnis aber auf einem internen Organisationsmangel, wird die Bank gegenüber dem Testamentsvollstrecker nicht befreit (OLG Bremen MDR 1964, 328). 27

IV. Testamentsvollstreckervermerk im Grundbuch

Um den Testamentsvollstrecker gegen gutgläubigen Rechtserwerb auf Grund von Verfügungen des Erben zu schützen, bestimmt § **52 GBO**, daß bei der Eintragung des Erben im Grundbuch miteinzutragen ist, daß ein Testamentsvollstrecker ernannt ist, es sei denn, daß der Nachlaßgegenstand, als dessen Inhaber der Erbe eingetragen wird, der Verwaltung des Testamentsvollstreckers nicht unterliegt. Dies gilt auch bei der Vermächtnisvollstreckung (BayObLG NJW-RR 1990, 844). Dieser Testamentsvollstreckervermerk weist (negativ) darauf hin, daß der eingetragene Erbe zur Verfügung über den Nachlaßgegenstand nicht berechtigt ist. Dagegen hat er nicht die (positive) Bedeutung eines Nachweises für die Verfügungsbefugnis des Testamentsvollstreckers; diese kann vielmehr nur gemäß § 35 GBO nachgewiesen werden (DEMHARTER § 35 GBO Rn 57). Zu den Voraussetzungen der Eintragung eines Testamentsvollstreckervermerks s Vorbem 69 ff zu §§ 2197 ff. 28

In **materieller** Beziehung verhindert der Testamentsvollstreckervermerk, daß eine unzulässige Verfügung des Erben über ein vom Testamentsvollstrecker verwaltetes Grundstück oder Grundstücksrecht zu einem gutgläubigen Erwerb durch einen Dritten führt (§ 892 Abs 1 S 2). Wenn der Vermerk eingetragen ist, so ist die Auflassung eines Nachlaßgrundstücks durch den Erben auch dann unwirksam, wenn eine Auflassungsvormerkung zwar vor der Eintragung des Testamentsvollstreckervermerkes, aber doch erst zu einer Zeit eingetragen wurde, in der die Verfügungsbeschränkung des Erben nach § 2211 schon bestand (KG OLGE 1, 410). 29

30 In **grundbuchrechtlicher** Hinsicht sperrt der Testamentsvollstreckervermerk das Grundbuch gegen die Eintragung von Verfügungen des Erben über das Grundstück oder Recht, bei dem der Vermerk eingetragen ist (DEMHARTER § 22 GBO Rn 50, 53). Zwar bewirken eingetragene Verfügungsbeschränkungen im Sinne des § 892 Abs 1 S 2 im allgemeinen keine Grundbuchsperre; anders verhält es sich aber bei Beschränkungen, die sich als Verfügungsentziehung darstellen.

31 Zur Eintragung eines Testamentsvollstreckervermerks bei Testamentsvollstreckung nach schweizerischem Recht s BayObLG NJW-RR 1990, 906, 907.

§ 2212

Ein der Verwaltung des Testamentsvollstreckers unterliegendes Recht kann nur von dem Testamentsvollstrecker gerichtlich geltend gemacht werden.

Materialien: E I § 1903 Abs 1; II § 2082; III § 2186; Mot V 235 f; Prot V 287 ff, 532.

Systematische Übersicht

I.	Allgemeines ... 1	4.	Intervention des Erben bei Aktivprozessen ... 16
II.	Die Rechtsstellung des Testamentsvollstreckers im Prozeß ... 2	5.	Unterbrechung des Prozesses; Verjährung ... 18
III.	Das Recht zur Führung von Aktivprozessen	6.	Rechtskraft und Vollstreckung ... 20
		7.	Gerichtsstand ... 24
1.	Prozeßführungsbefugnis	IV.	Sonderfälle
a)	Grundsatz ... 5	1.	Rechtsstreitigkeiten über das Erbe ... 25
b)	Ausnahme durch letztwillige Anordnung des Erblassers ... 7	2.	Der Testamentsvollstrecker und der Erbschaftsanspruch ... 28
c)	Ausnahme durch Vereinbarung mit den Erben ... 8	3.	Streit über die Ernennung des Testamentsvollstreckers ... 29
2.	Einschränkungen der Prozeßführungsbefugnis ... 9	V.	Testamentsvollstreckung und Schiedsvertrag ... 30
3.	Umfang des Prozeßführungsrechtes des Testamentsvollstreckers ... 13		

Alphabetische Übersicht

Aktivprozesse ...	5 ff	Erbe als Partei ...	2
Anordnungen des Erblassers ...	7	Erbe als Zeuge ...	2
Aufrechnung ...	13	Erbschaftsanspruch ...	28
		Erhaltung eines Nachlaßgegenstandes ...	6
Disponibilität ...	8	Erlöschen des Amtes ...	3
		Ernennung des Testamentsvollstreckers ...	29
Einwendungen ...	12		

August 1995

6. Titel.
Testamentsvollstrecker

§ 2212
1, 2

Feststellungsklage	14 f	Prozeßkostenhilfe	4
Freigabe nach § 2217	9	Prozeßstandschaft	8
Gerichtsstand	24 ff	Rechtskraft	20 ff
		Rechtsstellung im Prozeß	2 ff
Hauptintervention	16	Rechtsstreit über das Erbe	25 ff
Intervention des Erben	16 f	Schiedsrichter	31
Inzidenzentscheidung	27	Schiedsvertrag	30 ff
		Streitgenossenschaft	6
Kosten	4		
		Unterbrechung des Prozesses	18
Nebenintervention	16 f	Unterlassen der Klageerhebung	10
Negative Feststellungsklage	14		
		Vereinbarung mit den Erben	8
Person des Erben	26	Verfahrensunterbrechung	3
Persönlicher Prozeß	4 ff	Verjährung	19
Prozeßführungsbefugnis	5 ff	Verteidigung des Testamentes	27
– Ausschluß	11	Vollstreckung	20 ff
– Einschränkung	9 ff	Vollstreckungsklausel	22 f
– Übertragung	8		
– Umfang	13 ff	Widerklage	13
Prozeßführungsmacht	5	Wirksamkeit von Prozeßhandlungen	2
Prozeßführungsrecht	1		

I. Allgemeines

Der Einfluß einer Testamentsvollstreckung auf die Führung von Prozessen über **1** Rechte, die zum Nachlaß gehören, und über Ansprüche, die sich gegen den Nachlaß richten, ist in den §§ 2212, 2213 geregelt. Zwar gehört das **Prozeßführungsrecht**, wenn auch nicht zur Verfügungsbefugnis (§§ 2205 S 2, 2211), so doch zu dem Verwaltungsrecht im weiteren Sinn, das nach § 2205 S 1 dem Testamentsvollstrecker zusteht. Das Gesetz hat aber das Prozeßführungsrecht – ähnlich wie die Verfügungsbefugnis in § 2205 S 2, 3 und die Verpflichtungsbefugnis in §§ 2206, 2207 – besonders behandelt, weil es hier eine etwas andere Regelung treffen wollte, als bei dem allgemeinen Verwaltungsrecht. Die §§ 2212, 2213 werden in bezug auf die Wirkung des rechtskräftigen Urteils und auf die Zwangsvollstreckung ergänzt durch die §§ 327 (Rechtskraftwirkung), 748, 749, 779, 780 Abs 2 (Zwangsvollstreckung) ZPO.

II. Die Rechtsstellung des Testamentsvollstreckers im Prozeß

Der Testamentsvollstrecker tritt im Prozeß nicht als gesetzlicher Vertreter des **2** Erben, sondern **als Partei** kraft Amtes auf (§ 116 S 1 Nr 1 ZPO; RGZ 68, 257; BGH NJW 1988, 1390; HAEGELE/WINKLER Rn 432). Er kann daher als Partei vernommen werden (§§ 445 ff ZPO); der Erbe dagegen kann in dem vom Testamentsvollstrecker geführten Rechtsstreit als Zeuge (§§ 373 ff ZPO) auftreten, sofern er nicht als Streitgenosse des Testamentsvollstreckers selbst Partei ist (vgl § 2213 Abs 1, 3; OLG Hamburg OLGE 4, 122). Prozeßrechtlich ist der Testamentsvollstrecker als Partei an sich auch zu Verzichten, Anerkenntnissen und Vergleichen berechtigt (§§ 306, 307, 794 Abs 1 Nr 1 ZPO). Soweit aber in einer solchen **Prozeßhandlung** eine Verfügung über einen seiner Verwaltung unterliegenden Nachlaßgegenstand oder ein Eingehen einer Verbindlichkeit für den Nachlaß enthalten ist, bemißt sich ihre materiellrechtliche **Wirksamkeit nach §§ 2205, 2206**. Folgt man der herrschenden Theorie über die Doppelnatur der bezeichneten Prozeßhandlungen (BGHZ 79, 71, 74; ROSENBERG/SCHWAB/GOTTWALD § 131 III 1 c), so kann ein Verzicht, ein Anerkenntnis oder ein Vergleich, den der Testamentsvollstrecker ohne Zustimmung des Erben erklärt oder abschließt, uU wegen der Unentgeltlichkeit der darin enthaltenen Verfügung oder wegen der Ordnungswidrigkeit der übernommenen Verpflichtung auch für den Prozeß unwirksam sein (vgl § 2205 Rn 46).

3 **Erlischt** während eines Prozesses das Amt des Testamentsvollstreckers oder sein Verwaltungsrecht (§§ 2226 ff), so finden die §§ 239, 246 ZPO entsprechende Anwendung (**Unterbrechung des Verfahrens**). Ist jedoch der Testamentsvollstrecker durch einen Prozeßbevollmächtigten vertreten, so tritt keine Unterbrechung ein, jedoch ist das Verfahren auf Antrag auszusetzen. Bei einem Wechsel in der Person des Testamentsvollstreckers werden die §§ 241, 246 ZPO entsprechend angewandt (RGZ 155, 350; STEIN/JONAS/SCHUMANN § 239 ZPO Rn 11, § 241 ZPO Rn 8). Bei Tod des Testamentsvollstreckers ist daher danach zu unterscheiden, ob damit das Ende des Amtes verbunden ist oder nicht.

4 Als einer Partei kraft Amtes kann dem Testamentsvollstrecker auf seinen Antrag **Prozeßkostenhilfe** bewilligt werden, wenn die zur Führung des Prozesses erforderlichen Mittel weder aus dem von ihm verwalteten Nachlaß oder Nachlaßteil noch von den Erben oder sonstigen an der Durchführung des Prozesses interessierten Personen aufgebracht werden können und wenn die beabsichtigte Rechtsverfolgung oder Rechtsverteidigung aussichtsreich und nicht mutwillig erscheint (§ 116 S 1 Nr 1 ZPO; GRUNSKY NJW 1980, 2041, 2044). Der Testamentsvollstrecker wird, wenn er unterliegt, zu den Kosten des Rechtsstreits verurteilt (§ 91 ZPO). Aufzukommen hat aber für die Kosten nicht der Testamentsvollstrecker persönlich, sondern der Nachlaß, so daß aus dem Kostenfestsetzungsbeschluß nicht gegen den Testamentsvollstrecker persönlich vollstreckt werden kann (RG JW 1901, 183; SchlHOLG JurBüro 1984, 1699; STEIN/ JONAS/LEIPOLD Vorbem 23 zu § 91 ZPO; aM BayObLG JW 1918, 103). Eine andere Frage ist es, ob der Testamentsvollstrecker dem Erben nicht wegen der Kosten eines Prozesses, den er verloren hat, nach § 2219 **Schadensersatz** leisten muß und ob er, wenn er die Kosten selbst bezahlt hat, von dem Erben Ersatz verlangen kann mit der Begründung, der habe diese Aufwendungen für erforderlich halten dürfen (§§ 2218, 670). Entsteht hierüber zwischen dem Testamentsvollstrecker und dem Erben Streit oder handelt es sich um andere **persönliche Verpflichtungen** des Testamentsvollstreckers gegenüber dem Erben – insbesondere nach §§ 2215 ff –, dann haftet beim Unterliegen des Testamentsvollstreckers dieser persönlich und nicht der Nachlaß; denn ein solcher Prozeß hat weder ein der Verwaltung des Testamentsvollstreckers unterliegendes Recht (§ 2212) noch einen gegen den Nachlaß gerichteten Anspruch (§ 2213) zum Gegenstand (BGHZ 41, 23; KG OLGE 10, 303). Das gilt für alle Prozesse, die der Testamentsvollstrecker nicht als „Repräsentant" des Erben führt (STEIN/JONAS/LEIPOLD § 327 ZPO Rn 4), zB auch für den Prozeß über die Gültigkeit des Testaments, den der Testamentsvollstrecker führt, weil davon die Wirksamkeit seiner Ernennung abhängt (RG JW 1919, 724).

6. Titel.
Testamentsvollstrecker

§ 2212
5—7

III. Das Recht zur Führung von Aktivprozessen

1. Prozeßführungsbefugnis

a) Grundsatz

§ 2212 behandelt das Recht des Testamentsvollstreckers zur Führung von sog Aktiv- 5 prozessen, dh von Prozessen, in denen ein zum Nachlaß gehöriges Recht geltend gemacht werden soll. Er bestimmt, daß ein der Verwaltung des Testamentsvollstreckers unterliegendes Recht (§§ 2205, 2208, 2209) nur vom Testamentsvollstrecker gerichtlich geltend gemacht werden kann. Die Prozeßführungsbefugnis folgt grundsätzlich dem Verfügungsrecht (BGHZ 31, 279); verfügungs- und prozeßführungsbefugt ist in einem Teil der Fälle der Testamentsvollstrecker ohne den Erben (§§ 2205, 2211, 2212), in einem anderen Teil der Erbe ohne den Testamentsvollstrecker, so bei Verfügungsentzug durch den Erblasser, § 2208. Es kommt dabei nicht darauf an, ob dem Testamentsvollstrecker die Verwaltung des ganzen Nachlasses oder nur einzelner Nachlaßgegenstände zusteht, sondern nur darauf, ob gerade das gerichtlich geltend zu machende Recht seiner Verwaltung unterliegt (BGH NJW-RR 1987, 1090). Hinsichtlich der Nachlaßgegenstände, die der Verwaltung des Testamentsvollstreckers unterliegen, **fehlt also dem Erben die Prozeßführungsmacht**, nicht etwa die Sachlegitimation (BGHZ 1, 65, 68; BayObLGZ 1951, 454; KIPP/COING § 71 I; STEIN/JONAS/LEIPOLD Vorbem 19, 27 zu § 50 ZPO). Die Prozeßführungsbefugnis ist nach hM (vgl STEIN/JONAS/LEIPOLD Vorbem 20 zu § 50 ZPO) Prozeßvoraussetzung; fehlt sie bis zum Ende der letzten mündlichen Verhandlung, ist die Klage als unzulässig abzuweisen.

Möglich ist auch der Fall, daß das materielle Verfügungsrecht (und ihm folgend die 6 Prozeßführungsbefugnis) hinsichtlich eines und desselben Nachlaßgegenstandes ganz oder in bestimmten Fällen dem Erben und dem Testamentsvollstrecker **zusammen** zusteht. Hier wird für den Aktivprozeß eine notwendige **Streitgenossenschaft** im eigentlichen Sinne (§ 62 Fall 2 ZPO) zwischen Erben und Testamentsvollstrecker bestehen (ähnlich wie zwischen Miterben). Mehrere Testamentsvollstrecker sind ebenfalls notwendige Streitgenossen, sofern sie nur gemeinschaftlich verfügungs- und damit prozeßführungsbefugt sind (§ 2224; § 62 ZPO); sie müssen gemeinschaftlich klagen (RGZ 98, 173). Ist die Prozeßführung erforderlich, um einen der Testamentsvollstreckung unterliegenden Nachlaßgegenstand **zu erhalten**, kann ein Testamentsvollstrecker allein (ohne Zustimmung des anderen) klagen (§ 2224 Abs 2; RGZ 98, 173; OLG Saarbrücken NJW 1967, 1137; MünchKomm/BRANDNER Rn 3).

b) Ausnahme durch letztwillige Anordnung und Gesellschaftsrecht

Fraglich ist, ob der Erblasser durch letztwillige Verfügung für das Prozeßführungs- 7 recht eine **andere Zuweisung** vornehmen kann als für das materielle Verfügungsrecht. Das Prozeßführungsrecht ist ein Teil des Verwaltungsrechts, so daß der Erblasser berechtigt sein muß, entsprechend § 2208 eine von § 2212 abweichende Zuweisung vorzunehmen, vor allem, wenn man davon ausgeht, daß § 2212 – was der BGH (BGHZ 38, 286) in anderem Zusammenhang festgestellt hat – kein zwingendes Recht enthält. Sind die Erben für die Entlastung eines Beirats, dem der Testamentsvollstrecker angehört, stimmberechtigt, so sind sie auch für den diesbezüglichen Rechtsstreit passiv legitimiert (OLG München OLG-Rp 1993, 39).

c) Ausnahme durch Vereinbarung mit den Erben

8 Testamentsvollstrecker und Erben können über die Prozeßführungsbefugnis von § 2212 abweichende Vereinbarungen treffen. So kann der Erbe befugt sein, Rechte, die der Verwaltung des Testamentsvollstreckers unterliegen, gerichtlich geltend zu machen, wenn er vom Testamentsvollstrecker dazu ermächtigt wird (hM: BGHZ 38, 281, 286; NIRK NJW 1963, 297; SOERGEL/DAMRAU Rn 3; ERMAN/M SCHMIDT Rn 4; aM KOCH JZ 1984, 809, 812); die Ermächtigung muß bis zum Ende der letzten mündlichen Verhandlung vorliegen. Es liegt dann eine **gewillkürte Prozeßstandschaft** vor. Von Prozeßstandschaft spricht man, wenn ein fremdes Recht in eigenem Namen geltend gemacht wird (ROSENBERG JZ 1952, 137; FURTNER JR 1958, 50; ROSENBERG/SCHWAB/GOTTWALD § 46 III). Über eine gewillkürte Prozeßstandschaft ist es aber auch möglich, ein eigenes Recht geltend zu machen, wenn dem Rechtsträger nicht das Recht als solches, sondern nur die Verfügungsmacht entzogen ist (BGHZ 35, 180 für Gemeinschuldner im Falle des Konkurses). Voraussetzung ist, daß der Erbe ein eigenes rechtsschutzwürdiges Interesse an der Prozeßführung im eigenen Namen hat; dieses ergibt sich idR schon daraus, daß der Erbe Träger des materiellen Rechts ist. Ferner darf nicht gegen zwingendes Recht verstoßen werden; **§ 2212 ist nicht zwingend** (BGH NJW 1963, 297). Der Testamentsvollstrecker muß allerdings prüfen, ob eine Ermächtigung mit seinen Amtspflichten vereinbar ist; die Erwägungen werden denen im Rahmen von § 2217 gleichen. Der Testamentsvollstrecker ist verpflichtet, eine ausdrückliche Anweisung des Erblassers zu befolgen (NIRK NJW 1963, 297). Setzt er sich aber über diese hinweg, so ist die Ermächtigung in gleicher Weise wirksam wie eine gegen den Erblasserwillen vorgenommene Freigabe nach § 2217 (vgl § 2217 Rn 4). Die Übertragung der Prozeßführungsbefugnis **vom Erben auf den Testamentsvollstrecker** ist nur unter den allgemeinen Voraussetzungen für eine Prozeßstandschaft (vgl STEIN/JONAS/LEIPOLD Vorbem 41 ff zu § 50 ZPO) möglich. Sie kann zweckmäßig sein, wenn ein enger sachlicher Zusammenhang mit Rechten, die der Testamentsvollstreckung unterliegen, eine einheitliche Geltendmachung durch den Testamentsvollstrecker gebietet.

2. Einschränkungen der Prozeßführungsbefugnis

9 Eine Klage des Erben wäre ohne Ermächtigung durch den Testamentsvollstrecker wegen Mangels einer Prozeßvoraussetzung als unzulässig abzuweisen. Wird der Mangel verkannt und sachlich entschieden, so wirkt das Urteil nicht für und gegen den Testamentsvollstrecker (KIPP/COING § 71 I). Der Testamentsvollstrecker kann auch die Führung eines Aktivprozesses durch den Erben dadurch ermöglichen, daß er das geltendzumachende Recht dem Erben zur freien Verfügung **überläßt** (§ 2217); denn damit erlischt sein Verwaltungsrecht und infolgedessen auch sein Prozeßführungsrecht. In der Zustimmung zur Führung des Prozesses durch den Erben kann uU auch die Freigabe (§ 2217) liegen (SOERGEL/DAMRAU Rn 3; aM RG Recht 1919 Nr 1536).

10 Der Erbe ist selbst dann nicht zur gerichtlichen Geltendmachung eines von dem Testamentsvollstrecker zu verwaltenden Rechts befugt – auch nicht neben dem Testamentsvollstrecker –, wenn dieser seinerseits die Klageerhebung **unterläßt**. Der Erbe kann dann allenfalls den Testamentsvollstrecker durch Klage zur Führung des Prozesses anhalten (§ 2216), ihn für den entstehenden Schaden haftbar machen (§ 2219) oder seine Entlassung betreiben (§ 2227; RG Gruchot 50, 387; MünchKomm/BRANDNER Rn 15). Der Erbe kann von dem Testamentsvollstrecker nicht nur dann Schadensersatz verlangen, wenn dieser die Einleitung eines Rechtsstreits pflichtwidrig unterläßt, sondern auch dann, wenn der Testamentsvollstrecker eine aussichtslose Klage erhebt oder sich verklagen läßt, statt einen offensichtlich begründeten Anspruch zu erfüllen.

Wenn der Testamentsvollstrecker **selbst Schuldner** des Nachlasses ist, so kann der Erbe ihn verklagen, da das Klagerecht des Testamentsvollstreckers in diesem Falle ausgeschlossen ist; denn niemand kann sich selbst verklagen (RG LZ 1914, 1714). 11

Die Befugnis des Testamentsvollstreckers, Rechte, die zum Nachlaß gehören, gerichtlich geltend zu machen, ändert nichts daran, daß diese Rechte sachlich dem Erben zustehen. Der Testamentsvollstrecker muß sich daher alle **Einwendungen** gefallen lassen, die gegenüber dem Erben begründet sind, soweit sie nicht etwa auf Verfügungen des Erben beruhen, zu denen dieser nach § 2211 nicht befugt ist (RGZ 138, 132, 136). Das Recht des Testamentsvollstreckers zur gerichtlichen Geltendmachung der von ihm verwalteten Rechte auch gegenüber einem früheren Testamentsvollstrecker (RGZ 138, 132). Wenn der Testamentsvollstrecker Leistungsklage erhebt, so beantragt er Verurteilung zur Leistung an ihn, nicht an den Erben. 12

3. Umfang des Prozeßführungsrechtes des Testamentsvollstreckers

Die gerichtliche Geltendmachung im Sinne des § 2212 umfaßt **außer** der Klage (auch Feststellungsklage; RG Gruchot 50, 387) und der Widerklage auch die Geltendmachung durch Einrede oder **Aufrechnung** im Prozeß, das Mahnverfahren, Arrest und einstweilige Verfügung, die Zwangsvollstreckung, die Vollstreckungsgegenklage (OLG Stuttgart WürttZ 1930, 162) sowie die Geltendmachung durch Anträge bei den Verwaltungsbehörden oder Verwaltungsgerichten oder den Behörden der Freiwilligen Gerichtsbarkeit, zB durch Anträge an das Grundbuchamt auf Berichtigung des Grundbuchs durch Eintragung des Erben oder Anträge betr die Umstellung eines zum Nachlaß gehörigen Rechtes (RGZ 61, 145; BayObLGZ 1951, 454; BayObLGZ 1951, 544). Der nach § 2212 Beklagte kann gegen den Testamentsvollstrecker eine **Widerklage** nur nach Maßgabe des § 2213 erheben und nur mit der gleichen Beschränkung eine Forderung aufrechnungsweise im Prozeß zur Geltung bringen; umgekehrt kann der nach § 2213 verklagte Erbe ohne Ermächtigung des Testamentsvollstreckers keine Widerklage auf Grund eines von diesem verwalteten Rechtes erheben und mit einem Anspruch dieser Art auch nicht aufrechnen. Jedoch darf der Testamentsvollstrecker in der Regel seine Zustimmung nicht verweigern. 13

Um einen Aktivprozeß handelt es sich auch dann, wenn ein Dritter gegen den Testamentsvollstrecker eine **negative Feststellungsklage** über die Zugehörigkeit eines Gegenstandes zum Nachlaß erhebt. Die negative Feststellungsklage, wonach eine Rechtshandlung des Erblassers unwirksam und daher ein Forderungsrecht gegen den Nachlaß für den Beklagten nicht entstanden sein soll, kann der Erbe erheben; denn dabei handelt es sich trotz der formellen Klägerstellung des Erben in Wahrheit um einen Passivprozeß (BGH NJW 1988, 1390; OLG Hamburg OLGE 32, 73). 14

Nur der Testamentsvollstrecker, nicht der Erbe ist zur Klage auf **Feststellung des Umfanges** des von dem Testamentsvollstrecker verwalteten Nachlasses, zB auf Feststellung des Anteils des Erblassers am Nachlaß eines vorverstorbenen Dritten, berechtigt (RG DJZ 1905, 814; RG WarnR 1919 Nr 136). 15

4. Intervention des Erben bei Aktivprozessen

16 Eine **Hauptintervention** des Erben in einem Prozeß des Testamentsvollstreckers (§ 64 ZPO) ist dann möglich, wenn der Erbe dem Testamentsvollstrecker seine Testamentsvollstreckereigenschaft bestreitet oder wenn er geltend macht, daß das streitbefangene Recht nicht der Verwaltung des Testamentsvollstreckers unterliege oder nach § 2217 an ihn herauszugeben sei (MünchKomm/Brandner Rn 16; Palandt/Edenhofer Rn 2). Da das zwischen dem Testamentsvollstrecker und einem Dritten ergehende Urteil über ein von jenem verwaltetes Recht für und gegen den Erben wirkt (§ 327 ZPO), kann der Erbe einem Rechtsstreit dieser Art auf der Seite des Testamentsvollstreckers als streitgenössischer **Nebenintervenient** beitreten (§§ 66, 69 ZPO). Eine Verpflichtung des Testamentsvollstreckers, dem Erben den Streit zu verkünden, besteht nicht unbedingt, sondern nur insoweit, als die Verkündung durch den Grundsatz der ordnungsmäßigen Verwaltung geboten ist (§ 2216 Abs 1).

17 Ist der Erbe dagegen verklagt – etwa im Wege der negativen Feststellungsklage –, so kann der Testamentsvollstrecker diesem als **Nebenintervenient** beitreten (Planck/Flad Vorbem 3 zu § 2212; **aM** Mot V 240). Er ist aber dann nicht Streitgenosse des Erben, weil das gegen diesen ergehende Urteil ihm gegenüber nicht Rechtskraft erlangt (§ 69 ZPO). Der Testamentsvollstrecker kann auch an Stelle des Erben in den von diesem zu Unrecht geführten Prozeß eintreten (Franck ThürBl 61, 90; **aM** OLG Breslau ZZP 38, 547).

5. Unterbrechung des Prozesses; Verjährung

18 Ist ein vom Erblasser geführter Rechtsstreit durch seinen Tod unterbrochen worden (§ 239 ZPO), so kann das Verfahren **von dem Testamentsvollstrecker** und ihm gegenüber **aufgenommen** werden, sofern er zur Führung des Rechtsstreits berechtigt ist (§§ 243, 241 ZPO). Eine Aufnahme durch den Erben ist für Aktivprozesse ausgeschlossen (BGH NJW 1988, 1390). Wenn im Eheprozeß einer der Ehegatten stirbt, so kann dessen Testamentsvollstrecker das Verfahren aufnehmen, um es wegen der Kosten fortzusetzen.

19 Für die **Verjährung** von Ansprüchen, die zum Nachlaß gehören oder sich gegen den Nachlaß richten, ist § 207 von Bedeutung, wonach die Verjährung nicht vor dem Ablauf von 6 Monaten – oder bei kürzerer Verjährungsfrist nicht vor deren Ablauf – nach dem Zeitpunkt vollendet wird, von dem an der Anspruch von einem Vertreter oder gegen einen solchen geltend gemacht werden kann. Im Sinne dieser Vorschrift ist der Testamentsvollstrecker als Vertreter des Erben zu erachten, soweit ihm das Recht zur Prozeßführung nach § 2212 (bei Passivansprüchen § 2213) zusteht (RGZ 100, 279). Die Frist des § 207 beginnt hier mit der Annahme des Amtes durch den Testamentsvollstrecker (§ 2202; RG aaO).

6. Rechtskraft und Vollstreckung

20 Ein rechtskräftiges Urteil, das zwischen dem Testamentsvollstrecker und einem Dritten über ein von dem Testamentsvollstrecker verwaltetes Recht ergeht, wirkt **für und gegen den Erben** (§ 327 Abs 1 ZPO). Das gilt auch für Feststellungsurteile (RG Gruchot 50, 387), jedoch nicht für andere als in § 327 ZPO genannten Urteile (MünchKomm/

GOTTWALD § 327 ZPO Rn 7). Will nach Beendigung der Testamentsvollstreckung der Erbe aus dem zugunsten des Testamentsvollstreckers ergangenen Urteil gegen den Dritten die **Zwangsvollstreckung** betreiben, so muß er sich eine vollstreckbare Ausfertigung des Urteils gemäß §§ 728 Abs 2, 727 ZPO erteilen lassen. Zu diesem Zweck muß er durch öffentliche oder öffentlich beglaubigte Urkunden seine Erbenstellung und die Beendigung der Testamentsvollstreckung bezüglich des von dem Urteil betroffenen Nachlaßgegenstandes nachweisen (§ 2212; BAUMBACH/LAUTERBACH/ ALBERS/HARTMANN § 728 ZPO Rn 2). Will umgekehrt der Dritte aus dem ihm günstigen Urteil die Zwangsvollstreckung gegen den Erben betreiben, so benötigt er eine gegen diesen vollstreckbare Ausfertigung; zu deren Erteilung genügt aber der Nachweis, daß der Gegner Erbe ist. Das Ende der Testamentsvollstreckung braucht der Dritte nicht abzuwarten (§ 728 Abs 2 S 2 ZPO). Bei der Zwangsvollstreckung kann der Erbe die Beschränkung seiner Haftung auf den Nachlaß geltend machen, auch wenn das Urteil keinen entsprechenden Vorbehalt enthält (§ 780 Abs 2 ZPO).

Urteile, die zwischen dem Erben und einem Dritten ergehen, wirken **nicht** für oder 21 gegen den Testamentsvollstrecker, auch dann nicht, wenn er der Prozeßführung zugestimmt hatte, es sei denn, es liegt eine gewillkürte Prozeßstandschaft (vgl Rn 8) vor (KIPP/COING § 71 I 1; BAUMBACH/LAUTERBACH/ALBERS/HARTMANN § 327 ZPO Rn 6).

Ist schon für den **Erblasser** ein Urteil erwirkt worden, so wirkt dieses auch für den 22 Testamentsvollstrecker. Dieser kann sich daher eine vollstreckbare Ausfertigung des Urteils erteilen lassen (§§ 749, 727 ZPO). Er muß aber nachweisen, daß der ganze Nachlaß oder doch der im Urteil festgestellte Anspruch seiner Verwaltung untersteht (§ 2212; STEIN/JONAS/MÜNZBERG § 749 ZPO Rn 5). Er kann diesen Nachweis durch das Testamentsvollstreckerzeugnis erbringen (§ 2368).

Einer **neuen Klausel** bedarf der Testamentsvollstrecker auch dann, wenn die Zwangs- 23 vollstreckung aus dem vom Erblasser erwirkten Urteil zur Zeit seines Todes bereits begonnen hatte. Eine analoge Anwendung der Ausnahmevorschrift des § 779 Abs 1 ZPO auf den Fall des Todes des Gläubigers erscheint nicht zulässig (aM KIPP/COING § 71 I 1).

7. Gerichtsstand

Über den Gerichtsstand für Prozesse des Testamentsvollstreckers s **§§ 27, 28 ZPO**. Zu 24 den Klagen im Sinne des § 28 ZPO gehören auch solche aus Geschäften, die der Testamentsvollstrecker bei Verwaltung des Nachlasses abgeschlossen hat (vgl RGZ 35, 419; STEIN/JONAS/SCHUMANN § 28 ZPO Rn 2). § 17 ZPO ist unanwendbar, weil der Nachlaß keine Vermögensmasse ist, die als solche verklagt werden kann.

IV. Sonderfälle

1. Rechtsstreitigkeiten über das Erbe

Über das Erbrecht selbst, also darüber, wer Erbe ist, kann der Testamentsvollstrek- 25 ker nicht Prozeß führen (RGZ 81, 151; RG JW 1909, 52; RG Recht 1909 Nr 288; RG WarnR 1919 Nr 136; KIPP/COING § 71 I 2; SOERGEL/DAMRAU Rn 6); denn das Erbrecht als solches ist kein der Verwaltung des Testamentsvollstreckers unterliegendes Recht des Nachlasses, für die Rechtsstellung des Testamentsvollstreckers ist es regelmäßig gleichgültig, wer Erbe ist; der Testamentsvollstrecker verwaltet den Nachlaß stets für den wahren Erben. Eine Ausnahme besteht nur, wenn der Testamentsvollstrecker nur für den Fall bestimmt wird, daß eine bestimmte Person Erbe wird. Das Erbrecht als solches kann aber einen Inzidentstreitpunkt in einem Prozeß zwischen dem Testamentsvollstrecker und einem vermeintlichen Erben oder einem Dritten bilden (RG JW 1919, 724). Der Rechtskraft gegenüber dem vom Beklagten verschiedenen wirklichen Erben ist die in einem solchen Prozeß ergehende Entscheidung über das Erbrecht freilich nicht fähig, da die §§ 325, 327 ZPO nicht zutreffen (RG JW 1909, 52; LÖWISCH DRiZ 1971, 273).

26 Wenn der Testamentsvollstrecker von sich aus der **Klarstellung der Person der Erben** bedarf, etwa zur Durchführung der ihm übertragenen Erbauseinandersetzung, so ist er ausnahmsweise zur Führung eines Rechtsstreits über das Erbrecht selbst berufen; das Feststellungsinteresse (§ 256 ZPO) ist dann gegeben (so für den Nachlaßpfleger BGH NJW 1951, 559). Das in einem solchen Prozeß ergehende Urteil berührt aber den wahren Erben nicht, wenn dieser ein anderer ist als der Gegner des Testamentsvollstreckers; denn § 327 ZPO ist auf ein solches Urteil nicht anwendbar (RG JW 1909, 52; JW 1919, 724; PALANDT/EDENHOFER Rn 4). Anders herum kann im Rahmen des § 256 ZPO auch jeder Feststellungsberechtigte gegen den Testamentsvollstrecker Klage auf Feststellung des Erbrechts erheben (RGZ 106, 47). Andererseits binden Urteile, die zwischen mehreren Erbanwärtern ergehen, den Testamentsvollstrecker nicht, die Leistung an den Obsiegenden wird ihn aber regelmäßig befreien (PALANDT/EDENHOFER Rn 4; SOERGEL/DAMRAU Rn 6).

27 Keine Durchbrechung des og Grundsatzes stellt es dar, wenn im Rahmen eines Prozesses des Testamentsvollstreckers die Frage des Erbrechts als Vorfrage **(inzidenter)** entschieden wird. Dies wird zB dann der Fall sein, wenn der Testamentsvollstrecker gegen einen der Ausführung des Testaments widersprechenden Erben auf Feststellung seines Rechts zur Ausführung klagt und dieser das Testament für nichtig erachtet. Jedoch ist der Testamentsvollstrecker **nicht** generell zur **Verteidigung des Testaments** aufgerufen. Da die Bestellung zum Testamentsvollstrecker unabhängig von sonstigen letztwilligen Verfügungen ist, ist eine Feststellungsklage auf Gültigkeit des Testaments nur insoweit zulässig, als es die Ausführung des Amtes betrifft.

2. Der Testamentsvollstrecker und der Erbschaftsanspruch

28 Ein zum Nachlaß gehöriges Recht ist auch der Erbschaftsanspruch (§ 2018). Sowohl dieser Anspruch wie auch die Hilfsansprüche auf Erteilung von Auskunft und Abgabe der eidesstattlichen Versicherung nach §§ 2027, 2028 und die erbschaftlichen Einzelansprüche (§ 2029) können nicht vom Erben, sondern **nur vom Testamentsvollstrecker** gerichtlich geltend gemacht werden (hM RG WarnR 1938 Nr 103; BGB-RGRK/ KREGEL Rn 9; SOERGEL/DAMRAU Rn 6; MünchKomm/BRANDNER Rn 10). Gegen den Testamentsvollstrecker kann der Erbschaftsanspruch nicht erhoben werden (RGZ 81, 151).

3. Streit über die Ernennung des Testamentsvollstreckers

29 Da die wirksame Ernennung des Testamentsvollstreckers für seine Aktivlegitimation eine entscheidende Rolle spielt, muß diese Frage bei Aktivprozessen **inzidenter** entschieden werden, soweit sie von der beklagten Partei bestritten wird. Unter der Voraussetzung des § 256 ZPO kann auch auf Feststellung der Wirksamkeit der Ernennung geklagt werden.

V. Testamentsvollstreckung und Schiedsvertrag

Der Erblasser kann durch letztwillige Verfügung im Wege der Auflage die ausschließliche Zuständigkeit des Schiedsgerichts (§ 1048 ZPO) anordnen, außer für Streitigkeiten über die Entlassung des Testamentsvollstreckers (RGZ 133, 128, 135). Dabei gelten die Formvorschriften der §§ 1025, 1027 ZPO wegen der speziellen Formerfordernisse letztwilliger Verfügungen nicht (KOHLER DNotZ 1962, 127). Auch Miterben und der Testamentsvollstrecker können für künftige Rechtsstreitigkeiten einen Schiedsvertrag schließen. Dies gilt wohl auch für Verfahren der freiwilligen Gerichtsbarkeit (D MAYER, in: BENGEL/REIMANN HbTV V Rn 403; vgl KEIDEL/KUNTZE/WINKLER § 1 FGG Rn 5). **30**

Auch der Testamentsvollstrecker kann zum **Schiedsrichter** bestellt werden. Dies gilt jedoch nicht für Streitigkeiten über den Bestand seines Amtes (BGH NJW 1964, 1316); allgemein ist das Drittbestimmungsverbot des § 2065 Abs 2 zu beachten (BGH NJW 1955, 100). Umstritten ist, ob der Testamentsvollstrecker in einem Rechtsstreit **mit den Erben** Schiedsrichter sein kann (ablehnend D MAYER, in: BENGEL/REIMANN, HbTV V Rn 404, bejahend KOHLER DNotZ 1962, 129). Da die von KOHLER zitierte Entscheidung RGZ 100, 76 die Frage nicht eindeutig klärt, wird man nach dem allgemeinen Grundsatz, nicht Richter in eigener Sache sein zu dürfen, den Testamentsvollstrecker bei derartigen Streitigkeiten vom Schiedsrichteramt ausschließen müssen. **31**

Wegen der Unabhängigkeit des Testamentsvollstreckers bei der Verwaltung des Nachlasses (§§ 2205, 2211) kann ein Schiedsvertrag, der **nach dem Erbfall** von den Miterben geschlossen wurde, den Testamentsvollstrecker nicht binden (DAMRAU EWiR 1985, 815). Hat allerdings der Erblasser noch einen Schiedsvertrag geschlossen, so tritt der Testamentsvollstrecker in diesen ein (BGHZ 24, 15). **32**

§ 2213

[1] **Ein Anspruch, der sich gegen den Nachlaß richtet, kann sowohl gegen den Erben als gegen den Testamentsvollstrecker gerichtlich geltend gemacht werden. Steht dem Testamentsvollstrecker nicht die Verwaltung des Nachlasses zu, so ist die Geltendmachung nur gegen den Erben zulässig. Ein Pflichtteilsanspruch kann, auch wenn dem Testamentsvollstrecker die Verwaltung des Nachlasses zusteht, nur gegen den Erben geltend gemacht werden.**

[2] **Die Vorschrift des § 1958 findet auf den Testamentsvollstrecker keine Anwendung.**

[3] **Ein Nachlaßgläubiger, der seinen Anspruch gegen den Erben geltend macht, kann den Anspruch auch gegen den Testamentsvollstrecker dahin geltend machen, daß**

§ 2213

dieser die Zwangsvollstreckung in die seiner Verwaltung unterliegenden Nachlaßgegenstände dulde.

Materialien: E I §§ 1903 Abs 2, 1904; II § 2083 Abs 1, 2; III § 2187; Mot V 325 ff; Prot V 187 ff, 291 ff, 532 ff, 541; VI 349, 396.

Systematische Übersicht

I. Allgemeines	1
II. Passivprozesse gegen den Nachlaß	
1. Die Testamentsvollstreckung umfaßt den ganzen Nachlaß	
a) Klage gegen den Erben	4
b) Klage gegen den Testamentsvollstrecker	8
c) Klage gegen den Erben und Testamentsvollstrecker	11
2. Dem Testamentsvollstrecker steht nur die Verwaltung einzelner Nachlaßgegenstände zu (§ 2208 Abs 1 S 2)	12
3. Der Testamentsvollstrecker hat kein Verwaltungsrecht	15
III. Verfolgung von Pflichtteils-, Erbersatz- und Vermächtnisansprüchen	
1. Pflichtteilsansprüche	16
2. Erbersatzansprüche	20
3. Vermächtnisansprüche	21
IV. Die Stellung des Erben und des Testamentsvollstreckers im Passivprozeß	23
V. Gerichtsstand	25
VI. Zwangsvollstreckung	26

Alphabetische Übersicht

Aufrechnung	5
Ausschlagung	17
Dingliche Ansprüche	14
Duldungsklage	11 ff, 16
Eidesstattliche Versicherung	27
Einwendungen	13
Erbersatzanspruch	20
Erbschaftsanspruch	10
Ernennung, Wirksamkeit	3
Freigabe	15
Gerichtsstand	25
Haftungsbeschränkung	7, 9
Hypothek	14
Klagen gegen Testamentsvollstrecker	3, 17
Leistungsklage	11 f, 16
Nebenintervention	23
Passivlegitimation	
– des Erben	4 ff, 12, 16
– des Testamentsvollstreckers	8 ff, 16
Passivprozeß	1 ff
Patentnichtigkeitsklage	8
Pflichtteilsanspruch	16 ff
– Erfüllung	19
– als Vorfrage	18
– Anerkennung	19
Prozeßunterbrechung	24
Rechtskraft	6, 9, 13
Rechtsstellung des Testamentsvollstreckers	3
Schiedsspruch	27
Stellung im Prozeß	23 f

August 1995

Steuerrecht	1	Widerklage	5
Streitgenossenschaft	23	Wirkung eines Urteils	6, 9
Unterbrechung des Prozesses	24	Zeitpunkt der Klageerhebung	2
		Zwangsvollstreckung	26 f
Vermächtnisansprüche	21 f	– aus Schiedsspruch	27
Verwaltung einzelner Nachlaßgegenstände	12 ff	– Fortsetzung	26
Vollstreckung	4, 11, 26 f		

I. Allgemeines

§ 2213 behandelt die sog **Passivprozesse**, dh Rechtsstreitigkeiten, in denen unabhängig von Gerichtsbarkeit und Verfahrensart eine Leistung aus dem Nachlaß oder die Feststellung einer Nachlaßverbindlichkeit geltend gemacht werden. Im Gegensatz zum Aktivprozeß, in dem das Prozeßführungsrecht ausschließlich dem Testamentsvollstrecker zusteht (§ 2212), ist im Passivprozeß grundsätzlich sowohl der Erbe als auch der Testamentsvollstrecker zur Prozeßführung berechtigt (Abs 1 S 1). Das Passivprozeßführungsrecht des Testamentsvollstreckers – ein Ausfluß seines Verwaltungsrechtes – ist aber ausgeschlossen, wenn ihm die Verwaltung des Nachlasses völlig entzogen ist oder wenn ein Pflichtteilsanspruch geltend gemacht werden soll (Abs 1 S 2, 3). Dagegen hängt die Prozeßführungsbefugnis des Testamentsvollstreckers nicht davon ab, ob und inwieweit er berechtigt ist, Verbindlichkeiten für den Nachlaß einzugehen (§§ 2206 ff; PLANCK/FLAD Anm 2 a). Das Prozeßführungsrecht des Testamentsvollstreckers ist von Amts wegen zu prüfen (BGH NJW 1964, 2301). In Anlehnung an Abs 1 wird im **Steuerrecht** die wirksame Zustellung von Steuerbescheiden betreffend den Nachlaß an den Testamentsvollstrecker praktiziert (BFHE 157, 111). 1

Während der Erbe wegen einer Nachlaßverbindlichkeit erst nach Annahme der Erbschaft gerichtlich belangt werden kann (§ 1958; vgl § 778 ZPO), kann der Testamentsvollstrecker schon vorher verklagt werden, vorausgesetzt, daß er das **Amt angenommen** hat (§§ 2213 Abs 2, 2202). Daß er den Nachlaß schon in Besitz genommen hat, ist nicht erforderlich (OLG Hamburg HansGZ 1920 Beibl 190). Andererseits kann der Erbe auf Herausgabe von Nachlaßgegenständen verklagt werden, die sich im Besitz des Testamentsvollstreckers befinden, allerdings kann das Urteil, das einer solchen Klage stattgibt, nach **§ 748 ZPO** nicht vollstreckt werden, solange das Verwaltungsrecht des Testamentsvollstreckers besteht (RG Recht 1921 Nr 1395). Überhaupt schließt die Verurteilung des Testamentsvollstreckers zu einer Leistung nicht die des Erben zu derselben Leistung aus. 2

Nicht unter § 2213 fallen Klagen, die die **Rechtsstellung** des Testamentsvollstreckers, insbesondere die Wirksamkeit seiner Ernennung, zum Gegenstand haben. Solche Klagen sind stets gegen den Testamentsvollstrecker persönlich zu richten. Dasselbe gilt für eine Klage, mit der ein vom Testamentsvollstrecker auf Grund eines vermeintlichen Vermächtnisanspruchs in Besitz genommener Nachlaßgegenstand herausverlangt wird (KG OLGE 10, 303). Auch die Schadensersatzklage nach § 2219 sowie 3 jeder Rechtsstreit um Pflichten und Aufgaben des Testamentsvollstreckers sind nicht nach § 2213 zu beurteilen (BGH WM 1988, 125).

II. Passivprozesse gegen den Nachlaß

1. Die Testamentsvollstreckung umfaßt den gesamten Nachlaß

a) Klage gegen den Erben

4 Der Erbe ist im Prozeß gegen den Nachlaß **immer legitimiert**, vorausgesetzt, daß er die Erbschaft angenommen hat (§ 1958; vgl § 778 ZPO). Gegen ihn kann also wegen eines Anspruchs gegen den Nachlaß stets Klage erhoben werden. Mit dem Urteil gegen den Erben kann allerdings **nicht** in den Nachlaß **vollstreckt** werden, solange dieser der Verwaltung des Testamentsvollstreckers unterliegt (§ 748 Abs 1 ZPO). Wohl aber ermöglicht das gegen den Erben erstrittene Urteil die Zwangsvollstreckung in dessen übriges Vermögen (unbeschadet des Rechtes des Erben, die Beschränkung seiner Haftung auf den Nachlaß geltend zu machen, §§ 780, 781, 785 ZPO). Eben deswegen hat das Gesetz dem Nachlaßgläubiger gestattet, nicht nur gegen den Testamentsvollstrecker, sondern auch gegen den Erben zu klagen (Prot V 538, 539). Der Gesetzgeber hat dabei auch an die Fälle gedacht, in denen es zweifelhaft ist, ob der Testamentsvollstrecker nach dem Willen des Erblassers zur Verwaltung des Nachlasses und damit zur Führung des Prozesses berechtigt sein soll (§ 2208). Endlich kann der Gläubiger aus dem gegen den Erben erwirkten Urteil in den Nachlaß vollstrecken, sobald das Verwaltungsrecht des Testamentsvollstreckers weggefallen ist (KIPP/COING § 71 II 2 a).

5 Die Klage gegen den Erben versetzt diesen allerdings insofern in eine schwierige Lage, als er nach §§ 2211, 2212 zur **Aufrechnung** und zur **Widerklage** wegen einer zum Nachlaß gehörigen Gegenforderung in der Regel nicht befugt ist. Er kann jedoch mit Zustimmung (§ 2212 Rn 13) des Testamentsvollstreckers zumindest aufrechnen und diese Zustimmung wird ihm im allgemeinen nicht versagt werden dürfen (§§ 2216, 2217; PLANCK/FLAD Anm 2 a).

6 Wenn der Erbe rechtskräftig verurteilt wird, so wirkt das Urteil **nicht gegen** den Testamentsvollstrecker (RGZ 109, 166). Wohl aber kann dieser sich auf ein **zugunsten** des Erben ergangenes Urteil berufen. Denn wenn rechtskräftig festgestellt ist, daß der Kläger von dem Erben nichts zu fordern hat, so kann jener nicht verlangen, daß ihm der Testamentsvollstrecker aus dem Nachlaß, also aus dem Vermögen des Erben, doch etwas leiste (Prot V 539); eine rechtskräftige Verurteilung des Testamentsvollstreckers würde nach § 327 Abs 2 ZPO gegen den Erben wirken und damit in Widerspruch mit der **Rechtskraft** des ersten Urteils geraten (KIPP/COING § 71 II 2 a; STEIN/JONAS/LEIPOLD § 327 ZPO Rn 8). Wenn diese Wirkung des gegenüber dem Erben erlassenen Urteils im Rechtsstreit gegen den Testamentsvollstrecker übersehen wird, so geht bei Widerspruch zwischen den Urteilen die später rechtskräftig gewordene Entscheidung vor (STEIN/JONAS/MÜNZBERG, § 728 ZPO Rn 8).

7 Wenn sich der Erbe die Möglichkeit der **Beschränkung** seiner **Haftung** auf den Nachlaß erhalten will, so muß er darauf hinwirken, daß dem Urteil ein entsprechender Vorbehalt beigefügt wird (§ 780 Abs 1 ZPO). Wird dann trotzdem in sein persönli-

ches Vermögen vollstreckt, so kann er im Wege der Vollstreckungsgegenklage die Beschränkung seiner Haftung geltend machen (§§ 781, 785 ZPO).

b) **Klage gegen den Testamentsvollstrecker**
Der Nachlaßgläubiger kann **auch** den Testamentsvollstrecker verklagen, es sei denn, 8 daß er einen Pflichtteilsanspruch geltend machen will (Abs 1 S 3). Eine weitere Ausnahme ist für den Fall zu machen, daß dem Testamentsvollstrecker die Verwaltung einzelner Nachlaßgegenstände entzogen ist (durch Anordnung des Erblassers § 2208 Abs 1 S 2 oder durch Freigabe § 2217 Abs 1) und daß die geltend zu machenden Ansprüche eine besondere Beziehung zu diesen Gegenständen haben, zB Ansprüche aus dem Betrieb eines Geschäftes, das der Verwaltung des Testamentsvollstreckers nicht untersteht (PLANCK/FLAD Anm 2 a). Schließlich kann die Klage (trotz Vorliegens aller übrigen Voraussetzungen) nicht gegen den Testamentsvollstrecker gerichtet werden, wenn § 2213 durch lex specialis verdrängt wird, zB § 37 Abs 1 S 2 PatG; die **Patentnichtigkeitsklage** ist (auch wenn das Patent der Testamentsvollstreckung unterliegt) gegen die in der Rolle als Patentinhaber eingetragenen Erben zu richten; der Testamentsvollstrecker ist jedoch allein zur Prozeßführung vor allem zur Erteilung der Prozeßvollmacht berechtigt und ist auch neben den Erben im Urteilsrubrum aufzuführen (BGH NJW 1966, 2059).

Das gegenüber dem Testamentsvollstrecker ergehende Urteil wirkt auch **für und** 9 **gegen den Erben** (§ 327 Abs 2 ZPO). Es ermöglicht dem obsiegenden Gläubiger die Zwangsvollstreckung in den Nachlaß (§ 748 Abs 1 ZPO). Der Gläubiger kann die Erteilung einer vollstreckbaren Ausfertigung gegen den Erben verlangen und zwar auch schon, wenn die Verwaltung des Testamentsvollstreckers noch besteht (§ 728 Abs 2 S 2 ZPO). Der Vorbehalt der beschränkten Haftung des Erben ist in diesem Fall nicht erforderlich (§ 780 Abs 2 ZPO). Wenn aber der Erbe nach materiellem Recht unbeschränkt haftet (§ 2013), so kann der Gläubiger auf Grund des umgeschriebenen Urteils auch in das persönliche Vermögen des Erben vollstrecken; eine etwaige Vollstreckungsgegenklage des Erben wäre zwar zulässig, aber nicht begründet (KIPP/COING § 71 II 2 a; PLANCK/FLAD Anm 2 a; STEIN/JONAS/MÜNZBERG § 781 ZPO Rn 5).

Für den **Erbschaftsanspruch** (§ 2018) kann der Testamentsvollstrecker nicht der rich- 10 tige Beklagte sein, weil er den Nachlaß nicht auf Grund eines zu Unrecht in Anspruch genommenen Erbrechtes in Besitz nimmt (RGZ 81, 151; OLG München OLGE 40, 134). Auch wenn er über die Personen des Erben irrt, so wird er dadurch nicht zum Erbschaftsbesitzer. Wenn jemand den Nachlaß wie ein Testamentsvollstrecker verwaltet, ohne es zu sein, so ist er Geschäftsführer ohne Auftrag (KIPP/COING § 71 II 5). **Hört** während des gegen den Testamentsvollstrecker gerichteten Prozesses **die Testamentsvollstreckung auf** (zB durch Abberufung des Testamentsvollstreckers und Nichtvorhandensein eines anderen), so erlischt materiellrechtlich die Passivlegitimation des Testamentsvollstreckers und geht auf die Erben über; verfahrensrechtlich sind die Erben wie Rechtsnachfolger des Testamentsvollstreckers iSv § 239 ZPO zu behandeln (BGH NJW 1964, 2301).

c) **Klage gegen Erben und Testamentsvollstrecker**
Der Nachlaßgläubiger kann sowohl den Erben als auch den Testamentsvollstrecker 11 verklagen und zwar entweder beide auf **Leistung** (Abs 1 S 1) oder den Erben auf

Leistung und den Testamentsvollstrecker auf **Duldung** der Zwangsvollstreckung in den Nachlaß (Abs 3 entweder unmittelbar oder analog; RG HRR 1932 Nr 1453; PALANDT/EDENHOFER Rn 2; STEIN/JONAS/MÜNZBERG § 748 ZPO Rn 2). Der obsiegende Gläubiger kann dann aufgrund des Urteils gegen den Testamentsvollstrecker in den Nachlaß, aufgrund des Urteils gegen den Erben uU in dessen persönliches Vermögen vollstrecken (§§ 748, 780, 781 ZPO). Die beiden Klagen können miteinander verbunden oder gesondert erhoben werden. Die Klage gegen den Testamentsvollstrecker auf Leistung oder Duldung ist nicht etwa nur dann zulässig, wenn der Erbe vorher verklagt worden ist oder gleichzeitig verklagt wird (RGZ 109, 166). In der Regel empfiehlt es sich allerdings für den Nachlaßgläubiger, den Erben und den Testamentsvollstrecker zugleich zu verklagen, um Mühe und Kosten zu ersparen. Hierdurch wird auch die Gefahr widersprechender Entscheidungen vermieden. Über die Bedeutung des rechtskräftigen Leistungsurteils gegen den Erben für die Leistungsklage gegen den Testamentsvollstrecker und umgekehrt s Rn 6.

2. Dem Testamentsvollstrecker steht nur die Verwaltung einzelner Nachlaßgegenstände zu (§ 2208 Abs 1 S 2)

12 In diesem Fall kann der Nachlaßgläubiger **nur gegen den Erben** auf Leistung klagen (Abs 1 S 2). Daneben kann er aber gegen den Testamentsvollstrecker auf Duldung der Zwangsvollstreckung in die von ihm verwalteten Nachlaßgegenstände klagen (Abs 3) und er muß das, wenn er in diese Gegenstände vollstrecken will; denn hierzu benötigt er einen Leistungstitel gegen den Erben und einen Duldungstitel gegen den Testamentsvollstrecker (§ 748 Abs 2 ZPO). Eine **Leistungsklage** gegen den Testamentsvollstrecker ist hier **nicht zulässig**; doch kann in einer solchen Klage die Duldungsklage als das mindere enthalten sein und dementsprechend sogar noch in der Revisionsinstanz erkannt werden (RG HRR 1932 Nr 1453; MünchKomm/BRANDNER Rn 10).

13 Leistungsklage und Duldungsklage können miteinander verbunden oder gesondert erhoben werden. Die Verurteilung des Testamentsvollstreckers zur Duldung der Zwangsvollstreckung ist nicht durch die Verurteilung des Erben zur Leistung bedingt, vielmehr stehen die Ansprüche auf Leistung und Duldung selbständig nebeneinander (RGZ 109, 166; vgl STEIN/JONAS/MÜNZBERG § 748 ZPO Rn 2). Die Rechtskraft eines gegen den Erben ergangenen Leistungsurteils wirkt nicht gegen den Testamentsvollstrecker. Dieser kann daher in jedem Fall der Duldungsklage alle **Einwendungen** entgegensetzen, die dem Erben gegen den Leistungsanspruch zustehen (PLANCK/FLAD Anm 2 b). Umgekehrt braucht auch der Erbe ein gegen den Testamentsvollstrecker ergangenes rechtskräftiges Duldungsurteil nicht gegen sich gelten zu lassen. § 327 Abs 2 ZPO kommt hier nicht in Betracht, weil diese Vorschrift sich nicht auf Duldungsurteile bezieht. Dagegen kann sich der Testamentsvollstrecker auf ein Urteil berufen, das die Leistungsklage gegen den Erben abweist (Rn 6).

14 Abs 3 und § 748 Abs 2 ZPO gelten auch für **dingliche Ansprüche** (PLANCK/FLAD Anm 2 b). Es ist daher der Eigentumsanspruch bezüglich einer im Besitz des Testamentsvollstreckers befindlichen Nachlaßsache in der Weise geltend zu machen, daß der Erbe auf Herausgabe, der Testamentsvollstrecker auf Duldung der Zwangsvollstreckung verklagt wird (RG Recht 1921 Nr 1395). Desgleichen muß bei der Geltendmachung einer Hypothek an einem Nachlaßgrundstück sowohl der Erbe als auch der

Testamentsvollstrecker auf Duldung der Zwangsvollstreckung verklagt werden (§ 1147 BGB; Planck/Flad Anm 2 b; Stein/Jonas/Münzberg § 748 ZPO Rn 2).

3. Der Testamentsvollstrecker hat kein Verwaltungsrecht

Steht dem Testamentsvollstrecker überhaupt kein Verwaltungsrecht zu, dann ist **nur** 15 **der Erbe** zur Führung von Rechtsstreitigkeiten über Ansprüche gegen den Nachlaß berechtigt. Das gegen ihn ergehende Urteil kann nicht nur in sein persönliches Vermögen, sondern auch in den Nachlaß vollstreckt werden, natürlich vorbehaltlich der beschränkten Erbenhaftung (Prot V 297; Stein/Jonas/Münzberg § 478 ZPO Rn 5). Wenn der Testamentsvollstrecker ein Nachlaßgrundstück, das ihm vom Erblasser vermacht ist, gemäß § 2217 aus seiner Verwaltung frei gibt, so kann er wie ein Dritter gegen die Erben auf Auflassung dieses Grundstücks klagen und ein ihm günstiges Urteil auch gegen die Erben vollstrecken (RGZ 82, 151).

III. Verfolgung von Pflichtteils-, Erbersatz- und Vermächtnisansprüchen

1. Pflichtteilsansprüche

Pflichtteilsansprüche können, auch wenn dem Testamentsvollstrecker die Verwal- 16 tung des Nachlasses zusteht, **nur gegen den Erben** geltend gemacht werden (Abs 1 S 3). Der Grund für diese Regelung ist der, daß in der Geltendmachung des Pflichtteilsrechtes in gewissem Sinn die Geltendmachung des ihm zugrunde liegenden, an sich gegebenen gesetzlichen Erbrechtes liegt (vgl § 2302), also eines Rechtes, das mit dem des Erben zusammenstößt und diesen, dessen Rechte durch die Pflichtteilslast beeinträchtigt werden, als den richtigen Beklagten erscheinen läßt. Der Gesetzgeber wollte auch, daß der Erbe wegen der persönlichen Fragen, die beim Pflichtteilsrecht mitspielen, immer gehört werde (Prot V 300). Der Pflichtteilsberechtigte kann aber neben dem Erben auch den Testamentsvollstrecker, dem die Verwaltung des Nachlasses oder doch einzelner Nachlaßgegenstände zusteht, auf **Duldung** der Zwangsvollstreckung verklagen und er muß das, wenn er in die vom Testamentsvollstrecker verwaltete Vermögensmasse vollstrecken will (Abs 3; § 748 Abs 3 ZPO; LG Heidelberg NJW-RR 1991, 969). Diese beschränkte Einschaltung des Testamentsvollstreckers war nötig, um sein Verwaltungsrecht zu wahren und der Gefahr eines unlauteren Zusammenspiels zwischen dem Erben und dem wirklichen oder angeblichen Pflichtteilsberechtigten vorzubeugen. Die Klage gegen den Erben ist in der Regel auf **Leistung**, nicht auf Feststellung oder Anerkennung zu richten. Wegen der Einwendungen des Testamentsvollstreckers und der Wirkung des Urteils s Rn 13. Der Testamentsvollstrecker kann jedoch gegen den Willen des Erben rechtsgeschäftlich einen Pflichtteilsanspruch nicht anerkennen (BGHZ 51, 125).

Pflichtteilsanspruch im Sinne des § 2213 ist nicht nur derjenige, der einer entgegen- 17 stehenden besonderen letztwilligen Verfügung zuwider gefordert wird (RGZ 50, 224). Auch ein die Pflichtteilsklage nur vorbereitender Anspruch auf Auskunft oder auf amtliche Verzeichnung und Schätzung gilt als Pflichtteilsanspruch im Sinne des § 2213 (RGZ 50, 224; RG JW 1910, 189). Auch dann ist die Klage gegen den Erben zu richten, wenn der Pflichtteilsberechtigte gemäß § 2306 Abs 1 S 2 den an sich zureichenden Erbteil wegen der vom Erblasser verfügten Beschränkungen oder Beschwerungen **ausschlägt** und den Pflichtteil fordert (RGZ 113, 49). Macht dagegen ein

Pflichtteilsberechtigter, dem nur ein unzureichender Erbteil hinterlassen ist, gemäß § 2306 Abs 1 S 1 geltend, daß die Ernennung des Testamentsvollstreckers unwirksam sei, so ist nicht der Pflichtteilsanspruch, sondern die Wirksamkeit der Ernennung Gegenstand des Rechtsstreits. Abs 1 S 2 ist daher nicht anwendbar; die Klage, eine negative Feststellungsklage, ist gegen den Testamentsvollstrecker zu richten (SOERGEL/DAMRAU Rn 8). Gleiches gilt, wenn der pflichtteilsberechtigte Erbe, gegen den die Testamentsvollstreckung nicht wirkt (§ 2306 Abs 1 S 1), gegen den Testamentsvollstrecker auf Unterlassung von Vollstreckungsmaßnahmen klagt (HAEGELE BWNotZ 1974, 110).

18 Abs 1 S 3 hindert nicht, daß in einem Rechtsstreit zwischen dem Pflichtteilsberechtigten und dem Testamentsvollstrecker über das Pflichtteilsrecht als **Vorfrage** entschieden wird (Prot V 300; PLANCK/FLAD Anm 3). Der Testamentsvollstrecker kann wegen Abs 1 S 3 eine Pflichtteilsforderung ohne den Willen des Erben nicht mit Wirkung gegen diesen rechtsgeschäftlich anerkennen (BGHZ 51, 125; dazu MERKEL NJW 1969, 1285).

19 Aus Abs 1 S 3 ergibt sich, daß der Testamentsvollstrecker dem Pflichtteilsberechtigten gegenüber an sich nicht verpflichtet ist, den Pflichtteilsanspruch zu **erfüllen** (vgl OLG Hamburg OLGE 24, 49), auch dann nicht, wenn der Erbe den Pflichtteilsanspruch anerkannt hat (OLG Celle MDR 1967, 46). Der Testamentsvollstrecker ist aber berechtigt, die nicht streitige oder von den Erben anerkannte Pflichtteilsschuld, die eine Nachlaßverbindlichkeit darstellt (§ 1967 Abs 2), auch ohne Zustimmung des Erben zu erfüllen (PALANDT/EDENHOFER Rn 2); uU ist er dem Erben gegenüber auch dazu verpflichtet, insbesondere im Hinblick auf Abs 3 (§§ 2216, 2218, 2219). Jedoch kann der Testamentsvollstrecker eine Pflichtteilsforderung gegen den Willen des Erben rechtsgeschäftlich **nicht anerkennen** (BGHZ 51, 125).

2. Erbersatzansprüche

20 Abs 1 S 3 und die vorstehenden Grundsätze gelten **auch** für den Erbersatzanspruch des nichtehelichen Kindes (§ 1934 b Abs 2 S 1).

3. Vermächtnisansprüche

21 Soweit ein Vermächtnisanspruch gegenüber dem Testamentsvollstrecker geltend gemacht werden kann, wird man die **Annahme oder Ausschlagung** eines Vermächtnisses gegenüber diesem als wirksam betrachten müssen (STAUDINGER/OTTE[12] § 2180 Rn 2).

22 Die Leistungsklage gegen den Erben und die Leistungs- bzw Duldungsklage gegen den Testamentsvollstrecker sollten in **einem** Prozeß (§ 59 ZPO) zur Vermeidung widersprüchlicher Urteile erhoben werden (vgl § 327 Abs 2 ZPO). Zur Unterbrechung des Verfahrens, Kosten, Prozeßkostenhilfe und Verjährung vgl insoweit § 2212 Rn 4, 14, 19.

IV. Die Stellung des Erben und des Testamentsvollstreckers im Passivprozeß

23 Da der Testamentsvollstrecker im Prozeß selbst Partei ist, kann bei Prozessen gegen ihn der Erbe als **Nebenintervenient** auftreten (§ 66 ZPO). Er wird dann **Streitgenosse** des Testamentsvollstreckers (§§ 69, 327, 61 ZPO). Umgekehrt kann einem Prozeß gegen den Erben der Testamentsvollstrecker als Nebenintervenient beitreten. Ihm fehlt nicht etwa deswegen das in § 66 ZPO geforderte rechtliche Interesse am Ausgang des Rechtsstreits, weil die Vollstreckung in die von ihm verwalteten Nachlaßgegenstände erst möglich ist, wenn er zur Duldung der Zwangsvollstreckung verurteilt ist, § 748 ZPO. Denn zur Begründung des rechtlichen Interesses nach § 66 ZPO genügt schon die Gefahr eines nachteiligen Beweisergebnisses, die darin liegt, daß sich die Zeugen auf ihre Aussagen, die Sachverständigen auf ihr Gutachten festlegen. Der Testamentsvollstrecker, der zugunsten des Erben interveniert, wird aber nicht dessen Streitgenosse, weil die Rechtskraft des gegenüber dem Erben ergehenden Urteiles nicht gegen ihn wirkt (Rn 6).

Wird ein **Prozeß** gegen den Erblasser durch dessen Tod **unterbrochen**, so können die **24** Erben trotz Abs 1, § 243 ZPO den Prozeß ohne den Testamentsvollstrecker aufnehmen. Dieser kann jedoch auch gegen seinen Willen durch den Prozeßgegner in das Verfahren hereingezogen werden (BGHZ 104, 1 = NJW 1988, 1390).

V. Gerichtsstand

Klagen gegen den Testamentsvollstrecker oder den Erben wegen einer Nachlaßver- **25** bindlichkeit können im Gerichtsstand **der Erbschaft** (§§ 27, 28 ZPO) erhoben werden (STEIN/JONAS/SCHUMANN § 28 ZPO Rn 1). Zu den Klagen nach § 28 ZPO gehören auch solche aus Geschäften, die der Testamentsvollstrecker bei der Verwaltung, des Nachlasses abschließt (RGZ 35, 419; STEIN/JONAS/SCHUMANN aaO). Klagen gegen den Testamentsvollstrecker können, da er selbst Partei ist, auch in seinem allgemeinen Gerichtsstand erhoben werden (KG OLGE 9, 405).

VI. Zwangsvollstreckung

Soweit der Nachlaß der Verwaltung des Testamentsvollstreckers unterliegt, ist für die **26** Zwangsvollstreckung in ihn **§ 748 ZPO** maßgebend. Für die Zwangsvollstreckung in andere Teile des Nachlasses sowie das persönliche Vermögen des Erben gelten die allgemeinen Bestimmungen und § 728 Abs 2 ZPO (Erteilung einer vollstreckbaren Ausfertigung gegen den Erben auf Grund eines Urteils gegen den Testamentsvollstrecker). Wenn zur Zeit des Erbfalls bereits ein vollstreckbares Urteil gegen den Erblasser ergangen war, so kann dem Gläubiger, wenn er die Erbfolge nachweist, eine gegen den Erben vollstreckbare Ausfertigung des Urteils erteilt werden (§ 727 ZPO). Diese gestattet aber dem Gläubiger nicht die Zwangsvollstreckung in den Nachlaß, soweit dieser von einem Testamentsvollstrecker verwaltet wird (§ 748 ZPO). Um dem Gläubiger den Zugriff auf den Nachlaß zu erleichtern, ermöglicht § 749 ZPO die Erteilung einer vollstreckbaren Ausfertigung des gegen den Erblasser ergangenen Urteils in der Richtung gegen den Testamentsvollstrecker entsprechend den Vorschriften der §§ 727, 730 ff ZPO, also bei Nachweis des Erbfalls und der Bestellung des Testamentsvollstreckers. Wenn dem Testamentsvollstrecker nur die Verwaltung einzelner Nachlaßgegenstände zusteht, so ist die Vollstreckungsklausel gegen ihn und den Erben umzuschreiben (STEIN/JONAS/MÜNZBERG § 749 ZPO Rn 1). Wenn zur Zeit des Erbfalls die Zwangsvollstreckung gegen den Erblasser bereits begonnen hatte, so ist sie auch dann, wenn ein Testamentsvollstrecker ernannt ist, in den Nachlaß **fortzusetzen**, ohne daß es einer neuen Vollstreckungsklausel bedürfte (§ 779 Abs 1, Abs 2 S 2 ZPO).

27 Aus einem gegen den Erben erlassenen Schiedsspruch kann die Zwangsvollstreckung in den Nachlaß nicht betrieben werden, wenn dieser von einem Testamentsvollstrecker verwaltet wird (§ 748 ZPO). Der Schiedsspruch kann auch nicht gemäß § 1042 ZPO gegen den Testamentsvollstrecker für vollstreckbar erklärt werden (RGZ 56, 327). Der Testamentsvollstrecker hat gegebenenfalls die **eidesstattliche Versicherung** nach § 807 ZPO bzgl des Nachlasses oder der von ihm verwalteten Nachlaßgegenstände abzugeben (vgl KG LZ 1916, 865).

§ 2214

Gläubiger des Erben, die nicht zu den Nachlaßgläubigern gehören, können sich nicht an die der Verwaltung des Testamentsvollstreckers unterliegenden Nachlaßgegenstände halten.

Materialien: E II § 2083 Abs 3; III § 2188; Prot V 542; VI 398.

I. Allgemeines

1 Während in § 2213 die Stellung der Nachlaßgläubiger zum Testamentsvollstrecker und zum Erben geregelt ist, behandelt § 2214 die Stellung der **Eigengläubiger** (persönliche Gläubiger, Privatgläuber) des Erben. Diesen Gläubigern ist nach § 2214 der Zugriff auf die der Verwaltung des Testamentsvollstreckers unterliegenden Nachlaßgegenstände (§§ 2205; 2208) verwehrt. Diese Bestimmung entspricht den §§ 2205, 2211, wonach dem Erben die Verfügungsmacht für jene Gegenstände fehlt. Sie beruht auf der Erwägung, daß der Testamentsvollstrecker seiner Aufgabe nicht gerecht werden könnte, wenn er jeden Augenblick genötigt wäre, einem Eigengläubiger des Erben den Bestand des Nachlasses klarzulegen und eine Wahrscheinlichkeitsrechnung darüber anzustellen, ob nach der Deckung der Nachlaßverbindlichkeiten für den Erben und dessen Gläubiger noch ein Rest bleiben werde (Prot V 297; BGHZ 48, 214, 219; vgl KG OLGE 12, 373). Der Grund der Vorschrift liegt also in der **Rechtsstellung des Testamentsvollstreckers**, nicht in dem Recht der Nachlaßgläubiger zur Absonderung des Nachlasses, das durch Nachlaßverwaltung und Nachlaßkonkurs verwirklicht werden kann (PLANCK/FLAD Anm 1). Wenn auch die Vorschrift des § 2214 praktisch auf eine Absonderung des Nachlasses für die Nachlaßgläubiger hinausläuft, so wird doch durch diese Absonderung mangels ausdrücklicher gesetzlicher Bestimmung nicht verhindert, daß Rechtsverhältnisse, die zwischen dem Erblasser und dem Erben bestanden haben, beim Erbfall durch Vereinigung von Recht und Verbindlichkeit oder Last erlöschen (Konfusion und Konsolidation; vgl § 1976; aM SOERGEL/DAMRAU Rn 1; differenzierend und ausführlich MUSCHELER 274 ff).

II. Der Schutz vor Eigengläubigern des Erben

1. Erfaßte Forderungen

Zu den Gläubigern des Erben, die von § 2214 betroffen sind, gehören **nicht** diejeni- 2
gen, die ein **dingliches Recht** an einem Nachlaßgegenstand haben. Ihr Recht an der
Sache wirkt gegenüber jedermann, also auch gegenüber dem Testamentsvollstrecker
und geht daher dessen Verwaltungs- und Verfügungsrecht vor. Auch schuldrechtliche Aussonderungsrechte werden von § 2214 auszunehmen sein.

2. Der Beginn des Schutzes vor Eigengläubigern

Der Zugriff auf den Nachlaß ist den Eigengläubigern nicht erst mit dem Amtsantritt 3
des Testamentsvollstreckers, sondern schon **vom Erbfall** an verwehrt, entsprechend
dem, was für rechtsgeschäftliche Verfügungen des Erben gilt (§ 2211 Rn 6; MünchKomm/BRANDNER Rn 2). Auch eine Zwangsvollstreckung mit bedingter oder befristeter Wirkung wird durch § 2214 ausgeschlossen, weil jede Vollstreckungshandlung
zugunsten eines Eigengläubigers die Erfüllung der Aufgaben des Testamentsvollstreckers stören würde (RG LZ 1916, 1473).

3. Wirkungen des § 2214

Eine dem § 2214 zuwiderlaufende **Vollstreckung** ist **unzulässig**. Sie ist es auch dann, 4
wenn der Vollstreckungsbeschluß Anordnungen trifft, die vom Testamentsvollstrecker erst bei Beendigung seiner Verwaltung zu befolgen sind (RG LZ 1916, 1473). Die
Unzulässigkeit ist von Amts wegen zu beachten. Der Testamentsvollstrecker kann
gegen die unzulässige Vollstreckung nach § 766 ZPO vorgehen; er muß dies tun, um
die Aufhebung der Vollstreckungsmaßregel zu erreichen, da die entgegen § 2214
vorgenommene Vollstreckung nicht nichtig, sondern nur fehlerhaft ist (SCHMIDT DJZ
1935, 552). Eine Zwangsvollstreckung in die vom Testamentsvollstrecker verwalteten
Nachlaßgegenstände durch Eigengläubiger des Erben wäre nur möglich, wenn ein
gegen den Testamentsvollstrecker ergangenes Urteil, sei es auf Leistung oder auf
Duldung, vorliegen würde (§ 748 ZPO). Einem solchen Urteil steht aber § 2214
entgegen. Hier zeigt sich, daß § 2214 im Gegensatz zu der verwandten Vorschrift des
§ 748 ZPO materiellrechtlichen Inhalt und selbständige Bedeutung hat. Daß § 2214
auch gegenüber den Gläubigern des in Konkurs befindlichen Erben trotz § 13 KO
wirksam bleibt, geht schon daraus hervor, daß das Verfügungsverbot des § 2211 kein
relatives Veräußerungsverbot im Sinne der §§ 135, 136 ist (§ 2211 Rn 4). Hat der Erbe
Verfügungen über Gegenstände getroffen, die der Testamentsvollstreckung unterliegen, so sind diese Gegenstände vom Zugriff der Gläubiger ausgeschlossen, wenn der
Testamentsvollstrecker die Verfügung nicht genehmigt (MünchKomm/BRANDNER Rn 3).
Die Wirkung des § 2214 rechtfertigt auch bei Personenhandelsgesellschaften eine
Eintragung der Testamentsvollstreckung in das Handelsregister (REIMANN DNotZ 1990,
194; ULMER NJW 1990, 82; D MAYER ZIP 1990, 978; KLEIN DStR 1992, 328; **aM** LG Berlin ZIP
1992, 1557, 1558 = EWiR 1992, 981 mit Anm MAROTZKE; DAMRAU BWNotZ 1991, 69; Vorbem 92 ff
zu §§ 2197 ff).

Der Erblasser, der einen Testamentsvollstrecker mit der alleinigen Aufgabe der Ver- 5
waltung des Nachlasses oder mit der Fortführung der Verwaltung nach der Erledi-

gung seiner sonstigen Aufgaben betraut (§ 2209), kann damit auf die Dauer von 30 Jahren, uU für noch **längere Zeit**, erreichen, daß sich die Eigengläubiger des Erben nicht an den Nachlaß halten können (§ 2210). Dagegen kann der Erblasser nicht durch Ernennung seines einzigen Erben zum lebenslänglichen Testamentsvollstrecker bewirken, daß der Nachlaß ganz dem Zugriff der Eigengläubiger des Erben entzogen wird; denn da die Ernennung eines Testamentsvollstreckers gemäß § 2306, 2376 immer eine Beschränkung des Erben darstellen muß, kann ein Alleinerbe nicht sein eigener Testamentsvollstrecker sein (§ 2197 Rn 53). Allerdings kann der Alleinerbe zu einem von mehreren Testamentsvollstreckern ernannt werden, wenn diese das Amt gem § 2224 Abs 1 S 1 gemeinsam führen (RGZ 163, 57). Auch ist bei mehreren Erben die wechselseitige Einsetzung als Testamentsvollstrecker möglich (s auch Rn 8). Sämtliche Miterben können zu Testamentsvollstreckern ernannt werden (REIMANN, in: BENGEL/REIMANN, HbTV II Rn 184).

6 Im Vergleich zur Vor- und Nacherbenschaft (§ 2115) ist somit durch die Anordnung der Testamentsvollstreckung ein besserer **Schutz des Nachlasses** vor Privatgläubigern der Erben gewährleistet. Während bei der Vor- und Nacherbenschaft die Gläubiger sowohl pfänden als auch auf die Erbsache zugreifen können, verwehrt die Testamentsvollstreckungsanordnung sowohl den Zugriff auf die Erträge (außer die dem Erben frei überlassenen) als auch Pfändungen von Nachlaßgegenständen allgemein (s aber bei mehreren Erben Rn 8 f).

7 Der Schutz des Nachlasses reicht jedoch **nicht unbegrenzt**. So können die Privatgläubiger die Ansprüche des Erben nach §§ 2216, 2217 Abs 1 pfänden. Darüber hinaus kann der Erbanteil eines Miterben (oder auch eines Vorerben) als solcher gepfändet werden (§ 859 Abs 2 ZPO; Rn 8). Die Privatgläubiger des Erben können dadurch verhindern, daß der Erbe oder der Testamentsvollstrecker Nachlaßgegenstände an ihnen vorbei auf Dritte übertragen kann. Zwar kann der Testamentsvollstrecker ohne Zustimmung des Pfandgläubigers Nachlaßgegenstände übertragen (KG JR 1952, 323), doch setzt sich das Pfandrecht am Surrogat fort. Eine unentgeltliche Verfügung scheitert an § 2205 S 3. Eine Zustimmung der Erben zu den unentgeltlichen Verfügungen (BGH DNotZ 1972, 90) bedarf der Zustimmung der Pfandgläubiger (BayObLG 1959, 57). Somit eröffnet § 2214 keine Möglichkeit, den geschützten Nachlaß auch Dritten zu übertragen.

III. Mehrheit von Erben

8 Wenn mehrere Erben vorhanden sind, so kann ein Eigengläubiger eines Miterben dessen **Erbanteil pfänden** (§ 859 Abs 2 ZPO) und die Auseinandersetzung betreiben, wenn sie nicht schon vom Testamentsvollstrecker bewirkt wird. Der Pfändungsbeschluß ist in diesem Fall dem Testamentsvollstrecker zuzustellen (RGZ 86, 294). Die Erbteilspfändung kann im Grundbuch eingetragen werden (HAEGELE/WINKLER Rn 181). Der Testamentsvollstrecker wird durch die Pfändung in seiner Befugnis, über die einzelnen Nachlaßgegenstände zu verfügen, nicht beschränkt (KG JR 1952, 323; KGJ 37 A 273; § 2205 Rn 35, 80). Allgemein hat der Pfandgläubiger nicht mehr Rechte gegenüber dem Testamentsvollstrecker als der Erbe selbst (BayOLG DB 1983, 708).

9 Ein **Auseinandersetzungsverbot** nach § 2044 durch den Erblasser hat gegenüber dem

6. Titel.
Testamentsvollstrecker

§ 2215

Pfändungsgläubiger wegen §§ 2044 Abs 1 S 2, 751 S 2 keine Wirkung. Da aber § 2214 als Ausnahmevorschrift den §§ 2044, 751 vorgeht (NIEDER Rn 693), kann der Erbe durch die Anordnung einer echten Dauervollstreckung das darin enthaltene Erbteilungsverbot auch gegenüber Pfändungsgläubigern der Erben durchsetzen (aM ENSTHALER Rpfleger 1988, 94).

§ 2215

[1] Der Testamentsvollstrecker hat dem Erben unverzüglich nach der Annahme des Amtes ein Verzeichnis der seiner Verwaltung unterliegenden Nachlaßgegenstände und der bekannten Nachlaßverbindlichkeiten mitzuteilen und ihm die zur Aufnahme des Inventars sonst erforderliche Beihilfe zu leisten.

[2] Das Verzeichnis ist mit der Angabe des Tages der Aufnahme zu versehen und von dem Testamentsvollstrecker zu unterzeichnen; der Testamentsvollstrecker hat auf Verlangen die Unterzeichnung öffentlich beglaubigen zu lassen.

[3] Der Erbe kann verlangen, daß er bei der Aufnahme des Verzeichnisses zugezogen wird.

[4] Der Testamentsvollstrecker ist berechtigt und auf Verlangen des Erben verpflichtet, das Verzeichnis durch die zuständige Behörde oder durch einen zuständigen Beamten oder Notar aufnehmen zu lassen.

[5] Die Kosten der Aufnahme und der Beglaubigung fallen dem Nachlasse zur Last.

Materialien: E I § 1906; II § 2084; III § 2189;
Mot V 241 f; Prot V 310 ff.

Systematische Übersicht

I.	Allgemeines	1	IV.	Maßgeblicher Zeitpunkt der Erstellung ... 9
II.	Die Bedeutung des Nachlaßverzeichnisses		V.	Form des Verzeichnisses und Mitwirkung des Erben (Abs 2–4) ... 10
1.	Grundlagen der Amtsführung	4		
2.	Beweisfunktion	5	VI.	Inhalt ... 13
3.	Grundlage von Schadensersatzpflichten und Entlassungsmaßnahmen	6	VII.	Eidesstattliche Erklärung ... 16
III.	Die Befreiung von der Verpflichtung zur Erstellung eines Nachlaßverzeichnisses und Modifizierung der Verpflichtung in Sonderfällen	7	VIII.	Kreis der Forderungsberechtigten ... 17
			IX.	Kosten, Sicherheitsleistung (Abs 5) ... 18

Alphabetische Übersicht

Amtsführung	4	Nacherbe	1
		Nachlaßverzeichnis	4 ff
Befreiung	7 ff	– als Beweis	5
– durch den Erben	7	– amtliches	5, 11
Beihilfe zum Inventar	2 f	– Bedeutung	4 ff
		– Form	10
Eidesstattliche Erklärung	16	– Inhalt	13 f
Entlassung	6	– Zeitpunkt der Erstellung	9
Ergänzungspfleger	8		
		Pfändungsgläubiger des Erben	17
Forderungsberechtigte	17	Pflichten des Testamentsvollstreckers	1
Gegenbeweis	5	Schadensersatz	6
		Schenkungen des Erblassers	14
Inventar	15	Sicherheitsleistung	19
Kosten	18	Vermächtnisnehmer	17
Kündigung	1, 9	Vorerbe	1
Mitwirkungsrecht des Erben	12	Wertangabe	13
Modifizierung	8		

I. Allgemeines

1 Die §§ 2215–2219 behandeln die **Pflichten** des Testamentsvollstreckers gegenüber dem Erben. Der Erblasser kann den Testamentsvollstrecker von diesen Pflichten – ausgenommen die zur Freigabe nach § 2217 – nicht befreien (§ 2220). § 2215 entspricht mit Ausnahme des ersten Satzes wörtlich dem **§ 2121**, weshalb weitgehend auf die Erläuterungen zu dieser Vorschrift verwiesen werden kann. Der Unterschied zu der in § 2121 geregelten Pflicht des **Vorerben** gegenüber dem Nacherben besteht darin, daß der Testamentsvollstrecker das Verzeichnis der seiner Verwaltung unterliegenden Gegenstände unverzüglich (§ 121) nach der Annahme seines Amtes (§ 2202) und ohne Verlangen des Erben (RG JW 1904, 338) mitzuteilen hat, daß ferner das Verzeichnis einerseits nur die vom Testamentsvollstrecker verwalteten Nachlaßgegenstände, andererseits aber auch die ihm bekannten Nachlaßverbindlichkeiten zu enthalten hat und daß der Testamentsvollstrecker dem Erben die zur Aufnahme des Inventars im Sinne der §§ 1993 ff erforderliche Beihilfe leisten muß (vgl OLG München OLGE 40, 134). **Kündigt** der Testamentsvollstrecker sein Amt, so ist er nachträglich auch für die Zeit seines Amtes nicht mehr zur Aufstellung eines Verzeichnisses verpflichtet (OLG Koblenz NJW-RR 1993, 462).

2 Der Testamentsvollstrecker hat dem Erben außer der Übermittlung eines Nachlaßverzeichnisses die zur Aufnahme des **Inventars** (§§ 1993 ff, 2001 ff) sonst erforderliche **Beihilfe** zu leisten, weil das Verzeichnis nach § 2215 möglicherweise für die Errichtung des Inventars nicht genügt – § 2215 verlangt im Gegensatz zu § 2001 Abs 2 keine Beschreibung und keine Wertangabe – und weil es dem Erben allein obliegt, sich die Einrede der beschränkten Erbenhaftung durch Errichtung eines Inventars zu erhalten, während die vom Testamentsvollstrecker verwalteten Gegenstände regelmäßig in dessen Besitz sein werden (§ 2205 S 2; Mot V 242). Dem Testamentsvollstrecker kann eine Inventarfrist (§ 1994) nicht bestimmt werden; er hat auch nicht das Recht, von sich aus gemäß § 1993 ein Inventar bei dem Nachlaßgericht einzureichen.

Die Beihilfe, die der Testamentsvollstrecker dem Erben zu leisten hat, kann darin bestehen, daß er über Nachlaßgegenstände und Nachlaßverbindlichkeiten diejenigen **Auskünfte** zu geben hat, die aus einem Nachlaßverzeichnis nicht hervorgehen; ferner darin, daß er dem Erben oder dem von diesem zugezogenen oder für ihn handelnden Beamten (§§ 2002, 2003) Einblick in den Nachlaß zu gewähren hat (PLANCK/FLAD Anm 8). Die Beihilfe zur Aufnahme des Inventars muß im Falle der Klage im Klageantrag näher bezeichnet werden.

II. Die Bedeutung des Nachlaßverzeichnisses

1. Grundlage der Amtsführung

Zunächst ist ein Nachlaßverzeichnis eine **unverzichtbare Grundlage** für eine ordnungsgemäße Amtsführung des Testamentsvollstreckers. Es hilft ihm bei der Konstituierung des Nachlasses, dokumentiert eine ordnungsgemäße Verwaltung und gewährleistet eine ordnungsgemäße Abwicklung. Die Pflichten der Rechnungslegung und Nachlaßherausgabe (§§ 2218, 666 bzw 667) erfahren ihren Inhalt aus dem Verzeichnis. Für den gutgläubigen Erwerb des Testamentsvollstreckers an einem Gegenstand, der nicht dem Erben gehört, kann das Verzeichnis eine Rolle spielen (vgl BGH NJW 1981, 1271, 1272). Auch der Umfang der **Haftung** des Testamentsvollstreckers (§ 2219) richtet sich nach dem Verzeichnis.

2. Beweisfunktion

Das Verzeichnis hat bei Streitigkeiten über ordnungsgemäße Amtsführung eine wichtige Beweisfunktion. Allerdings handelt es sich lediglich um eine frei zu würdigende Urkunde (vgl STAUDINGER/BEHRENDS[12] § 2121 Rn 6) **ohne Vollständigkeitsvermutung**. Durch das Verzeichnis wird lediglich bewiesen, daß ein Gegenstand nach Auffassung des Testamentsvollstreckers zum Nachlaß gehört. Hiergegen ist der **einfache Gegenbeweis** möglich. Dies gilt auch beim amtlichen Nachlaßverzeichnis, dem allerdings eine höhere Richtigkeitsvermutung zukommt (BGHZ 33, 373, 376; OLG Oldenburg NJW-RR 1993, 782).

3. Grundlage von Schadensersatzpflichten und Entlassungsmaßnahmen

Die schuldhafte Verletzung der in § 2215 begründeten Pflichten durch den Testamentsvollstrecker **kann** nicht nur eine Schadensersatzpflicht nach § 2219 begründen, sondern auch für das Nachlaßgericht ein Anlaß zur Entlassung des Testamentsvollstreckers nach § 2227 sein (OLG Hamm OLGZ 1986, 1; einschränkend OLG Köln OLGZ 1992, 192 f).

III. Die Befreiung von der Verpflichtung zur Erstellung eines Nachlaßverzeichnisses und Modifizierung der Verpflichtung in Sonderfällen

7 Nach § 2220 kann der Erblasser den Testamentsvollstrecker von der ihm nach § 2215 obliegenden Pflicht nicht **befreien**. Wohl aber kann dies **der Erbe**. Dieser kann also auf die Übermittlung des Nachlaßverzeichnisses verzichten (OLG Hamburg LZ 1924, 239), uU sogar stillschweigend (SOERGEL/DAMRAU Rn 1). Ein Verzicht des Erben auf Vorlegung eines amtlichen Verzeichnisses ist aber nicht schon daraus zu folgern, daß er sich jahrelang mit der Vorlegung eines privaten Verzeichnisses begnügt hat (RG JW 1916, 673). Die eigene Kenntnis des Erben befreit den Testamentsvollstrecker noch nicht von der Pflicht zur Mitteilung des Verzeichnisses (KG ZBlFG 1913, 668).

8 Fraglich ist, ob bei einem Testamentsvollstrecker, der zugleich gesetzlicher Vertreter des Erben ist, zur Prüfung des Nachlaßverzeichnisses ein **Ergänzungspfleger** (§ 1909) bestellt werden muß. Die Befürworter verweisen auf den Interessengegensatz von Testamentsvollstreckeramt und gesetzlicher Vertretung (OLG Hamm OLGZ 1993, 392 = FamRZ 1993, 1122 = MittBayNot 1994, 53 mit abl Anm REIMANN) sowie den Ausschluß von der Prüfung des Verzeichnisses gem §§ 1629 Abs 2 S 1, 1795, 181 (HAEGELE/WINKLER Rn 491). Da jedoch unstreitig das Verzeichnis in entsprechender Anwendung des § 1640 Abs 1 beim Vormundschaftsgericht eingereicht werden muß (SOERGEL/DAMRAU Rn 7; MünchKomm/BRANDNER Rn 9; KLUMPP, in: BENGEL/REIMANN, HbTV III Rn 38), ist ein ausreichender Schutz des minderjährigen Erben gewährleistet. Für die zusätzliche Bestellung eines Pflegers ist daher kein Bedarf (DAMRAU ZEV 1994, 1 ff; MünchKomm/ BRANDNER Rn 9; KLUMPP, in: BENGEL/REIMANN, HbTV III Rn 39). Liegt eine der Ausnahmen des § 1640 Abs 2 vor, so sind die Interessen des Minderjährigen nicht derart gefährdet, daß ein Pfleger notwendig wäre.

IV. Maßgeblicher Zeitpunkt für die Erstellung

9 Mit der Erstellung hat der Testamentsvollstrecker **unverzüglich** (§ 121 Abs 1) nach der Amtsannahme (§ 2202 Abs 1) zu beginnen und das Verzeichnis mit dem Erstellungsdatum zu versehen (Abs 2). Fraglich ist, auf welchen **Stichtag** sich das Verzeichnis beziehen soll. Diese Frage ist im Gesetz nicht ausdrücklich geregelt. Gegen den Tag der Erteilung des Testamentsvollstreckerzeugnisses spricht der Wortlaut des Abs 1 und der Gedanke, daß der Testamentsvollstrecker ab der Annahme des Amtes für den Nachlaß verantwortlich ist und dies anhand des Verzeichnisses dokumentiert werden soll (KLUMPP, in: BENGEL/REIMANN, HbTV III Rn 17). Für den Tag des Erbfalls spricht, daß dieser für den Nachlaß konstitutiv ist. Jedoch können sich bis zur Annahme des Amtes durch den Testamentsvollstrecker Veränderungen ergeben, die vom Amtsinhaber uU nicht mehr nachvollziehbar sind. Daher ist der Tag der Amtsannahme als Stichtag für das Verzeichnis anzusehen. In der Praxis wird empfohlen, dem Testamentsvollstrecker bekannte Veränderungen zwischen Erbfall und Amtsannahme gesondert zu dokumentieren (KLUMPP, in: BENGEL/REIMANN, HbTV III Rn 18). Nach der **Kündigung** ist der (ehemalige) Testamentsvollstrecker nicht mehr zur Erstellung eines Verzeichnisses nach Abs 4 verpflichtet (OLG Koblenz NJW-RR 1993, 462).

V. Form des Verzeichnisses und Mitwirkung des Erben (Abs 2–4)

Aus Abs 2 folgt ein **Schriftformerfordernis** für das Nachlaßverzeichnis (vgl Erl zu § 2121). Allerdings kann der Erbe auf die Formerfordernisse (auch konkludent) verzichten. Im übrigen liegt die Schriftform wegen der Schutzfunktion für den Testamentsvollstrecker auch in dessen Interesse. **10**

Aus dem selben Grund ist auch die Erstellung eines **amtlichen Verzeichnisses** nicht nur auf Verlangen des Erben zwingend vorgeschrieben, sondern auch in die Wahl des Testamentsvollstreckers gestellt (Prot V 312). Neben dem nach § 20 Abs 1 BNotO zuständigen Notar können je nach Landesrecht noch weitere Behörden (idR das Amtsgericht) für die Aufnahme zuständig sein (eine Aufstellung findet sich bei KLUMPP, in: BENGEL/REIMANN, HbTV III Rn 28 f). Auch wenn der Erbe sich zunächst mit einem privatschriftlichen Verzeichnis zufrieden gegeben hat, kann er nach längerer Zeit noch ein amtliches Verzeichnis verlangen (RG JW 1916, 673). **11**

Um dieses **Mitwirkungsrecht** des Erben (**Abs 3**) zu gewährleisten, hat der Testamentsvollstrecker ihm rechtzeitig den Termin der Aufnahme bekannt zu geben (SOERGEL/DAMRAU Rn 2). Eine dem Mitwirkungsrecht korrespondierende **Pflicht** sieht das Gesetz **nicht** vor. **12**

VI. Inhalt

Das Verzeichnis hat eine Aufstellung der Nachlaßgegenstände und der Nachlaßverbindlichkeiten zu enthalten. Die für ein Inventar nach §§ 1993 ff erforderliche nähere Beschreibung und Angabe des Wertes der Nachlaßgegenstände (§ 2001 Abs 2) ist beim Verzeichnis des Testamentsvollstreckers nicht notwendig. Der Testamentsvollstrecker ist auch grundsätzlich **nicht** verpflichtet, den **Wert** der Nachlaßgegenstände zu ermitteln. Er kann auf Grund des § 2215 nicht darauf verklagt werden, daß er einen Teil der in seinem Nachlaßverzeichnis aufgeführten Gegenstände einer genauen Abschätzung durch Sachverständige unterstellen solle (OLG Marienwerder OLGE 21, 330; OLG München OLGE 40, 134). Jedoch kann sich aus der Pflicht des Testamentsvollstreckers, dem Erben die zur Aufnahme des Inventars erforderliche Beihilfe zu leisten (Abs 1) und aus §§ 2218, 666 eine Verpflichtung des Testamentsvollstreckers ergeben, dem Erben alles mitzuteilen, was dieser zur Erfüllung seiner Verpflichtungen gegenüber den Pflichtteilsberechtigten nach § 2314 nötig hat, und des weiteren ein Recht des Erben gegenüber dem Testamentsvollstrecker auf Aufnahme eines amtlichen Verzeichnisses, Ermittlung der Werte der Nachlaßgegenstände und Zuziehung des Pflichtteilsberechtigten bei Aufstellung des Verzeichnisses (RG JW 1916, 673). Auch für die Ermittlung der Gerichtsgebühren ist eine zumindest summarische **Wertangabe geboten.** **13**

Das Verzeichnis braucht nur die Nachlaßgegenstände zu umfassen, die der Verwaltung des Testamentsvollstreckers unterliegen, also je nachdem den ganzen Nachlaß oder nur einzelne Nachlaßgegenstände. Der Testamentsvollstrecker hat bei der Ermittlung der Nachlaßgegenstände sämtliche Erkenntnismöglichkeiten umfassend auszunützen und darf sich nicht mit einer oberflächlichen Bestandsaufnahme begnügen (BGH NJW 1981, 1271). Insbesondere ist **Schenkungen** des Erblassers genau nachzugehen (näheres KLUMPP, in: BENGEL/REIMANN, HbTV III Rn 10 ff). Bei Wertpapie- **14** ren genügt eine summarische Aufführung (BayObLG Recht 1914 Nr 79). Wenn zur Verwaltung des Testamentsvollstreckers das Recht aus einer Nacherbfolge gehört, so müssen die zur Nacherbschaft gehörenden einzelnen Gegenstände im Verzeichnis aufgeführt werden (KG OLGE 32, 85, 88).

15 Das Verzeichnis des Testamentsvollstreckers **ersetzt** das **Inventar** des Erben nach §§ 1993 ff **nicht**; doch kann dieser es benützen und sich nach § 2004 darauf berufen, wenn es den Anforderungen, die das Gesetz an das Inventar des Erben stellt (§§ 2001 ff), genügt.

VII. Eidesstattliche Erklärung

16 Zur Abgabe einer eidesstattlichen Erklärung hinsichtlich des Verzeichnisses ist der Testamentsvollstrecker nach §§ 2218, 666 verpflichtet, wenn die Voraussetzungen des § **260** gegeben sind (RG JW 1913, 1150; RG WarnR 1914 Nr 8; OLG München OLGE 40, 134; MünchKomm/BRANDNER Rn 6; HAEGELE/WINKLER Rn 493; aM KIPP/COING § 73 II 1). Zuständig für die Abgabe ist das Amtsgericht, in dessen Bezirk das Verzeichnis aufzustellen ist (§ 261 Abs 1 S 1; §§ 163, 79 FGG).

VIII. Kreis der Forderungsberechtigten

17 Das Verzeichnis kann nicht nur der Erbe – auch jeder einzelne Miterbe – verlangen, sondern auch **der Gläubiger**, der den Erbteil eines Miterben gepfändet hat (KG OLGE 12, 373) und der Erbschaftsnießbraucher (MünchKomm/BRANDNER Rn 2; HAEGELE/WINKLER Rn 485), nicht aber der bloße Vermächtnisnehmer (RG JW 1904, 338; OLG Kassel OLGE 21, 330) oder Pflichtteilsberechtigte (RGZ 50, 225) oder der Nacherbe vor Eintritt des Nacherbfalles (KG OLGE 18, 344). Ist aber der **Vermächtnisnehmer** mit dem Nießbrauch am Nachlaß bedacht, so ergibt sich die Pflicht des Testamentsvollstreckers zur Aufstellung eines Nachlaßverzeichnisses und zur Auskunft gegenüber dem Vermächtnisnehmer aus §§ 1035, 1068 (RG JW 1904, 338). Auch einem anderen Vermächtnisnehmer gegenüber kann der Testamentsvollstrecker aus § 2219 zur Vorlegung eines Nachlaßverzeichnisses verpflichtet sein.

IX. Kosten, Sicherheitsleistung (Abs 5)

18 Die **Kosten** für die Aufnahme des Verzeichnisses und für die Beglaubigung sind im Nachlaßkonkurs Masseschulden (§ 224 Abs 1 Nr 5 KO). Am Nachlaßvergleichsverfahren ist die Kostenforderung nicht beteiligt (§ 113 Abs 1 Nr 6 VerglO). Für die Kosten von Prozessen über die persönlichen Verpflichtungen des Testamentsvollstreckers aus §§ 2215, 2218, 666 haftet der Testamentsvollstrecker persönlich, nicht der Nachlaß (KG OLGE 10, 303; MünchKomm/BRANDNER Rn 7; SOERGEL/DAMRAU Rn 5).

19 Zur **Sicherheitsleistung** gegenüber dem Erben ist der Testamentsvollstrecker nicht verpflichtet (vgl Mot V 242). Der Erblasser kann aber die Ernennung zum Testamentsvollstrecker von der aufschiebenden oder auflösenden Bedingung einer Sicherheitsleistung abhängig machen (PLANCK/FLAD Anm 12).

6. Titel.
Testamentsvollstrecker

§ 2216

§ 2216

[1] Der Testamentsvollstrecker ist zur ordnungsmäßigen Verwaltung des Nachlasses verpflichtet.

[2] Anordnungen, die der Erblasser für die Verwaltung durch letztwillige Verfügung getroffen hat, sind von dem Testamentsvollstrecker zu befolgen. Sie können jedoch auf Antrag des Testamentsvollstreckers oder eines anderen Beteiligten von dem Nachlaßgericht außer Kraft gesetzt werden, wenn ihre Befolgung den Nachlaß erheblich gefährden würde. Das Gericht soll vor der Entscheidung, soweit tunlich, die Beteiligten hören.

Materialien: E I § 1899 Abs 1; II § 2085; III § 2190; Mot V 231 f; Prot V 276 ff, 283, 531.

Systematische Übersicht

I.	**Allgemeines**	1		1.	Begriff	19
				2.	Form der Verwaltungsanordnung	21
II.	**Die ordnungsgemäße Verwaltung**			3.	Möglicher Inhalt	22
1.	Der Begriff und Inhalt der ordnungsgemäßen Verwaltung	3		4.	Rechtsfolgen: Befolgungspflicht; Außerkraftsetzung	25
2.	Gläubiger der Verpflichtung	8		5.	Antragsrecht nach Abs 2 S 2	32
3.	Einzelfälle	9		6.	Das Verfahren des Nachlaßgerichts	33
4.	Rechtsfolgen ordnungswidriger Verwaltung	17		7.	Folgen einer pflichtwidrigen Antragsunterlassung	35
III.	**Verwaltungsanordnungen des Erblassers**				

Alphabetische Übersicht

Anordnungen	19 ff		Antragsrecht	32
– Abgrenzung	30 f		Antragsunterlassung	35
– Änderung	33		Auflagen für den Erben	30
– Aufhebung	26 ff		Aufsicht	2
– – Umfang	30 f		Auswahlermessen	2, 7
– – Verfahren	33 f		
– Bindung	25		Behindertentestament	23
– des Erblassers	19 ff		Beschwerde	34
– der Erben	19		Bestattungsanordnung	31
– Erteilung	20		Beteiligter	32
– Form	21		
– Inhalt	22		Demokratieklausel	24
– Rechtsfolgen	26 ff		
– Unzweckmäßigkeit	28		Eigeninitiative	7
– Zuwiderhandlung	27		Entlassung	2, 18, 25
Anspruchsberechtigter	8		Erbe	8

Erfolgszwang	13	Ordnungsmäßigkeit	5
Erträge	22	– subjektive	6
Forderungssicherung	27	Pflichtteilsberechtigter	8
Gefährdung des Nachlasses	28	Rechtsgeschäfte des Erblassers	16
Geld	13		
Geschäftsbetrieb	10	Schadensersatz	13, 18
Gesetzliches Schuldverhältnis	1	Spekulationen	14
Grundstückserwerb	11		
Gutglaubensschutz	17	Teilungsanordnung	29
Haftung	6	Verkaufsverbot	27
		Vermächtnisnehmer	8
Kaufmann, dynamischer	7	Verwaltung	1 ff
Klage	8	– als Selbstzweck	4
Kontrolle des Testamentsvollstreckers	24	– Erfolg	5
		– ordnungsmäßige, Inhalt	3 ff
Letztwillige Verfügung	15, 21	– ordnungswidrige	17
		Verwaltungsanordnungen s Anordnungen	
Mehrere Testamentsvollstrecker	32, 34	Verwaltungsrecht, Mißbrauch	17
Mündelsichere Anlage	13		
		Wertpapiere	13
Nachlaß	7		
Nachlaßgläubiger	8, 32	Zurückbehaltungsrecht	8
Nachlaßgrundstücke	12	Zuständigkeit	33
Naturalverpflegung	22		
Nutzungen	9		

I. Allgemeines

1 Der Testamentsvollstrecker, der nach §§ 2205, 2208, 2209 zur Verwaltung des Nachlasses berechtigt ist, ist nach Abs 1 zur ordnungsmäßigen Verwaltung des Nachlasses verpflichtet, gleichgültig, zu welchem Zweck und auf welche Dauer ihm die Verwaltung des Nachlasses übertragen ist (vgl §§ 2203–2205, 2209). Diese Pflicht, die dem Testamentsvollstrecker in erster Linie gegenüber dem Erben obliegt (Rn 8), stellt einen gewissen Ausgleich für die ausgedehnte Verfügungsmacht dar, die dem Testamentsvollstrecker nach außen hin zusteht (§ 2205). Ihre Erfüllung kann nötigenfalls im Wege der Klage erzwungen werden (Rn 8). Abs 1 ist **zwingendes Recht**, kann daher vom Erblasser nicht außer Kraft gesetzt werden (§ 2220). Zwischen Testamentsvollstrecker und Erbe besteht auch insoweit ein **gesetzliches Schuldverhältnis** (BGHZ 25, 275, 280; SOERGEL/DAMRAU Rn 2). Die Pflicht zur ordnungsmäßigen Verwaltung des Nachlasses beginnt mit der Annahme des Amtes durch den Testamentsvollstrecker (§ 2202).

2 Es ist allerdings zu beachten, daß der Grundsatz der ordnungsmäßigen Verwaltung dem Testamentsvollstrecker einen gewissen **Spielraum** für die Führung seines Amtes läßt und lassen muß. Wenn eine dem Testamentsvollstrecker obliegende Aufgabe auf mehreren Wegen ordnungsmäßig gelöst werden kann, so steht es ihm frei, welchen Weg er wählt (MünchKomm/BRANDNER Rn 1). Das Nachlaßgericht ist an sich nicht berufen, den Testamentsvollstrecker zur ordnungsmäßigen Verwaltung des Nachlasses anzuhalten (vgl BayObLGZ 1990 Nr 39); denn das Gesetz hat den Testamentsvollstrecker, im Gegensatz zum Vormund, nicht der Aufsicht des Gerichtes unterstellt (Vorbem 20 f zu §§ 2197 ff). Freilich kann, wenn der Testamentsvollstrecker seine Pflicht zur ordnungsmäßigen Verwaltung des Nachlasses verletzt, ein am Nachlaß Beteiligter beim Nachlaßgericht seine Entlassung beantragen (§ 2227) und durch einen solchen Antrag oder durch die Androhung eines solchen mittelbar einen gewissen Druck auf den Testamentsvollstrecker ausüben.

II. Die ordnungsgemäße Verwaltung

1. Der Begriff und Inhalt der ordnungsmäßigen Verwaltung

Nach Abs 1 hat der Testamentsvollstrecker in der Regel **allein** über die Art der Verwaltung zu entscheiden. Diese Regel erfährt eine Einschränkung durch Abs 2 S 1: Anordnungen, die der Erblasser für die Verwaltung durch letztwillige Verfügung getroffen hat, sind vom Testamentsvollstrecker zu befolgen.

Was unter ordnungsmäßiger Verwaltung zu verstehen ist, richtet sich demnach nach dem **Zweck** der Verwaltung, nach den letztwilligen Anordnungen des Erblassers und nach den Umständen des einzelnen Falles (vgl auch § 2038 Abs 1 S 2). Ist die Verwaltung des Nachlasses dem Testamentsvollstrecker als Selbstzweck und nicht bloß als Mittel zum Zweck übertragen (§ 2209), so ist die Ordnungsmäßigkeit unabhängig von den besonderen Zwecken der §§ 2203, 2204 zu beurteilen (Prot V 278; FÖRSTER SächsArch 12, 168 ff; ROSENTHAL Gruchot 48, 735). In diesen Fällen ist die Verwaltung auf die Nutzbarmachung des Nachlasses nach den allgemein gültigen wirtschaftlichen Regeln gerichtet; sie ist aber auch hier im Sinne des Erblassers unter Berücksichtigung der berechtigten Interessen der Erben auszuüben (HOLTZ, Die verwaltende Testamentsvollstreckung 28 ff). Kraft seiner Pflicht zur ordnungsmäßigen Verwaltung kann der Testamentsvollstrecker gehalten sein, Forderungen beizutreiben, lästige Verträge anzufechten, Gewährleistungsansprüche, Vollstreckungsschutz und andere Rechtsbehelfe geltend zu machen (ERMAN/M SCHMIDT Rn 2).

Der Begriff der Ordnungsmäßigkeit ist in erster Linie ein **objektiver**. Eine ordnungswidrige Verwaltung des Nachlasses liegt daher nicht ohne weiteres schon dann vor, wenn sich der Testamentsvollstrecker, statt von dem Gedanken pflichtmäßiger Ausübung seines Amtes, von seinen persönlichen Interessen hat leiten lassen, wenn er aber auch bei pflichtmäßiger Einstellung so hätte handeln dürfen, wie er es getan hat. Dabei ist allerdings zu beachten, daß sich der pflichtgetreue Testamentsvollstrecker nicht mit einem mäßigen Erfolg begnügen darf, wenn sich die Möglichkeit zu einem besseren Ergebnis – zB zur Erzielung eines höheren Kaufpreises für ein Nachlaßgrundstück – bietet und er nach seiner Veranlagung und seinen Kenntnissen diese Möglichkeit zu erkennen und zu verwirklichen weiß (vgl BGH NJW 1959, 1820; BGH WM 1967, 25, 27).

Insofern spielen also auch **subjektive** Merkmale, nämlich die Persönlichkeit des Testamentsvollstreckers, seine Fähigkeiten und Fertigkeiten, eine gewisse Rolle.

Das RG hatte den Begriff der Ordnungsmäßigkeit noch rein subjektiv aufgefaßt: Soweit der Testamentsvollstrecker subjektiv nach bestem Können handle, dürften seine Maßnahmen nicht mit der Begründung beanstandet werden, daß sie objektiv verfehlt seien (RGZ 73, 26). Dieser Auffassung kann jedoch nicht beigepflichtet werden. Der Erbe muß die Möglichkeit haben, auf eine objektiv ordnungsmäßige Verwaltung hinzuwirken. Zur Ordnungsmäßigkeit der Verwaltung gehört auch das Maß der nach § 276 zu vertretenden Sorgfalt. Der Erblasser kann daher nicht anordnen, daß der Testamentsvollstrecker dem Erben nur für Vorsatz oder nur für grobes Verschulden haften solle (PLANCK/FLAD Anm 3; KIPP/COING § 73 II 7; s aber § 2219 Rn 6).

7 Die Grenze der objektiven Maßstäbe ist dort erreicht, wo die Struktur des Nachlasses (zB eine Beteiligung an einem Unternehmen) eine besondere **Eigeninitiative** des Testamentsvollstreckers erfordert. Hierbei ist ein Ermessensspielraum des Testamentsvollstreckers anzuerkennen, innerhalb dessen eine ordnungsgemäße Verwaltung möglich ist, ohne daß es auf die objektiv günstigste Maßnahme ankommt (BGHZ 25, 275; BGH NJW 1987, 1070 = EWiR 1987, 595 mit Anm REIMANN; BayObLGZ 1990, 177 [Maßstab grobe Pflichtverletzung]; SCHAUB, in: BENGEL/REIMANN, HbTV IV Rn 26; REITHMANN WuB IV A § 2124 BGB 1.86). Als Leitbild für das Ausmaß des Ermessens dient der „dynamische" **Kaufmann**, der unter Abwägung auch Risiken eingeht, um Chancen zu nutzen (BGH WM 1967, 25, 27; HAEGELE/WINKLER Rn 167 a; SCHMIDT-KESSEL WM Sonderbeilage 1988, 13). Damit ist auch spekulativen Anlagen ein Weg eröffnet (COING, in: FS Kaufmann 133; PICKEL VersR 1987, 1013; DEUCHLER WuB IV A § 2216 BGB 1.87). Die Grenze des Ermessens beginnt bei der absehbaren Schädigung des Nachlasses (BGHZ 25, 275) und nicht mehr abwägbaren Risiken (zB Warentermingeschäfte).

2. Gläubiger der Verpflichtung

8 Die Pflicht des Testamentsvollstreckers zu ordnungsmäßiger Verwaltung des Nachlasses besteht nur gegenüber den **Erben** und den **Vermächtnisnehmern** (vgl § 2219), aber nicht gegenüber den Auflagebegünstigten, den Pflichtteilsberechtigten (§ 2213 Rn 16) und – anders als beim Nachlaßverwalter, § 1985 Abs 2 – nicht gegenüber den Nachlaßgläubigern; der Erbersatzanspruchsberechtigte steht einem Pflichtteilsberechtigten gleich (§ 1934 b Abs 2 S 1). Die Erben – bei einer Mehrheit von Erben jeder einzelne – können den Testamentsvollstrecker auf Erfüllung dieser Verpflichtung **verklagen**, also auf Vornahme einer bestimmten ordnungsmäßigen Verwaltungshandlung oder auf Unterlassung einer ordnungswidrigen Verwaltungshandlung (RGZ 73, 26; BGHZ 25, 275, 280; KIPP/COING § 73 Fn 2). Der Erbe kann so den Testamentsvollstrecker anhalten, Nachlaßforderungen zu verfolgen oder Beträge, die durch schlechte Verwaltung dem Nachlaß verloren gegangen sind, der Masse wieder zuzuführen (OLG Hamburg HansRGZ 1929 B 763; SOERGEL/DAMRAU Rn 2). Der Erbe kann aber, da die Verwaltungspflicht fortlaufend zu erfüllen ist, aus ihr kein Zurückbehaltungsrecht herleiten (RG Recht 1917 Nr 1093).

3. Einzelfälle

9 a) Abführung von Nutzungen an den Erben: Die Frage, inwieweit und in welchen Zeitabschnitten der Testamentsvollstrecker dem Erben Nutzungen des Nachlasses herauszugeben hat, ist nach § 2216 und nicht etwa nach § 2217 zu entscheiden (BGH Rpfleger 1986, 434 für den Fall der Vor- und Nacherbenschaft; aM BAUR JZ 1958, 465, 468; vermittelnd MünchKomm/BRANDNER § 2217 Rn 4; s § 2217 Rn 13). Die Nutzungen sind herauszugeben, soweit dies zur Bestreitung des angemessenen Unterhalts des Erben erforderlich ist (§ 2209 Rn 19 ff; RG Recht 1922 Nr 615). Wenn die Einkünfte des Nachlasses dazu ausreichen, hat der Testamentsvollstrecker dem Erben auch die zur Erfüllung gesetzlicher Unterhaltspflichten notwendigen Mittel zu gewähren (RG LZ 1918, 1268). Zur Nutzungsauskehrung bei Vor- und Nacherbenschaft s BGH NJW-RR 1988, 386.

b) **Geschäftsbetrieb:** Die ordnungsmäßige Verwaltung des Nachlasses kann es nötig machen, daß die Erträgnisse, soweit sie nicht zum Unterhalt des Erben benötigt werden, zum Betrieb einer zum Nachlaß gehörigen Fabrik verwendet werden (RG Recht 1922 Nr 615).

c) **Grundstückserwerb:** Die Hingabe von Geld an den Vormund des minderjährigen Erben durch den Testamentsvollstrecker kann die Bedeutung haben, daß das Geld aus der Verwaltung des Testamentsvollstreckers ausscheidet (§ 2217) und der Verwaltung des Vormundes unterworfen wird; in diesem Fall ist zum Erwerb des Grundstückes durch den Vormund die Genehmigung des Vormundschaftsgerichtes erforderlich. Entscheidend ist die Auffassung, die Testamentsvollstrecker und Vormund bei den Verhandlungen über die Hingabe des Geldes gehabt haben.

d) **Veräußerung und Belastung von Nachlaßgrundstücken:** In besonderen Fällen kann der Testamentsvollstrecker verpflichtet sein, zum Zweck der Umschuldung eines Familiengutes den zum Nachlaß gehörenden Grundbesitz für die Belastung mit einer Hypothek zur Verfügung zu stellen (HECK AcP 141, 335). In einer neueren Entscheidung hat der BGH den Verkauf eines Nachlaßgrundstücks auch ohne Mehrung des Nachlasses als pflichtgemäß angesehen (BGH NJW-RR 1989, 642).

e) **Geld und Wertpapiere:** Der Testamentsvollstrecker ist grundsätzlich **nicht** verpflichtet, zum Nachlaß gehörende Gelder **mündelsicher** oder sonst in bestimmter Weise anzulegen und Wertpapiere zu hinterlegen (wie der Vormund und in gewissem Umfang auch der Vorerbe, §§ 1806 ff, 1814 ff, 2116 ff; MünchKomm/BRANDNER Rn 8; KLUMPP, in: BENGEL/REIMANN, HbTV VI Rn 430). Im Anschluß an COING, in: FS Kaufmann 127, 136 hat der BGH in begrenztem Umfang auch spekulative Anlagen als ordnungsgemäße Verwaltung angesehen (BGH NJW 1987, 1070, 1071 = EWiR 1987, 595 mit Anm REIMANN). Doch kann in besonderen Fällen die Pflicht zur ordnungsmäßigen Verwaltung oder eine Anordnung des Erblassers (Abs 2 S 1) die mündelsichere Anlage angezeigt erscheinen lassen. Der Testamentsvollstrecker ist auch dann nicht zur Hinterlegung verpflichtet, wenn ein Nacherbe vorhanden ist; denn dadurch wird sein Verwaltungsrecht nicht geschmälert (KGJ 44, 87; § 2205 Rn 8). Abweichend von der früheren Rechtsprechung (RG JR 1927 Nr 114; s STAUDINGER/REIMANN[12] Rn 10) unterwirft der BGH den Testamentsvollstrecker bei der Vermögensanlage einem gewissen **Erfolgszwang** (BGH NJW 1987, 1070, 1071). Er darf sich nicht mit mündelsicheren Anlagen zufriedengeben, wenn sich bessere Möglichkeiten bieten (SOERGEL/DAMRAU Rn 3; KLUMPP aaO Rn 432). Der Testamentsvollstrecker wird also nicht mehr als bloßer Verwalter, sondern zunehmend als „dynamischer Unternehmer" und Entscheidungsträger angesehen (KLUMPP ZEV 1994, 65 ff). Begnügt sich der Testamentsvollstrecker mit Sparbuchanlagen, obwohl sich Anlagen mit höheren Renditen bei vertretbarem

Risiko geboten hätten, so macht er sich **schadensersatzpflichtig** (KLUMPP ZEV 1994, 65, 69; vgl AG Bremen WM 1993, 1959).

14 Die zur Vermögensmehrung erforderlichen Maßnahmen hängen von den **Umständen des Einzelfalles** ab. In der Regel kann der Testamentsvollstrecker unter einer Vielzahl von Möglichkeiten wählen (Übersicht bei KLUMPP, in: BENGEL/REIMANN, HbTV VI Rn 457 ff). Jedoch kommen auch für einen gewinnorientierten Testamentsvollstrecker nur Zinsanlagen, Aktien renommierter Firmen, Investmentfonds sowie Immobilien in der breiten Anlage in Frage. Teilweise werden auch Gesellschaftsanteile bei einer GmbH und Personengesellschaften in Frage kommen. Warentermingeschäfte, Junk-Bonds sowie Kunstspekulationen sind auch unter der neuen Rechtsprechung des BGH als Geldanlage mit einer ordnungsmäßigen Verwaltung nicht zu vereinbaren (KLUMPP ZEV 1994, 65, 69 f).

15 f) **Prüfung der Rechtswirksamkeit letztwilliger Verfügungen:** Der Testamentsvollstrecker hat die Rechtswirksamkeit der letztwilligen Verfügungen des Erblassers unter eigener Verantwortung zu prüfen; er ist nicht, wie im gemeinen Recht vielfach angenommen wurde, „zur Verteidigung des Testamentes berufen".

16 g) **Prüfung der Rechtswirksamkeit von Veräußerungen des Erblassers:** Sind Veräußerungsgeschäfte des Erblassers als Scheingeschäfte oder aus sonstigen Gründen nichtig, so gehören entweder das Eigentum und die Ansprüche aus diesem oder doch etwaige Bereicherungsansprüche zum Nachlaß. Die ordnungsmäßige Verwaltung des Nachlasses erfordert dann, daß der Testamentsvollstrecker diese Rechte und Ansprüche auf ihre Berechtigung und auf ihre Verwirklichungsmöglichkeit prüft, um sie, wenn sie aussichtsreich erscheinen, geltend zu machen (BayObLGZ 27, 78). Der Testamentsvollstrecker hatte auch zu prüfen, ob und welche Aufwertungsansprüche zum Nachlaß gehörten (BayObLGZ 28, 34). Zur Erfüllung von Pflichtteilsansprüchen s § 2213 Rn 19.

4. Rechtsfolgen ordnungswidriger Verwaltung

17 Verfügungen des Testamentsvollstreckers sind ohne Rücksicht darauf, ob sie mit den Grundsätzen einer ordnungsmäßigen Verwaltung und den Verwaltungsanordnungen des Erblassers im Einklang stehen oder nicht, für den Nachlaß **wirksam**, es sei denn, daß der Mißbrauch des Verwaltungsrechts auch dem Geschäftsgegner erkennbar war oder gar von ihm erkannt wurde; ein Verstoß gegen § 2216 hat also grundsätzlich **nur schuldrechtliche** Folgen (§ 2219; BGH DNotZ 1959, 480; RGZ 75, 299; 83, 348; KG RJA 10, 114; KGJ 40 A 207; § 2205 Rn 64). Ein Mißbrauch des Verwaltungsrechts liegt vor, wenn der Testamentsvollstrecker objektiv die Grenzen ordnungsmäßiger Verwaltung überschreitet und sich subjektiv darüber im klaren ist (KIPP/COING § 68 V 1). Dagegen wird es für die Schuld des Geschäftsgegners genügen, wenn er die objektive Ordnungswidrigkeit des Geschäftes hätte erkennen müssen. Verbindlichkeiten, die der Testamentsvollstrecker eingeht, sind für den Nachlaß nur dann wirksam, wenn sie zur ordnungsmäßigen Verwaltung des Nachlasses erforderlich sind (§ 2206, Ausnahme: § 2207). Gutgläubige Dritte sind auch hier geschützt (§ 2206 Rn 11 f).

18 Bei **schuldhafter** Verletzung der Pflicht zu ordnungsmäßiger Verwaltung (Abs 1) ist der Testamentsvollstrecker dem Erben und den Vermächtnisnehmern für den daraus entstehenden **Schaden verantwortlich** (§ 2219). Außerdem kann die Mißachtung dieser Pflicht zu seiner Entlassung führen (§ 2227); unter Umständen hat eine Pflichtverletzung auch zur Folge, daß ein gutgläubiger Erwerb von Nachlaßgegenständen durch den Testamentsvollstrecker nicht möglich ist (BGH NJW 1981, 1271). Über die Haftung des Testamentsvollstreckers für unerlaubte Handlungen s § 2219 Rn 28 f.

III. Verwaltungsanordnungen des Erblassers

1. Begriff

Der Testamentsvollstrecker ist grundsätzlich nur an Anordnungen des Erblassers **gebunden**. Doch kann der Erblasser nach §§ 2208 Abs 1 S 1, 2216 Abs 2 S 1 auch anordnen, daß der Testamentsvollstrecker an Weisungen Dritter gebunden sein soll (§ 2208 Rn 14). Anordnungen der Erben braucht der Testamentsvollstrecker nicht zu befolgen, es sei denn, der Erblasser selbst hätte durch letztwillige Verfügung Mitwirkungsrechte der Erben begründet. Freilich wird die Befolgung von Erbenanweisungen eine Haftung des Testamentsvollstreckers diesen Erben gegenüber in der Regel ausschließen (RGZ 105, 250; § 2203 Rn 4 f; § 2204 Rn 35). Doch findet die Rücksicht auf die Wünsche der Erben ihre Grenze in den Anordnungen des Erblassers: Die Anordnungen und den erkennbaren Willen des Erblassers hat der Testamentsvollstrecker ggf auch gegen den Willen der Erben zu beachten (RGZ 74, 215). Der Erblasser kann auch nach Abs 2 S 1 dem Erben verbieten, sich in die Fortführung eines zum Nachlaß gehörigen Geschäftes durch den Testamentsvollstrecker einzumischen, und eine solche Anordnung setzt einer Beanstandung der Verwaltungstätigkeit des Testamentsvollstreckers nach Abs 1 trotz der Vorschrift des § 2220 besonders enge Schranken (RGZ 73, 26). Weisungen, die der Erblasser dem Testamentsvollstrecker durch Auftrag unter Lebenden erteilt, kann der Erbe jederzeit widerrufen (§§ 672, 671; Soergel/Damrau Rn 8; Vorbem 61 ff zu §§ 2197 ff).

Wenn der Erblasser im Testament nur **Wünsche** für die Verwaltung seines Nachlasses ausgesprochen und beigefügt hat, er hoffe, daß der Testamentsvollstrecker sie beachten werde, so sind solche Wünsche grundsätzlich nicht als Anordnungen anzusehen, die den Testamentsvollstrecker nach Abs 2 binden. Hierfür wäre erforderlich, daß der Erblasser den Willen hatte, daß der Testamentsvollstrecker seinen Wünschen Folge zu leisten habe. Das ist aber nicht der Fall, wenn der Erblasser die Entscheidung darüber, wie zu verfahren ist, dem Testamentsvollstrecker überläßt und ihm nur nahelegt, nach seinem, des Erblassers, Wunsch zu entscheiden. Wünsche, Hoffnungen und Bitten können jedoch mittelbare Wirksamkeit dadurch erlangen, daß sie den Zweck der Testamentsvollstreckung überhaupt erst deutlich machen (BayObLG NJW 1976, 1692).

2. Form der Verwaltungsanordnung

Der Testamentsvollstrecker muß nur die Anordnungen befolgen, die der Erblasser durch **letztwillige Verfügung** getroffen hat, nicht auch mündliche Anordnungen. Doch kann die Nichtbefolgung mündlicher Anordnungen des Erblassers uU einen Grund zur Entlassung des Testamentsvollstreckers nach § 2227 bilden (Planck/Flad Anm 4). Fraglich erscheint, ob der Erblasser bei einem privatschriftlichen Testament die Verwaltungsanweisungen auch in einer separaten Urkunde, die nicht privatschriftlich (also in Testamentsform) errichtet ist, geben kann. Nach den zu § 2247 erarbeiteten Grundsätzen (s STAUDINGER/BAUMANN [1996] § 2247 Rn 58 ff) müssen die Grundsätze und Leitlinien der Verwaltungsanweisungen in die handschriftliche Testamentsurkunde aufgenommen werden. Lediglich nähere Ausgestaltungen, Erläuterungen und Auslegungshinweise sind auch dann gültig, wenn sie nicht den Formvorschriften für Testamente entsprechen. Der dadurch nötige große Umfang des handschriftlichen Testaments muß im Interesse der systematischen Auslegung hingenommen werden. Ansonsten riskiert der Erblasser die Ungültigkeit der Verwaltungsanweisung und des letzten Willens generell (vgl STAUDINGER/BAUMANN [1996] § 2247 Rn 64).

3. Möglicher Inhalt

22 Die Verwaltungsanordnungen können verschiedenen Inhalt haben. So kann der Erblasser den Testamentsvollstrecker ermächtigen, einem Erben unter gewissen Voraussetzungen die **Reinerträgnisse** seines Erbteils nur in Gestalt von Naturalverpflegung auszufolgen (RG WarnR 1919 Nr 71; § 2209 Rn 20). Als Verwaltungsanordnung im Sinne des § 2216 und nicht als Vorausvermächtnis ist auch die Bestimmung anzusehen, daß der Testamentsvollstrecker eine bestimmte Jahressumme an den Erben zu dessen freier Verfügung auszahlen solle (RG LZ 1929, 1406). Eine solche Anordnung wird vor allem bei einer Dauervollstreckung (§ 2209) in Betracht kommen.

23 Durch Verwaltungsanordnung kann auch bestimmt werden, wie der Testamentsvollstrecker die Erträge des Nachlasses zu verwenden hat. So wird es insbesondere beim sog **Behindertentestament** angebracht sein, dem Testamentsvollstrecker durch Verwaltungsanordnung aufzugeben, die Erträgnisse des Nachlasses, also etwa Miet- und Pachtzinsen, Zinserträge, Dividenden- und Gewinnanteile und etwaige sonstige Gebrauchsvorteile und Früchte von Nachlaßgegenständen dem behinderten Erben nur in Form bestimmter Leistungen (Zuwendung von Geldbeträgen in Höhe des Rahmens, der nach den einschlägigen Gesetzen einem Behinderten maximal zur Verfügung gestellt werden kann, Geschenke zu Feiertagen, Finanzierung von Urlaub, Freizeitgestaltung etc) zuzuwenden, ohne daß, wie beim Vermächtnis, dem Erben ein Rechtsanspruch erwächst (s REIMANN MittBayNotK 1990, 248; DITTMANN/ REIMANN/BENGEL, Testament und Erbvertrag, D Rn 272; vgl OTTE JZ 1990, 1027; KRAMPE AcP 191, 526 ff).

24 Verwaltungsanordnungen sind auch ein geeignetes Instrument, um **Kontrollmechanismen** anzuführen, welche die Rechtsmacht des Testamentsvollstreckers beschränken. So kann der Erblasser durch Verwaltungsanordnung bestimmen, der Testamentsvollstrecker habe generell oder bei bestimmten Maßnahmen, auch bei Maßnahmen, die ein bestimmtes Objekt betreffen, die Zustimmung der Erben oder eines Dritten, auch eines Gremiums, etwa eines Schiedsgerichtes, einzuholen. Dabei kann bestimmt werden, daß die Mitwirkungsberechtigung des Erben oder des Dritten nur in einem bestimmten Umfang bestehen soll, zB in dem Maße, in dem ein Nacherbe bei Verfügungen des Vorerben mitzubestimmen berechtigt ist, oder in dem ein gesetzlicher Vertreter, Vormund oder Betreuer der Zustimmung des Vormundschaftsgerichtes bedarf. Durch Verwaltungsanordnung kann im Rahmen einer sog Demokratie-Klausel vom Erblasser auch bestimmt werden, daß der Testamentsvollstrecker bestimmte Maßnahmen nur treffen dürfe, wenn die (einfache oder qualifizierte) Mehrheit der Erben ihr vorweg zugestimmt hat. Da Verwaltungsanordnungen

nur schuldrechtlich wirken, sind sie flexibler als Beschränkungen der Verfügungsbefugnis gem § 2208 (vgl dazu REIMANN FamRZ 1995, 588, 591 f).

4. Rechtsfolgen: Befolgungspflicht; Außerkraftsetzung

Verwaltungsanordnungen nach Abs 2 S 1 wirken – im Gegensatz zu den Verfügungsbeschränkungen des § 2208 – nur **schuldrechtlich**. Setzt sich also der Testamentsvollstrecker über die Verwaltungsanordnung hinweg, ist eine Verfügung gleichwohl wirksam (SOERGEL/DAMRAU § 2216 Rn 17). Im Verhältnis zum Erben wird jedoch die Verletzung der Verwaltungsanordnung einen Schadensersatzanspruch zur Folge haben. Zudem stellt die Nichtbefolgung von Erblasseranordnungen in der Regel eine grobe Pflichtverletzung mit der Folge der Entlassungsmöglichkeit dar (§ 2227; OLG Zweibrücken FamRZ 1989, 788). 25

Die Bindung des Testamentsvollstreckers an die Verwaltungsanordnungen des Erblassers ist keine unbedingte, da uU, etwa infolge ungenügender geschäftlicher Erfahrung des Erblassers oder infolge einer Änderung der wirtschaftlichen Verhältnisse in der Zeit zwischen der Anordnung und ihrer Vollziehung – man denke an die Geldentwertung – das Befolgen der Anordnung nicht mehr dem mutmaßlichen Willen des Erblassers entsprechen würde. In manchen dieser Fälle mag eine ergänzende Auslegung des Testaments eine Anpassung der letztwilligen Anordnungen an die veränderten Verhältnisse ermöglichen (RG LZ 1929, 1406). In anderen Fällen kann die Anfechtung der letztwilligen Verfügung (§§ 2078 ff) helfen. Doch sind diese Wege nicht immer gangbar. Deshalb sieht das Gesetz in **Abs 2 S 2** vor, daß auf Antrag des Testamentsvollstreckers selbst oder eines anderen Beteiligten die Verwaltungsanordnungen des Erblassers vom Nachlaßgericht (§§ 72, 73 FGG) **außer Kraft** gesetzt werden können, wenn ihre Befolgung den Nachlaß erheblich gefährden würde (Prot V 283; vgl § 1803 Abs 2). Der Erblasser kann das Außerkraftsetzungsrecht des Nachlaßgerichtes nicht ausschließen (§ 2220; vgl auch HAEGELE BWNotZ 1974, 120). Auch eine teilweise Außerkraftsetzung von selbständigen Teilen einer Verwaltungsanweisung ist, soweit ausreichend, möglich (KG OLGZ 71, 220). 26

So wurde in der **Praxis** außer Kraft gesetzt: Das Verbot des Verkaufs eines Nachlaßgrundstücks unter einem bestimmten Preis, wenn dieser Preis in absehbarer Zeit nicht zu erzielen ist (OLG Hamburg OLGZ 12, 374); Anordnungen über die Sicherung einer Vermächtnisforderung (KG HRR 1933 Nr 1765). Wenn der Testamentsvollstrecker der Verwaltungsanordnung des Erblassers bereits **eigenmächtig** zuwidergehandelt hat, so kann das Nachlaßgericht diese nicht mehr gemäß Abs 2 S 2 außer Kraft setzen, weil dann die Gefährdung des Nachlasses, die mit der Anordnung möglicherweise verbunden war, bereits beseitigt ist (KG RJA 10, 114; **aM** PLANCK/FLAD Anm 5; PALANDT/EDENHOFER Rn 5; SOERGEL/DAMRAU Rn 14; FIRSCHING/GRAF Rn 4.478). Die Gegenmeinung bringt die Gefahr mit sich, daß sich der Testamentsvollstrecker über die Anordnung des Erblassers hinwegsetzt in der Hoffnung, das Nachlaßgericht werde seine Handlungsweise nachträglich billigen. Das Gericht wird auch eher geneigt sein, die Anordnung des Erblassers außer Kraft zu setzen, wenn schon vollendete Tatsachen geschaffen sind, als wenn der Testamentsvollstrecker noch frei ist. Wenn die Zuwiderhandlung gegen die Anordnung des Erblassers eine erhebliche Gefahr von dem Nachlaß abgewendet hat, so wird sie nicht leicht einen Schaden herbeigeführt haben (§ 2219). Es erscheint aber nicht unbefriedigend, wenn der Testamentsvoll- 27 strecker, der eine zu Recht bestehende Anordnung des Erblassers mißachtet, dies auf eigene Gefahr tut. In dringenden Fällen kann durch vorläufige Aussetzung der Vollziehung der Verwaltungsanordnung geholfen werden (PLANCK/FLAD Anm 5).

28 Auch eine **wirtschaftliche Gefährdung** der am Nachlaß beteiligten Personen kann über den reinen Gesetzeswortlaut hinaus eine Gefährdung des Nachlasses im Sinne des Abs 2 S 2 darstellen (hM; KIPP/COING § 72 II 2; SOERGEL/DAMRAU Rn 12; PALANDT/EDENHOFER Rn 5; **aM** LANGE/KUCHINKE § 29 V 16 Fn 188). Es kommt dabei allerdings auf die Zweckbestimmung des Nachlasses, auf den Zweck der Verwaltungsanordnung und auf die Interessen der Beteiligten an. Hat der Erblasser durch die angeordnete Verwaltungsmaßregel gerade die wirtschaftliche Grundlage des Erben sicherstellen wollen, so kann sie außer Kraft gesetzt werden, wenn durch ihre Befolgung die wirtschaftliche Lage des Erben und damit die Zweckbestimmung des Nachlasses erheblich gefährdet werden würde (KG HRR 1933 Nr 1765; KG JW 1936, 3484). Wollte aber der Erblasser durch eine Verwaltungsanordnung nicht die wirtschaftliche Lage des Erben oder eines Vermächtnisnehmers sicherstellen, so kann die Anordnung nicht deswegen außer Kraft gesetzt werden, weil ihre Durchführung die wirtschaftliche Lage des Erben oder Vermächtnisnehmers erheblich gefährden würde (OLG München JFG 20, 121). Die bloße **Unzweckmäßigkeit** der Anordnung des Erblassers genügt **nicht**, um ihre Aufhebung zu rechtfertigen (BGB-RGRK/KREGEL Rn 14; MünchKomm/BRANDNER Rn 18).

29 Die Anordnung des Erblassers, wonach einem Miterben bei der Auseinandersetzung ein bestimmter Gegenstand, zB ein Grundstück, aus dem Nachlaß zuzuteilen ist, enthält eine **Teilungsanordnung** nach § 2048 und zugleich eine Verwaltungsanordnung nach Abs 2, da sie das Verbot für den Testamentsvollstrecker in sich schließt, das Grundstück anderweitig zu veräußern (KG DJZ 1927, 1559). Umgekehrt enthält das Veräußerungsverbot für ein Grundstück eine Verwaltungsanordnung, da es den Testamentsvollstrecker an der Veräußerung hindert, und zugleich eine negative Teilungsanordnung (§ 2044; § 2204 Rn 2 ff; KG JW 1936, 3484). Dagegen ist die testamentarische Anordnung eines Übernahmerechts nach § 2049 eine bloße Teilungsanordnung ohne Zusammenhang mit einer Verwaltungsbestimmung (KG HRR 1930 Nr 1111; aM SOERGEL/DAMRAU Rn 9). Bei einem Zusammentreffen von Verwaltungsanordnung und Teilungsanordnung ist es zulässig, die Verwaltungsanordnung außer Kraft zu setzen, ohne daß die Wirkung der Teilungsanordnung hiervon berührt werden soll. So kann etwa der Testamentsvollstrecker mit der Einschränkung zum Verkauf des nach dem Willen des Erblassers unveräußerlichen Grundstückes ermächtigt werden, daß der Reinerlös an die Stelle des Grundstücks und die Zinsen des Erlöses an die Stelle der Mietzinsen treten, daß also insoweit die Verwaltung fortbesteht (KG JW 1936, 3484; OLG München JFG 20, 121). Die Außerkraftsetzung der Verwaltungsanordnung ist aber darüber hinaus auch dann zulässig, wenn dadurch die Ausführung der Teilungsanordnung unmöglich wird. ZB kann die Anordnung, daß einem Miterben bei der Auseinandersetzung ein bestimmter Nachlaßgegenstand zuzuteilen ist, insofern außer Kraft gesetzt werden, als sie zugleich für den Testamentsvollstrecker das Verbot enthält, den Gegenstand anderweitig zu veräußern (KG DJZ 1927, 1559; KG JFG 14, 154; OLG München JFG 20, 121). Andererseits kann eine Verwaltungsanordnung des Erblassers auch aufgehoben werden, um die Ausführung einer Teilungsanordnung zu ermöglichen, nämlich, wenn die Verwaltungsanordnung die Ausführung der Teilungsanordnung verhindert und dadurch die Interessen des Erben, die durch die Verwaltungsanordnung gefördert werden sollten, gefährdet (KG HRR 1933 Nr 1765).

Das Nachlaßgericht ist aufgrund Abs 2 S 2 **nicht befugt**, dem **Erben** gemachte **Aufla-** **30** **gen** des Erblassers aufzuheben (BayObLGZ 1961, 155). Die in einer letztwilligen Verfügung getroffenen Bestimmungen über die Anordnung und Dauer der Testamentsvollstreckung, die Zahl der Testamentsvollstrecker und die ihnen zustehende Vergütung sind keine Verwaltungsanordnungen im Sinne von Abs 2; denn es handelt sich dabei nicht um Richtlinien, die die Verwaltungstätigkeit des Testamentsvollstreckers betreffen und von diesem zu befolgen sind. Das Nachlaßgericht kann sie daher nicht nach Abs 2 S 2 außer Kraft setzen (KG HRR 1934 Nr 1681; KG JW 1937, 475; LG Berlin DFG 1941, 155; KG JR 1951, 732). § 2216 kann auch nicht ausdehnend angewendet werden, wenn nicht ein dringendes Bedürfnis für eine solche Anwendung vorhanden ist (KG und LG Berlin aaO). Das bloße Interesse an der Einsparung von Testamentsvollstreckerkosten läßt ein solches Bedürfnis nicht entstehen.

Auch eine entsprechende Anwendung des Abs 2 S 2 auf andere Anordnungen, die **31** **nicht** für die **Verwaltung** getroffen sind, zB auf die Anordnung einer Art der Bestattung, deren Kosten den ganzen Nachlaß verschlingen würden, ist abzulehnen. In solchen Fällen muß der Testamentsvollstrecker selbst nach pflichtgemäßem Ermessen entscheiden, was er im Hinblick auf seine Pflicht zur Ausführung der letztwilligen Verfügungen des Erblassers (§ 2203) einerseits und seine Pflicht zur ordnungsmäßigen Verwaltung (§ 2216) andererseits tun darf und lassen muß. Auch die Beschränkung des Pflichtteilsberechtigten durch Einsetzung eines Testamentsvollstreckers nach § 2338 Abs 1 S 1 ist keine Verwaltungsanordnung und kann vom Nachlaßgericht nicht etwa deshalb nach Abs 2 S 2 außer Kraft gesetzt werden, weil der Grund der Beschränkung, zB Verschwendung, nach dem Erbfall weggefallen ist (KG HRR 1942 Nr 691).

5. Antragsrecht nach Abs 2 S 2

Den Antrag, eine Verwaltungsanordnung des Erblassers außer Kraft zu setzen, kann **32** außer dem Testamentsvollstrecker **jeder** (am Nachlaß) **Beteiligte** stellen. Beteiligte sind alle, die am Vollzug oder Nichtvollzug der Anordnung ein rechtliches Interesse haben können (vgl § 2198 Rn 21). Grundsätzlich gilt das zum „Beteiligten" iSv § 2198 Gesagte (s dort Rn 21 ff). Allerdings wird die Rechtsposition des **Nachlaßgläubigers** durch die Art der Verwaltung **nicht** berührt, schon allein wegen § 2219 (BGH DNotZ 1962, 142; BayObLGZ 82, 459; PALANDT/EDENHOFER Rn 6; SOERGEL/DAMRAU Rn 15). Auch Nachlaßschuldner sind nicht beteiligt (KG RJA 10, 114), ebensowenig ein privater Gläubiger eines Miterben, dem für seine Forderung ein Pfändungspfandrecht am Miterbenanteil zusteht (BayObLG DB 1983, 708). Wenn mehrere Testamentsvollstrecker das Amt gemeinschaftlich führen (§ 2224 Abs 1 S 1), können sie den Antrag auf Außerkraftsetzung einer Verwaltungsanordnung des Erblassers nur gemeinschaftlich stellen und im Falle eines abweisenden Bescheides nur gemeinschaftlich Beschwerde einlegen (OLG München JFG 20, 121; PALANDT/EDENHOFER Rn 6; SOERGEL/ DAMRAU Rn 14; aM ERMAN/M SCHMIDT § 2224 Rn 2). Ist aber durch Anordnung des Erblassers die Verwaltungsbefugnis der mehreren Testamentsvollstrecker nach bestimmten Wirkungskreisen verteilt worden (§ 2224 Abs 1 S 3), so ist jeder nur hinsichtlich der seinen Wirkungskreis berührenden Anordnungen und Verfügungen antrags- und beschwerdeberechtigt (KEIDEL/KUNTZE/WINKLER § 82 FGG Rn 8; SOERGEL/DAMRAU Rn 14).

6. Das Verfahren des Nachlaßgerichts

33 Das Nachlaßgericht soll vor der Entscheidung über die Außerkraftsetzung einer Verwaltungsanordnung, soweit tunlich – dh soweit es ohne besondere Umstände und Kosten geschehen kann –, die **Beteiligten hören** (Abs 2 S 3). Über die Gründe dieser Vorschrift s Prot V 531 (vgl Art 103 Abs 1 GG). Hierbei handelt es sich aber nur um eine Ordnungsvorschrift, deren Einhaltung bei einer großen Zahl von Beteiligten schwer möglich ist. Sie ist insbesondere geeignet, den Testamentsvollstrecker gegen Regreßansprüche zu schützen. Zuständig ist der Richter (§ 16 Abs 1 Nr 3 RPflG). Das Nachlaßgericht kann lediglich die Verwaltungsanordnung des Erblassers außer Kraft setzen oder die Außerkraftsetzung ablehnen (Muster s FIRSCHING/GRAF Rn 4.479). Dagegen kann das Nachlaßgericht nicht eigene Anordnungen über die Verwaltung erlassen (KG OLGZ 1971, 220; PALANDT/EDENHOFER Rn 6; SOERGEL/DAMRAU Rn 11; aM BGB-RGRK/KREGEL Rn 14: das Nachlaßgericht könne die Anordnung des Erblassers ändern, die Änderung solle aber möglichst im Sinne des Erblassers erfolgen). Zulässig ist die **teilweise Aufhebung** der Verwaltungsanordnung, uU auch die Aufhebung unter Einschränkungen oder Bedingungen, die freilich einer Änderung nahe kommen kann.

34 Wird einem Antrag nach Abs 2 S 2 stattgegeben, so steht jedem, dessen Recht durch die Verfügung des Nachlaßgerichts beeinträchtigt wird, also jedem Beteiligten (Rn 32), die einfache **Beschwerde** zu (§§ 19, 20 Abs 1 FGG). Dagegen kann bei Abweisung des Antrags nur der Antragsteller Beschwerde einlegen (§ 20 Abs 2 FGG). Führen mehrere Testamentsvollstrecker das Amt gemeinschaftlich, so können sie den Antrag auf Außerkraftsetzung einer Verwaltungsanordnung nur gemeinschaftlich stellen und im Falle eines abweisenden Bescheides nur gemeinschaftlich Beschwerde einlegen (OLG München JFG 20, 121; vgl aber Rn 32). Aber gegen eine auf Antrag eines anderen Beteiligten ergangene Verfügung des Nachlaßgerichts, durch die eine Verwaltungsanordnung des Erblassers außer Kraft gesetzt wird, steht jedem Testamentsvollstrecker ein selbständiges Beschwerderecht zu (§ 82 FGG). Die Gebühr für die Entscheidung des Nachlaßgerichts nach § 2216 Abs 2 S 2 bemißt sich nach § 113 KostO.

7. Folgen einer pflichtwidrigen Antragsunterlassung

35 Fraglich ist, ob der Testamentsvollstrecker **schuldhaft** handelt, wenn er trotz erheblicher Gefährdung des Nachlasses die Anordnungen des Erblassers befolgt und den Antrag, sie außer Kraft zu setzen (Abs 2), unterläßt (bejahend PLANCK/FLAD Anm 10; MünchKomm/BRANDNER Rn 22). Man wird die Frage nur in besonders dringenden Fällen bejahen dürfen und nur dann, wenn kein anderer Beteiligter in der Lage ist, den Antrag zu stellen und zu begründen. Das KG (LZ 1929, 1406) hat den Standpunkt vertreten, daß der Testamentsvollstrecker vom Prozeßgericht nicht angehalten werden könne, beim Nachlaßgericht die Außerkraftsetzung von Verwaltungsanordnungen zu beantragen, wenn er selbst die gesetzliche Voraussetzung der Gefährdung des Nachlasses nicht für gegeben oder die Stellung des Antrags nach seinem pflichtgemäßen Ermessen nicht für angebracht hält (dagegen MünchKomm/BRANDNER Rn 22).

6. Titel.
Testamentsvollstrecker

§ 2217

§ 2217

[1] Der Testamentsvollstrecker hat Nachlaßgegenstände, deren er zur Erfüllung seiner Obliegenheiten offenbar nicht bedarf, dem Erben auf Verlangen zur freien Verfügung zu überlassen. Mit der Überlassung erlischt sein Recht zur Verwaltung der Gegenstände.

[2] Wegen Nachlaßverbindlichkeiten, die nicht auf einem Vermächtnis oder einer Auflage beruhen, sowie wegen bedingter und betagter Vermächtnisse oder Auflagen kann der Testamentsvollstrecker die Überlassung der Gegenstände nicht verweigern, wenn der Erbe für die Berichtigung der Verbindlichkeiten oder für die Vollziehung der Vermächtnisse oder Auflagen Sicherheit leistet.

Materialien: E 1 § 1907; II § 2086; III § 2191;
Mot V 242 f; Prot V 312 ff, 543; VI 357.

Systematische Übersicht

I.	Allgemeines ___ 1	III.	Rechtsnatur der Freigabe ___ 15
II.	Die Freigabeverpflichtung	IV.	Die Form der Freigabe ___ 17
1.	Freigabepflicht/Freigaberecht ___ 2		
2.	Voraussetzungen der Freigabepflicht ___ 7	V.	Wirkung der Freigabe (Abs 1 S 2) ___ 19
3.	Zeitpunkt der Freigabe und Zurückbehaltungsrecht ___ 14	VI.	Freigabe gegen Sicherheitsleistung ___ 22

Alphabetische Übersicht

Auseinandersetzung	3, 11	Freigabeanspruch	7
		Freigabeverlangen	8 f
Bedingtes Vermächtnis	22 f	Führung eines Rechtsstreits	18
Bedürfnis	10 ff		
Beendigung der Testamentsvollstreckung	1	Grundbuch	19
Beweislast	12	Grundstücke	17
Entbehrlichkeit	10 ff	Handelsregister	19
Erbschaftsteuer	6		
		Irrtum über Freigabepflicht	20
Freigabe	1 ff	Konkursverwalter	1
– dingliche Wirkung	19		
– Form	17 ff	Mehrere Erben	8
– konkludente	18		
– Rechtsnatur	15 f	Nachlaßgläubiger	24
– Voraussetzungen	7 ff	Nutzungen	13
– Wirksamkeit	4 f		
– Zeitpunkt	14		
– Zulässigkeit	4	Realakt, gemischter	15

Recht zur Freigabe	3 ff	Verbot der Freigabe		2
Rechtsreflex	3	Verfügung		16, 21
Rückgewähranspruch	20	Verwaltung		10
		Verwirkungsklauseln		5
Schadensersatzpflicht	20			
Sicherheitsleistung	22 ff	Willenserklärung		15
– Berechtigter	24			
Strafklauseln	5	Zurückbehaltungsrecht		14
		Zweck der Testamentsvollstreckung		10
Unentgeltliche Verfügung	21			

I. Allgemeines

1 Jede Verwaltung fremden Vermögens hat regelmäßig zum Ziele, daß nach ihrer Beendigung das verwaltete Gut so vollständig, wie es die Zwecke der Verwaltung zugelassen haben, an den Berechtigten herausgegeben wird. Das gilt auch für die Verwaltung des Nachlasses durch einen Testamentsvollstrecker. Wenn sie beendet ist – sei es durch Beendigung des Amtes des Testamentsvollstreckers nach §§ 2225 ff oder durch Erledigung seiner Aufgaben oder durch Ablauf der Frist des § 2210 –, dann ist der Nachlaß an den Erben herauszugeben (§§ 2218, 667). Es entspricht aber dem mutmaßlichen Willen des Erblassers, daß der Testamentsvollstrecker schon **vor Beendigung** seiner Verwaltung diejenigen Nachlaßgegenstände an den Erben herausgeben soll, die er zur Erfüllung seiner Obliegenheiten nicht oder nicht mehr benötigt. Dieser Gedanke kommt in § 2217 zum Ausdruck. Die Überlassung von entbehrlichen Nachlaßgegenständen durch den Testamentsvollstrecker an den Erben weist eine gewisse Ähnlichkeit mit der Überlassung von Gegenständen der Konkursmasse durch den Konkursverwalter an den Gemeinschuldner auf und wird daher wie diese als Freigabe bezeichnet.

II. Die Freigabeverpflichtung

1. Freigabepflicht/Freigaberecht

2 Der Erblasser kann den Testamentsvollstrecker durch ausdrückliche Bestimmung in der letztwilligen Verfügung von der Pflicht zur Freigabe entbehrlicher Nachlaßgegenstände **befreien** (§ 2220). Er kann ihm auch **verbieten**, Nachlaßgegenstände an den Erben herauszugeben, selbst wenn er ihrer nicht mehr bedarf (KG HRR 1939 Nr 1398). Wenn der Erblasser dem Testamentsvollstrecker die Veräußerung bestimmter Nachlaßgegenstände auf Zeit untersagt und sein Verfügungsrecht entsprechend eingeschränkt hat (§§ 2216 Abs 2, 2208), so ist der Testamentsvollstrecker regelmäßig nicht befugt, diese Gegenstände dem Erben zur freien Verfügung zu überlassen (KG aaO).

3 § 2217 regelt die Frage, wann der Testamentsvollstrecker zur Freigabe verpflichtet ist, nicht jedoch, ob und unter welchen Voraussetzungen er zu einer Freigabe **berechtigt** ist (BGHZ 56, 275, 284). Eine derartige vom Gesetz losgelöste, in das Ermessen des Testamentsvollstreckers gestellte Berechtigung zur Freigabe von Nachlaßgegenständen kann es grundsätzlich nicht geben. Berechtigung und Verpflichtung sind identisch, das Ermessen des Testamentsvollstreckers ist auf Null reduziert. Der Testamentsvollstrecker ist daher prinzipiell zur Freigabe nur berechtigt, wenn die Voraussetzungen des § 2217 vorliegen, er also zur Freigabe verpflichtet ist. Daneben kann ein Freigaberecht (außerhalb des § 2217) **nur als Reflex** anderer zwingender gesetzlicher Regelungen bestehen. Wird zB aufgrund der zwingenden Norm des § 1683 eine Auseinandersetzung des Nachlasses vorgenommen, so müssen notwendigerweise Nachlaßgegenstände freigegeben werden, auch wenn der Erblasser die Auseinandersetzung ausgeschlossen hatte (vgl BayObLGZ 1967, 230). Gleiches gilt, wenn wegen § 137 S 1 der Erblasserwille von Erben und Testamentsvollstrecker einvernehmlich geändert und eine Auseinandersetzung des Nachlasses (trotz letztwilligen Auseinandersetzungsverbotes!) vorgenommen wird; in einem derartigen Fall ist die Testamentsvollstreckung bzgl des auseinandergesetzten Gegenstandes ihres Inhalts beraubt und damit gegenstandslos, so daß – auch wenn das Gesamthandseigentum nur in Bruchteilseigentum umgewandelt wurde – die Freigabe zu erteilen und der Testamentsvollstreckervermerk im Grundbuch zu löschen ist (BGHZ 56, 275; BayObLG DNotZ 1993, 399; vgl hierzu § 2204 Rn 38, § 2211 Rn 28 ff).

Die vom BGH (BGHZ 56, 275) geäußerte Ansicht, die Frage, ob ein Freigaberecht **4** vorliege, entscheide sich „nach der allgemeinen Erwägung, daß die Interessen des Erben, denen die Testamentsvollstreckung dient, durch die Nichtbeachtung einer vom Erblasser für den Testamentsvollstrecker gesetzten Verfügungsschranke dann nicht rechtserheblich beeinträchtigt werden, wenn der Erbe selbst zustimmt", kann in dieser Allgemeinheit wegen § 2203 nicht zutreffen (aM MünchKomm/BRANDNER Rn 12; HAEGELE/WINKLER Rn 502; differenzierend KLUMPP, in: BENGEL/REIMANN, HbTV VI Rn 214). Sie führt dazu, daß generell die Freigabe eines Nachlaßgegenstandes „durch den Testamentsvollstrecker mit Zustimmung des Erben (Vor- und Nacherben) ohne die Schranke des § 2217 Abs 1 S 1 zulässig ist" (BGHZ 57, 84 = NJW 1971, 2264 = DNotZ 1972, 90; NIEDER Rn 691). Der BGH verwechselt hier offenbar Zulässigkeit (= das, was der Testamentsvollstrecker tun **darf**) und Wirksamkeit (= das, was der Testamentsvollstrecker tun **kann**); vgl aber AG Starnberg Rpfleger 1985, 57: Freigabe eines Grundstücks unzulässige Umgehung eines gesetzlichen Verbotes (ebenso SOERGEL/ DAMRAU Rn 4). Die Freigabe ist ohne Rücksicht auf ihre Zulässigkeit **wirksam**, zumindest wenn Testamentsvollstrecker und Erben einig sind, da sie gemeinsam immer – auch gegen den Willen des Erblassers – wirksam verfügen können (vgl § 2204 Rn 5; § 2208 Rn 3; § 2211 Rn 1 ff). Dritte sind auf die gesetzlichen Regreß- bzw Schadensersatzansprüche (§ 2219 für Vermächtnisnehmer, § 823 für Gläubiger) angewiesen (KLUMPP, in: BENGEL/REIMANN, HbTV VI Rn 217 f); ihre Zustimmung ist kein Wirksamkeitserfordernis (BGHZ 57, 84 = NJW 1971, 2264 = DNotZ 1972, 90). Allerdings könnte ein Testamentsvollstrecker-Nachfolger die freigegebenen Gegenstände zurückfordern (LANGE/KUCHINKE § 29 VIII 1 Fn 334).

Aus der Rspr des BGH (BGHZ 56, 275) folgt, daß im **Außenverhältnis** eine Freigabe **5** immer wirksam ist, wenn Testamentsvollstrecker und Erben hierüber einig sind. Entgegenstehende Anordnungen des Erblassers sind insoweit – für die Wirksamkeit – ohne Bedeutung. Der Erblasser kann sich daher gegen unerwünschte Freigaben nur durch **Straf- und Verwirkungsklauseln** in bezug auf Erben und Testamentsvollstrecker schützen (HAEGELE Rpfleger 1972, 47). In Betracht kommen hierbei insbesondere die bedingte Erbeinsetzung und eine bedingte Testamentsvollstreckeranordnung, die auch im Testamentsvollstreckerzeugnis anzugeben ist (HAEGELE/WINKLER

Rn 212; ausführlich zu den Straf- und Verwirkungsklauseln KLUMPP, in: BENGEL/REIMANN, HbTV VI Rn 215 ff).

6 Der Testamentsvollstrecker ist uU für die **Erbschaftsteuer** persönlich haftbar, wenn er den Nachlaß an den Erben herausgegeben hat, bevor die Erbschaftsteuer entrichtet war. Er muß also vor Herausgabe an den Erben die Erbschaftsteuer aus dem Nachlaß berichtigen (MünchKomm/BRANDNER Rn 10).

2. Voraussetzungen der Freigabepflicht

7 Die Überlassungspflicht des Testamentsvollstreckers besteht nur, wenn der Erbe die Überlassung verlangt **und** der Testamentsvollstrecker den verlangten Gegenstand zur Erfüllung seiner Obliegenheiten nicht benötigt. Dann erwirbt der Erbe einen Freigabeanspruch gegen den Testamentsvollstrecker (BGHZ 12, 100, 101). Dieser Anspruch ist abtretbar und pfändbar (MünchKomm/BRANDNER Rn 5).

8 Das **Verlangen** des Erben, der Testamentsvollstrecker solle ihm Nachlaßgegenstände, die der Verfügungsmacht des Testamentsvollstreckers unterliegen, zur eigenen freien Verfügung überlassen, stellt selbst eine Verfügung dar; deshalb kann, wenn mehrere Erben vorhanden sind, nicht jeder einzelne das Verlangen stellen (§ 2039); dieses muß vielmehr von allen zusammen ausgehen (§ 2040 Abs 1; ERMAN/M SCHMIDT Rn 2; KLUMPP, in: BENGEL/REIMANN, HbTV VI Rn 176; ebenso mit abweichender Begründung MünchKomm/BRANDNER Rn 5).

9 Dem Testamentsvollstrecker steht es auch frei, entbehrliche Nachlaßgegenstände von sich aus, also **ohne** ein **Verlangen** des Erben abzuwarten, einem Erben zu überlassen. Er kann dadurch allerdings seine Pflicht zur ordnungsmäßigen Verwaltung des Nachlasses verletzen und sich gegenüber anderen Nachlaßbeteiligten (Miterben, Vermächtnisnehmern) haftbar machen (§ 2219). Wirksam ist die Freigabe auch in einem solchen Fall. Mag die Freigabe auf Verlangen des Erben oder unverlangt, pflichtgemäß oder pflichtwidrig erfolgen, mit ihr erlischt in aller Regel das Verwaltungs- und Verfügungsrecht des Testamentsvollstreckers endgültig (Abs 1 S 2; BGHZ 56, 275, 284; BayObLGZ 1991, 390, 393; vgl Rn 4). Nur wenn dem Testamentsvollstrecker die Veräußerung eines seiner Verwaltung unterliegenden Nachlaßgegenstandes durch den Erblasser verboten ist (§§ 2216 Abs 2; 2208; § 2216 Rn 19 ff), darf er diesen Gegenstand dem Erben nicht zur freien Verfügung überlassen (KG HRR 1939 Nr 1398; KIPP/COING § 73 II 4); stimmen alle Erben (Vor- und Nacherben) zu, so wird die Freigabe – trotz mangelnden rechtlichen Dürfens – wirksam (BGHZ 57, 84 = NJW 1971, 2264 = DNotZ 1972, 90; Rn 4).

10 Die Frage, ob der Testamentsvollstrecker zur Erfüllung seiner Obliegenheiten der Nachlaßgegenstände **bedarf**, ist je nach dem Zweck, zu dem die Testamentsvollstreckung angeordnet ist, verschieden zu beantworten (KLUMPP, in: BENGEL/REIMANN, HbTV VI Rn 163): Ist sie nur zu dem Zwecke der **Verwaltung** des Nachlasses oder einzelner Nachlaßgegenstände angeordnet, ist also die Verwaltung die einzige Aufgabe des Testamentsvollstreckers (§ 2209), dann bedarf er zur Erfüllung seiner Obliegenheiten aller Nachlaßgegenstände, die überhaupt von einem Dritten verwaltet werden können, bis zur Beendigung der Verwaltung; eine vorzeitige Herausgabe an die

Erben ist daher nicht möglich (BGHZ 56, 275; BayObLG DNotZ 1993, 399 mit Anm WEIDLICH; LANGE JuS 1970, 101; NIEDER Rn 691; vgl Prot VI 357).

Wenn dem Testamentsvollstrecker die Verwaltung des Nachlasses oder einzelner **11** Nachlaßgegenstände nicht als Selbstzweck obliegt, wenn er vielmehr ernannt ist, um bestimmte letztwillige Verfügungen auszuführen (§ 2203) oder die **Auseinandersetzung** zu bewirken (§ 2204), so bedarf er der Nachlaßgegenstände, soweit sie zur Ausführung der letztwilligen Verfügungen oder zur Auseinandersetzung notwendig sind. Zur Ausführung der letztwilligen Anordnungen benötigt er alle vermachten Gegenstände sowie alle, die zur Erfüllung der Auflagen erforderlich sind; außerdem kann er, wenn ihm die Berichtigung der Nachlaßverbindlichkeiten obliegt, so viel an Nachlaßgegenständen zurückbehalten, als er zur Tilgung der Nachlaßschulden benötigt (KIPP/COING § 73 II 4; KLUMPP, in: BENGEL/REIMANN, HbTV VI Rn 166). Zur Auseinandersetzung benötigt der Testamentsvollstrecker regelmäßig den ganzen Nachlaß (MünchKomm/BRANDNER Rn 3; HAEGELE/WINKLER Rn 495; **aM** anscheinend BGB-RGRK/KREGEL Rn 2). Allerdings kann in dem gemeinsamen Verlangen der Erben nach Überlassung der Nachlaßgegenstände der Verzicht auf die Auseinandersetzung liegen (vgl § 2204 Rn 6); dann ist die Testamentsvollstreckung, infolge Erledigung der Aufgaben, überhaupt beendet, wenn nicht noch andere Aufgaben fortbestehen.

Nur Gegenstände, deren der Testamentsvollstrecker **offenbar** nicht bedarf, sind her- **12** auszugeben. Der Erbe muß also die Entbehrlichkeit der Gegenstände für die Aufgaben des Testamentsvollstreckers so dartun, daß eine eingehende Beweiserhebung nicht erforderlich ist (vgl Prot V 313 und wegen des Wortes „offenbar" die Erl zu § 319). Der Testamentsvollstrecker soll dagegen gesichert sein, daß er vom Erben fortgesetzt zu weitläufigen Untersuchungen und Darlegungen genötigt wird (PLANCK/FLAD Anm 3). Gegenstände, die ein Testamentsvollstrecker aus Rechtsgründen nicht verwalten kann, sind ohne weiteren Nachweis offenbar entbehrlich (vgl BGHZ 100, 102; SOERGEL/DAMRAU Rn 3).

Ob **Nutzungen** dem Erben herauszugeben sind, ist nicht nach § 2217 zu entscheiden, **13** sondern nach § 2216 (BGH NJW-RR 1986, 1096; PALANDT/EDENHOFER Rn 9; HAEGELE/WINKLER Rn 192). Die Pflicht, sie freizugeben, kann sich aus dem Grundsatz der ordnungsmäßigen Verwaltung ergeben (§ 2216 Rn 9; RG Recht 1922 Nr 615; vgl KIPP/COING § 68 III 1). Hierbei kann die Wertung des § 2217 als Anhaltspunkt dienen (KLUMPP, in: BENGEL/REIMANN, HbTV VI Rn 194). Jedenfalls muß der Erbe so viel Mittel erhalten, um die fälligen Steuerzahlungen zu entrichten.

3. Zeitpunkt der Freigabe und Zurückbehaltungsrecht

Die Freigabe ist eine Amtshandlung des Testamentsvollstreckers, die er erst **nach** **14** **Annahme** seines Amtes wirksam vornehmen kann. Eine frühere Freigabe ist wirkungslos (KG DNotZ 1942, 225). Dem Testamentsvollstrecker steht gegen den Anspruch aus § 2217 kein Zurückbehaltungsrecht wegen seiner Ansprüche auf Vergütung und aus Vorschüssen für den Nachlaß zu (RG HRR 1930 Nr 1110; PALANDT/EDENHOFER Rn 8; MünchKomm/BRANDNER Rn 5; **aM** KLUMPP, in: BENGEL/REIMANN, HbTV VI Rn 175).

III. Rechtsnatur der Freigabe

15 Die Rechtsnatur der Freigabe ist dogmatisch umstritten. Nach älterer Auffassung handelt es sich um einen **gemischten Realakt**, zu dessen Wirksamkeit nur der Entlassungswille des Testamentsvollstreckers notwendig ist (STAUDINGER/REIMANN[12] Rn 18; OLG Hamm DNotZ 1973, 428; ERMAN/M SCHMIDT Rn 2). Die vordringende und wohl herrschende Auffassung sieht in der Freigabe eine **empfangsbedürftige Willenserklärung** des Verzichts auf das Verwaltungs- und Verfügungsrecht durch den Testamentsvollstrecker (MünchKomm/BRANDNER Rn 7; PALANDT/EDENHOFER Rn 6; LANGE/KUCHINKE § 29 VIII 1). Da der Streit keine praktischen Auswirkungen hat (KLUMPP, in: BENGEL/REIMANN, HbTV VI Rn 180) und sich eine Willenserklärung besser in das dogmatische System des BGB einfügt, ist letzterer Auffassung nunmehr der Vorzug zu geben.

16 Einigkeit besteht darin, daß die Freigabe **Verfügungscharakter** hat (vgl BayObLG DNotZ 1993, 339). Die Wirkung (Verlust der Verwaltungs-, Verfügungs- und Prozeßführungsbefugnis) tritt unabhängig vom Willen des Erblassers kraft Gesetzes ein. Ein Irrtum des Testamentsvollstreckers über die Rechtsfolgen der Freigabe ist ebenso unschädlich wie die Unwirksamkeit des Rechtsgrundes, also das Fehlen der Voraussetzungen des § 2217 (Rn 4; s aber zum Rückforderungsanspruch Rn 20).

IV. Die Form der Freigabe

17 Die Freigabe ist an keine Form gebunden, auch nicht bei Grundstücken; nur muß sie im letzteren Fall dem Grundbuchamt in der Form des § 29 GBO nachgewiesen werden (OLG Hamm aaO; DEMHARTER § 52 GBO Rn 27, 29). Zudem muß der Testamentsvollstreckervermerk nach § 52 GBO gelöscht werden (s Rn 19). Eine Freigabe liegt aber nur dann vor, wenn der Testamentsvollstrecker den Gegenstand rechtswirksam und endgültig zugunsten des Erben so aufgegeben hat, daß der Erbe im Rechtsverkehr ohne Inanspruchnahme des Testamentsvollstreckers verfügen kann, und nicht schon dann, wenn die Beteiligten die Auseinandersetzung nur als eine **innere Angelegenheit** angesehen und an der Verfügungsgewalt des Testamentsvollstreckers nach außen hin nichts geändert haben (RG Recht 1930 Nr 1055; OLG Hamm aaO; HARTUNG JR 1950, 695). Keine Freigabe ist es, wenn der Testamentsvollstrecker dem Erben nur die Verwaltung und Nutznießung eines Nachlaßgegenstandes überläßt; denn hier bleibt dem Testamentsvollstrecker die Verfügung selbst (SOERGEL/DAMRAU Rn 9; PALANDT/EDENHOFER Rn 5; **aM** LG Hannover JR 1950, 693 mit Anm HARTUNG). Auch die Zustimmung des Testamentsvollstreckers zu einer GB-Eintragung (zB Vorkaufsrecht) an einem Nachlaßgrundstück bedeutet keine Freigabe iSv § 2217 (OLG Düsseldorf NJW 1963, 162).

18 Die Freigabe kann auf die verschiedenste Weise auch **konkludent** geschehen. Führt der Testamentsvollstrecker ein Handelsgeschäft des Erblassers nicht in eigenem Namen fort, überläßt er es vielmehr dem Erben, das Geschäft im eigenen Namen zu führen, so liegt darin die konkludente Überlassung im Sinne des § 2217 (§ 2205 Rn 101 f; BGHZ 12, 100, 104). Desgleichen kann – nicht muß – die Freigabe in der Überlassung der Führung eines Rechtsstreits über einen Nachlaßgegenstand an den Erben liegen (RG Recht 1919 Nr 1536; KLUMPP, in: BENGEL/REIMANN, HbTV VI Rn 183; MünchKomm/BRANDNER Rn 7). Klagt der Testamentsvollstrecker einen Anspruch auf Leistung eines Gegenstandes, den der Erblasser ihm persönlich zugewendet hat, gegen den Erben ein, statt auf Grund seiner Verfügungsmacht die Leistung des

Gegenstandes an sich selbst zu bewirken (§ 2205 Rn 68), so liegt darin die Überlassung des Gegenstandes an den Erben nach § 2217; der Erbe ist dann für den Rechtsstreit passiv legitimiert, er kann zur Leistung an den Testamentsvollstrecker verurteilt und es kann auch gegen ihn vollstreckt werden (RGZ 82, 149). Wegen der Freigabe zum Zwecke der Umschuldung s HECK AcP 141, 335 ff.

V. Wirkung der Freigabe (Abs 1 S 2)

Die Überlassung eines Nachlaßgegenstandes an den Erben nach § 2217 hat **dingliche** 19 Wirkung. Das Verwaltungs- und Verfügungsrecht des Testamentsvollstreckers sowie sein Prozeßführungsrecht erlöschen hinsichtlich der freigegebenen Gegenstände (Abs 1 S 2); alle diese Rechte stehen nunmehr dem Erben zu. Bei Grundstücken muß der Testamentsvollstrecker die Löschung des Testamentsvollstreckervermerks (§ 52 GBO; vgl auch § 55 SchiffRegO bzw § 86 Abs 1 LuftfzRG) bewirken. Der Erbe ist aber jetzt auch selbständig berechtigt, die Berichtigung des **Grundbuchs** für die freigegebenen Grundstücke durch Eintragung des Erben als Eigentümer und Löschung des etwa eingetragenen Testamentsvollstreckervermerks zu beantragen (KG OLGE 10, 451; KGJ 40 A 213). Das Erlöschen der Befugnisse des Testamentsvollstreckers ist dem Grundbuchamt durch eine Erklärung des Testamentsvollstreckers in der Form des § 29 GBO nachzuweisen (DEMHARTER § 52 GBO Rn 27); dabei darf ein Notar, der Testamentsvollstrecker war, keine Eigenurkunde verwenden (OLG Düsseldorf Rpfleger 1989, 58). Das Grundbuchamt ist nicht zur Prüfung der Voraussetzungen des § 2217 berufen (KLUMPP, in: BENGEL/REIMANN, HbTV VI Rn 186; Rn 20). Ob eine Eintragung im **Handelsregister** gelöscht werden soll, richtet sich danach, ob man eine Eintragung bejaht. Bejahendenfalls (vgl § 2205 Rn 133 ff) gelten dieselben Grundsätze wie beim Grundbuch.

Die angegebene **Wirkung** der Freigabe tritt ein unabhängig davon, ob der Testa- 20 mentsvollstrecker wirklich des freigegebenen Gegenstandes zur Erfüllung seiner Obliegenheiten nicht mehr bedarf, ja, selbst bei pflichtwidrigem Handeln des Testamentsvollstreckers. Ein solches kann nur eine **Schadensersatzpflicht** des Testamentsvollstreckers nach § 2219 gegenüber Erben und Vermächtnisnehmern auslösen (Rn 4). Nachlaßgläubiger können gegenüber dem Testamentsvollstrecker bei einer pflichtwidrigen Freigabe nur auf die allgemeinen Schadensersatzbestimmungen zurückgreifen, dh nur auf Ansprüche aus unerlaubter Handlung (BGHZ 57, 84, 88; SOERGEL/DAMRAU Rn 8). Das Grundbuchamt ist nicht befugt, zu prüfen, ob die Freigabe mit den Pflichten des Testamentsvollstreckers im Einklang steht (KG ZBlFG 1911, 413; vgl auch KGJ 40 A 207; nach AG Starnberg Rpfleger 1985, 57 muß das Grundbuchamt jedoch ein ihm bekanntes Freigabeverbot beachten). Ein **Irrtum** des Testamentsvollstreckers über die Voraussetzungen seiner Überlassungspflicht vermag an der einmal eingetretenen dinglichen Rechtslage, der freien Verfügungsmacht des Erben, nichts mehr zu ändern. Das unbedingte Erlöschen des Verwaltungsrechtes des Testamentsvollstreckers entspricht dem Wortlaut des S 2 und dem Grundsatz der abstrakten Wirkung der dinglichen Rechtsgeschäfte; es steht auch mit der Voraussetzung der offenbaren Entbehrlichkeit in besserem Einklang und schafft Dritten gegenüber klare Rechtsverhältnisse (PLANCK/FLAD Anm 4). Wohl aber hat der Testamentsvollstrecker gegen den Erben einen **schuldrechtlichen** Anspruch auf **Rückgewähr** des freigegebenen Nachlaßgegenstandes bzw Wiederherstellung des Verwaltungsrechtes, wenn er diesen dem Erben in der irrigen Meinung überlassen hat, daß er dazu verpflichtet sei

(§ 812; BGHZ 12, 100; 24, 106 mit Anm FISCHER LM Nr 1 zu § 2218; PLANCK/FLAD Anm 4; SOERGEL/DAMRAU Rn 8; MünchKomm/BRANDNER Rn 9). Sieht man in der Freigabe mit der hM eine empfangsbedürftige Willenserklärung (s Rn 15), so wird man in dem Rückgabeverlangen regelmäßig die Anfechtung der Erklärung sehen können (KLUMPP, in: BENGEL/REIMANN, HbTV VI Rn 189). Ist die Herausgabe unmöglich, so kann sich der Herausgabeanspruch nach § 818 Abs 2 in einen Wertersatzanspruch umwandeln (BGHZ 24, 100, 110; MünchKomm/BRANDNER Rn 9).

21 Wenn Testamentsvollstrecker und Erben einig sind, bietet die Freigabe nach § 2217 einen **Ausweg** aus Schwierigkeiten, die sich durch das Verbot unentgeltlicher Verfügungen (§ 2205 S 3) ergeben können. Freilich wird dieser Ausweg, wenn nicht eine Umgehung des Gesetzes geduldet werden soll, nur dann zuzulassen sein, wenn der Zweck der Testamentsvollstreckung, wie er in §§ 2203 ff gekennzeichnet ist, gewahrt bleibt, wenn also vor allem die geplante Verfügung dem ausgesprochenen oder vermutlichen Willen des Erblassers entspricht. Ist dies nicht der Fall, ändert dies gleichwohl bei Einverständnis zwischen Testamentsvollstrecker und Erben (Vor- und Nacherben) nichts daran, daß die Freigabe wirksam ist (BGHZ 57, 84; s Rn 20).

VI. Freigabe gegen Sicherheitsleistung

22 Der Testamentsvollstrecker kann die **Freigabe** von Nachlaßgegenständen insoweit **verweigern**, als er diese zur Erfüllung von Vermächtnissen und Auflagen und, wenn ihm auch die Berichtigung sonstiger Nachlaßverbindlichkeiten obliegt, dazu benötigt (vgl Rn 10 f). Die Berufung auf bedingte Vermächtnisse und Auflagen sowie auf sonstige Nachlaßverbindlichkeiten (§ 1967) ist ihm aber durch **Abs 2** versagt, wenn der Erbe für den Vollzug der bedingten oder betagten Vermächtnisse oder Auflagen oder für die Berichtigung sonstiger Nachlaßverbindlichkeiten Sicherheit leistet. Diese Regelung, durch die das in Abs 1 aufgestellte Recht des Erben auf Überlassung entbehrlicher Nachlaßgegenstände erweitert wird, beruht auf folgender Erwägung: Die Erfüllung eines bedingten oder betagten Vermächtnisses oder einer solchen Auflage wie auch die Berichtigung sonstiger Nachlaßverbindlichkeiten, die vor allem dem zur Auseinandersetzung berufenen Testamentsvollstrecker obliegt (§ 2205 Rn 61), kann lange Zeit beanspruchen. Während dieser Zeit muß der Testamentsvollstrecker eine Reihe von Nachlaßgegenständen zur Erfüllung der bedingten oder betagten Vermächtnisse oder Auflagen sowie zur Tilgung der Nachlaßschulden verwenden oder doch bereithalten. Der Erbe hätte daher nach Abs 1 zunächst kein Recht auf Überlassung dieser Gegenstände. Um nun einerseits dem Erben ein allzu langes Warten zu ersparen, andererseits eine Benachteiligung der Nachlaßgläubiger auszuschließen, gestattet Abs 2 dem Erben, die Freigabe der bezeichneten Nachlaßgegenstände durch Sicherheitsleistung zu erzwingen. Durch die Sicherheitsleistung kann aber nicht die Testamentsvollstreckung als solche beseitigt werden (Prot V 314). Die Sicherheit ist nach §§ 232 ff, nicht nach §§ 372 ff zu leisten. Sie kann daher auch für die Erfüllung einer den Nachlaß belastenden Spezies-Schuld geleistet werden (PLANCK/FLAD Anm 5). Der Erblasser kann den Testamentsvollstrecker auch von der Freigabepflicht nach Abs 2 **befreien**. Zu beachten ist, daß es Gegenstände gibt, die sich nicht zu einer Freigabe gegen Sicherheitsleistung eignen (Bsp bei KLUMPP, in: BENGEL/REIMANN, HbTV VI Rn 209).

23 Nach seinem Wortlaut gilt Abs 2 auch für auflösend bedingte Vermächtnisse. Der

6. Titel. §§ 2217, 24
Testamentsvollstrecker § 2218

Sinn des Gesetzes macht jedoch eine **Einschränkung** notwendig. Wenn nämlich der Erblasser bestimmt hat, daß die vermachten Gegenstände bei Eintritt der auflösenden Bedingung an einen Dritten fallen sollen (§ 2191), dann muß der Testamentsvollstrecker den Gegenstand bedingungslos auf den ersten Vermächtnisnehmer übertragen, der ja mit dem Nachvermächtnis beschwert ist, und der Gegenstand scheidet endgültig aus dem Nachlaß aus. Der Erbe kann daher nicht verlangen, daß der Testamentsvollstrecker den Gegenstand ihm überlasse, er kann diese Überlassung auch nicht durch Sicherheitsleistung erzwingen. Anders, wenn der Erblasser einem Vermächtnis nur eine auflösende Bedingung beigefügt hat, ohne zu bestimmen, wem der vermachte Gegenstand bei Eintritt der Bedingung zufallen soll. In diesem Fall kann bei Eintritt der Bedingung der Beschwerte, regelmäßig also der Erbe, verlangen, daß der Gegenstand an ihn zurückgewährt werde (s STAUDINGER/OTTE[12] § 2177 Rn 7). Infolgedessen kann er auch vom Testamentsvollstrecker Freigabe gegen Sicherheitsleistung begehren.

Die Sicherheit (§ 232) ist dem Testamentsvollstrecker zu leisten. Dieser ist der **Berechtigte** im Sinne der §§ 233, 240. Der Gläubiger der Nachlaßforderung, deretwegen Sicherheit geleistet ist, kann nach Erwirkung eines vollstreckbaren Titels gegen den Testamentsvollstrecker (§ 2213) die Pfändung und Überweisung des diesem gegen den Erben für den Fall der Freigabe zustehenden Anspruchs auf Sicherheitsleistung, nebst dem durch die Sicherheitsleistung entstehenden Pfandrecht, betreiben (§§ 232 ff, 1250, 1153; §§ 829, 830, 835, 837 ZPO). Es wird aber auch genügen, daß die Sicherheit dem Gläubiger, Vermächtnisnehmer, Auflageberechtigten geleistet und dem Testamentsvollstrecker nachgewiesen wird (KIPP/COING § 73 II 4; PALANDT/EDENHOFER Rn 10; SOERGEL/DAMRAU Rn 26; KLUMPP, in: BENGEL/REIMANN, HbTV VI Rn 206 f; aM LANGE/KUCHINKE § 29 VIII 1 Fn 335). Besteht zwischen dem Erben und dem Testamentsvollstrecker Streit darüber, ob eine Nachlaßverbindlichkeit vorliegt, so kann jeder gegen den anderen Feststellungsklage erheben. 24

§ 2218

[1] **Auf das Rechtsverhältnis zwischen dem Testamentsvollstrecker und dem Erben finden die für den Auftrag geltenden Vorschriften der §§ 664, 666 bis 668, 670, des § 673 Satz 2 und des § 674 entsprechende Anwendung.**

[2] **Bei einer länger dauernden Verwaltung kann der Erbe jährlich Rechnungslegung verlangen.**

Materialien: E I § 1908 Abs 1, 2; II § 2087; III § 2192; Mot V 244; Prot V 263, 270, 282, 314 ff.

Systematische Übersicht

I. Allgemeines ——— 1	1. Gesetzliches Schuldverhältnis ——— 2	
	2. Ausdehnung auf Dritte ——— 5	
II. Das Rechtsverhältnis zwischen dem Testamentsvollstrecker und dem Erben		

III. **Die Verweisung auf das Auftragsrecht im einzelnen**
1. Übertragung der Obliegenheiten des Testamentsvollstreckers auf einen Dritten (§ 664 Abs 1 S 1) 9
2. Übertragung der Rechte des Erben gegenüber dem Testamentsvollstrecker (§ 664 Abs 2) 15
3. Pflicht des Testamentsvollstreckers zu Auskunft, Benachrichtigung und Rechnungslegung (§ 666) 16
4. Pflicht des Testamentsvollstreckers zur Herausgabe des Nachlasses (§ 667) 25
5. Pflicht zur Verzinsung (§ 668) 27
6. Aufwendungen des Testamentsvollstreckers (§ 670) 28
7. Tod des Testamentsvollstreckers (§ 673 S 2) 34
8. Unterstellte Fortdauer des Amtes (§ 674) 35

IV. **Die jährliche Rechnungslegungspflicht bei länger dauernder Verwaltung (Abs 2)** 36

Alphabetische Übersicht

Anwaltsgebühren	31 f
Auftragsverhältnis	2
Aufwendungsersatz	28 ff
Auskunft	6, 18
Benachrichtigung	17
Berufsdienste	32
Bevollmächtigung	13
Dritte	5 ff, 9 ff, 32
Eidesstattliche Versicherung	24
Entlassung	36
Entnahmerecht	30
Erbschaftskauf	15
Fortdauer des Amtes	35
Gehilfe	11
Generalvollmacht	13
Gerichtliche Geltendmachung	4
Gesetzliches Schuldverhältnis	2 ff
Gruppenvertretung	37
Gutgläubiger Erwerb	35
Herausgabe des Nachlasses	25 f
Jährliche Rechnungslegung	36 ff
– Befreiung	37
– Frist	38
Klage	21
Mehrere Testamentsvollstrecker	21
Miterben	21
Nacherbe	6
Nachfolger	8 f
Obligatorische Gruppenvertretung	37
Pfändung des Erbteils	15
Pflicht zur Übertragung	10
Prozeßkosten	31
Prüfungspflicht	14
Rechenschaft	19 ff
Rechenschaftspflicht, Umfang	20
Rechnungslegung	19 ff
Substitution	10
Tod des Testamentsvollstreckers	34
Übertragung von Obliegenheiten	9
Übertragung von Rechten	15
Veranlassung von Verwaltungshandlungen	10
Vermächtnisnehmer	6
Vermeintlicher Testamentsvollstrecker	33
Verschulden	12
Verzicht des Erben	23
Verzinsung	27
Vormundschaft	7, 22

Weisungsbefugnis	2	Zurückbehaltungsrecht ... 21, 26
		Zwingender Charakter ... 3

I. Allgemeines

Die §§ 2218–2220 regeln die Rechtsbeziehungen zwischen dem Testamentsvollstrecker und dem oder den Erben. Während § 2218 zwischen Erben und Testamentsvollstrecker ein gesetzliches Schuldverhältnis statuiert (Rn 2), regelt § 2219 zum Schutz der Erben vor der starken Stellung des Testamentsvollstreckers die strenge Haftung bei Pflichtverletzungen. § 2220 sichert diese Vorschriften vor der Disposition des Erblassers ab. Dagegen kann der **Erbe** auf bestimmte Schutzvorschriften im Rahmen der §§ 2218–2220 **verzichten**. Umgekehrt darf der Testamentsvollstrecker seine Kompetenzen gegenüber dem Erben nicht insoweit aufgeben, als es mit dem Amt des eigenverantwortlichen Testamentsvollstreckers nicht mehr zu vereinbaren ist (vgl KLUMPP, in: BENGEL/REIMANN, HbTV VI Rn 6). **1**

II. Das Rechtsverhältnis zwischen dem Testamentsvollstrecker und dem Erben

1. Gesetzliches Schuldverhältnis

Zwischen dem Testamentsvollstrecker und dem Erben besteht ein Schuldverhältnis, das zwar auf dem Willen des Erblassers beruht, das aber im Grundsatz durch das Gesetz näher ausgestaltet wird (RG JW 1936, 3390). Allerdings kann auch der Erblasser in einzelnen Punkten die Rechte und Pflichten des Testamentsvollstreckers gegenüber dem Erben beeinflussen (§§ 2203; 2204 mit 2044, 2048, 2049, 2050 ff; 2208); von solchen Sonderregelungen abgesehen, ergeben sich die Rechte und Pflichten des Testamentsvollstreckers gegenüber dem Erben jedoch aus dem Gesetz (§§ 2206 Abs 2, 2208 Abs 2, 2215–2220). Das Rechtsverhältnis zwischen Testamentsvollstrecker und Erben ist also ein gesetzliches und kein Vertragsverhältnis, insbesondere **kein Auftragsverhältnis**, wie dies vor dem BGB die damals verbreitete Mandatstheorie annahm (BGHZ 69, 235; PALANDT/EDENHOFER Rn 1; HAEGELE/WINKLER Rn 467; LANGE/KUCHINKE § 29 VII 1). Wenn Abs 1 für das Rechtsverhältnis zwischen Testamentsvollstrecker und Erben einen Teil der für den Auftrag geltenden Vorschriften für entsprechend anwendbar erklärt, so dient dies als Rechtsfolgeverweisung nur der kürzeren Fassung des Gesetzes und bedeutet keineswegs, daß der Testamentsvollstrecker als Beauftragter des Erblassers oder des Erben anzusehen wäre (PLANCK/FLAD Anm 1). Daher ist der Erbe gegenüber dem Testamentsvollstrecker auch nicht weisungsbefugt (BGHZ 30, 67, 73). Außer den in Abs 1 angeführten Bestimmungen über den Auftrag sind noch die Vorschriften in § 671 Abs 2, 3 entsprechend anwendbar (§ 2226 S 2). Nicht anwendbar sind dagegen die §§ 665, 669, 671 Abs 1, 672, 673 S 1. Die Vorschrift des § 666 ist hinsichtlich der Rechnungslegung verschärft durch Abs 2. **2**

Während die in Abs 1 aufgeführten Vorschriften im Verhältnis zwischen Auftraggeber und Beauftragtem dispositiver Natur sind, haben sie im Verhältnis zwischen Testamentsvollstrecker und Erben insofern **zwingenden Charakter**, als der Erblasser den Testamentsvollstrecker von diesen Vorschriften nicht befreien kann (§ 2220). Wohl aber vermag der Erbe im allgemeinen darauf zu verzichten, daß die §§ 664 **3**

Abs 1 S 3 (vgl § 278 S 2), 666–668 eingehalten werden; der Testamentsvollstrecker kann auf seine Ersatzansprüche nach § 670 verzichten. Nicht verzichten kann der Erbe auf die grundsätzliche Unübertragbarkeit des Testamentsvollstreckeramtes (§§ 2218 Abs 1, 664 Abs 1 S 1; Rn 9 f). Soweit Verzicht möglich ist, können Testamentsvollstrecker und Erbe ihre beiderseitigen Rechte und Pflichten auch durch eine Vereinbarung regeln (FLAD DFG 1936, 133, 135).

4 Wenn mehrere Erben ihre Rechte aus Abs 1 u 2 gegen den Testamentsvollstrecker **gerichtlich** geltend machen, so ist die Klage auf Leistung an alle Erben zu richten (§ 2039; BGH NJW 1965, 396). Notwendige Streitgenossen sind sie ebensowenig wie mehrere Testamentsvollstrecker, die von dem Erben auf Erfüllung ihrer Verpflichtungen nach Abs 1 u 2 verklagt werden (OLG Düsseldorf JW 1925, 2147; RG JW 1913, 495). Der Anspruch auf Auskunft und Rechnungslegung kann, wenn mehrere Testamentsvollstrecker vorhanden sind, gegen jeden von ihnen gesondert geltend gemacht werden. Wenn der Testamentsvollstrecker in einem Rechtsstreit über seine Verpflichtungen nach Abs 1 u 2 unterliegt, so hat er die Kosten persönlich zu tragen (KG OLGE 10, 303).

2. Ausdehnung auf Dritte

5 Abs 1 regelt grundsätzlich nur das Rechtsverhältnis zwischen dem Testamentsvollstrecker und dem Erben. Im Einzelfall ist jedoch eine entsprechende Anwendung auf die Beziehungen zu Dritten zu prüfen.

6 Die Verpflichtungen des Testamentsvollstreckers nach Abs 1, §§ 664 ff, insbesondere die Verpflichtung zur Auskunft, bestehen nur gegenüber dem Erben, nicht gegenüber Vermächtnisnehmern und Pflichtteilsberechtigten (RGZ 50, 224; RG JW 1904, 338; OLG Kassel OLGE 21, 330; **hM**: PALANDT/EDENHOFER Rn 1; SOERGEL/DAMRAU Rn 15; MünchKomm/BRANDNER Rn 4; **aM** für die Vermächtnisnehmer LEONHARD Anm III; FUCHS Recht 1910, 636). **Vermächtnisnehmer** haben aber Anspruch auf Schadensersatz nach § 2219. Außerdem kann bei Vermächtnissen in besonderen Fällen ein Anspruch auf Auskunftserteilung als mitvermacht gelten, und dieser Anspruch kann dann gegen den Testamentsvollstrecker geltend gemacht werden (§ 2213; s STAUDINGER/OTTE[12] § 2174 Rn 6). Ein solcher mitvermachter Anspruch auf Auskunft wird zB dem Vermächtnisnehmer, der mit dem Nießbrauch an einem Erbteil bedacht ist, zugestanden werden müssen (RG JW 1904, 338; BGH WM 1964, 950, 953; PALANDT/EDENHOFER Rn 9; HAEGELE/WINKLER Rn 475). Wenn Nacherbfolge angeordnet ist, so bestehen die Verpflichtungen des Testamentsvollstreckers nach Abs 1 u 2 in erster Linie gegenüber dem Vorerben; der BGH hat allerdings in einer neueren Entscheidung das Auskunftsrecht des Nacherben konkretisiert und erweitert (BGH NJW 1995, 456 = ZEV 1995, 69 mit Anm SKIBBE). S auch § 2222 Rn 23.

7 Wenn der Erbe unter Vormundschaft steht, kann der **Vormund** die Rechte, die dem Erben nach § 2218 gegenüber dem Testamentsvollstrecker zustehen, im Namen des Erben geltend machen (KG OLGE 32, 86).

8 Das Gesetz hat die Beziehungen des Testamentsvollstreckers zu seinem **Nachfolger** nicht geregelt. Da aber der Testamentsvollstrecker den Nachlaß zu verwalten hat und berechtigt ist, ihn in Besitz zu nehmen und über die Nachlaßgegenstände zu

verfügen, ist seine Stellung gegenüber seinem Amtsvorgänger im wesentlichen keine andere als die des Erben gegenüber dem Testamentsvollstrecker bei Beendigung der Testamentsvollstreckung. Abs 1 ist daher sinngemäß auch für das Rechtsverhältnis zwischen dem Testamentsvollstrecker und seinem Nachfolger im Amt zu übernehmen (BGH NJW 1972, 1660 = DNotZ 1973, 107; PALANDT/EDENHOFER Rn 10).

III. Die Verweisung auf das Auftragsrecht im einzelnen

1. Übertragung der Obliegenheiten des Testamentsvollstreckers auf einen Dritten (§ 664 Abs 1 S 1)

Der Testamentsvollstrecker kann sein Amt **nicht** im ganzen **auf einen Dritten übertragen**, auch nicht mit Zustimmung des Erben (Mot V 219; RGZ 81, 170; PALANDT/EDENHOFER Rn 2; SOERGEL/DAMRAU Rn 2). Das ergibt sich aus der höchstpersönlichen Natur seines Amtes. Keine Übertragung im eigentlichen Sinn ist es aber, wenn der Testamentsvollstrecker mit Ermächtigung des Erblassers einen Nachfolger ernennt (§ 2199 Abs 2, 3). Eine Umgehung der Höchstpersönlichkeitspflicht steht jedoch nicht zu befürchten, da der Erblasser das Nachfolgerernennungsrecht anordnen muß (vgl KLUMPP, in: BENGEL/REIMANN, HbTV VI Rn 20).

Der Testamentsvollstrecker darf auch einzelne Obliegenheiten im Zweifel nicht auf Dritte übertragen (§ 664 Abs 1 S 2; sog **Substitution** oder Vollübertragung im Gegensatz zur bloßen Zuziehung eines Gehilfen nach § 664 Abs 1 S 3). Ein Zweifel kann allerdings nicht aufkommen, wenn die Übertragung einzelner Obliegenheiten auf einen Dritten durch eine letztwillige Anordnung des Erblassers (§ 2216 Abs 2 S 1) zugelassen oder nach den Grundsätzen einer ordnungsmäßigen Verwaltung (§ 2216 Abs 1) bei Berücksichtigung der Umstände des einzelnen Falles und der Verkehrssitte unbedenklich ist. UU kann der Testamentsvollstrecker sogar verpflichtet sein, die zeitweilige Ausübung seines Amtes oder die Wahrnehmung einzelner Aufgaben einem Dritten zu überlassen, so wenn er erkrankt und mit dem Aufschub Gefahr verbunden ist (PLANCK/FLAD Anm 2 a; vgl § 665). Mit Recht wird hierbei zwischen Aufgaben, die der Testamentsvollstrecker für sich selbst zu erfüllen hat, und solchen, deren Erledigung er auch bei ordnungsmäßiger Verwaltung nur zu veranlassen hat, unterschieden (vgl KIPP/COING § 73 II 5). Auch der Testamentsvollstrecker, der zufällig Bauunternehmer, Landwirt, Kaufmann oder Rechtsanwalt ist, wird im allgemeinen nicht verpflichtet sein, persönlich das zum Nachlaß gehörige Haus instandzusetzen, das hinterlassene Landgut zu verwalten, das Handelsgeschäft des Erblassers fortzuführen bzw einen Rechtsstreit für den Nachlaß zu führen. Vielmehr erschöpft sich bei allen Geschäften, die eine **besondere Sachkunde** erfordern, die Verpflichtung des Testamentsvollstreckers darin, daß er einen geeigneten Fachmann mit der Ausführung beauftragt, daß er ihn über alle einschlägigen Tatsachen unterrichtet, ihn mit den nötigen Geldmitteln versorgt und seine Tätigkeit, soweit möglich, überwacht. Er haftet daher auch in solchen Fällen nur für sorgfältige Auswahl, Anweisung und (gegebenenfalls) Beaufsichtigung des Fachmannes (§ 276; KIPP/COING aaO). Von einer Übertragung einer dem Testamentsvollstrecker obliegenden Aufgabe kann hier nicht gesprochen werden, weil dem Testamentsvollstrecker nur die Veranlassung der Ausführung, nicht die Ausführung selbst obliegt. Besitzt er selbst die nötige Sachkunde (Rechtsanwalt, Notar, Steuerberater etc), so kann er die Ausführung der Verrichtung (zB Führung des Rechtsstreits, Steuerangelegenheiten) selbst übernehmen; er ist aber nur dann dazu verpflichtet, wenn der Erblasser das ersichtlich gewollt hat. Zur Vergütung des Dritten s Rn 32.

11 Inwieweit sich der Testamentsvollstrecker bei der Erfüllung seiner Verpflichtungen eines **Gehilfen** bedienen darf, richtet sich nach den Grundsätzen einer ordnungsmäßigen Verwaltung und den Umständen des einzelnen Falles. Eine eingeschaltete Hilfsperson ist Erfüllungsgehilfe gem § 278.

12 Wenn der Testamentsvollstrecker die Wahrnehmung seiner Aufgaben unerlaubterweise einem Dritten überträgt oder in unzulässiger Weise einen Gehilfen einsetzt, so **haftet** er für jeden Schaden, der aus der Zuziehung des Dritten entsteht, auch dann, wenn ihn kein weiteres Verschulden trifft (KIPP/COING aaO). Soweit ihm aber die Übertragung gestattet ist, hat er nur ein Verschulden bei der Auswahl, der Anweisung und gegebenenfalls bei der Beaufsichtigung des Dritten zu vertreten (§ 664 Abs 2 S 2; RGZ 142, 187; 161, 72). Dagegen haftet er für das **Verschulden** eines Gehilfen wie für eigenes (§§ 664 Abs 1 S 3, 278). Bei unerlaubten Handlungen des Gehilfen ist der Testamentsvollstrecker uU nach § 831 zum Schadensersatz verpflichtet. Jedoch können dieser und der Erbe diesbezüglich etwas anderes vereinbaren.

13 Von der Übertragung der Obliegenheiten des Testamentsvollstreckers an Dritte ist die **Bevollmächtigung** Dritter zu unterscheiden. Die Bevollmächtigung eines Dritten bedeutet noch nicht, daß der Testamentsvollstrecker auch die Führung der Geschäfte, auf die sich die Vollmacht bezieht, dem Bevollmächtigten überläßt. Der Testamentsvollstrecker darf im allgemeinen auch ohne besondere Ermächtigung im Testament für einzelne Geschäfte oder für einen bestimmten Kreis von solchen (etwa den Giroverkehr) Vollmacht erteilen (KG OLGE 9, 408; 19, 275; KGJ 32 A 90, 93). Er kann auch Prokura erteilen, wenn er ein vom Erblasser hinterlassenes Handelsgeschäft im eigenen Namen weiterführt (KGJ 41, 75; § 2205 Rn 93 ff). Er kann sogar eine Generalvollmacht erteilen, sofern eine solche Bevollmächtigung nicht vom Erblasser durch letztwillige Verfügung untersagt ist und dem Testamentsvollstrecker das Recht jederzeitigen Widerrufes gewahrt bleibt (PALANDT/EDENHOFER Rn 2; ERMAN/M SCHMIDT Rn 2; SOERGEL/DAMRAU Rn 3; MünchKomm/BRANDNER Rn 6; zurückhaltend KLUMPP, in: BENGEL/REIMANN, HbTV VI Rn 26 ff; **aM** HAEGELE/WINKLER Rn 468; KIPP/COING § 73 II 5 b).

14 Der Testamentsvollstrecker muß die Vertrauenswürdigkeit und Geschäftsgewandtheit seines Vertreters mit aller Sorgfalt **prüfen**. Wenn er diese Sorgfalt außer acht läßt oder die Vollmacht nicht widerruft, sobald er die Untauglichkeit des Vertreters erkennt, so kann das ein Grund zu seiner Entlassung sein. Der vom Testamentsvollstrecker Bevollmächtigte vertritt diesen, nicht den Erben. Daher erlischt mit der Beendigung des Amtes des Testamentsvollstreckers in der Regel auch die von ihm erteilte Vollmacht (PALANDT/EDENHOFER Rn 2; HAEGELE/WINKLER Rn 469, 827; SOERGEL/DAMRAU Rn 3; **aM** KIPP/COING § 73 II 5 b).

2. Übertragung der Rechte des Erben gegenüber dem Testamentsvollstrecker (§ 664 Abs 2)

15 Der Erbe kann die Rechtsstellung, die er nach §§ 2215–2220 gegenüber dem Testamentsvollstrecker einnimmt, **nicht** im ganzen **auf einen Dritten** übertragen. Inwieweit die einzelnen Ansprüche, die dem Erben aus dieser Rechtsstellung erwachsen, über-

tragen werden können, ist nach allgemeinen Grundsätzen zu beurteilen (vgl RG LZ 1916, 1473). Ein **Verkauf** der Erbschaft (§§ 2371, 2385) hat nicht die Folge, daß der Käufer an Stelle des Erben in dessen persönliches Rechtsverhältnis zum Testamentsvollstrecker eintritt; vielmehr kann diese Wirkung nur dadurch herbeigeführt werden, daß ein Miterbe seinen Erbteil gemäß § 2033 dinglich auf einen Dritten überträgt (PLANCK/FLAD Anm 2 a). Bei einer solchen Übertragung geht der Anspruch auf Auskunft und Rechnungslegung (Abs 1, § 666) als Nebenrecht mit dem Erbteil auf den Erwerber über (vgl §§ 413, 401). Auch der Gläubiger, der den Anteil eines Miterben am Nachlaß **pfändet** (§ 859 Abs 2 ZPO), kann den Hilfsanspruch auf Auskunft und Rechnungslegung ohne weiteres geltend machen, auch wenn dieser nicht ausdrücklich mitgepfändet ist und auch wenn seine Forderung hinter dem Wert des Erbteils zurückbleibt (RG LZ 1916, 1473; KG JW 1929, 869 mit Anm KIPP; KG JW 1930, 1014 mit Anm HERZFELDER). Dagegen kann der Hilfsanspruch auf Auskunft und Rechnungslegung nicht für sich allein übertragen oder gepfändet werden (§ 851 ZPO; RG JW 1931, 525). Wenn mehrere Pfändungsgläubiger vorhanden sind, so ist einer Erschwerung bei Verpflichtung des Testamentsvollstreckers durch entsprechende Anwendung des § 432 zu begegnen (RG LZ 1916, 1473).

3. Pflicht des Testamentsvollstreckers zu Auskunft, Benachrichtigung und Rechnungslegung (§ 666)

Der Testamentsvollstrecker ist verpflichtet, dem Erben die erforderlichen Nachrichten zukommen zu lassen, auf Verlangen über den Stand der Testamentsvollstreckung Auskunft zu erteilen und nach der Beendigung seines Amtes Rechenschaft abzulegen (vgl RGZ 100, 97; BayObLG DJZ 1915, 320). Diese Pflichten dienen dazu, daß der **Erbe** seine jeweilige Situation im Rahmen der Testamentsvollstreckung stets **richtig** und vollständig **beurteilen** kann (BGHZ 109, 260, 266). Zur Frage, ob die entsprechenden Rechte auch von einzelnen Miterben und gegenüber einzelnen Testamentsvollstreckern geltend gemacht werden können vgl Rn 21. Kommt der Testamentsvollstrecker diesen Verpflichtungen nicht oder nicht in ausreichendem Maße nach, so kann darin ein wichtiger Grund für die Entlassung liegen (§ 2227; BayObLG NJW-RR 1988, 645). 16

Benachrichtigungspflicht: Die erforderlichen Nachrichten sind auch ohne Aufforderung zu geben. Der Testamentsvollstrecker ist aber nicht in jedem Fall verpflichtet, dem Erben vor dem Abschluß eines Geschäftes Anzeige zu erstatten (RGZ 130, 131, 139). Ob eine Pflicht zu unaufgeforderter Information vorliegt, beurteilt sich nach der jeweiligen objektiven Lage der Dinge, bei der ein umsichtiger Testamentsvollstrecker den Erben informiert hätte. Dies ist vor allem bei Eigengeschäften der Fall (BGHZ 30, 67, 72). Auch bei risikoreichen Geschäften wird man eine vorherige Benachrichtigungspflicht annehmen müssen (KLUMPP, in: BENGEL/REIMANN, HbTV VI Rn 69 ff). 17

Auskunftspflicht: Die Auskunftspflicht (§ 260) erschöpft sich nicht in der Pflicht zur Mitteilung des Nachlaßverzeichnisses (§ 2215); dieses gibt vielmehr nur Vergleichs- und Anhaltspunkte für die Rechnungslegung. Die Auskunft ist – im Gegensatz zu den Nachrichten – nur auf Verlangen zu erteilen; sie muß sich auch auf bevorstehende Geschäfte erstrecken (Prot V 315). Die Auskunftspflicht besteht nicht schrankenlos und unterliegt dem Schikaneverbot des § 242 (vgl die Rechtsprechungsübersicht bei 18

KLUMPP, in: BENGEL/REIMANN, HbTV VI Rn 90 ff). Nach § 260 Abs 1 muß die Auskunftspflicht durch Vorlage eines Bestandsverzeichnisses erfüllt werden. Zum Umfang der Auskunftspflicht BGH NJW 1995, 456 = ZEV 1995, 67 mit Anm SKIBBE (Rn 6; § 2222 Rn 23).

19 **Rechenschaftspflicht:** Der Erbe kann schon dann Rechnungslegung (§ 259) fordern, wenn die Aufgaben des Testamentsvollstreckers zwar nicht völlig, aber doch in der Hauptsache erledigt sind oder wenn ein Teil seiner Verwaltungstätigkeit – zB die zur Ausführung des letzten Willens dienende Tätigkeit nach §§ 2203, 2205 – abgeschlossen ist, während die selbständige Verwaltungstätigkeit nach § 2209 sich erst anschließt (RG WarnR 1914 Nr 8; OLG München OLGE 40, 134; RG Recht 1919 Nr 1993).

20 Der Testamentsvollstrecker ist auch dann zur Rechnungslegung verpflichtet, wenn er entlassen ist, wenn ihm ein erheblicher Teil der Einnahmen als Vorausvermächtnis zufällt und er dafür die Nachlaßverbindlichkeiten persönlich zu tragen hat (BayObLG Recht 1915 Nr 1572) oder wenn der Nachlaß durch die angeordneten Vermächtnisse und Auflagen aufgezehrt werden sollte (RG Recht 1930 Nr 1520). Es besteht auch kein Unvermögen des Testamentsvollstreckers zur Rechnungslegung, wenn die Belege über die Verwaltung des Nachlasses versehentlich vernichtet worden sind (OLG München HRR 1941 Nr 628). Denn die Rechnungslegung erschöpft sich nicht in der Vorlage von Belegen, die nur die einzelnen Posten der Rechnung glaubhaft machen sollen (vgl BGHZ 39, 87, 92, 94). Auch bei umfangreichen Verwaltungen müssen **alle Einnahmen und Ausgaben** nachgewiesen werden; jedoch wird es bei solchen im allgemeinen genügen, wenn die Einnahmen und Ausgaben in großen Posten angegeben und erläutert werden und wegen der Einzelbeträge auf die Bücher verwiesen wird (vgl § 1841 Abs 2 und OLG Dresden AnnSächsOLG 31, 253: eine ins einzelne gehende Aufstellung der Einnahmen und Ausgaben könne bei umfangreichen Verwaltungen nicht verlangt werden; aM wohl KLUMPP, in: BENGEL/REIMANN, HbTV VI Rn 242: Genaue Darstellung des gesamten Ablaufs notwendig). Eine zusammenfassende Schlußabrechnung ist aber nicht erforderlich, wenn der Testamentsvollstrecker schon bei jedem einzelnen Geschäft genügend Auskunft erteilt und Belege zur Verfügung gestellt hat (BayObLG BayZ 1931, 328), jedoch muß bei Verweisung auf frühere Abrechnungen die Anknüpfung lückenlos und für den Erben problemlos nachzuvollziehen sein (vgl OLG Köln NJW-RR 1989, 568). Ferner ist der Testamentsvollstrecker nicht zur Rechnungslegung verpflichtet, wenn er auf Grund eines ihm zustehenden Nießbrauches Nachlaßgegenstände nach § 1067 veräußert (OLG Stuttgart HRR 1934 Nr 1291; SOERGEL/DAMRAU Rn 6).

21 Jeder **Miterbe** kann ohne Mitwirkung der anderen Erben den Anspruch auf Rechnungslegung geltend machen, allerdings gem § 2039 S 1 nur an allen Miterben gemeinsam (BGH NJW 1965, 396 = DNotZ 1965, 621). Eine notwendige Streitgenossenschaft besteht hierfür nicht (OLG Düsseldorf JW 1925, 2147 mit Anm HERZFELDER). Ebensowenig sind **mehrere Testamentsvollstrecker** hinsichtlich ihrer Verpflichtung zur Rechnungslegung notwendige Streitgenossen. Es kann also gegen jeden einzelnen von ihnen Klage auf Rechnungslegung (an alle Erben) erhoben werden (§ 2039; RG JW 1913, 495; BGH aaO). Der Testamentsvollstrecker kann gegenüber einer solchen Klage kein **Zurückbehaltungsrecht** wegen seiner Vergütung geltend machen (OLG Düsseldorf JW 1925, 2147; SOERGEL/DAMRAU Rn 4). Wird der Anspruch zunächst auf Abs 2, dann auf Abs 1 gestützt, so liegt eine Klageänderung vor (RG WarnR 1936 Nr 159). Ein Recht auf Entlastung durch den Erben hat der Testamentsvollstrecker nicht (Soergel/Damrau Rn 6; Haegele/Winkler Rn 484, 554; aM Planck/Flad Anm 2 b; MünchKomm/Brandner Rn 14; Erman/M Schmidt Rn 4; Klumpp, in: Bengel/Reimann, HbTV VI Rn 338). Er kann also auch nicht auf Entlastung oder auf Anerkennung seiner Rechnung klagen. Wohl aber kann er bei Streit über seine Abrechnung durch eine Feststellungsklage klären, ob der Erbe über die Abrechnung hinaus weitere Ansprüche gegen ihn erheben kann (RG JW 1909, 75; OLG Hamburg OLGE 16, 281; s aber auch OLG Celle OLGE 27, 350). Als Gerichtsstand für die Klage gegen den Testamentsvollstrecker kommt neben dem Gerichtsstand der Vermögensverwaltung (§ 31 ZPO) auch der allgemeine Gerichtsstand des Testamentsvollstreckers (§ 13 ZPO) in Betracht.

Wenn der Erbe unter **Vormundschaft** steht, so kann der Vormund vom Testaments- 22 vollstrecker Rechnungslegung verlangen. Die Rechnungslegung ist nach § 259 dem Vormund, nicht nach § 1840 dem Vormundschaftsgericht zu erteilen (KG OLGE 32, 86). Der Vormund bedarf zur Annahme und Genehmigung der Rechnung nicht der Genehmigung des Vormundschaftsgerichts nach § 1812 Abs 3 (§ 1813 Abs 1 Nr 1). Ist der Testamentsvollstrecker **zugleich Gewalthaber** eines minderjährigen Miterben, so muß zur Wahrnehmung der Rechte dieses Miterben bei der Rechnungslegung des Testamentsvollstreckers keine Pflegschaft angeordnet werden. Einem Elternteil ist nicht deshalb ein Pfleger zur Seite zu stellen, weil er vom Erblasser zusätzlich zum Testamentsvollstrecker ernannt worden ist (Damrau ZEV 1994, 1, 3; **aM** OLG Hamm FamRZ 1993, 1122). Bei einem Vormund reicht die Überwachung durch das Vormundschaftsgericht gem § 1843 aus, da sich diese auch auf seine Tätigkeit als Testamentsvollstrecker bezieht (Damrau ZEV 1994, 1, 5; **aM** OLG Hamm aaO. S zu diesem Komplex auch Reimann MittBayNot 1994, 55).

Der Erbe kann auf seine Rechte nach §§ 2218, 666 **verzichten**. Die allgemeinen 23 Grundsätze über die Verwirkung von Ansprüchen gelten auch hier (näher Klumpp, in: Bengel/Reimann, HbTV VI Rn 284 ff). Aber in der vorbehaltlosen Annahme von Leistungen des Testamentsvollstreckers durch den Erben kann eine Verwirkung des Anspruchs auf Rechnungslegung im allgemeinen nicht gefunden werden (OLG München HRR 1941 Nr 628; Haegele/Winkler Rn 555).

Eidesstattliche Versicherung: Unter den Voraussetzungen der §§ 259 Abs 2, 260 Abs 2 24 kann der Erbe verlangen, daß der Testamentsvollstrecker eine eidesstattliche Versicherung bzgl des Nachlaßverzeichnisses und bzgl seiner Abrechnung abgibt (RG JW 1913, 1150; OLG München OLGE 40, 134). Sie hat sich insbes auch darauf zu erstrecken, daß die in der Rechnung aufgeführten Nachlaßausgaben auch wirklich geleistet worden sind, und zwar für Zwecke des Nachlasses (RG JW 1913, 1150; RG Gruchot 58, 441). Die eidesstattliche Versicherung kann schon dann verlangt werden, wenn die Verwaltungstätigkeit des Testamentsvollstreckers im wesentlichen beendet ist (RG LZ 1914, 382; OLG München OLGE 40, 134). Die Pflicht hierzu bleibt auch nach Beendigung des Amtes des Testamentsvollstreckers bestehen.

4. Pflicht des Testamentsvollstreckers zur Herausgabe des Nachlasses (§ 667)

Der Testamentsvollstrecker ist verpflichtet, nach Beendigung seines Amtes dem 25 Erben **alles**, was er zur Erfüllung seiner Aufgaben erhalten und durch seine Tätigkeit erlangt hat, herauszugeben. Handelt es sich um einen Inbegriff von Gegenständen, so ist er weiter verpflichtet, ein Verzeichnis der herauszugebenden Gegenstände vorzulegen und, wenn nötig, die eidesstattliche Versicherung über die Vollständigkeit des Verzeichnisses zu leisten (§ 260 Abs 2). Auf das nach § 2215 erstellte Verzeichnis wird er sich berufen können, soweit dieses bei Beendigung seines Amtes noch zutrifft.

26 Schon vor Beendigung seines Amtes ist der Testamentsvollstrecker verpflichtet, Nachlaßgegenstände, deren er zur Erfüllung seiner Obliegenheiten offenbar nicht bedarf, dem Erben auf Verlangen herauszugeben (§ 2217). Gegenüber dem Herausgabeanspruch des Erben nach § 667 steht dem Testamentsvollstrecker wegen fälliger Gegenansprüche nach § 670 (Aufwendungen) oder wegen des Anspruchs auf Vergütung nach § 2221 ein **Zurückbehaltungsrecht** nach §§ 273, 274 zu (OLG Düsseldorf JW 1925, 2147; MünchKomm/BRANDNER Rn 15; SOERGEL/DAMRAU Rn 8); ebenso umgekehrt dem Erben auf Grund seiner Ansprüche nach §§ 667, 668 gegenüber den bezeichneten Ansprüchen des Testamentsvollstreckers. Die Pflicht zur Herausgabe besteht auch für Surrogate des Nachlasses (vgl §§ 2019, 2041, 2111; RGZ 138, 134; SOERGEL/DAMRAU Rn 4; PALANDT/EDENHOFER Rn 4; **aM** PLANCK/FLAD Anm 2 c).

5. Pflicht zur Verzinsung (§ 668)

27 Verwendet der Testamentsvollstrecker Geld für sich, das er dem Erben herauszugeben oder für ihn zu verwenden hat, so ist er verpflichtet, es von der Zeit der Verwendung an zu verzinsen, mag er im guten oder bösen Glauben gehandelt haben, und zwar regelmäßig mit **4%** (§ 246). Wenn ihm ein Verschulden zur Last fällt, so steht es dem Erben frei, nach § 2219 einen höheren Schaden geltend zu machen.

6. Aufwendungen des Testamentsvollstreckers (§ 670)

28 Macht der Testamentsvollstrecker zur Erfüllung seiner Obliegenheiten aus einem Vermögen Aufwendungen, die er den Umständen nach für **erforderlich** halten darf, so ist der Erbe zum Ersatz verpflichtet (unbeschadet seines Rechtes, die Beschränkung seiner Haftung auf den Nachlaß herbeizuführen). Dieser Anspruch auf Aufwendungsersatz gem Abs 1, § 670 steht neben dem Vergütungsanspruch gem § 2221 (vgl dort Rn 7).

29 UU kann der Testamentsvollstrecker auch die Aufwendungen ersetzt verlangen, die er gemacht hat, nachdem er aus seinem Amt **entlassen** worden ist. Es kommt darauf an, ob er sie noch „in Fortsetzung" seines früheren Amtes gemacht und ihm sein Verhalten nicht als Pflichtverletzung vorzuwerfen ist (BGH WM 1972, 101 für Prozeßkosten bei Rechtsstreit über Herausgabe von Nachlaßgegenständen an Testamentsvollstreckernachfolger, wenn die Entlassung zweifelhaft war).

30 Der Testamentsvollstrecker kann die Mittel für die Aufwendungen auf Grund seines Verwaltungs- und Verfügungsrechtes (§ 2205) auch selbst aus dem Nachlaß **entnehmen**, ohne sein eigenes Vermögen angreifen zu müssen (KG JW 1937, 475); er ist also auf einen Vorschuß des Erben nicht angewiesen und kann einen solchen im Gegensatz zum Beauftragten (§ 669) auch nicht beanspruchen (Prot V 316; PLANCK/FLAD Anm 2 e; vgl § 2221 Rn 18). Der Ersatzanspruch des Testamentsvollstreckers gehört im Nachlaßkonkurs zu den Masseschulden (§ 224 Abs 1 Nr 6 KO).

Zu den Aufwendungen des Testamentsvollstreckers gehören insbes die **Kosten** eines 31 von ihm geführten **Prozesses**, auch solche eines verlorenen, wenn und soweit der Testamentsvollstrecker die Führung des Prozesses als gerechtfertigt ansehen durfte. ZB muß der Erbe die Kosten eines Rechtsstreits ersetzen, den der Testamentsvollstrecker auf Grund einer irrtümlichen Auslegung des Testaments durchführt, wenn er zu dieser Auslegung auch bei Anwendung der ihm obliegenden Sorgfalt kommen konnte (RG Recht 1910 Nr 724). Ebenso treffen den Nachlaß die Kosten, die durch ein Verfahren über einen Antrag auf Absetzung des Testamentsvollstreckers oder über die Ernennung eines Mitvollstreckers entstanden sind, sofern sich der Testamentsvollstrecker in berechtigter Verteidigung des letzten Willens des Erblassers befunden hat (RG JW 1936, 3388). Für die Kosten eines Rechtsstreits, den der Testamentsvollstrecker gegen den Erben führt, gilt nichts anderes (OLG Hamburg DNotZ 1939, 127; aM KG OLGE 10, 303; vgl § 2212 Rn 4; BGHZ 69, 235, 241 für eine Streitigkeit über eine Beteiligung am Nachlaßpflegschaftsverfahren), immer vorbehaltlich der persönlichen Haftung des Testamentsvollstreckers für Verschulden (§ 2219; OLG Hamburg DNotZ 1939, 127). Denn in allen Fällen einer **überflüssigen** oder leichtfertigen **Prozeßführung** kann der Testamentsvollstrecker keinen Ersatz für seine Aufwendungen verlangen (BGH WM 1967, 25). Hat er die Kosten für solche Prozesse bereits aus dem Nachlaß entnommen, dann ist er gemäß § 2219 zur Rückzahlung verpflichtet. Überflüssig sind zB die Gebühren des Verkehrsanwaltes, die ein Testamentsvollstrecker, der selbst Anwalt ist, für sich beansprucht, wenn er einen anderen Rechtsanwalt zum Prozeßbevollmächtigten bestellt hat (OLG Hamburg JW 1937, 834). Ein Testamentsvollstrecker, der nicht Rechtsanwalt ist, kann Ersatz der Kosten verlangen, die ihm durch die Zuziehung eines Rechtsanwalts entstehen, wenn diese Zuziehung nach den Umständen gerechtfertigt ist (s aber KG OLGE 25, 16).

Zu den Aufwendungen, deren Ersatz der Testamentsvollstrecker verlangen kann, 32 gehören auch die Ausgaben für sog **Berufsdienste**. ZB kann ein zum Testamentsvollstrecker bestellter Rechtsanwalt die gesetzlichen Gebühren für solche Handlungen beanspruchen, die er in seiner Eigenschaft als Rechtsanwalt vornimmt, zB wenn er einen Rechtsstreit für den Nachlaß führt (RGZ 149, 121; KIPP/COING § 73 IV 2; SOERGEL/ DAMRAU Rn 12; MünchKomm/BRANDNER Rn 20, der als Anspruchsgrundlage jedoch nicht den Aufwendungsersatz, sondern die wirksame Eigenbeauftragung des Testamentsvollstreckers ansieht; vgl § 1835 Abs 3). Soweit die Vergütung, die der Testamentsvollstrecker als Anwalt über §§ 2218, 670 (nicht über § 2221) beanspruchen kann, in der Anwaltsgebührenordnung geregelt ist, ist für die Anwendung der §§ 315 ff, 612 kein Raum (RGZ 149, 121, 128). Anders ist es freilich, wenn die vom Erblasser ausgesetzte Vergütung für den Testamentsvollstrecker so bemessen ist, daß durch sie auch berufliche Dienste abgegolten sein sollten (OLG Hamburg JW 1937, 834; KIPP/COING § 73 IV 2). Dagegen sind Dienste, die jeder leisten kann, stets durch die allgemeine Vergütung abgegolten, zB kann ein Rechtsanwalt für den Schriftwechsel, den er als Testamentsvollstrecker führt, keine Schreibgebühren und für das Einnehmen von Nachlaßgeldern keine Inkassogebühren nach der Anwaltsgebührenordnung verlangen (PLANCK/FLAD Anm 7). Etwaige berufsspezifische Verjährungsfristen sind zu beachten. Zieht der Testamentsvollstrecker berechtigt Dritte zu Berufsdiensten heran (s Rn 10), so kann er dadurch entstandene Aufwendungen ersetzt bekommen (OLG Koblenz JurBüro 1992, 398). Dies gilt jedoch nicht für Ersatzdienste wegen eigener Arbeitsüberlastung (OLG Koblenz aaO).

33 Soweit die Voraussetzungen des § 670 nicht zutreffen, können für die Ersatzansprüche des Testamentsvollstreckers die §§ 683, 684, 812 ff maßgebend sein. Das gilt zB, wenn die Ernennung des Testamentsvollstreckers wegen Geisteskrankheit des Erblassers unwirksam war (OLG Frankfurt OLGE 32, 61; vgl jedoch § 2221 Rn 54). Der **vermeintliche** Testamentsvollstrecker (vgl § 2197 Rn 72 ff) kann nur im Falle widerspruchsloser Betätigung Aufwendungsersatz verlangen. Hat der Erbe der Testamentsvollstreckung widersprochen, trägt der Testamentsvollstrecker das Risiko der Testamentsauslegung (BGHZ 69, 235, 241; MünchKomm/BRANDNER Rn 18; aM ZEUNER, in: FS Michl [1981] 721 ff).

7. Tod des Testamentsvollstreckers (§ 673 S 2)

34 Endet das Amt des Testamentsvollstreckers durch seinen Tod (§ 2225), so hat sein Erbe den Tod dem Erben, für dessen Erbschaft die Testamentsvollstreckung angeordnet ist, unverzüglich, also ohne schuldhaftes Zögern (§ 121) **anzuzeigen** und, wenn mit dem Aufschub Gefahr verbunden ist, die Besorgung der Obliegenheiten fortzusetzen, bis der verständigte Erbe selbst oder ein Nachfolger des verstorbenen Testamentsvollstreckers anderweitig Vorsorge treffen kann. Insoweit gilt der Erbe des Testamentsvollstreckers als mit der Testamentsvollstreckung beauftragt. Eine Anzeige an das Nachlaßgericht ist zwar nicht vorgeschrieben, wird aber oft zweckmäßig sein.

8. Unterstellte Fortdauer des Amtes (§ 674)

35 Erlischt das Amt des Testamentsvollstreckers in einer Weise, bei der die Möglichkeit der zeitweiligen Unkenntnis des Testamentsvollstreckers über die Beendigung seines Amtes besteht – zB bei Ernennung unter einer auflösenden Bedingung oder Zeitbestimmung, vgl § 2210 S 2 – so gilt das Amt gleichwohl zugunsten des Testamentsvollstreckers als fortbestehend, bis er vom Erlöschen des Amtes Kenntnis erlangt hat oder das Erlöschen kennen muß. Die auf Fahrlässigkeit beruhende Unkenntnis steht also gleich (vgl § 122 Abs 2). Auch dem **gutgläubigen Dritten**, der einen Nachlaßgegenstand vom Testamentsvollstrecker erwirbt, kommt die unterstellte Fortdauer des Amtes zugute (§§ 169, 674). Sein Erwerb ist rechtsbeständig, wenn auch der Testamentsvollstrecker gutgläubig ist oder wenn dem Erwerber § 892 zur Seite steht, weil im Grundbuch noch der Testamentsvollstrecker-Vermerk eingetragen ist (PLANCK/FLAD Vorbem 1 a vor § 2225). Wenn auch das Gesetz die Fortsetzung des Amtes nur zugunsten des Testamentsvollstreckers unterstellt, so dauern doch auch dessen Pflichten gegen den Erben im wesentlichen ebenso lange fort, wenigstens unter dem Gesichtspunkt der Geschäftsführung ohne Auftrag. Die entsprechende Anwendung des § 674 kommt nicht in Betracht, wenn der Testamentsvollstrecker entlassen wird (§ 2227); denn die Entlassung entspricht dem Widerruf des Auftrags und für diesen Fall gilt § 674 nicht. Ist also die Entlassungsverfügung dem Testamentsvollstrecker ordnungsgemäß zugegangen (§ 130), so kann weder er noch ein Dritter sich darauf berufen, daß der Testamentsvollstrecker von der Entlassung ohne seine Schuld keine Kenntnis erlangt habe (PLANCK/FLAD Anm 2 g; KIPP/COING § 75 VII 4).

IV. Die jährliche Rechnungslegungspflicht bei länger dauernder Verwaltung (Abs 2)

Durch Abs 2 ist die Rechnungslegungspflicht des Testamentsvollstreckers bei länger 36 dauernder Verwaltung dahin erweitert, daß die Rechnung jährlich zu legen ist. Unter länger dauernder Verwaltung ist eine solche zu verstehen, die länger als ein Jahr währt (Soergel/Damrau Rn 7). Auch die Zeit vor Beendigung der Auseinandersetzung kann als länger dauernde Verwaltung zu erachten sein (OLG Hamburg ZBlFG 1914, 476). Die jährliche Rechnung braucht zwar nicht so eingehend zu sein wie die endgültige oder einmalige. Sie muß aber doch alle Einnahmen und Ausgaben enthalten (MünchKomm/Brandner Rn 11; aM RG WarnR 1936 Nr 159: es genüge eine Übersicht, durch die sich der Erbe ein allgemeines Bild machen könne; ebenso Soergel/Damrau Rn 6; Haegele/Winkler Rn 483). Die Vorschriften der §§ 1840, 1841 sind nicht ohne weiteres anzuwenden (RG aaO; aM Klumpp, in: Bengel/Reimann, HbTV VI Rn 300 ff mit der Auflistung einzelner Kriterien). Ein Verstoß gegen Abs 2 kann ein **Entlassungsgrund** nach § 2227 sein (BayObLG NJW-RR 1988, 645).

Von der jährlichen Rechnungslegungspflicht kann der Erblasser den Testamentsvoll- 37 strecker **nicht befreien** (§ 2220). Jedoch kann sich der Testamentsvollstrecker bei einer Vielzahl von Erben und deren widerstreitenden Interessen zu unterschiedlichen Zeitpunkten während eines Jahres mit Ansprüchen auf Rechnungslegung konfrontiert sehen. Um die ordnungsgemäße Testamentsvollstreckung hierdurch nicht zu gefährden, wird man in Analogie zum Gesellschaftsrecht die dort seit langem anerkannte **obligatorische Gruppenvertretung** (BGHZ 46, 291; K Schmidt ZHR 146, 525) auch bei der Geltendmachung des Rechnungslegungsanspruches zulassen müssen. Der Erblasser kann zwar im Testament keinen bestimmten Vertreter bestimmen, er kann aber in bezug auf die jährliche Rechnungslegung anordnen, daß die Erben sich auf einen bestimmten Vertreter einigen müssen. Bleibt dieser untätig, so leben die Rechte der einzelnen Miterben wieder auf (Reimann 141 ff; Klumpp, in: Bengel/Reimann, HbTV VI Rn 314 ff).

Der Erblasser kann die **Frist**, in welcher vom Testamentsvollstrecker Rechnung zu 38 legen ist, wegen § 2220 nur in geringem Umfang beeinflussen. Das Gesetz regelt zwar keine Frist für die Rechnungslegung; wie bei der gewöhnlichen Rechenschaftsablegung im Zusammenhang mit der Beendigung des Testamentsvollstreckeramtes muß man dem Testamentsvollstrecker auch bei jährlicher Rechnungslegung eine angemessene Frist einräumen, die sich im Rahmen der insoweit fortwirkenden ordnungsgemäßen Verwaltung zu bewegen hat. Die Angemessenheit läßt sich, vor allem auch wegen der steuerlichen Auswirkungen, welche die Rechnungslegung für den Erben hat, bei der jährlichen Rechnungslegung zeitlich besser eingrenzen als die allgemeine Schlußrechenschaftsablegung. Die jährliche Rechenschaftsablegung ist dem Erben so rechtzeitig vorzulegen, daß er ohne Zeitdruck, ohne Fristverlängerung und ohne zusätzliche Kosten eine jährliche Einkommensteuererklärung abzugeben in der Lage ist (§ 149 Abs 2 AO). Gehören Unternehmen und Unternehmensbeteiligungen zum Nachlaß, sind die Rechnungslegungsvorschriften des HGB vom Testamentsvollstrecker zu beachten. Dieser hat auch auf ein etwa abweichendes Wirtschaftsjahr Rücksicht zu nehmen. Beginnt die Testamentsvollstreckung, wie regelmäßig, während eines Kalender- bzw Geschäftsjahres, wirkt sich die Pflicht zur jährlichen Rechnungslegung in der Weise aus, daß der Testamentsvollstrecker bereits vor Ablauf eines Jahres Rechnung für das Rumpfgeschäftsjahr zu legen hat (vgl im einzelnen KLUMPP, in: BENGEL/REIMANN, HbTV VI Rn 307 ff).

§ 2219

[1] Verletzt der Testamentsvollstrecker die ihm obliegenden Verpflichtungen, so ist er, wenn ihm ein Verschulden zur Last fällt, für den daraus entstehenden Schaden dem Erben und, soweit ein Vermächtnis zu vollziehen ist, auch dem Vermächtnisnehmer verantwortlich.

[2] Mehrere Testamentsvollstrecker, denen ein Verschulden zur Last fällt, haften als Gesamtschuldner.

Materialien: E II § 2088; III § 2193; Prot V 263, 315.

Systematische Übersicht

I.	Allgemeines	1	III.	Verjährung und Aufrechnung	22
II.	Die Haftung des Testamentsvollstreckers		IV.	Haftung des Erben für Rechtshandlungen des Testamentsvollstreckers	24
	1. Voraussetzungen	4	V.	Haftung für die Auswahl des Testamentsvollstreckers	31
	2. Haftungsfolgen	13			
	3. Befreiung von der Haftung	15			
	4. Wem haftet der Testamentsvollstrecker?	17	VI.	Der Haftpflichtprozeß	32
	5. Haftung mehrerer Testamentsvollstrecker (Abs 2)	18	VII.	Haftpflichtversicherung des Testamentsvollstreckers	35
	6. Die Haftung des vermeintlichen Testamentsvollstreckers	21			

Alphabetische Übersicht

Aktivlegitimation	32	Fahrlässigkeit	8
Aufrechnung	23		
Auswahl des Testamentsvollstreckers	31	Garantiehaftung	7
		Gehilfenhaftung	9
		Gesamtschuldner	18
Befreiungsvermächtnis	15	gesetzlicher Vertreter	27
Berechtigter	17	gesetzliches Schuldverhältnis	1
Berufshaftpflichtversicherung	35		
Beweislast	10, 34	Haftpflichtprozeß	32 ff
		Haftpflichtversicherung	35
Erbenhaftung	24 ff	Haftung	1 ff
Erblasserwillen	6	– persönliche – des Testamentsvollstreckers	26
Ersatzanspruch	28		

– für Auswahl	31	Nachlaßverbindlichkeiten	25
– Befreiung	15	Objektive Pflichtverletzung	5
– Beschränkung auf Nachlaß	30		
– Erleichterung	6	Passivlegitimation	33
– Folgen	13 ff	Pflichtverletzung	5
– Maß	8		
– Risiko	2	Schaden	4, 24
– Verzicht der Erben	16	steuerliche Haftung	3
Innenverhältnis	18, 20	unerlaubte Handlung	3, 28 f
Kausalität	12		
Klageänderung	14	Verjährung	22
		Vermächtnisnehmer	32
Leistungsklage	13	vermeintlicher Testamentsvollstrecker	13, 19, 21
Maß der Haftung	8	Verpflichtungen	5
mehrere Testamentsvollstrecker	18 ff	Vorsatz	8
Mitverschulden	11		
		Wirkungskreis	18

I. Allgemeines

§ 2219 regelt speziell die Haftung des Testamentsvollstreckers aus dem zwischen ihm **1** und dem Erben bestehenden **gesetzlichen Schuldverhältnis**. Er bestimmt, daß der Testamentsvollstrecker, wenn er die ihm obliegenden Pflichten schuldhaft verletzt, den daraus entstehenden Schaden dem Erben und, soweit ein Vermächtnis zu vollziehen ist, dem Vermächtnisnehmer zu ersetzen hat. Die Pflichten des Testamentsvollstreckers, deren Verletzung Schadensersatzansprüche begründet, ergeben sich aus den §§ 2203–2205, 2215–2218 sowie aus § 2226 S 3 iVm § 671 Abs 2 u 3.

§ 2219 begründet für den Testamentsvollstrecker als Ausgleich für seine freie Stel- **2** lung und fehlende vertragliche Bindungen zu den Erben ein **hohes** persönliches **Haftungsrisiko**. Um nicht über den Normzweck der Verantwortungssicherung (vgl MünchKomm/BRANDNER Rn 1) hinaus den Testamentsvollstrecker in seinen Handlungen zu sehr einzuengen, wird eine eher restriktive Auslegung unter dem Blickwinkel des Erbenschutzes gefordert (RIEDERER vPAAR, in: BENGEL/REIMANN, HbTV XII Rn 5).

Neben § 2219 tritt die Haftung aus unerlaubter Handlung. Wegen der weiteren Fas- **3** sung der Testamentsvollstreckerhaftung dürfte der Anwendungsbereich der §§ 823 ff jedoch begrenzt sein. Die Deliktshaftung kann allerdings wegen § 393 (Aufrechnungsverbot) interessant sein. Darüberhinaus kann den Testamentsvollstrecker die **steuerliche Haftung** nach § 69 AO treffen.

II. Die Haftung des Testamentsvollstreckers

1. Voraussetzungen

a) Schaden

4 Eine Haftung des Testamentsvollstreckers kommt nur in Betracht, wenn ein **Schaden** eingetreten ist. Dies ist der Fall, wenn durch ein Handeln oder Unterlassen des Testamentsvollstreckers der Erbe (bzw Vermächtnisnehmer) verpflichtet wird (vgl Rn 24 ff). Dies ist vor allem anzunehmen, wenn der Testamentsvollstrecker Vermächtnisse, deren Unwirksamkeit für ihn erkennbar ist, erfüllt (§ 2203 Rn 29), Nachlaßgelder bei einer ihm als unzuverlässig bekannten Bank einlegt (RG LZ 1914, 1361), ferner wenn er zum Zwecke der Auseinandersetzung des Nachlasses eine freiwillige öffentliche Versteigerung betreibt, obwohl die Möglichkeit eines günstigen freihändigen Verkaufs gegeben wäre (OLG Saarbrücken JZ 1953, 509) oder Nachlaßgegenstände entgegen der Verkehrssitte nicht versichert.

b) Objektive Pflichtverletzung

5 Der Testamentsvollstrecker haftet nach § 2219 nur, wenn er objektiv die ihm **obliegenden Verpflichtungen verletzt** hat. Dies ist der Fall, wenn er bei seinen Verfügungen über den Nachlaß und beim Eingehen von Verbindlichkeiten für den Nachlaß die Grenzen einer ordnungsmäßigen Verwaltung (§ 2216) überschreitet oder wenn er durch Verwaltungshandlungen oder Unterlassung von solchen den Nachlaß schädigt. Eine Pflichtverletzung liegt auch dann vor, wenn der Testamentsvollstrecker seine Aufgaben überhaupt nicht erfüllt, zB wenn er sich ohne triftigen Grund dem Verlangen eines Miterben nach Auseinandersetzung des Nachlasses widersetzt (BayObLGZ 21, 312) oder wenn er überflüssige oder leichtfertige Prozesse führt oder solche, die überwiegend seinen persönlichen Interessen dienen (RG Recht 1914 Nr 644; RG JW 1936, 3388; OLG Hamburg DNotZ 1939, 127). Wenn dagegen der Testamentsvollstrecker unter ungewöhnlichen Verhältnissen, etwa in Kriegszeiten oder in Zeiten der Geldentwertung, Maßnahmen ergreift, die dem Nachlaß Nachteil bringen, die er aber seinerzeit für sachgemäß halten konnte, so liegt darin keine Verletzung der Pflicht zur ordnungsmäßigen Verwaltung (OLG Hamburg OLGE 44, 95; KG OLGE 46, 230; RG JR 1927 Nr 114). Gehören Aktien zum Nachlaß, besteht bei sinkenden Kursen nicht ohne weiteres eine Verpflichtung, die Aktien gegen festverzinsliche Schuldverschreibungen auszutauschen (OLG Köln AG 1964, 308). Ist der Testamentsvollstrecker zu einer vertretbaren Auslegung des Testaments gelangt, so stellen Verfügungen auf der Grundlage dieser Auslegung keine Pflichtverletzung dar (BGH NJW-RR 1992, 775).

6 Die Pflichten des Testamentsvollstreckers können sich auch aus dem **Erblasserwillen** ergeben. Hierdurch kann eine Haftungserleichterung eintreten; verletzt der Testamentsvollstrecker zwar eine objektiv notwendige Verwaltungspflicht, war dies aber vom Erblasser so gewollt, so entfällt eine Pflichtverletzung durch den Testamentsvollstrecker. Allerdings kann sich aus veränderten Umständen auch eine Pflicht des Testamentsvollstreckers ergeben, gegen den Erblasserwillen zu handeln. Ein diesbezügliches Unterlassen stellt ebenfalls eine Pflichtverletzung dar (vgl Riederer vPaar, in: Bengel/Reimann, HbTV XII Rn 30).

c) Verschulden

Voraussetzung der Haftung ist ferner, daß dem Testamentsvollstrecker ein Verschulden zur Last fällt. Eine **Garantiehaftung** oder Gewährleistung, die von einem Verschulden unabhängig wäre, trifft den Testamentsvollstrecker nicht (RIEDERER vPAAR, in: BENGEL/REIMANN, HbTV XII Rn 31). Ob ein Verschulden vorliegt, ist aus der Sicht des Zeitpunkts zu beurteilen, in den die Pflichtverletzung des Testamentsvollstreckers fällt, maßgeblich ist also nicht der Zeitpunkt des Schadenseintritts (RIEDERER vPAAR, in: BENGEL/REIMANN, HbTV XII Rn 45).

Wegen des **Maßes der Haftung** ist § 276 anwendbar: Der Testamentsvollstrecker hat Vorsatz und Fahrlässigkeit zu vertreten. Dabei ist zu beachten, daß der Testamentsvollstrecker infolge seiner Vertrauensstellung zu besonderer Gewissenhaftigkeit und Sorgfalt verpflichtet ist (RGZ 130, 131, 135). Der Erblasser kann das Maß der zu beachtenden Sorgfalt nicht reduzieren (Abs 1, § 2220; vgl Rn 15), wohl aber erweitern.

Für das **Verschulden eines Gehilfen** haftet der Testamentsvollstrecker wie für eigenes (§§ 2218, 664 Abs 1 S 3, 278; § 2218 Rn 11). Bei der Übertragung einzelner Obliegenheiten auf einen Dritten haftet er nur, wenn in der Übertragung selbst ein Verschulden liegt oder wenn er bei der Auswahl des Dritten und gegebenenfalls bei seiner Beaufsichtigung schuldhaft gehandelt hat (vgl § 2218 Rn 11). Dies gilt auch für die Auswahl von Beratern, deren Dienste bei der Tätigkeit des Testamentsvollstreckers benötigt werden (vgl BGH NJW-RR 1993, 849).

Das Verschulden des Testamentsvollstreckers ist im Prozeß von demjenigen zu **beweisen**, der es behauptet und aus ihm einen Anspruch herleitet.

Ein **mitwirkendes Verschulden** des geschädigten Rechtsinhabers, in der Regel also des Erben, ist nach § 254 zu berücksichtigen (RGZ 138, 132, 137; HAEGELE/WINKLER Rn 564).

d) Kausalität

Die Pflichtverletzung des Testamentsvollstreckers muß für den Schaden, der bei dem Erben oder bei dem Vermächtnisnehmer eingetreten ist, ursächlich sein. Insoweit gelten die allgemeinen Regeln der **haftungsbegründenden und haftungsausfüllenden** Kausalität. Hierbei ist insbesondere auf den Schutzzweck des § 2219 (Rn 2) zu achten (vgl ausführlich RIEDERER vPAAR, in: BENGEL/REIMANN, HbTV XII Rn 46 ff).

2. Haftungsfolgen

Der Erbe kann bei schuldhafter Amtspflichtverletzung durch den Testamentsvollstrecker nicht nur nach § 2219 Schadensersatz fordern und nach § 2227 seine Entlassung beantragen. Vielmehr kann er auch den Testamentsvollstrecker auf Erfüllung bestimmter Verpflichtungen verklagen. Die Haftung des Testamentsvollstreckers nach § 2219 schließt nicht aus, daß der Erbe ihn auf Grund von § 2216 auf Vornahme einer bestimmten, nach Lage der Sache gebotenen Verwaltungsmaßnahme bzw der Vermächtnisnehmer auf Erfüllung des Vermächtnisses verklagt (RGZ 73, 26). Beide können in erster Linie auf **Leistung**, hilfsweise auf Schadensersatz nach § 2219 klagen. Wenn die Leistung des vermachten Gegenstandes durch Verschulden des Testamentsvollstreckers unmöglich geworden ist, so kann der Vermächtnisnehmer den Testamentsvollstrecker auch dann nach § 2219 auf Schadensersatz in Anspruch nehmen, wenn ihm aus dem gleichen Grund ein Ersatzanspruch gegen den mit dem Vermächtnis beschwerten Erben zusteht; er ist nicht genötigt, zunächst seinen Ersatzanspruch gegen den Erben geltend zu machen (BGH LM Nr 1 zu § 2258; aM PLANCK/FLAD Anm 2). Widerspricht der Erbe der Erfüllung des Vermächtnisses durch den Testamentsvollstrecker, so kann dieser gegen den Erben auf Feststellung klagen, um die Frage seiner Haftung nach § 2219 dem Erben oder Vermächtnisnehmer gegenüber zu klären (RG BayZ 1912, 212),

14 Wenn der Erbe vom Schadensersatzanspruch zum Erfüllungsanspruch übergeht, so liegt darin **keine Klageänderung** (§ 264 Nr 3 ZPO; vgl STEIN/JONAS/SCHUMANN § 264 ZPO Rn 75, 77; aM RG LZ 1919, 1017). Als Parteiänderung beurteilen ein derartiges Vorgehen der BGH (BGHZ 21, 285, 287), das OLG Hamburg (OLGZ 44, 95) sowie SOERGEL/ DAMRAU (Rn 6). Ebensowenig liegt Klageänderung vor, wenn der verklagte Testamentsvollstrecker sein Amt kündigt und der klagende Miterbe infolgedessen statt Bewirkung der Auseinandersetzung (§ 2204) Rechenschaftslegung, Herausgabe des Nachlasses an die Erbengemeinschaft (§§ 2218, 666, 667) und Feststellung der Schadensersatzpflicht des Testamentsvollstreckers begehrt (RGZ 100, 95). Wohl aber ist es eine Änderung der Klage, wenn ein Miterbe zunächst gegen den Testamentsvollstrecker auf Auszahlung seines Auseinandersetzungsguthabens klagt und nach dem Tode des Testamentsvollstreckers dessen Erben dafür haftbar macht, daß der Testamentsvollstrecker die Auszahlung des Guthabens schuldhaft unterlassen habe (RG LZ 1919, 1017; NÄGELE, Der vermeintliche Testamentsvollstrecker 68 ff will eine Klage gegen den vermeintlichen Testamentsvollstrecker auf Erfüllung abweisen, wenn während des Prozesses die Vermeintlichkeit des Amtes zu Tage tritt).

3. Befreiung von der Haftung

15 Unabhängig davon, daß der Erblasserwillen das Maß der Verpflichtungen des Testamentsvollstreckers darstellt (Rn 6), kann der Erblasser den Testamentsvollstrecker **nicht** von seiner Verantwortlichkeit nach § 2219 **befreien** (§ 2220), auch nicht hinsichtlich des Maßes der anzuwendenden Sorgfalt. Er kann also nicht anordnen, daß der Testamentsvollstrecker nur für Vorsatz oder nur für grobe Fahrlässigkeit haften solle (vgl RGZ 133, 131, 135). Das Verbot der Befreiung kann nicht dadurch umgangen werden, daß der Erblasser dem Testamentsvollstrecker einen Anspruch auf Erlaß der Schadensersatzansprüche – außer derjenigen wegen vorsätzlicher Pflichtverletzung – vermacht (sog **Befreiungsvermächtnis**, legatum liberationis; MünchKomm/ BRANDNER Rn 3; KIPP/COING § 73 II 7). Eine solche Anordnung würde die ohnehin schwache Stellung des Erben gegenüber dem Testamentsvollstrecker vollends untergraben (einschränkend RIEDERER vPAAR, in: BENGEL/REIMANN, HbTV XII Rn 75); ihre Wirkungen wären nicht übersehbar. Die Erwägung, daß ein Vermächtnis dem Erben in gewissen, weniger wichtigen Beziehungen zugute kommt (§§ 1992, 2322), vermag die Gegenmeinung nicht zu rechtfertigen. Auch eine Auslegung des Befreiungsvermächtnisses als Auflage gem §§ 2192 ff widerspricht dem Wortlaut des § 2220.

16 Der **Erbe** kann dem Testamentsvollstrecker nicht nur einen bereits entstandenen Schadensersatzanspruch erlassen, sondern auch durch Vertrag für die Zukunft auf die Haftung des Testamentsvollstreckers **verzichten**, nur nicht auf die Haftung wegen Vorsatzes (§ 276 Abs 2). Bei einer Mehrheit von Erben gehören Ansprüche wegen

Schädigung aller Erben zum Nachlaß (§ 2041); der Erlaß solcher Ansprüche und der Verzicht auf sie kann daher nur von sämtlichen Miterben ausgesprochen werden (§ 2040; vgl RGZ 132, 138). Dagegen sind Ansprüche wegen Schädigung eines einzelnen Miterben – etwa bei der Auseinandersetzung – von dem Geschädigten allein geltend zu machen; dieser kann sie auch allein erlassen oder auf sie verzichten (KIPP/COING § 73 II 7; PLANCK/FLAD Anm 4).

4. Wem haftet der Testamentsvollstrecker?

Der Testamentsvollstrecker haftet dem Erben und, soweit ein Vermächtnis zu vollziehen ist, dem Vermächtnisnehmer (nicht etwa beiden; das Wort „auch" ist überflüssig und irreführend; vgl PLANCK/FLAD Anm 2). Den übrigen Nachlaßbeteiligten, insbesondere den Pflichtteilsberechtigten und sonstigen Nachlaßgläubigern, ist der Testamentsvollstrecker nicht nach § 2219, sondern nur nach den Vorschriften über unerlaubte Handlung verantwortlich. Auch dem durch eine Auflage Begünstigten haftet er nicht, weil dieser kein Recht auf die Leistung hat (§ 1940; RG WarnR 1937 Nr 133; MünchKomm/BRANDNER Rn 8; SOERGEL/DAMRAU Rn 7). Die Haftung nach § 69 AO besteht nur gegenüber dem Staat. **17**

5. Haftung mehrerer Testamentsvollstrecker (Abs 2)

Nach Abs 2 haften mehrere Testamentsvollstrecker, denen ein Verschulden zur Last fällt, als Gesamtschuldner (§§ 421 ff). Die Haftung ist also ebenso geregelt wie bei einer Mehrheit von Vorstandsmitgliedern oder Liquidatoren eines eingetragenen Vereins oder bei mehreren Vormündern (§§ 42, 53, 1833). Das Gesetz setzt voraus, daß jeden Testamentsvollstrecker ein Verschulden trifft. Es geht dabei von dem Regelfall aus, daß die Testamentsvollstrecker das Amt gemeinschaftlich führen (§ 2224 Abs 1 S 1; vgl OLG Koblenz JurBüro 1992, 398). Wenn aber der Erblasser jedem Testamentsvollstrecker einen besonderen Wirkungskreis zur selbständigen Wahrnehmung zuweist (Nebenvollstrecker nach § 2224 Abs 1 S 3), so haftet jeder nur im Rahmen **seines Wirkungskreises**, es sei denn, daß die übrigen Testamentsvollstrecker zur Aufsicht berufen sind. Die anderen Testamentsvollstrecker kann dann idR kein Verschulden treffen (SOERGEL/DAMRAU Rn 9; MünchKomm/BRANDNER Rn 5). Dagegen hat eine Vereinbarung der Mitvollstrecker über die Verteilung der Geschäfte, wenn sie sich nicht auf eine Ermächtigung des Erblassers stützen kann, nur für das Innenverhältnis Bedeutung und hat damit keine automatische Befreiungswirkung. **18**

Nach § 426 haften die mehreren Testamentsvollstrecker im Verhältnis zueinander grundsätzlich zu gleichen Teilen. Wenn aber ein Mitvollstrecker nur wegen Verletzung seiner Pflicht zur Aufsicht über andere Mitvollstrecker haftet, so ist er im Innenverhältnis von der Haftung frei (entspr Anwendung des § 1833 Abs 2 S 2; RIEDERER vPAAR, in: BENGEL/REIMANN, HbTV XII Rn 56). **19**

6. Die Haftung des vermeintlichen Testamentsvollstreckers

Wenn die Bestellung des Testamentsvollstreckers durch das Nachlaßgericht unwirksam war, so ist der Bestellte gleichwohl, solange er das Amt im Vertrauen auf die Gültigkeit der Bestellung führt, den Beteiligten gegenüber verantwortlich wie ein **20** wirksam bestellter Testamentsvollstrecker (RG JW 1937, 3187; differenzierend NÄGELE, Der vermeintliche Testamentsvollstrecker 68 ff).

21 Führt ein Testamentsvollstrecker die begonnenen Geschäfte eines **vermeintlichen Testamentsvollstreckers** fort, so billigt er konkludent die Handlungen des vermeintlichen Amtsinhabers. Eine spätere Haftung kann dann nur den ordentlichen Testamentsvollstrecker treffen (NÄGELE aaO).

III. Verjährung und Aufrechnung

22 Die Ansprüche nach § 2219 **verjähren** nach § 195 in 30 Jahren, nicht nach § 852 in 3 Jahren; denn sie beruhen nicht auf einer unerlaubten Handlung, sondern auf einem gesetzlichen Schuldverhältnis (MünchKomm/BRANDNER Rn 15; aM RIEDERER vPAAR, in: BENGEL/REIMANN, HbTV XII Rn 70 ff mit Hinweis auf BGH NJW 1985, 1161; PICKEL, Die Haftung des Testamentsvollstreckers [Diss Köln 1986] 198 f). Ob eine analoge Anwendung des § 852 in Betracht kommt, ist mangels einer Regelungslücke jedoch sehr fraglich.

23 Eine **Aufrechnung** mit Honorarforderungen gem § 2221 ist zwar grundsätzlich möglich. Gegen den Schadensersatzanspruch eines Vermächtnisnehmers bzw eines Miterben kann nur der Teil der Honorarforderung aufgerechnet werden, der der Vermächtniserfüllung bzw der Erbquote entspricht. Auch ist zu beachten, daß bei längerdauernden Vollstreckungen allenfalls ein fälliger Teilbetrag zur Aufrechnung herangezogen werden kann. Haftet der Testamentsvollstrecker aus vorsätzlicher unerlaubter Handlung, so kann er nicht aufrechnen (§ 393).

IV. Haftung des Erben für Rechtshandlungen des Testamentsvollstreckers

24 Der Testamentsvollstrecker haftet nur, wenn ein Schaden eingetreten ist. Dies ist ua dann der Fall, wenn der Erbe für Handlungen oder Unterlassungen des Testamentsvollstreckers haftet. Abs 1 verleiht dem Erben dann einen **Regreßanspruch** gegen den Testamentsvollstrecker.

25 Verbindlichkeiten, die der Testamentsvollstrecker als solcher für den Nachlaß eingeht und die zur ordnungsmäßigen Verwaltung des Nachlasses erforderlich sind (§ 2206), sind **Nachlaßverbindlichkeiten** (§ 1967). Für solche haftet dem Vertragsgegner nicht der Testamentsvollstrecker persönlich, sondern nur der Erbe (§ 2206 Rn 17; BGB-RGRK/KREGEL Rn 6; PLANCK/FLAD Anm 6). Geht der Testamentsvollstrecker eine Verbindlichkeit ein, ohne daß es zur ordnungsmäßigen Verwaltung erforderlich wäre, ist er aber von diesem Erfordernis durch den Erblasser befreit (§ 2207), so haftet dem Dritten gegenüber gleichfalls nur der Erbe. Der Testamentsvollstrecker kann aber nach § 2219 dem Erben schadensersatzpflichtig sein.

26 Geht der Testamentsvollstrecker eine Verbindlichkeit ein, ohne daß es zur ordnungsmäßigen Verwaltung erforderlich wäre, und ist er auch von diesem Erfordernis nicht befreit, dann haftet dem Dritten nicht der Erbe, sondern der Testamentsvollstrecker **persönlich**. Wenn aber der Dritte ohne Fahrlässigkeit annehmen konnte, daß die Eingehung der Verbindlichkeit zur ordnungsmäßigen Verwaltung gehöre, dann haftet ihm der Erbe; der Testamentsvollstrecker wiederum ist nach § 2219 dem Erben zum Schadensersatz verpflichtet (RGZ 83, 348; § 2206 Rn 11 f).

Darüber hinaus ist der Testamentsvollstrecker im Rahmen des § 278 als **gesetzlicher** **27** **Vertreter** (des Erben) im weiteren Sinn anzusehen (grundsätzlich unter Auseinandersetzung mit dem Schrifttum RGZ 144, 399, 402; vgl § 2205 Rn 59, 70; **aM** ohne nähere Begründung RGZ 159, 337, 352).

Für den Schaden, den der Testamentsvollstrecker in Ausübung seines Amtes einem **28** Dritten außerhalb eines Vertrages durch eine **unerlaubte Handlung** zufügt, haftet er dem Dritten persönlich. Es haftet aber auch der Erbe, da durch eine unerlaubte Handlung, die der Testamentsvollstrecker in Erfüllung einer Amtspflicht oder durch Versäumung einer Amtspflicht begeht, ebenso eine Nachlaßverbindlichkeit (§§ 1967, 2058) begründet wird wie durch die zur ordnungsmäßigen Verwaltung erforderliche Eingehung einer Verbindlichkeit (OLG Hamburg OLGE 16, 267; Münch-Komm/BRANDNER Rn 18 in entsprechender Anwendung des § 31; aM SOERGEL/DAMRAU Rn 8; RG WarnR 1914 Nr 127 läßt die Frage offen). **Beispiele:** Der Testamentsvollstrecker unterläßt das Sandstreuen vor dem seiner Verwaltung unterliegenden Haus; er verletzt beim Betrieb eines zum Nachlaß gehörigen Unternehmens fremde Patentrechte. Der Erbe hat in solchen Fällen, wenn er von dem Dritten in Anspruch genommen wird, einen Ersatzanspruch gegen den Testamentsvollstrecker, auch wenn die Voraussetzung des § 2219 (Verschulden des Testamentsvollstreckers) nicht vorliegen, weil der Schaden in jedem Fall von dem Testamentsvollstrecker veranlaßt worden ist und der Erbe in der Regel keinen Einfluß auf die Auswahl des Testamentsvollstreckers hat (entspr Anw von §§ 840 Abs 2, 831).

Die Haftung des Erben für unerlaubte Handlungen, die der Testamentsvollstrecker **29** in Ausübung seines Amtes begeht, kann nur aus dem **Wesen seines Amtes** hergeleitet werden (vgl § 2205 Rn 88), nicht durch entsprechende Anwendung des § 278; denn diese Bestimmung ist nach hM auf die Verletzung allgemeiner Rechtspflichten nicht anwendbar (RGZ 160, 310, 314). Auch eine Haftung nach § 831 scheidet aus, da der Testamentsvollstrecker kein Verrichtungsgehilfe ist (SOERGEL/DAMRAU Rn 8). Steht die unerlaubte Handlung des Testamentsvollstreckers mit seinen Amtspflichten in keinem inneren, notwendigen Zusammenhang, erfolgt sie vielmehr nur anläßlich oder bei Gelegenheit der Erfüllung einer ihm obliegenden Pflicht (zB der Testamentsvollstrecker mißhandelt bei der Einziehung einer Nachlaßforderung den Schuldner), so entsteht keine Nachlaßverbindlichkeit und dem Dritten haftet nur der Testamentsvollstrecker persönlich (BGH WM 1957, 514; PLANCK/FLAD Anm 6; MünchKomm/BRANDNER Rn 18).

Soweit nach dem Gesagten der Erbe haftet, kann er nach den allgemeinen Vorschrif- **30** ten Beschränkung seiner Haftung auf den Nachlaß herbeiführen. Soweit der Testamentsvollstrecker haftet, haftet er in dem oben dargelegten Umfang auch für Vertreter und Gehilfen (§§ 2218, 664; § 2218 Rn 12).

V. Haftung für die Auswahl des Testamentsvollstreckers

Wenn der Erblasser gemäß § 2198 die Bestimmung der Person des Testamentsvoll- **31** streckers einem Dritten überlassen hat, so haftet der Dritte **nicht** für ein etwaiges

Verschulden bei der Auswahl des Testamentsvollstreckers. Eine solche Haftung läßt sich auch nicht aus § 831 ableiten; denn die Tätigkeit des Dritten erschöpft sich in der Ernennung des Testamentsvollstreckers, auf die Ausübung des Amtes durch den von ihm Ernannten hat er keinen Einfluß, er ist also nicht „Geschäftsherr" (MünchKomm/ BRANDNER Rn 19). **Dagegen** haftet der Testamentsvollstrecker, der nach § 2199 einen Mitvollstrecker oder Nachfolger ernennt, für ein Verschulden bei der Auswahl dem Erben. Wenn der Nachlaßrichter nach § 2200 den Testamentsvollstrecker ernennt und dabei vorsätzlich oder fahrlässig eine ungeeignete Person auswählt, so hat der Staat, in dessen Dienst der Richter steht, dem Erben den daraus entstehenden Schaden zu ersetzen, sofern nicht einer der in § 839 Abs 1 S 2, Abs 3 vorgesehenen Ausnahmefälle vorliegt (Art 34 GG).

VI. Der Haftpflichtprozeß

32 Nach Auffassung des Reichsgerichts (RGZ 138, 132) gehört der Ersatzanspruch, der dem oder den Erben nach § 2219 gegen einen früheren Testamentsvollstrecker zusteht, grundsätzlich zum Nachlaß; er kann daher nach § 2212 nur von dem etwa vorhandenen neuen Testamentsvollstrecker gerichtlich geltend gemacht werden (*Aktivlegitimation*). Nur dann, wenn nicht „der Nachlaß als solcher", sondern nur ein einzelner Miterbe geschädigt ist – etwa durch Benachteiligung bei der Auseinandersetzung –, soll der Ersatzanspruch nicht zum Nachlaß gehören und von dem geschädigten Miterben geltend gemacht werden können. Wenn auch die Begründung dieser Entscheidung in bedenklicher Weise den Nachlaß personifiziert, so ist ihr doch im Ergebnis zuzustimmen, da der Gesichtspunkt der Surrogation für sie spricht (vgl §§ 2041, 1978 Abs 2; STAUDINGER/WERNER[12] § 2041 Rn 12). Andernfalls würde die Ersatzleistung des Testamentsvollstreckers wohl dem Erben zu seinem Recht verhelfen, aber die Nachlaßgläubiger, die sich uU nur an den Nachlaß halten können, wären gefährdet. Die Ersatzansprüche, die ein Vermächtnisnehmer nach § 2219 gegen den Testamentsvollstrecker erheben kann, gehören nicht zum Nachlaß (RGZ 138, 132, 134) und können daher von ihm geltend gemacht werden.

33 Die Klage ist gegen die Person des Testamentsvollstreckers und nicht gegen ihn als Partei kraft Amtes zu richten, da er für Ansprüche aus § 2219 persönlich und nicht mit dem Nachlaß haftet.

34 Die Darlegungs- und **Beweislast** für alle Tatbestandsvoraussetzungen liegt beim Kläger. Ein Anscheinsbeweis (THOMAS/PUTZO § 286 ZPO Rn 12 ff) wird bei der vielschichtigen Testamentsvollstreckertätigkeit kaum in Betracht kommen. Nur für die haftungsausfüllende Kausalität besteht die Möglichkeit einer Beweiserleichterung gem § 287 ZPO (RIEDERER VPAAR, in: BENGEL/REIMANN, HbTV XII Rn 112).

VII. Haftpflichtversicherung des Testamentsvollstreckers

35 Um das bei großen Nachlässen nicht unbeträchtliche Haftungsrisiko zu vermindern, empfiehlt sich der Abschluß einer Vermögensschadenhaftpflichtversicherung, soweit der Testamentsvollstrecker nicht schon durch eine Berufshaftpflichtversicherung abgesichert ist (vgl für Rechtsanwälte, Notare, Steuerberater und Wirtschaftsprüfer STOCKEBRAND, in: BENGEL/REIMANN, HbTV XI Rn 11, 22 ff, 48, 54). Ob die Prämie für eine derartige Versicherung im Rahmen des Aufwendungsersatzes (§§ 2218, 670) aus dem

Nachlaß entnommen werden darf, ist umstritten (bejahend RIEDERER vPAAR, in: BENGEL/
REIMANN, HbTV XII Rn 138; aM HAEGELE/WINKLER Rn 567 Fn 3).

§ 2220

Der Erblasser kann den Testamentsvollstrecker nicht von den ihm nach den §§ 2215, 2216, 2218, 2219 obliegenden Verpflichtungen befreien.

Materialien: E I §§ 1906 Abs 1; 1908 Abs 3; II
§ 2089; III § 2194; Mot V 241 f, 244; Prot V 263,
310, 314, 316.

I. Allgemeines

Die Vorschrift des § 2220 beruht auf dem Gedanken, daß die Beschränkung des **1**
Erben durch die ausgedehnten Machtbefugnisse des Testamentsvollstreckers nicht so
weit gehen darf, daß der Erbe praktisch der Willkür des Testamentsvollstreckers
ausgeliefert ist. Korrelat des in § 2220 enthaltenen Befreiungsverbotes ist, daß es
dem Erblasser, über den Wortlaut der Vorschrift hinaus, auch verboten ist, den
Erben an der Ausübung der Rechte zu hindern, die ihm zustehen, wenn der Testamentsvollstrecker seine Verpflichtungen nach §§ 2215, 2216, 2218, 2219 verletzt
(SOERGEL/DAMRAU Rn 1). Der Erblasser kann daher das Recht des Erben, bei Unfähigkeit oder Nachlässigkeit des Testamentsvollstreckers seine Entlassung zu beantragen
(§ 2227), weder ausschließen noch beschränken. Er kann auch nicht anordnen, daß
der Erbe bei der Ausübung seiner Rechte nach §§ 2215, 2216, 2218, 2219, 2227 an
die Vorentscheidung eines Dritten oder eines Schiedsgerichts gebunden ist (RGZ 133,
128, 135 f). Der Erblasser kann die Vorschrift des § 2220 auch nicht dadurch umgehen,
daß er zugunsten des Testamentsvollstreckers ein sog Befreiungsvermächtnis anordnet (§ 2219 Rn 15). Darüber, inwieweit der Erblasser den Testamentsvollstrecker vom
Verbot des Selbstkontrahierens (§ 181) befreien kann, vgl § 2205 Rn 62.

II. Der Inhalt des Befreiungsverbots

1. Grundsatz

Nach § 2220 kann der Erblasser den Testamentsvollstrecker **nicht** von den Verpflich- **2**
tungen **befreien**, die ihm nach den §§ 2215, 2216, 2218, 2219 obliegen, also vor allem
nicht von der Pflicht zur Aufnahme des Nachlaßverzeichnisses, zur ordnungsmäßigen Verwaltung des Nachlasses, zur Unterrichtung des Erben, Erteilung von Auskunft und Rechenschaftslegung, zur Herausgabe des Nachlasses an den Erben sowie
zum Ersatz des verschuldeten Schadens. Soweit aus den §§ 2218, 666, 667, 259, 260
die Verpflichtung des Testamentsvollstreckers zur Abgabe einer eidesstattlichen Versicherung abzuleiten ist (§ 2218 Rn 24), kann ihn der Erblasser hiervon nicht befreien.
Wohl aber kann er ihn, da § 2217 in § 2220 nicht angeführt ist, von der Verpflichtung
zur Freigabe entbehrlicher Nachlaßgegenstände befreien.

2. Modifizierungen durch den Erblasser

3 Für die Rechnungslegungs- und Rechenschaftspflicht (§§ 2218, 666) kann das Befreiungsverbot für den Testamentsvollstrecker eine Behinderung seiner Tätigkeit darstellen, da bei einer Vielzahl von Erben jeder Erbe den Anspruch geltend zu machen vermag (BGH NJW 1965, 396). Daher wird man in Anlehnung an die aus dem Gesellschaftsrecht bekannte Figur der **obligatorischen Gruppenvertretung** (BGHZ 46, 291; K SCHMIDT ZHR 146, 525 mwN) die Anordnung des Erblassers, daß nur ein gemeinsamer Vertreter die Rechte der Erben geltend machen könne, für zulässig halten müssen. Im Wege der restriktiven Auslegung des § 2220 wird eine derartige Modifikation des Erbenanspruchs nicht vom Befreiungsverbot erfaßt (REIMANN 141 ff; KLUMPP, in: BENGEL/REIMANN, HbTV VI Rn 315). Jedoch darf lediglich die obligatorische Vertretung angeordnet werden, die Bestimmung des Vertreters liegt in den Händen der Erbengemeinschaft; auch sonst darf vom Erblasser nicht in die Autonomie der Erbengemeinschaft eingegriffen werden. Im Falle der Untätigkeit des Vertreters leben die Rechte der Erben wieder auf.

III. Wirkung des Befreiungsverbots

4 Wenn der Erblasser den Testamentsvollstrecker in der letztwilligen Verfügung ausdrücklich oder dem Sinne nach von einer der Verpflichtungen befreit, die ihm in den §§ 2215, 2216, 2218, 2219 auferlegt sind, so ist diese **Anordnung** im Rahmen der Testamentsvollstreckung **unwirksam**. Denn das Gesetz läßt nicht zu, daß der Testamentsvollstrecker vom Erblasser so freigestellt wird, daß von den wesentlichen Rechten des Erben praktisch nichts mehr übrig bleibt. Tut er es doch, so ist zu prüfen, ob nicht **in Wahrheit** der zum Testamentsvollstrecker Ernannte **der Erbe** und der als Erbe Berufene der auf den Überrest eingesetzte Nacherbe sein soll (§ 2137). Denn der Wille des Erblassers ist für die Auslegung entscheidend; im Zweifel ist diejenige Auslegung zu wählen, bei der die letztwillige Verfügung Erfolg haben kann (§ 2084; aM MünchKomm/BRANDNER Rn 6). Ergibt die Auslegung, daß Testamentsvollstreckung gewollt ist, dann ist die Befreiung von den oben bezeichneten Verpflichtungen unwirksam. Ist in der letztwilligen Verfügung dem Erben die Verpflichtung auferlegt, den Testamentsvollstrecker zum Prokuristen des zum Nachlaß gehörigen Handelsbetriebes zu bestellen, und zugleich bestimmt, daß der Vorerbe und – nach Eintritt der Nacherbfolge – der Nacherbe dem Testamentsvollstrecker Generalvollmacht zu erteilen haben, so ist zu prüfen, ob nicht eine übermäßige Beschränkung der Rechtsstellung und Bewegungsfreiheit der Erben vom Erblasser bezweckt und bewirkt und ob dies nicht **sittenwidrig** ist (OLG München JFG 14, 428; aM MünchKomm/BRANDNER Rn 5, der bei konsequenter Anwendung des § 2220 keinen Raum mehr für § 138 Abs 1 sieht).

IV. Befreiung durch den Erben

5 Der Erbe kann aus freien Stücken auf den Schutz des § 2220 **verzichten** (OLG Hamburg OLGZ 43, 403). Der Erblasser darf aber § 2220 nicht dadurch umgehen, daß er den Erben durch Auflage anhält, einen derartigen Verzicht auszusprechen (Rn 1). Der Erbe ist in der Lage, für Streitigkeiten mit dem Testamentsvollstrecker eine Schiedsklausel zu vereinbaren (OLG Hamburg EWiR 1985, 815 mit Anm DAMRAU). Bei einer

Mehrheit von Erben ist wegen § 2040 Abs 1 ein Verzicht auf einen Schadensersatzanspruch gem § 2219 nur durch alle Miterben gemeinschaftlich möglich.

§ 2221

Der Testamentsvollstrecker kann für die Führung seines Amtes eine angemessene Vergütung verlangen, sofern nicht der Erblasser ein anderes bestimmt hat.

Materialien: E I § 1909 S 1; II § 2090; III § 2195; Mot V 244 f; Prot V 316.

Schrifttum

ECKELSKEMPER, Die Vergütung des Testamentsvollstreckers, MittRhNotK 1981, 147
GLASER, Die Vergütung für die Tätigkeit des Testamentsvollstreckers, DB 1979, 877
ders, Das Honorar des Testamentsvollstreckers, MDR 1983, 93
MEINCKE, Steuerberater als Testamentsvollstrecker, Nachlaßverwalter und Nachlaßpfleger, Steuerberaterkongreßreport 1992

MÜMMLER, Aus der Kostenpraxis des Rechtsanwaltes, JurBüro 1989, 22
REIMANN, Zur Festsetzung der Testamentsvollstreckervergütung, ZEV 1995, 57
SCHUHMANN, Zur Angemessenheit des Testamentsvollstreckerhonorars im Erbschaftsteuerrecht, UVR 1991, 363.

Systematische Übersicht

I. Allgemeines	
1. Grundsatz ... 1	2. Die Bestimmung der Angemessenheit ... 27
2. Die Maßgeblichkeit des Erblasserwillens ... 4	3. Mehrere Testamentsvollstrecker ... 29
3. Vergütung und Auslagenersatz ... 7	4. Grundsätze der Bemessung
	a) Ermittlung eines Bezugswertes ... 30
	b) Ermittlung der Vergütung ... 36
II. Der Vergütungsanspruch	
1. Entstehung ... 11	**IV. Die Vergütung des vermeintlichen Testamentsvollstreckers ... 54**
2. Anspruchsgegner ... 13	
3. Fälligkeit ... 17	**V. Die Besteuerung der Testamentsvollstreckervergütung**
4. Vorschuß und Entnahmerecht ... 18	
5. Zurückbehaltungsrecht ... 23	1. Erbschaftsteuer ... 55
6. Verjährung und Verwirkung ... 24	2. Ertragsteuer ... 57
III. Die angemessene Vergütung	3. Gewerbesteuer ... 59
1. Grundsatz ... 26	4. Umsatzsteuer ... 60

Alphabetische Übersicht

Abtretung ... 16	Auseinandersetzung ... 33, 48
Anspruchsberechtigter ... 15	Auslagenersatz ... 7 ff
Anspruchsgegner ... 13	

Berufsgruppe	9	Nießbrauch	14
Besteuerung	55 ff	Notar	9
Bewertung	49		
Bezugswert	30 ff	Rechtsanwalt	9
		Rheinische Tabelle	37 ff
Dauervollstreckung	17	– Anpassung	38
		– Zuschläge	40
Eckelskemper'sche Tabelle	43		
Einkommensteuer	56 ff	Sachwerte	21
Entlassung	22	Schulden, Verhandlungen	51
Entnahmerecht	18	Sicherungsmaßnahmen	52
Entnahmerisiko	19, 22	Steuerberater	9
Erblasserwille	1 ff, 11		
– Ermittlung	4, 26	Tabellen	36 ff
– Maßgeblichkeit	4 ff	– Verwendbarkeit	44
– Vorrang	1	Tarifbegünstigung	58
Erbschaftsteuer	55 ff	Tätigkeitsphase	39
Ertragsteuer	57 f		
		Umsatzsteuer	30, 60 f
Fallgruppen	45	Ungeordneter Nachlaß	46
Fälligkeit	17	Unternehmensgewinn	53
Geschäftsbetrieb, Fortführung	53	Veräußerung von Nachlaßgegenständen	20
Gewerbesteuer	57, 59	Vereinbarung mit den Erben	5
		Vergütung	1 ff
Hilfspersonen	8	– Angemessenheit	12, 26 ff
		– Aufteilung	29
Immobilien	48, 51	– Bemessung	30 ff
Insuffizienz	3	– Determinanten	30
		– Entstehung	11 f
Jahresgebühr	17	– Ermittlung	36 ff
		– Festsetzung	27
Konstituierung	31	– Kürzung	10
Konstituierungsgebühr	17	Vergütungsregelung, Rechtsnatur	6
Kreditinstitute	51	Verjährung	24
		Verkehrswert	35
Letztwillige Verfügung	2	Vermächtnis	6, 14, 47
		Vermächtnisvollstreckung	14
Mehrere Testamentsvollstrecker	15, 29	Vermeintlicher Testamentsvollstrecker	54
Minderjährige	47	Verwaltungsvollstreckung	32
Mindestsätze	38	Verwirkung	25
Möhring'sche Tabelle	41	Vorschuß	18
		Vorsteuerabzug	60
Nachlaß, Bewertung	35		
Nachlaßhaftung	14	Weirich'sche Tabelle	42
Nachlaßverbindlichkeit	13		
Nachlaßverbindlichkeiten, Regulierung	34, 50 f		

6. Titel.
Testamentsvollstrecker

§ 2221
1–5

I. Allgemeines

1. Grundsatz

§ 2221 räumt dem Testamentsvollstrecker einen Vergütungsanspruch in angemessener Höhe ein, sofern der Erblasser den Anspruch nicht ausgeschlossen oder der Höhe nach festgesetzt hat. Aufgrund des **Vorrangs des Erblasserwillens** findet eine Überprüfung, ob die vom Erblasser festgesetzte Höhe angemessen ist, nicht statt. Ist der Testamentsvollstrecker mit der vom Erblasser bestimmten Vergütung nicht einverstanden, kann der Testamentsvollstrecker nur die Annahme des Amtes ablehnen, nach Annahme hat er nur die Möglichkeit, das Amt zu kündigen oder mit den Erben zu verhandeln (Soergel/Damrau Rn 2, s u Rn 4). 1

Da die Festlegung der Vergütung eine wesentliche Ausgestaltung des Amtes darstellt, muß diese ebenso wie die Anordnung der Testamentsvollstreckung im Rahmen einer **Verfügung von Todes wegen** in der vorgeschriebenen Form erfolgen (BayObLG Rpfleger 1980, 152). Andernfalls gilt subsidiär § 2221. 2

Hat der Erblasser jedoch die Vergütung nicht ausgeschlossen, so scheidet bei **Insuffizienz** des Nachlasses eine analoge Anwendung des § 1836 Abs 1 S 3 BGB aus, da das Amt des Testamentsvollstreckers mit dem des Vormundes nicht zu vergleichen ist. Die Vergütung ist also auch dann zu zahlen, wenn die Lage des Nachlasses schwierig ist (Eckelskemper, in: Bengel/Reimann, HbTV X Rn 4). 3

2. Die Maßgeblichkeit des Erblasserwillens

Hat der Erblasser die Höhe der Vergütung selbst bestimmt, so kann der Testamentsvollstrecker nur den **bestimmten Betrag** verlangen, ohne Rücksicht auf seine Angemessenheit. Doch gilt auch hier, daß der wirkliche oder mutmaßliche Wille des Erblassers zu erforschen ist. So kann im Prozeß die vom Erblasser bestimmte Vergütung herabgesetzt werden, wenn anzunehmen ist, daß der Erblasser die Vergütung niedriger festgesetzt hätte, wenn er gewußt hätte, daß die Tätigkeit des Testamentsvollstreckers durch eine Nachlaßverwaltung abgekürzt werden würde (KG OLGZ 18, 317). Das gleiche gilt, wenn das Amt des Testamentsvollstreckers vorzeitig endet, etwa weil er stirbt (§ 2225), oder weil er sein Amt ohne genügenden Grund vorzeitig niederlegt (§ 2226; OLG Hamburg OLGZ 18, 320), oder weil er entlassen wird (§ 2227). Für das Maß der Kürzung können die Vorschriften über den Dienstvertrag (§ 628) in manchen Fällen einen Anhalt gewähren, wenn auch die Bezugnahme auf sie bei der Schaffung des Gesetzes wegen der Verschiedenheit der Rechtsverhältnisse abgelehnt worden ist (Prot V 317; Planck/Flad Anm 6). 4

Es ist dem Erben und den sonstigen Nachlaßbeteiligten unbenommen, mit dem Testamentsvollstrecker eine andere Vergütung zu vereinbaren. Der Erbe allein wird eine solche **Vereinbarung** nicht mit Wirkung für die anderen Nachlaßbeteiligten (Vermächtnisnehmer, Nachlaßgläubiger) treffen können, wenn dadurch ihre Rechte gefährdet werden. Die Beteiligten können neben der vom Erblasser festgesetzten Vergütung eine weitere Vergütung vereinbaren (RG JW 1936, 3388). Eine solche Sondervergütung kann mit der sog Konstituierung des Nachlasses (Besitzergreifung, 5

Nachlaßverzeichnis, Regelung der Erblasser- und Steuerschulden) verdient sein (RG aaO; BayObLGZ 1972, 379).

6 Billigt der Erblasser dem Testamentsvollstrecker eine bestimmte angemessene Vergütung zu, so hat dies nicht die rechtliche **Natur eines Vermächtnisses** (Mot V 245; KG OLGZ 14, 301; 18, 317). Nur soweit die vom Erblasser zugesprochene Vergütung den angemessenen Betrag überschreitet, ist sie als Vermächtnis zu behandeln, sie ist also insoweit im Nachlaßkonkurs erst nach allen anderen Nachlaßverbindlichkeiten zu berichtigen (§ 226 Abs 2 Nr 5 KO), während sie in der angemessenen Höhe Masseschuld nach § 224 Abs 1 Nr 6 KO ist (PLANCK/FLAD Anm 3). Dies gilt auch für die Vergütung, die der Testamentsvollstrecker mit dem Erben vereinbart hat. Am Nachlaßvergleichsverfahren ist die Forderung des Testamentsvollstreckers auf Vergütung nicht beteiligt (§ 113 Abs 1 Nr 6 VerglO).

3. Vergütung und Auslagenersatz

7 Der neben dem Vergütungsanspruch bestehende **Anspruch auf Auslagenersatz** ergibt sich nicht aus § 2221, sondern aus §§ 2218, 670. Zum Umfang dieses Anspruchs allgemein s § 2218 Rn 28 ff.

8 Grundsätzlich gehören zum Auslagenersatz auch die Aufwendungen, die der Testamentsvollstrecker für **Hilfspersonen** tätigt. Es ist hier die Frage, ob Auslagen für Hilfskräfte zu ersetzen sind, auch ist zu prüfen, ob ihr Einsatz unter dem Gesichtspunkt der ordnungsmäßigen Amtsführung (§ 2216 Abs 1) geboten ist (OLG Koblenz JurBüro 1992, 398). Allerdings ist zu prüfen, ob die Aufwendungen nicht schon von der Vergütung abgedeckt sind oder ob der Aufwendungsersatz Auswirkungen auf die Höhe der Vergütung hat.

9 Ist das **Mitglied einer bestimmten Berufsgruppe** (Rechtsanwälte, Steuerberater, Wirtschaftsprüfer, Notare) zum Testamentsvollstrecker ernannt, so kann dieser für allgemeine Tätigkeiten, die er im Rahmen seiner Berufstätigkeit abrechnen kann (vgl zB § 27 BRAGO), für die Testamentsvollstreckung keinen Auslagenersatz fordern (ECKELSKEMPER, in: BENGEL/REIMANN, HbTV X Rn 57). Auch kann generell der berufsspezifische Einsatz von der Vergütung bereits erfaßt sein, jedoch nur, wenn der Erblasser die Berufsgruppe gezielt für die notwendige Tätigkeit ausgesucht hat (ERMAN/M SCHMIDT Rn 17; REIMANN ZEV 1995, 57, 59; vgl OLG Koblenz JurBüro 1992, 398).

10 Verrichten Hilfspersonen, für die der Testamentsvollstrecker Auslagenersatz begehrt, einen Teil der Arbeit, die im Rahmen der ordnungsgemäßen Testamentsvollstreckertätigkeit ohnehin geleistet werden müßte, so kann dies die Angemessenheit der **Vergütung verringern**, so zB wenn der Testamentsvollstrecker für die Verwaltung eines Nachlasses, der überwiegend aus Immobilien besteht, einen Hausverwalter o ä engagiert (vgl BGH BB 1967, 184; OLG Koblenz JurBüro 1992, 398; ECKELSKEMPER, in: BENGEL/REIMANN, HbTV X Rn 63; HAEGELE/WINKLER Rn 636).

II. Der Vergütungsanspruch

1. Entstehung

Ob und in welcher Höhe der Testamentsvollstrecker eine Vergütung erhält, bestimmt sich in erster Linie nach dem in der letztwilligen Verfügung ausgesprochenen oder aus ihr zu erforschenden **Willen des Erblassers**. Hat der Erblasser angeordnet, daß der Testamentsvollstrecker das Amt unentgeltlich zu führen habe, so kann dieser keine Vergütung verlangen, auch wenn das Amt länger dauert und größere Mühe verursacht. Es bleibt dann dem Testamentsvollstrecker nur übrig, das Amt entweder gar nicht anzunehmen (§ 2202) oder zu kündigen (§ 2226). Ausnahmsweise wird dem Testamentsvollstrecker trotz entgegenstehender Anordnung des Erblassers eine Vergütung zuzubilligen sein, wenn die Anordnung über den Ausschluß der Vergütung in einer anderen Urkunde enthalten ist als die Ernennung und wenn der Testamentsvollstrecker, bevor er von dem Ausschluß der Vergütung Kenntnis haben konnte, bereits als solcher tätig geworden ist (Kipp/Coing § 73 IV 2). 11

Die **Frage der Angemessenheit** ist nicht nur für die Höhe der Vergütung entscheidend, sondern auch dafür, ob überhaupt eine solche zuzubilligen ist. Dies gilt vor allem dann, wenn das Amt des Testamentsvollstreckers – aus welchen Gründen auch immer – vor Erfüllung der ihm zugewiesenen Aufgaben enden sollte (Prot V 317). Keine Vergütung steht dem Testamentsvollstrecker zu, wenn er schon vor Annahme des Amtes entlassen worden ist oder wenn er aus anderen Gründen keine Tätigkeit entfalten konnte oder entfaltet hat (MünchKomm/Brandner Rn 16). 12

2. Anspruchsgegner

Aus dem Charakter des Vergütungsanspruchs als **Nachlaßverbindlichkeit** ergibt sich der Grundsatz, daß die Erben verpflichtet sind, die Vergütung (aus dem Nachlaß) zu bezahlen. 13

Hat der Testamentsvollstrecker nur einzelne Gegenstände oder nur einen **Teil des Nachlasses** zu verwalten, so haftet – vor allem im Nachlaßkonkurs – der ganze Nachlaß, wobei die etwa nicht von der Tätigkeit des Testamentsvollstreckers betroffenen Miterben keinen Ersatzanspruch haben (Soergel/Damrau Rn 1; aM MünchKomm/Brandner Rn 3). Die Vergütung des **Vermächtnisvollstreckers** (§ 2223) geht nur zu Lasten des Vermächtnisnehmers (vgl § 2223 Rn 16). Ist Gegenstand eines Vermächtnisses ein **Nießbrauch** an einem Nachlaß – auch zu einem Bruchteil –, so ist der Nießbraucher verpflichtet, die Kosten einer angeordneten Testamentsvollstreckung – ggf anteilig – zu tragen; dies ergibt sich aus §§ 1089, 1088 (OLG Düsseldorf OLGZ 1975, 341). Dies gilt auch für die „Konstituierungsgebühr" (vgl Rn 17), da sie Teil der einheitlichen Testamentsvollstreckervergütung ist (Firsching/Graf Rn 4.423). Handelt es sich nicht um einen Nießbrauch am Nachlaß, sondern an einem Nachlaßgegenstand (zB Grundstück), gilt § 1047 mit der Folge, daß sich aus dem Nießbrauch nicht die Verpflichtung des Nießbrauchers, die Vergütung zu bezahlen, ergibt (OLG Düsseldorf aaO). Eine anteilige Kostentragungspflicht kann sich jedoch aus dem **Vermächtnis** ergeben. Ist dem Vermächtnisnehmer ein Bruchteil des Nachlasses zugewandt, ist anzunehmen, daß er nach dem Willen des Erblassers auch die Kosten der Testamentsvollstreckung anteilig zu tragen hat (OLG Düsseldorf aaO; Haegele/ 14

WINKLER Rn 639). Gleiches kann gelten, wenn dem Vermächtnisnehmer ein anderes Sachlegat ausgesetzt wurde, das im Verhältnis zum Restnachlaß bedeutend ist (OLG Düsseldorf aaO). Bei einer Nacherbenvollstreckung ist der Nacherbe Anspruchsgegner (vgl § 2222 Rn 24).

15 **Anspruchsberechtigt** ist der Testamentsvollstrecker. Sind mehrere Testamentsvollstrecker vorhanden, so steht jedem ein Anspruch auf Vergütung zu, der von ihm allein, ohne Mitwirkung der anderen Testamentsvollstrecker geltend gemacht werden kann. Daher ist jeder Testamentsvollstrecker für eine seine Vergütung betreffende negative Feststellungsklage des Erben passiv legitimiert (RG Recht 1918 Nr 251). Ebenso kann jeder Miterbe für sich allein gegen den Testamentsvollstrecker eine solche negative Feststellungsklage erheben (RG Recht 1918 Nr 250).

16 Der Vergütungsanspruch des Testamentsvollstreckers ist fungibel, also **abtretbar**, verpfändbar und vererblich, auch wenn es sich bei seinem Amt um ein höchstpersönliches handelt (KG OLGZ 1974, 225).

3. Fälligkeit

17 Soweit nichts anderes vom Erblasser bestimmt ist, ist die Vergütung **im allgemeinen nach Beendigung des Amtes**, bei längerdauernder Verwaltung, insbesondere bei Dauervollstreckung (§ 2209), in regelmäßigen Zeitabschnitten (vgl § 2218 Abs 2) zu entrichten; sie hat sich der Rechnungslegung anzupassen und ist demgemäß idR **in jährlichen Abschnitten** nachträglich zu bezahlen (BGH WM 1964, 950; BayObLGZ 1972, 379). Es ist allerdings nicht ausgeschlossen, bei der ersten Zahlung die bei Beginn der Testamentsvollstreckung regelmäßig erhöhte Arbeitsbelastung entsprechend zu berücksichtigen und die Zahlung für das erste Jahr höher zu bemessen als die Zahlungen in den folgenden Jahren; diese sog **Konstituierungsgebühr** ist jedoch Teil der einheitlichen Vergütung (BayObLGZ 1972, 379; OLG Düsseldorf OLGZ 1975, 341; OLG Köln NJW-RR 1994, 269 = ZEV 1994, 118 mit Anm KLINGELHÖFFER = JurBüro 1993, 669 mit Anm MÜMMLER).

4. Vorschuß und Entnahmerecht

18 Der Testamentsvollstrecker hat **kein Recht auf Vorschuß** (für Vergütung und Aufwendungen gem §§ 2218, 670), da § 669 in § 2218 Abs 1 nicht aufgeführt ist (BGH WM 1972, 101, 102; OLG Köln Rpfleger 1987, 458). Ein solches Recht braucht er auch nicht, da er gewöhnlich aufgrund seines Verfügungsrechtes (§ 2205) in der Lage ist, die Beträge, die er zu fordern hat, selbst dem Nachlaß zu entnehmen; das ergibt sich aus dem Charakter des Vergütungsanspruchs als Nachlaßverbindlichkeit iVm § 181, der auf den Testamentsvollstrecker zumindest entsprechend anzuwenden ist (KG JW 1937, 475; BGH NJW 1963, 1615; BGH WM 1972, 101 und 1973, 360; BayObLGZ 1972, 379; KIPP/COING § 73 IV 3; TSCHISCHGALE JurBüro 1965, 89).

19 Da der Testamentsvollstrecker nicht berechtigt ist, die Vergütungshöhe selbst zu bestimmen (vgl Rn 1, 4), trägt er bei einer Auszahlung an sich das **Risiko**, ob der entnommene Betrag auch in vollem Umfang geschuldet ist (BGH NJW 1963, 1615).

20 Das Entnahmerecht berechtigt den Testamentsvollstrecker auch nicht, zur Beschaf-

fung der dazu benötigten Geldmittel **Nachlaßgegenstände** zu **veräußern**; hierfür ist § 2216 maßgebend (BGH NJW 1963, 1615).

Sachwerte, wie zB Aktien, darf der Testamentsvollstrecker dem Nachlaß als Vergütung für seine Tätigkeit nur entnehmen, wenn besondere Umstände dies rechtfertigen oder die Erbengemeinschaft das beschließt; hierbei darf der Testamentsvollstrecker, wenn er Miterbe ist, nicht mitstimmen (BGH WM 1973, 360). 21

Hat der Testamentsvollstrecker eine **unangemessen hohe Vergütung** entnommen, kann dies uU **Entlassungsgrund** iSv § 2227 sein und ihn den Beteiligten und den Nachlaßgläubigern gegenüber zum Schadensersatz verpflichten (OLG Köln NJW-RR 1987, 1097; GLASER NJW 1962, 1999; TSCHISCHGALE JurBüro 1965, 89). 22

5. Zurückbehaltungsrecht

Der Testamentsvollstrecker hat wegen seiner Vergütungs- und Aufwendungsansprüche gegenüber den Ansprüchen der Erben, insbesondere gegenüber den Ansprüchen auf Herausgabe und Schadensersatz, nicht aber gegenüber den Ansprüchen auf Auskunft und Rechnungslegung und nicht gegenüber dem Anspruch nach § 2217 ein **Zurückbehaltungsrecht** (§ 273; weitergehend OLG Düsseldorf JW 1925, 2147; KIPP/COING § 73 Fn 54; enger PALANDT/EDENHOFER Rn 16). 23

6. Verjährung und Verwirkung

Für die Verjährung des Vergütungsanspruchs gelten die **allgemeinen Bestimmungen**. Der Anspruch auf Vergütung verjährt (anders als der Aufwendungsersatzanspruch gem §§ 2218, 670) auch bei Rechtsanwälten nach § 195 in 30 Jahren (OLG Düsseldorf JW 1918, 741). 24

Verstößt ein Testamentsvollstrecker gegen die ihm obliegende Treuepflicht, so kann er dadurch seinen Vergütungsanspruch **verwirken** (BGH BB 1976, 814). Dies kann der Fall sein, wenn er sich bewußt über die Interessen der Personen, für die er als Testamentsvollstrecker eingesetzt ist, hinwegsetzt und mit seiner Tätigkeit eigene Interessen oder die anderer Personen verfolgt (BGH WM 1979, 1116; JOHANNSEN WM Sonderbeilage 2/1982, 11), wenn er seine Amtspflichten völlig vernachlässigt oder wenn er seine Tätigkeit auf ein Gebiet erstreckt, das ihm offensichtlich nicht überantwortet ist (BGH BB 1976, 814). Der Vergütungsanspruch ist jedoch nicht verwirkt, wenn der Testamentsvollstrecker in guter Absicht infolge irriger Beurteilung der Sach- oder Rechtslage fehlerhafte Entscheidungen trifft, auch wenn er sich dadurch schadensersatzpflichtig macht (BGH BB 1976, 814). 25

III. Die angemessene Vergütung

1. Grundsatz

Ist in der letztwilligen Verfügung die Vergütung nicht festgesetzt und ist aus ihr auch nicht zu entnehmen, daß die Testamentsvollstreckung unentgeltlich zu führen ist, dann kann der Testamentsvollstrecker eine **angemessene** Vergütung verlangen. Die Bestimmungen der §§ 316, 315 sind entsprechend anzuwenden. Daß der Testaments- 26 vollstrecker mit einem Vermächtnis bedacht oder als Erbe eingesetzt ist, bedeutet an sich noch nicht, daß er keine Vergütung verlangen kann; es ist vielmehr eine Frage des einzelnen Falles, ob durch eine Zuwendung eine weitere Vergütung ausgeschlossen sein soll (Mot V 245). Wenn durch eine Zuwendung zugleich die Mühewaltung des Testamentsvollstreckers abgegolten sein soll, so kann es sein, daß die Anordnung des Vermächtnisses stillschweigend dadurch bedingt ist, daß der Ernannte das Amt des Testamentsvollstreckers annimmt (KGJ 27 A 54).

2. Die Bestimmung der Angemessenheit

27 Die Vergütung wird nicht amtlich, etwa durch das Nachlaßgericht, festgesetzt. Bei einer Einigung mit dem Erben gilt die Vergütung als angemessen (vgl Hessisches FinG EFG 1991, 332 = UVR 1991, 184 mit Anm SCHUHMANN 363). Einigen sich Erben und Testamentsvollstrecker nicht über die Höhe der Vergütung, bleibt nur der **Prozeßweg** offen (BGH NJW 1957, 947; WM 1972, 101; OLG Bremen MDR 1963, 314, BayObLGZ 1972, 379; FIRSCHING/GRAF Rn 4.473). Dies gilt selbst dann, wenn der Erblasser die Entscheidung dem Nachlaßgericht zugewiesen hat (BGH WM 1972, 101). Im Einzelfall kann aber die Anordnung des Erblassers, daß für Streitigkeiten über die Vergütung das Nachlaßgericht zuständig sein soll, dahin ausgelegt werden, daß der Nachlaßrichter als Privatperson die Vergütung entsprechend den §§ 317, 2156 festsetzen soll (SeuffA 78 Nr 143); die **Festsetzung** kann dann, wenn sie der Billigkeit nicht entspricht, auf Klage vom Prozeßgericht geändert werden (§ 319). Der Klagantrag des Testamentsvollstreckers muß die begehrte Vergütung ziffernmäßig bezeichnen (§ 253 Abs 2 Nr 2 ZPO); nur wenn dem Testamentsvollstrecker die Bezifferung nicht möglich oder nicht zuzumuten ist, kann er die „angemessene Vergütung" verlangen (RG JW 1937, 3184).

28 Der Testamentsvollstrecker ist **nicht** berechtigt, die Höhe der Vergütung **selbst zu bestimmen** (BGH NJW 1963, 1615 = DNotZ 1964, 171). Etwas anderes muß allerdings gelten, wenn der Erblasser ihn dazu – ausdrücklich oder stillschweigend – ermächtigt hat, da dieser in einem derartigen Fall von seinem Bestimmungsrecht gem § 2221 mittelbaren Gebrauch gemacht hat (vgl Rn 1).

3. Mehrere Testamentsvollstrecker

29 Sind mehrere Testamentsvollstrecker tätig geworden, so ist die Vergütung weder schematisch zu teilen (so OLG Stuttgart BWNotZ 1961, 92) noch zu vervielfältigen (so GÖTTLICH BRAGO, ABC-Ausgabe, Rn 1222; SCHUMANN/GEISSLINGER Anh § 1 BRAGO Rn 27). Jeder Testamentsvollstrecker erhält vielmehr eine **Vergütung nach Maßgabe seiner Tätigkeit** (RG Recht 1918 Nr 251; BGH NJW 1967, 2400 = DNotZ 1968, 355). Es muß zunächst diese Tätigkeit nach Umfang, Dauer und Verantwortung festgestellt und, wenn nach einem Regelsatz verfahren werden soll, daraufhin geprüft werden, ob sie der im Regelfall vorausgesetzten Tätigkeit eines Testamentsvollstreckers, also den üblichen Aufgaben einer Nachlaßabwicklung entsprach oder ob das Maß der Tätigkeit ein Abweichen vom Regelsatz nach oben oder unten rechtfertigt; dann wird weiter zu prüfen sein, ob das Vorhandensein eines weiteren Testamentsvollstreckers Anlaß geben könne, eine Kürzung für angemessen zu halten, sei es unter dem Gesichtspunkt der Aufgabenteilung, einer sonstigen Erleichterung der Arbeit oder der Verteilung der Verantwortung (BGH aaO).

4. Grundsätze der Bemessung

a) Ermittlung eines Bezugswertes

Bei der Bemessung der Vergütung sind vor allem der Umfang und Wert des Nach- 30
lasses, die Dauer der Verwaltung, der Umfang und die Schwierigkeit der Geschäfte,
die Größe der Verantwortung, die Verwertung besonderer Kenntnisse und Erfahrungen und der erzielte Erfolg zu berücksichtigen (BGH MDR 1963, 293; BGH NJW 1963, 487
= DNotZ 1964, 168, 171; BGH WM 1972, 101; vgl PLASSMANN JW 1935, 1830). Zusätzlich kann
auch die Belastung der Vergütung mit Umsatzsteuer eine Rolle spielen (ECKELSKEMPER, in: BENGEL/REIMANN, HbTV X Rn 5; aM OLG Köln NJW-RR 1994, 328 = ZEV 1994, 118 mit
Anm KLINGELHÖFFER = JurBüro 1993, 669 mit Anm MÜMMLER).

Bei der **Konstituierung** (Inbesitznahme, Erstellung eines Nachlaßverzeichnisses, 31
Regelung der unmittelbaren Verbindlichkeiten und der Erbschaftsteuer) ist für die
Wertermittlung der Nachlaß im Zeitpunkt des Erbfalles ohne Rücksicht auf spätere
Wertminderungen heranzuziehen (BGH NJW 1963, 380).

Bei der **Verwaltungsvollstreckung** kann eine andere Bewertung in Frage kommen, 32
wenn der Testamentsvollstrecker die wesentlichen Nachlaßgegenstände frühzeitig
gem § 2217 den Erben und Vermächtnisnehmern überlassen hat und sich seine Tätigkeit nur noch auf einen geringwertigen Nachlaß bezog (BGH NJW 1967, 2400; SOERGEL/
DAMRAU Rn 10). Allgemeine Wertschwankungen während der Verwaltung dürften
keine Rolle für die Vergütung haben.

Für die Wertermittlung bei der **Auseinandersetzung** sind später eintretende Wertstei- 33
gerungen, insbesondere wenn sie auf dem kaufmännischen Geschick des Testamentsvollstreckers beruhen, mit zu berücksichtigen. Ebenso wird man Wertminderungen bei der Auseinandersetzungsvergütung ansetzen müssen (BGH DNotZ 1964,
174; KG NJW 1974, 752).

Sofern die Vollstreckungstätigkeit auch die **Regulierung der Nachlaßverbindlichkeiten** 34
umfaßt, ist unabhängig vom Zeitpunkt der Bewertung vom Bruttowert (= Aktivvermögen) des Nachlasses auszugehen (hM; BGH NJW 1967, 2402; PALANDT/EDENHOFER
Rn 10; HAEGELE/WINKLER Rn 592; die Gegenmeinung, vgl OLG Hamburg HRR 1933 Nr 1766,
wird heute nicht mehr vertreten). Gerade die Schuldenregulierung kann einen Großteil
der Testamentsvollstreckertätigkeit darstellen. Ist jedoch der Testamentsvollstrecker
nicht mit den Verbindlichkeiten befaßt, ist der Nettowert des Nachlasses anzusetzen
(BGH NJW 1967, 2402; GLASER NJW 1962, 1999). Dies wird wohl vor allem bei der Auseinandersetzung vorkommen, jedoch nur dann, wenn keine Verbindlichkeiten zu
regulieren sind (HAEGELE Rpfleger 1963, 79).

Maßgeblich ist stets der **Verkehrswert** (gemeiner Wert) des Nachlasses. Steuerliche 35
Bewertungsansätze (Einheitswert, Stuttgarter Verfahren) sind nicht anzusetzen. Zu
beachten ist jedoch, daß auch bei der Wertermittlung Anweisungen des Erblassers
Vorrang vor allgemeinen Bewertungsvorschriften haben (HAEGELE/WINKLER Rn 591;
SOERGEL/DAMRAU Rn 10).

b) Die Ermittlung der Vergütung

Hat man den Bezugswert auf diese Weise gewonnen, ist **umstritten**, nach welcher 36

Methode hieraus die Vergütung zu errechnen ist. Hierfür wurden verschiedene Tabellen entwickelt, die sich durch ihre Praktikabilität auszeichnen, bei denen aber umstritten ist, ob sie die geforderte Angemessenheit vermitteln können.

37 **„Rheinische Tabelle":** Die Rechtsprechung und ein Teil der Literatur favorisieren die sog „Rheinische Tabelle", die vom Verein für das Notariat in Rheinpreußen bereits 1925 aufgestellt wurde. Nach PLASSMANN JW 1935, 1831 lauten diese:

> „Es wird empfohlen, als Gebühr für die Tätigkeit des Notars als Testamentsvollstrecker im Regelfalle wie folgt zu berechnen:
> 1. bei einem Nachlaß bis zu 20 000,00 RM
>   Bruttowert 4%
> 2. darüber hinaus bis zu 100 000,00 RM
>   Bruttowert 3%
> 3. darüber hinaus bis zu 1 000 000,00 RM
>   Bruttowert 2%
> 4. darüber hinaus bis zu 1%
> Diese Sätze gelten für normale Verhältnisse und glatte Abwicklung. Folgt dagegen eine längere Verwaltungstätigkeit, zB beim Vorhandensein von Minderjährigen, oder verursacht die Verwaltung eine besonders umfangreiche und zeitraubende Tätigkeit, so kann eine höhere Gebühr als angemessen erachtet werden, auch eine laufende, nach dem Jahresbetrag der Einkünfte zu berechnende Gebühr gerechtfertigt sein."

Die angeführte Staffel ist nach PLASSMANN dahin aufzufassen, daß die angegebenen Prozentsätze jeweils von dem Mehrbetrag zu berechnen sind. Für RM ist heute DM zu lesen.

38 Die Befürworter dieser Tabelle lehnen auch eine **Anpassung der Sätze** im Hinblick auf geänderte Umstände (Haftungsrisiken, kompliziertere Tätigkeit) mit dem Hinweis ab, auch die Nachlaßwerte seien im allgemeinen höher als 1925 (BGH NJW 1967, 2402; OLG Köln NJW-RR 1987, 1098; NJR-RR 1994, 269 = ZEV 1994, 118 mit Anm KLINGELHÖFFER = JurBüro 1993, 669 mit Anm MÜMMLER; PALANDT/EDENHOFER Rn 6; JOHANNSEN WM 1969, 1410). Es wird sich aber wegen der veränderten Geldwertverhältnisse um Mindestsätze handeln (GLASER NJW 1962, 1999; TSCHISCHGALE JurBüro 1965, 91; BELDE JurBüro 1969, 682).

39 Unklar ist jedoch, auf welche **Phase der Tätigkeit** des Testamentsvollstreckers sich die Tabelle bezieht. Vertreten wird sowohl die Auffassung, die Tabelle meine die Konstitutionsgebühr (HAEGELE/WINKLER Rn 580; PALANDT/EDENHOFER Rn 6), als auch die, nur die Verwaltungsgebühr sei damit abgegolten (GLASER DB 1979, 877; MDR 1983, 93). Aus dem Wortlaut der Richtlinien (bei PLASSMANN JW 1935, 1831) und dem damaligen Leitbild einer „Normalvollstreckung" ist mit dem Vergütungssatz wohl eine normale Konstituierung sowie eine Verwaltung von überschaubarer Zeit und eine normale Abwicklung abgegolten (SOERGEL/DAMRAU Rn 9). Dabei müßte jedoch aus den drei Phasenwerten (s Rn 31 ff) ein Mittelwert gebildet werden.

40 Gegen die Rheinische Tabelle wurden im Laufe der Zeit einige **Alternativtabellen** entwickelt (zB GLASER NJW 1962, 1998; TSCHISCHGALE JurBüro 1965, 89; GEROLD/SCHMIDT § 1

BRAGO Rn 19). Sie wollen den geänderten Zeitumständen folgend **Zuschläge** von 20−50% zur Vergütung nach der Rheinischen Tabelle hinzurechnen. Ihre Hoffnung auf höchstrichterliche Anerkennung ruht vor allem darauf, daß seit der letzten BGH-Entscheidung zu dieser Frage (BGH NJW 1967, 2402) mehr als 25 Jahre vergangen sind. Die Vergütung liegt bei Tschischgale zwischen 5% und 1,25%.

„Möhring'sche Tabelle": In der Praxis hat sich die sog „Möhring'sche Tabelle" **41** bewährt („alte Möhring'sche Tabelle": Möhring, Die Vermögensverwaltung in Vormundschafts- und Nachlaßsachen 5.272 ff und „neue Möhring'sche Tabelle": Möhring/Beisswingert/Klingelhöffer 224 ff). Sie setzt gerade bei Kleinnachlässen höhere Werte als die Rheinische Tabelle an. Ihre Sätze bewegen sich zwischen 7,5 und 2,8%. Die Tabelle wurde erstellt bis zu einer Größenordnung von zwei Millionen DM Aktivmasse; die Vergütung beträgt dann 56 220,00 DM. Die „neue" Möhring'sche Tabelle unterscheidet sich von der „alten" darin, daß die letztgenannte bei Nachlässen mit einem Aktivwert von über 10 Millionen DM nicht mehr anwendbar sein soll, während die „neue" Tabelle bei Nachlässen mit einer Aktivmasse über zwei Millionen DM die Testamentsvollstreckervergütung dadurch ermittelt, daß aus dem über zwei Millionen DM liegenden Wert 1% errechnet und dieser Betrag dem Vergütungssatz für zwei Millionen DM hinzugerechnet wird. Auch die Rechtsprechung hat die Verwendung dieser Tabelle teilweise akzeptiert (OLG Köln NJW-RR 1987, 1415).

„Weirich'sche Tabelle": Weirich (Erben und Vererben Rn 487) schlägt vor, die Rheini- **42** sche Tabelle um den Geldwertschwund zu bereinigen und hält folgende Sätze für angemessen:

a) bei einem Nachlaßwert bis zu 90 000,00 DM   4%
b) für einen Mehrbetrag bis zu 450 000,00 DM   3%
c) für weiteren Mehrbetrag bis zu 4,5 Mio DM   2%
d) für Werte darüber hinaus   1%

„Eckelskemper'sche Tabelle": Eckelskemper (in: Bengel/Reimann, HbTV X Rn 43) will **43** „glatte Zahlen schreiben" und schlägt vor:

a) bei einem Nachlaßwert bis zu 100 000,00 DM   4%
b) für einen Mehrbetrag bis zu 500 000,00 DM   3%
c) für weiteren Mehrbetrag bis zu 5 Mio DM   2%
d) für Werte darüber hinaus   1%

Der Wert von Tabellen und ihre Grenzen: Die Schwäche aller Tabellen liegt darin, daß **44** sie nicht ausreichend nach der Art der Testamentsvollstreckung differenzieren: Eine bloße Abwicklungsvollstreckung ist anders zu honorieren als eine Dauervollstreckung (s auch Bsp bei Reimann ZEV 1995, 57, 58). In beiden Fällen kann es neben der eigentlichen Verwaltungsgebühr auch zu einer Konstituierungsgebühr kommen, jedoch nur, wenn die Tätigkeit des Testamentsvollstreckers zu Beginn seiner Tätigkeit besonders schwierig und aufwendig ist (BayObLGZ 1972, 379; etwas anders OLG Köln NJW-RR 1995, 202 = ZEV 1995, 202, das von einem einheitlichen Vergütungsanspruch ausgeht, jedoch auch Zuschläge für langandauernde Vollstreckungen zuläßt). Die Konstituierungsgebühr erhöht naturgemäß die (einheitliche) Vergütung (MünchKomm/Brandner Rn 12). Zu einer Verdoppelung der Gebühr, die sich nach einer gewählten Tabelle ergibt, wird man nur in Ausnahmefällen kommen können (so aber für den Regelfall Möhring/Beisswingert/Klingelhöffer 220). Eine „Abschlußgebühr", die bei Beendigung der

Testamentsvollstreckung anfiele, gibt es nicht. Die „Tabellenwerte" gelten also nur für **normale Verhältnisse** und eine „glatte" Abwicklung. Erfolgt eine längere Verwaltungstätigkeit, zB bei Vorhandensein von Minderjährigen, oder verursacht die Verwaltung eine besonders umfangreiche oder zeitraubende Tätigkeit oder ist sie aus sonstigen, auch aus juristischen Gründen, besonders schwierig, so kann eine höhere Gebühr angemessen sein, auch eine laufende, nach dem Jahresertrag der Einkünfte zu berechnende Gebühr (OLG Köln aaO).

45 **Die Ermittlung der Angemessenheit aus der Typizität des Falles:** Auch bei Testamentsvollstreckungen lassen sich typische Fallgestaltungen erkennen, die jeweils eine andere Antwort auf die Frage nach der Angemessenheit der Vergütung rechtfertigen. Es ist also sinnvoll und hilfreich, dem Testamentsvollstrecker Fallgruppen zur Verfügung zu stellen und ihre Konturen zu entwickeln. Liegt eine derartige typische Fallgestaltung vor, wird dann die der Angemessenheit entsprechende Vergütung vermutet (Beweislastumkehr). Bei den Fallgruppen ist nach Konstituierung, Verwaltung und Abwicklung zu differenzieren (vgl SCHUHMANN UVR 1991, 363; GLASER MDR 1983, 93).

46 Bei der Konstituierung eines **ungeordneten** oder **ungewöhnlich vielgestaltigen Nachlasses** ist eine höhere Vergütung als die übliche angemessen (strenge Maßstäbe bei OLG Köln NJW-RR 1994, 269 = ZEV 1994, 118 mit Anm KLINGELHÖFFER). Hierbei ist insbesondere an schwer zu bewertende Gegenstände wie Kunstsammlungen zu denken. Allerdings wird regelmäßig die Einschaltung eines Gutachters unter den Auslagenersatz fallen (vgl § 2218 Rn 11).

47 Auch bei der **Beteiligung** von **Minderjährigen** bei der Verwaltung oder einer ungewöhnlichen **Vielzahl von Vermächtnisempfängern** ist ein Mehraufwand des Testamentsvollstreckers und damit eine höhere Vergütung anzuerkennen (Rechenbeispiel bei ECKELSKEMPER, in: BENGEL/REIMANN, HbTV X Rn 48).

48 Auch für die **Auseinandersetzung** des Nachlasses ist ein Abweichen von der Rheinischen Tabelle zuzulassen, wenn diese zB wegen Vorliegen vieler Immobilien über den normalen Aufwand hinausgeht (OLG Köln NJW-RR 1994, 269 = ZEV 1994, 118 mit Anm KLINGELHÖFFER).

49 **Bewertungsfragen** sind nicht nur für die Erbschaftsteuererklärung, sondern regelmäßig auch für eine Auseinandersetzung der Erben bedeutsam, und zwar immer dann, wenn eine Realteilung erfolgt und der Erblasser keine verbindlichen Regelungen vorgegeben hat. Hier ist zu bedenken, daß die Diskussion von Bewertungsfragen immer Zeit kostet, ebenso die Vorbereitung der Unterlagen für eine etwaige Begutachtung, weiter das Bereitstellen der zur Begutachtung anstehenden Objekte bzw das Verschaffen der Zugangsmöglichkeit.

50 Hat der Testamentsvollstrecker **Schulden zu regulieren**, sind stets dann, wenn die Verbindlichkeiten nicht alsbald aus dem Erlös der Veräußerung von Nachlaßgegenständen ausgeglichen werden, **Verhandlungen mit den Gläubigern** notwendig. Gegenstand dieser Verhandlungen kann das Belassen der Kredite sein, auch Regelungen betreffend die Art und Weise der Rückführung und häufig auch die Auflösung der gesamtschuldnerischen Haftung der Erben im Rahmen der Erbauseinandersetzung

einschließlich der Konkretisierung von Sicherungsvereinbarungen, insbesondere bei Grundschulden.

Hierbei können beachtliche, zunächst auch **vom Erblasser nicht vorhersehbare Probleme** auftreten, wie folgendes Beispiel zeigt: Ein Erblasser hinterläßt vier Erben, die zu gleichen Teilen berufen sind. Zum Nachlaß gehören ua vier Immobilien, die alle noch mit Grundschulden belastet sind, die aber gemäß den Sicherungsverträgen nicht bestimmte Forderungen der Kreditgeber sichern, sondern alle Forderungen gegen die Erblasser/Schuldner. Alle Kredite weisen günstige Konditionen auf, da sie in einer Niedrigzinsphase aufgenommen wurden und haben noch eine lange Laufzeit. Beim Erbfall herrscht eine Hochzinsphase. Gemäß den Anordnungen des Erblassers soll der Immobilienbesitz dergestalt auseinandergesetzt werden, daß jeder Erbe eine Immobilie erhält; eine konkrete Teilungsanordnung oder ein Vermächtnis bzw Vorausvermächtnis hat er jedoch nicht verfügt, sondern nur die Auflage gemacht, der Immobilienbesitz dürfe zehn Jahre nicht veräußert werden. Über die Bewertung der Immobilien werden die Erben sich nach einigen Diskussionen einig, ebenso ist an Hand des zeitlichen Ablaufs leicht erkennbar, welcher Kredit zur Anschaffung welcher Immobilie gedient hat bzw sonstwie in eine bestimmte Immobilie geflossen ist. Die Kreditgeber zeigen sich bis auf eine Ausnahme bereit, dem jeweiligen Zuweisungsempfänger die alten günstigen Kredite zu belassen, den Sicherungsvertrag zu konkretisieren und die gesamtschuldnerische Haftung aufzulösen. Der von dem Ausnahmefall betroffene Erbe wendet nun ein, daß die Ausnahme seitens des Kreditgebers nicht wegen seiner Person, sondern aus Gründen, die in der Beschaffenheit des Objektes und der allgemeinen Geschäftspolitik dieses Kreditinstitutes lägen, gemacht worden sei. Er wolle deshalb den von ihm geleisteten höheren Aufwand ausgeglichen haben. Schließlich seien die Erben zu gleichen Teilen berufen worden und die Auflage müsse letztlich alle gleich belasten, denn die §§ 2166 ff BGB gälten nur für Vermächtnisse. Nach längeren Verhandlungen mit dem Kreditinstitut und den anderen Erben gelingt es dem Testamentsvollstrecker, eine von allen akzeptierte Lösung zu finden. Für diese aufwendige und rechtlich anspruchsvolle Tätigkeit steht dem Testamentsvollstrecker auch unter dem Aspekt einer gewissen Erfolgshonorierung eine gesonderte Vergütung zu, die nach der vorgestellten Methode zu ermitteln ist und häufig die volle Höhe der Tabellengebühr erreicht. Ähnliches gilt, wenn der Testamentsvollstrecker besondere **Sicherungsmaßnahmen** ergreifen mußte (vgl dazu das instruktive Beispiel bei Möhringer/Beisswingert/Klingelhöffer 230).

Treffen **mehrere Erschwerungsgründe** zusammen, sind sie gesondert zu bewerten; die Vergütungen sind zu addieren. Die Gesamtobergrenze wird hier vielfach bei 12% des Nachlaßwertes gesehen (Hessisches FinG EFG 1991, 333; Möhringer/Beisswingert/Klingelhöffer 230).

Für die Vergütung des Testamentsvollstreckers, der einen **Geschäftsbetrieb** fortführt, werden besondere Grundsätze gelten müssen. Es ist auch nicht gerechtfertigt, eine Tätigkeit, die für andere auf die langfristige Erzielung von Gewinnen ausgerichtet ist, an dem Brutto- oder Nettowert des Unternehmens zum Zeitpunkt des Erbfalls, noch dazu im Sinne einer einmaligen Gebühr, zu orientieren. Das LG Hamburg (MDR 1959, 761) hat in einem Fall, in dem ein Testamentsvollstrecker erfolgreich die Funktion eines Unternehmers ausgeübt hatte, eine Vergütung von 10% des jährlichen Reingewinns für angemessen erachtet. Unter Hinweis auf die Entscheidung des LG Hamburg hielt es der Bundesgerichtshof (DNotZ 1964, 171) ebenfalls für angemessen, dem Testamentsvollstrecker, der das Unternehmerrisiko trage, einen namhaften Vom-Hundert-Satz des Gewinnes zuzusprechen. Unter „Unternehmerrisiko" versteht der Bundesgerichtshof dabei wohl das Haftungsrisiko des Testamentsvollstreckers gegenüber den Erben für eine eventuell verfehlte Unternehmensführung (vgl ECKELSKEMPER MittRhNotK 1981, 147, 155; MÖHRINGER/BEISSWINGERT/KLINGELHÖFFER 231 ff).

IV. Die Vergütung des vermeintlichen Testamentsvollstreckers

54 Fraglich ist die Vergütung des vermeintlichen Testamentsvollstreckers. Das RG (JW 1937, 3187) hat für den Fall eines nach Landesrecht gerichtlich bestellten Gesamtgutsverwalters diesem einen „Als-ob"-Vergütungsanspruch zuerkannt, solange er sein Amt im Vertrauen auf die Gültigkeit der gerichtlichen Bestellung ausübt und den Beteiligten auf Grund der gesetzlichen Vorschriften für sein vermeintliches Amt verantwortlich ist. Der BGH (NJW 1963, 1615) nimmt für derartige Fälle an, daß zwischen den Beteiligten ein **Geschäftsbesorgungsvertrag** (§§ 675, 612) – mindestens konkludent – abgeschlossen wurde. Der Testamentsvollstrecker hat hiernach Anspruch auf eine billige Vergütung, die derjenigen bei einer wirksamen Bestellung entspricht. Hierbei kommt es nicht darauf an, ob bei vertragslosem Zustand ein Vergütungsanspruch überhaupt begründet werden kann (der vermeintliche Testamentsvollstrecker führt die Geschäfte nicht bewußt für einen anderen, sondern für sich, so daß die §§ 683, 670 unanwendbar sind; vgl DITTUS NJW 1961, 590). Der vermeintliche Testamentsvollstrecker hat nach Ansicht des BGH (aaO) sogar das Recht zur Selbstentnahme der Vergütung. Andererseits hat der BGH (NJW 1964, 1316) dem vermeintlichen Testamentsvollstrecker einen Auslagenersatz unter Hinweis darauf verweigert, daß dieser nie Testamentsvollstrecker gewesen sei; die §§ 2218 Abs 1, 674 seien daher unanwendbar. Es ist wegen dieser **Unsicherheit** jedem Testamentsvollstrecker zu empfehlen, vor Amtsantritt seine Ansprüche auf Vergütung und Aufwendungsersatz durch Vertrag mit den Erben zu sichern (STRICKROTH NJW 1964, 1316). Je nach Stärke der Rechtsscheinposition wird man dem vermeintlichen Testamentsvollstrecker auf Grund eines notfalls fingierten Geschäftsbesorgungsvertrages (vgl BGH NJW 1964, 1316) auch ohne ausdrückliche Abrede einen Anspruch auf Vergütung und Ersatz seiner Aufwendungen geben müssen (vgl BUND JuS 1966, 65; BELDE JurBüro 1969, 686). Bestreiten die Erben von vornherein die – zB auf fehlerhafter Testamentsauslegung beruhende – Annahme des vermeintlichen Testamentsvollstreckers über die Berufung in sein Amt, so kann dieser mangels guten Glaubens keine Vergütung beanspruchen (BGH DNotZ 1978, 490; **aM** SCHELTER DNotZ 1978, 493; MÖHRING/SEEBRECHT JurBüro 1978, 145; SOERGEL/DAMRAU Rn 18; ECKELSKEMPER, in: BENGEL/REIMANN, HbTV X Rn 101 ff).

V. Die Besteuerung der Testamentsvollstreckervergütung

1. Erbschaftsteuer

55 Übersteigt die Vergütung des Testamentsvollstreckers die Grenze der Angemessenheit (hierbei ist jedoch von dem Grundsatz auszugehen, daß vereinbarte Vergütungen auch angemessen sind), so ist der überstehende Betrag als **Vermächtnis**

anzusehen (BayObLG Rpfleger 1982, 227; PALANDT/EDENHOFER Rn 1). Dieses unterliegt gem §§ 3 Abs 1 Nr 1 iVm 1 Abs 1 Nr 1 ErbStG der Erbschaftsteuer.

Fraglich ist jedoch, ob dieser Betrag **gleichzeitig** auch der **Einkommensteuer** unter- 56
liegt. Dies ist, wie § 35 EStG zeigt, nicht von vornherein ausgeschlossen. Abgesehen von dem nur unzureichend ausgestalteten Härteausgleich des § 35 EStG (vgl CREZELIUS BB 1979, 1342) kann die Vergütung des Testamentsvollstreckers nur angemessene Entlohnung (dann zu versteuerndes Einkommen) oder Erwerb durch Vermächtnis (dann Anfall von Erbschaftsteuer), jedoch nicht beides zugleich sein. Dies gilt auch, wenn der Testamentsvollstrecker selbst Erbe ist (ECKELSKEMPER, in: BENGEL/REIMANN, HbTV X Rn 148 möchte dann nur Erbschaftsteuer anfallen lassen). Da jedoch die Vergütung des Testamentsvollstreckers dem Nachlaß entnommen wird und somit den Erbteil der Miterben mindert, ist die vorgeschlagene Aufteilung auch in diesem Fall beizubehalten. Leider hat der BFH in seinem grundlegenden Urteil vom 6. 9. 1990 (Az: IV R 125/89, BStBl II 1990, 1028) zu der Konkurrenzfrage nicht Stellung genommen.

2. Ertragsteuer

Die Vergütung des Testamentsvollstreckers unterliegt der Einkommensteuer nach 57
§ 18 EStG. Welche Einkunftsart anzusetzen ist, ist vor allem unter dem Blickwinkel der **Gewerbesteuerpflicht** bedeutsam (s u Rn 59). Entgegen BFH BStBl II 1990, 1029 und FinG Berlin EFG 1986, 603 unterliegt jedoch nur der angemessene Teil, dh der Teil, der wirklich eine Vergütung darstellt, der Einkommensteuer. Darüber hinausgehende Beträge, die aus welchen Gründen auch immer gewährt wurden, unterliegen lediglich der Erbschaftsteuer (ECKELSKEMPER, in: BENGEL/REIMANN, HbTV X Rn 142; HERRMANN/HEUER/RAUPACH § 18 EStG Rn 129; ferner OFD Hamburg STEK-EStG § 18 Nr 65; siehe auch o Rn 56).

Umstritten ist die Anwendung der **Tarifbegünstigung** des § 34 Abs 3 EStG. Die 58
höchstrichterliche Rechtsprechung (RFH RStBl 1936, 652; BFH BStBl II 1973, 729; ebenso HERRMANN/HEUER/RAUPACH § 34 EStG Rn 27 e) ließ dies bisher nur in engen Grenzen zu, so daß ein nebenberuflicher Testamentsvollstrecker den regelmäßig am Ende der Testamentsvollstreckung anfallenden Betrag mit der entsprechend hohen Progression versteuern muß. Dies läßt sich nur durch regelmäßige Entnahme von Vorschüssen vermeiden. Neuerdings könnte jedoch durch ein (noch nicht rechtskräftiges) Urteil des FG München (EFG 1992, 77) eine Umkehr der engen Rechtsprechung eintreten, so daß § 34 Abs 3 EStG generell auf die Testamentsvollstreckervergütung anzuwenden wäre.

3. Gewerbesteuer

Gewerbesteuerpflichtig ist die Vergütung nur dann, wenn sie Einkünfte aus selbstän- 59
diger Tätigkeit iSd § 18 Abs 1 Nr 3 EStG darstellen und der Testamentsvollstrecker im Rahmen der Testamentsvollstreckungstätigkeit mehrere Hilfskräfte beschäftigt (**Vervielfältigungstheorie**). Allerdings ist bei Freiberuflern auch bei überwiegender Tätigkeit als Testamentsvollstrecker kein Sonderberuf anzunehmen, sondern die Vergütung den Einkünften gem § 18 Abs 1 Nr 1 EStG zuzurechnen, die keine Gewerbesteuer auslösen können (HAEGELE/WINKLER Rn 656; s aber FinG Berlin EFG 1987, 119).

4. Umsatzsteuer

60 Nach st Rspr (zuletzt FinG Bremen EFG 1989, 39 mwN) unterliegt die Testamentsvollstreckervergütung gem § 1 UStG der Umsatzsteuer. Dies gilt auch dann, wenn der Testamentsvollstrecker nur einmal als solcher tätig wird. Nur in Ausnahmefällen einer nur wenige Einzelhandlungen umfassenden Testamentsvollstreckung wird wohl eine Ausnahme zu machen sein (unklar HAEGELE/WINKLER Rn 657). Für Freiberufler mit Vorsteuerabzugsberechtigung stellt die Umsatzsteuer nur einen durchlaufenden Posten dar (SCHAUMBURG NJW 1974, 1737).

61 Die Umsatzsteuer darf der Testamentsvollstrecker nach der hM nicht auf die Vergütung schlagen (KG NJW 1974, 753; HAEGELE/WINKLER Rn 660; MÜMMLER JurBüro 1989, 22; vgl auch BGH NJW 1975, 210; Rn 30). Jedoch müssen die Gerichte bei der Ermittlung der Angemessenheit der Vergütung bei fehlender Vorsteuerabzugsberechtigung auch die Belastung durch die Umsatzsteuer berücksichtigen (Bedenken insoweit bei ECKELSKEMPER, in: BENGEL/REIMANN, HbTV X Rn 116).

§ 2222

Der Erblasser kann einen Testamentsvollstrecker auch zu dem Zwecke ernennen, daß dieser bis zu dem Eintritt einer angeordneten Nacherbfolge die Rechte des Nacherben ausübt und dessen Pflichten erfüllt.

Materialien: E II § 2091; III § 2196; Prot V 159, 309; VI 99.

Systematische Übersicht

I.	Allgemeines	1
II.	Das Wesen der Nacherbenvollstreckung	
1.	Die Nacherbenvollstreckung als Beschränkung des Nacherben	4
2.	Sinn und Zweck einer Nacherbenvollstreckung	5
3.	Wann ist eine Nacherbenvollstreckung angeordnet?	9
III.	Die Aufgaben des Nacherbenvollstreckers	
1.	Grundsatz	11
2.	Mögliche Befugnisse des Nacherbenvollstreckers	13
3.	Prozeßführungsbefugnis	14
IV.	Die Person des Nacherbenvollstreckers	15
V.	Beginn und Ende der Nacherbenvollstreckung	19
VI.	Nacherbenvollstrecker und Grundbuch bzw Erbschein	21
VII.	Sonstiges	
1.	Die Anwendbarkeit von Vorschriften des allgemeinen Testamentsvollstreckerrechts	23
2.	Der Schuldner der Testamentsvollstreckervergütung	24
3.	Die Haftung des Nacherbenvollstreckers	25

Alphabetische Übersicht

Anordnung	9 f	nasciturus als Nacherbe	6
– durch den Nacherben	3	Person	15 f
Aufgaben	11 f	Prozeßführungsbefugnis	14
Aufleben	20		
Befugnisse	11 f	Rechte des Nacherben	2
Beginn	19	Rechtsverhältnis	23
Beschränkt geschäftsfähiger Nacherbe	6		
Beschränkung auf Pflichtteil	7	Sinn	5
Beschränkung des Nacherben	4		
		Testamentsvollstreckung für Vor- und Nacherbe	18
Eintragung im Grundbuch	21		
Eintritt des Nacherbenfalls	2	Unbekannte Nacherben	8
Ende	20		
Erbschein	22	Verfügungsrecht	11, 13
Erhaltung des Nachlasses	8	Vergütung	23 f
		Vertreter	25
Grundbuch	21	Verwaltungsrecht	11, 13
		Vorerbe als Nacherbenvollstrecker	15 f
Haftung	25	Wahrnehmung der Nacherbenrechte	5
		Wesen	4
Minderjährige	6, 19 f		
		Zustimmungspflichtige Vorerbenverfügung	12
Nacherbe als Testamentsvollstrecker	17		
Nacherbeneinsetzung	1		
Nacherbennachlaß	10	Zweck	5
Nachlaßpfleger	6		

I. Allgemeines

Beim **Zusammentreffen** von Nacherbeneinsetzung und Testamentsvollstreckung sind zunächst folgende Konstellationen denkbar: **1**
- Der Vorerbe ist während der Vorerbschaft mit der Testamentsvollstreckung belastet
- Die Testamentsvollstreckung ist sowohl für den Vorerben wie für den Nacherben angeordnet
- Die Anordnung der Testamentsvollstreckung gilt nur für den Nacherben und tritt nach Eintritt des Nacherbfalls in Kraft.

Während diese Gestaltungen (vgl dazu § 2205 Rn 155 ff) mit den allgemeinen Regeln über die Testamentsvollstreckung zu bewältigen sind, ist es nicht selbstverständlich, daß ein Testamentsvollstrecker **bis zum Eintritt des Nacherbfalls**, also zwischen Erbfall und der Beendigung der Vorerbschaft, also noch vor dem Zeitpunkt, zu dem der Nacherbe die Erbschaft antritt, die Rechte des Nacherben ausüben kann. Diesen Fall regelt § 2222. **2**

Zu einer besonderen Kombination von Nacherbfolgeanordnung und Testamentsvoll- **3** streckung kommt es, wenn der **Nacherbe** seinerseits für den eigenen Nachlaß **Testamentsvollstreckung anordnet**. Der Testamentsvollstrecker übt dann, wenn der Nacherbe vor dem Nacherbfall stirbt und seine Anwartschaft vererblich ist und gemäß § 2108 Abs 2 S 1 auf seine Erben übergeht, während der Dauer der Vorerbschaft die dem Nacherben zustehenden Befugnisse aus (RGZ 103, 356). Diese Testamentsvollstreckung erlischt nicht mit dem Wegfall der Nacherbschaft.

II. Das Wesen der Nacherbenvollstreckung

1. Die Nacherbenvollstreckung als Beschränkung des Nacherben

4 Der Nacherbenvollstrecker **beschränkt** nicht den Vorerben, der ohnehin durch die Anordnung der Nacherbfolge belastet ist und durch die Nacherbentestamentsvollstreckung nicht stärker beschränkt wird, sondern **den Nacherben**, da dieser seine Rechte nicht selbst wahrnehmen kann (vgl Rn 2, 5; MünchKomm/BRANDNER Rn 2; PALANDT/EDENHOFER Rn 2). Der Erblasser kann aber neben der beschränkten Testamentsvollstreckung für den Nacherben nach § 2222 noch die allgemeine Testamentsvollstreckung für den Vorerben mit den Aufgaben und Befugnissen nach §§ 2203 ff anordnen, und zwar auch für den befreiten Vorerben (RG HRR 1938 Nr 6635; DAMRAU JR 1985, 106; vgl § 2205 Rn 155 ff).

2. Sinn und Zweck einer Nacherbenvollstreckung

5 Da der Nacherbenvollstrecker während der andauernden Vorerbschaft die Rechte des Nacherben wahrnimmt und dessen Pflichten erfüllt, ist die Anordnung einer Nacherbenvollstreckung in allen jenen Fällen sinnvoll und uU geboten, wo eine **effektive Wahrnehmung** der Nacherbenrechte durch den Nacherben **nicht möglich** oder wahrscheinlich ist oder die Pflichten des Nacherben durch diesen nicht ordnungsgemäß oder nur in einer Weise erfüllt werden können, die mit dem Wunsch nach einer reibungslosen Nachlaßabwicklung nicht in Einklang steht.

6 Die Anwendung einer Nacherben-Vollstreckung wird besonders dann zweckmäßig sein, wenn der Nacherbe unter der elterlichen Gewalt oder Vormundschaft des Vorerben steht, wenn er **noch nicht** geboren oder noch nicht erzeugt ist oder seine Person erst durch ein künftiges Ereignis **bestimmt** werden soll (zB Ablegung einer Prüfung; vgl §§ 2108 Abs 2 S 2, 2074). Zwar kann in diesen Fällen nach §§ 1909, 1912, 1913 ein Pfleger bestellt werden, aber doch nur dann, wenn das Vormundschaftsgericht von der Angelegenheit Kenntnis erhält und wenn es ein Fürsorgebedürfnis anerkennt. Da beides nicht immer gewährleistet ist, kann es in solchen Fällen angezeigt sein, durch Einsetzung eines Nacherben-Testamentsvollstreckers die Wahrnehmung der Interessen des Nacherben zu sichern. Manchem Erblasser mag es auch vorteilhaft erscheinen, daß der Nacherben-Testamentsvollstrecker im Gegensatz zum Pfleger **nicht** unter **der Aufsicht** des Vormundschaftsgerichts steht. Zudem wird die Ernennung eines Nacherben-Testamentsvollstreckers in den bezeichneten Fällen die Bestellung eines Pflegers nach §§ 1909, 1912, 1913 in der Regel überflüssig machen (BayObLG NJW 1960, 966; HAEGELE/WINKLER Rn 155).

7 Die Einsetzung eines Nacherben-Testamentsvollstreckers kann auch angebracht sein, wenn der Erblasser das **Pflichtteilsrecht** eines verschwenderischen oder verschul-

deten Abkömmlings in guter Absicht durch Anordnung einer Nacherbfolge **beschränken** (§ 2338 Abs 1 S 1) und die Rechte der Nacherben sichern bzw eine wirksame Beaufsichtigung des Vorerben sicherstellen will.

Ähnliches gilt auch, wenn Nacherbfolge angeordnet ist, aber die Verfügungen des **8** Vorerben nach dem Willen des Erblassers unabhängig von einer Vielzahl von Zustimmungserklärungen der Nacherben gestellt werden bzw die Anordnung einer Pflegschaft für unbekannte Nacherben und die Einholung einer vormundschaftsgerichtlichen Genehmigung unnötig sein sollen. Gerade wenn die Nacherbenanordnung **nicht auf bestimmte Personen** als Nacherben beschränkt, sondern zugunsten gesetzlicher Erben (oder noch nicht vorhandener Abkömmlinge) angeordnet ist, wird nach Mitteln und Wegen zu suchen sein, um diesen Nachteil der Nacherbfolgeanordnung zu beseitigen. Hier ist die Nacherbenvollstreckung das richtige Instrument. Der Testamentsvollstrecker nimmt dann **die Rechte** des Nacherben bis zum Eintritt der Nacherbfolge **wahr**. Nacherbenvollstrecker kann auch der im übrigen als Testamentsvollstrecker Eingesetzte sein (vgl Rn 18). Daneben kann auch der Vorerbe durch eine Verwaltungs- oder Abwicklungsvollstreckung beschwert sein. Auch der Nacherbe kann nach Eintritt des Nacherbfalls mit einer ganz normalen Verwaltungs- oder Abwicklungsvollstreckung beschwert werden.

3. Wann ist eine Nacherbenvollstreckung angeordnet?

Ob überhaupt eine derartige Nacherben-Vollstreckung angeordnet ist, ist in Anwen- **9** dung der allgemeinen Grundsätze (§ 2084) durch **Auslegung** zu ermitteln. Hat der Erblasser Vor- und Nacherbschaft angeordnet und einen Testamentsvollstrecker ernannt, ohne dessen Aufgabe näher zu umgrenzen, so ist fraglich, ob auch der Nacherbe mit der gewöhnlichen Testamentsvollstreckung (Beginn: Nacherbfall vgl Rn 1) oder mit der speziellen gem § 2222 (Beginn: Erbfall) belastet sein soll. Ersteres wird eher anzunehmen sein, letzteres uU dann, wenn die Nacherbfolge relativ rasch nach dem Erbfall eintreten soll (BayObLGZ 1959, 128; HAEGELE BWNotZ 1974, 114).

Eine gewöhnliche Testamentsvollstreckung, nicht etwa eine nach § 2222 beschränk- **10** te, liegt vor, wenn der Erblasser die Testamentsvollstreckung zur **Verwaltung** des dem Nacherben anfallenden Nachlasses angeordnet hat (SOERGEL/DAMRAU Rn 14). Diese Testamentsvollstreckung, für die die §§ 2203 ff maßgebend sind, wird erst wirksam mit dem Anfall der Erbschaft an den Nacherben (§ 2139), während die Testamentsvollstreckung nach § 2222 schon mit dem Erbfall in Kraft tritt und mit dem Eintritt der Nacherbfolge erlischt, so daß der Vorerbe die Erbschaft nicht an den Testamentsvollstrecker, sondern unmittelbar an den Nacherben herauszugeben hat (PLANCK/ FLAD Anm 5; SOERGEL/DAMRAU Rn 4).

III. Die Aufgaben des Nacherbenvollstreckers

1. Grundsatz

Der Aufgabenbereich des Nacherbenvollstreckers richtet sich nicht nach den **11** §§ 2203 ff; der Nacherben-Vollstrecker hat auch nicht die Befugnisse des allgemeinen Testamentsvollstreckers nach §§ 2205 ff, insbesondere **kein** allgemeines **Verwaltungs- und Verfügungsrecht**. Seine Aufgaben und Befugnisse ergeben sich vielmehr aus dem

Recht der Nacherbfolge, nämlich den Vorschriften der §§ 2116—2123, 2127, 2128 und § 773 ZPO (vgl auch § 2115), seine Pflichten aus §§ 2120, 2123.

12 Für die Aufgaben und Befugnisse des Nacherben-Vollstreckers sind also die Rechte und Pflichten **des Nacherben gegenüber dem Vorerben** maßgebend. Soweit der Vorerbe nach den §§ 2113 ff zu einer Verfügung über Erbschaftsgegenstände der Zustimmung des Nacherben bedarf, ist der Testamentsvollstrecker und nur er befugt, die Zustimmung zu erteilen; der Nacherbe selbst ist ausgeschaltet (vgl § 2211; SOERGEL/DAMRAU Rn 7). Der Testamentsvollstrecker kann die Rechte des Nacherben nur so geltend machen, wie dies der Nacherbe kann, also nur insoweit, als keine Befreiung des Vorerben nach §§ 2136, 2137 vorliegt.

2. Mögliche Befugnisse des Nacherbenvollstreckers

13 So wenig der allgemeine Testamentsvollstrecker über den Erbteil eines Miterben verfügen kann (§ 2205 Rn 33; § 2208 Rn 16), so wenig kann der Nacherben-Vollstrecker die Rechtsstellung des Nacherben, also seine Anwartschaft auf den Nachlaß, auf den Vorerben übertragen (KG DFG 1937, 88). Er kann auch nicht einzelne Rechte des Nacherben aufgeben (OLG Stuttgart ZBlFG 9, 418; MünchKomm/BRANDNER Rn 6). Wohl aber kann er, auch wenn er zugleich Testamentsvollstrecker des Vorerben ist, einzelne Nachlaßgegenstände gegen entsprechendes Entgelt (§ 2205 S 3!) dem Vorerben zur freien Verfügung überlassen mit der Wirkung, daß die Rechte des Nacherben hinsichtlich dieser Gegenstände erlöschen und die Gegenstände endgültig aus dem Nachlaß ausscheiden (KG JFG 11, 121).

3. Prozeßführungsbefugnis

14 Wenn über die Rechte und Pflichten des Nacherben Streit entsteht, so ist zur Führung eines Rechtsstreits mit dem Vorerben der Nacherben-Vollstrecker und nur er aktiv und passiv legitimiert (vgl §§ 2212—2214; SOERGEL/DAMRAU Rn 9). Das in einem solchen Rechtsstreit ergehende Urteil **wirkt** für und gegen den **Nacherben** (§ 327 ZPO). Wenn der Testamentsvollstrecker unterliegt, so haftet für die Kosten der Nachlaß, soweit er dem Nacherben zufällt.

IV. Die Person des Nacherbenvollstreckers

15 Der **alleinige Vorerbe** kann **nicht** zum alleinigen Testamentsvollstrecker für den Nacherben nach § 2222 ernannt werden (RGZ 77, 177; BayObLGZ 1959, 129; MünchKomm/BRANDNER Rn 4; SOERGEL/DAMRAU Rn 6; **aM** ROHLFF DNotZ 1971, 527). Denn hier läge ein Interessenwiderstreit vor. Ferner würde die Stellung des Nacherben völlig ausgehöhlt, da eine Überwachung des Vorerben nicht gewährleistet wäre. Die Ernennung des Vorerben zum Testamentsvollstrecker ist daher in dem bezeichneten Fall unwirksam. Die Bestellung eines Pflegers zur Überwachung eines solchen Testamentsvollstreckers ist überflüssig und unzulässig.

16 Von mehreren Vorerben kann **einer** gemäß § 2222 zum Testamentsvollstrecker des Nacherben ernannt werden. Desgleichen kann der alleinige Vorerbe zu einem von mehreren Nacherben-Vollstreckern ernannt werden, wenn diese ihr Amt gemeinschaftlich führen; denn dann wird er durch die Mitvollstrecker genügend überwacht (PALANDT/EDENHOFER Rn 2).

Der **Nacherbe** kann zwar zum Testamentsvollstrecker des Vorerben bestellt werden (KG 52 A 77; KG OLGE 40, 136; KG Recht 1920 Nr 1279). Fraglich ist jedoch, ob der alleinige Nacherbe auch zum Nacherbenvollstrecker nach § 2222 ernannt werden kann. Abgesehen vom Sinn einer solchen Einsetzung erscheint dies wegen der Anhäufung von Befugnis zweifelhaft. Aus Sinn und Zweck der Nacherbenvollstreckung ist jedoch zu folgern, daß einer von mehreren Nacherben durchaus Nacherbenvollstrecker sein kann. 17

Es ist sogar zulässig, daß der Erblasser den gleichen Testamentsvollstrecker für den Vorerben als allgemeinen Testamentsvollstrecker und **zugleich** für den Nacherben mit der in § 2222 vorgesehenen Beschränkung ernennt. Allerdings hat der Testamentsvollstrecker dann gegenüber dem Nacherben eine umfassendere Auskunftspflicht (BGH NJW 1995, 456 = ZEV 1995, 67 mit Anm SKIBBE). Insbesondere kann dieselbe Person einerseits zur Verwaltung der Erbschaft für den Vorerben nach §§ 2209, 2338 Abs 1 S 2 und andererseits zur Wahrnehmung der Rechte des Nacherben nach §§ 2222, 2338 Abs 1 S 1 bestellt werden. Im Zweifel ist freilich nicht anzunehmen, daß der allgemein ernannte Testamentsvollstrecker auch nach § 2222 zur Wahrung der Rechte des Nacherben berufen ist, wenn dies nicht vom Erblasser ausdrücklich angeordnet wurde (LG Oldenburg Rpfleger 1981, 197; SOERGEL/DAMRAU Rn 1; PALANDT/EDENHOFER Rn 1). 18

V. Beginn und Ende der Nacherbenvollstreckung

Die Nacherbenvollstreckung gem § 2222 beginnt regulär **mit dem Erbfall**. Der Erblasser kann jedoch auch einen späteren Beginn festsetzen, zB den Zeitpunkt, zu dem die von ihm als Nacherbe vorgesehene Person wegfällt und die Ersatznacherbenbestimmung in Kraft tritt, also etwa dadurch minderjährige Personen in die Nacherbenanwartschaft nachrücken oder eine Vielzahl von Nacherben eine „gebündelte" Wahrnehmung ihre Rechte geboten erscheinen läßt. Die Ernennung eines Testamentsvollstreckers nach § 2222 ist gegenstandslos, wenn die Vorerbfolge nicht eintritt, etwa weil der Vorerbe die Erbschaft ausschlägt. 19

Die Testamentsvollstreckung nach § 2222 **erlischt** regulär **mit dem Eintritt der Nacherbfolge** nach § 2139 (BayObLG FamRZ 1995, 124 = ZEV 1995, 24 mit Anm KLUMPP: mit dem Tode des zuletzt versterbenden Vorerben). Der Erblasser kann ein früheres Ende anordnen. Er kann auch bestimmen, daß die Nacherbenvollstreckung wieder auflebt, wenn bestimmte Ereignisse eintreffen, zB bei einem erneuten Einrücken von Minderjährigen in den Kreis der Nacherben bei Wegfall eines Nacherben. 20

VI. Nacherbenvollstrecker und Grundbuch bzw Erbschein

Da die Bestellung des Nacherben-Vollstreckers eine Beschränkung der Rechte des Nacherben darstellt, ist bei der Eintragung des Nacherbenvermerks im **Grundbuch** (§ 51 GBO) die Tatsache der Testamentsvollstreckung mit **einzutragen** (§ 52 GBO; KGJ 40, 198; KG DFG 1938, 80). Der Testamentsvollstrecker kann aber auf die Eintragung des Nacherbenvermerks verzichten (KGJ 52, 166; KG DNotZ 1930, 480; BayObLGZ 21

1989, 183; HAEGELE BWNotZ 1974, 114); ein solcher Verzicht läßt aber das Nacherbenrecht unberührt. Der Verzicht kann vom Grundbuchamt inhaltlich nicht überprüft werden (§ 2205 S 1; vgl BayObLG aaO; HAEGELE aaO).

22 Die Beschränkung der Rechte des Nacherben durch die Ernennung eines Testamentsvollstreckers nach § 2222 ist auch **im Erbschein** des Vorerben (§ 2363) **anzugeben** (KGJ 43 A 92; KG Recht 1913 Nr 1980). Auf seinen Antrag ist dem Nacherben-Vollstrecker ein Testamentsvollstrecker-Zeugnis zu erteilen (§ 2368; SOERGEL/DAMRAU Rn 8).

VII. Sonstiges

1. Die Anwendbarkeit von Vorschriften des allgemeinen Testamentsvollstreckerrechts

23 Die Vorschriften und Grundsätze, die für das Rechtsverhältnis zwischen dem Erben und dem Testamentsvollstrecker bei der allgemeinen Testamentsvollstreckung gelten, sind bei der Nacherben-Vollstreckung **entsprechend** anzuwenden. Insbesondere gelten die Vorschriften der §§ 2218, 2219 auch hier. Auch die Ernennungsvorschriften der §§ 2197–2202 und die Bestimmungen über Vergütung und Entlassung (§§ 2221, 2227) sind anwendbar. Zur Auskunftspflicht des Nacherben-Vollstreckers s BGH NJW 1995, 456 = ZEV 1995, 67 mit Anm SKIBBE.

2. Der Schuldner der Testamentsvollstreckervergütung

24 Der Vergütungsanspruch richtet sich nicht gegen den Vorerben, sondern gegen den Nacherben; der Nacherbe haftet für die Vergütung nur wie für sonstige Nachlaßverbindlichkeiten (SOERGEL/DAMRAU Rn 10).

3. Die Haftung des Nacherbenvollstreckers

25 Für die Erfüllung der Pflichten des Nacherben gegenüber dem Vorerben (§ 2120) ist der Testamentsvollstrecker **auch dem Vorerben** verantwortlich (PLANCK/FLAD Anm 4; KIPP/COING § 76 III). Er ist ebensowenig wie der gewöhnliche Testamentsvollstrecker Vertreter des Vorerben oder des Nacherben (Vorbem 14 zu §§ 2197 ff).

§ 2223

Der Erblasser kann einen Testamentsvollstrecker auch zu dem Zwecke ernennen, daß dieser für die Ausführung der einem Vermächtnisnehmer auferlegten Beschwerungen sorgt.

Materialien: E I § 1910; II § 2092; III § 2197;
Mot V 245 f; Prot V 317.

6. Titel.
Testamentsvollstrecker

§ 2223
1–4

I. Allgemeines

Der Testamentsvollstrecker wird regelmäßig im Rechtskreis des Erben tätig, seine **1** Ernennung beschränkt das Recht des Erben (vgl § 2306). Es könnte daher an sich **zweifelhaft** sein, ob der Testamentsvollstrecker auch einem **Vermächtnisnehmer** zur Seite gestellt werden kann. Um solche Zweifel auszuschließen, bestimmt das Gesetz in § 2223, daß der Erblasser einen Testamentsvollstrecker auch zu dem Zwecke ernennen kann, daß dieser für die Ausführung der einem Vermächtnisnehmer auferlegten Beschwerungen sorgt (vgl BGHZ 13, 203). Die Beschwerungen des Vermächtnisnehmers können Untervermächtnisse, Nachvermächtnisse oder Auflagen sein (vgl §§ 2147, 2186 ff, 2191, 2192). Die Formulierung des Gesetzes ("auch") bringt zum Ausdruck, daß die Testamentsvollstreckung darüberhinaus allgemein für die Verwaltung eines Vermächtnisgegenstandes angeordnet werden kann, also ohne die Beschränkung auf die zu § 2223 angesprochenen Fälle.

II. Die möglichen Funktionen eines Testamentsvollstreckers bei angeordneten Vermächtnissen

Der Vermächtnisvollstrecker hat den Vermächtnisgegenstand zu **verwalten** (§ 2205 **2** analog; Rn 7). Der Erblasser kann also einen Testamentsvollstrecker ernennen, der außer den gewöhnlichen Aufgaben eines Testamentsvollstreckers auch die in § 2223 bestimmten zu erfüllen hat; er kann somit eine Testamentsvollstreckung zugleich für den Erben und für den Vermächtnisnehmer anordnen (BGHZ 13, 203).

Er kann auch einen Testamentsvollstrecker nur zur Ausführung der Beschwerungen **3** eines Vermächtnisnehmers, gegebenenfalls **neben** einem allgemeinen Testamentsvollstrecker für den Erben, berufen. Ob im Einzelfall in der Ernennung eines Testamentsvollstreckers für die Erbschaft **zugleich** die Bestellung des Ernannten als Testamentsvollstrecker für einen Vermächtnisgegenstand enthalten ist, ist durch Auslegung der letztwilligen Verfügung zu ermitteln (Mot V 246). In der Regel wird man einen Testamentsvollstrecker als zugleich mit der Aufgabe des § 2223 betraut ansehen können, wenn ein Wille des Erblassers, die Rechte des Testamentsvollstreckers zu beschränken (§ 2208), ausgeschlossen werden kann. Denn dann gehört die Ausführung der Beschwerungen des Vermächtnisnehmers zur Ausführung der letztwilligen Verfügungen des Erblassers, die nach § 2203 dem Testamentsvollstrecker ohnehin obliegt (SOERGEL/DAMRAU Rn 2; **aM** KG OLGE 18, 336).

Die Anordnung des Erblassers, daß der dem Pflichtteil entsprechende Betrag einem **4** nach ihm Pflichtteilsberechtigten nicht ausbezahlt, sondern durch einen „Pfleger" verwaltet werden solle, kann als Vermächtnis des Pflichtteils für die pflichtteilsberechtigte Person unter Ernennung des „Pflegers" zum Testamentsvollstrecker im Sinne des § 2223 aufgefaßt werden (BayObLG OLGE 32, 60). Insoweit kann auch ein **Pflichtteilsanspruch** als Legalvermächtnis in die Testamentsvollstreckung einbezogen werden, allerdings stets unter dem Vorbehalt des § 2307. Entsprechend kann einem Testamentsvollstrecker auch die Verwaltung eines Erbersatzanspruchs (§§ 1934 a, b) übertragen werden (SOERGEL/DAMRAU Rn 1; **aM** SOERGEL/STEIN § 1934 b Rn 4).

III. Die Aufgaben des Vermächtnisvollstreckers

5 Die Aufgaben ergeben sich aus dem gesetzlichen Rahmen im allgemeinen (§§ 2203 ff), aus § 2223 im besonderen und (vorrangig) den **Anordnungen des Erblassers**.

6 Nach dem Willen des Erblassers hat der Testamentsvollstrecker die **Beschwerungen** selbst auszuführen (§ 2203) oder ihre Ausführung von dem Vermächtnisnehmer zu verlangen (§ 2208 Abs 2). Eine Leistung, die durch einen Dritten vorgenommen werden kann, wird der Testamentsvollstrecker auf Kosten des Vermächtnisnehmers, nötigenfalls unter Versilberung des vermachten Gegenstandes, erbringen können. Wenn dagegen der Vermächtnisnehmer das Vermächtnis nur persönlich erfüllen kann, etwa durch Verfügung über einen ihm gehörigen Gegenstand, so kann der Testamentsvollstrecker lediglich von dem Vermächtnisnehmer die Vollziehung verlangen.

7 Der Vermächtnisvollstrecker hat in der Regel das Recht und die Pflicht, den **Vermächtnisanspruch geltend** zu machen, den Gegenstand des Vermächtnisses in Besitz zu nehmen, zu verwalten und über ihn zu verfügen (§ 2205; Soergel/Damrau Rn 3). Allerdings ist der Erblasser in entsprechender Anwendung des § 2208 berechtigt, die diesbezüglichen Rechte des Testamentsvollstreckers zu beschränken (BayObLG NJW-RR 1990, 844).

8 Desgleichen sind die §§ **2209, 2210** entsprechend anzuwenden. Dem Vermächtnisvollstrecker kann also die Verwaltung des Vermächtnisgegenstandes, sei es von vornherein als einzige Aufgabe oder nach Ausführung der Beschwerungen des Vermächtnisnehmers, übertragen werden (BGHZ 13, 203; Soergel/Damrau Rn 1; MünchKomm/Brandner Rn 2; Lindemann DNotZ 1951, 215). Auch § **2206** ist entsprechend anwendbar. Der Vermächtnisvollstrecker kann aber Verbindlichkeiten nur mit Wirkung für den vermachten Gegenstand eingehen, und der Vermächtnisnehmer haftet nur mit diesem für die Verbindlichkeiten (vgl § 2187).

9 Nach § 2223 kann ein Testamentsvollstrecker ernannt werden, der für den **Vollzug eines Nachvermächtnisses** sorgt. Ein solcher Testamentsvollstrecker kann von dem Nachvermächtnisnehmer auf Erfüllung des Vermächtnisses verklagt werden, er kann auch dessen Ausschlagungserklärung entgegennehmen (RG DJZ 1924, 475).

10 Eine andere Frage ist, ob in entsprechender Anwendung von § 2222 ein „**Nachvermächtnis-Testamentsvollstrecker**" eingesetzt werden kann; dieser hätte bis zum Eintritt eines angeordneten Nachvermächtnisses die Rechte des Nachvermächtnisnehmers auszuüben und dessen Pflichten zu erfüllen. Die Frage ist zu bejahen, allerdings nicht im Sinne von Dieterich (NJW 1971, 2017): Es gibt auch zwischen Vor- und Nachvermächtnisnehmer Rechtsbeziehungen, die denjenigen zwischen Vor- und Nacherbe ähneln, die allerdings nicht dinglich ausgestaltet sind (§ 2174). Eine derartige Nachvermächtnisvollstreckung würde nicht den Vorvermächtnisnehmer beschränken, sondern den Nachvermächtnisnehmer (vgl § 2222 Rn 4). Die Testamentsvollstreckervergütung müßte auch vom Nachvermächtnisnehmer gezahlt werden (§ 2222 Rn 34; aM Dieterich NJW 1971, 2017). Will man daher den Nachvermächtnisneh-

mer sichern und den Vorvermächtnisnehmer belasten, so empfiehlt sich das Verfahren gem Rn 3.

Wie eine allgemeine Testamentsvollstreckung, die zur Verwaltung des dem Nacherben anfallenden Nachlasses angeordnet werden kann, so kann auch bei einem Nachvermächtnis eine Testamentsvollstreckung zum Zwecke der **Ausführung** der dem Nachvermächtnisnehmer auferlegten **Beschwerungen** verfügt werden. Diese wird erst beim Anfall des Nachvermächtnisses wirksam. 11

IV. Die Rechtsstellung des Vermächtnisvollstreckers

1. Die Beziehungen zum Vermächtnisnehmer

Die Ernennung eines Vermächtnisvollstreckers **beschränkt** nicht den Erben, sondern den **Vermächtnisnehmer**. Die Rechte und Pflichten, die der allgemeine Testamentsvollstrecker gegenüber dem Erben hat, hat auch der Vermächtnisvollstrecker gegenüber dem Vermächtnisnehmer. Den rechtlichen Beziehungen des allgemeinen Testamentsvollstreckers zum Nachlaß entsprechen die Rechtsbeziehungen des Vermächtnisvollstreckers zum Vermächtnisgegenstand. Mit dieser Maßgabe gelten die Vorschriften der §§ 2197 ff mit einigen Ausnahmen für den Vermächtnisvollstrecker entsprechend. Bei ihrer Anwendung tritt an die Stelle der Erbschaft das beschwerte Vermächtnis. 12

2. Das Prozeßführungsrecht des Vermächtnisvollstreckers

Der Testamentsvollstrecker ist auch zur Führung von Rechtsstreitigkeiten über den vermachten Gegenstand berufen (§§ 2212, 2213). Der Vermächtnisnehmer dagegen ist in der Regel von der Verwaltung, Verfügung und Prozeßführung ausgeschlossen (§ 2211). Der Untervermächtnisnehmer kann daher den Vermächtnisvollstrecker auf Erfüllung des Untervermächtnisses verklagen (RG DJZ 1924, 475). Der Vermächtnisvollstrecker kann seinerseits gegen den Erben auf Erfüllung des Hauptvermächtnisses klagen. Wenn er in seiner Eigenschaft als Vermächtnisvollstrecker einen Rechtsstreit führt, so wirkt das Urteil für und gegen den Vermächtnisnehmer (§ 327 ZPO). Privatgläubiger des Vermächtnisnehmers können sich nicht an den vermachten Gegenstand halten (§ 2214). 13

3. Die Haftung des Vermächtnisvollstreckers

So wenig der allgemeine Testamentsvollstrecker Vertreter des Erben ist (Vorbem 14 zu §§ 2197 ff), so wenig ist der Vermächtnisvollstrecker Vertreter des Vermächtnisnehmers. Er haftet dem Vermächtnisnehmer aber nach § 2219 (SOERGEL/DAMRAU Rn 7). 14

Diejenigen, die die Vollziehung einer Auflage verlangen können, mit der ein Vermächtnis beschwert ist (§ 2194), können diesen Anspruch auch gegen einen etwa eingesetzten Vermächtnisvollstrecker geltend machen. 15

4. Die Vergütung des Vermächtnisvollstreckers

Die Bestimmungen der §§ 2217 ff sind entsprechend anwendbar, auch die Vorschrif- 16 ten über die Vergütung des Testamentsvollstreckers (§ 2221). Der Anspruch auf diese besteht nicht gegenüber dem Erben, sondern **gegenüber dem Vermächtnisnehmer** (SOERGEL/DAMRAU Rn 7; DIETERICH NJW 1971, 2017).

V. Die Person des Vermächtnisvollstreckers

17 Es gelten die **allgemeinen Grundsätze** (vgl § 2197 Rn 49 ff). Der alleinige Vermächtnisnehmer kann naturgemäß nicht alleiniger Vermächtnisvollstrecker sein. Wohl aber kann einer von mehreren Vermächtnisnehmern alleiniger Vermächtnisvollstrecker sein.

18 Der **Alleinerbe** kann zwar nicht zu seinem eigenen Testamentsvollstrecker ernannt werden (§ 2197 Rn 53), wohl aber kann er zum Vermächtnisvollstrecker bestellt werden (HAEGELE/WINKLER Rn 163).

VI. Testamentsvollstreckerzeugnis und Erbschein bzw Grundbuch

19 Auch dem Vermächtnisvollstrecker ist auf seinen Antrag ein Testamentsvollstreckerzeugnis nach § 2368 zu erteilen (vgl BayObLGZ 1986, 34). Dagegen ist er im **Erbschein nicht** zu erwähnen (KGJ 43 A 92, 94; 46, 141, 144).

20 Wenn der Vermächtnisnehmer als Eigentümer eines ihm vermachten Grundstücks oder als Gläubiger einer ihm vermachten Hypothek im Grundbuch eingetragen wird, so kann die Vermächtnisvollstreckung auf Antrag des Vermächtnisvollstreckers **im Grundbuch vermerkt** werden (BayObLGZ 1990, 82).

§ 2224

[1] **Mehrere Testamentsvollstrecker führen das Amt gemeinschaftlich; bei einer Meinungsverschiedenheit entscheidet das Nachlaßgericht. Fällt einer von ihnen weg, so führen die übrigen das Amt allein. Der Erblasser kann abweichende Anordnungen treffen.**

[2] **Jeder Testamentsvollstrecker ist berechtigt, ohne Zustimmung der anderen Testamentsvollstrecker diejenigen Maßregeln zu treffen, welche zur Erhaltung eines der gemeinschaftlichen Verwaltung unterliegenden Nachlaßgegenstandes notwendig sind.**

Materialien: E I § 1893; II § 2093; III § 2198; Mot V 222 f; Prot V 255.

Systematische Übersicht

I.	Allgemeines		1
II.	Anordnungen des Erblassers für die		
		Amtsführung mehrerer Testamentsvollstrecker	4

6. Titel.
Testamentsvollstrecker

III.	Gesetzliche Regelung für die Amtsführung mehrerer Testamentsvollstrecker	
1.	Grundsatz	11
2.	Gemeinschaftliche Amtsführung	12
3.	Entscheidung des Nachlaßgerichts	21

IV.	Wegfall eines Mitvollstreckers	35
V.	Ausnahme für Erhaltungsmaßnahmen	41

Alphabetische Übersicht

Anordnung des Erblassers	4 ff, 28
Anrufung des Nachlaßgerichts	6
Antrag	25
Antragsberechtigung	25
Auslegung des Testaments	22
Außenverhältnis	12
Begrenzung	2
Behinderung	36 f
Beschneidung der Rechte	44
Beschwerde	31 ff
Eidesstattliche Versicherung	19
Eigene Rechte des Testamentsvollstreckers	24
Einstimmigkeit	5
Entscheidung des Nachlaßgerichts	21 ff, 26
Erhaltungsmaßnahmen	41 ff
Ernennung eines Nachfolgers	23
Ersatzberufung	38
Forderungen	24
Gebühren	14, 34
Geldentnahme	22
Gemeinschaftliche Amtsführung	11 ff
Genehmigung	16
Gesamtschuldner	17
Geschäftsverteilung	9
Gesetzliche Regelung	11
Grundbuchberichtigungsantrag	18
Handlungsfähigkeit	39
Innenverhältnis	12 f
Kollegialverfassung	6
Konkursantrag	18
Meinungsverschiedenheiten	22, 42
Nachfolger	23
Nachlaßgericht	21 ff
Nebenvollstreckung	7
Objektive Notwendigkeit	43
Prozeßgericht	22, 24, 42
Prozeßunterbrechung	20
Rat	3
Rechtsfragen	22
Rechtskraft	32
Richter	21
Sachfragen	22
schwebende Unwirksamkeit	16
Stimmenmehrheit	6
Streitgenossenschaft	19
Testamentsvollstreckerzeugnis	40
Unterbrechung des Prozesses	20
Verfügung	14
– von Todes wegen	10
Vertretung	8
Vollmacht	15
Wegfall eines Mitvollstreckers	35 ff
Wirkungskreis	7
Zahl der Testamentsvollstrecker	1
Zweckmäßigkeit	27

I. Allgemeines

1 Der Erblasser kann **mehrere** Testamentsvollstrecker ernennen (§ 2197); er kann auch einen Dritten oder das Nachlaßgericht ersuchen, mehrere Testamentsvollstrecker zu ernennen (§§ 2198, 2200); er kann den Testamentsvollstrecker ermächtigen, einen oder mehrere Mitvollstrecker zu ernennen (§ 2199). Zur Entscheidung der Frage nach dem richtigen Testamentsvollstrecker gehört auch die Festlegung der Zahl der Testamentsvollstrecker.

2 Die **Zahl** der Testamentsvollstrecker ist vom Gesetz **nicht begrenzt**.

3 Wenn der Testamentsvollstrecker nach dem Testament für gewisse Geschäfte den **Rat** oder auch die Zustimmung eines Rechts- oder Wirtschaftskundigen einholen soll, so wird im allgemeinen nicht die Bestellung eines Mitvollstreckers mit beschränkten Rechten vorliegen, sondern nur eine Verwaltungsanordnung nach §§ 2208, 2216 Abs 2 (RGZ 130, 138; MünchKomm/Brandner Rn 2; Soergel/Damrau Rn 1; anders KG OLGE 14, 301; vgl § 2208 Rn 21).

II. Anordnungen des Erblassers für die Amtsführung mehrerer Testamentsvollstrecker

4 Für die Art und Weise der Geschäftsführung mehrerer Testamentsvollstrecker ist in erster Linie der **Wille des Erblassers** maßgebend.

5 Wenn der Erblasser anordnet, daß die Testamentsvollstrecker nur gemeinschaftlich handeln dürfen oder daß **Einstimmigkeit** erforderlich sei, so ist diese Anordnung nur ein Hinweis auf die gesetzliche Regelung (Abs 1 S 1), außer es liegt im Einzelfall in der Forderung der Einstimmigkeit zugleich der Ausschluß der Entscheidung des Nachlaßgerichts (s Rn 21 ff).

6 Der Erblasser kann aber auch bestimmen, daß Stimmenmehrheit entscheiden solle (**Kollegialverfassung**); dann wird die Mehrheit den Beschluß auch ohne Mitwirkung der überstimmten Testamentsvollstrecker durchführen können (Kipp/Coing § 74 I 2). Der Erblasser kann dabei anordnen, daß bei Meinungsverschiedenheiten oder bei Stimmengleichheit die Ansicht eines bestimmten Testamentsvollstreckers den Ausschlag geben oder ein Dritter als Schiedsrichter entscheiden soll. Er kann also die Anrufung des Nachlaßgerichts bei Meinungsverschiedenheiten (Abs 1 S 1 HS 2) ausschließen (OLG Hamburg OLGE 44, 96). Von diesem Fall abgesehen, entscheidet aber auch dann, wenn der Erblasser die Amtsführung der Mitvollstrecker abweichend vom Gesetz geregelt hat, bei Meinungsverschiedenheiten das Nachlaßgericht (KGJ 31 A 94). Der Erblasser kann aber nicht über das Gesetz hinaus bestimmen, daß die Handlungen der Testamentsvollstrecker der Zustimmung des Nachlaßgerichts bedürften, da die Gerichtsbarkeit und ihre Zuständigkeit dem Parteiwillen entzogen sind.

7 Der Erblasser kann jedem Testamentsvollstrecker einen **bestimmten Wirkungskreis** zuweisen, innerhalb dessen er ohne Mitwirkung der anderen selbständig handeln kann (**Nebenvollstreckung**). Er kann auch Gegenstände von der gemeinschaftlichen

Verwaltung ausschließen und ihre Verwaltung einem besonderen Testamentsvollstrecker übertragen.

Er kann Anordnungen über die **gegenseitige Vertretung** der Testamentsvollstrecker **8** treffen und bestimmen, daß nach außen die Handlung eines Testamentsvollstreckers oder einiger von ihnen genügen soll (KGJ 22 A 269; 31 A 94; Soergel/Damrau Rn 3).

Der Erblasser kann überhaupt die **Geschäftsverteilung** im Innenverhältnis und **9** Außenverhältnis verschieden regeln. Dem nur für ein bestimmtes Teilgebiet bestellten Testamentsvollstrecker stehen die allgemeinen Mitvollstreckerrechte nicht zu (OLG München JFG 14, 9).

Der Erblasser kann Anordnungen für die Amtsführung mehrerer Testamentsvoll- **10** strecker nur durch **Verfügung von Todes wegen** treffen (Soergel/Damrau Rn 3). Die Anordnungen brauchen aber nicht in derselben Urkunde enthalten zu sein wie die Ernennung der Testamentsvollstrecker (Planck/Flad Anm 7). Soweit die Anordnungen des Erblassers von der im folgenden erläuterten gesetzlichen Regelung abweichen, sind sie im Testamentsvollstreckerzeugnis (§ 2368) anzuführen (KGJ 22 A 269).

III. Gesetzliche Regelung für die Amtsführung mehrerer Testamentsvollstrecker

1. Grundsatz

Wenn der Erblasser nichts anderes bestimmt hat, führen mehrere Testamentsvoll- **11** strecker das Amt **gemeinschaftlich**; bei einer Meinungsverschiedenheit entscheidet das Nachlaßgericht (Abs 1 S 1 HS 2, vgl die entsprechende Bestimmung für den Vormund in § 1797 Abs 1 sowie die Vorschriften über die Handlungsbefugnis mehrerer Liquidatoren einer oHG in § 150 HGB).

2. Gemeinschaftliche Amtsführung

Gemeinschaftliche Führung des Amtes bedeutet, daß die Testamentsvollstrecker **12** eine Rechtshandlung nur vornehmen dürfen und können, wenn alle Mitvollstrecker einig sind (vgl §§ 2038, 2040). Die Regel gilt sowohl für das **Innenverhältnis** als auch für das **Außenverhältnis** (BGH NJW 1967, 2401).

Die Testamentsvollstrecker können ihre Aufgaben nach bestimmten Gebieten unter **13** sich verteilen (vgl § 714); doch hat eine solche **Geschäftsverteilung** nur interne Wirkung (BGH NJW 1967, 2400 = DNotZ 1968, 3555; MünchKomm/Brandner Rn 7; Palandt/Edenhofer Rn 1), vor allem im Hinblick auf § 2219 Abs 2 (s § 2219 Rn 18 ff).

Bei einer gemeinsamen **Verfügung** über einen Nachlaßgegenstand verfügt – ähnlich **14** wie bei der Verfügung mehrerer Miterben – jeder Testamentsvollstrecker über den ganzen Gegenstand, nicht etwa über einen Anteil an diesem (KG OLGE 19, 275). Es müssen also sämtliche Mitvollstrecker zusammenwirken. Hieraus folgt nach BGH NJW-RR 1994, 963 auch, daß ein Rechtsanwalt, der von mehreren Testamentsvollstreckern gemeinschaftlich beauftragt wird, eine nach § 6 Abs 1 S 2 BRAGO erhöhte Gebühr verlangen kann.

15 Es bleibt ihnen unbenommen, einem von ihnen oder auch einem Dritten **Vollmacht** zu erteilen (vgl § 150 Abs 2 HGB; § 2218 Rn 13; MünchKomm/BRANDNER Rn 7); an ihrer Haftung nach § 2219 ändert das aber nichts. Generalvollmacht können die Mitvollstrecker nur widerruflich für einen bestimmten Kreis von Geschäften erteilen und nur dann, wenn kein Verbot des Erblassers entgegensteht (§ 2218 Rn 13).

16 Wenn einer oder mehrere Testamentsvollstrecker ohne das erforderliche Einverständnis der übrigen ein Rechtsgeschäft vornehmen, dann ist es **schwebend unwirksam**; es kann durch nachträgliche Genehmigung der übrigen Mitvollstrecker oder, wenn diese verweigert wird, durch Entscheidung des Nachlaßgerichts nach Abs 1 S 1 HS 2 wirksam werden (§ 185, RG JW 1932, 1358). Wenn ein Testamentsvollstrecker zugleich im Namen der übrigen ohne deren Vollmacht handelt, so gelten für die Wirksamkeit des Geschäftes die Vorschriften der §§ 177 ff.

17 Nach § 2219 Abs 2 haften die Mitvollstrecker dem Erben als **Gesamtschuldner**, uU auch dann, wenn nur einen von ihnen ein Verschulden trifft; zB haften für den durch einen Mehrheitsbeschluß der Testamentsvollstrecker verursachten Schaden auch die Überstimmten. Daran ändert es nichts, daß die Testamentsvollstrecker ihre Aufgaben so unter sich verteilt haben, daß jeder von ihnen in seinem Wirkungskreis selbständig handelt, es sei denn, daß die Verteilung auf einer Anordnung des Erblassers selbst beruht (§ 2219 Rn 18 ff). Dann haftet jeder Testamentsvollstrecker nur für ein Verschulden in seinem Bereich.

18 Aus dem **Grundsatz der gemeinschaftlichen Amtsführung** folgt, daß der Antrag auf Eröffnung des Nachlaßkonkurses regelmäßig nur von allen Mitvollstreckern gemeinschaftlich gestellt werden kann (MünchKomm/BRANDNER Rn 6). Desgleichen kann der Antrag auf Berichtigung des Grundbuches von den Mitvollstreckern nur gemeinsam gestellt werden (aM SOERGEL/DAMRAU Rn 4: es genüge, wenn ein Testamentsvollstrecker den Antrag stellt und die übrigen gehört werden). Auch den Antrag auf Außerkraftsetzung einer Verwaltungsanordnung des Erblassers (§ 2216 Abs 2) können die Testamentsvollstrecker nur gemeinsam stellen; bei Abweisung des Antrags können sie nur gemeinsam Beschwerde einlegen (MünchKomm/BRANDNER Rn 6; PALANDT/EDENHOFER Rn 1; aM ERMAN/M SCHMIDT Rn 2, der die Anhörung der übrigen Testamentsvollstrecker genügen lassen will).

19 Abs 1 S 1 begründet nicht schlechthin eine **notwendige Streitgenossenschaft** unter mehreren verklagten Testamentsvollstreckern; vielmehr sind diese nur dann notwendige Streitgenossen, wenn sie die Handlung, die von ihnen verlangt wird, nur gemeinsam vornehmen können. So kann die Klage auf Erteilung von Auskunft und Rechnungslegung gegen jeden einzelnen Mitvollstrecker erhoben werden (RG JW 1913, 495). Auch die Abgabe der eidesstattlichen Versicherung kann gegebenenfalls von jedem einzelnen Testamentsvollstrecker gefordert werden. Die Klage auf Auseinandersetzung braucht nur gegen denjenigen Testamentsvollstrecker erhoben zu werden, der durch seine Weigerung die Auseinandersetzung verhindert (RG Recht 1918 Nr 252). Wegen Steuerpflichten und Steuerschulden kann der eine oder andere Mitvollstrecker belangt werden (RFH JW 1925, 2038).

20 Aus Abs 1 S 1 folgt, daß bei einem Wechsel in der Person des Testamentsvollstreckers eine **Unterbrechung des Prozesses** (§ 241 ZPO) nur dann nach § 246 ZPO nicht eintritt, wenn sämtliche Mitvollstrecker durch Prozeßbevollmächtigte vertreten sind (RG JW 1913, 876).

3. Entscheidung des Nachlaßgerichts

Bei **Meinungsverschiedenheiten** über die Führung des Amtes entscheidet nach der gesetzlichen Regel (Abs 1 S 1 HS 2) nicht die Mehrheit, sondern das Nachlaßgericht. Soweit das Nachlaßgericht zuständig ist, kann das Prozeßgericht nicht angerufen werden (OLG Hamburg OLGE 1, 196). Zuständig ist der Richter (§ 16 Abs 1 Nr 4 RpflG). 21

Das Nachlaßgericht entscheidet nur bei Meinungsverschiedenheiten über die sachliche Amtsführung, also über die Notwendigkeit und Zweckmäßigkeit eines Rechtsgeschäftes oder einer Rechtshandlung – zB über die Anlegung von Nachlaßgeldern oder über den Teilungsplan für die Auseinandersetzung des Nachlasses –, nicht aber bei **Streitigkeiten** zwischen den Testamentsvollstreckern **über rechtliche Fragen** (BGHZ 20, 264 = JZ 1956, 494 mit abl Anm BAUR), zB über das Recht eines Testamentsvollstreckers, Geld für eigene Zwecke aus dem Nachlaß zu entnehmen (RG HRR 1930 Nr 1110), oder über die Auslegung des Testamentes (OLG Hamburg MDR 1953, 364; KEIDEL JZ 1954, 237). Wenn allerdings die Frage, wie eine Bestimmung des Testamentes auszulegen ist, eine Vorfrage für die Entscheidung über die Notwendigkeit oder Zweckmäßigkeit einer von einem Testamentsvollstrecker beabsichtigten Amtshandlung bildet, kann sie vom Nachlaßgericht in den Gründen seiner Entscheidung nach Abs 1 S 1 HS 2 also „incidenter" mitentschieden werden (aM BGH aaO). Wenn dagegen rechtliche Fragen den eigentlichen Gegenstand des Streites bilden, so ist dieser vom Prozeßgericht zu entscheiden (BGH aaO). Die genaue Abgrenzung ist allerdings umstritten (vgl MünchKomm/BRANDNER Rn 12 mwN). Das Prozeßgericht hat auch darüber zu befinden, ob eine Rechtshandlung von allen Mitvollstreckern gemeinsam vorzunehmen ist und welcher von ihnen sie vorzunehmen hat (MünchKomm/BRANDNER Rn 11). Hierher gehört zB der Streit der Testamentsvollstrecker über die Rechtsfrage, ob nach der Bestimmung des Erblassers ein weiterer Mitvollstrecker von jedem Testamentsvollstrecker selbständig oder nur von allen gemeinsam ernannt werden kann (OLG Colmar OLGE 26, 357; OLG Hamburg OLGE 44, 96; SOERGEL/DAMRAU Rn 10). Anders liegt der Fall, wenn die Mitvollstrecker nur über die vom Erblasser in ihr Ermessen gestellte Zweckmäßigkeitsfrage streiten, ob ein weiterer Mitvollstrecker ernannt werden soll, oder wenn sie sich nicht über die Person des zu ernennenden Mitvollstreckers einigen können (KG Recht 1914 Nr 1117; KG DR 1943, 353): Hier handelt es sich um Meinungsverschiedenheiten über eine Amtshandlung, die vom Nachlaßgericht zu schlichten sind. 22

Die **Ernennung eines Nachfolgers** durch den Testamentsvollstrecker gehört nicht mehr zur Amtsführung im Sinne des § 2224. Sie ist vielmehr, wenn nicht ausnahmsweise ein anderer Wille des Erblassers aus dem Testament ersichtlich ist, eine persönliche Aufgabe desjenigen, für den der Nachfolger ernannt werden soll (KG DFG 1942, 45; § 2199 Rn 16). 23

Eine Meinungsverschiedenheit über die Amtsführung liegt nicht vor, wenn **eigene Rechte oder Pflichten** eines Testamentsvollstreckers betroffen sind, also etwa wenn ein Testamentsvollstrecker mit einem anderen über dessen Schulden an den Nachlaß 24 oder seine Forderungen gegen den Nachlaß streitet (KG OLGE 30, 209; OLG Hamburg LZ 1914, 1399; vgl Rn 22). Überhaupt gehören die Fälle, in denen ein Testamentsvollstrecker Gläubiger oder Schuldner des Nachlasses ist, nicht hierher. In solchen Fällen handelt es sich um Rechtsansprüche des Testamentsvollstreckers oder gegen ihn, über die das Prozeßgericht zu entscheiden hat.

25 Das Nachlaßgericht kann nur **auf Antrag** über die Meinungsverschiedenheiten unter den Mitvollstreckern entscheiden. Zu dem Antrag ist jeder Testamentsvollstrecker berechtigt, aber auch jeder sonstige materiell Beteiligte, also vor allem der Erbe, der Vermächtnisnehmer und der Pflichtteilsberechtigte (KG OLGE 30, 209; HAEGELE/WINKLER Rn 679; MünchKomm/BRANDNER Rn 13). Der Dritte, mit dem das strittige Rechtsgeschäft abgeschlossen werden soll, hat kein Antragsrecht. Das Widerrufsrecht nach § 178 steht ihm nur zu, wenn der Testamentsvollstrecker den Vertrag zugleich im Namen der übrigen Mitvollstrecker ohne deren Vollmacht abgeschlossen hat, nicht aber, wenn er als alleiniger Testamentsvollstrecker aufgetreten ist.

26 Das Nachlaßgericht ist in seiner **Entscheidungsmöglichkeit** beschränkt. Es kann sich nur für eine der von den Testamentsvollstreckern vorgetragenen Meinungen entscheiden (Muster s FIRSCHING/GRAF Rn 4.474). Will es keine dieser Ansichten billigen, so muß es den Antrag zurückweisen (KG JW 1936, 1017; PALANDT/EDENHOFER Rn 4). Eine Auffassung, die von keinem der Mitvollstrecker vertreten worden ist, kann das Nachlaßgericht nur dann für bindend erklären, wenn es sich um eine unwesentliche Abweichung von einer ihm vorgetragenen Meinung handelt oder wenn sich die Meinungen der Mitvollstrecker nur dem Maß nach unterscheiden und der Betrag, für den sich das Nachlaßgericht entscheidet, in dem Spielraum zwischen dem höchsten und dem niedrigsten von den Mitvollstreckern vorgeschlagenen Betrag bleibt (OLG München JFG 15, 344). Das Nachlaßgericht darf aber nicht selbst eine von keinem Testamentsvollstrecker vorgeschlagene Anordnung treffen, da es dadurch eine Aufsichtsstellung gegenüber den Testamentsvollstreckern beanspruchen würde, die ihm nicht zukommt (KG OLGE 14, 302; SOERGEL/DAMRAU Rn 11; MünchKomm/BRANDNER Rn 14). Die Entscheidung des Nachlaßgerichts ersetzt nicht die Zustimmung des sich weigernden Testamentsvollstreckers (wie etwa die Entscheidung des Vormundschaftsgerichts in den Fällen der §§ 1365 Abs 2, 1369 Abs 2, 1426, 1430, 1452 an die Stelle der Zustimmung des einen Ehegatten tritt). Der Ausspruch des Nachlaßgerichts geht dahin, daß das beabsichtigte Rechtsgeschäft oder die beabsichtigte Verwaltungsmaßnahme durchzuführen oder nicht durchzuführen sei. Die fehlende Willenserklärung des ablehnenden Mitvollstreckers muß gegebenenfalls, wenn sie trotz der Entscheidung des Nachlaßgerichts nicht abgegeben wird, erzwungen werden (KG DR 1943, 353; **aM** MünchKomm/BRANDNER Rn 5; ERMAN/M SCHMIDT Rn 3, die die Zustimmung als durch die Entscheidung des Nachlaßgerichts ersetzt sehen).

27 Das Nachlaßgericht entscheidet unter dem **Gesichtspunkt der Zweckmäßigkeit**. Seine Entscheidung bindet nur die Testamentsvollstrecker. Die Rechte Dritter, zB der Erben oder der Nachlaßgläubiger, werden durch die Entscheidung nicht berührt (OLG Hamburg OLGE 1, 196; KG DFG 1936, 38).

28 **Streitigkeiten zwischen Testamentsvollstrecker und Erben** entscheidet nicht das Nachlaßgericht, sondern das Prozeßgericht (KG OLGE 30, 209).

Der Antrag auf Entscheidung des Nachlaßgerichts **erledigt** sich, wenn von zwei strei- 29
tenden Mitvollstreckern einer **wegfällt** (KG OLGE 30, 209).

Sind die Meinungsverschiedenheiten so **schwerwiegend**, daß eine vertrauensvolle 30
Zusammenarbeit der Mitvollstrecker nicht mehr erwartet werden kann, wird auf
Antrag eines Beteiligten die Abberufung eines Testamentsvollstreckers nach § 2227
zu erwägen sein (ERMAN/M SCHMIDT Rn 3).

Lehnt das Nachlaßgericht einen Antrag nach § 2224 ab, so ist nur der **Antragsteller** 31
beschwerdeberechtigt (SOERGEL/DAMRAU Rn 16). Gegen die Entscheidung des Nachlaßgerichts steht jedem Testamentsvollstrecker selbständig die Beschwerde zu (§ 82
Abs 1 FGG; vgl KG DFG 1938, 54). Aber auch die sonstigen Beteiligten können uU
beschwerdeberechtigt sein, zB der Erbe, wenn seine Rechte gefährdet sind und ihre
Durchsetzung im Prozeß zZ nicht angebracht ist (KG OLGE 30, 209; KEIDEL/KUNTZE/
WINKLER § 82 FGG Rn 3; **aM** SOERGEL/DAMRAU Rn 16, der bei einer Entscheidung des Nachlaßgerichts stets nur den Wirkungskreis der Testamentsvollstrecker beeinträchtigt sieht; dem kann aber in
dieser Allgemeinheit nicht zugestimmt werden).

Eine Verfügung des Gerichts, durch die es bei einer Meinungsverschiedenheit der 32
Testamentsvollstrecker über die Vornahme eines Rechtsgeschäftes entscheidet, wird
erst mit der Rechtskraft wirksam und kann nur mit **sofortiger Beschwerde** angefochten
werden (§§ 82 Abs 2, 53, 60 Abs 1 Nr 6, 22 FGG). Bei Gefahr in Verzug kann das
Gericht gem § 53 Abs 2 FGG die sofortige Wirksamkeit anordnen; dann tritt die
Verfügung mit der Bekanntmachung in Kraft. Die Anordnung der sofortigen Wirk-
samkeit ist für sich allein nicht anfechtbar (KEIDEL/KUNTZE/WINKLER § 53 FGG Rn 12).
Sie ändert auch nichts daran, daß das Rechtsmittel gegen die ersetzende Verfügung
die sofortige Beschwerde ist (BGHZ 42, 223 = LM Nr 1 zu § 55 a FGG mit Anm ASCHER;
KEIDEL/KUNTZE/WINKLER aaO).

Dagegen werden Entscheidungen, die sich nicht mit der Vornahme eines Rechtsge- 33
schäftes befassen, sofort wirksam; sie können nur mit der **einfachen Beschwerde**
angefochten werden (KEIDEL/KUNTZE/WINKLER § 82 FGG Rn 7). Da es sich im Fall des
Abs 1 S 1 HS 2 um ein sog echtes Streitverfahren im Bereich der freiwilligen
Gerichtsbarkeit handelt (PETERS MDR 1952, 137), können hier auch Bestimmungen aus
dem Gebiet der streitigen Gerichtsbarkeit auf das Verfahren entsprechend angewendet werden (BGH RdL 1954, 128; KEIDEL/KUNTZE/WINKLER Vorbem 2 zu §§ 8 ff FGG; § 12
FGG Rn 195 ff).

Die **Gebühren** für die Entscheidung des Nachlaßgerichts bemessen sich nach § 113 34
KostO.

IV. Wegfall eines Mitvollstreckers

Wenn keine einschlägige Anordnung des Erblassers vorhanden ist, so führen, sobald 35
einer der Mitvollstrecker wegfällt, die übrigen das **Amt allein** weiter (Abs 1 S 2). Ein
Testamentsvollstrecker fällt vor allem dann weg, wenn er das Amt ablehnt oder wenn
sein Amt erlischt (§§ 2202, 2225 ff).

Als Wegfall gilt es auch, wenn von zwei Testamentsvollstreckern der eine durch 36 rechtliche oder tatsächliche in seiner Person liegende Gründe **dauernd verhindert** ist, bei einem Rechtsgeschäft mitzuwirken; der andere ist dann allein zum Abschluß des Geschäftes befugt (RGZ 61, 143; § 2205 Rn 54). Daher gilt, wenn von zwei Mitvollstreckern der eine Nachlaßschuldner ist, dieser in Bezug auf die Geltendmachung der Forderung wegen sachlicher Behinderung als weggefallen, so daß ihn der andere allein auf Bezahlung der Schuld verklagen kann (RGZ 61, 143; 98, 174; KG OLGE 30, 209). Ähnlich liegt der Fall, wenn von zwei Testamentsvollstreckern der eine an den anderen ein Nachlaßgrundstück veräußert (RGZ 58, 299). Eine tatsächliche Verhinderung liegt vor, wenn ein Mitvollstrecker, sei es auch schon vor Annahme des Amtes, vermißt ist (OGHBrZ NJW 1950, 64).

37 Weitergehend nimmt OLG Oldenburg (ZJBlBrZ 1948, 144) Wegfall auch dann an, wenn ein Mitvollstrecker zu der Zeit, zu der er tätig werden sollte, nicht zur Verfügung steht. Diese Auffassung dürfte jedoch zu weit gehen. Die **vorübergehende Behinderung** eines Mitvollstreckers (zB durch Abwesenheit oder Krankheit) steht dem Wegfall nicht gleich (MünchKomm/Brandner Rn 19). Doch können die übrigen Mitvollstrecker nicht nur die etwa nötigen Erhaltungsmaßregeln allein treffen (Abs 2; RG RJA 6, 135), sondern auch sonstige dringende Amtshandlungen allein vornehmen und, wenn der verhinderte Mitvollstrecker seine nachträgliche Genehmigung verweigert, die Entscheidung des Nachlaßgerichts nach Abs 1 S 1 HS 2 herbeiführen (Soergel/Damrau Rn 18). Für eine weitergehende Befugnis der verfügbaren Mitvollstrecker zu alleinigem Handeln dürfte kein Bedürfnis bestehen.

38 Der Erblasser kann für den Fall, daß ein oder mehrere Mitvollstrecker wegfallen, durch **Ersatzberufung** nach § 2197 Abs 2, durch Ernennung eines Bestimmungsberechtigten (§ 2198), durch Ermächtigung zur Ernennung von Mitvollstreckern (§ 2199) oder durch Ersuchen an das Nachlaßgericht (§ 2200) für Ersatz sorgen. Er kann dies aber nur durch Verfügung von Todes wegen.

39 Die **Handlungsfähigkeit** des Testamentsvollstreckergremiums bei Wegfall eines Mitvollstreckers ist fraglich. Wenn auf Grund einer solchen Anordnung an die Stelle eines wegfallenden Testamentsvollstreckers ein anderer tritt, so ist es eine Frage des Einzelfalles, ob beim Wegfall des Mitvollstreckers die übrigen bis zur Ernennung oder bis zum Amtsantritt des Nachfolgers allein handeln können oder ob sie erst von der Ernennung oder dem Amtsantritt des Nachfolgers an gemeinsam mit diesem wieder zur Ausübung des Amtes befugt sind (MünchKomm/Brandner Rn 21). Es kann auch sein, daß nach dem im Testament bekundeten Willen des Erblassers das Amt aller Testamentsvollstrecker erlischt, sobald einer wegfällt.

40 Anordnungen des Erblassers über die Ersetzung eines wegfallenden Testamentsvollstreckers sind, wenn sie von der gesetzlichen Regel (Abs 1 S 2) abweichen, im **Testamentsvollstreckerzeugnis** zu erwähnen.

V. Ausnahme für Erhaltungsmaßnahmen

41 Jeder Testamentsvollstrecker kann selbständig die zur Erhaltung eines der gemeinschaftlichen Verwaltung unterliegenden Nachlaßgegenstandes erforderlichen Maßnahmen treffen (Abs 2; vgl §§ 744 Abs 2, 2038 Abs 1 S 2). Unter Erhaltungsmaßnah-

men sind insbesondere Maßnahmen zur Erhaltung des Wertes des Gegenstandes zu verstehen (KG OLGE 45, 257). Unter den **Begriff der Erhaltungsmaßnahmen** fallen nicht nur Maßnahmen tatsächlicher Art (zB Instandsetzungsarbeiten), sondern auch solche rechtlicher Art, zB die Klage auf Feststellung einer Nachlaßforderung oder die Beitreibung einer solchen (RGZ 98, 173; RG Recht 1930 Nr 1266). Unter Abs 2 fällt nach OLG Saarbrücken (NJW 1967, 1137) auch jede Verteidigung gegenüber Forderungen, die den Nachlaß, gegenständlich oder wertmäßig, mindern könnten; hiernach ist auch jeder der mehreren Testamentsvollstrecker berechtigt, ohne Zustimmung der anderen gegen einen vollstreckbaren Titel, zB Kostenansatz eines Notars, Rechtsmittel einzulegen.

Ein **Streit** darüber, ob eine **Maßnahme** im Sinne des Abs 2 **notwendig** war, gehört nicht 42 zu den Meinungsverschiedenheiten des Abs 1 S 1 HS 2. Er muß also vor dem Prozeßgericht ausgetragen werden.

Nur die zur Erhaltung der einzelnen Nachlaßgegenstände objektiv **notwendigen Maß-** 43 **nahmen** kann ein Mitvollstrecker allein rechtswirksam treffen. Es genügt nicht, daß er die Maßnahmen für erforderlich halten durfte (MünchKomm/BRANDNER Rn 16). Zu anderen Rechtshandlungen, auch wenn sie für die ordnungsmäßige Verwaltung des Nachlasses nötig wären oder Gefahr im Verzug ist, ist der einzelne Mitvollstrecker allein nicht befugt. Das gilt auch, wenn die anderen Mitvollstrecker an der Vornahme des Geschäftes vorübergehend (zB durch Abwesenheit) verhindert sind. Der Mitvollstrecker, der das dringende Rechtsgeschäft allein vornimmt, handelt auf eigene Verantwortung. Er kann aber, wenn die anderen Mitvollstrecker das Geschäft nicht nachträglich genehmigen (§§ 177 ff, 185), die Entscheidung des Nachlaßgerichts nach Abs 1 S 1 herbeiführen. Andererseits kann der Mitvollstrecker nicht zur Rechenschaft gezogen werden, wenn er trotz Gefahr im Verzug untätig bleibt, soweit nicht etwa eine Benachrichtigung der Mitvollstrecker noch möglich war (PLANCK/FLAD Anm 10).

Die jedem Mitvollstrecker nach Abs 2 zustehenden Rechte sind **zwingender Natur**; 44 der Erblasser kann sie nicht beschneiden (MünchKomm/BRANDNER Rn 18; SOERGEL/DAMRAU Rn 20).

§ 2225

Das Amt des Testamentsvollstreckers erlischt, wenn er stirbt oder wenn ein Fall eintritt, in welchem die Ernennung nach § 2201 unwirksam sein würde.

Materialien: E I § 1894; II § 2094; III § 2199;
Mot V 223; Prot V 2257 ff.

I. Allgemeines

1. Gründe für die Beendigung

1 Als Gründe für die Beendigung des Testamentsvollstrecker-Amtes hebt das Gesetz hervor:
- den **Tod** des Testamentsvollstreckers nach dem Erbfall, die Beschränkung seiner Geschäftsfähigkeit oder die Bestellung eines Betreuers zur Besorgung seiner Vermögensangelegenheiten (§§ 2225, 2201); stirbt der „Testamentsvollstrecker" vor dem Erbfall, so ist seine Ernennung unwirksam, weil das Amt des Testamentsvollstreckers nicht vererblich ist (Mot V 219),
- die **Kündigung** durch den Testamentsvollstrecker gegenüber dem Nachlaßgericht (§ 2226),
- die **Entlassung** des Testamentsvollstreckers, die das Nachlaßgericht aussprechen kann (§ 2227).

2 Darüber hinaus endigt aber das Amt auch durch **vollständige Erledigung** aller dem Testamentsvollstrecker zugewiesenen Aufgaben, wozu regelmäßig die Ausführung der letztwilligen Verfügungen des Erblassers und die Bewirkung der Auseinandersetzung unter mehreren Erben gehört (§§ 2203, 2204), und zwar auch hier von selbst, also ohne Niederlegungserklärung, ohne Anzeige an das Nachlaßgericht, ohne Aufhebung der Testamentsvollstreckung und ohne Entlassung des Testamentsvollstreckers durch das Nachlaßgericht (RGZ 81, 166; BGHZ 41, 23 = NJW 1964, 1316 = DNotZ 1965, 98; BayObLGZ 1953, 357). Das Amt erlischt auch, wenn die Erben vereinbaren, daß die **Auseinandersetzung unterbleiben**, die Erbengemeinschaft also für immer oder auf Zeit fortgesetzt werden soll, und wenn der Testamentsvollstrecker alle übrigen Aufgaben bereits erfüllt hat (vgl § 2204 Rn 5 ff; BayObLGZ 1953, 357; OLG München DNotZ 1936, 810; vgl LG Hannover JR 1950, 693 mit Anm HARTUNG). Wenn der Testamentsvollstrecker nur für den Vorerben bestellt ist, so endet sein Amt mit der Aushändigung der Erbschaft an den Vorerben; bei der Herausgabe der Erbschaft durch den Vorerben an den Nacherben hat der Testamentsvollstrecker, sofern der Erblasser nichts anderes angeordnet hat, nicht mitzuwirken (OLG Dresden OLGE 34, 297). Ist der Testamentsvollstrecker zur Verteilung des Nachlasses und Errichtung einer Stiftung bestellt, so endigt sein Amt mit der Erledigung dieser Aufgaben (KG OLGE 34, 299).

3 Das Amt des Testamentsvollstreckers erlischt auch, wenn der **Nachlaß erschöpft** ist (KG OLGE 37, 259). Ergeben sich für den Nachlaß nachträglich Rückerstattungsansprüche, so lebt die scheinbar beendete Testamentsvollstreckung wieder auf (OLG München NJW 1951, 74).

4 Wenn alle Aufgaben des Testamentsvollstreckers erledigt sind, so erlischt sein Amt **von selbst**; eine Aufhebung der Testamentsvollstreckung oder eine Entlassung des Testamentsvollstreckers ist weder nötig noch zulässig (KG OLGE 37, 259; KG HRR 1937 Nr 259; BayObLGZ 1953, 357). Das Amt endet auch mit dem Eintritt der auflösenden Bedingung oder des Endtermins, bis zu dem die Testamentsvollstreckung angeordnet war. Eine Verwaltungsvollstreckung endet, von Sonderfällen abgesehen, spätestens 30 Jahre nach dem Erbfall (§ 2210). Hat der Erblasser angeordnet, daß ein Erbteil bis zum Tode des Ehemannes der Erbin durch einen Testamentsvollstrecker verwaltet werden soll, so endigt sie im Zweifel auch bei Scheidung der Ehe (RG

SeuffA 66 Nr 72). Ferner endet das Amt: bei einer Nacherbenvollstreckung (§ 2222) mit dem Eintritt des Nacherbfalles; hinsichtlich einzelner Nachlaßgegenstände bei Freigabe nach § 2217 oder bei wirksamer Veräußerung durch den Testamentsvollstrecker oder einen vom Erblasser über den Tod hinaus Bevollmächtigten, denn solche Gegenstände scheiden aus dem Nachlaß aus und unterliegen nicht mehr dem Verwaltungsrecht des Testamentsvollstreckers (SOERGEL/DAMRAU Rn 1).

Dagegen ist die Eröffnung des Nachlaßkonkurses oder der Nachlaßverwaltung **kein** **5** **Grund** zur Beendigung der Testamentsvollstreckung; jedoch ruhen während der Dauer dieser Verfahren die Aufgaben und Befugnisse des Testamentsvollstreckers (RG LZ 1919, 875; § 2205 Rn 152). Auch die Ernennung des Testamentsvollstreckers zum Vormund des Alleinerben beendigt die Vollstreckung nicht (KGJ 48 A 141); ebensowenig der Tod des Erben, wenn nicht ausnahmsweise der Erblasser den Testamentsvollstrecker nur für die Lebenszeit des Erben bestellen wollte (vgl § 2338; OLG München DFG 1937, 2111; OLG München NJW 1951, 74; SOERGEL/DAMRAU Rn 4). Auch die Eröffnung des Konkurses über das Vermögen des Testamentsvollstreckers ist kein Grund für die automatische Beendigung seines Amtes; sie kann aber zu seiner Entlassung nach § 2227 führen (Prot V 259).

Das Amt des Testamentsvollstreckers erlischt auch **nicht von selbst**, wenn die Erben **6** mit dem Testamentsvollstrecker die Beendigung seines Amtes vereinbaren, der Testamentsvollstrecker jedoch – auch aus rechtlicher Unkenntnis – nicht gem § 2226 kündigt. Das gleiche gilt, wenn sich der Testamentsvollstrecker in der irrigen Meinung, seine Aufgaben seien erledigt, lange Zeit nicht mehr um sein Amt gekümmert hat. In diesen Fällen kann aber eine Verpflichtung des Testamentsvollstreckers bestehen, sein Amt niederzulegen (BGH NJW 1962, 912). Ergeben sich nachträglich neue Verwaltungsaufgaben, so lebt die Testamentsvollstreckung wieder auf (BGHZ 41, 23, 27; HAEGELE/WINKLER Rn 820).

2. Ende der Testamentsvollstreckung

Mit der Beendigung des Amtes des Testamentsvollstreckers endet die Testaments- **7** vollstreckung selbst **nur** in den Fällen Rn 2 und – hier bezüglich der betroffenen Gegenstände – Rn 4, im übrigen – bei Wegfall des Testamentsvollstreckers – nur dann, wenn ein weiterer Testamentsvollstrecker nicht mehr vorhanden ist (§ 2214 Abs 1 S 2) und der Erblasser nicht durch Ersatzberufung (§ 2197 Abs 2), durch Ernennung eines bestimmungsberechtigten Dritten (§ 2198), durch Ermächtigung zur Ernennung eines Nachfolgers (§ 2199 Abs 2) oder endlich durch Ersuchen an das Nachlaßgericht (§ 2200) vorgesorgt hat (vgl RGZ 156, 76). Zu beachten ist, daß beim Tode des Testamentsvollstreckers dessen Erbe uU **unaufschiebbare Geschäfte** der Testamentsvollstreckung vornehmen kann und muß (§§ 2218 Abs 1, 673 S 2) und daß bei anderweitiger Beendigung des Amtes dieses zugunsten des Testamentsvollstreckers so lange als fortbestehend gilt, bis dieser von dem Erlöschen Kenntnis erlangt hat oder erlangt haben muß (§§ 2218, 674; KIPP/COING § 75 VII). Praktische Bedeutung wird dieser Satz wohl nur in den Fällen Rn 12 erlangen können.

3. Sonstige Wirkungen der Beendigung des Amtes

Eine vom Testamentsvollstrecker nach Beendigung seines Amtes vorgenommene **8**

Rechtshandlung ist für den Nachlaß, dh für den Erben, grundsätzlich **unwirksam**. Über den Schutz des guten Glaubens des Testamentsvollstreckers und des Dritten, demgegenüber die Rechtshandlung vorgenommen wird, s §§ 2210 Rn 15, 2218 Rn 35.

9 **Nach der Beendigung** des Amtes hat der Testamentsvollstrecker den Nachlaß an den Erben herauszugeben, der nunmehr das volle und freie Verfügungsrecht über den Nachlaß erlangt; er hat weiter Rechenschaft abzulegen und uU eine diesbezügliche eidesstattliche Versicherung abzugeben (§ 2218 Rn 24). Das etwa erteilte Testamentsvollstreckerzeugnis wird von selbst kraftlos. Das Nachlaßgericht soll es aber zur Wahrung der Rechtssicherheit von Amts wegen zurückfordern und entweder bei den Gerichtsakten behalten oder auf ihm vermerken, wann das Amt des Testamentsvollstreckers erloschen ist (OLG Köln Rpfleger 1986, 261; vgl § 2210 Rn 17; § 61 BayNachlO). Ein förmliches Einziehungsverfahren wie beim Erbschein (§ 2361) kennt das Gesetz beim Testamentsvollstreckerzeugnis nicht (OLG München NJW 1951, 74). War noch kein Testamentsvollstreckerzeugnis erteilt, ist es auch nach Beendigung des Amtes zulässig, ein Zeugnis mit einem entsprechenden Negativvermerk zu erteilen (KG DNotZ 1965, 480; FIRSCHING/GRAF Rn 4.471). Die Vermerke im Grundbuch (§ 52 GBO) und Schiffsregister (§ 55 SchiffsRegO) sind auf Antrag des Erben oder eines sonstigen Beteiligten nach §§ 13, 22 GBO oder von Amts wegen nach §§ 84 ff GBO zu löschen (KUNTZE/ERTL/HERRMANN/EICKMANN § 52 GBO Rn 17; aM SOERGEL/DAMRAU Rn 7). Über den Einfluß der Beendigung des Amtes auf schwebende Prozesse s § 2210 Rn 14.

10 Eine vom Testamentsvollstrecker auf Grund seines Amtes erteilte **Vollmacht** erlischt mit der Beendigung des Amtes (KGJ 41 A 79). Läßt der Testamentsvollstrecker nach Erlöschen seines Amtes die Vollmacht zum Verkauf eines Nachlaßgrundstückes nebst dem Testamentsvollstreckerzeugnis in den Händen des Bevollmächtigten, so haftet er entsprechend § 179, wenn der Bevollmächtigte auf Grund dieser Urkunde das Grundstück verkauft (RG DRiZ 1933 Nr 295).

11 Einen **Streit** darüber, ob die Testamentsvollstreckung beendet oder das Amt eines bestimmten Testamentsvollstreckers erloschen ist, kann nur das Prozeßgericht, nicht das Nachlaßgericht entscheiden (BGHZ 41, 23 = NJW 1964, 1316 = DNotZ 1965, 98; KG JR 1951, 732; BayObLGZ 1953, 357; KEIDEL JZ 1954, 237). Eine Ausnahme gilt nur dann, wenn das Nachlaßgericht über die Fortdauer des Amtes als Vorfrage für eine andere Entscheidung befinden muß (BayObLGZ 1988, 42).

12 Bei anderweitiger Beendigung des Amtes – praktisch wohl nur bei Beendigung durch Erledigung aller Aufgaben – **gilt** das Amt zugunsten des Testamentsvollstreckers solange als **fortbestehend**, bis dieser von dem Erlöschen Kenntnis erlangt hat oder erlangt haben muß (§§ 2218, 674). Auch wenn das Gesetz die Fortsetzung des Amtes nur zugunsten des Testamentsvollstreckers unterstellt, dauern doch auch dessen Pflichten gegen den Erben im wesentlichen ebensolange fort, zumindest unter dem Gesichtspunkt der Geschäftsführung ohne Auftrag.

II. Die Beendigung des Amtes nach § 2225

13 **Tod einer natürlichen Person:** Das Amt des Testamentsvollstreckers erlischt immer

durch seinen **Tod**. Es kann als höchstpersönliches Recht nicht auf den Erben des Testamentsvollstreckers übergehen. Der Erbe des Testamentsvollstreckers hat dessen Tod dem Erben, für den der Testamentsvollstrecker bestellt war, unverzüglich anzuzeigen und bei Gefahr im Verzug die Geschäfte fortzuführen, bis der Erbe oder der etwaige Nachfolger anderweitig Fürsorge treffen kann (§§ 2218 Abs 1, 673 S 2; vgl § 2218 Rn 34). Ist der Testamentsvollstrecker verschollen, so braucht nicht erst die Todeserklärung herbeigeführt werden; der Testamentsvollstrecker kann vielmehr wegen tatsächlicher Unfähigkeit zur Führung des Amtes nach § 2227 entlassen werden.

Geschäftsunfähigkeit einer natürlichen Person: Das Amt des Testamentsvollstreckers **14** erlischt ferner, wenn er **geschäftsunfähig** wird oder wenn er nach § 1896 einen Betreuer zur Besorgung seiner Vermögensangelegenheiten erhält (2201). Die Wiederaufhebung der Betreuerbestellung oder der Pflegschaft läßt das einmal erloschene Amt nicht wieder aufleben (MünchKomm/BRANDNER Rn 5).

Verlust der Rechtsfähigkeit einer juristischen Person oder Handelsgesellschaft: Ist eine **15** juristische Person oder Handelsgesellschaft zum Testamentsvollstrecker bestellt, so steht der Verlust der Rechtsfähigkeit dem Tod gleich. Besondere Probleme ergeben sich bei der Umwandlung von juristischen Personen (des privaten und des öffentlichen Rechts) und von Handelsgesellschaften, die mit einer Testamentsvollstreckung betraut sind. Im Grundsatz gilt, daß die Testamentsvollstreckung erhalten bleibt, wenn der Rechtsträger fortbesteht. Erlischt der Rechtsträger, erlischt auch die Testamentsvollstreckerposition trotz der etwa vorgesehenen Gesamtrechtsnachfolge (aM SOERGEL/DAMRAU Rn 2). Will der Erblasser ein anderes Ergebnis, also das Fortbestehen der Testamentsvollstreckung trotz Erlöschens des ursprünglich beauftragten Rechtsträgers, mithin den Übergang der Testamentsvollstreckerposition auf den Gesamtrechtsnachfolger, steht es ihm frei, entsprechendes letztwillig zu verfügen. Im übrigen ist bei den einzelnen Arten der Umwandlung nach dem Umwandlungsgesetz (Verschmelzung, Spaltung, Vermögensübertragung, Formwechsel) zu differenzieren. Bei der Verschmelzung durch Aufnahme erlischt der übertragende Rechtsträger (§ 20 Abs 1 Nr 2 S 1 UmwG), gleiches gilt bei der Verschmelzung durch Neugründung (§§ 36 Abs 1 S 1, 20 Abs 1 Nr 2 S 1 UmwG). War der übertragende Rechtsträger Testamentsvollstrecker, erlischt seine Position mit der Eintragung der Verschmelzung in das Handelsregister (§ 20 UmwG). War der aufnehmende Rechtsträger Testamentsvollstrecker, ändert sich daran durch die Verschmelzung nichts. Wird ein Unternehmen gespalten, so ist zwischen Aufspaltung (§ 123 Abs 1 UmwG), Abspaltung (§ 123 Abs 2 UmwG) und Ausgliederung (§ 123 Abs 3 UmwG) zu unterscheiden. Bei der Aufspaltung erlischt der übertragende Rechtsträger mit der Eintragung der Spaltung im Handelsregister (§ 131 Abs 1 Nr 2 UmwG), so daß mit diesem Zeitpunkt auch die Testamentsvollstreckerposition beendet ist. Bei der Abspaltung und der Ausgliederung geht der abgespaltete bzw ausgegliederte Bereich im Wege der Gesamtrechtsnachfolge auf einen anderen Rechtsträger über (§ 131 Abs 1 Nr 1 UmwG). Für die Testamentsvollstreckerposition wird § 131 Abs 1 Nr 1 S 2 UmwG sinngemäß heranzuziehen sein („Gegenstände, die nicht durch Rechtsgeschäfte übertragen werden können, verbleiben bei Abspaltung und Ausgliederung ... in Inhaberschaft des übertragenden Rechtsträgers"), so daß die Position als Testamentsvollstrecker beim übertragenden Rechtsträger verbleibt. Bei der Vermögensübertragung erlischt der übertragende Rechtsträger bei der Vollübertragung mit der Eintragung der Vermögensübertragung in das Handelsregister (§ 176 Abs 3 S 2 UmwG), bei der Teilübertragung verbleibt die Testamentsvollstreckerposition beim bisherigen Rechtsträger. Der Formwechsel (§§ 190 ff UmwG) hat keine Auswirkungen auf die Testamentsvollstreckung.

§ 2226

Der Testamentsvollstrecker kann das Amt jederzeit kündigen. Die Kündigung erfolgt durch Erklärung gegenüber dem Nachlaßgerichte. Die Vorschriften des § 671 Abs. 2, 3 finden entsprechende Anwendung.

Materialien: E I § 1895; II § 2095; III § 2200;
Mot V 223; Prot V 259.

I. Allgemeines

1 Der Testamentsvollstrecker kann – wie der Beauftragte den Auftrag – das Amt jederzeit kündigen. Es gibt keine Kündigungsfrist. Die Kündigung ist also im Außenverhältnis sofort wirksam, auch wenn der Testamentsvollstreckung ein Auftragsverhältnis zugrundeliegen und dieses eine Kündigungsfrist vorsehen sollte. Wenn der Testamentsvollstrecker ausnahmsweise zur Annahme und Ausübung des Amtes verpflichtet ist, so kann er sich haftbar machen, wenn er das Amt ohne triftigen Grund niederlegt; gleichwohl ist die Kündigung wirksam (vgl § 2202 Rn 23 ff; SOERGEL/DAMRAU Rn 1). Der **Erblasser** kann die **Kündigung** des Amtes durch den Testamentsvollstrecker nicht **ausschließen**, wohl aber dadurch **erschweren**, daß er ihm etwas zuwendet unter der auflösenden Bedingung, daß die Zuwendung wegfällt, wenn er „grundlos" zurücktritt (MünchKomm/BRANDNER Rn 1).

II. Kündigungsabrede mit den Erben

2 Der Testamentsvollstrecker kann sich gegenüber dem Erben wirksam verpflichten, das Amt zu einer bestimmten Zeit oder bei Eintritt eines bestimmten Ereignisses niederzulegen (RGZ 156, 70; BGH NJW 1962, 912). Die Vereinbarung einer **Verpflichtung** des Testamentsvollstreckers zur Amtsniederlegung mit dem Erben ist also grundsätzlich zulässig und einklagbar (RGZ 156, 75; BGHZ 25, 281; NJW 1962, 912; FamRZ 1966, 140). Das Nichteinhalten der Vereinbarung könnte uU auch einen Entlassungsgrund (§ 2227) darstellen (OLG Hamm JMBl NRW 1958, 101). Eine Kündigungsabrede mit den Erben ist aber nur zulässig, wenn dadurch die Unabhängigkeit des Testamentsvollstreckers und seine Verpflichtung zur ordnungsgemäßen Verwaltung nicht beeinträchtigt wird (COING JZ 1958, 170). Unzulässig ist demgemäß eine Verpflichtung des Testamentsvollstreckers, das Amt jederzeit auf Verlangen eines oder aller Erben niederzulegen, es sei denn, daß der Erblasser dies ausdrücklich stillschweigend gebilligt hat (BGHZ 25, 275).

III. Teilkündigung

Die Kündigung kann auf einen Teil des Amtes, also auf einen Teil der Aufgaben und 3
Geschäfte des Testamentsvollstreckers, beschränkt werden, wenn sich das Recht zu
einer solchen beschränkten Kündigung aus der letztwilligen Verfügung entnehmen
läßt (KGJ 43 A 88; KG HRR 1939 Nr 167). Andernfalls hat die teilweise Niederlegung des
Amtes idR zur Folge, daß das Amt **im vollen Umfang** endigt (aA OLG Hamm OLGZ 1991,
388 = FamRZ 1992, 113 mit abl Anm REIMANN). Auf jeden Fall wird zu überlegen sein, ob
ein Testamentsvollstrecker mit nur noch partiellem Vollstreckungswillen den Willen
des Erblassers in vollem Umfang umsetzen kann. Von mehreren Testamentsvollstreckern kann jeder für sich kündigen. Ob dann auch das Amt der anderen erlischt
oder ob es fortbesteht, hängt von der letztwilligen Verfügung und ihrer Auslegung ab
(§ 2224 Abs 1 S 2, 3).

IV. Kündigungszeitpunkt

Der Testamentsvollstrecker darf **nicht zur Unzeit** kündigen, dh die Kündigung muß so 4
erfolgen, daß der Erbe für die Besorgung der dem Testamentsvollstrecker obliegenden Geschäfte anderweit Vorsorge treffen kann, es sei denn, daß ein wichtiger
Grund für die unzeitige Kündigung vorliegt (zB schwere Erkrankung des Vollstreckers, dauernde Streitigkeiten mit den Erben; §§ 2226 S 3, 671 Abs 2 S 1). Kündigt
der Testamentsvollstrecker ohne solchen Grund zur Unzeit, so ist seine Kündigung
gleichwohl wirksam, er hat aber dem Erben den daraus entstehenden Schaden zu
ersetzen (§ 671 Abs 2 S 2; vgl OLG Koblenz NJW-RR 1993, 462). In einem solchen Fall
kann auch die Vergütung, die ihm der Erblasser ausgesetzt hat, gekürzt werden (OLG
Hamburg OLGE 18, 320).

Liegt ein wichtiger Grund für die unzeitige Kündigung vor, so ist der Testaments- 5
vollstrecker auch dann zur Kündigung berechtigt, wenn er auf das Kündigungsrecht
– was zulässig ist – **verzichtet** hat (§ 671 Abs 3; MünchKomm/BRANDNER 4). Ein solcher
Verzicht hat keine absolute Wirkung, dh die trotzdem ausgesprochene Kündigung ist
auch dann wirksam, wenn kein wichtiger Grund vorliegt (hM; ebenso SOERGEL/DAMRAU
Rn 1; aM MünchKomm/BRANDNER Rn 4 wohl unter Hinweis auf § 242; es erscheint jedoch fraglich,
ob eine erzwungene Testamentsvollstreckung zu sinnvollen Ergebnissen führt), sie begründet
auch dann nur eine Schadensersatzpflicht, und zwar in erster Linie gegenüber dem
Erben. Auch gegenüber dem Vermächtnisnehmer kann der Testamentsvollstrecker
bei unbefugter Kündigung schadensersatzpflichtig sein (vgl § 2219), nicht aber
gegenüber einem anderen Nachlaßbeteiligten, etwa gegenüber einem Nachlaßgläubiger (§ 2219 Rn 32).

V. Form der Kündigung

Die Kündigung erfolgt durch Erklärung **gegenüber dem Nachlaßgericht** (vgl § 2202 6
Abs 2 und § 2202 Rn 6 ff). Sie bedarf im übrigen keiner besonderen Form, kann also
auch mündlich vor dem Nachlaßgericht erklärt werden oder in einem Schreiben an
das Nachlaßgericht. Die mündliche Erklärung muß zum mindesten aktenkundig
gemacht werden; empfehlenswerter ist jedoch die Aufnahme einer Niederschrift.
Wann die Erklärung wirksam wird, bestimmt § 130. Die Kündigung braucht nicht

ausdrücklich erklärt werden; sie kann auch in einer anderen Erklärung enthalten sein (LG Berlin DFG 1941, 154).

7 Die Kündigung ist **unwiderruflich**, jedoch kann sie nach §§ 119, 123 angefochten werden (KG RhNotZ 1932, 140). Freilich kann dann der Testamentsvollstrecker uU für die Zeit von der Kündigung bis zur Anfechtung ebenso zum Schadensersatz verpflichtet sein wie bei unzeitiger Kündigung, zwar nicht nach § 122, wohl aber nach § 2219 und entsprechend § 627 Abs 2 (PALANDT/EDENHOFER Rn 1).

8 Für die Entgegennahme der Kündigung durch das Nachlaßgericht fällt eine **Gebühr** an (§ 112 Abs 1 Nr 6 KostO).

§ 2227

[1] **Das Nachlaßgericht kann den Testamentsvollstrecker auf Antrag eines der Beteiligten entlassen, wenn ein wichtiger Grund vorliegt; ein solcher Grund ist insbesondere grobe Pflichtverletzung oder Unfähigkeit zur ordnungsmäßigen Geschäftsführung.**

[2] **Der Testamentsvollstrecker soll vor der Entlassung, wenn tunlich, gehört werden.**

Materialien: E I § 1896; II § 2096; III § 2201;
Mot V 224; Prot V 260.

Systematische Übersicht

I.	Allgemeines	1	IV. Entlassungsverfahren	28
II.	Entlassungsgründe	2	V. Wirkung der Entlassung	36
III.	Entlassungsantrag	21	VI. Internationale Zuständigkeit	38

Alphabetische Übersicht

Abrechnung	6	Devisenstelle	27
Abwesenheit	7 f	Dritte	27
Akteneinsicht	30		
Amtsenthebung	33	Einstellung	6
Anhörung	28	einstweilige Verfügung	33
Antragsrecht	22 ff	Entlassung	1 ff
Ausland	38	– Ausschluß	35
		– Rücknahme	21
Behörde	26	– vorläufige	33
Bekanntmachung	30	– Wirkung	36
Beschwerde	31	– Zeitpunkt	1
Beteiligter	22	– zeitweilige	33

6. Titel.
Testamentsvollstrecker

Entlassungsantrag	21 ff	Pfleger	24
Entlassungsgründe	2 ff	Pflichtteil	16
– Wegfall	35	Pflichtverletzung	5 f
– Zeitpunkt des Vorliegens	9 f	Prozeßführung	14
Entlassungsverfahren	28 ff		
Ermessen	32	Rechtskraft	29
Ernennung	29	Rechtsstreit	17
Erschöpfung des Nachlasses	19		
		Schaden	4
Feindschaft	11	Spannungen	11
		Staatsanwaltschaft	27
Grundbuch	33		
		tatsächliche Verhältnisse	4
Höferecht	29	Testamentsvollstrecker	
		– als Nachlaßgläubiger	17
Interessengegensatz	17	– Aufhebung	37
Internationale Zuständigkeit	38		
		Unfähigkeit	7 ff
Konkurs	8	Unparteilichkeit	12
Kosten	34	Untätigkeit	6
		Unzulässigkeit der Ernennung	20
mehrere Testamentsvollstrecker	13	Verdienste	18
Minderjähriger	24	Verfahren	28 ff
Mißtrauen	12	– Zuständigkeit	28
Miterben	23	Vergütung	15
		Vormund	8
Nachlaßgläubiger	22		
Nachlaßverzeichnis	6	Widerrufsrecht	10
		Wiedereinsetzung	35
persönliche Verhältnisse	4		

I. Allgemeines

Die Entlassung des Testamentsvollstreckers durch das Nachlaßgericht erfordert 1
materiell einen wichtigen Grund und formell den Antrag eines Beteiligten. Sie wird
in der Regel gegen den Willen des Testamentsvollstreckers erfolgen (§ 81 Abs 2
FGG); denn wenn dieser sich mit seiner Entlassung einverstanden erklärt, so kommt
dies einer Niederlegung des Amtes (§ 2226) gleich und macht regelmäßig eine Verfügung des Nachlaßgerichts entbehrlich (FIRSCHING/GRAF Rn 4.485). Die Entlassung
kann schon vor Beginn der Amtstätigkeit des Testamentsvollstreckers ausgesprochen werden (OLG Köln OLGZ 1992, 192), aber nicht vor Annahme des Amtes
(BayObLGZ 13, 49; FIRSCHING/GRAF Rn 4.483; **aM** MünchKomm/BRANDNER Rn 3; HAEGELE/
WINKLER Rn 792). Wenn das Amt des Testamentsvollstreckers infolge Erledigung seiner Aufgaben oder aus anderen Gründen bereits erloschen ist, kann er nicht mehr
entlassen werden, mag er auch das Amt tatsächlich ohne rechtliche Grundlage noch
weiterführen (BayObLGZ 1988, 42).

II. Entlassungsgründe

2 Der Testamentsvollstrecker kann entlassen werden, wenn ein **wichtiger Grund** vorliegt. Ob diese Voraussetzung gegeben ist, hat das Nachlaßgericht unter Berücksichtigung aller Umstände des einzelnen Falles zu entscheiden (OLG Hamm FamRZ 1994, 1419). Dabei läßt ihm das Gesetz, wie das Wort „kann" zeigt, einen gewissen Beurteilungs- und Ermessensspielraum (vgl Rn 32). Da dem Nachlaßgericht nur wenige Möglichkeiten, die Testamentsvollstreckung zu beeinflussen, zu Gebote stehen (s Vorbem 20 ff zu §§ 2197 ff), wird § 2227 von den Nachlaßgerichten eher extensiv angewandt.

3 Tatsachen, die **dem Erblasser** bei der Berufung des Testamentsvollstreckers **bekannt** waren, rechtfertigen regelmäßig nicht dessen Entlassung; hierbei muß vielmehr berücksichtigt werden, ob der Erblasser diesen Testamentsvollstrecker nicht ernannt hätte, wenn er die späteren Auswirkungen dieser Tatsachen gekannt hätte (OLG Düsseldorf RhNotZ 1964, 505; vgl BayObLG FamRZ 1991, 490).

4 Ein wichtiger Grund liegt vor, wenn der Testamentsvollstrecker, sei es durch bei ihm bestehende **tatsächliche Verhältnisse**, sei es durch **persönliches Verhalten**, begründeten Anlaß zu der Annahme gibt, daß sein längeres Verbleiben im Amt der Ausführung des letzten Willens des Erblassers hinderlich oder den berechtigten Interessen der an der Ausführung oder am Nachlaß Beteiligten schädlich oder gefährlich sein würde (st Rspr: BayObLGZ 1957, 317; BayObLG Rpfleger 1985, 444). Als Beispiele eines wichtigen Grundes hebt das Gesetz hervor: grobe Pflichtverletzung und Unfähigkeit zur ordnungsmäßigen Geschäftsführung.

5 Als **grobe Pflichtverletzung** ist jede erhebliche und **schuldhafte** (BayObLG FamRZ 1991, 235) Zuwiderhandlung gegen die dem Testamentsvollstrecker vom Gesetz und vom Erblasser auferlegten Pflichten, also gegen die Vorschriften in §§ 2203 ff, 2216, gegen die Anordnungen des Erblassers (§§ 2203, 2216 Abs 2; OLG Zweibrücken FamRZ 1989, 788) oder gegen die nach der Absicht des Erblassers von dem Testamentsvollstrecker zu wahrenden Interessen (vgl § 266 StGB) anzusehen (RGZ 23, 205; KG OLGE 37, 259; 44, 98; BayObLGZ 21, 313, 315; OLG Zweibrücken FamRZ 1989, 788; s aber auch BayObLG Recht 1914 Nr 79, 80; OLG Zweibrücken DNotZ 1973, 112).

6 Grobe Pflichtverletzung ist auch die völlige **Untätigkeit** des Testamentsvollstreckers. Auch die Verletzung der ihm nach §§ 2215–2218 obliegenden Pflichten – zB die unbegründete Weigerung, dem Erben den Nachlaß herauszugeben oder Rechnung zu legen (LG Frankfurt BWNotZ 1981, 117: Keine Vorlegung eines Nachlaßverzeichnisses, auch wenn mündliche Auskunft erteilt wurde) – kann einen Grund zur Entlassung bilden, und zwar ohne Rücksicht auf den Willen des Erblassers (KG SeuffA 58 Nr 241). Doch muß die Pflichtverletzung eine erhebliche sein. Die verspätete Mitteilung oder Unvollständigkeit des Nachlaßverzeichnisses (§ 2215) ist nicht ohne weiteres als hinreichender Grund zur Entlassung zu erachten (BayObLGZ 14, 580; OLG Köln OLGZ 1992, 192; OLG Hamm Rpfleger 1986, 16: auch bei einem Rechtsanwalt), ebensowenig wie die Höhe des Ansatzes von Gebühren und Auslagen (OLG Zweibrücken DNotZ 1973, 112, vgl aber Rn 15). Die Tatsache, daß der Testamentsvollstrecker eine treuwidrige innere Einstellung bekundet hat, rechtfertigt seine Entlassung nicht, wenn er auch bei pflichtmäßiger Einstellung so hätte handeln dürfen, wie er gehandelt hat. Eine völlig ungenügende Abrechnung durch den Testamentsvollstrecker ist ein Grund zu seiner Entlassung, wenn sie auf bösen Willen zurückzuführen ist, nicht aber schon eine verspätete Abrechnung (BayObLGZ 16 A 68, 72; s aber BayObLG NJW-RR 1988, 645: unzulängliche Rechnungslegung Entlassungsgrund). Der schlechte Zustand eines zum Nachlaß gehörigen Hauses rechtfertigt die Entlassung nur, wenn ein schweres Verschulden des Testamentsvollstreckers oder Unfähigkeit zur ordnungsmäßigen Geschäftsführung vorliegt (BayObLGZ 20, 166). Grobe Pflichtverletzung ist anzunehmen, wenn der Testamentsvollstrecker sein Amt ausnutzt, um Nachlaßwerte, auf die er keinen Anspruch hat, sich selbst zuzuspielen (OLG Zweibrücken DNotZ 1973, 112).

Entlassung wegen **Unfähigkeit** zur ordnungsmäßigen Geschäftsführung (vgl §§ 27 Abs 2, 1886; § 117 HGB) kommt in Betracht, wenn der Testamentsvollstrecker durch Krankheit, Verschollenheit oder Abwesenheit auf längere Zeit an der Abwicklung seiner Geschäfte gehindert ist und somit von einer ordnungsgemäßen Verwaltung nicht mehr ausgegangen werden kann (BayObLG FamRZ 1991, 235; FamRZ 1991, 615). **7**

Dagegen genügt **Abwesenheit** nicht, wenn Kommunikation möglich und ein geeigneter Bevollmächtigter bestellt ist (KG OLGE 32, 63; KGJ 47 A 92; BayObLG FamRZ 1991, 615); dasselbe gilt bei Internierung (OLG Celle HannRpfl 1946, 134). Die Wahl eines vertrauensunwürdigen Bevollmächtigten kann einen Grund zur Entlassung darstellen (KGJ 47 A 92). Entlassung wegen Unfähigkeit kann weiter dann gerechtfertigt sein, wenn der Testamentsvollstrecker sich nicht genügend nach seinen Pflichten erkundigt, wenn über sein Vermögen das **Konkursverfahren** eröffnet wird, wenn er genötigt ist, über seine Vermögensverhältnisse eine eidesstattliche Versicherung abzugeben (einschränkend für zurückliegende eidesstattliche Versicherungen OLG Hamm FamRZ 1994, 1419) oder wenn er zu einer Freiheitsstrafe verurteilt wird. Wer nicht in der Lage ist, das Amt eines Vormundes ohne Gefährdung der Interessen des Mündels zu versehen, ist regelmäßig auch nicht als Testamentsvollstrecker tauglich (BayObLGZ 18 A 56). Die Gründe für die Entlassung einer Person als Vormund genügen aber nicht unter allen Umständen auch zu ihrer Entlassung als Testamentsvollstrecker. **8**

Gleichgültig ist grundsätzlich, ob die Unfähigkeit zu ordnungsmäßiger Geschäftsführung erst **nach der Annahme des Amtes** eingetreten ist oder schon früher vorhanden war und ob sie verschuldet ist oder nicht (KG OLGE 9, 407; 37, 259; BayObLGZ 20, 166; aM KG ZBlFG 1913, 668: Ein Verhalten, das der Testamentsvollstrecker bei Lebzeiten des Erblassers als dessen Bevollmächtigter an den Tag gelegt habe, könne zwar uU die Anfechtung des Testaments nach § 2078, nicht aber die Entlassung des Testamentsvollstreckers nach § 2227 begründen). Es ist in Fällen, in denen entsprechende Tatsachen schon dem Erblasser bekannt waren, allerdings besonders genau zu prüfen, ob von dem eingeräumten Ermessen Gebrauch gemacht werden soll (vgl Rn 32). **9**

Der Testamentsvollstrecker kann auch aus **anderen objektiven Gründen** entlassen werden, die weder als grobe Pflichtverletzung noch als Unfähigkeit zur ordnungsmäßigen Geschäftsführung bezeichnet werden können. Dabei ist zu beachten, daß § 2227 auch dazu bestimmt ist, einen Ersatz für das dem Geschäftsherrn zustehende Widerrufsrecht (§ 671 Abs 1) zu gewähren. Es muß deshalb angenommen werden, daß die Entlassung eines Testamentsvollstreckers schon dann zulässig ist, wenn Umstände **10** vorliegen, die den Erblasser, wenn er noch lebte, mutmaßlich zum Widerruf der Ernennung des erwählten Testamentsvollstreckers veranlaßt hätten und die auch, objektiv betrachtet, diesen Widerruf als im Interesse der Erben oder sonst Beteiligten liegend erscheinen lassen (BayObLGZ 1953, 357, 365; vgl KGJ 36 A 73; KG OLGE 34, 301; 40, 137; aM MünchKomm/BRANDNER Rn 7). Auch hier ist zu beachten, daß ein Verschulden keine Voraussetzung für eine Entlassung darstellt (BayObLGZ 14, 580; OLG Zweibrücken DNotZ 1973, 112).

11 **Feindschaft** oder Spannungen zwischen Erben und Testamentsvollstrecker kann, da die Anordnung der Testamentsvollstreckung bereits oft den Unmut der Erben hervorrufen wird, im allgemeinen für eine Entlassung nicht ausreichen (OLG Düsseldorf FamRZ 1995, 123). Nur unter besonderen Umständen ist die Entlassung zu rechtfertigen, insbesondere dann, wenn anzunehmen ist, daß sie dem Erblasser Anlaß gegeben hätte, die Ernennung des Testamentsvollstreckers zu widerrufen, oder wenn die Verhältnisse die gebotene Zusammenarbeit zwischen Erben und Testamentsvollstrecker bei der Verwaltung des Nachlasses unmöglich machen und die Spannungen nicht ganz unwesentlich vom Testamentsvollstrecker veranlaßt worden sind (BayObLGZ 13, 49; OLG Hamburg OLGE 26, 358; OLG Stuttgart WürttNotV 1952, 32; BayObLGZ 1990, 177, 184; BayObLGZ 1988, 42). Insbesondere darf ein Erbe nicht in der Lage sein, einen ihm nicht genehmen, aber ordnungsgemäß arbeitenden Testamentsvollstrecker aus dem Amt zu drängen (OLG Stuttgart OLGZ 1968, 457, 459). Die Verfeindung wird dann kein wichtiger Grund mehr sein, wenn es der Gegenstand der Testamentsvollstreckung zuläßt, den persönlichen vom rein geschäftlichen Verkehr zu trennen (OLG Köln OLGZ 1969, 281; in diesem Urteil hat das Gericht auch ein Verschulden des Testamentsvollstreckers für notwendig erachtet).

12 Ein **Mißtrauen** der Erben gegenüber dem Testamentsvollstrecker kann für sich allein einen wichtigen Grund zur Entlassung bilden, wenn es nicht nur auf subjektiven Gefühlsmomenten, sondern auf Tatsachen beruht, und wenn der Testamentsvollstrecker, wenn auch ohne Verschulden, zu dem Mißtrauen Anlaß gegeben hat (BayObLGZ 1957, 317; BayObLG-Rp 1995, 59; BayObLG FamRZ 1991, 490; FamRZ 1989, 668; Rpfleger 1980, 152; OLG Schleswig SchlHAnz 1958, 312; OLG Celle NdsRpfl 1961, 199; OLG Hamm JMBlNRW 1961, 78; DNotZ 1968, 443; OLG Zweibrücken DNotZ 1973, 112). Diese Voraussetzung wird insbesondere dann zu bejahen sein, wenn der Testamentsvollstrecker durch sein eigenes Verhalten bei einem Teil der Miterben den Eindruck hervorruft, als nehme er die Interessen der Erben nicht hinreichend wahr und befleißige sich nicht der notwendigen strengen Unparteilichkeit (BayObLG-Rp 1995, 59; BayObLG FamRZ 1987, 101). Ein Grund zur Entlassung kann auch die Befürchtung der Erben sein, daß der Testamentsvollstrecker durch verwandtschaftliche oder geschäftliche Beziehungen möglicherweise gehemmt ist (s aber OLG München OLG-Rp 1992, 110: Steuerberatertätigkeit für einen Miterben kein Entlassungsgrund), die Aussichten einer Klage unbefangen zu prüfen oder daß er wegen seiner wirtschaftlichen Beteiligung am Nachlaß wahrscheinlich nicht in der Lage sein wird, bei den widerstreitenden Belangen der einander gegenüberstehenden Erbengruppen die umstrittenen Fragen unparteiisch zu würdigen und die Auseinandersetzung in gedeihlicher Weise durchzuführen (OLG Rostock OLGE 46, 232; BayObLGZ 28, 36). Die das Mißtrauen begründenden Umstände können auch auf einem Verhalten beruhen, das der Testamentsvollstrecker vor Annahme und Antritt des Amtes gezeigt hat (OLG Hamm NJW 1968, 800 = DNotZ 1968, 443). Das Mißtrauen des Erben ist objektiv gerechtfertigt, wenn der Testamentsvollstrecker zuvor als vermögenssorgeberechtigter Vormund des Erben versagt hat und deswegen vom Vormundschaftsgericht entlassen worden ist (OLG Hamm aaO). Dagegen reicht die subjektive Ansicht des Erben, ein geschäftlicher Verkehr mit dem Testamentsvollstrecker könne ihm nicht mehr zugemutet werden, für sich allein nicht aus (BayObLGZ 13, 570; BayObLGZ 1953, 364).

Auch die Feindschaft zwischen **mehreren Vollstreckern** kann einen Grund zur Entlassung aller Mitvollstrecker oder einiger von ihnen bilden (KG OLGE 32, 62; BayObLGZ 32, 371; OLG Hamburg OLGE 26, 358). In allen Fällen von Feindschaft unter den Beteiligten ist aber besonders auf den mutmaßlichen Willen des Erblassers Bedacht zu nehmen (RG HansGZ 1937 B 47; vgl oben Rn 11). **13**

Der Testamentsvollstrecker kann auch entlassen werden, wenn er durch **ungerechtfertigte Prozeßführung** die Interessen der Erben erheblich gefährdet oder wenn er fällige Vermächtnisse nur teilweise auszahlt, obwohl er sie völlig begleichen könnte (KG DFG 1943, 133; vgl auch BayObLG Rpfleger 1984, 403). **14**

Unter besonderen Umständen kann auch die Inanspruchnahme und das Einbehalten einer nach Ansicht des Nachlaßgerichts zu hohen **Vergütung** einen Grund zur Entlassung des Testamentsvollstreckers darstellen (BayObLGZ 1972, 380; OLG Köln NJW-RR 1987, 1097). **15**

Ebenso kann es ein wichtiger Grund sein, wenn der Testamentsvollstrecker durch Forderung des eigenen **Pflichtteils** sich in ausdrücklichen Widerspruch mit dem Willen des Erblassers setzt und anzunehmen ist, daß der Erblasser bei Kenntnis dieses Verhaltens ihn nicht ernannt hätte (vgl OLG Zweibrücken FamRZ 1989, 788). **16**

Ein **Interessengegensatz** von geringer Bedeutung ist kein wichtiger Grund zur Entlassung (BayObLGZ 16, 70; BayObLGZ 1985, 298; OLG Hamburg OLGE 26, 357); ebensowenig die Verhinderung des Testamentsvollstreckers, bei einer einzelnen Nachlaßangelegenheit mitzuwirken (RGZ 98, 174). Die Entlassung ist auch dann nicht geboten, wenn der Testamentsvollstrecker etwas zum Nachlaß schuldet und sich weigert, diese für den Nachlaß wesentliche Verpflichtung anzuerkennen und zu erfüllen; denn in einem solchen Fall ist der Erbe befugt, an Stelle des Testamentsvollstreckers die zum Nachlaß gehörige Forderung geltend zu machen (§ 2205 Rn 13; RGZ 98, 174). Ebensowenig ist es ein Entlassungsgrund, wenn ein Rechtsstreit zwischen dem Testamentsvollstrecker als Miterben und einem anderen Miterben anhängig ist (BayObLG Recht 1915 Nr 1574; BayObLG ZBlFG 1916, 235). Daß der Testamentsvollstrecker zugleich **Nachlaßgläubiger** ist, bildet nur dann einen Grund zu seiner Entlassung, wenn seine Interessen als Nachlaßgläubiger zu den Interessen des Nachlasses, die er zu wahren hat, in einem solchen Gegensatz stehen, daß ein gedeihliches Walten des Testamentsvollstreckers ausgeschlossen oder doch die Besorgnis begründet ist, daß die Interessen der Erben durch ihn gefährdet werden (BayObLGZ 13, 49). **17**

Verdienste des Testamentsvollstreckers **um den Nachlaß** können die Tatsachen, die die Entlassung begründen, nicht unwirksam machen (KG ZBlFG 1913, 668); andererseits ist bei der Entscheidung über die Entlassung nicht bloß zu untersuchen, ob Gründe für die Entlassung vorliegen, vielmehr ist auch zu prüfen, ob nicht überwiegende Gründe für die Belassung im Amt sprechen (BayObLGZ 14, 580). **18**

19 **Erschöpfung des Nachlasses** ist kein Grund für die Entlassung des Testamentsvollstreckers, sondern nur für die Beendigung seines Amtes wegen Erledigung seiner Aufgaben (KG OLGE 37, 259; vgl § 2225 Rn 3).

20 Hat das Nachlaßgericht in der irrigen Meinung, daß ein Ersuchen des Erblassers nach § 2200 vorliege, einen Testamentsvollstrecker ernannt, so kann es die Ernennung nicht mehr (ex tunc) rückgängig machen; wohl aber kann es den ernannten Testamentsvollstrecker auf Antrag eines Beteiligten aus einem wichtigen Grunde, nämlich wegen der **Unzulässigkeit der Ernennung**, nach § 2227 wieder entlassen (KG DNotZ 1955, 649).

III. Entlassungsantrag

21 Die Entlassung des Testamentsvollstreckers setzt den **Antrag** eines Beteiligten voraus; das Gericht wird nicht von Amts wegen tätig. Die Rücknahme des Antrags ist zulässig (RGZ 133, 128, 133), sofern die Entlassungsverfügung noch nicht formell rechtskräftig geworden ist; da sie mit Bekanntgabe an den Testamentsvollstrecker wirksam wird (vgl Rn 30), ist eine Rücknahme nach diesem Zeitpunkt nur noch zu beachten, wenn gegen die Entlassungsverfügung sofortige Beschwerde eingelegt wird. Der Erblasser kann das Antragsrecht eines Beteiligten nicht ausschließen (RGZ 133, 128, 135). Von mehreren Beteiligten kann jeder für sich den Antrag auf Entlassung stellen.

22 Zum **Begriff des Beteiligten** vgl § 2198 Rn 21 ff. Der in § 2227 gebrauchte Begriff hat den gleichen Inhalt wie der in § 2198, jedoch mit folgender Maßgabe: Der gewöhnliche Nachlaßgläubiger ist nicht Beteiligter (BGHZ 35, 296 = NJW 1961, 1717 = DNotZ 1962, 142), ebensowenig der Erbteilspfandgläubiger (LG Stuttgart BWNotZ 1992, 59). Er hat kein spezielles rechtliches Interesse an der Person des Testamentsvollstreckers. Dieser steht zum Nachlaßgläubiger in keinem Rechtsverhältnis, er haftet ihm nur nach den allgemeinen gesetzlichen Vorschriften (§§ 823 ff), anders als dem Erben und Vermächtnisnehmer (§ 2219). Bei § 2198 und § 2203 Abs 3 wird das rechtliche Interesse des Nachlaßgläubigers durch § 2213 Abs 1 S 1 und § 748 Abs 1 ZPO begründet.

23 Nicht beteiligt iSv § 2227 sind **Miterben** in bezug auf persönliche Auseinandersetzungen zwischen dem Testamentsvollstrecker und einem anderen Miterben, sofern dadurch die Beziehung zu den übrigen Miterben nicht berührt wird und die sachliche Geschäftsführung des Testamentsvollstreckers keinen Schaden erleidet (BayObLGZ 30, 299).

24 Wird ein **minderjähriger Beteiligter** gesetzlich durch den Testamentsvollstrecker vertreten (Kind-Elternteil), so kann der Antrag nicht von dem Minderjährigen selbst gestellt werden; er ist dazu auch nicht gem § 107 berechtigt, da ihm der Antrag nicht lediglich einen rechtlichen Vorteil bringt (Kostenpflicht gem §§ 2 Nr 1, 113 KostO); es muß daher, um das Entlassungsverfahren in Gang setzen zu können, ein Pfleger bestellt werden, da der gesetzliche Vertreter den Antrag nicht gegen sich selbst als Testamentsvollstrecker richten kann (BayObLGZ 1967, 230). Der Antrag des Minderjährigen ohne Einwilligung des gesetzlichen Vertreters ist unwirksam (§§ 107, 111);

eine Genehmigung ist nicht möglich (OLG Frankfurt DNotZ 1965, 482; aM BAUR DNotZ 1965, 485; FIRSCHING/GRAF Rn 4.484).

Kein Antragsrecht hat der **Testamentsvollstrecker** selbst, da er sein Amt jederzeit 25 niederlegen kann (§ 2226). Eine Entscheidung des Nachlaßgerichts über einen Entlassungsantrag des Testamentsvollstreckers würde auf eine Nachprüfung der Frage hinauslaufen, ob ihm ein wichtiger Grund zur Kündigung zur Seite gestanden hat; hierzu ist aber nicht das Nachlaßgericht, sondern nur das Prozeßgericht zuständig (PLANCK/FLAD Anm 2). Ebensowenig hat der bisherige Testamentsvollstrecker ein Antragsrecht für die Entlassung seiner Nachfolger (OLG Köln NJW-RR 1987, 1098).

Die **vorgesetzte Behörde** eines zum Testamentsvollstrecker bestellten Beamten hat 26 kein Antragsrecht; sie kann nur – bei Vorliegen der dienstrechtlichen Voraussetzungen – den Beamten anhalten, sein Amt als Testamentsvollstrecker niederzulegen (PLANCK/FLAD Anm 2).

Dritte, die durch die Geschäftsführung des Testamentsvollstreckers betroffen wer- 27 den, sind nur dann Beteiligte iSv § 2227, wenn sie (vgl BGHZ 35, 269) in einem nicht nur allgemein-gesetzlichen Rechtsverhältnis zum Testamentsvollstrecker stehen, was bei der Staatsanwaltschaft (aM FIRSCHING/GRAF Rn 4.484) wohl zu verneinen, bei der Devisenstelle zu bejahen ist (vgl STAUDINGER/REIMANN[12] Vorbem 72 zu §§ 2197 ff; KG JFG 16, 74; generell verneinend MünchKomm/BRANDNER Rn 6; SOERGEL/DAMRAU Rn 4).

IV. Entlassungsverfahren

Zuständig ist der **Richter** (§ 16 Abs 1 Nr 5 RPflG). Das Nachlaßgericht hat, wenn die 28 Entlassung von einem Beteiligten beantragt wird, die erforderlichen **Ermittlungen von Amts wegen** vorzunehmen (§ 12 FGG). Es hat insbesondere den Testamentsvollstrecker, wenn tunlich, zu hören (Abs 2), nach Möglichkeit aber auch die sonstigen Hauptbeteiligten, insbesondere die Miterben (OLG Hamm FamRZ 1994, 1419). Die Unterlassung der Anhörung ist trotz der dehnbaren Fassung des Abs 2 regelmäßig eine Verletzung des Gesetzes (Art 103 Abs 1 GG; OLG Hamburg OLGE 8, 280). Bei Bedenken gegen die Zulässigkeit eines Antrags hat der Richter Gelegenheit zur Stellungnahme zu geben (BGHZ 106, 96). Endet das Amt des Testamentsvollstreckers aus anderen Gründen, ist das Entlassungsverfahren in der Hauptsache erledigt (Bay ObLG v 29. 6. 1995, AZ: 1 ZBR 158/99).

Die Entlassung des Testamentsvollstreckers durch das Nachlaßgericht setzt eine **gül-** 29 **tige Ernennung** voraus (RGZ 168, 177). Bei seiner Entscheidung ist das Nachlaßgericht nicht an die Vorentscheidung einer anderen Stelle – zB eines **Schiedsgerichts** – gebunden; auch der Erblasser kann keine solche Bindung vorschreiben (RGZ 133, 128). Auch wenn man aus dem Verfahren der freiwilligen Gerichtsbarkeit die Fälle des sog echten Streitverfahrens aussondert und für diese Fälle das schiedsrichterliche Verfahren im allgemeinen zuläßt (§§ 1025, 1048 ZPO; vgl BGHZ 6, 248, 254; HABSCHEID ZZP 66, 188; aM SCHLEGELBERGER § 12 FGG Rn 7), so ändert das nichts, weil das Verfahren nach § 2227 einen schwer abzugrenzenden Kreis der Beteiligten hat und daher insoweit nicht als echtes Streitverfahren angesehen werden kann (aM KEIDEL/KUNTZE/ WINKLER § 12 FGG Rn 196; HABSCHEID ZZP 66, 191). Das Antragsrecht nach § 2227 ist kein Verfügungsrecht. Die Entlassung ist unteilbar (KG DRiZ 1929 Nr 498; BGB-RGRK/KRE-

GEL Rn 3). Eine Ausnahme kann höchstens für den Fall zugelassen werden, daß die Entlassung auf einen Hof im Sinne des Höferechts der Britischen Zone beschränkt werden soll.

30 Die Verfügung, durch die der Testamentsvollstrecker gegen seinen Willen entlassen wird, ist ihm **zuzustellen** (§§ 16 Abs 2, 81 Abs 2 FGG). Auch anderen Beteiligten, in deren Rechte die Entlassung eingreift, insbesondere dem Antragsteller und den Erben, ist sie **bekanntzumachen** (vgl KEIDEL/KUNTZE/WINKLER § 16 FGG Rn 10). Wird die Entlassung abgelehnt, so ist die Verfügung nur dem Antragsteller bekanntzumachen; ist aber der Testamentsvollstrecker gehört worden, so muß sie auch diesem mitgeteilt werden. Die Entlassungsverfügung wird mit ihrer Bekanntmachung an den Testamentsvollstrecker **wirksam** (§ 16 Abs 1 FGG). Ein anderer Zeitpunkt kann nicht bestimmt werden (KG DRiZ 1929 Nr 498). Wird die Entlassung vom Beschwerdegericht aufgehoben, so bleibt sie gleichwohl, sofern das Beschwerdegericht nichts anderes anordnet, bis zur Rechtskraft der Beschwerdeentscheidung wirksam (§ 26 FGG). Über das Recht zur Akteneinsicht und auf Erteilung einer Ausfertigung der Entlassungsverfügung s §§ 78, 85 FGG, über die Gerichtsgebühren § 113 KostO.

31 Gegen die Verfügung, durch die ein Testamentsvollstrecker gegen seinen Willen entlassen wird, steht diesem sowie jedem, dessen Recht durch die Verfügung beeinträchtigt wird, die **sofortige Beschwerde** zu, auch wenn die Ernennung unwirksam war (§§ 81 Abs 2, 20 Abs 1, 22 FGG; KG RJA 11, 92). Sollte der Testamentsvollstrecker mit seiner Zustimmung entlassen worden sein, was nicht leicht vorkommen wird, so findet die einfache Beschwerde statt (FIRSCHING/GRAF Rn 4.488). Wird der Antrag abgelehnt, so kann nur der Antragsteller einfache Beschwerde erheben (§ 20 Abs 2 FGG). Hebt das Beschwerdegericht die Entlassung auf, so können auch Beteiligte, die diesen Antrag auf Entlassung gestellt haben, hiergegen die weitere Beschwerde einlegen (BayObLG-Rp 1995, 59).

32 Die Frage, ob ein **wichtiger Grund** zur Entlassung vorliegt, ist **Tat- und Rechtsfrage**. Die Frage, ob wegen des vorliegenden Grundes die Entlassung erfolgen soll, ist Beurteilungs- und Ermessensfrage; das Interesse des Nachlasses oder des Erben einerseits und der mutmaßliche Wille des Erblassers sind sachgerecht abzuwägen (OLG Hamm FamRZ 1994, 1419). Besondere Zurückhaltung ist geboten, wenn die tatsächlichen Verhältnisse bereits dem Erblasser bekannt waren (OLG Düsseldorf RhNotZ 1964, 505; vgl Rn 3; BayObLGZ 13, 49; 14, 584; OLG Hamburg OLGE 6, 358; OLG Zweibrücken DNotZ 1973, 112). Die tatsächlichen Beurteilungen des Nachlaßgerichts können vom Rechtsbeschwerdegericht überhaupt nicht nachgeprüft werden, die Ermessenserwägungen nur insoweit, als ihnen ein Rechtsfehler zugrunde liegen kann (OLG Köln NJW-RR 1987, 1414; NJW-RR 1987, 1097).

33 Eine **zeitweilige Entlassung** des Testamentsvollstreckers ist unzulässig (HAEGELE BWNotZ 1974, 119). Das Nachlaßgericht kann auch nicht durch einstweilige Anordnung eine **vorläufige Amtsenthebung** aussprechen oder einstweilen die Vornahme jeder Amtstätigkeit untersagen (KG OLGE 46, 231; OLG Köln DNotZ 1987, 324; REIMANN FamRZ 1995, 588, 590). Eine vorläufige Amtsenthebung kann auch nicht durch **einstweilige Verfügung** des Prozeßgerichts ausgesprochen werden (SOERGEL/DAMRAU Rn 19; REIMANN FamRZ 1995, 588, 590). Auch die Aussetzung einer Eintragung im Grundbuch bis zur Entscheidung des Nachlaßgerichts über die Entlassung des Testamentsvollstreckers ist nicht zulässig (KG OLGE 43, 2). Dagegen kann das Beschwerdegericht gemäß § 24 Abs 3 FGG anordnen, daß der vom Nachlaßgericht entlassene Testamentsvollstrecker vorerst weiter amtieren soll.

Der Testamentsvollstrecker kann die ihm durch das Entlassungsverfahren entstandenen **Kosten** dem Nachlaß entnehmen, soweit er sich in berechtigter Verteidigung des letzten Willens des Erblassers befunden hat (RG JW 1936, 3388; **aM** wohl SOERGEL/DAMRAU Rn 25). 34

Der Testamentsvollstrecker, der wegen eines in seiner Person eingetretenen wichtigen Grundes entlassen worden ist, hat nach dem Wegfall dieses Grundes kein Recht auf **Wiedereinsetzung in sein Amt** (BayObLGZ 1967, 153). Gleiches gilt für einen wegen Konkurses entlassenen Testamentsvollstreckers nach Aufhebung des Konkursverfahrens. Dem rechtskräftig die Entlassung aussprechenden Beschluß ist materielle Rechtskraft zuzubilligen wegen seiner erheblichen Auswirkungen auf die Rechtssicherheit und Rechtsklarheit (HABSCHEID Rpfleger 1957, 172). Erst recht können daher fortbestehende Tatsachen nach Rechtskraft der Entlassungsverfügung nicht einer erneuten Nachprüfung und Würdigung im Rahmen von § 2227 unterzogen werden (BayObLGZ 1964, 153). Es kann jedoch nach Wegfall des Entlassungsgrundes eine erneute Ernennung nach § 2200 in Frage kommen. Hierbei ist allerdings zu prüfen, ob nicht die Testamentsvollstreckung als solche bereits beendet ist und die Ernennung des entlassenen Testamentsvollstreckers im Hinblick auf die veränderten Umstände und die Spannungen zu den Beteiligten diesen zugemutet werden kann; letzteres ist zumindest im Rahmen der Ermessensentscheidung des § 2200 (vgl dort Rn 11) abzuwägen (BayObLGZ 1964, 153). Der Erblasser kann die **Entlassung** des Testamentsvollstreckers nicht **ausschließen** (vgl § 2220; RGZ 133, 128). 35

V. Wirkung der Entlassung

Die Entlassung ist ein **rechtsgestalteter Akt** des Gerichts, der das Amt des Testamentsvollstreckers beendet und eine Reihe privatrechtlicher Rechtsfolgen herbeiführt (§ 2225 Rn 8 ff). 36

Das Nachlaßgericht ist nur befugt, einen bestimmten Testamentsvollstrecker zu entlassen, **nicht aber, die Testamentsvollstreckung überhaupt aufzuheben** (BayObLGZ 1953, 361; HAEGELE/WINKLER Rn 812; PALANDT/EDENHOFER Rn 13). Freilich kann die Entlassung eines bestimmten Testamentsvollstreckers praktisch zur Folge haben, daß die Vollstreckung überhaupt endigt, wenn nämlich der Erblasser nicht für die Ersetzung eines wegfallenden Vollstreckers gesorgt hat. Es wird auch die Auffassung vertreten, das Nachlaßgericht könne die Testamentsvollstreckung ganz aufheben, wenn sie wegen völlig veränderter Verhältnisse für den Nachlaß nicht mehr tragbar sei, keinem vernünftigen Zweck mehr dienen könne und dem mutmaßlichen Willen eines verständigen Erblassers sicher nicht mehr entspreche (VOGEL JW 1934, 1400; VOGELS DJ 1936, 1538). Im geltenden Gesetz ist diese Befugnis aber nicht vorgesehen. In Fällen der bezeichneten Art ist es möglich, daß die Testamentsvollstreckung ohnehin von selbst durch völlige Erledigung ihrer Aufgaben oder durch Ablauf der vom Erblasser bestimmten Zeit oder durch Eintritt der von ihm, wenn auch nicht ausdrücklich, gesetzten auflösenden Bedingung erloschen ist. Gerade bei völliger Änderung der Verhältnisse wird nicht selten die ergänzende Auslegung des Testaments angebracht 37 sein; sie wird uU die Feststellung erlauben, daß der Erblasser, wenn er die grundlegende Änderung der Verhältnisse vorausgesehen hätte, bestimmt hätte, daß die Testamentsvollstreckung unter den neuen Verhältnissen nicht weiter bestehen solle. Ob hiernach die Vollstreckung als beendet anzusehen ist, hat das Prozeßgericht zu entscheiden, nicht das Nachlaßgericht (SchlHOLG SchlHAnz 1957, 303). Das Nachlaßgericht kann im Entlassungsverfahren als Vorfrage prüfen, ob die Testamentsvollstreckung gegenstandslos geworden ist (BayObLGZ 1953, 361; OLG Köln MDR 1963, 763; OLG Hamm Rpfleger 1973, 303). Ein anderer Ausweg ist die Entlassung aller Mitvollstrecker und ihrer Ersatzmänner, wenn sie auf der Weiterführung einer wirtschaftlich nicht mehr tragbaren Testamentsvollstreckung beharren (PALANDT/EDENHOFER Rn 13).

VI. Internationale Zuständigkeit

38 Ist bei einem nach **ausländischem** Recht ernannten Testamentsvollstrecker eine Entlassung nach dieser Rechtsordnung nicht vorgesehen, muß das Nachlaßgericht einen hierauf gerichteten Antrag abweisen (BayObLGZ 65, 377, 383). Andererseits sind Entlassungen des Testamentsvollstreckers durch ausländische Gerichte nur anzuerkennen, wenn ein rechtsstaatliches Verfahren gewährleistet war (KG JZ 1967, 123).

§ 2228

Das Nachlaßgericht hat die Einsicht der nach § 2198 Abs. 1 Satz 2, § 2199 Abs. 3, § 2202 Abs. 2, § 2226 Satz 2 abgegebenen Erklärungen jedem zu gestatten, der ein rechtliches Interesse glaubhaft macht.

Materialien: Revidierter E II § 2204; E III § 2202; Prot VI 338.

I. Allgemeines

1 Die Vorschrift entspricht den Bestimmungen in §§ 1953 Abs 3 S 2, 1957 Abs 2 S 2, 2010, 2081 Abs 2 S 2, 2146 Abs 2, 2264, 2384 Abs 2. Sie regelt das Recht auf Einsicht in die Erklärungen, die in Testamentsvollstrecker-Angelegenheiten gegenüber dem Nachlaßgericht abzugeben und abgegeben sind, nämlich die Erklärung des bestimmungsberechtigten Dritten über die Person des Testamentsvollstreckers (§ 2198 Abs 1 S 2), die Erklärung des hierzu ermächtigten Testamentsvollstreckers über die Ernennung eines Mitvollstreckers oder Nachfolgers (§ 2199 Abs 3), die Erklärung über die Annahme oder Ablehnung des Amtes und die Erklärung des Testamentsvollstreckers über die Kündigung seines Amtes (§ 2226 S 2).

II. Einsichtsrecht

2 Das Recht der Einsicht hat, wer ein **rechtliches Interesse** glaubhaft macht (vgl § 15 Abs 2 FGG). Das Erfordernis des rechtlichen Interesses (vgl § 810 BGB, §§ 57 Abs 1 Nr 1, 85 FGG) verlangt mehr als ein bloß berechtigtes Interesse; es bedeutet, daß

Tatsachen behauptet und glaubhaft gemacht werden müssen, an die sich mit Rücksicht auf den Inhalt der Erklärung, deren Einsicht begehrt wird, rechtlich bedeutsame Folgen für den Antragsteller knüpfen (KG OLGE 10, 18). Das rechtliche Interesse muß sich stets unmittelbar aus der Rechtsordnung ergeben (BGHZ 4, 325; vgl zum Begriff des rechtlichen Interesses STAUDINGER/OTTE [1994] § 1953 Rn 16, zum Begriff der Glaubhaftmachung BGHZ 8, 183).

III. Folgen der Einsichtsverweigerung

Verweigert das Gericht die Einsicht in die fragliche Erklärung, ist einfache Beschwerde statthaft (§§ 19 ff FGG). **3**

IV. Gebühren, Auslagen

Die Akteneinsicht ist **gebührenfrei**. Für die Erteilung von Abschriften werden allerdings Schreibauslagen berechnet (§ 136 KostO). **4**

V. Sonstiges

Wegen der Einsicht der Gerichtsakten, insbesondere der gerichtlichen Verfügungen über Ernennung und Entlassung des Testamentsvollstreckers, und wegen der Erteilung von Abschriften und Ausfertigungen s §§ 34, 78 Abs 1 S 2, Abs 2, 85 FGG. **5**

Siebenter Titel
Errichtung und Aufhebung eines Testaments

Vorbemerkungen zu §§ 2229–2264

Schrifttum

APPELL, Auswirkungen des Beurkundungsgesetzes auf das Familien- und Erbrecht, FamRZ 1970, 520
ARNOLD, Die Änderungen des Beurkundungsverfahrens durch das Gesetz v 20. 2. 1980, DNotZ 1980, 262
ASBECK, Testamentseröffnung und Erbscheinerteilung beim „Berliner Testament" mit „Wiederverehelichungsklausel", MDR 1959, 897
BAUMANN, Das deutsche Notariat, Öffentliches Amt und soziale Funktion, XXI. Internationaler Kongreß des Lateinischen Notariats, Berichte der deutschen Delegation, hrsg v Bundesnotarkammer (1995)
BEHREND, Eröffnung offener Testamente, ArchBürgR 31, 195
BERNARD, Formbedürftige Rechtsgeschäfte (1979)
BERNDORFF, Das Testament des Geistlichen nach kirchlichem und deutschem Recht (Diss Rom Pontif Univ Greg 1943)
BENTGEN, Die Geschichte der Form des eigenhändigen Testaments (Diss Köln 1991)
BICKERT, Verfügungen von Todes wegen kinderloser Ehegatten, DJ 1941, 904
BOECKLER, Das notarielle Testament (2. Aufl 1973)
BOEHMER, Privattestamente mit vorgedruckter Ortsangabe, ZAkDR 1938, 264
ders, Fragen zum Testamentsgesetz, DNotZ 1940, 97
ders, Grundlagen der bürgerlichen Rechtsordnung, Bd II (1952) 79
BOHRER, Das Berufsrecht der Notare (1991)
BRAMBRING, Das Gesetz zur Änderung und Ergänzung beurkundungsrechtlicher Vorschriften in der notariellen Praxis, DNotZ 1980, 281

BREITSCHMIDT, Formvorschriften im Testamentsrecht, Züricher Studien zum Privatrecht (1982)
BRESLAUER, Teilweiser Widerruf von Privatstamenten ohne neue Datierung, JW 1933, 148
BROCK, Das eigenhändige Testament (1900)
BUMILLER/WINKLER, Freiwillige Gerichtsbarkeit (6. Aufl 1995)
BURGER, Probleme der gesetzlichen Schriftform (Diss München 1975)
BURKART, Das eigenhändige Testament nach § 2247 BGB – Seine Problematik und seine Zukunft, in: Tradition und Fortentwicklung im Recht, in: FS vLübtow (1991) 253
CREMER, Die Testamentseröffnung nach deutschem bürgerlichen Recht unter besonderer Berücksichtigung des testamentum mysticum (Diss Erlangen 1932)
DÄUBLER, Entwicklungstendenzen im Erbrecht, ZRP 1975, 136
DIETERLE, Das Geschiedenentestament, BWNotZ 1970, 170; 1971, 14
DREWES, Zur Testamentseröffnung, ZBlFG 1911, 620
EBBECKE, Verfügungen von Todes wegen, Recht 1916, 233, 333
EICKMANN, Das rechtliche Gehör im Verfahren vor dem Rechtspfleger, Rpfleger 1982, 449
EPPLE, Letztwillige Verfügungen für menschenwürdiges Sterben, Organspende, Widmung des Leichnams, BWNotZ 1981, 31
ERTL, Gestaltung von Testamenten und anderen Rechtsgeschäften für den Todesfall von sprech- und schreibbehinderten Personen, MittBayNot 1991, 196
ESCH/SCHULZE ZUR WIESCHE, Handbuch der Vermögensnachfolge (4. Aufl 1992)

7. Titel.
Errichtung und Aufhebung eines Testaments

Vorbem zu §§ 2229 ff

FASSBENDER/GRAUEL/KEMP/OHMEN/PETER, Notariatskunde (10. Aufl 1994)
FELIX, Testament und Erbvertrag, Steuerungsinstrumente mit hohem Beratungsrisiko, DStR 1987, 599
FINKE, Aufnahme von Nottestamenten durch die Bürgermeister (2. Aufl 1938)
ders, Das Gesetz zur Wiederherstellung der Gesetzeseinheit auf dem Gebiet des bürgerlichen Rechts, DNotZ 1953, 174
FIRSCHING, Fragen des Testamentsrechts, DNotZ 1955, 283
FISCHER, Nochmals: Durchführung der Rückgabe von Testamenten gemäß § 2256, Rpfleger 1958, 177
FOERSTE, Die Form des Testaments als Grenze seiner Auslegung, DNotZ 1993, 84
GLASER, Ist für das eigenhändige Testament Namensunterschrift erforderlich?, DJZ 1906, 646
ders, Begriff der Eigenhändigkeit der Unterschrift im Sinne des § 2242 BGB, Betrieb 1957, 233
ders, Eigenhändigkeit der Unterschrift des Erblassers im öffentlichen Testament, DNotZ 1958, 302
GLEICH, Zur Testamentseröffnung, ZBlFG 1911, 211
GÖRGENS, Die Bindung des Richters an das Gesetz und die Formerfordernisse des eigenhändigen Testaments (Diss Bochum 1975)
ders, Überlegungen zur Weiterentwicklung des § 2247 BGB, JR 1979, 357
GOETZ, Rechtsvergleichende Untersuchungen über die Form des eigenhändigen Testaments (Diss Jena 1938)
GOSLICH, Der Nachlaßrichter hat formell ungültige Testamente und Erbverträge nicht zu eröffnen; ihr Inhalt ist dagegen grundsätzlich für die Frage der Eröffnung gleichgültig, ZBlFG 1902/03, 91
GRANEL, Zur Lesens- und Schreibunfähigkeit bei öffentlichen Testamenten, Rpfleger 1961, 12
GRANICKY, Durchführung der Rückgabe eines Testaments gemäß § 2256 BGB, Rpfleger 1957, 246
GRUNDMANN, Favor Testamenti – Zu Formfreiheit und Formzwang bei privatschriftlichen Testamenten, AcP 187, 429

GUTZEIT/WÖHRMANN, Das Nottestament (12. Aufl 1938)
HAEGELE, Beurkundung eines Nottestaments durch den Bürgermeister (1963)
ders, Widerruf und Aufhebung von Testamenten und Erbverträgen, Rechts- und Wirtschaftspraxis, D Erbrecht § 1 C, 668, 5
ders, Das eigenhändige Testament in Rechtsprechung, Schrifttum und Praxis, JurBüro 1968, 343
ders, Einzelfragen zur Testaments-Eröffnung, Rpfleger 1968, 137; 1969, 364, 414
ders, Beurkundung eines Nottestaments durch den Bürgermeister, Die Fundstelle, Beiheft 950 (2. Aufl 1969)
ders, Nottestament-Mappe (1970)
ders, Mein letzter Wille (14. Aufl 1976)
ders, Das Privattestament (6. Aufl 1977)
ders, Ehegattentestament (6. Aufl 1977)
ders, Zum eigenhändigen Testament, BWNotZ 1977, 29
HÄSEMEYER, Die gesetzliche Form der Rechtsgeschäfte (1971)
ders, Die Bedeutung der Form im Privatrecht, JuS 1980, 1
HAHN, Die Auswirkungen des Betreuungsrechts auf das Erbrecht, FamRZ 1991, 27
HARTRODT, Die Testamentseröffnung nach deutschem bürgerlichen Recht unter besonderer Berücksichtigung des preußischen Rechts (1911)
HASSENPFLUG/HAEGELE, Testamente und Schenkungen – mit Mustern (2. Aufl 1973)
HAUG, Inhalt und Grenzen der notariellen Beurkundungspflicht, DNotZ 1972, 388, 453
ders, Die Amtshaftung des Notars (1989)
HEINSHEIMER, Widersprechende Testamente, DJZ 1906, Sp 796
HEROLD, Die Formvorschriften des ordentlichen öffentlichen Testaments, ZBlFG 1919/20, 65
HEROLD, Was in Privattestamenten häufig falsch gemacht wird, GrundE 1985, 709
HEROLD/KIRMSE, Vorteilhafte Testamentsgestaltung (5. Aufl 1985)
HERRMANN, Die Anerkennung formungültiger letztwilliger Verfügungen (Diss Bonn 1969)
HERSCHEL, Der Widerruf wechselbezüglicher Testamente, DRWiss 1944, 109

HESSE, Militärtestamente, DJ 1944, 109
HILDERSCHEID, Die Amtspflichten des Notars bei der Beurkundung von Testamenten und Erbverträgen, DNotZ 1939, 13
ders, Der einseitige Widerruf eines gemeinschaftlichen Testaments, DNotZ 1942, 204
HILL, Zweimalige Testamentseröffnung? – Zur Frage, ob das in Österreich „kundgemachte" Testament eines Deutschen in Deutschland abermals zu eröffnen ist, DNotZ 1974, 273
HILLERMEIER, Überlegungen über eine Neuordnung der Registrierung von Testamenten, StAZ 1979, 137
vHIPPEL, Formalismus und Rechtsdogmatik, dargestellt am Beispiel der „Errichtung" des zeugenlosen Schrifttestaments (1935)
ders, Rechtsform und Rechtsformalismus, JW 1938, 625
ders, Die Unterschrift des eigenhändigen Testaments, ZAkDR 1941, 269; 1942, 104
HIRSCHBERG, Die Nichtverkündung von Testamenten und ihre Folgen (1910)
HIRSCHWALD/KARGER, Das Testament (5. Aufl 1965)
HÖRER, Zur Testamentseröffnungspflicht der baden-württembergischen Notariate gemäß § 2261 BGB, BWNotZ 1977, 87
HÖRLE, Testamentseinsicht und Abschrift (§ 2264 BGB), ZBlFG 1915/16, 473
HÖVER, Die Ablieferung und Eröffnung von letztwilligen Verfügungen, DFG 1937, 133
HOLZHAUER, Die eigenhändige Unterschrift (1973)
HORNUNG, Die geschäftliche Behandlung der Verfügungen von Todes wegen im Hinblick auf das Verfahren zur Eröffnung von Testamenten und Erbverträgen, JVBl 1964, 225
ders, Wie weit ist die Erfassung der Verfügung von Todes wegen in die Vergangenheit zu erstrecken?, JVBl 1965, 247
ISCHINGER, Nichtvorhandene Testamentsurkunden, Rpfleger 1949, 559; 1951, 115
JAHRMARKT, Typische Fehler in letztwilligen Verfügungen, Inf 1986, 193
JOSEF, Beurkundungen eines geisteskranken Notars, Recht 1913, 731
ders, Der fehlerhafte Staatsakt in der freiwilligen Gerichtsbarkeit, AöR 1934, 324
KANZLEITER, Die Aufrechterhaltung der Bestimmungen eines unwirksamen gemeinschaftlichen Testaments als einseitige letztwillige Verfügungen, DNotZ 1973, 133
KAPS, Das Testamentsrecht der Weltgeistlichen und Ordenspersonen (1958)
KARGER, Das Testament – wie es sein soll, gemeinverständliche Einführung mit 155 Beispielen (5. Aufl 1965)
KEIDEL/KUNTZE/WINKLER, Freiwillige Gerichtsbarkeit, Teil A, Kommentar zum FGG (13. Aufl 1992)
KEIM, Das notarielle Beurkundungsverfahren (1990)
KLAU, Über außerordentliche Testamentsformen (Diss Marburg 1911)
KLEIN, Studie zu § 2255, ArchBürgR 40, 196
KLUNZINGER, Die Maßgeblichkeit des Erblasserwillens beim Widerruf des Widerrufs, DNotZ 1974, 278
KÖBL, Die Bedeutung der Form im heutigen Recht, DNotZ 1983, 107
KÖRNER, Die bei der Errichtung eines Gemeindetestaments von der Urkundsperson zu beachtenden zwingenden Vorschriften, ZBlFG 1909, 352, 381, 429
KÖSSINGER, Das Testament Alleinstehender (1994)
ders, Die letztwilligen Anordnungen des Alleinstehenden, ZEV 1995, 13
KRAUSE, Kann eine formmangelhafte Verfügung von Todes wegen rechtsgültig sein?, FamRZ 1955, 161
KRETSCHMAR, Eröffnung des Testaments, BayNotZ 1909, 359
ders, Das ordentliche öffentliche Testament, BayNotZ 1910, 77, 166
KRUG, Das Willensdogma bei einseitigen letztwilligen Verfügungen (1908)
KUCHINKE, Ärztliche Schweigepflicht, Zeugniszwang und Verpflichtung zur Auskunft nach dem Tod des Patienten, in: GS Küchenhoff (1987) 371
LANGE, Das Recht des Testaments, 1. Denkschrift des Erbrechtsausschusses der Akademie für deutsches Recht (1937)
ders, Das Gesetz über die Errichtung von Testamenten und Erbverträgen, ZAkDR 1938, 577
LANGENFELD, Das Testament des Gesellschaf-

7. Titel. Errichtung und Aufhebung eines Testaments

ter-Geschäftsführers einer GmbH und GmbH & Co (1980)
ders, Vertragsgestaltung (1991)
ders, Das Ehegattentestament (1994)
LEHNER, Letztwillige Verfügungen über den menschlichen Körper, NJW 1974, 593
LEIPOLD, Wille, Erklärung und Form insbesondere bei der Auslegung von Testamenten, in: FS Müller-Freienfels (1986) 421
LÖWISCH, Die Neuregelung des Volljährigkeitsalters, NJW 1975, 15
LUCKEY, Unternehmensnachfolge (1992)
vLÜBTOW, Zur Lehre vom Widerruf des Testaments, NJW 1968, 1849
LÜTZELER, Testamentseröffnung und probate of a will (Diss Köln 1965)
MAERZ, Die amtliche Verwahrung von Testament und Erbvertrag und die Rücknahme des Testaments aus der amtlichen Verwahrung (Diss Erlangen 1950)
MARCUS, Das Testament (5. Aufl 1928)
ders, Das deutsche Testament, insbesondere das Privat- und Nottestament (1928)
MERLE, Zur Rückgabe eines öffentlichen Testaments aus der amtlichen Verwahrung, AcP 171, 486
METHNER, Ehe- und Testamentsrecht (1938)
MICHAU, Zulässige und unzulässige Schreibhilfe bei Errichtung eines eigenhändigen Testaments, Archiv für Kriminologie 1978, 1
MODEL, Testamentsrecht in bürgerlichrechtlicher und steuerlicher Sicht (2. Aufl 1964)
MODEL/HAEGELE, Testament und Güterstand des Unternehmers (5. Aufl 1965)
MONTAG, Kann das Testament anordnen, daß ein Beteiligter von der Testamentseröffnung nicht benachrichtigt werde?, DNotV 1918, 193
MORAL, Darf der zur Einsicht eines Testaments Berechtigte das Testament photographieren lassen?, DJZ 1913 Sp 525
MÜLLER, Die Bestätigung nichtiger Rechtsgeschäfte nach § 141 BGB (1989)
MÜLLER, Widerruf verlorengegangener Testamente, Haus und Wohnung 1952, 67
MÜLLER-FREIENFELS, Die Rückgabe eines Testaments aus der amtlichen Verwahrung – eine Untersuchung zu § 2256 BGB (Diss Mainz 1983)

MÜLLER/OHLAND, Gestaltung der Erb- und Unternehmensnachfolge in der Praxis (1991)
MÜMMLER, Zur besonderen amtlichen Verwahrung von Verträgen mit erbrechtlichen Folgen, JurBüro 1976, 12
Münchener Vertragshandbuch (3. Aufl 1992) Bd 4, 2. Hbd, bearb v HAGENA/LANGENFELD/NEUHOFF/NIEDER/F SCHMIDT/SPIEGELBERGER/WINKLER
OHR, Das formungültige Testament als unechte Urkunde, JuS 1967, 255
PETZOLD, Das Unternehmertestament, NWB 1976, 1145; 1988, 877
PÖTZSCH, Hat das privatschriftliche Testament noch Daseinsberechtigung?, NJ 1951, 361
RAHN, Die Verschließung des Testaments, JR 1949, 143
RAUSNITZ, Das eigenhändige Testament (7. Aufl 1926)
vRECHBERG/BAYER/WESTPHAL, Nochmals: Die beglaubigte Testamentskopie als Erbausweis im Rechtsverkehr, Rpfleger 1980, 458
RECHENMACHER, Das Gesetz zur Wiederherstellung der Gesetzeseinheit auf dem Gebiet des bürgerlichen Rechts vom 5. 3. 1953, NJW 1953, 768
REITHMANN/RÖLL/GESSELE, Handbuch der notariellen Vertragsgestaltung (6. Aufl 1990) bearb v REITHMANN/RÖLL/GESSELE/ALBRECHT/BASTY
RICHTER, Rechtsbereinigung in Baden-Württemberg, Rpfleger 1975, 417
RITZ-MÜRTZ, Das neue Betreuungsgesetz, MittBayNot 1991, 233
ROHS, Die Verschließung öffentlicher Testamente (§ 20 TestG), JR 1949, 143
ROSS, Verfügungen von Ehegatten bei Nichtvorhandensein von Abkömmlingen, DJ 1941, 774
ders, Die Verschließung öffentlicher Testamente, JR 1949, 143
ROSSAK, Kann ein schreibunfähiger Stummer ein Testament errichten?, MittBayNot 1991, 193
ders, Die Testierfähigkeit bzw Testiermöglichkeit Mehrfachbehinderter, ZEV 1995, 236
ROTERING, Rechtstatsächliche Untersuchungen zum Inhalt eröffneter Verfügungen von Todes wegen (1986)

ROTH, Rechtsform und Rechtsformalismus, DNotZ 1938, 281
ders, Testamentsrecht (1939)
SANDWEG, Die von Amts wegen vorzunehmenden Tätigkeiten des Nachlaßgerichts gemäß § 41 LFGG (Baden-Württemberg), BWNotZ 1979, 25
SCHÄFER/HEINSIUS, Testament und Erbe (18. Aufl 1987)
SCHIFFER, Erbrechtliche Gestaltung: Letztwillige Schiedsklauseln – Möglichkeiten und Hinweise, BB 1995, Beilage 5, 2
SCHLUND, Die Testamentserrichtung im Krankenhaus, Arztrecht 1979, 206
SCHMALE, Testamentsrechtliche Fragen (I. Hat der eröffnende Richter vor der Eröffnung die Gültigkeit der Testamente zu prüfen?, II. Muß ein Testament auch verkündet werden, wenn niemand im Eröffnungstermine erscheint?), ZBlFG 1909/10, 129
SCHMIDT, Der Widerruf des Testaments durch Vernichtung oder Veränderung der Testamentsurkunde, MDR 1951, 321
ders, Überspannung des Formalismus im Testamentsrecht, JZ 1951, 745
SCHMIDT-KESSEL, Erbrecht in der Rechtsprechung des Bundesgerichtshofes 1985 bis 1987, WM 1988, Sonderbeilage 8
SCHNEIDER, Problemfälle aus der Prozeßpraxis: Zwei Testamente, MDR 1990, 1086
SCHOOR, Unternehmensnachfolge in der Praxis, 1992
SCHOPP, Letztwillige Bestimmungen über die Unternehmensfortführung durch Dritte, Rpfleger 1978, 77
SCHOTTEN, Das Internationale Privatrecht in der notariellen Praxis (1995)
SCHRAMM, Ausschluß von Erben, BWNotZ 1977, 88
SCHÜNEMANN, Kein Widerruf eines vor einem Richter errichteten Testaments durch Rücknahme aus der amtlichen Verwahrung, JurBüro 1970, 142
SCHÜTZE, Das Nottestament vor dem Bürgermeister (1948)
SCHÜTZE/BUZELLO, Das Privattestament unter Berücksichtigung des Gesetzes zur Wiederherstellung der Gesetzeseinheit auf dem Gebiete des bürgerlichen Rechts, JurBüro 1953, 175

SCHULZE, Über die Verwendung der Blindenschrift bei der Errichtung letztwilliger Verfügungen, DNotZ 1955, 629
SCHWARTZ, Handbuch für Testamente (1950)
SEIBOLD, Die Errichtung einer Verfügung von Todes wegen durch ausländische Staatsangehörige, BWNotZ 1979, 153
SEYBOLD, Das Testament des Soldaten, DNotZ 1943, 248
SINGER, Abschaffung des eigenhändigen Testaments?, DNotZ 1934, 482
SPEITH, Testamentseröffnung nach deutschem Recht und „probate of wills" nach dem Recht der USA unter besonderer Berücksichtigung der rechtsgeschichtlichen Entwicklung (Diss Köln 1974)
SPIEGELBERGER, Vermögensnachfolge (1994)
STEDEN, Formfreie und formbedürftige Änderungen des eigenhändigen Testaments (Diss Mainz 1971)
STELLWAAG, Nochmals: Zwei Testamente, MDR 1991, 501
STERN, Eine historische Studie über das eigenhändige Testament (Diss Freiburg 1908)
STUMPF, Postscripta im eigenhändigen Testament, FamRZ 1992, 1131
TZSCHASCHEL, Das private Einzeltestament (11. Aufl 1993)
ders, Das private Unternehmertestament (5. Aufl 1981)
UDE, Die amtliche Verwahrung letztwilliger Verfügungen, ZBlFG 1901/02, 405 (altes Recht)
VALTA, Testamentseröffnung, Begriff und Form, BayZ 1927, 255
VAN VENROOY, Die Testierfähigkeit im Internationalen Privatrecht, JR 1988, 485
VOGELS, Inwieweit sind die Testamentsformen des Bürgerlichen Gesetzbuches erneuerungsbedürftig?, ZAkDR 1935, 635
ders, Das neue Testamentsrecht, DJ 1938, 1269
ders, Beurkundung eines Nottestaments durch den Bürgermeister nach dem TestG vom 31. 7. 1938, StAZ 1938, 425
ders, Die Eröffnungspflicht für Testamente und Erbverträge, ZAkDR 1938, 666
ders, Die Ablieferung von Testamenten und Erbverträgen an das Nachlaßgericht, DRpfl 1938, 274
VOGELS/SEYBOLD, Gesetz über die Errichtung

7. Titel.
Errichtung und Aufhebung eines Testaments

von Testamenten und Erbverträgen (4. Aufl 1949)
VON DER BECK, Norminhalt und Formstrenge im Recht der Nottestamente (Diss Münster 1994)
WAGNER, Das Militärtestament, ZAkDR 1943, 222
WEGMANN, Ehegattentestament und Erbvertrag (1993)
WELTER, Auslegung und Form testamentarischer Verfügungen (1985)
WERNER, Zur Eigenhändigkeit letztwilliger Verfügungen, DNotZ 1972, 6
ders, Das kopierte Erblasserschreiben, JuS 1973, 434
WESER, Die Auswirkungen des Betreuungsgesetzes auf die notarielle Praxis, MittBayNot 1992, 161

WESTPHAL, Die beglaubigte Testamentskopie als Erbausweis im Rechtsverkehr, Rpfleger 1980, 214
ders, Rechtliches Gehör in Nachlaßsachen, Rpfleger 1983, 204
WEYER, Das eigenhändige Testament, DNotZ 1935, 348
WIDTMANN, Die Aufnahme von Nottestamenten, Bayer Bgm 1951, 237
WINKLER, Zur Auslegung des § 2262 BGB, ZBlFG 1918, 210
WOLF/GANGEL, Der nicht formgerecht erklärte Erblasserwille und die Auslegungsfähigkeit eindeutiger testamentarischer Verfügungen, JuS 1983, 663
ZILLMER, Anwesenheitspflicht des Zeugen bei der Testamentserrichtung, JZ 1952, 748.

Systematische Übersicht

I. Überblick	
1. Inhalt	1
2. Textgeschichte	4
a) Entwicklung der Gesetzgebung	4
b) Zeittafel	9
c) Sonderregelungen	10
II. Übergangsrecht zum BGB	11
III. Gesetzgeberische Gestaltung im BGB	12
IV. Testamentsgesetz	14
V. Wiedereingliederung in das BGB (GesEinhG)	23
VI. Beurkundungsgesetz	26
VII. Beitritt der DDR	32
VIII. Betreuungsgesetz	33
IX. Testamentarische Sonderformen	
1. Militärtestament	34
2. Verfolgtentestament	38
3. Anerbenrecht, Höferecht	39
X. Das konsularische Testament	
1. Altes Konsulargesetz	40
2. Heutiges Recht	41
XI. Errichtung und Aufhebung von Testamenten in der ehemaligen DDR	
1. Grundsätzliches	58
a) Kollisionsrecht	58
b) Privatrecht	62
c) Zeittafel	63
d) Verfahrensrecht	64
2. Errichtung und Aufhebung von Testamenten nach dem ZGB	65
XII. Kollisionsrecht	
1. Grundsätzliches	100
2. Erbfälle bis 31. 12. 1965	102
3. Erbfälle seit 1. 1. 1966	103
4. Erbfälle seit 1. 9. 1986	105

Alphabetische Übersicht

Ablieferungspflicht	3
Adoptionsgesetz	9
Anerbenrecht	39
Aufenthaltsort	59

Aufhebung des Testamentes — 3, 21, 32
Auslandsberührung — 100 ff
Außerordentliches Testament — 3

Beitritt der neuen Bundesländer — 7, 9, 32, 63
Benachrichtigungsverfahren — 3
Berufskonsularbeamte — 46 f, 50
Betreuungsgesetz — 33
Beurkundungsgesetz — 6, 26 ff, 41 f
Böhmen — 17
Bundeswehr — 37

Datierung — 4, 12
DDR-Recht
- Ablieferungspflicht — 94 ff
- Amtsgerichte — 75, 81
- Aufhebung des Testaments — 62, 65
- Auslegung — 32, 68
- Beitritt — 7, 9, 32, 58, 63, 67 ff
- Beschränkte Gültigkeit — 88
- Beurkundung — 69, 72 ff
- BGB — 32, 62 f
- Brieftestamente — 79
- Datumsangabe — 74, 76, 80, 85
- Durchstreichen — 93
- EGBGB — 32, 60 f, 100 ff
- Ehegatten — 70
- Eigenhändiges Testament — 70, 76 ff, 91
- Einigungsvertrag — 32
- Entmündigte — 66
- Erbvertrag — 64, 66
- Eröffnung — 64, 97 ff
- Eröffnungsprotokoll — 98
- Eröffnungstermin — 99
- Form — 32, 62 f, 67 ff, 75
- Formnichtigkeit — 67 ff
- Freiwillige Gerichtsbarkeit — 64
- Gebühr — 99
- Gemeinschaftliches Testament — 66, 70
- Gerichte — 64, 75, 81
- Gewillkürte Erbfolge — 64 ff
- Gültigkeitsdauer — 88
- Haager Testamentsformabkommen — 60, 63
- Handlungsfähigkeit — 65 f, 84
- Internationales Privatrecht — 58 ff
- Kenntnis vom Tod — 95
- Körperzeichen — 73
- Kollisionsrecht — 58 ff
- Konsulargesetz — 63
- Kreisgerichte — 75, 81
- Lebensgefahr — 71, 83
- mündliche Erklärung — 72 f, 84
- Namensunterschrift — 77
- Neuerrichtung — 91
- Niederschrift — 72 ff, 85
- Nichtigkeit — 66, 67 ff
- Notariat — 64, 72, 75, 76, 95, 98 f
- Notarielles Testament — 68, 70, 72 ff, 92
- Nottestament — 68, 69, 82 ff, 92
- Ortsangabe — 74, 76, 80, 85
- Ortsform — 60
- Ost-Berlin — 63
- Persönliche Errichtung — 65 f
- Privatrecht — 62, 65 ff
- Rechtsanwendungsgesetz — 60, 63
- Rücknahme — 92
- Schreibmaschine — 74, 77
- Schrift — 74
- Schriftzeichen — 77
- Sprache — 73
- Staatsangehörigkeit — 58 f
- Streichungen — 78, 93
- Testamentsaufhebung — 62
- Testamentsauslegung — 62
- Testamentseröffnung — 64, 97 ff
- Testamentserrichtung — 62, 65 f
- Testamentswiderruf — 89 ff
- Testierfähigkeit — 32, 60, 62 f, 65 f
- unfreiwilliger Verlust — 93
- Ungültigkeitsvermerk — 93
- Unterschrift — 74, 77 f, 85
- Veränderung — 91, 93
- Verfahrensrecht — 32, 64
- Verlesung — 99
- Verlust — 93
- Vernichtung — 91, 93
- Verwahrung — 64, 68, 72, 75, 76, 81, 87, 92
- Volljährigkeit — 63, 65 f, 85
- Widerruf — 89 ff
- Wohnsitz — 60, 98
- Zeitangabe — 74, 76, 80, 85
- Zeittafel — 63
- Zivilgesetzbuch — 32, 62 f, 65 ff
- Zusätze — 78
- Zwangsgeld — 95
- Zweizeugentestament — 69 ff, 82 ff

Eigenhändiges Testament — 3, 12, 15

7. Titel. **Vorbem zu §§ 2229 ff**
Errichtung und Aufhebung eines Testaments

Einsichtsverfahren	3
Entschädigungsgesetze	38
Entwicklung der Gesetzgebung	4 ff
Erbhofrecht	39
Erbstatut	102
Erbvertrag	14, 35, 50
Eröffnungsverfahren	3
Errichtung des Testaments	3, 21, 32
Eupen	17
Form	
—	1 f, 4, 11 ff, 14 ff, 20 ff, 32, 39, 67 ff, 100 ff
– Formenstrenge	13, 15, 31
– Formmangel (Heilung)	20 ff
– Formmilderung	15, 21 f
– Militärformen	34 ff
Gerichte	26
GesEinhG	5, 23 ff
Gültigkeitsdauer von Wehrmachtstestamenten	35 f
Haager Testamentsformabkommen	100 f
Höfeordnung	39
Hoferbe	39
Holographisches Testament	12 f
Honorarkonsularbeamte	48, 50
Inkrafttreten des Betreuungsgesetzes	9
Inkrafttreten des BeurkG	9
Inkrafttreten des BGB	9
Inkrafttreten des GesEinhG	9
Inkrafttreten des KonsularG	9
Inkrafttreten des TestG	9, 17, 20 f
Interlokales Privatrecht	59 ff
Internationales Privatrecht	59, 100 ff
Kollisionsrecht	100 ff
Konsularbeamte	42 f, 46 ff
Konsulargesetz	40 ff, 43 ff
– Berufskonsularbeamte	41 ff
– Eröffnung	55
– Honorarkonsularbeamte	48
– Verwahrung	54
Konsulartestament	40 ff
Landesrecht	11, 27
Mähren	17
Malmedy	17
Militärtestament	34 ff
Militärerbvertrag	34
Militärnottestament	34, 36
Nationalsozialismus	38
Nichtigkeit	13, 41
Notar, Zuständigkeit	26 f, 39, 41
Nottestament	13 f, 36, 38
Öffentliches Testament	3
Österreich	17
Ordentliches Testament	3
Ortsangabe	4, 13
Ostgebiete, deutsche	17
Persönliche Errichtung	14
Pflegschaft	33
Privattestament, eigenhändiges	3, 12, 15
– gemeinschaftliches	14
Rückerstattungsgesetze	38
Staatsangehörigkeit	51, 53, 102
Sudetenland	17
Territoriale Beschränkung	41
Testierfähigkeit	3, 101
Testament	
– Aufhebung	3
– außerordentliches	3
– eigenhändiges	3, 12 f
– gemeinschaftliches	14
– Militärnottestament	34, 36
– Militärtestament	34 ff
– Nottestament	13 f
– Sonderformen	34 ff
Testamentsgesetz	4, 14 ff
– Übergangsregelung	18 ff
Testierfähigkeit	11
Textgeschichte	4 ff
Überblick über Vorschriften des 7. Titels	1 ff
Übergangsrecht zum BeurkG	31
Übergangsrecht zum BGB	11
Übergangsvorschriften des TestG	18 ff
Verfolgtentestament	38
Verwahrung	54

Volljährigkeit	9	Wohnsitz	102
– Herabsetzung	9		
Vormundschaft	33	Zeitangabe	4, 13
		Zeittafel	9, 63
Wehrmacht FGG	35 f	Zeugenzuständigkeit	14
Wehrmacht FGG ErgVO	36	Zeugenzwang	4
Wehrmachtsangehöriger	34	Zivilgesetzbuch	63, 65 ff
Wehrmachtstestamente	34 ff	Zuständigkeit	
– ordentliches	34 f	– der Konsuln	41 ff
– Nottestament	36	– der Notare	26 ff
Widerruf	31	– der Gerichte	26 f
Wiener Übereinkommen	41		

I. Überblick

1. Inhalt

1 Testamente werden erst nach dem Tode des Erblassers wirksam, so daß der Erklärende bei der Verkündung keine Auskunft über Urheberschaft und Bedeutung ihres Inhalts geben kann. Aus diesem Grund und wegen der folgenreichen Wirkungen ist die Errichtung und Aufhebung von Testamenten besonderen Formschriften unterworfen. Außerdem sind Testamente als postmortal wirkende Willenserklärungen hohen Fälschungs- und Unterdrückungsrisiken ausgesetzt. Die das Verwahrungs-, Eröffnungs-, Benachrichtigungs- und Einsichtsverfahren regelnden Vorschriften sollen im Interesse einer geordneten Rechtspflege diese Gefahren mindern.

2 Der Siebente Titel ist seit Inkrafttreten des Bürgerlichen Gesetzbuches mehrfach geändert worden. Die Formvorschriften des Testaments gehören zu den problematischen Fragen des Erbrechts (EBENROTH Rn 193 „am meisten problematischen"), weil sie im Spannungsfeld zwischen den Schranken objektiver Rechtssicherheit und subjektiv empfundener Einzelfallgerechtigkeit liegen. Im Unterschied zu anderen Gesetzesnovellierungen sind die aufgehobenen oder abgeänderten Vorschriften über die Errichtung und Aufhebung von Testamenten nicht bedeutungslos geworden, sondern können bei der Wirksamkeitsprüfung alter Testamente noch Anwendung finden.

3 Ursprünglich waren im Siebenten Titel in den §§ 2234–2246 BGB auch die Verfahrensvorschriften für die Errichtung öffentlicher Testamente geregelt. Heute behandelt dieser Titel:

§ 2229	Testierfähigkeit
§ 2231	Ordentliche Testamentsformen
§§ 2232, 2233	Öffentliches Testament
§§ 2247, 2248	Eigenhändiges Testament
§§ 2249–2252	Außerordentliche Testamente
§§ 2253–2258	Testamentsaufhebung
§§ 2258 a, b	Besondere amtliche Verwahrung
§ 2259	Ablieferungspflicht von Testamenten nach Erbfall

§§ 2260–2261, 2263, 2263 a	Eröffnungsverfahren
§§ 2262, 2263 a	Benachrichtigungsverfahren
§ 2264	Einsichtsverfahren

2. Textgeschichte

a) Entwicklung der Gesetzgebung (Überblick)

Die ursprünglich überzogenen Formerfordernisse des BGB zur Errichtung von Testamenten führten aus Unkenntnis oder mangelnder Sorgfalt zu häufigen Formverstößen und damit zur Nichtigkeit. Korrekturen der Rechtsprechung brachten Rechtsunsicherheit und kontroverse Diskussionen im Schrifttum. Das **Testamentsgesetz** führte wichtige Änderungen durch Milderungen der Formerfordernisse ein. So entfielen beim eigenhändigen Testament Orts- und Datumsangabe, beim öffentlichen Testament der lästige Zeugenzwang.

Inhaltlich wurden die Regelungen des Testamentsgesetzes im Jahre 1953 durch das **Gesetz zur Wiederherstellung der Gesetzeseinheit** auf dem Gebiete des bürgerlichen Rechts (GesEinhG v 5. 3. 1953 [BGBl I 33], in Kraft seit 1. 4. 1953) wieder in das BGB eingefügt.

Im Jahre 1970 führte das **Beurkundungsgesetz** zu umfangreichen Änderungen. Die Verfahrensvorschriften für die Errichtung öffentlicher Testamente (§§ 2234 – 2246) wurden durch Regelungen des Beurkundungsgesetzes ersetzt.

Der **Beitritt der neuen Bundesländer** im Jahre 1990 führte dazu, daß künftig auch *ZGB-Vorschriften* bei der Überprüfung der Formgültigkeit der Errichtung und Aufhebung eines Testamentes zu beachten sind.

Darüber hinaus hatten weitere Gesetzesänderungen Einfluß auf die Errichtung und Aufhebung von Testamenten. Wegen der Bedeutung inzwischen aufgehobener Formvorschriften für die Wirksamkeit alter Testamente, haben die in diesem Titel beibehaltenen textgeschichtlichen Abhandlungen in Einzelfällen noch aktuelle Bedeutung. Die nachfolgende Zeittafel soll einen schnellen Überblick über die maßgebenden Daten ermöglichen.

b) Zeittafel

31. 12. 1899	Bis zu diesem Zeitpunkt errichtete oder aufgehobene Testamente sind hinsichtlich Testierfähigkeit und Formvorschriften grds nach jeweiligem Landesrecht zu beurteilen.
1. 1. 1900	Inkrafttreten des BGB (Art 213–215 EGBGB)
4. 8. 1938	Inkrafttreten des TestG
1. 4. 1953	Wiedereinfügung der Vorschriften des TestG in das BGB durch GesEinhG
1. 1. 1970	Inkrafttreten des Beurkundungsgesetzes
12. 12. 1974	Inkrafttreten des KonsularG
1. 1. 1975	Herabsetzung der Volljährigkeit von Vollendung des 21. auf 18. Lebensjahr
1. 1. 1977	Durch AdoptionsG werden in § 2253 Abs 2 die Worte „oder Rauschgiftsucht" eingefügt

3. 10. 1990   Beitritt der neuen Bundesländer (s Art 235 § 2 EGBGB)
1. 1. 1992   Inkrafttreten des Betreuungsgesetzes

c) **Sonderregelungen**

10 Nicht berücksichtigt sind in der vorstehenden Zeittafel die Sondervorschriften für Militär- und Verfolgtentestamente (dazu unten Rn 34 ff; zum konsularischen Testament Rn 40 ff), die Daten des Inkrafttretens deutschen Rechts in den besetzten Gebieten, Österreich usw (dazu STAUDINGER/FIRSCHING[12] Vorbem 30 f zu §§ 2229 ff) und der nach dem Recht der ehemaligen DDR errichteten Testamente (dazu unten Rn 58 ff).

II. Übergangsrecht zum BGB

11 Als Übergangsrecht zum BGB gelten Art 213 – 215 EGBGB. Danach beurteilt sich unabhängig vom Zeitpunkt des Erbfalls die Errichtung und Aufhebung von Testamenten hinsichtlich Form und Testierfähigkeit nach jeweiligem Landesrecht, mit Ausnahme des inzwischen aufgehobenen § 2230, der nach Art 215 Abs 2 EGBGB rückwirkend galt (Einzelheiten vgl Art 213 – 215 EGBGB).

III. Gesetzgeberische Gestaltung im BGB

12 Die umstrittene Zulassung des eigenhändigen Privattestaments (holographisches Testament) – § 2247 (früher § 2231 Nr 2) stellte die bemerkenswerteste Regelung des Siebenten Titels dar. Die drei Entwürfe hatten das eigenhändige Privattestament (aus den in Mot V 257 und 258; D 294; Prot V 328 ff angeführten Gründen) als ordentliche Testamentsform abgelehnt. In Anlehnung an das österreichische und französische Recht wurde es schließlich nach lebhaften Diskussionen von der Reichstagskommission und dem Reichstag in das Gesetz aufgenommen (vgl hierüber RTK 318 ff und StB 726 ff; s auch die in Prot V 326/27 für die Zulassung geltend gemachten Gründe; ferner ZG V 49; VI 669; vgl weiter BROCK 121; HOELDER JherJb 41, 323).

13 Die ursprünglichen Regelungen über die Errichtung und Aufhebung von Testamenten im BGB waren geprägt durch strenge Formvorschriften. So führte zB die fehlende Orts- oder Datumsangabe beim eigenhändigen Testament zur Nichtigkeit. Beim öffentlichen Testament bestand Zeugenzwang. Die Nottestamente erwiesen sich gleichfalls wegen überzogener Formerfordernisse als unpraktikabel.

IV. Das Gesetz über die Errichtung von Testamenten und Erbverträgen (TestG)

14 Durch das Gesetz über die Errichtung von Testamenten und Erbverträgen (TestG) vom 31. 7. 1938 (RGBl I 973) wurden die §§ 2229–2264, 2064 (persönliche Errichtung), 2265–2267, 2272–2277, 2300 BGB (gemeinschaftliches Testament – Erbvertrag) sowie die Art 149, 150 EGBGB (Zeugen-Zuständigkeit beim Nottestament) außer Kraft gesetzt (§ 50 TestG) und zugleich eine selbständige Regelung außerhalb des BGB geschaffen. Das TestG befaßte sich (Ausnahme: § 48 als materiellrechtliche Bestimmung) ausschließlich mit Form- und Verfahrensfragen bei der Errichtung und Aufhebung einer Verfügung von Todes wegen.

15 Das TestG übernahm weitgehend den sachlichen Inhalt der aufgehobenen Vorschriften. Insbesondere hielt es an den bisherigen Testamentsarten fest, trotz beachtenswerter Widerstände auch am eigenhändigen Privattestament, brachte jedoch aus der Rechtspraxis abgeleitete Änderungen, im wesentlichen Erleichterungen durch **Beseitigung überzogener Formerfordernisse** (zu den Änderungen im einzelnen STAUDINGER/ FIRSCHING[12] Vorbem 8 ff zu §§ 2229 ff).

Richtungsweisend war der Vorspruch des TestG: 16

„Die Anforderungen an die Errichtung oder Aufhebung einer Verfügung von Todes wegen sind so zu gestalten, daß unnötige Formenstrenge vermieden, anderseits eine zuverlässige Wiedergabe des Willens des Erblassers sichergestellt wird."

Das TestG trat am 4. 8. 1938 in Deutschland in Kraft (zum Inkrafttreten in Österreich, den 17 ehemals sudetendeutschen Gebieten, den deutschen Ostgebieten, Eupen, Malmedy und Moresnet sowie dem Protektorat Böhmen und Mähren vgl STAUDINGER/FIRSCHING[12] Vorbem 30 f zu §§ 2229 ff).

Eine Übergangsregelung traf § 51 TestG, der heute unverändert gültig ist (durch 18 Art 1 Ziff 6, 2. Teil GesEinhG v 5. 3. 1953 ausdrücklich aufrechterhalten):

§ 51 TestG

[1] Das Gesetz gilt nicht für Erbfälle, die sich vor seinem Inkrafttreten ereignet haben.

[2] Die vor dem Inkrafttreten des Gesetzes erfolgte Errichtung oder Aufhebung eines Testaments oder Erbvertrags wird nach den bisherigen Vorschriften beurteilt, auch wenn der Erblasser nach dem Inkrafttreten des Gesetzes stirbt.

[3] Bei Erbfällen, die sich nach dem Inkrafttreten des Gesetzes ereignen, sind an die Gültigkeit eines Testaments keine höheren Anforderungen zu stellen, als nach diesem Gesetz für ein Testament der betreffenden Art zulässig ist, auch wenn das Testament vor dem Inkrafttreten dieses Gesetzes errichtet ist. Dies gilt entsprechend für Erbverträge.

Materialien: Amtl Begr z TestG DJ 1938, 1259.

Abs 1 der Vorschrift entspricht inhaltlich der Regelung des Art 213, Abs 2 der des 19 Art 214 Abs 1 EGBGB.

Erbfälle **vor Inkrafttreten** des TestG unterstehen ausschließlich (in sachlicher wie 20 formeller Hinsicht) dem alten Recht (Abs 1). Vor dem Inkrafttreten des TestG eingetretene Erbfälle sollen im Interesse der Rechtssicherheit nicht nachträglich auf Grund der Änderung des Rechtszustandes wiederaufgerollt werden, auch nicht im Hinblick auf bloße Formmängel (amtl Begr DJ 1938, 1259; KG JW 1938, 3169 m Anm VOGELS = ZAkDR 1939, 173 m Anm BOEHMER; VOGELS DJ 1939, 575).

Erbfälle **nach Inkrafttreten** des TestG unterstehen naturgemäß dem neuen Recht. Eine 21 *Ausnahme* bringt Abs 2 im Hinblick auf die durch das TestG neu eingeführten Formvorschriften (einschl der Frage der Testierfähigkeit: §§ 2229, 2230, 2238 Abs 3, 2247 Abs 4): Die vor dem 4. 8. 1938 erfolgte Errichtung oder Aufhebung einer Verfügung von Todes wegen beurteilt sich nach den Formvorschriften des BGB in seiner ursprünglichen Fassung, auch wenn der Erblasser nach dem Inkrafttreten des Gesetzes stirbt (RG DRW 1939, 311). Stichtag ist die Vornahme der Rechtshandlung, nicht der Erbfall.

22 Hierzu wiederum regelt Abs 3 eine Ausnahme: Formerleichterungen, die das TestG brachte, kommen auch den vor seinem Inkrafttreten errichteten Verfügungen von Todes wegen zugute, wenn der Erbfall erst nach dem 4. 8. 1938 eingetreten ist. Jedoch sind bei der Auslegung des Erblasserwillens die Verhältnisse der Errichtungszeit zu berücksichtigen (vgl dazu KGJ 22 A 52, 55).

V. Wiedereingliederung in das BGB (GesEinhG)

23 Das TestG hatte wesentliche Vorschriften des materiellen Erbrechts aus dem Bürgerlichen Gesetzbuch ausgegliedert. Die Korrektur (die materiell-rechtliche Vorschrift des § 48 Abs 2 war bereits am 5. 11. 1946 außer Kraft gesetzt worden) erfolgte durch das Gesetz zur Wiederherstellung der Gesetzeseinheit auf dem Gebiet des Bürgerlichen Rechts (GesEinhG) vom 5. 3. 1953 (BGBl I 33). Mit diesem Gesetz wurde das Testamentsrecht wieder vollständig dem BGB eingegliedert. Inhaltlich wurden die Vorschriften des TestG weitgehend wörtlich übernommen und (soweit möglich) an alter Stelle eingefügt. Daher fehlt eine Übergangsvorschrift wie § 51 TestG. Es gilt der Grundsatz des Art 214 Abs 2 EGBGB (BGH LM TestG § 48 Nr 1 = NJW 1956, 988; DITTMANN/REIMANN/BENGEL Vorbem 27, 40 zu §§ 2229–2264; zum Gesetz s FINKE DNotZ 1953, 174; HEDEMANN JR 1953, 117; RECHENMACHER NJW 1953, 768). Das GesEinhG sollte kein neues Recht schaffen, sondern verfolgte in erster Linie **gesetzestechnische** Zwecke.

24 Gegenüberstellung der aus dem TestG in den 7. Titel übernommenen Paragraphen:

TestG	BGB	TestG	BGB
§ 1 Abs 2, 3	= § 2229 Abs 1, 2	§ 21	= § 2247
§ 2 Abs 1, 2	= § 2229 Abs 3, 4	§ 22	= § 2248
§ 3	= § 2230	§ 23	= § 2249
§ 4	= § 2231	§ 24	= § 2250
§ 5	= § 2232	§ 25	= § 2251
§ 6	= § 2233	§ 26	= § 2252
§ 7	= § 2234	§ 32	= § 2253
§ 8	= § 2235	§ 33 Abs 1	= § 2254
§ 9	= § 2236	§ 33 Abs 2	= § 2255
§ 10	= § 2237	§ 34 Abs 1–3	= § 2256
§ 11	= § 2238	§ 35	= § 2257
§ 12	= § 2239	§ 36	= § 2258
§ 13 Abs 1	= § 2240	§ 37	= § 2258 a
§ 13 Abs 2–5	= § 2241	§ 38	= § 2258 b
§ 14	= § 2241 a	§ 39	= § 2259
§ 15	= § 2241 b	§ 40	= § 2260
§ 16	= § 2242	§ 41	= § 2261
§ 17	= § 2243	§ 42	= § 2262
§ 18	= § 2244	§ 43	= § 2263
§ 19	= § 2245	§ 46	= § 2263 a
§ 20	= § 2246	§ 47	= § 2264

7. Titel.
Errichtung und Aufhebung eines Testaments

Teil II Art 1 Nr 6 GesEinhG hat die Übergangsbestimmung des § 51 TestG aufrecht- 25
erhalten.

VI. Beurkundungsgesetz

Eine weitere bedeutsame Veränderung erfuhr der Siebente Titel durch das Beurkun- 26
dungsgesetz v 28. 8. 1969 (BGBl I 1513). Mit diesem Gesetz wurde die umfassende
Beurkundungszuständigkeit der Notare bestätigt und die Beurkundungszuständigkeit der Gerichte – mit Ausnahme der Beurkundung eidesstattlicher Versicherungen
– aufgehoben.

Nach Art 141 EGBGB (aufgehoben durch § 57 Abs 4 Nr 2 BeurkG) konnten die Landes- 27
gesetze bestimmen, daß für die Beurkundung von Rechtsgeschäften, die nach den
Vorschriften des BGB gerichtlicher oder notarieller Beurkundung bedurften, entweder nur die Gerichte oder nur die Notare zuständig waren. Landesrechtliche Vorschriften, die insoweit die ausschließliche Zuständigkeit des Notars begründeten,
hatte das TestG (§ 50 Abs 5) ausdrücklich aufrechterhalten. In Übereinstimmung
dazu stand § 77 Abs 11 RNotO. Das GesEinhG v 5. 3. 1953 (BGBl I 33) hatte diesen
Zustand unberührt gelassen (dazu STAUDINGER/FIRSCHING[12] Vorbem 84 zu §§ 2229 ff
mwN).

Seit Inkrafttreten des BeurkG sind für das Beurkundungsverfahren allgemein die 28
§§ 1 bis 26 BeurkG maßgebend. Darüber hinaus enthalten die §§ 27 bis 35
BeurkG Sonderbestimmungen für die Beurkundung der Verfügungen von Todes
wegen.

Gegenüberstellung der aus dem 7. Titel in das BeurkG übernommenen Paragraphen: 29

BGB aF	BeurkG	BGB aF	BeurkG
§ 2233	§§ 22, 29	§ 2241 b	§§ 17, 30
§ 2234	§ 3 Abs 1 Nr 2, 3;	§ 2242 Abs 1	§ 13 Abs 1*
	§ 6 Abs 1 Nr 2, 3	§ 2242 Abs 2	§§ 23, 24
§ 2235	§§ 7, 26, 27	§ 2242 Abs 3	§ 25
§ 2236	§§ 26, 27	§ 2242 Abs 4	§ 13 Abs 3;
§ 2237	§ 26		§ 22 Abs 2;
§ 2238	§ 30		§ 24 Abs 1 S 3;
§ 2239	§ 13 Abs 1*;		§ 29; § 35
	§§ 22, 24 Abs 1	§ 2243	§ 31
§ 2240	§§ 5 Abs 1; 8	§ 2244	§ 16 und §§
§ 2241	§§ 9*, 10 Abs 1;		6, 7, 27, 32
	§ 30	§ 2245	§ 5 Abs 2
§ 2241 a	§§ 10, 11, 28	§ 2246	§ 34 Abs 1

---

* Jetzt idF durch BeurkÄndG v 20. 2. 1980
(BGBl I 157) – wirksam: 27. 2. 1980.

30 Daneben wurden Teilregelungen an anderer Stelle in den 7. Titel übernommen:

§ 2238 aF   in § 30 BeurkG   und §§ 2232, 2233
§ 2243 aF   in § 31 BeurkG   und § 2233 Abs 3

31 Das Beurkundungsgesetz enthält keine Übergangsbestimmungen (Ausnahme: § 68; zum Widerruf durch Rücknahme beachte § 68 Abs 3 BeurkG). Maßgebend bleibt daher das zum Zeitpunkt der Testamentserrichtung geltende Recht, unabhängig vom Zeitpunkt des Eintritts des Erbfalls. Alle bis zum 31. 12. 1969 errichteten Testamente sind unverändert nach den § 2231–2246 aF zu beurteilen, ohne daß ihnen Formerleichterungen des BeurkG zugute kommen (ebenso SOERGEL/HARDER Vor § 2229 Rn 8; MünchKomm/BURKART Vor § 2229 Rn 2; aA JOHANNSEN WM 1971, 405; DUMOULIN DNotZ 1973, 56).

VII. Beitritt der DDR

32 Seit dem Wirksamwerden des **Beitritts** der auf dem Gebiet der ehemaligen DDR **neu gebildeten Länder** zur Bundesrepublik Deutschland (**3. 10. 1990**) gilt grds einheitlich das Bürgerliche Gesetzbuch. Für die **nach dem Recht der ehemaligen DDR errichteten Testamente gelten die gesetzlichen Regelungen der DDR jedoch teilweise fort** (vgl OLG Jena FamRZ 1994, 786, 787). Als Ausnahmevorschrift zu Art 235 § 1 Abs 1 EGBGB bestimmt Art 235 § 2 EGBGB, daß – auch wenn der Erbfall nach der Vereinigung eintritt – die *Errichtung und Aufhebung aller Verfügungen von Todes wegen* vor dem Wirksamwerden des Beitritts **nach bisherigem Recht** zu beurteilen ist. Art 235 § 2 EGBGB bezieht sich jedoch **nur** auf die **Form** der Errichtung oder Aufhebung der Verfügung von Todes wegen, die **Testierfähigkeit** des Erblassers sowie die **verfahrensrechtlichen Vorschriften**, insbesondere soweit sie sich im ZGB befinden (OLG Dresden DtZ 1993, 311; nur systemwidrige [MünchKomm/LEIPOLD, Ergänzungsband Zivilrecht im Einigungsvertrag Rn 668, 671] und gegen den ordre public verstoßende [HORN DWiR 1992, 45, 46] Verfahrensvorschriften sind nicht anzuwenden). Inhalt, Auslegung und Wirkung der Verfügung von Todes wegen sind nach dem BGB zu beurteilen (Einzelheiten zum DDR-Recht unter Rn 58 ff).

VIII. Betreuungsgesetz

33 Durch Art 9 § 1 Abs 1 des Gesetzes zur Reform des Rechts der Vormundschaft und Pflegschaft für Volljährige (Betreuungsgesetz – BtG – vom 12. 9. 1990 [BGBl I 2002]) wurden die bisherigen Vormundschaften über Volljährige und die Pflegschaften nach § 1910 mit Wirkung zum 1. 1. 1992 zu Betreuungen. § 2229 wurde modifiziert, § 2230 ersatzlos aufgehoben.

IX. Testamentarische Sonderformen

1. Militärtestament

34 Wehrmachtsangehörige konnten sich neben den allgemeinen Errichtungsformen auch besonderer Militärformen bedienen. Das WehrmFGG unterschied zwischen *ordentlichen Militärtestamenten* und Militärerbverträgen einerseits und *Militärnotte-*

stamenten („Wehrmachtsnottestamenten") andererseits (zu Militärtestamenten s HESSE DJ 1944, 109; LANGE/KUCHINKE § 21 II; SEYBOLD DNotZ 1943, 248).

Das *ordentliche Wehrmachtstestament* (auch Erbvertrag) wurde vor einem richter- 35 lichen Militärjustizbeamten (Kriegsgerichtsrat, Oberkriegsgerichtsrat usw) errichtet. Die Vorschriften des BGB sowie anschließend des TestG galten hierfür entsprechend (Art 1 § 2 Abs 2 WehrmachtFGG, §§ 30, 50 Abs 6 TestG). Die **Gültigkeitsdauer** der **ordentlichen** Wehrmachtstestamente ist **nicht beschränkt**.

Das *Wehrmachtsnottestament* konnte als öffentliches Militärtestament (Art 1 § 3 36 Abs 3 WehrmFGG), als privates eigenhändiges (Art 1 § 3 Abs 1 a WehrmFGG: auch von Minderjährigen) und als privates (Art 1 § 3 Abs 1 b WehrmFGG) errichtet werden (Einzelheiten bei STAUDINGER/FIRSCHING[11] Vorbem 70 zu §§ 2229 ff). Die 5. DVO WehrmFGG v 6. 9. 1943 brachte weitere Formerleichterungen (dazu STAUDINGER/FIRSCHING[12] Vorbem 69 zu §§ 2229 ff). Wehrmachtsnottestamente verloren regelmäßig ihre Gültigkeit mit Ablauf eines Jahres nach Ausscheiden des Erblassers aus dem mobilen Verhältnis (Art 1 § 3 Abs 5 WehrmFGG) oder nach Wegfall der Voraussetzungen des Art 2 WehrmFGG.

Für Angehörige der deutschen **Bundeswehr** gelten **keine Sonderformen**, sondern aus- 37 schließlich die allgemeingültigen Errichtungsformen. Angehörige der Bundesmarine können daher auch gem § 2251 Nottestamente errichten.

2. Verfolgtentestament

Ein besonderes Nottestament war das sog Verfolgtentestament der Rückerstattungs- 38 gesetze (s Art 80 amZ, Art 67 brZ, Art 69 REAO Berlin) sowie der Entschädigungsgesetze (§ 68 Baden, § 73 Rhld-Pf, § 73 WüHo). Danach war eine vom 30. 1. 1933 bis zum 8. 5. 1945 formlos erklärte letztwillige Verfügung rechtswirksam, wenn der Erblasser sie in wirklicher oder vermeintlicher Todesgefahr abgab und sich diese Gefahr aus Gründen der Rasse, Religion, Nationalität, Weltanschauung oder Gegnerschaft gegen den Nationalsozialismus ergeben hatte (zu den Voraussetzungen des Verfolgtentestaments vgl HARMENING, Rückerstattungsgesetz [1950]). Die Verfügung gilt als nicht getroffen, wenn der Erblasser nach dem 30. 9. 1945 in der Lage war, formgerecht zu testieren.

3. Anerbenrecht, Höferecht

§ 13 Abs 1 EHRV v 21. 12. 1936 (RGBl I 1069) ließ die Bestimmung des Anerben 39 mündlich zur Niederschrift vor dem Vorsitzenden des zuständigen Anerbengerichts oder vor einem Notar zu (dazu BODE, Beurkundungsbefugnis der Anerbenbehörden, DDJ 1937, 258). Die Anerbenbestimmung stellte eine letztwillige Verfügung dar. Die Form der Beurkundung richtete sich jedoch nach den für die gerichtliche oder notarielle Beurkundung eines Rechtsgeschäfts unter Lebenden geltenden Vorschriften. Die Urkunde sollte nicht als Testament bezeichnet werden, stand aber einem ordentlichen öffentlichen Testament gleich (s auch die Möglichkeit der Bestimmung der Anerbenfolge im Wege der Hofsatzung gem § 10 EHRVO). KRG Nr 45 v 20. 2. 1945 hat das gesamte Erbhofrecht aufgehoben. (Über die heutige Rechtslage BARNSTEDT/BEKKER/BENDEL, Das nordwestdeutsche Höferecht [1976]; FASSBENDER/HÖTZEL/vJEINSEN/PIKALO,

Höfeordnung, Höfeverfahrensordnung und Überleitungsvorschriften [3. Aufl 1994]; FASSBENDER/ PIKALO, Dreieinhalb Jahre praktische Erfahrung mit der neuen Höfeordnung [1980]; LANGE/ KUCHINKE § 55; KERSTEN/BÜHLING, Formularbuch und Praxis der Freiwilligen Gerichtsbarkeit [20. Aufl 1994] § 114 Hoferbrecht [bearb von FASSBENDER]; LANGE/WULFF/LÜDTKE-HANDJERY, Höfeordnung [9. Aufl 1991]; STEFFEN, Höfeordnung mit Höfeverfahrensordnung [1977 mit Nachtrag 1987]; WÖHRMANN/STÖCKER, Das Landwirtschaftserbrecht [6. Aufl 1995]).

X. Das konsularische Testament*

1. Altes KonsularG

40 Bis zum 14. Dezember 1974 galt das Konsulargesetz v 8. 11. 1867, das nicht mehr den Erfordernissen der Gegenwart entsprach (Amtl Begr BT-Drucks 7/2006), weil es durch Änderungen unübersichtlich geworden und teilweise überholt war (Einzelh bei STAUDINGER/FIRSCHING[12] Vorbem 74 zu §§ 2229 ff).

2. Heutiges Recht

41 Seit Inkrafttreten des Beurkundungsgesetzes können öffentliche Testamente nur noch vor Notaren errichtet werden, die als Amtsträger der vorsorgenden Rechtspflege hoheitliche, staatliche Aufgaben wahrnehmen (BVerfGE 73, 280, 294 = DNotZ 1987, 121, 122). Da hoheitliche Befugnisse nur innerhalb der staatlichen Grenzen der Bundesrepublik Deutschland ausgeübt werden können, sind Beurkundungen eines deutschen Notars im Ausland nichtig. Um allen sich im Ausland aufhaltenden Deutschen die Möglichkeit einer öffentlichen Beurkundung nach deutschem Recht außerhalb Deutschlands zu bieten, sind in Übereinstimmung mit dem Wiener Übereinkommen vom 24. April 1963 über konsularische Beziehungen (BGBl 1969 II 1585) deutschen Konsularbeamten Beurkundungsbefugnisse übertragen worden. Grundlage für die konsularischen Beurkundungszuständigkeiten ist das Gesetz über die Konsularbeamten, ihre Aufgaben und Befugnisse (KonsularG) vom 11. 9. 1974 (BGBl I 2317), welches das Konsulargesetz vom 8. 11. 1867 ersetzte und am 15. 12. 1974 in Kraft trat.

42 Für das Beurkundungsverfahren vor Konsularbeamten gilt das Beurkundungsgesetz mit den im § 10 Abs 3 KonsularG genannten Abweichungen (zum Verfahren, das nach § 10 Abs 3 grundsätzlich dem BeurkG unterfällt, wobei die Besonderheiten des § 11 KonsularG zu beachten sind, s GEIMER 18 ff). Der Konsularbeamte nimmt im Beurkundungsverfahren die Funktionen des Notars wahr.

43 Die einschlägigen Bestimmungen des **Konsulargesetzes** lauten:

---

* **Schrifttum**: GEIMER, Konsularisches Notariat, DNotZ 1978, 3; HECKER, Handbuch der konsularischen Praxis (1982); HOFFMANN/ GLIETSCH, Konsulargesetz (Losebl); SOERGEL/ HARDER Anhang zu § 2231; WENDLER, Die Ausübung hoheitlicher Befugnisse durch Konsuln auf fremdem Staatsgebiet nach der Wiener Konsularkonvention v 24. 4. 1963 (Diss Frankfurt/M 1977).

7. Titel.
Errichtung und Aufhebung eines Testaments

§ 10 KonsularG (Beurkundungen im allgemeinen)

[1] Die Konsularbeamten sind befugt, über Tatsachen und Vorgänge, die sie in Ausübung ihres Amts wahrgenommen haben, Niederschriften oder Vermerke aufzunehmen, insbesondere

1. vor ihnen abgegebene Willenserklärungen und eidesstattliche Versicherungen zu beurkunden,

2. Unterschriften, Handzeichen sowie Abschriften zu beglaubigen oder sonstige einfache Zeugnisse (z.B. Lebensbescheinigungen) auszustellen.

[2] Die von einem Konsularbeamten aufgenommenen Urkunden stehen den von einem inländischen Notar aufgenommenen gleich.

[3] Für das Verfahren bei der Beurkundung gelten die Vorschriften des Beurkundungsgesetzes vom 28. August 1969 (Bundesgesetzbl. I S. 1513) mit folgenden Abweichungen:

1. Urkunden können auf Verlangen auch in einer anderen als der deutschen Sprache errichtet werden.

2. Dolmetscher brauchen nicht vereidigt zu werden.

3. Die Abschrift einer nicht beglaubigten Abschrift soll nicht beglaubigt werden.

4. Die Urschrift einer Niederschrift soll den Beteiligten ausgehändigt werden, wenn nicht einer von ihnen amtliche Verwahrung verlangt. In diesem Fall soll die Urschrift dem Amtsgericht Schöneberg in Berlin zur amtlichen Verwahrung übersandt werden. Hat sich einer der Beteiligten der Zwangsvollstreckung unterworfen, so soll die Urschrift der Niederschrift dem Gläubiger ausgehändigt werden, wenn die Beteiligten keine anderweitige Bestimmung getroffen haben und auch keiner von ihnen amtliche Verwahrung verlangt hat.

5. Solange die Urschrift nicht ausgehändigt oder an das Amtsgericht abgesandt ist, sind die Konsularbeamten befugt, Ausfertigungen zu erteilen. Vollstreckbare Ausfertigungen können nur von dem Amtsgericht erteilt werden, das die Urschrift verwahrt.

§ 11 KonsularG (Besonderheiten für Verfügungen von Todes wegen)

[1] Testamente und Erbverträge sollen die Konsularbeamten nur beurkunden, wenn die Erblasser Deutsche sind. Die §§ 2232, 2233 und 2276 des Bürgerlichen Gesetzbuchs sind entsprechend anzuwenden.

[2] Für die besondere amtliche Verwahrung (§ 34 des Beurkundungsgesetzes, § 2258 a des Bürgerlichen Gesetzbuchs) ist das Amtsgericht Schöneberg in Berlin zuständig. Der Erblasser kann jederzeit die Verwahrung bei einem anderen Amtsgericht verlangen.

[3] Stirbt der Erblasser, bevor das Testament oder der Erbvertrag an das Amtsgericht abgesandt ist, oder wird eine solche Verfügung nach dem Tode des Erblassers beim Konsularbeamten abgeliefert, so kann dieser die Eröffnung vornehmen. Die §§ 2260, 2261 Satz 2, 2273 und 2300 des Bürgerlichen Gesetzbuchs sind entsprechend anzuwenden.

46 § 18 KonsularG (Kreis der Berufskonsularbeamten)

[1] Berufskonsularbeamte im Sinne dieses Gesetzes sind die bei den diplomatischen oder berufskonsularischen Vertretungen der Bundesrepublik Deutschland im Ausland mit der Wahrnehmung konsularischer Aufgaben im Sinne der §§ 1 und 2 beauftragten Personen.

47 § 19 KonsularG (Erfordernisse einer besonderen Ermächtigung)

[1] Berufskonsularbeamte, die die Befähigung zum Richteramt haben, sind ohne weiteres zur Wahrnehmung aller konsularischen Aufgaben befugt.

[2] Andere Berufskonsularbeamte sollen nur dann Willenserklärungen und eidesstattliche Versicherungen beurkunden,...

4. wenn sie hierzu vom Auswärtigen Amt besonders ermächtigt sind.

48 § 20 KonsularG (Kreis der Honorarkonsularbeamten)

Honorarkonsularbeamte sind Ehrenbeamte im Sinne des Beamtenrechts, die mit der Wahrnehmung konsularischer Aufgaben beauftragt sind.

49 § 24 KonsularG (Erfordernis einer besonderen Ermächtigung)

[1] § 19 gilt für Honorarkonsularbeamte entsprechend;...

50 Konsularbeamte sind nach § 10 Abs 1 Nr 1 und § 11 Abs 1 zur **Beurkundung von Testamenten** und **Erbverträgen** zuständig. Nach § 10 Abs 2 stehen die konsularischen Urkunden den notariellen Urkunden gleich, sind also auch **öffentliche Urkunden**. Konsularbeamte sind entweder **Berufs**konsularbeamte (§ 18) oder **Honorar**konsularbeamte (§ 20).

51 Nach § 11 Abs 1 S 1 (Sollvorschrift) ist der Konsularbeamte nur zuständig, wenn der **Erblasser Deutscher** (iS v Art 116 GG) ist; beim Erbvertrag kann der nicht Verfügende auch Ausländer sein. Da es sich um eine *Sollvorschrift* handelt, bleibt das Testament auch bei einem Ausländer nach deutschem Recht wirksam.

52 Nach § 11 Abs 1 S 2 ist in entsprechender Anwendung der §§ 2232, 2276 in diesen Vorschriften das Wort Notar durch Konsularbeamter zu ersetzen. Im übrigen finden die genannten Vorschriften wörtliche Anwendung.

53 Zweifelsfälle können sich bei der Verweisung auf § 2233 ergeben, da diese Vorschrift nur von Minderjährigkeit spricht, ohne die Altersgrenze festzulegen oder anderweitig zu verweisen. Insofern könnte – insbesondere bei Doppelstaatlern – fraglich sein, ob Orts- oder deutsches Recht gilt. Da § 2233 jedoch von der Minderjährigkeit nach deutschem Recht ausgeht und die Beurkundung des Konsularbeamten sich ausschließlich nach deutschem Recht richtet, dürfte auch insoweit allein deutsches Recht Anwendung finden.

54 Nach § 11 Abs 2 ist für die **Verwahrung** aller konsularischen Testamente das **Amtsge-**

richt Schöneberg in Berlin zuständig, wobei der Erblasser die Verwahrung bei einem anderen Amtsgericht wählen kann.

§ 11 Abs 3 begründet eine **Eröffnungszuständigkeit** des Konsularbeamten. Der Konsularbeamte tritt an die Stelle des Verwahrungsgerichts und hat die Eröffnung in gleicher Weise vorzunehmen. Da er insbesondere auch die Beteiligten zu laden hat, dürfte eine solche Eröffnung nur dann zweckmäßig sein, wenn sich alle Beteiligten in dem Land aufhalten, in dem sich das eröffnende deutsche Konsulat befindet.

Zum Richteramt befähigte Berufs- und Honorarkonsularbeamte sind befugt (§§ 19 Abs 1, 24 Abs 1) alle Beurkundungsaufgaben – also auch die Beurkundung von Testamenten wahrzunehmen. Andere Berufs- und Honorarkonsularbeamte, können durch das Auswärtige Amt zur Vornahme von Beurkundungen ermächtigt werden (§ 19 Abs 2, § 24). Fehlt die Ermächtigung, bleibt die Beurkundung gleichwohl wirksam, da § 19 Abs 2 S 1 bloße Sollvorschrift ist.

§ 19 Abs 2 dient der Rechtssicherheit, indem Ermittlungen darüber erspart werden, ob der zuständige Konsularbeamte gehandelt hat. Die Bestimmung ist problematisch, da Beamte des mittleren und gehobenen Dienstes selbst ohne jegliche juristische Ausbildung oder Vorkenntnisse rechtswirksame Beurkundungen vornehmen können. Die in solchen Fällen vorliegenden Organisationsfehler lösen – bei Verursachung eines Schadens – zwar Staatshaftungsansprüche aus (vgl auch GEIMER DNotZ 1978, 18 für den Fall, daß Konsularbeamte ohne juristische Ausbildung mit Beurkundungsaufgaben betraut werden), können aber nicht durch fehlerhafte Beratung verursachte Gestaltungsfehler heilen. Die Vorschrift beruht offenkundig auf einem veralteten Beurkundungsverständnis, das die umfassenden Beratungs-, Belehrungs- und Betreuungsfunktionen des Notars bzw des an seine Stelle tretenden Konsularbeamten nicht berücksichtigt.

XI. Errichtung und Aufhebung von Testamenten in der ehemaligen DDR*

1. Grundsätzliches

a) Kollisionsrecht
Erbfälle bis zum 2. 10. 1990 sind nach alter Rechtslage zu beurteilen (str; ausführlich

---

* **Schrifttum:** APPELL, Das neue Notariatsgesetz in der DDR, DNotZ 1976, 580; BOSCH, Familien- und Erbrecht als Themen der Rechtsangleichung nach dem Beitritt der DDR zur Bundesrepublik Deutschland, § 6: Erbrecht, FamRZ 1992, 869; BROSS, Das Erbrecht in der DDR, BWNotZ 1975, 153; DÖRNER, Zur Behandlung von deutschen Erbfällen mit interlokalem Bezug, DNotZ 1977, 324; DREWS/HALGASCH, Erbrecht (3. Aufl 1979); EBENROTH, § 1 VIII sowie die das Recht der DDR betr Abschn in §§ 2-18; FELDMANN, Der Anwendungsbereich des Art 235 § 1 Abs. 2 EGBGB (1995);

FERID/FIRSCHING/LICHTENBERGER, Internationales Erbrecht (3. Aufl 1993) Bd II: Deutschland, DDR; FREYTAG, Das neue Erbrecht der DDR aus der Sicht des BGB (Diss Freiburg 1981); HALGASCH, Zur Bedeutung und zum Gegenstand des Erbrechts, NJ 1977, 360; HERRMANN, Erbrecht und Nachlaßverfahren in der DDR (1989); HORN, Das Zivil- und Wirtschaftsrecht im neuen Bundesgebiet (2. Aufl 1993) 197; KNODEL/KRONE, Grundsatzbestimmungen und Verfahrensregelungen für das Staatliche Notariat, NJ 1976, 165; LÜDTKE-HANDJERY, Das neue Erbrecht der DDR, Be-

dazu STAUDINGER/DÖRNER[12] Art 236 §§ 1-3 EGBGB Rn 75 ff). Nach der Rechtsordnung der Bundesrepublik Deutschland wurde die DDR nie als Ausland angesehen. Die Bürger der DDR waren deutsche Staatsbürger im Sinne des Grundgesetzes (BVerfGE 36, 1, 17, 30; 37, 57, 64), so daß auf sie die Rechtsordnung der Bundesrepublik grds anwendbar war. Demgegenüber wurde die Bundesrepublik Deutschland von den DDR-Staatsorganen und nach der DDR-Rechtsordnung als Ausland behandelt. Daher wurde nach DDR-Recht das dortige IPR angewandt. Da auch nach Wirksamwerden des Beitritts für die Errichtung und Aufhebung von Verfügungen von Todes wegen zwei Rechtsordnungen Anwendung finden (vgl Art 235 § 2 EGBGB und oben Rr. 32), können schwierige kollisionsrechtliche Fragen auftreten (vgl SCHOTTEN/JOHNEN DtZ 1991, 225; STAUDINGER/DÖRNER[12] Art 236 §§ 1-3 EGBGB Rn 70 ff; STAUDINGER/DÖRNER [1995] Art 25 EGBGB Rn 572 ff zur besonderen Problematik bei gleichzeitiger Auslandsberührung).

59 Da nach dem Recht der Bundesrepublik Deutschland eine **direkte Anwendung** der Kollisionsregeln **des IPR ausschied** (BGHZ 85, 16, 22; 91, 186), die gem Art 1 Abs 1 EGBGB einen Auslandsbezug voraussetzen, andererseits faktisch zwei unterschiedliche Rechtsordnungen Anwendung fanden, bedurfte es im innerdeutschen Verhältnis eines eigenständigen Kollisionsrechts (DÖRNER DNotZ 1977, 324), des **interlokalen Privatrechts** (BezG Erfurt, Bes ZS [27. 5. 1993] W 15/93). Danach wurden **in der Bundesrepublik** die Normen des EGBGB entsprechend angewandt, jedoch mit der Maßgabe, daß an Stelle der Staatsangehörigkeit als Anknüpfungspunkt in Art 25 Abs 1 EGBGB der letzte gewöhnliche Aufenthaltsort des Erblassers trat (BGH FamRZ 1977, 786; STAUDINGER/DÖRNER [1995] Art 25 Rn 880; EBENROTH Rn 1232 mwN).

60 Die DDR war dem Haager Testamentsformabkommen am 23. 7. 1974 beigetreten (GBl DDR 1975 II 40 f). Damit wurden **nach der Rechtsordnung der DDR** Testamente als wirksam anerkannt, die ein Bürger der DDR in einem anderen Staat unter Beachtung der Ortsform errichtet hatte. Im übrigen galten in der DDR bis zum 31. 12. 1975 die Art 24 f EGBGB aF. **Ab dem 1. 1. 1976 galt das Rechtsanwendungsgesetz (RAG)** v 5. 12. 1975 (GBl DDR I 748). Nach § 26 RAG richteten sich die Errichtungsformen letztwilliger Verfügungen und die Testierfähigkeit nach dem Recht des Staates, in dem der Erblasser im Errichtungszeitpunkt seinen Wohnsitz hatte (vgl SCHOTTEN/JOHNEN DtZ 1991, 228; ausführlich zur Anwendung des Internationalen Erbrechts der früheren DDR STAUDINGER/DÖRNER [1995] Art 25 EGBGB Rn 579 ff und Rn 881 zum innerdeutschen Kollisionsrecht aus der Sicht der ehemaligen DDR).

61 Für **Erbfälle ab** dem 3. 10. 1990 findet auf innerdeutsche Kollisionsfälle grds **allein** das Kollisionsrecht des **EGBGB** entsprechende Anwendung, unabhängig vom Errichtungszeitpunkt der letztwilligen Verfügung, da nach der Rechtsordnung der Bundesrepublik die DDR nie Ausland war (zur noch teilweise notwendigen Differenzierung vgl STAUDINGER/DÖRNER [1995] Art 25 EGBGB Rn 882 ff, 572 sowie Rn 611 ff zur besonderen Proble-

trieb 1976, 229; MAMPEL, Das Erbrecht im Zivilrecht der DDR, NJW 1976, 593; MEINCKE, Das neue Erbrecht der DDR, JR 1976, 9, 47; Ministerium der Justiz (Hrsg), Aufgaben und Arbeitsweise der Staatlichen Notariate (1978); Ministerium der Justiz (Hrsg), Handbuch für Notare der DDR (1982); Ministerium der Justiz (Hrsg), Kommentar zum Zivilgesetzbuch der DDR (1983); SCHOTTEN/JOHNEN, Erbrecht im deutsch-deutschen Verhältnis, DtZ 1991, 225; TRITTEL, Deutsch-Deutsches Erbrecht nach dem Einigungsvertrag, DNotZ 1991, 237.

b) Privatrecht

Privatrechtlich ist aufgrund der Ausnahmevorschrift des Art 235 § 2 EGBGB auf die **62** Errichtung und Aufhebung aller Verfügungen von Todes wegen, soweit sie vor dem Wirksamwerden des Beitritts aufgrund interlokalen Privatrechts nach DDR-Recht zu beurteilen waren, auch weiterhin hinsichtlich der Form, der Testierfähigkeit des Erblassers und der verfahrensrechtlichen Vorschriften das DDR-Recht anwendbar (dazu STAUDINGER/RAUSCHER[12] Art 235 § 2). Dagegen ist der Inhalt, die Auslegung und die Wirkung einer Verfügung von Todes wegen nach dem BGB zu beurteilen. Den tiefsten Einschnitt in die Formvorschriften des DDR-Privatrechts zur Errichtung und Aufhebung von Testamenten hatte das ZGB (GBl DDR I 1975, 465) herbeigeführt (dazu im einzelnen Rn 65 ff).

c) Zeittafel

Für die nach der Wiedervereinigung Deutschlands unverändert gültigen, nach dem **63** Recht der ehemaligen DDR errichteten Testamente sind folgende Daten zu beachten:

22. 5. 1950	Herabsetzung der Volljährigkeit von Vollendung des 21. auf 18. Lebensjahr in der DDR
14. 6. 1950	Herabsetzung der Volljährigkeit von Vollendung des 21. auf 18. Lebensjahr in Ost-Berlin
1. 7. 1957	Inkrafttreten des KonsularG v 22. 5. 1957 (GBl DDR I 313)
23. 7. 1974	Beitritt zum Haager Testamentsformabkommen
31. 12. 1975	Bis zu diesem Zeitpunkt errichtete Testamente sind nach BGB (mit Änderungen des TestG) zu beurteilen
1. 1. 1976	Inkrafttreten des ZGB und des RAG
2. 10. 1990	Bis zu diesem Zeitpunkt errichtete Testamente sind nach den Formvorschriften des DDR-Rechts zu beurteilen
3. 10. 1990	Beitritt der neuen Bundesländer; BGB gilt einheitlich mit der Ausnahme gem Art 235 § 2 EGBGB

d) Verfahrensrecht

Verfahrensrechtlich ist für das DDR-Recht zu beachten: Maßgebend war zunächst **64** § 2 Ziff 3 VO über die Errichtung und Tätigkeit des Staatlichen Notariats v 15. 10. 1952 (GBl DDR I 1055) iVm § 3 Ziff 3 VO über die Übertragung der Angelegenheiten der Freiwilligen Gerichtsbarkeit v 15. 10. 1952 (GBl DDR I 1057; beide VOen in Kraft ab 15. 10. 1952), das Gesetz über das Verfahren des Staatlichen Notariats – Notariatsverfahrensordnung – v 16. 11. 1956 (GBl DDR I 1288; in Kraft ab 1. 1. 1957), geändert durch Gesetz v 17. 4. 1963 (GBl DDR I 65), sowie die Anordnung über die Arbeitsordnung des Staatlichen Notariats v 16. 11. 1956 (GBl DDR I 1510; in Kraft ab 1. 1. 1957). Danach waren ausschließlich die Staatlichen Notariate für alle im Zusammenhang mit der Errichtung, Verwahrung und Eröffnung eines Testaments oder Erbvertrages vorher den Gerichten übertragenen Angelegenheiten zuständig. Ab 15. 2. 1976 galt das Gesetz über das Staatliche Notariat vom 5. 2. 1976 (GBl DDR I 93), das in §§ 1, 18, 24 ff diesen Rechtszustand aufrechterhalten hatte, sowie die durch

Verfügung des Ministers der Justiz vom 5. 2. 1976 erlassene Ordnung über die Organisation der Arbeit des Staatlichen Notariats – Arbeitsordnung –.

2. Errichtung und Aufhebung von Testamenten nach dem ZGB

65 § 370 ZGB *(Errichtung des Testaments)*

[1] Der Erblasser kann über sein Eigentum durch Testament verfügen. Er muß volljährig und handlungsfähig sein.

[2] Ein Testament kann nur vom Erblasser persönlich errichtet werden.

Vgl §§ 1937, 2064, 2229 BGB.

66 Das ZGB kannte die gewillkürte Erbfolge durch Testament. Der Erbvertrag war als letztwillige Verfügung abgeschafft, gemeinschaftliche Testamente möglich (vgl §§ 388–393 ZGB). Vor dem 1. 1. 1976 errichtete Erbverträge blieben wirksam (§§ 2 Abs 2 Nr 2; 8 Abs 2 S 1 EGZGB). Die Testamentserrichtung nach ZGB setzte Volljährigkeit und Handlungsfähigkeit voraus (vgl §§ 49, 52 ZGB). Die Volljährigkeit trat mit Vollendung des 18. Lebensjahres ein (G über die Herabsetzung des Volljährigkeitsalters v 17. 5. 1950 [GBl DDR 437, in Kraft ab 22. 5. 1950]; Ost-Berlin VO v 8. 6. 1950 [VOBl 149, in Kraft ab 14. 6. 1950]; ab 1. 1. 1976 s § 49 ZGB). Eine besondere Testierfähigkeit war im ZGB nicht vorgesehen. War der Erblasser im Zeitpunkt der Testamentserrichtung handlungsunfähig, so war das Testament nichtig (§ 52 Abs 3 S 2 ZGB). Ebenso nichtig waren Testamente Entmündigter (§ 52 Abs 2, 3 S 1 ZGB). Abs 2 stellte (vgl § 2064 BGB) klar, daß Testamente nur persönlich und nicht durch Vertreter errichtet werden konnten.

67 § 373 ZGB *(Nichtigkeit testamentarischer Verfügungen)*

[2] Ein Testament ist nichtig, wenn es gegen die Formvorschriften der §§ 383 bis 386 verstößt.

Vgl 125 BGB.

68 Die Formvorschriften der §§ 383–386 ZGB waren zwingendes Recht. So führte die fehlende Verwahrung zur Nichtigkeit des notariellen Testaments (OLG Jena FamRZ 1994, 786, 788; anders beim Nottestament, vgl Rn 87). Gem § 372 ZGB waren Testamente aber so auszulegen, daß dem wirklichen oder mutmaßlichen Willen des Erblassers Geltung verschafft wurde (dazu OLG Jena FamRZ 1994, 786, 787).

69 § 383 ZGB *(Arten des Testaments)*

[1] Ein Testament kann durch notarielle Beurkundung oder durch eigenhändige schriftliche Erklärung errichtet werden.

[2] Ist in besonderen Notfällen die Errichtung eines notariellen oder eigenhändigen

Testaments nicht möglich, kann das Testament durch mündliche Erklärung gegenüber 2 Zeugen errichtet werden (Nottestament).

Vgl §§ 2231, 2250 BGB.

70 Das ZGB kannte drei Arten von Testamenten: das notarielle Testament (§ 384 ZGB), das eigenhändige Testament (§ 385 ZGB) und als Nottestament das Zweizeugentestament (§ 383 Abs 2, § 386). Für Ehegatten war in den §§ 388–393 noch das gemeinschaftliche Testament geregelt.

71 Das in Abs 2 geregelte Nottestament setzte das Vorliegen einer lebensbedrohlichen Situation oder die Überzeugung des Erblassers von einer solchen und die Nichterreichbarkeit des Notars voraus (vgl HERRMANN 34; vgl auch § 386 ZGB). Im Unterschied zum BGB bestand die Subsidiarität auch gegenüber dem eigenhändigen Testament.

§ 384 ZGB (Notarielles Testament)

72

Das notarielle Testament wird dadurch errichtet, daß der Erblasser dem Notar seinen letzten Willen mündlich oder schriftlich erklärt. Hierüber ist eine Niederschrift anzufertigen. Das Testament muß vom Staatlichen Notariat in Verwahrung genommen werden.

Vgl §§ 2231, 2232 BGB, §§ 27 ff BeurkG, §§ 2258 a, 2258 b BGB.

73 Das ZGB unterschied zwei Errichtungsformen des notariellen Testaments. Die mündliche Erklärung setzte die Abgabe einer Willenserklärung voraus. Die Willenserklärung mußte durch sprachliche Laute abgegeben werden und konnte nicht durch Körperzeichen ersetzt werden. Der beurkundende Notar mußte die Willenserklärung des Erblassers verstehen.

74 Die **schriftliche Erklärung** konnte **vom Erblasser oder einem Dritten** angefertigt sein. Eine **besondere Form** war für die schriftliche Erklärung **nicht** vorgeschrieben. Die schriftliche Erklärung konnte daher auch mit der Schreibmaschine gefaßt sein. Weder Orts-, noch Datumsangabe waren erforderlich. Auch brauchte die schriftliche Erklärung vom Erblasser **nicht unterschrieben** zu sein. Die Übergabe konnte **offen** und **verschlossen** erfolgen. Für beide Errichtungsformen war die Niederschrift durch den Notar vorgeschrieben. Inhalt der Niederschrift war entweder der vom Erblasser erklärte letzte Wille oder die Protokollierung des Vorgangs über die Überreichung der Schrift verbunden mit der Erklärung des Erblassers, daß diese Schrift seinen letzten Willen enthalte.

75 Die **Verwahrung** des notariellen Testaments gehörte (im Unterschied zum BGB) zu den **zwingenden Formvorschriften** (§ 373 Abs 2), deren Verletzung zur Nichtigkeit führte (OLG Jena FamRZ 1994, 786, 788). Die Verwahrung wurde vom Staatlichen Notariat vorgenommen, das in die Behördenorganisation der DDR eingegliedert war. Die verwahrten Testamente wurden nach dem 3. 10. 1990 in allen neuen Bundesländern an die örtlich zuständigen Kreisgerichte herausgegeben, welche die Verwahrungsaufgaben bis zur Bildung von Amtsgerichten wahrnahmen (vgl § 2258 a Rn 13).

76 *§ 385 ZGB (Eigenhändiges Testament)*

Das eigenhändige Testament muß vom Erblasser handschriftlich geschrieben und unterschrieben sein; es soll Ort und Datum der Errichtung enthalten. Es kann dem Staatlichen Notariat in Verwahrung gegeben werden.

Vgl §§ 2247, 2248 BGB.

77 Die Schriftzeichen mußten von der Hand **des Erblassers** selbst erstellt sein. Ein anderweitig, zB mit der Schreibmaschine, hergestelltes Testament war nichtig. Die **Unterschrift** war zwingende Voraussetzung, um die Urheberschaft des Erblassers eindeutig erkennen zu lassen (Kommentar zum ZGB, hrsg v Min d Justiz § 385 Ziff 1). Grundsätzlich mußte die Unterschrift **unter dem Testamentstext** stehen (Herrmann 33). Gleichwohl konnte im Einzelfall ein Testament auch dann als wirksam anerkannt werden, wenn der Erblasser seine Unterschrift an der Seite des Textes oder an den Kopf des Bogens gesetzt hatte (Herrmann 33). Als Unterschrift wurde **keine Namensunterschrift** gefordert (ausreichend zB „Eure Tante Elli", vgl Herrmann 33).

78 **Zusätze** mußten ebenfalls eigenhändig abgefaßt sein und jeweils erneut unterschrieben werden (Herrmann 33). Dagegen war das Testament nicht von vornherein unwirksam, wenn Zusätze im Text angebracht waren, obwohl sie im Anschluß an die Unterschrift vorgenommen werden sollten. **Streichungen** im Text sollten die Urheberschaft erkennen lassen.

79 **Brieftestamente** wurden als gültig anerkannt, sofern der entsprechende Briefinhalt eine eindeutige Verfügung von Todes wegen des Erblassers erkennen ließ. Außerdem mußte der Brief den Formerfordernissen genügen.

80 **Orts-** und **Datumsangabe** waren nicht zwingend vorgeschrieben. Diese Angaben konnten nur für die Frage von Bedeutung sein, ob ein wirksames Testament vorliegt.

81 Das eigenhändige Testament konnte der Erblasser selbst verwahren, es anderen Personen zur Aufbewahrung überlassen oder es beim staatlichen Notariat in amtliche Verwahrung geben. Nach dem Beitritt der neuen Bundesländer wurden diese Aufgaben von den Kreisgerichten und inzwischen von den Amtsgerichten übernommen (vgl § 2258 a Rn 13).

82 *§ 386 ZGB (Nottestament)*

[1] Nach Errichtung eines Nottestaments (§ 383 Abs 2) ist der Inhalt der Erklärung des letzten Willens des Erblassers unverzüglich niederzuschreiben. Die Niederschrift muß Ort und Datum der Errichtung und die Unterschriften der beiden Zeugen enthalten. In der Niederschrift sollen die näheren Umstände der Errichtung des Nottestaments dargelegt werden. Sie soll dem Erblasser vorgelesen und von ihm genehmigt werden.

[2] Das Nottestament soll unverzüglich dem Staatlichen Notariat in Verwahrung gegeben werden.

[3] Eine Verfügung im Nottestament ist nichtig, soweit ein Zeuge, dessen Ehegatte oder ein in gerader Linie Verwandter eines Zeugen bedacht worden ist.

[4] Das Nottestament wird gegenstandslos, wenn seit seiner Errichtung 3 Monate vergangen sind und der Erblasser noch lebt. Die Frist ist gehemmt, solange der Erblasser keine Möglichkeit hat, ein notarielles oder eigenhändiges Testament zu errichten.

Vgl §§ 2250, 2252 BGB.

Voraussetzung für die Errichtung eines Nottestamentes war das Vorliegen eines Notfalls (§ 383 Abs 2). Für den Erblasser mußte eine **lebensbedrohliche Situation** gegeben sein oder der **Erblasser** mußte **vom Vorliegen einer solchen Situation überzeugt** sein und ein **Notar** durfte **nicht** mehr **erreichbar** sein (HERRMANN 34). **83**

Das Nottestament wurde durch **mündliche Erklärung** des Erblassers gegenüber **zwei Zeugen** errichtet. Beide Zeugen mußten **gleichzeitig** während der **gesamten Dauer** der mündlichen Erklärung **anwesend** sein. Die Zeugen mußten **handlungsfähig** und **volljährig** sein (HERRMANN 34) und es durfte **keiner der Ausschlußgründe** nach Abs 3 vorliegen. **84**

Die **Niederschrift** war unverzüglich nach Abgabe der Willenserklärung zu errichten (BG Magdeburg NJ 1980/11, 525). Die Niederschrift mußte nicht durch die Zeugen persönlich (Kommentar zum ZGB, hrsg v Min d Justiz § 386 Ziff 1), sondern konnte auch durch Dritte errichtet werden. Eine Errichtung durch den Erblasser war ausgeschlossen, da die Subsidiarität im Gegensatz zum BGB auch gegenüber dem eigenhändigen Testament bestand (vgl § 383 Abs 2 ZGB). Zwingend erforderlich war die **Unterschrift der beiden Zeugen**. Dagegen war die Unterschrift des Erblassers nicht erforderlich. Auch das Vorlesen und Genehmigen durch den Erblasser war keine zwingende Wirksamkeitsvoraussetzung (Kommentar zum ZGB, hrsg v Min d Justiz § 386 Ziff 1). **Zwingendes Erfordernis** war dagegen die **Orts- und Datumsangabe**. **85**

Darüber hinaus sollte die Niederschrift die Umstände des Notfalls schildern. Eine wörtliche Wiedergabe der Willenserklärung des Erblassers war nicht vorgeschrieben, jedoch mußten die letztwilligen Erklärungen und die Niederschrift inhaltlich übereinstimmen (Kommentar zum ZGB, hrsg v Min d Justiz § 386 Ziff 1). **86**

Die **Verwahrung** des Nottestamentes durch das Staatliche Notariat hatte lediglich den Sinn, im Todesfall eine zügige Abwicklung der Erbschaftsangelegenheit zu ermöglichen. Ein Verstoß gegen die Verwahrungsvorschrift hatte auf die Gültigkeit des Nottestamentes keinen Einfluß (Kommentar zum ZGB, hrsg v Min d Justiz § 386 Ziff 2; anders beim notariellen Testament, vgl OLG Jena FamRZ 1994, 786, 788). Das Nottestament konnte bei jedem Staatlichen Notariat verwahrt werden, wurde aber regelmäßig bei dem für den Errichtungsort zuständigen Staatlichen Notariat in Verwahrung gegeben. **87**

Das Nottestament hatte nach Abs 4 S 1 nur eine **beschränkte Gültigkeit** von **drei Monaten** ab dem Errichtungstage, wobei eine etwaige **Hemmung** zu beachten ist. Im Unterschied zum BGB galt die Fristhemmung nicht mehr, sobald der Erblasser ein eigenhändiges Testament errichten konnte. **88**

89 § 387 ZGB *(Widerruf des Testaments)*

[1] Der Erblasser kann das Testament oder einzelne testamentarische Verfügungen jederzeit widerrufen.

[2] Der Widerruf erfolgt durch
1. Errichtung eines Testaments, das ein früheres aufhebt oder früheren Verfügungen widerspricht;
2. Rücknahme des notariellen Testaments oder des Nottestaments aus der Verwahrung.

[3] Vernichtet oder verändert der Erblasser ein eigenhändiges Testament, wird vermutet, daß das in Widerrufsabsicht erfolgt.

Vgl §§ 2253, 2254, 2255, 2256, 2258 BGB.

90 Jeder Erblasser konnte, solange er handlungsfähig war, sein Testament **jederzeit widerrufen**. Der Widerruf konnte sich auf den **gesamten** Testamentsinhalt beziehen oder nur auf **einzelne Verfügungen** beschränken.

91 Der Widerruf konnte – je nach Art des Testamentes, auf verschiedene Weise erfolgen. Beim **eigenhändigen Testament** konnte ein Widerruf durch *Vernichtung, Veränderung* oder *Neuerrichtung eines Testamentes*, das dem früheren widersprach, erfolgen.

92 Beim **notariellen Testament** oder einem noch wirksamen **Nottestament** konnte der *Widerruf durch Rücknahme aus der amtlichen Verwahrung* oder durch *Neuerrichtung eines Testaments* erfolgen, das inhaltlich den früheren Verfügungen widersprach. Dagegen hatte die Rücknahme des eigenhändigen Testaments aus der Verwahrung auf dessen Wirksamkeit keinen Einfluß. Der Erblasser konnte das eigenhändige Testament weiterhin selbst oder bei einer Vertrauensperson verwahren, so daß es auch nach der Rücknahme aus der amtlichen Verwahrung gültig blieb.

93 Die Vermutung des Widerrufs nach Abs 3 bei Vernichtung oder Veränderung galt nur für das eigenhändige Testament. Die Vernichtung oder Veränderung mußte **vom Erblasser selbst** vorgenommen werden und **in Widerrufsabsicht** erfolgen. Ein **unfreiwilliger Verlust** oder eine unfreiwillige Vernichtung bewirkten keinen Widerruf des Testaments. Sein Inhalt mußte dann aber anderweitig bewiesen werden können (Kommentar zum ZGB, hrsg v Min d Justiz § 387 Ziff 3). Veränderungen am eigenhändigen Testament konnten sich sowohl auf den gesamten Testamentsinhalt (zB Durchstreichen, Ungültigkeitsvermerke) oder auf die Streichungen einzelner Passagen beziehen.

94 § 394 ZGB *(Ablieferungspflicht)*

Ein Bürger, der ein Testament aufbewahrt oder auffindet, ist verpflichtet, es unverzüglich nach Kenntnis vom Erbfall beim Staatlichen Notariat abzuliefern.

Vgl § 2259 BGB.

Jeder Bürger der DDR war verpflichtet, in seinem Besitz befindliche Testamente **95**
Verstorbener beim Staatlichen Notariat abzuliefern. Diese Rechtspflicht entstand
mit der **Kenntnis vom Tode** des Erblassers. Eine entgegenstehende Anweisung des
Erblassers war unbeachtlich (Kommentar zum ZGB, hrsg v Min d Justiz § 394 Ziff 2). Örtlich
zuständig für die Ablieferung war das staatliche Notariat des letzten Wohnsitzes des
Erblassers (§ 10 Abs 1 Ziff 1 NotariatsG). Zulässig war jedoch auch, das Testament
beim nächstgelegenen Notariat abzuliefern. Die Ablieferung konnte vom Staatlichen Notariat verlangt (§ 25 NotariatsG) und notfalls durch Festsetzung eines
Zwangsgeldes erzwungen werden (§ 43 NotariatsG). Darüber hinaus war die Nichtablieferung strafrechtlich (§§ 240, 241 StGB der DDR) und durch Schadensersatzansprüche (§§ 330 ff ZGB) sanktioniert.

Die Ablieferungspflicht bezog sich auf jedes Schriftstück, das einen letzten Willen **96**
enthielt, gleichgültig, ob es als wirksam oder unwirksam anzusehen war (Kommentar
zum ZGB, hrsg v Min d Justiz § 394 Ziff 1).

§ 395 ZGB (Testamentseröffnung) **97**

Ein beim Staatlichen Notariat verwahrtes oder abgeliefertes Testament wird nach Kenntnis vom Erbfall unverzüglich durch das Staatliche Notariat eröffnet.

Vgl § 2260 BGB.

Die Eröffnung galt für alle drei Testamentsarten. Sie wurde vom für den letzten **98**
Wohnsitz des Erblassers zuständigen Staatlichen Notariat vorgenommen (§ 10 Abs 1
Ziff 1 NotariatsG). Über die Eröffnung war ein Protokoll anzufertigen.

Nach § 26 Abs 1 NotariatsG hatte das Staatliche Notariat unverzüglich nach Kennt- **99**
nis vom Erbfall einen Termin zur Eröffnung des Testaments zu bestimmen. Dabei
sollten die als gesetzliche Erben in Betracht kommenden Verwandten, der Ehegatte
sowie die sonstigen Beteiligten von dem Termin in Kenntnis gesetzt werden. In dem
Eröffnungstermin war das Testament nach § 26 Abs 2 NotariatsG zu verlesen. Bei
der Eröffnung nicht anwesende Beteiligte sollten schriftlich über den Inhalt des
Testaments benachrichtigt werden (§ 26 Abs 2 NotariatsG). Für die Testamentseröffnung durch das Staatliche Notariat war von einem Nachlaßgericht der Bundesrepublik keine Gebühr zu erheben (OLG Celle Rpfleger 1966, 185).

XII. Kollisionsrecht (IPR)

1. Grundsätzliches

Die im Falle der Auslandsberührung für die Errichtung und Aufhebung eines Testa- **100**
ments maßgeblichen Kollisionsnormen des deutschen Internationalen Erbrechts
ergeben sich aus dem EGBGB sowie dem Haager Testamentsformabkommen.
Dabei sind folgende Daten zu beachten:

Ist der **Erbfall bis einschließlich 31. 12. 1965** eingetreten, so finden ausschließlich die
Art 11, 24, 25 EGBGB aF Anwendung (dazu STAUDINGER/FIRSCHING[12] Art 24, 25
EGBGB aF).

Für **Erbfälle seit dem 1.1.1966** findet das Haager Testamentsformabkommen (vom 5.10.1961 [BGBl 1965 II 1144]) Anwendung.

Für **Erbfälle seit dem 1.9.1986** findet Art 26 EGBGB Anwendung, wenn und soweit das Haager Testamentsformabkommen nicht gilt.

101 Auf die **Testierfähigkeit** ist das Haager Testamentsformabkommen **nicht** anzuwenden (dazu § 2229 Rn 69).

2. Erbfälle bis 31.12.1965

102 Nach dem allgemein anwendbaren Art 11 Abs 1 S 1 EGBGB bestimmen sich die Formvorschriften eines Rechtsgeschäfts, also auch der Errichtung und Aufhebung eines Testaments, nach den Gesetzen, die für das den Gegenstand des Rechtsgeschäfts bildende Rechtsverhältnis maßgebend waren *(Erbstatut)* (Einzelheiten bei STAUDINGER/FIRSCHING[12] Vorbem 85 zu §§ 2229 ff). Daher war für einen Deutschen, auch wenn er seinen Wohnsitz im Ausland hatte, gem Art 24 Abs 1 EGBGB aF auch bzgl der Formvorschriften für die Errichtung und Aufhebung von Testamenten immer das deutsche Recht maßgebend, für einen Ausländer, der im Todeszeitpunkt in der Bundesrepublik Deutschland wohnte, gem Art 25 S 1 EGBGB aF grds das Recht des Staates, dessen Staatsangehörigkeit er im Todeszeitpunkt hatte (Einzelheiten bei STAUDINGER/FIRSCHING[12] Art 24, 25 EGBGB aF).

3. Erbfälle seit 1.1.1966

103 Mit Wirkung zum 1.1.1966 (BGBl 1966 II 11) ist die Bundesrepublik Deutschland dem Haager Testamentsformabkommen v 5.10.1961 beigetreten. Dieses Übereinkommen ist nach Art 8 **bezüglich der Testamentsformen** in allen Fällen anwendbar, in denen der **Erblasser nach Inkrafttreten des Abkommens gestorben** ist. Da das Abkommen in der Bundesrepublik Deutschland am 1.1.1966 in Kraft getreten ist, findet es **auf alle Erbfälle ab diesem Zeitpunkt Anwendung** (ausführlich mit Text und Erläuterungen des Abkommens STAUDINGER/DÖRNER [1995] Vorbem 37 ff zu Art 25 f EGBGB).

104 In Art 6 des Haager Testamentsformabkommens ist bestimmt, daß die Regelungen **unabhängig** davon Anwendung finden, **ob die Beteiligten Staatsangehörige eines Vertragsstaates** sind oder das **anzuwendende Recht das eines Vertragsstaates** ist (STAUDINGER/DÖRNER [1995] Vorbem 100 ff zu Art 25 f EGBGB). Ziel dieses Abkommens ist es, die Formunwirksamkeit der Errichtung und Aufhebung von Testamenten zu vermeiden (STAUDINGER/DÖRNER [1995] Vorbem 38 ff zu Art 25 f EGBGB; SCHOTTEN Rn 260; FERID, Die 9. Haager Konferenz, RabelsZ 1962, 411; SCHEUCHER, Das Haager Testamentsabkommen, ZfRV 1964, 216; 1965, 85; vSCHACK, Das Haager Übereinkommen über das auf die Form letztwilliger Verfügungen anzuwendende Recht, DNotZ 1966, 131). Nach Art 1 Abs 1 des Abkommens stehen für die Errichtung von Testamenten eine Reihe von alternativen Anknüpfungspunkten gleichberechtigt nebeneinander, die zur Wirksamkeit führen, wenn die **Formerfordernisse auch nur nach einem der Anknüpfungspunkte erfüllt** sind (STAUDINGER/DÖRNER [1995] Vorbem 46 ff zu Art 25 f EGBGB). Für die **Form des Widerrufs** verweist Art 2 Abs 2 auf Art 1 des Abkommens (dazu STAUDINGER/DÖRNER [1995] Vorbem 71 ff zu Art 25 f EGBGB).

7. Titel.
Errichtung und Aufhebung eines Testaments

4. Erbfälle seit 1. 9. 1986

Durch Gesetz zur Neuregelung des Internationalen Privatrechts v 25. 7. 1986 (BGBl I 1142) wurden Art 25, 26 EGBGB als einschlägige Vorschriften des Internationalen Erbrechts neu gefaßt bzw eingefügt, ohne daß die Bestimmungen des Haager Testamentsformabkommens verdrängt werden (STAUDINGER/DÖRNER [1995] Art 25 EGBGB Rn 3). Art 26 Abs 1 bis 4 EGBGB regelt die Formvorschriften für Verfügungen von Todes wegen, findet aber nur Anwendung, wenn und soweit das Haager Testamentsformabkommen nicht gilt (Einzelheiten s STAUDINGER/DÖRNER [1995] Art 26 EGBGB; SCHOTTEN Rn 338 mwN).

§ 2229

[1] Ein Minderjähriger kann ein Testament erst errichten, wenn er das sechzehnte Lebensjahr vollendet hat.

[2] Der Minderjährige bedarf zur Errichtung eines Testaments nicht der Zustimmung seines gesetzlichen Vertreters.

[3] (aufgehoben mit Wirkung vom 1. Januar 1992)

[4] Wer wegen krankhafter Störung der Geistestätigkeit, wegen Geistesschwäche oder wegen Bewußtseinsstörung nicht in der Lage ist, die Bedeutung einer von ihm abgegebenen Willenserklärung einzusehen und nach dieser Einsicht zu handeln, kann ein Testament nicht errichten.

Materialien: E I § 1912; II § 2097; III § 2203; Mot V 247; Prot V 320; 1. Denkschr d ErbRA (1937), 17 f; Amtl Begr z TestG DJ 1938, 1254.

Systematische Übersicht

I.	Textgeschichte		d)	Ausschluß der freien Willensbestimmung	26
1.	Ursprüngliche Fassung	1	3.	Testament eines Betreuten	31
2.	Übernahme in das TestG	2	4.	Wahrnehmung des Notars	33
3.	Wiedereinfügung in das BGB	6	5.	Maßgebender Zeitpunkt für Testierfähigkeit	34
4.	Betreuungsgesetz	7			
II.	Der heutige Rechtszustand		III.	Testierfreiheit	38
1.	Testierfähigkeit	9			
2.	Testierunfähigkeit	15	IV.	Gebrechlichkeitspflegschaft	39
a)	Minderjährige	15			
b)	Störung der Geistestätigkeit, Geistesschwäche, Bewußtseinsstörung	16	V.	Testamente Entmündigter und unter vorläufige Vormundschaft Gestellter	40
c)	Lichte Augenblicke	25			

VI. Beweisfragen	b) Erbscheinsverfahren 55
1. Allgemeines 46	
2. Sachverständigengutachten 48	**VII. Recht der DDR** 67
3. Beweislast, Feststellungslast 51	
a) Zivilprozeß 51	**VIII. Internationales Privatrecht** 68

Alphabetische Übersicht

Abänderung	36	Geistige Stumpfheit	30
Abnormes Persönlichkeitsbild	23	Geschäftsfähigkeit	9, 11, 20, 41
Ärztliches Zeugnis	61	GesEinhG	6
Alkoholmißbrauch	27, 61	Gutachten	48 ff
Alzheimer-Syndrom	22, 27		
Amtsermittlungspflicht	55 ff	Haager Testamentsformabkommen	69
Arteriosklerose	22, 48, 61	Hirnorganisches Syndrom	22
Aufhebung	36	Hypnose	24, 28
Ausländer	68 f		
Ausschluß der Willensbestimmung	26 ff	Internationales Privatrecht	68 f
Beeinflussung	28	Kollisionsrecht	68 f
Beschränkte Geschäftsfähigkeit	11	Krankheit	16, 52
Betreuungsgesetz	7 f, 16, 31 f, 39	Krankheitsgeschichte	19
Beweisfragen	46 ff		
Beweislast	51 ff	Leseunfähigkeit	13
Bewußtseinsstörung	16, 24	Lichte Augenblicke	25
		Luzides Intervall	25
DDR-Recht	67		
Demenz	22	manisch-depressives Irresein	22
Dreizeugentestament	15	materielle Beweislast	55 f
Drogen	24	Medikamente	16
		medizinischer Befund	48, 59
Eigenhändiges Testament	15, 34 ff	Minderjährigkeit	13, 15, 45, 68
Einschub	35		
Entmündigter	31, 40 ff	Neurologe	48
Entzugserscheinungen	23	Notar	33
Erbscheinsverfahren	55 ff		
Erbstatut	68	Obergutachten	49
Erbvertrag	9	Öffentliches Testament	15
Feststellungsklage	66	Parkinson-Syndrom	22
Feststellungslast	56	Partielle Testierfähigkeit	9
formelle Beweislast	55	Personalstatut	68
Freibeweis	60	Pflegschaft	39
		Pflichtteilsrecht	38
Gebrechliche	14	Psychiater	48
Gebrechlichkeitspflegschaft	31, 39, 61	Psychopathie	22 f, 27
Gehirnerweichung	27		
Geisteskrankheit	16 ff, 27	Querulatorische Veranlagung	23
Geistesschwäche	16 ff, 41		

Rausch	24	– zeitweise	61
Rauschgiftsucht	23 f, 27, 41	Testierunmündigkeit	15
Rauschmittel	16	Textgeschichte	1 ff
		Trunksucht	23, 41
Sachverständigengutachten	48 ff		
Sachverständiger	48 ff	Übernahme in das Testamentsgesetz	2 ff
Schizophrenie	22	Unterschrift	34 ff
Schwachsinn	22, 27	Ursprüngliche Gesetzesfassung	1
Störung der Geistestätigkeit	16 f		
Streichungen	36	Verfassungswidrigkeit	43
Strengbeweis	60	Vermutung	47
Stumme	14	Verschwendung	41, 43
Suggestion	24, 28	Vertrauensperson	14
		Vertretung	13
Taube	14	vis absoluta	30
Testamentsänderungen	35 ff	Volljährigkeit	11
Testamentsgesetz	2 ff	Vormundschaft	40 ff
Testierfähigkeit	9 ff	Vormundschaftsgericht	32
– abgestufte	12		
– beschränkte	11	Widerruf	41
– gegenständlich beschränkte	12	widersprechende Gutachten	49
– maßgebender Zeitpunkt	16, 34	Willensbestimmung	26 ff
– partielle	9, 11	Willensschwäche	30
– Wahrnehmung des Notars	33		
Testierfreiheit	38	Zeichensprache	14
Testierunfähigkeit	15 ff	Zeitpunkt der Testamentserrichtung	16, 34, 39
– Geistesgestörte	16 ff	Zeugenbeweis	48
– Minderjährige	15	Zeugnisverweigerungsrecht	65
– tatsächliche	14	Zivilprozeß	51 ff

I. Textgeschichte

1. Ursprüngliche Fassung

[1] Wer in der Geschäftsfähigkeit beschränkt ist, bedarf zur Errichtung eines Testaments nicht der Zustimmung seines gesetzlichen Vertreters.

[2] Ein Minderjähriger kann ein Testament errichten, wenn er das 16. Lebensjahr vollendet hat.

[3] Wer wegen Geistesschwäche, Verschwendung oder Trunksucht entmündigt ist, kann ein Testament nicht errichten. Die Unfähigkeit tritt schon mit der Stellung des Antrags ein, auf Grund dessen die Entmündigung erfolgt.

(Abs 3 war entgegen Mot V 249 ff und Prot V 324 ff vom Bundesrat eingefügt worden; über die Gründe vgl D 292 ff; s auch Prot V 323, 324).

2. Übernahme in das TestG

2 Das TestG übernahm in §§ 1 u 2 diese Regelung, ergänzte sie durch Abs 2 in § 2, hob durch § 50 Abs 3 Nr 1 den § 2064 BGB (persönliche Errichtung) auf und fügte diese Bestimmung wörtlich als Abs 1 des § 1 TestG ein.

3 *§ 1 TestG*

[1] Der Erblasser kann ein Testament nur persönlich errichten.

[2] Ein Minderjähriger kann ein Testament erst errichten, wenn er das 16. Lebensjahr vollendet hat.

[3] Der Minderjährige oder ein unter vorläufige Vormundschaft gestellter Volljähriger bedarf zur Errichtung eines Testaments nicht der Zustimmung seines gesetzlichen Vertreters.

4 *§ 2 TestG*

[1] Wer entmündigt ist, kann ein Testament nicht errichten. Die Unfähigkeit tritt schon mit der Stellung des Antrags ein, auf Grund dessen die Entmündigung ausgesprochen wird.

[2] Wer wegen krankhafter Störung der Geistestätigkeit, wegen Geistesschwäche oder wegen Bewußtseinsstörung (zB wegen Trunkenheit) nicht in der Lage ist, die Bedeutung einer von ihm abgegebenen Willenserklärung einzusehen und nach dieser Einsicht zu handeln, kann ein Testament nicht errichten.

5 Im Gegensatz zur ursprünglichen Fassung, die nur eine Entmündigung wegen Geistesschwäche, Verschwendung oder Trunksucht aufführte, war ab Inkrafttreten des TestG allgemein derjenige, dessen Entmündigung beantragt war (§§ 647, 680 ZPO) und später herbeigeführt wurde, ab Stellung des Antrags testierunfähig.

3. Wiedereinfügung in das BGB

6 Das GesEinhG v 5. 3. 1953 übernahm sachlich den Inhalt der §§ 1, 2 TestG und arbeitete ihn in die §§ 2064, 2229 ein. Die Worte in § 2 Abs 2 TestG: „*zB wegen Trunkenheit*" entfielen.

4. Betreuungsgesetz

7 Mit Wirkung zum 1.1.1992 wurde durch das Gesetz zur Reform des Rechts der Vormundschaft und Pflegschaft für Volljährige (Betreuungsgesetz – BtG) vom 12. 9. 1990 (BGBl I 2002) Abs 2 teilweise gestrichen und Abs 3 ersatzlos aufgehoben. Die Regelungen über die Testierunfähigkeit Entmündigter bzw über die Testierfähigkeit Volljähriger, die unter vorläufige Vormundschaft gestellt worden waren, wurden mit **Abschaffung der Entmündigung und der vorläufigen Vormundschaft** gegenstandslos.

Abs 2 und Abs 3 hatten mit **Wirkung bis zum 31. Dezember 1991** folgenden Wortlaut:

[2] Der Minderjährige oder ein unter vorläufige Vormundschaft gestellter Volljähriger bedarf zur Errichtung eines Testaments nicht der Zustimmung seines gesetzlichen Vertreters.

[3] Wer entmündigt ist, kann ein Testament nicht errichten. Die Unfähigkeit tritt schon mit der Stellung des Antrags ein, auf Grund dessen die Entmündigung ausgesprochen wird.

Für alle bis zum 31. 12. 1991 errichteten Testamente behalten diese Regelungen weiterhin Gültigkeit (dazu Rn 40 ff).

II. Der heutige Rechtszustand

1. Testierfähigkeit

Die Testierfähigkeit ist als **spezielle Ausprägung der Geschäftsfähigkeit** auf dem Gebiet des Erbrechts geregelt. § 2229 faßt die allgemeinen Grundsätze der §§ 104 Nr 2, 3; 105 Abs 1, 2 zusammen und trifft (anders als beim Erbvertrag § 2275) eine unabhängige Regelung (dazu BGH LM Nr 9 zu § 138; BayObLGZ 1956, 377; BayObLG [28. 12.1979] BReg 1 Z 75/79). Man versteht unter Testierfähigkeit die **Fähigkeit**, ein **Testament** zu **errichten**, **abzuändern** oder **aufzuheben**. Diese Fähigkeit kann auch bei Personen bestehen, denen die Geschäftsfähigkeit für einen gegenständlich beschränkten Kreis von Angelegenheiten fehlt (vgl dazu BayObLG NJW 1992, 248), sie kann aber nicht als *partielle* Testierfähigkeit für Testamente bestimmten Inhalts bestehen. Die Testierfähigkeit ist wie die Geschäftsfähigkeit nicht am konkreten Rechtsgeschäft festzustellen; es handelt sich um eine Qualifikation der Person des Erblassers, die an Hand seiner geistig-seelischen Fähigkeiten zu prüfen ist (dazu NIEDER, Testamentsgestaltung Rn 413).

Zur Testierfähigkeit reicht nicht eine nur allgemeine Vorstellung von der Tatsache der Errichtung eines Testaments und von dem Inhalt (OLG Hamm FamRZ 1989, 439). Der Erblasser muß eine **konkrete Vorstellung seines letzten Willens** haben und in der Lage sein, sich über die **Tragweite seiner Anordnung und ihre Auswirkungen auf die persönlichen und wirtschaftlichen Verhältnisse der Betroffenen ein klares Urteil** zu bilden (vgl BGH FamRZ 1958, 127; OLG Hamm FamRZ 1989, 439). Daß der Erblasser darüber hinaus auch in der Lage sein muß, über die Gründe, die für die sittliche Berechtigung seiner Verfügungen sprechen, ein klares Urteil zu bilden (so BGH FamRZ 1958, 127; OLG Hamm FamRZ 1989, 439; BayObLG NJW 1992, 249; OLG Köln NJW-RR 1994, 396), bedarf insoweit einer Präzisierung, als sittliche Fehlvorstellungen des Erblassers solange nicht zur Unwirksamkeit des Testaments führen, wie die Verfügungen selbst nicht gegen die guten Sitten verstoßen (vgl § 138). Auch führen Fehlvorstellungen des Erblassers über die sittliche Berechtigung einzelner Verfügungen nicht zur Testierunfähigkeit. Nur wenn der Erblasser nicht fähig ist, in sittlichen Kategorien zu denken, wird von Testierunfähigkeit auszugehen sein. Schließlich setzt die Testierfähigkeit voraus, daß der Erblasser imstande ist, den Inhalt des Testaments von sich aus zu bestimmen und auszudrücken (BayObLG FamRZ 1986, 730). Der Erblasser muß nach eigenem Urteil frei von Einflüssen interessierter Dritter handeln können (BGH FamRZ 1958, 127, 128; BayObLG FamRZ 1985, 314, 315; OLG Hamm OLGZ 1989, 273).

11 Die Testierfähigkeit deckt sich insofern mit der Geschäftsfähigkeit, als **jeder Geschäftsfähige auch testierfähig ist**, und dem vollständig Geschäftsunfähigen die Testierfähigkeit immer fehlt. Unterschiede ergeben sich nur bei der beschränkten Geschäftsfähigkeit. Ein **Teil der beschränkt Geschäftsfähigen** (ab Vollendung des 16. Lebensjahres) ist testierfähig. Die Testierfähigkeit beginnt mit der Vollendung des 16. Lebensjahres. (Der Tag der Geburt wird mit eingerechnet; § 187 Abs 2; über die Gründe dieser Bestimmung und das frühere Recht vgl Mot V 247 ff; D 294; Prot V 319 ff). Ob diese Regelung nach Herabsetzung der Volljährigkeit (seit 1.1.1975 vom 21. auf 18. Lebensjahr) noch sinnvoll ist, erscheint zweifelhaft. Im Hinblick auf die Bedeutung letztwilliger Verfügungen sollten Geschäfts- und Testierfähigkeit denselben Voraussetzungen unterliegen, wobei eine beschränkte oder partielle Testierfähigkeit abzulehnen ist (JAUERNIG/STÜRNER Anm 3).

12 Die Fähigkeit ein Testament zu errichten, abzuändern oder aufzuheben, ist entweder vorhanden oder nicht. Die Testierfähigkeit kann daher nicht wie die Geschäftsfähigkeit (vgl BGH WM 1970, 1366, st Rspr; MATTERN BWNotZ 1961, 277, 289; BGH FamRZ 1970, 641) nur für einen *gegenständlich begrenzten Lebensbereich fehlen* (BayObLG FamRZ 1985, 539, 541 mwN). Eine nach dem *Grade der Schwierigkeit abgestufte Testierfähigkeit* ist abzulehnen (BGHZ 30, 117 = LM § 52 ZPO Nr 4 m Anm JOHANNSEN; OGHZ 2, 45 = NJW 1949, 544; HansOLG MDR 1950, 731).

13 Zu keiner Beschränkung der Testierfähigkeit führt die Bestimmung des **§ 2247 Abs 4**. Sie schränkt für **Minderjährige** und **Leseunfähige** lediglich die Auswahl der Formen ein, den letzten Willen auszudrücken. Die Unterscheidung gewinnt insbes Bedeutung im IPR (dazu unten Rn 68 f u Vorbem 100 ff zu §§ 2229 ff). Da die Testamentserrichtung ein höchstpersönliches Rechtsgeschäft ist, kann sie nicht von der Zustimmung des gesetzlichen Vertreters abhängig sein.

14 **Gebrechliche**, insbes solche, denen es am Vermögen fehlt, ihren Willen auszudrücken, sind nur *tatsächlich*, nicht aber rechtlich *unfähig*, ein Testament zu errichten (vgl Mot V 251; MEYER 198; zur Erheblichkeit dieser Unterscheidung STROHAL § 19 Nr III). Die Errichtung letztwilliger Verfügungen durch Zeichensprache ist ausgeschlossen. Daher können stumme Personen, die nicht schreiben können, und Taube, die weder schreiben können, noch sich durch eine Vertrauensperson verständigen können (§ 24 Abs 1 BeurkG), *tatsächlich* nicht testieren (NIEDER, Testamentsgestaltung Rn 414; vgl dazu aber auch die in § 2233 Rn 20 vorgetragenen Bedenken).

2. Testierunfähigkeit

a) Minderjährige

15 Testierunfähig ist nach Abs 1 ein Minderjähriger, der das 16. Lebensjahr noch nicht vollendet hat **(Testierunmündigkeit)**; eine gesetzliche Vertretung ist bei der höchstpersönlichen Testamentserrichtung unzulässig (§ 2064). Ebensowenig kann der Minderjährige mit Zustimmung seines gesetzlichen Vertreters testieren. Der testierfähige Minderjährige kann kein eigenhändiges Testament (§ 2247 Abs 4) und kein öffentliches Testament durch Übergabe einer verschlossenen Schrift (§ 2232 S 2) errichten;

ebenso ist ihm die Errichtung eines Dreizeugentestaments (§§ 2250, 2251) nicht möglich (dazu § 2233 Rn 21).

b) Störung der Geistestätigkeit, Geistesschwäche, Bewußtseinsstörung*
Testierunfähig ist nach Abs 4, wer wegen krankhafter Störung der Geistestätigkeit, wegen Geistesschwäche oder wegen Bewußtseinsstörung nicht in der Lage ist, die Bedeutung einer von ihm abgegebenen Willenserklärung einzusehen und nach dieser Einsicht zu handeln. Auch eine nur **vorübergehende** *krankhafte Störung der Geistestätigkeit oder Geistesschwäche* führt zur Testierunfähigkeit. Entscheidend ist, ob durch den Geisteszustand des Erblassers seine **freie Willensbestimmung im Zeitpunkt der Testamentserrichtung** (nur dieser Zeitpunkt ist maßgebend; vgl dazu WarnR 1919 Nr 179;

16

---

* **Schrifttum:** BAROLIN/SCHEFFKNECHT, Zur Testier- und Geschäftsfähigkeit bei organischem Psychosyndrom am Beispiel des Schlaganfalls-Patienten, Med Sachverst 1987, 110; BAY, Zur Frage der Unfallneurose, Nervenarzt 1975, 73; BRUDER, Vormundschaft – Pflegschaft – Betreuung aus ärztlicher Sicht, Zs ärztl Fortb 1992, 820; CREFELD, Der Sachverständige im Betreuungsverfahren FuR 1990, 272 ff; FOERSTER, Das neue Betreuungsgesetz – Gedanken aus psychiatrischer Sicht, MedR 1991, 180; ders, Zur Beurteilung der Testierfähigkeit, in: MÖLLER/ROHDE (Hrsg), Psychische Krankheiten im Alter (1993); ders, Psychopathologische Probleme im Betreuungsrecht: Was ändert sich für den Sachverständigen?, in: RÖSLER (Hrsg), Psychopathologie (1994); GÖPPINGER, Handbuch der forensischen Psychiatrie (1972); ders, Praxis der Begutachtung (Der psychiatrische Sachverständige im Verfahren) (1974); HARRER, Zur Beurteilung der Testierfähigkeit bei cerebralen Abbauprozessen – unter besonderer Berücksichtigung des „luziden Intervalls", in: POHLMEIER/DEUTSCH/SCHREIBER (Hrsg), Forensische Psychiatrie heute (1986); HOLLE, Psychiatrie (4. Aufl 1955); HOLZHAUER, Vormundschaft – Pflegschaft – Betreuung aus juristischer Sicht, Zs ärztl Fortb 1992, 824; JÜRGENS/KRÖGER/MARSCHNER/WINTERSTEIN, Das neue Betreuungsrecht (2. Aufl 1992); KANOWSKI/KÜHL, Zur Frage der Beurteilung der Testierfähigkeit, Psychiatrie und Recht 1983, 43; vKEYSERLINGK, Zur Frage der Testierfähigkeit Verstorbener bei Testamentsanfechtungen, Psychiatrie, Neurologie und Medizinische Psychologie, Zs für Forschung und Praxis 1951, 170; KONRAD, Aufgaben der psychowissenschaftlichen Sachverständigen im neuen Betreuungsrecht, Recht und Psychiatrie 1992, 2; LANGE, Die Begutachtung der Testierfähigkeit nach dem Tode des Erblassers, Psychiat Neurol Med Psychol 1989, 1; LANGELÜDDEKE/BRESSER, Gerichtliche Psychiatrie (4. Aufl 1976); LIEBEL-USLAV, Forensische Psychologie (1975); vOEFELE, Forensisch-psychiatrische Gesichtspunkte des neuen Betreuungsrechtes (1992); PONSOLD, Lehrbuch für gerichtliche Medizin (3. Aufl 1967); RASCH, Die Beurteilung der Geschäftsfähigkeit aus ärztlicher Sicht, Zs ärztl Fortb 1992, 767; RASCH/BAYERL, Der Mythos vom luziden Intervall, Lebensversicherungsmedizin 1985, 2; REHBERG, Probleme des gerichtspsychiatrischen und -psychologischen Gutachtens (1976); RÖCHLING, Aufhebung der Entmündigung Dt ÄrzteBl 1993, 1600; SCHELLWORTH, Über die nachträgliche Beurteilung der Geschäftsfähigkeit, Zbl f d ges Psych und Neur 102, 178; SCHIMANSKI, Die Beurteilung medizinischer Gutachten (1976); SCHMUDLACH, Die Beurteilung der Geschäftsfähigkeit aus juristischer Sicht, Zs ärztl Fortb 1992, 771; VENZLAFF, Die psychoreaktiven Störungen nach entschädigungspflichtigen Ereignissen (die sogenannten Unfallneurosen) (1958); ders, Aktuelle Probleme der forensischen Psychiatrie, in: KISKER/MEYER/MÜLLER/STRÖMGREN (Hrsg), Psychiatrie der Gegenwart, Bd III, Soziale und angewandte Psychiatrie (2. Aufl 1975); VENZLAFF/FOERSTER, Psychiatrische Begutachtung (2. Aufl 1994); WETTERLING/NEUBAUER/NEUBAUER, Psychiatrische Gesichtspunkte zur Beurteilung der Testierfähigkeit Dementer, ZEV 1995, 45.

LZ 1920, 299; BGHZ 30, 294 = NJW 1959, 1822 [lichte Zwischenräume]; BayObLGZ 1951, 603 – st Rspr) ausgeschlossen war. Unerheblich ist die Ursache der Testierunfähigkeit. Sie kann angeboren, durch Krankheit oder Unfall verursacht oder als vorübergehende auf der Einnahme von Medikamenten oder Rauschmitteln beruhen. Sie kann auch als reversible geistige oder seelische Veränderung durch eine vorübergehende Krankheit verursacht sein (vgl BayObLG FamRZ 1994, 594). Abs 4 wurde durch das Betreuungsgesetz nicht geändert, obwohl als Voraussetzungen der Betreuerbestellung andere Krankheitsbezeichnungen eingeführt wurden.

17 Die Bestimmung ergänzt den § 104 Nr 2 dahin, daß sie die **Geistesschwäche**, also eine sich *von der Geisteskrankheit nur graduell unterscheidende Störung* der Geistestätigkeit („eine dem Grade nach geringere geistige Erkrankung" RGZ 130, 70) eigens aufführt. Krankhafte Störung der Geistestätigkeit iS des § 104 Nr 2 ist weitergehend als Geisteskrankheit iS des § 6 Nr 1 aF und umfaßt daher auch bloße Geistesschwäche.

18 Nach dem Wortlaut des Abs 4 führen die aufgeführten Störungen der Geistestätigkeit nicht grds zur **Testierunfähigkeit**, sondern **nur dann, wenn der Erblasser „nicht in der Lage ist, die Bedeutung einer von ihm abgegebenen Willenserklärung einzusehen und nach dieser Einsicht zu handeln."** Fehlende Erkenntnis rechtlicher und wirtschaftlicher Zusammenhänge des Erklärten genügt für Testierunfähigkeit nicht (OGHBrZ NJW 1949, 544; sehr weitgehend hingegen BayOblGZ 1979, 256, 263; so auch OLG Hamm MDR 1967, 496 u Bezug a BGH MDR 1958, 316 = FamRZ 1958, 127; BayOblGZ 1962, 219).

19 Testierunfähigkeit kann *nicht aus einzelnen Erklärungen und Angaben ermittelt* werden, sondern nur aus dem Gesamtverhalten und dem Gesamtbild der Persönlichkeit in der fraglichen Zeit. Eine sorgfältige Untersuchung unter Einbeziehung der Krankheitsgeschichte und aller äußeren Umstände ist erforderlich. Daß der Zustand nicht nur „ein seiner Natur nach vorübergehender" ist, verlangt Abs 4 im Gegensatz zu § 104 Nr 2 nicht (Dittmann/Reimann/Bengel Rn 17).

20 Die **Testierunfähigkeit** kann sich **nicht** auf einen bestimmten **gegenständlich begrenzten Lebensbereich beschränken** (so aber BayObLG FamRZ 1985, 539, 541: Bei krankhaftem Eifersuchtswahn könne die Testierfähigkeit zur Errichtung des den Ehegatten enterbenden Testaments fehlen. Ausdrückliche Änderung dieser Rspr durch BayObLG NJW 1992, 248). Die Testierfähigkeit bezieht sich immer allgemein auf die Errichtung letztwilliger Verfügungen, nicht auf solche mit einem bestimmten Inhalt oder einem bestimmten Sachbereich. Insoweit unterscheidet sich die Testierfähigkeit von der allgemeinen Geschäftsfähigkeit, die für einen gegenständlich beschränkten Kreis von Angelegenheiten fehlen kann. Dies wird auch deutlich bei der Testierfähigkeit des Betreuten, bei dem entweder die Fähigkeit, Testamente zu errichten, vorhanden ist oder vollständig fehlt, nicht aber nur für Testamente bestimmten Inhalts gegeben sein kann.

21 **Allgemein ist festzuhalten:** Testierunfähig infolge **krankhafter Störung der Geistestätigkeit oder Geistesschwäche** ist derjenige, „dessen Erwägungen und Willensentschlüsse nicht mehr auf einer der allgemeinen Verkehrsauffassung entsprechenden Würdigung der Außendinge und Lebensverhältnisse beruhen, sondern durch krankhaftes Empfinden, krankhafte Vorstellungen und Gedanken oder durch Einflüsse dritter Personen ... derart beeinflußt werden, daß sie tatsächlich nicht mehr frei sind, vielmehr sich den genannten regelwidrigen Einwirkungen schranken- und hemmungslos

hingeben und von ihnen widerstandslos beherrscht werden" (so zutreffend RGZ 162, 228, allerdings zur Geschäftsfähigkeit gem § 104 Nr 2).

Die meisten Fälle der Testierunfähigkeit beruhen auf arteriosklerotischer Demenz **22** (BGH NJW 1951, 481; DNotZ 1958, 601; OLG Celle NdsRpfl 1962, 201; BayObLGZ 1970, 256; FamRZ 1985, 314; NJW-RR 1991, 1098) bzw degenerativer Demenz (Demenz vom Alzheimer Typ), Demenz bei Parkinson-Syndrom usw (vgl WETTERLING/NEUBAUER/NEUBAUER ZEV 1995, 46), daneben auf anderen Störungen der Geistestätigkeit und Geisteskrankheiten wie Schwachsinn, hirnorganischen Syndromen (BayObLG 1990, 801), schizophrenieformen Psychosen (vgl BayObLG Rpfleger 1984, 317), manisch-depressivem Irresein (BGH WM 1956, 1184), herabgesetzter Urteilsfähigkeit, Rauschgiftsucht oder Psychopathie (vgl BayObLG NJW 1992, 249; NIEDER, Testamentsgestaltung Rn 413 mwN).

Querulatorische Veranlagung oder ein abnormes Persönlichkeitsbild schließen die **23** Testierfähigkeit grds nicht aus (BayObLG FamRZ 1992, 724). Selbst bei einem besonders hohen Grad von Psychopathie ist die Testierunfähigkeit die Ausnahme (BayObLGZ 1991, 59, 64 f; DITTMANN/REIMANN/BENGEL Rn 23 jw mwN). Trunk- und Rauschgiftsucht führen idR nur im Rausch und bei Entziehungserscheinungen zur Testierunfähigkeit (BayObLGZ 1956, 377, 382).

Bewußtseinsstörung (der Begriff entspricht der Bewußtlosigkeit des § 105 Abs 2) stellt **24** eine erhebliche Bewußtseinstrübung dar (§ 2 Abs 2 TestG führte als Beispiel die Trunkenheit an). Sachlich ohne Bedeutung ist, daß das Beispiel in die Neufassung des § 2229 nicht übernommen wurde. Zu nennen sind weiter Rausch durch Drogen oder Bewußtseinstrübung durch Hypnose, Suggestion.

c) Lichte Augenblicke

Testamente Geisteskranker können wirksam sein, wenn sie in einem lichten Augen- **25** blick *(lucidum intervallum)* errichtet sind (RG DRW 1945, 54; BGHZ 30, 294; OLG Karlsruhe, Justiz 1982, 130; skeptisch zur Beweisbarkeit solcher *lucida intervalla* ENDEMANN III § 35 Nr II a bei Note 4 und Nr V, b 2; WETTERLING/NEUBAUER/NEUBAUER ZEV 1995, 46, 48 f; s auch RASCH/BAYERL, Der Mythos vom luziden Intervall, Lebensversicherungsmedizin 1985, 2). Wird ein *lucidum intervallum* im Einzelfall medizinisch für möglich gehalten, so sind bei Annahme der Voraussetzungen die Aufklärungsmöglichkeiten sorgfältig auszuschöpfen (OLG Hamm MDR 1967, 496; BayObLGZ 1979, 256, 261 ff). Die Erschütterung des ersten Anscheins, der für Testierunfähigkeit spricht, genügt zur Feststellung der ernsthaften Möglichkeit eines *lucidum intervallum* (OLG Karlsruhe OLGZ 1982, 280, 281). Die Feststellungslast für die ernsthafte Möglichkeit eines solchen Intervalls trägt derjenige, der Rechte aus dem Testament herleitet (BayObLG ZEV 1994, 303 mwN). Ist das Vorliegen eines *lucidum intervallum* ernsthaft möglich, so findet die allgemeine Beweislastregel Anwendung, daß derjenige die Testierunfähigkeit zu beweisen hat, der sich darauf beruft (OLG Köln FamRZ 1992, 731; RÜSSMANN FamRZ 1990, 803; JERSCHKE ZEV 1994, 305).

d) Ausschluß der freien Willensbestimmung

Die freie Willensbestimmung des Erblassers setzt voraus, daß er in der Lage ist, trotz **26** verschiedener Vorstellungen und Empfindungen und unabhängig von Einflüssen Dritter, die bestimmend auf seinen Willen wirken, eine vernünftige Überlegung und freie Selbstentschließung darüber zu treffen, was im gegebenen Fall als das Richtige zu tun ist. An der freien Willensbestimmung fehlt es, wenn infolge einer Störung der Geistestätigkeit bestimmte Vorstellungen oder Empfindungen oder Einflüsse dritter Personen den Willen des Erklärenden derart übermäßig beherrschen, daß eine Bestimmbarkeit des Willens durch vernünftige Erwägungen ausgeschlossen ist (RGZ 103, 401).

27 Eine **geistige Erkrankung** des Erblassers steht der Gültigkeit seiner letztwilligen Verfügung nicht entgegen, wenn der Erblasser **trotzdem die Fähigkeit** hatte, die **Bedeutung des Rechtsgeschäfts zu erkennen** und sich bei seiner Entschließung von **normalen Erwägungen leiten zu lassen** (vgl BayObLGZ 2, 406; ZBlFG 13, 213 Nr 127). ZB angeborener Schwachsinn oder eine unheilbar fortschreitende Gehirnerweichung (RG WarnR 1919 Nr 179), Alzheimer, aber auch Psychopathie, Rauschgiftsucht (BayObLGZ 1956, 377) oder Alkoholmißbrauch (vgl LG Stuttgart BWNotZ 1986, 13) schließen die Testierfähigkeit nur aus, wenn die freie Willensbestimmung ausgeschlossen ist. (Das RG [JW 1938, 1590 mN] stellte darauf ab, ob bei der geistigen Betätigung des Testierenden „an die Stelle der regelrechten Bestimmbarkeit des Willens durch vernünftige Erwägungen und an die Stelle einer so geleiteten Selbstentschließung andere regelwidrige Beeinflussungen, insbes eine krankhaft erscheinende übermäßige Beherrschung durch den Einfluß anderer Personen getreten waren".)

28 Ist die **freie Willensbestimmung ausgeschlossen**, so ist das **Testament nichtig** (über die Frage, unter welchen Voraussetzungen fremde Beeinflussung eines willens- oder geistesschwachen Erblassers dessen Testament nichtig macht vgl RG DJZ 1921 Sp 73; JW 1936, 1205; OGHBrZ NJW 1949, 544; BGH MDR 1958, 316; BayObLGZ 1959, 364; 1962, 219; BGH FamRZ 1984, 1003). Der Erblasser muß angesichts der *Beeinflussung durch Dritte* zu einer eigenen Willensbildung und Entschließung nicht mehr in der Lage sein (BayObLG FamRZ 1990, 202, 203). Hypnose führt zu einer Bewußtseinsstörung, die die freie Willensbestimmung ausschließt (vgl KRETZSCHMAR § 15 Nr V, 2; LANGELÜDDEKE/BRESSER 71 f). Dem steht gleich, wenn einer hypnotischen Suggestion vergleichbar eine so starke Beeinflussung des Testierenden erfolgt, daß dessen Willensäußerung als rein mechanische Wiedergabe des Willens der beeinflussenden Person erscheint und nicht als eigene selbständige Entschlußfassung.

29 Folgt der Testierende in vollem **Vertrauen** den Vorschlägen eines Dritten **ohne weitere Nachprüfung**, aber bewußt und kraft eigenen Entschlusses oder sind die Vorschläge, Forderungen oder Erwartungen des Dritten bloßes Motiv für den Inhalt des Testaments (dazu BayObLG NJW-RR 1990, 203), so fehlt es nicht an einer eigenen Willensentscheidung.

30 Nichtigkeit ist anzunehmen, wenn die Beeinflußbarkeit nicht auf bloßer Willensschwäche, sondern auf **geistiger Stumpfheit** beruht und der Erblasser nicht mehr aufgrund eigener Entschlußfähigkeit handelt, sondern nur noch mechanisch reagiert (KIPP/COING § 17 I 1 mwN). Als **vis absoluta** erscheint eine Beeinflussung oder Einwirkung, die zur rein mechanischen Wiedergabe eines eingeflüsterten fremden Willens führt. Sie ist möglich, ohne daß der Beeinflussende dem Schreiber des Testaments die Hand beim Schreiben derart führt, daß jede eigene Tätigkeit des Schreibenden ausgeschaltet ist, wobei hier freilich die mechanische Wiedergabe am deutlichsten zum Ausdruck kommt (vgl BayObLGZ 1951, 598, 601).

3. Testament eines Betreuten

Für den Betreuten – auch wenn er früher entmündigt war – gelten die allgemeinen **31** Regeln, dh er ist **testierfähig, solange die Voraussetzungen des Abs 4 nicht vorliegen**. Anders als die Entmündigung hat die Betreuung keine Auswirkungen auf die Geschäfts- oder Testierfähigkeit des Betreuten. In zahlreichen Fällen wird der Betreute aber testierunfähig im Sinne von § 2229 Abs 4 sein. Für die Ermittlung der Testierfähigkeit wird die Praxis sich an den bisherigen Grundsätzen der Rechtsprechung zu Testamenten von Erblassern, die im Zeitpunkt der Testamentserrichtung unter Gebrechlichkeitspflegschaft standen (§ 1910), orientieren können (dazu zB BayObLG MDR 1983, 131; FamRZ 1985, 743). Das Gericht wird die Akten des Betreuungsverfahrens heranziehen können, um hieraus Rückschlüsse auf die Testierfähigkeit des Erblassers zu ziehen. Da im Verfahren der Anordnung der Betreuung eine genauere Aufklärung der geistigen und psychischen Störungen des Betreuten als bei der Gebrechlichkeitspflegschaft erfolgt und die Anordnung der Betreuung mindestens alle fünf Jahre zu überprüfen ist, stehen dem Gericht immer einigermaßen aktuelle Daten zur Verfügung (HAHN FamRZ 1991, 27).

Der Betreute kann sich zur Errichtung eines Testaments aller vom Gesetz zugelas- **32** senen Testamentsformen bedienen. Nur wenn der Betreute lese- oder sprachunfähig ist, greifen die Beschränkungen des § 2233 ein. Die Errichtung eines Testamentes kann nicht vom Einwilligungsvorbehalt eines Betreuers abhängig gemacht werden (vgl § 1903 Abs 2), da die Testamentserrichtung ein höchstpersönliches Rechtsgeschäft ist. Die Unzulässigkeit eines Einwilligungsvorbehaltes erstreckt sich nicht nur auf Verfügungen von Todes wegen, sondern ebenso auf deren Widerruf (DAMRAU/ZIMMERMANN, BetreuungsG § 1903 Rn 16). Das Vormundschaftsgericht kann auch nicht anordnen, daß der Betreute sein Testament nur in bestimmten Formen, zB notarieller errichten darf (BT-Drucks 11/4528 S 66).

4. Wahrnehmung des Notars

Gem § 28 BeurkG soll sich der Notar bei der Errichtung eines öffentlichen Testa- **33** ments (beim Nottestament beachte §§ 2249 Abs 1; 2250 Abs 3; 2251) davon überzeugen, daß der Erblasser testierfähig ist. Er soll seine Wahrnehmung über die Testierfähigkeit in die Niederschrift aufnehmen. Legt der Erblasser kein auffälliges Benehmen an den Tag, ist der Notar nicht verpflichtet, besondere Beobachtungen, außer der allgemeinen Feststellung der Geschäfts- bzw Testierfähigkeit, in das Testament aufzunehmen.

5. Maßgebender Zeitpunkt für Testierfähigkeit

Der Erblasser muß **im Zeitpunkt der Testamentserrichtung** testierfähig sein. Ist das **34** eigenhändige Testament in einem längeren Zeitraum errichtet worden (vgl § 2247 Rn 46; das Erfordernis der unitas actus besteht nicht), so ist für die Beurteilung der Testierfähigkeit der Zeitpunkt der **endgültigen Fertigstellung** des Testaments maßgebend. Hat der Erblasser ein Testament im Zustand der Testierfähigkeit eigenhändig erstellt und unterschreibt er dies im Zustand der Testierunfähigkeit, so ist das Testament unwirksam. Erst mit der abschließenden Unterschrift ist das Testament wirksam errichtet. Da nach hM die Unterschrift auch vor der Testamentsniederschrift erfolgen kann (§ 2247 Rn 48), bzw auch Nachträge möglich sind (§ 2247 Rn 58 f), ist in solchen Fällen der Zeitpunkt maßgebend, in dem ein abgeschlossenes Testament vorliegt. Erforderlich, aber auch genügend ist, wenn Testierfähigkeit im Zeitpunkt des Testamentsabschlusses vorliegt. War der Erblasser nur in einem früheren Zeitpunkt, insbes zZ der Niederschrift eines Teiles des Textes, testierunfähig, so steht dies der Gültigkeit des Testaments nicht entgegen (RGZ 111, 252).

35 Hatte der Erblasser zunächst ein Testament errichtet, später einen durch die Unterschrift gedeckten Einschub beigefügt, so genügt Testierfähigkeit im Zeitpunkt der Änderung, weil erst damit die Errichtung des Testaments in seiner neuen Gestalt abgeschlossen ist. Allerdings wird dann, wenn im vorherigen Zeitpunkt der Unterschriftsleistung Testierunfähigkeit vorlag, eine erneute Unterschrift bei Abschluß des Testaments zu fordern sein, da die von einem Testierunfähigen unterschriebene Erklärung die Formzwecke der Unterschrift (dazu § 2247 Rn 84) nicht erfüllen kann.

36 Umgekehrt kann ein testierunfähiger Erblasser sein im Zustand der Testierfähigkeit errichtetes Testament nicht wirksam aufheben oder abändern. Daher bleiben spätere Einschübe des Testierunfähigen in das wirksam errichtete Testament unbeachtlich. Allerdings können sich wegen der formlosen Abänderungsmöglichkeiten beim eigenhändigen Testament (einfaches Durchstreichen genügt) schwierige Beweissituationen ergeben.

37 Errichtet der Erblasser im Zustand der Testierunfähigkeit ein Testament und unterschreibt er dieses später im Zustand der Testierfähigkeit noch einmal, so liegt ein wirksam errichtetes Testament vor, da der Erblasser sich zur Testamentserrichtung früherer Aufzeichnungen bedienen darf und die Testierfähigkeit nur im Zeitpunkt der endgültigen Fertigstellung des Testaments vorliegen muß. Bestätigt der Erblasser ein im Zustand der Testierunfähigkeit errichtetes Testament, so ist seine erneute Unterschrift notwendig (BayObLG [30. 10. 1978] BReg 1 Z 109/78).

III. Testierfreiheit

38 Von der Testierfähigkeit zu unterscheiden ist die in § 2229 nicht geregelte Testierfreiheit (dazu STAUDINGER/OTTE[12] Einl 51 ff zu §§ 1922 ff; STAUDINGER/FIRSCHING[12] § 2229 Rn 23 ff). Diese wird beschränkt zB durch Pflichtteilsrechte, Selbstbindungen des Erblassers durch wechselbezügliche Verfügungen in gemeinschaftlichen Testamenten, erbvertragliche Bindungen oder Beschränkungen aufgrund Höferechts.

IV. Gebrechlichkeitspflegschaft

39 Mit Inkrafttreten des Betreuungsgesetzes am 1. 1. 1992 wurde auch die **Gebrechlichkeitspflegschaft** gem § 1910 **durch das Institut der Betreuung ersetzt. Für Testamentserrichtungen bis zum 31. 12. 1991 gilt altes Recht.** Die Anordnung einer Gebrechlichkeitspflegschaft nach § 1910 Abs 2, 3 berührte die Testierfähigkeit des Pfleglings nicht (RGZ 52, 223 f; 145, 284; OLG Karlsruhe FamRZ 1957, 57; BayObLGZ 1982, 309, 313 mwN; MDR 1983, 131; BayObLG FamRZ 1990, 1382 mwN). Allerdings war und ist zu prüfen, ob die Voraussetzungen des § 2229 Abs 4 im Zeitpunkt der Testamentserrichtung vorlagen (BayObLGZ 1982, 309, 313), wobei die allgemeinen Beweislastregeln gelten (BayObLG FamRZ 1985, 746). Der Pflegling ist solange als testierfähig anzuse-

hen, wie die Testierunfähigkeit nach Abs 4 nicht nachgewiesen ist. Da die Anordnung einer Gebrechlichkeitspflegschaft die Testierfähigkeit des Pfleglings grds nicht berührte, braucht das Nachlaßgericht sie nicht als Indiz für die Testierunfähigkeit des Erblassers anzusehen und zu würdigen (BayObLG FamRZ 1988, 1100). Nur wenn sich aus der Art der Gebrechlichkeitspflegschaft ernstliche Zweifel an der Testierfähigkeit des Erblassers ergeben, hat das Nachlaßgericht von Amts wegen Ermittlungen durchzuführen (vgl BayObLG FamRZ 1994, 593).

V. Testamente Entmündigter und unter vorläufige Vormundschaft Gestellter

Testierunfähig war **bis zum 31. 12. 1991**, wer entmündigt war, und zwar schon von **40** dem Zeitpunkt ab, in welchem die Entmündigung **beantragt** war, sofern diese aufgrund des Antrags erfolgte (beachte dabei §§ 115, 2230 aF). Auch lichte Zwischenräume blieben unberücksichtigt.

Die wegen Geistesschwäche, Verschwendung, Trunksucht oder Rauschgiftsucht Ent- **41** mündigten konnten nach § 2253 Abs 2 aF ein vor der Entmündigung errichtetes Testament widerrufen und waren somit *„negativ testierfähig"*. Der Widerruf konnte nach § 2254 durch Testament erfolgen. War ein nach § 114 Entmündigter geschäftsunfähig, so griff § 2229 Abs 4 ein (JW 1907, 737; 1911, 179; BayObLGZ 1975, 212 = Rpfleger 1975, 303).

Für den Entmündigten war es gleichgültig, ob die Entmündigung begründet war **42** oder ob er wieder gesund wurde oder in einem *lucidum intervallum* testierte, sofern die Entmündigung zum Zeitpunkt der Testamentserrichtung noch bestand. Der Gesetzgeber lehnte es ab, für solche Fälle die Testierfähigkeit des Entmündigten (beachte aber §§ 115, 2230 aF) anzuerkennen (vgl Mot V 249; D 292 und Prot V 323).

Mit beachtlicher Argumentation hat CANARIS (JZ 1987, 993, 999 f) noch vor der Strei- **43** chung der §§ 2229 Abs 3, 2230, 2253 Abs 2 aF den **Ausschluß der Entmündigten von der positiven Testamentserrichtung** als **verfassungswidrig** dargelegt. Dabei hat er überzeugend darauf hingewiesen, daß der Schutzzweck der Entmündigung, etwa wegen Verschwendung, den Entmündigten vor nachteiligen Geschäften unter Lebenden schützen sollte, nicht aber den Schutz vor „unsinnigen und vnverantwortlichen letztwilligen Verfügungen" beinhaltete (CANARIS aaO 999).

Eigene Stellungnahme: Die durch den Ausschluß von der Testierfähigkeit erreichte Rechtssicherheit kann als Rechtsgut nicht so hoch bewertet werden, daß einem Personenkreis die Möglichkeit zu testieren ohne Rücksicht auf seine **konkrete** Testierfähigkeit verschlossen war. Liegen die Voraussetzungen des § 2229 Abs 4 nicht vor, so ist das Testament eines Entmündigten, der **bei Testamentserrichtung geschäftsfähig** war, aus verfassungsrechtlichen Gründen wirksam. Die für die Einführung der Betreuung maßgebenden legislativen Wertungen (BT-Drs 11, 4548, 49, 52 f, 58, 65 ff) lassen sich auch schon vor Inkrafttreten des Betreuungsgesetzes aus dem verfassungsrechtlich garantierten Schutz des Persönlichkeitsrechts (Art 1, 2 GG) ableiten. Die praktische Relevanz dieser letztlich von der Rechtsprechung zu entscheidenden Rechtsfrage dürfte insofern gering sein, als in den überwiegenden Fällen einer Entmündigung bei Testamentserrichtung die Voraussetzungen des § 2229 Abs 4 vorgelegen haben dürften.

44 Nach dem Willen des **Gesetzgebers** sollen alle bis zum **31. 12. 1991 errichteten Testamente Entmündigter** weiterhin **unwirksam** bleiben. Dies gilt auch, wenn die Entmündigung kraft Gesetzes am 1. 1. 1992 in eine Betreuung umgewandelt wurde (Art 9 § 1 BtG). War die Entmündigung noch nicht erfolgt, sondern nur beantragt und wurde aufgrund der Gesetzesänderung nicht mehr die Entmündigung sondern nur die Betreuung angeordnet, so beurteilt sich die Wirksamkeit des Testaments nach der ab 1. 1. 1992 geltenden Rechtslage.

45 Ein unter vorläufige Vormundschaft gestellter Volljähriger stand in Ansehung der Geschäftsfähigkeit einem Minderjährigen gleich, der das 7. Lebensjahr vollendet hat (§§ 114, 1906 aF). Daher hätte er entspr § 107 zur Errichtung eines Testaments der Zustimmung seines gesetzlichen Vertreters bedurft. Diese Zustimmung war nach Abs 2 entbehrlich, da das Testament als höchstpersönliches Rechtsgeschäft nicht von der Zustimmung eines Dritten abhängig sein kann.

VI. Beweisfragen

1. Allgemeines

46 Der Erblasser ist solange als testierfähig anzusehen, wie seine Testierunfähigkeit nicht mit einem „für das praktische Leben brauchbaren Grad von Gewißheit zur Überzeugung des Gerichts feststeht" (BayObLG FamRZ 1985, 746 mN; OLG Köln FamRZ 1992, 730; NJW-RR 1994, 396: „zur völligen Gewißheit des Gerichts nachgewiesen ist", mwN). Bei nicht behebbaren Zweifeln muß von der Testierfähigkeit ausgegangen werden (BayObLGZ 1982, 309, 312 mwN; FamRZ 1988, 1100). Ist die Testierunfähigkeit um die Zeit der Testamentserrichtung festgestellt, so spricht der erste Anschein dafür, daß der Erblasser auch im Zeitpunkt der Testamentserrichtung testierunfähig war.

47 Bei einem **ordnungsgemäß errichteten öffentlichen Testament** spricht eine **tatsächliche Vermutung** für das Vorliegen der Testierfähigkeit. Das gleiche gilt, wenn ein privatschriftliches Testament sich nach Form und Inhalt als wohlüberlegt, sinnvoll und zweckentsprechend darstellt (vgl dazu auch WETTERLING/NEUBAUER/NEUBAUER ZEV 1995, 46, 49 f).

2. Sachverständigengutachten

48 Das Gericht hat die Tatsachen, die gegen die Testierfähigkeit sprechen, zu prüfen und danach festzustellen, ob die eigene Sachkunde zur Beurteilung der Testierfähigkeit ausreicht oder ob ein Sachverständigengutachten erforderlich ist (OLG Hamm OLGZ 1989, 271, 273). Der Sachverhalt ist von Amts wegen unter Einbeziehung der Vorgeschichte und aller äußeren Umstände aufzuklären (BayObLG FamRZ 1994, 593). Dabei ist es durchaus sachgerecht, zunächst *Zeugenbeweis* zu erheben und erst danach zu entscheiden, ob ein Sachverständigengutachten erforderlich ist (OLG Köln NJW-RR 1994, 396). Zur endgültigen Beurteilung der Testierfähigkeit ist in aller Regel nur ein **Neurologe** in der Lage (BayObLG ZSW 1984, 13, 17; FamRZ 1992, 724; ZEV 1994, 303 m Anm JERSCHKE; zu den Besonderheiten der posthumen Begutachtung auch WETTERLING/NEU-

BAUER/NEUBAUER ZEV 1995, 46, 48). Ohne nervenärztliches oder psychiatrisches Gutachten wird das Gericht die Voraussetzungen des Abs 4 regelmäßig nicht bejahen können (BayObLG NJW-RR 1990, 1420). Dabei ist jedoch sowohl bei der Frage, ob ein Sachverständigengutachten einzuholen ist, als auch bei der Auswertung eines Gutachtens dem Umstand Rechnung zu tragen, daß der Gutachter nach dem Tode des Erblassers die Testierfähigkeit idR nur mit überwiegender Wahrscheinlichkeit ermitteln kann (dazu JERSCHKE ZEV 1994, 304). Daher setzt jede Entscheidung über die behauptete Testierunfähigkeit eine sorgfältige Ermittlung des **medizinischen Befunds** voraus (so zutreffend BayObLG FamRZ 1994, 593). Dementsprechend ist das Gericht nicht gehalten, im Rahmen seiner Aufklärungspflicht auch Zeugen zu hören, die einfachen sozialen Kontakt mit dem Erblasser hatten (OLG Köln NJW-RR 1991, 1412). Auf Laien können geistig erkrankte Personen einen „normalen" Eindruck machen (BayObLG NJW-RR 1990, 1420). So fällt etwa der durch Cerebralsklerose hervorgerufene geistige Abbau gerade Freunden und Bekannten des Erblassers bei Gesprächen über Ereignisse aus früheren Jahren nicht ohne weiteres auf (vgl OLG Celle NdsRpfl 1962, 201, 202; BayObLG FamRZ 1985, 314, 315). Bei einer Cerebralsklerose kann die Testierfähigkeit nicht aufgrund einzelner Handlungen und Erklärungen, sondern nur aus dem Gesamtverhalten und dem Gesamtbild der betroffenen Persönlichkeit im Zeitpunkt der Testamentserrichtung beurteilt werden (BayObLGZ 1979, 256, 263; Rpfleger 1985, 239).

Die dem Gebiet der ärztlichen Fachwissenschaft angehörenden Fragen der Testierfähigkeit erfordern daher grds die Einholung eines ärztlichen Sachverständigengutachtens (KG NJW 1961, 2066; BayObLGZ 1975, 212; OLG Hamm MDR 1967, 496), die Einholung eines **Obergutachtens** ist nur ausnahmsweise geboten (BayObLGZ 1974, 137, 142; 1971, 147), sie ist im allgemeinen bei besonders schwierigen Fragen oder bei groben Mängeln des vorliegenden Gutachtens veranlaßt (BayObLG [28. 12. 1979] BReg 1 Z 75/79). **Widersprechende Gutachten** allein nötigen nicht zur Einholung eines Obergutachtens (KG OLGZ 1967, 87; BayObLG [28. 12. 1979] – BReg 1 Z 75/79). Eine Gegenüberstellung der Sachverständigen, deren Gutachten sich widersprechen, ist nicht geboten (BayObLG [28. 12. 1979] BReg 1 Z 75/79 u Hinw a BGHZ 35, 370, 374). **49**

Das Gericht darf davon absehen, ein Gutachten (§ 15 Abs 1 FGG, § 404 ZPO) einzuholen, wenn es zu dem Ergebnis kommt, daß die vorliegenden Beweismittel nicht ausreichen, um den Ausnahmefall der Testierunfähigkeit mit Hilfe eines Sachverständigen zu begründen (BayObLG NJW-RR 1990, 1420). **50**

3. Beweislast, Feststellungslast

a) Zivilprozeß
Die Rspr hat zur Beweislast folgende Grundsätze entwickelt: Da die Störung der Geistestätigkeit die Ausnahme bildet, ist der Erblasser solange als testierfähig anzusehen, wie seine Testierunfähigkeit nicht **zur vollen Überzeugung des Gerichts nachgewiesen** ist (BayObLGZ 1956, 377, 380; 1975, 212, 213; 1979, 256, 261; 1982, 309, 312; FamRZ 1985, 314, 315; 1987, 1200 mwN; OLG Hamm MDR 1967, 496; OLG Neustadt FamRZ 1961, 541). Bei *nicht behebbaren Zweifeln* muß von der Testierfähigkeit ausgegangen werden (BayObLG FamRZ 1988, 1100). Im Prozeß hat die Testierunfähigkeit derjenige zu beweisen, der sich darauf beruft (BGH FamRZ 1958, 127; BayObLG FamRZ 1986, 730 mwN). **51**

52 Unter welchen medizinischen Begriff der geistigen Erkrankung die Störung der Geistestätigkeit einzuordnen ist, ist nicht entscheidend (vgl RGZ 162, 228). Beachtenswerte Umstände sind die Krankheitsbilder, die Beobachtungen nahestehender Personen und die bei Behandlung der Krankheit gewonnenen ärztlichen Einsichten (JW 1937, 35). Dabei ist gegenüber Beobachtungen nahestehender Personen Zurückhaltung geboten. Die Beobachtung psychischer Auffälligkeiten fällt den psychiatrisch nicht Geschulten schwer. Eine Zeugenvernehmung über die Verhaltensweise des Verstorbenen ist daher idR wenig ergiebig. Die Gutachten von Sachverständigen bilden daher die wesentliche Entscheidungsgrundlage (dazu SCHIMANSKI, Die Beurteilung medizinischer Gutachten [1976]; über die Schwierigkeiten, die sich bei Abfassung solcher Gutachten ergeben [Sachverständiger kann sich nur aufgrund seiner ex – post Betrachtung auf Zeugenaussagen, Schriftproben, andere ärztliche Gutachten und Auskünfte von Behörden stützen] sowie die zu beachtenden Gesichtspunkte gibt vKEYSERLINGK, Psychiatrie-Neurologie und Medizinische Psychologie, 1951, 170 eine anschauliche Darstellung; dazu auch GÖPPINGER Handbuch Bd II, 1485 ff; LANGELÜDDECKE/BRESSER 378 ff; zur Gutachtertechnik s auch GÖPPINGER, Praxis der Begutachtung [1974]). Das Gericht ist an das Ergebnis dieser Gutachten nicht gebunden (RGZ 162, 228). Der Richter ist nach Maßgabe seiner richterlichen Überzeugung nicht gehindert, gegen das ärztliche Gutachten zu entscheiden. Dies wird jedoch nur in Ausnahmefällen in Frage kommen. Bei schwieriger Sachlage ist ein Obergutachten einzuholen. Das Gericht kann von einem vorliegenden Gutachten auch ohne Einholung eines Obergutachtens abweichen (BGH NJW 1962, 676; BayObLG Rpfleger 1985, 239).

53 Das Gericht kann aufgrund des Gesamtergebnisses der Beweisaufnahme auch dann von der Testierunfähigkeit des Erblassers überzeugt sein, wenn der sachverständige Gutachter diese nur mit „hoher Wahrscheinlichkeit" für gegeben erachtet (BayObLG FamRZ 1985, 314). Das Gericht sollte vermeiden, aus dem Inhalt des Testaments zu weitgehende Schlüsse auf die Testierfähigkeit zu ziehen, da die Testierfähigkeit nach dem Gesamtverhalten und dem Gesamtbild der Persönlichkeit im Zeitraum der Testamentserrichtung zu beurteilen ist. Außerdem kann trotz geordnet gestalteter äußerer Fassung des Testamentsinhalts Testierunfähigkeit bestehen, weil als Bewußtseinsstörung zwar nicht eine Störung der Verstandestätigkeit, aber eine Schwächung der Willenskraft vorliegt, die durch Beeinflussung eines Dritten zur Abfassung dieses Testaments geführt hat (BayObLGZ 1953, 195, 198).

54 Steht nach Überzeugung des Gerichts die Testierunfähigkeit des Erblassers fest, so trägt derjenige die Beweislast für das Vorliegen eines lucidum intervallum, der aus dem Testament Rechte herleitet (OLG Karlsruhe Justiz 1982, 130; RG WarnR 1919 Nr 179; BayObLGZ 32, 131; HansOLG MDR 1950, 731; 1954, 480 sowie JOHANNSEN WM 1971, 482). Ist der erste Anschein erschüttert, der für Testierunfähigkeit spricht, indem ein lucidum intervallum ernsthaft in Betracht kommt, so hat die Testierunfähigkeit derjenige zu beweisen, der sich darauf beruft (OLG Köln FamRZ 1992, 731).

b) Erbscheinsverfahren

55 Bei Erbenermittlung sowie im Erbscheinsverfahren („zur Behandlung der Testamente Geisteskranker im Erbscheinsverfahren" vgl HÖVER DFG 1940, 81 ff) **prüft** das **Nachlaßgericht** bzw das an seine Stelle tretende Beschwerdegericht die Testierfähigkeit **von Amts wegen** (§§ 2358, § 12 FGG). Eine formelle Beweislast gibt es im Erbscheinsverfahren

nicht (vgl OLG Hamm 1950, 43; KEIDEL/KUNTZE/WINKLER § 12 FGG Rn 21; zur Unterscheidung formeller – materieller Beweislast ebenda Rn 190).

Die **Feststellungslast** *(materielle Beweislast)* für die Testierunfähigkeit als eine das Erb- 56 recht vernichtende Tatsache hat derjenige zu tragen, der sich auf die darauf beruhende Unwirksamkeit des Testaments beruft (BayObLGZ 1962, 299, 303; 1979, 256, 261; 1982, 309, 312 mwN; FamRZ 1987, 1201); Zweifel gehen zu seinen Lasten. „Da jedoch der Feststellungslast immer erst dann eine Bedeutung zukommt, wenn nach dem Ermittlungsergebnis Zweifel verbleiben, das Gericht also aufgrund der angestellten Ermittlungen weder von der Testierfähigkeit noch von der Testierunfähigkeit eines Erblassers überzeugt ist, müssen zunächst die Aufklärungsmöglichkeiten im gebotenen Umfang ausgeschöpft werden" (BayObLGZ 1979, 256, 261; übereinstimmend OLG Hamm MDR 1967, 496 mwN).

Zur Annahme der Testierfähigkeit gilt im Rahmen freier Beweiswürdigung folgen- 57 der Grundsatz: „Der Richter wird sich immer **mit einem für das praktische Leben brauchbaren Grade von Wahrscheinlichkeit** begnügen, der keine offenen Zweifel bestehen läßt". Das Gericht ist nicht zur Erschöpfung aller überhaupt möglichen Ermittlungen verpflichtet. Die Rspr hat die Grundprinzipien der Amtsermittlung wie folgt zusammengefaßt: „Der Grundsatz der Amtsermittlung verpflichtet das Gericht, sämtliche zur Aufklärung des Sachverhalts dienlichen Beweise zu erheben. Dies bedeutet freilich nicht, daß das Gericht allen nur denkbaren Möglichkeiten nachgehen müßte; eine Aufklärungs- und Ermittlungspflicht besteht vielmehr für das Gericht nur insoweit, als das Vorbringen der Beteiligten und der festgestellte Sachverhalt bei sorgfältiger Überlegung dazu Anlaß geben. Die Ermittlungen sind aber so weit auszudehnen, bis der entscheidungserhebliche Sachverhalt vollständig aufgeklärt ist, und erst dann abzuschließen, wenn von weiteren Ermittlungen ein sachdienliches, die Entscheidung beeinflussendes Ergebnis nicht mehr zu erwarten ist" (BayObLGZ 1979, 256, 261 unter Hinweis auf BGHZ 40, 54; BayObLGZ 1971, 147; 1974, 95; zum Umfang der Ermittlungen und Beweiswürdigungen im Erbscheinsverfahren vgl auch BayObLG FamRZ 1988, 422; OLG Köln NJW-RR 1991, 1286).

Ergeben sich **ernstliche Zweifel** an der Testierfähigkeit aus dem äußeren Anschein 58 oder tragen Beteiligte **ernst zu nehmende Bedenken** gegen die Wirksamkeit des Testaments vor, so hat das Gericht Ermittlungen anzustellen. Ermittlungen hat das Gericht aber nicht ohne Anhaltspunkte für eine Testierunfähigkeit, sondern nur dann durchzuführen, wenn Anlaß zu Zweifeln an der Testierfähigkeit besteht (OLG Hamm OLGZ 1989, 274). Das Nachlaßgericht bestimmt den Umfang der Beweisaufnahme nach freiem Ermessen. Da zuverlässige Beurteilungen über die Testierfähigkeit grds nur von Sachverständigen abgegeben werden können, ist das Gericht nicht verpflichtet, im Rahmen seiner Ermittlungen Zeugen zu vernehmen, die nur einfachen sozialen Kontakt mit dem Erblasser hatten (OLG Köln FamRZ 1992, 731).

Im Rahmen der Ermittlungen sind zunächst die konkreten Anhaltspunkte und Ver- 59 haltensweisen des Erblassers aufzuklären, die zu Bedenken gegen seine Testierfähigkeit Anlaß geben. Weiterhin sind – soweit vorhanden – die medizinischen Befunde heranzuziehen, die Klarheit über die grundsätzliche bzw im Zeitpunkt der Testamentserrichtung vorhandene Testierfähigkeit schaffen können. Dabei hat das Gericht zu prüfen, ob es nach Aufklärung des Sachverhalts, die Beurteilung der

Testierfähigkeit selbst vornehmen kann oder ob zur weiteren Sachverhaltsaufklärung die Einholung eines Sachverständigengutachtens notwendig ist (OLG Hamm OLGZ 1989, 273).

60 Im **pflichtgemäßen Ermessen** des Gerichts liegt es, ob es sich mit formlosen Ermittlungen begnügt *(Freibeweis)* oder gem § 15 FGG analog den Vorschriften der ZPO förmlich Beweis *(Strengbeweis)* erhebt (BayObLGZ 1977, 59, 65). Das Gericht kann daher zB ein von einem Beteiligten vorgelegtes Privatgutachten verwerten, ohne auf Privatgutachten der übrigen Beteiligten abzustellen. Allerdings ist den übrigen Beteiligten Gelegenheit zur Stellungnahme zu geben (BayObLG [28. 12. 1979] BReg 1 Z 75, 79). Die Würdigung aller Umstände und die abschließende Entscheidung, ob Testierfähigkeit vorliegt, obliegt nicht dem Sachverständigen, sondern dem Gericht (BGHZ 18, 311, 318; 53, 245, 256; 61, 165, 168 ff; BayObLG Rpfleger 1985, 239; zur Würdigung von Sachverständigengutachten über die Testierfähigkeit vgl auch BayObLG FamRZ 1990, 1281 ff; SCHIMANSKI, Die Beurteilung medizinischer Gutachten [1976]).

61 Da die Anordnung einer **Gebrechlichkeitspflegschaft** die Testierfähigkeit des Pfleglings grds nicht berührte (dazu oben Rn 39), braucht das Nachlaßgericht sie nicht als Indiz für die Testierunfähigkeit des Erblassers anzusehen und zu würdigen (BayObLG FamRZ 1988, 1100). Wird ein **ärztliches Zeugnis** vorgelegt, wonach der Erblasser bei Testamentserrichtung infolge Arteriosklerose unzurechnungsfähig gewesen sei, so hat das Gericht grds diesen Arzt (als sachverständigen Zeugen) über seine Feststellungen zu vernehmen (BayObLGZ 1953, 195; zu den Ermittlungspflichten des Nachlaßgerichts zur Feststellung der Testierunfähigkeit bei Vorliegen von Alkoholmißbrauch vgl LG Stuttgart BWNotZ 1986, 13).

62 War der Erblasser **zeitweise testierunfähig** und läßt sich bei einem eigenhändigen Testament mangels Angabe des Errichtungszeitpunkts nicht feststellen, wann das Testament errichtet wurde, so trägt in entsprechender Anwendung des § 2247 Abs 5 S 1 derjenige die Feststellungslast, der sich auf die Gültigkeit des Testaments beruft (BayObLG FamRZ 1994, 594).

63 Zur Annahme der Testierunfähigkeit genügt nach der Rspr nicht Wahrscheinlichkeit, „selbst wenn sie an Sicherheit grenzt", hier ist für die Überzeugung des Gerichts volle Gewißheit erforderlich (dazu BayObLGZ 32, 132). Die **Testierunfähigkeit** des Erblassers **muß zur vollen Überzeugung des Gerichts feststehen**, wenn ein Testament aus diesem Grunde für nichtig erklärt werden soll. Bei nicht behebbaren Zweifeln ist der Erbschein nach dem Testament zu erteilen (BayObLGZ 1956, 380; 1982, 312; BayObLG Rpfleger 1984, 318).

64 Ob die Voraussetzungen der Testierfähigkeit vorliegen, ist im wesentlichen **Tatsachenfeststellung** (RGZ 162, 223, 230; BayObLGZ 1962, 219, 220; 1982, 309, 312 mwN; BayObLG ZSW 1984, 13, 16; FamRZ 1985, 739, 741; 1990, 1382 mwN; zu den Anforderungen an die Bildung der tatrichterlichen Überzeugung vgl a OLG Köln NJW-RR 1991, 1285). Tatsachenfeststellung und Beweiswürdigung können im Rechtsbeschwerdeverfahren nur dahingehend überprüft werden, ob Verfahrensvorschriften verletzt, der entscheidungserhebliche Sachverhalt ausreichend erforscht (§ 12 FGG), bei der Erörterung des Beweisstoffes alle wesentlichen Umstände berücksichtigt (§ 25 FGG), nicht gegen gesetzliche Beweisregeln, logische Denkgesetze oder feststehende Erfahrungssätze verstoßen worden ist und die Beweisanforderungen nicht vernachlässigt und überspannt worden sind (vgl BayObLG ZSW 1983, 153, 159; FamRZ 1985, 314, 315; 739, 741; 1988, 422 f; 1990, 1282). Werden die vorhandenen Beweismittel nicht ausgeschöpft, so liegt darin eine Verletzung der Amtsermittlungspflicht (§ 2358 Abs 1, § 12 FGG). Dagegen können neu eingeführte, gegen die Testierfähigkeit sprechende Tatsachen im Rechtsbeschwerdeverfahren, nicht berücksichtigt werden (BayObLG Rpfleger 1984, 318).

Ein Zeugnisverweigerungsrecht des Arztes und des Notars im Streit über die Nichtigkeit des Testaments wegen Geisteskrankheit des Erblassers besteht nicht (KG DJZ 1915, 1135). **65**

Eine Feststellungsklage über die Gültigkeit des Testaments eines noch lebenden Dritten, dessen Testierfähigkeit in Frage steht, ist mangels Feststellungsinteresse unzulässig (vgl OLG Köln JW 1930, 2064 m Anm HERZFELDER), da eine Erbaussicht nicht der gerichtlichen Feststellung fähig ist (dazu JOHANNSEN WM 1971, 402). **66**

VII. Recht der DDR

Die Testierfähigkeit war in § 370 ZGB geregelt (dazu Vorbem 65 zu §§ 2229 ff und ebenda Rn 58 ff zur teilweisen Fortgeltung des DDR-Erbrechts). **67**

VIII. Internationales Privatrecht

Seit dem 1. 9. 1986 gelten Art 25, 26 EGBGB nF (über die Testierfähigkeit von **Ausländern** bis zum 31. 8. 1986 s Art 7, 24 Abs 3 EGBGB aF; dazu NEUHAUS, Die Behandlung der Testierfähigkeit im deutschen IPR, RabelsZ 1953, 651; STAUDINGER/FIRSCHING[12] Art 24 aF EGBGB Rn 29 und Vorbem 44 ff zu Art 24 – 26 aF). Streitig ist, ob sich die Testierfähigkeit stets nach Art 7 Abs 1 EGBGB (*Personalstatut*) (so VAN VENROOY JR 1988, 485), stets nach Art 25 Abs 1 EGBGB (*Erbstatut*) (so MünchKomm/BIRK Art 26 Rn 13) oder nach Art 7 EGBGB richtet, soweit sich die Testierfähigkeit mit der Geschäftsfähigkeit deckt und nach Art 25 EGBGB in den übrigen Fällen (so PALANDT/HELDRICH Art 25 EGBGB Rn 16; SCHOTTEN Rn 314 mwN). Da die Testierfähigkeit eine spezielle Ausprägung der Geschäftsfähigkeit auf dem Gebiet des Erbrechts ist, erscheint es folgerichtig, sie dem Erbstatut zu unterwerfen, soweit gegenüber der Geschäftsfähigkeit erbrechtliche Sonderregeln gelten (wie zB der Testierfähigkeit des Minderjährigen). Im übrigen gilt aber die allgemeine Regelung des Art 7 EGBGB. **68**

Die einmal erlangte Testierfähigkeit wird nach Art 26 Abs 3 weder durch Erwerb noch Verlust der deutschen Staatsangehörigkeit beeinträchtigt. Das Haager Testamentsformabkommen (v 5. 10. 1961 [BGBl 1965 II 1144]) findet auf die Testierfähigkeit keine Anwendung (unrichtig LANGE/KUCHINKE § 17 VI). Nach Art 5 des Abkommens werden nur die Vorschriften, welche die für letztwillige Verfügungen zugelassenen Formen **in Bezug auf das Alter** des Erblassers beschränken, als zur Form gehörend angesehen. Somit fallen Beschränkungen, wie sie in § 2233 Abs 1 bei der Auswahl der Formen geregelt sind, unter das Haager Testamentsformabkommen. **69**

§ 2230

Die Vorschrift wurde durch Gesetz zur Reform des Rechts der Vormundschaft und Pflegschaft für Volljährige (Betreuungsgesetz – BtG) vom 12. September 1990 (BGBl I 2002) **mit Wirkung zum 1. Januar 1992 aufgehoben.** Nach Abschaffung der Entmündigung sind Regelungen über die Testamente Entmündigter entbehrlich. Die Vorschrift bleibt jedoch für alle **bis zum 31. Dezember 1991 errichteten Testamente Entmündigter weiterhin anwendbar** (vgl dazu aber § 2229 Rn 43). Allerdings findet Abs 2 keine Anwendung auf Fälle, in denen es nach Antragstellung auf Wiederaufhebung der Entmündigung zu keiner Entscheidung über die Entmündigung kam, weil die Vormundschaft sich kraft Gesetzes am 1. Januar 1992 in eine Betreuung umwandelte (Einzelheiten vgl HAHN FamRZ 1991, 27). Für bis zum 31. Dezember 1991 errichtete Testamente gilt:

§ 2230 aF

[1] Hat ein Entmündigter ein Testament errichtet, bevor der Entmündigungsbeschluß unanfechtbar geworden ist, so steht die Entmündigung der Gültigkeit des Testaments nicht entgegen, wenn der Entmündigte noch vor dem Eintritt der Unanfechtbarkeit stirbt.

[2] Hat ein Entmündigter nach der Stellung des Antrags auf Wiederaufhebung der Entmündigung ein Testament errichtet, so steht die Entmündigung der Gültigkeit des Testaments nicht entgegen, wenn die Entmündigung auf Grund des Antrags wieder aufgehoben wird.

Materialien: E II § 2098; III § 2204; Mot V, 257; Prot V 326; 1. Denkschr d ErbRA (1937) 24 f; Amtl Begr z TestG DJ 1938, 1254.

I. Textgeschichte

1 § 2230 aF entsprach dem gleichlautenden § 3 TestG, sowie inhaltlich der ursprünglichen Fassung der Bestimmung.

II. Normzweck

2 Die durch den ebenfalls aufgehobenen § 2229 Abs 3 aF angeordnete Testierunfähigkeit bei Entmündigung stellte den intensivsten Eingriff in die erbrechtliche Handlungsfähigkeit dar. § 2230 aF sicherte, daß die Geltung des Erblasserwillens nicht an verfahrensrechtlichen Hemmnissen scheiterte.

III. Inhalt

3 1. Solange der *Entmündigungsbeschluß nicht unanfechtbar* geworden war, lag keine gesicherte Grundlage vor, daß der Entmündigte zur Zeit der Testamentser-

richtung geschäftsunfähig war, vielmehr wurde durch die Wiederaufhebung der Entmündigung belegt, daß der Entmündigte nach Antragstellung geschäftsfähig war. § 2230 aF enthielt daher zwei Ausnahmen vom Grundsatz der Testierunfähigkeit nach Entmündigung gem § 2229 Abs 3 aF.

a) Im Falle der *Testamentserrichtung vor* dem Eintritt der *Unanfechtbarkeit* (vgl §§ 664, 684 aF ZPO) des die Entmündigung aussprechenden Beschlusses bleibt das Testament gültig, wenn der Entmündigte noch vor dem Eintritte der Unanfechtbarkeit starb. Allein durch die Tatsache der Entmündigung ist noch keine genügend sichere Grundlage für die Annahme gegeben, daß der Entmündigte zZ der Testamentserrichtung geschäftsunfähig war (vgl D 293; Prot V 326). Insoweit handelte es sich um eine notwendige Klarstellung, weil nach § 2229 Abs 3 S 2 aF die Unfähigkeit, Testamente zu errichten, schon mit der Stellung des Antrags eintrat, aufgrund dessen später die Entmündigung ausgesprochen worden war. Da der Erblasser vor Eintritt der Unanfechtbarkeit verstorben war, konnte die mit ex-tunc Wirkung ab Antragstellung eintretende Rechtsfolge Entmündigung ihm gegenüber nicht mehr eintreten, weil die Entmündigung bei Geistesschwäche, Verschwendung, Trunksucht oder Rauschgiftsucht mit der Zustellung des Beschlusses an den Entmündigten, bei Geisteskrankheit an den gesetzlichen Vertreter, dem die Personensorge zustand, andernfalls mit der Bestellung des Vormundes (§§ 661, 664, 683 aF ZPO) eintrat. Der Beschluß wurde unanfechtbar, wenn die Monatsfrist (§§ 664, 684 aF ZPO) abgelaufen oder wenn die rechtzeitig erhobene Klage abgewiesen oder wieder zurückgenommen worden war. Allerdings ist das Testament in solchen Fällen nach § 2229 Abs 4 ungültig, in denen der Erblasser zur Zeit der Testamentserrichtung nachweislich testierunfähig war.

b) Im Falle der *Testamentserrichtung nach* der Stellung des *Antrags auf Wiederaufhebung der Entmündigung* (vgl §§ 675, 685 aF ZPO) ist das Testament eines Entmündigten gültig, sofern die Entmündigung gemäß diesem Antrag wieder aufgehoben wurde. Durch den Erfolg des Antrags wurde in genügender Weise dargetan, daß der Grund der Entmündigung zZ der Testamentserrichtung nicht bestand. Im Falle des § 2230 Abs 2 aF kann aber der Beweis angetreten und erbracht werden, daß trotz der Wiederaufhebung der Entmündigung der Tatbestand des § 2229 Abs 4 zZ der Testamentserrichtung vorlag (SOERGEL/HARDER § 2230 Rn 3).

2. Ein in der Zeit *nach Zustellung* des unangefochtenen oder ohne Erfolg angefochtenen Entmündigungsbeschlusses bis Stellung des Antrags auf Wiederaufhebung der Entmündigung errichtetes Testament ist und bleibt jedoch ungültig. Lucida intervalla finden hier keine Berücksichtigung (dazu jedoch § 2229 Rn 43).

3. Wurde im Wiederaufhebungsverfahren festgestellt, daß Entmündigungsgründe nie vorgelegen hatten und somit der *Entmündigungsbeschluß* rechtswidrig war, so sind auch vor Antragstellung errichtete Testamente als gültig anzusehen (ebenso DITTMANN/REIMANN/BENGEL § 2230 Rn 6). Die Gegenmeinung (MünchKomm/BURKART § 2230 Rn 6; SOERGEL/HARDER § 2230 Rn 3) verstößt gegen rechtsstaatliche Grundsätze, da sie die Willenserklärungen eines geistig Gesunden aus verfahrensrechtlichen Gründen nicht anerkennen würde.

4. *Starb der Entmündigte vor Entscheidung* über den Wiederaufhebungsantrag, so wurde nach hM das Entmündigungsverfahren gegenstandslos (STEIN/JONAS/SCHLOSSER, ZPO[19] § 675 Anm II). *Fortsetzung* des Verfahrens ist jedoch dann für *zulässig* zu erachten, wenn es der Verwirklichung des Erbrechts dient (AG Breslau DJ 1937, 945 zust LANGE/KUCHINKE § 17 II 3 c; SOERGEL/HARDER Rn 4; VOGELS DJ 1937, 945 Anm; VOGELS/SEYBOLD § 3 Rn 3). Die Feststellung könnte auf *Feststellungsklage* hin durch das Prozeßgericht erfolgen (LANGE/KUCHINKE aaO). Erfolgt in einem solchen Nachverfahren die Aufhebung, so ist damit § 2230 Abs 2 aF Genüge getan.

§ 2231

Ein Testament kann in ordentlicher Form errichtet werden:

1. zur Niederschrift eines Notars;

2. durch eine vom Erblasser nach § 2247 abgegebene Erklärung.

Materialien: E I §§ 1914, 1915; II § 2099; III § 2205; Mot V 257; Prot V 326; Denkschr d ErbrA (1937) 37 f; Amtl Begr z TestG DJ 1938, 1255.

Systematische Übersicht

I.	**Textgeschichte**		f)	Abwägung	14
1.	Ursprüngliche Fassung	1	3.	Die Bedeutung der Formvorschriften	15
2.	Testamentsgesetz	4	a)	Allgemeines	15
3.	GesEinhG	5	b)	Formzwecke	16
4.	Beurkundungsgesetz	6	c)	Zwingende Testamentsformen	18
			4.	Persönliche Errichtung	22
II.	**Regelungsinhalt**				
1.	Ordentliche Testamentsformen	7	**III.**	**Eigenhändiges Testament**	23
2.	Gegenüberstellung der ordentlichen Testamentsformen	9	**IV.**	**Öffentliches Testament**	24
a)	Allgemeines	9	**V.**	**Konversion**	27
b)	Vorteile des eigenhändigen Testaments	10	**VI.**	**Prozeßvergleich**	28
c)	Nachteile des eigenhändigen Testaments	11	**VII.**	**Recht der DDR**	29
d)	Nachteile des notariellen Testaments	12			
e)	Vorteile des notariellen Testaments	13			

I. Textgeschichte

1. Die drei **Entwürfe** kannten als **ordentliche** Testamentsform nur das **öffentliche** Testament (s dazu Mot V 257 ff). Erst der **Reichstag** fügte trotz gewichtiger Beden-

ken das **eigenhändige** Testament als zweite ordentliche Testamentsform in das BGB ein.

Im Rahmen der Diskussion um die Neuordnung der Formvorschriften durch das **2** TestG im Jahre 1938 wurden die **Einwände gegen das eigenhändige Testament** erneuert und verstärkt. Diesen Einwänden wurde jedoch entgegengehalten, das eigenhändige Testament stelle das wichtigste **Mittel zur Verwirklichung des Willensabsolutismus** des Erblassers dar (vgl LANGE ZAkDR 1937, 357 ff). Der Erbrechtsausschuß der AkDR stellte 1937 (in seiner l. Denkschr 41) fest, die Form des eigenhändigen Testaments habe große *Volkstümlichkeit* erlangt und in sämtlichen Teilen Deutschlands, selbst in Gebieten, wo sie bis 1900 unbekannt gewesen sei, das öffentliche Testament überflügelt.

In der ursprünglichen Fassung des § 2231 war die Errichtung *"vor einem Richter oder* **3** *Notar"* bzw *"durch eine von dem Erblasser unter Angabe des Ortes und Tages eigenhändig geschriebene und unterschriebene Erklärung"* vorgesehen.

2. Das **TestG** übernahm in § 4 diese Regelung, führte jedoch in Abs 2 nicht mehr **4** die Erfordernisse des eigenhändigen Testamentes auf, sondern traf hierüber in § 21 eine gegenüber dem früheren Rechtszustand abgemilderte Bestimmung.

3. Das **GesEinhG** v 5. 3. 1953 übernahm in § 2231 den Wortlaut des § 4 TestG und **5** ersetzte die Verweisung auf § 21 TestG durch Bezugnahme auf § 2247.

4. Die **heutige Fassung** beruht auf § 57 Abs 3 Nr 5 BeurkG. Die Neufassung wurde **6** erforderlich, weil seit Inkrafttreten des BeurkG zur Beurkundung letztwilliger Verfügungen **ausschließlich** die **Notare** zuständig sind. (Nach Art 141 EGBGB [mit Wirkung ab 1. 1. 1970 aufgehoben durch § 57 Abs 4 Nr 2 BeurkG] konnte ursprünglich durch die Landesgesetze bestimmt werden, daß nur die Gerichte oder nur die Notare zur Beurkundung öffentlicher Testamente zuständig sind [zu den bis 31. 12. 1969 und früher geltenden landesrechtlichen Vorschriften vgl STAUDINGER/FIRSCHING[12] Rn 27 ff].)

II. Regelungsinhalt

1. Ordentliche Testamentsformen

Das BGB kennt **zwei ordentliche** Testamentsformen, das **öffentliche** Testament (Nr 1) **7** und das eigenhändige **privatschriftliche** oder holographische Testament (Nr 2). Das öffentliche Testament wird zur Niederschrift eines Notars errichtet (§§ 2232, 2233). Das holographische Testament wird durch eine eigenhändig geschriebene und unterschriebene Erklärung des Erblassers errichtet (§ 2247 Abs 1).

Daneben kennt das Gesetz die **außerordentlichen** Testamentsformen der **8** §§ 2249–2251, die nur zeitlich beschränkt gültig sind (§ 2252).

2. Gegenüberstellung der ordentlichen Testamentsformen

a) Allgemeines

Die zwei ordentlichen Testamentsformen sind materiell-rechtlich gleichwertig. Auch **9** ein privatschriftliches Testament kann nach §§ 2254, 2258 ein öffentliches Testament aufheben. Unterschiede ergeben sich aber in der Beweiswirkung (öffentliche Urkunde), hinsichtlich der Pflicht zur Verbringung in die besondere amtliche Verwahrung sowie der Nachlaßabwicklung, da bei Vorliegen eines öffentlichen Testaments idR kein Erbschein erforderlich ist (s § 2248, § 34 BeurkG; vgl auch § 12 Abs 2 S 2 HGB, § 35 GBO, § 41 Abs 1 S 2 SchiffsregisterO). Hier reicht bei namentlich benannter Erbeinsetzung in beurkundeten Testamenten die Vorlage einer beglaubigten Abschrift des Eröffnungsprotokolls nebst Testament als Anlage zur Berichtigung in den öffentlichen Büchern und Registern aus.

b) Vorteile des eigenhändigen Testaments

10 Das eigenhändige Testament ist einfach (jederzeit, an jedem Ort) zu errichten, abzuändern oder aufzuheben. Für den Testierenden fallen keine Kosten an. Der Erblasser braucht vor seinem Tod seinen letzten Willen niemandem zu offenbaren. Wegen dieser Vorzüge erfreut sich das eigenhändige Testament großer Beliebtheit.

c) Nachteile des eigenhändigen Testaments

11 Die Testierabsicht ist oft nicht zuverlässig nachweisbar, die Abgrenzung zu vorbereitenden Entwürfen oft gar nicht möglich. Ob ein ernstlicher letzter Wille vorliegt, ist oft schwer, oft nicht mit Sicherheit feststellbar. Dies gilt umso mehr, als die Rechtsprechung in dem Bemühen, dem Erblasserwillen nach Möglichkeit zur Geltung zu verhelfen, auch Schriftstücke, die nach der äußeren Form keine Testamente sind (zB Briefe, Postkarten, Zettel usw), als solche einordnet. Es besteht bei der Errichtungshandlung keine Kontrolle, daß der Erblasser seine Verfügung mit der nötigen Überlegung ohne Beeinflussung Dritter vornimmt, bzw daß er im Zeitpunkt der Errichtung testierfähig ist. Die Form des eigenhändigen Testaments verleitet zudem manchen des Erbrechts nicht hinreichend sachkundigen Berater dazu, dem Erblasser mangelhafte Gestaltungsvorschläge zu unterbreiten. Die Vornahme von Fälschungen, zB durch Streichungen einseitiger Verfügungen oder Testamentsunterdrückungen, wird erleichtert, sofern der Erblasser nicht die amtliche Hinterlegung gewählt hat (zu Testamentsfälschungen s FRANZHEIM Kriminalistik 1951, 11; MICHEL, Zulässige und unzulässige Schreibhilfe bei der Errichtung eigenhändiger Testamente, Archiv für Kriminologie 1978, 1 ff). Die Gefahr des Verlustes oder der Nichtauffindbarkeit des Testaments ist mangels Pflicht zur amtlichen Verwahrung erhöht. Die leichte Errichtungs- und Abänderungsmöglichkeit verführt zudem manchen Erblasser, den Text seines Testaments laufend abzuändern, sich widersprechende Einschübe und mißverständliche Durchstreichungen vorzunehmen, eine Reihe von weiteren Testamenten, als Nachträge oft auf kleinen Zetteln niedergelegt, nachfolgen zu lassen, so daß kaum mehr Klarheit über den letzten Willen zu erlangen ist. Der Testamentsinhalt ist häufig inhaltlich unklar, mehrdeutig, sogar widersprüchlich. Auch notariell beurkundete Testamente können durch einen Satz eines später errichteten Privattestaments aufgehoben oder abgeändert werden, was zwar vielen Erblassern unbekannt ist, in der Praxis aber bei den Nachlaßbeteiligten Verwirrung stiftet. Die mit eigenhändigen Testamenten verbundene Rechtsunsicherheit zeigt sich vor allem im Erbscheinsverfahren. Da den Erblassern selbst elementare Grundsätze des Erbrechts (zB Universalsukzession, Unterschied zwischen Erbeinsetzung u Vermächtnis) oft unbekannt sind, werden die Gerichte bei eigenhändigen Testamenten mit schwierigen Auslegungsfragen und nicht zuletzt wegen der schwachen Beweiswirkung mit oftmals zeitaufwendigen Beweisverfahren belastet (vgl zB BayObLG FamRZ 1991, 370: Das Nachlaßgericht hörte vier Beteiligte persönlich an, drei Beteiligte äußerten sich schriftlich. Acht Zeugen wurden persönlich vernommen, einer äußerte sich schriftlich. Sechs Gutachten wurden eingeholt. Das Gutachten des Landeskriminalamts wurde durch drei weitere Gutachten sowie ein urkundentechnisches Gutachten und ein medizinisches Gutachten ergänzt). Darüber hinaus wird häufig der familiäre Frieden durch unklare eigenhändige Testamente und daraus abgeleitete Rechtsstreitigkeiten gefährdet. Auch die notarielle Praxis wird durch unklar formulierte eigenhändige Testamente belastet, zumal wenn vermeintliche Erben unterschiedliche Erbscheinsanträge bei jeweils anderen Notaren stellen und wegen der verschiedenen Auslegungsmöglichkeiten des Testaments sogar die Unparteilichkeit des Notars in Frage stellen.

d) Nachteile des notariellen Testaments

Der Erblasser muß seinen letzten Willen einem Dritten offenbaren, wovor manche Erblasser zurückscheuen. (Dieser Nachteil läßt sich jedoch ausschließen, indem der Erblasser sich vom Notar einen Entwurf ohne Namensnennung der Begünstigten fertigen läßt und diesen nach Vervollständigung gem § 2232 als verschlossene Schrift übergibt). Als weiterer Nachteil gilt, daß beim Erblasser Notargebühren anfallen (dazu Rn 13). Gewichtiger erscheint der Einwand, daß eine unsachgemäße Beratung durch die Urkundsperson den Erblasser bei seiner Gestaltung beeinflussen kann (LANGE/KUCHINKE § 16 IV 4 a). Diese Gefahr ist bei eigenhändigen Testamenten aber ungleich größer, weil verfahrensrechtlich nicht verhindert werden kann, daß Einflußnahmen und Beratungsfehler durch inkompetente Dritte erfolgen.

12

e) Vorteile des notariellen Testaments

Das notarielle Testament sichert verfahrensrechtlich eine umfassende Rechtsberatung, sowie die Einhaltung der erforderlichen Formen und gewährleistet Schutz vor Unterdrückungen, Veränderungen und Fälschungen des Testaments. Im Rechtsverkehr genießt das notarielle Testament als öffentliche Urkunde (dazu OLG Frankfurt NJW-RR 1990, 717) eine Vorzugsstellung, da bei namentlicher Erbeinsetzung ein Erbschein entbehrlich ist (BayObLG NJW-RR 1987, 266). Daher ist das öffentliche Testament insgesamt kostengünstiger als der notariell oder gerichtlich beurkundete Erbscheinsantrag und der Erbschein (KÖSSINGER 12 f). Allerdings treffen die Kosten des notariellen Testaments (Beurkundungs- und Aufbewahrungsgebühr: §§ 46, 101 KostO) den Erblasser, die Kosten einer eidesstattlichen Versicherung und des Erbscheins (§§ 49, 107, 107 a KostO) die Erben.

13

f) Abwägung

Die Nachteile des eigenhändigen Testaments überwiegen eindeutig (EBENROTH Rn 204: das öffentliche Testament genießt entscheidende Vorteile). Dabei fällt die Belastung des Rechtsfriedens durch unklare oder mehrdeutig formulierte eigenhändige Testamente besonders ins Gewicht. Zahlreiche Rechtsstreitigkeiten in Erbscheinsverfahren und mitunter zweifelhafte Auslegungen bei der Antragstellung durch Notare und bei der Erbscheinserteilung durch Nachlaßgerichte werden durch eigenhändige Testamente herausgefordert. Im Streitfalle ist die Beweislast hinsichtlich Echtheit des Testaments sowie Testierfähigkeit des Erblassers infolge der tatsächlichen Vermutungen der ordnungsgemäßen Errichtung (§ 415 ZPO) sowie hinreichenden Prüfung der Testierfähigkeit durch den Notar beim öffentlichen Testament günstiger als beim privatschriftlichen. Ohne Bedenken kann das eigenhändige Testament für erbrechtlich unvorgebildete Bevölkerungskreise heute nur bei einfachen erbrecht-

14

lichen Gestaltungen und unkomplizierten Vermögensverhältnissen empfohlen werden. Bei Unternehmertestamenten wird idR sogar die gemeinsame Beratung durch Notar und Steuerberater erforderlich sein. Trotz der evidenten Nachteile erfreut sich das eigenhändige Testament eines hohen Verbreitungsgrades, wozu auch die Unkenntnis über die höheren Kosten des Erbscheinsverfahrens beiträgt (vgl die Beispielrechnung bei KÖSSINGER 13).

3. Die Bedeutung der Formvorschriften*

a) Allgemeines

15 Verfügungen von Todes wegen sind als Rechtsgeschäfte sowohl für den Erblasser als auch die Nachlaßbeteiligten von herausragender Bedeutung und darüber hinaus wegen der notwendigen Nachlaßregulierung von besonderem öffentlichen Interesse. Das Gesetz hat sie daher genau festgelegten Formvorschriften unterstellt.

b) Formzwecke

16 Die einzelnen **Formzwecke** der Testamentsformen (zu den Formzwecken der eigenhändigen **Unterschrift** vgl § 2247 Rn 84 ff) sind:

– der Erblasser ist vor übereilten, leichtfertigen Entschlüssen und Erklärungen zu bewahren und zur sorgfältigen Überlegung zu führen: *Schutz- und Warnfunktion* (MünchKomm/BURKART § 2247 Rn 1; EBENROTH Rn 193; NIEDER, Testamentsgestaltung, Rn 797).

– Die Urheberschaft des Erblassers soll nach dem Tode eindeutig feststellbar sein: *Identitätsfunktion* (RG Gruchot 32, 118, 121; RGZ 137, 213)

– die über den Tod hinaus wirkenden Willenserklärungen sind in für Dritte verständlicher Weise festzulegen und zu sichern: *Kundbarmachungs-, Beweissicherungsfunktion, Rechtssicherheit;*

– der Testierwille des Erblassers *(animus testandi)* ist abzugrenzen gegen bloße Wünsche, Mitteilungen, angekündigte Verfügungen, Entwürfe usw *(perfizierende Funktion, Rechtssicherheit).*

17 Nur für das notarielle Testament gilt:
– Unter der Geltung des Grundgesetzes hat eine sozialstaatliche Anreicherung der notariellen Beurkundungsfunktionen durch eine umfassende Verankerung von **Prüfungs-, Beratungs- und Belehrungspflichten des Notars** stattgefunden. Damit soll die notarielle Beurkundungsform bei der Testamentserrichtung neben der Erfüllung der anderen Formzwecke zusätzlich eine den Erblasserwünschen angemessene recht-

---

* BOEHMER, Grundlagen der Bürgerlichen Rechtsordnung (1952) II 2, 73 ff, 79 ff mit Literaturangaben; GRUNDMANN, Zu Formfreiheit und Formzwang bei privatschriftlichen Testamenten, AcP 1987, 429; vHIPPEL, Formalismus und Rechtsdogmatik (2. Aufl 1955); KRAUSE, Kann eine formmangelhafte Verfügung von Todes wegen rechtsgültig sein?, FamRZ 1955, 161; LANGE ZAkDR 1938, 578; ders, Das Recht des Testaments, in: 1. Denkschr d ErbrA der AkDR (1937) 37 ff; LINNEMANN, Grenzen der Formnichtigkeit (Diss Freiburg 1952); RUMPF, Richterliche Freiheit bei Formnichtigkeit, JW 1938, 2579.

c) Zwingende Testamentsformen

Die heutigen Formvorschriften gehen inhaltlich auf die durch das TestG eingeführten Änderungen zurück. Auslöser für die Gesetzesreform war die kontrovers geführte Diskussion über die Bedeutung der Formvorschriften. Diese Diskussion kulminierte nach der Kammergerichtsentscheidung (KG v 3. 2. 1938, DJ 1938, 428), die ein eigenhändiges Testament als nichtig ansah, weil der Erblasser zur Ortsbezeichnung iS des § 2231 Ziff 2 aF einen auf einem Briefbogen befindlichen Ortsvordruck verwendet hatte. Der Gesetzgeber versuchte durch die Neuordnung des Testamentsrechts, die sich aus der überzogenen Formenstrenge des frühen BGB ergebenden Härten zu mildern (vgl Vorspruch zum TestG in Vorbem 16 zu §§ 2229 ff). Mit Rücksicht auf die einschneidende Bedeutung, die das Testament für die Rechtsbeziehungen aller Beteiligten hat (BGHZ 2, 174), wurde aber die Einhaltung eines Mindestmaßes an Formen auch weiterhin für nötig erachtet. Dieses Formverständnis wurde durch das BeurkG unterstrichen. 18

Die gesetzlichen Formvorschriften der Testamentserrichtung sind zwingendes Recht. Die Verletzung einer Formvorschrift führt zur Nichtigkeit der letztwilligen Verfügung, § 125 (zu den Sonderregelungen bei Nottestamenten vgl § 2249 Rn 26 ff u § 2250 Rn 19 ff). Diese Rechtsfolge stellt keine auf Formalismus beruhende Härte dar, weil sie entweder zur gesetzlichen Erbfolge oder zur Erbfolge führt, die sich aus ordnungsgemäß errichteten Testamenten ergibt. 19

Die nachträgliche Anerkennung eines unwirksamen Testamentes durch die Nachlaßbeteiligten läßt die letztwillige Verfügung nicht wirksam werden, sondern begründet lediglich schuldrechtliche Verpflichtungen zwischen den Vertragsparteien (RGZ 72, 209; BGH [22. 9. 1976] bei Johannsen WM 1977, 270; BayObLGZ 29, 208, 296; 1951, 392; 1954, 27). Die Nichtigkeit des Testaments kann nur durch Neuerrichtung behoben werden. Auch die Bestätigung des Testaments nach § 141 kann nur durch Neuerrichtung erfolgen (aA Soergel/Harder § 2229 Rn 12), da § 141 die Neuvornahme des Rechtsgeschäfts voraussetzt. 20

Bei Testamentserrichtungen kann der gesetzgeberische Zweck der Formvorschriften nicht anderweitig erfüllt werden (s dazu RGZ 86, 386; KG JFG 14, 280; Boehmer, Grundlagen II 2, 76, 78, 80 ff), so daß ein gegen Formvorschriften verstoßendes Testament auch dann unwirksam bleibt, wenn der letzte Wille des Erblassers durch der Testamentsform nicht entsprechende Beweismittel zuverlässig nachgewiesen werden kann. Ist das Testament formnichtig, so bleibt die Nichtigkeit auch dann bestehen, wenn durch anderweitige Beweismittel zur Gewißheit des Gerichts feststeht, daß der Inhalt der formnichtigen Erklärung dem letzten Willen des Erblassers entspricht (Kipp/Coing § 19 IV). Nur bei der Frage, ob im Einzelfall einer Formvorschrift genügt ist, darf und muß davon ausgegangen werden, daß keine strengeren Anforderungen zu stellen sind, als sie sich aus Wortlaut und Sinn der Vorschrift zwingend ergeben (insoweit kann man von einem favor testamenti sprechen). Eine Rechtsprechung, die in dem Bemühen um Einzelfallgerechtigkeit die seit Inkrafttreten des TestG milden Formvorschriften der Testamentserrichtung noch weiter aufweicht, kollidiert mit dem im Erbrecht herausragenden Interesse an Rechtssicherheit (KG OLGE 12, 375 f: „Läßt man 21 an zwingenden Formvorschriften auch nur das geringste nach, so ist überhaupt eines Haltens nicht mehr. Man muß alsdann entweder alle Essentialien preisgeben und gelangt schließlich dahin, den geschriebenen nicht wahren Willen des Erblassers durch den nachweislich wahren, aber nicht geschriebenen Willen zu ersetzen, oder man überläßt richterlicher Willkür, zu bestimmen, die Verletzung welcher Essentialen das Testament nichtig macht, welcher nicht. Die Grundsätze der Auslegung finden nur auf den Willensinhalt, nicht auf die Beobachtung der Formalien Anwendung").

4. Persönliche Errichtung

22 Jede Art von Testament muß nach § 2064 vom Erblasser persönlich, gem § 2229 im Zustand der Testierfähigkeit, errichtet werden.

III. Eigenhändiges Testament

23 Die Form des privatschriftlichen Testaments steht nicht jeder Person zur Verfügung (s § 2247 Abs 4 „wer minderjährig ist oder Geschriebenes nicht zu lesen vermag").

IV. Öffentliches Testament

24 Seit dem 1.1.1970 (Inkrafttreten der durch § 57 Abs 3 Nr 5 BeurkG geänderten heutigen Fassung der Nr 1) sind nur noch die Notare für die Beurkundung eines ordentlichen öffentlichen Testaments zuständig.

25 Als staatlicher Hoheitsträger darf der deutsche Notar nur im Inland tätig werden, da er nicht in die Souveränität anderer Staaten eingreifen darf. Daher sind **Beurkundungen eines deutschen Notars außerhalb der Bundesrepublik Deutschland nichtig** (s dazu SCHOETENSACK DNotZ 1952, 270; BLUMENWITZ DNotZ 1968, 716; WINKLER DNotZ 1971, 146; zu Überlegungen der Amtshilfe bei grenzüberschreitenden Rechtsgeschäften SCHIPPEL, in: FS Lerche [1993] 499; zur Durchführung der grenzüberschreitenden Amtshilfe SCHIPPEL DNotZ 1995, 334, 340 f; vgl hierzu auch „Europäischer Kodex des notariellen Standesrechts" DNotZ 1995, 329 ff; zur Zuständigkeit des deutschen Konsuls vgl Vorbem 40 ff zu §§ 2229 ff).

26 Die örtliche Zuständigkeit des Notars richtet sich nach § 11 BNotO, § 2 BeurkG. Beurkundungen eines deutschen Notars im Hoheitsbereich der Bundesrepublik Deutschland sind wirksam, auch wenn der Amtsbereich überschritten ist. Die Wahl des Notars steht dem Erblasser frei.

V. Konversion

27 Übergibt der Erblasser gem § 2232 einem Notar ein nach § 2231 Nr 2 errichtetes Testament und ist diese Testamentserrichtung aus formellen Gründen ungültig, so wird ein formgültiges Privattestament idR nur dann unwirksam, wenn nach den Umständen des Falles anzunehmen ist, daß die Übergabe nach § 2232 nicht nur zur Sicherstellung der Gültigkeit und Unanfechtbarkeit der letztwilligen Verfügung erfolgte, sondern der Erblasser erst mit der Übergabe endgültig testieren wollte (s dazu KGJ 50 A 81; RG WarnR 1931 Nr 50). Bei einer verschlossenen Schrift dient die Übergabe des eigenhändigen Testaments an den Notar grds nur der Sicherstellung; Formfehler bei der Beurkundung lassen daher die Wirksamkeit nach § 2247 unbe-

rührt. Wird die Schrift offen übergeben, so hat der Notar eine inhaltliche Beratungs- und Belehrungspflicht. Grds ist davon auszugehen, daß der Erblasser diese Belehrung wollte und daher trotz äußerer Fertigstellung eines eigenhändigen Testaments erst mit der Errichtung der notariellen Niederschrift endgültig testieren wollte. Ein bereits vor der Beurkundung vorhandener Testierwille muß ausdrücklich festgestellt werden.

VI. Prozeßvergleich

Ein Prozeßvergleich ersetzt grds jede für das Rechtsgeschäft vorgeschriebene Beurkundungsform. Ein **Testament** kann jedoch **nicht Gegenstand eines Vergleichs** sein (dazu RGZ 48, 187; BGH FamRZ 1960, 30; aA RÖTELMANN Rpfleger 1954, 248), schon deswegen, weil der **Vergleich** immer **alle Vertragspartner** an das im *caput controversum* des Vergleichs Festgelegte **bindet**, das Testament hingegen eine einseitige, jederzeit frei widerrufbare Willenserklärung des Erblassers ist. **28**

VII. Recht der DDR

Die Testamentsformen waren in § 383 ZGB geregelt (zur teilweisen Fortgeltung des ZGB vgl Vorbem 58 ff zu §§ 2229 ff; zu § 383 ZGB ebenda Rn 69 ff). **29**

§ 2232

Zur Niederschrift eines Notars wird ein Testament errichtet, indem der Erblasser dem Notar seinen letzten Willen mündlich erklärt oder ihm eine Schrift mit der Erklärung übergibt, daß die Schrift seinen letzten Willen enthalte. Der Erblasser kann die Schrift offen oder verschlossen übergeben; sie braucht nicht von ihm geschrieben zu sein.

Materialien: s Rn 1 u 6.

Schrifttum

APPELL, Auswirkungen des Beurkundungsgesetzes auf das Familien- und Erbrecht, FamRZ 1970, 520

BAUMANN, Das deutsche Notariat, Öffentliches Amt und soziale Funktion, XXI. Internationaler Kongreß des Lateinischen Notariats, Berichte der deutschen Delegation, hrsg v Bundesnotarkammer (1995)

Beck'sches Notarhandbuch hrsg v BRAMBRING, JERSCHKE (1992) C. Erbrecht bearb v BENGEL/ REIMANN

BOHRER, Das Berufsrecht der Notare (1991)

FASSBENDER/GRAUEL/KEMP/OHMEN/PETER, Notariatskunde (10. Aufl 1994)

HAUG, Die Amtshaftung des Notars (1989)

KEIM, Testamente und Erbverträge, Losebl

KEIM, Das notarielle Beurkundungsverfahren (1990)

KERSTEN/BÜHLING, Formularbuch und Praxis der Freiwilligen Gerichtsbarkeit (19. Aufl 1987) 2. Hbd, §§ 97 ff, bearb v FASSBENDER

Münchener Vertragshandbuch (3. Aufl 1992) Bd 4, 2. Hbd XV Formelle Gestaltung der Verfügungen von Todes wegen, bearb v NIEDER

NIEDER, Handbuch der Testamentsgestaltung (1992) § 13 III 1

REITHMANN, Die Formulierung der notariellen Urkunde, DNotZ 1973, 152

REITHMANN/RÖLL/GESSELE, Handbuch der

notariellen Vertragsgestaltung (6. Aufl 1990)
N. Testament und Erbvertrag, bearb von BASTY

WEIRICH, Erben und Vererben (3. Aufl 1991)
§ 10 III 4.

Systematische Übersicht

I. Textgeschichte	b) Verfahren ... 22
1. Textgeschichte der Ursprungsfassung des § 2232 ... 1	IV. Übergabe einer Schrift (S 1, 2. Alt)
2. Textgeschichte der heutigen Fassung ... 5	1. Übergabe ... 30
a) Ursprüngliche Regelung ... 5	2. Die übergebene Schrift ... 31
b) Testamentsgesetz ... 8	
c) GesEinhG ... 10	V. Unterschrift des Erblassers ... 37
d) Beurkundungsgesetz ... 11	VI. Verbindung der drei Formen ... 38
II. Formen der Errichtung	
1. Grundsätzliches ... 12	VII. Öffentliche Urkunde ... 39
2. Grundtypen des öffentlichen Testaments ... 13	VIII. Beweisfragen ... 41
a) Mündliche Erklärung ... 13	IX. Haftung ... 42
b) Übergabe einer Schrift ... 13	
III. Mündliche Erklärung (S 1, 1. Alt)	X. Gebühr ... 43
1. Erklärung des Erblassers ... 15	
2. Beteiligung des Notars ... 21	XI. Recht der DDR ... 44
a) Funktion des Notars ... 21	

I. Textgeschichte

1. Textgeschichte der Ursprungsfassung des § 2232

1 Die Ursprungsfassung des § 2232 hatte folgenden Wortlaut:

Für die Errichtung eines Testaments vor einem Richter oder vor einem Notar gelten die Vorschriften der §§ 2233 bis 2246.

Materialien: RTK 177; 1. Denkschr d ErbrA (1937) 61 f; Amtl Begr z TestG DJ 1938, 1255.

2 Die Einfügung dieser Regelung wurde durch die Einführung des eigenhändigen Privattestaments veranlaßt. Die Vorschrift ergänzte § 2231 Nr 1 und leitete zugleich die §§ 2233—2246 aF ein (zu den ergänzenden Bestimmungen zum alten Recht vgl STAUDINGER/FIRSCHING[12] Rn 2 ff).

3 Die Vorschrift wurde wörtlich in § 5 TestG übernommen. Das **GesEinhG** v 5. 3. 1953 fügte denselben Wortlaut an alter Stelle wieder in das BGB ein, insofern modifiziert, als die §§ 2233–2246 abgesehen von inhaltlichen Veränderungen durch Einschiebung der §§ 2241 a und b eine Erweiterung erfuhren.

Die durch **§ 57 Abs 3 Nr 6 BeurkG** mit Wirkung ab 1.1.1970 eingefügte Neufassung ersetzte § 2232.

2. Textgeschichte der heutigen Fassung des § 2232

a) Ursprüngliche Regelung

Die heutige seit 1.1.1970 geltende Fassung des § 2232 wurde aus dem **ursprünglichen § 2238** entwickelt.

Die ursprüngliche Fassung des § 2238 lautete:

[1] Die Errichtung des Testaments erfolgt in der Weise, daß der Erblasser dem Richter oder dem Notar seinen letzten Willen mündlich erklärt oder eine Schrift mit der mündlichen Erklärung übergibt, daß die Schrift seinen letzten Willen enthalte. Die Schrift kann offen oder verschlossen übergeben werden. Sie kann von dem Erblasser oder von einer anderen Person geschrieben sein.

[2] Wer minderjährig ist oder Geschriebenes nicht zu lesen vermag, kann das Testament nur durch mündliche Erklärung errichten.

Materialien: E I §§ 1918, 1922; II § 2104; III § 2210; 1. Denkschr d ErbrA (1937) 68; Amtl Begr z TestG DJ 1938, 1256.

Abs 1 erschöpfte den Vorgang der Testamentserrichtung nicht (wegen der weiteren Erfordernisse, insbes der Errichtung eines Protokolls, dessen Vorlesung und Unterschrift s §§ 2240 aF ff, der etwa notwendig werdenden Zuziehung von Zeugen oder an deren Stelle tretenden Personen s §§ 2233 aF, der Anwesenheit der mitwirkenden Personen bei der Verhandlung s §§ 2239 aF).

b) Testamentsgesetz

Die Vorschrift wurde inhaltlich geändert durch das TestG.

§ 11 TestG lautete:

[1] Das Testament wird in der Weise errichtet, daß der Erblasser dem Richter oder dem Notar seinen letzten Willen mündlich erklärt oder eine Schrift mit der mündlichen Erklärung übergibt, daß die Schrift seinen letzten Willen enthalte.

[2] Der Erblasser kann die Schrift offen oder verschlossen übergeben. Die Schrift kann von dem Erblasser oder von einer anderen Person geschrieben sein. Der Richter oder der Notar soll von dem Inhalt der offen übergebenen Schrift Kenntnis nehmen.

[3] Wer minderjährig ist, kann das Testament nur durch mündliche Erklärung oder durch Übergabe einer offenen Schrift errichten.

[4] Ist der Erblasser nach der Überzeugung des Richters oder des Notars nicht imstande, Geschriebenes zu lesen, so kann er das Testament nur durch mündliche Erklärung errichten.

9 Sachlich bestand die Änderung durch das TestG darin, daß hiernach ein Minderjähriger das Testament auch durch Übergabe einer offenen Schrift errichten konnte. Im übrigen wurde in Abs 2 im Hinblick auf den früheren § 2241 b klargestellt, daß die Urkundsperson von dem Inhalt der offen übergebenen Schrift Kenntnis nehmen sollte. Die Bestimmung des Abs 4 entsprach inhaltlich dem früheren Abs 2 des § 2238, jedoch war nunmehr die Überzeugung der Urkundsperson von dem Lesevermögen maßgeblich. Weitergehende Änderungen hielt auch der Erbrechtsausschuß nicht für erforderlich (1. Denkschr 68 f).

10 c) Das **GesEinhG** v 5. 3. 1953 fügte § 11 TestG als § 2238 mit demselben Wortlaut wieder in das BGB ein.

11 d) § 2238 Abs 2 S 3 wurde in § 30 S 4 **BeurkG** übernommen.

II. Formen der Errichtung

1. Grundsätzliches

12 § 2232 regelt materiellrechtlich die Errichtung ordentlicher öffentlicher Testamente. Die verfahrensrechtlichen Bestimmungen finden sich im BeurkG (§§ 1–11, 13, 16, 17–19, 22–26, 27–35). Seit Einführung des BeurkG ist die Errichtung eines öffentlichen Testaments nur vor einem **Notar** möglich. Da der Notar sein *öffentliches Amt aus staatlicher Hoheitsgewalt ableitet* und diese an den Grenzen der Bundesrepublik Deutschland endet, sind für Beurkundungen im Ausland die deutschen **Konsuln** zuständig (dazu §§ 10, 11 KonsularG; Vorbem 41 ff zu §§ 2229 ff).

2. Grundtypen des öffentlichen Testaments

13 Die Errichtung des ordentlichen öffentlichen Testaments ist auf zweierlei Weise möglich:

a) Der Erblasser **erklärt dem Notar** seinen letzten Willen **vollständig mündlich** *(testamentum apud acta conditum)*. Der Notar errichtet über diese Erklärungen eine Niederschrift.

b) Der Erblasser **übergibt** dem Notar eine **Schrift**, und zwar **offen oder verschlossen**, von ihm selbst oder einer anderen Person (die zB auch ein bei der Errichtung Mitwirkender oder Bedachter sein kann, vgl § 7 BeurkG) geschrieben, mit der mündlichen Erklärung, daß die Schrift seinen letzten Willen enthalte *(testamentum notario oblatum)*. Der Notar errichtet über diesen Vorgang ein Tatsachenprotokoll.

14 Der Errichtungsakt (vgl dazu RGZ 61, 149) besteht somit

- in der Übergabe der Schrift,
- in der mündlichen Erklärung, daß dies der letzte Wille sei,
- in der Errichtung einer notariellen Niederschrift bzw eines Tatsachenprotokolls über diese Vorgänge (§ 2231 Ziff 1).

III. Mündliche Erklärung (S 1, 1. Alt)

1. Erklärung des Erblassers

Die Erklärung des Erblassers muß mündlich, also durch **lautliche Wortbildung mit dem Mund**, erfolgen (dazu BGHZ 2, 172). Hierbei genügt zB „Ja"-Sagen (BGHZ 37, 79, 84 ff; OLG Hamm FamRZ 1989, 439; 1994, 993; OLG Frankfurt NJW-RR 1990, 717). Die Worte müssen von dem Notar als Worte bestimmten Inhalts verstanden werden (RGZ 108, 397). „Unverständliches Lallen" stellt keinen Gebrauch der Sprache dar (OGHZ 2, 49; 3, 383; BayObLGZ DNotZ 1969, 301), auch nicht Kopfnicken, Kopfschütteln oder andere Gebärdensprachen (OLG Hamm FamRZ 1994, 993) und auch nicht das Schweigen des Erblassers (vgl RG JW 1909, 461), da Testamente nicht konkludent erklärt werden können. 15

Unschädlich ist, wenn die Verständigung mit dem Erblasser zu dessen Schonung im wesentlichen unter *Zuhilfenahme von Zetteln und Gebärden* erfolgt (OGHZ 3, 383). So genügt es zB, daß der Erblasser auf die Frage des Notars, ob dies sein Testament sei, mit „Ja" antwortet (BGHZ 2, 172; 37, 79, 84) oder der Notar die Worte „das ist mein Testament" vor- und der Erblasser sie nachspricht (vgl dazu RGZ 108, 397 = JW 1925, 357 m Anm HERZFELDER). Nicht jedoch genügen ausschließlich *Gebärden, Körper-* und *Handzeichen* oder das bloße Zuhören des Erblassers „mit dem Ausdruck der Befriedigung" (BayObLGZ 1965, 341). Die Erklärung kann daher nicht allein durch Zeichen, zB Kopfnicken auf eine Frage, erfolgen (vgl Mot V 251; KOLMAR Recht 1912 Nr 1819; KG ZBlFG 1913, 40; OLG Stuttgart OLGE 2, 448; RGZ 85, 125; 108, 397; BGH DNotZ 1952, 75; KG DNotZ 1960, 48; BayObLGZ 1968, 272. Unentschieden RGZ 161, 378, 382; OGHZ 3, 383; BGHZ 2, 172 unter Hinweis auf die Entstehungsgeschichte des § 11 TestG. Der ErbrA legte kein entscheidendes Gewicht darauf, daß die Verständigung gerade „mündlich" erfolge [vgl 1. Denkschr 36, 64, 65, 69, 70]. Das TestG beließ es jedoch bei diesem Erfordernis [vgl LANGE ZAkDR 1938, 579 auch für den Rechtszustand nach Einführung des TestG]). 16

Das **Beurkundungshauptverfahren** muß **unmittelbar vor dem Notar** erfolgen (DITTMANN/REIMANN/BENGEL Rn 8). Daher kann sich der Erblasser zur Abgabe seiner mündlichen Erklärung keiner technischen Aufzeichnungsgeräte bedienen. Zulässig ist dagegen der Einsatz technischer Lautverstärker. Ebenso ist der Einsatz einer Sprechanlage zulässig bei beiderseits unmittelbarer Sicht (zB in Quarantänestation) und sofern der Notar aufgrund des Sichtkontaktes sicher ist, daß die Erklärungen über die Sprechanlage vom Erblasser abgegeben werden (ebenso DITTMANN/REIMANN/BENGEL Rn 8 mwN; **aA** OLG Hamm DNotZ 1978, 54; OLG Frankfurt NJW 1973, 1131). 17

Die mündliche Erklärung des Erblassers muß **nicht in ausführlicher oder zusammenhängender Rede**, sie kann auch im Wege der Rede und Gegenrede, Frage und Antwort zwischen Notar und Erblasser erfolgen (RGZ 63, 86; SeuffBl 71, 602; Gruchot 65, 97; RG JW 15, 581; RGZ 161, 378, 382; OGHZ 3, 383). Der Erblasser muß mindestens 18

physisch fähig sein, **„Ja"** und **„Nein"** zu sagen (SchlHOLG SchlHAnz 1954, 15; BGHZ 30, 294).

19 § 2232 schreibt die Beurkundungssprache nicht vor. Zulässig ist daher die Beurkundung in einer Fremdsprache ohne Dolmetscher, sofern sowohl der Notar als auch der Erblasser diese zur Errichtung eines Testaments ausreichend beherrschen. Die Beurkundung in einer Fremdsprache ist selbst dann zulässig, wenn der Erblasser auch deutsch spricht, wobei die Beurkundung grundsätzlich in deutscher Sprache zu erfolgen hat (§ 5 BeurkG). Ist der Erblasser nach der Überzeugung des Notars der deutschen Sprache nicht mächtig, so ist nach §§ 16, 32 BeurkG zu verfahren.

20 Die Formvorschriften zur Errichtung eines öffentlichen Testamentes gewährleisten, daß der Erblasser seinen letzten Willen hinreichend überlegt. Die in § 17 BeurkG festgelegten Pflichten des Notars stellen grds eine rechtlich unzweideutige und klare Ausdrucksweise des letzten Willens sowie die Beobachtung der Formvorschriften sicher. Damit ist allerdings nicht gewährleistet, daß der niedergelegte Wortlaut dem wahren Willen des rechtlich meist unerfahrenen Erblassers entspricht. Die Gewandtheit juristischer Berater kann zu Mißverständnissen führen oder den Erblasser sogar beeinflussen. Daher werden bei der Errichtung letztwilliger Verfügungen – soweit diese sich nicht auf einfache Alleinerbeinsetzungen beschränken – höchste Anforderungen an die beurkundungstechnischen Fähigkeiten sowie die erbrechtlichen und kautelarjuristischen Kenntnisse des Notars gestellt.

2. Beteiligung des Notars

a) Funktion des Notars

21 Als **staatlich eingesetzter und überwachter Träger eines öffentlichen Amtes** nimmt der Notar auch bei der Errichtung von Testamenten **Aufgaben der vorsorgenden Rechtspflege** wahr. Das Gesetz (§ 17 BeurkG) hat ihm daher am Sozialstaatsprinzip ausgerichtete, umfassende **Prüfungs- und Belehrungspflichten** gegenüber dem Erblasser auferlegt. Das rechtsstaatlich ausgeformte **Beurkundungsverfahren gewährleistet sozialen Schutz und rechtliche Überwachung** (ausführlich hierzu BAUMANN, Das deutsche Notariat, Öffentliches Amt und soziale Funktion).

b) Verfahren

22 In der Regel geht der Errichtung des öffentlichen Testaments eine **Vorverhandlung** voraus (dazu WEIRICH Rn 215). Der Notar befragt den Erblasser nach seinem letzten Willen. Dieses Beurkundungsvorverfahren sollte (wegen der vorbereitenden Beratungsfunktion des Notars), muß aber nicht unmittelbar vor dem Notar erfolgen. Zulässig ist daher zB eine telefonische Vorverhandlung, in der dem Notar der letzte Wille des Erblassers mitgeteilt wird. Der Notar kann den Entwurf nach Angaben des Erblassers in dessen Abwesenheit fertigen (RGZ 85, 123). Zulässig ist auch, daß der Erblasser einen Dritten ermächtigt, die für einen Testamentsentwurf notwendigen Angaben dem Notar vorzutragen (vgl OGHZ 2, 45 = NJW 1949, 544; BGHZ 2, 172). § 2064 gilt nicht für das notarielle Vorverfahren.

23 Der Notar hat den letzten Willen in sprachlich und juristisch klarer und unzweideutiger Form (§ 17 Abs 1 BeurkG) in einem Testamentsentwurf niederzulegen. In der Regel wird der Notar dem Erblasser diesen Testamentsentwurf mit der Bitte um

7. Titel.
Errichtung und Aufhebung eines Testaments

§ 2232
24—27

Prüfung, Mitteilung von Änderungswünschen und Vereinbarung eines Beurkundungstermins zusenden. Zulässig, möglich und vor allem in Notfällen erwünscht ist auch eine sofortige Beurkundung der Erklärungen des Erblassers, so daß Vor- und Hauptverfahren der notariellen Beurkundung in einem Termin zusammenfallen.

Der Testamentserrichtung können Aufzeichnungen, Angaben eines vom Erblasser **24** bevollmächtigten Dritten oder ein bereits (auch von einem Dritten) niedergeschriebener Entwurf zugrunde gelegt werden, sofern sich der Notar in der Errichtungsverhandlung durch Erörterung mit dem Erblasser die sachliche Richtigkeit des Testamentsinhalts im einzelnen mündlich bestätigen läßt (vgl Gruchot 50, 115; RG JW 1915, 581; RGZ 85, 123; OGHZ 3, 383; BGHZ 2, 172; KG DNotZ 1960, 485).

Im **Beurkundungstermin** erfolgt die Errichtung des Testaments. Der Testamentsent- **25** wurf wird dem Erblasser in Gegenwart des Notars – idR vom Notar selbst – **vorgelesen**. Der Notar fragt, ob das Verlesene seinem letzten Willen entspreche. Mit der lautlich vernehmbaren bejahenden Beantwortung dieser Frage durch den Erblasser ist der Form des § 2232 entsprochen (RGZ 85, 120; 161, 378; OGHZ 2, 45 = NJW 1949, 544; 3, 383 = MDR 50, 417; BGHZ 2, 172; 37, 79). Ist der Erblasser *taub*, so kann nach § 23 BeurkG (beachte § 22 BeurkG!) statt des Verlesens die Niederschrift zur Durchsicht vorgelegt werden. Auch hier muß der Erblasser mündlich antworten (dazu OLG Hamm DNotZ 1989, 584 m Anm BURKART), der Notar jedoch nicht schriftlich fragen (zutreffend BURKART DNotZ 1989, 588; aA OLG Hamm aaO, das die schriftliche Vorlage der Frage fordert).

Enthält das Testament mehrere Verfügungen, so darf die Bejahung „nicht bloß auf **26** eine summarische Bestätigung der Gesamtheit aller schon niedergeschriebenen Einzelverfügungen hinauskommen" (RGZ 85, 121, 125). Aufgrund der in § 17 BeurkG normierten Prüfungs- und Belehrungspflichten muß der Notar den Inhalt mit dem Erblasser im einzelnen erörtern. Verfahrensmäßig bedeutet dies, daß der Notar sich die **Zustimmung** des Erblassers zu den einzelnen Verfügungen **durch Gebärden** wie Kopfnicken usw einholen darf, **sofern der Erblasser abschließend mindestens einmal durch lautliche Wortbildung antwortet**. Die **Durchführung** des **Beurkundungsverfahrens** steht insoweit **im Ermessen des Notars**, als es diesem überlassen bleibt, das Testament entweder nur *abschnittweise* vorzulesen und zu erläutern oder *insgesamt* vorzulesen und danach jeden Abschnitt einzeln zu erläutern. Beide Verfahrensweisen können für den Erblasser vorteilhaft sein. Der Notar wird das Verfahren grds dem Umfang des Testaments, der **Auffassungsgabe** und den **Wünschen des Erblassers anpassen**. Die Formvorschrift ist erfüllt, wenn der Erblasser abschließend sein Einverständnis mit Lautsprache zu erkennen gibt, wobei unschädlich ist, wenn der Erblasser sich während des Verlesens nur durch Körper- oder Zeichensprache mit dem Notar verständigt hat (vgl RGZ 161, 383; BGHZ 37, 79; KG DNotZ 1960, 485; BayObLGZ 1968, 272; s auch § 23 BeurkG zur Beurkundung mit nicht hinreichend hörfähigem Erblasser; dazu OLG Hamm FamRZ 1989, 437, 440).

Hat der Erblasser, die mündliche Erklärung abgegeben, indem er dem Notar seinen **27** letzten Willen dargelegt hat und wird er dann sprechunfähig, so kann die Genehmigung auch durch Gebärden erfolgen, eine Zuziehung von Zeugen gem § 22 BeurkG ist nicht geboten (vgl SEYBOLD DNotZ 1952, 77). Wird der Erblasser auch **schreibunfähig**, so kann eine Beurkundung nur erfolgen, wenn während des gesamten Beurkundungsvorgangs ein Schreibzeuge oder zweiter Notar anwesend war (§ 25 BeurkG).

28 Die Zusammenfassung der beiden Akte der mündlichen Erklärung des letzten Willens sowie die Verlesung und Genehmigung des Protokolls dergestalt, daß nur einmal verlesen und das Verlesene durch Jasagen sowohl als letzter Wille erklärt, als auch als richtig protokolliert genehmigt wird, ist zulässig (unstreitig seit RGZ 161, 378 = DNotZ 40, 72 m Zustimmung VOGELS DJ 1939, 1808). Das Gesetz fordert nicht, daß der Erblasser seinen Willen zweimal erklärt (vgl dazu auch OGHZ 2, 45; 3, 383; BGHZ 2, 172; 37, 79; BayObLGZ 1968, 272; KG DNotZ 1960, 485).

29 Der Notar muß die Niederschrift durch seine Unterschrift abschließen (§ 13 Abs 3 BeurkG), wobei die Unterschrift auf dem versiegelten Testamentsumschlag als Abschluß ausreicht (§ 35 BeurkG). Auch die weiteren Mitwirkenden (Zeugen, zweiter Notar) müssen mitunterzeichnen (§§ 22 Abs 2, 24 Abs 1 S 3, 25 S 3, 29 S 2 BeurkG).

IV. Übergabe einer Schrift

1. Übergabe

30 Übergabe bedeutet, daß die Schrift mit dem Willen des Erblassers in den Besitz des Notars gelangt (RGZ 150, 189; auch RG Warn 1914, 445 und RUMPF JW 1914, 445). Besitzrechtliche Erwägungen sind nicht maßgebend. Ist die Schrift vom Notar gefertigt (in der Praxis unüblich, aber rechtlich zulässig), so ist dem Gesetz Genüge getan, wenn er dieselbe derart in den Herrschaftsbereich des Erblassers bringt, daß dieser die tatsächliche Gewalt daran ausüben kann, selbst wenn er keine äußerlich erkennbare diesbezügliche Gebärde vornimmt. Der Erblasser muß jedoch für den Notar erkennbar das Bewußtsein und den Willen haben, die Verfügungsmacht über die Urkunde zu besitzen und sich des „Besitzes" daran wieder zu entäußern (vgl dazu RGZ 150, 189).

2. Die übergebene Schrift

31 Die übergebene Schrift braucht nicht vom Erblasser eigenhändig geschrieben zu sein und bedarf keiner Unterschrift. Schreibmaschinen-, Druck- oder Blindenschrift ist zulässig, weil keine eigenhändige Niederschrift erforderlich ist. Es muß sich nur um für Dritte (notfalls Sachverständige) lesbare schriftliche Aufzeichnungen handeln. Auch ein nach § 2252 unwirksam gewordenes Nottestament (dazu KGJ 50 A 81) oder ein nach § 2256 widerrufenes öffentliches Testament kann als Schrift übergeben werden (hinsichtlich der Sprache, in der die Schrift abzufassen und des zu verwendenden Materials gelten die Ausführungen zu § 2247).

32 Die in der Schrift nicht erforderliche Datierung und Ortsangabe wird durch die notarielle Niederschrift ersetzt. Für Errichtungsort und -zeitpunkt ist allein die notarielle Beurkundung maßgebend. Daher gelten auch **Schriften verschiedenen Datums**, die offen oder verschlossen dem Notar übergeben werden, als **gleichzeitig** errichtet. Enthalten übergebene Schriften mit verschiedenen Errichtungsdaten Widersprüche, so wird der Notar bei *offen* übergebenen Schriften darauf hinweisen. Ein Vermerk in

der Niederschrift dürfte zu empfehlen sein, obwohl er vom Gesetz nicht vorgeschrieben ist, falls der Erblasser trotz Hinweises auf einer Beurkundung des Übergabeprotokolls besteht. Ein solcher Vermerk kann vom Erblasser nicht untersagt werden, da die Niederschrift Tatsachenprotokoll ist. Problematisch ist, wenn **sich widersprechende Schriften mit unterschiedlichem Errichtungsdatum** *verschlossen* übergeben werden. Auch hier gelten die verschlossen übergebenen Schriften grds als gleichzeitig errichtet. Erfüllen diese Schriften jeweils die Formerfordernisse des § 2247, so ist alleiniger Grund der notariellen Beurkundung die sichere Verwahrung, da sie als Testamente auch ohne Übergabe an den Notar wirksam wären. Der Erblasser hat mit seinen zu verschiedenen Zeitpunkten errichteten eigenhändigen Testamenten seinen in der zeitlichen Abfolge geänderten letzten Willen wirksam niedergelegt. Bis zur Übergabe des verschlossenen Umschlags an den Notar gilt für diese Testamente unstreitig § 2258. Dann ist aber nicht einsehbar, daß die Übergabe zum Zwecke der sicheren Verwahrung der Schriften zur Unanwendbarkeit des § 2258 und damit zu inhaltlichen Veränderungen des im verschlossenen Umschlag enthaltenen letzten Willens des Erblassers führen soll.

Der Notar hat nach § 17 BeurkG vom Inhalt einer überreichten *offenen* Schrift **33** Kenntnis zu nehmen und den Erblasser zu **beraten**. Die offen übergebene Schrift muß nicht, kann aber auf Wunsch des Erblassers mit dem Protokoll verlesen werden (s SeuffBl 73, 147; KG OLGE 42, 148 Fn 1; RGZ 84, 163; OLG Dresden OLGE 39, 23).

Wird die Schrift *verschlossen* übergeben, so darf der Notar **nicht gegen den Willen** des **34** Erblassers Kenntnis vom Inhalt nehmen. Damit kann der Erblasser seine Verfügung auch vor dem Notar geheim halten. Der Notar kann jedoch nicht seiner materiellrechtlichen Belehrungspflicht nachkommen, die Wirksamkeit des Testaments überprüfen oder Unwirksamkeitsgründe ersehen, zB ob der Erblasser die Vorschrift des § 27 BeurkG (Ausschließung wegen des Verhältnisses zum Bedachten) beachtet hat. Ergeben sich Anhaltspunkte für die Unwirksamkeit aus der Erörterung mit dem Erblasser, so hat der Notar über die Folgen (s § 27 BeurkG) zu belehren.

Die gem § 2232 mit der erwähnten Erklärung übergebene Schrift gilt als Bestandteil **35** des notariell errichteten Testaments und insoweit als öffentliche Urkunde iS des § 35 GBO (vgl Mot V 295; KG OLGE 3, 221; 5, 339; DEMHARTER, GBO[21] § 35 Rn 32 f). Sie ist „Bestandteil" (vgl a OLG Rostock OLGE 34, 306) des Protokolls.

Von der Übergabe einer Schrift zu unterscheiden ist die Möglichkeit der Errichtung **36** einer Verfügung von Todes wegen in der Form des § 9 Abs 1 S 2 BeurkG durch Verweisung auf und Beifügung von **Anlagen**, die vom Notar nach § 13 BeurkG mitzuverlesen sind. Diese Anlagen können vom Erblasser selbst gefertigt sein und werden durch Einbeziehung in das Beurkundungsverfahren Bestandteil der notariellen Niederschrift. Der Notar trägt für solche Anlagen die volle Prüfungs- und Belehrungspflicht (vgl a SOERGEL/HARDER Rn 12). Die Verweisung auf Erklärungen oder Urkunden, die nicht selbst der Testamentsform genügen, sog *testamentum mysticum*, ist unzulässig (s STAUDINGER/OTTE[12] Vorbem 69 f zu §§ 2064 ff; vLÜBTOW I 130).

V. Unterschrift des Erblassers

Die Niederschrift muß vom Erblasser unterschrieben werden. Der Erblasser darf **37** sich den Arm durch Dritte – oder vom Notar – halten oder stützen lassen, solange sein Wille den Schreibvorgang bestimmt und die Unterschrift nicht durch das Führen der Hand hergestellt wird (BGH LM § 16 TestG Nr 1; BayObLG FamRZ 1985, 1286 mwN). Die Unterschrift muß weder lesbar sein noch dem gewöhnlichen Schriftzug des Erblassers entsprechen (BayObLG FamRZ 1985, 1286; Einzelheiten s § 13 BeurkG).

VI. Verbindung der drei Formen

38 Alle drei **Errichtungsformen können miteinander verbunden** werden, indem eine offene und eine verschlossene Schrift übergeben und dazu noch mündliche Erklärungen abgegeben werden oder bei der mündlichen Erklärung auf ein als Anlage zum Protokoll übergebenes Schriftstück als Ergänzung und Erläuterung des mündlich Erklärten Bezug genommen wird (vgl KÖHNE/FEIST § 84 D, IV; RGZ 82, 149, 154; WarnR 1931 Nr 50; SOERGEL/HARDER Rn 14; BROX, Erbrecht Rn 110). Eine solche kombinierte Errichtungsform ist insbesondere bei sehr umfangreichen Vermächtnissen oder Auflagen denkbar oder dann, wenn der Erblasser Teile seiner Verfügungen auch gegenüber dem Notar nicht offenbaren möchte. Die Bestandteile des Testaments müssen gesondert der jeweiligen Errichtungsform entsprechen (dazu vLÜBTOW I 190; RG BayZ 1918, 191; OLG Dresden OLGE 39, 22).

VII. Öffentliche Urkunde

39 Das notariell beurkundete Testament ist eine öffentliche Urkunde iSd § 415 ZPO. Sie erbringt **vollen Beweis** darüber, daß die niedergelegten Willenserklärungen des Erblassers tatsächlich mit diesem Inhalt abgegeben worden sind (BGH JZ 1987, 522 m Anm SCHUMANN; REITHMANN DNotZ 1973, 154; 1986, 79). Damit ist der beurkundete Vorgang voll bewiesen, so daß eine Beweiswürdigung ausgeschlossen ist (OLG Frankfurt NJW-RR 1990, 717 mwN; zu inhaltlichen Widersprüchen in der notariellen Urkunde OLG Hamm FamRZ 1989, 437, 439).

40 Wird ein formgerecht gem § 2247 errichtetes eigenhändiges Testament gem § 2232 übergeben, so liegen damit nicht zwei Testamente vor. Das eigenhändige Testament wird **Bestandteil einer öffentlichen Urkunde** (RGZ 84, 165). Erweist sich der öffentliche Errichtungsakt als ungültig, so kann ein gültiges Privattestament vorliegen (RG WarnR 1931 Nr 50, 104; KG RJA 15, 280; wegen Aufrechterhaltung [Konversion] des Testaments, das als öffentliches ungültig wäre, wenn die übergebene Schrift den Erfordernissen des eigenhändigen Privattestaments nach § 2247 entspricht, vgl § 2231 Rn 27).

VIII. Beweisfragen

41 Das notarielle Testament begründet als öffentliche Urkunde nach § 415 Abs 1 ZPO solange den vollen Beweis des Protokollinhalts, bis dieser widerlegt ist (vgl RGZ 85, 121; BayObLGZ 1968, 268, 273 f). Wer gegenüber einem ordnungsgemäß beurkundeten Testament die Nichtigkeit des Errichtungsaktes wegen außergewöhnlicher, regelmäßig nicht zu vermutender Mängel behauptet und hieraus für sich Rechte ableitet, trägt die Beweislast (RGZ 76, 94; RG JW 1915, 581; WarnR 1914 Nr 88; wegen der Beweislast hinsichtlich der Gültigkeit eines ein Jahrhundert hindurch vollzogenen Testaments s LZ 1915, 1462).

IX. Haftung

Der Notar (kein Beamter und keine Behörde, sondern in seiner Person Träger eines **42** öffentlichen Amtes [§ 1 BNotO]), haftet gem § 19 BNotO für **Amtspflichtverletzungen** – auch soweit sie durch seine Mitarbeiter verursacht sind – persönlich, unmittelbar und unbeschränkt mit seinem gesamten Vermögen (Haftung für Notarvertreter [§ 46 BNotO]; für Notarverweser [§ 57 BNotO]; Einzelheiten bei HAUG, Die Amtshaftung des Notars [1989]; Ausnahme: Staatshaftung in Baden für Notare, in Württemberg für Bezirksnotare. §§ 114, 115 BNotO gelten für sie nicht; Einzelheiten bei BOHRER, Das Berufsrecht der Notare [1991] Rn 2 u 156 f).

X. Gebühr für Beurkundung: §§ 46, 141 KostO. **43**

XI. Recht der DDR

Das notarielle Testament war in § 384 ZGB geregelt (dazu Vorbem 72 ff zu §§ 2229 ff; zur **44** teilweisen Fortgeltung des ZGB ebenda Rn 58 ff).

§ 2233

[1] **Ist der Erblasser minderjährig, so kann er das Testament nur durch mündliche Erklärung oder durch Übergabe einer offenen Schrift errichten.**

[2] **Ist der Erblasser nach seinen Angaben oder nach der Überzeugung des Notars nicht imstande, Geschriebenes zu lesen, so kann er das Testament nur durch mündliche Erklärung errichten.**

[3] **Vermag der Erblasser nach seinen Angaben oder nach der Überzeugung des Notars nicht hinreichend zu sprechen, so kann er das Testament nur durch Übergabe einer Schrift errichten.**

Materialien: E I § 1915 Abs 1 S 2, Abs 2; II § 2099 Abs 2; III § 2205 Abs 2; 1. Denkschr d ErbRA (1937) 62; Amtl Begr z TestG DJ 1938, 1255.

Systematische Übersicht

I. Textgeschichte	b) Voraussetzungen	5
1. Ursprüngliche Fassung ___ 1	2. Testamentserrichtung durch Leseunfähige (Abs 2)	7
2. Fassung nach TestG u GesEinhG ___ 2	a) Normzweck	7
3. Heutige Fassung ___ 3	b) Voraussetzungen	8
II. Regelungsinhalt	c) Blindentestament	12
1. Testamentserrichtung durch Minderjährige (Abs 1) ___ 4	d) Überzeugung der Urkundsperson	14
a) Normzweck ___ 4	e) Beweislast	15

3. Testamentserrichtung durch Sprachbehinderte (Abs 3) _____ 16
a) Normzweck _____ 16
b) Voraussetzungen _____ 17
III. Faktische Testierunfähigkeit _____ 20
IV. Geltungsbereich der Vorschrift _____ 21
V. Folgen eines Verstoßes _____ 22
VI. Kollisionsrecht (IPR) _____ 23

I. Textgeschichte

1. Ursprüngliche Fassung

1 *Zur Errichtung des Testaments muß der Richter einen Gerichtsschreiber oder zwei Zeugen, der Notar einen zweiten Notar oder zwei Zeugen zuziehen.*

2 2. Das **TestG** brachte in § 6 nachfolgenden, dann durch **GesEinhG** v. 5.3.1953 in § 2233 damaliger Fassung übernommenen Wortlaut:

[1] Ist der Erblasser nach der Überzeugung des Richters oder Notars taub, blind, stumm oder sonst am Sprechen verhindert, so muß der Richter einen Urkundsbeamten der Geschäftsstelle oder zwei Zeugen, der Notar einen zweiten Notar oder zwei Zeugen zuziehen.

[2] In anderen Fällen steht es dem Richter oder Notar frei, die im Absatz 1 bezeichneten Personen zuzuziehen. Von dieser Befugnis soll er Gebrauch machen, wenn der Erblasser es verlangt. Die Zuziehung soll unterbleiben, wenn der Erblasser ihr widerspricht.

3 3. Die **heutige Fassung** beruht auf § 57 Abs 3 Nr 7 BeurkG. Die frühere Fassung des § 2233 gilt für die bis zum 31.12.1969 errichteten Testamente. Abs 1 und 2 der heutigen Fassung entsprechen Abs 3 und 4 des früheren § 2238; Abs 3 entspricht dem früheren § 2243 Abs 1 S 1. Die Formvorschriften mit beurkundungsrechtlichem Inhalt wurden in das BeurkG übernommen.

II. Regelungsinhalt

1. Testamentserrichtung durch Minderjährige (Abs 1)

a) Normzweck

4 Abs 1 enthält eine Regelung zum **Minderjährigenschutz**, da die Testierfähigkeit bereits mit Vollendung des 16. Lebensjahres beginnt. Der Minderjährige kann nur in Formen testieren, die eine fachkundige erbrechtliche Beratung durch den Notar gewährleisten. In der ursprünglichen Fassung war dem Minderjährigen auch die Errichtung durch Übergabe einer offenen Schrift versagt. Das Gesetz stellte den Minderjährigen „unter die Überwachung einer gereiften Persönlichkeit" (1. Denkschr d ErbrA 32) und beugte der Gefahr der Formnichtigkeit und Willensbeeinflussung vor. Seit der gesetzlichen Verankerung der Pflicht des Notars zur Kenntnisnahme vom Inhalt und der Belehrungspflicht (§ 2241 b, jetzt §§ 17, 30 BeurkG) ist der Minderjährigenschutz auch bei Übergabe einer offenen Schrift gewährleistet. Aus der

Entstehungsgeschichte der Vorschrift und dem Normzweck des Minderjährigenschutzes ist abzuleiten, daß der Minderjährige nur durch Übergabe einer Schrift testieren kann, die der Notar lesen kann und deren Sprache der Notar beherrscht.

b) Voraussetzungen
Minderjährig ist nach § 2, wer noch nicht das 18. Lebensjahr vollendet hat (beachte: für Testamente, die vor dem 1. 1. 1975 errichtet worden sind, lag die Volljährigkeitsgrenze bei Vollendung des 21. Lebensjahres). Ein Minderjähriger kann ein Testament erst errichten, wenn er das **16. Lebensjahr vollendet** hat. Erforderlich ist persönliche Errichtung, *nicht* dagegen die *Zustimmung des gesetzlichen Vertreters* (§ 2229 Abs 1 und 2). 5

Der Minderjährige kann ein Testament nur durch mündliche Erklärung oder durch Übergabe einer offenen, nicht dagegen einer verschlossenen Schrift oder durch Privattestament errichten (Mußvorschrift). Kann ein Minderjähriger nicht hinreichend sprechen, so kann er nur durch Übergabe einer offenen Schrift testieren. Der Formzwang bezieht sich auf den Errichtungsakt. Daher kann ein **Formverstoß nicht nach Eintritt der Volljährigkeit geheilt** werden, selbst dann nicht, wenn der inzwischen Volljährige sein formnichtiges Testament – zB durch Bezugnahme – ausdrücklich bestätigt. Erforderlich ist in diesem Fall eine vollständige Neuerrichtung des Testaments nach Eintritt der Volljährigkeit. 6

2. Testamentserrichtung durch Leseunfähige (Abs 2)

a) Normzweck
Wer ein Testament durch Übergabe einer Schrift errichten will, muß zumindest imstande sein, sich **durch eigenes Lesen Kenntnis von deren Inhalt** zu verschaffen (Mot V 277). Der Leseunfähige bedarf eines besonderen Schutzes durch unsere Rechtsordnung. Abs 2 soll daher sicherstellen, daß es sich bei der letztwilligen Verfügung um den Willen des Leseunfähigen handelt und ihm kein fremdes Schriftstück untergeschoben wird. Der Leseunfähige kann daher kein eigenhändiges Testament und kein Testament durch Übergabe einer offenen oder verschlossenen Schrift errichten. 7

b) Voraussetzungen
Wer nach seinen Angaben oder nach der Überzeugung des Notars nicht imstande ist, Geschriebenes zu lesen, kann ein Testament nur durch mündliche Erklärung errichten. Ob ein Erblasser leseunfähig ist, richtet sich zunächst danach, ob er sich **selbst für leseunfähig** erklärt (§ 29 BeurkG). Erklärt sich der Testierende für leseunfähig, so ist der **Notar an diese Erklärung** gebunden. Bezeichnet sich der Testierende als **lesefähig**, so kann der *Notar gleichwohl zu einer abweichenden Überzeugung* kommen (vgl OLG Hamm OLGZ 67, 65). 8

Lesefähigkeit erfordert **kein Schreibvermögen**. Worauf das Unvermögen des Erblassers beruht, Geschriebenes zu lesen, ist unwesentlich. Beispiele: Analphabet; vorübergehend an der Sehkraft infolge Verletzung oder Erkrankung Beeinträchtigter (OLG Hamm OLGZ 1967, 66 = DNotZ 1967, 317); Blindgeborener; nachträglich Erblindeter (dem steht hochgradig Schwachsichtiger gleich, vgl § 22 BeurkG; s a RG JW 1903, 130; 1911, 489; SchlHOLG SchlHAnz 1970, 138). 9

10 Lesevermögen: **Abstraktes Lesevermögen** genügt. Es kommt nicht auf eine gute Lesbarkeit des betreffenden Schriftstücks und nicht auf die Lesegewandtheit des Erblassers an (RGZ 76, 94). Jedoch muß der Erblasser in der Lage sein, die Art der Schriftzeichen (auch Blindenschrift) zusammenhängend zu lesen und die Sprache zu verstehen, in der die zu übergebende Schrift abgefaßt ist.

11 Wer nur seinen Namen schreiben und lesen, aber sonst Schriftzeichen weder zu lesen, noch zu schreiben vermag, kann nur durch mündliche Erklärung testieren. Kann jedoch der Schreibunfähige Geschriebenes lesen, so kann er nicht nur mündlich, sondern auch durch Übergabe einer Schrift testieren (vgl BÖHM 81; PLANCK/STRECKER Anm 5 b).

c) Blindentestament

12 Das BGB enthält für die letztwilligen Verfügungen der Blinden keine besonderen Formvorschriften (Mot I 187; V 277; RGZ 86, 385). Für das Blindentestament gelten daher die allgemeinen Testamentsformen (zum Blindentestament s RGZ 86, 385; KG OLGE 30, 213; KGJ 45 A 120; DANZ JW 1914, 385; LEHMANN JW 1914, 1057; RASCH Recht 1915 Sp 600; HEROLD ZBlFG 20, 76; SCHULZE DNotZ 1955, 629; vLÜBTOW I 210). § 2233 **Abs 2 ist daher nicht anwendbar, wenn der Testator die Blindenschrift beherrscht.** Der Erblasser kann ein Testament durch Übergabe einer in Blindenschrift gefaßten Urkunde errichten (übereinstimmend PLANCK/STRECKER Anm 5 b [mit Angabe abweichender Ansichten]; VOGELS/SEYBOLD § 11 Rn 10; SOERGEL/HARDER Rn 3; aA OLG Koblenz NJW 1958, 1784). Beherrscht der Notar die Blindenschrift nicht, so kann eine inhaltliche Belehrung nur eingeschränkt erfolgen. Der Notar sollte dies in der Niederschrift vermerken. Die Rechtslage entspricht insoweit der Errichtung eines Testaments durch Übergabe einer verschlossenen Schrift.

13 Beherrscht der Erblasser die **Blindenschrift nicht**, so kann er ein Testament nur in Form der mündlichen Erklärung vor dem Notar errichten. Da auch das Testament des Blinden den Vorschriften der §§ 13 Abs 1, 25 BeurkG genügen muß, so muß es entweder vom Blinden eigenhändig unterschrieben oder ein Zeuge oder zweiter Notar zugezogen werden (§ 25 BeurkG).

d) Überzeugung der Urkundsperson

14 Ein Irrtum der Urkundsperson über die Lesefähigkeit des Erblassers ist unschädlich, selbst wenn er auf grober Fahrlässigkeit beruht. Wie die Urkundsperson die Überzeugung gewinnt, bleibt ihrem pflichtgemäßen Ermessen überlassen. Maßgebend sind die Grundsätze des § 12 FGG. Im Zweifel ist davon auszugehen, daß der Erblasser lesen kann (KG DNotZ 1937, 343). Erklärt sich der Erblasser für leseunfähig, so ist der Notar daran gebunden (vgl Rn 8). Behauptet hingegen der Erblasser lesen zu können, kann es jedoch nach der Überzeugung des Notars nicht, so ist der Tatbestand des Abs 2 erfüllt (zur Frage, welche Anforderungen an die Überzeugung des Notars zu stellen sind vgl OLG Hamm OLGZ 67, 65). Die Erklärung des Testierenden, er sei leseunfähig, soll in der Niederschrift aufgenommen werden (§ 22 Abs 1 S 2 BeurkG). Ein Irrtum des Notars über die Lesefähigkeit führt nicht zur Unwirksamkeit des Testaments (BGB-RGRK/KREGEL Rn 3).

e) Beweislast

Wer sich auf Leseunfähigkeit des Erblassers beruft, trägt die Beweislast (RGZ 76, 94; **15**
KG JW 1936, 3484; SOERGEL/HARDER Rn 3).

3. Testamentserrichtung durch Sprachbehinderte (Abs 3)

a) Normzweck

Ein Sprachunkundiger kann ein öffentliches Testament nur durch Übergabe einer **16**
Schrift errichten. Die Regelung soll zum Schutz des Sprachbehinderten Mißverständnisse ausschließen, die bei der Testamentserrichtung durch das mangelnde Sprachvermögen entstehen könnten.

b) Voraussetzungen

Der Testierende vermag nicht hinreichend zu sprechen, wenn er mit dem Mund **17**
überhaupt keine Laute abgeben oder nur unartikuliert lallen kann (OLG Köln MDR 1957, 740; BayObLGZ DNotZ 1969, 301 = Rpfleger 1969, 18). Das gesprochene Wort muß als Wort bestimmten Inhalts zu verstehen sein (RGZ 108, 397, 400 = JW 1925, 357 m Anm HERZFELDER). Der Grund der Sprachbehinderung ist ohne Bedeutung. Entscheidend sind, wie in Abs 2, die Angaben des Testierenden bzw die Überzeugung des Notars. Die Verständigung in einer Zeichensprache (Taubstummensprache) ist nicht ausreichend.

Taube Personen können nicht nur ein Privattestament errichten, sondern auch ein **18**
öffentliches Testament durch Übergabe einer Schrift und, wenn sie sprechen können, auch mündlich zu Protokoll. Es soll ihnen das nach § 13 BeurkG vorzulesende Protokoll zur Durchsicht vorgelegt werden (so ausdrücklich § 23 BeurkG). Kann der taube oder stumme Erblasser Geschriebenes nicht lesen, so muß eine Vertrauensperson zugezogen werden (§ 24 BeurkG).

Der Notar, der die Schrift entgegennimmt, und die hinzugezogenen Zeugen müssen **19**
weder die Sprache beherrschen, in der die Schrift abgefaßt ist, noch die Schriftzeichen (zB Blindenschrift) lesen können (SCHULZE DNotZ 1955, 629), es sei denn, es handelt sich um einen minderjährigen Erblasser. Dies ergibt sich daraus, daß der volljährige Erblasser auch eine verschlossene Schrift übergeben kann.

III. Faktische Testierunfähigkeit

Stumme, Taubstumme oder sonst zZ der Beurkundung (dazu vLÜBTOW I 211) am Spre- **20**
chen verhinderte Personen, die nicht schreiben und auch Geschriebenes nicht lesen können, sind nach hM zur Errichtung eines Testaments nicht fähig (vgl Nachw bei Rossak ZEV 1995, 236). Die in § 2233 vorgesehene mündliche Errichtungsform ist nach Abs 3 für denjenigen ausgeschlossen, der nach seinen Angaben oder nach der Überzeugung des Notars nicht hinreichend zu sprechen vermag; derselbe muß nach § 31 S 1 BeurkG die auch für ihn erforderliche Erklärung, daß die von ihm übergebene Schrift seinen letzten Willen enthalte, eigenhändig in die Niederschrift oder auf ein Anlageblatt derselben schreiben (Mot V 251, 276 sowie § 31 BeurkG [dazu Begr d BReg z E eines BeurkG, BT-Drucks V 3282 S 33] und RJA 17, 70; dazu LG Bochum NJW-RR 1993, 969; OLG Hamm FamRZ 1994, 993 m krit Anm P BAUMANN). Mit beachtlicher Argumentation hat P BAUMANN (u Hinw a ROSSAK MittBayNot 1991, 193 ff; ERTL MittBayNot 1991, 196,

198; ERMAN/M SCHMIDT § 2229 Rn 8) auf den Ausschluß **voll Geschäftsfähiger** von der Möglichkeit, Testamente zu errichten, hingewiesen (vgl auch zum Ausschluß Entmündigter § 2229 Rn 43). Zutreffend hat ROSSAK eine verfassungskonforme Auslegung der §§ 2232 f gefordert (MittBayNot 1991, 195; ZEV 1995, 236, 240 mwN). Da nicht auszuschließen ist, daß das BVerfG die Verfassungswidrigkeit des Ausschlusses einer Bevölkerungsgruppe, die sich aus voll Geschäftsfähigen zusammensetzt, von der Möglichkeit, Testamente zu errichten, feststellen wird, sollten die Notare bei ungeklärter Rechtslage die Beurkundung nicht ablehnen (ebenso P BAUMANN FamRZ 1994, 994). Man wird aber von jedem Erblasser die Fähigkeit fordern müssen, den Willen für Dritte objektiv und eindeutig verständlich auszudrücken, da es andernfalls an wahrnehmbaren Willenserklärungen fehlt (vgl dazu auch § 2229 Rn 14).

IV. Geltungsbereich der Vorschrift

21 Die Ansicht (so Prot V 336), daß § 2233 Abs 1 u 2 nur für die ordentlichen und nicht für die außerordentlichen Testamentsformen gelte, war unrichtig, wie schon aus § 2249 Abs 1 S 3 zu entnehmen war. Die Vorschrift gilt kraft Verweisung (§ 2249 Abs 1 S 4) auch für das Bürgermeistertestament. § 2250 enthält keine ausdrückliche Verweisung auf § 2233. Man wird aber dem Normzweck des § 2233 Abs 2 entnehmen können, daß der Leseunfähige ein Dreizeugentestament errichten kann. Dagegen steht dem Minderjährigen nicht die Möglichkeit offen, in Notfällen ein Dreizeugentestament zu errichten (aA DITTMANN/REIMANN/BENGEL Rn 5), da dieses als Privaturkunde (aA DITTMANN/REIMANN/BENGEL § 2250 Rn 28) keine ausreichende, den **Minderjährigenschutz sichernde Beratung** gewährleistet (ebenso MünchKomm/BURKART § 2250 Rn 41).

V. Folgen eines Verstoßes

22 Die Bestimmungen sind im Interesse des geschützten Personenkreises zwingend, ein dagegen verstoßendes Testament ist nichtig.

VI. Kollisionsrecht (IPR)

23 Bei Minderjährigen ist bezüglich der Errichtungsform Art 5 des Haager Testamentsformabkommens (v 5.10.1961 [BGBl 1965 II 1144]) zu beachten (dazu § 2229 Rn 69).

§§ 2234–2246

I. Vorbemerkung

Die §§ 2234–2246 wurden durch § 57 Abs 3 Nr 8 BeurkG v 28.8.1969 mit Wirkung ab 1.1.1970 (§ 71 BeurkG) aufgehoben. Vorher errichtete Testamente sind jedoch weiterhin (Rechtsgedanke: § 51 Abs 1 u 2 TestG, Art 213, 214 EGBGB) nach diesen Bestimmungen zu beurteilen (dazu die Erl derselben in STAUDINGER/FIRSCHING[11]).

II. Wortlaut der aufgehobenen §§ 2234−2246

§ 2234

Als Richter, Notar, Urkundsbeamter der Geschäftsstelle oder Zeuge kann bei der Errichtung des Testaments nicht mitwirken:

1. der Ehegatte des Erblassers, auch wenn die Ehe nicht mehr besteht;

2. der mit dem Erblasser in gerader Linie oder im zweiten Grade der Seitenlinie verwandt oder verschwägert ist.

Materialien: E I § 1916 Abs 1; II § 2100; III § 2006; Amtl Begr z TestG DJ 1938, 1255.

Die Vorschrift wurde durch § 3 Abs 1 Nr 2, 3, § 6 Abs 1 Nr 2, 3 BeurkG ersetzt.

§ 2235

[1] Als Richter, Notar, Urkundsbeamter der Geschäftsstelle oder Zeuge kann bei der Errichtung des Testaments nicht mitwirken, wer in dem Testament bedacht oder zum Testamentsvollstrecker ernannt wird oder wer zu einem Bedachten oder Ernannten in einem Verhältnis der im § 2234 bezeichneten Art steht.

[2] Die Mitwirkung einer hiernach ausgeschlossenen Person hat nur zur Folge, daß die Zuwendung an den Bedachten oder die Ernennung zum Testamentsvollstrecker nichtig ist.

Materialien: E I § 1916 Abs 2; II § 2101; III § 2207; 1. Denkschr d ErbrA (1937) 67; Amtl Begr z TestG DJ 1938, 1255.

Die Vorschrift wurde durch §§ 7, 27 BeurkG ersetzt.

§ 2236

Als Urkundsbeamter der Geschäftsstelle oder zweiter Notar oder Zeuge soll bei der Errichtung des Testaments nicht mitwirken, wer zu dem Richter oder dem beurkundenden Notar in einem Verhältnis der im § 2234 bezeichneten Art steht.

Materialien: E I § 1917 Abs 1; II § 2102; III
§ 2208; 1. Denkschr d ErbrA (1937) 62 f; Amtl
Begr z TestG DJ 1938, 1255.

Die Vorschrift wurde durch §§ 26, 27 BeurkG ersetzt.

§ 2237

Als Zeuge soll bei der Errichtung des Testaments nicht mitwirken:
1. ein Minderjähriger;
2. wer der bürgerlichen Ehrenrechte für verlustig erklärt ist, während der Zeit, für welche die Ehrenrechte aberkannt sind;
3. wer nach den gesetzlichen Vorschriften wegen einer strafgerichtlichen Verurteilung unfähig ist, als Zeuge eidlich vernommen zu werden;
4. wer geisteskrank, geistesschwach, taub, blind oder stumm ist oder nicht schreiben kann;
5. wer die deutsche Sprache nicht versteht; dies gilt nicht im Falle des § 2245;
6. wer als Hausangestellter oder Gehilfe im Dienste des Richters oder des beurkundenden Notars steht.

Materialien: E I § 1917 Abs 2 u 3; II § 2103; III
§ 2209; 1. Denkschr d ErbrA (1937) 62 f; Amtl
Begr z TestG DJ 1938, 1256.

Die Vorschrift wurde sachlich durch § 26 BeurkG ersetzt.

§ 2238

[1] Das Testament wird in der Weise errichtet, daß der Erblasser dem Richter oder dem Notar seinen letzten Willen mündlich erklärt oder eine Schrift mit der mündlichen Erklärung übergibt, daß die Schrift seinen letzten Willen enthalte.

[2] Der Erblasser kann die Schrift offen oder verschlossen übergeben. Die Schrift kann von dem Erblasser oder von einer anderen Person geschrieben sein. Der Richter oder der Notar soll von dem Inhalt der offen übergebenen Schrift Kenntnis nehmen.

[3] Wer minderjährig ist, kann das Testament nur durch mündliche Erklärung oder durch Übergabe einer offenen Schrift errichten.

[4] Ist der Erblasser nach der Überzeugung des Richters oder des Notars nicht imstande, Geschriebenes zu lesen, so kann er das Testament nur durch mündliche Erklärung errichten.

7. Titel.
Errichtung und Aufhebung eines Testaments

§§ 2234–2246

Materialien: E I §§ 1918, 1922; II § 2104; III § 2210; 1. Denkschr d ErbrA (1937) 68; Amtl Begr z TestG DJ 1938, 1256.

Die Vorschrift wurde durch §§ 2232, 2233 nF ersetzt.

§ 2239

Die bei der Errichtung des Testaments mitwirkenden Personen müssen, soweit sich aus § 2242 Abs 2, 3 nichts anderes ergibt, während der ganzen Verhandlung zugegen sein.

Materialien: E I § 1915 Abs 3; II § 2105; III § 2211; 1. Denkschr d ErbrA (1937) 67; Amtl Begr z TestG DJ 1938, 1256.

Die Vorschrift wurde durch § 13 Abs 1, §§ 22, 24 Abs 1 BeurkG ersetzt.

§ 2240

Über die Errichtung des Testaments muß eine Niederschrift in deutscher Sprache aufgenommen werden.

Materialien: E I § 1919 Abs 1; II § 2106; III § 2212; 1. Denkschr d ErbrA (1937) 75.

Die Vorschrift wurde durch § 5 Abs 1, § 8 BeurkG ersetzt.

§ 2241

[1] Die Niederschrift muß enthalten:
1. den Tag der Verhandlung;
2. die Bezeichnung des Erblassers und der mitwirkenden Personen;
3. die nach § 2238 erforderlichen Erklärungen des Erblassers und im Falle der Übergabe einer Schrift die Festlegung der Übergabe.

[2] Die Niederschrift soll ferner den Ort der Verhandlung enthalten.

[3] Das Fehlen einer Angabe über den Tag der Verhandlung steht der Gültigkeit des Testaments nicht entgegen, wenn diese Angabe aus dem vom Richter oder Notar nach § 2246 auf den Testamentsumschlag gesetzten Vermerk hervorgeht.

[4] Das Testament ist nicht schon deshalb ungültig, weil die Angabe über den Tag der Verhandlung unrichtig ist.

Materialien: E I § 1919 Abs 2; II § 2107; III § 2213; 1. Denkschr d ErbrA (1937) 75; Amtl Begr z TestG DJ 1938, 1256.

Die Vorschrift wurde durch §§ 9, 30 BeurkG ersetzt.

§ 2241 a

[1] Kennt der Richter oder der Notar den Erblasser, so soll er dies in der Niederschrift feststellen. Kennt er ihn nicht, so soll er angeben, wie er sich Gewißheit über seine Person verschafft hat.

[2] Kann sich der Richter oder der Notar über die Person des Erblassers keine volle Gewißheit verschaffen, wird aber gleichwohl die Aufnahme der Verhandlung verlangt, so soll er dies in der Niederschrift unter Anführung des Sachverhalts und der zur Feststellung der Person beigebrachten Unterlagen angeben.

[3] Der Richter oder der Notar soll sich davon überzeugen, daß der Erblasser testierfähig ist (§ 2229). Er soll seine Wahrnehmungen über die Testierfähigkeit in der Niederschrift angeben.

Materialien: Amtl Begr z TestG DJ 1938, 1256.

Die Vorschrift wurde durch §§ 10, 11, 28 BeurkG ersetzt.

§ 2241 b

[1] Der Richter oder der Notar soll den Erblasser auf Bedenken gegen den Inhalt seiner mündlichen Erklärung oder der offen übergebenen Schrift hinweisen.

[2] Bestehen Zweifel an der Gültigkeit des beabsichtigten Testaments, so sollen die Zweifel dem Erblasser mitgeteilt und der Inhalt der Mitteilung und die hierauf vom Erblasser abgegebenen Erklärungen in der Niederschrift festgestellt werden.

Materialien: 1. Denkschr d ErbrA (1937) 77; Amtl Begr z TestG DJ 1938, 1256.

Die Vorschrift wurde durch §§ 17, 30 BeurkG ersetzt.

7. Titel.
Errichtung und Aufhebung eines Testaments

§ 2242

[1] Die Niederschrift muß vorgelesen, vom Erblasser genehmigt und von ihm eigenhändig unterschrieben werden. In der Niederschrift soll festgestellt werden, daß dies geschehen ist. Hat der Erblasser die Niederschrift eigenhändig unterschrieben, so wird vermutet, daß sie vorgelesen und von ihm genehmigt ist. Die Niederschrift soll dem Erblasser auf Verlangen auch zur Durchsicht vorgelegt werden.

[2] Ist der Erblasser taub, so soll ihm die Niederschrift zur Durchsicht vorgelegt werden, auch wenn er dies nicht verlangt; in der Niederschrift soll festgestellt werden, daß dies geschehen ist. Kann der taube Erblasser Geschriebenes nicht lesen, so soll bei dem Vorlesen eine Vertrauensperson zugezogen werden, die sich mit ihm zu verständigen vermag; in der Niederschrift soll die Zuziehung festgestellt werden.

[3] Kann der Erblasser nach der Überzeugung des Richters oder des Notars nicht schreiben, so wird die Unterschrift des Erblassers durch die Feststellung dieser Überzeugung in der Niederschrift ersetzt. In einem solchen Falle muß der Richter oder der Notar bei dem Vorlesen und der Genehmigung einen Zeugen zuziehen; der Zuziehung des Zeugen bedarf es nicht, wenn der Richter oder der Notar gemäß § 2233 oder nach einer anderen gesetzlichen Vorschrift einen Urkundsbeamten der Geschäftsstelle oder einen zweiten Notar oder zwei Zeugen zuzieht.

[4] Die Niederschrift muß von den mitwirkenden Personen unterschrieben werden.

Materialien: E I § 1919 Abs 3 u 4, § 1920; II § 2108; III § 2214; 1. Denkschr d ErbRA (1937) 75; Amtl Begr z TestG DJ 1938, 1256.

Abs 1 wurde durch § 13 Abs 1, Abs 2 durch §§ 23, 24 BeurkG, Abs 3 durch § 25 BeurkG und Abs 4 durch § 13 Abs 3, § 22 Abs 2, § 24 Abs 1 S 3, §§ 29, 35 BeurkG ersetzt.

§ 2243

[1] Wer nach der Überzeugung des Richters oder des Notars stumm oder sonst am Sprechen verhindert ist, kann das Testament nur durch Übergabe einer Schrift errichten. Er muß die Erklärung, daß die Schrift seinen letzten Willen enthalte, bei der Verhandlung eigenhändig in die Niederschrift oder auf ein besonderes Blatt schreiben, das der Niederschrift als Anlage beigefügt werden muß.

[2] Das eigenhändige Niederschreiben der Erklärung sowie die Überzeugung des Richters oder des Notars, daß der Erblasser am Sprechen verhindert ist, sollen in der Niederschrift festgestellt werden. Die Niederschrift braucht von dem Erblasser nicht besonders genehmigt zu werden.

Materialien: E I § 1921; II § 2109; III § 2215;
Amtl Begr z TestG DJ 1938, 1257.

Die Vorschrift wurde durch § 2233 Abs 3 nF und § 31 BeurkG ersetzt.

§ 2244

[1] Ist der Erblasser nach der Überzeugung des Richters oder des Notars der deutschen Sprache nicht mächtig, so muß bei der Errichtung des Testaments ein beeidigter Dolmetscher zugezogen werden. Auf den Dolmetscher sind die nach den §§ 2234 bis 2237 für einen Zeugen geltenden Vorschriften entsprechend anzuwenden.

[2] Die Niederschrift muß in die Sprache, in der sich der Erblasser erklärt, übersetzt werden. Die Übersetzung muß von dem Dolmetscher angefertigt oder beglaubigt und vorgelesen werden; die Übersetzung muß der Niederschrift als Anlage beigefügt werden.

[3] In der Niederschrift soll die Überzeugung des Richters oder des Notars, daß der Erblasser der deutschen Sprache nicht mächtig sei, festgestellt werden. Die Niederschrift muß den Namen des Dolmetschers und die Feststellung enthalten, daß der Dolmetscher die Übersetzung angefertigt oder beglaubigt und sie vorgelesen hat. Der Dolmetscher muß die Niederschrift unterschreiben.

Materialien: E I § 1923 Abs 1, 2, 3; II § 2110;
III § 2216; 1. Denkschr d ErbrA (1937) 77;
Amtl Begr z TestG DJ 1938, 1257.

Die Vorschrift wurde durch § 16 BeurkG ersetzt.

§ 2245

[1] Sind sämtliche mitwirkenden Personen nach der Überzeugung des Richters oder des Notars der Sprache, in der sich der Erblasser erklärt, mächtig, so ist die Zuziehung eines Dolmetschers nicht erforderlich.

[2] Unterbleibt die Zuziehung eines Dolmetschers, so muß die Niederschrift in der fremden Sprache aufgenommen werden und die Überzeugung des Richters oder des Notars feststellen, daß die mitwirkenden Personen der fremden Sprache mächtig seien. In der Niederschrift soll die Überzeugung des Richters oder des Notars, daß der Erblasser der deutschen Sprache nicht mächtig sei, festgestellt werden. Eine deutsche Übersetzung der Niederschrift soll als Anlage beigefügt werden.

7. Titel.
Errichtung und Aufhebung eines Testaments

§§ 2234–2246
§ 2247

Materialien: E I § 1923 Abs 4; II § 2111; III
§ 2217; 1. Denkschr d ErbrA (1937) 77; Amtl
Begr z TestG DJ 1938, 1257.

Die Vorschrift wurde durch § 5 Abs 2 BeurkG ersetzt.

§ 2246

[1] Der Richter oder der Notar soll die Niederschrift über die Errichtung des Testaments mit den Anlagen, insbesondere im Falle der Errichtung durch Übergabe einer Schrift mit dieser Schrift, in Gegenwart der übrigen mitwirkenden Personen und des Erblassers in einen Umschlag nehmen und diesen mit dem Amtssiegel verschließen. Der Richter oder der Notar soll das Testament auf dem Umschlag nach der Person des Erblassers sowie nach der Zeit der Errichtung näher bezeichnen und diese Aufschrift unterschreiben.

[2] Der Richter oder der Notar soll veranlassen, daß das verschlossene Testament unverzüglich in besondere amtliche Verwahrung gebracht wird (§§ 2258 a, 2258 b). Dem Erblasser soll über das in Verwahrung genommene Testament ein Hinterlegungsschein erteilt werden.

Materialien: E I § 1932 Abs 1 u 2; II § 2112; III
§ 2218; 1. Denkschr d ErbrA (1937) 42; Amtl
Begr z TestG DJ 1938, 1257.

Die Vorschrift wurde durch § 34 Abs 1 BeurkG ersetzt.

§ 2247

[1] **Der Erblasser kann ein Testament durch eine eigenhändig geschriebene und unterschriebene Erklärung errichten.**

[2] **Der Erblasser soll in der Erklärung angeben, zu welcher Zeit (Tag, Monat und Jahr) und an welchem Ort er sie niedergeschrieben hat.**

[3] **Die Unterschrift soll den Vornamen und den Familiennamen des Erblassers enthalten. Unterschreibt der Erblasser in anderer Weise und reicht diese Unterzeichnung zur Feststellung der Urheberschaft des Erblassers und der Ernstlichkeit seiner Erklärung aus, so steht eine solche Unterzeichnung der Gültigkeit des Testaments nicht entgegen.**

[4] **Wer minderjährig ist oder Geschriebenes nicht zu lesen vermag, kann ein Testament nicht nach obigen Vorschriften errichten.**

[5] Enthält ein nach Absatz 1 errichtetes Testament keine Angabe über die Zeit der Errichtung und ergeben sich hieraus Zweifel über seine Gültigkeit, so ist das Testament nur dann als gültig anzusehen, wenn sich die notwendigen Feststellungen über die Zeit der Errichtung anderweit treffen lassen. Dasselbe gilt entsprechend für ein Testament, das keine Angabe über den Ort der Errichtung enthält.

Materialien: E I §§ 1914, 1915 Abs 1 S 1; II § 2099 Abs 1; III § 2205 Abs 1; Mot V 258; Prot V 326; RTK 177; 1. Denkschr d ErbrA (1937) 41; Amtl Begr z TestG DJ 1938, 1257.

Schrifttum

Zum Schrifttum bis 1945 s STAUDINGER/FIRSCHING[12] § 2247 sowie:
BOEHMER, Privattestamente mit vorgedruckter Ortsangabe, ZAkDR 1938, 264
ders, Fragen zum Testamentsgesetz, DNotZ 1940, 97
GOETZ, Rechtsvergleichende Untersuchungen über die Form des eigenhändigen Testaments unter Berücksichtigung des franz, schweiz und österreichischen Rechts (Diss Jena 1938)
HEINZ, Die Formerfordernisse des eigenhändigen Testaments, insbesondere in ihrer geschichtlichen Entwicklung (Diss Rostock 1943)
vHIPPEL, Formalismus und Rechtsdogmatik, dargestellt am Beispiel der „Errichtung" des zeugenlosen Schrifttestaments (1935)
ders, Rechtsform und Rechtsformalismus, JW 1938, 625
ders, Die Unterschrift des eigenhändigen Testaments, ZAkDR 1941, 269; 1942, 104
LANGE, Das Recht des Testaments, in: 1. Denkschrift des Erbrechtsausschusses der Akademie für deutsches Recht (1937)
ders, Das Gesetz über die Errichtung von Testamenten und Erbverträgen, ZAkDR 1938, 577
ROTH, Rechtsform und Rechtsformalismus, DNotZ 1938, 281
SINGER, Abschaffung des eigenhändigen Testaments, DNotZ 1934, 482
VOGELS, Inwieweit sind die Testamentsformen des Bürgerlichen Gesetzbuches erneuerungsbedürftig?, ZAkDR 1935, 635
ders, Das neue Testamentsrecht, DJ 1938, 1269
WEYER, Das eigenhändige Testament, DNotZ 1935, 348

ders, 1938, 574.

Schrifttum seit 1945:
BEUTGEN, Die Geschichte der Form des eigenhändigen Testaments (Diss Köln 1991)
BREITSCHMIDT, Formvorschriften im Testamentsrecht, Züricher Studien zum Privatrecht (1982)
FIRSCHING, Fragen zum Testamentsrecht, DNotZ 1955, 283
GÖRGENS, Die Bindung des Richters an das Gesetz und die Formerfordernisse des eigenhändigen Testaments (Diss Bochum 1975)
ders, Überlegungen zur Weiterentwicklung des § 2247 BGB, JR 1979, 357
GRUNDMANN, Favor Testamenti. Zu Formfreiheit und Formzwang bei privatschriftlichen Testamenten, AcP 1987, 429
HAEGELE, Das eigenhändige Testament in Rechtsprechung, Schrifttum und Praxis, JurBüro 1968, 343
ders, Mein letzter Wille (14. Aufl 1976)
ders, Das Privattestament (6. Aufl 1977)
JAHRMARKT, Typische Fehler in letztwilligen Verfügungen, Inf 1986, 193
KÖSSINGER, Das Testament Alleinstehender (1994)
MICHAU, Zulässige und unzulässige Schreibhilfe bei Errichtung eines eigenhändigen Testaments, Arch Krim 162 (1978) 1
NIEDER, Handbuch der Testamentsgestaltung (1992)
OHR, Das formungültige eigenhändige Testament als unechte Urkunde, JuS 1967, 255

7. Titel.
Errichtung und Aufhebung eines Testaments

§ 2247

PÖTZSCH, Hat das privatschriftliche Testament noch Daseinsberechtigung?, NJ 1951, 361
SCHULZE, Über die Verwendung der Blindenschrift bei der Errichtung letztwilliger Verfügungen, DNotZ 1955, 629
STEDEN, Formfreie und formbedürftige Änderungen des eigenhändigen Testaments (Diss Mainz 1971)
STUMPF, Postscripta im eigenhändigen Testament, FamRZ 1992, 1131
TZSCHASCHEL, Das private Einzeltestament (9. Aufl 1984)

WELTER, Auslegung und Form testamentarischer Verfügungen (1985)
WERNER, Zur Eigenhändigkeit letztwilliger Verfügungen, DNotZ 1972, 6
ders, Das kopierte Erblasserschreiben, JuS 1973, 434
Zur Rechtsprechung des BGH s JOHANNSEN, Die Rechtsprechung des BGH auf dem Gebiet des Erbrechts (7. Teil), WM 1971, 402, 918; 1973, 547; 1977, 277; 1979, 608.

Systematische Übersicht

I.	**Textgeschichte**	
1.	Entwürfe zum BGB	1
2.	Ursprüngliche Regelung	2
3.	Testamentsgesetz	4
4.	GesEinhG	5
5.	Beurkundungsgesetz	6
II.	**Normzweck**	7
III.	**Grundsätzliches**	
1.	Ergänzende Vorschriften	8
2.	Formerfordernisse	10
3.	Formverstoß	13
IV.	**Voraussetzungen**	
1.	Testamentsinhalt	14
2.	Testierwille	15
a)	Rechtsverbindliche Willenserklärung	15
b)	Wille zur Rechtsverbindlichkeit	16
c)	Ernstlicher Wille	19
d)	Geheimer Vorbehalt	21
e)	Simulation	22
f)	Beweisfragen	23
3.	Eigenhändige Niederschrift	24
a)	Material der Niederschrift	24
b)	Sprache	26
c)	Schrift	27
d)	Handschrift	29
e)	Eigenhändigkeit	33
f)	Lesbarkeit	45
4.	Zeitraum der Errichtung – keine *unitas actus*	46
a)	Errichtungszeit	46
b)	Zeitliche Folge	48
5.	Äußere Fassung des Testaments	49
a)	Bezeichnung der Niederschrift	49
b)	Abgeschlossene Erklärung	50
c)	Mehrere Blätter	53
d)	Durchstreichungen, Rasuren	54
e)	Berichtigungen	56
f)	Lücken	57
g)	Einschübe, Ergänzungen, Nachträge	58
h)	Bezugnahmen, Verweisungen	68
i)	Brieftestamente	75
k)	Entwürfe	78
6.	Unterschrift	80
a)	Allgemeines	80
b)	Eigenhändigkeit	82
c)	Form	83
d)	Formzwecke der Unterschrift	84
aa)	Allgemeines	84
bb)	Übereilungsschutz	85
cc)	Abschlußfunktion	86
dd)	Fälschungsschutzfunktion	90
ee)	Identitätsfunktion	101
7.	Mehrere Urschriften	104
V.	**Zeit- und Ortsangabe**	105
VI.	**Ausschluß von Minderjährigen und Lesensunkundigen (Abs 4)**	
1.	Normzweck	118
2.	Regelungsinhalt	119
3.	Schreibfähigkeit	122
VII.	**Anerkennung eines Testamentes**	123
VIII.	**Konversion**	124

§ 2247   5. Buch
                                                     3. Abschnitt. Testament

IX. Beweisfragen	125	XI. Recht der DDR	137
X. IPR	136		

Alphabetische Übersicht

abgeschlossene Erklärung	50	Errichtungsort	105 ff
Abkürzungen	28, 103	Errichtungszeitraum	45 f
Absendervermerk	99		
Änderungen	54 ff	Familienname	81, 83
Amtliche Verwahrung	8	Familienstellung	83, 102 f
Anerkennung eines Testaments	123	*favor testamenti*	11
Anfangsbuchstabe eines Namens	103	Feststellungslast	131 ff
Anfechtbarkeit	20	Firma	103
animus testandi s Testierabsicht		Formerfordernisse	9, 83 ff
Anlage, Verweisung auf	72 f	Formverstoß	13, 67
Äußere Fassung d Testaments	49		
Auslegung	67	Geheimer Vorbehalt	21
		Gemeinschaftliches Testament	36
Beglaubigung	83	GesEinhG	5
Begleitschreiben	97		
Berichtigung von Schreibfehlern	56	Handschrift	29 ff
Beurkundungsgesetz	6	Handzeichen	83
Beweisfragen	23, 125 ff	holographische s eigenhändige Niederschrift	
Beweislast	125 ff		
Bezeichnung als Testament	49	Identitätsfrage	100 ff
Bezugnahme	68 ff	Inhalt des Testaments	14
Blaupause	28	Initialien	83, 103
Blindenschrift	31	IPR	136
Brieftestament	75 ff		
		Konversion s Umdeutung	124
Computer	32	Korrekturen	56
		Kosename	103
Datierung	105 ff	Künstlername	103
DDR-Recht	137	Kurzschrift	30, 83
Druck	29		
Druckschrift	30	Lesbarkeit	45, 83
Duplikat	104	Lesevermögen	120
Durchschrift	28	Lesensunkundige	119 ff
Durchstreichungen	54 f	Lücken im Testament	57
Echtheit	8, 33	Material der Niederschrift	24 f, 95
Ehegatten	9	Mehrere Blätter	53
Eigenhändige Niederschrift	24, 33 ff, 68, 82	Mehrere Urschriften	104
Eigenhändige Unterschrift	82	Mentalreservation	21
Einschaltungen	58 ff, 103	Minderjähriger	118 ff
Entwurf	59, 78 f, 131	Mystisches Testament	67
Ergänzungen	58 ff		
Ernstlicher Wille	19	Nachname	90

7. Titel.   §2247
Errichtung und Aufhebung eines Testaments   1

Nachträge	63 ff
Nachzettel	67
Namenskürzel	83
Namensunterschrift	81, 83, 88
Nichtigkeit nach § 118 BGB	20
Normzweck	7, 117
Ortsangabe	3, 105 ff
Pauskopie	28
Plan als Anlage	73
Postkarte	75 ff, 99
Privaturkunde	8
Pseudonym	103
Rasuren	54 f
Rechtsfrieden	12
Reihenfolge der Errichtung	48
Reinschrift	79
Schallplatte	32
Schreibfähigkeit	122
Schreibgerät	24 f
Schreibhilfe	39
Schreibmaschine	29, 70
Schreibunterlage	24 f
Schrift	27 ff
Schriftsachverständiger	45
Schriftstellername	103
Selbstbenennung des Erblassers	88, 94
Simulation	22
Spiegelschrift	28
Sprache	26
Stempel	29, 82
Stenographie	30, 83
Stoff der Urkunde	24 f
Streichungen	53 f
Stückweise Errichtung des Testaments	46 f
Teilweise Nichtigkeit	45, 67

Telefax	24
TestG	4
Testierabsicht	15 ff
Testierfähigkeit	130
Testierfreiheit	7
Testierwille	15 ff, 76, 78
Tonband	32
Übereilungsschutz	84 f
Umdeutung (Konversion)	44, 124
Umschlag, Unterschrift auf	97 f
Ungültigkeitsvermerk	93
unitas actus	46 f
Unlesbarkeit	45, 84
Unterschrift	60 ff, 80 ff
– Abschlußfunktion	84, 86 ff
– Beweisfunktion	84
– Erklärungsfunktion	84
– Fälschungsschutzfunktion	84, 90 ff
– Identitätsfunktion	84, 100 ff
– Übereilungsschutz	84 f
Urschrift, mehrere	104
Vertikalschrift	28
Verweisung	68 ff
Videofilm	32
Vorbehalt einer Ergänzung	57
Vorname	81, 83, 102 f
Werkzeug	58
Willenserklärung	15
Widersprüche	112, 115 ff
Widerruf	112, 115 ff
Zeichenschrift	27
Zeitangabe	105 ff
Zeitraum der Errichtung s Errichtungszeitraum	
Zusätze	41 f
Zweitschrift	104

I. Textgeschichte

1. Die **Entwürfe zum BGB** lehnten das holographische (eigenhändige) Privattestament als ordentliche Testamentsform ab. Die Juristen aus den Gebieten des französischen und badischen Rechtes setzten jedoch wegen seines dortigen Verbreitungsgrades nach hartnäckigem Kampfe vor Reichstagskommission und Reichstag die

Aufnahme des eigenhändigen Testaments in das BGB durch (ENDEMANN III § 37 unter Hinweis auf Reichstagskommissionsbericht Nr 440 c 16 und Stenogr Ber 726).

2 2. Die **ursprüngliche Regelung** des holographischen Privattestamentes fand sich in § 2231 aF:

Ein Testament kann in ordentlicher Form errichtet werden:
1. vor einem Richter oder vor einem Notar;
2. durch eine von dem Erblasser unter Angabe des Ortes und Tages eigenhändig geschriebene und unterschriebene Erklärung.

3 Danach waren die eigenhändig geschriebenen **Angaben des Ortes und der Zeit zwingende Formerfordernisse**. Dies führte zu häufigen Formfehlern und zur Nichtigkeit der eigenhändigen Testamente, obwohl sich die Rechtsprechung in vielen Fällen um die Aufrechterhaltung des letzten Willens bemühte (vgl RGZ 147, 193; KG JW 1935, 3482; JW 1936, 2484; JW 1937, 2831). Die häufige Formnichtigkeit eigenhändiger Testamente führte einerseits zur Kritik an dieser Testamentsform, andererseits bei den Befürwortern des eigenhändigen Testaments zu scharfer Gesetzes- und Rechtsprechungskritik im Schrifttum, verbunden mit der Forderung nach einer Beseitigung der zu strengen Formerfordernisse (vHIPPEL, Formalismus und Rechtsdogmatik; VOGELS ZAkDR 1935, 635; Einzelheiten mN der uneinheitlichen Rechtsprechung STAUDINGER/FIRSCHING[12] Rn 22 ff und 61 ff).

4 3. Das **TestG** behielt trotz beachtenswerter Einwände gegen das eigenhändige Testament diese Testamentsform bei und erhob es auch für den österreichischen Rechtskreis (das TestG wurde in Österreich durch G v 12. 12. 1946, BGBl 1947 Nr 9 wieder in vollem Umfang aufgehoben – s dazu FERID/FIRSCHING/LICHTENBERGER, IntErbrecht Österreich [1986] Grdz B Rn 4) zur einzigen Form des ordentlichen Privattestaments. Der Kritik von Lit und Rspr nachkommend verzichtete man auf das Erfordernis von Datierung und Ortsangabe. Die Neufassung erfolgte in § 21 TestG. Abs 4 entsprach dabei dem früheren § 2247. Abweichend vom heutigen Gesetzestext lauteten:

Abs 2: „Es ist nicht notwendig, aber rätlich, daß der Erblasser in der Erklärung angibt, zu welcher Zeit . . .„

Abs 3 S 2: „Unterschreibt der Erblasser in anderer Weise, etwa lediglich mit dem Vornamen oder durch Angabe der Familienstellung, und reicht diese Unterzeichnung . . ."

Abs 5 S 1: „Enthält ein nach Abs 1 errichtetes Testament keine Angabe über die Zeit der Errichtung und ergeben sich hieraus Zweifel über seine Gültigkeit (etwa weil der Erblasser während einer gewissen Zeit wegen Entmündigung testierunfähig war oder weil er mehrere einander widersprechende Testamente hinterlassen hat), so ist das Testament nur dann als gültig anzusehen, . . ."

5 4. Das **GesEinhG** vom 5. 3. 1953 übernahm, von stilistischen Änderungen abgesehen den Inhalt des § 21 wörtlich in § 2247.

5. § 57 Abs 3 Nr 9 **BeurkG** strich die Worte „*in ordentlicher Form*" als überflüssig.

II. Normzweck

Das eigenhändige Testament soll einer möglichst weitgehenden Verwirklichung der – durch Art 14 GG auch verfassungsrechtlich abgesicherten – Testierfreiheit dienen. Rechtssicherheit und privater Rechtsfrieden erfordern aber die erst postmortal verkündeten Willenserklärungen des Erblassers zuverlässigen und möglichst fälschungssicheren Formen zu unterwerfen. Die Vorschrift in ihrer heutigen Fassung reduziert die Formerfordernisse auf das für ein ordentliches Testament erforderliche Mindestmaß.

III. Grundsätzliches

1. Ergänzende Vorschriften

a) Nach § 2248 kann auch das eigenhändige Testament in amtliche Verwahrung genommen werden. Das eigenhändige Testament bleibt auch bei amtlicher Verwahrung eine **Privaturkunde**. Die Echtheitsvermutung des § 440 Abs 2 ZPO gilt nicht.

b) Ehegatten können nach § 2267 ein gemeinschaftliches Testament errichten, das nur von einem Ehegatten eigenhändig geschrieben und von beiden unterschrieben sein muß (dazu STAUDINGER/KANZLEITER[12] § 2267 Rn 3 ff).

2. Formerfordernisse

Mit Rücksicht auf die seit Inkrafttreten des TestG geringen Formerfordernisse des eigenhändigen Testaments ist deren **genaue Einhaltung** aufgrund der **Bedeutung der letztwilligen Verfügung** und der **Wichtigkeit des Aktes einer Testamentserrichtung** unabdingbare Voraussetzung (dazu BGHZ 47, 68).

Im Schrifttum (GRUNDMANN AcP 1987, 429; STUMPF FamRZ 1992, 1131) ist unter Berufung auf neuere Rechtsprechungstendenzen eine großzügige, zielbezogene Auslegung der Formvorschriften des eigenhändigen Testaments im Sinne eines *„favor testamenti"* (GRUNDMANN aaO) gefordert worden (eine Reformbedürftigkeit des § 2247 wird von GRUNDMANN AcP 1987, 429, 475 ausdrücklich abgelehnt). Auf gegenwärtige Rechtsprechungstendenzen können derartige Forderungen dann nicht gestützt werden, wenn man die zitierten Entscheidungen (zB BGHZ 47, 68 [zur Blaupause]; BGH NJW 1974, 1083 [zu Nachträgen]; BGH WM 1980, 1039 [zur Bezugnahmeproblematik]) als Grenzfälle bei besonders gelagerten Sachverhalten und nicht als mittlere Richtschnur für mögliche Formheilungen im Interesse des Erblassers ansieht (so aber GRUNDMANN aaO). Gegen die vorbezeichneten Literaturmeinungen spricht, daß Testamente, die als Willenserklärungen ihre rechtsgeschäftlichen Wirkungen erst nach dem Tode des Erklärenden entfalten, durch klare Formerfordernisse von rechtlich unbeachtlichen Erklärungen des Verstorbenen abzugrenzen sind und zwar zum Schutz der gesetzlichen bzw der gewillkürten Erben, soweit letztere in unzweifelhaft formgültigen Testamenten eingesetzt sind.

12 Die Rechtsprechung sollte beim eigenhändigen Testament angesichts der **Belastung des Rechtsfriedens** durch diese Testamentsform (dazu § 2231 Rn 11) einer zu weiten **Auflösung der Formerfordernisse** entgegentreten und im Interesse der Rechtssicherheit die wenigen Formvorschriften klar und streng anwenden (im Ergebnis ähnlich KIPP/ COING § 19 IV).

3. Formverstoß

13 Ein Verstoß gegen die zwingenden Formvorschriften des § 2247 führt zur Nichtigkeit des Testaments nach § 125 S 1. Diese Rechtsfolge kann von der Rechtsordnung ohne Heilungsvorschriften in Kauf genommen werden, weil sie grds zur gesetzlichen, bei mehreren Testamenten uU auch zur gewillkürten (formgerecht erklärten) Erbfolge führt. Für **Rechtssicherheit und Rechtsfrieden unzuträglich** wäre dagegen, wenn bei zweifelhaften Erklärungen durch **allzu weitherzige Auslegung** der Formvorschriften die **von der Rechtsordnung anerkannten Interessen** der gesetzlichen oder anderweitig formwirksam eingesetzten Erben **unberücksichtigt** blieben.

IV. Voraussetzungen

1. Testamentsinhalt

14 Ein bestimmter Inhalt ist für die Wirksamkeit des eigenhändigen Testamentes gem § 2247 nicht vorgeschrieben. Insbesondere muß das Testament keine Erbeinsetzung enthalten, nicht einmal erbrechtliche Verfügungen (vgl § 1777 Abs 3). Es genügt, wenn das Schriftstück eine nach dem Tod des Erblassers zu beachtende Willenserklärung enthält (BayObLG FamRZ 1986, 730).

2. Testierwille

a) Rechtsverbindliche Willenserklärung

15 Das Testament ist eine **einseitige, nicht empfangsbedürftige Willenserklärung**. Es ist nur wirksam, wenn der Erblasser bei seiner Errichtung den „animus testandi", einen ernstlichen Testierwillen hatte (vgl BayObLGZ 1982, 59, 64; BayObLG NJW-RR 1989, 1092 jeweils mwN). Ob dieser vorliegt, ist beim privatschriftlichen Testament im Unterschied zum notariellen Testament häufig zweifelhaft. Der „Testierwille" liegt dann vor, wenn sich der Erblasser bewußt war, seine Äußerung sei eine **rechtsverbindliche Erklärung** des letzten Willens, und wenn der **Wille** des Erblassers vorhanden war, eine **Verfügung von Todes wegen zu errichten**.

b) Wille zur Rechtsverbindlichkeit

16 Der Erblasser muß eine **rechtsverbindliche Anordnung für den Fall seines Todes** treffen wollen (RG JW 1910, 291; BayObLGZ 1953, 195, 199; 1963, 58; 1970, 173; BayObLG Rpfleger 1977, 438 [Testament auf gebrauchtem Briefumschlag]; 1980, 189; FamRZ 1992, 226 [Testament auf Rückseite eines gebrauchten Briefumschlages]). Nicht ausreichend ist daher eine Erklärung, die keine auf den Tod bezogene Verfügung enthält (BayObLG [26. 1. 1981] BReg 1 Z 124/80). Zweifel an einem endgültigen Testierwillen können sich auch aus völlig ungewöhnlichen Schreibmaterialien, ungewöhnlichen Errichtungsformen, unüblicher Schrift (zB sprechen stenographische Aufzeichnungen eher für einen Entwurf), aus der inhaltlichen Gestaltung, aus der fehlenden Abgeschlossenheit der Erklärungen usw, ergeben.

Zur Feststellung des Testierwillens reicht nicht aus, wenn sich der Erblasser lediglich 17 der Möglichkeit bewußt gewesen ist, die Erklärung könne als Testament angesehen werden oder ein Testament könne in der vorgenommenen Weise errichtet werden (KG in DFG 1943, 43; BayObLGZ 1970, 173; BayObLG [28. 12. 1979] BReg 1 Z 75/79; OLG Frankfurt OLGZ 1971, 205; vLübtow I 161 mwN). Bei Zweifeln ist stets zu prüfen, ob es sich nicht nur um einen Testamentsentwurf handelt (BayObLG FamRZ 1989, 1124 f mwN; zur Prüfung solcher Zweifel auch BayObLG FamRZ 1992, 227). Selbst wenn die äußere Errichtungsform gewahrt ist, kann es an dem erforderlichen Testierwillen fehlen, wenn der in der Schrift verlautbarte oder anderweitig feststellbare Wille des Erblassers eine nur rein informatorische oder sonst unverbindliche Bedeutung hat (BayObLG 1970, 173; BayObLG [28. 12. 1979] BReg 1 75/79).

War der Erblasser bei Abfassung des Schriftstücks der Überzeugung, ein rechtsgül- 18 tiges Testament liege nicht vor, so ist kein rechtswirksames Testament zustande gekommen. Bloße Zweifel an der Gültigkeit sind jedoch unschädlich (RG LZ 1922 Sp 293; über „Eventualwillen" bei Testamentserrichtung s KG DFG 1941, 104).

c) **Ernstlicher Wille**
Der Erblasser muß seine Erklärung **ernstlich** wollen. Legt er die Urkunde auf einem 19 besonders rasch vergänglichen Stoff oder auf verkehrsunüblichen Materialien (Bierdeckel, Tischtuch, Zimmerwand) nieder, ist damit nach außen der ernstliche Testierwille erheblich in Frage gestellt. Eine sorgfältige Feststellung ist geboten (RG JW 1910, 291). Die Ernstlichkeit der Erklärungen kann auch in Frage gestellt sein, wenn der Erblasser eine Sprache oder Schriftzeichen verwendet, die er üblicherweise nicht verwendet, ebenso wenn der Erblasser die Niederschrift nicht mit seiner unversehrten Hand errichtet, mit der er grds schreibt. Als allgemeiner Grundsatz gilt, daß der ernstliche Testierwille bei jeder im Rechtsverkehr ungewöhnlichen Errichtungsart sorgfältig zu prüfen ist. Liegt aber ein formgerecht, inhaltlich vollständig abgefaßtes Testament vor, so spricht dies auch bei ungewöhnlichen Errichtungsarten für den Testierwillen des Erblassers (BayObLG FamRZ 1992, 226, 227).

Die Erklärung ist **nichtig**, wenn der Erblasser sie in der **Erwartung** abgibt, der **Mangel** 20 **der Ernstlichkeit werde nicht verkannt** werden, § 118 (RGZ 104, 320, 322). Eine Ersatzpflicht gem § 122 ist nach § 2078 ausgeschlossen (vgl Henle MecklZ 1925, 81 ff).

d) **Geheimer Vorbehalt**
Ein geheimer Vorbehalt (Mentalreservation – dazu Wolff JherJb 81, 131; Kipp/Coing § 24 21 VIII; abweichend Lange JherJb 82, 7) macht die letztwillige Verfügung nie nach § 116 S 2 unwirksam (OLG Frankfurt/M FamRZ 1993, 858, 860). Der letzte Wille ist eine nicht empfangsbedürftige Willenserklärung. Es ist demnach unmöglich, daß der Empfänger der Erklärung den Vorbehalt durchschaut (Henle MecklZ 1925, 82 f). Das Verkehrsinteresse erfordert, daß der Erblasser an seiner Erklärung festgehalten wird. Andernfalls wäre „leichtfertigem und betrügerischem Testieren Tür und Tor geöffnet" (RGZ 148, 222).

e) Die Anwendung von § 117 (**Simulation**) ist ausgeschlossen, da diese Vorschrift 22 eine empfangsbedürftige Willenserklärung voraussetzt (vgl Kipp/Coing § 24 VIII; OLG Düsseldorf WM 1968, 811; OLG Frankfurt/M FamRZ 1993, 858, 860).

f) Beweisfragen

23 Ob der erforderliche Testierwille vorliegt, ist Tatfrage und unter Heranziehung aller erheblichen Beweismittel, auch außerhalb der Urkunde liegender Umstände zu würdigen und zu beurteilen (BGH LM Nr 1 zu § 133 [B]; BayObLGZ 1970, 173; BayObLG [26. 1. 1981] BReg 1 Z 124/80). Liegt ein formgerecht abgefaßtes Testament vor und liegen keine Anhaltspunkte für einen fehlenden Testierwillen vor, so hat das Nachlaßgericht keine Veranlassung nachzuprüfen, ob es sich nicht doch nur um einen Entwurf handeln könnte (KG FamRZ 1991, 486, 488; BayObLG FamRZ 1992, 226, 227).

3. Eigenhändige Niederschrift

a) Material der Niederschrift

24 Die Niederschrift kann mit und **auf jedem Material** erfolgen. Das Gesetz enthält keine einschränkende Bestimmung. Allerdings muß die **Veränderung** des Stoffes **der Schreibunterlage** unmittelbar **mit dem Schreibgerät** des Erblassers von diesem herbeigeführt werden (so noch bei Blaupause BGHZ 47, 68, 73), so daß Telefax oder im Kopierverfahren hergestellte Testamente nicht die Urschrift ersetzen können (ebenso Ebenroth Rn 196). Die Wirksamkeit hängt weder von der Art des Schreibgerätes noch vom Material der Schreibunterlage ab: Testament auf Schiefertafel mit Schieferstift (RG JW 1910, 291), auf Fragebogen der Erbschaftsteuerbehörde (RG DR 1942, 1370); auf Postkarte (KG JFG 16, 91); auf Briefumschlag (BayObLG FamRZ 1992, 227); in einem Buch (OLG Stuttgart Recht 1918 Nr 880); auf dem Umschlag eines die Wertpapiere des Nachlasses enthaltenden Beutels (Cour de Paris ZBlFG 1912, 548 Nr 476); auf der vermachten Sache selbst (zB Gemälde, Obligation). Lediglich die Endgültigkeit und Ernstlichkeit des Testierwillens kann bei völlig ungewöhnlichen Materialien in Frage gestellt sein. Die Wahl des Materials kann Hinweise auf das Vorliegen eines bloßen Entwurfs geben (Brock 77). Das Reichsgericht betonte, daß die Benutzung besonders rasch vergänglicher Stoffe grds dem Wesen des Testaments widerspreche (RG JW 1910, 291; dazu a BGHZ 47, 72 ff). Gleiches gilt für völlig unübliche Stoffe oder Materialien, die ein Indiz für fehlenden Testierwillen sein können.

25 Es können **verschiedene Schreibmaterialien** verwendet werden: zB Niederschrift mit Bleistift, Unterschrift mit Tinte (vgl BayObLG MDR 1984, 1024; Ein Häftling schrieb mit Bleistift an die Zellenwand: „Ich vermache mein Vermögen dem Wohlfahrtsamt, Max Müller"; dann erhängte er sich. Das Gericht [AG München] sah in der Wandschrift ein formgerechtes Testament; s Staudinger/Firsching[12] Rn 33. Der Entscheidung dürfte nur dann ohne Bedenken zuzustimmen sein, wenn dem Erblasser kein anderes Schreibmaterial in der Zelle zur Verfügung stand, andernfalls wäre die Ernstlichkeit der Erklärung in Frage zu stellen).

b) Sprache

26 Die Niederschrift kann in *jeder* toten, lebenden oder Kunst*sprache* (Esperanto) und in jedem Dialekt abgefaßt sein, sofern der Erblasser selbst die Sprache oder den Dialekt hinreichend beherrscht (KGJ 22, 49). Seine Sprachkenntnisse müssen dem für eine Testamentserrichtung erforderlichen *Sprachverständnis* genügen, wobei nicht rechtliche Fach- sondern Umgangssprache zu fordern ist. Nur das hinreichende Beherrschen der Sprache gewährleistet, daß der Erblasser sich inhaltlich mit dem

Text so auseinandergesetzt hat, daß das Testament seinem wirklichen Willen entspricht (ebenso SOERGEL/HARDER Rn 10; BGB-RGRK/KREGEL Rn 10; aA LANGE/KUCHINKE § 19 III 1 Fn 42, wonach das Testament auch wirksam sein soll, wenn der Erblasser die Sprache nicht versteht und sie nach einer Vorlage oder auf Buchstabieren hin niederschreibt). Gegen die Auffassung KUCHINKES spricht jedoch, daß jede Übersetzung auf der Sprachinterpretation des Übersetzers beruht und eine absolut kongruente Übersetzung in eine Fremdsprache nicht möglich ist. Daher drückt die fremdsprachliche Fassung der Niederschrift, die der Erblasser selbst nicht versteht, sondern nur abschreibt, nicht seinen eigenen letzten Willen, sondern die Gedanken aus, die der Übersetzer als letzten Willen des Erblassers verstanden und interpretiert hat. Dem widerspricht nicht, daß ein notarielles Testament unter Hinzuziehung eines Dolmetschers errichtet werden kann. Hier gewährleistet das Beurkundungsverfahren und die damit verbundene Beratungs- und Belehrungspflicht des Notars, daß der Erblasser durch Befragen des Notars und die damit verbundene Beratung und durch eigenes, Unklarheiten beseitigendes Nachfragen seinen letzten Willen zum Ausdruck bringen kann.

c) Schrift

27 Die Niederschrift muß in Schriftform erfolgen. Schrift erfordert *Abstraktion*. Diesen Anforderungen genügt nicht ein in Anordnungen von Bildern niedergelegtes Testament (LANGE/KUCHINKE § 19 III 1). Grundsätzlich stehen dem Erblasser jeder Schrifttyp und alle Arten von Schriftzeichen zur Verfügung.

28 Die *Schriftart*, in der die Erklärung geschrieben wird, ist vom Gesetz nicht vorgeschrieben. Es muß aber eine Schrift sein, die eine **Individualisierung nicht objektiv ausschließt** (vHIPPEL, Formalismus und Rechtsdogmatik § 3 I Nr 1). Daher genügt die Blindenschrift nicht (dazu unten Rn 31). Es kann stenographiert werden (Mot V 270; OLG Dresden Recht 1907, 61 Nr 53; BayObLG [30. 10. 1978] BReg Z 109/78 – „unerheblich für die Gültigkeit, daß einige Worte in Kurzschrift geschrieben sind"), sofern ein bekanntes System gebraucht wird. Aus praktischen Gründen ist Kurzschrift nicht zu empfehlen, da die Deutlichkeit der Erklärung darunter leidet bzw der Echtheitsbeweis erschwert wird (vgl BROCK 78). Außerdem spricht bei stenographischen Aufzeichnungen der erste Anschein für einen Testamentsentwurf. Wenn sich aus dem Inhalt und weiteren Anhaltspunkten auf einen endgültigen Erblasserwillen schließen läßt und von einem in Kurzschrift errichteten Testament ausgegangen werden kann, muß zur Wirksamkeit des Testaments die Unterschrift in Kurrentschrift geleistet sein (über Fälle der Anwendung von Vertikalschrift, Spiegelschrift und Pauskopie s REICHEL Recht 1919 Sp 75; zur mittels Blaupause gefertigten Durchschrift eines eigenhändigen Testaments [muß als Urschrift beabsichtigt sein!] s BGHZ 47,68 = NJW 1967, 1124 = LM Nr 3 zu § 2247 m Anm JOHANNSEN; BayObLGZ 1965, 258 – dazu JOHANNSEN WM 1971, 405; WERNER DNotZ 1972, 6; JuS 1973, 434; DITTMANN/REIMANN/BENGEL Rn 22; aA KG NJW 1966, 664; BGB-RGRK/KREGEL Rn 8. Über die Zulässigkeit von Rundschrift s OLG München JW 1937, 44; von Abkürzungen LG Berlin DFG 1943, 97).

d) Handschrift

29 Es muß sich um Handschriftzeichen handeln. Mittels Schreibmaschine, Stempel oder Druck eigenhändig errichtete Testamente sind nichtig (hM, s dazu amtl Begr zum TestG DJ 1938, 1254, 1257). Ist das Testament teils eigenhändig, teils mit Schreibmaschine geschrieben, so ist der eigenhändige Teil gültig (RG Recht 1921 Nr 582), sofern der formgerecht verfaßte Teil des Testaments für sich einen abgeschlossenen Sinn ergibt. Andernfalls liegt keine wirksame Verfügung vor (ebenso STAUDINGER/OTTE[12] § 2085 Rn 9; zum Einwand, dieses Ergebnis sei unbillig und widerspreche dem Vorspruch zum TestG s OLG Düsseldorf DRW 1943, 698).

30 Dagegen kann das Testament in Druckbuchstaben, mittels Kurzschrift (Stenographie), in griechischen, arabischen, chinesischen oder anderen Handschriftzeichen errichtet werden, sofern der Erblasser diese Schriftzeichen selbst hinreichend versteht und beherrscht. Auch bei Anwendung der Schriftzeichen muß gewährleistet sein, daß der Erblasser seinen eigenen Willen ausdrückt. Das ist nicht der Fall, wenn er Zeichen verwendet, deren Bedeutung ihm unbekannt sind. Unwirksam ist daher ein Testament nach bloßem Abmalen der Schriftzeichen ohne Textverständnis. Die Schriftzeichen müssen nicht mit der Sprache übereinstimmen (Beispiel: Testament in deutscher Sprache mit kyrillischen Schriftzeichen). Allerdings wird bei ungewöhnlichen Kombinationen fraglich sein, ob der Erblasser ernstlich testieren wollte.

31 In **Blindenschrift** errichtete Testamente genügen nicht den Anforderungen eines eigenhändigen Testaments (str). Das in Blindenschrift errichtete Testament läßt mangels hinreichender Individualmerkmale keinen zuverlässigen Rückschluß auf den Urheber zu. Es ist vergleichbar mit einem mit Schreibmaschine oder drucktechnischen Medien geschriebenen Text, selbst wenn die Zeichen manuell geprägt sind (OLG Koblenz NJW 1958, 2247; LG Hannover NJW 1972, 1204; SOERGEL/HARDER Rn 16; ERMAN/ M SCHMIDT Rn 3; PALANDT/EDENHOFER Rn 6; BROX Rn 124; SCHLÜTER § 18 I 1; SCHULZE DNotZ 1955, 632; WERNER DNotZ 1972, 8; aA STAUDINGER/FIRSCHING[12] Rn 36; BGB-RGRK/KREGEL Rn 30; DITTMANN/REIMANN/BENGEL Rn 9; LANGE/KUCHINKE § 19 III Fn 37).

32 Wird der letzte Wille im *Computer*, auf *Videofilmen, Tonfilmen, Tonbändern, Kassetten, Schallplatten* oder vergleichbaren Medien niedergelegt, so ist Eigenhändigkeit nicht gegeben (zu Schallplatten DJ 1935, 78). Selbst wenn die Authentizität der Willenserklärung des Erblassers und sein Testierwille zur Gewißheit des Gerichts feststehen, können derartige Erklärungen keine rechtliche Wirkung entfalten. Ein Testament kann – nach gegenwärtiger Rechtslage – nur handschriftlich und nicht mittels anderer Medien errichtet werden. Denkbar ist freilich, daß der Gesetzgeber mit fortschreitender Rechtsentwicklung auch fälschungssichere Testamente auf elektronischen Medien zulassen wird. Die Entscheidung über die Wirksamkeit solcher Testamente bleibt aber allein dem Gesetzgeber vorbehalten (krit zu Testamenten auf Tonträgern GÖRGENS 124 ff).

e) Eigenhändigkeit

33 Zweck der Eigenhändigkeit ist ua, die **Selbständigkeit des Willens** des Testators sowie die **Echtheit seiner Erklärung** (Authentizität) nachzuweisen (BGHZ 47, 70). Diese Formzwecke sind nur erfüllbar durch Niederschriften, welche die individuellen Merkmale der Schrift des Erblassers beinhalten. Das eigenhändige Niederlegen des letzten Willens gewährleistet zudem einen – im Vergleich zur bloß mündlichen Erklärung schon bei der einfachen Schriftform gem § 126 gesteigerten – Überlegungsschutz. Dieser ist gegenüber der einfachen Schriftform deshalb noch intensiver, weil der Erblasser sich mit eigenhändig niedergelegten handschriftlichen Formulierungen genauer auseinandersetzen muß, als bei bloßer Unterschriftsleistung unter einen uU fremdverfaßten Text. Damit wird der Erblasser durch die Einhaltung dieses Formerfordernisses dazu angehalten, seinen letzten Willen wohlüberlegt niederzulegen.

Das eigenhändige Testament wird grds mit der **Hand** niedergelegt. Dem steht aber 34 nicht entgegen, daß bei dauerhaften oder vorübergehenden Körperbehinderungen die Errichtung mittels Prothese, Fuß, Mund usw erfolgt. Liegt keine Körperbehinderung vor, so stellt eine ungewöhnliche Errichtungsart den ernstlichen Testierwillen in Frage.

Die Eigenhändigkeit setzt zwingend voraus, daß der Erblasser die Niederschrift 35 **selbst angefertigt** hat (dazu BURGER, Probleme der gesetzlichen Schriftform [Diss München 1975]). Durch Dritte hergestellte Niederschriften sind immer unwirksam, selbst wenn sie in Anwesenheit des Erblassers nach dessen Willen und Weisungen angefertigt und vom Erblasser eigenhändig unterschrieben worden sind. Die zwingende Eigenhändigkeit kann nicht dadurch ersetzt werden, daß der Erblasser sich eines Dritten als Werkzeug bedient oder diesen ermächtigt, die letztwillige Verfügung niederzuschreiben (BayObLG FamRZ 1990, 441, 442; 1040 LS).

Eine **Ausnahme** von der Eigenhändigkeit bildet das **gemeinschaftliche Testament gem** 36 §§ 2265 ff, das vom Ehegatten des Testators eigenhändig geschrieben sein kann, aber von beiden Ehepartnern unterschrieben sein muß (vgl dazu STAUDINGER/KANZLEITER[12] § 2267 Rn 12 ff).

Zulässig ist, daß eine **andere Person** den ihr als Willen des Erblassers bekannt gege- 37 benen Inhalt **formuliert** und der Erblasser dieses Schriftstück lediglich abschreibt. Die Erklärung muß nur seinem Willen entsprechen, was vermutet wird.

Eigenhändigkeit ist nicht gegeben, wenn dem Erblasser die **Hand** (Prothese, Fuß 38 usw) **geführt** wird und dadurch die *Schriftzüge von einem Dritten geformt* werden. Daher gilt nicht als vom Erblasser „eigenhändig" geschrieben, was er unter der Herrschaft und Leitung eines anderen abgefaßt hat; folgt er lediglich einem fremden Willen, so liegt Eigenhändigkeit nicht vor (vgl BayObLG FamRZ 1986, 727). Er muß die *Gestaltung der Schriftzüge selbst bestimmen* (s nachstehende Rn 39 und SeuffBl 78, 210; OLGE 30, 211; BayObLGZ 20 A 253). Der Erblasser kann keinen anderen ermächtigen und beauftragen, für ihn die Nieder- oder Unterschrift vorzunehmen (s RG LZ 1914 Sp 1627; OLG Hamburg JW 1938, 582; OLG Düsseldorf DR 1943, 698 Nr 8; BayObLG FamRZ 1990, 441, 442; 1040 LS).

Zulässig ist dagegen eine **unterstützende Schreibhilfe** (Abstützen des Armes, Halten 39 der zitternden oder geschwächten Hand), solange der Erblasser die Formung der Schriftzeichen vom eigenen Willen getragen selbst bestimmt (vgl dazu BayObLG FamRZ 1985, 1286 zur unterstützten Unterschriftsleistung bei notariellem Testament). Letztlich ist Tatfrage, ob die Schriftzüge insgesamt den Erblasser als Urheber des Testaments erkennen lassen (BayObLG FamRZ 1986, 727; vgl MICHAU, Zulässige und unzulässige Schreibhilfe bei Errichtung eigenhändiger Testamente, Archiv für Kriminologie 1978, 1 ff; RG Gruchot 53, 98; Recht 1911 Nr 2916; JW 1911, 589; 1929, 1469; SeuffBl 76, 666; BayObLGZ 1951, 598 darüber, daß bloße Unterstützung zur Ermöglichung der Niederschrift im Gegensatz zur bestimmenden und maßgebenden Führung der Hand des Schreibenden dessen Testament nicht ungültig macht; dazu RECHENMACHER DNotZ 1952, 79; BGHZ 27, 274 = MDR 1958, 837 m Anm KEIDEL = LM BGB

§ 2247 Nr 1 m Anm PAGENDARM; BGHZ 47, 68, 71; OLG Stuttgart BWNotZ 1977, 70; ferner BGH LM Nr 1 zu § 16 TestG: „in 1. Linie entscheidend, ob die Testatorin den Willen hatte, eigenhändig ihre Unterschrift unter der von ihr erklärten letztwilligen Verfügung zu leisten, und sodann, ob sie diesen Willen in der Weise betätigt hat, daß die Leistung ihrer Unterschrift von ihrem Willen abhängig blieb").

40 Die Erklärung muß **insgesamt eigenhändig** (dazu Recht 1921 Nr 582) vom Erblasser geschrieben sein (vgl BROCK 75 f; BGH NJW 1958, 547). Daher ist die Erklärung nur gültig, soweit sie vom Erblasser herrührt. Ist ein **Teil der Erklärung von einem anderen geschrieben**, so ist das Testament bzgl des formgerecht errichteten Teils wirksam, sofern dessen Text einen in sich abgeschlossenen Sinn ergibt; andernfalls ist das Testament insgesamt unwirksam (STAUDINGER/OTTE[12] § 2085 Rn 9; KIPP/COING § 26 III Fn 30 mwN).

41 Sind **Zusätze** oder **Veränderungen ohne Wissen oder Willen des Erblassers** am Testament eingefügt oder vorgenommen worden, so bleibt die Wirksamkeit des vom Erblasser errichteten Testaments hiervon unberührt (ebenso BROCK 76; KG OLGE 18, 353; RG SeuffBl 78, 211; dazu BGH Rpfleger 1980, 337). Selbst eine Vernichtung der Testamentsurkunde ohne Widerrufswillen des Erblassers führt nicht deren Unwirksamkeit herbei (dazu § 2255 Rn 31).

42 Eine Einfügung mit fremder Hand liegt schon dann vor, wenn der Dritte die **Hand** (bzw Körperteil) des Erblassers **geführt** hat. Das Testament bleibt mit dem vom Erblasser verfaßten Inhalt wirksam (KG OLG 18, 353; OLG Hamburg JW 1938, 582), sofern der eigenhändige Text auch ohne Zusatz ausreicht, den letzten Willen des Erblassers zum Ausdruck zu bringen (RGZ 63, 23; KG OLG 14, 302; 18, 353; BayObLGZ 1979, 215 = DNotZ 1980, 761; SOERGEL/HARDER Rn 37; dazu auch oben Rn 29).

43 Mit **fremder Hand nachträglich eingefügte Zusätze** sind unwirksam (LANGE/KUCHINKE § 19 III 1; PALANDT/EDENHOFER Rn 7). Die Wirksamkeit der übrigen vom Erblasser eigenhändig abgefaßten Erklärungen beurteilt sich dann, wenn Zusätze oder Teile des Testaments *auf Veranlassung des Erblassers* von fremder Hand, eingefügt worden sind, nach §§ 2085, 139 BGB (STAUDINGER/OTTE[12] § 2085 Rn 9). Danach führt der ungültige Teil nur dann zur Unwirksamkeit des ganzen Testaments, wenn anzunehmen ist, daß der Erblasser die wirksam gefaßten Verfügungen nicht ohne den unwirksamen Teil getroffen hätte (vgl auch SOERGEL/HARDER Rn 37). Entscheidend ist, ob der nichtige Teil unabtrennbarer Bestandteil des einheitlich gewollten Testaments oder ob er eine selbständige letztwillige Verfügung ist.

44 Ein **gemeinschaftlich errichtetes Testament**, das nur von dem Erblasser eigenhändig geschrieben ist, kann als Einzeltestament *umgedeutet* werden, wenn der Erblasserwille darauf gerichtet war, seine erbrechtlichen Verfügungen ohne Rücksicht auf einen möglichen Beitritt des Ehepartners gelten zu lassen (BayObLG NJW-RR 1992, 332). Dieser auf ein „Einzeltestament" gerichtete Erblasserwille muß aber durch Auslegung ermittelt werden und zur Überzeugung des Gerichts feststehen (vgl BayObLG aaO). Tritt ein Ehegatte einem gemeinschaftlichen Testament bei, das der andere geschrieben, aber nicht unterschrieben hatte, so genügt dies den Formerfordernissen eines eigenhändigen Testamentes nicht (BayObLGZ 1968, 311).

f) Lesbarkeit

Die Niederschrift muß lesbar errichtet sein (OLG Hamm NJW-RR 1991, 1352 = FamRZ **45** 1992 m Anm MUSIELAK). **Unlesbar errichtete Teile** des Testaments machen die dort enthaltenen Verfügungen **unwirksam**, da sie keine Verkörperung einer Gedankenerklärung darstellen; ob sie zur Unwirksamkeit des gesamten Testaments führen, beurteilt sich danach, ob der lesbare Teil abgeschlossene Verfügungen des Erblassers darstellt, die ohne Rücksicht auf die unlesbaren gelten sollen. Jede schriftliche Willenserklärung setzt voraus, daß ihr objektiver Inhalt von Dritten ermittelt werden kann (DITTMANN/REIMANN/BENGEL Rn 16). Sind die Schriftzüge nicht mehr lesbar, steht jedoch fest, daß sie deutlich lesbar niedergeschrieben wurden, so berührt dies die Formgültigkeit des Testaments nicht (KG JW 1938, 1601); eine andere Frage ist, ob sich der Inhalt noch ermitteln läßt. Erforderlich und genügend ist Lesbarkeit durch Schriftsachverständige. Andere außerhalb der Urkunde liegende Umstände dürfen zur Feststellung des Inhalts nicht herangezogen werden (vgl dazu KG JW 1937, 2831; OLG Hamm NJW-RR 1991, 1352; zur teilweisen Unlesbarkeit s a DITTMANN/REIMANN/BENGEL Rn 16). Das Erfordernis der Lesbarkeit erstreckt sich nicht auf die Unterschrift.

4. Zeitraum der Errichtung – keine *unitas actus*

a) Errichtungszeit

Die Niederschrift muß **nicht in einem einheitlichen, zusammenhängenden Errichtungs-** **46** **akt** erfolgen. Das Erfordernis der *unitas actus* (Einheit der Errichtungshandlung) besteht bei der Testamentserrichtung nicht (BGHZ 30, 294 = NJW 1959, 1822; BGH NJW 1974, 1084; BayObLGZ 1965, 258, 262; 1970, 173, 178f; 1974, 440; BayObLG FamRZ 1991, 370, 371; OLG Hamm NJW-RR 1991, 1352). Der Erblasser braucht auch nicht von vornherein die Absicht zu haben, ein Testament des dann später endgültig feststehenden Inhalts zu errichten (KG OLGE 18, 352; RGZ 111, 247; 115, 111; RG WarnR 1919 Nr 70, 106; JFG 1, 170; 5, 162; 15, 254). Die Abfassung kann sich über einen **längeren Zeitraum** erstrecken (KG OLGE 44, 98) und an verschiedenen Orten erfolgen (KG JW 1922, 1392). Zwischen der Niederschrift einzelner Teile des Testaments können sehr lange Zeiträume liegen (BayObLG MDR 1984, 1024: 17 Jahre). Zur formgerechten Errichtung eines Testaments kann der Erblasser auch frühere Entwürfe oder Entwurfsteile benutzen und sie eigenhändig so ergänzen, daß sie seinen nunmehr gewollten letzten Willen wiedergeben. Will der Erblasser ein widerrufenes eigenhändiges Testament durch Zusätze in Kraft setzen, so bedarf es einer erneuten Unterschrift (BayObLG NJW-RR 1992, 1225; vgl auch BayObLG FamRZ 1995, 246, 247).

Da ein eigenhändiges Testament nicht in einem Zuge errichtet zu werden braucht, **47** sondern zu auseinanderfallenden Zeitpunkten hergestellt werden kann und auch ein formungültiges Testament formell aufgehoben werden kann, kann auch eine durch Zerreißen der handschriftlichen Testamentsurkunde aufgehobene letztwillige Verfügung dadurch zum Bestandteil einer neuen, gleichlautenden letztwilligen Verfügung gemacht werden, daß der Erblasser die wieder zusammengeklebte Urkunde in einen verschlossenen Briefumschlag steckt und diesen mit dem eigenhändig geschriebenen und unterschriebenen Vermerk „Mein Testament" versieht (vgl OLG Düsseldorf JZ 1951, 309 LS).

b) Zeitliche Folge

Nach **hM** ist **ohne Bedeutung**, in welcher **zeitlichen Reihenfolge** die einzelnen Bestand- **48** teile des Testaments niedergeschrieben werden (dazu auch PLANCK/STRECKER Anm II 5). Die Unterschrift muß zeitlich nicht unmittelbar nach Abschluß des Testaments erfolgen. Sie kann wirksam unter einem wesentlich früher eigenhändig abgefaßten Text geleistet werden. Die Unterschrift kann auch zuerst geleistet und danach kann der Testamentstext darüber gesetzt werden (vgl BayObLG MDR 1984, 1024; s auch KG KGJ 49, 59: Unterschrift muß nicht der letzte Akt der Errichtung sein).

5. Äußere Fassung des Testaments

a) Bezeichnung der Niederschrift

49 Das Schriftstück **muß nicht** die Bezeichnung „Testament", „letzter Wille", „letztwillige Verfügung" oder ähnliches enthalten. Auch ein mit „**Vollmacht**" überschriebenes Schriftstück *kann* im Wege der Auslegung als Testament angesehen werden (vgl BayObLGZ 1982, 59, 64 f). Allerdings wird hier besonders sorgfältig zu prüfen sein, ob eine auf erbrechtliche Rechtsfolgen gerichtete Willenserklärung oder eine *postmortale Vollmacht* vorliegt. Die Auslegung des Schriftstücks darf *keinen Zweifel* daran lassen, daß der Erblasser entgegen der anders lautenden Bezeichnung ein Testament errichten wollte. Bei der heutigen Aufklärung der Bevölkerung gehört das Wort „Testament" zum allgemeinen Sprachgebrauch. Werden andere Worte mit abweichendem Begriffsinhalt verwandt (zB „Vollmacht"), ist *äußerste Zurückhaltung geboten*, ehe *entgegen dem eindeutigen Wort* „Vollmacht" das Vorliegen eines in die gesetzliche Erbfolge eingreifenden Testaments angenommen wird. Enthält der mit „Vollmacht" überschriebene Text auch nicht die Worte „erben", „vermachen" oder ähnlich deutliche Hinweise auf eine Verfügung von Todes wegen, so wird bei dem mit Vollmacht überschriebenen Schriftstück, sofern es nach dem Tode gelten soll, von einer postmortalen Vollmacht und nicht von einem Testament auszugehen sein; gewollt sein kann aber auch *Testamentsvollstreckung*.

b) Abgeschlossene Erklärung

50 Ein Testament setzt eine abgeschlossene Erklärung des Erblassers voraus. Daher ist ein bloßer Entwurf, auch wenn er den sonstigen Erfordernissen des § 2247 entspricht, kein gültiges Testament (Dresden ZBIFG 9, 181; KGJ 31, 106; KG OLGE 32, 322; 42, 140 Fn 1 a; KG DFG 1941, 104; HENLE MecklZ 42). Andererseits ist zu prüfen – selbst wenn das Schriftstück mit „*Entwurf*" überschrieben ist –, ob der Erblasser es nicht zumindest vorläufig, zB bis zur Abfassung eines öffentlichen Testaments, als wirksames Testament behandelt wissen wollte (BayObLGZ 1970, 173, 178 f).

51 Bei Vorliegen eines **formgerecht errichteten** Testaments spricht eine tatsächliche Vermutung dafür, daß der Erblasser das Schriftstück nach Errichtung als abgeschlossenes Testament ansah (BayObLGZ 1970, 173; BayObIG [30. 10. 1978] BReg 1 Z 109/78). Ein entgegen dieser Vermutung bestehender Wille bedarf der Widerlegung. Die Gültigkeit ist auch zu vermuten, wenn sich am formgerecht errichteten Testament auf einem angehefteten Blatt ein nicht unterschriebener Text befindet „Muß noch überarbeitet werden, gilt aber im Falle meines plötzlichen Ablebens als vollwertiges Testament" (so zutreffend LG Saarbrücken MDR 1983, 404; über die Heranziehung des § 2086 in diesem Zusammenhang s RG BayZ 1914, 231; STAUDINGER/OTTE[12] § 2086 Rn 2).

52 Zur Auslegung des Erblasserwillens können auch außerhalb der Testamentsurkunde liegende Umstände herangezogen werden. Bei Streit darüber, ob ein vollendetes

Testament oder nur ein Entwurf vorliegt, hat der Testamentserbe im Prozeß die Beweislast der Vollständigkeit (RG Recht 1922 Nr 1431; dazu auch Rn 131). Zu beachten ist jedoch: „Enthält ein Schriftstück alle wesentlichen Erfordernisse eines Testamentes, so hat es zunächst als solches zu gelten" (KG RJA 6, 175).

c) Mehrere Blätter

Unschädlich ist, wenn die Niederschrift auf **mehreren, miteinander nicht verbundenen** 53 **Blättern** erfolgt, sofern diese inhaltlich zusammenhängen. Es ist nur einmalige Unterschrift erforderlich, die sich auf dem letzten Blatt befinden muß (BayObLG FamRZ 1988, 1211, 1212 mwN; FamRZ 1991, 370, 371; KIPP/COING § 26 I 2 b; KG RJA 5, 163, 166; KG OLGE 24, 93; 36, 235; KG JFG 21, 36; OLG Neustadt Rpfleger 1962, 446; BayObLGZ 1970, 173, 178). Für die einzelnen Blätter ist keine einheitliche Errichtung notwendig (BayObLGZ 1970, 173, 179). Die einzelnen Blätter müssen aber *inhaltlich ein Ganzes* sein und eine einheitliche Willenserklärung enthalten, die im Regelungsinhalt auch widersprüchlich sein kann, sofern der textliche Zusammenhang unzweifelhaft ist (BayObLG FamRZ 1991, 371).

d) Durchstreichungen, Rasuren

Durchstreichungen und Rasuren des Erblassers im Testament lassen die Formgültig- 54 keit grds unberührt. (Dies ist nicht selbstverständlich. So können Durchstreichungen in anderen Rechtsordnungen zur Nichtigkeit des eigenhändigen Testaments führen [vgl zB Art 1721 griech ZGB].)

Eigenhändige Durchstreichungen und Rasuren des Erblassers sind zulässig, selbst 55 wenn sie der *Errichtung* des Testaments *nachfolgen*. Da der Erblasser gem § 2255 den Inhalt des ganzen Testaments mittels Durchstreichung widerrufen kann, muß dies auch für einzelne Teile des Testaments gelten (vgl dazu § 2255 Rn 11 sowie Mot V 301; RG SeuffBl 76, 475: Durchstreichungen mit Bleistift uU belanglos; sie beeinträchtigen allerdings die Beweiskraft der Urkunde, § 419 ZPO). Problematisch sind Durchstreichungen soweit sie positive Veränderungen des Testamentsinhalts herbeiführen (Beispiel: Eine Miterbeneinsetzung wird gestrichen; dazu § 2255 Rn 12). Bei jeder Durchstreichung wird die Urheberschaft sorgfältig zu prüfen sein, wobei das Gericht bis zum Gegenbeweis davon auszugehen hat, daß die Streichung vom Erblasser herrührt.

e) Berichtigungen

Die Berichtigung von *Schreibfehlern* oder vergleichbaren *Unrichtigkeiten* ist jeder- 56 zeit ohne neue Unterschrift zulässig (OLG Jena OLGE 24, 95; RG JW 1917, 925; LANGE/KUCHINKE § 19 III 4). Außerhalb des Testamentstextes stehende Berichtigungen sind dann nicht von der abschließenden Unterschrift gedeckt, wenn sie über den unberichtigten Testamentstext hinausgehende, neue Verfügungen oder Teile von Verfügungen enthalten. Derartige Verfügungen müssen, auch wenn sie nur in Form einer Berichtigung (zB Auswechslung eines Vermächtnisnehmers) vorgenommen sind, der Form des § 2247 genügen (vgl BGH NJW 1974, 1083; OLG Stuttgart Justiz 1979, 436).

f) Lücken

Lücken im Testament führen nach § 2086 grds nicht zur Unwirksamkeit, sofern nicht 57 anzunehmen ist, daß die Wirksamkeit des Testaments von der Ausfüllung der Lücke abhängig sein soll (STAUDINGER/OTTE[12] § 2086 Rn 2). Lücken können aber so vorgesehen sein, daß das Testament nur für den Fall der späteren Ausfüllung gelten soll (KG OLGE 9, 394). Im allgemeinen ist jedoch auch bei für spätere Anordnungen freigelassenen Lücken nicht anzunehmen, daß die Niederschrift nur ein Entwurf sein soll (RG BayZ 1914, 232; KG OLGE 9, 394; RG JW 1912, 39 [Offenlassung der Summe eines Kapitals, dessen Zinsen dem Bedachten ein bescheidenes, aber sorgenfreies Leben ermöglichen sollten]; RG WarnR 1914 Nr 301).

g) Einschübe, Ergänzungen, Nachträge

58 Erfolgt eine Einfügung durch Dritte **ohne Wissen und Willen des Erblassers**, so gilt sie als **nicht geschrieben**. Ein Einschub, den ein **Dritter mit Wissen und Willen des Erblassers** vornimmt, ist zwar **nichtig**, hat aber im Gegensatz zum französischen Recht (Art 1001 cc) nicht ohne weiteres die Unwirksamkeit des ganzen Testaments zur Folge (vgl RGZ 63, 23 u KG HRR 1936 Nr 269), da die Unwirksamkeit eines Zusatzes die Gültigkeit des Testaments grds nicht berührt (s dazu KG OLGE 35, 364; 7, 361; RG SeuffA 87 Nr 46). Zu prüfen wird aber sein, ob der Dritte als *Werkzeug* des Erblassers das Testament gem § 2255 verändert hat (vgl § 2255 Rn 17). Der Zusatz kann zwar keine positive Veränderung des früheren Testaments herbeiführen, wenn er nicht der Form einer letztwilligen Verfügung entspricht, er kann jedoch einen rechtswirksamen Widerruf des alten Testaments iS des § 2255 darstellen.

59 Die nachträgliche Veränderung eines Testaments durch Beifügung eines Nachtrages kann das Testament zum Entwurf machen, solange der Nachtrag noch nicht vollständig iS des § 2247 abgeschlossen ist (KG OLGE 18, 346). Ein solcher Fall liegt dann vor, wenn der Nachtrag zu einer vollständigen Änderung des bisherigen Testamentsinhalts führt. Um diesen Entwurf wieder zum gültigen Testament zu machen, muß er in seiner Gesamtheit den Erfordernissen des § 2247 entsprechen. Fehlt es daran, so hat dies die Nichtigkeit des Testaments zur Folge.

60 Da die Testamentserrichtung nicht in ununterbrochener Folge vor sich gehen muß (KGJ 49, 59), folgt daraus (kritisch zu dieser Begründung LANGE/KUCHINKE § 19 III Fn 66): Spätere **eigenhändige Änderungen und Zusätze des Erblassers** zu einem holographischen Testament sind zulässig (vgl RGZ 115, 112, 114; KG HRR 1934 Nr 1514).

61 Umstritten und von der Rechtsprechung uneinheitlich beantwortet ist die Frage, ob nachträgliche Einschübe, Ergänzungen und Nachträge auch ohne erneute *Unterschrift* wirksam sind. Unstreitig bedürfen bloße Klarstellungen, Erläuterungen und Berichtigungen keiner erneuten Unterschrift (LANGE/KUCHINKE § 19 III 4). Eigenhändige Einschübe, Ergänzungen und Nachträge können wirksam vorgenommen werden, wenn sie durch die Unterschrift gedeckt sind und sich nicht auf getrennten Blättern befinden. Zweifelhaft ist, ob solche Veränderungen als „Nachträge" nach Errichtung der letztwilligen Verfügung auch ohne erneute Unterschrift des Erblassers wirksam sind, wenn sie nur durch die frühere Unterschrift gedeckt werden (MANTEY Gruchot 43, 653; BROCK 81; RGZ 71, 302; 111, 262 halten eine erneute Unterschrift für notwendig; VOGELS JW 1938, 2162; PLANCK/STRECKER § 2231 Anm II 5; VOGELS/SEYBOLD 21 Rn 9; DITTMANN/REIMANN/BENGEL Rn 37; vLÜBTOW I 166; LANGE/KUCHINKE § 19 III 4; PALANDT/EDENHOFER Rn 18 sehen sie als entbehrlich an).

62 Werden sie **durch** die frühere **Unterschrift räumlich gedeckt**, so bedürfen sie keiner neuen Unterschrift (übereinstimmend BGH NJW 1974, 1083, 1084 [das räumliche Erscheinungsbild der Testamentsurkunde darf nicht entgegenstehen – eine volle Deckung im räumlichen Sinn wird nicht verlangt]; dazu LANGE/KUCHINKE § 19 III 4; BayObLGZ 1965, 262; 1974, 440; OLG Stuttgart Justiz 1979, 436; KG OLGE 18, 348).

Setzt der Erblasser einem durch Unterschrift abgeschlossenen Testament **unterhalb** **63** **der Unterschrift** einen Nachtrag hinzu, der nicht bloß zur Erläuterung des bereits im Testament Gesagten dient oder nur einen Schreibfehler berichtigt, so muß dieser den Formerfordernissen des § 2247 entsprechen (RG WarnR 1917 Nr 252 [ebenda s über das Erfordernis der Datierung nach dem Rechtszustand vor Inkrafttreten des TestG]; OLG Schleswig SchlHAnz 1976, 9; BayObLG NJW-RR 1992, 225, 226).

Ausnahmsweise kann sich aber im Wege der Auslegung ergeben, daß räumlich von **64** der Unterschrift **nicht gedeckte** Erläuterungen, Ergänzungen und Änderungen, sofern sie sich auf demselben Bogen oder Blatt befinden, rechtlich von der auf dem Testament bereits befindlichen Unterschrift gedeckt werden (BayObLG FamRZ 1985, 537). So kann eine unterhalb der Unterschrift beigefügte ergänzende „Richtigstellung" deshalb von der Unterschrift als gedeckt angesehen werden, weil der Text nach durch den Erblasser vorgenommenen Streichungen unvollständig und unverständlich wäre und weil durch Markierungen im darüberstehenden Text auf die unter der Unterschrift befindliche Richtigstellung hingewiesen worden ist (vgl dazu BayObLG FamRZ 1986, 836; OLG Frankfurt/M NJW-RR 1995, 711). Die Auslegung des Testaments muß eindeutig ergeben, daß die Ergänzungen und Änderungen nach dem Willen des Erblassers von der vorhandenen Unterschrift gedeckt sein sollen (BayObLGZ 1984, 194 ff; BGH NJW 1974, 1083, 1084). Im Zweifel sind die räumlich von der Unterschrift nicht gedeckten Zusätze unwirksam. Das gilt insbesondere für Zusätze und Nachträge, die auf getrennten, nicht unterzeichneten Blättern errichtet sind. Allein eine inhaltliche Verknüpfung der Texte durch Verweisungen und Bezugnahmen genügt nicht (OLG Hamm Rpfleger 1982, 474).

Enthält der **unter der Unterschrift** stehende Text **neue Verfügungen**, so sind diese man- **65** gels erneuter Unterschrift **unwirksam** (OLG Köln FamRZ 1994, 330). In solchen Fällen wird aber zu prüfen sein, ob es sich um Veränderungen iS v § 2255 handelt. Bestimmt der Testator auf einem früher schon errichteten negativen Testament (Ausschluß eines gesetzlichen Erben von der Erbfolge) durch einen späteren über die Testamentsüberschrift gesetzten eigenhändigen Nachtrag seinen Erben, so wird diese positive Erbeinsetzung nicht durch die Unterschrift des negativen Testaments gedeckt (BayObLG NJW 1975, 314; krit dazu LANGE/KUCHINKE § 19 III 4 Fn 71).

Werden die **eigenhändigen Nachträge** und Zusätze durch die frühere Unterschrift **66** nicht gedeckt, so bedürfen sie einer **erneuten Unterschrift** (dazu BGH NJW 1974, 1083, 1084; BayObLGZ 1974, 440, 442; aA GRUNDMANN AcP 187, 456; STUMPF FamRZ 1992, 1131, 1138). Dies gilt insbesondere, wenn ein **widerrufenes Testament durch einen Nachtrag** oder Zusatz **wirksam** werden soll (BayObLG NJW-RR 1992, 1225, 1226; ERMAN/M SCHMIDT Rn 10 mwN).

Formunwirksame Testamente, Teile von Testamenten, Zusätze oder Nachträge kön- **67** nen zur *Auslegung* eines formwirksamen Testaments herangezogen werden (RGZ 71, 293, 303; RG WarnR 1938 Nr 51; BGH NJW 1966, 201; FamRZ 1970, 192; WM 1980, 1039; mystisches Testament wie Nachzettel sind dem BGB fremd). Die Auslegung muß aber eine

Grundlage in der eigenhändigen, formgültigen Erklärung des Erblassers finden (BGH FamRZ 1962, 256; LM § 133 BGB [B] Nr 1; BGH Rpfleger 1980, 337 = DNotZ 1980, 761). Bei einem nicht unterschriebenen Nachtrag auf demselben Bogen oder Blatt genügt als Grundlage, daß bei Auslegung des Testaments dasselbe ohne den Zusatz lückenhaft oder nicht durchführbar wäre (BGH NJW 1974, 1083; s weiter BayObLGZ 1979, 427, 431 ff mwN).

h) Bezugnahmen, Verweisungen

68 Das Testament muß **insgesamt eigenhändig** geschrieben sein. Daraus ergibt sich eine besondere *Bezugnahme- und Verweisungsproblematik*. Da der Erblasser nach § 2258 seine öffentlichen und privaten Testamente auch teilweise aufheben bzw abändern kann, darf er im Rahmen seiner Abänderungen auch auf teilweise aufgehobene Testamente Bezug nehmen bzw auf sie verweisen (vgl BGH DNotZ 1980, 761, 762 f). Die Bezugnahme oder Verweisung kann aber **nur auf wirksame Testamente** des Erblassers erfolgen (OLG Hamm NJW-RR 1991, 1352 = FamRZ 1992, 356, 358 m Anm MUSIELAK). Daher ist die Bezugnahme oder Verweisung auf ein **aus der amtlichen Verwahrung genommenes öffentliches Testament nicht möglich** (ebenso SCHUBERT JR 1981, 24, 25; aA LANGE/ KUCHINKE § 19 III 1 Fn 38 unter Hinweis auf GRUNDMANN AcP 187, 429, 438). Andernfalls könnte die zwingende Rechtsfolge des § 2256 ganz oder teilweise wieder aufgehoben werden (dazu § 2256 Rn 4). Ist das in Bezug oder Verweisung genommene Testament unwirksam, so ist auch das verweisende Testament insoweit unwirksam. Ob das verweisende Testament insgesamt unwirksam ist, beurteilt sich nach § 2085.

69 Die Verweisung auf vom Erblasser eigenhändig errichtete frühere Testamente ist zulässig. **Unzulässig** ist die **Verweisung auf Testamente Dritter** (OLG Hamm NJW-RR 1991, 1352, 1353 mwN), auch ein *gemeinschaftliches Ehegattentestament*, das nicht vom Erblasser selbst, sondern von seinem Ehegatten niedergeschrieben wurde, weil keine eigenhändige Niederschrift des Erblassers vorliegt (vgl zur Bezugnahme auf von anderen geschriebene Schriften und Anlagen KG JFG 5, 157; LG Berlin DFG 1943, 82; BayObLGZ 1973, 35; 1979, 215).

70 In einem **eigenhändigen Testament** kann nicht auf ein mit der Schreibmaschine geschriebenes, privates Schriftstück Bezug genommen werden (BGH Rpfleger 1980, 337; BayObLGZ 1979, 215, 218; BayObLG NJW-RR 1990, 1482 jeweils mwN), da der Erblasser hinsichtlich des Inhalts seiner letztwilligen Verfügung **nur auf eigenhändig** von ihm **geschriebene Schriftstücke oder auf öffentliche Testamente** Bezug nehmen kann (BGH LM § 2247 Nr 6; BayObLG NJW-RR 1990, 1481, 1482; OLG Hamm NJW-RR 1991, 1352, 1353 jeweils mwN). Bei Verweisungen oder Bezugnahmen auf Nottestamente ist deren beschränkte Gültigkeitsdauer nach § 2252 zu beachten. Mit Fristablauf wird auch die Verweisung und damit das verweisende Testament zumindest teilweise unwirksam.

71 Nimmt ein **Nachtrag** auf andere, **nicht rechtsgültige Verfügungen Bezug**, so ist der Nachtrag unwirksam bzw nach § 2085 das Testament insgesamt unwirksam. Auch die Erklärung, das frühere, etwa ungültige Testament solle „fortgelten", macht das letztere nicht gültig (RG WarnR 1917 Nr 59; OLG Dresden ZBlFG 1916, 676; MünchKomm/ BURKART Rn 52; aA SOERGEL/HARDER Rn 35). Ein formungültiges Testament kann nicht dadurch gültig werden, daß es in einem späteren, gültigen Testament als fortgeltend erklärt ist (RG WarnR 1925 Nr 29).

Der Erblasser kann auf **von ihm selbst** (nicht von einem anderen! LG Berlin DFG 1943, **72** 82) geschriebene **Anlagen** zum Testament grds Bezug nehmen. Enthält die Anlage eigene sachliche Verfügungen, so muß sie den Formerfordernissen einer letztwilligen Verfügung entsprechen (OLG Hamburg OLGE 34, 307), also eigenhändig geschrieben und unterschrieben sein. Enthält die Anlage lediglich Erläuterungen der im Testament enthaltenen Verfügungen, so muß sie weder handschriftlich angefertigt, noch unterschrieben sein. (Das OLG Zweibrücken [NJW-RR 1989, 1413 = FamRZ 1989, 900] hat eine bloße Erläuterung in einem Fall angenommen, in dem der Erblasser in seinem handschriftlichen Testament sein gesamtes Vermögen gegenständlich aufgeführt und dann die nähere Kennzeichnung der einzelnen Vermögensgegenstände durch Bezugnahme auf eine beigefügte maschinenschriftliche Aufstellung unter Zuweisung einer Kennziffer für die einzelnen Gegenstände vorgenommen hatte. Dieser Rechtsansicht ist nur dann ohne Bedenken zuzustimmen, wenn das eigenhändige Testament auch ohne die maschinenschriftliche Aufstellung vollständig und verständlich ist. Die Grenze zur bloßen Erläuterung wird dagegen überschritten, wenn das Testament nur mit der Anlage vollständig und verständlich ist.)

Die Bezugnahme auf einen dem Testament als Anlage beigefügten **Katasterplan**, der **73** ersichtlich machen soll, welcher Teil eines Nachlaßgrundstückes einem Bedachten zukommen soll, ist zulässig. Der Plan muß nicht vom Erblasser selbst gezeichnet sein (aA STAUDINGER/FIRSCHING[12] Rn 32). Der Plan **symbolisiert** nur den körperlichen Gegenstand „Grundstück". **Auch eine Bezugnahme auf Grundbuchangaben oder Katasterbezeichnungen wäre zulässig**, obwohl diese nicht vom Erblasser angefertigt sind. Entscheidend muß sein, daß sich **aus dem Testament selbst mit hinreichender Deutlichkeit ergibt**, welcher Grundstücksteil dem Bedachten zugewandt werden soll und auf welchen Plan Bezug genommen wird, so daß zwischen dem handschriftlichen Teil und dem Plan eine eindeutige Verbindung besteht.

Zulässig ist auch die **Verweisung auf gesetzliche Bestimmungen** (Beispiel: Erblasser **74** verweist auf die gesetzliche Erbfolge des BGB) auch auf *ausländische* Rechtsordnungen. Die Verweisung ist selbst dann wirksam, wenn die gesetzliche Bestimmung im Zeitpunkt der Testamentserrichtung oder des Erbfalls *außer Kraft* ist. Ändern sich die gesetzlichen Bestimmungen zwischen Testamentserrichtung und Erbfall, so ist im Wege der Auslegung zu ermitteln, ob der Erblasser ausnahmsweise auf die jeweils geltende und damit die im Zeitpunkt des Erbfalls geltende Fassung abstellen wollte. Regelmäßig wird sich die Verweisung auf das im Zeitpunkt der Testamentserrichtung geltende Recht beziehen.

i) **Brieftestamente**
Ein Brief oder eine Postkarte kann nach der Rechtsprechung der Form eines Privat- **75** testamentes genügen. Ob ein Brief als letztwillige Verfügung anzusehen ist, ist Tatfrage und vom Gericht im Wege der Auslegung und mit allen zulässigen Beweismitteln festzustellen (über die Heranziehung des § 2084 zur Klärung von Zweifeln, ob eine Äußerung des Erblassers überhaupt als wirksame Verfügung von Todes wegen gemeint gewesen ist, vgl STAUDINGER/OTTE[12] § 2084 Rn 4). Bei der Annahme eines Brieftestaments ist größte Zurückhaltung geboten. Die ältere Rechtsprechung kann, soweit sie wirksame Brieftestamente annimmt (RG JW 1907, 143; 1910, 22; LZ 1922, 294; KG OLGE 8, 282; RJA 5, 167), nicht unkritisch herangezogen werden. Der handschriftliche Brief, dessen Form Vorbild des eigenhändigen Testaments sein sollte (LANGE/KUCHINKE § 19 I 1), erfüllte zur Zeit der Entstehung des Bürgerlichen Gesetzbuches noch umfassendere

Funktionen. Heute spricht die Form als Brief oder gar als Postkarte grds dagegen, daß der Erblasser mit dieser Erklärung testieren wollte; Brief – und vor allem eine offen versandte Postkarte – sprechen nach der Verkehrsgewohnheit dafür, daß der Erblasser lediglich eine *Absicht* mitteilen will. Ebenso wenig wie schriftlich erklärte Testierabsichten gegenüber dem Notar ein wirksames Testament begründen – erforderlich ist der abgeschlossene Beurkundungsvorgang –, können Dritten gegenüber in Aussicht gestellte Verfügungen, mitgeteilte Testierabsichten oder Versprechen, in bestimmter Weise zu testieren, genügen, selbst wenn sie mit der Hand geschrieben sind. Die Testierabsicht ankündigende Briefe enthalten mangels Testierwillens kein Testament.

76 Ein entgegen den vorgenannten Grundsätzen wirksames Testament in einem Brief setzt voraus: *Der Erblasser muß wissen*, daß er die letztwillige Verfügung im Rahmen eines gewöhnlichen Briefes oder einer Postkarte treffen kann. Der Erblasser muß darüber hinaus den **endgültigen Testierwillen** beim Abschluß des Briefes haben. Der Erklärende muß *nicht nur eine Mitteilung* machen, eine zu errichtende letztwillige Verfügung ankündigen oder in Aussicht stellen, sondern die letztwillige Verfügung selbst treffen wollen (BGH WM 1976, 744; BayObLGZ 1963, 58; BayObLG MDR 1980, 403 = Rpfleger 1980, 189; KG DFG 1941, 9; 1943, 43; NJW 1959, 1441; OLG Stuttgart JW 1933, 2778; Rpfleger 1964, 148; OLG Frankfurt Rpfleger 1970, 392). An den **Nachweis des Testierwillens** sind bei einem Brief **strenge Anforderungen** zu stellen (so OLG Stuttgart Rpfleger 1964, 148; ebenso BayObLG FamRZ 1990, 672; NJW-RR 1991, 1222; „da die Abfassung eines Testaments in Form eines Briefes nicht den üblichen Gepflogenheiten entspricht"). In aller Regel will ein Briefschreiber *keine rechtsgeschäftlichen Erklärungen* abgeben, sondern sich lediglich auf rein gesellschaftlicher Ebene mitteilen. Gegen die Wirksamkeit von Briefen als Testamente spricht auch, daß der Erblasser in den seltensten Fällen bereit ist, sein eigenhändiges Testament einem Dritten oder gar dem Bedachten auszuhändigen, womit er die Möglichkeit verliert, Änderungen, Ergänzungen, Nachschübe, Streichungen usw an diesem Testament vorzunehmen. Behält er keine Abschrift des Briefes zurück, besteht nicht einmal die Möglichkeit, den niedergelegten „letzten Willen" zu einem späteren Zeitpunkt ohne Mitwirkung des Briefempfängers noch einmal zu überprüfen. Will der Erblasser die Übergabe an einen Dritten aus Gründen der sicheren Verwahrung, so ist die Versendung mit der Post idR ungewöhnlich. Nur wenn die Testierabsicht trotz Briefform und trotz der Übersendung per Post und damit Überlassung an den Briefempfänger zur Überzeugung des Gerichts feststeht, kann ausnahmsweise ein Testament auch in einem Brief enthalten sein.

77 Werden testamentarische Anordnungen mit rechtlich belanglosen Mitteilungen in dem Brief inhaltlich verknüpft (vgl ENDEMANN DJZ 1916 Sp 36; BayObLG MDR 1980, 403), so spricht dies eher gegen die Testier- und für eine bloße Mitteilungsabsicht. Ob der Brief an einen Dritten (RG JW 1907, 143) oder an den Zuwendungsempfänger gerichtet ist, macht zwar grds keinen Unterschied (OLG Naumburg OLGE 16, 269), kann aber im Rahmen der Auslegung und Ermittlung des Testierwillens aufgrund seines Inhalts von Bedeutung sein (über die Zulässigkeit der Briefform s weiter noch RGSt 53, 261; RGZ 87, 110; KG OLGE 30, 220; OLG Rostock 40, 139; DJZ 1916 Sp 985, 1071; KG DJ 1937, 1393 [Testament auf Ansichtspostkarte; bedenklich und nicht verallgemeinerungsfähig]; zu weitgehend RG WarnR 1918 Nr 62, wo die Einheitlichkeit mehrerer Teile eines Briefes angenommen ist, von denen der erste Teil ein unmittelbar an einen nahen Verwandten gerichteter Brief ist und unter Bezugnahme auf einen mündlich schon mitgeteilten Wunsch ein Vermächtnis verfügt, während der zweite

7. Titel. § 2247
Errichtung und Aufhebung eines Testaments 78–82

Teil anschließend an diesen Brief, aber formell selbständig auf der dritten Seite des Briefbogens eine weitere letztwillige Verfügung für den Fall trifft, daß der im ersten Teil eingesetzte Erbe vor dem Erblasser sterben sollte; infolge der Einheitlichkeit der Verfügungen wurde es für genügend erachtet, daß sich die Unterschrift nur am Ende des zweiten Teiles befand).

k) Entwürfe
Der **Wille** des Erblassers allein **genügt nicht**, *aus einem Entwurf ein gültiges Testament* **78** *zu machen*. So wie der Widerruf eines Testaments gem § 2255 eine nach außen in Erscheinung tretende Veränderung der Urkunde verlangt, setzt eine wirksame Umwandlung des Entwurfs in ein Testament eine **sichtbare Kundmachung** dieses Willens des Erblassers voraus. Hierzu genügt die Durchstreichung des Wortes „Entwurf" durch den Erblasser, eine erneute Unterzeichnung erscheint nicht unbedingt erforderlich, falls der Entwurf bereits ordnungsgemäß unterschrieben war (KG OLGE 32, 322). Bei einfachem Durchstreichen des Wortes Entwurf spricht zwar der erste Anschein dafür, daß das Durchstreichen vom Erblasser vorgenommen wurde. Ist der erste Anschein erschüttert, wird aber demjenigen, der aus dem Testament Rechte herleitet, die Beweislast aufzuerlegen sein, daß die Streichung vom Erblasser herrührt.

Die von einem Testierwilligen geäußerte Absicht, seinen vollständig aufgesetzten **79** letzten Willen noch „in Reinschrift" bringen zu wollen, nötigt nicht zu der Annahme, das bis dahin Niedergeschriebene sei nur ein Entwurf (OLG Potsdam NJ 1949, 319). Eine Auslegung, daß der niedergelegte Wille lediglich wegen des äußeren Eindrucks in eine bessere Form gebracht werden soll, aber bis zur Reinschrift schon als Testament gelten soll, ist durchaus möglich (so BayObLGZ 1970, 173 und BayObLG [30. 10. 1978] BReg 1 Z 109/78 – dazu HAEGELE BWNotZ 1977, 29, 30).

6. Unterschrift

a) Allgemeines
§ 21 Abs 3 (= § 2247 Abs 3) TestG brachte gegenüber § 2231 Nr 2 aF Formerleich- **80** terungen für die Art und Weise der Unterschrift (zum Rechtszustand vor Einführung des TestG vgl STAUDINGER/FIRSCHING[12] Rn 41 ff). Das TestG hielt jedoch daran fest, daß der Erblasser seine **Unterschrift auf die selbstgeschriebene Erklärung** zu setzen hat (RG DNotZ 1942, 308; DRW 1942, 1340). Diesem Erfordernis ist zB nicht genügt, wenn die Unterschrift sich unter einem maschinenschriftlichen Mobiliarverzeichnis befindet, das gemeinsam mit der eigenhändigen, nicht unterzeichneten Niederschrift in einem Ordner abgeheftet ist (BayObLG FamRZ 1984, 1269 LS).

Die Unterschrift **soll** den Vor- und Familiennamen des Erblassers enthalten (Abs 3 **81** S 1), was andere Unterschriftsformen nicht ausschließt (dazu Rn 103). Ist die eigenhändige Niederschrift vom Erblasser gar nicht unterschrieben, so ist das Testament nach § 125 S 1 nichtig (BayObLG NJW-RR 1991, 1222). Die Unterschrift kann nicht dadurch ersetzt werden, daß die Urheberschaft des Erblassers und die Ernstlichkeit seiner Erklärung auf andere Weise nachgewiesen werden (amtl Begr z TestG DJ 1938, 1254, 1257; OLG Schleswig SchlHAnz 1952, 83 mN).

b) Eigenhändigkeit
Die Unterschrift muß vom Erblasser eigenhändig geleistet werden (allgemein hierzu **82**

HOLZHAUER, Die eigenhändige Unterschrift 232). Eine im Wege der mechanischen Vervielfältigung hergestellte Namensunterschrift (vgl dagegen §§ 126 u 793 Abs 2) ist ebenso unzulässig, wie eine Unterschrift mit Schreibmaschine (vgl RG ZBlFG 1916, 231), ein Unterschriftsstempel oder die einmalige Verwendung eines Unterschriftsautomaten. Die Beantwortung der Frage, ob ein Testament eigenhändig vom Erblasser geschrieben und unterschrieben ist, liegt auf tatsächlichem Gebiet (BayObLG DNotZ 1984, 47, 48; FamRZ 1986, 1043, 1044; FamRZ 1991, 370, 371).

c) Form

83 Die **Unterschrift** muß in der **allgemein üblichen** Form erfolgen. Eine Unterschrift mit dem vollständigen Namen (sämtliche Vornamen) oder gar mit dem Geburtsnamen (geb X) ist nicht erforderlich. Die Unterzeichnung mit bloßem Vornamen erweckt Zweifel, ob es sich um eine abgeschlossene Willenserklärung oder lediglich um einen Entwurf bzw eine nur für den Aussteller selbst bestimmte Aufzeichnung handelt (RGZ 87, 113). Die Rechtsprechung hat auch Familienbezeichnungen als wirksame Unterschrift zugelassen. Unterzeichnung mit Familienbezeichnung (zB Vater, Onkel) kann insbesondere in einem Brief dafür sprechen, daß nur eine Mitteilung an Familienangehörige, nicht aber ein Testament vorliegt. Zeichenschrift, Stenogramm, Handzeichen, isolierte Anfangsbuchstaben oder erkennbar als Paraphen von der üblichen Unterschrift des Erblassers abweichende Namenskürzel genügen nicht, selbst wenn sie notariell beglaubigt werden (RGZ 110, 168; 134, 310; STAUDINGER/DILCHER[12] § 126 Rn 30). Die Grundsätze zur Unterschrift in einem Beglaubigungsvermerk (BGH DNotZ 1970, 595) sind daher nicht anwendbar. Allein schon die Ernstlichkeit des endgültigen Testierwillens und der Gegensatz zum bloßen Entwurf treten bei Handzeichen oder Kürzeln nicht hinreichend hervor (str).

Dagegen ist die Undeutlichkeit der Schriftzeichen der Unterschrift unschädlich (BayObLGZ 7, 403; vgl auch OLG Nürnberg BayZ 1906, 365). Ist die Unterschrift nicht mehr lesbar, steht jedoch fest, daß sie deutlich lesbar niedergeschrieben war, so berührt dies die Formgültigkeit des Testaments nicht (KG DRZ 1930 Nr 176). War sie von vornherein undeutlich niedergeschrieben, so genügt Feststellung der Schriftzüge als Unterschrift des Erblassers durch Schriftsachverständige (vgl dazu KG JW 1937, 2831; 1938, 1601; BGH Rpfleger 1964, 211; 1976, 127 m Anm VOLLKOMMER [Unterschrift iS von § 130 Nr 6 ZPO]). Doch muß die Unterschrift auch insofern unverstümmelt und vollständig sein, als der Abschluß des Testaments nicht zweifelhaft sein darf.

d) Formzwecke der Unterschrift
aa) Allgemeines

84 Die Unterschriftsleistung erfüllt einen mehrfachen Zweck. Der Erblasser soll mit der Unterschriftsleistung

– die rechtsgeschäftliche Bedeutung seiner Erklärung noch einmal überdenken, wozu er durch jedes Formerfordernis angehalten wird: *Übereilungsschutzfunktion* (MünchKomm/BURKART Rn 1; NIEDER, Testamentsgestaltung Rn 797; EBENROTH Rn 193),

– ein untrügliches Zeichen für Vollständigkeit und Abschluß seiner Erklärung setzen: *Abschlußfunktion* (KIPP/COING § 26 I 2 b),

– den Testamentstext gegen spätere Zusätze schützen: *Fälschungsschutzfunktion* (RGZ 110, 168),

– den urkundlichen Anhalt für die Person des Ausstellers schaffen: *Identitätsfunktion* (RG Gruchot 32, 118, 121; RGZ 137, 213),

– einen zusätzlichen Nachweis für die Echtheit des Testaments geben: *Beweisfunktion*,

– ein Bekenntnis zu seiner handschriftlich niedergelegten Erklärung geben: *Erklärungsfunktion* (vgl SOERGEL/HARDER Rn 21),

bb) Übereilungsschutz
Die strengen Formvorschriften der Testamentserrichtung sollen dem Schutz des Erblassers vor übereilten Verfügungen dienen (NIEDER, Testamentsgestaltung Rn 797; BROX Rn 140; EBENROTH Rn 193: „Warnfunktion"). Die eigenhändige Errichtung dient der Präzisierung des letzten Willens. Die vom Gesetz verlangte abschließende eigenhändige Unterschrift unterstreicht die Bedeutung des Rechtsaktes. Angesichts der rechtlichen Bedeutung einer Testamentserrichtung wird der Erblasser durch die eigenhändige Errichtung und die eigenhändige Unterschrift davor geschützt, leichtfertig oder übereilt Erklärungen abzugeben, die als Rechtsfolge erbrechtliche Wirkungen entfalten. Schon deswegen ist bei nicht ordnungsgemäß unterschriebenen, sondern zB mit Kürzeln oder Anfangsbuchstaben abgeschlossenen Erklärungen Zurückhaltung geboten, diese als letztwillige Verfügungen anzusehen.

cc) Abschlußfunktion
Nach Einführung des TestG war strittig, ob die Unterschrift am Ende der Erklärung stehen muß (KGJ 24 A 180; RJA 15, 117) oder ob die Selbstbenennung des Erblassers im Text des eigenhändigen Testaments genüge (KG ZAkDR 1941, 280 = DNotZ 1941, 222; LG Berlin DFG 1942, 62; LG Hamburg ZAkDR 1942, 110), wenn hierdurch die Person des Testierenden sowie sein Bekenntnis zu der schriftlich niedergelegten Erklärung mit hinreichender Deutlichkeit festgestellt werden könne und sich die Erklärung ihrer äußeren Form nach als abgeschlossen darstelle (mit zust Bem vHIPPEL in ZAkDR 1941, 269 u 1942, 104; ähnlich GÄHLER NJ 1949, 174; LANGE/KUCHINKE § 19 III 3 b). Daß die Selbstbenennung genügt, kann aus dem TestG nicht abgeleitet werden. Das TestG hatte lediglich auf eine „Namens"-Unterschrift verzichten wollen, am Erfordernis der Unterschrift aber festgehalten (dazu a OLG Neustadt Rpfleger 1962, 446).

Die Unterschrift stellt das *ernstliche Bekenntnis* des Erblassers *zu seiner schriftlich niedergelegten Erklärung* und deren Abschließung dar. Als Fortsetzung und Abschluß der Testamentserrichtung gehört sie grds an den Schluß der Urkunde (BayObLG NJW-RR 1991, 1222). **Eine Oberschrift ist keine Unterschrift** (BGHZ 113, 48; m Anm SCHUBERT JR 1991, 287; m Anm KOHLER JZ 1991, 408).

Die **Selbstbenennung** des Erblassers im Eingang oder Text der Urkunde genügt als Unterschrift nicht (OLG Hamm FamRZ 1986, 728; BayObLG NJW-RR 1986, 495 mwN; **aA** LANGE/KUCHINKE § 19 III 3 b). Die Selbstbenennung am Anfang des Testaments stellt keine Unterschrift dar (BayObLG NJW-RR 1986, 494, 495; FamRZ 1988, 1212 mwN; ZEV 1994, 40). Dies gilt selbst dann, wenn der Text am Ende der Erklärung das Wort

„persönlich" trägt, da das abschließende Wort „persönlich" auch dann keine Unterschrift ist, wenn man vom Erfordernis der „Namens"-Unterschrift absieht (BayObLGZ 1979, 203; BayObLG FamRZ 1985, 1286).

89 Die **Selbstbezeichnung** des Erblassers am **Schluß** der Urkunde (Beispiel: Ich, der Ehemann X, habe dieses Testament eigenhändig geschrieben und unterschrieben. Y, den 18. 11. 1995) genügt als Unterschrift nur dann, wenn der Erblasser mit diesem Vermerk die Urkunde endgültig abschließen und damit **seine Unterschrift** leisten wollte (OLG Düsseldorf JMBl 1954, 116; BayObLGZ 1968, 311; s auch NADLER/FECHNER 116: „Einschaltung des Namens in den Schlußsatz ausreichend"; HAEGELE JurBüro 1968, 3).

90 Die Unterschrift bildet den eigentlichen Abschluß des Testaments und muß als solche **am Ende der Erklärung** oder doch in einem solchen räumlichen Verhältnis zum Testamentstext stehen, daß sie **als dessen Abschluß** und nach der Verkehrsauffassung als **diesen deckend** anzusehen ist (RG DRW 1942, 1340; 1945, 55 Nr 24; OLG Freiburg HEZ 2, 39; OLG Braunschweig MDR 1955, 292; BayObLGZ 1968, 311, 313 mN; 1979, 203; OLG Köln OLGZ 1967, 69; Rpfleger 1968, 25 m Anm HAEGELE; OLG Neustadt Rpfleger 1962, 446 m Anm HAEGELE; KIPP/COING § 26 I 2 b; DITTMANN/REIMANN/BENGEL Rn 30; BGB-RGRK/KREGEL Rn 13; abweich STUMPF FamRZ 1992, 1131, 1138).

dd) Fälschungsschutzfunktion

91 Da die Unterschrift die vorhergehenden Erklärungen **gegen nachträgliche Zusätze** schützt (OLG Hamm Rpfleger 1984, 468), muß sie, wenn auch nicht gerade unterhalb, so doch am Ende des Textes stehen. Da ein Testament auch aus mehreren, nicht verbundenen Blättern bestehen kann, muß nur das letzte unterzeichnet werden (BayObLG FamRZ 1991, 371). Die Unterschrift muß „die Verfügung der äußeren Erscheinung nach decken" sowie „sie räumlich abschließen und gegen spätere Zusätze schützen" (so RGZ 110, 168; vgl auch Mot I 185; KG RJA 15, 117; BGH NJW 1974, 1083, 1084; BayObLGZ 1965, 258; 1974, 440, 442; BayObLG [19. 12. 1980] BReg 1 Z 91/80). Steht das äußere Erscheinungsbild der Annahme entgegen, die Unterschrift solle auch einen Nachtrag decken, so ist die im Nachtrag enthaltene Verfügung unwirksam (OLG Köln FamRZ 1994, 330; LANGE/KUCHINKE § 19 III 4).

92 Ist ein Teil der Testamentserben unterhalb der Unterschrift des Erblassers aufgeführt, so ist grds keine wirksame Erbeinsetzung erfolgt, es sei denn, der Namensnennung unterhalb der Unterschrift kommt keine selbständige rechtsgeschäftliche Bedeutung zu, sondern es soll damit nur die im Testamentstext enthaltene unbestimmte Bezeichnung (zB „meine Nichten ... und Neffen") erläutert werden (BayObLG [19. 12. 1980] BReg 1 Z 91/80). Die Entscheidung ist insoweit zu verallgemeinern, als bloße Erläuterungen auch dem mit der Unterschrift abgeschlossenen Testamentstext nachfolgen können.

93 Schließt die Unterschrift dagegen nur tatsächliche Angaben, Erklärungen oder Bestattungswünsche ab und folgen erst im Anschluß daran die letztwilligen Anordnungen, so sind diese nicht wirksam durch die Unterschrift gedeckt (OLG Hamm Rpfleger 1984, 468). Die Zeichnung des Namens am Rande wird idR keine Unterschrift darstellen, kann es aber zB dann sein, wenn auf der betreffenden Seite unter dem Text kein Raum für eine Unterzeichnung mehr war (BayObLG FamRZ 1986, 730; BayObLGZ 31, 316; zu eng KG OLGE 7, 363: Namensunterschrift zur Beitrittserklärung des Ehegatten nach § 2267 darf nicht neben, sondern muß unterhalb des Textes der Beitrittserklärung stehen; dagegen mit Recht KG JFG 5, 171).

Die quer über das Schriftstück gesetzte Unterschrift kann sich als Fortsetzung und **94** Abschluß des Testamentstextes darstellen (vgl BayObLGZ 1981, 79, 85), insbesondere dann, wenn die erste Seite vollgeschrieben ist, auch wenn die zweite Seite leer ist (RG LZ 1920 Sp 161). Zu prüfen ist aber, ob die auf der Vorderseite quer geschriebene Unterschrift den nur auf dieser Seite befindlichen Text deckt, dh ihn räumlich schließt und gegen Zusätze auf dieser Seite schützt, oder ob das Querschreiben eine andere Bedeutung, zB Ungültigkeitsvermerk, hat (Tatfrage).

Wird ein Testament auf mehreren Blättern errichtet, so ist nur einmalige Unter- **95** schrift erforderlich, selbst wenn die Blätter miteinander nicht verbunden sind. Doch muß die Zusammengehörigkeit der Blätter feststehen. Dies kann sich aus dem Inhalt oder aus anderen Umständen ergeben (vgl KGJ 29 A 65; 52, 82; BayObLG OLGE 9, 418; BayObLGZ 1975, 243). Der Zusammenhang kann sich zB aus der Textfolge, den Schrifttypen, der Schreibunterlage (gleiche Briefbögen), dem Schreibmaterial oder dem Sinnzusammenhang ergeben. Dagegen reicht die einmalige Unterschrift nicht bei nachträglichen Zusätzen, die auf getrennten Blättern errichtet sind (dazu OLG Hamm Rpfleger 1982, 474).

In Ausnahmefällen kann das Erfordernis der Unterschrift auch dann erfüllt sein, **96** wenn diese auf einem *Begleitschreiben* oder dergleichen angebracht ist (BayObLG NJW-RR 1991, 1222). Diesem „Begleitschreiben" darf keine selbständige Bedeutung zukommen; vielmehr muß zwischen dem übrigen Testamentsinhalt und dem Begleitschreiben ein so enger innerer Zusammenhang bestehen, daß sich das „Begleitschreiben" nach dem festgestellten Willen des Erblassers und nach der objektiven Verkehrsauffassung als äußere Fortsetzung und Abschluß des in der Niederschrift niedergelegten letzten Willens darstellt (BayObLG FamRZ 1988, 1211; NJW-RR 1991, 1222).

Streitig ist, ob die **Unterschrift auf einem Briefumschlag** ausreicht. Die Namenszeich- **97** nung auf einem **unverschlossenen Umschlag**, in dem sich ein Testament befindet, soll grds nicht die Testamentsunterschrift ersetzen, da es sich hierbei um eine nur vorläufige, ungeschützte und jederzeit aufhebbare Verbindung handelt (so OLG Hamm FamRZ 1986, 728; **aA** BayObLG Rpfleger 1986, 294). Die auf einem **verschlossenen Testamentsumschlag** gesetzte Unterschrift genügt dann den Formerfordernissen, „wenn die Unterschrift auf dem Umschlag keine selbständige Bedeutung hat und mit dem Text in einem so engen Zusammenhang steht, daß sie sich – nach dem Willen des Erblassers und der Verkehrsauffassung – als äußere Fortsetzung und Abschluß der einliegenden Erklärung darstellt; in diesem Fall ist der Umschlag ein Teil der Testamentsurkunde, die aus mehreren unverbundenen Blättern, gleich welcher Art, bestehen kann, von denen nur das letzte (hier der Umschlag) die das Testament abschließende Unterschrift tragen muß" (BayObLGZ 1982, 132 f mwN; BayObLG FamRZ 1985, 1286 = NJW-RR 1986, 494, 495; ZEV 1994, 40). Der Umschlag ist dann das letzte Blatt der Testamentsurkunde (BayObLG FamRZ 1988, 1212; dazu auch OLG München JFG 18, 66; RG DNotZ 1942, 308).

Teilweise wird danach differenziert, ob der Unterschrift auf dem Briefumschlag eine selbständige Bedeutung zukomme. Dies sei der Fall, wenn sich auf dem Briefumschlag anderweitige Erklärungen befinden, auf die sich die Unterschrift bezieht. Insbesondere, wenn auf dem Umschlag Sätze stehen – wie zB „Dies ist mein Testament" oder „Nach meinem Tode lesen" – soll die Unterschrift nur diesen Satz, nicht aber den Inhalt des im Umschlag enthaltenen Testaments decken (OLG Neustadt Rpfleger 1962, 446, 447; OLG Düsseldorf NJW 1972, 260; DITTMANN/REIMANN/BENGEL Rn 29; Münch-Komm/BURKART Rn 31), mit der Folge der Formnichtigkeit des Testaments (ablehnend GRUNDMANN AcP 1987, 458).

98 Eigene Stellungnahme: Auf die Verschließung des Umschlags oder gar auf die Beschädigung der Gummierung (vgl aber OLG Hamm Rpfleger 1986, 386, 387) kann es für die Beurteilung der Frage, ob ein unterschriebenes Testament vorliegt, nicht ankommen. Unstreitig kann die Testamentserrichtung auf verschiedenen Materialien erfolgen. Entscheidend muß sein, daß der Umschlag die **Fortsetzung** der Testamentsbögen darstellt. Stellt sich die Erklärung auf dem Umschlag als Fortsetzung der im Umschlag enthaltenen Testamentsniederschrift dar, so schließt die Unterschrift auf dem Umschlag das im Umschlag enthaltene Testament ab. Insofern kann der offene (oder verschlossene) Testamentsumschlag mit dem letzten Blatt einer Niederschrift gleichgesetzt werden (vgl dazu auch BayObLG FamRZ 1988, 1212). Die Fortsetzung kann sich ergeben durch Vermerke oder Bezugnahmen auf den Inhalt des Testaments. Die einliegenden Blätter können vollgeschrieben sein und der Umschlag kann sich aufgrund äußerer Merkmale (zB gleiches Material der Umschläge und Briefbögen) als Fortsetzung des Testamentsinhalts darstellen (vgl auch OLG Halle NJ 1949, 18; GÄHLER ebenda 174; DIETZ 48, wonach nicht erforderlich sei, daß der Umschlag mit der Verfügung eine Einheit bilde). Ob dies der Fall ist, ist Tatfrage, hierüber entscheidet die Verkehrsauffassung (vgl RG DRW 1945, 55 Nr 24; BGH BWNotZ 1961, 230, 231 m Anm MATTERN; OLG Frankfurt NJW 1971, 1811; OLG Düsseldorf NJW 1972, 260).

99 Dagegen kann ein **Absendervermerk** auf einer Postkarte (KG JFG 16, 91) oder einem Briefumschlag (KG JFG 21, 36) nicht als Unterschrift gewertet werden (BayObLG ZEV 1994, 40), da ein solcher Absendervermerk nicht die Formzwecke einer Unterschrift erfüllt. Nach der Verkehrsauffassung ist ein Absendervermerk nicht einmal der Abschluß einer Postkarte oder eines Briefes, sondern nur aus postalischen Gründen beigefügt (so mit Recht OLG München JFG 18, 66). Ebensowenig genügt die auf dem Umschlag, der mehrere voneinander unabhängige Schriftstücke enthält, unterschriebene Erklärung „Nach meinem Tode öffnen" (OLG Neustadt Rpfleger 1962, 447 = MDR 1962, 134).

100 Die Entscheidung der Frage, ob und inwieweit dem Erfordernis eines räumlichen Abschlusses durch die Unterschrift Genüge getan ist, liegt im wesentlichen auf tatsächlichem Gebiet (RGZ 61, 7; BayObLGZ 31, 316; OLG Hamm Rpfleger 1984, 468). Sie obliegt daher dem Gericht der Tatsacheninstanz und kann vom Gericht nur auf Rechtsfehler überprüft werden (BayObLG NJW-RR 1989, 9; NJW-RR 1991, 1222).

ee) **Identitätsfunktion**
101 Durch die eigenhändige Unterschrift soll sich die Identität zwischen der Person des Schreibenden und der im Schriftstück als Testator benannten Person nachweisen lassen (OLG Hamm Rpfleger 1984, 468), wobei die Unterschrift auch dann erforderlich bleibt, wenn die Urheberschaft des Erblassers aus dem geschriebenen Text eindeutig

August 1995

hervorgeht (OLG Hamm Rpfleger 1984, 468). An der bereits seit Inkrafttreten des BGB geltenden Identitätsfunktion der Unterschrift hat sich auch durch das TestG nichts geändert (vHIPPEL [Formalismus und Rechtsdogmatik 77 ff] hatte 1935 aus der Erfahrung, daß die häufigsten Nichtigkeitsgründe eines Testaments aus Fehlern bei der Unterschrift [und der Orts- und Zeitangabe] herrühren [dazu auch LANGE, Das Recht des Testaments 56], vorgeschlagen, von dem Erfordernis der Selbstbenennung des Erblassers abzusehen, soweit es die Abschlußfrage angehe, „beliebige eindeutige Abschlußzeichen des Erblassers als hinreichend gelten zu lassen, und sich unter Verzicht auf kasuistisch-dogmatische Verschränkungen und vorgefaßte Einheitsmittel einfach dem unverbildeten Rechtsleben anzuschließen". Der ErbRA der AkDR und daran anschließend der Gesetzgeber folgten den Vorschlägen vHIPPELs nur teilweise [dazu LANGE 56; vHIPPEL ZAkDR 1941, 269; amtl Begr zu TestG DJ 1938, 1254, 1257]. An dem Erfordernis der eigenhändigen Unterschrift wurde festgehalten. Nur von der „Namens"-unterschrift wurde abgesehen: „Nur die Art, wie der Erblasser zu unterschreiben hat, wurde durch die Neufassung vom strengen Formalismus befreit, das Erfordernis, daß er seine Unterschrift auf die selbstgeschriebene Erklärung zu setzen hat, ist geblieben" [RG DRW 1942, 1340].)

102 Die Neufassung im TestG bezweckte, den Streit zu beseitigen, ob die Unterzeichnung mit dem Vornamen allein oder durch Angabe der Familienstellung (Beispiel: „Euer Vater") ausreiche (amtl Begr zu TestG DJ 1938, 1257). Das Wort „Vater" am Schluß eines Briefes reicht zur Identifizierung des Briefschreibers grds aus (BayObLG MDR 1979, 1024; MDR 1980, 403; [16. 11. 1982] BReg 1 Z 17/82 = FamRZ 1983, 836 [L]). Jedoch ist bei bloßer Familienbezeichnung oder Unterschrift nur mit dem Vornamen besonders sorgfältig zu prüfen, ob eine ernstliche und endgültige Willenserklärung auf den Todesfall vorliegt (PALANDT/EDENHOFER Rn 12 unter Hinweis auf BayObLGZ 1963, 58).

103 Als für die Unterschrift ausreichend anerkannt wird auch die Unterschrift mit dem Vornamen, dem Kosenamen, der Angabe der Familienstellung, „wenn sie nur eine einwandfreie Feststellung der Urheberschaft des Erblassers sowie der Ernstlichkeit seiner Erklärung gestattet" (vgl dazu a LANGE, Das Recht des Testaments 57; s ferner SchlHAnz 52, 83; sehr weitgehend LANGE/KUCHINKE § 19 III 3 a). Empfehlenswert ist die Unterzeichnung mit Vor- und Familiennamen. Zulässig ist eine Unterschrift mit dem Namen, den der Erblasser im bürgerlichen Leben tatsächlich führte: unrichtiger Name, Künstler- und Schriftstellername, Pseudonym, Firma (dazu BayObLGZ 1930, 1115; OLG Celle NJW 1977, 1690; OLG Stuttgart Justiz 1977, 378). **Namensverkürzungen** reichen aus, nicht dagegen die bloße Unterzeichnung mit den **Anfangsbuchstaben** des Namens (zB „O. K.") (dazu amtl Begr zu TestG DJ 1938, 1254; BGH NJW 1967, 2310; KIPP/COING § 26 I 2 a; BGB-RGRK/KREGEL Rn 17; **aA**: OLG Celle NJW 1977, 1690; OLG Stuttgart Justiz 1977, 378; DITTMANN/REIMANN/BENGEL Rn 26; LANGE/KUCHINKE § 19 III Fn 50; SOERGEL/HARDER Rn 23, 26; ERMAN/M SCHMIDT Rn 5; PALANDT/EDENHOFER Rn 12). Dagegen wird man Initialen bei Einschüben gelten lassen, sofern man hier überhaupt eine nochmalige Unterschrift für erforderlich hält, wenn eine Unterschrift die Urkunde abschließt.

7. Mehrere Urschriften

104 Von seinem eigenhändigen Privattestament kann der Erblasser auch mehrere Urschriften anfertigen. Achtet er nicht auf den genauen Gleichlaut, so können bei **Abweichungen** schwierige Auslegungsfragen auftauchen (vgl hierzu RG Recht 1923 Nr 901; nach dieser Entscheidung kann eine neben der Urschrift vom Erblasser hergestellte Abschrift, auch wenn sie sich als solche ausdrücklich bezeichnet, die Bedeutung eines selbständigen

Testaments haben; vgl dagegen OLG München HRR 1936 Nr 270, wonach ein Schriftstück, das der Erblasser selbst als eigenhändig geschriebene Abschrift bezeichnet, nicht die Urschrift ersetzt, sondern höchstens beweist, daß letztere vorhanden war; s auch BGHZ 47, 68: mittels Blaupause errichtetes Testament; s auch KG Gutachten [17. 5. 1934] JW 1934, 2563, wo dargelegt wird, daß sämtliche Urschriften zu eröffnen seien; vgl 2260 Rn 19; s auch BayObLGZ 18 A 254, wonach die später vorsorglich gefertigte Zweitschrift des Testaments mit dessen altem Datum jenes erste Testament nicht entkräftet). Die Unauffindbarkeit des Duplikats allein besagt nicht, daß der Erblasser es in Widerrufsabsicht vernichtet hatte (BayObLG MDR 1980, 403). Wird von mehreren Urschriften nur eine durch Vernichtung widerrufen, so gilt der noch in gültiger Testamentsform vorhandene letzte Wille fort, sofern nicht feststeht, daß die Vernichtung **einer** Urschrift den letzten Willen aufheben sollte (dazu § 2255 Rn 15).

V. Zeit- und Ortsangabe

105 Angabe von Ort und Zeit der Errichtung des Testaments ist seit Einführung des TestG **nicht mehr zwingend** geboten (zum Rechtszustand vor Einführung des TestG vgl STAUDINGER/FIRSCHING[12] Rn 61). Das TestG hob der Literaturkritik folgend (vgl insbes vHIPPEL, Formalismus und Rechtsdogmatik; 1. Denkschr d ErbrA 58; BOEHMER ZAkDR 1938, 264) die zwingenden Erfordernisse der eigenhändigen Orts- und Zeitangabe auf und ersetzte sie durch eine Sollvorschrift (vgl dazu amtl Begr DJ 1938, 1254, 1257). Danach ist es *ratsam* und *erwünscht*, daß der Erblasser in der Erklärung angibt, zu welcher Zeit (Tag, Monat und Jahr) und an welchem Ort er sie niedergeschrieben hat. Der Gesetzgeber schloß sich damit der Regelung des öABGB (§ 578) an. Sie steht zB im Gegensatz zum schweizerischen Recht (Art 505 ZGB), das eigenhändige Orts- und Zeitangabe, sowie zum französischen Recht, das eigenhändige Zeitangabe (Code civil Art 970) fordert.

106 Zeit- und Ortsangabe im Testament sind **keine Willenserklärungen**, sondern haben die Bedeutung eines Zeugnisses des Erblassers über Zeit und Ort der Testamentserrichtung (BayObLG FamRZ 1983, 836; FamRZ 1991, 237). Die eigenhändigen Zeit- und Ortsangaben haben bis zum Beweis des Gegenteils die Vermutung der Richtigkeit für sich (BayObLG FamRZ 1991, 237; FamRZ 1994, 594 mwN; MünchKomm/BURKART Rn 39). Diese Vermutungswirkung tritt aber nur ein, wenn Zeit- bzw Ortsangabe formgerecht eigenhändig vom Erblasser geschrieben sind.

107 Da zur Gültigkeit des Testaments eine eigenhändige Orts- oder Zeitangabe weder erforderlich ist, noch die gleichwohl vorhandenen Angaben richtig sein müssen, ist es unschädlich, wenn der Erblasser einem datierten, mit Ortsangabe versehenen und unterschriebenen Testament an einem anderen Tag und Ort einen Einschub ohne neue Orts- und Zeitangabe beifügt. Doch ist das Testament in seiner neuen Gestalt erst in diesem Zeitpunkt errichtet, das angegebene Datum somit insoweit unrichtig.

108 Orts- und Zeitangabe sind **rechtlich nicht bedeutungslos** (vgl Abs 5). Der Errichtungszeitpunkt gewinnt Bedeutung bei Zweifeln an der Testierfähigkeit des Erblassers (vgl dazu § 2229 Rn 34 ff und § 2230 aF Rn 3 ff) sowie bei Vorliegen mehrerer Testamente (dazu § 2258 Rn 16 ff). § 21 Abs 5 TestG erwähnte diese beiden Fälle beispielhaft. Der Errichtungsort (nicht Wohnort) kann maßgeblich werden, wenn ein Deutscher im Ausland ein Testament errichtet (zB Form entspricht zwar nicht dem deutschen, wohl aber dem ausländischen Recht – locus regit actum; vgl Art 26 Abs Ziff 2 EGBGB) oder ein Ausländer im In- oder Ausland testiert. Entspricht das Testament nicht dem deutschen Recht, so führt eine falsche Ortsangabe nicht zur Wirksamkeit des Testaments nach der im Testament als Errichtungsort angegebenen Ortsform. Der Ortsform ist nur Genüge getan, wenn das Testament dort tatsächlich errichtet worden ist. Da Orts- und Zeitangabe keine zwingenden Formerfordernisse sind, führen falsche Orts- und Zeitangaben zwar nicht zur Unwirksamkeit des Testaments, die Unwirksamkeit kann sich jedoch aus anderen Gründen ergeben (Beispiel: Geschäftsunfähiger errichtet ein Testament mit einem Datum, zu dem er geschäftsfähig war).

Abs 5 regelt nur den Fall, daß das Testament keine Angabe über die Zeit enthält. **109** Die Vorschrift ist aber erweiternd dahingehend auszulegen, daß sie auch Anwendung findet, wenn das Testament eine **ungenaue Orts- oder Zeitangabe** (Beispiele: Nordamerika; nur Jahreszahl oder Monat der Errichtung) enthält und sich hieraus Zweifel über die Gültigkeit ergeben. Daher sollte der Rechtsgedanke des Abs 5 zumindest entsprechende Anwendung finden, wenn sich widersprechende Testamente desselben Errichtungsdatums vorliegen, weil sich aus der fehlenden (Uhr)Zeitangabe Zweifel an der Gültigkeit beider Testamente ergeben (dazu auch § 2258 Rn 17). Widersprechen sich Testamente desselben Errichtungsdatums inhaltlich, so besteht für keines von ihnen die tatsächliche Vermutung, daß es den letzten Willen des Erblassers enthält (vgl BayObLG NJW-RR 1989, 1092; vgl auch BayObLG FamRZ 1991, 237). In einem solchen Fall kann es sich um bloße Entwürfe handeln, die ohne Testierwillen errichtet wurden.

Läßt sich **nicht klären, an welchem Ort** und **zu welcher Zeit** das Testament errichtet **110** wurde, so steht dies dem Fehlen der Angabe gleich. Testamente mit demselben Datum gelten als gleichzeitig errichtet, falls sich keine andere Feststellung treffen läßt (s dazu KG DFG 1942, 104).

Enthält ein Testament **verschiedene Errichtungsdaten oder verschiedene Ortsangaben**, **111** so ist der Rechtsgedanke aus Abs 5 entsprechend anwendbar, wenn sich das wahre Errichtungsdatum bzw der wahre Errichtungsort nicht ermitteln lassen. Im übrigen sind die Doppelangaben dann unschädlich, wenn sich aus ihnen keine Zweifel über die Gültigkeit des Testaments ergeben.

Liegen **verschieden datierte Testamente** vor, so ist zunächst durch Auslegung zu ermit- **112** teln, inwieweit sie sich widersprechen. Das frühere Testament wird insoweit aufgehoben, als das spätere Testament mit dem früheren Testament im Widerspruch steht (§ 2258). Wer behauptet, das später datierte Testament sei zu einem anderen Zeitpunkt errichtet worden, hat dies zu beweisen.

Enthält das Testament **keine Angaben über den Errichtungszeitpunkt**, war der Erblas- **113** ser andererseits *zeitweilig testierunfähig* und läßt sich nicht ausschließen (unter Zuhilfenahme auch aller außerhalb der Testamentsurkunde liegenden zulässigen Beweismittel), daß der Erblasser während dieses Zeitraumes das Testament errichtet hat, so ist es ungültig (dazu BayObLG [30. 10. 1978] BReg 1 Z 109/78).

Enthält das Testament eine **Zeitangabe** und war der Erblasser zu diesem angegebenen **114**

Zeitpunkt **testierunfähig**, so ist Abs 5 nicht entsprechend anwendbar (LANGE/KUCHINKE § 19 III Fn 50; **aA** OLG Koblenz DNotZ 1970, 426).

115 Liegen **sich widersprechende Testamente** vor, von denen das **eine datiert**, das **andere undatiert** ist, so ist der Inhalt des datierten Testaments maßgebend, soweit es im Widerspruch zu dem undatierten steht, es sei denn, es wird der Beweis erbracht, daß das undatierte Testament später errichtet worden ist. Sind **beide undatiert**, so heben sie, soweit sie im Widerspruch stehen, einander auf, es sei denn, es wird für den Errichtungszeitpunkt eines oder beider ein Beweis erbracht.

116 **Unlesbarkeit der Orts- und Zeitangabe** wirkt wie ihr Fehlen, sofern die Unlesbarkeit schon bei der Errichtung bestand. Trat sie erst später ein und kann die genaue frühere Angabe nachgewiesen werden, so hat diese Angabe zunächst die Vermutung der Richtigkeit für sich. Können Ortsangabe oder Errichtungszeitpunkt **nicht nachgewiesen werden**, so steht das Testament einem nicht datierten gleich und Abs 5, der keine Formvorschrift, sondern lediglich eine Beweisvermutung enthält, greift zumindest in entsprechender Anwendung ein. Ist ein lesbares Datum vorhanden, so spricht die Vermutung dafür, daß das Testament an diesem Tage errichtet worden ist. Ist das Datum nicht lesbar, so bleibt für eine Vermutung kein Raum mehr (BGB-RGRK/ KREGEL Rn 28). Wird die Unrichtigkeit nachgewiesen und kann derjenige, der sich auf die Gültigkeit des Testamentes beruft, nicht beweisen, zu welcher Zeit das Testament errichtet worden ist, so gilt Abs 5 entsprechend. Nur ein mit richtiger Zeitangabe versehenes Testament geht einem undatierten vor.

117 Werden **nachträglich eingefügte Änderungen ohne Zeitangaben** durch die frühere Unterschrift gedeckt, so kann ein Testament auch insoweit unwirksam sein, falls es Widersprüche aufweist und sich nicht feststellen läßt, welche der widersprechenden Verfügungen als widerrufen anzusehen sind (BayObLG [30. 10. 1978] BReg 1 Z 109/78). Ergeben sich wegen der fehlenden Zeitangabe Zweifel über die Gültigkeit des Testaments, so ist dieses nach Abs 5 S 1 nur dann als gültig anzusehen, wenn sich der Errichtungszeitpunkt anderweitig ermitteln läßt.

VI. Ausschluß von Minderjährigen und Lesensunkundigen (Abs 4)

1. Normzweck

118 Abs 4 bildete ursprünglich den *Inhalt einer eigenen Vorschrift*: § 2247 aF (dazu oben Rn 4). Die von der Reichstagskommision (RTK 177) eingefügte Bestimmung bezweckte zum Schutz der Minderjährigen und Lesensunkundigen eine **Bindung an strengere Testamentsformen** und schloß daher die Möglichkeit aus, durch eigenhändiges Testament zu testieren. Der unverändert anzuerkennende Normzweck, Minderjährige und Analphabeten zu schützen, erfordert keine Beschränkung der Testierfähigkeit oder Testierfreiheit. Der geschützte Personenkreis kann in notarieller Beurkundungsform mit den damit verbundenen Beratungen und Belehrungen uneingeschränkt testieren.

2. Regelungsinhalt

119 Wer minderjährig ist oder Geschriebenes nicht lesen kann, ist nach Abs 4 nicht fähig, ein eigenhändiges Testament zu errichten. Eine Bestätigung des Testaments gem § 141 durch den volljährig gewordenen Erblasser setzt die Neuerrichtung des Testaments voraus. Gleichgültig ist, ob die Leseunfähigkeit auf einer Sehschwäche (OLG Hamm DNotZ 1967, 317) oder auf fehlender Ausbildung beruht. Der Erblasser selbst muß imstande sein, das Geschriebene zu lesen und den Sinn zu erfassen. Er muß der Sprache mächtig sein, in der das von ihm niedergelegte Schriftstück verfaßt ist (RGZ 76, 95). Ihm müssen die Schriftzeichen so geläufig sein, daß er sie zu Worten und Sätzen zusammenfassen und sich auf diese Weise mit dem Sinn des Geschriebenen geistig vertraut machen kann.

120 Liegen keine besonderen Anhaltspunkte vor, die gegen die Lesefähigkeit sprechen, so ist davon auszugehen, daß der Erblasser im Zeitpunkt der Testamentserrichtung lesefähig war, da die Unfähigkeit, Geschriebenes zu lesen, die Ausnahme bildet (BayObLG FamRZ 1987, 1200). Fehlt die Lesefähigkeit im Zeitpunkt der Testamentserrichtung, so bleibt das Testament auch dann nichtig, wenn der Erblasser später die Sehschwäche überwindet oder zu lesen lernt.

121 Liegt ein formgültig errichtetes Testament vor, so spricht eine Vermutung dafür, daß der Erblasser lesen konnte (OLG Neustadt FamRZ 1961, 541 m Anm LUTTER = JZ 1962, 417 m Anm HABSCHEID). Bei der Lesefähigkeit handelt es sich um eine Voraussetzung in der Person des Erblassers (OLG Neustadt FamRZ 1961, 541, 542; BayObLG Rpfleger 1985, 239), nicht um eine Frage der Formgültigkeit des Testaments, für welche die Beweislast demjenigen obliegt, der Rechte aus dem Testament herleitet (BayObLG Rpfleger 1985, 239; FamRZ 1987, 1200 jeweils mwN).

3. Schreibfähigkeit

122 Kann jemand zwar Geschriebenes lesen, aber nicht selbst schreiben, so kann er kein eigenhändiges Testament errichten. Insbes bei älteren Erblassern ist es möglich, daß sie gewisse Buchstaben und Buchstabenverbindungen nicht mehr kennen. Schreibt ein Dritter dem Testierenden diese Buchstaben und Wortverbindungen vor und malt der Erblasser sie nach, so ist zu unterscheiden (OLG München DNotZ 1937, 68), ob es sich um eine Gedächtnisstörung handelt, die durch den Anblick des Vorgeschriebenen behoben wird (Schreibfähigkeit gegeben) oder aber der Erblasser zwar das Aussehen der Schriftzeichen selbst gestaltet, jedoch ohne prüfen zu können, ob das, was er schreibt, dem entspricht, was er schreiben will. Im Zweifel ist von der Lesefähigkeit des Erblassers auszugehen (OLG Neustadt JZ 1962, 417 m Anm HABSCHEID = FamRZ 1961, 541 m Anm LUTTER; über Lesbarkeit des Wortlauts s Rn 45).

VII. Anerkennung eines Testamentes

123 Die Anerkennung eines Testaments kann die Nichtigkeit wegen Formfehlers nicht beseitigen. Sie begründet aber uU, wenn die Formvorschrift gewahrt ist, eine persönliche Schuldverpflichtung, die Rechtslage so zu gestalten, als ob das Testament rechtsgültig wäre. (Einzelheiten bei HERRMANN, Die Anerkennung formungültiger letztwilliger Verfügungen [Diss Bonn 1969], sowie DITTMANN/REIMANN/BENGEL Rn 57 f; über die Bedeutung von Erklärungen Beteiligter im Erbscheinsverfahren s BayObLGZ 1954, 27, 33 f). Verträge mit erbrechtlich feststellender Wirkung sind dem BGB fremd (zum Feststellungsvertrag im BGB vgl BAUMANN, Das Schuldanerkenntnis [1992] 154 ff).

VIII. Konversion

124 Hat der Erblasser bei Errichtung eines eigenhändigen Testaments angenommen, es handele sich um ein nach drei Monaten kraftlos werdendes Nottestament und hat er nach dem Ablauf der drei Monate die Vernichtung der Testamentsurkunde nur deshalb unterlassen, weil er glaubte, das Testament sei bereits außer Kraft getreten, so wird dadurch die Rechtsbeständigkeit des Testaments als eigenhändiges Testament nicht berührt, sofern nicht die Anfechtung dadurch begründet ist, daß der Erblasser nur durch die irrige Annahme, mit dem Ablauf der Dreimonatsfrist trete die Kraftlosigkeit der Verfügung ein, zu der Verfügung bestimmt wurde (RGZ 104, 320).

IX. Beweisfragen

125 Für den Beweis der Echtheit eines Privattestaments gelten die allgemeinen Grundsätze (dazu und zu den Beweisanforderungen BayObLG FamRZ 1992, 1207). Nach den allgemeinen Grundsätzen der Beweislastverteilung trägt derjenige, *der sich auf Verfügungen eines eigenhändigen Testaments* beruft, die Darlegungs- und Beweislast für die Wirksamkeit (vgl BayObLG MDR 1985, 675). Er hat daher den *Testierwillen* des Erblassers, die *Eigenhändigkeit* des Textes und die *Echtheit der Unterschrift* zu beweisen, sofern diese bestritten werden (BayObLG FamRZ 1985, 837, 838; BayObLG NJW-RR 1988, 389, 390).

126 Bei einem **äußerlich formgültigen** Testament spricht eine **Vermutung** dafür, daß es in dieser Form und mit diesem Inhalt vom Erblasser rechtswirksam verfaßt worden ist (BayObLG NJW 1970, 2300; KG LZ 1919 Sp 1244; 1922 Sp 466; danach hat der Testamentserbe allenfalls auch zu beweisen, daß es sich nicht bloß um einen Entwurf handelt).

127 Bestehen **Zweifel** daran, ob die Formerfordernisse des § 2247 vorliegen, so wurde von der älteren Rspr vertreten, § 2084 anzuwenden (KG JW 1936, 2564; JFG 16, 95; OLG München JFG 16, 93). Seit dem Abbau überzogener Formerfordernisse durch das TestG ist für die Anwendbarkeit des § 2084 kein Raum (OLG Neustadt Rpfleger 1962, 446; LG Mannheim Justiz 1962, 182). Daher spricht keine Vermutung für das Vorliegen eines Formerfordernisses (STAUDINGER/OTTE[12] § 2084 Rn 3). Da die Einhaltung der Form zwingende Voraussetzung der Wirksamkeit des Testaments ist, muß zur vollen Überzeugung des Gerichts feststehen, daß die Form gewahrt ist (ebenso LANGE/KUCHINKE § 33 II 1 d).

128 Die **Unaufklärbarkeit**, ob ein Schriftstück eine letztwillige Verfügung darstellt, geht zu Lasten desjenigen, der Rechte daraus herleitet. Das können auch diejenigen sein, deren Erbquoten sich erhöhen würden, wenn ein wirksames Testament vorläge (KG NJW-RR 1991, 392, 393).

129 § 440 Abs 2 ZPO findet keine Anwendung, weil die eigenhändige Niederschrift des holographischen Testaments Formvorschrift ist (s dazu OLG Stuttgart BWNotZ 1977, 69). Daher muß die eigenhändige Niederschrift im Bestreitensfall selbst dann bewiesen werden, wenn die Unterschrift des Erblassers als echt anerkannt ist (übereinstimmend ENDEMANN III § 37 Nr V b 4; VOGELS JW 1938, 2163; LANGE/KUCHINKE § 19 III 5).

130 Wer behauptet, der Erblasser sei im Zeitpunkt der Testamentserrichtung **testierun-**

7. Titel.
Errichtung und Aufhebung eines Testaments

fähig gewesen oder ein eigenhändig Testierender habe zur Zeit der Unterzeichnung des Testaments **Geschriebenes nicht** (mehr) **lesen** können, trägt hierfür die Beweislast (BayObLG MDR 1985, 675), da es sich nicht um Fragen der Formgültigkeit des Testaments, sondern um Voraussetzungen handelt, die der Erblasser in seiner Person erfüllen muß (HABSCHEID JZ 1962, 418; LUTTER FamRZ 1961, 543).

Die Beweis- und Feststellungslast dafür, ob ein Schriftstück als Testament oder nur als *Entwurf* anzusehen ist, trägt derjenige, der Rechte aus dem Schriftstück herleitet (BayObLGZ 1970, 173, 181; KG NJW-RR 1991, 392, 393). Liegt ein formgerecht abgefaßtes Testament vor und gibt es keine Anhaltspunkte für einen fehlenden Testierwillen des Erblassers, so hat das Nachlaßgericht keine Veranlassung zu prüfen, ob es sich um einen Entwurf handeln könnte (KG NJW-RR 1991, 392, 393). Ein bloßer Entwurf ist aber dann anzunehmen, wenn der Inhalt des Schriftstücks unvollständig ist (vgl KG NJW-RR 1991, 393).

Im Nachlaßverfahren (FG-Verfahren) gibt es keine formelle, wohl aber eine materielle Beweislast: „Feststellungslast" (dazu BayObLG [26. 1. 1981] BReg 1 Z 124/80: „Geben Form und Inhalt zu Bedenken Anlaß, ob die Erklärung überhaupt eine Verfügung von Todes wegen ist, so trägt, ungeachtet des Amtsermittlungsgrundsatzes [§§ 12 FGG, 2358 Abs 1 BGB], derjenige, der aus ihr ein Erbrecht für sich in Anspruch nimmt, die Feststellungslast für ihren rechtlichen Charakter ... und die sein Erbrecht begründenden Tatsachen [BayObLGZ 1962, 299, 303 f; 1970, 173, 181; OLG Hamm OLGZ 1966, 497, 498"]).

Der Amtsermittlungsgrundsatz (§ 12 FGG) verpflichtet das Gericht, alle zur Aufklärung des Sachverhalts geeignet erscheinenden Beweise zu erheben (zur Beiziehung eines Schriftsachverständigen s DEITIGSMANN JZ 1953, 494; FALCK JR 1956, 255). Eine Aufklärungspflicht besteht aber nicht in der Weise, daß alle denkbaren Möglichkeiten des Sachverhalts erforscht oder ihnen von Amts wegen nachgegangen werden muß, sondern nur insoweit, als das Vorbringen der Beteiligten und der festgestellte Sachverhalt bei sorgfältiger Überlegung hierzu Anlaß geben (BayObLG FamRZ 1991, 237, 238).

Für die Erbscheinserteilung ist voller Beweis erforderlich, daß der Erblasser das Testament eigenhändig geschrieben und unterschrieben hat. Die Beweismittel müssen die volle Überzeugung des Gerichts von den zu beweisenden Tatsachen begründen. Bei Zweifeln an der eigenhändigen Errichtung, darf ein Erbschein nicht erteilt werden (BayObLG FamRZ 1988, 97). Die Feststellungslast für Echtheit und Eigenhändigkeit trägt derjenige, der Rechte aus dieser Urkunde herleiten will (BayObLG FamRZ 1985, 837, 838 mwN; über den Beweis der Formgültigkeit und des Inhalts eines nicht mehr vorhandenen Testaments s LG Dresden v. 30. 4. 1994 – 2 T 824/93 – sowie § 2255 Rn 31).

Enthält ein formgerecht errichtetes Testament eine eigenhändige Orts- oder Zeitangabe, so wird vermutet, daß diese richtig ist („tatsächliche Vermutung"). Wer die Unrichtigkeit der Angaben behauptet (vorausgesetzt, daß diese für die Gültigkeit des Testaments wesentlich sind), muß sie beweisen (BayObLG [18. 1. 1983] BReg 1 Z 104/82; FamRZ 1991, 237).

Beispiel: Der Kläger behauptet Testierunfähigkeit des Erblassers im Errichtungszeitpunkt. Da bei einem formgerechten Testament eine tatsächliche Vermutung für die Testierfähigkeit des Erblassers spricht (s § 2229 Rn 47), trifft den Kläger die Beweislast für die Testierunfähigkeit. Steht die Testierfähigkeit des Erblassers zu dem im Testament angegebenen Zeitpunkt fest, so hat der Kläger die Unrichtigkeit dieses Zeitpunktes zu beweisen, wobei er sich aller zulässigen Beweismittel bedienen kann.

136 X. IPR

S Vorbem 100 ff zu §§ 2229 ff.

137 XI. Recht der DDR

Das eigenhändige Testament war in § 385 ZGB geregelt (dazu Vorbem 76 ff zu §§ 2229 ff und ebenda Rn 58 ff zur teilweisen Fortgeltung des ZGB).

§ 2248

Ein nach den Vorschriften des § 2247 errichtetes Testament ist auf Verlangen des Erblassers in besondere amtliche Verwahrung zu nehmen (§§ 2258 a, 2258 b). Dem Erblasser soll über das in Verwahrung genommene Testament ein Hinterlegungsschein erteilt werden.

Materialien: E I § 1932; E II §§ 2112, 2113, 2117; E III §§ 2218, 2219, 2223; Mot V 295; Prot V 351; RTK 177; 1. Denkschr d ErbRA (1937) 42; Amtl Begr z TestG DJ 1938, 1257.

Systematische Übersicht

I. Textgeschichte _____ 1	VI. Aufhebung der Verwahrung _____ 12
II. Normzweck _____ 2	VII. Einsichtnahme _____ 13
III. Zuständigkeit _____ 3	VIII. Gebühr _____ 14
IV. Verfahren _____ 5	IX. Recht der DDR _____ 15
V. Wirkung _____ 11	

I. Textgeschichte

1 Die Vorschrift stimmt wörtlich mit § 22 TestG überein. § 22 TestG entsprach sachlich dem ursprünglichen Inhalt der Bestimmung.

II. Normzweck

Im Gegensatz zu den öffentlichen Testamenten besteht *keine Hinterlegungspflicht* bei eigenhändigen Testamenten. Die Hinterlegungsmöglichkeit soll die gegen das eigenhändige Privattestament erhobenen Bedenken hinsichtlich der **Gefahr** des **Verlustes**, der **Beschädigung**, der **Fälschung** oder **Unterdrückung mildern** (dies gilt in besonderer Weise bei Testamenten Alleinstehender; dazu Kössinger ZEV 1995, 13, 15). Das Verwahrungsgericht hat die **Auffindung des Testaments im Erbfall sicherzustellen** (Westphal Rpfleger 1983, 204 ff).

III. Zuständigkeit

Zuständig für die **besondere amtliche Verwahrung** ist dieselbe Behörde, wie für öffentliche Testamente. **Örtlich** und **sachlich** zuständig sind die **Amtsgerichte** (§ 2258 a Abs 2 Ziff 3), in Baden-Württemberg nach § 1 Abs 1, 2; §§ 38, 46 Abs 3 LFGG die Notariate, für Konsulartestamente nach § 11 Abs 2 S 1 KonsularG das AG Berlin-Schöneberg.

Der Erblasser kann das Testament auch bei einer **Vertrauensperson**, zB seinem Anwalt oder Steuerberater usw, verwahren lassen. Für den *nicht amtlichen* Verwahrer gilt § 2259.

IV. Verfahren

Das Verfahren der besonderen amtlichen Verwahrung richtet sich nach § 2258 b. Die **besondere** amtliche Verwahrung unterscheidet sich von der einfachen Urkundenverwahrung durch ein höheres Maß an **Sicherheit** (vgl Firsching/Graf 181).

Die besondere amtliche Verwahrung erfolgt nur **auf Verlangen** des Erblassers (KG JW 1938, 1455 = DNotZ 1938, 450). Dieses Verlangen bedarf *keiner Form*. Das Verlangen kann durch Vertreter oder Boten gestellt werden. Auch durch die Post kann ein eigenhändiges Testament zur Verwahrung übersandt werden (vgl KG OLGE 1, 294). Eine Beglaubigung der Unterschrift des Antragstellers ist nicht erforderlich (KG RJA 1, 146).

Besondere Nachweise, insbes über die Identität des Antragstellers und des Erblassers können nicht verlangt werden (vgl KG RJA 1, 146), außer wenn das Gericht begründeten Verdacht hegt, daß ein Testament unterschoben oder ein sonstiger Mißbrauch betrieben werden soll.

Die Aufnahme einer Niederschrift über die Übergabe des Testaments ist gesetzlich nicht vorgeschrieben (s KG RJA 1, 146), jedoch empfehlenswert. Gem Ziff 1 der bundeseinheitlichen Bekanntmachung v 30. 11. 1979 (abgedruckt bei Firsching/Graf 500 ff, Anhang 4) sind zugleich gewisse Feststellungen über die Personalien des Erblassers sowie gem § 27 Nr 3 AktO über den Zeitpunkt der Errichtung („mit einer das Testament näher bezeichnenden Aufschrift zu versehen") zu treffen. Wird das Testament durch einen Boten, der keine Sachkenntnis hat, oder mit der Post an die Verwahrungsstelle übersandt, so wird man die erforderlichen Rückfragen entweder schriftlich erledigen oder den Erblasser zur Erklärung vorladen (den Gang des einzuschlagenden Verfahrens schildern FIRSCHING/GRAF 181 ff).

9 Das Testament ist nebst *Anlagen* in einen *Umschlag* (FIRSCHING/GRAF 183 ff) zu nehmen, dieser mit dem **Prägesiegel** zu verschließen, mit der Angabe der Person des Erblassers, der Zeitangabe der Errichtung des Testamentes sowie mit einer das Testament näher bezeichnenden **Aufschrift** zu versehen, die unterschriftlich zu vollziehen ist (dazu § 27 Ziff 3 AktO; beachte auch die hiernach gem der bundeseinheitlichen Bek v 30. 11. 1979 [abgedruckt bei FIRSCHING/GRAF 500 ff, Anhang 4] auferlegten Benachrichtigungspflichten).

10 Wie im Falle des § 2258 b wird **von Amts wegen ein Hinterlegungsschein** erteilt (S 2).

V. Wirkung

11 Das Privattestament wird durch die amtliche Verwahrung *keine öffentliche Urkunde*. Auch seine Echtheit wird durch die amtliche Verwahrung nicht erwiesen. Die amtliche Verwahrung dient allein der sicheren Aufbewahrung (vgl KG RJA 1, 147), der Auffindung im Erbfall sowie dem Schutz vor Unterdrückung und Fälschung.

VI. Aufhebung der Verwahrung

12 Die Aufhebung der amtlichen Verwahrung erfolgt **durch Rückgabe des Testamentes**. Diese kann nur an den Testator persönlich erfolgen. Die Identität und die Geschäftsfähigkeit des Antragstellers sind zu überprüfen. Eine Übersendung des Testaments an den Testator per Post ist unzulässig (KG DNotZ 1935, 828). Nach § 2256 kann die Rückgabe eines nach § 2248 hinterlegten Testaments vom Testator jederzeit verlangt werden. Die **Rückgabe** ist der Natur des eigenhändigen Testaments und dem dispositiven Charakter des § 2248 entsprechend **ohne Einfluß auf die Wirksamkeit des Testaments**, sie kann also nicht als Widerruf ausgelegt werden. (Dies galt auch für die Rücknahme von eigenhändigen Testamenten, die beim staatlichen Notariat der DDR hinterlegt waren; vgl Vorbem 92 zu §§ 2229 ff und HERRMANN, Erbrecht und Nachlaßverfahren in der DDR 35.)

13 VII. Über **Einsichtnahme** und Erteilung einer **Abschrift** des in amtlicher Verwahrung befindlichen Testaments s § 2258 b Rn 18 ff.

14 VIII. **Gebühr** für Verwahrung: §§ 101, 103, 46 Abs 4 KostO.

IX. Recht der DDR

15 In der ehemaligen **DDR** konnte der Erblasser bei eigenhändigen Testamenten ebenfalls selbst über die Aufbewahrung entscheiden. Er konnte das eigenhändige Testament selbst oder bei einer Vertrauensperson aufbewahren oder beim staatlichen Notariat in Verwahrung geben (§ 385 S 2 ZGB; dazu Vorbem 81 zu §§ 2229 ff). Auch Erblasser mit Wohnsitz außerhalb der DDR konnten – unabhängig von ihrer Staatsbürgerschaft – bei einem staatlichen Notariat der DDR ein Testament verwahren lassen (dazu HERRMANN aaO 34 f). Nach Beitritt der neuen Bundesländer zur Bundesrepublik wurden die verwahrten Testamente zunächst von den Kreisgerichten über-

7. Titel.
Errichtung und Aufhebung eines Testaments

nommen, an deren Stelle inzwischen in allen neuen Bundesländern Amtsgerichte getreten sind.

§ 2249

[1] Ist zu besorgen, daß der Erblasser früher sterben werde, als die Errichtung eines Testaments vor einem Notar möglich ist, so kann er das Testament zur Niederschrift des Bürgermeisters der Gemeinde, in der er sich aufhält, errichten. Der Bürgermeister muß zu der Beurkundung zwei Zeugen zuziehen. Als Zeuge kann nicht zugezogen werden, wer in dem zu beurkundenden Testament bedacht oder zum Testamentsvollstrecker ernannt wird; die Vorschriften der §§ 7, 27 des Beurkundungsgesetzes gelten entsprechend. Für die Errichtung gelten die Vorschriften der §§ 2232, 2233 sowie die Vorschriften der §§ 2, 4, 5 Abs. 1, §§ 6 bis 10, 11 Abs. 1 Satz 2, Abs. 2, § 13 Abs. 1, 3, §§ 16, 17, 23, 24, 26 Abs. 1 Nr. 3, 4, Abs. 2, §§ 27, 28, 30 bis 32, 34, 35 des Beurkundungsgesetzes; der Bürgermeister tritt an die Stelle des Notars. Die Niederschrift muß auch von den Zeugen unterschrieben werden. Vermag der Erblasser nach seinen Angaben oder nach der Überzeugung des Bürgermeisters seinen Namen nicht zu schreiben, so wird die Unterschrift des Erblassers durch die Feststellung dieser Angabe oder Überzeugung in der Niederschrift ersetzt.

[2] Die Besorgnis, daß die Errichtung eines Testaments vor einem Notar nicht mehr möglich sein werde, soll in der Niederschrift festgestellt werden. Der Gültigkeit des Testaments steht nicht entgegen, daß die Besorgnis nicht begründet war.

[3] Der Bürgermeister soll den Erblasser darauf hinweisen, daß das Testament seine Gültigkeit verliert, wenn der Erblasser den Ablauf der im § 2252 Abs. 1, 2 vorgesehenen Frist überlebt. Er soll in der Niederschrift feststellen, daß dieser Hinweis gegeben ist.

[4] Für die Anwendung der vorstehenden Vorschriften steht der Vorsteher eines Gutsbezirks dem Bürgermeister einer Gemeinde gleich.

[5] Das Testament kann auch vor demjenigen errichtet werden, der nach den gesetzlichen Vorschriften zur Vertretung des Bürgermeisters oder des Gutsvorstehers befugt ist. Der Vertreter soll in der Niederschrift angeben, worauf sich seine Vertretungsbefugnis stützt.

[6] Sind bei Abfassung der Niederschrift über die Errichtung des in den vorstehenden Absätzen vorgesehenen Testaments Formfehler unterlaufen, ist aber dennoch mit Sicherheit anzunehmen, daß das Testament eine zuverlässige Wiedergabe der Erklärung des Erblassers enthält, so steht der Formverstoß der Wirksamkeit der Beurkundung nicht entgegen.

Materialien: E I §§ 1925, 1932 Abs 1 u 2; II § 2113; III § 2219; Mot V 281; Prot V 342; 1. Denkschr d ErbRA (1937) 86; Amtl Begr z TestG DJ 1938, 1258.

Schrifttum

ALBANUS, Das Nottestament (8. Aufl 1907)
DENNLER, Das Dorftestament (1904)
FINKE, Aufnahme von Nottestamenten durch die Bürgermeister (2. Aufl 1938)
GRÖSSLIN, Hdb der Freiwilligen Gerichtsbarkeit in Baden-Württemberg (1979) 6.2
GROSS, Das Nottestament vor dem Bürgermeister, das Privat- und das Dreizeugentestament, WürttVerwZ 1938, 251
GUTZEIT/WÖHRMANN, Das Nottestament (12. Aufl 1938)
HAEGELE, Beurkundung eines Nottestaments durch den Bürgermeister, Die Fundstelle, Beiheft Nr 950 (2. Aufl 1969)
ders, Nottestamentsmappe (1970)
KLAU, Über außerordentliche Testamentsformen (Diss Marburg 1911)

MARKUS, Das Deutsche Testament, insbes das Privat- und Nottestament (5. Aufl 1928)
NIEDER, in: Münchener Vertragshandbuch (3. Aufl 1992) Bd 4, 2. Halbbd, XV. 13
OERTEL, Das Gemeindetestament (1900)
SAUER, Zu den Formfragen bei Dorftestamenten, BayZ 1905, 69
SCHÜTZE, Das Nottestament vor dem Bürgermeister (1948)
VOGELS, Beurkundung eines Nottestaments durch den Bürgermeister nach dem TestG vom 31. 7. 1938, StAZ 1938, 425
VON DER BECK, Norminhalt und Formenstrenge im Recht der Nottestamente (Diss Münster 1994)
WIDTMANN, Die Aufnahme von Nottestamenten, BayerBgm 1951, 237.

Systematische Übersicht

I. Textgeschichte	
1. Ursprüngliche Fassung	1
2. Testamentsgesetz und GesEinhG	2
3. Beurkundungsgesetz	4
II. Grundsätzliches	5
III. Regelungsinhalt	
1. Besorgnis des vorzeitigen Ablebens	11
a) Allgemeines	11
b) Besorgnis des Bürgermeisters	13
c) Objektive Besorgnisgründe	16
d) Fehlende Besorgnis	17
2. Besorgnis der Testierunfähigkeit	18
IV. Zuständigkeit	
1. Sachliche Zuständigkeit	19
a) Bürgermeister	20
b) Vorsteher eines Gutsbezirks	21
c) Vertreter des Bürgermeisters	22
2. Örtliche Zuständigkeit	23
V. Form der Testamentserrichtung	
1. Grundsätzliches	25
2. Formerleichterungen	26
a) Grundsätzliches	26
b) Sollvorschriften	27
c) Formerleichterungen gem Abs 6	31
d) Formverstöße bei Abfassung der Niederschrift	33
3. Formverstöße gegen Errichtungsakt	37
a) Niederschrift	38
b) Verhandlung vor dem Bürgermeister	42
c) Hinzuziehung von zwei Zeugen	43
d) Art der Testamentserrichtung	44
e) Verlesung, Genehmigung	45
f) Behindertenschutzvorschriften	47
VI. Hinweispflicht	48
VII. Haftungsfragen	49
VIII. Amtliche Verwahrung	51
IX. Gebühren, Auslagen	52
X. Recht der DDR	53

7. Titel. § 2249
Errichtung und Aufhebung eines Testaments 1—4

I. Textgeschichte

1. Die **ursprüngliche Fassung** des § 2249 lautete:

[1] Ist zu besorgen, daß der Erblasser früher sterben werde, als die Errichtung eines Testamentes vor einem Richter oder vor einem Notar möglich ist, so kann er das Testament vor dem Vorsteher der Gemeinde, in der er sich aufhält, oder, falls er sich in dem Bereich eines durch Landesgesetz einer Gemeinde gleichgestellten Verbandes oder Gutsbezirkes aufhält, vor dem Vorsteher dieses Verbandes oder Bezirkes errichten. Der Vorsteher muß zwei Zeugen zuziehen. Die Vorschriften der §§ 2234 bis 2246 finden Anwendung; der Vorsteher tritt an die Stelle des Richters oder Notars. **1**

[2] Die Besorgnis, daß die Errichtung eines Testaments vor einem Richter oder vor einem Notar nicht mehr möglich sein werde, muß im Protokoll festgestellt werden. Der Gültigkeit des Testaments steht nicht entgegen, daß die Besorgnis nicht begründet war.

Die Formerfordernisse waren überzogen, da der Gemeindevorsteher sämtliche Errichtungsformen eines öffentlichen Testaments zu beachten und zwingend die Todesbesorgnis festzustellen hatte (dazu LANGE/KUCHINKE § 20 III 1; VON DER BECK 3. Teil 2. Abschn B. I. 1.).

2. Das **TestG** faßte die Bestimmung in § 23 neu, das **GesEinhG** v 5. 3. 1953 fügte sie **2** mit diesem Wortlaut dem BGB an der alten Stelle wieder ein:

[1] Ist zu besorgen, daß der Erblasser früher sterben werde, als die Errichtung eines Testaments vor einem Richter oder vor einem Notar möglich ist, so kann er das Testament vor dem Bürgermeister der Gemeinde, in der er sich aufhält, errichten. Der Bürgermeister muß zwei Zeugen zuziehen. Die Vorschriften der §§ 2234 bis 2246 sind anzuwenden; der Bürgermeister tritt an die Stelle des Richters oder des Notars. Ist ein Dolmetscher zuzuziehen, so kann der Bürgermeister den Dolmetscher beeidigen.

Abs 2 wie heute, lediglich noch eingefügt „*vor einem Richter oder*".
Abs 3—5 wie heute.
Abs 6 wie heute, lediglich statt der heutigen Worte „*der Wirksamkeit der Beurkundung*" hieß es „*der Gültigkeit*".

Neu war die Beeidigungsmöglichkeit des Dolmetschers durch den Bürgermeister. Heute gilt § 16 BeurkG.

Abs 2 milderte die dort vorgeschriebene Feststellung zu einem Sollerfordernis. In **3** Übereinstimmung mit der bisherigen Übung stellte Abs 5 klar, daß das Testament auch vor dem Vertreter des Bürgermeisters oder des Gutsvorstehers errichtet werden kann. Um Nottestamente nicht an Formfehlern scheitern zu lassen und der Gefahr vorzubeugen, daß Bürgermeister oder Zeugen, die sich den Anforderungen der Testamentserrichtung nicht gewachsen fühlen, deshalb von der Teilnahme überhaupt absehen, fügte man den Abs 6 neu ein.

3. Das **BeurkG** strich in Abs 1 u 2 jeweils die Worte „*vor einem Richter oder*", gab **4**

im übrigen Abs 1 seine heutige Fassung und setzte in Abs 6 anstelle *„der Gültigkeit"* die Worte *„der Wirksamkeit der Beurkundung".*

II. Grundsätzliches

5 Die Zulassung des eigenhändigen Privattestaments minderte die praktische Bedeutung der Nottestamente (über das Bedürfnis nach Nottestamenten s Mot V 281 sowie 1. Denkschr d ErbrA 86 ff; LANGE/KUCHINKE § 20 I).

6 Das Nottestament vor dem Bürgermeister gem § 2249 (Bürgermeister-, Dorf- oder Gemeindetestament), ist eine der drei außerordentlichen Testamentsformen (ferner §§ 2250, 2251). Als öffentliches Testament (dazu § 2249 Abs 1 S 4: „der Bürgermeister tritt an die Stelle des Notars") stellt es eine öffentliche Urkunde iS von § 35 GBO dar (KG OLGE 3, 375; DEMHARTER, GBO[21] § 35 Rn 34). Dem **nach den beurkundungsrechtlichen Vorschriften ordnungsgemäß** errichteten Bürgermeistertestament kommt die **erhöhte Beweiskraft gem § 415 ZPO** zu (PALANDT/EDENHOFER Rn 1; VON DER BECK 3. Teil 1. Abschn B. I. 2.).

7 Der Bürgermeister muß zwei Zeugen hinzuziehen, so daß faktisch ein Dreizeugentestament vorliegt. Im Unterschied zum Dreizeugentestament handelt es sich beim Bürgermeistertestament aber um eine öffentliche Urkunde, bei welcher der Bürgermeister als Amtsträger die aus der Staatsgewalt abgeleitete Funktion des Notars wahrzunehmen hat.

8 Das Bürgermeistertestament ist als Nottestament zeitlich nur beschränkt gültig (§ 2252).

9 Für Bayern beachte: Entschließung des BayStMdI v 24. 8. 1970 MABl 1970, 657 (Wortlaut s FIRSCHING/GRAF 34 ff). Die Entschließung ist richtungsweisend für alle Bundesländer.

10 Während ein Erbvertrag nur in ordentlicher Form errichtet werden kann (§ 2276), gilt für das gemeinschaftliche Testament § 2266.

III. Regelungsinhalt

1. Besorgnis des vorzeitigen Ablebens

a) Allgemeines

11 **Zwingende Voraussetzung** der Gültigkeit eines Nottestaments nach § 2249 ist die Besorgnis, daß der Erblasser stirbt, bevor die Errichtung eines Testaments vor einem Notar möglich ist (dazu KG NJW 1948, 188). Die Besorgnis muß entweder subjektiv beim Bürgermeister vorhanden oder objektiv begründet sein.

12 Es genügt nicht, daß am Errichtungsort keine notarielle Amtsstelle besteht oder der für den Amtsbereich zuständige Notar verhindert ist. Die Gefahr muß hinzukommen, daß die Testamentserrichtung durch den Tod des Erblassers deshalb vereitelt wird, weil der Notar nicht mehr rechtzeitig hinzugezogen werden kann.

b) Besorgnis des Bürgermeisters

Der beurkundende **Bürgermeister**, nicht etwa die Zeugen oder der Erblasser (s dazu **13** KG OLGE 9, 414), **muß** die **Besorgnis** hegen, **daß ein ordentliches öffentliches Testament nicht mehr errichtet werden kann**. Die Besorgnis muß nicht sachlich gerechtfertigt, sondern nur **nach der subjektiven Vorstellung** des Bürgermeisters vorhanden sein (§ 2249 Abs 2 S 2; der Ausnahmecharakter dieser Bestimmung wird in RGZ 109, 368, 372 hervorgehoben; dazu a Mot V 282; über Nichtigkeit des Testaments bei fehlender Besorgnis BEROLZHEIMER LZ 1915, 735).

Der Bürgermeister hat die Errichtung abzulehnen, wenn er nach pflichtgemäßem **14** Ermessen diese Besorgnis nicht hegt (dazu BayVGH JW 1921, 1148 m Anm HERZFELDER). Im Hinblick auf die Alternative zu 2 wird der Bürgermeister aber abzuwägen haben, ob ein Dritter zu einer anderen Beurteilung kommen könnte.

Wird eine der Sollvorschrift des Abs 2 S 1 entsprechende Feststellung in der Niederschrift getroffen, so ist ein **Gegenbeweis unzulässig**, daß die vorhandene Überzeugung **15** der Besorgnis unbegründet war (Abs 2 S 2; s dazu Mot V 282; RG JW 1902 Beil 216 Nr 65). Zulässig ist der Beweis, daß die Überzeugung überhaupt nicht vorhanden war (MünchKomm/BURKART Rn 6; SOERGEL/HARDER Rn 5). Ein wissentlich falsch protokollierter Vermerk des Bürgermeisters führt nicht zur Wirksamkeit eines ohne Notsituation errichteten Testaments (PALANDT/EDENHOFER Rn 3).

c) Objektive Besorgnisgründe

Fehlt dem beurkundenden Bürgermeister die Besorgnis, so ist das Bürgermeistertestament gleichwohl wirksam errichtet, wenn die Besorgnis **nach den objektiven** **16** **Umständen begründet** wäre (RGZ 171, 27, 29).

d) Fehlende Besorgnis

Wird die Beurkundung vorgenommen, obwohl die Besorgnis weder subjektiv vorlag **17** noch objektiv begründet war (Beweisfrage), so ist das Testament **nichtig**.

2. Besorgnis der Testierunfähigkeit

Der Gesetzeswortlaut berücksichtigt nur die Lebensgefahr, nicht die Gefahr, daß **18** Geschäftsunfähigkeit und damit verbundene **Testierunfähigkeit** eintreten könnten. Der Gesetzgeber betonte: „Soweit die letztere nicht in der Gefahr für das Leben mitenthalten ist, verdient sie nicht, besonders ins Auge gefaßt zu werden" (Mot V 282; s a DJZ 1901, 280). Diese Auffassung ist durch die modernen Medizintechniken überholt. Die begründete Besorgnis des Eintritts dauerhafter Geschäftsunfähigkeit kann heute auch bestehen, wenn noch keine unmittelbare Lebensgefahr eingetreten ist. Selbst voraussehbare dauernde Hirnschäden bedeuten nach moderner Medizintechnik keine unmittelbare Lebensgefahr. Der Gesetzeswortlaut ist aufgrund seines Normzwecks extensiv dahin auszulegen, daß er auch die Gefahr der Testierunfähigkeit umfaßt, da auch derjenige, dem durch Unfall oder Krankheit der Verlust der Geschäftsfähigkeit droht, ein aus Verfassungsgrundsätzen abzuleitendes Recht auf würdige Errichtung eines Nottestaments hat. Das Wort „Todesgefahr" ist durch *„Gefahr der Testierunfähigkeit"* zu ersetzen. Die Besorgnis des nahen Eintritts der Testierunfähigkeit genügt nach der Rechtsprechung auf jeden Fall dann, wenn „der nahe Eintritt einer bis zum Tode des Erblassers ununterbrochenen oder doch nur mit kurzen, die Möglichkeit einer Testamentserrichtung nicht gewährleistenden Unterbrechungen fortdauernden Testierunfähigkeit zu besorgen ist" (BGHZ 3, 372, 377; aA Brox, Erbrecht Rn 132).

IV. Zuständigkeit

1. Sachliche Zuständigkeit

19 An die Stelle des beurkundenden Notars (auch in dem Sinn, daß in den §§ 1 ff BeurkG an Stelle des Notars immer der Bürgermeister usw einzusetzen ist) tritt entweder der Bürgermeister oder dessen Vertreter.

a) Bürgermeister

20 Zuständig ist der Bürgermeister der Gemeinde (nicht Vorsteher eines Gemeindeteils, wie zB Bezirksvorsteher [KG HEZ 1, 235; vgl dazu früher § 6 DGO – heute Gemeindeordnung in den Ländern; für die BrZ beachte DVO des ZJA v 12. 12. 1946 VOBlBrZ 1947, 9 iVm Tl II Art 4 Ziff 6 GesEinhG v 5. 3. 1953]; Zimmermann Rpfleger 1970, 189, 195), in der sich der Erblasser aufhält, gleichviel ob er dort auch den Wohnsitz hat (BayObLGZ 1968, 262 behandelt die Errichtung eines Bürgermeistertestaments in den deutschen Ostgebieten).

b) Vorsteher eines Gutsbezirks

21 Nach Abs 4 übernimmt in Gutsbezirken der Gutsbezirksvorsteher die Rolle des Notars. Die Vorschrift (vgl auch § 2258 a Abs 2 Ziff 2) sollte *novelliert oder gestrichen* werden (noch 1928 gab es allein in Preußen 11894 selbständige Gutsbezirke mit etwa 1 500000 Einwohnern). Zwar bestehen in einigen Bundesländern noch gemeindefreie Bezirke (Truppenübungsplätze als ehemalige Wehrmachtsgutsbezirke; diese auch noch mit Bezirksvorstehern; dazu Gronemeyer, Die gemeindefreien Gebiete [1971] 99 ff), Wasserbezirke und sonstige gemeindefreie Gebiete (Freigebirge, Moore, Ödland, Forsten). Diese unterliegen aber der kommunalen Aufsicht der übergeordneten Gemeindeverbände (Landkreise) (Gronemeyer 167 ff; vgl für früher §§ 12 Abs 2, 13, 119 Ziff 2 DGO; s a VO über gemeindefreie Grundstücke und Gutsbezirke v 15. 11. 1938, [RGBl I 1631]).

c) Vertreter des Bürgermeisters

22 In Einklang mit der früheren Rechtsübung (s Mot V 281) bestimmt Abs 5, daß das Testament auch vor dem Vertreter des Bürgermeisters errichtet werden kann (zum früheren Recht Staudinger/Firsching[12] Rn 17). Die Vertretungsbefugnis bestimmt sich heute nach jeweiligem Landesrecht. So ist zB in Hamburg der Standesbeamte zuständig (Hamburger AGBGB v 1. 7. 1958 [VOBl II 1958, 441]).

2. Örtliche Zuständigkeit

23 Bis zum 31. 12. 1969 konnte der Bürgermeister außerhalb seines Amtsbezirks kein gültiges Testament aufnehmen (vgl dazu a Kröner 367). Fehlte es an der örtlichen Zuständigkeit oder überhaupt an der Vertretungsmacht, so war zu prüfen, ob ein gültiges Dreizeugentestament nach § 2250 Abs 2 vorlag (dazu KG HEZ 1, 233, 235 = NJW 1947/48, 188 = SJZ 1948, 200 m Anm Weigelin; beachte andererseits die Ausführungen des BGH [RdL 1952, 300] zur Frage, ob ein Dreizeugentestament unter Mitwirkung des Bürgermeisters als Zeugen errichtet werden kann).

7. Titel.
Errichtung und Aufhebung eines Testaments

§ 2249
24, 25

Seit 1.1.1970 führt die Überschreitung des Amtsbezirkes zu keiner Nichtigkeit des **24** Testaments (§ 2249 Abs 1 S 4, § 2 Abs 1 BeurkG [dazu DITTMANN/REIMANN/BENGEL Rn 6; PALANDT/EDENHOFER Rn 5; MünchKomm/BURKART Rn 10]).

V. Form der Testamentserrichtung

1. Grundsätzliches

Es gelten **im wesentlichen dieselben Formvorschriften** wie bei Errichtung eines **notariel-** **25** **len** Testaments (Einzelheiten s Entschließung des BayStMdI [24.8.1970] MABl 1970, 657, Wortlaut abgedruckt bei FIRSCHING/GRAF 34 ff). Nach § 2249 Abs 1 S 4 gelten für die Errichtung:

§ 2232 (Testamentserrichtung entweder durch mündliche Erklärung oder Übergabe einer Schrift)

§ 2233 (minderjähriger Erblasser kann nur durch mündliche Erklärung oder Übergabe einer offenen Schrift testieren – ein Lesensunfähiger kann nur durch mündliche Erklärung testieren – ein Sprechunfähiger kann nur durch Übergabe einer Schrift testieren)

sowie folgende Vorschriften des **Beurkundungsgesetzes**:

§ 2 (Beurkundung außerhalb der Gemeindegrenzen führt keine Nichtigkeit des Gemeindetestaments herbei)

§ 5 Abs 1 (Testament kann nur in deutscher Sprache errichtet werden – dazu auch BT-Drucks V/3282 S 51)

§ 6 (Ausschließungsgründe für die Urkundsperson – Begriff der Beteiligten)

§ 7 (Beurkundung zugunsten der Urkundsperson oder ihrer Angehörigen – dazu auch §§ 24 Abs 2 und 27)

§ 8 (Niederschrift muß aufgenommen werden)

§ 9 (Inhalt der Niederschrift)

§ 10 (Feststellung der Beteiligten)

§ 11 Abs 1 S 2; Abs 2 (Feststellung der Geschäftsfähigkeit [Testierfähigkeit] – dazu auch § 28)

§ 13 Abs 1, 3 (Verlesen, Genehmigen, Unterschrift der Beteiligten – ggf Zuziehung eines Dolmetschers)

§ 16 (Übersetzung der Niederschrift)

§ 17 (Prüfungs- und Belehrungspflicht)

§ 24 (Besonderheiten für Taube und Stumme, mit denen eine schriftliche Verständigung nicht möglich ist)

§ 26 Abs 1 Nr 3, 4; Abs 2 (Verbot der Mitwirkung als Zeuge)

§ 27 (begünstigte Personen)

§ 28 (Feststellung der Geschäftsfähigkeit [Testierfähigkeit] – dazu § 11)

§ 30 (Übergabe einer Schrift)

§ 31 (Übergabe einer Schrift durch Stumme)

§ 32 (Sprachunkundige)

§ 34 (Verschließung und Verwahrung)

§ 35 (Niederschrift ohne Unterschrift der Urkundsperson)

2. Formerleichterungen

a) Grundsätzliches

26 Da der Bürgermeister als Urkundsperson die Formvorschriften oftmals nicht hinreichend beherrscht, enthält das Gesetz **Sollvorschriften und in Abs 6 wesentliche Formerleichterungen** (ERMAN/M SCHMIDT Rn 5; MünchKomm/BURKART Rn 21; VON DER BECK 1. Teil 1. Abschn A. I. 2.). Abs 6 regelt eine am Normzweck der Nottestamente ausgerichtete Durchbrechung des Grundsatzes der Formenstrenge.

b) Sollvorschriften

27 Die **Nichterfüllung** von auf **Sollvorschriften** beruhenden (unwesentlichen) Erfordernissen einer Testamentsniederschrift (Beispiele: § 2249 Abs 2, 3; Abs 5 S 2, §§ 10, 11, 28; 13 Abs 1 S 2, 3; Abs 3 S 3 BeurkG) ist **immer unschädlich**, *ohne daß auf Abs 6 zurückzugreifen wäre*.

28 Tritt ein **Vertreter als Urkundsperson** auf, so soll (Sollvorschrift) die *gesetzliche Grundlage der Vertretungsbefugnis* in der Niederschrift angegeben werden (dazu KG HEZ 1, 233, 234; I Nr 3 Abs 3 Entschl d BayStMdI v 24. 8. 1970 [Wortlaut s FIRSCHING/GRAF 34 ff]).

29 Nach Abs 2 S 1 ist die **Feststellung der Besorgnis vorzeitigen Ablebens** nur Sollvorschrift. Die Feststellung der Besorgnis des vorzeitigen Ablebens in der Niederschrift war bis zum Inkrafttreten des TestG (beachte Übergangsvorschrift des § 51 TestG) zwingend vorgeschrieben (Einzelheiten STAUDINGER/FIRSCHING[11] Rn 24). Fehlt die Feststellung, so trägt derjenige, der sich auf die Gültigkeit des Testaments beruft, die Beweislast für das Vorhandensein der Besorgnis bei der Urkundsperson oder für die objektive Begründetheit einer solchen Besorgnis.

30 Nach Abs 3 besteht eine Hinweispflicht der Urkundsperson auf den Fristablauf. In der Niederschrift ist der Hinweis festzuhalten (Sollvorschrift) (vgl aber Rn 48).

c) Formerleichterungen gem Abs 6

31 Äußerst streitig in Rechtsprechung und Schrifttum wird die Abgrenzung zwischen Formfehlern, die immer zur Unwirksamkeit führen, und solchen behandelt, die unter Abs 6 fallen (SCHLÜTER § 19 II 4; NIEDER, Testamentsgestaltung Rn 845).

32 Nach der vom KG begründeten (KG JFG 21, 38 = DNotZ 1942, 103) und dann vertretenen (KG JFG 21, 293 = DNotZ 1941, 27; DNotZ 1943, 177) Rechtsprechung und heute hM ist gem Abs 6 zwischen den Formfehlern, die gegen Vorschriften über den **Errichtungsakt** und solchen die gegen Vorschriften über das **Abfassen der Niederschrift** verstoßen, zu differenzieren (SOERGEL/HARDER Rn 14; MünchKomm/BURKART Rn 32; ERMAN/M SCHMIDT Rn 5; PALANDT/EDENHOFER Rn 11, 12; LANGE/ KUCHINKE § 20 IV 1 b; VON DER BECK 3. Teil 2. Abschn B.I. 3.). **Unschädlich** sein können nur Formfehler bei der **Abfassung** der Niederschrift während **Verstöße gegen materielle Vorschriften über den Errichtungsakt immer zur Nichtigkeit** des Testaments führen (OLG Frankfurt Rpfleger 1979, 206; KIPP/COING § 29 I 5).

d) Formverstöße bei Abfassung der Niederschrift

33 Formfehler bei Abfassung der Niederschrift (nach BGHZ 37, 79, 88 muß der Fehler „in irgendeinem Zusammenhang" mit der Niederschrift stehen) berühren nach Abs 6 die Gültigkeit des Testaments nicht, **falls mit Sicherheit anzunehmen ist, daß das Testament eine zuverlässige Wiedergabe der Erklärung des Erblassers enthält** (BayObLG FamRZ 1991, 491, 492; KG JFG 21, 44; BGHZ 37, 79, 88 [weite Auslegung geboten] = NJW 1962, 1149 m Anm MATTERN LM Nr 1 zu § 2249; BGHZ 54, 89; BayObLG NJW 1966, 56; BayObLGZ 1970, 53; KG NJW 1966, 1661).

Haben die **zugezogenen Zeugen nicht unterschrieben**, so liegt zwar ein Verstoß gegen zwingende Formvorschriften vor, der aber unter den Voraussetzungen des Abs 6 nicht zur Unwirksamkeit des Testaments führt (so mit Recht RG DRW 1944, 841; vgl auch KG JFG 21, 42; NJW 1947/48, 190; OLG Gera NJW 1949, 80; OLG Köln JMBl NRW 1974, 221; BGB-RGRK/KREGEL Rn 18). Die Unterschrift kann nach dem Tode des Erblassers (ohne Beteiligung der übrigen mitwirkenden Personen) nachgeholt werden (KG NJW 1947/48, 190; BayObLGZ 1979, 232 [die Ausführungen zum Dreizeugentestament gelten abgewandelt auch hier]). Fraglich ist, ob sie auch nachgeholt werden muß; bisher nicht entschieden ist die Rechtslage, falls einer der Zeugen, die nicht unterschrieben haben, vor Ablauf der Frist des § 2252 und vor dem Erblasser bzw vor Nachholung der Unterschrift verstirbt. Man wird bei Nichtnachholbarkeit der Unterschrift oder mehrerer Unterschriften an das Vorliegen der Voraussetzungen des Abs 6 strengste Anforderungen zu stellen haben. **34**

Hat der **Erblasser nicht unterschrieben**, so liegt ein Verstoß gegen ein nach § 13 Abs 1 S 1 BeurkG zwingendes Formerfordernis der Niederschrift vor (BGHZ 115, 169 = WM 1991, 1852; RG DRW 1944, 841; KG JFG 21, 293 = DJ 1940, 1015; OLG Freiburg HEZ 2, 338 mN; KIPP/COING § 29 II; SOERGEL/HARDER Rn 18). Die Unterschrift des Erblassers rechnet zum Inhalt der Niederschrift und ist als Wirksamkeitsvoraussetzung nur dann entbehrlich, wenn die Schreibunfähigkeit des Erblassers feststeht, der Ersatzvermerk aber vergessen wurde (so zutreffend OLG Gera NJW 1949, 80 zu § 24 TestG), da hier wegen des fehlenden Ersatzvermerks nur ein Formverstoß bei Abfassung der Niederschrift vorliegt. **35**

Weitere nach Abs 6 **unbeachtliche Formverstöße**: **36**

– alle fehlerhaften Gestaltungen des Schrifttextes (vgl LANGE/KUCHINKE § 20 IV 1 b);

– Aufnahme in der Niederschrift, daß die Errichtung vor einem Notar nicht möglich ist (BayObLGZ 79, 232, 238; OLG Zweibrücken 1987, 136);

– die in Abs 1 S 6 vorgeschriebene Aufnahme in der Niederschrift, daß der Erblasser unfähig ist, eigenhändig zu unterschreiben (BayObLGZ 1979, 232, 238; OLG Zweibrücken NJW-RR 1987, 136; OLG Hamm Rpfleger 1991, 369, 370). Vermag der Testierende seinen Namen nicht zu schreiben, so tritt anstelle des § 25 BeurkG die Regelung des § 2249 Abs 1 S 6 (wegen wohlwollender Auslegung der Protokollabfassung und der Möglichkeit der Berichtigung eines offenbaren Versehens in der Niederschrift aus deren übrigem Inhalt s KG OLGE 44, 99; Recht 1923 Nr 673);

– falsche Funktionsbezeichnung des beurkundenden Bürgermeisters in der Niederschrift (KGJ 32 A 94);

– falsche Funktionsbezeichnung der Zeugen als „Schöffen" oder „Protokollführer" (RG JW 1905, 24; RJA 14, 278: nach dieser Entscheidung steht auch nicht entgegen, daß der Zeuge der Urkundsperson bei der Herstellung der Niederschrift behilflich ist).

Die vorgenannten Feststellungen können in der Niederschrift schon vor dem Erscheinen der Zeugen niedergeschrieben werden. Die Verlesung der Feststellungen und die Genehmigung und Unterzeichnung seitens des Testators sind nicht notwendig, da § 13 Abs 1 S 1 BeurkG nur den in § 9 bezeichneten Inhalt der Niederschrift betrifft.

3. Formverstöße gegen Errichtungsakt

37 Formverstöße gegen den Errichtungsakt führen immer zur **Nichtigkeit** des Testaments (hM; vgl Rn 32). **Zum Errichtungsakt zählen**:

a) Niederschrift

38 Unerläßliches Formerfordernis einer Testamentserrichtung ist die Aufnahme einer **zu Lebzeiten des Erblassers** gefertigten (KG DJ 1940, 1015; zust LANGE/KUCHINKE § 20 IV 1 b; unklar dagegen RG DRW 1944, 841) **Niederschrift**. Ihr Fehlen stellt keinen Formfehler iS des Abs 6 dar (hM; KG JFG 21, 38; DJ 1940, 1015; OLG Gera NJW 1947/48, 159; KG NJW 1947/48, 188 = HEZ 1, 233). Strittig ist jedoch, was unter Niederschrift iS des Gesetzes zu verstehen ist. Die allgemein verwendete Definition: „es genügt, daß sich die erforderlichen rechtserheblichen Umstände und Erklärungen aus der Urkunde ergeben, daß sie in ihr irgendwie schriftlich niedergelegt sind, daß dies in Gegenwart der mitwirkenden Personen erfolgt und durch ihre Unterschrift bezeugt ist" (KG NJW 1947/48, 188; BGHZ 37, 79, 98 ff), läßt für Zweifel Raum. Zu unterscheiden ist auch bei der Niederschrift zwischen Bestandteilen, die für eine Niederschrift begriffsnotwendig sind, und solchen, die vom Gesetz, sei es durch Muß-, sei es durch Sollvorschrift lediglich zur Erhöhung der Zuverlässigkeit der Wiedergabe des letzten Willens des Erblassers verlangt werden. Bei Fehlen der folgenden **begriffsnotwendigen Bestandteile** – § 9 BeurkG – liegt keine Niederschrift vor:

39 aa) **Wiedergabe der nach § 2232 geforderten Erklärungen des Erblassers** bzw im Falle der Übergabe einer Schrift die **Feststellung der Übergabe**;

40 bb) **Bezeichnung des Erblassers** und der **mitwirkenden Personen**, wobei es genügt, „daß die Urkunde im ganzen, einschließlich der Unterschriften, hinreichend erkennen läßt, wer als Erblasser die niedergeschriebenen Erklärungen abgegeben und wer als Urkundsperson (beim Dreizeugentestament als für die Niederschrift verantwortlicher Zeuge) bei der Testamentserrichtung mitgewirkt hat" (KG JFG 21, 41; vgl dazu § 9 BeurkG; entgegen RG DRW 1944, 841 wird man mit dem KG [s a LG Berlin DFG 1943, 8] dieses Erfordernis als notwendig erachten; aA LANGE/KUCHINKE § 20 IV 1 b).

41 cc) Die **Unterschrift des Bürgermeisters bzw dessen Vertreters** (LANGE/KUCHINKE § 20 IV 1 b Fn 45). Die Unterschrift kann, solange der Erblasser lebt, nachgeholt werden.

b) Verhandlung vor dem Bürgermeister

42 Der Bürgermeister, ggf dessen Vertreter, tritt an die Stelle des beurkundenden Notars. Die Urkundsperson muß **der deutschen Sprache mächtig** sein (§ 5 Abs 1

BeurkG; zum früheren Recht s KG OLGE 3, 375). Der Bürgermeister muß **selbst mit dem Erblasser verhandeln** und während der ganzen Verhandlung zugegen sein (vgl LG Berlin DFG 1943, 8; BGHZ 54, 89). Dieser muß **dem Bürgermeister gegenüber seinen letzten Willen erklären** (BayObLGZ 17 A 82: Nicht genügend, wenn der Bürgermeister bei der einem Pfarrer gegenüber abgegebenen Erklärung nur anwesend war, das Testament mitunterzeichnete und Maßnahmen ausführte, die nach § 2246 aF [= § 34 BeurkG] der Urkundsperson obliegen).

c) Hinzuziehung von zwei Zeugen

Der Bürgermeister muß **immer zwei Zeugen** (beachte § 2249 Abs 1 S 3) als „Überwachungszeugen" (BGHZ 54, 89, 95; von der Beck 3. Teil 1. Abschn B. II. 1.) hinzuziehen (s dazu § 22 BeurkG sowie KG JFG 21, 38, 42; BayObLG Rpfleger 1977, 439; OLG Nürnberg OLGZ 1965, 157). **Bei Nichtzuziehung ist das Testament nichtig.** Die Zeugen müssen während des Beurkundungsvorgangs **gleichzeitig und ohne Unterbrechung anwesend** sein (Lange/Kuchinke § 20 IV 1 b). Getrennte Beurkundung vor jedem Zeugen ist wegen der gegenseitigen Kontrollfunktion nicht möglich (aA KG NJW 1957, 953). Weitere Zeugen nach §§ 22, 29 BeurkG müssen nicht, können aber hinzugezogen werden. Die Zeugen dürfen nicht nach § 2249 Abs 1 S 3 ausgeschlossen sein – dasselbe gilt für den Bürgermeister (dazu auch § 6 BeurkG sowie OLG Nürnberg OLGZ 1965, 157). Als **Zeugen** sind **bestimmte Personen ausgeschlossen** (§§ 7, 26, 27 BeurkG), insbesondere, wer in dem Testament bedacht oder zum Testamentsvollstrecker ernannt wird (Abs 1 S 3). Zu unterscheiden ist zwischen Mitwirkungsverboten die zur Nichtigkeit und solchen, die nicht zur Unwirksamkeit führen (dazu auch BGH NJW 1973, 843). Der Zeugenzwang beim Bürgermeistertestament im Unterschied zum ordentlichen öffentlichen Testament ist wegen der fehlenden kautelarjuristischen Ausbildung des Bürgermeisters aus Kontroll- und Beweisgründen gerechtfertigt (dazu auch von der Beck 3. Teil 1. Abschn B.II. 3.).

d) Art der Testamentserrichtung

Die Art der Testamentserrichtung (mündliche Erklärung, Übergabe einer Schrift) zählt zum Errichtungsakt (Beispiel: Minderjähriger testiert – § 2233 Abs 1 [s auch den Fall in HRR 1942 Nr 302 „mündliche Erklärung"] – s auch BGHZ 37, 79).

e) Verlesung, Genehmigung

Die Niederschrift ist dem Erblasser zu verlesen und von diesem zu genehmigen (BGHZ 115, 169; KG DJ 1940, 1015; DNotZ 1942, 338; OLG Freiburg HEZ 2, 338; BayObLG NJW 1966, 56; DNotZ 1979, 49; BayObLGZ 1979, 232; OLG Köln JMBl NRW 1974, 221; OLG Frankfurt Rpfleger 1979, 206; Lange ZAkDR 1941, 102; Kipp/Coing § 29 I 5; Dittmann/Reimann/Bengel Rn 18; Palandt/Edenhofer Rn 9; abweichend Lange/Kuchinke § 20 IV Fn 46, der das Vorlesen für entbehrlich hält, wenn dem Erblasser der Inhalt des Testaments bekannt ist). Durch Festhalten am Erfordernis der Verlesung und der Genehmigung wird vermieden, daß die Niederschrift erst später angefertigt wird.

Bei **fremdsprachigen Erblassern** gelten §§ 6, 7, 16, 32 BeurkG. Die Übersetzung fällt nicht unter § 2249 Abs 6 (s Lange/Kuchinke § 20 IV 1). Ist hier aber nur die Übersetzung dem fremdsprachigen Erblasser vorgelesen oder die mündliche Übersetzung vorgetragen worden, so wird man das fehlende Verlesen der deutschen Fassung als Formfehler nach Abs 6 ansehen. Beachte: Bei vorheriger Fertigstellung eines Testamentsentwurfes können die dementsprechende mündliche Erklärung des letzten Willens sowie die Verlesung und Genehmigung der Testamentsniederschrift in einem

Verhandlungsvorgang zusammengefaßt werden (dazu KG JFG 21, 38, 43; OGH NJW 1949, 544 sowie § 2232, § 13 BeurkG).

f) Behindertenschutzvorschriften

47 Verstöße gegen die **zwingenden Beurkundungsvorschriften bei körperlichen** Gebrechen des Erblassers werden durch § 2249 Abs 6 **nicht gedeckt**.

VI. Hinweispflicht

48 Die Hinweispflicht der Urkundsperson gem Abs 3 auf die **kurze Gültigkeitsdauer** des Nottestaments wurde durch das TestG neu eingefügt und entspricht der schon in § 17 BeurkG niedergelegten Fürsorgepflicht. Unterlassen des Hinweises macht das Testament zwar nicht nichtig (Rn 33), stellt aber eine Amtspflichtverletzung der Urkundsperson dar, aus der sich auch Schadensersatzansprüche der im Nottestament Bedachten ergeben können.

VII. Haftungsfragen

49 Bürgermeister bzw die Gemeinde haften wegen Formverletzungen bei der Aufnahme eines Gemeindetestaments (s STAUDINGER/SCHÄFER[12] § 839 Rn 40).

50 Gegen Pflichtverletzungen des Bürgermeisters kann nicht der Einwand des fahrlässigen Mitverschuldens des Erblassers schadensmindernd entgegengehalten werden (BGH NJW 1956, 260; JAUERNIG/STÜRNER Anm 2).

51 VIII. Amtliche Verwahrung (§ 2249 Abs 1 S 3): § 2258 a Abs 2 Nr 2 (s auch E d BayStMdI v 24. 8. 1970, MABl 1970, 657 I Nr 10 [Wortlaut s FIRSCHING/GRAF 34 ff]). Die bundeseinheitliche Bekanntmachung der Länder über die Benachrichtigung in Nachlaßsachen idF v 30. 11. 1979 findet keine Anwendung.

52 IX. Die für das Bürgermeisteramt zu erhebenden **Gebühren** und **Auslagen** richten sich nach Landesrecht.

X. Recht der DDR

53 Das ZGB hatte das Bürgermeistertestament abgeschafft und kannte als einzige Nottestamentsform das Zweizeugentestament (dazu § 2250 Rn 37).

§ 2250

[1] **Wer sich an einem Ort aufhält, der infolge außerordentlicher Umstände dergestalt abgesperrt ist, daß die Errichtung eines Testaments vor einem Notar nicht möglich oder erheblich erschwert ist, kann das Testament in der durch § 2249 bestimmten Form oder durch mündliche Erklärung vor drei Zeugen errichten.**

[2] **Wer sich in so naher Todesgefahr befindet, daß voraussichtlich auch die Errichtung eines Testaments nach § 2249 nicht mehr möglich ist, kann das Testament durch mündliche Erklärung vor drei Zeugen errichten.**

7. Titel. § 2250
Errichtung und Aufhebung eines Testaments 1

[3] Wird das Testament durch mündliche Erklärung vor drei Zeugen errichtet, so muß hierüber eine Niederschrift aufgenommen werden. Auf die Zeugen sind die Vorschriften der § 6 Abs. 1 Nr. 1 bis 3, §§ 7, 26 Abs. 2 Nr. 2 bis 5, § 27 des Beurkundungsgesetzes, auf die Niederschrift sind die Vorschriften der §§ 8 bis 10, 11 Abs. 1 Satz 2, Abs. 2, § 13 Abs. 1, 3 Satz 1, §§ 23, 28 des Beurkundungsgesetzes sowie die Vorschriften des § 2249 Abs. 1 Satz 5, 6, Abs. 2, 6 entsprechend anzuwenden. Die Niederschrift kann außer in der deutschen auch in einer anderen Sprache aufgenommen werden. Der Erblasser und die Zeugen müssen der Sprache der Niederschrift hinreichend kundig sein; dies soll in der Niederschrift festgestellt werden, wenn sie in einer anderen als der deutschen Sprache aufgenommen wird.

Materialien: E I § 1927; II § 2214; III § 2220; Mot V 283; Prot V 346; 1. Denkschr d ErbrA (1937) 91; Amtl Begr z TestG DJ 1938, 1258.

Systematische Übersicht

I. Textgeschichte	b) Zwingende Formerfordernisse ___ 23
1. Ursprüngliche Fassung ___ 1	aa) Mündliche Erklärung ___ 23
2. Testamentsgesetz ___ 2	bb) Niederschrift über die Errichtung ___ 24
3. GesEinhG ___ 4	cc) Verlesung, Genehmigung ___ 26
4. BeurkG ___ 5	dd) Anwesenheit der Zeugen ___ 28
	ee) Eine Unterschrift ___ 33
II. Grundsätzliches ___ 6	
	IV. Sprache ___ 34
III. Regelungsinhalt	
1. Allgemeines ___ 9	**V. Behinderungen des Erblassers** ___ 35
2. Das Absperrungstestament ___ 10	
3. Das Notlagentestament ___ 15	**VI. Keine öffentliche Urkunde** ___ 36
4. Form des Dreizeugentestaments ___ 19	
a) Formverstöße ___ 19	**VII. Recht der DDR** ___ 37

I. Textgeschichte

1. Ursprüngliche Fassung

[1] *Wer sich an einem Orte aufhält, der infolge des Ausbruchs einer Krankheit oder* 1 *infolge sonstiger außerordentlicher Umstände dergestalt abgesperrt ist, daß die Errichtung eines Testaments vor einem Richter oder vor einem Notar nicht möglich oder erheblich erschwert ist, kann das Testament in der durch den § 2249 Abs 1 bestimmten Form oder durch mündliche Erklärung vor drei Zeugen errichten.*

[2] *Wird die mündliche Erklärung vor drei Zeugen gewählt, so muß über die Errichtung des Testaments ein Protokoll aufgenommen werden. Auf die Zeugen finden die Vorschriften der §§ 2234, 2235 und des § 2237 Nr. 1 bis 3, auf das Protokoll finden die Vorschriften der §§ 2240 bis 2242, 2245 Anwendung. Unter Zuziehung eines Dolmetschers kann ein Testament in dieser Form nicht errichtet werden.*

Das Dreizeugentestament konnte nach der ursprünglichen Fassung nur im Falle der „Absperrung" errichtet werden (dazu GROSS WürttVerwZ 1938, 251). Es war ungültig, wenn bei seiner Errichtung ein Notstand lokaler Art tatsächlich nicht gegeben war.

2. Testamentgesetz

2 Das TestG fügte den heutigen Abs 2 als neuen Tatbestand in das Gesetz ein. In Fällen, in denen bei naher Todesgefahr auch der Bürgermeister nicht mehr rechtzeitig zu erreichen ist, sollte eine weitere Möglichkeit geschaffen werden, ein Nottestament zu errichten. Der tiefere Grund für die Gesetzesänderung lag in der Rechtsvereinheitlichung mit Österreich (dazu LANGE/KUCHINKE § 20 IV 3). Das dort früher zugelassene mündliche Testament wurde nicht übernommen (vgl dazu VOGELS DJ 1938, 1271).

3 Das TestG strich außerdem in § 24 Abs 1 die Worte „*infolge des Ausbruchs einer Krankheit*", da die moderne Seuchenbekämpfung nicht durch Absperrung einzelner Ortschaften oder Ortschaftsteile erfolgt, sondern die von ansteckenden Krankheiten befallenen Personen in Isolierräume verbracht werden (dazu VOGELS DJ 1938, 1271). Der heutige Abs 2 wurde neu eingefügt, enthielt aber noch als Beispiel „*Unfall im Gebirge*".

4 3. Das **GesEinhG** v 5. 3. 1953 fügte den durch § 24 TestG abgeänderten Wortlaut mit gleichem Inhalt (lediglich das Beispiel in Abs 2: „*Unfall im Gebirge*" fehlt) unter entsprechender Abänderung der Vorschriften, auf die verwiesen wird, an alter Stelle wieder in das BGB ein. § 2250 erhielt daraufhin folgende Fassung:

Abs 1 wie heute, zusätzlich jedoch die Worte „*vor einem Richter oder*".
Abs 2 wie heute.
Abs 3 lautete:

[3] Wird das Testament durch mündliche Erklärung vor drei Zeugen errichtet, so muß hierüber eine Niederschrift aufgenommen werden. Auf die Zeugen sind die Vorschriften der §§ 2234, 2235 und des § 2237 Nr. 1 bis 5, auf die Niederschrift die Vorschriften der §§ 2240, 2241, 2241 a, 2242, 2245, 2249 Abs. 6 entsprechend anzuwenden; ferner ist § 2249 Abs. 2 sinngemäß anzuwenden. Unter Zuziehung eines Dolmetschers kann ein Testament in dieser Form nicht errichtet werden.

5 4. Mit Inkrafttreten das **BeurkG** wurden in Abs 1 die Worte „*vor einem Richter oder*" gestrichen und in Abs 3 den Sätzen 2 und 3 eine neue Fassung gegeben.

II. Grundsätzliches

6 § 2250 behandelt die zweite der außerordentlichen Testamentsarten des BGB (dazu § 2249 Rn 6). Der Erblasser hat beim Absperrungstestament die freie Wahl zwischen Bürgermeister- und Dreizeugentestament (amtl Begr 1258), während beim Notlagentestament das Bürgermeistertestament vorrangig ist.

7 Erkennt man die Notwendigkeit des Dreizeugentestaments als zeitlich beschränkt

gültiges Nottestament an, so ist mit Rücksicht darauf, daß die Errichtung unter Mitwirkung von Laien erfolgt, eine unnötige Formenstrenge zu vermeiden (vgl BayObLGZ 1990, 299). Der Gesetzeszweck, dem Erblasser in Notlagen einen Notbehelf einzuräumen, würde nicht erreicht, wenn an die Testamentserrichtung und -form Anforderungen gestellt würden, die über die Gewährleistung des Inhalts und der Ernstlichkeit des Erblasserwillens hinausgingen (BGH WM 1972, 224, 225).

Die Errichtung eines Dreizeugentestaments ist bereits dann möglich, wenn der Erblasser noch in der Lage wäre, ein eigenhändiges Testament zu errichten (SCHLÜTER § 19 I 1), obwohl ein Nottestament nach seiner legislativen Zwecksetzung erst dann Anwendung finden sollte, wenn ein ordentliches Testament nicht mehr errichtet werden kann (dazu VON DER BECK 4. Teil 1. Abschn II. 1. b). Der Gesetzgeber war dem Vorschlag des ErbRA (1. Denkschr 92), die Form des Dreizeugentestaments nur zu gestatten, wenn auch die Anfertigung eines handschriftlichen Testaments dem Erblasser nicht möglich oder nicht zuzumuten sei, nicht gefolgt.

III. Regelungsinhalt

1. Allgemeines

Das Gesetz unterscheidet zwei situationsbedingte Notfälle:

a) Das Nottestament am abgesperrten Ort *(Absperrungstestament)*,
b) das Nottestament bei naher Todesgefahr *(Notlagentestament)*.

2. Das Absperrungstestament

Voraussetzung ist ein lokaler **Notstand**, nicht ein persönlicher wie in § 2249 (vgl Mot aaO; KG Rpfleger 1968, 391; MünchKomm/BURKART § 2249 Rn 4).

Der Erblasser muß sich an einem **Ort** aufhalten (ein kurzfristiger Aufenthalt anläßlich einer beabsichtigten Durchreise reicht aus), der infolge **außerordentlicher Umstände** dergestalt **vom Verkehr abgeschnitten** ist, daß die Errichtung eines Testaments vor einem Notar entweder nicht möglich oder doch erheblich erschwert ist. Die Absperrung muß nicht auf hoheitlicher Verfügung beruhen (Mot V 283, 284).

Ort ist jede Örtlichkeit (Berghütte, Gletscherspalte, Höhle, Hallig). Es reicht aus, wenn sich die Absperrung auf diese Örtlichkeit beschränkt (BGB-RGRK/KREGEL Rn 2; MünchKomm/BURKART Rn 4, 5).

Außerordentliche Umstände können Naturereignisse wie zB Hochwasser, Schnee (Lawinen), Erdbeben aber auch Generalstreik, Aufruhr, terroristische Ereignisse, militärische oder behördliche Absperrung sein, die den Verkehr hindern.

Abs 1 verweist nur hinsichtlich der Form, nicht hinsichtlich der Voraussetzungen auf § 2249. Nach überwM (s BGHZ 3, 372, 376) ist § 2249 Abs 2 auch bzgl der Voraussetzungen anzuwenden. Es genügt somit, daß der Notstand lokaler Art entweder tatsächlich gegeben war oder die drei Zeugen (BGHZ 3, 372), wenn auch irrtümlich, dieser Meinung waren. Lag weder die eine noch die andere Voraussetzung vor, so ist das Testament nichtig (hM).

3. Das Notlagentestament

15 Abs 2 setzt entweder **objektiv** eine **nahe Todesgefahr** voraus, (RGZ 171, 27; BayObLGZ 1990, 294) **oder subjektiv** die **ernstliche Besorgnis** (ernstlich befürchtete Todesgefahr!) **aller Zeugen** (BGHZ 3, 372, 378; BGH RdL 1952, 300; OLG Hamm Rpfleger 1991, 371), daß voraussichtlich weder die Errichtung eines Testament vor einem Notar, noch vor einem Bürgermeister nach § 2249 möglich sei (BayObLGZ 1990, 297). Damit ist beim Notlagentestament immer die Vorrangigkeit auch des Bürgermeistertestaments zu beachten (krit dazu VON DER BECK 4. Teil 1. Abschn A.II. 1. a).

16 Die Besorgnis muß nach pflichtgemäßem Ermessen der Zeugen auch angesichts der objektiven Sachlage als gerechtfertigt angesehen werden können (BGHZ 3, 372, 376). An die Beurteilung der Gefahrenlage durch die Zeugen sind keine allzu hohen Anforderungen zu stellen, da diese idR über keine medizinischen Fachkenntnisse verfügen (so zutreffend VON DER BECK 4. Teil 1. Abschn A. I. 2.).

17 Objektive Todesgefahr oder befürchtete Todesgefahr müssen sich nicht aus einem akuten Unfall oder einer plötzlichen Erkrankung ergeben, sondern können auch die Folge einer chronischen bzw langwierigen Erkrankung des Erblassers sein (BayObLGZ 1990, 297; DITTMANN/REIMANN/BENGEL Rn 8; SOERGEL/HARDER Rn 4).

18 Ausreichend ist auch die objektive Gefahr oder subjektive Besorgnis des nahen Eintritts der Testierunfähigkeit (s dazu § 2249 Rn 18; ebenso DITTMANN/REIMANN/BENGEL Rn 9; BGB-RGRK/KREGEL Rn 7; SOERGEL/HARDER Rn 4; PALANDT/EDENHOFER Rn 2; SCHLÜTER § 19 III 1 b).

4. Form des Dreizeugentestaments

a) Formverstöße

19 Nach dem entsprechend anwendbaren § 2249 Abs 6 können Formfehler der Niederschrift unschädlich sein. Die Grundsätze des § 2249 gelten für das Dreizeugentestament entsprechend (dazu § 2249 Rn 26 ff).

In der Niederschrift soll die Unfähigkeit des Erblassers, ein eigenhändiges Testament zu verfassen (Abs 3 S 2 iVm § 2249 Abs 1 S 6), aufgenommen werden. Das Fehlen dieser Feststellung stellt aber einen Formverstoß dar, der nach § 2249 Abs 6 der Wirksamkeit des Nottestaments nicht entgegensteht (BayObLGZ 1979, 232, 238; OLG Zweibrücken NJW-RR 1987, 136; OLG Hamm Rpfleger 1991, 369, 370).

20 Das Testament ist gem Abs 3 S 2, § 2249 Abs 1 S 5, § 13 Abs 1 S 1 BeurkG von den **drei Zeugen** (BGHZ 115, 169, 173) und dem **Erblasser** (BGHZ 115, 169, 175) zu **unterschreiben**. Die Unterschrift des Erblassers nach § 2250 Abs 3 S 2, § 13 Abs 1 S 1 BeurkG ist gem § 2250 Abs 3 S 2, § 2249 Abs 1 S 6 u Abs 6 nur dann entbehrlich, wenn der Erblasser nach seinen Angaben oder nach Überzeugung der drei Zeugen nicht schreiben kann (BGHZ 115, 169, 175).

Haben nur ein oder zwei Zeugen und der Erblasser unterschrieben, so ist das Fehlen der anderen Unterschriften unschädlich, wenn mit Sicherheit anzunehmen ist, daß das Testament die Erklärung des Erblassers zuverlässig wiedergibt (BGHZ 115, 169, 173; BayObLGZ 1979, 232, 240 ff mwN). Ob dies auch gilt, wenn nur der Erblasser unterschrieben hat, ist zweifelhaft (dafür KG NJW 1966, 1661; offen gelassen von BGHZ 115, 169, 173), unter Berücksichtigung des Normzwecks von Nottestamenten aber zu befürworten.

Die Unterschrift gehört nicht zum Errichtungsakt, so daß selbst ihr Fehlen zu den **21** heilbaren Formfehlern zählt (KG NJW 1966, 1161, 1162; BayObLGZ 1979, 232, 241 f; 1990, 294, 299 mwN). Daher ist nicht erforderlich, daß alle drei Zeugen im Zeitpunkt des Todes des Erblassers die Niederschrift unterschrieben haben. Jedoch muß **mindestens einer der Mitwirkenden** die Niederschrift unterschreiben, nämlich entweder der Erblasser selbst oder einer der drei Zeugen. Daher liegt keine abgeschlossene Niederschrift vor, wenn im Zeitpunkt des Todes des Testierenden überhaupt keine Unterschrift geleistet worden ist (dazu OLG Köln NJW-RR 1994, 777). Fehlende Unterschriften der Zeugen können nachgeholt werden. Bisher nicht entschieden ist die Rechtslage, falls einer der Zeugen, die nicht unterschrieben haben, vor Ablauf der Frist des § 2252 und vor dem Erblasser bzw vor Nachholung der Unterschrift verstirbt. Man wird bei Nichtnachholbarkeit der Unterschriften Unwirksamkeit des Nottestaments anzunehmen haben, da die Unterschrift grds zwingende Wirksamkeitsvoraussetzung ist und die drei Zeugen selbst „Urkundsperson" sind (im Unterschied zum Bürgermeistertestament, vgl § 2249 Rn 42 f).

Wird das Nottestament nicht am Ende, sondern am Eingang der Urkunde unter- **22** schrieben, so liegt zwar keine Unterschrift vor, die den Inhalt der Urkunde deckt; der Formfehler ist aber nach § 2249 Abs 6 unschädlich, wenn mit Sicherheit feststeht, daß das Testament eine zuverlässige Wiedergabe der Willenserklärungen des Erblassers enthält (BayObLGZ 1990, 294, 298 f = NJW 1991, 928). Die strengeren Grundsätze des eigenhändigen Testaments bzgl des Unterschriftserfordernisses finden auf Nottestamente keine Anwendung.

b) Zwingende Formerfordernisse
aa) Mündliche Erklärung
Die mündliche Erklärung muß vor den **drei Zeugen** erfolgen. Sie kann nicht durch **23** Übergabe einer Schrift (OLG Frankfurt HEZ 1, 236) ersetzt werden. Der Erblasser muß seinen letzten Willen durch lautlich geäußerte Sprache erklären. Eine lediglich mit Gebärden zum Ausdruck kommende Zustimmung des Erblassers genügt dem Erfordernis der mündlichen Erklärung nicht; ausreichend ist jedoch, wenn der Erblasser nach Verlesung seine Zustimmung mit einem deutlichen „Ja" zum Ausdruck bringt (OLG Zweibrücken NJW-RR 1987, 136), sofern er den drei Zeugen vorher auf andere Weise seinen letzten Willen kundgetan hat. Die Zeugen können sich eines bereits entworfenen Testaments bedienen, das auf einer vorherigen Besprechung beruht, die nur einer von ihnen mit dem Erblasser geführt hat (BayObLGZ 1990, 297).

bb) Niederschrift über die Errichtung
Zu den zwingenden Erfordernissen des Errichtungsaktes zählt die Niederschrift **24** (BGHZ 115, 169, 173 = WM 1991, 1851). Nach Abs 3 S 2 finden auf die Niederschrift folgende Bestimmungen des BeurkG entspr Anwendung:

§ 8	(Aufnahme einer Niederschrift)
§ 9	(Inhalt der Niederschrift)
§ 10	(Feststellung der Beteiligten)
§ 11	Abs 1 S 2 (Feststellung von Zweifeln an der Testierfähigkeit)
	Abs 2 (Feststellung einer schweren Erkrankung – Testierfähigkeit)
§ 23	(Besonderheiten für Taube)
§ 28	(Feststellung der Geschäftsfähigkeit)

Folgende Bestimmungen des BGB finden entspr Anwendung:

§ 2249	Abs 1 S 5, 6 (Unterschrift der Zeugen, Schreibunfähigkeit des Erblassers)
	Abs 2 (Feststellung der Besorgnis)
	Abs 6 (Heilung von Formfehlern)

25 Die Niederschrift muß nicht von den Zeugen selbst, sondern kann **von einem beliebigen Dritten geschrieben** werden.

cc) Verlesung, Genehmigung

26 Die **Niederschrift ist zu verlesen** und vom Erblasser zu genehmigen (BGHZ 115, 169, 174; BayObLGZ 1990, 298). Die Niederschrift muß zwingend **in Anwesenheit der drei Zeugen**, nicht zwingend von einem der Zeugen selbst vorgelesen werden (aA KG DNotZ 1942, 338). Das Verlesen kann nicht dadurch ersetzt werden, daß der Erblasser die Niederschrift selbst durchliest (OLG Frankfurt Rpfleger 1979, 206 f; krit dazu VON DER BECK 4. Teil 2. Abschn C. II. 2. b), weil gerade in Notsituationen ohne Einhaltung des Beurkundungsverfahrens (Vorlesen, Genehmigen) nicht gewährleistet wäre, daß der Erblasser den Inhalt die Niederschrift tatsächlich wahrgenommen hat. Ausreichend ist dagegen, wenn der Erblasser selbst das Testament laut vorliest. Wird dem Erblasser ein *anderes Schriftstück* vorgelesen, *als er unterschreibt*, so liegt eine wirksame Testamentserrichtung nicht vor (BGHZ 115, 169, 174). Die verlesene Niederschrift ist vom Erblasser zu genehmigen und von ihm sowie den drei Zeugen zu unterschreiben (§ 13 Abs 1 BeurkG gilt entspr: Verlesen, Genehmigen, Unterschreiben).

27 Mündliche Erklärung, Verlesung und Genehmigung der Testamentsniederschrift können nach vorheriger Anfertigung eines Entwurfs in einem Verhandlungsvorgang zusammengefaßt werden (OLG Zweibrücken NJW-RR 1987, 136). Es ist daher nicht etwa erforderlich, daß der Entwurf noch einmal abgeschrieben wird oder ein zweites Mal vorgelesen und genehmigt wird, da die Errichtungsform nur die zuverlässige Wiedergabe des letzten Willens des Erblassers garantieren soll (OLG Zweibrücken aaO).

dd) Anwesenheit der Zeugen

28 Die drei Zeugen müssen während der Verhandlung **gleichzeitig** anwesend sein (vgl Mot V 285; BayObLGZ 1990, 298), da sie in bewußtem Zusammenwirken die Beurkundungsfunktion übernehmen (BGHZ 54, 89, 95; NJW 1979, 202; BayObLGZ 79, 232, 241; OLG Frankfurt Rpfleger 1979, 202, 207; HARDER Anm zu LM § 2250 Nr 4; PALANDT/EDENHOFER Rn 4). Die Anwesenheitspflicht gilt für den gesamten Vorgang der Testamentserrichtung, also für die mündliche Erklärung, die Aufnahme und Verlesung der Niederschrift und deren Genehmigung durch den Erblasser (vgl BGHZ 54, 89 = NJW 1970, 1601; OLG Zweibrücken NJW-RR 1987, 135). Die zwingende Notwendigkeit der gleichzeitigen Anwesenheit folgt aus der Gesetzesfassung „mündliche Erklärung vor drei Zeugen".

Dieses Erfordernis zählt zum Errichtungsakt (laut Mot V 285, 286 sind sie Solennitätszeugen). Die drei Zeugen treten an die Stelle des Notars – § 13 Abs 1 S 1 BeurkG (übereinstimmend DITTMANN/REIMANN/BENGEL Rn 12 unter Bezugnahme auf BGH DNotZ 1971, 489). Gleichwohl ersetzen sie diesen nur eingeschränkt funktionell, da der Notar als Träger eines öffentlichen Amtes auch bei einer Testamentserrichtung staatliche Rechtspflegefunktionen wahrnimmt.

§ 2249 Abs 6 ist bei fehlender Anwesenheit der Zeugen nicht anwendbar (übereinstimmend ua RG DRW 1945, 56; KG Ost DRZ 1950, 256 [wo insbes auch die Absicht dieser Personen, als Zeugen mitzuwirken, und das Bewußtsein dieser Mitwirkung als unerläßlich bezeichnet werden]; s dazu KG DNotZ 1942, 338; RG DRW 1945, 56; OLG Celle OLGZ 1968, 487; s weiter BGHZ 54, 89 m Anm KREFT LM § 2239 Nr 2 aF; BGH LM Nr 3; BayObLGZ 1979, 232; OLG Frankfurt Rpfleger 1979, 206; OLG Köln JMBl NRW 1974, 221; OLG Hamm JMBl NRW 1962, 212; OLG Zweibrücken NJW-RR 1987, 135; KIPP/COING § 29 II 2; LANGE/KUCHINKE § 20 IV 3; aA für das frühere Recht OLG Freiburg HEZ 2, 338; KG NJW 1957, 953). 29

Auf die Zeugen finden folgende Bestimmungen des BeurkG entspr Anwendung (§ 2250 Abs 3 S 2), die die Ausschließung und Mitwirkung regeln: 30

§ 6   Abs 1 Nr 1-3 (Ausschließungsgründe)
§ 7   (Beurkundung zugunsten der Zeugen oder ihrer Angehörigen)
§ 26   Abs 2-5 (Verbot der Mitwirkung als Zeuge)
§ 27   (Begünstigte Personen)

Liegt ein Ausschlußgrund in der Person eines der Zeugen vor, so kann ein wirksames Dreizeugentestament nur errichtet werden, wenn **mindestens drei Zeugen** mitwirken, bei denen **keine Ausschlußgründe** vorliegen. Unschädlich ist daher, wenn bei der Testamentserrichtung ein vierter Zeuge mitwirkt, der von der Zeugenmitwirkung durch Gesetz ausgeschlossen ist (so BGHZ 115, 169, 176; aA OLG Frankfurt MDR 1981, 673). Soweit dessen Anwesenheit die Testamentserrichtung beeinflussen könnte, gewährleistet die Anwesenheit von **drei** unbefangenen Zeugen eine ordnungsgemäße Testamentserrichtung. 31

Fraglich ist, ob ein Zeuge auch dann von der Mitwirkung zwingend ausgeschlossen ist, wenn seine Mitwirkung nach dem Wortlaut nur gegen eine Sollvorschrift verstößt (§ 26 BeurkG; dazu OLG Hamm Rpfleger 1991, 369: Mitwirkung eines geisteskranken oder geistesschwachen Zeugen). Bis zum Inkrafttreten des TestG gab es keine Ausschlußregelung für geisteskranke oder geistesschwache Zeugen. Im Schrifttum wurde es jedoch als selbstverständlich angesehen, daß ein tauglicher Zeuge geschäftsfähig sein müsse (PLANCK/STRECKER § 2237 Rn 3; STAUDINGER/HERZFELDER[9] § 2237 Rn 4). Das TestG führte den Ausschlußgrund der Geisteskrankheit als bloße Sollvorschrift ein. Das war insofern folgerichtig, als gleichzeitig der Zeugenzwang beim öffentlichen Testament aufgehoben wurde (vgl § 2233 aF und § 11 Abs 1 TestG). Dann aber sollten freiwillig hinzugezogene Zeugen nicht die Unwirksamkeit eines ohne Hinzuziehung von Zeugen wirksamen Testaments herbeiführen. Offenbar hat der Gesetzgeber bei der Verweisung in § 2250 auf die Ausschlußvorschriften übersehen, daß dieser Rechtsgedanke für die entsprechende Anwendung beim Dreizeugentestament nicht zutrifft. Die Errichtung eines Dreizeugentestaments setzt immer eine qualifizierte Mitwirkung der drei Zeugen voraus (BGHZ 54, 89; FamRZ 1971, 162; NJW 1972, 202; OLG 32

Hamm Rpfleger 1991, 369, 371). Zwar läßt der Wortlaut keinen Raum für eine einschränkende Auslegung (OLG Hamm Rpfleger 1991, 371), doch der Normzweck verlangt im Wege teleologischer Reduktion nur geschäftsfähige Zeugen zuzulassen, anderenfalls käme man faktisch nicht etwa zum (de lege lata unwirksamen) Zweizeugentestament, sondern mit drei geisteskranken oder anderweitig behinderten (vgl die anderen in § 26 BeurkG aufgeführten Behinderungen) Zeugen zum „Keinzeugentestament".

ee) Eine Unterschrift

33 Das Vorliegen einer **Unterschrift des Erblassers oder mindestens eines Zeugen**, der für die Niederschrift verantwortlich ist (KG JFG 21, 38; KG NJW 1947/48, 190; BayObLGZ 1979, 232, 240 f; KG NJW 1966, 1661; OLG Gera NJW 1949, 80; OLG Hamm JMBl NRW 1962, 212), im Todeszeitpunkt des Erblassers ist **zwingend geboten** (übereinstimmend DITTMANN/REIMANN/BENGEL Rn 18). Heilung ist hier nicht möglich, da ohne jede Unterschrift keine Niederschrift, sondern allenfalls ein Entwurf vorliegt.

IV. Sprache

34 Die Errichtung eines Dreizeugentestaments unter Zuziehung eines **Dolmetschers** ist **nicht möglich**. Das Testament kann in einer fremden Sprache errichtet werden, falls sowohl der Erblasser als auch alle drei Zeugen der fremden Sprache hinreichend mächtig sind (Erfordernis ist zwingend und fällt nicht unter § 2249 Abs 6; s auch § 2250 Abs 3 S 3 u 4).

V. Behinderungen des Erblassers

35 Ein Stummer oder Sprechverhinderter kann ein Dreizeugentestament nicht errichten, da die Errichtung **nur durch mündliche Erklärung** erfolgen kann. Die Errichtung durch Übergabe einer Schrift ist ausgeschlossen.

VI. Keine öffentliche Urkunde

36 Das Dreizeugentestament ist keine öffentliche Urkunde iSd § 415 ZPO, da die Niederschrift nicht von einer für öffentliche Beurkundungen zuständigen Stelle aufgenommen wird (vgl Mot V 285; **aA** DITTMANN/REIMANN/BENGEL Rn 27, 28). Die drei Zeugen treten zwar anstelle des Notars, sie nehmen aber keine hoheitlichen Funktionen wahr. Den Zeugen obliegen insbesondere nicht die nach dem Beurkundungsgesetz dem Notar auferlegten, aus dem öffentlichen Amt der vorsorgenden Rechtspflegeorgane fließenden Prüfungs- und Belehrungspflichten. Daher kann ein Dreizeugentestament auch nicht von testierfähigen Minderjährigen errichtet werden (dazu § 2233 Rn 21). Auch ist für das Dreizeugentestament nicht – wie bei den öffentlichen Testamenten – die besondere amtliche Verwahrung vorgeschrieben, so daß die Rücknahme aus der Verwahrung nicht gem § 2256 (anders § 387 Abs 2 Ziff 2 ZGB) als Widerruf wirkt (zum Rechtszustand vor dem TestG s GOTTWALD, Kann das Landesrecht die amtliche Verwahrung der nichtöffentlichen außerordentlichen Testamente anordnen? [Diss Breslau 1930]).

7. Titel.
Errichtung und Aufhebung eines Testaments

VII. Recht der DDR

Die Errichtung eines Nottestamentes war in § 383 Abs 2 ZGB (Vorbem 69 ff zu §§ 2229 ff) und § 386 ZGB (Vorbem 82 ff zu §§ 2229 ff) geregelt. Das Nottestament war ein Zweizeugentestament. Dieses war im Unterschied zum BGB auch gegenüber dem eigenhändigen Testament subsidiär (zur teilweisen Fortgeltung des ZGB vgl Vorbem 58 ff zu §§ 2229 ff).

§ 2251

Wer sich während einer Seereise an Bord eines deutschen Schiffes außerhalb eines inländischen Hafens befindet, kann ein Testament durch mündliche Erklärung vor drei Zeugen nach § 2250 Abs. 3 errichten.

Materialien: E I § 1929; II § 2115; III § 2221;
Mot V 286; Prot V 346; 1. Denkschr d ErbrA (1937) 87.

Systematische Übersicht

I.	Textgeschichte	1	c)	außerhalb eines inländischen Hafens	8
			3.	Form	9
II.	Normzweck	2	IV.	Wirkung	10
III.	Geltendes Recht				
1.	Allgemeines	3	V.	Verwahrung	11
2.	Voraussetzungen	5			
a)	während einer Seereise	6	VI.	Gültigkeitsdauer	12
b)	an Bord eines deutschen Schiffes	7			

I. Textgeschichte

Das Seetestament war ursprünglich nicht zur Aufnahme in das BGB vorgesehen, da der Seereisende sich freiwillig in die einer Absperrung vergleichbare Lage begebe (Mot V 287) und daher vorher testamentarische Vorsorge treffen könne. § 25 TestG, der die ursprüngliche Fassung des § 2251 übernahm, gebrauchte an Stelle „nicht zur Kaiserlichen Marine gehörenden Fahrzeugs" die Worte „nicht zur Kriegsmarine gehörenden Fahrzeugs". Das GesEinhG fügte die Bestimmung mit der dem Grundgesetz entsprechenden Änderung wieder dem BGB ein. Anstelle von „Fahrzeug" wurde Schiff gesetzt, womit klargestellt werden sollte, daß Luftfahrzeuge über der See nicht unter die Regelung fallen. 1

II. Normzweck

Durch das Seetestament wird dem Erblasser während einer Seereise die Errichtung eines außerordentlichen Testaments ermöglicht, weil die Situation einer Absperrung 2 vergleichbar ist (vgl DITTMANN/REIMANN/BENGEL Rn 1). Gleichwohl ist die Notwendigkeit einer gesetzlichen Sonderregelung für Seetestamente anzuzweifeln, da vor Antritt der Seereise erbrechtliche Vorsorge getroffen werden kann und der Erblasser bei einer Notlage sowohl ein eigenhändiges Testament als auch ein Dreizeugentestament errichten kann (für ersatzlose Streichung des § 2251 VON DER BECK 4. Teil 1. Abschn A. II. 3).

III. Geltendes Recht

1. Allgemeines

3   Deutsche Schiffe, die sich auf einer Seereise befinden, werden in Übereinstimmung mit den völkerrechtlichen Regelungen als deutsches Hoheitsgebiet angesehen, so daß ein deutscher Notar auf ihnen wirksam beurkunden könnte. Die Anwesenheit eines Notars hindert die Testamentserrichtung nach § 2251 nicht (DITTMANN/REIMANN/BENGEL Rn 2; **aA** wohl ERMAN/M SCHMIDT Rn 1), da die Vorschrift nicht auf die Voraussetzungen des § 2250 Abs 1 oder 2 verweist.

4   Im Hinblick auf die beschränkte Dauer der Gültigkeit (§ 2252) sowie die besondere Natur des Errichtungsortes, die im allgemeinen aus tatsächlichen Gründen die Form des öffentlichen Testaments nicht gestatten wird, rechnet man das sog Seetestament zu den Nottestamenten (ERMAN/M SCHMIDT Rn 1). Da ein besonderer Notstand, wie zB Erkrankung des Erblassers oder Seenot, nicht erforderlich ist, sollte man es besser zu den außerordentlichen Testamentsformen zählen (SOERGEL/HARDER Rn 1).

2. Voraussetzungen

5   Voraussetzung ist, daß sich der Erblasser (Passagier oder Besatzungsmitglied, Deutscher oder Ausländer)

6   a)   während einer **Seereise**
Wirkliche Reise, nicht bloß kurze Vergnügungsfahrt oder zu Sport- und Fischereizwecken (DITTMANN/REIMANN/BENGEL Rn 3; SOERGEL/HARDER Rn 2; ERMAN/M SCHMIDT Rn 1); sie gilt als angetreten, auch wenn das Schiff noch nicht die offene See erreicht hat, sondern sich auf dem Zufahrtsgewässer bewegt. Zur See rechnen schon die Küstengewässer.

7   b)   an **Bord eines deutschen Schiffes**
Der Erblasser muß sich während der Testamentserrichtung an Bord eines deutschen Schiffes befinden. Eigentümer muß Deutscher sein und das Recht haben, die deutsche Flagge zu führen (vgl dazu Flaggenrechtsgesetz v 8. 2. 1951 [BGBl I 79]). Die Art des Schiffes (See-, Binnenschiff, Motor-, Segelboot) ist ohne Belang. Unwesentlich ist die Eintragung im Schiffsregister oder die Erteilung eines Flaggenzeugnisses. Die Vorschrift gilt auch für Schiffe der Bundesmarine (zur Testamentserrichtung auf Fahrzeugen der „Reichsmarine", später „Kriegsmarine" außerhalb eines inländischen Hafens s Art 44 EGBGB [später §§ 38, 48 Nr 3 WehrG v 23. 3. 1921 [RGBl I 329]; sodann Art 2 WehrmFGG v 24. 4. 1934 [RGBl I 335]).

8   c)   **außerhalb eines inländischen Hafens** befindet.

Aufenthalt in ausländischem Hafen rechnet zur Seereise (ebenso ERMAN/M SCHMIDT Rn 1; PALANDT/EDENHOFER Rn 2).

3. Form

Die Form des Seetestaments (daneben auch zB eigenhändiges Privattestament möglich) bestimmt sich nach § 2250 Abs 3. Der Führer des Schiffes (Kapitän) oder sein Stellvertreter braucht nicht zu den Mitwirkenden zu gehören (Mot aaO), damit diese nicht von ihren seemännischen Pflichten abgehalten werden. Da das deutsche Schiff auch in ausländischen Häfen deutsches Hoheitsgebiet bleibt, genügt zur Wahrung der Form nicht die Ortsform des Hafens (aA SOERGEL/HARDER Rn 7). **9**

IV. Wirkung

Das Seetestament ist als Unterart des Dreizeugentestaments kein öffentliches Testament, sondern eine Privaturkunde (vgl § 2250 Rn 36; aA DITTMANN/REIMANN/BENGEL Rn 6). Zum Nachweis der Erbfolge ist daher ein Erbschein erforderlich. **10**

V. Amtliche **Verwahrung** ist nicht vorgeschrieben, aber möglich. **11**

VI. Die **Gültigkeitsdauer** ist nach § 2252 beschränkt. **12**

§ 2252

[1] **Ein nach § 2249, § 2250 oder § 2251 errichtetes Testament gilt als nicht errichtet, wenn seit der Errichtung drei Monate verstrichen sind und der Erblasser noch lebt.**

[2] **Beginn und Lauf der Frist sind gehemmt, solange der Erblasser außerstande ist, ein Testament vor einem Notar zu errichten.**

[3] **Tritt im Falle des § 2251 der Erblasser vor dem Ablauf der Frist eine neue Seereise an, so wird die Frist mit der Wirkung unterbrochen, daß nach Beendigung der neuen Reise die volle Frist von neuem zu laufen beginnt.**

[4] **Wird der Erblasser nach dem Ablauf der Frist für tot erklärt oder wird seine Todeszeit nach den Vorschriften des Verschollenheitsgesetzes festgestellt, so behält das Testament seine Kraft, wenn die Frist zu der Zeit, zu welcher der Erblasser nach den vorhandenen Nachrichten noch gelebt hat, noch nicht verstrichen war.**

Materialien: E I §§ 1926, 1928, 1930; II § 2116;
III § 2222; Mot V 282 f; Prot V 345 f;
1. Denkschr d ErbRA (1937) 87, 93.

Systematische Übersicht

I.	Textgeschichte		1
II.	Grundsätzliches		2
III.	Normzweck		3
IV.	Frist		
	1. Fristberechnung		4
	2. Fristhemmung		5
	3. Sonderregelung für Seetestament		7
	4. Todeserklärung bzw -feststellung		8
V.	Wirkung		9
VI.	Gemeinschaftliche Nottestamente		10
VII.	Beweislast		11
VIII.	Vermerk auf Hinterlegungsschein		12
IX.	DDR-Recht		13

I. Textgeschichte

1 § 26 TestG übernahm wörtlich den ursprünglichen Inhalt des § 2252. Das GesEinhG fügte die Bestimmung mit gleichem Wortlaut dem BGB wieder ein, setzte jedoch in Abs 4 in Anpassung an die §§ 39 ff VerschG die Worte: „oder wird seine Todeszeit nach den Vorschriften des Verschollenheitsgesetzes festgestellt" hinzu. Das BeurkG strich die Worte *„Richter oder"*.

II. Grundsätzliches

2 Die Vorschrift gilt für alle nach §§ 2249–2251 errichteten Testamente. Die beschränkte Gültigkeitsdauer rechtfertigt sich aus der vorläufigen Natur der in außerordentlicher Form (§§ 2249, 2250, 2251) errichteten Testamente (s Mot V 282, 286, 288).

III. Normzweck

3 Da Nottestamente in Sondersituationen errichtet werden, soll ihnen nur eine vorläufige Wirkung zukommen. Die Errichtungsformen bieten nur eine eingeschränkte Gültigkeitsgewähr. Auch wird der Erblasser bei Errichtung eines Nottestaments idR keine umfassende Abwägung seiner Nachlaßinteressen und keine ausreichende Beratung in Anspruch genommen haben.

IV. Frist

1. Fristberechnung

4 Die Gültigkeitsdauer der außerordentlichen Testamente beträgt drei Monate seit Errichtung, vorausgesetzt, daß der Erblasser noch lebt (Berechnung der Frist: § 187 [der Tag der Errichtung wird nicht mitgerechnet]; § 188 [Ende der Frist]).

2. Fristhemmung

5 Beginn und Lauf der Frist sind gehemmt, solange der Erblasser **außerstande** ist, **vor**

einem deutschen Notar nach deutschem Recht ein ordentliches öffentliches Testament zu errichten (Abs 2). Die Möglichkeit der Errichtung eines eigenhändigen Privattestaments beeinflußt die Fristhemmung nicht. Die Hemmung des Laufes der Frist bedeutet, daß der fragliche Zeitraum nicht in die Frist eingerechnet wird, § 205.

„Außerstande" zur Errichtung eines ordentlichen öffentlichen Testaments ist ein **6** Erblasser nicht nur, wenn er wegen persönlicher Unfähigkeit (zB Krankheit) zur Errichtung nicht in der Lage war (Mot aaO); objektive Umstände, wie Absperrung, Überschwemmung usw stehen dem gleich. Eine „wesentliche Erschwerung" allein genügt nur, falls die Voraussetzungen des § 2250 Abs 1 gegeben sind (s dazu Mot V 283).

3. Sonderregelung für Seetestament

Tritt der Erblasser vor dem Ablauf der in Abs 1 gesetzten Frist eine neue Seereise **7** an, so wird diese Frist dergestalt unterbrochen, daß nach Beendigung der neuen Reise die volle Frist von neuem zu laufen beginnt. Daß während der Dauer der ersten Reise der Ablauf der Frist gehemmt ist, ergibt sich schon aus Abs 2. Für die Anwendung des Abs 3 ist es ohne Belang, ob sich der Reisende in der Zwischenzeit im In- oder Ausland befunden hat und ob die neue Reise auf demselben Schiff wie die frühere oder auf einem anderen Schiff angetreten ist (Mot V 288). Abs 3 erfordert den wirklichen Antritt einer neuen Seereise, nicht bloß die Fortsetzung einer unterbrochenen, für die Abs 2 gilt. Da der Erblasser auch Besatzungsmitglied eines Schiffs und somit ständig auf Seereisen sein kann, ist bei einem **Seetestament eine jahrzehntelange Gültigkeitsdauer** möglich. Ob dies noch dem vorläufigen Charakter eines außerordentlichen Testaments entspricht, muß bezweifelt werden.

4. Todeserklärung bzw -feststellung

Abs 4 modifiziert den Fristablauf. Nach §§ 9 Abs 1, 44 Abs 2 VerschG begründet die **8** Todeserklärung bzw die Todesfeststellung die Vermutung, daß der Verstorbene zu dem im Beschluß festgestellten Zeitpunkt gestorben ist. Somit wäre es denkbar, daß der im Beschluß festgestellte Todestag in die Zeit nach dem Ablaufe der Dreimonatsfrist des Abs 1 bzw der verlängerten Frist nach Abs 2 fällt, während diese Frist zu der Zeit, zu der der Erblasser den vorhandenen Nachrichten zufolge noch lebte, noch nicht verstrichen war. Deshalb soll es, wenn der Erblasser nach dem Ablaufe der Frist für tot erklärt wird, gleichgültig sein, ob aus dem in dieser Erklärung angenommenen Todestage sich ergeben würde, daß der Erblasser noch nach dem Ablaufe der Frist des Abs 1 lebte. Vielmehr soll das Testament in Kraft bleiben, wenn die dreimonatige Frist zu der Zeit noch nicht abgelaufen war, zu der der Erblasser den vorhandenen Nachrichten zufolge noch gelebt hat (ARNOLD Rpfleger 1957, 145). Gibt es aber eine letzte Nachricht vom Leben des Erblassers nach dem Ablaufe der Frist, so bleibt es bei der Frist nach Abs 1 iVm Abs 2.

V. Wirkung

Überlebt der Erblasser den Fristablauf, so gilt das Testament als nicht errichtet, ein **9** im Testament enthaltener Widerruf als nicht erfolgt. Die Fassung „gilt als nicht errichtet" bringt die Rückbeziehung des Eintritts der Unwirksamkeit zum Ausdruck, womit zugleich die aufhebende bzw widerrufende Wirkung des in außerordentlicher Form errichteten Testaments gegenüber einem früher errichteten Testament (vgl §§ 2253, 2254, 2257, 2258) beseitigt wird (Mot V 282; KG RJA 15, 280).

VI. Gemeinschaftliche Nottestamente

10 Ein gemeinschaftliches nach §§ 2249, 2266 errichtetes Testament bleibt auch bezüglich der nicht wechselbezüglichen Verfügungen des Überlebenden wirksam, wenn der lebensgefährlich erkrankte Ehegatte innerhalb der drei Monate nach der Errichtung stirbt (KG OLGE 40, 140). Zweifelhaft ist, ob die Wirksamkeit der Verfügungen des Überlebenden auch dann bestehen bleibt, wenn nur der zur Errichtungszeit gesunde Gatte während der drei Monate verstirbt. Soweit die Verfügungen wechselbezüglich sind, gebietet der Normzweck der Bindungswirkung gem §§ 2270, 2271 die Wirksamkeit der wechselbezüglichen Erklärungen des überlebenden lebensgefährlich Erkrankten bestehen zu lassen (vgl SCHULTHEIS ZBlFG 1917, 174). Da § 2252 aber nicht auf einzelne Verfügungen, sondern auf die Wirksamkeit des Testaments abstellt, bleiben auch die nicht wechselbezüglichen Verfügungen nach Fristablauf wirksam, wobei der Überlebende letztere widerrufen kann.

VII. Beweislast

11 Wer Fortgeltung nach Abs 2, 3, 4 behauptet, hat sie zu beweisen. Ist der Zeitpunkt des (feststehenden) Todes strittig, so hat, wer die Unwirksamkeit der Verfügung behauptet, das Überleben der Dreimonatsfrist durch den Erblasser zu beweisen (überwM).

12 **VIII. Vermerk auf Hinterlegungsschein**: § 27 Abs 6 AktO.

IX. DDR-Recht

13 Das in § 386 ZGB geregelte **Zweizeugentestament** wurde nach Abs 4 gegenstandslos, wenn der Erblasser drei Monate nach Errichtung noch lebte. Die ebenfalls vorgesehene Fristhemmung galt im Unterschied zum BGB schon dann nicht mehr, sobald der Erblasser ein eigenhändiges (oder ein notarielles) Testament errichten konnte (zu § 386 ZGB vgl Vorbem 82 ff zu §§ 2229 ff).

§ 2253

Der Erblasser kann ein Testament sowie eine einzelne in einem Testament enthaltene Verfügung jederzeit widerrufen.

Materialien: E I § 1753 Abs 2; II § 2121 Abs 1; III § 2226; Mot V 7; Prot V 4; 1. Denkschr d ErbrA (1937) 94 ff, 34.

7. Titel.
Errichtung und Aufhebung eines Testaments

Schrifttum zu §§ 2253—2258

AHAMMER, Der Widerruf letztwilliger Verfügungen nach § 2255 und § 2256 BGB (Diss Erlangen 1908)
BECKER, Die Aufhebung letztwilliger Verfügungen (Diss Gießen 1912)
BÖRNSTEIN, Der Widerruf des Testaments nach dem 3. Abschnitt des TestG (Diss München 1952)
FELDMANN, Der Testamentswiderruf und seine Anfechtung (Diss Erlangen 1932)
FIRSCHING, Fragen des Testamentsrechts, DNotZ 1955, 283
FISCHER, Nochmals: Durchführung der Rückgabe eines Testaments gemäß § 2256 BGB, Rpfleger 1958, 177
GRANICKY, Durchführung der Rückgabe eines Testaments nach § 2256 BGB, Rpfleger 1957, 246
HEINSHEIMER, Widersprechende Testamente, DJZ 1906 Sp 796
HERSCHEL, Der Widerruf des Testaments, DRW 1944, 109
HÖSL, Der Widerruf des Testaments (Diss Erlangen 1930)
KERSJES, Der Widerruf von Testamenten (Diss Köln 1934)

KLEIN, Studie zu § 2255, ArchBürgR 40, 196
KLUNZINGER, Die Maßgeblichkeit des Erblasserwillens beim Widerruf des Widerrufs, DNotZ 1974, 278
vLÜBTOW, Zur Lehre vom Widerruf des Testaments, NJW 1968, 1849
MAERZ, Die amtliche Verwahrung von Testament und Erbvertrag und die Rücknahme des Testaments aus der amtlichen Verwahrung (Diss Erlangen 1950)
MERLE, Zur Rückgabe eines öffentlichen Testaments aus der amtlichen Verwahrung, AcP 171, 486
NEUMEISTER, Der Widerruf eines Testaments (Diss Marburg 1933)
R SCHMIDT, Der Widerruf des Testaments durch Vernichtung oder Veränderung der Testamentsurkunde, MDR 1951, 321
ders, Überspannung des Formalismus im Testamentsrecht, JZ 1951, 745.

Zum Widerruf gemeinschaftlicher Testamente s das zu §§ 2270, 2271 angegebene Schrifttum.

I. Textgeschichte

Durch das Gesetz zur Reform des Rechts der Vormundschaft und Pflegschaft für Volljährige (Betreuungsgesetz – BtG) vom 12. September 1990 (BGBl I 2002) wurde Abs 2 mit Wirkung zum 1. Januar 1992 aufgehoben. Die Vorschrift bleibt jedoch für alle bis zum 31. Dezember 1991 errichteten Widerrufstestamente Entmündigter weiterhin anwendbar (Einzelheiten unter Rn 12 ff). 1

Abs 2 hatte folgenden Wortlaut: 2

(2) Die Entmündigung des Erblassers wegen Geistesschwäche, Verschwendung, Trunksucht oder Rauschgiftsucht steht dem Widerruf eines vor der Entmündigung errichteten Testaments nicht entgegen.

Der bis zum 31. Dezember 1991 geltende Wortlaut des § 2253 entsprach dem gleichlautenden § 32 TestG sowie, von einer sprachlichen Verbesserung in Abs 1 abgesehen, der ursprünglichen Fassung der Bestimmung. Durch Art 1 Nr 2 k AdoptionsG v 2. 7. 1976 (BGBl I 1749) waren in Abs 2 die Worte „*oder Rauschgiftsucht*" eingefügt worden (dazu BOSCH FamRZ 1976, 401, 405). 3

II. Grundsätzliches

4 Das Gesetz behandelt in den §§ 2253–2257 den Widerruf von Testamenten, während § 2258 die Aufhebung testamentarischer Bestimmungen durch den Inhalt späterer letztwilliger Verfügungen betrifft (s a § 2289 Abs 1 S 1, wonach durch einen Erbvertrag eine frühere letztwillige Verfügung des Erblassers aufgehoben wird, soweit sie das Recht des vertragsmäßig Bedachten beeinträchtigen würde). Die §§ 2253 ff beziehen sich auf Testamente jeder Art, auch auf die in außerordentlicher Form.

III. Normzweck

5 Die jederzeit freie Widerruflichkeit letztwilliger Verfügungen insgesamt oder einzelner Teile ist Ausfluß der Testierfreiheit, jedoch wegen der grundsätzlichen Bedeutung des Widerrufs in § 2253 ausdrücklich normiert. Der Widerruf muß vom Erblasser selbst im Zustand der Testierfähigkeit in bestimmten Formen vorgenommen werden, da der Widerruf die Wirkung einer letztwilligen Verfügung hat.

IV. Regelungsinhalt

1. Freie Widerruflichkeit

6 Der Erblasser kann auf sein Widerrufsrecht *nicht verzichten*. Nach § 2302 ist ein Vertrag nichtig, durch den sich jemand verpflichtet, eine Verfügung von Todes wegen aufzuheben oder nicht aufzuheben. Auch wenn der Erblasser seine einseitige letztwillige Verfügung für unwiderruflich erklärt hat, ist er nicht daran gehindert, zu widerrufen oder eine andere letztwillige Verfügung von Todes wegen zu errichten (Mot V 8). Unwirksam ist die sog *derogatorische Klausel*, dh Selbstbeschränkung des Verfügenden dahin, daß er sich einseitig eine besondere Form für den Widerruf oder die anderweitige Aufhebung eines Testaments vorschreibt (s Mot V 8; vLübtow I 105, 234; Lange/Kuchinke § 36 I Fn 6). Grundsätzlich **zulässig** dagegen ist die Aufnahme einer sog **Verwirkungsklausel** (Einzelheiten Dittmann/Reimann/Bengel Rn 4).

7 Gleichwohl sieht das Gesetz in zwei Fällen, nämlich bei wechselbezüglichen Verfügungen in gemeinschaftlichen Testamenten (§§ 2270, 2271, 2272) und erbvertraglicher Bindungswirkung (§§ 2278, 2291, 2293 ff) Beschränkungen der freien Widerruflichkeit letztwilliger Verfügungen vor.

2. Form des Widerrufs

8 Das BGB kennt **drei Formen** des Widerrufs:

– Widerruf durch Testament (§ 2254);
– Widerruf durch Vernichtung oder Veränderung der Urkunde (§ 2255);
– Widerruf des vor einem Notar oder nach § 2249 errichteten Testaments durch Rückgabe aus der amtlichen Verwahrung (§ 2256).

9 Durch andere Willenserklärungen (zB schuldvertragliche Verpflichtungen, mündliche Erklärungen) oder Handlungen (zB konkludente) kann der Widerruf nicht erfolgen (vgl RGZ 69, 413; 104, 323). Der Umstand, daß der Erblasser eine uU Jahrzehnte zurückliegende letztwillige Verfügung vergessen hat, macht den darin enthaltenen Willen nicht unbeachtlich (OLG Köln Rpfleger 1986, 224, 225 = JMBl NRW 1986, 188), selbst wenn der Erblasser nachweisbar zB von der gesetzlichen Erbfolge ausging. Ohne **nach außen tretenden Kundbarmachungsakt** kann eine letztwillige Verfügung nicht widerrufen werden (vgl OLG Köln Rpfleger 1986, 224, 225 = JMBl NRW 1986, 188).

3. Widerrufsberechtigte

Der Widerruf ist jedem Erblasser möglich, der die Widerrufserklärung abgeben **10** kann. Dabei erscheint jeder Testamentswiderruf wenigstens im negativen Sinne als letztwillige Verfügung, so daß Testierfähigkeit auch hier gefordert wird (bis 31. 12. 1991 „negative Testierfähigkeit"; dazu Lange/Kuchinke § 36 II 4; vLübtow NJW 1968, 1849). Ein infolge Geisteskrankheit Geschäftsunfähiger vermag allenfalls in einem lucidum intervallum wirksam zu widerrufen.

4. Wirkung des Widerrufs

Der Widerruf führt zur *vollständigen* oder (bei teilweisem Widerruf) zur *teilweisen* **11** **Aufhebung** des widerrufenen Testaments. Der Widerruf durch Testament (§§ 2254, 2258 Abs 1) ist jedoch kein endgültiger, da er bis zum Tod des Erblassers widerrufen werden kann mit der Rechtsfolge, daß das ursprüngliche, durch Widerruf unwirksame Testament wieder wirksam wird (§§ 2257, 2258 Abs 2). In diesen Fällen kann man daher von einer schwebenden Unwirksamkeit des widerrufenen Testaments sprechen. Dagegen hat der Widerruf durch Handlungen (§§ 2255, 2256) endgültige Wirkung, die nur durch den Formerfordernissen letztwilliger Verfügungen entsprechende Erklärungen beseitigt werden kann.

V. Widerrufstestamente Entmündigter (Abs 2 aF)

Durch das Betreuungsgesetz (vgl Rn 1) wurde mit Wirkung zum 1. Januar 1992 die **12** Entmündigung abgeschafft. Entmündigte konnten nicht wirksam testieren (vgl dazu aber die in § 2229 Rn 43 vorgetragenen Bedenken). Eine Ausnahmebestimmung enthielt § 2253 Abs 2 aF (vgl Rn 2). Diese Regelung gilt für alle bis zum 31. Dezember 1991 errichteten Widerrufstestamente. Hiernach stand die Entmündigung des Erblassers wegen Geistesschwäche, Verschwendung, Trunksucht oder Rauschgiftsucht dem Widerruf eines vor der Entmündigung (maßgeblich war der Zeitpunkt des Eingangs des Entmündigungsantrags – BayObLGZ 1975, 212, 214) errichteten Testaments nicht entgegen. Daher konnte ein aus diesen Gründen Entmündigter, der allerdings nicht zB wegen Geisteskrankheit geschäftsunfähig sein durfte (dazu BayObLGZ 1975, 212), ohne Zustimmung des gesetzlichen Vertreters wirksam in den Formen der §§ 2253–2256 widerrufen. Damit normierte Abs 2 eine besondere **negative Testierfähigkeit**. Nach der Fassung des Gesetzes war der **Widerruf eines nach der Entmündigung erfolgten Widerrufs** dem wegen Geistesschwäche, Trunksucht, Verschwendung oder Rauschgiftsucht Entmündigten **nicht möglich** (übereinstimmend BayObLGZ 1975, 212; hM; vgl dazu aber § 2229 Rn 43).

Dagegen konnte der Entmündigte einen vor seiner Entmündigung in der Form des **13** § 2254 vorgenommenen Widerruf oder ein vor der Entmündigung mit der Wirkung des § 2258 Abs 1 errichtetes weiteres Testament auch später wirksam widerrufen und dadurch dem ersten Testament wieder Kraft verleihen, §§ 2257, 2258 Abs 2 (übereinstimmend BGB-RGRK/KREGEL Rn 5; OLG Köln NJW 1955, 466 mit Schrifttumsnachweisen; BayObLGZ 1975, 212, 214; aA teilweise STROHAL § 42 Fn 3). Daher ist im Wege der Auslegung oder Umdeutung zu prüfen, ob im Falle des § 2258 neben den nichtigen positiven Verfügungen nicht zugleich ein Widerruf des früheren Testaments vorliegt (BayObLGZ 1956, 377; OLG Hamm MDR 1971, 137; zust vLÜBTOW NJW 1968, 1850; DITTMANN/REIMANN/BENGEL Rn 11; LANGE/KUCHINKE § 36 II 1 Fn 18).

14 Die Vorschrift des § 2253 Abs 2 aF war auf Personen beschränkt, die wegen Geistesschwäche usw auch tatsächlich entmündigt waren (RG Recht 1912 Nr 2959). Voraussetzung war jedoch immer, daß der Tatbestand des § 2229 Abs 4 nicht vorlag (dazu BayObLGZ 1975, 212).

15 Nach Aufhebung des Abs 2 ist die negative Testierfähigkeit weggefallen. Der Widerruf von Testamenten setzt bei allen Widerrufsarten die allgemeine Testierfähigkeit voraus.

VI. DDR-Recht

16 Die Vorschrift entspricht inhaltlich § 387 Abs 1 ZGB (dazu Vorbem 89 ff zu §§ 2229 ff und ebenda Rn 58 ff zur teilweisen Fortgeltung des DDR-Erbrechts).

§ 2254

Der Widerruf erfolgt durch Testament.

Materialien: E I § 1933 Abs 1; II § 2121 Abs 2 S 1; III § 2227 S 1; Mot V 297; Prot V 351, 1; Denkschr d ErbRA (1937) 102.

I. Textgeschichte

1 § 2254 entspricht wörtlich der ursprünglichen Fassung der Bestimmung. Das TestG hatte sie unverändert im § 33 Abs 1 übernommen.

II. Grundsätzliches

2 Die Vorschrift (die kürzeste des BGB) behandelt nur den Widerruf durch Testament. Der Widerruf richtet sich gegen den **Inhalt**, nicht gegen formelle Voraussetzungen oder den urkundlichen Bestand des früheren Testaments (RG Recht 1921 Nr 584). Die weiteren Widerrufsarten sind in §§ 2255–2258 geregelt (Grundsätzliches zu den Widerrufsmöglichkeiten s § 2253 Rn 4 ff).

3 Ein unfreiwillig verlorenes oder vernichtetes Testament kann allein in der Form des § 2254 oder des § 2258 widerrufen werden (BGH JZ 1951, 591; s dazu § 2255 Rn 31).

III. Normzweck

Die Vorschrift stellt den negativen Widerruf bezüglich der Errichtungsform den positiven letztwilligen Verfügungen gleich. Die Vorschrift schützt damit den Erblasser durch den Formzwang vor übereilten Entschlüssen und dient gleichzeitig der Rechtssicherheit.

IV. Regelungsinhalt

1. Form des Widerrufs

Das Widerrufstestament kann in **jeder Testamentsform** errichtet werden, unabhängig davon in welcher Testamentsform das widerrufene Testament errichtet worden ist (OLG Köln OLGZ 1968, 324). Widerrufen werden kann daher auch durch ein gemeinschaftliches Testament, selbst wenn der Erblasser dieses nicht eigenhändig verfaßt, sondern nur unterschrieben hat (BayObLG FamRZ 1992, 607), durch Nottestament oder ein anderes außerordentliches Testament, wenn zZ der Errichtung des Widerrufstestaments die gesetzlichen Voraussetzungen für das außerordentliche Testament vorliegen. Zu beachten ist dann § 2252 hinsichtlich der zeitlichen Beschränkung der Gültigkeit des Widerrufstestaments. Gilt das Widerrufstestament nach § 2252 als nicht errichtet, so ist der Widerruf hinfällig und das widerrufene Testament ist wieder gültig, als ob ein Widerruf nie erfolgt wäre (OLG Schleswig SchlHAnz 1976, 9). Ein **Prozeßvergleich** kann keinen wirksamen Widerruf enthalten (BGH FamRZ 1960, 28, 30; dazu § 2231 Rn 28).

Der Widerruf kann auch als eigenhändiger und unterschriebener **Zusatz** auf das Testament, das widerrufen werden soll, gesetzt werden (BGH NJW 1966, 201 [krit FLUME, AT Bd II § 16, 5]; OLG Köln OLGZ 1968, 324). Wird der Widerruf als Zusatz auf eine einfache Abschrift des Testaments gesetzt und befindet sich auf dem Original kein entsprechender Zusatz, so ist der Widerruf gleichwohl wirksam, wenn der Zusatz alle Voraussetzungen eines Widerrufstestaments erfüllt und aus dem Zusatz der Wille des Erblassers eindeutig hervorgeht, das durch die Abschrift hinreichend individualisierte Testament inhaltlich zu widerrufen.

Die Wirksamkeit des Widerrufstestaments setzt ein **gültiges Testament** voraus (OLG Dresden OLGE 16, 264). Erleichterungen irgendwelcher Form für das Widerrufstestament mit Rücksicht auf dessen Inhalt kennt das Gesetz nicht (s Mot V 297, 298). Das Widerrufstestament muß **allen Erfordernissen einer letztwilligen Verfügung** entsprechen. Der Erblasser muß **testierfähig** (bis zum 31.12.1991 zumindest „negativ testierfähig" [s § 2253 Rn 1 ff]) sein. Er muß zudem die Absicht haben, mit dem neuen Testament die früheren Verfügungen aufzuheben.

Der Widerruf kann auch in einem **Brieftestament** enthalten sein (s RG JW 1910, 22; BayObLG [22.7.1955] BReg 1 Z 97, 1955 unveröff). Der Widerrufswille muß aber unzweifelhaft feststehen. Die bloße Mitteilung des Erblassers von einer nach seiner irrigen Meinung vorher erfolgten angeblichen Aufhebung des Testaments enthält nicht dessen Widerruf (RG Recht 1913 Nr 2590; ähnlich BGH JZ 1951, 591). Durch einen bloßen Vermerk auf dem Umschlag kann ein Testament nicht widerrufen werden (so RG JW 1925, 475 m zust Anm KIPP). Nur wenn „Einheitlichkeit" zwischen Umschlag und Testament besteht oder der Vermerk selbst den Erfordernissen eines eigenhändigen Testaments entspricht, ist § 2254 anwendbar. „Einheitlichkeit" zwischen Umschlag und Testament ist dann anzunehmen, wenn der Umschlag sich als inhaltliche Fortsetzung des Testaments darstellt (dazu § 2247 Rn 98).

2. Inhalt des Widerrufstestaments

9 Das Widerrufstestament muß nicht ausdrücklich das Wort Widerruf enthalten (BayObLGZ 1956, 377, 385; OLG Hamm DNotZ 1972, 101, 104), jedoch muß sich die Widerrufsabsicht eindeutig aus dem Text der Urkunde ergeben. Dies schließt nicht aus, daß sich die Absicht des Erblassers erst im Wege der Auslegung feststellen läßt (vgl dazu BGH JZ 1951, 591 m zust Anm COING; dazu aber R SCHMIDT JZ 1951, 745; s weiter BayObLGZ 1965, 91; Rpfleger 1979, 123; BGH NJW 1981, 2745).

10 Es genügt, daß der Inhalt des Widerrufstestaments lediglich in dem Widerruf besteht (OLG Frankfurt NJW 1950, 607). Dies geht ua aus § 2253 Abs 2 aF hervor, wonach der Entmündigte auch in der Form des § 2254 widerrufen, aber nicht neu testieren konnte.

11 Das Widerrufstestament kann neben dem Widerruf **auch** einen **positiven Inhalt** haben (OLG Hamm MDR 1971, 137). Ist der Widerruf **nicht ausdrücklich** erklärt, so muß er durch **Auslegung** ermittelt werden. Dies kann zu Abgrenzungsproblemen mit § 2258 Abs 1 führen (dazu BayObLG FamRZ 1990, 1281, 1283 = NJW-RR 1990, 1480, 1481). Die Abgrenzung ist für den bis 31. 12. 1991 gültigen § 2253 Abs 2 aF von Bedeutung, der nur ein Widerrufstestament nicht aber positive Verfügungen zuließ. Die Auslegung hat sich am Wortlaut zu orientieren. Im Zweifel wird kein Widerruf, sondern bei Widersprüchen § 2258 anzunehmen sein. Die Auslegung durch das Gericht der Tatsacheninstanz bindet das Rechtsbeschwerdegericht, „sofern sie nach den Denkgesetzen und der Erfahrung möglich ist, mit den gesetzlichen Auslegungsregeln im Einklang steht, dem klaren Sinn und Wortlaut der Erklärung nicht widerspricht und alle wesentlichen Umstände berücksichtigt" (BayObLGZ 1988, 42, 47; FamRZ 1990, 1281, 1283 = NJW-RR 1990, 1480, 1481).

12 Der Widerruf kann auch nur ein **teilweiser** sein oder sich nur auf Vermächtnisse oder Auflagen beziehen. Der Umfang des Widerrufs steht dem Erblasser frei. Der Widerruf kann sich auf einzelne Anordnungen innerhalb einer Verfügung beschränken. Der Widerruf kann auch unter einer Bedingung erfolgen und hat dann die Wirkung, daß die im widerrufenen Testament enthaltenen Verfügungen unter der auflösenden Bedingung stehen, daß die im Widerrufstestament enthaltene Bedingung eintritt.

V. Rechtsfolge

13 Mit dem Widerruf wird die widerrufene Verfügung rechtlich unwirksam. Diese Unwirksamkeit ist insoweit keine endgültige, als das nach § 2254 widerrufene Testament durch den Widerruf des Widerrufs nach § 2257 wieder wirksam werden kann (vgl auch BayObLG FamRZ 1992, 1353: „durch ergänzende Zusätze", die unterschrieben sein müssen).

7. Titel.
Errichtung und Aufhebung eines Testaments

Ist das Widerrufstestament nicht rechtswirksam, so liegt kein gültiger Widerruf vor und die angeblich widerrufene Verfügung bleibt in Kraft. **14**

Das Widerrufstestament ist wie jedes andere Testament zu eröffnen. Auch das **15** widerrufene Testament ist zu eröffnen und den Nachlaßbeteiligten bekannt zu geben, schon weil zu einem späteren Zeitpunkt ein Widerruf des Widerrufs gem § 2257 aufgefunden werden kann. Der Inhalt eines widerrufenen Testaments kann zur Auslegung eines späteren wirksamen Testaments herangezogen werden (OLG Oldenburg NdsRpfl 1968, 281).

VI. Widerruf gemeinschaftlicher Testamente

Das Gesetz enthält keine Bestimmung, in welcher Form der Widerruf wechselbezüg- **16** licher Verfügungen von Todes wegen nach dem Tode des Erstversterbenden erfolgen kann, da nach § 2271 Abs 2 das Widerrufsrecht grds mit dem Tode des Erstversterbenden erlischt (zum Widerruf von gemeinschaftlichen Testamenten s STAUDINGER/KANZLEITER[12] §§ 2270–2272). Wegen der einer vertraglichen Bindung ähnlichen Bindungswirkung wechselbezüglicher Verfügungen sind die Bestimmungen des Erbvertrages entsprechend anzuwenden, so daß ein nach § 2297 vorbehaltenes Rücktrittsrecht nur in der Form des § 2254 ausgeübt werden kann (OLG Stuttgart OLGZ 1986, 264).

VII. DDR-Recht

Der Vorschrift entsprach inhaltlich § 387 Abs 2 Ziff 1, 1. Alt ZGB (dazu Vorbem 89 ff zu **17** § 2229 ff und ebenda Rn 58 ff zur teilweisen Fortgeltung des DDR-Erbrechts).

§ 2255

Ein Testament kann auch dadurch widerrufen werden, daß der Erblasser in der Absicht, es aufzuheben, die Testamentsurkunde vernichtet oder an ihr Veränderungen vornimmt, durch die der Wille, eine schriftliche Willenserklärung aufzuheben, ausgedrückt zu werden pflegt. Hat der Erblasser die Testamentsurkunde vernichtet oder in der bezeichneten Weise verändert, so wird vermutet, daß er die Aufhebung des Testaments beabsichtigt habe.

Materialien: E I § 1934; II § 2122; III § 2228;
Mot V 299; Prot V 353; 1. Denkschr d ErbrA
(1937) 94 ff.

Systematische Übersicht

I. Textgeschichte — 1	2. Voraussetzungen — 4
	a) Testierfähigkeit — 5
II. Normzweck — 2	b) Testament — 6
	c) Vernichtung oder Veränderung — 7
III. Regelungsinhalt	d) Persönliches Handeln — 16
1. Grundsätzliches — 3	e) Widerrufsabsicht — 20

f) Kausale Handlung	24	VI. Widerruf gemeinschaftlicher Testamente	34
IV. Beweisfragen		VII. Ersetzung zerstörter Testamente	35
1. Allgemeine Grundsätze	25		
2. Vermutung der Widerrufsabsicht (S 2)	30	VIII. Rechtsmittel	36
3. Unfreiwilliger Verlust	31	IX. DDR-Recht	37
V. Widerruf des Widerrufs	33		

I. Textgeschichte

1 § 2255 entspricht dem gleichlautenden § 33 Abs 2 TestG sowie wörtlich der ursprünglichen Fassung der Bestimmung.

II. Normzweck

2 Die Vorschrift soll den Erblasser durch den Zwang zur Vornahme bestimmter Widerrufshandlungen zum sorgfältigen Überlegen zwingen, indem nur solche Handlungen als Widerruf anerkannt werden, durch die der Wille eine schriftliche Willenserklärung aufzuheben, ausgedrückt zu werden pflegt.

III. Regelungsinhalt

1. Grundsätzliches

3 Der Widerruf durch Vernichtung oder Veränderung der Testamentsurkunde stellt eine rechtsgeschäftliche Handlung dar (vgl dazu BGH JZ 1951, 591; MANIGK, Das rechtswirksame Verhalten 435 f [Vernichtung sei ein „Willensgeschäft", das eine Sonderbehandlung erfordere]; LANGE/KUCHINKE § 36 II 2 b: „Willenserklärung und Rechtsgeschäft"). Eine etwaige Anfechtung wegen Irrtums beurteilt sich nach § 2078 (die Anfechtbarkeit gem § 2078 ist äußerst umstritten; vgl ausführlich zum Streitstand LANGE/KUCHINKE § 36 III 2 b mwN; Anfechtbarkeit gem § 2078 Abs 1 abl STAUDINGER/OTTE[12] § 2078 Rn 9).

2. Voraussetzungen

4 Als negative letztwillige Verfügung setzt der Widerruf gem § 2255 voraus:

(a) Testierfähigkeit
(b) Testament
(c) objektive Vernichtung oder Veränderung des Testaments
(d) persönliches Handeln
(e) Widerrufsabsicht

5 a) Zur **Testierfähigkeit** bzw zur bis zum 31. 12. 1991 geltenden negativen Testierfähigkeit, die für § 2255 ausreichte vgl § 2253 Rn 1 ff.

b) Testament

§ 2255 bezieht sich grds nur auf nicht öffentliche Testamente, da öffentliche Testa- 6
mente aufgrund der besonderen amtlichen Verwahrung der Verfügungsgewalt des
Erblassers entzogen sind. Gleichwohl kann auch ein öffentliches Testament nach
§ 2255 widerrufen werden, wenn sich der Erblasser – sei es auch widerrechtlich etwa
bei Einsichtnahme (vgl § 2258 b Rn 18) – die Verfügungsgewalt über das öffentliche
Testament verschafft (vgl BGH NJW 1959, 2113, 2114); freilich wird ein solcher Fall, in
dem sich der Widerruf nicht schon aus § 2256 ergibt, höchst selten sein (vgl Mot V
300), ist aber zB auch dann möglich, wenn die Rückgabe nicht an den Erblasser,
sondern an einen Dritten erfolgte (vgl dazu OLG Saarbrücken NJW-RR 1992, 586; über den
Widerruf nach § 2255 bei öffentlichen Testamenten vor deren Ablieferung an die
amtliche Verwahrungsstelle s § 34 BeurkG).

c) Vernichtung oder Veränderung

Die Handlung besteht in einer **Vernichtung** oder **Veränderung** der Urkunde. Während 7
eine Vernichtung (= Zerstörung des Stoffes der Urkunde, zB durch Verbrennen,
Zerreißen, Zerschneiden, so daß die Urkunde als solche nicht mehr vorhanden ist
[dazu KG JFG 14, 280]), immer genügt, ist eine Veränderung nur dann als Widerruf
anzusehen, wenn die Vornahme der Veränderung objektiv die Aufhebung der Willenserklärung bedeutet. Der bloße Widerrufswille des Erblassers oder seine Äußerung der Vernichtungs- oder Veränderungsabsicht gegenüber Dritten genügen nicht,
vielmehr muß eine vom Erblasser herbeigeführte **körperliche Veränderung** des Testaments vorliegen (BayObLG FamRZ 1990, 1283).

Durch **andere schlüssige Handlungen** als die einer Vernichtung oder Veränderung der 8
Testamentsurkunde kann die Aufhebung **nicht** erfolgen (RGZ 104, 323; KG JFG 14, 280,
284 mN). Daher genügt nicht das Legen an einen unüblichen Ort (OLG Hamm Rpfleger
1983, 402). Die Änderung muß nach *objektiven Verkehrsgewohnheiten* und allgemeinen Gepflogenheiten die **Absicht der Aufhebung einer schriftlichen Willenserklärung**
zum Ausdruck bringen (RG JW 1913, 41; dazu mit Beispielen LANGE/KUCHINKE § 36 II 2b
mwN). Es kommt nicht darauf an, daß die betreffende Veränderung gerade zur Aufhebung letztwilliger Verfügungen verkehrsüblich ist. Vielmehr genügt eine Veränderung, die der Regel nach den Ausdruck des Willens zur Aufhebung einer schriftlichen Willenserklärung enthält (RG WarnR 1915 Nr 90).

Die Veränderung muß an der Urkunde selbst vorgenommen werden. Als Veränderungen (vgl Mot V 301) sind zB anzusehen: Ungültigkeitsvermerke (PALANDT/ 9
EDENHOFER Rn 6), Durchstreichen, Zerreißen, Zerschneiden, Austilgen, Unleserlichmachen (s weiter BayObLGZ 1980, 95 = Rpfleger 1980, 283: Zerknüllen der Urkunde mit entspr
Erklärung; RG Recht 1909 Nr 2443; 1912 Nr 3382; KG HRR 1933 Nr 1492: Abschneiden eines
Teiles der Urkunde; BayObLG [24. 11. 1954] BReg 1 Z 236/1954: Wegschneiden der Unterschrift;
BayObLGZ 1983, 204: starkes Einreißen der Testamentsurkunde auf drei Seiten, je etwa ein Drittel
der Höhe bzw Breite; vgl ferner RGZ 69, 413 darüber, daß auch das Einreißen der Testamentsurkunde und in Verbindung hiermit die Entfernung des Siegels unter § 2255 fallen kann). Eine
Veränderung an einer Testamentsabschrift reicht nicht aus (vgl KG ZEV 1995, 107).

Streitig ist, ob das bloße **Wegwerfen** als Widerrufshandlung genügt (abl BROX Rn 140; 10
vLÜBTOW I 240; LANGE/KUCHINKE § 36 II Fn 40; BGB-RGRK/KREGEL Rn 6; SOERGEL/HARDER

Rn 5; bejahend LEONHARD Anm II B; BENGEL/DITTMANN/REIMANN Rn 7; ERMAN/M SCHMIDT Rn 2; PALANDT/EDENHOFER Rn 9).

Eigene Stellungnahme: Wegwerfen genügt dann, wenn der Erblasser das Testament zB zerknittert in den Papierkorb wirft, da das Zerknittern eine körperliche Veränderung darstellt, die nach Verkehrsgewohnheit und Verkehrssitte objektiv geeignet ist, den Willen auszudrücken, eine schriftliche Willenserklärung aufzuheben (so mit Recht PLANCK/STRECKER Anm 3 a α; VOGELS/SEYBOLD § 33 Anm 7; SOERGEL/HARDER Rn 5; BayObLGZ 1980, 95). Bei unzerknittertem Wegwerfen ist zu differenzieren: Ein in den Papierkorb Werfen, aus dem es jederzeit unbeschädigt herausgenommen werden kann, ist einer Vernichtung nicht gleichzusetzen; anders nur, wenn sich in dem Abfallbehälter Stoffe oder Flüssigkeiten befinden, die eine Veränderung an der Urkunde herbeiführen. Verliert der Erblasser durch das Wegwerfen die Verfügungsgewalt und ist nach gewöhnlichem Geschehensablauf mit einer Vernichtung durch Dritte zu rechnen (Wegwerfen in Müllcontainer usw), so stellt das Wegwerfen auch ohne körperliche Veränderung an der Urkunde eine Vernichtungshandlung dar.

11 Die **Veränderungen** können sich auch auf **einzelne Teile** des Testaments beschränken und damit nur diese Teile widerrufen, wenn sich die Widerrufshandlung nur auf einen Teil der Verfügung bezieht (vgl Mot V 301; RGZ 71, 300; JW 1911, 590; WarnR 1915 Nr 90; KG JFG 6, 146; HRR 1929 Nr 1653; 1933 Nr 1492; BayObLG FamRZ 1995, 246; PLANCK/STRECKER Anm 3 mwN; BGB-RGRK/KREGEL Rn 8; KIPP/COING § 31 II 2; R SCHMIDT MDR 1951, 322 Fn 13; FIRSCHING DNotZ 1955, 295). So ist zB das Durchstreichen einzelner Verfügungen als Widerruf durch Veränderung anzusehen. Die Testamentsform (Unterschrift) braucht insoweit nicht eingehalten zu werden (vgl BGH NJW 1960, 201; BayObLG [4. 1. 1980] BReg 1 Z 79/79).

12 Während die ganze oder teilweise Aufhebung eines Testaments nach § 2255 nicht der Form des § 2247 bedarf, muß dann, wenn der teilweise Widerruf mit **positiven Änderungen** verbunden ist, die Testamentsform gewahrt sein (vgl dazu RGZ 71, 293, 302; 111, 261; KG JFG 6, 146; HRR 1933 Nr 1492). Ist die Testamentsform nicht gewahrt, so entfällt nur die positive, nicht die negative Wirkung der Änderung, es sei denn, der im Wege der Auslegung ermittelte Erblasserwille war darauf gerichtet, die negative Wirkung nur dann herbeizuführen, wenn die positive Änderung wirksam ist. Damit ergeben sich erhebliche Probleme. Zum einen ist der Erblasserwille dahingehend zu ermitteln, ob die negative Wirkung des Widerrufs bedingungslos gewollt war. Zum anderen gibt es kaum negative Änderungen, die nicht zumindest mittelbar den Testamentsinhalt auch positiv ändern.

Setzt zB ein Erblasser mehrere Erben zu gleichen Teilen ein und streicht er später einen Namen durch, so führt das Durchstreichen nicht nur eine negative Veränderung im Sinne eines Teilwiderrufs, sondern auch eine positive Veränderung durch Erhöhung der Erbquoten der anderen Miterben herbei. Daher wird im Schrifttum die Auffassung vertreten, für derartige Veränderungen müsse die Errichtungsform gewahrt sein (HERSCHEL JW 1933, 148). Dabei wird jedoch übersehen, daß die Veränderung selbst nur den Widerruf der Erbeinsetzung des betroffenen Erben herbeiführt, während die etwaige Veränderung der Erbquoten eine weitere gesetzliche Folge ist, die sich erst aus §§ 2088, 2089 ergibt (ebenso SOERGEL/HARDER Rn 10 mwN).

Eindeutige **Entwertungsvermerke** auf der Urkunde (zB „gilt nicht mehr", „alte Fassung", „zu vernichten") sind nach der Verkehrsauffassung dazu bestimmt, die körperliche Vernichtung der Urkunde zu ersetzen (RG JW 1911, 545; Recht 1912 Nr 3382; HRR Nr 1653; KG JFG 6, 146; HRR 1938 Nr 1228; BGH NJW 1957, 1364 = DNotZ 1957, 560; Anm Kipp JW 1925, 475 Nr 19; Planck/Strecker Anm 3 a d; BGB-RGRK/Kregel Rn 7; Soergel/Harder Rn 9; Dittmann/Reimann/Bengel Rn 9; Brox Rn 140; Lange/Kuchinke § 36 II 2 b; Palandt/Edenhofer Rn 6). Im Schrifttum wird teilweise die Auffassung vertreten, für einen Entwertungsvermerk sei die Form des § 2247 zu beachten (R Schmidt MDR 1951, 324; im Anschluß daran Kipp/Coing § 31 II 2 Fn 7). Auch die Rechtsprechung (OLG Stuttgart NJW-RR 1986, 632) hat für Ungültigkeitsvermerke die Unterschrift des Erblassers gefordert. Für diese Auffassung spricht zwar, daß ein Ungültigkeitsvermerk inhaltlich einem Widerrufstestament (§ 2254) entspricht; solange jedoch einfache Textstreichungen des Erblassers als Änderungen iSd § 2255 anerkannt werden, können an Entwertungsvermerke, die auf dem Testament eingetragen sind, keine höheren Anforderungen gestellt werden. **13**

Ein Entwertungsvermerk auf einem offenen Umschlag (vgl dazu die Ausf § 2247 Rn 97 f) genügt nur, wenn Testamentsurkunde und Umschlag infolge inhaltlichen Zusammenhangs ein einheitliches Ganzes bilden (RG JW 1925, 475; so auch Soergel/Harder Rn 10; Dittmann/Reimann/Bengel Rn 9; R Schmidt MDR 1951, 324; KG HRR 1938 Nr 1228; BayObLGZ 1963, 31). Ein formloser Entwertungsvermerk auf einer Testamentsabschrift genügt nicht (OLG Frankfurt NJW 1950, 607). **14**

Sind **mehrere Urschriften** eines Testaments vorhanden, so genügt zum Widerruf die Vernichtung oder Veränderung nur einer Urschrift dann, wenn **kein Zweifel über den Aufhebungswillen** des Erblassers besteht (vgl dazu RGZ 14, 184; KG JFG 14, 280; ZEV 1995, 107; OLG München HRR 1936 Nr 270; Leonhard Anm II D [hM – dazu die Übersicht bei Lange/Kuchinke § 36 II 2 Fn 43]). Die Vermutung des § 2255 S 2 kann nicht durchgreifen (so auch KG JFG 14, 280; ZEV 1995, 107). Sie setzt voraus, daß die einzig vorhandene Testamentsurkunde vernichtet oder verändert wurde. Daher unterliegt es der freien, nicht durch S 2 gebundenen Beurteilung, ob der Erblasser die Absicht hatte, auch das in der anderen, gleichlautenden Urschrift niedergelegte Testament zu widerrufen (BayObLG [28. 10. 1982] BReg 1 Z 50/82; BayObLG FamRZ 1990, 1284 = NJW-RR 1990, 1481; vgl zum Vorstehenden noch: RG LZ 1923 Sp 322: Möglichkeit der Bewirkung des Widerrufs eines Testaments durch Vernichtung der Abschrift, sofern diese ein selbständiges Testament darstellt; OLG Frankfurt NJW 1950, 607: Widerruf durch Vermerk auf Abschrift, falls dieser die Form des § 2254 erfüllt; KG Recht 1914 Nr 943; JR 1925 Nr 1529 u 1530: es ist nach den Umständen des Einzelfalles zu beurteilen, ob die Vernichtung oder die Veränderung nur einer von zwei gleichlautenden Testamentsurschriften als Widerruf des Testaments überhaupt zu gelten hat; OLG Zweibrücken OLGE 32, 66: über den Widerruf durch Vernichtung der Urschrift und Zurückrufung einer dem Erben erteilten Abschrift, sowie darüber, daß, wenn die Rechtsgültigkeit des erklärten Widerrufs feststeht, es keiner Prüfung mehr bedarf, ob das widerrufene Testament nichtig war; KG JW 1934, 2563 [Gutachten zum Fragenkreis mehrerer Testamentsurschriften]). Liegen mehrere Testamente vor, die sich nur teilweise nach § 2258 widersprechen und insoweit aufheben, so kann die Vernichtung eines dieser Testamente nicht den Widerruf der teilweise gleichlautenden Testamente ergeben (BayObLG FamRZ 1990, 1284 = NJW-RR 1990, 1481). **15**

d) Persönliches Handeln

16 Das persönliche Handeln des Erblassers erlaubt **keine Stellvertretung**, da es sich bei dem Widerruf gem § 2255 um eine letztwillige Verfügung handelt (Mot V 301).

17 Der Widerruf erfordert immer eine persönliche Handlung des Erblassers, wohl aber kann sich der Erblasser eines Dritten als **Werkzeug** bedienen, sofern er den Tatablauf beherrscht, was nur bei Vornahme der Widerrufshandlung vor seinem Tod gewährleistet sein kann (Beispiel: Erblasser liegt im Sterbebett und ordnet die Vernichtung eines eigenhändigen Testaments an, das in seiner Anwesenheit nach seinen Weisungen von Dritten zerstört wird; vgl dazu Mot aaO; KG HRR 1929 Nr 1653; 1933 Nr 1492). Unzulässig ist eine Bevollmächtigung zur Vornahme der Handlung des § 2255 in der Weise, daß der Bevollmächtigte Entschlußfreiheit erhält, das Testament aufzuheben (R Schmidt MDR 1951, 323; Müller/Freienfels JuS 1967, 125; Kipp/Coing § 31 II 2), oder ein Auftrag des Erblassers zur Vernichtung der Urkunde an einen Dritten, wenn der Auftrag nicht zu Lebzeiten des Erblassers ausgeführt wird (OLG Hamburg OLGE 26, 364; Recht 1913 Nr 2590; LZ 1915 Sp 1008; OLG Karlsruhe DJZ 1915 Sp 1141; KG JFG 14, 280, 284). Unzulässig ist auch ein Auftrag, der dem Beauftragten Entschluß- und Handlungsfreiheit einräumt (Beispiel: Der im Krankenhaus liegende Erblasser beauftragt einen Dritten, das in seiner Wohnung liegende Testament zu zerstören). Da der *Auftrag noch keinen Widerruf* enthält, die Ausführung des Auftrages aber allein vom Willen des Dritten abhängt, liegt kein wirksamer Widerruf vor.

Mit der hier dargelegten Rechtsansicht steht BayObLG (FamRZ 1992, 1350) im Widerspruch. Dort hatte der nach einem Selbsttötungsversuch im Krankenhaus liegende Erblasser auf die Frage seiner Eltern, was mit dem Testament in seiner Wohnung zu geschehen habe, sinngemäß geantwortet: „Weg damit, alles vernichten." Daraufhin hatten diese am selben Tag das Testament vernichtet. Das BayObLG nahm an, daß die Vernichtung „auch durch Dritte als Werkzeug des Erblassers handelnde Personen wirksam geschehen kann, wenn sie im Auftrag und mit Willen des Erblassers zu dessen Lebzeiten vorgenommen worden ist" (u Hinw a Palandt/Edenhofer[51], § 2255 Rn 2; Soergel/Harder[11] Rn 11). Als **Werkzeug** handelt aber nur, wer **unter der Tatherrschaft des Erblassers** steht, so daß dieser die Widerrufshandlung als letztwillige Verfügung – wenn auch durch die Hand eines Dritten – selbst vornimmt. Das kann nicht der Fall sein, wenn die Vernichtungshandlung in Abwesenheit des Erblassers erfolgt, weil hier von einer **Beherrschung der Testamentsvernichtung** durch den Erblasser nicht die Rede sein kann. Die Voraussetzung des *persönlichen Handelns* ist bei Abwesenheit des Erblassers nicht erfüllt.

18 Zur Anwendung des § 2255 genügt nicht, daß der Erblasser nachträglich die Vernichtung der Testamentsurkunde genehmigt, die ein Dritter ohne oder gegen seinen Willen vorgenommen hat (übereinstimmend BGH JZ 1951, 591; BayObLG [12. 7. 1955] BReg 1 Z 68/1955; Soergel/Harder Rn 11; Schlüter § 21 II 2; vLübtow I 240; Dittmann/Reimann/Bengel Rn 16; Kipp/Coing § 31 II 2; Erman/M Schmidt Rn 5). Auch § 185 ist nicht anwendbar (Schlüter § 21 II 2; aA R Schmidt MDR 1951, 323).

19 Will der Erblasser ein Testament, das er einem Dritten in Verwahrung gegeben hat, nachträglich widerrufen, so ist die Frage, ob er es zu diesem Zweck herausverlangen kann, nach den Vereinbarungen im Verwahrungsvertrag zu beurteilen, da er das Testament auch in anderer Weise als durch Vernichtung widerrufen kann.

e) Widerrufsabsicht

Der Erblasser muß in **Widerrufsabsicht** handeln. Daher haben Änderungen, die nur 20 der Vorbereitung eines Testamentes dienen, noch keine Widerrufswirkung, falls das alte Testament noch bis zur Errichtung des neuen gelten soll (RGZ 71, 309; 111, 265; BayObLG [4.3.1954] BReg 1 Z 236/1954).

Zerreißt der Erblasser in Unkenntnis der Formnichtigkeit des neuen Testaments das 21 alte, so liegt keine Widerrufsabsicht bzgl dieses Testamentsinhalts vor (OLG Freiburg Rpfleger 1952, 340; dazu die Kritik in MittWürttNotV 1952, 194, wo betont wird, daß die Widerrufsabsicht auch aus einer Willensbestätigung geschlossen werden könne).

Ein Testament, das **unfreiwillig** verloren ging, vernichtet wurde oder dessen Wortlaut 22 unleserlich wurde, bleibt mangels Widerrufsabsicht gültig (RG JW 1912, 798; SeuffBl 78, 16; KG JW 1938, 1601; BGH NJW 1951, 559; BayObLGZ 1967, 197, 206; 1977, 59; BayObLG Rpfleger 1980, 60; FamRZ 1985, 194 mwN; FamRZ 1990, 1162, 1163 mwN; NJW-RR 1992, 653, 654; Coing JZ 1951, 592; Ischinger Rpfleger 1951, 115; Lange/Kuchinke § 36 II 2b). In einem solchen Fall können Errichtung und Inhalt des Testaments mit allen zulässigen Beweismitteln, allerdings nur bei strengen Anforderungen bewiesen werden (BayObLG FamRZ 1985, 840 mwN; NJW-RR 1992, 653 u 1358). Die formlose Billigung des Verlustes oder der Vernichtung durch den Erblasser reicht als Widerruf nicht aus (BGH NJW-RR 1990, 516). Auch ein vom Erblasser „vergessenes" Testament wird nicht unbeachtlich (OLG Köln JMBl NRW 1986, 188 = Rpfleger 1986, 224).

Fraglich ist, wie ein Irrtum des Erblassers über die Wirksamkeit eines unfreiwillig 23 vernichteten Testaments zu behandeln ist. Ging der Erblasser irrtümlich davon aus, daß ein unfreiwillig vernichtetes Testament keine Wirksamkeit entfaltet, weil eine letztwillige Verfügung nicht mehr vorhanden sei, so wird § 2078 entsprechend anzuwenden sein. Eine unmittelbare Anwendbarkeit scheitert daran, daß ein Irrtum im Zeitpunkt der Testamentserrichtung nicht vorlag.

f) Kausale Handlung

Vernichtung oder Veränderung der Urkunde setzt eine Handlung voraus, die in 24 einem Kausalverhältnis zur Absicht des Erblassers stehen muß, sein Testament (ganz oder teilweise) aufzuheben. Da die *Widerrufsabsicht* schnell und unüberlegt gefaßt werden kann, zwingt die *Vernichtungs-* oder *Veränderungshandlung* idR zu einer reiflicheren Überlegung (so zutreffend BGH JZ 1951, 591). Darin liegt die vom Gesetzgeber gewollte Sicherung vor unüberlegten Entschlüssen. Die Widerrufsabsicht muß **im Zeitpunkt der Vernichtungs- oder Veränderungshandlung** vorliegen. Auch muß der Erblasser zu diesem Zeitpunkt testierfähig sein. Eine lediglich zufällige Vernichtung der Testamentsurkunde durch den Erblasser oder eine Vernichtung bzw Veränderung im Zustand der Testierunfähigkeit stellt selbst bei nachträglicher Billigung im Zustand der Testierfähigkeit keinen wirksamen Widerruf dar. Es fehlt insoweit an der Handlung, die in dem erforderlichen Kausalverhältnis zur Aufhebungsabsicht des Erblassers steht (vgl BGH ebenda; aA R Schmidt JZ 1951, 745; MDR 1951, 324).

IV. Beweisfragen

1. Allgemeine Grundsätze

25 Im Prozeß hat derjenige, der sich auf die Gültigkeit eines Testaments beruft, dessen formwirksame Errichtung sowie den Inhalt zu beweisen. Rechtsvernichtende Tatsachen hat der Prozeßgegner zu beweisen. Im Erbscheinsverfahren ist der Sachverhalt von Amts wegen zu ermitteln. Es besteht zwar keine formelle Beweislast, aber Feststellungslast.

26 Die Feststellungslast trägt derjenige, der für sich Rechte aus dem Testament herleitet (BayObLGZ 1970, 173; BayObLG [6. 6. 1978] BReg 1 Z 59/78; Rpfleger 1980, 60; OLG Celle MDR 1962, 410). Wer sich zur Begründung seiner erbrechtlichen Ansprüche auf die Wirksamkeit einer Vernichtungshandlung beruft, trägt insoweit die Feststellungslast (BayObLG FamRZ 1992, 1350, 1351).

27 Ist das Testament objektiv vernichtet oder verändert, so spricht zwar der erste Anschein dafür, daß die Vernichtung oder Veränderung vom Erblasser herrührt (vgl zur Beweiswürdigung BayObLGZ 1983, 205), es besteht aber keine gesetzliche Vermutung dafür, daß der Verlust, die Unauffindbarkeit oder der gegenwärtige Zustand der Urkunde, auf eine Handlung des Erblassers zurückzuführen ist (Mot V 302; OLG Celle MDR 1962, 410; OLG Hamm NJW 1974, 1827; KG OLGZ 1975, 355; BayObLG [28. 12. 1979] BReg 1 Z 75/79; Rpfleger 1980, 60; OLG Düsseldorf NJW-RR 1994, 142). Die Beweislast für die Urheberschaft der Widerrufshandlung trägt derjenige, der die Aufhebung des Testaments behauptet (Mot V 302; RG JW 1912, 798; DRW 1944, 842; OLG Dresden ZBlFG 1914, 593 [über die Notwendigkeit des Nachweises dafür, daß etwaiges Durchstreichen vom Erblasser herrührt]; LANGE/KUCHINKE § 36 II 2 b; OLG Frankfurt Rpfleger 1978, 310; OLG Saarbrücken DNotZ 1950, 68, das hervorhebt, die Anforderungen an die Beweisführung seien nicht allzu hoch zu spannen, uU müßten schon gewisse Indizien ausreichen, um den Nachweis aufgrund tatsächlicher Vermutungen für erbracht zu erachten; so schon RG SeuffBl 78, 16).

28 Das Nachlaßgericht muß vom Weiterbestehen des Testaments ausgehen, falls sich bei den von Amts wegen angestellten Ermittlungen kein Beweis für eine Vernichtung der Testamentsurkunde durch den Erblasser ergibt (OLG Hamm DNotZ 1950, 43). Allein die Unauffindbarkeit der Originalurkunde begründet keine Vermutung, daß diese vom Erblasser selbst in Widerrufsabsicht vernichtet worden ist (BayObLG NJW-RR 1992, 1358 mwN).

29 Die Ermittlungen des Nachlaßgerichts sind erst abzuschließen, wenn von weiteren Ermittlungen kein sachdienliches, die Entscheidung beeinflussendes Ergebnis zu erwarten ist (BGHZ 40, 54; BayObLGZ 1971, 147; 1974, 95).

2. Vermutung der Widerrufsabsicht (S 2)

30 Nach den allgemeinen Grundsätzen müßte derjenige die Widerrufsabsicht beweisen, der sich auf den Widerruf des Testaments beruft. Das Gesetz stellt in S 2 jedoch eine beweislastumkehrende Vermutung auf. Hat der Erblasser nachweislich selbst oder durch ein Werkzeug die Testamentsurkunde vernichtet bzw verändert, so wird die Aufhebungsabsicht vermutet. Die Widerrufsabsicht wird immer vermutet, wenn die

7. Titel.
Errichtung und Aufhebung eines Testaments

§ 2255
31–34

Vernichtungs- oder Veränderungshandlung vom Erblasser herrührt. Die Vermutung kann auch bei Handlungen des Erblassers widerlegt werden (BayObLG FamRZ 1990, 1283 = NJW-RR 1990, 1481). Die Frage, ob die Vernichtung oder Veränderung der Urkunde vom Erblasser selbst vorgenommen worden ist, ist Tatfrage, die mit allen zulässigen Beweismitteln bewiesen bzw widerlegt werden kann.

3. Unfreiwilliger Verlust

Ein **ohne Willen** des Erblassers **vernichtetes, verlorenes** oder nicht **auffindbares** Testament **bleibt gültig** (BayObLG FamRZ 1985, 194 mwN). Die Beweis- und Feststellungslast für die *Wahrung der Formerfordernisse* sowie den *behaupteten Inhalt* trägt derjenige, der Rechte aus dem Testament herleitet (BayObLG FamRZ 1985, 194, mwN; NJW-RR 1992, 654; OLG Frankfurt Rpfleger 1978, 310; OLG Düsseldorf NJW-RR 1994, 142 mwN). Hierzu kann er sich aller zulässigen Beweismittel bedienen (BayObLG Rpfleger 1980, 60; FamRZ 1986, 1043, 1044 mwN; OLG Hamm NJW 1974, 1827; OLG München HRR 1936 Nr 270; OLG Saarbrücken, DNotZ 1950, 68: eigenhändige Abschrift, mittels Kohlepapier angefertigte Durchschrift; OLG Zweibrücken NJW-RR 1987, 1158 [auch Zeugenaussagen]; BayObLG NJW-RR 1992, 1358 [einfache Fotokopie der Urschrift]; bei einfacher Kopie fordert OLG Köln NJW-RR 1993, 970 zu Recht „Strengbeweis"; zum gemeinschaftlichen Testament: FamRZ 1989, 1234). Er muß aber nicht die Fortgeltung bis zum Tode des Erblassers beweisen (OLG Zweibrücken NJW-RR 1987, 1158 dazu HOHLOCH JuS 1987, 994 mwN). Läßt sich nur ein Teil des Testamentsinhalts feststellen, so ist dieser wirksam, falls der Wille des Erblassers ersichtlich ist, daß dieser Teil auch ohne den nicht feststellbaren gültig sein soll (BGH NJW 1955, 460 = LM Nr 1 zu § 2085; dazu a BayObLGZ 1967, 206; JOHANNSEN WM 1971, 408). An den Nachweis der Gültigkeit und des Inhalts eines in Urschrift nicht mehr vorhandenen Testaments sind strenge Anforderungen zu stellen (BayObLG FamRZ 1990, 1162; OLG Köln NJW-RR 1993, 970). 31

Gem §§ 823, 826, 249 S 1 besteht gegenüber demjenigen, der ein Testament beseitigt hat, ein Anspruch, den Zustand herzustellen, der bestehen würde, wenn der zum Ersatz verpflichtende Umstand nicht eingetreten wäre; dazu gehört auch die Auskunftserteilung über den Inhalt (RGZ 108, 7; RG LZ 1927 Sp 742 f). 32

V. Widerruf des Widerrufs

Ein Widerruf nach § 2255 kann nicht widerrufen, sondern nur nach § 2078 ff angefochten werden (dazu RGZ 102, 69). 33

VI. Widerruf gemeinschaftlicher Testamente

Wechselbezügliche Verfügungen können nicht einseitig durch einen Ehegatten in der Form des § 2255 widerrufen werden. Gemeinsam können die Ehegatten ein gemeinschaftliches Testament dadurch widerrufen, daß sie die Testamentsurkunde einvernehmlich vernichten oder an ihr Veränderungen vornehmen (BayObLG MDR 1981, 933). Jeder Ehegatte kann seine eigenen einseitigen Verfügungen auch ohne Zustimmung des anderen Ehegatten und sogar noch nach dessen Tod in der Form des § 2255 widerrufen, solange das Testament nicht an das Nachlaßgericht abgeliefert ist (PALANDT/EDENHOFER Rn 15). Dabei ist aber zu beachten, daß die Erklärungen des 34 anderen Ehegatten von der Veränderung nicht betroffen sein dürfen (vgl im übrigen zum Widerruf gemeinschaftlicher Testamente STAUDINGER/KANZLEITER[12] §§ 2270–2272).

VII. Ersetzung zerstörter Testamente

35 Für die Ersetzung zerstörter oder abhandengekommener öffentlicher Testamente gilt § 46 BeurkG. Danach kann die ganz oder teilweise zerstörte Urschrift einer notariellen Niederschrift durch eine noch vorhandene Ausfertigung oder beglaubigte Abschrift der Urschrift ersetzt werden (Einzelheiten s § 46 BeurkG). Die Bestimmung findet keine Anwendung auf zerstörte oder abhandengekommene eigenhändige Testamente, auch nicht, wenn sie sich in amtlicher Verwahrung befunden haben. Ist ein öffentliches Testament aus politischen Gründen unverwendbar geworden, so ist § 46 BeurkG entspr anwendbar (s KG JR 1952, 443 für die frühere VO v 18. 6. 1942 [RGBl I 395]).

36 **VIII.** Über **Rechtsmittel** gegen die Ablehnung der Ersetzung s § 54 BeurkG.

IX. DDR-Recht

37 Der Vorschrift entsprach § 387 Abs 3 ZGB (dazu Vorbem 89 ff zu §§ 2229 ff und ebenda Rn 58 ff zur teilweisen Fortgeltung des DDR-Rechts).

§ 2256

[1] **Ein vor einem Notar oder nach § 2249 errichtetes Testament gilt als widerrufen, wenn die in amtliche Verwahrung genommene Urkunde dem Erblasser zurückgegeben wird. Die zurückgebende Stelle soll den Erblasser über die im Satz 1 vorgesehene Folge der Rückgabe belehren, dies auf der Urkunde vermerken und aktenkundig machen, daß beides geschehen ist.**

[2] **Der Erblasser kann die Rückgabe jederzeit verlangen. Das Testament darf nur an den Erblasser persönlich zurückgegeben werden.**

[3] **Die Vorschriften des Absatzes 2 gelten auch für ein nach § 2248 hinterlegtes Testament; die Rückgabe ist auf die Wirksamkeit des Testaments ohne Einfluß.**

Materialien: E I § 1935; II § 2123; III § 2229; Mot V 302; Prot V 353. 1. Denkschr d ErbRA (1937) 98; Amtl Begr z TestG DJ 1938, 1258.

Systematische Übersicht

I. Textgeschichte _____ 1	IV. Regelungsinhalt	
	1. Widerruf durch Rücknahme _____ 6	
II. Grundsätzliches _____ 3	a) Rücknahmegegenstand _____ 6	
	b) Besondere amtliche Verwah-	
III. Normzweck _____ 5	rung _____ 9	

c)	Rückgabeverlangen	10	V. Anfechtung	21
d)	Testierfähigkeit	12		
e)	Tatsächliche Rückgabe	13	VI. Verfahren	22
f)	Rechtsfolge	17		
2.	Rücknahme des eigenhändigen Testaments (Abs 3)	18	VII. Rückgabegebühr	24
3.	Rücknahme einer übergebenen Schrift	19	VIII. DDR-Recht	25

I. Textgeschichte

§ 2256 entspricht der ursprünglichen Fassung, jedoch mit der Erweiterung, daß die **1** Belehrungspflicht des Abs 1 S 2 durch § 34 TestG neu eingeführt und später übernommen wurde. Das GesEinhG übernahm den Wortlaut des § 34 Abs 1-3 TestG bei Wiedereingliederung in das BGB.

Das BeurkG strich in Abs 1 die Worte: *„vor einem Richter oder"*. § 68 Abs 3 BeurkG **2** bestimmt dazu:

„§ 2256 Abs 1, 2 des Bürgerlichen Gesetzbuchs gilt auch für Testamente, die vor dem Inkrafttreten dieses Gesetzes vor einem Richter errichtet worden sind."

Dadurch soll klargestellt werden, daß die **Rücknahme** aus der amtlichen Verwahrung auch **weiterhin** ein nach altem Recht wirksam **vor dem Richter errichtetes Testament widerruft** (dazu ZIMMERMANN Rpfleger 1970, 193).

II. Grundsätzliches

Die **Rückgabe** der in amtliche Verwahrung genommenen Urkunde an den Erblasser **3** persönlich auf dessen Verlangen stellt die **dritte Art des Widerrufs** dar. Da es sich um eine gesetzliche Fiktion (KIPP/COING § 31 II 3; DITTMANN/REIMANN/BENGEL Rn 2) handelt, braucht der Erblasser *keine Widerrufsabsicht* zu haben. Sein entgegenstehender Wille ist bedeutungslos. Das Gesetz stellt die Fiktion unbedingt auf (vgl Mot V 302; AHAMMER 26 ff) und knüpft sie lediglich an die unten dargelegten objektiven Voraussetzungen. Die Rücknahme wirkt als Verfügung von Todes wegen, da sie das Gesetz mit den Wirkungen einer solchen (§ 2254) ausgestattet hat (BGHZ 23, 207, 211; BayObLGZ 1960, 494; 1973, 35), unabhängig davon, ob man sie als rechtsgeschäftliche Willenserklärung ansieht (KG JFG 21, 323; OLGZ 1970, 240; vLÜBTOW I 244; MERLE AcP 171, 492, 509). Die hM (unten Rn 21; STAUDINGER/OTTE[12] § 2078 Rn 10 mN) läßt daher eine Anfechtung der Rücknahme gem § 2078 zu (dazu BayObLG NJW-RR 1990, 1481, 1482).

Die Rücknahme aus der amtlichen Verwahrung ist keine letztwillige Verfügung, so **4** daß die Rücknahme nicht nach § 2257 widerrufen werden kann (BayObLG NJW-RR 1990, 1481, 1482; dazu § 2257 Rn 4). Weil die Rücknahmewirkung zwingend ist, ist die Bezugnahme oder Verweisung auf ein durch Rücknahme bereits widerrufenes öffentliches Testament insoweit unwirksam (ebenso SCHUBERT JR 1981, 24, 25; **aA** LANGE/ KUCHINKE § 19 III 1 Fn 38 unter Hinweis auf GRUNDMANN AcP 187, 429, 438; vgl dazu auch § 2247 Rn 68). Problematisch ist die Rücknahmewirkung bei einem öffentlichen Testament, auf das der Testator zu einem Zeitpunkt, als es sich noch in der Verwahrung befand, in einem anderen Testament wirksam verwiesen hat. Man wird hier die Rechtsfolgen des § 2256 auch auf das verweisende Testament erstrecken müssen (SCHUBERT JR 1981, 25) und bei einem Irrtum des Erblassers über die Wirkungen der Rücknahme ein Anfechtungsrecht gem § 2078 gewähren.

III. Normzweck

5 Zweck der Vorschrift ist der **Schutz vor Fälschungen öffentlicher Testamente** (zur Geschichte der Bestimmung sowie zur ratio legis KIPP/COING § 31 II 3). Gewährleistet wird dies durch die bis zur Eröffnung ununterbrochene besondere amtliche Verwahrung notarieller Testamente beim Amtsgericht. Der Erblasser soll auch bei amtlicher Verwahrung verhindern können, daß ein inhaltlich überholtes Testament gegen seinen Willen eröffnet und verkündet wird. Daher kann er jederzeit die Rückgabe verlangen. Die Rückgabe muß an den Erblasser persönlich erfolgen, damit sichergestellt ist, daß er die Rückgabe auch noch im Zeitpunkt der Aushändigung der Testamentsurkunde will (BGH NJW 1959, 2113; OLG Saarbrücken NJW-RR 1992, 586).

IV. Regelungsinhalt

1. Widerruf durch Rücknahme

a) Rücknahmegegenstand

6 Es muß sich um ein Testament (KG JFG 17, 237 = DNotZ 1938, 450; für gemeinschaftliche Testamente beachte die Sonderregelung in § 2272; zum Erbvertrag FASSBENDER MittRhNotK 1989, 125) handeln, das vor einem Notar oder nach § 2249 errichtet worden ist.

7 Während § 68 Abs 3 BeurkG klarstellt, daß die Vorschrift für alle bis zum 31. 12. 1969 vor einem Richter errichteten Testamente entsprechend gilt, fehlt eine solche Vorschrift für konsularische Testamente (vgl SOERGEL/HARDER Rn 2). Die konsularischen sind jedoch unstreitig öffentliche Testamente, die von Konsularbeamten als Trägern deutscher Hoheitsgewalt im Ausland aufgenommen werden (dazu Vorbem 41 ff zu §§ 2229 ff); nach § 10 Abs 2 KonsularG stehen die von einem Konsularbeamten aufgenommenen Urkunden den notariellen Urkunden gleich. Die konsularischen Testamente sind ebenfalls in die besondere amtliche Verwahrung zu geben (§§ 10 Abs 3, 11 Abs 1 KonsularG iVm § 34 BeurkG). § 2256 findet daher ohne Einschränkung entsprechende Anwendung (ebenso SOERGEL/HARDER Rn 2; MünchKomm/BURKART Rn 2; PALANDT/EDENHOFER Rn 1).

8 Ein Widerruf in der Form des § 2256 ist nicht möglich für das eigenhändige Privattestament (§ 2247) sowie für die gem §§ 2250 Abs 2, 2251 errichteten Testamente, die nicht in die besondere amtliche Verwahrung genommen werden müssen.

b) Besondere amtliche Verwahrung

9 Das Testament muß sich in besonderer amtlicher Verwahrung (nicht einfacher Urkundenverwahrung) befinden (vgl dazu RG WarnR 1913 Nr 245; BGH NJW 1959, 2113; Begriff der amtlichen Verwahrung, Verfahren: §§ 2258 a, b; § 34 BeurkG; § 27 Ziff

3 ff AktO). Der Notar muß also ein vor ihm errichtetes Testament dem Verwahrungsgericht abgeliefert haben.

c) Rückgabeverlangen
Der Erblasser selbst muß **persönlich** die Rückgabe verlangen (OLG Saarbrücken NJW- **10** RR 1992, 586). Dies folgt schon aus der Wirkung der Rücknahme als Widerruf einer letztwilligen Verfügung. Das Rückgabeverlangen kann nicht durch Boten oder Vertreter gestellt werden. Nur an die Rückgabe auf das höchstpersönliche Verlangen des Erblassers knüpft das Gesetz die bezeichnete Fiktion (vgl BGH NJW 1959, 2113). Für das Verlangen ist keine besondere Form vorgeschrieben. Der Erblasser muß keine Widerrufsabsicht haben. Das Rückgabeverlangen kann nach Abs 2 S 1 jederzeit gestellt werden. Erfolgt eine **Aushändigung versehentlich**, zB bei Einsichtnahme, ohne vom Erblasser gestelltes Rückgabeverlangen, so tritt die Rechtsfolge des § 2256 nicht ein.

Der Notar kann die Rückgabe eines von ihm beurkundeten Testaments nicht verlan- **11** gen. Hat er das Testament in die amtliche Verwahrung des Gerichts gegeben, so hat er keinerlei Recht mehr an der Urkunde und kann auch nicht die Versendung an ein anderes Gericht verlangen, um die Urkunde einzusehen (KG RJA 8, 36).

d) Testierfähigkeit
Der Erblasser muß **im Zeitpunkt der Rückgabe** testierfähig sein, weil in diesem Zeit- **12** punkt die Widerrufswirkung eintritt (vgl RG JW 1903, 299; 1904, 47). Bei der Rückgabe ist die Testierfähigkeit des Erblassers *zu prüfen* (KG JW 1935, 3559). Ist der Rechtspfleger von der Testierunfähigkeit überzeugt, so hat er die Rückgabe zu verweigern. Hat der Rechtspfleger begründete Zweifel an der Testierfähigkeit, kann er Vorlage eines ärztlichen Attestes verlangen. Eine **Rückgabe an einen Testierunfähigen darf nicht erfolgen**. Erfolgt sie dennoch, so bleibt das öffentliche Testament wirksam. Unschädlich ist die fehlende Testierfähigkeit bei Abgabe der Erklärung des Rückgabeverlangens, wenn der Erblasser im Zeitpunkt der Rückgabe testierfähig ist (dazu DITTMANN/REIMANN/BENGEL Rn 9, 11; vLÜBTOW NJW 1968, 1851).

e) Tatsächliche Rückgabe
Die Rückgabe an den Erblasser muß **tatsächlich erfolgen**, allein das Rückgabeverlan- **13** gen genügt als Widerruf nicht (BGH NJW 1959, 2113). Die Urkunde darf dem Erblasser **nur persönlich zurückgegeben** werden (so ausdrücklich Abs 2 S 2). Nicht genügt (wie nach PrALR) die Aushändigung an einen durch notariell beglaubigte oder beurkundete Vollmacht legitimierten Vertreter. Erfolgt die Übergabe gleichwohl an einen Bevollmächtigten oder an einen sonstigen Dritten, so tritt die Widerrufswirkung nicht ein (OLG Zweibrücken NJW-RR 1992, 586). Der Verwahrungsbeamte – Rechtspfleger – hat daher neben der allgemeinen Testierfähigkeit auch die Identität des Erblassers mit dem die Rückgabe Verlangenden festzustellen.

Verlangt der Erblasser die Rückgabe, kann er jedoch wegen einer körperlichen **14** Behinderung – eine zeitlich beschränkte Behinderung wegen Erkrankung reicht aus – nicht persönlich vor Gericht erscheinen, so *muß sich der Verwahrungsbeamte zu ihm begeben*. Eine **Übersendung** durch die Post ist **unzulässig**, die Widerrufswirkung würde damit entfallen (KG JW 1935, 3559; vgl Mot V 303 u Prot V 354). Die Rückgabe kann auch im Wege der Rechtshilfe und des behördlichen Ersuchens erfolgen. § 27

AktO Ziff 8 regelt die aktenmäßige Behandlung des Rechtshilfevorgangs (dazu FIRSCHING/GRAF 196 f). Rückgabe an den im Ausland wohnenden Testator erfolgt durch Vermittlung des deutschen Konsuls (dazu KG OLGE 30, 215).

15 Keine Rückgabe iS des § 2256 stellt die Gewährung einer Einsichtnahme in den Testamentsinhalt dar (OLG Dresden OLGE 16, 264; ZENGER BayNotZ 21, 19; vgl dazu § 2258 b Rn 18). Erfolgt bei Einsichtnahme versehentlich die Rückgabe, so treten die Rechtsfolgen des § 2256 ebenso wenig ein wie bei Rückgabe an einen unberechtigten Dritten (vgl OLG Zweibrücken NJW-RR 1992, 586). Nimmt der Erblasser bei Einsichtnahme das Testament dagegen heimlich oder gewaltsam an sich, so ist § 2256 aufgrund seines Normzwecks entsprechend anwendbar.

16 Wird bei der Herausgabe das Testament verwechselt, dessen Rückgabe verlangt war und erfolgen sollte, so ist § 2256 nicht anwendbar (Mot V 302).

f) **Rechtsfolge**

17 Die ordnungsgemäße Rückgabe aus der amtlichen Verwahrung wirkt als Widerruf. Diese Rechtsfolge tritt auch **gegen den ausdrücklich erklärten Willen des Erblassers** ein. Die einmal eingetretene Widerrufswirkung kann vom Erblasser nicht wieder beseitigt werden, es sei denn, das Testament (übergebene Schrift) genügt auch den Erfordernissen des § 2247. Keine Heilung des Widerrufs tritt dadurch ein, daß die zurückgegebene Urkunde erneut in amtliche Verwahrung genommen wird (dazu PLANCK/STRECKER Anm 6 mN). Auch ein testamentarischer Widerruf (§ 2254) des durch die Rücknahme erfolgten Widerrufs ist nicht möglich (OLG Hamburg OLGE 34, 307).

2. **Rücknahme des eigenhändigen Testaments (Abs 3)**

18 Die Rücknahme eines nach § 2248 amtlich verwahrten **eigenhändigen Testaments** ist nach Abs 3 auf die Wirksamkeit des Testaments ohne Einfluß. Da die Rücknahme nicht als Widerruf wirkt, braucht die Geschäftsfähigkeit des Erblassers vom Rechtspfleger nicht geprüft zu werden. Das Rückgabeverlangen kann vom Erblasser jederzeit gestellt werden. Die Rückgabe darf nur an ihn persönlich erfolgen.

3. **Rücknahme einer übergebenen Schrift**

19 Strittig ist, ob § 2256 Abs 1 auch eingreift, wenn das Testament **als eigenhändiges formgültig errichtet** war und *nur zur Sicherheit* die **Übergabe der Schrift an den Notar gem §§ 2231 Nr 1, 2232** erfolgte. Die Rückgabe hat zwar die zwingende Wirkung des Widerrufs von Testamenten, die in amtliche Verwahrung genommen werden müssen, nicht aber sonstiger Testamente. Daher ist nach einer Ansicht das Testament als privatschriftliches Testament weiterhin wirksam (STAUDINGER/FIRSCHING[12] Rn 14; PLANCK/STRECKER Anm 5 sowie § 2231 Anm III 2 mN; LANGE/KUCHINKE § 36 III 2 b; PEISER 358 Nr 3; CROME § 649 Nr 75; COSACK II, 2 § 123 Nr I 2 c; AHAMMER 22; KÜNTZEL Gruchot 41, 601; COHN DNotZ 1914, 353; BayNotV 1922, 306). Nach der überwiegenden Gegenansicht bleibt es unwirksam (LEONHARD II A; KRETZSCHMAR § 21 Nr 20; BGB-RGRK/KREGEL Rn 10; ERMAN/M SCHMIDT Rn 4; PALANDT/EDENHOFER Rn 1; MünchKomm/BURKART Rn 4; DITTMANN/REIMANN/BENGEL Rn 7; KIPP/COING § 31 II 3 Fn 18; SCHLÜTER § 21 II 2 b).

20 Eigene Stellungnahme: Es wird zu differenzieren sein. Auszugehen ist von der ratio

legis des § 2256. Ein öffentliches Testament wird zum Schutz des Erblassers und der Bedachten nur dann als zuverlässig erachtet, wenn es sich ohne Unterbrechung in amtlicher Verwahrung befunden hat (KIPP/COING § 31 II 3). Der Gesetzgeber wollte die Fälschungsgefahr beim öffentlichen Testament ausschließen, etwa durch Austausch maschinengeschriebener Seiten. Dieser Normzweck trifft auf das eigenhändige Testament nicht zu.

Daraus ergibt sich: Ist die Rückgabe im vom Notar verschlossenen Testamentsumschlag erfolgt – der Erblasser braucht der Öffnung nicht zuzustimmen – und enthält dieser Umschlag ein privatschriftliches Testament, so bleibt es solange **unwirksam**, wie es sich in dem mit dem Rückgabevermerk versehenen Testamentsumschlag befindet. Der Rückgabevermerk dokumentiert den Widerruf und wirkt wie ein auf einem verschlossenen Testamentsumschlag eines eigenhändigen Testaments vom Erblasser eigenhändig geschriebener Widerruf. Entnimmt der Erblasser das eigenhändige Testament dem verschlossenen Umschlag, so ist das Entfernen des mit dem Rückgabevermerk versehenen Testamentsumschlags genauso zu bewerten, wie das Durchstreichen eines Ungültigkeitsvermerkes oder das Entfernen eines Ungültigkeitsvermerkes auf einem privaten Testamentsumschlag. Das nach seiner äußerlichen Fassung formentsprechende eigenhändige Testament wird durch Loslösung von dem den Ungültigkeitsvermerk tragenden Umschlag wieder wirksam. Der Erblasser kann über diese Privaturkunde beliebig verfügen, zB auch Änderungen, Streichungen oder Ergänzungen daran vornehmen oder es vernichten.

Ist der vom Notar verschlossene Testamentsumschlag bei der Rückgabe geöffnet und auf dem eigenhändigen Testament der Rückgabevermerk eingetragen, dann wirkt dieser Rückgabevermerk als Widerruf. Die Widerrufswirkung kann vom Erblasser durch einfaches Durchstreichen des Vermerks oder ggf durch Gültigkeitsvermerk aufgehoben werden (ebenso SOERGEL/HARDER Rn 7). Dies folgt daraus, daß der Erblasser unstreitig frühere eigenhändig errichtete Schriften für ein späteres Testament verwenden kann. Die Vorschrift des § 141 ist nicht anwendbar (aA SOERGEL/HARDER Rn 7), da sie eine Neuvornahme des Rechtsgeschäfts, also eine Neuerrichtung des eigenhändigen Testaments voraussetzt.

Ist der vom Notar verschlossene Umschlag geöffnet und befindet sich das eigenhändige Testament als verschlossene Schrift in einem vom Erblasser verschlossenen Umschlag, dann ist diese Urkunde wirksam und für den Erblasser als Privaturkunde verfügbar, sobald sie dem verschlossenen notariellen Testamentsumschlag entnommen ist.

Für diese differenzierte Lösung sprechen nicht nur dogmatische, sondern letztlich auch praktische Erwägungen, da zB bei Übergabe einer verschlossenen Schrift und deren Rückgabe von dritter Seite nicht feststellbar sein wird, ob es sich bei dem eigenhändigen Testament um die verwahrte und zurückgegebene Schrift handelt.

V. Anfechtung

Streitig ist die Zulässigkeit einer Anfechtung der Rücknahme gem § 2078 (dafür: RGZ 102,69; OLG Dresden JW 1934, 2635; KG JFG 21, 323; DNotZ 1942, 186; NJW 1970, 612; BayObLGZ 1960, 490; MAERZ 55; STAUDINGER/OTTE[12] § 2078 Rn 10 mN; dagegen: MAENNER LZ 1925,

509; KIPP/COING § 31 II 3; vLÜBTOW NJW 1968, 1851). Läßt man die Anfechtung zu, so wird der Normzweck, ein öffentliches Testament durch ununterbrochene amtliche Verwahrung vor Fälschungen zu schützen, zwar durchbrochen, doch aus beachtlichen Gründen. Ein notarielles Testament ist auch gültig, wenn und solange es sich noch nicht in amtlicher Verwahrung befindet. Daher ist die **amtliche Verwahrung keine Formwirksamkeitsvoraussetzung** des notariellen Testaments (anders § 373 Abs 2 ZGB). Bejaht man die Möglichkeit einer Anfechtung aus § 2078 (zB Erblasser ist zu der Rücknahme durch unrichtige Erwartungen über den weiteren Verlauf eines ihm bekannten Vorfalls [KG DRW 1942, 143] oder widerrechtlich durch Drohung bestimmt worden [BayObLGZ 1960, 494]), so wird man auch dem KG (JFG 21, 323 mit Hinweis auf KIPP [8. Aufl] § 21 A 14) darin zustimmen, ein Irrtum über die rechtliche Bedeutung der Rücknahme als eines Widerrufs rechtfertige die Anfechtung (zust LANGE/KUCHINKE § 36 II 3 u III 2 b m Übersicht über Streitstand in Fn 58).

VI. Verfahren

22 § 27 Nr 9 AktO (Ordnungsvorschrift!) sieht eine **Niederschrift** über den Hergang vor (zum Ablauf des Verfahrens vgl FIRSCHING/GRAF 195 ff). Darin ist der nach § 2256 Abs 1 S 2 vorgesehene *Belehrungsvermerk* aufzunehmen. Ein entspr Vermerk ist auf die Testamentsurkunde zu setzen. Unterbleibt die Belehrung, so wird damit die Widerrufswirkung nicht hinfällig. Allerdings kann eine Schadensersatzpflicht entstehen.

23 Zurückzugeben sind sämtliche Schriftstücke, die sich in der amtlichen Verwahrung befanden, also auch Protokoll und sonstige Anlagen. Zur Öffnung des Verschlusses der Urkunde ist der Verwahrungsbeamte nicht befugt, sofern der Erblasser nicht zustimmt (GRANICKY Rpfleger 1957, 246; FISCHER ebenda 1958, 177; über Vorlage zur Einsicht FIRSCHING/GRAF 194 f; zum Herausgabeverfahren s ferner § 2258 b).

24 VII. Eine **Rückgabegebühr** fällt nicht an.

VIII. DDR-Recht

25 Der Vorschrift entsprach § 387 Abs 2 Ziff 2 ZGB. Im Unterschied zum BGB galt die Widerrufswirkung durch Rücknahme auch für das (als Zweizeugentestament geregelte) Nottestament (dazu Vorbem 92 zu §§ 2229 ff und ebenda Rn 58 ff zur teilweisen Fortgeltung des DDR-Rechts).

§ 2257

Wird der durch Testament erfolgte Widerruf einer letztwilligen Verfügung widerrufen, so ist im Zweifel die Verfügung wirksam, wie wenn sie nicht widerrufen worden wäre.

Materialien: E I § 1933 Abs 2; II § 2124; III § 2230; Mot V 298; Prot V 352; 1. Denkschr d ErbrA (1937) 99; Amtl Begr z TestG DJ 1938, 1258.

7. Titel.
Errichtung und Aufhebung eines Testaments

I. Textgeschichte

Der Regelungsinhalt steht im Gegensatz zum E I und folgt gemeinrechtlichen **1** Grundsätzen (vgl Mot V 298, 299; Prot V 353). § 2257 entspricht § 35 TestG sowie der ursprünglichen Fassung der Bestimmung mit der Maßgabe, daß die ursprünglich zwingende Regelung durch die Einfügung der Worte „*im Zweifel*" in § 35 TestG und nach dessen Übernahme in den jetzigen § 2257 in eine widerlegbare Vermutung abgeändert worden ist.

II. Normzweck

Aufgrund der Testierfreiheit kann der Erblasser seinen letzten Willen jederzeit abän- **2** dern. Dementsprechend gestattet die Vorschrift, daß auch ein Widerrufstestament jederzeit aufgehoben werden kann. Gleichzeitig enthält die Vorschrift eine widerlegbare Vermutung bezüglich der Rechtsfolge eines solchen Widerrufs.

III. Regelungsinhalt

1. Widerrufstestament

Die Vorschrift regelt den **Widerruf des Widerrufstestaments**. Voraussetzung ist daher, **3** daß ein Widerrufstestament gem § 2254 vorliegt. Nur ein solches kann nach § 2257 widerrufen werden. Der Widerruf eines in einem Testament erklärten *Rücktritts vom Erbvertrag* (vgl BayObLG MittBayNot 1989, 322) kann nicht nach § 2257 widerrufen werden, da der Rücktritt vom Erbvertrag kein Widerrufstestament gem § 2254 beinhaltet. Ein andersartiger Widerruf (durch Veränderung oder Vernichtung der Urkunde, § 2255 – oder Rückgabe aus amtlicher Verwahrung, § 2256; dazu Rn 4) kann formell überhaupt nicht, materiell – allerdings ohne rückwirkende Kraft – nur durch neue Testamentserrichtung widerrufen werden (OLG Hamburg OLGE 34, 307; BayObLGZ 1973, 35 [insoweit, was § 2256 angeht, in Ablehnung von KG OLGZ 1970, 243 = NJW 1970, 612], BayObLG: „keine weite Auslegung des Begriffes ‚Testament' in § 2257 BGB – die Widerrufswirkung der Rücknahme bezweckt die erhebliche Gefahr der Verfälschung des regelmäßig maschinengeschriebenen öffentlichen Testaments nach der Rückgabe zu vermeiden"; RIEDEL NJW 1970, 1280; MERLE AcP 171, 486; DITTMANN/REIMANN/BENGEL Rn 5 ff). Das nach § 2254 widerrufene Testament darf daher nicht gleichzeitig oder später zusätzlich nach § 2255 (Veränderung, Vernichtung) oder § 2256 (Rückgabe aus amtlicher Verwahrung) widerrufen worden sein.

Die **Rücknahme eines Testaments aus der amtlichen Verwahrung** wirkt nach § 2256 zwar **4** als Widerruf; sie ist aber kein Testament und **kann** daher **nicht** gem § 2257 **widerrufen werden** (BayObLG NJW-RR 1990, 1481, 1482). Dagegen kann ein neues Testament durch formgerechte offene oder verschlossene Übergabe des zurückerhaltenen Schriftstücks in der Form des § 2231 Abs 1 errichtet werden.

2. Widerruf des Widerrufstestaments

Der **Widerruf** des Widerrufstestaments kann **in allen** drei vom Gesetz vorgesehenen **5** **Formen** nach §§ 2254, 2255, 2256 erfolgen. Möglich ist auch, daß der Erblasser durch

Zusätze oder Nachträge auf dem widerrufenen Testament dieses wieder in Kraft setzt, sofern er die Zusätze erneut unterschreibt (BayObLG NJW-RR 1992, 1225).

6 Bildet der Text des Widerrufs mit dem ursprünglichen Schriftstück ein einheitliches Ganzes, so kann die Form einer Neuerrichtung nach § 2247 gewahrt sein (s § 2247 Rn 46 f; VOGELS/SEYBOLD § 35 Rn 5 unter Hinweis auf KG DNotZ 1943, 39: Erblasser datiert das Testament neu und unterschreibt es; SCHLÜTER, § 21 III 1; LANGE/KUCHINKE § 36 III 1). Ein Zusatz als Gültigkeitsvermerk und eine erneute Unterschrift (aus Beweisgründen möglichst mit Datum) ist erforderlich (BayObLG NJW-RR 1992, 1225, 1226).

7 Zerreißt zB ein Erblasser in Aufhebungsabsicht ein Testament und klebt es dann wieder zusammen, so liegt kein Widerruf iS des § 2257, aber auch keine Neuerrichtung vor. Legt der Erblasser dieses nach § 2255 widerrufene Schriftstück in einen verschlossenen Umschlag und versieht ihn mit dem **unterschriebenen** Vermerk „Mein Testament", so reicht diese eindeutige Erklärung für die Neuerrichtung eines Testaments aus (OLG Düsseldorf JZ 1951, 309; vgl dazu KG NJW 1970, 613), da der Erblasser sich zur Testamentserrichtung auch früherer eigenhändiger Aufzeichnungen bedienen darf.

3. Testierfähigkeit

8 Der Widerruf des Widerrufstestaments erfordert Testierfähigkeit. Die bis zum 31.12.1991 noch geltende *negative Testierfähigkeit* (§ 2253 Abs 2 aF) reichte zum Widerruf des Widerrufstestaments aus. Damit trat auch die gesetzliche Rechtsfolge des Wirksamwerdens des widerrufenen Testamentes ein. Da der Erblasser negativ testierfähig war, konnte er auch das Widerrufstestament widerrufen.

4. Rechtsfolge

9 Für das Widerrufstestament nach § 2254 ist als **gesetzliche Rechtsfolge** bestimmt, daß es **unwirksam** wird, wenn es selbst nach §§ 2254, 2255 oder 2256 widerrufen wird, und daß die zuerst widerrufene Verfügung wieder wirksam ist, als ob sie nie widerrufen worden wäre. Dogmatisch folgt daraus, daß durch einen Widerruf gem § 2254 das widerrufene Testament keineswegs nichtig, sondern nur schwebend unwirksam wird. Endgültige Unwirksamkeit tritt erst ein, wenn feststeht, daß das Widerrufstestament zum Zeitpunkt des Todes des Erblassers noch in Kraft ist, sofern nicht vorher ein anderer Unwirksamkeitsgrund eingreift (dazu auch vLÜBTOW NJW 1968, 1852; DITTMANN/REIMANN/BENGEL Rn 1; LANGE/KUCHINKE § 36 I 2 b).

10 Ist der Widerruf des ersten Widerrufstestaments auch durch ein Widerrufstestament gem § 2254 erfolgt und wird letzteres selbst widerrufen, so wird der erste Widerruf wieder gültig und die zuerst widerrufene letztwillige Verfügung wieder aufgehoben usw.

11 § 2257 stellt **keine zwingende Norm** dar. Es spricht nur eine **widerlegbare** tatsächliche **Vermutung** („im Zweifel") dafür, daß der Erblasser mit dem neuerlichen Widerruf die rückwirkende (ganze oder teilweise) Wiederherstellung des ursprünglichen Testaments bezweckt habe (amtl Begr DJ 1938, 1254). Deshalb ist zu empfehlen, bei einem Widerruf eines Widerrufstestaments vorsorglich klarzustellen, daß das mit dem Widerrufstestament ursprünglich widerrufene Testament wieder gelten soll. Da die Vorschrift kein zwingendes Recht enthält, kann der Erblasser bestimmen, daß trotz des Widerrufs des Widerrufstestaments das ursprüngliche Testament auch weiterhin ganz oder teilweise **nicht gelten** soll (so die überwiegende Meinung schon nach alter Rechtslage, als § 2257 noch zwingendes Recht war; vgl STAUDINGER/FIRSCHING[12] Rn 6 mN).

§ 2258

[1] Durch die Errichtung eines Testaments wird ein früheres Testament insoweit aufgehoben, als das spätere Testament mit dem früheren in Widerspruch steht.

[2] Wird das spätere Testament widerrufen, so ist im Zweifel das frühere Testament in gleicher Weise wirksam, wie wenn es nicht aufgehoben worden wäre.

Materialien: E I § 1936; II § 2125; III § 2231; Mot V 303; Prot V 354; 1. Denkschr d ErbrA (1937) 99; Amtl Begr z TestG DJ 1938, 1258.

I. Textgeschichte

§ 2258 entspricht wörtlich § 36 TestG. § 36 TestG hatte die zwingende Vorschrift des § 2258 aF in Abs 2 durch Einfügung der Worte „*im Zweifel*" in eine widerlegbare Vermutung abgemildert. 1

Die Regelung steht im Gegensatz zu denjenigen der meisten früheren Rechte (inbes des gemeinen Rechtes und des BLR Tl III cap 3 § 28 Nr 1, auch zu Art 511 Abs 1 des heutigen schweiz ZGB), aber in Übereinstimmung mit dem Code civil (Art 1036) und dem sächs BGB (vgl Mot V 304 über die Gründe der Regelung u MEISCHEIDER 518 ff über frühere Rechte). 2

II. Normzweck

Durch Abs 1 soll **verhindert** werden, daß **mehrere sich widersprechende Testamente nebeneinander Geltung** haben. Abs 2 entspricht dem Regelungsinhalt des § 2257, indem für sich widersprechende Testamente dieselbe Rechtsfolge wie für Widerrufstestamente angeordnet ist. 3

III. Grundsätzliches

Die Vorschrift regelt Testamente mit einem positiven Inhalt, der dem Inhalt eines früheren Testaments widerspricht, ohne es ausdrücklich zu widerrufen. Enthält das Testament neben den positiven Verfügungen auch einen Widerruf, so gilt § 2254 (vgl dazu BayObLG FamRZ 1990, 1283 = NJW-RR 1990, 1481). Bei ausdrücklich geregeltem Widerruf gem § 2254 ist für die Anwendung des § 2258 Abs 1 kein Raum (BayObLG FamRZ 1993, 605, 606). 4

5 Die Aufhebung nach § 2258 Abs 1 ist keine rechtsgeschäftliche, sondern folgt kraft Gesetzes aus dem Widerspruch zwischen dem späteren und dem früheren Testament (BGH NJW 1981, 2745; NJW 1987, 902; JAUERNIG/STÜRNER Rn 1).

IV. Regelungsinhalt

1. Mehrere Testamente

6 Es müssen mehrere, **zeitlich nacheinander** errichtete Testamente bei Eintritt des Erbfalls vorliegen. Die Vorschrift findet auf alle Testamentsformen des früheren oder späteren Testaments Anwendung, also auch auf gemeinschaftliche Testamente (BayObLG NJW-RR 1991, 645, wobei die Bindung nach § 2271 Abs 2 zu beachten ist) sowie auf Erbverträge entsprechend (vgl BayObLG FamRZ 1994, 190).

2. Wirksames späteres Testament

7 Erforderlich ist die Wirksamkeit des späteren Testaments (KG DNotZ 1956, 564). Gilt es gem § 2252 Abs 1 wegen Zeitablaufs als nicht errichtet, so kann es das frühere Testament nicht aufheben. Bleiben die Verfügungen des späteren Testaments nur aus *tatsächlichen Gründen* ohne Wirkung, zB weil der Bedachte ausschlägt, den Eintritt des Erbfalls nicht erlebt oder für erbunwürdig erklärt wird, ist die Anwendung des § 2258 Abs 1 nicht ausgeschlossen (vgl STROHAL § 42 Nr 6; PLANCK/STRECKER Anm 2; BGB-RGRK/KREGEL Rn 4).

8 Bei Unwirksamkeit eines Testaments wegen fehlender Testierfähigkeit, ist bei bis zum 31.12.1991 errichteten Testamenten zu prüfen, ob diese nicht nach § 2254 iVm § 2253 Abs 2 aF wirksam sind, falls der Inhalt zugleich einen Widerruf enthält (Frage der Auslegung) (BayObLGZ 1956, 377; zust DITTMANN/REIMANN/BENGEL Rn 3; LANGE/KUCHINKE § 36 II 4). Ergibt sich aus dem Inhalt des Testaments, daß der Widerruf ohne die positiven Verfügungen nicht erfolgt wäre, so kann ein Widerrufstestament nach § 2254 nicht angenommen werden.

9 Ist das spätere Testament abhanden gekommen und läßt sich nur der negative Inhalt, frühere Verfügungen von Todes wegen zu widerrufen, nicht dagegen der positive Inhalt ermitteln, so ist der Widerruf unwirksam, wenn anzunehmen ist, daß der Erblasser das alte Testament ohne wirksame Errichtung eines neuen nicht widerrufen hätte (vgl KG JW 1935, 3122).

3. Inhaltlicher Widerspruch

10 Ein inhaltlicher Widerspruch liegt vor, wenn die letztwilligen Anordnungen **sachlich nicht übereinstimmen**, sich also gegenseitig ausschließen. Der Widerspruch kann sich auch durch Weglassung einer Anordnung (zB der Ersatzerbenbestimmung, vgl OLG Köln NJW-RR 1992, 1418) bei im übrigen wortgetreuer Wiederholung des früheren Testamentstextes in dem späteren Testament ergeben. Selbst bei sachlicher Übereinstimmung kann ein Widerspruch vorliegen, wenn sich im Wege der Auslegung des späteren Testaments ergibt, daß es allein und ausschließlich gelten soll (BGH LM Nr 1 zu § 2258; LM Nr 2 zu § 2258 = NJW 1981, 2745, 2746; BayObLG DNotZ 1989, 583, 584; FamRZ 1992, 607; zur Auslegung teilweise widerrufener Testamente durch das Revisionsgericht vgl BGH

NJW-RR 1992, 775). Eine ausschließliche Geltung des späteren Testaments ist dann beabsichtigt, wenn die teilweise weitere Geltung des früheren Testaments dem im späteren Testament geäußerten Erblasserwillen zuwiderliefe (BGH LM Nr 2 zu § 2258 = NJW 1981, 2745; LM Nr 3 zu § 2258 = NJW 1985, 969). Ein solcher Erblasserwille ist insbesondere dann anzunehmen, wenn im späteren Testament eine umfassende und abschließende Regelung erfolgen sollte (BGH LM Nr 3 zu § 2258 = NJW 1985, 969; BayObLG DNotZ 1989, 583, 584; FamRZ 1990, 1281, 1283).

Doch auch, wenn keine umfassende Neuregelung vorliegt, sondern der Erblasser nur für einen bestimmten **Teilbereich** eine abschließende erbrechtliche Regelung vorgenommen hat, greift § 2258 („insoweit") ein (vgl BGH NJW 1985, 969). Das frühere Testament wird dann durch das spätere nicht vollständig, sondern nur bezüglich des neu geregelten Teilbereichs aufgehoben. **11**

Ob und inwieweit ein Widerspruch anzunehmen ist, richtet sich nach dem Erblasserwillen, der den Verfügungen zugrunde liegt (zu dessen Ermittlung vgl STAUDINGER/OTTE[12] Vorbem 23 zu §§ 2064 ff; RG WarnR 1913 Nr 230; 1931 Nr 12; s ferner RG BayZ 1908, 182; KG RJA 9, 85; OLG Colmar ZBlFG 1916, 233; HEINSHEIMER DJZ 1906 Sp 796; OLG Dresden JFG 3, 161). Ob sich der Erblasser des Widerspruchs seines späteren Testaments mit seinem früheren bewußt geworden ist und somit die **Rechtsfolge** des **§ 2258 gewollt** hat, ist **unerheblich** (s dazu OLG Bamberg BayZ 1907, 374; BGH LM Nr 1 zu § 2258). Auch wenn der Erblasser *an seine frühere Verfügung überhaupt nicht gedacht* hat, greift die *gesetzliche* Rechtsfolge des § 2258 ein (BayObLG DNotZ 1989, 583 mwN; NJW-RR 1990, 203 mwN). Ging die Absicht des Erblassers dahin, die älteren Verfügungen zu beseitigen oder einzuschränken und den neuen die maßgebende Bedeutung beizulegen, dann liegt ein Widerruf nach § 2254 BGB vor (dazu KG JW 1935, 3122; BGH LM Nr 1 zu § 2258; BayObLGZ 1956, 377; 1965, 86, 91; OLG Hamm DNotZ 1972, 101). **12**

Es ist keine Voraussetzung für die Anwendung des § 2258, daß im späteren Testament der Wille des Erblassers zum Ausdruck kommt, auch über Gegenstände, über die er im früheren Testament bereits verfügte, anderweitig zu verfügen (aA OLG Dresden ZBlFG 1910, 349). Vielmehr kann sich ein Widerspruch durch jede inhaltliche Abweichung des späteren vom früheren Testament ergeben. **13**

4. Rechtsfolge

Das frühere Testament wird durch ein späteres des Erblassers **nur insoweit aufgehoben, als es mit dem früheren in Widerspruch steht** (dazu auch BayObLG NJW-RR 1987, 267). „Die neue positive Anordnung, in der die Aufhebung der früheren Verfügung enthalten ist, bildet mit der Aufhebung ein einheitliches und untrennbares Ganzes. Diejenigen Gründe, die den neuen positiven Anordnungen die Wirksamkeit entziehen, bringen für den Regelfall zugleich die mit den letzteren verbundene Aufhebung der früheren Verfügungen zum Falle" (Mot V 303). Aus § 2258 ergibt sich, daß mehrere letztwillige Verfügungen nebeneinander Geltung haben, soweit nicht die ausschließliche Geltung des späteren Testaments nach dessen Inhalt notwendig ist (Mot aaO; BayObLG Rpfleger 1979, 123). **14**

Die beschränkte Aufhebung des früheren Testaments nach Abs 1 kann aber eine weitere Wirkung haben: Steht nur eine der im früheren Testament enthaltenen Ver- **15** fügungen im Widerspruch zum späteren Testament, so sind auch die übrigen Verfügungen dann unwirksam, wenn anzunehmen ist (§ 2085), daß der Erblasser das Testament ohne die unwirksame Verfügung nicht errichtet hätte (vgl STROHAL § 42 Nr 5 a). Die Unwirksamkeit einer in einem Testament enthaltenen Erbeinsetzung bewirkt auch die Unwirksamkeit des in dieser Erbeinsetzung enthaltenen Widerrufs (vgl dagegen LG Leipzig JW 1922, 629 m abl Anm HERZFELDER).

V. Mehrere Testamente desselben Errichtungsdatums

16 Mehrere Testamente desselben Errichtungsdatums werden selbst bei eigenhändigen Testamenten äußerst selten vorliegen. Das Gesetz hat diesen Fall daher nicht geregelt (Mot V 304). Es entscheidet der aus den Umständen zu ermittelnde Wille des Erblassers. Für keines von mehreren Testamenten desselben Errichtungsdatums spricht die tatsächliche Vermutung, daß es allein den tatsächlichen Willen des Erblassers enthält (BayObLG NJW-RR 1989, 1092). Läßt sich nicht feststellen, welches der mit demselben Datum abgefaßten Testamente früher errichtet worden ist, so **gelten** diese Testamente **als gleichzeitig errichtet** (KG HRR 1942 Nr 755; NJW-RR 1991, 392; BayObLG RPfleger 1979, 123).

17 Widersprüche zwischen beiden Testamenten können grds nicht nach § 2258 behandelt werden (so aber STELLWAAG MDR 1991, 501), weil diese Vorschrift ein früheres und ein späteres Testament voraussetzt, bei demselben Errichtungsdatum aber idR nicht feststellbar ist, in welcher Reihenfolge die Niederschriften abgefaßt wurden. Läßt sich diese durch Auslegung der Testamentsinhalte ermitteln (Beispiel: Das eine Testament nimmt inhaltlich Bezug auf das andere), so greift auch bei demselben Errichtungsdatum § 2258 ein, da die Vorschrift nur ein früheres und ein späteres Testament voraussetzt. Die vereinzelt vorgeschlagene (SCHNEIDER MDR 1990, 1086 ff; ebenso Notariat Gernsbach [Beschl v 4. 12. 1992] BWNotZ 1993, 61) anteilmäßige Verteilung des Nachlasses auf die in den sich widersprechenden Testamenten gleichen Datums Bedachten kann nur dann erfolgen, wenn die Testamente trotz des Widerspruchs nebeneinander gelten können, nicht aber, wenn sie sich inhaltlich ausschließen (was in dem Beispielsfall SCHNEIDERS [verschiedene Erbeinsetzungen] der Fall ist). Zu prüfen ist, ob in den sich widersprechenden Testamenten als übereinstimmender Inhalt eine Enterbung enthalten ist. Können die Testamente trotz teilweisen Widerspruchs nebeneinander gelten, ist der Widerspruch so zu behandeln, als ob er in demselben Testament stünde (STAUDINGER/FIRSCHING[12] Rn 12 u Hinw a das gemeine Recht und WINDSCHEID/KIPP § 565 Anm 8, 9; LG Düsseldorf NJW 1953, 508 [HITLERS Privattestament]; BayObLG FamRZ 1991, 237), sofern nicht ein entgegenstehender Erblasserwille anzunehmen ist. Schließen sich die Verfügungen inhaltlich in der Weise aus, daß sie nicht in demselben Testament stehen können (Beispiel: in jedem der Testamente ist eine andere Person zum alleinigen und unbeschränkten Erben eingesetzt), so ist der Rechtsgedanke des § 2247 Abs 5 entsprechend anwendbar (dazu § 2247 Rn 109), da die genaue Errichtungszeit (eines der beiden Testamente muß vom Erblasser später errichtet sein) nicht zu ermitteln ist und sich hieraus Zweifel über die Gültigkeit des Testaments ergeben (gegenseitige Aufhebung sich widersprechender Testamente desselben Errichtungsdatums nehmen auch an BayObLG Rpfleger 1979, 123; KG NJW-RR 1991, 392; JAUERNIG/STÜRNER § 2247 Anm 3; jew ohne sich auf § 2247 Abs 5 zu berufen).

VI. Undatierte Testamente

Liegen mehrere undatierte, sich widersprechende Testamente vor und kann der Zeitpunkt ihrer Errichtung nicht ermittelt werden, so heben sie sich, soweit der Widerspruch reicht, gegenseitig auf (§ 2247 Abs 5; bei Vorliegen eines datierten und eines undatierten Testamentes beachte die Ausführungen § 2247 Rn 115).

VII. Inhaltsgleiche Testamente

Liegen mehrere an einem oder verschiedenen Tagen errichtete inhaltlich gleiche, formgerechte Testamente vor, so sind alle wirksam. Das Erbrecht der eingesetzten Erben beruht auf jedem einzelnen Testament (dazu KG JFG 18, 333; BayObLGZ 1965, 86, 91 sowie § 2247 Rn 104).

VIII. Widerruf der späteren Verfügung

Abs 2 setzt ein durch testamentarische Aufhebung unwirksames Testament und den Widerruf der Aufhebung voraus. Der Wortlaut deutet zwar nur auf eine Aufhebung durch Widerruf nach § 2258 Abs 1 hin. Abs 2 ist aber auch anwendbar, wenn die testamentarische Aufhebung durch Widerruf nach § 2254 erfolgt ist. Wird das spätere (Widerrufs-)Testament widerrufen, so ist das frühere Testament infolge eines solchen Widerrufs in gleicher Weise wirksam, als ob es nie aufgehoben worden wäre, sofern nicht auch ein Widerruf des früheren Testaments hinzukommt. Abs 2 begründet, wie die Neufassung klarstellt, eine widerlegbare Vermutung. Der Wille des Erblassers, daß das frühere Testament unwirksam bleiben soll, muß sich aber positiv feststellen lassen (OLG Hamm Rpfleger 1983, 401). Der Wille muß zumindest im Wege der Auslegung an Hand äußerer Erklärungstatbestände nachweisbar sein. Hatte der Erblasser das frühere Testament vergessen, so kann ein solcher Wille nicht ausgebildet sein, so daß es bei der gesetzlichen Vermutung des Abs 2 verbleibt (OLG Hamm aaO).

Der Widerruf der späteren Verfügung kann in jeder der drei Formen der §§ 2254, 2255, 2256 erfolgen.

IX. Beweisfragen

Eine förmliche Beweislast desjenigen, der eine Testamentsaufhebung nach § 2258 behauptet, besteht nicht. Die Auslegung der beiden letztwilligen Verfügungen obliegt dem Gericht von Amts wegen. Eine Vermutung für das Fortbestehen der früheren Verfügungen besteht nicht, es muß aber, wenn sie als außer Kraft getreten gelten sollen, eine spätere Verfügung festgestellt sein, neben der sie nicht bestehen können (RG JW 1916, 405 m Anm KRETZSCHMAR).

X.

Zur **Prüfungspflicht des Grundbuchrichters** hinsichtlich des Verhältnisses eines späteren zu einem früheren Testament (s KG JFG 18, 332; Einzelheiten bei DEMHARTER § 35 GBO Rn 31 ff).

XI. DDR-Recht

24 Der Regelung des § 2258 Abs 1 entsprach § 387 Abs 2, Ziff 1, 2. Alt (dazu Vorbem 89 ff zu §§ 2229 ff und ebenda Rn 58 ff zur teilweisen Fortgeltung des DDR-Rechts).

§ 2258 a

[1] **Für die besondere amtliche Verwahrung der Testamente sind die Amtsgerichte zuständig.**

[2] **Örtlich zuständig ist:**
1. wenn das Testament vor einem Notar errichtet ist, das Amtsgericht, in dessen Bezirk der Notar seinen Amtssitz hat;
2. wenn das Testament vor dem Bürgermeister einer Gemeinde oder dem Vorsteher eines Gutsbezirks errichtet ist, das Amtsgericht, zu dessen Bezirk die Gemeinde oder der Gutsbezirk gehört;
3. wenn das Testament nach § 2247 errichtet ist, jedes Amtsgericht.

[3] **Der Erblasser kann jederzeit die Verwahrung bei einem anderen Amtsgericht verlangen.**

Materialien: Amtl Begr z TestG DJ 1938, 1258.

I. Textgeschichte

1 Die **ursprüngliche Fassung** des BGB enthielt keine Zuständigkeitsbestimmung für die Verwahrung von Testamenten, sondern überließ die Regelung dem jeweiligen Landesrecht (zum früheren Landesrecht vgl STAUDINGER/FIRSCHING[12] Rn 2; zur geschichtlichen Entwicklung der amtlichen Verwahrung s MAERZ 1 ff).

2 Durch §§ 37, 38 **TestG** wurde eine einheitlich geltende Zuständigkeitsregelung geschaffen (§§ 37–47 TestG sind in Österreich nicht in Kraft getreten [§ 50 Abs 2 TestG]).

3 Durch das GesEinhG v 5. 3. 1953 wurden die Vorschriften als §§ 2258 a, 2258 b, 2300 in das BGB eingefügt.

4 Da seit Einführung des **Beurkundungsgesetzes** Testamente nicht mehr vor einem Richter errichtet werden können, strich § 57 Abs 3 Nr 12 BeurkG die ursprüngliche Nr 1 („*wenn das Testament vor einem Richter errichtet ist, das Amtsgericht, dem der Richter angehört*"); die Nrn 2, 3, 4 wurden Nrn 1, 2, 3. Des weiteren wurde Abs 4 („*Das Gericht, welches das Testament in Verwahrung nimmt, hat, wenn der Erblasser seinen Wohnsitz in dem Bezirk eines anderen Gerichts hat, diesem von der Verwahrung Nachricht zu geben*") aufgehoben. Abs 4 wurde im Hinblick auf die in der bundeseinheitlichen Bekanntmachung über die Benachrichtigung in Nachlaßsachen (heute idF v 30. 11. 1979 und Änderungen v 5. 8. 1981 u 15. 5. 1984 [abgedruckt bei FIRSCHING/GRAF 500 ff,

Anhang 4]) vorgesehene Benachrichtigungspflicht entbehrlich (Einzelheiten s ZIMMERMANN Rpfleger 1970, 194).

II. Grundsätzliches

Die Vorschrift regelt die **sachliche** und **örtliche** Zuständigkeit für die **besondere amtliche Verwahrung** von Testamenten. Im Unterschied zum eigenhändigen Testament kann der Erblasser das öffentliche Testament nicht selbst verwahren. Nach § 34 Abs 1 BeurkG hat der Notar zu veranlassen, daß das Testament (Abs 2: Erbverträge) unverzüglich in besondere amtliche Verwahrung gebracht wird. Die besondere amtliche Verwahrung ist *keine nachlaßgerichtliche Verrichtung* (vgl KG OLGE 6, 179, 180; Rpfleger 1972, 406), denn sie erfolgt zu Lebzeiten des Erblassers, so daß es an einem örtlich zuständigen Nachlaßgericht (§ 73 FGG) fehlt (HansOLG Hamburg Rpfleger 1985, 194).

Als **Besonderheiten** sind zu beachten:

In **Baden-Württemberg** sind die Notariate für die besondere amtliche Verwahrung zuständig, § 1 Abs 1, 2; §§ 38, 46 Abs 3 LFGG (s OLG Stuttgart BWNotZ 1977, 175; OLG Karlsruhe BWNotZ 1977, 174; RICHTER Rpfleger 1975, 417 f; HÖRER BWNotZ 1977, 87).

Vor **Konsularbeamten** gem § 10 Abs 3 KonsularG errichtete Testamente sind dem AG Berlin-Schöneberg zur besonderen amtlichen Verwahrung zu übermitteln (dazu § 11 KonsularG; zur Verwahrung öffentlicher **Militärtestamente** s STAUDINGER/FIRSCHING[11] Rn 5. Urkunden, die nach § 13 ErbhRVO errichtet wurden, waren in die besondere amtliche Verwahrung des AG zu nehmen).

III. Normzweck

Die besondere amtliche Verwahrung dient sowohl dem **öffentlichen Interesse** (Mot V 296) als auch dem **Sicherungsinteresse des Erblassers** und der durch das Testament **Begünstigten**. Die strengen Formen der besonderen amtlichen Verwahrung sichern den letzten Willen des Erblassers vor der Gefahr eines *Verlustes*, einer *Beschädigung*, einer *Veränderung* der Urkunde sowie der *Einsichtnahme durch Dritte*.

IV. Regelungsinhalt

1. Amtsgericht

Nach Abs 1 sind die **Amtsgerichte** grundsätzlich im ganzen Bundesgebiet zur besonderen amtlichen Verwahrung von Testamenten **sachlich ausschließlich** zuständig (Ausnahmen oben Rn 6).

Die **örtliche** Zuständigkeit bestimmt sich **nach Abs 2**, ist jedoch **keine ausschließliche** (vgl Abs 3).

2. Besondere amtliche Verwahrung – Begriff

Besondere amtliche Verwahrung bedeutet im Gegensatz zur gewöhnlichen amtlichen Verwahrung (vgl zB § 2259 Abs 2) eine **besonders qualifizierte, strengere Verwahrung**, die die *größtmögliche Sicherheit* bietet (Mot V 296). Der Testamentsinhalt soll geheim gehalten, nachträgliche Einwirkungen unmöglich gemacht werden (dazu Ross JR 1949, 143; KG OLGE 16, 54). Sie ist vorgeschrieben bei Testamenten, die nach §§ 2232, 2249, 2250 Abs 1 oder § 10 Abs 3 KonsularG errichtet werden. Eigenhändige Testamente werden nur auf Verlangen des Erblassers in besondere amtliche Verwahrung genommen, § 2248 (für Erbverträge s § 2277; zum aufgehobenen Erbvertrag FASSBENDER MittRhNotK 1989, 125).

3. Benachrichtigungspflichten

11 Zu beachten ist die Pflicht zur Mitteilung an den Standesbeamten des Geburtsortes bzw bei Geburtsorten außerhalb der Bundesrepublik Deutschland an die Testamentskartei in Berlin-Schöneberg gem der gemeinsamen bundeseinheitlichen Bekanntmachung über die Benachrichtigung in Nachlaßsachen idF v 30. 11. 1979 und Änderungen v 5. 8. 1981 u 15. 5. 1984 (abgedruckt bei FIRSCHING/GRAF 500 ff, Anhang 4). Die Bestimmungen sollen die Benachrichtigung des Nachlaßgerichts vom Tod des Erblassers sicherstellen bzw das Auffinden der letztwilligen Verfügungen erleichtern.

4. Anderes Amtsgericht

12 Der Erblasser kann nach Abs 3 jederzeit (bei oder nach Inverwahrnahme) formlos die Verwahrung bei einem anderen AG verlangen. Der überlebende Ehegatte kann die Änderung jedoch nicht mehr nach Eröffnung des gemeinschaftlichen Testaments, die überlebende Erbvertragspartei nicht mehr nach Eröffnung des Erbvertrages verlangen. In diesen Fällen wird die Urkunde in die Verwahrung des Nachlaßgerichts genommen (§ 27 Ziff 4 AktO. Aktenmäßige Behandlung der Erledigung dieses Verlangens § 27 Ziff 7 AktO; dazu FIRSCHING/GRAF 193 f; vgl auch § 2261 Rn 17).

V. DDR-Recht

13 In der ehemaligen DDR und in Ost-Berlin waren die staatlichen Notariate für alle im Zusammenhang mit der Errichtung, Verwahrung und Eröffnung eines Testaments oder Erbvertrages vormals den Gerichten übertragenen Angelegenheiten zuständig (§ 2 VO über die Errichtung und Tätigkeit des Staatlichen Notariats v 15. 10. 1952 [GBl 1055] iVm § 3 VO über die Übertragung der Angelegenheiten der FG v 15. 10. 1952 [GBl 1057]; beide Verordnungen in Kraft ab 15. 10. 1952; ab 5. 2. 1976 galt § 24 NotariatsG v 5. 2. 1976 [GBl I 93]). Konsularische Testamente wurden vom staatlichen Notariat Berlin-Mitte verwahrt (§ 22 KonsularG v 22. 5. 1957 [GBl 313]). Nach dem 3. 10. 1990 wurden die hinterlegten Testamente an die zuständigen Kreisgerichte bzw das Amtsgericht Berlin-Schöneberg herausgegeben. Die Kreisgerichte nahmen die Funktionen der Verwahrungsgerichte bis zur Neubildung von Amtsgerichten wahr (s Vorbem 75, 81 zu §§ 2229 ff).

§ 2258 b

[1] Die Annahme zur Verwahrung sowie die Herausgabe des Testaments ist von dem Richter anzuordnen und von ihm und dem Urkundsbeamten der Geschäftsstelle gemeinschaftlich zu bewirken.

[2] Die Verwahrung erfolgt unter gemeinschaftlichem Verschluß des Richters und des Urkundsbeamten der Geschäftsstelle.

[3] Dem Erblasser soll über das in Verwahrung genommene Testament ein Hinterlegungsschein erteilt werden. Der Hinterlegungsschein ist von dem Richter und dem Urkundsbeamten der Geschäftsstelle zu unterschreiben und mit dem Dienstsiegel zu versehen.

Materialien: Amtl Begr z TestG DJ 1938, 1258.

Systematische Übersicht

I. Textgeschichte	b) Rückgabe an den Erblasser	16
1. Testamentsgesetz	1	c) Herausgabe zur Testamentseröffnung	17
2. GesEinhG	2	3. Einsichtnahme	18
3. Beurkundungsgesetz	3	4. Rechtsmittel	22
II. Grundsätzliches	4	V. Erbverträge
III. Normzweck	6	1. Annahme	23
		2. Herausgabe	25
IV. Regelungsinhalt		VI. Gebühr	26
1. Annahme	7	
2. Herausgabe	15	VII. DDR-Recht	27
a) Allgemeines	15	

I. Textgeschichte

1. § 38 TestG führte die Bestimmung neu ein. Vorher gab es über das Verfahren bei der besonderen amtlichen Verwahrung nur landesrechtliche Vorschriften. **1**

2. Das **GesEinhG** v 5.3.1953 übernahm den Inhalt des § 38 TestG in dem neu **2** eingefügten § 2258 b, strich jedoch die Worte „oder des Erbvertrages" (s nunmehr §§ 2277, 2300) sowie den Satz: „Bei der Führung des Verwahrungsbuchs sind die Vermerke über die Annahme und die Herausgabe von dem Amtsrichter und dem Urkundsbeamten der Geschäftsstelle zu unterschreiben".

3. Das **BeurkG** spaltete den früheren Abs 2 in zwei Teile. S 2 wurde gestrichen **3** und in stilistisch geänderter Form in Abs 3 S 2 übernommen. Abs 3 S 1 entspricht dem aufgehobenen § 2246 Abs 2 S 2.

II. Grundsätzliches

4 Die Vorschrift regelt das Verfahren für die **Annahme** und die **Herausgabe** sämtlicher Testamente, die zur besonderen amtlichen Verwahrung kommen, gleichgültig ob eine Ablieferungsfrist besteht oder ob sie freiwillig in amtliche Verwahrung gebracht werden. (Den Verlauf des formellen Verfahrens im einzelnen bestimmen § 27 Nr 3 ff AktO. Die technische Durchführung der besonderen amtlichen Verwahrung ist in § 27 Ziff 4 AktO geregelt. Vgl dazu die Beispiele in FIRSCHING/GRAF 182 ff; zu den Voraussetzungen der besonderen amtlichen Verwahrung vgl §§ 2248, 2249, 2250 Abs 2, §§ 2277, 2300; § 34 BeurkG, § 10 Abs 3, § 11 Abs 2 KonsularG; die Zuständigkeit bestimmt sich nach § 2258 a).

5 Die Aufgaben nach §§ 2258 a–2264, 2300, 2300 a sind gem § 3 Abs 1 Nr 2 c RPflG dem **Rechtspfleger** übertragen.

III. Normzweck

6 Die Vorschrift soll durch möglichst sichere Verfahrensvorschriften über die Annahme zur Verwahrung und die Herausgabe von Testamenten gewährleisten, daß sowohl die *Interessen des Erblassers* (Geheimhaltung und Schutz seines letzten Willens), als auch die *öffentlichen Interessen der Rechtspflege* an einem geordneten Verwahrungsverfahren gesichert werden.

IV. Regelungsinhalt

1. Annahme

7 Der Notar, Konsul oder Bürgermeister, der das Testament beurkundet hat, soll dasselbe (nicht Anlagen) in einen vorgesehenen **Umschlag** nehmen, diesen **mit dem Prägesiegel verschließen, beschriften** und veranlassen, daß das Testament unverzüglich in besondere amtliche Verwahrung gebracht wird, §§ 2249, 2250 Abs 1; § 34 BeurkG (Erbvertrag: § 2277; §§ 10 Abs 3, 11 Abs 2 KonsularG nebst AV v 20. 12. 1974 [GMBl 1975, 76], idF v 22. 6. 1976 [GMBl 355] u § 27 Nr 14 AktO; dazu § 27 Nr 4 AktO iVm der bundeseinheitlichen Bek über die Benachrichtigung in Nachlaßsachen idF v 30. 11. 1979 zuletzt geändert durch Bek v 15. 5. 1984 Wortlaut s FIRSCHING/GRAF 500 ff [Anhang 4]).

8 Die Urkundsperson kann das Testament dem zuständigen AG auch durch die Post zur Verwahrung übersenden (so schon KG OLGE 1, 294 f; dazu [abgedruckt bei FIRSCHING/ GRAF 34 ff] die Entschl des BStMdI v 24. 8. 1970 Nr I B1–3002–11/5 MABl 1970, 657 [Aufnahme von Nottestamenten durch die Bürgermeister] Nr 10 Abs 4: „... Versendet der Bürgermeister die Niederschrift mit der Post, dann soll er die Sendung gegen Verlust sichern [Einschreiben oder Wertbrief]"). Der Notar ist verpflichtet, ein von ihm zur amtlichen Verwahrung eingereichtes Testament erneut mit seinem Prägesiegel zu verschließen, wenn bei der Übersendung an das Gericht das Prägesiegel in einer den Namen des Notars unkenntlich machenden Weise beschädigt worden ist. Verweigert der Notar die Herstellung des neuen Verschlusses, so ist das Gericht dennoch verpflichtet, das Testament in amtliche Verwahrung zu nehmen (KG RJA 8, 257).

Ein Erblasser, der ein privatschriftliches Testament in besondere amtliche Verwahrung bringen will, braucht dasselbe nicht persönlich abzuliefern, sondern kann sich eines Boten oder der Post bedienen (das AG verfährt hier nach § 27 Nr 3 AktO). **9**

Die Annahme verfügt der *Rechtspfleger*. Dieser hat keine Prüfungspflicht, ob es sich **10** um ein gültiges Testament handelt. Es genügt, wenn sich die Urkunde, soweit ersichtlich, nur äußerlich als letztwillige Verfügung darstellt. **Zu prüfen** hat der Rechtspfleger, **ob** die **sachliche** und **örtliche Zuständigkeit** gegeben ist und ob die vom Notar, Konsul oder Bürgermeister **zu beachtenden Förmlichkeiten** *(Beschriftung des Testamentsumschlags, Verschluß mit Prägesiegel)* beachtet sind (DITTMANN/REIMANN/BENGEL Rn 2). Ersieht der Rechtspfleger, daß ein privatschriftliches Testament mit einem formellen Mangel behaftet ist, so ist es ein *nobile officium*, die Beteiligten darauf hinzuweisen. Eine **Belehrungspflicht** über die eventuelle Formungültigkeit besteht für den Rechtspfleger **nicht**.

Über das in amtliche Verwahrung genommene Testament soll dem Erblasser, auch **11** ohne daß er es verlangt, ja selbst wenn er darauf verzichtet, ein **Hinterlegungsschein** erteilt werden. Die Vorschrift fügte die II. Komm ein (vgl Prot V 351). Die Bestimmung ist von Bedeutung wegen des in § 2256 Abs 2 dem Erblasser gewährten Rechts, jederzeit die Rückgabe des in amtliche Verwahrung genommenen Testaments zu verlangen.

Der Hinterlegungsschein ist vor der Rückgabe einer Verfügung von Todes wegen **12** zurückzufordern. Von ihm zu unterscheiden ist die Empfangsbestätigung für Notar oder Bürgermeister gem § 27 Nr 6 AktO.

Unter § 2258 b fällt **nicht die Ablieferung** eines Testaments **nach dem Tode** des Erblas- **13** sers (vgl § 2259). Solche Verfügungen werden nicht zur besonderen amtlichen Verwahrung gebracht, sondern bis zu ihrer Eröffnung von der Geschäftsstelle des Nachlaßgerichts bei den anzulegenden Akten (vgl dazu § 27 Nr 11 AktO) oder aber in einem sicheren Raum (vgl zB AV v 3.12.1938, DJ 1932 – in Bayern ersetzt durch Bek v 28.10.1980 [JMBl 227] – s FIRSCHING/GRAF 203 Fn 39) aufbewahrt. Hierfür fallen keine besonderen Gebühren an.

Gemeinschaftliche Testamente und Erbverträge sind nach Eröffnung beim Tode des **14** Erstversterbenden in die besondere amtliche Verwahrung zurückzubringen (s STAUDINGER/KANZLEITER[12] § 2273 Rn 16).

2. Herausgabe

a) Allgemeines

Die Herausgabe aus der besonderen amtlichen Verwahrung ist ebenfalls durch den **15** Rechtspfleger anzuordnen und von ihm und dem Urkundsbeamten der Geschäftsstelle gemeinsam zu bewirken. Auch bei der Herausgabe ist zwischen Anordnung der Herausgabe und technischer Durchführung der Anordnung zu unterscheiden (Einzelheiten geben § 27 Nr 5 ff AktO; s dazu FIRSCHING/GRAF 194 ff; zur Eröffnung nach dem Tod des Erblassers s §§ 2260, 2261, 2263 a, 2273, 2300, 2300 a; § 27 Nr 10 AktO).

b) Rückgabe an den Erblasser

16 Der Erblasser kann nach § 2256 Abs 2 **jederzeit** die **Rückgabe** aus der amtlichen Verwahrung **verlangen**. Ein gemeinschaftliches öffentliches oder eigenhändiges Testament kann **nur von beiden Ehegatten** zurückgenommen werden, § 2272.

c) Herausgabe zur Testamentseröffnung

17 Zum Zwecke der Testamentseröffnung hat das verwahrende Gericht die Testamente **an das Nachlaßgericht** herauszugeben, sobald es Kenntnis vom Tod des Erblassers erlangt (über die Behandlung von Testamenten, die sich seit mehr als 30 Jahren, und von Erbverträgen, die sich seit mehr als 50 Jahren in amtlicher Verwahrung befinden, s §§ 2263 a, 2300 a; § 27 Nr 10 AktO; AV d RJM v 23.9.1939 DJ 1558; dazu Firsching/Graf 200 ff).

3. Einsichtnahme

18 Keine Herausgabe iS des § 2258 b mit der Wirkung des § 2256 stellt die Gewährung von Einsichtnahme an den **Erblasser** (nicht beurkundenden Notar, KG RJA 8, 36) in den Inhalt des zur besonderen amtlichen Verwahrung genommenen Testament dar (wegen Öffnung eines verwahrten Testaments zum Zwecke der Einsichtnahme durch den Erblasser s KG OLGE 9, 411; KG JW 1927, 1650; Zenger BayNotZ 1921, 19 im Gegensatz zu Reichold ebenda 1920, 149). Die **Einsicht** ist nur dem Erblasser zu gestatten, ebenso ist **Abschrift** zu erteilen (KG JW 1927, 1650). Das Erbrechen des Verschlusses zu solchen Zwecken ist keine Zurücknahme des Testaments (vgl § 2256 Rn 15).

19 Hinsichtlich der **Unversehrtheit** der verwahrten Urkunden sind entspr Vorsichtsmaßregeln zu treffen. Über den Vorgang der Einsichtnahme ist zweckmäßigerweise eine **Niederschrift** aufzunehmen (weitere Einzelheiten s Firsching/Graf 194).

20 Bei gemeinschaftlichen Testamenten und Erbverträgen genügt der Antrag eines Beteiligten auf Einsichtnahme. Einverständnis des anderen ist nicht notwendig (über das Verfahren im einzelnen s Firsching/Graf 194).

21 Zulässig ist auch die nochmalige Öffnung und Einsichtnahme in ein eröffnetes, sodann wiederum verschlossenes und in die besondere amtliche Verwahrung zurückgebrachtes gemeinschaftliches Testament oder einen Erbvertrag durch das Nachlaßgericht zur Feststellung der Erbfolge beim ersten Todesfall (KGJ 35, 103; 37, 127; zur Einsichtnahme in eröffnete Testamente s § 2264 Rn 11 ff).

4. Rechtsmittel

22 Weigert sich das Gericht, ein Testament in Verwahrung zu nehmen oder herauszugeben, so haben sowohl der Testator als auch der Notar (Konsul, Bürgermeister) das Recht der Beschwerde (vgl KG OLGE 16, 49, 53).

V. Erbverträge

1. Annahme

23 Auch Erbverträge sind **grds** in die **amtliche Verwahrung** zu geben. Ein Erbvertrag wird nur dann nicht in besondere amtliche Verwahrung genommen, wenn die Parteien (das Verlangen einer Partei genügt nicht) das Gegenteil verlangen (§ 34 Abs 2 BeurkG, § 16 Abs 2 DONot). Ein gemeinschaftliches öffentliches Testament ist immer in besondere Verwahrung zu nehmen, ein gemeinschaftliches privatschriftliches nur dann, wenn beide Ehegatten dies beantragen.

Über einen Erbvertrag wird **jedem der Vertragschließenden** (entsprechend beim **24** gemeinschaftlichen Testament beiden Erblassern – so a MAERZ 33) ein **Hinterlegungsschein** erteilt, § 2277 (zum Hinterlegungsschein § 27 Nr 6 AktO). Bei Not- und Konsulartestamenten beachte die in § 27 Nr 6 u § 14 AktO vorgeschriebenen Belehrungsvermerke.

2. Herausgabe

Beim Erbvertrag gilt eine Sonderregelung. Die besondere amtliche Verwahrung ist **25** hier aufzuheben, falls sämtliche Parteien dies verlangen. Die Urkunde wird jedoch nicht den Beteiligten ausgehändigt, sondern verbleibt in der einfachen Urkundenverwahrung der Stelle (Notar, Konsulat), vor der die Urkunde errichtet worden ist (s dazu KG Erl zu § 2300; BVerfG MittRhNotK 1989, 146; OLG Köln MittRhNotK 1989, 143; OLG Hamm MittRhNotK 1989, 146; vgl die beachtliche Kritik zu dieser Rspr v FASSBENDER MittRhNotK 1989, 125 sowie KG JFG 17, 237 = DNotZ 1938, 450). Die Hinterlegungsscheine sind zurückzugeben (§ 27 Nr 6 AktO). Damit **können die Urschriften von Erbverträgen den Beteiligten nicht ausgehändigt werden** und müssen – selbst gegen den ausdrücklich erklärten Willen der Erblasser – nach deren Tod miteröffnet werden. Da die Erblasser ein berechtigtes Interesse an der Nichteröffnung haben können, auf das vom Gesetz keine Rücksicht genommen wird, handelt es sich um einen – im Einzelfall auch schwerwiegenden – **Eingriff in die postmortale Privatsphäre des Erblassers**. Dem kann nicht entgegengehalten werden, daß die Erblasser freiwillig die Gestaltung durch Erbvertrag gewählt haben. Veränderte Lebensumstände (zB Trennung unverheirateter Paare) können eine Aufhebung des ursprünglich gewollten Erbvertrages rechtfertigen. (Ein gemeinschaftliches Testament kann von unverheirateten Paaren nicht errichtet werden. Die gewollte Bindung – mit Rücktrittsrecht [der Rücktritt muß dem anderen gegenüber erklärt werden] – läßt sich daher nur durch Erbvertrag herbeiführen). Die im aufgehobenen Erbvertrag enthaltenen, aufgrund Rücktritts oder gemeinsamen Widerrufs gegenstandslosen Regelungen können für den Erblasser von größter Vertraulichkeit sein, so daß sie Dritten – insbesondere seinen Erben – nicht offenbart werden sollen. Die gegenwärtigen gesetzlichen Bestimmungen sind bedenklich, da sie das **postmortale Persönlichkeitsrecht des Erblassers** sowie in Einzelfällen den **durch Art 6 GG gesicherten Schutz von Ehe und Familie** verletzen können. Es sind keine höherrangigen Rechtsgüter ersichtlich, die in derartigen Fällen die vorgenannten Grundrechtsbeeinträchtigungen durch Ungleichbehandlung zwischen öffentlichen Testamenten und Erbverträgen rechtfertigen könnten.

VI. Gebühr für die Verwahrung von Verfügungen von Todes wegen: § 101 KostO; **26** keine Gebühr für Rücknahme.

VII. Zum **DDR-Recht** s § 2258 a Rn 13. **27**

§ 2259

[1] Wer ein Testament, das nicht in besondere amtliche Verwahrung gebracht ist, im Besitz hat, ist verpflichtet, es unverzüglich, nachdem er von dem Tode des Erblassers Kenntnis erlangt hat, an das Nachlaßgericht abzuliefern.

[2] Befindet sich ein Testament bei einer anderen Behörde als einem Gericht in amtlicher Verwahrung, so ist es nach dem Tode des Erblassers an das Nachlaßgericht abzuliefern. Das Nachlaßgericht hat, wenn es von dem Testament Kenntnis erlangt, die Ablieferung zu veranlassen.

Materialien: E I § 1937; II § 2126; III § 2232; Mot V 305; Prot V 355.

Schrifttum zu §§ 2259 – 2264

ASBECK, Testamentseröffnung und Erbscheinserteilung beim Berliner Testament mit Wiederverheiratungsklausel, MDR 1959, 897

BEHREND, Eröffnung offener Testamente, ArchBürgR 31, 195

BRAND/KLEEFF, Die Nachlaßsachen in der gerichtlichen Praxis (1961)

CREMER, Die Testamentseröffnung nach deutschem bürgerlichen Recht unter besonderer Berücksichtigung des testamentum mysticum (Diss Erlangen 1932)

DREWES, Zur Testamentseröffnung, ZBlFG 1911, 620

FASSBENDER, Zur Vernichtbarkeit eines aufgehobenen Erbvertrages, MittRhNotK 1989, 125

FIRSCHING/GRAF, Nachlaßrecht (7. Aufl 1994)

GLEICH, Zur Testamentseröffnung, ZBlFG 1911, 211

HAEGELE, Einzelfragen zur Testamentseröffnung, Rpfleger 1968, 137

HILLERMEIER, Überlegungen über die Neuordnung der Registrierung von Testamenten, Das Standesamt 1979, 137

HIRSCHBERG, Die Nichtverkündung von Testamenten und ihre Folgen (1910)

HÖRLE, Testamentseinsicht und Abschrift (§ 2264 BGB), ZBlFG 1916, 473.

HÖVER, Die Ablieferung und Eröffnung von letztwilligen Verfügungen, DFG 1937, 133

HORNUNG, Die geschäftliche Behandlung der Verfügungen von Todes wegen im Hinblick auf das Verfahren zur Eröffnung von Testamenten und Erbverträgen, JVBl 1964, 225

ders, Wie weit ist die Erfassung der Verfügungen von Todes wegen in die Vergangenheit zu erstrecken, JVBl 1965, 247

LÜTZELER, Testamentseröffnung und probate of a will (Diss Köln 1965)

MANTEY, Kann das Testament anordnen, daß ein Beteiligter von der Testamentseröffnung nicht benachrichtigt werde?, DNotV 1918, 193

MORAL, Darf der zur Einsicht eines Testaments Berechtigte das Testament photographieren lassen?, DJZ 1913 Sp 525

SPEITH, Testamentseröffnung nach deutschem Recht und probate of will's nach dem Recht der USA unter besonderer Berücksichtigung der rechtsgeschäftlichen Entwicklung (Diss Köln 1974)

VOGELS, Die Eröffnungspflicht für Testamente und Erbverträge, ZAkDR 1938, 666

ders, Die Ablieferung von Testamenten und Erbverträgen an das Nachlaßgericht, DRpfl 1938, 274

WESTPHAL, Rechtliches Gehör in Nachlaßsachen, Rpfleger 1983, 204

WILL, Zweimalige Testamentseröffnung?, DNotZ 1974, 273

WINKLER, Zur Auslegung des § 2262 BGB, ZBlFG 1918, 210.

7. Titel.
Errichtung und Aufhebung eines Testaments

§ 2259
1—3

Systematische Übersicht

I.	Textgeschichte	1	a)	Maßnahmen gegen Private	
			aa)	Zwangsgeld	24
II.	Normzweck	3	bb)	Unmittelbarer Zwang	24
			cc)	Eidesstattliche Versicherung	26
III.	Regelungsinhalt		dd)	Ermessen des Nachlaßgerichts	27
1.	Begriff der Ablieferung	4	b)	Maßnahmen gegen Behörden	28
2.	Gegenstand der Ablieferung	5	c)	Maßnahmen gegen Notare	29
3.	Nachlaßgericht	12	d)	Strafrechtlicher Schutz	30
4.	Ablieferungspflicht	13			
a)	Allgemeines	13	IV.	Rechtsmittel	31
b)	Ablieferungspflicht Privater	16			
c)	Ablieferungspflicht von Behörden	19	V.	Erbverträge	32
d)	Ablieferungspflicht von Notaren	21			
5.	Veranlassung des Nachlaßgerichts	23	VI.	DDR-Recht	33
6.	Zwangsmaßnahmen	24			

I. Textgeschichte

Ursprüngliche Fassung: 1

[1] Wer ein Testament, das nicht in amtliche Verwahrung gebracht ist, im ...

[2] Befindet sich ein Testament bei einer anderen Behörde als einem Gericht oder befindet es sich bei einem Notar in amtlicher Verwahrung, so ...

Die ursprüngliche Fassung der Bestimmung verpflichtete gem Abs 2 auch die Notare, die ein Testament in amtlicher Verwahrung hatten, ausdrücklich zur Ablieferung nach dem Tode des Erblassers. Aufgrund der Neuregelung der besonderen amtlichen Verwahrung (vgl §§ 2258 a, 2258 b) glaubte man im TestG von einer ausdrücklichen Erwähnung Abstand nehmen zu können, da die Fälle, die von dieser Neuregelung nicht erfaßt werden, äußerst selten sein werden. Der heutige Wortlaut wurde durch Änderungen von § 39 TestG eingeführt, die vom GesEinhG v 5. 3. 1953 unverändert in das BGB übernommen wurden. 2

II. Normzweck

§ 2259 besagt, daß jedes Testament, das sich nicht bereits in den Händen eines Gerichts, das zur Eröffnung zuständig ist (Nachlaßgericht: § 2260; §§ 72, 73 FGG – Verwahrungsgericht: § 2261), nach dem Tode des Erblassers an das Nachlaßgericht zur Eröffnung abgeliefert werden muß. Die Vorschrift dient unmittelbar der **Testamentseröffnung** und damit letztlich der **Nachlaßsicherung**, indem sichergestellt wird, daß jede Verfügung von Todes wegen an das Nachlaßgericht gelangt, gleichgültig wo es sich zuvor befunden hat (OLG Hamm NJW-RR 1987, 835). Das *Nachlaßgericht* soll *Sammelstelle* für alle den Nachlaß betreffenden Erklärungen und Urkunden sein, damit jeder Nachlaßbeteiligte sich jederzeit Gewißheit über die grundlegenden Rechtsverhältnisse am Nachlaß verschaffen kann (BayObLG FamRZ 1992, 226, 227). 3

Nur so kann das Nachlaßgericht seine Obliegenheiten erfüllen wie Eröffnung der Verfügung (§ 2261), Benachrichtigung der Erben vom Inhalt (§ 2262), Gestattung der Einsichtnahme und Erteilung von Abschriften (§ 2264), Erteilung eines Erbscheins, § 2353 (vgl dazu OLG Hamburg Rpfleger 1985, 194; OLG Hamm NJW-RR 1987, 836).

III. Regelungsinhalt

1. Begriff der Ablieferung

4   Ablieferung bedeutet Verschaffung des **unmittelbaren Besitzes** durch persönliche Übergabe, Boten oder durch Zusendung per Post (zum Begriff der Ablieferung s RGZ 53, 390; KG OLGE 8, 285).

2. Gegenstand der Ablieferung

5   Abzuliefern ist **jede Urkunde, die sich nach Form und/oder Inhalt als letztwillige Verfügung darstellt** (vgl Mot aaO; KG JFG 14, 158 mN; 15, 92; BayObLG FamRZ 1988, 659). Abzuliefern sind Testamente (auch gemeinschaftliche, vgl OLG Hamm NJW-RR 1987, 835), Erbverträge (§ 2300), nicht aber Erbverzichtsverträge (§ 2346).

6   Das Interesse aller am Nachlaßverfahren Beteiligten, insbesondere der gesetzlichen Erben, die sich über das Vorhandensein und die Gültigkeit letztwilliger Anordnungen Gewißheit verschaffen wollen, wie auch das öffentliche Interesse einer geordneten Nachlaßabwicklung durch Erhaltung und Sicherstellung der nicht in besondere amtliche Verwahrung gebrachten Testamente erfordern, daß **dem Nachlaßgericht alle Schriftstücke vorgelegt werden, die inhaltlich oder äußerlich als letztwillige Verfügungen anzusehen sein könnten**. Die **Ablieferung dient der Eröffnung** der Verfügungen von Todes wegen. Das eröffnende Gericht hat alle Erklärungen des Erblassers, die erbrechtlichen Bezug haben, zu eröffnen (RG JFG 13, 290).

7   Auch **ungültige** oder **widerrufene** Testamente sind gem § 2259 dem Nachlaßgericht abzuliefern (und von diesem zu eröffnen). **Die Gültigkeit als Testament ist vor der Ablieferung nicht zu prüfen** (KG OLGE 30, 220; KG JFG 15, 92; Rpfleger 1977, 256). Die Entscheidung über die formelle oder materielle Gültigkeit eines Testaments kann nicht dem Besitzer der Urkunde überlassen bleiben. Ob ein Schriftstück als wirksames Testament anzusehen ist, entscheidet allein das Nachlaßgericht (BayObLG MDR 1984, 233; FamRZ 1988, 659). Die Ablieferungspflicht erstreckt sich auf **alle** Schriftstücke, die sich äußerlich oder nach ihrem Inhalt als letztwillige Verfügungen darstellen ohne Rücksicht darauf, ob sie *verschlossen* oder *offen* und *formell* oder *sachlich wirksam* sind (BayObLG FamRZ 1988, 658, 659). Auch Schriftstücke deren Eigenschaft als Testament *zweifelhaft* ist, sind abzuliefern. Die Schriftstücke sind **vollständig** abzuliefern, *auch wenn Teile des Textes keinen erbrechtlichen Bezug haben*; insoweit ist das öffentliche Interesse der am Nachlaßverfahren Beteiligten höherrangig als ein etwaiges Geheimhaltungsinteresse einzelner Beteiligter (vgl BayOLG MDR 1984, 233). Dem Geheimhaltungsinteresse kann dadurch Rechnung getragen werden, daß Erklärungen des Erblassers, die nach Prüfung des Nachlaßgerichtes keinen erbrechtlichen Bezug haben und absonderungsfähig sind, nicht miteröffnet werden, § 2260 (vgl BayObLG Rpfleger 1982, 424) und insoweit auch keine Akteneinsicht

gewährt wird, sofern bezüglich dieser Erklärungen kein rechtliches (§ 2264) oder berechtigtes Interesse (§ 34 FGG) glaubhaft gemacht wird.

Gleichgültig ist es insbes, ob etwa durch den vor dem Erbfall erfolgten Tod des **8** Bedachten die Verfügung angeblich gegenstandslos geworden ist (BayObLGZ 18 A 170; RG JFG 13, 290) oder das Schriftstück offenbar formungültig ist (KG JFG 14, 158 gegen OLG Hamburg KGJ 30, 302), ob es durch Rückgabe aus der amtlichen Verwahrung oder sonstwie widerrufen wurde (KG JFG 15, 92). In Übereinstimmung damit hält das KG (JW 1938, 1455; LG Münster JMBl NRW 1957, 196) auch einen aufgehobenen Erbvertrag für ablieferungspflichtig (aA OLG Düsseldorf MittRhNotK 1973, 199; ausführlich FASSBENDER MittRhNotK 1989, 125). Auch ein Schriftstück, das nicht ausdrücklich oder sinngemäß als letztwillige Verfügung bezeichnet ist, sondern in der Form eines Briefes oder einer Vereinbarung gehalten ist, ist abzuliefern, wenn sein Inhalt Anordnungen enthält, die für sich betrachtet als erbrechtliche Anordnungen aufgefaßt werden können (BayObLG Rpfleger 1984, 19 = MDR 1984, 233). Dagegen besteht keine Ablieferungspflicht für eine Gesamtheit verschiedener Schriftstücke, die in einem Behältnis aufbewahrt werden, unter denen sich möglicherweise auch eine letztwillige Verfügung befinden könnte (BayObLG FamRZ 1988, 659).

Abzuliefern ist die **Urschrift**, bei *mehreren sämtliche*. Ist die Urschrift verlorengegan- **9** gen, so erstreckt sich die Ablieferungspflicht auch auf die beglaubigte Abschrift (nicht einfache – LG Berlin DFG 1942, 88).

Ob das Testament verschlossen oder offen ist, macht keinen Unterschied. Gleichgül- **10** tig sind der Ort der Errichtung sowie die Staatsangehörigkeit des Erblassers (RG Recht 1904, 63; KGJ 36 A 85; KG JFG 15, 78, 82 mN). Abzuliefern sind somit auch die Testamente von Ausländern (dazu JOSEF JW 1912, 1025; FIRSCHING/GRAF 202).

Die abgelieferte Verfügung wird nicht in die besondere amtliche Verwahrung ver- **11** bracht, sondern entweder offen zum anzulegenden Akt genommen (§ 27 Nr 11 AktO) oder in einem Kassenschrank oder ähnlichem bis zur Eröffnung verwahrt (dazu § 2258 b Rn 13). Empfangsbestätigung (nicht Hinterlegungsschein) kann erteilt werden.

3. Nachlaßgericht

Die Ablieferung hat an das Nachlaßgericht zu erfolgen. Jedoch wird die Ablie- **12** ferungspflicht auch erfüllt, wenn die Ablieferung bei einem näher gelegenen Amtsgericht erfolgt (BayObLG FamRZ 1992, 1222).

4. Ablieferungspflicht

a) Allgemeines

Ablieferungspflichtig ist der **unmittelbare Besitzer** iSd § 857 (BayObLG FamRZ 1988, **13** 658) eines Testaments, das sich nicht in amtlicher Verwahrung befindet (Abs 1), sowie die Stellen, die Testamente in amtlicher Verwahrung haben (Abs 2). Die Ablieferungspflicht kann durch Boten oder Vertreter erfüllt werden.

14 Die Ablieferung hat **unverzüglich** (§ 121) zu erfolgen, nachdem der Besitzer des Testaments von dem Tod des Erblassers Kenntnis erlangt hat.

15 Die gesetzliche Ablieferungspflicht ist zwingend. Eine gegenteilige Anordnung des Erblassers ist unbeachtlich (§ 2263; KG Rpfleger 1979, 137).

b) Ablieferungspflicht Privater

16 § 2259 Abs 1 setzt ein nicht in amtliche Verwahrung gebrachtes Testament voraus, zB ein eigenhändiges Testament, das nicht nach § 2248 verwahrt ist. Soweit keine Staatsverträge entgegenstehen, obliegt die Ablieferungspflicht jedem Besitzer eines inländischen Testaments ohne Rücksicht auf die Staatsangehörigkeit des Erblassers und des Testamentsbesitzers (KG OLGE 18, 356).

17 Der Charakter der Ablieferungspflicht nach Abs 1 ist rein zivilrechtlich. Wer ein rechtliches Interesse an der Testamentseröffnung hat, kann den **Anspruch auf Ablieferung** geltend machen (dazu RG WarnR 1913 Nr 246; FROMMHOLD Anm 2 a). Das Gesetz gewährt daneben aber auch öffentlich-rechtliche Zwangsmittel, den Verpflichteten zur Erfüllung der Pflicht anzuhalten (vgl Rn 24 ff).

18 Die Ablieferungspflicht entsteht mit der Erlangung der Kenntnis vom Erbfall. Versäumt der Besitzer die unverzügliche Ablieferung, so kann er sich schadensersatzpflichtig machen. Eine von den Beteiligten dem § 2259 zuwider getroffene Vereinbarung oder abgegebene Zusage verstößt gegen die guten Sitten (§ 138) und schafft für den Anfechtungsberechtigten keinen Vertrauenstatbestand; ein etwaiger Ablauf der Anfechtungsfrist ist zu beachten (BayObLG [22. 5. 1979] BReg 1 Z 17/79).

c) Ablieferungspflicht von Behörden

19 **Öffentlich-rechtlichen** Charakter (vgl Mot aaO) hat die Vorschrift des Abs 2. Sie ist insofern ungenau, als trotz der Worte „bei einer anderen Behörde als einem Gericht" auch gerichtliche Behörden unter sie fallen können (KG RJA 14, 135). Sie verfolgt den Zweck, daß zur Eröffnung nach § 2260 die Testamente dem Nachlaßgericht abgeliefert werden (RGZ 48, 96). Hat ein Gericht als Verwahrungsgericht das Testament in Besitz, so obliegt ihm nach § 2261 selbst die Eröffnung. Aus diesem Sinn der Bestimmung folgt, daß Gerichte, die ein Testament in Verwahrung haben, aber zur Eröffnung nicht zuständig sind (Beispiel: Strafkammer des LG), zur Ablieferung an das Nachlaßgericht gem Abs 2 verpflichtet sind. Dies gilt jedoch nicht, wenn sich das Testament etwa in den Strafakten eines Amtsgerichts befindet, also in der einfachen amtlichen Verwahrung eines AG, dessen Abteilungen das Strafgericht ebenso wie das Nachlaßgericht bilden. Hier eröffnet das AG (Abt Nachlaßgericht) gem § 2261.

20 Behörden iS des Abs 2 sind ua Polizeibehörden, die zur Nachlaßsicherung tätig wurden. Abs 2 findet auch auf gem §§ 2249, 2250 errichtete Testamente Anwendung, die sich noch in der Verwahrung des Bürgermeisters befinden.

d) Ablieferungspflicht von Notaren

21 Beurkundete Testamente sind vom Notar unverzüglich nach der Beurkundung in die besondere amtliche Verwahrung des **AG seines Amtssitzes** zu bringen (ebenso Erbverträge, sofern nicht die Beteiligten die besondere amtliche Verwahrung ausgeschlossen haben; dann verbleibt der Erbvertrag in der einfachen Urkundenverwahrung des Notars; § 2277; § 34 BeurkG, § 16 DONot).

Nach Eintritt des Erbfalls ist der Notar verpflichtet, Erbverträge, die er in einfacher **22** Urkundenverwahrung hat (zu aufgehobenen Erbverträgen vgl FASSBENDER MittRhNotK 1989, 125), sowie sonstige Testamente oder Erbverträge, die er noch nicht zur amtlichen Verwahrung an das AG abgeliefert hat, dem Nachlaßgericht zu übersenden (§ 2259 Abs 2; § 16 Abs 2 DONot). Daran kann der Notar nicht durch Hinterlegungsanweisungen gehindert sein, da die im öffentlichen Interesse normierte Ablieferungspflicht höherrangig ist, als das private Interesse der Hinterleger, die bei unmittelbarem Besitz selbst zur Herausgabe verpflichtet wären (dazu auch BayObLG FamRZ 1988, 660). Zwar ist der Notar keine Behörde (§ 2 ReichsNotO), doch ist er Träger eines öffentlichen Amtes (§ 1 BNotO), so daß § 2259 Abs 2 auf ihn anzuwenden ist. Dies gilt auch für Notare, die aufgrund Landesrechts (vgl § 1 Abs 2 Württ-Ba LFGG) eine Verfügung von Todes wegen in besonderer amtlicher Verwahrung haben, denn auch diese wird durch die „amtliche" Verwahrung miteingeschlossen.

5. Veranlassung des Nachlaßgerichts

Erlangt das Nachlaßgericht Kenntnis vom Vorhandensein eines Testaments vor des- **23** sen Ablieferung, so hat es notfalls den **Besitzer von Amts wegen zu ermitteln** und zur **Ablieferung zu veranlassen** (§ 74 FGG, § 1960) und gegebenenfalls Ermittlungen über den Verbleib der Verfügung von Todes wegen anzustellen (vgl LG Berlin Rpfleger 1989, 286; OLG München JFG 15,118: „Die Verpflichtung, Testamente abzuliefern [§ 2259], ist so wichtig, daß ihrer Beachtung sorgfältig nachgegangen werden muß". Über die Pflicht der Amtsgerichte zur Rechtshilfe bei Befragung der Angehörigen des Erblassers, ob eine Verfügung von Todes wegen vorhanden sei, vgl RGZ 69, 271). Das Nachlaßgericht ist jedoch nicht verpflichtet, von sich aus vor der Eröffnung einer letztwilligen Verfügung Nachforschungen darüber anzustellen, ob noch weitere Verfügungen von Todes wegen vorhanden sind (LG Wuppertal JurBüro 1982, 1064; LG Berlin Rpfleger 1989, 286).

6. Zwangsmaßnahmen

a) Maßnahmen gegen Private

Das Nachlaßgericht (funktionell zuständig ist der Rechtspfleger – § 3 Nr 2 c RPflG; **24** für BaWü s § 40 Abs 1 LFGG) kann die Ablieferung erzwingen (zum Ablauf des Verfahrens s FIRSCHING/GRAF 205 ff). Zwangsmaßnahmen dürfen aber erst eingeleitet werden, wenn das Nachlaßgericht den Besitzer vergebens aufgefordert hat, das Testament abzuliefern (BayObLG FamRZ 1988, 659 mN). Die Zwangsmaßnahmen erfolgen, sofern sich die Urkunde im Inland befindet:

aa) durch Festsetzung von **Zwangsgeld** gem §§ 83 Abs 1, 33 Abs 1 FGG;

bb) durch Anwendung von **unmittelbarem Zwang** gem §§ 83 Abs 1, 33 Abs 2 S 1 FGG. Das Vollzugsorgan kann polizeiliche Hilfe in Anspruch nehmen.

Beide Maßnahmen setzen voraus, daß **feststeht**, daß die Person, gegen die sich die **25** Zwangsmaßnahme richtet, im **unmittelbaren Besitz des Testaments** ist (KEIDEL/KUNTZE/WINKLER § 83 FGG Rn 7). Besteht nur eine Vermutung dafür, daß sich ein Testament im

Besitz des Betroffenen befindet, so reicht dies für Zwangsmaßnahmen nicht aus (BayObLGZ 1988, 659). Eine Besonderheit gilt, wenn zwar der Aufbewahrungsort der Urkunde, nicht aber der Besitzer bekannt ist (Beispiel: Banksafe. S dazu HÖVER DFG 1937, 135; LAFRENZ DJZ 1904 Sp 159). Auch hier kann dem Sinn des Gesetzes entspr unmittelbarer Zwang angewendet werden (Einzelheiten KEIDEL/KUNTZE/WINKLER § 33 FGG Rn 32 ff; BUMILLER/WINKLER § 33 FGG Anm 4).

26 cc) Bei bloßer **Vermutung**, daß sich das Testament im Besitz einer bestimmten Person befindet, kommt Anhaltung zur Abgabe einer *eidesstattlichen Versicherung* nach § 83 Abs 2 FGG in Betracht. Diese ist vor dem Nachlaßgericht zu leisten (KG RJA 11, 95; BayObLG FamRZ 1988, 659), auf Ersuchen im Wege der Rechtshilfe auch vor anderem AG. Verfahren bei Leistung: § 15 FGG; §§ 478–480, 483 ZPO (weitere Einzelheiten s KEIDEL/KUNTZE/WINKLER § 83 FGG Rn 8, 9; zum Ablauf des Verfahrens FIRSCHING/GRAF 207).

27 dd) Das Nachlaßgericht trifft in sämtlichen Fällen (Zwangsgeld, Anwendung von unmittelbarem Zwang, Anhaltung zur Abgabe einer eidesstattlichen Versicherung) die erforderlichen Maßnahmen **von Amts wegen**, ein Antrag der Beteiligten oder Dritter stellt immer nur eine Anregung dar. Das **pflichtgemäße Ermessen des Gerichts** entscheidet darüber, ob und welche Maßnahme anzuordnen ist. Die weitere Beschwerde kann darauf gestützt werden, daß kein gesetzmäßiger Ermessensgebrauch gemacht wurde (OLG München JFG 15, 118). Regt jemand die Anhaltung zur Abgabe einer eidesstattlichen Versicherung an, so muß er diese Anregung gegenüber dem Nachlaßgericht auch tatsächlich begründen (BayObLGZ 18 A 75). Für Baden-Württemberg beachte §§ 1 Abs 2, 38 LFGG: zuständig das Notariat für Anordnung nach § 83 FGG.

b) Maßnahmen gegen Behörden
28 Bei Weigerung zur Ablieferung kann nur die **Dienstaufsicht** angerufen, jedoch kein Zwang ausgeübt oder Zwangsgeld verhängt werden.

c) Maßnahmen gegen Notare
29 Kommt ein Notar einem Ersuchen des Gerichts um Ablieferung nicht nach, so kann kein Zwang nach §§ 33, 83 FGG ausgeübt werden, es kommt nur Anrufung der **Dienstaufsicht** in Betracht (KG RJA 14, 135). Die Dienstaufsicht kann den Notar notfalls – da die bewußte Nichtablieferung eine Amtspflichtverletzung des Notars darstellt – mit disziplinarischen Maßnahmen zur Ablieferung zwingen. Wegen des öffentlich-rechtlichen Charakters der Verpflichtung kann der Notar ihre Erfüllung nicht von bestimmten Voraussetzungen abhängig oder Zurückbehaltungsrechte geltend machen.

30 d) **Strafrechtlichen Schutz** findet § 2259 in § 274 Abs 1 Nr 1 StGB, wonach derjenige mit Strafe bedroht ist, der eine Urkunde, die ihm entweder überhaupt nicht oder nicht ausschließlich gehört, in der Absicht, einem anderen Nachteil zuzufügen, vernichtet, beschädigt oder unterdrückt.

IV. Rechtsmittel

31 Bei Verfügungen des Nachlaßgerichts, die sich auf Ablieferung von Verfügungen von

7. Titel.
Errichtung und Aufhebung eines Testaments

§ 2259, 32, 33
§ 2260

Todes wegen beziehen, handelt es sich um Rechtsangelegenheiten, nicht Justizverwaltungssachen. Es findet daher gegen sie die Sachbeschwerde im gerichtlichen Instanzenzug, nicht die Dienstaufsichtsbeschwerde statt (KG RJA 14, 136).

V. Nach § 2300 findet § 2259 auf **Erbverträge** entspr Anwendung. **32**

VI. DDR-Recht

Die Ablieferungspflicht war für DDR-Bürger in § 394 ZGB geregelt (dazu Vorbem 94 ff **33** zu §§ 2229 ff).

§ 2260

[1] Das Nachlaßgericht hat, sobald es von dem Tode des Erblassers Kenntnis erlangt, zur Eröffnung eines in seiner Verwahrung befindlichen Testaments einen Termin zu bestimmen. Zu dem Termin sollen die gesetzlichen Erben des Erblassers und die sonstigen Beteiligten, soweit tunlich, geladen werden.

[2] In dem Termin ist das Testament zu öffnen, den Beteiligten zu verkünden und ihnen auf Verlangen vorzulegen. Die Verkündung darf im Falle der Vorlegung unterbleiben. Die Verkündung unterbleibt ferner, wenn im Termin keiner der Beteiligten erscheint.

[3] Über die Eröffnung ist eine Niederschrift aufzunehmen. War das Testament verschlossen, so ist in der Niederschrift festzustellen, ob der Verschluß unversehrt war.

Materialien: E I § 1938 Abs 1; II § 2127; III § 2233; Mot V 305; Prot V 356; 1. Denkschr d ErbRA (1937) 102; Amtl Begr z TestG DJ 1938, 1258.

Systematische Übersicht

I. Textgeschichte _____ 1	V. Zuständigkeit _____ 24
II. Normzweck _____ 3	VI. Eröffnungsverfahren _____ 27
	1. Terminbestimmung _____ 28
III. Grundsätzliches _____ 4	2. Ladung _____ 29
	3. Eröffnung _____ 32
IV. Voraussetzungen der Testamentseröffnung	4. Niederschrift _____ 37
1. Eröffnung _____ 7	VII. Verbleib der eröffneten Testamente _____ 38
2. Gegenstand der Eröffnung _____ 8	
3. Testament eines Ausländers _____ 20	VIII. Rechtsmittel _____ 41
4. Eröffnung im Ausland _____ 22	

IX. Benachrichtigungspflicht _____ 42

X. Gebühren _____ 43

XI. DDR-Recht _____ 44

I. Textgeschichte

1 Die in den §§ 2260–2263 a enthaltenen Regelungen über die Eröffnung und Verkündung von Testamenten (gemeinschaftliche Testamente: § 2273; Erbverträge: § 2300) gehören rechtssystematisch zu den Verfahrensgesetzen. Sie wurden in Übereinstimmung mit den meisten früheren Rechten in das materielle Recht aufgenommen, obwohl die zweite Kommission beantragt hatte, sie den Verfahrensgesetzen zu überlassen.

2 Das TestG hat das Eröffnungsverfahren beibehalten (s dazu 1. Denkschr 102). Die heutige Fassung entspricht wörtlich § 40 TestG, das gegenüber dem ursprünglichen Text lediglich S 3 im Abs 2 (Unterbleiben der Verkündung bei Nichterscheinen der Beteiligten) einfügte.

II. Normzweck

3 Wegen des öffentlichen Interesses an einer **geordneten Nachlaßabwicklung**, behält sich der Staat vor, in einem eigenständigen, durch staatliche Organe überwachten, funktionell der vorsorgenden Rechtspflege zugeordneten Verfahren, die Eröffnung von Testamenten durchzuführen. Das Nachlaßgericht hat die Aufgabe durch Ermittlung der Erben, Information, Beratung und Vermittlung *zwischen den Beteiligten* den **Rechtsfrieden** bei der Nachlaßabwicklung zu sichern (Westphal, Rpfleger 1983, 204 ff). Die Eröffnung des Testamentes soll **allen Nachlaßbeteiligten** den letzten Willen des Erblassers bekanntgeben, um ihnen die Möglichkeit zu geben, ihre **wirklichen** oder **vermeintlichen Rechte wahrzunehmen**. Das amtliche Verfahren gewährleistet eine zeitnahe **Feststellung der Erben** als Gesamtrechtsnachfolger, wie auch sonstiger erbrechtlicher Verhältnisse. Bedeutsam ist die Eröffnung ua für: den Beginn der Ausschlagungsfrist (§§ 1944 Abs 2 S 2, 2306 Abs 1 S 2); den Beginn der Frist für die Verjährung des Pflichtteilsanspruchs (§ 2332 Abs 1); die Benachrichtigung der Beteiligten (§ 2262); Akteneinsicht und Abschriftenerteilung (§ 2264); Erteilung des Erbscheins, der erst nach Testamentseröffnung erteilt werden darf (s Erl zu § 2353); den Grundbuch- und Schiffsregisterverkehr (§ 35 Abs 1 S 2 GBO, § 41 SchiffsRegO v 26. 5. 1951 [BGBl I 359]); Eröffnungsprotokoll als Erbnachweis (Westphal Rpfleger 1980, 214); Erfüllung gewisser Pflichten des Nachlaßgerichts, wie Einholung einer Genehmigung nach § 83 (Stiftung); Ernennung eines Testamentsvollstreckers (§ 2200); Benachrichtigung der Steuerbehörden, § 34 ErbStG, § 12 ErbStDV (s Firsching/Graf 493).

III. Grundsätzliches

4 Für das Testamentseröffnungsverfahren gelten *Amtsmaxime, Untersuchungsgrundsatz* und der *Grundsatz der Mündlichkeit* in einer *nichtöffentlichen Verhandlung*. Das

Verfahren dient der Klärung der Rechtsverhältnisse zwischen den Beteiligten (WESTPHAL Rpfleger 1983, 205), weshalb die Öffentlichkeit ausgeschlossen ist.

Gleichwohl erfolgt die Eröffnung nicht ausschließlich im Interesse der Beteiligten, sondern zugleich im öffentlichen Interesse (RGZ 137, 222, 239). Daher kann sie nicht unterbleiben, wenn der Erblasser sie verbietet (§ 2263), die Beteiligten darauf verzichten oder ein ersichtliches Interesse Dritter an der Eröffnung nicht vorliegt (BayObLGZ 1951, 391; OLG Düsseldorf OLGZ 1966, 34). Die früher vertretene gegenteilige Ansicht (OLG Colmar OLGE 4, 425; HALDY DJZ 1907, 822) wird allgemein abgelehnt (s dazu OLG Colmar Recht 1909 Nr 291; DITTMANN/REIMANN/BENGEL Rn 18; LANGE/KUCHINKE § 40 III 3 c; PALANDT/EDENHOFER Rn 2). Unzulässig ist es, die Eröffnung davon abhängig zu machen, daß zuvor die Namen und Anschriften der gesetzlichen Erben angezeigt werden (KG ZBlFG 1914, 813). Da die Testamentseröffnung von Amts wegen vorzunehmen ist, kann sie als Amtshandlung nur angeregt und nicht beantragt werden. 5

Die Gültigkeit eines Testamentes hängt nicht von seiner Eröffnung ab (BayObLGZ 1951, 391; 1983, 176, 181; BayObLG Rpfleger 1986, 303). Dennoch ist die Eröffnung ein wesentlicher und notwendiger Formalakt, denn grundsätzlich lassen sich nur auf das eröffnete Testament Rechtsakte gründen (KG JW 1919, 586; RJA 13, 87, 89). 6

IV. Voraussetzungen der Testamentseröffnung

1. Eröffnung

„Eröffnung" bedeutet nicht nur die „Öffnung" verschlossener Testamente, sondern auch die Verkündung ihres Inhalts. Zur Eröffnung zählt die **Gesamtheit der Vorgänge im Eröffnungstermin**, gleichviel ob Öffnung eines Verschlusses und Verkündung des Inhalts wirklich erfolgen. Die Vorschriften über die Eröffnung sind daher auch auf unverschlossene Testamente anzuwenden (Abs 3). Das offene Testament wird lediglich verkündet (dazu BEHREND ArchBürgR 31, 195; RGZ 48, 96; KG OLGE 2, 14). 7

2. Gegenstand der Eröffnung

Grundsätzlich sind alle Vfgen von Todes wegen zu „eröffnen". § 2260 gilt auch für gemeinschaftliche Testamente (beachte aber § 2273) und Erbverträge (beachte aber § 2300). 8

Keine Einigkeit besteht darüber, was unter „Testament" iSd § 2260 zu verstehen ist. Fraglich kann insoweit sein, ob als Testamente *eindeutig unwirksame* Schriftstücke mit zu eröffnen sind. Da **überflüssige Eröffnungen zu vermeiden** sind, muß eine Grenze zwischen zu eröffnenden und nicht zu eröffnenden Schriftstücken gezogen werden. Die hM lehnt es ab, die endgültige Entscheidung darüber, ob ein „wirksames" Testament vorliegt, dem Nachlaßgericht im Eröffnungsverfahren zu überlassen (zB BRAND/KLEEF 210; KIPP/COING § 123 II 2; SOERGEL/HARDER Rn 8; DITTMANN/REIMANN/BENGEL Rn 8; BayObLGZ 2, 413; 4, 147; KG OLGE 30, 220; ZBlFG 1915, 560; RJA 13, 82; 16, 212; JW 1931, 1373). Über die Gültigkeit ist erst im Erbscheinsverfahren (§§ 2353 ff) oder im Zivilprozeß zu entscheiden (KG JFG 14, 158, 171). Das eröffnende Gericht hat eine Prüfung der formellen oder materiellen Gültigkeit der Vfg **nur in einem summarischen Verfah-** 9 ren vorzunehmen (OLG Hamm Rpfleger 1983, 253; JAUERNIG/STÜRNER Anm 1: Vorprüfung des „animus testandi"; guter Überblick über den Streitstand in LANGE/KUCHINKE § 40 III 3 a Fn 53).

10 Die *Grenze* zwischen zu eröffnenden und nicht zu eröffnenden Schriftstücken muß *unter Berücksichtigung des Normzwecks* gezogen werden. Die Beteiligten sollen durch Mitwirkung im gerichtlichen Verfahren die Möglichkeit haben, sich durch Ausschöpfung der Beweismöglichkeiten an der Überprüfung der Rechtswirksamkeit letztwilliger Verfügungen zu beteiligen. Die Zugänglichmachung erfolgt in der Form der Eröffnung (KG JFG 14, 158 = JW 1936, 3485). Soll das im öffentlichen Interesse durchgeführte Nachlaßverfahren eine **geordnete Nachlaßabwicklung** gewährleisten und zu diesem Zweck den Beteiligten die Möglichkeit bieten, ihre wirklichen oder vermeintlichen Rechte wahrzunehmen, so ist ihnen **jedes Schriftstück bekannt zu machen, bei dem auch nur die entfernte Möglichkeit besteht, daß es zur Wahrung dieser Rechte von Bedeutung sein kann**. Die Beteiligten haben einen Anspruch darauf, daß ihnen die Urkunden **zur Nachprüfung der Rechtsgültigkeit und des Inhalts** zugänglich gemacht werden, da ihnen erst durch die Eröffnung des Testaments ermöglicht wird, ihre Behauptungen über das Vorhandensein eines letzten Willens oder die Gültigkeit der Urkunde auf gerichtlichem Wege auszutragen. **Die Eröffnung hat immer stattzufinden, falls nach vernünftiger Beurteilung die Kenntnis der Urkunde für die erbrechtliche Lage eines Beteiligten von Bedeutung sein kann.** Auch ein ungültiges Testament kann uU für die Auslegung anderer letztwilliger Verfügungen, die im Zeitpunkt der Testamentseröffnung noch nicht vorliegen müssen, sondern erst später aufgefunden werden können, von Bedeutung sein (dazu KG JW 1931, 1373 mN).

11 Die **Eröffnung präjudiziert noch nicht**, daß ein Testament vorliegt. Im Eröffnungsverfahren ist daher nicht zu prüfen, ob das Testament formell oder materiell wirksam ist, gegen die Testierfähigkeit beschränkende Bindungen verstößt oder widerrufen ist. Eine Vorprüfung ist vom Nachlaßgericht insofern vorzunehmen, als Erklärungen, die **nach ihrem objektiven Inhalt eindeutig nicht als letztwillige Verfügungen** anzusehen sind, nicht eröffnet werden dürfen. Die Eröffnung ist nur dann abzulehnen, wenn nach Erkenntnis des Nachlaßgerichts zweifelsfrei feststeht, daß keine letztwillige Verfügung von Todes wegen vorliegt. **Im Zweifel ist immer zu eröffnen** (KG OLGE 3, 379; OLG Hamm Rpfleger 1983, 253).

12 Zu eröffnen ist somit **jedes Schriftstück**, das sich **inhaltlich** als **letztwillige Verfügung** darstellen könnte, ohne Rücksicht auf die materielle oder formelle Gültigkeit. Dies gilt insbesondere für Schriftstücke, die sich nach ihrem äußeren Erscheinungsbild nicht als letztwillige Verfügungen darstellen, inhaltlich aber solche enthalten können (OLG Hamm Rpfleger 1983, 253). Enthält zB ein Brief die Erwähnung von Zuweisungen für den Todesfall, so ist zu prüfen, ob ein Testierwille vorlag; bloße Zweifel hierüber berechtigen nicht zur Ablehnung der Eröffnung (KG ZBlFG 1904, 422; OLG Frankfurt OLGZ 1971, 205 = Rpfleger 1970, 392; KG Rpfleger 1977, 256).

13 Zu eröffnen sind daher **auch mit einem formellen Mangel** behaftete Testamente (KG JFG 14, 158 mwN; OLG München DFG 1937, 43) sowie die Testamente Testierunfähiger, es sei denn, der Erblasser hatte im Zeitpunkt seines Todes das 16. Lebensjahr noch nicht vollendet. Das Gesetz sieht nicht vor, daß vor der Eröffnung zu prüfen wäre, ob die zu eröffnenden Urkunden formell oder materiell rechtsgültig sind (OLG Hamm Rpfleger 1983, 253). Daher sind auch **widerrufene Testamente** zu eröffnen und mitzutei-

len (KG JFG 15, 92; BayOBLGZ 1989, 323; PALANDT/EDENHOFER Rn 3). Es können nachträgliche Testamente vorgelegt werden, die einen Widerruf des Widerrufs enthalten. Im Zweifel ist hier das frühere Testament gültig (§ 2257). Auch kann die Kenntnis von einem unzweifelhaft wirksam widerrufenen Testament für die Auslegung anderer letztwilliger Verfügungen des Erblassers von Bedeutung sein (KG JFG 15, 92, 94). Nur wenn ein Testament gem § 2255 oder § 2256 in einer Form widerrufen ist, daß es nicht wieder wirksam werden kann, muß die Eröffnung unterbleiben.

Zu eröffnen sind auch außerordentliche Testamente nach Fristablauf (§ 2252), da im Eröffnungsverfahren nicht zu prüfen ist, ob der Fristablauf gehemmt war (DITTMANN/REIMANN/BENGEL Rn 16). **14**

Nicht zu eröffnen sind **absonderungsfähige Erklärungen** des Erblassers, die nach Prüfung des Nachlaßgerichts **eindeutig keinen erbrechtlichen** Bezug haben (BayObLG Rpfleger 1984, 19), sondern zB intime, persönliche Mitteilungen, Bestattungswünsche oder ähnliches enthalten. **15**

Ein **Adoptionsvertrag** alten Rechts, der einen Ausschluß des gesetzlichen Erbrechts des angenommenen Kindes gem § 1767 Abs 1 aF enthält, ist nicht zu eröffnen, wenn die Beteiligten bei Vertragsabschluß eindeutig keinen Testierwillen hatten (OLG Hamm Rpfleger 1983, 252). **16**

Im Falle **fortgesetzter Gütergemeinschaft** ist, wenn außer dem Anteil des verstorbenen Ehegatten am Gesamtgut Vermögen desselben nicht vorhanden war, ein Nachlaß gem § 1483 (und also auch ein Erblasser) nicht gegeben. Trotzdem sind auch für letztwillige Verfügungen, die nach §§ 1511–1515 getroffen sind, die §§ 2260 ff entsprechend anwendbar. **17**

Ist die **Eröffnung aus tatsächlichen Gründen unmöglich**, weil die Urkunde verlorengegangen oder (ohne Willen des Erblassers) vernichtet worden ist, so ist die Verfügung von Todes wegen damit nicht unwirksam (KG JW 1938, 1601; BGH NJW 1951, 559; LG Dresden [30. 4. 1994] 2 T 824/93; s dazu Mot V 308). Ob die verfügte Erbfolge hier festgestellt und ein entspr Erbschein erteilt werden kann, ist Beweisfrage (DREWES DNotV 1929, 8; KGJ 41 A 94; RG DRW 1944, 842). Zu prüfen ist, ob die Form gewahrt war und welchen Inhalt die Verfügung hatte (dazu BayObLGZ 30, 197 [eidesstattliche Versicherung als „Beweismittel"]; LG Kaiserslautern DJ 1943, 205 m Anm VOGEL; LG Dresden [30. 4. 1994] 2 T 824/93 zu einem aufgrund nationalsozialistischer Verfolgungsmaßnahmen verlorengegangenen Testament). War ein Testament vorhanden, so ist von dessen Weiterbestehen auszugehen, wenn sich nach den Ermittlungen kein Beweis für eine Vernichtung des Testaments durch den Erblasser ergibt (OLG Hamm DNotZ 1950, 43; dazu OLG Saarbrücken DRZ 1950, 160; ISCHINGER Rpfleger 1951, 115). **18**

Eröffnet werden die **Urschriften** (KG RJA 16, 239; JW 1934, 2563). Bei mehreren gleichlautenden Testamenten sind **alle Urschriften** zu eröffnen (KG JW 1934, 2563; BGB-RGRK/KREGEL Rn 4; SOERGEL/HARDER Rn 5). Eine *öffentlich beglaubigte Abschrift* oder *Ausfertigung* kann an Stelle der Urschrift eröffnet werden, wenn kein Zweifel darüber besteht, daß das Original nicht mehr vorhanden ist (OLG Hamburg RJA 15, 25) oder sich die Originalurkunde im Ausland befindet und nach ausländischem Recht dort verbleiben muß (KG OLGE 30, 221 = KGJ 45 A 130; dazu DNotV 1915, 531) oder der **19**

Beschaffung der Urschrift unbehebbare tatsächliche Schwierigkeiten entgegenstehen. Eine *einfache Abschrift* der Originalurkunde ist nicht zu eröffnen (KG JW 1919, 586 m Anm HERZFELDER; LG Berlin DFG 1942, 88), selbst wenn die Urschrift abhanden gekommen ist (die Rechtslage ist hier im Erbscheinsverfahren mit allen zulässigen Beweismitteln zu klären, wozu auch einfache Abschriften zählen). Der einfachen Abschrift stehen Kopien und auch Telefaxe gleich.

3. Testament eines Ausländers

20 Zur Eröffnung von Ausländertestamenten ist ein deutsches Gericht berechtigt und verpflichtet, wenn

– auf den *Erbfall kraft Staatsvertrages oder Rückverweisung ganz oder teilweise deutsches materielles Erbrecht* Anwendung findet (KGJ 51, 98; BayObLGZ 1958, 34);

– die Ausstellung eines *gegenständlich beschränkten Erbscheins* nach § 2369 beantragt wird. Aus der Zulassung der Ausstellung dieses Erbscheins folgt die Befugnis zur Eröffnung des Testaments, die Voraussetzung der Erteilung ist (dazu HÖVER DFG 1937, 133, 135; LG Lübeck SchlHA 1958, 334);

– ein *Sicherungsbedürfnis* für den Nachlaß besteht (KG JW 1937, 1728; PINKERNELLE/SPREEN DNotZ 1967, 201; KIEFER MittRhNotK 1977, 65, 75).

– der Erblasser nach § 25 Abs 2 EGBGB für sein im Inland belegenes unbewegliches Vermögen in der Form einer Verfügung von Todes wegen oder nach einer fremden Rechtsordnung wirksam *deutsches Recht* gewählt hat (§ 25 Abs 2 EGBGB wurde durch Gesetz zur Neuregelung des Internationalen Privatrechts vom 25. 7. 1986 [BGBl I 1142] eingefügt. Vorher war nach deutschem Recht eine Rechtswahl des Erblassers nicht zulässig).

21 Ist das Gericht zur Eröffnung eines Ausländertestaments nicht befugt, so hat es die Urschrift auf dem durch Verwaltungsvorschriften bestimmten Wege **der zuständigen ausländischen Behörde zuzuleiten** (dazu KG DNotZ 1970, 677 [interlokal]; KARLE Justiz 1966, 107).

4. Eröffnung im Ausland

22 Ist ein Testament im Ausland von einer nach dortigem Recht zuständigen Stelle eröffnet worden, so ist zur Ausstellung eines *gegenständlich-beschränkten Erbscheins* nach § 2369 eine **nochmalige Eröffnung im Inland** nicht nötig (dazu FERID/FIRSCHING/LICHTENBERGER Deutschland Grdz C Rn 170; WILL DNotZ 1974, 273 ff). Ist die Eröffnung nach ausländischem Recht nicht vorgeschrieben, so soll sie sich auch für das deutsche Gericht erübrigen (KG JW 1925, 2143).

23 Ob die Eröffnung der letztwilligen Verfügung eines deutschen Erblassers oder eines Erblassers, auf dessen Nachlaß deutsches Recht kraft Rückverweisung Anwendung findet, dann entbehrlich ist, wenn die Verfügung bereits im Ausland von einer nach dortigem Ortsrecht zuständigen Stelle eröffnet wurde, mag zweifelhaft erscheinen (für Entbehrlichkeit wohl FRANKENSTEIN IV 613; s aber KG RJA 13, 90; ferner: MittWürttNotV

1952, 104). Die Ansicht, eine nochmalige Eröffnung sei entbehrlich, wenn gem § 2356 Abs 1 S 2 von einer Vorlage der Urschrift Abstand genommen werden könne, ist insoweit nicht überzeugend, als zumindest eine Ausfertigung oder beglaubigte Abschrift eröffnet werden könnte.

V. Zuständigkeit

Sachlich zuständig für die Testamentseröffnung ist grds das **Nachlaßgericht**. Nachlaßgericht iS des § 2260 ist das Amtsgericht (§§ 72, 73 FGG), in Baden-Württemberg das verwahrende Notariat (§§ 1, 38 LFGG). Das Nachlaßgericht (der Rechtspfleger – § 3 Nr 2 c RPflG) hat die Eröffnung nach § 2260 nur vorzunehmen, wenn das Testament in seiner Verwahrung ist, sei es auch erst infolge Ablieferung nach § 2259 (zur Eröffnung durch deutschen Konsul vgl § 11 Abs 3 KonsularG). **24**

Das **Verwahrungsgericht** (AG als Gericht der freiwilligen Gerichtsbarkeit) eröffnet nach § 2261 dann, wenn es die Verfügung von Todes wegen in amtlicher oder einfacher Urkundenverwahrung hat. **25**

Rechtshilfe (Testamentseröffnung auf Ersuchen des Nachlaßgerichts) ist unzulässig, weil das Nachlaßgericht nach dem Gesetz diese Handlungen selbst vornehmen muß (KEIDEL/KUNTZE/WINKLER § 2 FGG Rn 6 b). Nur bei der in § 2262 vorgeschriebenen Benachrichtigung ist Rechtshilfe gestattet. **26**

VI. Eröffnungsverfahren

Das Testamentseröffnungsverfahren setzt sich aus **mehreren Teilakten** zusammen (dazu BayObLGZ 1986, 124). **27**

1. Terminbestimmung

Zur Eröffnung des Testaments ist vom Nachlaßgericht oder von dem nach § 2261 zuständigen Gericht Termin zu bestimmen, sobald das betreffende Gericht in zuverlässiger Weise (s RJA 14, 141 = OLG Hamburg OLGE 32, 67: nichtamtliche Nachricht vom Tod eines Kriegsteilnehmers) Kenntnis vom Tode des Erblassers erlangt. Regelmäßig erfährt das Nachlaßgericht vom Todesfall durch Todesanzeige eines Standesbeamten, Übersendung eines Todeserklärungsbeschlusses durch das Amtsgericht, durch Vorlage einer Sterbeurkunde seitens eines Beteiligten oder durch sonstige Mitteilung einer Behörde oder eines Dritten. Der Rechtspfleger läßt daraufhin das Namensverzeichnis zum Verwahrungsbuch für Testamente nach dem Vorhandensein einer Verfügung von Todes wegen überprüfen. Falls sich eine solche in besonderer amtlicher Verwahrung befindet, so verständigt der Standesbeamte des Geburtsortes gem der bundeseinheitlichen Bek ü d Benachrichtigung in Nachlaßsachen idF v 15. 5. 1984 (Wortlaut s FIRSCHING/GRAF 500 ff [Anhang 4]) die verwahrende Stelle, wenn er durch den das Sterbebuch führenden Standesbeamten vom Tod des Erblassers erfährt (Einzelheiten bei FIRSCHING/GRAF 197 ff u 208 ff). **Die Terminbestimmung** ist **zwingend** und **darf nicht verzögert werden**. Erscheint sofortige Eröffnung nötig oder sind die Beteiligten damit einverstanden, so ist sofortige Terminanberaumung zulässig. **28**

2. Ladung

29 Nur **Ordnungsvorschrift** ist die weitere Bestimmung, daß die gesetzlichen Erben des Erblassers und die sonstigen Beteiligten (Begriff: § 2262 Rn 5 ff) geladen werden sollen (über die Ladung vgl § 16 Abs 2 FGG). Wer neben den gesetzlichen Erben als Beteiligter anzusehen ist, läßt sich vor der Testamentseröffnung nur bei Vorliegen einer offenen Vfg feststellen. Als Beteiligte kommen auch Personen in Betracht, die in einem bereits eröffneten anderen Testament des Erblassers bedacht sind (Mot V 306; Prot V 356). Grundsätzlich sind *alle gesetzlichen Erben und sonstigen Beteiligten* (insbes gewillkürte Erben, Vermächtnisnehmer [vgl LG Köln, Rpfleger 1992, 436]) zu laden, ohne Rücksicht auf Wohnsitz oder Aufenthaltsort. Die Eröffnung hängt nicht davon ab, daß der Antragsteller Namen oder Aufenthalt der gesetzlichen Erben angibt (KG OLGE 30, 220 = ZBlFG 1914, 813). Auch die bekannten Beteiligten sind nur, *soweit tunlich* zu laden. Die Ladung kann unterbleiben, wenn öffentliche Zustellung notwendig wäre (PALANDT/EDENHOFER Rn 6).

30 Ist ein Vertreter (dazu § 13 FGG) namhaft gemacht, so kann (nicht muß) der bestellte Bevollmächtigte geladen werden (dazu BUMILLER/WINKLER § 16 FGG Anm 7 b mN). Für Beteiligte, die abwesend oder unbekannten Aufenthalts sind, braucht kein Vertreter bestellt zu werden.

31 Da das Nachlaßgericht die gesetzlichen Erben und die sonstigen Beteiligten, soweit tunlich, zu laden hat, obliegt ihm, den Aufenthaltsort Betroffener zu erforschen (vgl § 2262 Rn 10 f). Dazu hat das Nachlaßgericht Auskunftsrechte gegenüber Behörden und Notaren (zum Auskunftsrecht gegenüber dem Standesbeamten OLG Braunschweig Rpfleger 1989, 371 = NJW-RR 1990, 268). Weitergehende Nachforschungen nach dem Vorhandensein von Beteiligten sind nicht nötig, doch sollen aus der amtlichen Todesanzeige oder durch Nachfrage bei der Meldebehörde die gesetzlichen Erben ermittelt werden, soweit dies ohne besondere Schwierigkeiten möglich ist (dazu GLEICH ZBlFG 1911, 211; DREWES ZBlFG 1911, 620).

3. Eröffnung

32 Im Termin wird das Testament „eröffnet". Die Unversehrtheit verschlossener Testamente ist zu beobachten (Abs 3 S 2). Verschlossene Testamente werden unter tunlichster Schonung der Siegel geöffnet. Sodann erfolgt die Verkündung (Teil der „Eröffnung") idR durch Vorlesen. In einfachen Fällen genügt genaue Angabe des Wortlauts (KG OLGE 6, 179; Einzelheiten s FIRSCHING/GRAF 197 u 208 ff).

33 Zu eröffnen ist der **gesamte Inhalt der Verfügung**, auch einzelne gegenstandslos gewordene Teile, einschließlich Anlagen. Zur Eröffnung eines durch Übergabe einer Schrift errichteten Testaments gehört auch die Verkündung der Errichtungsniederschrift (KG RJA 14, 270). Im Falle der Vorlegung kann die Verkündung durch Vorlesen unterbleiben. Die Verkündung unterbleibt ferner, wenn im Termin keiner der Beteiligten erscheint (Abs 2 S 3).

34 Bei **gemeinschaftlichen Testamenten** und **Erbverträgen** darf nach §§ 2273, 2300 die Verkündung und die Vorlage uU nur hinsichtlich eines Teiles des Inhalts der Verfügung erfolgen. Nach § 2273 Abs 1 sind bei der Eröffnung eines gemeinschaftlichen Testaments die **Verfügungen des überlebenden Ehegatten, soweit sie sich absondern lassen, weder zu verkünden, noch sonst zur Kenntnis der Beteiligten zu bringen** (OLG Hamm NJW-RR 1987, 835, 836). Das **Geheimhaltungsinteresse des Überlebenden** ist als Ausfluß des Persönlichkeitsrechts angemessen zu berücksichtigen (BÜHLER BWNotZ 1989, 83; ders ZRP 1988, 59; ders BWNotZ 1980, 34; LÜTZELER NJW 1966, 58; LANGENFELD NJW 1987, 1577, 1582). **Vermächtnis- oder Auflagenanordnungen** des Überlebenden sind auch dann nicht zu verkünden, wenn sie sich nicht absondern lassen (BGH DNotZ 1978, 302; BÜHLER BWNotZ 1989, 83).

Haben die Ehegatten sich in einem Berliner Testament gegenseitig zu Erben eingesetzt und hat der zuerst Versterbende für den Fall seines Überlebens Schlußerbenbestimmungen getroffen, so sind diese Verfügungen nach dem Tode des Erstversterbenden mitzueröffnen (BGHZ 91, 105; vgl auch zum Umfang der Benachrichtigungspflicht § 2262 Rn 13). Zweifelhaft ist die Eröffnung und Benachrichtigung, wenn die Formulierung lautet: Der „Überlebende" oder „Längstlebende" trifft folgende Schlußerbeneinsetzung. Hier dürfte – jedenfalls bei **notariellen Urkunden**, da diese nicht dahingehend ausgelegt werden können, es sei statt einer Schlußerben- eine Nacherbenbestimmung getroffen – im berechtigten Interesse des überlebenden Ehegatten *eine absonderungsfähige Verfügung* anzunehmen sein, so daß die Eröffnung zu unterbleiben hat. Bei privatschriftlichen Testamenten dagegen muß den Eingesetzten die Überprüfung ermöglicht werden, ob sie als Schlußerben oder Nacherben eingesetzt sind (so zutreffend OLG Hamm Rpfleger 1981, 486). Daher sind hier alle Verfügungen des Erstversterbenden, auch soweit sie für den Fall seines Überlebens getroffen sind, zu eröffnen (BGHZ 91, 105; OLG Hamm Rpfleger 1981, 486). 35

Beschwerde (Erinnerung) ist zulässig gegen die mitgeteilte Absicht des Nachlaßgerichts den Erbvertrag oder das Testament insgesamt zu eröffnen (KG Recht 1930 Nr 434; OLG Hamm NJW 1982, 57). Bei Zweifeln, ob alle den ersten Erbfall angehenden Verfügungen ordnungsgemäß eröffnet worden sind, ist eine Neueröffnung vorzunehmen (OLG Hamm OLGZ 1975, 94). 36

4. Niederschrift

Über die Eröffnung muß und zwar auch, wenn keiner der Beteiligten erschienen ist (vgl BayNotZ 2, 24), eine Niederschrift aufgenommen werden (dazu FIRSCHING/GRAF 211). Die Niederschrift ist eine **öffentliche Urkunde**, da sie „von einer öffentlichen Behörde innerhalb der Grenzen ihrer Amtsbefugnisse aufgenommen" wird (§ 415 Abs 1 ZPO; zum Beweisumfang vgl BayObLGZ 83, 180 f). Abs 3 S 2 gibt hierüber nur die Vorschrift, daß bei einem verschlossenen Testament in der Niederschrift festzustellen ist, ob der Verschluß unversehrt war (vgl Mot V 307). 37

VII. Verbleib der eröffneten Testamente

Die eröffnete Verfügung wird nicht weiter in besondere amtliche Verwahrung genommen (Ausnahmen: §§ 2273–2300), sie wird *offen* bei den Akten des Nachlaßgerichts aufbewahrt, wie schon aus §§ 2261 u 2264 zu entnehmen ist. Durch die Aufnahme in die Akten des Nachlaßgerichts wird ein privatschriftliches Testament nicht zu einer öffentlichen Urkunde (KG OLGE 26, 377). 38

39 Eine **Rückgabe an die Beteiligten** ist **unzulässig** (dazu § 27 Nr 11 AktO; KGJ 38 A 145; 49, 55; OLG Rostock JW 1925, 2161; KG DFG 1943, 51 mN; BGH NJW 1978, 1484; SCHLÜTER § 27 IV 1 b; DITTMANN/REIMANN/BENGEL Rn 30; LANGE/KUCHINKE § 40 III 3 d; **aA** wenig überzeugend OLG Hamburg MDR 1975, 666 [Urschrift hatte für Angehörige erheblichen ethischen Wert] – der E zust: KIPP/COING § 123 Fn 30; AK-BGB/FINGER Rn 11; OLG Stuttgart Rpfleger 1977, 398). Dies gilt selbst dann, wenn das Testament nichtig ist (KG JW 1931, 1373; OLGE 34, 308; RJA 15, 118, 285; DITTMANN/REIMANN/BENGEL Rn 29, 30). Ein abweichender Wille des Erblassers kommt nicht in Betracht. Die Rückgabe wäre nicht mit der öffentlichen Rechtspflicht zu vereinbaren, den letzten Willen dauerhaft sicherzustellen und Beteiligten mit rechtlichem Interesse gem § 2264 Einsicht zu gewähren und Abschriften zu erteilen (ebenso SOERGEL/HARDER Rn 17).

40 Auf **separaten Schriftstücken** enthaltene Verfügungen, die *ohne erbrechtlichen Inhalt* sind (zB Bestimmungen über Beerdigung, Ermahnungen, moralische Anweisungen an die Abkömmlinge), können den Beteiligten in Urschrift übergeben werden, wenn die rechtliche Bedeutungslosigkeit der Verfügung zu den Akten vermerkt oder eine beglaubigte Abschrift zu den Akten gefertigt worden ist.

VIII. Rechtsmittel

41 Gegen eine *erfolgte Eröffnung* ist die **Beschwerde unzulässig** (zum Beschwerderecht [Erinnerung], falls Nachlaßgericht nicht eröffnet s OLG Hamburg Recht 1909 Nr 996; OLG Frankfurt FamRZ 1977, 482), da der tatsächliche und rechtliche Erfolg damit bereits sofort herbeigeführt worden ist (BayObLG NJW 1994, 1162). Auch das Nachlaßgericht ist zur Beschwerde gegen die vom Verwahrungsgericht vorgenommene Testamentseröffnung nicht berechtigt (BayObLGZ 1986, 118). Ein Notar, der zur Ablieferung eines Testaments aufgefordert wurde, hat kein Recht zur Beschwerde gegen die Eröffnung (KG OLGE 12, 199).

IX. Benachrichtigungspflicht

42 Die Gerichte bzw Bezirksnotare haben dem **Finanzamt** nach Testamentseröffnung dessen Inhalt mitzuteilen (§ 12 ErbStDV idF v 19. 1. 1962 [BGBl I 22]); für die Zeit bis zum Erlaß einer neuen Erbschaftsteuer-Durchführungsverordnung beachte die Erleichterungen für die Anzeigepflichten der Gerichte, Notare und sonstigen Urkundspersonen in Art 9 ErbStRefG v 17. 4. 1974 [BGBl I 933]).

X. Gebühren

43 Für die Testamentseröffnung erhebt das Nachlaßgericht (auch wenn die Eröffnung gem § 2261 vom Verwahrungsgericht vorgenommen wurde) Gebühren nach §§ 102, 103 KostO (zur Gebühr für die gesonderte Eröffnung einer überholten letztwilligen Verfügung vgl OLG Köln Rpfleger 1992, 394 m Anm MEYER-STOLTE). Kostenschuldner sind die Erben aufgrund ihrer Haftung für Nachlaßverbindlichkeiten.

XI. DDR-Recht

44 Nach § 395 ZGB wurden Testamente durch das Staatliche Notariat eröffnet (dazu Vorbem 97 ff zu §§ 2229 ff).

7. Titel.
Errichtung und Aufhebung eines Testaments

§ 2261
1–4

§ 2261

Hat ein anderes Gericht als das Nachlaßgericht das Testament in amtlicher Verwahrung, so liegt dem anderen Gericht die Eröffnung des Testaments ob. Das Testament ist neben einer beglaubigten Abschrift der über die Eröffnung aufgenommenen Niederschrift dem Nachlaßgericht zu übersenden; eine beglaubigte Abschrift des Testaments ist zurückzubehalten.

Materialien: E I § 1938 Abs 2; II § 2128; III § 2234; Mot V 307; Prot V 356; 1. Denkschr d ErbrA (1937) 103.

I. Textgeschichte

Der Wortlaut der Bestimmung entspricht § 41 TestG sowie der ursprünglichen Fassung. An Stelle des Wortes *„Protokoll"* setzte das TestG das Wort „Niederschrift". 1

II. Normzweck

Die **sofortige Eröffnung** beim Verwahrungsgericht soll den *Verlust* noch nicht eröffneter Testamente verhindern (Mot V 307). Die besondere Zuständigkeitsregel nach S 1 soll ebenso wie die Pflicht zur unverzüglichen Ablieferung (§ 2259 Abs 1) sicherstellen, daß die *Testamentseröffnung beschleunigt* und nicht durch irgendwelche Umstände behindert wird (BayObLG NJW-RR 1993, 460). Die Übersendung der Urschrift an das Nachlaßgericht soll sicherstellen, daß **dem Nachlaßgericht** (zB im Erbscheinsverfahren) **die Urschriften zur Entscheidung** vorliegen und dort auch von den Beteiligten eingesehen werden können (vgl KGJ 45 A 134, 136; BayObLG FamRZ 1992, 1222). Das Nachlaßgericht soll die **Sammelstelle** für alle den Nachlaß betreffenden Erklärungen und Urkunden sein, damit die Nachlaßbeteiligten sich jederzeit Gewißheit über die erbrechtlichen Rechtsverhältnisse verschaffen können (BayObLGZ 1989, 327, 330 f mwN; FamRZ 1992, 226, 227) und das Nachlaßgericht seine gesetzlichen Pflichten aus §§ 2262, 2264, 2353 erfüllen kann. Damit bei Versendung des eröffneten Testaments kein Schaden, etwa durch Verlust, entsteht, hat das Verwahrungsgericht eine beglaubigte Abschrift zurückzubehalten. 2

III. Regelungsinhalt

1. Amtliche Verwahrung

Grds unterscheidet das Gesetz zwischen der **besonderen amtlichen** Verwahrung (Beispiele: §§ 2248, 2256 – insoweit ungenau „amtliche Verwahrung" –, §§ 2258 a, b, 2273 Abs 2, 2300; § 34 Abs 1 S 4 BeurkG) und der *einfachen* **amtlichen** Verwahrung (Beispiele: §§ 2259 Abs 2, 2260 Abs 1, 2261, 2263 a). 3

§ 2261 findet nicht nur auf die besondere amtliche Verwahrung, sondern auch auf die einfache Verwahrung Anwendung (BayObLG FamRZ 1992, 1222). Dies wird aus § 2259 4

Abs 2 gefolgt, der unter amtlicher Verwahrung eindeutig jede amtliche Verwahrung versteht. § 2261 S 1 schließt sich inhaltlich an.

5 Verwahrungsgericht iSd § 2261 S 2 ist auch das Gericht, bei dem das Testament gem § 2259 nach dem Tod des Erblassers abgeliefert wurde (OLG Hamm Rpfleger 1972, 23; BayObLG FamRZ 1992, 1222). Der Normzweck (vgl Rn 2) verbietet die Eröffnung der Testamente von der Art der Verwahrung abhängig zu machen (KG JFG 22, 199, 201; OLG Oldenburg NdsRpfl 1954, 129).

2. Zuständigkeit zur Eröffnung

6 Die Eröffnung obliegt dem **verwahrenden Amtsgericht** als Gericht der freiwilligen Gerichtsbarkeit. Die Eröffnung ist eine *Maßnahme der Rechtsfürsorge*. Die Fürsorgemaßnahmen obliegen nach § 74 FGG den Amtsgerichten. Hat zB die Strafabteilung eines Amtsgerichtes das uneröffnete Testament eines Verstorbenen im Gewahrsam, so ist das Testament dem Nachlaßrichter desselben Amtsgerichts zu übergeben und von diesem zu eröffnen.

7 Das eröffnende „Verwahrungsgericht" wird durch die Eröffnung nicht zum „Nachlaßgericht" (OLG Oldenburg NdsRpfl 1954, 129) und wird dadurch insbesondere nicht mit dem Erbscheinsverfahren befaßt (BayObLG Rpfleger 1995, 254). Das Verwahrungsgericht ist nur für die Eröffnung des Testaments zuständig. Alle weiteren Obliegenheiten, wie die Benachrichtigung der Beteiligten (§ 2262), Gestatten der Einsichtnahme und Erteilen einer Abschrift (§ 2264) gehören zur Zuständigkeit des Nachlaßgerichts (BayObLGZ 1986, 125).

8 Nicht zur Eröffnung zuständig ist in Baden-Württemberg ein Notariat, das ein Testament lediglich verwahrt, aber nicht Nachlaßgericht ist (hier Verfahren nach § 2259 Abs 2 – Ablieferung an das örtlich als Nachlaßgericht zuständige Notariat; vgl OLG Stuttgart Justiz 1976, 392; OLG Karlsruhe BWNotZ 1977, 45; SOERGEL/HARDER Rn 2).

9 Bei ausländischem Erblasser ist die sog internationale Zuständigkeit zur Eröffnung gesondert zu prüfen (s § 2260 Rn 20 sowie KGJ 51, 98; LG Berlin Rpfleger 1971, 400).

3. Verfahren

10 Das **Verwahrungsgericht tritt an die Stelle des Nachlaßgerichts** und hat die Eröffnung in gleicher Weise vorzunehmen (s § 2260). So sind zB die Beteiligten zum Eröffnungstermin zu laden. Das Verwahrungsgericht *leitet seine Funktionen* aber *nicht aus der Funktion des Nachlaßgerichts* ab. Mit der Eröffnung des Testaments nimmt es eine ihm vom Gesetz auferlegte eigenständige Aufgabe wahr. Das eröffnende Gericht hat die Urschrift des Testaments nebst einer beglaubigten Abschrift der Eröffnungsniederschrift dem Nachlaßgericht zu übersenden, das die Urschrift weiter verwahrt (KG Rpfleger 1977, 100) und zugleich eine beglaubigte Abschrift des Testaments in den Eröffnungsakten zurückzubehalten. Die Funktionen des Verwahrungsgerichtes enden mit der Zusendung des Testaments nebst einer beglaubigten Abschrift des Eröffnungsprotokolls an das Nachlaßgericht (OLG Hamburg Rpfleger 1985, 194).

11 Alle weiteren Obliegenheiten, wie die Benachrichtigung der nicht erschienenen

Beteiligten vom Inhalt des Testaments (§ 2262), Gestattung der Einsichtnahme, Erteilung einer Abschrift oder einzelner Teile (§ 2264) obliegen dem Nachlaßgericht (OLG Hamburg Rpfleger 1985, 194).

12 Verwahrungs- und Nachlaßgericht führen **zwei getrennte Verfahren** durch (OLG Hamburg Rpfleger 1985, 194 m Anm MEYER-STOLTE; BayObLGZ 1986, 118).

13 Beachte Mitteilungspflicht nach § 12 ErbStDV v 19.1.1962 (BGBl I 22) sowie die Erleichterungen für die Anzeigepflichtigen in Art 9 ErbStRefG v 17.4.1974 (BGBl I 933).

IV. Rechtsmittel

14 Bei **Weigerung** des Verwahrungsgerichts, die Urschrift oder die einen Bestandteil des öffentlichen Testaments bildende Errichtungsniederschrift zu übersenden, stehen dem Nachlaßgericht **Erinnerung** und **Beschwerde** zu (KG JFG 14, 168; JOSEF ZBlFG 1911, 615; OLG Hamburg Rpfleger 1985, 194 m Anm MEYER-STOLTE; über den Fall der Verweigerung der Annahme eines Testaments, dessen Verkündung das Verwahrungsgericht unterlassen hatte, seitens des Nachlaßgerichts s KG RJA 15, 289 – dagegen JOSEF HessRspr 22, 187). Das Nachlaßgericht kann die Ordnungsgemäßheit und Wirksamkeit der Testamentseröffnung im Rechtsmittelweg klären lassen. Liegt eine wirksame Testamentseröffnung durch das Verwahrungsgericht vor, so kann das Nachlaßgericht nicht zusätzlich eine beglaubigte Abschrift der Eröffnungsniederschrift in einer von der Urkunde des Testaments räumlich getrennten Urkunde verlangen. Das Nachlaßgericht ist insbesondere zur Beschwerde gegen die vom Verwahrungsgericht vorgenommene Testamentseröffnung nicht berechtigt (BayObLGZ 1986, 118, 126).

15 Dem Verwahrungsgericht steht die Beschwerde zu gegen die Ablehnung eines anderen Gerichts, das Testament in endgültige Verwahrung zu nehmen (KG Rpfleger 1977, 100).

16 Werden Verfügungen des Verwahrungsgerichts durch die Beteiligten in einer Nachlaßsache gem § 20 FGG angefochten, so kann allein das Verwahrungsgericht – nicht Nachlaßgericht – die Verfügung gem § 18 FGG aufheben oder das als Beschwerdegericht für das Verwahrungsgericht örtlich zuständige Landgericht kann die Verfügung ändern (OLG Hamburg Rpfleger 1985, 195).

17 V. § 2261 gilt auch für **gemeinschaftliche Testamente** und **Erbverträge** (OLG Hamm NJW-RR 1987, 835; s § 2300; STAUDINGER/KANZLEITER[12] § 2273 Rn 23 f). Zuständig für die besondere amtliche Weiterverwahrung eines gemeinschaftlichen Testaments ist das Amtsgericht, das nach dem Tod des Erstversterbenden die Geschäfte des Nachlaßgerichts wahrzunehmen hat (str; wie hier OLG Hamm OLGZ 1990, 276; OLG Frankfurt/M Rpfleger 1995, 253 jew mwN).

VI. Testamente von DDR-Bürgern

18 Hatte der Erblasser seinen *letzten Wohnsitz* oder *gewöhnlichen Aufenthalt* in der DDR und war er auch dort verstorben, so war zur endgültigen Verwahrung der Urschrift des in der Bundesrepublik Deutschland eröffneten Testaments grds das für seinen Wohnsitz bzw Aufenthaltsort zuständige Staatliche Notariat der DDR zuständig (§ 395 ZGB, § 26 NotariatsG), auch wenn für sonstige nachlaßgerichtliche Verrichtungen (zB die Erbscheinserteilung) die interlokale Zuständigkeit eines Gerichts der Bundesrepublik begründet war. Dafür sprachen vor allem verfahrensrechtliche Gründe, damit die zuständige Verwahrungsstelle die ihr gegenüber Behörden und Betroffenen obliegenden Aufgaben ordnungsgemäß erfüllen konnte. Daher hatte das eröffnende Gericht die Urschrift an das zuständige Staatliche Notariat zu übersenden, sofern aufgrund der Übersendung keine Schwierigkeiten oder nachteiligen Folgen für die Beteiligten oder die Belange der Bundesrepublik Deutschland zu erwarten waren (KG DNotZ 1970, 671, 683 m Anm GEIMER; OLG Karlsruhe FamRZ 1990, 895 f mwN).

19 VII. Gebühren: §§ 102, 103 KostO. Die Gebühr wird vom Nachlaßgericht erhoben, § 103 Abs 3 KostO.

§ 2262

Das Nachlaßgericht hat die Beteiligten, welche bei der Eröffnung des Testaments nicht zugegen gewesen sind, von dem sie betreffenden Inhalt des Testaments in Kenntnis zu setzen.

Materialien: E I § 1939 Abs 1; II § 2199; III § 2235; Mot V 307; Prot V 357; 1. Denkschr d ErbrA (1937) 104.

Systematische Übersicht

I. Textgeschichte	1	V. Haftung 22
II. Normzweck	2	VI. Verzicht auf Benachrichtigung 23
III. Anwendungsbereich	3	VII. Verbot der Benachrichtigung 24
IV. Regelungsinhalt		VIII. Ermittlungspflicht 26
1. Nachlaßgericht	4	
2. Beteiligte	5	IX. Auskunftsrechte 27
3. Unwirksame Verfügungen	12	
4. Umfang der Benachrichtigungspflicht	13	X. Kosten 28
5. Form der Benachrichtigung	15	XI. Sonstiges 29
6. Frist	21	

I. Textgeschichte

1 § 2262 entspricht wörtlich § 42 TestG sowie der ursprünglichen Fassung der Bestimmung.

II. Normzweck

Da die Rechtsfolgen des Erbfalls ohne Willenserklärung des Erben eintreten (§§ 1922, 1942), muß das Nachlaßgericht im öffentlichen Interesse dafür Sorge tragen, daß die vom Erbfall rechtlich *Betroffenen vom Testamentsinhalt Kenntnis* erhalten, um ihre Interessen wahrnehmen zu können (vgl RG RJA 16, 200; BGHZ 70, 173, 176 = NJW 1978, 633; OLG Hamm Rpfleger 1974, 155; BayObLG MDR 1980, 141; ObLGZ 1989, 326). Ab Kenntniserlangung beginnt die Ausschlagungsfrist gem § 1944. Daher dient die Benachrichtigung durch das Nachlaßgericht auch der Rechtssicherheit.

III. Anwendungsbereich

§ 2262 gilt für **alle Testamentsformen**, auch für gemeinschaftliche Testamente und Erbverträge (zum Umfang der Benachrichtigungspflicht vgl Rn 13 f).

IV. Regelungsinhalt

1. Nachlaßgericht

Die **Benachrichtigungspflicht obliegt** dem **Nachlaßgericht** (nicht dem eröffnenden Verwahrungsgericht), gleichgültig ob es selbst das Testament eröffnet hat oder ob es ihm gem § 2261 übersandt wurde (s dazu OLG Dresden JFG 2, 160).

2. Beteiligte

Den Beteiligten, die **bei der Testamentseröffnung** gem § 2260 **nicht anwesend** waren, ist der Inhalt des Testaments **mitzuteilen** (vgl BayObLG FamRZ 1989, 1350). „Beteiligte" sind alle Personen, denen **durch eine Verfügung im Testament ein Recht** (auch aufschiebend bedingt oder befristet) gewährt oder genommen oder deren Rechtslage in sonstiger Weise unmittelbar beeinflußt wird (s dazu RG RJA 16, 200, 208, 210; OLG Dresden ZBlFG 1904, 224; BGHZ 70, 173, 176 = LM Nr 1 Anm JOHANNSEN; OLG Hamburg OLGE 2, 468, 470; 12, 387; BayObLGZ 1979, 340, 344; KG DNotZ 1979, 556 = Rpfleger 1979, 337; OLG Frankfurt Rpfleger 1977, 206 Anm HAEGELE). Im Zweifel ist der Kreis der Beteiligten unter Berücksichtigung des Normzwecks (vgl Rn 2) festzusetzen (dazu BayObLGZ 1979, 340, 343: „Die nach dem Sinn und Zweck der Vorschrift des § 2262 BGB erforderliche Abwägung zwischen den Interessen eines Bedachten an der Kenntnisnahme von dem ihn betreffenden Testamentsinhalt und dem Interesse der Erben an einer Geheimhaltung des Testaments [vgl BGHZ 70, 173, 177 – Aussetzung von Vermächtnissen in einem gemeinschaftlichen Testament oder Erbvertrag, die beim Tod des Längstlebenden fällig werden – Vermächtnisnehmer beim 1. Erbfall kein Beteiligter!] verbietet es, schon jedem, der auch nur entfernt zum Bedachtenkreis gehören könnte, sogleich den Inhalt des Testaments bekanntzugeben"). Die Zugehörigkeit einer Person zum Beteiligtenkreis muß ausreichend ermittelt werden.

Als Beteiligte gelten nicht nur die als **Erben, Nacherben** oder **Ersatzerben** (OLG Hamm NJW-RR 1994, 75) Eingesetzten, sondern auch die **Vermächtnisnehmer** (vgl BayObLG MDR 1980, 141; PETRI AcP 114, 363), selbst wenn das Vermächtnis durch ein späteres Testament in vollem Umfang unzweifelhaft widerrufen worden ist (BayObLGZ 1989, 323, 325), die **Auflagenbegünstigten**, die **Behörde**, welche die **Vollziehung einer Auflage verlangen** kann, sowie der **Testamentsvollstrecker**.

7 Als Beteiligte sind die **gesetzlichen Erben**, selbst wenn sie in der letztwilligen Verfügung nicht erwähnt sind, dann zu benachrichtigen, wenn sie **nach § 1938 ausgeschlossen** oder wenn sie **pflichtteilsberechtigt** sind oder das **gesetzliche Erbrecht durch die letztwillige Verfügung unmittelbar beeinträchtigt** wird (vgl OLG Düsseldorf MittRhNotK 1978, 160; zur Benachrichtigung ausgeschlossener oder in ihrem Recht beschränkter nichtehelicher Verwandter s SCHRAMM BWNotZ 1970, 17).

8 Beteiligte sind auch solche Personen, die **mit der Maßgabe bedacht** sind, daß der **Beschwerte die Zuwendung nach freiem Belieben aufheben kann**. Mit dem Erbfall haben sie eine einen Vermögenswert darstellende, rechtlich gesicherte Anwartschaft erhalten (vgl §§ 2177, 2179). Sie müssen daher in die Lage gesetzt werden, ihre Rechte bei Eintritt der Bedingung rechtzeitig zu wahren (so mit Recht RG RJA 16, 200 [hier auch über das Beschwerderecht der Erben gegen die Ablehnung des Antrags auf Unterlassung der Benachrichtigung solcher Beteiligter]; **aA** OLG Hamburg RJA 12, 25; PETRI aaO).

9 Inwieweit die zwischen Erb- und Nacherbfall als Erben an ihre Stelle tretenden Anwartschaftsberechtigten oder Ersatznacherben zu verständigen sind, ist strittig (vgl dazu KIPP/COING § 123 III Fn 21 und die dort zit Abhandlung von WEEGMANN WürttNotV 6, 1). Erhält das Nachlaßgericht *sichere Kenntnis* von dem eingetretenen Wechsel, so wird man eine Benachrichtigungspflicht bejahen; eine Überwachungspflicht dagegen besteht nicht.

10 Ist **ungewiß**, wer zu dem mit einem Vermächtnis bedachten Personenkreis gehört, so hat das Nachlaßgericht von Amts wegen ausreichende Ermittlungen darüber anzustellen, wer die als Beteiligte zu benachrichtigenden Bedachten sind (BayObLG MDR 1980, 141: Vermächtnis zugunsten der „Belegschaft der Firmengruppe"). Die Benachrichtigung darf im Interesse der Erben an einer Geheimhaltung des Testaments nicht schon dann erfolgen, *wenn nur die entfernte Möglichkeit einer Beteiligung* besteht, da die Benachrichtigung nur an materiellrechtlich Berechtigte erfolgen darf. Bleibt trotz ausreichender Ermittlungen unbekannt, wer Beteiligter ist, so kann, falls nicht Nachlaßpflegschaft gem § 1960 Abs 1 in Betracht kommt, für die Benachrichtigung ein **Pfleger** gem § 1913 S 1 bestellt werden. Ein Pfleger **für den unbekannten** Beteiligten ist auch zu bestellen, wenn in der letztwilligen Verfügung Testamentsvollstreckung angeordnet ist, da der Testamentsvollstrecker nicht Interessenvertreter der Beteiligten ist (vgl BayObLG MDR 1980, 141 f).

11 Die Ermittlungen des Nachlaßgerichts müssen ausreichend sein, um dem Interesse der Erben an der Geheimhaltung des Testaments zu genügen (OLG Frankfurt Rpfleger 1977, 206 f m Anm HAEGELE). Die Zugehörigkeit zum Bedachtenkreis muß nach der Überzeugung des Nachlaßgerichts mit Sicherheit feststehen. Es genügt nicht, daß jemand möglicherweise bedacht sein könnte. Die Benachrichtigung darf nur an materiellrechtlich Beteiligte erfolgen, also nur an Personen, die durch die letztwillige Anordnung Rechte oder zumindest ein rechtliches Interesse an der Benachrichtigung (KG DNotZ 1979, 556, 558 f) erlangt haben (BayObLG MDR 1980, 142).

3. Unwirksame Verfügungen

12 Gleichgültig ist, ob das Testament rechtswirksam ist oder ob das Nachlaßgericht es als wirksam ansieht. **Im formalisierten Eröffnungsverfahren sind Zweifelsfragen hin-

sichtlich der Gültigkeit eines Testaments nicht zu entscheiden. Hierüber ist im Erbscheinsverfahren oder vor dem Prozeßgericht zu befinden. Daher sind **auch die Beteiligten aus nichtigen** oder **widerrufenen Verfügungen** von Todes wegen von deren Inhalt **in Kenntnis zu setzen** (BayObLG FamRZ 1989, 1350). Dabei kommt es weder auf die Art, noch den Umfang des Widerrufs an, schon weil nicht auszuschließen ist, daß ein widerrufenes Testament nach § 2257 wieder wirksam wird. Auch *Vermächtnisnehmer* aufgrund **widerrufener Vermächtnisanordnungen** sind vom Inhalt der widerrufenen Verfügung in Kenntnis zu setzen (BayObLGZ 1989, 323, 325), selbst wenn der Widerruf unzweifelhaft ist. Außerdem können unwirksame oder widerrufene Testamente für die Auslegung anderer letztwilliger Verfügungen von Bedeutung sein (BayObLG FamRZ 1989, 1350). Schließlich sollen die Beteiligten selbst die Möglichkeit erhalten, sich von der Gültigkeit der letztwilligen Verfügung zu überzeugen und diese zu überprüfen.

4. Umfang der Benachrichtigungspflicht

Entsprechend dem Normzweck der Vorschrift müssen die Beteiligten in dem Umfang vom Testamentsinhalt Kenntnis erhalten, daß sie in die Lage versetzt werden, ihre Rechte zu wahren. Daher ist den Beteiligten **grds der gesamte letzte Wille** des Erblassers mitzuteilen, auch soweit die Verfügungen unwirksam oder aufgehoben sind. Das ergibt sich schon aus § 2260, weil den geladenen Beteiligten bei der Testamentseröffnung auch alle Verfügungen des Erblassers zu verkünden und auf Verlangen vorzulegen sind (§ 2260 Abs 2 S 1). Gleichwohl hat eine *Abwägung mit dem Interesse der Erben* oder sogar dem *postmortalen Interesse des Erblassers an der Geheimhaltung* aufgehobener letztwilliger Verfügungen stattzufinden (vgl BGHZ 70, 173, 177; BayObLGZ 1979, 340, 343 f; 1989, 323, 327). 13

Bei **gemeinschaftlichen Testamenten** und **Erbverträgen** sind **absonderungsfähige Verfügungen des überlebenden Ehegatten**, da sie nicht vom Erblasser herrühren und den Erbfall nicht betreffen, **nicht zu verkünden** und daher auch **nicht mitzuteilen** (dazu BGHZ 70, 173; OLG Bremen Rpfleger 1973, 58; OLG Hamm FamRZ 1974, 382; KG OLGZ 1979, 269). Die von dem zuerst verstorbenen Ehegatten für den Fall seines Überlebens getroffenen, nicht absonderungsfähigen Verfügungen sind den gesetzlichen Erben und Pflichtteilsberechtigten mitzuteilen (BGH MDR 1984, 784 gegen OLG Stuttgart DNotZ 1984, 505, aber mit der allgemeinen Rspr, ua RGZ 150, 315; OLG Hamburg NJW 1965, 1969; OLG Hamm OLGZ 1982, 136; OLG Düsseldorf MittRhNotK 1978, 160; KG, OLGZ 1979, 269; kritisch zu dieser Rechtsprechung die Literatur: PÜTZ DNotZ 1936, 369; HAEGELE Rpfleger 1968, 137; 1977, 207; BÜHLER BWNotZ 1980, 34; ZRP 1988, 59, 61; LANGENFELD NJW 1987, 1577, 1582). Das OLG Stuttgart (DNotZ 1984, 505) hatte auf das Geheimhaltungsinteresse und die Wahrung des Familienfriedens hingewiesen (unter Hinw auf LÜTZELER NJW 1966, 58 u LANGE/KUCHINKE[2] § 40 III 4). Der BGH (BGHZ 91, 105 = MDR 1984, 784) ist dieser Auffassung nicht gefolgt, sondern hat die nötige Kenntnis der gesetzlichen Erben und Pflichtteilsberechtigten zur Wahrung ihrer Interessen als höherrangiges Rechtsgut eingeordnet. Der Auffassung des BGH und der überwiegenden Rechtsprechung ist zuzustimmen, weil an der Benachrichtigung der gesetzlichen Erben und Pflichtteilsberechtigten sogar ein öffentliches Interesse besteht. Daher verletzt die Bekanntgabe weder die Testierfreiheit (Art 14 Abs 1 GG), noch das allgemeine Persönlichkeitsrecht (Art 2 Abs 1 GG) des überlebenden Ehegatten (BVerfG NJW 1994, 2535). Allerdings wird die Frage, was absonderungsfähig ist, im berechtigten Interesse des 14 überlebenden Ehegatten nicht restriktiv, sondern eher extensiv auszulegen sein, solange die Interessen der gesetzlichen Erben nicht tangiert werden. Im Rahmen der Auslegung ist auch zu berücksichtigen, ob es sich um ein eigenhändiges gemeinschaftliches Testament oder um eine notarielle Urkunde handelt (dazu § 2260 Rn 34 f). Außerdem kann einer unkontrollierten Ausuferung der Mitteilungen durch eine am Normzweck ausgerichtete, einschränkende Auslegung des Beteiligtenbegriffs begegnet werden (LG Stuttgart BWNotZ 1989, 81, 82 m Anm BÜHLER). Bei Vermächtnisnehmern des „Längstlebenden", die keine gesetzlichen Erben sind, ist jedoch das **Geheimhaltungsinteresse des überlebenden Ehegatten höherrangig** (BGHZ 70, 173, 176).

5. Form der Benachrichtigung

15 Wie die Benachrichtigung ausgeführt wird, steht im **pflichtgemäßen Ermessen** des Nachlaßgerichts (BayObLGZ 1989, 323, 327).

16 *Schriftlich* erfolgt die Benachrichtigung durch Übersendung einer Abschrift der Verfügung (beachte dazu § 27 Nr 12 AktO) oder eines teilweisen Auszugs (der nicht unbedingt wörtlich zu sein braucht – vgl KIPP/COING § 123 III 1), ggf mit der Anheimgabe, Einsicht in die Urschrift zu nehmen. § 16 FGG ist nicht anwendbar, eine gerichtliche Verfügung liegt nicht vor.

17 Die Benachrichtigung (die Eröffnung voraussetzt) kann auch *mündlich* im Wege der Vorladung durch das Nachlaßgericht oder durch ein darum ersuchtes Gericht (Rechtshilfegericht) vorgenommen werden (KG JR 1926 Nr 811; BayObLGZ 31, 91). Das ersuchte Gericht darf nicht ablehnen, auch wenn es die mündliche Bekanntgabe nicht für notwendig erachtet.

18 Zu benachrichtigen ist der Beteiligte bzw sein gesetzlicher Vertreter (BGHZ 117, 287, 296). Dabei ist unschädlich, wenn die Benachrichtigung nicht ausdrücklich an den gesetzlichen Vertreter in dieser Eigenschaft erfolgt; entscheidend ist allein, daß der gesetzliche Vertreter tatsächlich unterrichtet wird (BGH aaO). Die Mitteilung kann auch nach allgemeinen Grundsätzen an einen Bevollmächtigten ergehen. Jedoch genügt das Nachlaßgericht seiner Mitteilungspflicht nicht, wenn es die Benachrichtigung einem anderen überträgt (zB einem Erben oder Testamentsvollstrecker), der sich dazu bereit erklärt (s Mot V 308; OLG Bremen Rpfleger 1973, 58).

19 Die Benachrichtigung beschränkt sich bei jedem Beteiligten **auf den ihn betreffenden Inhalt**. Von einem Vermächtnis ist nicht nur der Bedachte, sondern auch der Beschwerte zu verständigen. Fand vorschriftswidrig eine Verkündung des vollständigen Testamentsinhalts statt, so folgt daraus nicht, daß auch die Mitteilung in diesem Umfang an die nicht erschienenen Beteiligten zulässig ist oder die übrigen Beteiligten einen Anspruch auf vollständige Mitteilung haben (OLG Hamburg OLGE 12, 387; KG JW 1931, 1373 Nr 7).

20 Unzulässig und mit Beschwerde anfechtbar ist die bei Mitteilung einer Vermächtnisverfügung den Zustellungsempfängern gegenüber erfolgende Ankündigung des Nachlaßgerichts, daß mangels Widerspruchs eines der Zustellungsempfänger ein vom Erben hinterlegter Betrag an bestimmte Personen verteilt werden würde (BayObLGZ 14, 67).

6. Frist

Der Gesetzeswortlaut enthält keine Benachrichtigungsfrist. Nach Sinn und Zweck 21
der Vorschrift (vgl Rn 2) hat die Benachrichtigung alsbald, dh so zeitig zu erfolgen,
wie es dem ordnungsgemäßen Geschäftsgang entspricht (BayObLGZ 6, 509).

V. Haftung

§ 2262 stellt eine Ordnungsvorschrift dar (Mot V 307). Ihre Verletzung kann Amts- 22
haftungsansprüche begründen (BGHZ 117, 287, 295; MünchKomm/BURKART Rn 1). Die
Pflicht besteht ohne Rücksicht darauf, ob das Gericht oder die Beteiligten die eröffnete Verfügung als rechtswirksam betrachten (hM, vgl dazu KG JW 1931, 1373 Nr 8). Ob
das Gericht hier den Mangel erwähnen muß, ist strittig, aber wohl zu verneinen
(PLANCK/STRECKER Anm 1 [bej], VOGELS/SEYBOLD § 42 Rn 1 [abl]). Zweckmäßig erscheint ein
unverbindlicher Hinweis.

VI. Verzicht auf Benachrichtigung

Die Beteiligten können auf die Benachrichtigung verzichten (Mot V 308). Die Mit- 23
teilungspflicht entfällt auch, falls feststeht, daß ein Beteiligter schon außeramtlich
von seiner Beteiligung Kenntnis erhalten hat (OLG Dresden ZBlFG 1903, 253). Sie entfällt dagegen nicht schon deshalb, weil ein nicht erschienener Beteiligter imstande
gewesen wäre, im Eröffnungstermin zu erscheinen.

VII. Verbot der Benachrichtigung

Der Erblasser kann die Benachrichtigung nicht verbieten; eine Anordnung, sie solle 24
aufgeschoben werden, ist unbeachtlich (RG RJA 16, 200 [gegen OLG Hamburg OLGE 2,
468]; OLG Düsseldorf OLGZ 1966, 64 = DNotZ 1966, 112; MittRhNotK 1978, 160 sowie MANTEY
DNotV 1918, 193; KIPP/COING § 123 III 1). Die Benachrichtigung ersetzt nur die Verkündung für die hierbei nicht anwesenden Beteiligten, sie ist eine notwendige Folge der
Eröffnung (s BayObLGZ 6, 509; KRETZSCHMAR 22 bei Nr 20; nach OLG Dresden SeuffA 58
Nr 174 läßt sich der Grundsatz zwar nicht unbedingt aus § 2263 ableiten, folgt aber aus dem Sinn und
Zweck des § 2262: Verhinderung der Beeinträchtigung oder Vereitelung der Rechte der Beteiligten;
vgl über Ausnahmefälle WINKLER ZBlFG 1918, 210).

Der Erbe (Testamentsvollstrecker) kann nicht verlangen, daß die Verständigung der 25
Beteiligten unterbleibt (BayObLGZ 4, 147), auch nicht bei Rechtsunwirksamkeit des
Testaments (BayObLGZ 2, 413; 4, 147; OLG Düsseldorf DNotZ 1966, 112 [Widerruf]). Das
Nachlaßgericht darf den Beteiligten die Geltendmachung ihrer Rechte nicht dadurch
unmöglich machen, daß es ihnen die Kenntnis vom Inhalt des Testaments vorenthält
(BayObLGZ 4, 147; RG RJA 16, 200).

VIII. Ermittlungspflicht

Die Bekanntgabepflicht des § 2262 beinhaltet die Pflicht des Nachlaßgerichts, den 26
Aufenthaltsort von Beteiligten zu erforschen, soweit er nicht im Testament angegeben
oder dem Gericht bekannt ist (s dazu RGZ 69, 274; OLG Bremen Rpfleger 1973, 58). Zu
ermitteln ist ggf, wer zu dem mit einem Vermächtnis bedachten Personenkreis

gehört; allerdings genügt nicht die nur entfernte Möglichkeit einer Beteiligung (BayObLGZ 1979, 340). Dabei kann das Nachlaßgericht zB auch beim Vormundschaftsgericht (selbst bei bestehender Testamentsvollstreckung) die Bestellung eines Pflegers für unbekannte Beteiligte nach § 1913 anregen, um diesen die Mitteilung zukommen lassen zu können (BayObLGZ 1979, 340, 343). Ein Beschwerderecht des Nachlaßgerichts gegen den ablehnenden Beschluß des Vormundschaftsgerichts ist abzulehnen (KG RJA 15, 26).

IX. Auskunftsrechte

27 Mit der Ermittlungspflicht des Nachlaßgerichts korrespondieren Auskunftsrechte. Alle öffentlichen Amtsträger, wie Behörden und Notare sind dem Nachlaßgericht zur *Amts- und Rechtshilfe* verpflichtet. Das Auskunftsverlangen des Nachlaßgerichts beruht auf zwingenden materiell- und verfahrensrechtlichen Vorschriften (§§ 2260, 2262; § 12 FGG). Da das Nachlaßgericht im öffentlichen Interesse kraft Gesetzes verpflichtet ist, von Amts wegen zu ermitteln, gibt Art 35 Abs 1 GG dem Nachlaßgericht das Recht, zB vom Standesamt die gewünschten Angaben aus den Sammelakten zu verlangen (OLG Braunschweig Rpfleger 1989, 371 = NJW-RR 1990, 268). Der Auskunftspflicht können weder allgemeine Dienstanweisungen noch datenschutzrechtliche Bestimmungen entgegenstehen, da die interne Übermittlung personenbezogener Daten zur Erfüllung der öffentlichen Rechtspflegefunktionen des Nachlaßgerichts zwingend erforderlich ist.

28 X. Die **Kosten** der Mitteilung zählen zu den Kosten der Testamentseröffnung im weiteren Sinne (s dazu Mot V 308). Der Beteiligte ist nicht kostenpflichtig, auch wenn er im Eröffnungstermin hätte erscheinen können (PLANCK/STRECKER Anm 4).

XI. Sonstiges

29 Bei angeordneter Stiftung beachte §§ 83, 84.

30 Mitteilung des Inhalts der Verfügung an das Finanzamt: § 12 ErbStDV v 19. 1. 1962 (BGBl I 22) sowie Art 9 ErbStRefG v 17. 4. 1974 (BGBl I 1933; dazu Anordnung über Mitteilungen in Zivilsachen [MiZi] v 1. 10. 1967 in der ab 1. 3. 1993 geltenden bundeseinheitlichen Neufassung v 31. 1. 1993 [BAnz Nr 28], abgedruckt bei FIRSCHING/GRAF 490 ff [Anhang 3]).

§ 2263

Eine Anordnung des Erblassers, durch die er verbietet, das Testament alsbald nach seinem Tode zu eröffnen, ist nichtig.

Materialien: E I § 1938 Abs 3; II § 2130; III § 2236; Mot V 307; Prot V 357.

7. Titel.
Errichtung und Aufhebung eines Testaments

I. Textgeschichte

§ 2263 entspricht wörtlich § 43 TestG sowie der ursprünglichen Fassung der Bestimmung. **1**

II. Normzweck

Die Vorschrift soll eine ordnungsgemäße Abwicklung des Nachlasses sichern im Interesse der **Rechtssicherheit**, des **privaten Rechtsfriedens** und im **öffentlichen Interesse an klaren Rechtsverhältnissen**. Diese Rechtsgüter sind höherrangig als der Erblasserwille. **2**

III. Regelungsinhalt

Der Erblasser kann nicht verbieten, sein Testament alsbald (also ohne zeitlichen Aufschub) nach seinem Tode zu eröffnen. „Eröffnen" setzt nicht ein verschlossenes Testament voraus. Mit „Eröffnen" ist das amtliche Eröffnungsverfahren gemeint, das in den §§ 2259–2264, 2273 geregelt ist (RGZ 137, 222; RG Recht 1920 Nr 1297 = RJA 16, 200; KGJ 38 A 145; OLG Dresden SeuffA 58 Nr 174). Dem Erblasser kann nicht die Befugnis eingeräumt werden, „die Entscheidung der Frage, wer Erbe sein soll, im Dunkeln zu lassen" (Mot V 307; dazu OLG Düsseldorf DNotZ 1966, 112), da an der Eröffnung ein öffentliches Interesse besteht. So kann der Erblasser zB auch nicht durch Anweisungen an den Testamentsvollstrecker, die Eröffnung durch das Nachlaßgericht verbieten (s OLG Dresden OLGE 40, 141). **3**

IV. Rechtsfolge

Eine dem § 2263 widersprechende Anordnung ist nichtig; im übrigen bleibt die Wirksamkeit des Testaments im Zweifel unberührt (LG Freiburg BWNotZ 1982, 115). Nichtigkeit des gesamten Testamentes ist wegen mangelnder Ernstlichkeit (§ 118) der letztwilligen Verfügung dann anzunehmen, wenn der Erblasser verbietet, das Testament überhaupt – also zu keinem Zeitpunkt und von niemandem – zu eröffnen. Hat der Erblasser diese Erklärung später angeordnet, so ist darin ein Widerruf des Testaments zu sehen (aA STAUDINGER/FIRSCHING[12] Rn 3; wie hier PALANDT/EDENHOFER Rn 1; BGB-RGRK/KREGEL Rn 2; SOERGEL/HARDER Rn 3; MünchKomm/BURKART Rn 3; JAUERNIG/ STÜRNER Anm 1). **4**

V. Gegen Ablehnung der Eröffnung ist **Beschwerde** (Erinnerung) zulässig (s OLG Frankfurt FamRZ 1977, 482). **5**

VI. Die Beteiligten können auf die **Eröffnung** nicht verzichten (s § 2260 Rn 5). **6**

VII. Auch die **Ablieferung** des Testaments kann der Erblasser nicht ausschließen (KGJ 36 A 77; KG Rpfleger 1979, 137; s dazu § 2259 Rn 15). **7**

VIII. Der Erblasser kann auch die **Benachrichtigung** der Beteiligten nicht verbieten (s § 2262 Rn 24). **8**

IX. Zur **Einsichtnahme** in eröffnete Testamente s § 2264. **9**

10 **X.** § 2263 gilt auch für **gemeinschaftliche Testamente** (KG OLGE 5, 346; 11, 250; Rpfleger 1979, 137, 138 = FamRZ 1980, 505 = DNotZ 1979, 556) und Erbverträge, § 2300 (bei gemeinschaftlichen Testamenten beachte § 2273).

§ 2263 a

Befindet sich ein Testament seit mehr als dreißig Jahren in amtlicher Verwahrung, so hat die verwahrende Stelle von Amts wegen, soweit tunlich, Ermittlungen darüber anzustellen, ob der Erblasser noch lebt. Führen die Ermittlungen nicht zu der Feststellung des Fortlebens des Erblassers, so ist das Testament zu eröffnen. Die Vorschriften der §§ 2260 bis 2262 sind entsprechend anzuwenden.

Materialien: 1. Denkschr d ErbrA (1937) 98;
Amtl Begr z TestG DJ 1938, 1259.

I. Textgeschichte

1 § 2263 a entspricht wörtlich § 46 TestG mit der Maßgabe, daß die in § 46 TestG zugleich enthaltene Regelung für Erbverträge nunmehr gesondert in § 2300 a enthalten ist. § 46 wurde vom TestG neu eingeführt (die Vorschrift lehnt sich an Art 82 prAGBGB an; amtl Begr).

II. Grundsätzliches

2 § 2263 a gilt seit dem 4. 8. 1938. Gleichgültig ist, zu welchem Zeitpunkt die Urkunde errichtet und in Verwahrung genommen worden ist (auch vor 1. 1. 1900) (BGH DNotZ 1973, 379; LG Memmingen Rpfleger 1977, 440; ebenso DITTMANN/REIMANN/BENGEL Rn 8). Das nach den §§ 2260, 2261 zuständige Gericht (Nachlaßgericht – Verwahrungsgericht) hat Testamente, die sich seit mehr als 30 Jahren in amtlicher Verwahrung (s dazu § 2258 a Rn 10; § 2261 Rn 3, 4) befinden, zu eröffnen, falls die angestellten Ermittlungen nicht zur Feststellung des Fortlebens des Erblassers führen. Da die rechtliche Stellung des Erben weder verwirkt, noch ersessen werden kann (BGHZ 47, 58), sind Testamente ohne Rücksicht auf ihren Errichtungszeitpunkt zu eröffnen (BGH DNotZ 1973, 379).

III. Normzweck

3 Durch die Regelung soll **verhindert** werden, daß Testamente **auf Dauer uneröffnet** bleiben und damit der letzte Wille eines Erblassers unbekannt bleibt. Das Gesetz setzt einen Stichtag, von dem an nicht ohne weitere Anhaltspunkte mit einem Fortleben des Erblassers gerechnet werden soll.

IV. Regelungsinhalt

1. Anwendungsbereich

Die Vorschrift gilt für **alle Arten von Testamenten**, auch gemeinschaftliche, die sich in amtlicher Verwahrung (besonderer oder einfacher Urkunden- oder Aktenverwahrung vgl Hornung JVBl 1964, 226) befinden. Nach § 2300 a findet die Vorschrift auf **Erbverträge** entsprechende Anwendung, allerdings mit der Maßgabe, daß sie sich 50 Jahre in der amtlichen Verwahrung befunden haben müssen. Keine Anwendung findet die Vorschrift auf Erb- und Pflichtteilsverzichtsverträge (BayObLGZ 1983, 149, 152 = Rpfleger 1983, 355 = FamRZ 1983, 1282).

2. Verfahren

§ 27 Nr 10 AktO (für BaWü beachte 1. Verwaltungsvorschrift zur Ausführung des LFGG v 5.5.1975 [Justiz 1975, 201] 17, 18) behandelt die Pflichten für die Verwahrungsbeamten hinsichtlich der Anlegung und der Überprüfung alter Verfügungen von Todes wegen (s Schmidt Rpfleger 1950, 265). Die Frist berechnet sich vom Tag der Errichtung der Urkunde, falls der Tag der Inverwahrnahme nicht mehr feststellbar ist. Der Errichtungszeitpunkt ist notfalls unter Eröffnung des Umschlags festzustellen. Der zweite Verwahrungsbeamte hat beim Amtsgericht mindestens einmal jährlich festzustellen, welche Testamente sich mehr als 30 und welche Erbverträge sich mehr als 50 Jahre in der amtlichen Verwahrung befinden (zum Verfahren s Firsching/Graf 160; Vogels/Seybold § 46 Rn 3). Befinden sich Erbverträge in der amtlichen Verwahrung eines Notars, so obliegt diesem die regelmäßige Überprüfungspflicht.

Der **Umfang der Ermittlungen** liegt im pflichtgemäßen **Ermessen** des Gerichts, nicht aber die Eröffnung (vgl Palandt/Edenhofer Rn 2). Grundsätzlich hat die verwahrende Stelle durch Anfrage bei der Meldebehörde des letztbekannten Wohnsitzes oder beim Standesamt des Geburtsortes zu erfragen, ob der Erblasser noch lebt (Musterschreiben s Firsching/Graf 201). Die Ermittlungen haben sich beim gemeinschaftlichen Testament auf das Fortleben beider Ehegatten zu erstrecken. Im Hinblick auf die gegenüber Erbverträgen kürzer bemessene Frist von 30 Jahren sind sie hier besonders sorgfältig durchzuführen.

Ergeben die Ermittlungen, daß der *Erblasser noch lebt*, so bleibt die Verfügung uneröffnet. Weitere Ermittlungen nach dem Fortleben haben je nach Lebensalter des Erblassers in Zeitabständen von etwa 3 bis 5 Jahren zu erfolgen.

Wird der *Tod des Erblassers* festgestellt, so ist nach den allgemeinen Regeln zu verfahren. Läßt sich beim gemeinschaftlichen Testament nur der Tod eines Ehegatten ermitteln, so ist § 2273 zu beachten.

Bleibt der *Tod ungewiß*, so erfolgt die Eröffnung, als ob der Erblasser unmittelbar vor der Eröffnung im Bezirk des Gerichts gestorben wäre (Muster einer hier aufzunehmenden Eröffnungsniederschrift s Firsching/Graf 201).

Das eröffnete Testament verbleibt in Urschrift beim Nachlaßgericht.

11 Ergibt sich *bei oder nach der Eröffnung, daß der Erblasser noch lebt*, so wird dies im Eröffnungsprotokoll vermerkt. Der Erblasser ist über die Eröffnung in Kenntnis zu setzen. Das Testament ist, falls es verschlossen war, wieder zu verschließen und in die Verwahrung zurückzunehmen, falls der Erblasser nach Befragung nicht das Gegenteil wünscht (Frage nach Gegenstandslosigkeit!). Die vorzeitige Eröffnung berührt die Gültigkeit des Testaments nicht. Eine Schadensersatzpflicht kann aber entstehen, falls der Erblasser daraufhin eine neue Verfügung errichtet (s PLANCK/ STRECKER § 2260 Anm 8).

12 Notare haben Erbverträge uneröffnet an das Nachlaßgericht abzuliefern (§ 16 Abs 3 S 4 DONot). Die Eröffnung erfolgt durch das Nachlaßgericht. Weigert sich das Nachlaßgericht, eine solche letztwillige Verfügung zu eröffnen, so steht dem Notar aus eigenem Recht die Erinnerung (§ 11 RPflG) oder die Beschwerde (§ 19 FGG) zu.

13 Bei **Ausländertestamenten** beachte die Ausf § 2260 Rn 20, 21.

§ 2264

Wer ein rechtliches Interesse glaubhaft macht, ist berechtigt, ein eröffnetes Testament einzusehen sowie eine Abschrift des Testaments oder einzelner Teile zu fordern; die Abschrift ist auf Verlangen zu beglaubigen.

Materialien: E I § 1939 Abs 2; II § 2131; III § 2237; Mot V 308; Prot V 357.

Systematische Übersicht

I.	Textgeschichte	1	d)	Umfang des Einsichts- und Abschriftsrechts	11
II.	Grundsätzliches	3	e)	Urschrift	13
III.	Regelungsinhalt	6	IV.	Zuständigkeit	17
a)	Rechtliches Interesse	6			
b)	Glaubhaftmachung	7	V.	Rechtsbehelfe	18
c)	Eröffnungsgegenstand	8			
aa)	Eröffnete Testamente	8	VI.	Kosten	19
bb)	Gemeinschaftliches Testament	9			
cc)	Erbvertrag	10	VII.	Sonstiges	20

I. Textgeschichte

1 Der Gesetzestext entspricht wörtlich § 47 TestG sowie der ursprünglichen Fassung.

2 Der Inhalt stimmt im wesentlichen mit dem PrALR überein (vgl Mot V 308, die auch darauf hinweisen, daß sie eine Übertragung der gemeinrechtlichen Grundsätze vom interdictum de tabulis exhibendis enthalte). Nach PrALR konnte der Erblasser jedoch das Einsichtsrecht durch Anordnung ausschließen (s BayObLGZ 7, 157).

II. Grundsätzliches

Die Vorschrift findet nach Eröffnung des Testaments Anwendung. § 2264 tritt als **Sondervorschrift neben § 34 FGG**, der allgemein anordnet, daß jedem Akteneinsicht zu gestatten ist, der ein berechtigtes Interesse glaubhaft macht. Beide Vorschriften ergänzen sich (BayObLGZ 6, 154; 1954, 310; KG Rpfleger 1978, 140; KEIDEL/KUNTZE/WINKLER § 34 FGG Rn 2). Da das Original einer letztwilligen Verfügung nach der Eröffnung zur dauernden Verwahrung in den Akten des Nachlaßgerichts verbleiben muß, gewährt § 2264 ein **Recht auf Einsichtnahme**, setzt jedoch ein „*rechtliches Interesse*" voraus. § 34 FGG begnügt sich mit einem „*berechtigten Interesse*", stellt aber die Gewährung der Einsicht usw in das Ermessen des Gerichts. „Berechtigtes Interesse" stellt auch die Erlangung der Gewißheit dar, daß kein Anhalt für eine begründete Einwendung vorliegt (BayObLGZ 1954, 310 = DNotZ 1955, 433).

Die Einsicht muß nicht höchstpersönlich, sondern kann durch einen gesetzlichen oder rechtsgeschäftlichen **Vertreter** erfolgen. Auch ein sachkundiger **Berater** kann herbeigezogen werden, sofern für ihn berufliche Verschwiegenheitspflichten gelten.

§ 2264 behandelt nur die Akteneinsicht usw durch **Privatpersonen** (zur Akteneinsicht von Behörden s KEIDEL/KUNTZE/WINKLER § 34 FGG Rn 21, 21 a).

III. Regelungsinhalt

a) Rechtliches Interesse
Ein rechtliches Interesse erfordert, daß das eröffnete Testament *auf die rechtlichen Beziehungen des Einsichtnehmers einwirkt* (vgl § 85 FGG). Dies gilt für Bedachte, auch bedingt Bedachte, Auflagenbegünstigte, Testamentsvollstrecker, Personen, die von familienrechtlichen Anordnungen betroffen sind und die gesetzlichen Erben, auch wenn sie nicht bedacht sind (BayObLGZ 54, 310 = DNotZ 55, 433). Ein rechtliches Interesse steht grundsätzlich auch den Nachlaßgläubigern zu, uU auch den Eigengläubigern der Erben (ebenso BGB-RGRK/KREGEL Rn 2). Das rechtliche Interesse ist enger als das berechtigte Interesse gem § 34 FGG (KEIDEL/KUNTZE/WINKLER § 34 FGG Rn 13). Wissenschaftliche, historische, allgemeine wirtschaftliche uä Interessen können nur als berechtigtes Interesse nach § 34 FGG berücksichtigt werden.

b) Glaubhaftmachung
Die Glaubhaftmachung erfolgt gem § 15 Abs 2 FGG regelmäßig *durch Versicherung an Eides statt*, kann aber auch durch **alle** sonstigen **Beweismittel** erfolgen (über die Begriffe „rechtliches Interesse" und „Glaubhaftmachung" s STAUDINGER/OTTE [1994] § 1953 Rn 16 sowie HÖRLE 474; über das Recht zur Einsichtnahme in ein nichtiges Testament s KG JW 1931, 1373).

c) Eröffnungsgegenstand
aa) § 2264 gilt nur für „eröffnete" Testamente. Auf Testamente, die in besondere

amtliche Verwahrung genommen sind, finden weder § 2264 (Voraussetzung: „eröffnetes" Testament) noch § 34 FGG Anwendung (das verwahrte Testament gehört nicht zum Gerichtsakt – KG JFG 4, 159; über das Recht zur Einsichtnahme des amtlich verwahrten Testaments vor Eröffnung, das nur dem Erblasser zusteht s § 2258 b Rn 18). Das Recht auf Einsichtnahme erstreckt sich auf das eröffnete Testament nebst **Anlagen**, ohne Rücksicht darauf ob das Testament gültig ist. Weitergehend wird im Schrifttum das Einsichtsrecht (PLANCK/STRECKER Anm 3 b; VOGELS/SEYBOLD § 47 Rn 6; MünchKomm/BURKHART Rn 6; PALANDT/EDENHOFER Rn 2) auch auf die *Eröffnungsniederschrift* erstreckt, obwohl diese im Gesetz nicht erwähnt ist. Richtiger dürfte es sein, auf sie § 34 FGG anzuwenden, wonach auch ein Recht auf Akteneinsicht des Nachlaßgerichtes erwähnt wird.

9 **bb)** Bei der Eröffnung eines **gemeinschaftlichen Testaments** unterbleibt die Verkündung (und Mitteilung) der *absonderungsfähigen* Verfügungen des überlebenden Ehegatten (dazu § 2260 Rn 34). Von den Verfügungen des verstorbenen Ehegatten ist eine beglaubigte Abschrift zu fertigen und offen zu den Nachlaßakten zu nehmen. Die Urschrift des Testaments wird wieder verschlossen und in die besondere amtliche Verwahrung zurückgebracht, falls sich das Testament schon bisher in besonderer amtlicher Verwahrung befunden hat oder der Überlebende die besondere Amtsverwahrung beantragt, § 2273. Strittig ist, ob sich die Befugnis nach § 2264 auch auf Einsicht in die Urschrift des wiederverschlossenen Testaments oder nur in den beglaubigten Auszug erstreckt (so wohl LG München BayZ 1906, 407). Zwar ersetzt die beglaubigte auszugsweise Abschrift idR im Rechtsverkehr die Urschrift (vgl dazu SEMPRICH/KAULBACH DJ 1940, 59), doch wird man aus § 2264 die Befugnis zur Einsichtnahme in die Urschrift, allerdings unter Verdeckung des nichteröffneten Teiles der Verfügung, ableiten müssen. Die Kenntnis der Schriftzüge usw kann für die Wahrnehmung des Einsichtsrechts von Bedeutung sein (s VOGELS/SEYBOLD § 47 Rn 3; zur Erteilung einer Abschrift eines in amtlicher Verwahrung befindlichen, teilweise noch nicht eröffneten gemeinschaftlichen Testaments an den überlebenden Ehegatten s LG Halberstadt JW 1922, 522 m Anm von HERZFELDER; OLG Hamm FamRZ 1974, 387).

10 **cc)** § 2264 gilt **nicht** für den **Erbvertrag**; das folgt aus § 2300. In Erbverträge kann nur gem § 34 FGG Einsicht genommen werden.

d) **Umfang des Einsichts- und Abschriftsrechts**

11 Die Befugnis zur Einsichtnahme besteht nur in dem Umfang und an den Teilen des Testamentes, an denen ein **rechtliches Interesse** besteht. Soweit ein Interesse an der Geheimhaltung weiterer Verfügungen in einem gemeinschaftlichen Testament besteht, ist ein Einsichtsrecht nicht gegeben. Das Einsichtsrecht kann auch dem Erbvertragspartner oder Ehegatten des Erblassers bei nicht miteröffneten Erklärungen des Erblassers, die eindeutig keinen erbrechtlichen Bezug haben (BayObLG Rpfleger 1984, 18), verwehrt sein, soweit jener an der Akteneinsicht dieser Erklärungen kein rechtliches oder berechtigtes (§ 34 FGG) Interesse geltend machen kann.

12 Der Berechtigte kann sich nach dem Wortlaut des Gesetzes darauf beschränken, nur **von einem Teil** des Testaments **Abschrift** zu verlangen. Ob andererseits das Nachlaßgericht befugt ist, nur teilweise Einsicht oder Abschrift von einem eröffneten Testament zu gewähren, ist strittig. Im Gegensatz zu § 34 FGG soll es nicht auf das Ermessen des Nachlaßgerichts, sondern auf das Verlangen des Nachlaßinteressenten ankommen (so HARTRODT 93; KIPP/COING § 123 Fn 31; LG Dresden ZBlFG 1, 405; KG RJA 9, 79). Dem Sinn des Gesetzes dürfte es mehr entsprechen, demjenigen, der **nur an einem Teile des Testamentsinhalts ein rechtliches Interesse** hat oder glaubhaft macht, **nur die Einsicht dieses Teiles** zu gestatten und **nur von diesem Teil Abschrift zu erteilen** (so DREWES DJZ 1901 Sp 232; WEISSLER I 189; PLANCK/STRECKER Anm 3 c; VOGELS/SEYBOLD 47 Rn 7).

e) **Urschrift**

Die Urschrift der Urkunde darf **nicht herausgegeben** werden (Mot aaO; s ferner § 2260 Rn 39), selbst wenn ein beachtliches immaterielles Interesse besteht (BGH NJW 1978, 1448), auch nicht einem Sachverständigen zur Echtheitsuntersuchung (VOGELS/SEYBOLD § 47 Rn 6 unter Hinweis auf LG Danzig DanzMonSchr 32, 13). Jedoch kann sich der Berechtigte eines Bevollmächtigten zur Einsichtnahme bedienen (KG RJA 12, 206) und auf diesem Wege auch einem Sachverständigen Einsicht verschaffen. Eine chemische Untersuchung vor Ort ist nicht zulässig (PALANDT/EDENHOFER Rn 2).

Das Nachlaßgericht kann im Rechtshilfeweg das Testament *einem anderen AG übersenden* mit dem Ersuchen, den Berechtigten dort Einsicht zu gewähren. Es hat hierbei zu erwägen, ob die letztwilligen Verfügungen den mit der Übersendung verbundenen Gefahren ausgesetzt werden sollen und dürfen (s dazu BayObLGZ 6, 155; KGJ 38 A 6). Lehnt das Nachlaßgericht die Versendung wegen Gefahr des Verlustes ab, so ist dagegen Beschwerde nur im Aufsichtswege gegeben (KG OLGE 26, 366).

Der Berechtigte kann während der **Einsichtnahme** *Aufzeichnungen* oder eine *Abschrift* anfertigen oder die Gestattung einer Photokopie fordern, soweit nicht aus Verwaltungsrücksichten des Gerichts Bedenken entgegenstehen; hierüber wäre im Dienstaufsichtswege zu entscheiden (s KG RJA 12, 205; krit dazu MORAL DJZ 1913 Sp 525, 526; zur photographischen Aufnahme s HÖRLE 481; zur Erstellung einer Photokopie vgl § 1 VO v 21. 10. 1942 [RGBl I 609]); auf die Beglaubigung ist § 42 BeurkG entsprechend anwendbar (zur Fassung des Vermerks bei Erteilung einer Abschrift s GRABOW NJ 1952, 449).

Die Erteilung der Ausfertigung eines eröffneten öffentlichen (nicht privatschriftlichen – vgl KG OLGE 12, 233) Testaments wird man mit der hM (s DITTMANN/REIMANN/BENGEL Rn 6) für zulässig erachten. Aus der Nichterwähnung in § 2264 läßt sich kein sicherer gegenteiliger Schluß ziehen (zur Zuständigkeit und Form s §§ 48, 49 BeurkG).

IV. **Zuständigkeit**

Zuständig zur Gewährung der Einsichtnahme und Erteilung von Abschriften ist das **Nachlaßgericht** (Rechtspfleger, § 3 Nr 2 c RPflG) nicht der Notar (BayObLGZ 1954, 310 = DNotZ 1955, 433). Im Falle des § 2261 ist das Eröffnungsgericht zur Gewährung der Einsichtnahme so lange zuständig, wie sich die Urschrift dort noch befindet (s dazu PLANCK/STRECKER Anm 2).

V. **Rechtsbehelfe**

Bei Ablehnung der Einsicht oder Erteilung einer beglaubigten Abschrift hat der Berechtigte die Rechtsmittel der **Erinnerung** oder **Beschwerde** nach §§ 19 ff FGG.

Nur die **Dienstaufsichtsbeschwerde** ist gegeben, falls es sich nur um die Art der Einsicht oder Abschriftenerteilung handelt (KG OLG 26, 366).

19 VI. Kosten der Abschrifterteilung und Beglaubigung: §§ 136 Abs 1, 132 KostO. Die *Einsichtnahme ist gebührenfrei*.

20 VII. Befugnis des Finanzamts zur Einsichtnahme: § 395 AO. Mitteilungspflicht: § 12 ErbStDV v 19. 1. 1962 (BGBl I 22) sowie Art 9 ErbStRefG v 17. 4. 1974 (BGBl I 1933).

Sachregister

Die fetten Zahlen beziehen sich auf die Paragraphen, die mageren Zahlen auf die Randnummern.

Ableben
  Besorgung eines vorzeitigen - **2249** 11 ff
Ablieferung, Ablieferungspflicht
  für Testamente zur Testamentseröffnung **2259** 1 ff
Absperrungstestament
  als außerordentliche Testamentsform **2250** 6 ff
Abtretung
  einer Grundschuld durch Testamentsvollstrecker **2205** 54
Abwicklungsvollstreckung
  s. Testamentsvollstrecker
Ärztliche Fachwissenschaft
  Sachverständigengutachten zur Testierfähigkeit **2247** 49
Akteneinsichtsrecht
  Testamentseröffnung und - **2264** 1 ff
Aktiengesellschaft
  Testamentsvollstreckung **2205** 143
Amtliche Verwahrung
  s. Testament (amtliche Verwahrung)
  eines Erbvertrages **2258 b** 23 f
Amtsgericht
  s. a. Nachlaßgericht
  Amtliche Verwahrung eigenhändigen Testamentes **2248** 1 ff
  besondere amtliche Verwahrung von Testamenten **2258a** 8
  als Nachlaßgericht **2260** 24
  Testamentseröffnung durch verwahrendes - **2261** 6
Amtsgericht Berlin-Schöneberg
  amtliche Verwahrung, besondere **2258a** 6
Amtsinhaber
  Ernennung zum Testamentsvollstrecker **2197** 51
Amtsträger
  Testamentsvollstrecker als Träger privaten Amtes **Vorbem 2197 ff** 14
Anerbenrecht
  Anerbenbestimmung als letztwillige Verfügung **Vorbem 2229 ff** 39
Anfechtung
  Ernennung des Testamentsvollstreckers durch das Nachlaßgericht **2200** 6
  Rücknahme eines Testaments aus amtlicher Verwahrung **2256** 21
  des Testaments nicht durch den Testamentsvollstrecker **2203** 17

Anfechtung (Forts.)
  Testamentswiderruf durch Urkundenvernichtung, Urkundenänderung **2255** 3
Anordnungen des Erblassers
  letztwillige und in Verfügung von Todes wegen enthaltene **2203** 5
  der Testamentsvollstreckung **2197** 1 ff; **2203** 5
Anzeige
  vom Tode des Testamentsvollstreckers **2218** 34
Arrest
  Geltendmachung durch Testamentsvollstrecker **2212** 13
Auflage
  und beaufsichtigende Testamentsvollstreckung **2208** 20
  Begünstigter als Beteiligter an Testamentseröffnung **2262** 6
  Bindung des Testamentsvollstreckers **Vorbem 2197 ff** 47
  des Erbauseinandersetzungsausschlusses **2204** 5
  des Erblassers für den Erben **2216** 30
  Freigabeverweigerung durch den Testamentsvollstrecker wegen Erfüllung einer **2217** 22
  Gesellschaftererben **2205** 112
  und Testamentsvollstreckung **Vorbem 2197 ff** 5
  Unternehmensfortführung durch Testamentsvollstrecker aufgrund einer - **2205** 97
  und Verwaltungsvollstreckung, Abgrenzung **2209** 11
Auflassung
  eines Nachlaßgrundstückes durch Testamentsvollstrecker **2205** 49
Auflösungsklage (§ 133 HGB)
  durch den Testamentsvollstrecker **2205** 123
Aufrechnung
  durch den Testamentsvollstrecker **2212** 13; **2213** 5
  des Testamentsvollstreckers mit Honorarforderungen in Haftungsfällen **2219** 23
Auftragsrecht
  Erteilung von Aufträgen über den Tod hinaus **2197** 17
  und Testamentsvollreckung **2226** 1
  und Testamentsvollstreckeramt **Vorbem 2197 ff** 16

Auftragsrecht (Forts.)
und Verhältnis Testamentsvollstrecker / Erbe **2218** 2
Aufwendungsersatz
des Testamentsvollstreckers **2218** 28 ff; **2221** 7
Auskunftsverlangen
des Nachlaßgerichts **2262** 27
Auskunftsverpflichtung
des Testamentsvollstreckers gegenüber Erben **2218** 16 ff
Ausländer
Testierfähigkeit **2229** 68
Ausländische Behörde
und Eröffnung des Testaments eines Ausländers **2260** 21
Ausländischer Hafen
Aufenthalt eines deutschen Schiffes **2251** 8
Ausland
Beurkundung eines öffentlichen Testaments **2232** 12
Testamentseröffnung im - **2260** 22, 23
Testamentserrichtung im - **2247** 108
Außerordentliche Testamentsformen
s. Testament (Nottestamente)
Auswahl
des Testamentsvollstreckers, Haftung hierfür **2219** 31

Baden-Württemberg
amtliche Verwahrung, besondere **2258a** 6
Nachlaßgericht **2260** 24
Banken
Ernennung zum Testamentsvollstrecker **2197** 65
Bankrecht
und Testamentsvollstreckung **2205** 163 ff
Beaufsichtigende Testamentsvollstreckung
Rechtsmacht des Testamentsvollstreckers **2208** 19
und Unternehmensfortführung durch Testamentsvollstrecker **2205** 104
Bedingung
Annahme, Ablehnung des Testamentsvollstreckeramtes **2202** 10
Anordnung der Testamentsvollstreckung **2197** 33 ff
Bestimmungserklärung des Dritten bei der Testamentsvollstreckung **2198** 11
Erblasserersuchen um Ernennung des Testamentsvollstreckers **2200** 4
Gesellschaftererben **2205** 112
Testamentsvollstreckung **2208** 12; **2225** 4
Unternehmensfortführung durch Testamentsvollstrecker aufgrund einer - **2205** 97

Bedingung (Forts.)
einer Verfügung des Erben für den Fall des Wegfalls einer - Dauervollstreckung **2211** 5
Befreiungsvermächtnis
und Haftung des Testamentsvollstreckers **2219** 15
Befristung
Annahme, Ablehnung des Testamentsvollstreckeramtes **2202** 10
Bestimmungserklärung des Dritten bei der Testamentsvollstreckung **2198** 11
Testamentsvollstreckung **2197** 33 ff; **2208** 12; **2210** 4, 5; **2225** 4
Behindertenschutz
Bürgermeistertestament **2249** 47
Behindertentestament
Erblasseranordnungen **2216** 23
Behörden
Ablieferungspflicht gegenüber dem Nachlaßgericht **2259** 19, 20
Ernennung zum Testamentsvollstrecker **2197** 51
Testamentsvollstreckerbestimmung **2198** 3
Zwangsmaßnahmen zur Ablieferung **2259** 28
Beitrittsgebiet
Amtliche Verwahrung **2258a** 13
Errichtung, Aufhebung von Testamenten und ZGB-Vorschriften der früheren DDR **Vorbem 2229 ff** 7
Testamentsvollstreckung **Vorbem 2197 ff** 115
nach dem ZGB errichtete Testamente **Vorbem 2229 ff** 32
Benachrichtigungsverpflichtung
des Nachlaßgerichts nach Testamentseröffnung **2262** 4 ff
des Testamentsvollstreckers gegenüber Erben **2218** 16 ff
Berliner Testament
Eröffnung **2260** 35
Beschwerde
Testamentseröffnung **2260** 41; **2261** 14
Besitz
Ablieferung von Testamenten **2259** 4
und Testamentsvollstreckung **2203** 24; **2205** 29; **2208** 9
Besondere amtliche Verwahrung
s. Testament (amtliche Verwahrung)
Besorgnis
naher Todesgefahr **2250** 15
vorzeitigen Ablebens **2249** 11 ff
Bestattungsanordnungen
und Testamentsvollstreckung **Vorbem 2197 ff** 5

Bestimmungserklärung
 des Dritten bei der Testamentsvollstrek-
 kung **2198** 7 ff
Beteiligte
 Antragsrecht auf Aufhebung von Verwaltungsanordnungen **2216** 32
 Entlassung des Testamentsvollstreckers
 2227 22
 Fristsetzung für die Testamentsvollstrek-
 kerbestimmung durch Dritten **2198** 21 ff
 bei Testamentseröffnung nicht anwesende
 2262 5 ff
 am Testamentseröffnungsvervahren
 2260 29
Betreuungsrecht
 Abschaffung der Entmündigung, der
 vorläufigen Vormundschaft **2229** 7
 Aufhebung bisheriger Vormundschaft und
 Gebrechlichkeitspflegschaft
 Vorbem 2229 ff 33
 Testament eines Betreuten **2247** 31, 32
 und Testamente Entmündigter bis zum
 31.12.1991 **2229** 69
 Testamentsvollstrecker, betreuter **2225** 14
 und Widerrufstestamente Entmündigter
 2253 12 ff
Betriebsaufspaltung
 Testamentsvollstreckung **2205** 145
Beurkundungsgesetz
 Amtliche Verwahrung, besondere **2258b** 3
 Berufs- und Honorarkonsularbeamte
 Vorbem 2229 ff 56
 Bürgermeistertestament **2249** 4, 6, 25
 Dreizeugentestament **2250** 5
 und eigenhändiges Testament **2247** 6
 Ersetzung der §§ 2234–2246 **2233** 23
 Notare, Beurkundungszuständigkeit
 Vorbem 2229 ff 26 ff
 öffentliches Testament **2232** 1 ff
 und Verfahrensvorschriften für Errichtung
 öffentlicher Testamente **Vorbem 2229 ff** 6
 Verwahrung von Testamenten **2258a** 4
Bewegliche Sachen
 Gutglaubensschutz bei der Dauervollstrek-
 kung **2211** 23 ff
Beweislast
 im Recht des Testaments
 s. Testament
Bewertungsfragen
 und Testamentsvollstreckervergütung
 2221 49
Bewußtseinsstörung
 und Testierunfähigkeit **2247** 16 ff, 24
Bezugnahmen
 im eigenhändigen Testament **2247** 68 ff
BGB-Gesellschaft
 Ernennung zum Testamentsvollstrecker
 2197 50

BGB-Gesellschaft (Forts.)
 Testamentsvollstreckung und Rechte des
 Erben in der Gesellschaft **2205** 116
Blindenschrift
 Niederschrift eigenhändigen Testaments
 2247 31, 32
Blindentestament 2233 12 ff
Brieftestament
 als letztwillige Verfügung **2247** 75 ff
 Widerrufstestament **2254** 8
Bürgerliche Ehrenrechte
 und Ernennung zum Testamentsvollstrek-
 ker **2201** 1
Bürgermeistertestament
 Absperrungstestament in der Form eines -
 2250 7
 Annahme zur besonderen amtlichen
 Verwahrung **2258 b** 7
 Notlagentestament als - **2250** 6
 Notlagentestament, vorrangiges **2250** 15
 als Nottestament **2249** 1 ff
Bundeswehrsoldaten
 keine Geltung testamentarischer Sonder-
 formen **Vorbem 2229 ff** 37

Dauervollstreckung
 s. Testamentsvollstrecker
DDR, ehemalige
 Amtliche Verwahrung **2258a** 13
 Aufbewahrung eigenhändigen Testaments
 2248 15
 eigenhändiges Testament **2247** 137
 Errichtung und Aufhebung von Testamen-
 ten **Vorbem 2229 ff** 58 ff
 notarielles Testament **2232** 44
 Nottestament als Zweizeugentestament
 2250 37
 Nottestamentsform **2249** 53
 Rückgabe eines Testaments aus amtlicher
 Verwahrung **2256** 25
 Testament, späteres und widersprechendes
 2258 24
 Testamente von DDR-Bürgern, in der
 Bundesrepublik eröffnete **2261** 18
 Testamentseröffnung **2260** 44
 Testamentsformen **2231** 29
 Testamentsvollstreckung
 Vorbem 2197 ff 113
 Widerruf letztwilliger Verfügung **2253** 16
 Widerruf durch Testament **2254** 17; **2255** 37
 Widerruf durch Urkundenvernichtung,
 Urkundenveränderung **2255** 1 ff
 ZGB-Vorschriften zur Errichtung und
 Aufhebung von Testamenten
 Vorbem 2229 ff 65 ff
 Zweizeugentestament **2252** 13; **2256** 25
Deutsche Schiffe
 und notarielle Beurkundung **2251** 3

Deutscher Erblasser
und konsularisches Testament
Vorbem 2229 ff 51

Dingliche Beschränkung
der Rechtsmacht des Testamentsvollstreckers **2208** 3, 17
Verfügungsmacht des Erben bei Dauervollstreckung **2211** 2

Dingliche Rechtswirkung
Freigabe durch den Testamentsvollstrecker **2217** 19

Dingliches Recht
an einem Nachlaßgegenstand und Testamentsvollstreckung **2214** 2

Dreizeugentestament
Absperrungstestament in der Form eines - **2250** 7
Bürgermeistertestament als faktisches - **2249** 7
Seetestament als ein - **2251** 10

Dritter, Dritte
Auswahl des Testamentsvollstreckers, Haftung **2219** 31
Bezugnahmen auf Testamente Dritter im eigenhändigen Testament **2247** 69
Eigenhändiges Testament und Einfügungen durch - **2247** 58
und Eigenhändigkeit der Testamentsniederschrift **2247** 37 ff
Entlassung des Testamentsvollstreckers **2227** 27
Erbenrechte gegenüber Testamentsvollstrecker, Übertragung auf - **2218** 15
Erblasser, Einräumung von Befugnissen für - **2208** 22, 25
Ermächtigung zur Ernennung von Mitvollstreckern, Nachfolge-Vollstrecker **2199** 1
und erweiterte Verpflichtungsbefugnis des Testamentsvollstreckers **2207** 4
Testamentsvollstrecker, keine Amtsübertragung im ganzen auf - **2218** 9
Testamentsvollstrecker und Bevollmächtigung - **2218** 13
Testamentsvollstrecker, Bindung an Weisungen - **2208** 14
Testamentsvollstrecker, Substitution und Gehilfenhinzuziehung **2218** 10 ff
Testamentsvollstreckerbestimmung **2198** 3 ff
Testamentsvollstreckerverpflichtungen und Rechte - **2218** 6
Urteil zwischen Testamentsvollstrecker und Dritten **2212** 20
Verwaltung, Verfügung des Testamentsvollstreckers bezüglich nachlaßfremder Rechte - **2208** 22
Widerruf letztwilliger Verfügung und Inanspruchnahme - **2255** 17

Eckelskemper'sche Tabelle
Testamentsvollstreckervergütung **2221** 43

Ehegatte
Ernennung zum Testamentsvollstrecker **2197** 55
letztwillige Zuwendung des unbeschränkten Verwaltungsrechts, Verfügungsrechts an überlebenden - **2209** 10

Eheliche Gütergemeinschaft
Nachlaßauseinandersetzung durch Testamentsvollstrecker **2204** 21

Eheliches Güterrecht
und Testamentsvollstreckung
Vorbem 2197 ff 41

Eidesstattliche Versicherung
Erbenverlangen gegenüber Testamentsvollstrecker **2218** 24
hinsichtlich des Verzeichnisses des Testamentsvollstreckers **2215** 16
Mehrheit von Testamentsvollstreckern **2224** 19
durch Testamentsvollstrecker nach Amtsbeendigung **2225** 9

Eigenhändiges Testament
s. Testament (eigenhändiges)

Eigentümergrundschuld
Bestellung als entgeltliche Verfügung **2205** 47

Eingehung von Verbindlichkeiten
durch den Testamentsvollstrecker **2206** 1 ff

Einkommensteuer
Besteuerung der Testamentsvollstreckervergütung **2221** 55, 56, 57, 58

Einreden
durch Testamentsvollstrecker **2212** 13

Einsichtsrecht
Testamentseröffnung und - **2264** 1 ff
in Testamentsvollstreckerangelegenheiten gegenüber dem Nachlaßgericht **2228** 1 ff

Einstweilige Anordnung
und Amtsführung des Testamentsvollstreckers **Vorbem 2197 ff** 30

Einstweilige Verfügung
und Entlassung des Testamentsvollstreckers **2227** 33
Geltendmachung durch Testamentsvollstrecker **2212** 13

Eintrittsrecht des Erben
und Testamentsvollstreckung **2205** 120

Einwilligung
in erweitertete Verpflichtungsbefugnis des Testamentsvollstreckers **2207** 5
des Testamentsvollstreckers in Verfügungen des Erben trotz letztwilligen Verfügungsverbotes **2211** 3

Einzelkaufmännisches Unternehmen
Anordnung der Testamentsvollstreckung **2197** 28

Sachregister	Erbe, Erben

Einzelkaufmännisches Unternehmen (Forts.)
und beaufsichtigende Testamentsvollstreckung **2205** 104
Fortführung durch Testamentsvollstrecker, Ersatzmöglichkeiten **2205** 92
Nachlaßerträge und Verwaltungsvollstreckung **2209** 19
und Testamentsvollstreckereintragung **Vorbem 2197 ff** 102
Testamentsvollstreckung als reine Abwicklungsvollstreckung **2205** 91
Treuhandlösung bei der Fortführung durch Testamentsvollstrecker **2205** 93 ff
Vollmachtslösung bei der Fortführung durch Testamentsvollstrecker **2205** 97 ff
Weisungsgeberlösung bei der Fortführung durch Testamentsvollstrecker **2205** 101 ff
Entgeltlichkeit einer Verfügung
des Testamentsvollstreckers
s. Testamentsvollstrecker
Entlassung
des Testamentsvollstreckers
s. Alphabetisches Stichwortverzeichnis zu § 2227 BGB
Entmündigung
früheren Rechts und Ausschluß von der Testamentserrichtung **2229** 40 ff
und Widerrufstestamente Entmündigter **2253** 12 ff
Entwurf
eines Testamentes **2247** 78 ff
Erbauseinandersetzung
Amtliche Vermittlung und Testamentsvollstreckung **2204** 10
Anhörung der Erben **2204** 31
und Anordnung der Testamentsvollstreckung als Verwaltungsvollstreckung **2209** 12
Art der Auseinandersetzung **2204** 16 ff
Auseinandersetzungsplan, bindende Wirkung **2204** 30
Auseinandersetzungsplan des Testamentsvollstreckers **2204** 28, 29
Ausgleichung von Vorempfängen **2204** 25, 26
Bewirken, Betreiben durch den Testamentsvollstrecker **2208** 16
und auf einen Erbteil beschränkte Testamentsvollstreckung **2208** 16
Erbteil, noch unbestimmter **2204** 8
Feststellungsklage auf Unwirksamkeit eines Auseinandersetzungsplanes **2204** 32
Forsetzung der Erbengemeinschaft für immer **2225** 2
als gesetzliche Aufgabe des Testamentsvollstreckers **2204** 1 ff
Minderjährigkeit von Miterben **2204** 23

Erbauseinandersetzung (Forts.)
Miterbe als Nachlaßschuldner **2204** 24
Miterbenschaft und Auseinandersetzungsvollstreckung **2204** 40 ff
und Nachlaßgegenstände, vom Testamentsvollstrecker benötigte **2217** 11
nach Pfändung des Erbanteils durch Eigengläubiger eines Miterben **2214** 8
Teilungsanordnung als Verwaltungsanordnung **2216** 29
Testamentsvollstreckervergütung **2221** 33
und Testamentsvollstreckung bezüglich einzelner Nachlaßgegenstände **2208** 11
unentgeltliche Verfügung im Rahmen einer - **2205** 49
Unwirksamkeit des Auseinandersetzungsplanes **2204** 33 ff
Vereinbarung der Miterben und Rechtsstellung des Testamentsvollstreckers **2204** 27
und vollständige Erledigung der Vollstreckeraufgaben **2225** 2
Widerspruch eines Miterben **2204** 32
Erbe (Alleinerbe)
Ernennung zum Testamentsvollstrecker **2197** 53
Testamentsvollstreckung als Dauervollstreckung **2209** 10
Tod des Erben und angeordnete Testamentsvollstreckung **2225** 5
als Vermächtnisvollstrecker **2223** 18
als Vorerbe, Ausschluß als alleiniger Nacherbenvollstrecker **2222** 15
Erbe, Erben
Amtspflichtverletzung, schuldhafte des Testamentsvollstreckers und Rechte der - **2219** 13, 14
Anordnungen des Erblassers, Bindung des Testamentsvollstreckers **2216** 19
Aufwendungen des Testamentsvollstreckers **2218** 28 ff
Auskunftsverpflichtung des Testamentsvollstreckers **2218** 16
und bedingte Testamentsvollstreckeranordnung **2197** 34
Benachrichtigungsverpflichtung des Testamentsvollstreckers **2218** 16
Besitzverhältnisse bei Testamentsvollstreckung **2205** 29
Bestimmung durch den Testamentsvollstrecker, ausgeschlossene **2208** 22
als Beteiligte am Testamentseröffnungsverfahren **2260** 17
und Beteiligtenstellung bei der Bestimmung des Testamentsvollstreckers durch Dritte **2198** 24
und Dritter als Bestimmender des Testamentsvollstreckers **2198** 4

525

Erbe, Erben (Forts.)
Eigengläubiger des Erben und Testamentsvollstreckung **2214** 1 ff
Eintrittsrecht als Gesellschafter **2205** 120
Einwilligung in Eingehung von Verbindlichkeiten durch Testamentsvollstrecker **2206** 13
Enterbung in guter Absicht **2209** 6
Erbenrechte gegenüber Testamentsvollstrecker, Übertragung auf Dritte **2218** 15
und erweiterter Verpflichtungsbefugnis des Testamentsvollstreckers **2207** 4
Freigabeverlangen an den Testamentsvollstrecker **2217** 8
Freigabeverpflichtung des Testamentsvollstreckers **2217** 1 ff
Generalvollmacht für den Testamentsvollstrecker **2205** 98
als Gesellschafter **2205** 116
Gesetzliches Schuldverhältnis Testamentsvollstrecker und - **2218** 2 ff
Güterstand und Testamentsvollstreckung **Vorbem 2197 ff** 41
Haftung für Rechtshandlungen des Testamentsvollstreckers **2219** 24 ff
und Haftung des Testamentsvollstreckers gegenüber Erben **2219** 1 ff
Haftungsbeschränkung und Testamentsvollstreckung **2205** 9
Hauptintervention im Prozeß des Testamentsvollstreckers **2212** 16
Herausgabeverpflichtung des Testamentsvollstreckers **2218** 25
als Inhaber eines Handelsgeschäftes **2205** 102
Kündigungsabrede des Testamentsvollstreckers mit - **2226** 2
als Mitvollstrecker **Vorbem 2197 ff** 50
und Nacherbenvollstrecker **2222** 15 ff
Nachlaßerträge und Verwaltungsvollstreckung **2209** 19
Nebenintervenient, Beitritt auf der Seite des Testamentsvollstreckers **2212** 16
Nebenintervention des Testamentsvollstreckers bei einer Klage gegen - **2212** 17
Nutzungsabführung durch den Testamentsvollstrecker **2216** 9
Nutzungsherausgabe durch den Testamentsvollstrecker **2217** 13
und ordnungsgemäße Verwaltung durch den Testamentsvollstrecker **2216** 8
Passivprozeß nur gegen den Erben **2213** 12 ff
Passivprozesse gegen den Nachlaß **2213** 1 ff
Pflegschaft für unbekannten - **Vorbem 2197 ff** 35

Erbe, Erben (Forts.)
Prozeßführungsbefugnis, fehlende bei Testamentsvollstreckung **2212** 5
Rechnungslegungspflicht des Testamentsvollstreckers **2218** 19
Rechnungslegungsverpflichtung des Testamentsvollstreckers, jährliche bei länger dauernder Verwaltung **2218** 36
Rechtsstreitigkeiten über die Erbenstellung **2212** 25
Streitgenossenschaft mit Testamentsvollstrecker **2212** 6
und Testamentsanfechtung **2203** 17
Testamentseröffnung und Erbenfeststellung **2260** 3
Testamentsvollstrecker, Befreiung von Pflichten **2215** 7, 8
Testamentsvollstrecker als Berater **2208** 21
Testamentsvollstrecker und dingliche Mitberechtigung des - **Vorbem 2197 ff** 50
Testamentsvollstrecker als Erbe **2220** 4
Testamentsvollstrecker, Pflichten gegenüber - **2215** 1 ff
und Testamentsvollstrecker, Rechtsverhältnis **Vorbem 2197 ff** 16 ff; **2203** 28, 35; **2218** 1, 1 ff
Testamentsvollstreckervergütung, Vereinbarung **2221** 5
Testamentsvollstreckung und Erbenbeschränkung **2220** 1
Testamentsvollstreckung und Person der - **2212** 25 ff
und Testamentsvollstreckung als Verwaltungsvollstreckung **2211** 1
Tod des Erben und Dauer einer Verwaltungsvollstreckung **2210** 7
Urteil zwischen Testamentsvollstrecker und Dritten **2212** 20
Verfügungsverbot, Rechtsnatur eines letztwilligen **2211** 2
Verwaltungsbefugnis des Testamentsvollstreckers als Verpflichtung gegenüber - **2205** 13
Verwaltungshandlungen des Testamentsvollstreckers mit Wirkung für und gegen - **2205** 84
Verzicht auf Befreiungsverbote für den Testamentsvollstrecker **2220** 5
Vollmachterteilung und Widerrufsmöglichkeit durch - **Vorbem 2197 ff** 62
Vollmachtwiderruf **Vorbem 2197 ff** 71 ff
wirtschaftliche Gefährdung aufgrund Erblasserverwaltungsanordnungen **2216** 28
Zustimmung zur Nachlaßverwaltung aufgrund Anordnung des Erblassers **2216** 24

Erbe, Erben (Forts.)
  Zustimmung zu unentgeltlichen Testamentsvollstreckerverfügungen 2205 56
Erbeinsetzung
  und Testamentsinhalt 2247 14
Erben (Miterben)
  Ausgleichung von Vorempfängen 2204 25
  Ausschluß der Erbauseinandersetzung, beschlossener 2204 6
  Ergänzungspflegschaft bei Testamentsvollstreckung 2197 58
  Forsetzung der Erbengemeinschaft für immer 2225 2
  Gerichtliche Geltendmachung der Rechte gegenüber Testamentsvollstrecker 2218 4
  als Inhaber eines Handelsgeschäftes 2205 102
  Minderjährigkeit und Testamentsvollstreckung 2204 23, 29
  Miterbe als Testamentsvollstrecker 2197 53; 2204 40; 2205 68, 73, 74
  als Nachlaßschuldner 2204 24
  Rechnungslegungsanspruch gegenüber Testamentsvollstrecker 2218 21
  Schiedsvertrag, vereinbarter und Testamentsvollstreckung 2212 32
  und Testamentsvollstreckung auf einen Erbteil beschränkt 2208 16
  Verwaltungsvollstreckung 2209 12
Erbengemeinschaft
  s. Erben (Miterben)
Erbersatzanspruch
  und Testamentsvollstreckung 2213 20; 2223 4
Erbfall
  DDR, ehemalige : Erbfälle ab dem 3.10.1990 **Vorbem 2229 ff** 61 ff
  DDR, ehemalige : Erbfälle bis zum 2.10.1990 **Vorbem 2229 ff** 58 ff
  und Eigengläubigerzugriff bei Testamentsvollstreckung 2214 3
  und Inkrafttreten des Testamentsgesetzes **Vorbem 2229 ff** 20, 21
  und IPR : Erbfälle bis zum 31.12.1965 **Vorbem 2229 ff** 102
  und IPR : Erbfälle seit dem 1.1.1966 **Vorbem 2229 ff** 103, 104
  und IPR : Erbfälle seit dem 1.9.1986 **Vorbem 2229 ff** 105
  und Testamente Entmündigter bis zum 31.12.1991 2229 69
  und Testamentsvollstreckeramt 2202 1
  und Testamentsvollstreckung als Dauervollstreckung 2211 6
  und zeitlich nacheinander errichtete Testamente 2258 6
Erblasser
  s. a. Verfügung von Todes wegen

Erblasser (Forts.)
  Anordnung, Ernennung bei der Testamentsvollstreckung 2197 1 ff
  Anordnung einer Nacherbenvollstreckung 2222 9, 10
  Anordnung auf seinen Tod 2247 16
  Anordnung der Testamentsvollstreckung 2197 10 ff
  Anordnung der Unternehmensumwandlung 2205 105
  Anordnungen des Erblassers, Bindung des Testamentsvollstreckers 2216 19
  Anordnungen (letztwillige, in Verfügung von Todes wegen enthaltene) 2203 5
  Anordnungen, Wünsche für die Nachlaßverwaltung 2216 19, 20
  Aufhebung von Verwaltungsanordnungen 2216 30 ff
  und Befreiungsverbote für Testamentsvollstrecker 2220 1 ff
  beschränkte Verfügungsbefugnis des Erben 2211 2
  Besorgnis vorzeitigen Ablebens, Bürgermeistertestament 2249 11 ff
  als Deutscher und konsularisches Testament **Vorbem 2229 ff** 51
  Drittbestimmung des Testamentsvollstreckers 2198 6
  Dritter als Werkzeug bei Widerruf letztwilliger Verfügung 2255 17
  Einsicht in besonders amtlich verwahrtes Testament 2258b 18 ff
  Entlassung des Testamentsvollstreckers 2227 3
  Erbauseinandersetzung und Testamentsvollstreckung 2204 1
  und Erbe 2214 1
  Erbrechtsbezug, fehlender im Testament 2260 15
  Ernennung des Testamentsvollstreckers 2197 46, 47; 2200 1 ff
  Erteilung von Aufträgen über den Tod hinaus 2197 17
  Form eigenhändigen Testaments 2247 11
  Form seiner Anordnungen für die Nachlaßverwaltung 2216 21
  Fristsetzung für die Testamentsvollstreckerbestimmung durch Dritten 2198 19
  Geschäftsunfähigkeit 2203 37
  Gestattung von In-sich-Geschäften des Testamentsvollstreckers 2205 62
  Grundtypen des öffentlichen Testaments 2232 13 ff
  Gruppenvertretung gegenüber dem Testamentsvollstrecker 2220 3
  und Haftung des Testamentsvollstreckers 2219 15

Erblasser (Forts.)
Herausgabe aus besonderer amtlicher Verwahrung **2258b** 16
und Kündigung des Testamentsvollstreckeramtes **2226** 1
letztwillige Verfügungen, Ausführung durch den Testamentsvollstrecker **2203** 3
Minderjährigkeit **2233** 4 ff
Persönliche Testamentserrichtung **2231** 22
Rechtsstreit, durch Tod unterbrochener und Testamentsvollstrecker **2212** 18
Rückgabe letztwilliger Verfügung aus amtlicher Verwahrung **2256** 3 ff
Seetestament **2251** 2
Sprechbehinderung **2250** 35
Stummheit **2250** 35
und Testamentsvollstrecker, keine Befreiung von der Verantwortlichkeit durch - **2219** 15
Testamentsvollstrecker, Mitvollstreckung **2224** 4
Testamentsvollstrecker und Wille des Erblassers als oberste Richtschnur **2208** 1
Testamentsvollstreckerpflichten aufgrund Erblasserwillens **2219** 6
Testamentsvollstreckervergütung **2221** 1 ff, 11
und Testamentsvollstreckung **Vorbem 2197 ff** 6
Testiervoraussetzungen, Formgültigkeitsfragen **2247** 130
Todesgefahr, nahe **2250** 15
Urteil, für Erblasser erwirktes und Testamentsvollstreckung **2212** 22
Veräußerungen des Erblassers, Prüfung der Rechtswirksamkeit **2216** 16
Verbot alsbaldiger Testamentseröffnung **2263** 1 ff
vom Verkehr abgeschnittener **2250** 11 ff
Verlangen amtlicher Verwahrung eines Privattestaments **2248** 6
Widerruf letztwilliger Verfügung **2253** 8 ff
Widerruf des Widerrufstestaments **2257** 11
Widerrufstestament **2254** 7
Widerspruchswille bei späterer Testierung **2258** 12
Wünsche für die Verwaltung des Nachlasses **2216** 20

Erbrecht
und Haftungsgrundsätze des Handelsrechts **2205** 90
Interesse an Rechtssicherheit **2231** 21
als Inzidentstreitpunkt im Prozeß des Testamentsvollstreckers **2212** 25
Rechtsstreitigkeiten über das - **2212** 25 ff
und Testamentsvollstreckung **Vorbem 2197 ff** 4; **2203** 13

Erbrecht (Forts.)
Verträge mit erbrechtlich feststellender Wirkung, dem BGB unbekannte **2247** 123

Erbschaft (Annahme)
und Amt des Testamentsvollstreckers **2202** 4
als höchstpersönliches Recht **2205** 18
Passivprozesse gegen den Nachlaß **2213** 4
Testamentsvollstreckerentscheidung, ausgeschlossene **2208** 22

Erbschaft (Ausschlagung)
als höchstpersönliches Recht **2205** 18
Testamentsvollstreckerentscheidung, ausgeschlossene **2208** 22

Erbschaftsanspruch
Passivprozeß gegen den Nachlaß **2213** 10
und Testamentsvollstreckung **2212** 28

Erbschaftsteuer
Besteuerung der Testamentsvollstreckervergütung **2221** 55, 56
Mitteilung des Verfügungsinhalts durch das Nachlaßgericht **2262** 30
und Testamentsvollstrecker **2203** 21

Erbschaftsverkauf
durch Testamentsvollstrecker **2206** 8

Erbschein
Amtsermittlungsprinzip **2247** 133; **2255** 25
Antrag des Testamentsvollstreckers **2203** 18
bedingte Testamentsvollstreckeranordnung **Vorbem 2197 ff** 88
und Beendigung des Testamentsvollstreckeramtes **2225** 9
Beweisfrage **2247** 125 ff
und Erlöschen des Testamentsvollstreckeramtes **2210** 18
Herausgabeanspruch des Testamentsvollstreckers **Vorbem 2197 ff** 92
Nacherbentestamentsvollstreckung **Vorbem 2197 ff** 85; **2222** 22
und Testamentseröffnung im Ausland **2260** 22
Testamentsvollstreckerbeschränkungen **Vorbem 2197 ff** 89
Testamentsvollstreckung als Erbenbeschränkung **Vorbem 2197 ff** 81
Testamentsvollstreckung, Verlautbarung **Vorbem 2197 ff** 80
Testierfähigkeit, Prüfung von Amts wegen **2247** 55, 55 ff
und Unmöglichkeit einer Testamentseröffnung **2260** 18
Unrichtigkeit bei fehlender Angabe einer Testamentsvollstreckung **Vorbem 2197 ff** 91
Vermächtnisvollstreckung **Vorbem 2197 ff** 86; **2223** 19

Erbteil
und Anordnung der Testamentsvollstreckung **2197** 36
Anteile mehrerer Erben am Nachlaß und Testamentsvollstreckerbefugnis **2205** 33
Beschränkung der Verwaltungsbefugnisse des Testamentsvollstreckers **2205** 16
Erbauseinandersetzung und noch unbestimmter - **2204** 8
Pfändung durch Eigengläubiger eines Miterben **2214** 8
Pfändung, Verpfändung und Testamentsvollstreckung **2205** 35
Pflichtteilsrecht und Testamentsvollstreckung **2197** 25
Testamentsvollstreckung, Beschränkung auf einen - **2208** 16
Testamentsvollstreckung und Erbauseinandersetzung **2204** 41
Verfügung bei Anordnung einer Dauervollstreckung **2211** 14
Verfügung des Testamentsvollstreckers über einen Erbteil im Ganzen **2208** 22
Verwaltungsvollstreckung bezüglich eines - **2209** 13

Erbteilsverkauf
Gegenleistung und Testamentsvollstreckerbefugnis **2205** 34

Erbunwürdigkeit
Anfechtungsrecht als höchstpersönliches Recht **2205** 18

Erbvertrag
Ablieferungspflicht gegenüber Nachlaßgericht **2259** 5, 8
Ablieferungspflicht des Notars **2263a** 12
Alleinerbeneinsetzung neben Testamentsvollstreckung **2209** 10
Amtliche Verwahrung **2258b** 23
Anordnung der Testamentsvollstreckung **2197** 11, 16, 20 ff
und Benachrichtigungspflicht des Nachlaßgerichts nach Testamentseröffnung **2262** 14
Bestimmungen des Konsulargesetzes **Vorbem 2229 ff** 50
und Beteiligung an der Eröffnung **2262** 3
Bindungswirkung **2253** 7
Einsichtsrecht **2264** 10
Eröffnung **2260** 34; **2261** 17
Herausgabe aus besonderer amtlicher Verwahrung **2258b** 25
und letztwillige Verfügung **2203** 3
und Testamentsgesetz **Vorbem 2229 ff** 14
und Testierfähigkeit **2229** 9
Urkundenverwahrung durch den Notar **2259** 22
Verhinderung eines dauerhaft uneröffneten - **2263a** 4

Erbvertrag (Forts.)
Vollmachtserteilung statt Testamentsvollstreckung **Vorbem 2197 ff** 69
Vorbehalt einseitiger Anordnung der Testamentsvollstreckung **2197** 20
Widerruf eines in einem Testament erklärten Rücktritts vom - **2257** 3
ZGB der DDR **Vorbem 2229 ff** 64, 66

Erbverzichtsvertrag
keine Ablieferungspflicht gegenüber dem Nachlaßgericht **2259** 5

Ergänzungspflegschaft
wegen Doppelstellung Testamentsvollstrecker / gesetzlicher Vertreter **2197** 56
Testamentsvollstrecker als gesetzlicher Vertreter und Befreiung von Pflichten **2215** 8

Erhaltungsmaßnahmen
und Mitvollstreckung **2224** 41

Ermächtigung
des Erblassers zur Unternehmensfortführung durch Testamentsvollstrecker **2205** 98
zur Testamentsmitvollstreckerernennung, zur Nachfolgerernennung **2199** 1 ff

Ernennung
des Testamentsvollstreckers und Anordnung derselben **2197** 1 ff

Eröffnung des Testaments
s. Testament (Eröffnung)

Ersatzerbe
Beteiligter an Testamentseröffnung **2262** 6

Ersuchen
des Erblassers um Ernennung eines Testamentsvollstreckers **2200** 3 ff

Erträgnisse des Nachlasses
und Testamentsvollstreckung als Verwaltungsvollstreckung **2209** 19
und Verfügungsbeschränkung des Erben aufgrund letztwilliger Verfügung **2211** 10

EWIV
Testamentsvollstreckung **2205** 138

Exheredatio bona mente 2209 6

Familienangehörige
Ernennung zum Testamentsvollstrecker **2197** 55

Familienoberhaupt
und Stellung eines Testamentsvollstreckers **2209** 8

Familienrechtliche Anordnungen
und Ausschluß der Testamentsvollstreckertätigkeit **2203** 9

Familienrechtliche Aufgaben
und Testamentsvollstreckung **Vorbem 2197 ff** 4

Familienrechtliche Beschränkungen
und Verfügungsbefugnis des Testamentsvollstreckers **Vorbem 2197 ff** 4 f; **2205** 79
Favor testamenti
Form eigenhändigen Testaments **2247** 11
Finanzverwaltung
und Testamentsvollstrecker **2203** 19 ff
Firma
Erbengemeinschaft **2205** 102
Forderungen
Ausschluß des Gutglaubensschutzes **2211** 22
Form
Annahme, Ablehnung des Testamentsvollstreckeramtes **2202** 5 ff
Anordnung der Testamentsvollstreckung **2197** 13 ff
Anordnungen des Erblassers, Bindung des Testamentsvollstreckers **2216** 19
der Benachrichtigung des Nachlaßgerichts nach Testamentseröffnung **2262** 15 ff
Bestimmungserklärung des Dritten bei der Testamentsvollstreckung **2198** 13 ff
Bürgermeistertestament **2249** 25 ff
Dreizeugentestament **2250** 19 ff
Erbauseinandersetzungsplan, Ausführung **2204** 36
Erbauseinandersetzungsvertrag **2204** 43
Erblasseranordnungen für die Testamentsvollstreckung **2216** 21
Ermächtigung zur Mitvollstreckerernennung, Nachfolgerernennung **2199** 1 ff
Erteilung transmortaler und postmortaler Vollmacht **Vorbem 2197 ff** 53 ff
Formzwecke **Vorbem 2229 ff** 1, 8, 9; **2231** 15 ff; **2254** 4
Freigabe durch den Testamentsvollstrecker **2217** 17, 18
Nachlaßverzeichnis des Testamentsvollstreckers **2215** 10
Nottestament **2249** 25 ff
öffentliches Testament **2232** 12 ff
Seetestament **2251** 9
Testament (eigenhändiges) **2247** 1, 9, 83 ff
Testamentsformen, zwingende **2231** 18 ff
Testamentsgesetz, Erleichterungen **Vorbem 2229 ff** 16 ff
der Unterschrift eigenhändigen Testaments **2247** 83
Widerruf letztwilliger Verfügungen **2253** 8 ff
Widerruf durch Testament **2254** 5 ff
Widerruf des Widerrufstestaments **2257** 5
ZGB der DDR **Vorbem 2229 ff** 65 ff
Fortsetzungsklausel
und Testamentsvollstrecker **2205** 106

Freiberufler
Partnerschaft und Testamentsvollstreckung **2205** 139
Freigabeverpflichtung
des Testamentsvollstreckers **2217** 1 ff
Freiwillige Gerichtsbarkeit
Ernennung des Testamentsvollstreckers durch das Nachlaßgericht **2200** 11 ff
Gebrechlichkeit
und Testierfähigkeit **2247** 14
Gebrechlichkeitspflegschaft
früheren Rechts und Testamentserrichtung bis zum 31.12.1991 **2229** 39
und Testierfähigkeit **2247** 61
Gegenleistung, Leistung
und Unentgeltlichkeit einer Verfügung **2205** 42
Geheimer Vorbehalt
letztwillige Verfügung **2247** 21
Geistesschwäche
Testierunfähigkeit bei Störung der - **2247** 16 ff
Geistestätigkeit
Testierunfähigkeit bei Störung der - **2247** 16 ff
Geld
Verwaltung durch den Testamentsvollstrecker **2216** 13
Genehmigung
In-sich-Geschäfte des Testamentsvollstreckers **2205** 65
bei Mitvollstreckung **2224** 16
des Testamentsvollstreckers in Verfügungen des Erben trotz letztwilligen Verfügungsverbotes **2211** 3
Genehmigungsvorbehalte
und Verfügungsbefugnis des Testamentsvollstreckers **2205** 83
Generalvollmacht
sittenwidrige für den Testamentsvollstrecker **2205** 98
für den Testamentsvollstrecker **Vorbem 2197 ff** 76
über den Tod hinaus oder auf den Todesfall **Vorbem 2197 ff** 74, 75
Widerruflichkeit abstrakter - **Vorbem 2197 ff** 75
Genossenschaften
Testamentsvollstreckung **2205** 144
Geschäftsbesorgungsvertrag
und vermeintlicher Testamentsvollstrecker **2221** 54
Geschäftsbetrieb
und Testamentsvollstreckervergütung **2221** 53

530

Geschäftsfähigkeit
 Annahme, Ablehnung des Testamentsvollstreckeramtes **2202** 18
 des Erben und Verfügungsbefugnis des Testamentsvollstreckers **2205** 76
 und Ernennung zum Testamentsvollstrecker **2201** 2 ff
 fortdauernde - des Testamentsvollstreckers **2225** 14
 und Testierfähigkeit **2229** 9 ff, 68; **2233** 20
 Zeugen bei einem Dreizeugentestament **2250** 32
Geschäftsfähigkeit (beschränkte)
 und Testierfähigkeit **2229** 11
Gesellschaftsbeteiligung
 Anmeldung des Eintritts der Gesellschafter-Erben und Testamentsvollstreckung **Vorbem 2197 ff** 105
 Anordnung der Testamentsvollstreckung **2197** 28
 und Kernbereichslehre **2205** 122
 Nachlaßerträge und Verwaltungsvollstreckung **2209** 19
 Testamentsvollstrecker als Treuhänder für die Erben **2205** 108
 Testamentsvollstrecker als Weisungsgeber **2205** 111
 Testamentsvollstreckung am Anteil persönlich haftender - **2205** 113 ff
 Testamentsvollstreckung als reine Abwicklungsvollstreckung **2205** 91
Gesellschaftskündigung
 durch den Testamentsvollstrecker **2205** 123
Gesellschaftsrecht
 und obligatorische Gruppenvertretung **2220** 3
 und Prozeßführungsbefugnis des Testamentsvollstreckers **2212** 7
Gesellschaftsvertrag
 Fortsetzungsklausel, Nachfolgeklausel **2205** 106, 107
 und Testamentsvollstreckung **2205** 121 ff, 146
 und Tod des Gesellschafters **2205** 106
Gesetzeseinheit (GesEinhG vom 5.3.1953)
 Wiedereinfügung der Regeln des Testamentsgesetzes in das BGB **Vorbem 2229 ff** 4
Gesetzliches Schuldverhältnis
 und Haftung des Testamentsvollstreckers gegenüber Erben **2219** 1 ff
 zwischen Testamentsvollstrecker und Erben **2216** 1 ff; **2218** 2 ff
Gespaltene Testamentsvollstreckung
 im Beitrittsgebiet **Vorbem 2197 ff** 115
Gestattung
 des Erblassers von Insichgeschäften des Testamentsvollstreckers **2205** 62

Gewerbesteuer
 Besteuerung der Testamentsvollstreckervergütung **2221** 59
GmbH
 Testamentsvollstrecker, Mitwirkung an der Errichtung **2205** 146
 Testamentsvollstreckung am Gesellschaftsanteil **2205** 141
GmbH & Co
 Testamentsvollstreckung **2205** 145
GmbH & Still
 Testamentsvollstreckung **2205** 145
Grundbuch
 Annahme, Ablehnung des Testamentsvollstreckeramtes **2202** 29
 und Beendigung des Testamentsvollstreckeramtes **2225** 9
 Berichtigungsantrag durch den Testamentsvollstrecker **2205** 37
 Eintragungsbewilligung, Löschungsbewilligung durch Testamentsvollstrecker **2205** 51
 und Erbauseinandersetzungsplan **2204** 38
 Erbeneintragung und Testamentsvollstreckervermerk **Vorbem 2197 ff** 95
 Erbteilspfändung **2214** 8
 und Erlöschen des Testamentsvollstreckeramtes **2210** 15, 19
 Löschung des Testamentsvollstreckervermerks **Vorbem 2197 ff** 100, 101; **Vorbem 2217** 19
 Nacherbenvollstrecker **2222** 21
 Rechtsstellung des Testamentsvollstreckers **2203** 31 ff
 Testament, späteres und widersprechendes **2258** 23
 Testamentsvollstreckerbefugnisse, beschränkte **Vorbem 2197 ff** 97
 Testamentsvollstreckervermerk **Vorbem 2197 ff** 93; **2203** 32; **2211** 28
 Testamentsvollstreckung, Verlautbarung **Vorbem 2197 ff** 80
 Vermächtnis und Testamentsvollstreckung **Vorbem 2197 ff** 98
 Vermächtnisvollstrecker **2223** 20
Grundpfandrechte
 Bestellung durch den Testamentsvollstrecker **2205** 53
Grundschuld
 Abtretung durch Testamentsvollstrecker **2205** 54
Grundstücke
 s. Nachlaßgrundstücke
Gutglaubensschutz
 und Testamentsvollstreckung
 s. Testamentsvollstrecker
Gutsbezirksvorsteher
 Bürgermeistertestament **2249** 21

Haager Testamentsformabkommen
DDR-Beitritt **Vorbem 2229 ff** 60
und Testierfähigkeit **2229** 69
Haftpflichtversicherung
des Testamentsvollstreckers **2219** 35
und Tod des Versicherungsnehmers
2205 21
Haftung des Bürgermeisters
Bürgermeistertestament **2249** 49 ff
Haftung des Erben
für Rechtshandlungen des Testamentsvollstreckers **2219** 24 ff
Haftung des Nacherbenvollstreckers 2222 25
Haftung des Nachlaßgerichts
für Benachrichtigung nach Testamentseröffnung **2262** 22
Haftung des Notars
für Amtspflichtverletzungen bei der Beurkundung eines öffentlichen Testaments
2232 42
Haftung bei Testamentsmitvollstreckung 2224 17
Haftung bei der Testamentsvollstreckung
s. Alphabetisches Stichwortverzeichnis
zu § 2219 BGB
Haftung des Vermächtnisvollstreckers 2223 14, 15
Haftungsgrundsätze des Handelsrechts
Unvereinbarkeit mit denen des Erbrechts
2205 90
Handelsgeschäft
Verwaltungsrecht des Testamentsvollstreckers **2205** 89 ff
Handelsgesellschaft
als Testamentsvollstrecker **2225** 15
Handelsregister
Dauertestamentsvollstreckung **2209** 10
Eintragung des Testamentsvollstreckers als Geschäftsinhaber **2205** 96
Erben als Inhaber **2205** 102
Löschung des Testamentsvollstreckervermerks **2217** 19
und Testamentsvollstreckereintragung
Vorbem 2197 ff 102 ff
Handelsvertreter
Ausgleichsanspruch **2205** 20
Handschrift
Niederschrift eigenhändigen Testaments
2247 29 ff, 33 ff
Herausgabe
des Erbvertrages aus besonderer amtlicher Verwahrung **2258 b** 25
des Testaments aus besonderer amtlicher Verwahrung **2258 b** 15
Herausgabeverpflichtung
s. a. Ablieferung, Ablieferungspflicht
bei der Testamentsvollstreckung
s. Testamentsvollstrecker

Hinterlegung
eines eigenhändigen Testamentes **2248** 1 ff
Hinterlegungsschein
Amtliche Verwahrung **2258b** 24
Amtliche Verwahrung eines Privattestamentes **2248** 10
Höchstpersönlichkeit von Rechten
beschränktes Verwaltungsrecht des Testamentsvollstreckers **2205** 17 ff
Höferecht
Anerbenbestimmung als letztwillige Verfügung **Vorbem 2229 ff** 39
Anordnung der Testamentsvollstreckung
2197 31, 32
Holographisches Testament
s. Testament (eigenhändiges)

In-sich-Geschäfte
des Testamentsvollstreckers **2205** 59 ff
Internationale Zuständigkeit
Entlassung des Testamentsvollstreckers
2227 38
Internationales Privatrecht
und DDR-Erbfälle bis zum 2.10.1990
Vorbem 2229 ff 58 ff
EGBGB, Haager Testamentsformabkommen **Vorbem 2229 ff** 100
und Eröffnung des Testament eines Ausländers **2260** 20
Gesetz zur Neuregelung vom 25.7.1986
Vorbem 2229 ff 105
locus regit actum **2247** 108
und Testamentseröffnung im Ausland
2260 22, 23
Testamentserrichtung durch Minderjährige
2233 23
Testamentsvollstreckung
Vorbem 2197 ff 110 ff
Testierfähigkeit **2229** 68, 69
Inventar
Nachlaßverzeichnis des Testamentsvollstreckers **2203** 26; **2215** 13

Juristische Personen
Befristung einer Verwaltungsvollstreckung
2210 8
als Testamentsvollstrecker **2197** 50; **2201** 1; **2225** 15
Testamentsvollstreckerbestimmung durch -
2198 3

Kapitalgesellschaften
Testamentsvollstreckung an Gesellschaftsanteilen **2197** 30; **2205** 140 ff
Kernbereichslehre
und Verfügungsmacht des Testamentsvollstreckers **2205** 122

Klage, Klagbarkeit
  Aktivprozesse für den Nachlaß **2212** 1 ff
  Annahme des Testamentsvollstreckeramtes
    2202 25
  Besitzeinräumung gegenüber Testaments-
    vollstrecker **2205** 30
  Einwilligung in Eingehung von Verbind-
    lichkeiten durch Testamentsvollstrecker
    2206 13
  Erbauseinandersetzungsplan des Testa-
    mentsvollstreckers **2204** 34
  Erben, Geltendmachung ihrer Rechte
    gegenüber Testamentsvollstrecker **2218** 4
  Erbenintervention bei Prozessen des Testa-
    mentsvollstreckers **2212** 16, 17
  Erbenperson, Klarstellung und Prozeßfüh-
    rungsbefugnis des Testamentsvollstrek-
    kers **2212** 26
  Erblasserrechtsstreit und Testamentsvoll-
    streckung **2212** 18
  Erbrecht, Rechtsstreitigkeiten hierüber
    2212 25 ff
  Erbschaftsanspruch und Testamentsvoll-
    streckung **2212** 28
  und Erlöschen des Testamentsvollstrecker-
    amtes **2210** 14
  Ernennung des Testamentsvollstreckers
    2212 29
  Feststellung des Nachlaßumfanges bei
    Testamentsvollstreckung **2212** 15
  Feststellungsklage auf Unwirksamkeit
    eines Auseinandersetzungsplanes
    2204 32
  Gerichtliche Geltendmachung der Rechte
    gegenüber Testamentsvollstrecker **2218** 4
  Gerichtsstand bei Klagen gegen Testa-
    mentsvollstrecker / Erben **2213** 25
  Gerichtsstand bei Prozessen des Testa-
    mentsvollstreckers **2212** 24
  Haftungsfolgen bei schuldhafter Verlet-
    zung der Testamentsvollstreckerpflich-
    ten **2219** 14
  Meinungsverschiedenheiten Testaments-
    vollstrecker / Erbe **2203** 37 ff
  Mitvollstreckung **2224** 19
  Negative Feststellungsklage eines Dritten
    gegen Testamentsvollstrecker **2212** 14
  auf ordnungsgemäße Verwaltung durch
    den Testamentsvollstrecker **2216** 8
  Passivprozeß gegen Erben und Testaments-
    vollstrecker **2213** 11
  Passivprozeß gegen den Nachlaß **2213** 1 ff
  Passivprozeß nur gegen den Erben
    2213 12 ff
  Passivprozeß gegen den Testamentsvoll-
    strecker **2213** 8
  Prozeßführungsbefugnis des Nacherben-
    vollstreckers **2222** 14

Klage, Klagbarkeit (Forts.)
  Prozeßführungsbefugnis des Testaments-
    vollstreckers bei Aktivprozessen
    2212 1 ff
  Prozeßführungsbefugnis des Testaments-
    vollstreckers bei Passivprozessen
    2213 1 ff
  Prozeßführungsbefugnis des Vermächtnis-
    vollstreckers **2223** 12
  Prozeßkosten, vom Testamentsvollstrecker
    aufgewendete **2218** 31
  Rechnungslegungsanspruch gegenüber
    Testamentsvollstrecker **2218** 21
  Recht des beaufsichtigenden Testaments-
    vollstreckers **2208** 19
  Streitgenossenschaft bei Mitvollstreckung
    2224 19
  Testamentsvollstreckeramt, Annahme
    2202 25
  Testamentsvollstreckervergütung **2221** 27
  Vermächtnisansprüche bei Testamentsvoll-
    streckung **2213** 21, 22
Kollisionsrecht
  EGBGB, Haager Testamentsformabkom-
    men **Vorbem 2229 ff** 100
  und Erbfälle in der ehemaligen DDR bzw.
    dem Beitrittsgebiet **Vorbem 2229 ff** 61 ff
Kommanditgesellschaft
  Testamentsvollstreckung und Rechte des
    Erben in der Gesellschaft **2205** 116
Kommanditist
  Anordnung der Testamentsvollstreckung
    2197 29; **2205** 124 ff
  und Testamentsvollstreckereintragung
    Vorbem 2197 ff 102
Konkurs
  und Ernennung zum Testamentsvollstrek-
    ker **2201** 1
  und Verfügungsbeschränkung des Erben
    bei Dauervollstreckung **2211** 2
  über das Vermögen des Testamentsvoll-
    streckers **2225** 5; **2227** 8
Konkursverwalter
  Rechtsstellung **2205** 3
Konstitutionsgebühr
  Testamentsvollstreckervergütung **2221** 17
Konsulartestament
  amtliche Verwahrung, besondere **2258 a** 7
  Annahme zur besonderen amtlichen
    Verwahrung **4 ff** 7
  Bestimmungen des Konsulargesetzes
    Vorbem 2229 ff 40 ff
  als öffentliches Testament **2256** 7
Kreditinstitute
  Ernennung zum Testamentsvollstrecker
    2197 65

Kündigung
des Testamentsvollstreckeramtes durch den Vollstrecker **2226** 1 ff

Landesrecht
Erbfall und Testament, Übergangsrecht zum BGB **Vorbem 2229 ff** 11
Testamente bis zum 31.12.1899 **Vorbem 2229 ff** 9
Verwahrung von Testamenten **2258a** 1

Leistung, Gegenleistung
und Unentgeltlichkeit einer Verfügung **2205** 42

Leseunfähigkeit
Ausschluß von der Form eigenhändigen Testaments **2247** 118 ff
und Beschränkung der Testierfähigkeit **2229** 13; **2247** 118 ff

Letztwillige Anordnungen des Erblassers
und Verwaltungsbefugnis des Testamentsvollstreckers **2205** 10

Letztwillige Verfügung
s. Verfügung von Todes wegen

Lichte Augenblicke
und Testamente Geisteskranker **2247** 25

Löschungsbewilligung
als unentgeltliche Verfügung **2205** 47, 48

Lücken
im Testament **2247** 57

Luftfahrzeugregister
Testamentsvollstreckervermerk **Vorbem 2197 ff** 93

Medizinischer Befund
Sachverständigengutachten zur Testierfähigkeit **2247** 48

Mietvertrag
und Testamentsvollstreckung **2211** 16

Militärtestament
als testamentarische Sonderform **Vorbem 2229 ff** 34 ff

Minderjährigkeit
Ausschluß von der Form eigenhändigen Testaments **2247** 118 ff
und Befreiung des Testamentsvollstreckers von dessen Pflichten **2215** 8
Entlassung des Testamentsvollstreckers **2227** 24
Errichtung öffentlichen Testaments **2233** 4 ff
und konsularisches Testament **Vorbem 2229 ff** 53
des Miterben und Erbauseinandersetzungsplan des Testamentsvollstreckers **2204** 29
und Testamentsvollstreckung für Miterben **2204** 23
und Testierunfähigkeit **2247** 15

Minderjährigkeit (Forts.)
und Verfügungsbefugnis des Testamentsvollstreckers **2205** 76

Miterben
s. Erben (Miterben)

Miterbenanteil
s. Erbteil

Möhring'sche Tabelle
Testamentsvollstreckervergütung **2221** 41

Mündliche Erklärung
Dreizeugentestament **2250** 23
Errichtung öffentlichen Testaments durch eine - **2232** 15 ff

Nacherbe
Ausschlagung des Nacherbenrechts als höchstpersönliches Recht **2205** 19
Beteiligter an Testamentseröffnung **2262** 6
Rechte und Pflichten gegenüber dem Vorerben **2222** 12
als Testamentsvollstrecker **2197** 54; **2222** 17
Vollmacht, postmortale für den Vorerben **Vorbem 2197 ff** 78

Nacherbenvollstrecker
s. Alphabetisches Stichwortverzeichnis zu § 2222 BGB

Nacherbschaft
Nachlaßerträge und Verwaltungsvollstreckung **2209** 19
und Testamentsvollstreckung **2205** 155 ff

Nachfolgeklausel
und Testamentsvollstrecker **2205** 107

Nachlaß
Aktivprozesse für den Nachlaß **2212** 1 ff
und Anordnung der Testamentsvollstreckung **2197** 36
und Anrechnung auf die Sozialhilfe **2211** 1
Entgeltlichkeit einer Verfügung und Gegenwert für den - **2205** 43
Ersatzanspruch gegen Testamentsvollstrecker, Zugehörigkeit zum - **2219** 32
Erschöpfung des Nachlasses und Beendigung des Testamentsvollstreckeramtes **2225** 3
Erschöpfung des Nachlasses kein Entlassungsgrund für den Testamentsvollstrecker **2227** 19
als Gegenstand der Verwaltungsbefugnis des Testamentsvollstreckers **2205** 14
Herausgabe durch den Testamentsvollstrecker nach Beendigung seines Amtes **2225** 9
Herausgabeverpflichtung des Testamentsvollstreckers **2218** 25
Klage auf Feststellung des Umfanges bei Testamentsvollstreckung **2212** 15
Konstituierung durch den Testamentsvollstrecker **2203** 23

534

Nachlaß (Forts.)
  Passivprozesse gegen den Nachlaß
   2213 1 ff
  Testamentsvollstreckervergütung und
   Insuffizienz des Nachlasses **2221** 3
  Testamentsvollstreckung und verselbstän-
   digter - **Vorbem 2197 ff** 8
  Verfügung des Testamentsvollstreckers
   über den Nachlaß als Ganzes **2208** 22
  Verwaltung des Testamentsvollstreckers
   s. Testamentsvollstrecker
  Verwaltungsvollstreckung, beschränkte
   2209 13
Nachlaßabwicklung
  öffentliches Interesse an geordneter -
   2260 3
Nachlaßbeteiligte
  im Testamentseröffnungsverfahren
   2262 5 ff
Nachlaßerträge
  und Testamentsvollstreckung als Verwaltungsvollstreckung **2209** 19
  und Verfügungsbeschränkung des Erben
   aufgrund letztwilliger Verfügung **2211** 10
Nachlaßgefährdung
  aufgrund Erblasser - Verwaltungsanordnungen **2216** 26
Nachlaßgegenstände
  Eigengläubiger des Erben und Testamentsvollstreckung **2214** 1 ff
  Freigabeverpflichtung des Testamentsvollstreckers **2217** 1 ff
  Nachlaßverzeichnis des Testamentsvollstreckers **2215** 14
  und Obliegenheiten des Testamentsvollstreckers **2217** 10
  Rückgewährverpflichtung bezüglich freige-
   gebenen Nachlaßgegenstandes an den
   Testamentsvollstrecker **2217** 20
  Testamentsvollstreckervergütung **2221** 14
  Verfügung des Erben trotz letztwilligen
   Verfügungsverbotes **2211** 3
  Verfügung durch Prozeßhandlung **2212** 2
  und Verfügungsbeschränkung des Erben
   aufgrund letztwilliger Verfügung **2211** 9
  Verfügungsmöglichkeit, vollständig besei-
   tigte für Nachlaßgegenstände **2208** 6
  Verwaltung einzelner durch den Testa-
   mentsvollstrecker **2208** 8
  Verwaltungsvollstreckung bezüglich eines -
   2209 13
Nachlaßgericht
  Ablieferungspflicht für letztwillige Verfü-
   gungen **2259** 5 ff
  Ablieferungspflicht für Testamente und
   Obliegenheiten des - **2259** 3
  Amts- und Rechtshilfe gegenüber dem -
   2262 27

Nachlaßgericht (Forts.)
  Amtsermittlungsprinzip **2247** 133
  Amtsgericht, verwahrendes anstelle des -
   2261 10
  Annahme, Ablehnung des Testamentsvollstreckeramtes **2202** 12, 20
  Aufhebung der Testamentsvollstreckung
   2227 37
  Aufhebung von Verwaltungsanordnungen
   2216 33
  und Auflagen für den Erben **2216** 30
  Aufsicht über Testamentsvollstrecker, nicht
   mögliche Erblasseranordnung **2208** 15
  und Beaufsichtigung des Testamentsvollstreckers aufgrund des Erblasserwillens
   2208 4
  und Beendigung des Testamentsvollstrek-
   keramtes **2225** 9
  und besondere amtliche Verwahrung
   2258 a 5
  Beweisfragen für die Echtheit eines Privattestamentes **2247** 125 ff
  Einsicht in Erklärungen in Testamentsvollstrecker-Angelegenheiten **2228** 1 ff
  Einsichtnahme nach Testamentseröffnung
   2264 17
  Entlassung des Testamentsvollstreckers
   2227 2, 21, 28
  und Erblasserverwaltungsanordnungen für
   den Testamentsvollstrecker **2216** 26
  Ermittlungspflicht bezüglich der Beteiligten am Nachlaß **2262** 26
  keine Ernennung des Nachlaßgerichts zum
   Testamentsvollstrecker **2197** 52
  Ernennung des Testamentsvollstreckers
   aufgrund Erblasserersuchens **2200** 1 ff
  Fristsetzung für die Testamentsvollstrek-
   kerbestimmung durch Dritten **2198** 20
  Gültigkeitsfrage und Ablieferungspflicht
   2259 7
  Herausgabe des Testaments aus besonderer
   amtlicher Verwahrung an das - **2258b** 17
  und Mitvollstreckung
   s. Testamentsvollstrecker (Mehrheit)
  und ordnungsgemäße Verwaltung durch
   den Testamentsvollstrecker **2216** 2
  Prüfung des Erblasserersuchens um Testa-
   mentsvollstrecker-Ernennung **2200** 9, 10
  Testament, Weiterbestehen **2255** 28
  und Testamentseröffnung **2260** 24 ff
  Testamentsinhalt, Bekanntgabe **2262** 1 ff
  und Testamentsvollstrecker, Verhältnis
   Vorbem 2197 ff 20 ff
  Testamentsvollstreckerzeugnis, Erteilung
   Vorbem 2197 ff 25
  Testierfähigkeit, Prüfung von Amts wegen
   2247 55 ff

Nachlaßgericht (Forts.)
  Übersendung von Testamenten durch den Notar 2259 22
  Veranlassung der Ablieferungspflicht 2259 23
  Zwangsmaßnahmen bei Ablieferungspflicht 2259 24 ff
Nachlaßgläubiger
  Aufhebung von Verwaltungsanordnungen 2216 32
Nachlaßgrundstücke
  Gutglaubensschutz bei der Dauervollstreckung 2211 22
  Löschung des Testamentsvollstreckervermerks 2217 19
  Teilungsanordnung als Verwaltungsanordnung 2216 29
  Veräußerung, Belastung als ordnungsgemäße Verwaltung durch den Testamentsvollstrecker 2216 12
  Veräußerung durch Testamentsvollstrecker 2205 36, 53
  Veräußerungsverbot als Nachlaßanordnung 2216 29
  Verbot des Verkaufs durch Erblasserverwaltungsanordnung 2216 27
Nachlaßhypothek
  Ausbieten durch den Testamentsvollstrecker 2206 4
Nachlaßkonkurs
  Antragstellung durch Testamentsvollstrecker 2205 18
  und Testamentsvollstreckung 2205 5, 152; 2209 15
  und Verbindlichkeiten aus Testamentsvollstreckergeschäften 2206 19
Nachlaßpflegschaft
  vor Ernennung des Testamentsvollstreckers 2197 6
  und Testamentseröffnung 2262 10
Nachlaßsicherung
  durch Ablieferungspflicht für Testamente 2259 3
Nachlaßverbindlichkeiten
  Eingehung durch den Testamentsvollstrecker 2206 1 ff, 17
  und eingeschränkte Rechtsmacht des Testamentsvollstreckers 2208 10
  Freigabeverweigerung durch den Testamentsvollstrecker wegen Erfüllung von - 2217 22
  Haftungsgrundsätze nach Erbrecht und Handelsrecht 2205 90
  Passivprozesse gegen den Nachlaß 2213 1 ff
  Regulierung und Testamentsvollstreckervergütung 2221 50

Nachlaßverbindlichkeiten (Forts.)
  dem Testamentsvollstrecker gegenüber 2205 68
  durch Testamentsvollstrecker begründete 2219 25
  Testamentsvollstreckervergütung 2221 13, 34
  und Testamentsvollstreckung als Verwaltungsvollstreckung 2209 18
  und Vermächtnisvollstreckung 2223 8
Nachlaßverfahren
  und Testamentsvollstreckertätigkeit 2203 11 ff
Nachlaßverwaltung
  Rechtsstellung des Nachlaßverwalters 2205 3
  durch den Testamentsvollstrecker 2216 1 ff
  und Testamentsvollstreckung 2205 5, 151; 2209 15
Nachlaßverzeichnis
  Forderungsberechtigte gegenüber dem Testamentsvollstrecker 2215 17
  als Grundlage für eine ordnungsgemäße Amtsführung des Testamentsvollstreckers 2215 4
  und Testamentsvollstreckung 2203 25
Nachvermächtnis - Testamentsvollstrecker 2223 10
Namensrecht
  Verletzung 2205 18
Neurologe
  Sachverständigengutachten zur Testierfähigkeit 2247 48
Nichteheliches Kind
  Abfindungsrecht des Erben 2205 19
Nichtigkeit
  Anerkennung eines Testaments und Nichtigkeit wegen Formfehlers 2247 123
  Anordnung, Ernennung des Testamentsvollstreckers 2197 70 ff
  Ausschluß freier Willensbestimmung 2247 28, 28 ff
  Befreiung des Testamentsvollstreckers trotz Befreiungsverbotes 2220 4
  Bürgermeistertestament, Formverstöße beim Errichtungsakt 2249 37 ff
  der Ernennung zum Testamentsvollstrecker 2201 3
  Erwartung des nicht verkannten Mangels ernstlicher Testierung 2247 19, 20
  Formverstöße beim Bürgermeistertestament 2249 31 ff
  Formverstoß eigenhändigen Testaments 2247 13
  Rechtsgeschäfte vor der Annahme des Testamentsvollstreckeramtes 2202 32
  eines Testaments, Verbleib in amtlicher Verwahrung 2260 39

Sachregister

Nichtigkeit (Forts.)
  Widerruflichkeit einer letztwilligen Verfügung, Verpflichtung auf das Recht hierzu **2253** 6
  ZGB der DDR **Vorbem 2229 ff** 67
  und zwingende Formvorschriften **2231** 19
Nichtrechtsfähiger Verein
  Ernennung zum Testamentsvollstrecker **2197** 50
Niederschrift
  Bürgermeistertestament **2249** 33 ff, 38 ff
  Dreizeugentestament **2250** 19 ff, 24 ff
  eigenhändiges Testament **2247** 24 ff
  Einsicht in besonders amtlich verwahrtes Testament **2258b** 20
  Rückgabe eines Testaments aus amtlicher Verwahrung **2256** 23
  Testamentseröffnung **2260** 37
  Übergabe eines Privattestamentes in amtliche Verwahrung **2248** 8
Nießbrauch
  und Anordnung der Testamentsvollstreckung **2197** 42
Nießbraucher
  als Testamentsvollstrecker **2197** 59; **2205** 160
Nießbrauchsvermächtnis
  und Testamentsvollstreckung als Verwaltungsvollstreckung **2209** 17
  und Verfügungsbefugnis des Testamentsvollstreckers **2208** 5
Notar
  Ablieferung von Erbverträgen **2263a** 12
  Ablieferungspflicht für öffentliche Testamente **2259** 21, 22
  Annahme, Ablehnung des Testamentsvollstreckeramtes **2202** 24
  Baden-Württemberg **2258 a** 6
  Beurkundung auf Deutschen Schiffen **2251** 3
  Niederschrift, notarielle
    s. Testament (öffentliches)
  Rechtsstellung des Testamentsvollstreckers bei Beurkundungen **2203** 31 ff
  als Testamentsvollstrecker **2197** 60; **2221** 9
  Testamentsvollstreckerbestimmung **2198** 3
  Verwahrung, besondere amtliche des Testaments **2258 b** 7, 8
  Wahrnehmungen zur Testierfähigkeit **2247** 33
  Zwangsmaßnahmen zur Ablieferung **2259** 29, 30
Notlagentestament
  als außerordentliche Testamentsform **2250** ff
  als Bürgermeistertestament **2250** 6

Nutzungen
  Abführung von Nutzungen an die Erben durch Testamentsvollstrecker **2216** 9
Öffentlich-rechtliche Genehmigungsvorbehalte
  und Verfügungsbefugnis des Testamentsvollstreckers **2205** 83
Öffentliche Urkunde
  s. Urkunde (öffentliche Urkunde)
Öffentliches Recht
  Nachlaßgericht, Aufgabenkreis **Vorbem 2197 ff** 21
Öffentliches Testament
  s. Testament (öffentliches)
Offene Handelsgesellschaft
  Testamentsvollstreckung und Rechte des Erben in der Gesellschaft **2205** 106 ff
Ordentliche Testamentsformen
  s. Testament (öffentliches); Testament (eigenhändiges)
Ortsangabe
  im eigenhändigen Testament **2247** 105 ff

Partei kraft Amtes
  Testamentsvollstrecker **2205** 150; **2212** 1 ff
Partnerschaft
  Testamentsvollstreckung **2205** 139
Persönlichkeitsrechte
  und Testamentsvollstreckung **Vorbem 2197 ff** 5
Personenhandelsgesellschaften
  Ernennung zum Testamentsvollstrecker **2197** 50
  und Testamentsvollstreckereintragung **Vorbem 2197 ff** 102
  Testamentsvollstreckung als reine Abwicklungsvollstreckung **2205** 91
Personensorge
  und Testamentsvollstreckung **Vorbem 2197 ff** 5
Pfändung
  des Erbteils durch Eigengläubiger eines Miterben **2214** 8
  des Erbteils und Testamentsvollstreckung **2205** 35
  des Erbteils und Verfügungsbefugnis des Testamentsvollstreckers **2205** 80
Pflegerbestellung
  für unbekannte Erben **Vorbem 2197 ff** 35
  für unbekannten Nachlaßbeteiligten **2262** 10
  für unbekannten Testamentsvollstrecker vor Ernennung des Testamentsvollstreckers **2197** 6
Pflegereinsetzung
  und Anordnung der Testamentsvollstreckung **2197** 40

Pflegschaft
als unzulässige Beobachtungspflegschaft 2197 57
Pflichtteilsberechtigter
Ernennung zum Testamentsvollstrecker 2197 59
Pflichtteilsrecht
Anordnung der Testamentsvollstreckung, unwirksame 2197 25 ff
und Nacherbenvollstreckung 2222 7
Pflichtteilsanspruch als Legalvermächtnis und Testamentsvollstreckung 2223 4
Testamentsvollstreckung und Verfolgung von Pflichtteilsansprüchen 2213 16 ff
und Testamentsvollstreckung als Verwaltungsvollstreckung 2209 14
und Verfügungsbefugnis des Testamentsvollstreckers 2205 82
und Verwaltungsvollstreckung 2209 8
Prägesiegel
Annahme zur besonderen amtlichen Verwahrung 4 ff 7, 8
Privaturkunde
s. Urkunde (Privaturkunde)
Prozeßführungsbefugnis
des Nacherbenvollstreckers 2222 14
des Testamentsvollstreckers 2212 1 ff
des Testamentsvollstreckers und Freigabe verwalteter Gegenstände 2217 19
des Vermächtnisvollstreckers 2223 13
Prozeßgericht
und Beendigung des Testamentsvollstreckeramtes 2210 20; 2225 9
und Entlassung des Testamentsvollstreckers 2227 33
Meinungsverschiedenheiten Testamentsvollstrecker / Erbe 2203 39
und Mitvollstreckung, eigene Rechte und Pflichten des Testamentsvollstreckers 2224 24
und Mitvollstreckung, Meinungsverschiedenheiten untereinander 2224 22
und Mitvollstreckung, Streitigkeiten zwischen Erben und Vollstrecker 2224 28
und Testamentsvollstrecker **Vorbem 2197 ff** 22; 2197 ff 39
Testamentsvollstreckervergütung 2221 27
Prozeßhandlung
als Verfügung 2212 2
Prozeßstandschaft (gewillkürte)
aufgrund einer Vereinbarung des Erben mit dem Testamentsvollstrecker 2212 8
Prozeßvergleich
Ausschluß des Widerrufs letztwilliger Verfügung 2254 5
Testament 2231 28

Rat
oder Anordnung einer Mitvollstreckung 2224 3
Rechenschaft
durch Testamentsvollstrecker nach Amtsbeendigung 2225 9
des Testamentsvollstreckers gegenüber Erben 2218 16 ff
Rechnungslegungsverpflichtung
jährliche des Testamentsvollstreckers bei länger dauernder Verwaltung 2218 36
Rechtliches Interesse
Akteneinsichtsrecht nach Testamentseröffnung 2264 11
und Beteiligtenstellung bei der Bestimmung des Testamentsvollstreckers durch Dritte 2198 23
Rechtsanwalt
Beauftragung bei der Mitvollstreckung 2224 14
Ernennung zum Testamentsvollstrecker 2197 65
als Testamentsvollstrecker 2218 31, 32; 2221 9
Testamentsvollstreckervergütung 2221 24
Rechtsanwendungsgesetz (RAG)
der ehemaligen DDR **Vorbem 2229 ff** 60
Rechtsgeschäft
vor Annahme des Testamentsvollstreckeramtes 2202 32
Bestimmung der Geschäftsfähigkeit, Testierfähigkeit 2229 9
und Prozeßvergleich 2231 28
Testamentswiderruf durch Urkundenvernichtung, Urkundenänderung 2255 3
Rechtsgeschäft (einseitiges)
vor Annahme des Testamentsvollstreckeramtes 2202 32
Rechtsgeschäft unter Lebenden
Anordnung der Testamentsvollstreckung 2197 17
Erteilung transmortaler und postmortaler Vollmacht **Vorbem 2197 ff** 55
Rechtskraft
Passivprozeß gegen den Nachlaß 2213 6
Passivprozeß gegen den Testamentsvollstrecker 2213 9
Urteil zwischen Testamentsvollstrecker und Dritten 2212 20
Rechtssicherheit
und Form eigenhändigen Testaments 2247 12
Rechtsträgerschaft
und Testamentsvollstreckeramt 2225 15
Rechtsverkehr
und Verpflichtungsbefugnis des Testamentsvollstreckers 2206 11

538

Rheinische Tabelle
Testamentsvollstreckervergütung 2221 37
Römisches Recht
Testamentsvollstreckung, unbekannte
  Vorbem 2197 ff 2

Sachen (bewegliche)
Gutglaubensschutz bei der Dauervollstreckung 2211 23 ff
Sachverständigengutachten
zur Testierfähigkeit 2247 48
Salmannen
als Vorläufer des Testamentsvollstreckers
  Vorbem 2197 ff 2
Schadensersatzpflicht
Haftung des Testamentsvollstreckers 2219 4 ff
wegen Nichtvollziehung einer Erblasserauflage 2208 20
wegen pflichtwidriger Freigabe durch den Testamentsvollstrecker 2217 20
Testamentsvollstreckerpflichten gegenüber Erben, verletzte 2215 6
Vermögensverwaltung durch den Testamentsvollstrecker 2216 14
Schenkung
Widerruf 2205 18
Schenkungsversprechen
und erweiterte Verpflichtungsbefugnis des Testamentsvollstreckers 2207 3
durch Testamentsvollstrecker 2206 9, 12
Testamentsvollstrecker, Ausschluß unbeschränkter Erteilung 2208 22
und Testamentsvollstreckung als Verwaltungsvollstreckung 2209 18
Schiedsgericht
und Testamentsvollstreckung
  Vorbem 2197 ff 52
Schiedsgutachter
Ernennung zum Testamentsvollstrecker 2197 67
Schiedsrichter
und Testamentsvollstreckung 2197 67; 2203 16; 2212 31
Schiedsvertrag
letztwillige Verfügung und schiedsgerichtliche Zuständigkeit für Testamentsvollstreckung 2212 30, 31
Schiffsregister
Testamentsvollstreckervermerk
  Vorbem 2197 ff 93
Schreibfähigkeit
und Bürgermeistertestament 2249 35
und Errichtung eigenhändigen Testaments 2247 122
Schriftform
Niederschrift eigenhändigen Testaments 2247 27, 28

Schulderlaß
ohne Gegenleistung als unentgeltliche Verfügung 2205 47
Schuldrechtliche Verpflichtung
Anerkennung unwirksamen Testaments 2231 20
und eingeschränkte Rechtsmacht des Testamentsvollstreckers 2208 3
Erblasser - Verwaltungsanordnungen, Wirkungen wie ein - 2216 25
auf Rückgewähr freigegebenen Nachlaßgegenstandes an den Testamentsvollstrecker 2217 20
und Testamentsvollstreckung als Verwaltungsvollstreckung 2209 18
und Verfügung 2205 32
Schuldverhältnis (gesetzliches)
und Haftung des Testamentsvollstreckers gegenüber Erben 2219 1 ff
zwischen Testamentsvollstrecker und Erben 2216 1 ff; 2218 2 ff
Schwebende Unwirksamkeit
eines widerrufenen Testaments 2257 9
Seetestament
als außerordentliche Testamentsform 2251 1 ff
Gültigkeitsdauer 2252 7
Selbstkontrahieren
des Testamentsvollstreckers 2205 62
Sicherheitsleistung
Freigabe von Nachlaßgegenständen durch den Testamentsvollstrecker gegen - 2217 22
Sittenwidrigkeit
Generalvollmacht für den Testamentsvollstrecker 2205 98
Testamentsvollstreckung und Erbenbeschränkung 2220 4
und Testamentsvollstreckung als Verwaltungsvollstreckung 2209 14
und Testierfähigkeit des Verfügenden 2229 10
Sprachbehinderung
Dreizeugentestament 2250 35
Testamentserrichtung 2233 16 ff
Sprache
Bürgermeistertestament 2249 46
Dreizeugentestament 2250 34
Niederschrift eigenhändigen Testaments 2247 26
Steuerberater
als Testamentsvollstrecker 2197 65; 2221 9
Steuerrechtliche Pflichten
des Testamentsvollstreckers 2203 19 ff
Stille Gesellschaft
Testamentsvollstreckung 2205 137

Streitgenossenschaft
Erbe und Testamentsvollstrecker bei Aktivprozessen **2212** 6
Erbe und Testamentsvollstreckung bei Passivprozessen **2213** 23
Mitvollstreckung **2212** 6; **2224** 19
Stummheit
Dreizeugentestament **2250** 35
Testamentserrichtung **2233** 20

Taubstummheit
Testamentserrichtung **2230** 20
Teilungsanordnung
als Verwaltungsanordnung **2216** 29
Testament
Abhandenkommen **2255** 35; **2258** 9; **2260** 18
Ablieferung, Ablieferungspflicht **2259** 1 ff, 4 ff
Ablieferungspflicht gegenüber Nachlaßgericht **2259** 5
Abschriften **2259** 9
Abschriftsrecht für eröffnetes - **2264** 11, 12
absonderungsfähige Erblassererklärungen ohne Erbrechtsbezug **2260** 15
absonderungsfähige Verfügungen und Benachrichtungspflicht des Nachlaßgerichts **2262** 14
Absperrungstestament **2250** 6 ff, 10 ff
Abwicklung, Sicherstellung ordnungsgemäßer **2263** 2
Adoptionsvertrag alten Rechts **2260** 16
Amtliche Verwahrung
s. Testament (amtliche Verwahrung)
Anerbenrecht **Vorbem 2229 ff** 39
Anerkennung **2247** 123
Anerkennung und Formfehler **2247** 123
Anfechtung einer Rücknahme aus amtlicher Verwahrung **2256** 21
animus testandi **2247** 15
Annahme zur besonderen amtlichen Verwahrung **4 ff** 3
Anordnungen, Wünsche für die Nachlaßverwaltung **2216** 19, 20
Auffindung im Erbfall **2248** 2
Aufhebung früheren Testaments **2258** 14, 15
Aufhebung bei Widerruf **2253** 11
Aufhebung des widerrufenen Testaments **2253** 11
Ausländertestament, Eröffnung **2260** 20, 21
Ausland, Eröffnung **2260** 22, 23
Auslegung
s. Testament (Auslegung)
außerordentliche Formen
s. Testament (Nottestamente)
Begriff **2247** 15

Testament (Forts.)
Behindertentestament **2216** 23
Benachrichtigungspflicht vom Inhalt **2262** 4 ff
Berliner Testament **2260** 35
beschränkte Gültigkeitsdauer **2252** 1 ff
Besitzvermutung **2259** 26
Bestimmungserklärung des Dritten bei der Testamentsvollstreckung **2198** 15
Beteiligte **2262** 4 ff
und Beteiligung an der Testamentseröffnung **2262** 6
Betreuungsgesetz **2229** 7;
Vorbem 2229 ff 33; **2247** 31 f; **2253** 12
Betroffene, Kenntnis vom Inhalt **2262** 1 ff
und Beurkundung der Testamentsvollstreckung **2197** 63
Beurkundungsgesetz **Vorbem 2229 ff** 26 ff; **2258a** 4
Beweis für die Echtheit **2247** 125
Beweislast für Formerfordernisse **2255** 31
Beweislast für Gültigkeit **2255** 25 ff
Beweislast für Testamentsaufhebung **2258** 22
Beweislast für den Testierwillen **2247** 23
Bezeichnung als - **2247** 49
Blindentestament **2233** 12 ff
Brieftestament **2254** 8
Brieftestament, Widerruf in einem - **2254** 8
Bürgermeistertestament **2249** 1 ff
dauerhaft uneröffnetes **2263a** 1 ff
DDR, frühere und Errichtung und Aufhebung von - **Vorbem 2229 ff** 58 ff
derogatorische Klausel **2253** 6
Dreizeugentestament **2249** 7; **2250** 19 ff
Echtheit **2231** 14
Ehegatten **2247** 9
Eigenhändiges Testament
s. Testament (eigenhändiges)
Einsicht in besonders amtlich verwahrtes Testament **2258b** 18 ff
Einsicht in eröffnetes Testament **2264** 1 ff
Entmündigte, Widerrufstestamente **2253** 12
Entwertungsvermerke auf der Urkunde **2255** 13
Entwurf oder Testament **2231** 11
und Erbeinsetzung **2247** 14
Erbfälle und Inkrafttreten des Testamentsgesetzes **Vorbem 2229 ff** 20, 21
Erblasserverbot alsbaldiger Eröffnung **2263** 1 ff
Erblasserwille **2231** 11
Eröffnung
s. Testament (Eröffnung)
Eröffnungsverbot durch den Erblasser, unbeachtliches **2263** 1 ff
Errichtung **2247** 24 ff; **2249** 37 ff
Ersetzung zerstörter **2255** 35

540

Testament (Forts.)
  Fälschungsschutz **2247** 84, 90 ff; **2256** 5
  Form **2247** 10 ff, 83 ff; **2249** 25 ff;
    2250 19 ff, 23 ff
  Form der Benachrichtigung vom Inhalt
    2262 15 ff
  Form des Widerrufs **2253** 8 ff; **2254** 5 ff
  Form des Widerrufs des Widerrufstestaments **2257** 5
  Formen, zwingende **2231** 18 ff
  Formerfordernisse **2250** 23 ff
  Formgültigkeit, Erblasservoraussetzungen
    2247 130
  Formvorschriften, Bedeutung
    Vorbem 2229 ff 1; **2231** 15 ff
  Formvorschriften und Gesetzesgeschichte
    Vorbem 2229 ff 8, 9
  Formzwang und Schutz vor übereilten
    Entschlüssen **2254** 4
  Formzwang für den Widerruf **2254** 4
  Fristablauf für außerordentliche Formen
    2260 14
  Gefahren aufgrund seiner Besonderheiten
    Vorbem 2229 ff 1
  Gemeinschaftliches -
    s. Testament (gemeinschaftliches)
  Gesetzgebung, Entwicklung
    Vorbem 2229 ff 4 ff
  Gleichwertigkeit ordentlicher Formen
    2231 9
  Gültigkeit und Eröffnung **2260** 6
  Gültigkeit als Widerrufsvoraussetzung
    2254 7
  Gültigkeitsdauer, beschränkte für außerordentliche Formen **2252** 1 ff
  Gültigkeitsfragen **2262** 12
  Gültigkeitsfragen und Ablieferungspflicht
    2259 7
  Gütergemeinschaft, fortgesetzte **2260** 17
  Gutsvorsteher **2249** 21
  Herausgabe aus besonderer amtlicher
    Verwahrung **2258b** 15 ff
  Herausgabe zur Testamentseröffnung
    2258b 17
  Hinterlegung **2248** 2
  Höferecht **Vorbem 2229 ff** 39
  holographisches Testament
    Vorbem 2229 ff 12
  Inhaltlicher Widerspruch späteren Testaments **2258** 10
  Inhaltsgleiche Testamente **2258** 19
  Internationales Privatrecht
    Vorbem 2229 ff 100 ff; **2233** 23; **2247** 136
  Körperliche Veränderung **2255** 7
  Kollisionsrecht **Vorbem 2229 ff** 100 ff
  Konsularisches Testament
    s. dort
  Konversion **2231** 27; **2247** 124

Testament (Forts.)
  Leseunfähigkeit **2233** 7 ff
  Leseunkundiger **2247** 118 ff
  Lücken **2247** 57
  mangelhaftes **2260** 13
  Mehrere sich widersprechende Testamente,
    Geltung **2258** 1 ff
  Mehrere Testamente desselben Errichtungsdatums **2258** 16 ff
  Mehrere Urschriften **2260** 19
  Militärtestament **Vorbem 2229 ff** 34 ff
  Minderjährigkeit **2233** 4 ff; **2247** 118 ff
  Nachlaßgericht, Benachrichtigungspflicht
    vom Inhalt **2262** 1 ff
  Nachlaßgericht und Testamentseröffnung
    2260 1 ff
  Nachlaßsicherung **2259** 3
  negative letztwillige Verfügung **2254** 1 ff;
    2255 1 ff
  Nichtigkeit **2247** 28 ff
  Notar, Wahrnehmungen bei der Errichtung
    2247 33
  Nottestament
    s. Testament (Nottestament)
  Öffentliches Testament
    s. Testament (öffentliches)
  offenes **2259** 10
  ordentliche Formen **2231** 1 ff, 7 ff
  Persönliche Errichtung **2231** 22
  Persönliches Widerrufshandeln **2255** 16 ff
  als postmortal wirkende Willenserklärung
    Vorbem 2229 ff 1
  Prozeßvergleich **2231** 28
  Rechtssicherheit **2254** 4
  Rechtssicherheit und Einzelfallgerechtigkeit **Vorbem 2229 ff** 2
  Rechtssicherheit im Erbrecht und zwingende Formvorschriften **2231** 21
  Rechtsstreitigkeiten **2231** 14
  Rechtsverbindlichkeit, Wille hierzu
    2247 16, 17
  Rückgabe aus amtlicher Verwahrung
    2248 12
  Rückgabe aus amtlicher Verwahrung, keine
    Widerrufsmöglichkeit **2257** 4
  Rücktritt vom Erbvertrag kein Widerrufstestament **2257** 3
  Schlüssige Handlungen und Widerruf des -
    2255 8
  Schreibfähigkeit **2247** 122
  Schreibvermögen **2233** 9
  und Schriftstück, Eröffnungsfrage **2260** 10
  Schwebende Unwirksamkeit bei Widerruf
    2253 11; **2257** 9
  Seetestament **2250** **2251** ff; **2251** 1 ff; **2252** 7
  Sonderformen **Vorbem 2229 ff** 34 ff
  Sprachbehinderte **2233** 16 ff
  Stummheit **2233** 20

Testament (Forts.)
Taubstummheit **2233** 20
Testamentsgesetz
s. dort
Testamentsvernichtung, Testamentsveränderung **2255** 7 ff
und Testamentsvollstreckertätigkeit **2203** 14
und Testierfähigkeit **2231** 14
Testierfreiheit, Verwirklichung **2247** 7
Testierwille, ernstlicher **2247** 15
Todeserklärung und Begrenzung der Gültigkeitsdauer **2252** 8
Übereilungsschutz **2247** 85
Übergangsrecht zum BGB
Vorbem 2229 ff 11
undatierte, sich widersprechende Testamente **2258** 18
ungültiges, Ablieferungspflicht **2259** 7
Unversehrtheit **2260** 32
Unwirksamkeit, Feststellungslast **2247** 56
Unwirksamkeit von Verfügungen und Beteiligung am Eröffnungsverfahren **2262** 3
Urschrift **2259** 9; **2260** 19; **2264** 13
Urschrift, Verbleib nach Eröffnung **2261** 38
Veränderung der Urkunde als Widerruf **2255** 3
Verbleib eröffneter Testamente **2260** 38
Verfolgtentestament **Vorbem 2229 ff** 38
und Verfügungsinhalt **2260** 33
kein Vergleichsgegenstand **2231** 28
Verhinderung eines dauerhaft uneröffneten Testamentes **2263a** 1 ff
Verlust **2254** 2
Verlust, unfreiwilliger **2254** 3; **2255** 31
Verlust der Urkunde **2260** 18
Vernichtung der Urkunde **2254** 2, 3; **2255** 3; **2257** 3; **2260** 18
verschlossenes **2259** 10; **2263** 3
Vertretung, ausgeschlossene **2255** 16
Verwirkungsklausel **2253** 6
Vollmachtserteilung **Vorbem 2197 ff** 56
vorläufige Wirkung **2252** 1 ff
Vorteile, Nachteile des eigenhändigen Testaments **2231** 9, 10
Vorteile, Nachteile des notariellen Testaments **2231** 12, 13
Wegwerfen als Widerruf **2255** 10
Widerruf **2253** 1 ff
Widerruf, fehlender ausdrücklicher trotz widersprechenden späteren Testamentes **2258** 4 ff
Widerruf gemeinschaftlichen Testaments **2254** 16; **2255** 34
Widerruf öffentlichen Testamentes **2255** 6
Widerruf mit positiven Änderungen **2255** 12

Testament (Forts.)
Widerruf durch Rücknahme aus amtlicher Verwahrung **2256** 1 ff
Widerruf durch Testament **2254** 1 ff
Widerruf des Widerrufs **2255** 33
Widerruf des Widerrufstestaments **2257** 3 ff, 5 ff
Widerruf des Widerrufstestaments und Wiederherstellung ursprünglichen Testaments **2257** 11
Widerruf nach dem ZGB der DDR
Vorbem 2229 ff 89 ff
Widerruf als Zusatz **2254** 6
Widerrufenes Testament, Ablieferungspflicht **2259** 7
Widerrufenes Testament, Eröffnung **2260** 13
Widerruflichkeit, freie **2253** 6 ff
Widerrufshandlungen **2255** 1 ff
Widerrufstestament **2257** 3, 4
Widerrufstestament Entmündigter **2253** 12 ff
als Willenserklärung, rechtsverbindliche **2247** 15 ff
Wirksamkeit späteren Testaments **2258** 7 ff
Wünsche für die Verwaltung des Nachlasses **2216** 20
Zeitpunkt der Fertigstellung **2247** 34
ZGB-Vorschriften ehemaliger DDR zur Errichtung und Aufhebung
Vorbem 2229 ff 65 ff
Zusatz eines Widerrufs **2254** 6
Zwangsmaßnahmen zur Ablieferung **2259** 24 ff
Zweifel am Vorliegen eines - **2259** 7
Testament (amtliche Verwahrung)
s. a. Testament (Eröffnung)
Amtsgericht, Zuständigkeit zur besonderen - **2258 a** 8 ff
Baden-Württemberg **2258 a** 6
Begriff der besonderen - **2258 a** 10
besondere von Testamenten, Verfahren der Annahme und Rückgabe **2258b** 1 ff
besondere von Testamenten, Zuständigkeit **2258a** 1 ff
Bürgermeistertestament **2249** 51; **2258 b** 7
DDR-Recht **2258 a** 13; **2258 b** 27
eigenständiges Testament **2248** 1 ff; **2258 a** 5, 10; **2258 b** 9
eines eröffneten Testaments **2260** 38
keine Formwirksamkeitsvoraussetzung für notarielles Testament **2256** 21
Herausgabe aus besonderer - **2258 b** 5
Konsulartestament **2258 a** 6; **2258 b** 7
Nachlaßgericht und besondere - **2258 a** 5
der notariellen Niederschrift **2258 b** 7 ff
öffentliches Testament **2258 a** 5
Seetestament **2251** 11

Testament (amtliche Verwahrung) (Forts.)
Verhinderung dauerhaft uneröffneten
Testamentes 2263a 1 ff
Widerruf letztwilliger Verfügung durch
Rückgabe aus - 2256 3 ff
Testament (Auslegung)
Auslegung, Ausschluß authentischer durch
den Testamentsvollstrecker 2208 22
Auslegung der Geltungsdauer der Anordnung einer Verwaltungsvollstreckung
2210 6
Datierungen, verschiedene von Testamenten 2247 112
Erbeinsetzung statt Testamentsvollstreckung 2220 4
Formverstoß eigenhändigen Testaments
2247 13
Mehrheit von Urschriften 2247 104
Rückgabe Privattestamentes aus amtlicher
Verwahrung 2248 12
Testamantsvollstrecker, fehlende Berechtigung zur authentischen -
Vorbem 2197 ff 11
Umdeutung gemeinschaftlichen Testaments in Einzeltestament 2247 44
Widerrufstestament 2254 11
und Wirksamkeit der Testamentsvollstreckung 2197 70
Testament (eigenhändiges)
Abfassung über längeren Zeitraum hinweg
2247 46
abgeschlossene Erklärung 2247 50
Abgeschlossenheit, Vermutung hierfür
2247 51
Abhandenkommen 2255 35
Abkürzungen 2247 28, 103
Ablehnung in den BGB-Entwürfen 2247 1
Ablieferungspflicht Privater 2259 16 ff
Abschreiben als Eigenhändigkeit 2247 37
Absendervermerk 2247 99
Abstraktion (Schriftformerfordernis)
2247 27
Änderungen 2247 54 ff
äußere Fassung 2247 49
Amtliche Verwahrung 2247 8; 2258a 10
Amtliche Verwahrung, Erblasserverlangen
2248 1 ff
Amtsgericht, Zuständigkeit für die amtliche
Verwahrung 2248 3
Anerkennung eines Testaments 2247 123
Anfangsbuchstaben eines Namens
2247 103
Anfechtbarkeit 2247 20
animus testandi 2247 15 ff
Anlage, Verweisung hierauf 2247 72, 73
Auflösung von Formerfordernissen,
Diskussion hierüber 2247 11, 12
Ausfüllung und Lücken 2247 57

Testament (eigenhändiges) (Forts.)
Auslegung 2247 67
Auslegung, Forderung nach großzügiger
und zielbezogener 2247 11
Auslegungsfragen, oft schwierige 2231 11
Beglaubigung 2247 83
Begleitschreiben 2247 97
belanglose Mitteilungen und testamentarische Anordnungen 2247 77
Berichtigung von Schreibfehlern 2247 56
und Beurkundungsgesetz 2231 6; 2247 6
keine Bevollmächtigung 2247 38
Beweisfragen 2247 23, 125 ff
Beweislast für die Echtheit 2231 14;
2247 125 ff
Bezeichnung als Testament 2247 49
Bezugnahme 2247 68 ff
Bilderanordnung 2247 27
Blaupause 2247 28
Bleistift 2247 25
Blindenschrift 2247 31
Brieftestament 2247 75 ff
Computer 2247 32
Datierung 2247 105 ff
DDR-Recht 2247 137
DDR-Recht, Aufbewahrung 2248 15
Dialekt 2247 26
Dreizeugentestament trotz Möglichkeit
eines - 2250 8
Dritte, Verweisung auf deren Testamente
2247 69
Druck 2247 29
Duplikat 2247 104
Durchschrift 2247 28
Durchstreichungen 2247 54 f
Echtheit 2247 8, 33; 2248 11
Ehegatte, Beitritt 2247 44
Ehegatten 2247 9
Eigenhändige Unterschrift 2247 82
Eigenhändigkeit von Änderungen und
Zusätzen 2247 60
Eigenhändigkeit der Niederschrift 2247 24,
33 ff, 68, 82
Einheit der Errichtungshandlung nicht
erforderlich 2247 46
Einschaltungen 2247 58 ff, 103
Einschub eines Dritten mit Erblasserwillen
2247 58
einseitige, nicht empfangsbedürftige
Willenserklärung 2247 15
Einwände gegen die Zulassung des - 2231 2
Entwertungsvermerke auf der Urkunde
2255 13
Entwurf 2247 59, 78 f, 131
Entwurf aufgrund unvollständigen Nachtrags 2247 59
Erbeinsetzung nicht erforderlich 2247 14
Ergänzungen 2247 58 ff

Testament (eigenhändiges) (Forts.)
Ernstlichkeit des Willens **2247** 19
Errichtung, Reihenfolge **2247** 48
Errichtungsort **2247** 19
Errichtungszeitraum **2247** 45 f
Ersetzung bei Zerstörung **2255** 35
Esperanto **2247** 26
Fälschungsproblematik **2231** 11
Familienname **2247** 81, 83
Familienstellung **2247** 83, 102, 103
favor testamenti **2247** 11
Feststellungslast **2247** 131 ff
Firma **2247** 103
Form, Ausschluß hiervon **2247** 23
Formerfordernisse **2231** 83 ff; **2247** 9
Formerfordernisse, Reduzierung auf ein Mindestmaß **2247** 7
Formfehler, früher häufige **2247** 3
Formstrenge, früher überzogene **2247** 18
formunwirksame Teile, Bedeutung für die Auslegung **2247** 67
Formverstoß **2231** 67; **2247** 13
Gegenüberstellung mit dem öffentlichen Testament **2231** 9
Geheimer Vorbehalt **2247** 21
Gemeinschaftliches Testament **2247** 36
GesEinhG **2247** 5
Gesetzliche Bestimmungen, Verweisung hierauf **2247** 74
Grundbuchangaben, Bezugnahme hierauf **2247** 73
Handführung durch Dritte **2247** 38
Handschrift **2247** 29 ff
Handzeichen **2247** 83
Hinterlegungsschein bei amtlicher Verwahrung **2248** 10
Identitätsfrage **2247** 100 ff
Inhalt des Testaments **2247** 14
Inhalt, kein vorgeschriebener bestimmter **2247** 14
inhaltsgleiche Testamente **2258** 19
Initialien **2247** 83, 103
Internationales Privatrecht **2247** 136
Kammergerichtsentscheidung vom 3.2.1938 und Formdiskussion **2231** 18
Katasterplan, Bezugnahme auf beigefügten **2247** 73
Körperbehinderung und Eigenhändigkeit **2247** 34
Konversion **2231** 27; **2247** 44, 124
Korrekturen **2247** 56
Kosename **2247** 103
Kritik an der Form **2247** 3, 4
Künstlername **2247** 103
Kundmachung eines Entwurfs als Erblasserwillen **2247** 78
Kurzschrift **2247** 30, 83
Lesbarkeit **2247** 45, 83

Testament (eigenhändiges) (Forts.)
Lesesunkundige **2247** 119 ff
Lesevermögen **2247** 120
Lücken im Testament **2247** 57
Material der Niederschrift **2247** 24, 25, 95
Mehrere Blätter **2247** 53
Mehrere Urschriften **2247** 104
Mehrere Urschriften und Widerruf durch Vernichtung, Veränderung **2255** 15
Mentalreservation **2247** 21
Minderjähriger **2229** 15; **2247** 118 ff
mystisches Testament **2247** 67
Nachname **2247** 90
Nachteile, überwiegende **2231** 14
Nachträge **2247** 63 ff
Nachtrag, Bezugnahme auf unwirksame Verfügungen **2247** 71
Nachtrag unterhalb der Unterschrift **2247** 63
Nachzettel **2247** 67
Name, Anfangsbuchstaben **2247** 103
Namenskürzel **2247** 83
Namensunterschrift **2247** 81, 83, 88
Neuerrichtung nach Widerruf **2257** 6, 7
Nichtamtliche Verwahrung **2248** 4; **2259** 1 ff
Nichtauffindbarkeit **2231** 11
Nichtigkeit nach § 118 BGB **2247** 20
Normzweck **2247** 7, 117
Notarübergabe aus Sicherheitsgründen und Rücknahme übergebener Schrift **2256** 19 ff
und Nottestamente, verminderte Bedeutung **2249** 5
als ordentliche Testamentsform **2231** 7
Ortskopie **2247** 3, 105 ff
Pauskopie **2247** 28
Plan als Anlage **2247** 73
Postkarte **2247** 75 ff, 99
oder postmortale Vollmacht **2247** 49
Prägesiegel bei amtlicher Verwahrung **2248** 9
Privaturkunde **2247** 8
Privaturkunde auch bei amtlicher Verwahrung **2247** 8
Pseudonym **2247** 103
Rasuren **2247** 54 f
Rechtsfrieden **2247** 12
Rechtsunsicherheit **2231** 11
Rechtsverbindlichkeit der Anordnung **2247** 15, 16
Reihenfolge der Errichtung **2247** 48
Reinschrift **2247** 79
Reinschriftabsicht, geäußerte **2247** 79
Rückgabe aus amtlicher Verwahrung **2248** 12; **2256** 8, 18
Schallplatte **2247** 32
Schreibfähigkeit **2247** 122

Testament (eigenhändiges) (Forts.)
Schreibgerät **2247** 24, 25
Schreibhilfe **2247** 39
Schreibmaschine **2247** 29, 70
Schreibunterlage **2247** 24, 25
Schrift **2247** 27 ff
Schriftsachverständiger **2247** 45
Schriftstellername **2247** 103
Selbstbestimmung der Schriftzüge **2247** 38
selbst angefertigte Niederschrift **2247** 35
Selbstbenennung des Erblassers **2247** 88, 94
Simulation **2247** 22
Spiegelschrift **2247** 28
Sprache **2247** 26
Stempel **2247** 29, 82
Stenographie **2247** 30, 83
Stoff der Ukrunde **2247** 24, 25
Streichungen **2247** 53, 54
Stückweise Errichtung eines Testaments **2247** 46, 47
Tatfrage des erforderlichen Testierwillens **2247** 23
teilweise Nichtigkeit **2247** 45, 67
Telefax **2247** 24
und Testamentgesetz **2231** 4; **2247** 4
Testamentsvollstreckung **2247** 49
Testierabsicht **2247** 15 ff
Testierabsicht, Nachweisproblematik **2231** 11
Testierfähigkeit **2229** 34; **2247** 130
Testierfreiheit **2247** 7
Testierunfähigkeit, zeitweise **2229** 62
Testierwille **2247** 15 ff, 76, 78
Tonband **2247** 32
Übereilungsschutz **2247** 84 f
Übersetzung **2247** 26
Umdeutung **2247** 44, 124
Umschlag, Unterschrift hierauf **2247** 97, 98
undatierte, sich widersprechende Testamente **2258** 18
Ungültigkeitsvermerk **2247** 93
unitas actus **2247** 46, 47
Unlesbarkeit **2247** 45, 84
Unrichtigkeiten, Berichtigung offenbarer **2247** 56
Unterschrift **2247** 60 ff, 86 ff
Unterschrift, Abschlußfunktion **2247** 84, 86 ff
Unterschrift, Beweisfunktion **2247** 84
Unterschrift, eigenhändige **2247** 82
Unterschrift, Erklärungsfunktion **2247** 84
Unterschrift, Fälschungsschutzfunktion **2247** 84, 90 ff
Unterschrift, Identitätsfunktion **2247** 84, 100 ff
Unterschrift, Übereilungsschutz **2247** 84, 85

Testament (eigenhändiges) (Forts.)
Unterstützende Schreibhilfe **2247** 39
Urschrift, mehrere **2247** 104
Verlust, unfreiwilliger **2255** 22, 31
Verlustgefahr **2231** 11
Vernichtung, unfreiwillige **2255** 22
Vernichtung der Urkunde ohne Widerrufswillen **2247** 41
Vertikalschrift **2247** 28
Verwahrung, amtliche und nichtamtliche **2248** 1 ff; **2259** 2248 1 ff
Verweisung **2247** 68 ff
Verweisung auf gesetzliche Bestimmungen **2247** 74
Videofilm **2247** 32
Volkstümlichkeit **2231** 2
Vollmachterteilung **Vorbem 2197 ff** 58
Vollmachtsbezeichnung **2247** 49
Vorbehalt einer Ergänzung **2247** 57
Vorname **2247** 81, 83, 102 f
Vorteile, Nachteile **2231** 10, 11
Wegwerfen als Widerrufshandlung **2255** 10
Werkzeug **2247** 58
Widerruf **2247** 112, 115 ff
Widerruf mit positiven Änderungen **2255** 12
Widerruf und späterer Nachtrag zur Wirksamkeit **2247** 66
Widerruf durch Testament **2254** 5
Widerruf durch Urkundenvernichtung, Urkundenveränderung **2255** 6
Widerruf des Widerrufstestaments **2257** 5 ff
Widerrufsabsicht **2255** 20 ff
Widersprüche **2247** 112, 115 ff
Wille, ernstlicher **2247** 19
Willenserklärung **2247** 15
Willenserklärung, rechtsverbindliche **2247** 15
Wortlaut, unleserlicher **2255** 22
Zeichenschrift **2247** 27
Zeitangabe **2247** 105 ff
ZGB der DDR **Vorbem 2229 ff** 69, 76 ff
Zusätze **2247** 41, 42
Zusätze von fremder Hand **2247** 43
zweifelhafte Erklärungen **2247** 13
Zweitschrift **2247** 104

Testament (Eröffnung)
Ablieferung von Testamenten zum Zwecke der - **2259** 1 ff
absonderungsfähige Erklärungen ohne erbrechtlichen Bezug **2260** 15
Amtliche Verwahrung **2261** 1 ff
von Amts wegen **2260** 5
Amtsgericht, verwahrendes **2261** 6
Ausländertestament **2260** 20
außerordentliche Testamentsformen nach Fristablauf **2260** 14
Begriff der Eröffnung **2260** 7

Testament (Eröffnung) (Forts.)
Berliner Testament 2260 35
Beschwerdeverfahren 2260 41
Beteiligte, nicht bei der Eröffnung anwesende 2262 1 ff
auf Dauer unterbleibende 2263 a 1 ff
DDR-Bürger, Testamente 2261 18
DDR-Recht 2260 44
Einsichts- und Abschriftsrecht, rechtliches Interesse 2264 1 ff
Erbenfeststellung 2260 3
Erblasserverbot alsbaldiger - 2263 1 ff
Erblasserverbot, unbeachtliches 2260 5
Gegenstand der Eröffnung 2260 8 ff
Geheimhaltungsinteresse 2260 33
gemeinschaftliches Testament 2260 34; 2261 17
Gültigkeitsfrage und - 2260 6
Gütergemeinschaft, fortgesetzte 2260 17
Herausgabe aus besonderer amtlicher Verwahrung 2258b 17
Konsularbeamter, Zuständigkeit Vorbem 2229 ff 55
letztwillige Verfügung 2260 12
Nachlaßabwicklung, Zweck geordneter 2260 3
durch Nachlaßgericht 2260 24 ff
Niederschrift 2260 37
öffentliches Interesse 2260 5; 2263 2
Rechtshilfe 2260 26
Schriftstücke, zu eröffnende und nicht zu eröffnende 2260 10
summarisches Verfahren 2260 9
Testamentsbegriff 2260 9
Testamentsmängel 2260 13
und Testamentsvollstrecker 2203 22
Unmöglichkeit aus tatsächlichen Gründen 2260 18
Unversehrtheit der Urkunde 2260 32
Unwirksamkeit von Verfügungen und Beteiligung am Eröffnungsverfahren 2262 3
Urschriften 2260 19 ff
Verbleib eröffneter 2260 38
Verfahren, mehraktiges 2260 28 ff
Verfahrensmaximen 2260 4
und Verfügungsinhalt 2260 33
Verhinderung eines dauerhaft uneröffneten Testamentes 2263a 1 ff; 2264 1 ff
vernichtete, verlorene Urkunde 2260 18
durch Verwahrungsgericht 2260 25
Verwahrungsgericht, sofortige Eröffnung 2261 1 ff
widerrufenes Testament 2260 13
Widerrufstestament 2254 15

Testament (gemeinschaftliches)
Ablieferungspflicht gegenüber Nachlaßgericht 2259 5

Testament (gemeinschaftliches) (Forts.)
Akteneinsichtsrecht nach Testamentseröffnung 2264 9
Anordnung der Testamentsvollstreckung 2197 11, 20
Anordnung der Testamentsvollstreckung, unwirksame 2197 23
und Benachrichtigungspflicht des Nachlaßgerichts nach Testamentseröffnung 2262 14
und Beteiligung an der Eröffnung 2262 3
und Eigenhändigkeit der Testamentsniederschrift 2247 36
Erblasserverbot alsbaldiger Eröffnung 2263 10
Herausgabe aus besonderer amtlicher Verwahrung 2258b 16
Nottestamente 2252 10
Testamentseröffnung 2260 34; 2261 17
Umdeutung in Einzeltestament 2247 44
wechselbezügliche Verfügungen, Bindungswirkungen 2253 7
Widerruf 2254 5, 16; 2255 34
Widerruflichkeit einer Anordnung der Testamentsvollstreckung 2197 15
Widerrufstestament 2254 16

Testament (Nottestament)
Ableben, Besorgnis des vorzeitigen 2249 11 ff
Absperrungstestament 2250 6 ff
Amtliche Verwahrung 2249 51
als außerordentliches Testament 2249 6; 2250 6; 2251 2
Außerstandesein zur Errichtung ordentlichen öffentlichen Testaments 2252 6
Behindertenschutz 2249 47
beschränkte Gültigkeitsdauer 2252 1 ff
Besorgnis einer Todesgefahr 2250 15
Beurkundungsgesetz 2249 4; 2250 5
Bürgermeister, Verhandlung vor ihm 2249 42
Bürgermeister, Zeugenhinzuziehung 2249 7
Bürgermeistertestament als öffentliche Urkunde 2249 6
DDR-Recht 2250 37; 2252 13
Dolmetscher 2250 34
Dreizeugentestament 2249 7; 2250 7; 2251 10
Dreizeugentestament keine öffentliche Urkunde 2250 36
Errichtungsart 2249 44
Form 2249 25 ff; 2250 19 ff; 2251 9
Formverstöße bei Abfassung der Niederschrift 2249 33 ff
Formverstöße bei Dreizeugentestament 2250 19 ff
Formverstöße beim Errichtungsakt 2249 37 ff

Testament (Nottestament) (Forts.)
fremdsprachiger Erblasser **2249** 46
Frist für die Gültigkeitsdauer **2252** 1 ff
Gemeinschaftliche Testamente **2252** 10
Gesetzeszweck und Notlagen **2250** 7
Haftung des Bürgermeisters, der Gemeinde **2249** 49, 50
Möglichkeit der Errichtung ordentlichen öffentlichen Testaments **2252** 5
Mündliche Erklärung vor drei Zeugen **2250** 23
Naturereignisse **2250** 13
Nichtigkeit **2249** 43
Niederschrift über die Errichtung **2250** 24
Niederschrift zu Lebzeiten des Erblassers **2249** 38
Notar und Seetestament **2251** 3
Notlagentestament **2250** 7 ff
Notstand, lokaler **2250** 10
als öffentliches Testament **2249** 6
Privaturkunde **2250** 36; **2251** 10
Seetestament **2251** 1 ff; **2252** 7
Sprechbehinderung **2250** 35
Stummheit **2250** 35
Testamentseröffnung nach dem ZGB der DDR **Vorbem 2229 ff** 97
Testamentsgesetz **2249** 2; **2250** 2 ff
Testierunfähigkeit, Besorgnis eintretender **2249** 18
Todeserklärung, Todesfeststellung **2252** 8
Todesgefahr und Notlagentestament **2250** 15 ff
Überleben des Fristablaufs **2252** 9
Unterschrift **2249** 41; **2250** 33
Verkehr, Ortsabgeschnittenheit **2250** 11
Verlesung, Genehmigung **2249** 45, 46
Verlesung der Niederschrift **2250** 26, 27
vorläufige Wirkung **2252** 1 ff
Widerruf durch Testament **2254** 5
Widerruf nach dem ZGB der DDR **Vorbem 2229 ff** 92
Zeugenanwesenheit **2250** 28
Zeugenhinzuziehung bei Bürgermeistertestament **2249** 43
ZGB der DDR **Vorbem 2229 ff** 69, 82
Zuständigkeit **2249** 19, 19 ff

Testament (öffentliches)
Abhandenkommen **2255** 35
Ablieferungspflicht von Notaren **2259** 21, 22
amtliche Verwahrung, besondere **2258a** 5 ff
Amtliche Verwahrung keine Formwirksamkeitsvoraussetzung **2256** 21
Amtspflichtverletzungen des Notars **2232** 42
Anlagen **2232** 36
Beratung bei offen übergebener Schrift **2232** 33

Testament (öffentliches) (Forts.)
Beurkundungsgebühr **2232** 43
Beurkundungsgesetz **Vorbem 2229 ff** 6; **2231** 24 ff; **2232** 4, 20, 23
Beurkundungshauptverfahren unmittelbar vor dem Notar **2232** 17
Beurkundungstermin **2232** 25
Beweisfragen **2232** 41
Bezugnahme auf ein aus amtlicher Verwahrung genommenes - **2247** 68
Blindentestament **2233** 12
Bürgermeistertestament (Nottestament) als - **2249** 6
DDR-Recht, früheres **2232** 44
und eigenhändiges Testament, Gegenüberstellung **2231** 14
und Einführung eigenhändigen Testaments **2232** 2
Erblassererklärung, mündliche **2232** 15 ff
Ersetzung bei Zerstörung **2255** 35
Fälschungsschutz durch Rücknahmewirkung **2256** 5
Formen der Errichtung **2232** 12 ff
Formvorschriften, Bedeutung **2231** 15 ff
Fremdpsrache **2232** 19
GesEinhG vom 5.3.1953 **2232** 3, 10
Grundtypen **2232** 12 ff
Hinterlegungspflicht **2248** 2
Inländische Beurkundung **2231** 25
Kenntnisnahme bei verschlossen übergebener Schrift **2232** 34
Konsulartestament **2256** 7
Konversion formungültigen Privattestaments **2231** 27
Leseunfähigkeit **2233** 7 ff
durch Minderjährige **2233** 1 ff
Mündliche Erklärung eines Minderjährigen **2233** 6
Niederschrift, Errichtung notarieller **2232** 13
Notar, Funktion **2232** 21 ff
Notar, Zuständigkeit **2231** 25, 26
öffentliche Urkunde **2232** 39, 40
Prüfungs-, Beratungs- und Belehrungspflicht des Notars **2231** 17
Rückgabe des Testaments aus amtlicher Verwahrung **2256** 3 ff
Schreibunfähigkeit **2232** 27
Schreibvermögen **2233** 9
Seetestament trotz Anwesenheit eines Notars **2251** 3
Sprachbehinderung **2233** 16 ff
Tatsachenprotokoll **2232** 13, 14, 32
und Testamentgesetz **2232** 3, 8, 9
testamentum apud acta conditum **2232** 13
testamentum notario oblatum **2232** 13
Testierfähigkeit, tatsächliche Vermutung für das Vorliegen **2247** 47

Testament (öffentliches) (Forts.)
Textgeschichte **2232** 5 ff
Übergabe eigenhändig errichteten Testaments **2232** 40
Übergabe offener Schrift durch Minderjährigen **2233** 6
Übergabe einer Schrift **2232** 30 ff
Übergabe sich widersprechender Schriften mit unterschiedlichen Errichtungsdaten **2232** 32
Unterschrift des Erblassers unter der Niederschrift **2232** 37
Verbindung der drei Formen **2232** 38
Verfahren **2232** 22
Verfügungsgewalt, Verschaffung des Erblassers über das - **2255** 6
Verwahrung, Ausschluß eigener **2258a** 5
Volljährigkeitseintritt und mangelhaft errichtetes Testament **2233** 6
Vollmachterteilung **Vorbem 2197 ff** 57
Vorteile, Nachteile **2231** 12, 13
Widerruf durch Urkundenvernichtung, Urkundenveränderung **2255** 6

Testamentsformabkommen (Haager)
DDR-Beitritt **Vorbem 2229 ff** 60

Testamentsgesetz 2229 2 ff;
Vorbem 2229 ff 14 ff;
beschränkte Gültigkeitsdauer von Testamenten **2252** 1
Bürgermeistertestament **2249** 2
Dreizeugentestament **2250** 2 ff
und eigenhändiges Testament **2247** 4, 10
Eröffnungsverfahren **2260** 2
und Formvorschriften **2231** 18 ff
und Nottestament **2249** 2; **2250** 2 ff
öffentliches Testament **2232** 1 ff
Rückgabe des Testaments aus amtlicher Verwahrung **2256** 1
Seetestament **2251** 1
Testamentsablieferung zur Eröffnung **2259** 2
Testamentswiderruf durch Urkundenvernichtung, Urkundenänderung **2255** 1
Verwahrung von Testamenten **2258a** 1, 2; **2258b** 1
Widerruf eines Testaments **2253** 3
Wiedereingliederung in das BGB **2229** 6; **Vorbem 2229 ff** 23 ff

Testamentsvollstrecker
Abfindungsansprüche aus der Gesellschafterstellung **2205** 113
Abfindungsrecht gegenüber nichtehelichem Kind **2205** 19
Ablehnung des Amtes **2202** 5 ff
Ablehnung einer gerichtlichen Ernennung **2200** 15
Absonderung des Nachlasses und Rechtsstellung des - **2214** 1

Testamentsvollstrecker (Forts.)
Abtretung einer Grundschuld **2205** 54
Abtretung des Vergütungsanspruchs **2221** 16
Abwesenheit **2227** 8
Abwicklungspflichten **2203** 27, 28
Abwicklungsvollstreckung **2203** 2
Abwicklungsvollstreckung, Verwaltungsvollstreckung **2209** 5
Äußerungen des Erblassers zu Beschränkungen des - **2208** 4
Akten des Nachlaßgerichts **2202** 29
Akteneinsicht **2203** 11
Aktien **2205** 140, 143
Aktivprozesse **2212** 5 ff
Alleinerbe **2197** 53; **2198** 3
Alleinerbe als - **2214** 5
Alleinerbe als Vermächtnisvollstrecker **2223** 18
Amt und Testamentsvollstreckerzeugnis **Vorbem 2197 ff** 108
Amtliche Erbauseinandersetzung **2204** 10, 11
Amtsannahme und Freigabe von Nachlaßgegenständen **2217** 14
Amtsannahme und Nachlaßverzeichnispflicht **2215** 9
Amtsannahme und Passivprozeß wegen Nachlaßverbindlichkeiten **2213** 2
Amtsannahme und Pflicht ordnungsgemäßer Verwaltung **2216** 1
Amtsannahme und Rechtgeschäfte davor **2202** 32, 33
Amtsannahme und Unfähigkeit zur ordnungsgemäßen Geschäftsführung **2227** 9
Amtsannahme, unterbleibende **2211** 6
Amtsannahme, vertragliche Verpflichtung **2202** 25
Amtsantritt und Eignung **2201** 4
Amtsausübung und Delikthaftung **2219** 29
Amtsausübung im eigenen Namen **2205** 59
Amtsbeendigung aufgrund Entlassung **2227** 36
Amtsbeendigung und Beendigung der Testamentsvollstreckung **2225** 7; **2227** 37
Amtsbeendigung, Beendigung der Vollstreckung insgesamt **2210** 12 ff
Amtsbeendigung und Erlöschen der Vollmacht für Dritte **2218** 14
Amtsbeendigung und Fälligkeit der Vergütung **2221** 17
Amtsbeendigung, Folgen **2210** 12 ff
Amtsbeendigung und Fortdauer des Amtes **2225** 12
Amtsbeendigung, Gründe **2225** 1 ff
Amtsbeendigung und Herausgabe des Nachlasses **2217** 1; **2218** 25, 26

Testamentsvollstrecker (Forts.)
Amtsbeendigung bei der Nacherbenvollstreckung 2222 20
Amtsbeendigung, Streit hierüber 2225 11
Amtsbeendigung, Vereinbarung mit Erben 2225 6
Amtsbeendigung oder Vollstreckerwegfall 2210 20
Amtsbeendigung, Wirkungen 2225 8 ff
Amtsbeginn **Vorbem 2197 ff** 79; **2202** 1 ff
Amtsenthebung, vorläufige 2227 33
Amtsfortdauer, unterstellte 2218 35
Amtsführung mehrerer - 2224 11 ff
Amtsführung und Nachlaßgericht **Vorbem 2197 ff** 23 ff
Amtsführung, Spielräume 2216 2
Amtsführung, unabhängige 2203 30, 35 ff
Amtsinhalt und Erblasseranordnungen 2203 6
Amtsmißbrauch 2205 85
Amtsniederlegung, Verpflichtung hierzu 2226 2
Amtspflichten, vernachlässigte 2202 26
Amtsstellung **Vorbem 2197 ff** 14, 15
Amtstheorie **Vorbem 2197 ff** 14
Amtsübertragung auf Dritten, ausgeschlossene 2218 9
Amtsunfähigkeit 2201 2, 3
Anfechtung des Testaments 2203 17
Angemessenheit der Vergütung 2221 26 ff
Anlage des Vermögens 2205 77; 2216 13
Annahme, Ablehnungserklärung gegenüber Nachlaßgericht 2202 12
Annahme des Amtes 2200 24; 2202 5 ff
Annahme des Amtes und Erbfall, Zwischenzeit 2211 6
Annahme der Erbschaft und Amtsbeginn 2202 4
Annahmepflicht 2202 2, 23 ff
Anordnung 2197 1, 2, 10 ff, 13 ff; **Vorbem 2197 ff** 31, 52, 53; **2202** 1
Anordnung allein einer Testamentsvollstreckung 2197 3, 13
Anordnung, bedingte und beschränkte 2197 33 ff
Anordnung, deren Fassung 2197 38 ff
Anordnung durch einseitige, nicht vertragsgemäße Verfügung 2197 16
Anordnung und Ernennung 2197 9; 2202 1, 3
Anordnung und Ernennung, Rechtszustand dazwischen 2197 5 ff
Anordnung und Ernennungsverfügung 2200 24
Anordnung, Grundsatz der Eigenanordnung 2197 10
Anordnung einer Nacherbenvollstreckung 2222 9, 10

Testamentsvollstrecker (Forts.)
Anordnung ohne Ernennung 2197 3; **2200** 8
Anordnung nicht durch Rechtsgeschäft unter Lebenden 2197 17
Anordnung und späteres, sie nicht wiederholendes Testament 2197 14
Anordnung, unwirksame 2197 27
Anordnung einer Vermächtnisvollstreckung 2223 2
Anordnung der Verwaltungsvollstreckung 2209 10
Anordnung, Widerruf 2197 14
Anordnungen zur Abwicklungsvollstreckung 2203 4, 5
Anordnungen zur Erbauseinandersetzung 2204 16
Anordnungen zur Verwaltung 2216 19 ff
Antrag auf Außerkraftsetzung einer Verwaltungsanordnung 2216 32
Antrag auf Entlassung 2227 21 ff
Anzahl der Vollstrecker 2197 69
Anzeigepflicht 2203 20, 34
Arrestverfahren durch den - 2212 13
Arrestvollziehung gegen Erben 2211 18
Arten der Beschränkung der Rechtsmacht des - 2208 6 ff
Atypische stille Gesellschaft 2205 137
Auffangtatbestand für fehlgeschlagene Ernennungen 2200 1
Aufgaben **Vorbem 2197 ff** 10 ff; **2203** 3 ff; **2225** 2; **2227** 37
Aufgaben, Übertragung einzelner 2208 6
Aufgabenerledigung oder Dauervollstreckung 2209 10
Aufgabenstellung und Verwaltungsbefugnis 2205 1
Aufgabenverteilung 2199 17
Auflage der Amtsannahme 2202 27
Auflage und Dauervollstreckung, Abgrenzung 2209 11
Auflage des Erbauseinandersetzungsausschlusses 2204 5
Auflage, Erfüllung bedingter oder betagter 2217 22
Auflage der Verbindlichkeitenübernahme für den Erben 2205 97
Auflagen für den Erben, keine Aufhebungsbefugnis 2216 30
Auflagen an die Erben zur Duldung nichterbrechtlicher Aufgaben **Vorbem 2197 ff** 5
Auflagen an den Erben zur Vollmachtssicherung **Vorbem 2197 ff** 12
Auflagenbegünstigter und Drittbenennung 2198 24
Auflagenbindung, ausgeschlossene **Vorbem 2197 ff** 47
Auflagenvollziehung 2208 6; 2210 11

Testamentsvollstrecker (Forts.)
 Auflagenvollziehung und Mißbrauch
  unbeschränkter Verwaltung **2210** 11
 Auflassung eines Nachlaßgrundstücks
  2205 49
 Auflösung einer Gesellschaft **2205** 106
 Aufrechnung mit Honorarforderungen
  gegen Haftungsansprüche **2219** 23
 Aufrechnung im Passivprozeß gegen den
  Erben **2213** 5
 Aufrechnung im Prozeß durch den -
  2212 13
 Aufrechnung im Prozeß gegen den -
  2212 13
 Aufsicht und Kontrolle **Vorbem 2197 ff** 20,
  21, 30; **2209** 2; **2216** 2
 Aufsicht des Nachlaßgerichts, keine
  Anordnung über das Gesetz hinaus
  2208 15
 Aufsichtsanordnung des Erblassers
  Vorbem 2197 ff 31
 Aufträge über den Tod hinaus **2197** 17
 Auftrag unter Lebenden seitens des Erblas-
  sers an den - **2216** 19
 Auftragsrecht **2197** 17; **Vorbem 2197 ff** 16;
  2218 2, 9 ff
 Aufwendungsersatz **2218** 28 ff
 Ausbieten einer Nachlaßhypothek **2206** 4
 Ausführung des Auseinandersetzungspla-
  nes **2204** 36 ff
 Ausgleich von Vorempfängen **2204** 25
 Ausgleichsanspruch des Handelsvertreters
  2205 20
 Auskunftsanspruch über ausgleichspflich-
  tige Zuwendungen **2204** 26
 Auskunftsanspruch gegen die Erben über
  Nachlaßgegenstände **2205** 30
 Auskunftspflicht **2218** 2, 6, 15, 18;
  2222 23
 Auskunftspflicht, Befreiungsverbot **2220** 2
 Ausländisches Recht **Vorbem 2197 ff** 116
 Auslagenersatz und Vergütung **2221** 7 ff
 Auslegung des Testaments
  Vorbem 2197 ff 11; **2203** 6, 15, 27;
  2216 22
 Ausschließlichkeit des Nachlaßverwal-
  tungsrechts **2205** 6
 Außenverhältnis und vermeintliche Testa-
  mentsvollstreckung **2197** 75
 Außerkraftsetzung von Verwaltungsanord-
  nungen **2216** 27
 Ausübung von Verrichtungen, Klage
  hierauf **2202** 26
 Auswahl des - **2200** 11; **2219** 31
 Bankkonto **2203** 10
 Bankrecht **2205** 163 ff
 Beamter **2202** 19

Testamentsvollstrecker (Forts.)
 Beaufsichtigende Testamentsvollstreckung
  2205 104; **2216** 19 ff
 Beaufsichtigung des Nachlaßgerichts,
  Erblasseranordnung **2208** 4
 Bedingte Annahmeerklärung **2202** 10
 Bedingte Anordnung **2197** 33 ff; **2217** 5
 Bedingte Ernennung **2198** 11; **2202** 13
 Bedingtes Ersuchen um gerichtliche Ernen-
  nung **2200** 4
 Bedingtes Vermächtnis, Erfüllung **2217** 23
 Bedingung, auflösende der Vollstreckeran-
  ordnung **2208** 12
 Beendigung des Amtes **2197** 7
 Beendigung des konkreten Amtes, Beendi-
  gung der Vollstreckung insgesamt **2210** 1,
  4
 Befreiungsverbote, für den Erblasser
  geltende **2220** 1 ff
 Befreiungsverbote, Verzicht des Erben
  hierauf **2220** 5
 Befreiungsvermächtnis **2219** 15
 Befristete Annahmeerklärung **2202** 10
 Befristete Ernennung **2198** 11
 Befristung **2208** 12; **2210** 4
 Befugnis **Vorbem 2197 ff** 10 ff
 Behindertentestament **2216** 23
 Behörde, Inhaber bestimmten Amtes als -
  2197 51
 Behörde, vorgesetzte eines - **2227** 26
 Behördenleiter als Dritter **2198** 3
 Beihilfe dem Erben gegenüber **2215** 2, 3
 Beistand, Kuratel als Anordnung einer
  Testamentsvollstreckung **2197** 40
 Bekanntgabe einer Fristsetzung für Amts-
  annahme, Ablehnung **2202** 15
 Bekanntgabe gerichtlicher Ernennung
  2200 22
 Bekanntmachung **Vorbem 2197 ff** 93 ff
 Bemessungsgrundsätze für die Vergütung
  2221 30 ff
 Benachrichtigungspflicht, Befreiungsver-
  bot **2220** 2
 Benachrichtigungspflicht gegenüber dem
  Erben **2218** 17
 Beobachtungspflegschaft, unzulässige
  2197 57
 oder Berater des Erben **2216** 21
 Berufsdienste und Aufwendungsersatz
  2218 32
 Berufsgruppen-Zugehörigkeit des - **2221** 9
 Beschluß zur Ernennung **2200** 14
 Beschluß über Fristsetzung zur Annahme,
  Amtsablehnung **2202** 15
 Beschränkte Verwaltungsvollstreckung
  2209 13
 Beschränkung der Befugnisse
  Vorbem 2197 ff 97

Testamentsvollstrecker (Forts.)
  Beschränkung des Erbauseinandersetzungsrechts **2204** 2
  Beschränkung auf Erbteil, bestimmte Nachlaßgegenstände **2197** 36
  Beschränkung seiner Rechte **Vorbem 2197 ff** 13; **2203** 7, 9, 10; **2205** 17; **2208** 2 ff
  Beschränkung des Verwaltungsrechts oder Verwaltungsanordnung oder Mitvollstreckung **2208** 14
  Beschwerde gegen Ablehnung einer Fristbestimmung zur Annahme, Amtsablehnung **2202** 16
  Beschwerde bei Außerkraftsetzung von Verwaltungsanordnungen **2216** 34
  Beschwerde bei Ersuchen um gerichtliche Ernennung **2200** 16 ff
  Beschwerde gegen Fristsetzung bei Drittbenennung **2198** 27
  Beschwerde gegen Verfügungsentlassung **2227** 31
  Beschwerderecht bei Anordnung der Nachlaßpflegschaft **Vorbem 2197 ff** 36
  Beschwerungen eines Vermächtnisnehmers, Ausführung **2223** 1 ff
  Besitzausübung als Verwaltung **2205** 4
  Besitznahme des Vermächtnisgegenstandes **2223** 7
  Besitznahme als Verwaltung **2205** 24, 32 ff
  Besitznahmerecht **2208** 9, 16
  Besitzschutzrechte **2205** 31
  Bestandteilszuschreibung **2205** 47
  Bestattungsanordnungen **Vorbem 2197 ff** 5; **2203** 9; **2208** 6; **2216** 31
  Bestellung von Grundpfandrechten **2205** 53
  Besteuerung der Testamentsvollstreckervergütung **2221** 55 ff
  Bestimmung seiner Person **2197** 46; **2198** 1 ff
  Bestimmungserklärung des Dritten **2198** 7 ff
  Bestimmungsrechte aller Art, Übertragung auf den - **2216** 22
  Beteiligte und Außerkraftsetzung einer Verwaltungsanordnung **2216** 32
  Beteiligte und Drittbenennung **2198** 21 ff
  Beteiligte im Entlassungsverfahren **2227** 22
  Beteiligte und Fristsetzung für Annahme, Amtsablehnung **2202** 14
  Beteiligte und gerichtliche Ernennung **2200** 12, 13
  Beteiligte und unentgeltliche Verfügungen des - **2205** 56
  Beteiligter an Testamentseröffnung **2262** 6
  Betreuerbestellung für den - **2201** 2, 6
  Betreuung und Erbauseinandersetzungsvertrag **2204** 44

Testamentsvollstrecker (Forts.)
  Betriebsaufspaltung **2205** 145
  als Bevollmächtigter **2197** 44, 59; **2205** 58
  als Bevollmächtigter, Generalbevollmächtigter **Vorbem 2197 ff** 76
  Bewegliche Sachen, Gutglaubensschutz **2211** 24 ff
  Bewilligung einer Grundbucheintragung **2205** 51
  Bewirken, Betreiben der Erbauseinandersetzung **2208** 16
  BGB-Gesellschaft, keine Qualifikation als - **2197** 50
  Bindung an den Auseinandersetzungsplan **2204** 30
  Bindung an Erblasseranordnungen zur Verwaltung **2216** 19 ff
  Bindung an Erblasserwillen und Gesetz **2203** 35
  Bindung durch Kontrollmechanismen **Vorbem 2197 ff** 47
  Bindung an Weisungen Dritter **2208** 14
  Brief als Grundlage einer Anordnung **2197** 39
  Bürgerliche Ehrenrechte, Verlust **2201** 1
  Darlehensvertrag **2206** 7
  Dauer der Testamentsvollstreckung **2210** 2 ff
  Dauer der Verfügungsbeschränkung des Erben **2211** 6 ff
  Dauervollstreckung und Ernennung des - **2200** 1
  Dauervollstreckung als Erweiterung seiner Rechtsmacht **2209** 4; **2216** 24
  Dauervollstreckung und Testamentsvollstreckerzeugnis **2209** 22
  DDR, ehemalige **Vorbem 2197 ff** 113 ff
  Demokratieklausel **Vorbem 2197 ff** 49
  Dingliche Ansprüche bei Verwaltung einzelner Nachlaßgegenstände **2213** 12 ff
  Dingliche Beschränkung seiner Rechtsmacht **2205** 39; **2208** 3
  Dingliche Mitberechtigung des Erben **Vorbem 2197 ff** 50
  Dingliche Rechte der Gläubiger des Erben an Nachlaßgegenständen **2214** 2
  Dingliche Rechtsmacht und weitere Aufgabenübertragung **2208** 25
  Dingliche Surrogation **2205** 15
  Dingliche Verfügungsmacht und Verpflichtungsbefugnis **2206** 6
  Dingliche Wirkung beschränkter Verfügungsbefugnis des Erben **2211** 2
  Dingliche Wirkung eines Erbauseinandersetzungsverbotes **2205** 81
  Dingliche Wirkung, fehlende bei unwiderruflicher Verwaltungsvollmacht für Dritten **2209** 11

Testamentsvollstrecker (Forts.)
Dingliche Wirkung einer Freigabe von Nachlaßgegenständen **2217** 19
Dispositionsnießbrauch **2197** 42; **2205** 160
Doppelnatur von Prozeßhandlungen **2212** 2
Dritt-Beteiligungs-Modell als Kontrollmechanismus **Vorbem 2197 ff** 44
Drittausführung einer Verfügung und Aufgabenbereich des - **2203** 9
Drittbestimmung und Amtsannahme, Ablehnung **2202** 13
Drittbeziehungen zum - **2218** 5 ff
Dritte als Bevollmächtigte des - **2218** 13
Dritte und Entlassung des - **2227** 27
Dritte, nachlaßfremde Rechte **2216** 22
Dritter, Bestimmung **2198** 1 ff
Dritter als Generalbevollmächtigter, Bestellung durch - **2199** 13
Drittstellung und erweiterte Befugnisse für den - **2216** 22 ff
Drittübertragung **2218** 9 ff
Drittübertragung der Erbenrechte gegen den - **2218** 15
Drittweisungen, Bindung des - **2208** 14
Duldung der Zwangsvollstreckung gegenüber Eigengläubiger des Erben **2214** 4
Duldung der Zwangsvollstreckung bei Pflichtteilsansprüchen **2213** 16
Duldung der Zwangsvollstreckung bei Verwaltung einzelner Nachlaßgegenstände **2213** 12 ff
Duldungsklage gegen den - neben Leistungsklage gegen den Erben **2213** 11
Eckelskemper'sche Tabelle **2221** 43
Ehefrau als Miterbin **2205** 71
Ehegatte, überlebender als - **2203** 16; **2209** 10
Eheliches Güterrecht **2205** 79
Eheprozeß und Tod eines Ehegatten **2212** 18
Eidesstattliche Erklärungen **2215** 16; **2218** 24; **2227** 8
Eigenes Recht **Vorbem 2197 ff** 14
Eigengläubiger des Erben **Vorbem 2197 ff** 7
Eigeninitiative, erforderliche **2216** 7
Eingehung von Verbindlichkeiten **2206** 1 ff
Einigungsvertrag **Vorbem 2197 ff** 115
Einkommensteuer **2203** 19
Einnahmen / Ausgabennachweis **2218** 20, 36
Einrede im Prozeß durch den - **2212** 13
Einseitiges Rechtsgeschäft vor Amtsannahme **2202** 32
Einsichtsrecht in Angelegenheiten des - **2228** 1 ff
Einspruchsrecht, bloßes des - **2208** 13

Testamentsvollstrecker (Forts.)
Einstweilige Verfügung, Antrag durch den - **2212** 13
Einstweilige Verfügung gegen - **2204** 32
Einstweiliger Rechtsschutz gegenüber - **Vorbem 2197 ff** 30; **2203** 39
Eintrittsrecht in Gesellschafterbeteiligung **2205** 120
Einwilligung des Erben bei erweiterter Verpflichtungsbefugnis **2207** 5
Einwilligung des Erben in Verpflichtungsbegründung durch - **2206** 13
Einwilligung in Erbenverfügungen **2211** 3
Einzelaufgaben, Übertragung **2208** 6
Einzelkaufmännisches Unternehmen **2197** 28; **2205** 91, 92 ff
Einziehung von Nachlaßforderungen **2205** 25
Empfangsberechtigung, irrtümliche Annahme **2211** 27
Enterbung in guter Absicht durch Verwaltungsvollstreckung **2209** 6
Entgegennahme empfangsbedürftiger Willenserklärungen **2205** 26
Entgeltliche Verfügungen **2205** 10
Entgeltlichkeit und Unentgeltlichkeit einer Verfügung, Abgrenzung **2205** 42
Entgeltlichkeit einer Verfügung, freie Beweiswürdigung **2205** 51
Entlassung **Vorbem 2197 ff** 29, 30, 40; **2219** 13
Entlassung durch das Nachlaßgericht s. Alphabetisches Stichwortverzeichnis zu § 2227 BGB
Entlassung wegen unangemessen hoher Vergütung **2221** 22
Entlastung durch die Erben, kein Recht des - **2218** 21
Entnahmerecht hinsichtlich seiner Vergütung **2221** 18
Erbanfall und Schutz vor Eigengläubigern des Erben **2214** 3
Erbanwärter, Urteilsbindung **2212** 26
Erbauseinandersetzung s. dort
und Erbe, Erben s. Erbe (Alleinerbe; Erbe, Erben)
Erben-Beteiligungs-Modell als Kontrollmechanismus **Vorbem 2197 ff** 44
Erbenanhörung zur Erbauseinandersetzung **2204** 31, 32
Erbenberater, bloßer **2216** 21
Erbenbestimmung, ausgeschlossene **2216** 22
Erbenentschließung des Erbauseinandersetzungsausschlusses **2204** 6
Erbenmehrheit und Demokratieklausel **Vorbem 2197 ff** 50

Testamentsvollstrecker (Forts.)
  Erbenmehrheit und Verwaltungsvollstreckung 2209 12
  Erbenperson, bestimmte als Voraussetzung 2197 34
  Erbenstellung, beschränkte 2197 23; **Vorbem 2197 ff** 17
  Erbenunterhalt und Nutzungsherausgabe durch den - 2216 9
  Erbenvereinbarung zur Erbauseinandersetzung 2204 27, 42
  Erbenvereinbarung zur verhinderten Erbauseinandersetzung 2204 7
  kein Erbenvertreter 2205 59, 86; 2212 2
  Erbenweisungen 2203 35
  Erbenwiderspruch zum Auseinandersetzungsplan 2204 32
  Erbenwünsche und Erblasseranordnungen 2216 19
  Erbersatzanspruch, Geltendmachung gegen den Erben 2213 20
  Erbersatzanspruchsberechtigter und Drittbenennung 2198 24
  Erbfall und Amtsannahme, Zwischenzeit 2211 6
  Erbfall und Amtsbeginn 2202 1
  Erbfall und Annahme, Amtsablehnung 2202 13
  Erbfall und Beendigung der Vorerbschaft, Testamentsvollstreckung in dieser Zeit 2222 2
  Erbfall und Nacherbenvollstreckung 2222 19
  Erbfall und Verfügungsbeschränkung für den Erben 2211 6
  und Erblasser
  s. Erblasser
  Erblasserinteressen, ideelle 2203 36
  Erblasserverbot einer Erbenzustimmung zu unentgeltlichen Verfügungen 2205 57
  Erblasserwille 2197 23; **Vorbem 2197 ff** 1, 6; 2208 4; 2219 6
  Erblasserwille, Erbenverhalten und Verfügungen des - 2203 8
  Erblasserwille und Mehrheit von Vollstreckern 2224 4
  Erblasserwille und rechtsgeschäftliches Verfügungsverbot 2211 2
  Erblasserwille und Vergütungsfestsetzung 2221 1, 4
  Erbprätendentenstreit 2203 28
  Erbquote und Erbauseinandersetzung 2204 42; 2205 49
  Erbrecht und Erbschaftsanspruch 2213 10
  Erbrecht und Handelsrecht, unterschiedliche Haftungsgrundsätze 2205 90
  Erbrecht, Rechtsstreit hierüber 2203 13; 2212 25 ff

Testamentsvollstrecker (Forts.)
  Erbrecht, Verfügung hierüber 2203 17
  Erbrecht als Vorfrage 2212 27
  Erbrechtsinstitut **Vorbem 2197 ff** 4
  Erbschaftsannahme, Erbschaftsausschlagung 2205 18; 2216 22
  Erbschaftsannahme und Geltendmachung von Nachlaßverbindlichkeiten 2213 2
  Erbschaftsannahme und Passivprozeß gegen den Erben 2213 4 ff, 11
  Erbschaftsanspruch, Geltendmachung 2212 28
  Erbschaftsanspruch, Klage gegen den - 2213 10
  Erbschaftsteuer 2203 21; 2221 49, 55, 56
  Erbschaftsverkauf 2206 8; 2218 15
  Erbschein 2203 18
  Erbschein und Amtsbeendigung 2210 18
  Erbschein, Antrag 2203 18
  Erbschein, Einziehung eines unrichtigen 2205 27
  Erbschein und Gutglaubensschutz 2211 21
  Erbschein und Nacherbenvollstreckung 2222 21
  Erbschein und Vermächtnisvollstreckung 2223 19
  Erbschein, Vorlage durch den - 2203 32
  Erbscheinerteilung, Antragsrecht 2205 27
  Erbstatut 2203 24
  Erbteil, Ausschluß der Verfügung hierüber 2208 16
  Erbteil, hierauf beschränkte Rechtsmacht 2205 16; 2208 16
  Erbteil, Pfändung 2218 15
  Erbteil und Pflichtteilsrecht 2197 25
  Erbteil, Verfügung hierüber durch den Erben 2211 14
  Erbteil, keine Verfügungsbefugnis 2205 7
  Erbteile, unbestimmte 2204 8
  Erbteilsübertragung auf Dritte 2218 15
  Erbteilsverkauf, Gegenleistung hierfür 2205 34
  Erbunwürdigkeit, Anfechtungsrecht 2205 18
  Erbvertrag 2197 11, 16, 19, 20, 22; 2203 3
  Erbvertrag und Dauervollstreckung 2209 10
  Erbvertraglicher Vorbehalt 2197 19 ff
  Erfüllung einer Verbindlichkeit 2205 61; 2211 13
  Erfüllung einer Verbindlichkeit als In-sich-Geschäft 2205 61, 68
  Ergänzungspfleger 2197 56; 2204 44; 2215 8
  Ergänzungstestament 2197 62
  Erhaltung verwalteten Gutes 2205 4
  Erhaltungsmaßnahmen und Mitvollstreckung 2224 41 ff

Testamentsvollstrecker (Forts.)
Erklärung der Annahme, Ablehnung **2202** 6 ff
Erledigung aller Aufgaben **2225** 2
Erlöschen des Amtes **2197** 70 ff; **2199** 11
Erlöschen des Bestimmungsrechts des Dritten **2198** 18
Ermächtigung des Erben zur Prozeßführung **2212** 8
Ermächtigung zur Ernennung **2197** 48
Ermächtigung zur Mitvollstreckerernennung **2224** 1
Ermessen, Ermessensgrenzen **2216** 7
Ernennung **2197** 3; **Vorbem 2197 ff** 23, 87; **2200** 1
Ernennung, Ablehnung oder Wegfall des Ernannten **2200** 8
Ernennung und Anordnung **2197** 1; **2202** 1, 3
Ernennung, Klage zur Wirksamkeit **2213** 3
Ernennung von Mitvollstreckern **2199** 1 ff
Ernennung des Nacherben-Vollstreckers **2222** 23
Ernennung eines Nachfolgers **2199** 1 ff
Ernennung durch Nachlaßgericht **2200** 11 ff
Ernennung als Nachvermächtnis-Vollzieher **2223** 9
Ernennung als rechtsgestaltende Verfügung **2200** 14
Ernennung, Streit hierüber **2212** 29
Ernennung, unwirksame **2201** 3
Ernennung, unzulässige **2227** 20
Ernennung eines Vermächtnisvollstreckers **2223** 2
Ernennung, Wegfall nach Amtsantritt **2197** 7
Ernennung, wirksame bei gerichtlicher Ernennung **2200** 24
Ersatz-Testamentsvollstrecker **2197** 47; **2198** 2; **2197** 47
Ersuchen um gerichtliche Ernennung **2200** 3 ff
Erträge eines Geschäftsbetriebs **2216** 10
Erträgnisse des Erbteils, Auskehrung in Naturalverpflegung **2216** 22
Erträgnisse des Nachlasses, Thesaurierung **2209** 19
Erträgnisse des Nachlasses und Verfügungsbeschränkung des Erben **2211** 10
Ertragserzielung und Verwaltungsvollstreckung **2209** 5
Ertragsteuer und Testamentsvollstreckervergütung **2221** 56 ff
Erweiterte Rechtsmacht **2216** 22 ff
Erweiterung des Aufgabenkreises **Vorbem 2197 ff** 12

Testamentsvollstrecker (Forts.)
Erweiterung seiner Rechtsstellung **2203** 6, 8; **2209** 2
EWIV **2205** 138
exheredatio bona mente **2209** 6
Fachmann, Hinzuziehung **2218** 10
Fälligkeit des Vergütungsanspruchs **2221** 17
Familienangehörige als - **2197** 55
Familienoberhaupt und Verwaltungsvollstreckung **2209** 8
Familienrecht **Vorbem 2197 ff** 12, 41, 41 f
Familienrechtliche Anordnung **2203** 9
Familienrechtliche Beschränkungen und Verfügungsbefugnis des - **2205** 79
Feindschaft, Spannungen **2227** 12, 13
Feststellung des Erbrechts **2212** 25 ff
Feststellung einer Nachlaßverbindlichkeit **2213** 1 ff
Feststellung der unwirksamen Anordnung **2197** 27
Feststellung der wirksamen Ernennung **2212** 29
Feststellungsinteresse des Erben **2203** 38
Feststellungsklage wegen Auseinandersetzungsplanes **2204** 32
Feststellungsklage bei der Ausführung letztwilliger Verfügungen **2203** 37 ff
Feststellungsklage hinsichtlich des Nachlaßumfanges **2212** 15
Feststellungsurteil **2212** 20
Finanzverwaltung und - **2203** 19
Firmenbildung **2205** 102
Forderungen und Erwerberschutz guten Glaubens **2211** 22
Forderungsberechtigte bezüglich Nachlaßverzeichnisses **2215** 17
Form der Annahme, der Amtsablehnung **2202** 6 ff
Form der Anordnung **2197** 13
Form des Erbauseinandersetzungsvertrages **2204** 43
Form der Ernennung durch Dritten **2198** 13 ff
Form der Freigabe von Nachlaßgegenständen **2217** 17, 18
Form des Nachlaßverzeichnisses **2215** 10
Form von Verwaltungsanordnungen des Erblassers **2216** 21
Fortführung eines Handelsgeschäftes **2205** 92 ff
Fortsetzungsklausel für verbleibende Gesellschafter **2205** 106, 121
Freigabe eines Nachlaßgrundstücks **2205** 48
Freigabeverpflichtung bezüglich entbehrlicher Nachlaßgegenstände **2217** 2 ff

Testamentsvollstrecker (Forts.)
  Freiwillige Gerichtsbarkeit
    Vorbem 2197 ff 38; **2203** 39; **2212** 13
  Frist für die jährliche Rechnungslegung
    2218 38
  Fristsetzung für die Amtsannahme, Ablehnung **2202** 14
  Fürsorgliche Erbenbevormundung durch Verwaltungsvollstreckung **2209** 5
  Garantiehaftung **2219** 7
  Gegenständliche Beschränkungen seiner Rechtsmacht **Vorbem 2197 ff** 90; **2208** 8 ff
  Gegenwert und Entgeltlichkeit **2205** 42, 43, 44
  Gehilfen **2218** 11, 12; **2219** 9; **2221** 10
  Geldanlage **2216** 13
  Gemeines Recht **Vorbem 2197 ff** 2
  Gemeinschaftliche Amtsführung bei Mehrheit von - **2224** 18
  Gemeinschaftliches Testament **2197** 11, 15, 19, 23; **Vorbem 2197 ff** 17
  Genehmigung von Erbenverfügungen **2211** 3
  Genehmigung eines In-sich-Geschäftes **2205** 65
  Genehmigung unwirksamer Verfügung **2205** 40
  Genehmigung eines Vertrages durch den - **2205** 46
  Genehmigung vorgesetzter Behörde **2202** 19
  Genehmigung des Vormundschaftsgerichts **Vorbem 2197 ff** 66; **2204** 22
  Genehmigung einer Vorverfügung **2202** 32
  Genehmigungsvorbehalte, öffentlich-rechtliche **2205** 83
  Generalbevollmächtigter als - **2197** 59
  Generalbevollmächtigter, Ernennung durch - **2199** 13
  Generalvollmacht **Vorbem 2197 ff** 74 f
  Generalvollmacht, Erteilung unwiderruflicher als Erbenverpflichtung **2209** 14
  Generalvollmacht, sittenwidrige für den - **2205** 98
  Generalvollmacht über den Tod hinaus **2208** 25
  Genossenschaftsanteile **2205** 144
  Gerichtliche Ernennung **2200** 1 ff
  Gerichtliche Geltendmachung (Aktivprozesse) **2212** 1 ff
  Gerichtsstand für Aktivprozesse **2212** 24
  Gerichtsstand für Passivprozesse **2213** 25
  Gesamthandsanteil **2205** 14
  Gesamtschuldnerschaft bei Mehrheit von - **2224** 17
  Geschäftsbetrieb, Ertragnisverwendung **2216** 10
  Geschäftsbetrieb, Fortführung **2221** 53

Testamentsvollstrecker (Forts.)
  Geschäftsfähigkeit **2197** 49; **2201** 2, 3; **2202** 18
  als Geschäftsführer ohne Auftrag **2213** 10
  Geschäftsführung und Bevollmächtigung Dritter **2218** 13
  Geschäftsverteilung bei Mehrheit von - **2224** 9
  Gesellschafter-Erben **Vorbem 2197 ff** 105
  Gesellschaftsanteil, Nießbrauch **2205** 161
  Gesellschaftsbeteiligung **2205** 89 ff
  Gesellschaftsbeteiligung, infolge Erbfalls aufgestockte **2205** 131
  Gesellschaftsbeteiligung und Kernbereichslehre **2205** 127, 129
  Gesellschaftserrichtung durch Erben **2205** 19
  Gesellschaftsneugründung **2205** 146
  Gesellschaftsrecht **2197** 28 ff
  Gesellschaftsrecht und Prozeßführungsbefugnis **2212** 7
  Gesellschaftsrechtliche Schranken **2205** 121 ff
  Gesellschaftsvertrag und Testamentsvollstreckung **2205** 106; **2206** 4
  Gesetz und Erblasserwille **2208** 2 ff
  Gesetz und Rechtsmacht **2216** 17
  Gesetzsystematik **Vorbem 2197 ff** 3; **2203** 1
  Gesetzliche Begrenzung der Dauer der Verwaltungsvollstreckung **2210** 4
  Gesetzliche Folgen **Vorbem 2197 ff** 9
  und gesetzliche Vertretung **2197** 56; **Vorbem 2197 ff** 15; **2198** 24; **2205** 10; **2209** 7; **2215** 8
  Gesetzlicher Güterstand des Erben **Vorbem 2197 ff** 41
  kein gesetzlicher Vertreter des Erben **2212** 2
  als gesetzlicher Vertreter im weiteren Sinne **2219** 27
  Gesetzliches Schuldverhältnis zum Erben **Vorbem 2197 ff** 16; **2216** 1; **2218** 2 ff; **2219** 1
  Gespaltene Testamentsvollstreckung **Vorbem 2197 ff** 115
  Gestattung eines In-sich-Geschäftes **2205** 62
  Gewerbesteuer der Testamentsvollstreckervergütung **2221** 59
  Gewinnorientierung **2216** 14
  Gewöhnliche Testamentsvollstreckung als Abwicklungsvollstreckung **2209** 5
  Gläubiger des Erben **2214** 1 ff
  Gläubigeraufgebot **2205** 2
  Gläubigerbenachteiligung durch Erbschaftsausschlagung **2205** 18
  Gläubigerverlangen bezüglich Nachlaßverzeichnis **2215** 17

Testamentsvollstrecker (Forts.)
GmbH & Co. **2205** 145
GmbH & Still **2205** 145
GmbH-Anteile **2205** 140, 141, 142
GmbH-Anteile und Geschäftsführerwahl **2205** 72
Größe des Nachlasses **2209** 2
Großes Vermögen und Verwaltungsvollstreckung **2209** 9
Grundbesitz und Amtsbeendigung **2210** 15
Grundbesitz, Probleme **2221** 51
Grundbuch **Vorbem 2197 ff** 64, 93, 94, 99, 100
Grundbuch und Amtsbeendigung **2210** 19; **2225** 9
Grundbuch und Freigabe von Nachlaßgegenständen **2217** 19
Grundbuch und Gutglaubensschutz **2211** 21; **2218** 35
Grundbuch und Kommanditanteil **2205** 136
Grundbuch und Nacherbenvollstreckung **2222** 21
Grundbuch und Teilungsplan **2204** 38
Grundbuch und Testamentsvollstreckervermerk **2203** 32; **2211** 28 ff
Grundbuch und Vermächtnisvollstreckung **2223** 19
Grundbuchamt und Amtsannahme, Ablehnung **2202** 29
Grundbuchamt und In-sich-Geschäfte **2205** 73, 74
Grundbuchamtliches Verfahren und unentgeltliche Verfügungen **2205** 51 ff
Grundbuchanträge durch den - **2212** 13
Grundbuchberichtigung **2205** 37
Grundschuldsabtretung **2205** 54
Grundstück und Erbteilspfändung, Verpfändung **2205** 35
Grundstücke und Unternehmensverwaltung **2208** 9
Grundstücksauflassung **Vorbem 2197 ff** 67
Grundstücksbelastung durch den - **2205** 40, 47
Grundstücksersteher **2205** 38
Grundstückserwerb durch Vormund nach Geldhingabe **2216** 11
Grundstücksrecht und Gutglaubensschutz **2211** 22
Grundstücksverfügungen **2205** 36, 37; **2206** 7; **2208** 6
Gruppenvertretung **2220** 3
Gruppenvertretung gegenüber dem - **2218** 37
Gütergemeinschaft **2204** 21; **2205** 14, 79
Gütergemeinschaft des Erben **Vorbem 2197 ff** 41
Gutgläubigkeit **2206** 18

Testamentsvollstrecker (Forts.)
Gutglaubenserwerb und fehlende Verfügungsbefugnis des - **2205** 40
Gutglaubenserwerb von Grundstücksrechten **2211** 28 ff
Gutglaubenserwerb und Nachlaßverzeichnis **2215** 4
Gutglaubensschutz und Amtsbeendigung **2210** 15
Gutglaubensschutz und beschränkte Rechtsmacht des - **2208** 18; **2216** 18
Gutglaubensschutz und beschränkte Verfügungsbefugnis des Erben **2211** 19 ff
Gutglaubensschutz bei unterstellter Amtsfortdauer **2218** 35
Gutglaubensschutz und Verpflichtungsbefugnis des - **2206** 11, 12
Haftpflichtprozeß gegen den - **2219** 32
Haftpflichtversicherungsverhältnis **2205** 21, 22; **2219** 35
Haftung
s. dort
Handelsgeschäft **2205** 89 ff
Handelsgeschäft, Fortführung durch den - **2218** 13
Handelsgeschäft und Verwaltungsvollstreckung **2209** 13
Handelsgesellschaft als - **2225** 15
Handelsrecht **2197** 28 ff
Handelsrecht und Erbrecht, unterschiedliche Haftungsgrundsätze **2205** 90
Handelsrechtliche Vorgaben **2197** 28
Handelsregister
s. dort
Handelsvertreter, Ausgleichsanspruch **2205** 20
Hauptintervention des Erben bei Aktivprozessen **2212** 16
Herausgabeanspruch bezüglich fehlerhaften Erbscheins **Vorbem 2197 ff** 92
Herausgabeanspruch gegen Erben **2205** 29 ff
Herausgabepflicht gegenüber Erben **2209** 15; **2210** 16
Herausgabepflicht gegenüber dem Erben nach Amtsbeendigung **2218** 25, 26
Herausgabepflicht an den Erben, Befreiungsverbot **2220** 2
Höchstpersönlichkeit des Amtes **2218** 9
Höchstpersönlichkeit von Rechten, Beschränkungen für den - **2205** 17
Höferecht **2197** 31, 31 f
Ideelle Interessen **2203** 36
In-sich-Geschäfte des - **2205** 59 ff; **2211** 13
Inbesitznahme des Nachlasses **2203** 24
Inhaltliche Beschränkung **2209** 2
Inhaltliche Beschränkung seiner Rechtsmacht **2208** 6, 7

Testamentsvollstrecker (Forts.)
  Innenverhältnis und vermeintliche Testamentsvollstreckung 2197 74
  Interessen, zu beachtende **Vorbem 2197 ff** 14
  Interessengegensatz 2227 17
  Internationale Zuständigkeit und Entlassung des - 2227 38
  Internationales Privatrecht **Vorbem 2197 ff** 111 f
  Inventar und Nachlaßverzeichnis 2215 13, 15
  Inventaraufnahme, Beihilfe durch den - 2215 2
  Inventur des Erben 2203 26
  Irrtum über Testamentsvollstreckung 2211 19 ff
  Jährliche Rechnungslegungspflicht des - 2218 36 ff
  als juristische Person 2197 50; 2201 1; 2210 8; 2225 15
  Juristische Person als Dritter 2198 3
  Kapitalgesellschaften 2197 30
  Kapitalgesellschaften, Anteile im Nachlaß 2205 140 ff
  Kapitalgesellschaften, Gesellschaftsanteile 2197 30
  Kernbereichslehre und Gesellschafterbeteiligung 2205 122, 123
  Kernbereichslehre und Kommanditanteil 2205 127
  KG-Komplementärstellung 2205 116
  Klage gegen Auseinandersetzungsplan 2204 32
  Klage auf Besitzeinräumung 2205 30
  Klage auf Erbauseinandersetzung 2204 9
  Klage gegenüber Erben auf Ausführung letztwilliger Verfügungen 2216 19
  Klage des Erben auf Ertrag 2209 19
  Klage gegen den Erben (Passivprozeß) 2213 4 ff
  Klage gegen den Erben und Testamentsvollstrecker (Passivprozeß) 2213 11 ff
  Klage auf Erfüllung bestimmter Verpflichtungen gegenüber dem - 2219 13
  Klage auf Leistung an alle Erben gegen den - 2218 4
  Klage gegen den Testamentsvollstrecker (Passivprozeß) 2213 8 ff
  Klage auf Verwaltungsvornahme 2205 13
  Klage auf Zustimmung des Erben zur Verpflichtungsbegründung 2206 13
  Klageerhebung (Aktivprozesse) 2212 1 ff
  Klageerhebung (unterlassener Aktivprozeß) 2212 10
  Klauselerteilung 2212 22, 23
  Kollegialverfassung 2224 6
  Kommanditanteil 2197 29; 2205 124 ff

Testamentsvollstrecker (Forts.)
  Kommanditist, geschäftsführungs - und vertretungsberechtigter 2205 130
  Konfusion **Vorbem 2197 ff** 70
  Konfusion, Konsolidation 2214 1
  Konkurs des - 2201 1; 2225 5; 2227 8
  Konkursverwalter, Vergleich der Rechtsstellungen 2205 3
  Konkursverwalter, Vollstreckungsmaßnahmen gegen Erben 2211 18
  Konstituierung des Nachlasses 2203 23 ff; 2221 31
  Konstituierungsgebühr 2221 17
  Konten 2205 163, 164
  Kontrolle **Vorbem 2197 ff** 43 ff
  Kontrollmechanismen **Vorbem 2197 ff** 44
  Kontrollmechanismen durch Verwaltungsanordnungen 2216 24
  Kontrollmöglichkeiten, eingeschränkte 2203 30
  Kosten für Nachlaßverzeichnis 2215 18
  Kreditinstitute als - 2197 66
  Kündigung des Amtes durch den Vollstrecker **Vorbem 2197 ff** 28
  Kündigung des Mietvertrages 2211 16
  Kündigung eines Mietvertrages 2205 20
  Kündigungsrecht des - 2226 1 ff
  Kuratel als Anordnung 2197 40
  Länger dauernde Amtsführung 2218 36; 2221 11, 17
  Längerdauernde Verwaltung, Verkehrsschutzinteresse 2209 18
  Landesrecht **Vorbem 2197 ff** 2
  Lebensversicherung 2203 10
  Lebenszeit des Erben 2225 5
  Legitimation **Vorbem 2197 ff** 6
  Leistung / Gegenleistung und Entgeltlichkeit 2205 42
  Leistungsklage durch den - 2212 12
  Leitbild eines dynamischen Kaufmanns 2216 7
  letztwilliges Auseinandersetzungsverbot 2204 4
  letztwilliges Auseinandersetzungsverbot, Auseinandersetzung trotz - 2217 3
  letztwilliges Verfügungsverbot gegen die Erben 2211 2
  Liquidationsansprüche 2205 106
  Löschung von Grundpfandrechten 2205 47
  Löschung eines Widerspruchs 2205 48
  Löschungsbewilligung **Vorbem 2197 ff** 101; 2205 109
  Luftfahrzeugregister **Vorbem 2197 ff** 93, 95
  Machtbefugnisse **Vorbem 2197 ff** 12, 13
  Mandatstheorie 2218 2
  Mega-Vollstrecker, dem deutschen Recht unbekannter **Vorbem 2197 ff** 51
  Megavollstreckung 2208 14

Testamentsvollstrecker (Forts.)
Mehrheit von Vollstreckern
s. Testamentsvollstrecker (Mehrheit)
Mehrzahl von Nachfolgern **2199** 15
Meinungsverschiedenheiten bei Mehrheit
  von - **Vorbem 2197 ff** 27; **2224** 21 ff
Minderjährigenzuwendung und Verwaltungsanordnung **2197** 43
Minderjähriger Beteiligter im Entlassungsverfahren **2227** 24
Minderjähriger Erbe **2215** 8
Minderjähriger Erbe und dessen gesetzlicher Vertreter **2205** 10
Minderjähriger Erbe und Verfügungsmacht des - **2205** 76 ff
Minderjähriger Miterbe **2204** 23, 29; **2218** 22; **2221** 47
Mindestumfang seiner Rechte, nicht vorgeschriebener **2208** 6
Mißbrauch des Amtes **2205** 11; **2295** 85
Miterbe als - **2197** 53; **Vorbem 2197 ff** 47; **2202** 27; **2203** 16; **2204** 40; **2205** 65, 68
Miterbe als Nachlaßschuldner **2204** 24
Miterbe und Rechenschaftspflicht des - **2218** 21
Miterben, Beschränkung der Rechtsmacht auf Verwaltung eines - **2208** 16
Miterben und gegenständlich beschränkte Teilauseinandersetzung **2208** 11
Miterben, Schiedsvertragvereinbarung **2212** 31
Mitgiftversprechen, Widerruf **2205** 19
Mitvollstrecker, Ernennung **2199** 1 ff
Möhring'sche Tabelle **2221** 41
Nacherbe als - **2197** 42, 54
Nacherbe und Dauer der Verwaltungsvollstreckung **2210** 7
Nacherbe und Drittbenennung **2198** 24
Nacherbe, Herausgabepflicht nach Zeitablauf **2216** 19
Nacherbe und unentgeltliche Grundstücksverfügungen **2205** 55
Nacherbe und Verwaltungsrecht **2205** 8
Nacherbeneinsetzung und Testamentsvollstreckung, Konstellationen **2222** 1
Nacherbenvollstreckung **Vorbem 2197 ff** 85, 88
Nacherbenvollstreckung
  s. a. Alphabetisches Stichwortverzeichnis zu § 2222 BGB
Nacherbenvollstreckung und Amtsannahme, Ablehnung **2202** 13
Nacherbfall, mit Eintritt wirksame Testamentsvollstreckung **Vorbem 2197 ff** 88
Nacherbfolge oder Dauervollstreckung **2209** 10
Nacherbfolge oder Testamentsvollstreckung **2197** 42

Testamentsvollstrecker (Forts.)
Nacherbrecht, Rechtsstreit hierüber **2203** 13
Nacherbschaft, Ausschlagung **2205** 19
Nacherbschaft und Nachlaßerträgnisse **2209** 19
Nacherbschaft, Nutzungsauskehrung **2216** 9
Nacherbschaft und Testamentsvollstreckung, Nachlaßschutz **2214** 6
Nacherbschaft und - **2205** 155
Nachfolgeklausel für Erben **2205** 107
Nachfolger des - **2218** 8
Nachfolger, Ernennung **2199** 1 ff; **2200** 8
Nachfolgerernennung durch Verwaltungsvollstrecker **2210** 9
Nachlaß, keine Befugnis zur Verfügung im ganzen **2216** 22
Nachlaß und Eigengläubiger des Erben **2209** 6; **2214** 5
Nachlaß, Inbesitznahme **2203** 29
Nachlaß, Nachlaßgegenstände **2208** 8
Nachlaß und Verwaltungsbefugnis **2205** 7, 14
Nachlaßabgrenzung (Konstituierung) **2203** 23
Nachlaßbeteiligte und Unabhängigkeit des - **Vorbem 2197 ff** 43
Nachlaßbeziehung, fehlende **2203** 10
Nachlaßbruchteil, Beschränkung hierauf **2205** 16
Nachlaßerschöpfung **2225** 3; **2227** 19
Nachlaßerträge, thesaurierte **2209** 19
Nachlaßerwerb durch den - **2205** 14
Nachlaßerwerb als unentgeltliche Verfügung **2205** 49
Nachlaßforderungen **2205** 25
Nachlaßgefährdung und Außerkraftsetzung von Verwaltungsanordnungen **2216** 28
Nachlaßgegenstände, Bedarf des - **2217** 10, 11
Nachlaßgegenstände und beschränkte Verfügungsbefugnis des Erben **2211** 1 ff, 9 ff
Nachlaßgegenstände, Besitzrecht **2205** 29
Nachlaßgegenstände und deren Verwaltung **2205** 23
Nachlaßgegenstände und Eigengläubiger des Erben **2214** 1 ff
Nachlaßgegenstände und Erbteilsverpfändung **2211** 14
Nachlaßgegenstände, Freigabeverpflichtung bezüglicher entbehrlicher **2217** 2 ff
Nachlaßgegenstände, hierauf beschränkte Verwaltungsvollstreckung **2209** 13
Nachlaßgegenstände und Nachlaßverzeichnis **2215** 13, 14

Testamentsvollstrecker (Forts.)
Nachlaßgegenstände und Prozeßführungsbefugnis **2212** 5
Nachlaßgegenstände, schuldrechtliche Verpflichtungen des Erben **2211** 15, 17
Nachlaßgegenstände und Verbindlichkeiten **2208** 10
Nachlaßgegenstände und Verfügungsbefugnis **2205** 33
Nachlaßgegenstände, Verwaltung einzelner und Passivprozeß **2213** 12 ff
Nachlaßgegenstände, Verwaltungsbefugnis einzelner **2208** 8
Nachlaßgegenstände und Verwaltungsrecht **2205** 7
Nachlaßgegenstände und Verwaltungsvollstrecker **2209** 15
Nachlaßgegenstand für die Person des - **2211** 13
Nachlaßgericht und Testamentsvollstrecker
s. Nachlaßgericht (Testamentsvollstrecker)
als Nachlaßgläubiger **2227** 17
Nachlaßgläubiger und Außerkraftsetzung von Verwaltungsanordnungen **2216** 32
Nachlaßgläubiger, Ermittlung **2204** 18
Nachlaßgläubiger und Teilauseinandersetzung **2208** 11
Nachlaßgrundstück, Testamentsvollstreckervermerk **2203** 24
Nachlaßgrundstück, Veräußerung und Belastung **2216** 12
Nachlaßherausgabe an den Erben **2215** 4; **2218** 25, 26
Nachlaßhypothek, Ausbieten **2206** 4
Nachlaßinsuffizienz und Vergütung des - **2221** 3
Nachlaßkonkurs **2203** 26; **2205** 152; **2214** 1; **2225** 5
Nachlaßkonkurs, Antrag **2205** 2
Nachlaßkonkurs und Verbindlichkeiten aus Rechtsgeschäften des - **2206** 19
Nachlaßkonkurs und Vergütung des - **2221** 6
Nachlaßkonkurs und Verwaltungsvollstreckung **2209** 15
Nachlaßkonstituierung **2215** 4
Nachlaßpfleger und Testamentsvollstreckung **Vorbem 2197 ff** 33 ff
als Nachlaßschuldner **2212** 11
Nachlaßsicherung **Vorbem 2197 ff** 33, 34
Nachlaßspaltung **Vorbem 2197 ff** 115
Nachlaßteil und Verwaltungsrecht **2205** 7
Nachlaßüberschuldung **2205** 18
Nachlaßumfang, Klage auf Feststellung **2212** 15

Testamentsvollstrecker (Forts.)
Nachlaßverbindlichkeit, Vergütungsanspruch als - **2221** 13
Nachlaßverbindlichkeiten **2204** 18
Nachlaßverbindlichkeiten und Auseinandersetzungsplan **2204** 28
Nachlaßverbindlichkeiten, begründete durch den - **2206** 17
Nachlaßverbindlichkeiten, Geltendmachung im Rahmen von Passivprozessen **2213** 1 ff
Nachlaßverbindlichkeiten, Haftung des Erben für eingegangene - **2219** 24 ff
Nachlaßverbindlichkeiten, Regulierung **2221** 50
Nachlaßverbindung, fehlende **2205** 19
Nachlaßverfahren **2203** 11 ff
Nachlaßvergleichsverfahren und Vergütung des - **2221** 6
Nachlaßverpflichtung durch eingegangene Verbindlichkeiten des - **2206** 3
Nachlaßverselbständigung
Vorbem 2197 ff 8
Nachlaßverwalter, Vergleich der Rechtsstellungen **2205** 3
Nachlaßverwaltung **2214** 1; **2225** 5
Nachlaßverwaltung
s. a. Alphabetisches Stichwortverzeichnis zu § 2205 BGB
Nachlaßverwaltung als einzige Aufgabe **2208** 7
Nachlaßverwaltung als selbständige Aufgabe **2209** 1 ff
Nachlaßverwaltung und - **2205** 151
Nachlaßverwaltung und Verfügungsbegriff **2205** 23
Nachlaßverwaltung und Verwaltungsvollstreckung **2209** 15
Nachlaßverwaltungsrecht, fehlendes und Passivprozeß **2213** 15
Nachlaßverwaltungsrecht und Prozeßführungsbefugnis **2212** 1
Nachlaßverzeichnis **2203** 25; **2215** 4 ff; **2227** 6
Nachlaßverzeichnispflicht, Befreiungsverbot **2220** 2
Nachlaßzugehörigkeit bei unwirksamer Verfügung des - **2205** 40
Nachlaßzusammensetzung und Besitzrecht des - **2205** 30
Nachträgliche Aufgabenerledigung **2210** 17
Nachvermächtnis-Vollzug **2223** 9
Nachweis des Amtes **Vorbem 2197 ff** 79 ff, 94, 106 ff
Nachweis der Annahme, der Amtsablehnung **2202** 29, 30
Nachwirkung des Amtes **2199** 12

Testamentsvollstrecker (Forts.)
Namensrechtsverletzungen, Verfolgung 2205 18
Nebenintervention des Erben im Aktivprozeß 2212 16
Nebenintervention des Erben in Passivprozessen 2213 23
Nebenintervention im Prozeß gegen den Erben 2212 17
Nebenvollstreckung 2224 7
Negative Feststellungsklage gegen den - 2212 14
Negative Feststellungsklage gegen den Erben 2212 17
Nichteheliches Kind, Abfindungsrecht 2205 19
Nichterbrechtliche Aufgaben **Vorbem 2197 ff** 5
Nichtigkeit von Anordnung, Ernennung 2197 70
Nichtigkeit unentgeltlicher Verfügung 2205 40
Nichtvorhandensein bei unterbliebener Amtsannahme 2211 6
Nießbrauch 2205 160
Nießbrauch oder Testamentsvollstreckung 2197 42
Nießbraucher als - 2197 59
Nießbrauchsvermächtnis 2205 7; 2208 5; 2209 17; 2221 14
Normale Testamentsvollstreckung **Vorbem 2197 ff** 89
Notar 2197 60 ff; 2202 24; 2203 31
Notar, Auslagenersatz 2221 9
Nutzbarmachung verwalteten Vermögens und Verwaltungsvollstreckung 2209 5
Nutzung verwalteten Nachlaßgutes 2205 4
Nutzungsherausgabe an die Erben 2209 19; 2216 9; 2217 13
Öffentlich-rechtliche Genehmigungsvorbehalte und Verfügungsbefugnis des - 2205 83
Öffentliches Recht **Vorbem 2197 ff** 21
Offene Handelsgesellschaft als - 2197 48, 50
oHG-Gesellschafterstellung 2205 116
Ordnungsgemäße Nachlaßverwaltung 2206 2, 12; 2207 6; 2209 19; 2212 16; 2216 1 ff; 2218 10; 2219 5, 28
Ordnungsstrafen, ausgeschlossene **Vorbem 2197 ff** 22
Ordnungswidrige Verwaltung, Rechtsfolgen 2216 17
Ordnungsgemäße Verwaltung, Befreiungsverbot 2220 2
Partei kraft Amtes 2203 31; 2205 150; 2212 2; 2219 33
Parteivernahme des - 2212 2

Testamentsvollstrecker (Forts.)
Partnerschaft 2205 139
Passivprozesse 2213 8 ff, 16
Patentnichtigkeitsklage 2213 8
Persönlich haftender Gesellschafter 2205 91, 114
Persönliche Eigenschaften 2197 49 ff; 2201 1
Persönliche Mängel 2201 3
Persönliches Verhalten als Entlassungsgrund 2227 4
Persönlichkeit des - 2216 6
Persönlichkeitsrechte des Erblassers 2203 9
Person des Testamentsvollstreckers 2200 11
Person des Testamentsvollstreckers, vom Dritten bestimmte 2198 6 ff
Personenbestimmung 2197 46
Personengesellschaft 2205 113 ff
Personengesellschaft und Sondererbfolge 2205 91
Personensorge **Vorbem 2197 ff** 5
Pfändung der Erbenansprüche durch Eigengläubiger des Erben 2214 7
Pfändung des Erbteils 2218 15
Pfändung des Erbteils durch Eigengläubiger 2214 8, 9
Pfändungsgläubiger und Auseinandersetzungsverbot 2214 9
Pfleger für unbekannten Vollstrecker 2197 6
Pflegerbestellung 2205 78
Pflegerbestellung zur Anhörung in der Auseinandersetzung 2204 31
Pflegerbestellung bei minderjährigem Miterben 2204 23
Pflegerbestellung oder Nacherbenvollstreckung 2222 6
Pflegereinsetzung als Testamentsvollstreckung 2197 40
Pflegschaft und Erbauseinandersetzungsvertrag 2204 44
Pflegschaft und Testamentsvollstreckung **Vorbem 2197 ff** 34 f
Pflegschaftsanordnung oder Verwaltungsvollstreckung 2209 7
Pflegschaftsanordnung für volljährigen Erben 2200 8
Pflichten **Vorbem 2197 ff** 19; 2203 27, 36; 2204 9; 2205 13; 2213 3; 2215 1; 2216 1 ff, 19; 2218 2; 2219 1; 2224 24
Pflichtteil, Forderung des eigenen - 2227 16
Pflichtteilsanspruch, Anerkennung 2206 3
Pflichtteilsansprüche, Geltendmachung gegen den Erben 2213 16
Pflichtteilsberechtigter als - 2197 59
Pflichtteilsberechtigter und Drittbenennung 2198 24

Testamentsvollstrecker (Forts.)
  Pflichtteilsrecht und Ausschluß der Nachlaßvollstreckung **2205** 82
  Pflichtteilsrecht und Nacherben-Vollstrecker **2222** 7
  Pflichtteilsrecht und unwirksame Anordnung **2197** 25
  Pflichtteilsrecht, Verwaltungsanordnung für den Geldbetrag **2223** 4
  Pflichtteilsrecht und Verwaltungsvollstreckung **2209** 8, 14
  Pflichtverletzung eines früheren - **2205** 20
  Pflichtverletzung, grobe als Entlassungsgrund **2227** 5
  Pflichtverletzungen und Haftung des - s. Alphabetisches Stichwortverzeichnis zu § 2219 BGB
  Postmortale Vollmacht **Vorbem 2197 ff** 53 ff
  Privates Amt **Vorbem 2197 ff** 14
  Privatgläubiger des Erben **2205** 8
  Prokuraerteilung durch den - **2218** 13
  Prokuraerteilung als Erbenverpflichtung **2209** 14
  als Prokurist **2205** 103; **2220** 4
  Prozeßführung und Eingehung von Verbindlichkeiten **2206** 3
  Prozeßführung, ungerechtfertigte **2227** 14
  Prozeßführungsbefugnis (Aktivprozesse) **2212** 5 ff
  Prozeßführungsbefugnis des Nacherben-Vollstreckers **2222** 14
  Prozeßführungsbefugnis (Passivprozesse) **2213** 8 ff, 16
  Prozeßführungsbefugnis und Verfügungsrecht **2212** 2
  Prozeßführungsbefugnis des Vermächtnisvollstreckers **2223** 13
  Prozeßgericht **Vorbem 2197 ff** 22, 39 f; **2203** 39, 40
  Prozeßgericht und Nachlaßgericht **Vorbem 2197 ff** 40
  Prozeßgeschehen und Testamentsvollstreckung **2205** 150
  Prozeßkosten und Aufwendungsersatz **2218** 31, 32
  Prozeßkosten, Haftung **2203** 39
  Prozeßstandschaft des Erben, gewillkürte **2212** 8
  Quittungserteilung **2205** 69
  Quotentheorie **2197** 25
  Räumliche Geltung (IPR) **Vorbem 2197 ff** 110 ff
  Rat, einzuholender seitens des - **2224** 3
  Rechenschaftslegung, Befreiungsverbot **2220** 2
  Rechenschaftspflicht bei Amtsbeendigung **2225** 9

Testamentsvollstrecker (Forts.)
  Rechenschaftspflicht des - **2218** 2, 15, 19 ff
  Rechnungslegungspflicht, nicht erfüllte **2227** 6
  Rechnungslegungspflicht, jährliche des - **2218** 36 ff
  Rechnungslegungspflicht und Nachlaßverzeichnis **2215** 4
  Rechte **2203** 29
  Rechtliche und tatsächliche Nachlaßeinwirkungen **2205** 4
  Rechtliches Können, rechtliches Dürfen **2208** 26; **2217** 4
  Rechtsanwalt als - **2197** 65; **2218** 32; **2221** 9
  Rechtsbeistand, beigeordneter **2208** 14
  Rechtsgeschäft unter Lebenden **2197** 17
  Rechtsgeschäfte vor Amtsannahme **2202** 32, 33
  Rechtsgeschäfte, Verwaltungsbefugnis und In-sich-Geschäfte **2205** 62
  Rechtsgeschäfte, Wirksamkeit für und gegen Erben **2205** 84
  Rechtskraftwirkung im Passivprozeß gegen den - **2213** 9
  Rechtskraftwirkung eines Urteils im Passivprozeß **2213** 6
  Rechtsmacht, Beendigung des Amtes **2210** 12 ff
  Rechtsmacht, Beschränkungen **2208** 1 ff
  Rechtsmacht und Erbenzustimmung **2208** 26
  Rechtsmacht, erweiterte **2216** 22 ff
  Rechtsmacht, gesetzesgebundene **2216** 17
  Rechtsstellung des Abwicklungsvollstreckers, des Verwaltungsvollstreckers **2209** 15
  Rechtsstellung, Passivprozesse hierüber **2213** 3
  Rechtsstreit und Amtsbeendigung **2210** 14
  Rheinische Tabelle **2221** 37, 48
  Römisches Recht **Vorbem 2197 ff** 2
  Rückgewähranspruch nach Freigabe von Nachlaßgegenständen **2217** 20
  Sachkunde und Geschäftsdurchführung **2218** 10
  Salmannen **Vorbem 2197 ff** 2
  Schadensersatzpflicht **2202** 26, 27; **2203** 37; **2212** 10; **2213** 3; **2215** 6; **2216** 13, 18, 35; **2217** 4, 20; **2218** 12; **2219** 1, 4, 13, 14, 24
  Schenkungen des Erblassers **2215** 14
  Schenkungsverbot und Ausschluß gemeinsamer Verfügung mit Erben **2208** 6
  Schenkungsversprechen **2206** 9
  Schenkungsversprechen und erweiterter Verpflichtungsbefugnis des - **2207** 3

Testamentsvollstrecker (Forts.)
Schenkungsversprechen und Verwaltungsvollstreckung **2209** 18
Schenkungswiderruf **2205** 18
Schiedsgericht und Entlassungsverfahren **2227** 28
Schiedsgericht und Testamentsvollstreckeram **Vorbem 2197 ff** 52
als Schiedsgutachter **2197** 67; **2216** 22
als Schiedsrichter **2197** 67; **2203** 16; **2212** 31; **2216** 22
Schiedsvertrag und Testamentsvollstreckkung **2212** 30, 31
Schiffsregister **Vorbem 2197 ff** 93, 95; **2225** 9
Schlechtgläubigkeit **2206** 18
Schlußrechenschaft **2218** 20, 38
Schulderlaß als unentgeltliche Verfügung **2205** 47
als Schuldner gegenüber dem Nachlaß **2212** 11
Schuldrechtlich wirkende Beschränkungen **2208** 17; **2216** 17
Schuldrechtliche Aussonderungsrechte von Erben - Eigengläubigern **2214** 2
Schuldrechtliche Bindung **2209** 11
Schuldrechtliche Bindung oder Beschränkung der Verfügungsbefugnis **Vorbem 2197 ff** 48
Schuldrechtliche Verpflichtungen des Erben **2211** 15, 15a, 17
Schuldrechtliche Wirkung von Verwaltungsanordnungen **2216** 25
Schuldverhältnis, gesetzliches zum Erben **2216** 1; **2218** 2 ff; **2219** 1
Schwebende Prozesse und Vollstreckerwegfall **2210** 20
Schwebende Unwirksamkeit eines In-sich-Geschäftes **2205** 64
Schwebende Unwirksamkeit bei Mehrheit von - **2224** 16
Schwebende Unwirksamkeit von Verfügungen des Erben **2211** 2
Schwebezustand zwischen Anordnung und Ernennung **2197** 5 ff
Selbstkontrahieren **2205** 59 ff
Sicherheitsleistung, Freigabe von Nachlaßgegenständen gegen - **2217** 22
Sicherheitsleistung für Nachlaßverzeichnis **2215** 19
Sicherung verwalteten Nachlaßgutes **2205** 4
Sittenwidrigkeit einer Erbenbeschränkung **2209** 14; **2220** 4
Sondervermögensentstehung durch Nachlaßverselbständigung **Vorbem 2197 ff** 8
Sozialakte einer Gesellschaft **2205** 72
Sozius des Notars **2197** 63
Spekulative Anlagen **2216** 7, 13

Testamentsvollstrecker (Forts.)
Staatsverträge **Vorbem 2197 ff** 111
Steuerberater als - **2197** 65
als Steuerberater, Auslagenersatz **2221** 9
Steuerliche Haftung **2219** 3
Steuerpflicht und Testamentsvollstreckervergütung **2221** 55 ff
Steuerrecht **2213** 1
Steuerrechtliche Pflichten **2203** 19
Steuerschulden, Haftung **2203** 20
Stiftungserrichtung **2209** 10
Stille Gesellschaft **2205** 137
Streitgenossenschaft im Aktivprozeß **2212** 6
Streitgenossenschaft bei Mehrheit von - **2224** 19
Streitgenossenschaft von Miterben **2218** 4
Streitgenossenschaft im Passivprozeß **2213** 23
Streitige Gerichtsbarkeit **2203** 39 f
Substitution **2218** 10
Surrogationsprinzip **2205** 15
Systematik **Vorbem 2197 ff** 3
Tatsächliche Maßnahmen als Verfügung **2211** 15b
Tatsächliche und rechtliche Nachlaßeinwirkungen **2205** 4
Teilerbauseinandersetzung, gegenständlich beschränkte bei Miterben **2208** 11
Teilkündigung durch den - **2226** 3
Teilungsanordnung **2205** 41
Teilungsanordnung als Verwaltungsanordnung **2216** 29
Teilungsanordnungen und beaufsichtigende Testamentsvollstreckung **2216** 19
Teilungsverbot **2209** 12
Testament **2203** 3
Testament und Ernennung durch Dritten **2198** 14
Testament, gemeinschaftliches **2197** 19, 23
Testament, Prüfung **2203** 12, 14
Testament und Vollmachterteilung **Vorbem 2197 ff** 57 ff
Testament, Wirksamkeit **2203** 14
Testamentarische Anordnung **2197** 13 ff
Testamentseröffnung **2203** 11, 22
Testamentsvollstreckervermerk und Amtsnachweis **Vorbem 2197 ff** 79 ff
Testamentsvollstreckervermerk im Erbschein **Vorbem 2197 ff** 81 ff
Testamentsvollstreckervermerk im Grundbuch **Vorbem 2197 ff** 93 ff
Testamentsvollstreckervermerk, Löschung **Vorbem 2197 ff** 100, 101
Testamentsvollstreckerzeugnis und Amtsannahme **2202** 30
Testamentsvollstreckerzeugnis und Amtsbeendigung **2210** 17; **2225** 9

Sachregister

Testamentsvollstrecker (Forts.)
Testamentsvollstreckerzeugnis und Amtsnachweis **Vorbem 2197 ff** 94, 106 ff
Testamentsvollstreckerzeugnis, Antragsbefugnis **2205** 27
Testamentsvollstreckerzeugnis, bedingte Vollstreckungsanordnung **2217** 5
Testamentsvollstreckerzeugnis und Beschränkung der Verfügungsbefugnis **Vorbem 2197 ff** 50
Testamentsvollstreckerzeugnis, Beschränkungen der Rechtsmacht **2208** 5
Testamentsvollstreckerzeugnis und Dauervollstreckung **2209** 22
Testamentsvollstreckerzeugnis und Erbscheinvorlage **2203** 32
Testamentsvollstreckerzeugnis, Erteilung **Vorbem 2197 ff** 25
Testamentsvollstreckerzeugnis und gerichtliche Ernennung **2200** 14
Testamentsvollstreckerzeugnis und Gutglaubensschutz **2211** 19
Testamentsvollstreckerzeugnis und Nacherbenvollstreckung **2222** 22
Testamentsvollstreckerzeugnis und nachträgliche Aufgabenerledigung **2210** 17
Testamentsvollstreckerzeugnis und Negativvermerk **2210** 17
Testamentsvollstreckerzeugnis, öffentlicher Glaube **Vorbem 2197 ff** 107, 108
Testamentsvollstreckerzeugnis und Vermächtnisvollstreckung **2223** 19
Testamentsvollstreckerzeugnis und vermeintliche Testamentsvollstreckung **2197** 75
Testamentsvollstreckerzeugnis bei Verwaltungsvollstreckung **2209** 22
Testamentsvollstreckung aufgrund Drittbestimmung **2198** 2
Testierfreiheit **2197** 19, 19 ff
Testierfreiheit und gesetzliche Erweiterungsmöglichkeiten **2216** 23
Tod des - **2218** 34; **2225** 1, 13
Tod des Erben **2225** 5
Tod des Vollstreckers und Verwaltungsvollstreckung **2210** 7, 9
Todeserklärung, Antragsbefugnis **2205** 27
Transmortale Vollmacht **Vorbem 2197 ff** 53 ff
Treuhänder als - **2197** 40
Treuhänderstellung bei Gesellschaftsbeteiligung **2205** 108 ff
Treuhandlösung bei der Unternehmensfortführung **2205** 93 ff
Übernahmerecht des § 1477 Abs.2 BGB **2205** 14, 19
Überschuldung des Nachlasses **2203** 26

Testamentsvollstrecker (Forts.)
Übertragung des Amtes, ausgeschlossene **2218** 9
Übertragung einzelner Obliegenheiten **2218** 10
Übertragung der Erbenrechte gegenüber dem - **2218** 15
Umdeutung letztwilliger Verfügung **2197** 40
Umsatzsteuerpflicht der Testamentsvollstreckervergütung **2221** 60, 61
Umstellung von Rechten **2211** 16
Umwandlung juristischer Personen und Stellung als - **2225** 15
Umwandlung in eine Kapitalgesellschaft und vereinfachte Verwaltungsvollstreckung **2205** 105
Unabhängigkeit **2226** 2
Unabhängigkeit der Amtsführung **2203** 30, 35 ff
Unbeschränktheit des Verwaltungsrechts **2205** 6, 10
Unentgeltliche Verfügung, Erbenzustimmung **2205** 56 ff
Unentgeltliche Verfügung und Freigabe von Nachlaßgegenständen **2217** 21
Unentgeltliche Verfügungen **2205** 39 ff; **2214** 7
Unentgeltliche Verfügungen, Ausschluß der Anordnung unbeschränkter Vornahme **2216** 22
Unentgeltliche Verfügungen und erweiterte Verpflichtungsbefugnis **2207** 3
Unentgeltliche Verfügungen und Kommanditanteil **2205** 128
Unerlaubte Handlung **2219** 3, 28 f
Unfähigkeit für das Amt **2201** 2, 3
Unfähigkeit zur ordnungsgemäßen Geschäftsführung **2227** 7
Universalsukzession und Vollmachtsübergang, Vollmachtsentstehung **Vorbem 2197 ff** 53
Unparteilichkeit **2227** 12
Untätigkeit als grobe Pflichtverletzung **2227** 6
Unterbrechung eines Passivprozesses **2213** 24
Unterbrechung des Prozesses **2224** 20
Unterbrechung des Prozesses im Erblasserrechtsstreit **2212** 18
Unternehmen mit beschränkter Haftung **2205** 90
Unternehmen und Verwaltungsvollstreckung **2209** 9
Unternehmensfortführung **2205** 89 ff; **2221** 53
Unternehmensfortführung durch Erben **2217** 18
Unternehmensnießbrauch **2205** 160, 161

Testamentsvollstrecker (Forts.)
Unternehmensstillegung, Veräußerung, Verpachtung 2205 28, 103; 2208 9
Unternehmensverwaltung 2205 28; 2208 9
Unwirksamkeit der Anordnung, von Amts wegen zu beachtende 2197 27
Unwirksamkeit des Erbauseinandersetzungsplanes 2204 33
Unwirksamkeit der Ernennung 2201 3
Unwirksamkeit von Rechtsgeschäften vor Amtsannahme 2202 32, 33
Urheberrecht 2205 162; 2210 7
Urkundsnotar 2197 60, 62; 2198 3; 2200 11
Urteilswirkung im Aktivprozeß 2212 16, 20 ff
Veräußerung von Nachlaßgegenständen 2218 20
Veräußerung von Nachlaßgrundstücken 2205 36; 2216 12
Veräußerung eines Unternehmens 2205 103
Veräußerungen des Erblassers, Prüfung der Rechtswirksamkeit 2216 16
Veräußerungen als Verwaltung 2205 23
Verbindlichkeiten, Eingehung 2205 88; 2208 10
Verbindlichkeiten, Eingehung bei Verwaltungsvollstreckung 2209 18
Verbindlichkeiten, Eingehungsrecht 2206 1 ff
Verbot der Erbauseinandersetzung 2205 81; 2209 12, 13
Verfahren des Nachlaßgerichts in Sachen des - Vorbem 2197 ff 38
Verfügung vor Amtsannahme 2202 32
Verfügung der Entlassung 2227 30
Verfügung des Erben für den Fall des Wegfalls der Vollstreckung 2211 5
Verfügung des Erben und Wegfall der Vollstreckungsbefugnis 2211 4
Verfügung über das Erbrecht 2203 17
Verfügung über Erbteil durch Erbauseinandersetzungsvertrag 2204 44
Verfügung über Erbteil oder Nachlaß als solchen 2211 14
Verfügung, Freigabe von Nachlaßgegenständen als - 2217 16
Verfügung und Gegenwert einer Zuwendung 2205 44
Verfügung und Grundbuchamt 2203 33
Verfügung unter Mißachtung von Verwaltungsanordnungen 2216 25
Verfügung mittels Prozeßhandlung 2212 2
Verfügung über Nachlaßgegenstände als Verwaltung 2205 4
Verfügung von Todes wegen und Ersuchen um gerichtliche Ernennung 2200 5
Verfügung von Todes wegen und Nachweis der Amtsannahme 2202 30

Testamentsvollstrecker (Forts.)
Verfügung von Todes wegen, Anfechtung 2203 17
Verfügung von Todes wegen, ausgeschlossener Aufgabenkreis 2205 38
Verfügung von Todes wegen, rechtswirksame 2197 18
Verfügung, unentgeltliche 2205 39 ff
Verfügung durch Urteil 2211 18
Verfügung und Verwaltung 2205 23
Verfügungen **Vorbem 2197 ff** 63
Verfügungen, auszuführende 2203 5
Verfügungen, entgeltliche 2205 10
Verfügungen von Todes wegen, auszuführende 2203 3
Verfügungen, unentgeltliche **Vorbem 2197 ff** 65
Verfügungsbefugnis 2205 32 ff
Verfügungsbefugnis, Abwicklungs- und Verwaltungsvollstrecker 2209 15
Verfügungsbefugnis und Amtsbeendigung 2210 12 ff
Verfügungsbefugnis aufgrund Bevollmächtigung über den Tod des Erblassers hinaus 2211 12
Verfügungsbefugnis und Aufwendungsersatz 2218 30
Verfügungsbefugnis, ausschließliche des - 2211 1
Verfügungsbefugnis, beschränkte des Erben 2211 1 ff
Verfügungsbefugnis bei Beschränkung der Rechtsmacht auf einen Erbteil 2208 16
Verfügungsbefugnis und Erbauseinandersetzungsausschluß 2204 5
Verfügungsbefugnis des Erben nach Ausscheiden von Gegenständen aus dem Nachlaß 2211 12
Verfügungsbefugnis der Erben unter Einspruchsrecht des - 2208 13
Verfügungsbefugnis der Erben und Erblasseranordnungen 2211 2
Verfügungsbefugnis des Erben, grundsätzlich ausgeschlossene 2205 8
Verfügungsbefugnis des Erben zusammen mit dem - 2212 5, 6
Verfügungsbefugnis und Erblasserwille 2208 4
Verfügungsbefugnis, fehlende des Erben 2214 1
Verfügungsbefugnis und Freigabe von Nachlaßgegenständen 2217 9
Verfügungsbefugnis, gegenständliche Beschränkungen 2208 8
Verfügungsbefugnis, gemeinsame mit Erben 2208 6
Verfügungsbefugnis, inhaltliche Beschränkung 2208 6, 7

Testamentsvollstrecker (Forts.)
 Verfügungsbefugnis bei einer Mehrheit
  von - 2224 14
 Verfügungsbefugnis des Nacherbenvoll-
  streckers 2222 11
 Verfügungsbefugnis und ordnungsgemäße
  Verwaltungspflicht 2216 1
 Verfügungsbefugnis und Prozeßführungs-
  befugnis 2212 2
 Verfügungsbefugnis, rechtliche Hinderung
  des Vollstreckers 2211 11
 Verfügungsbefugnis und Vergütungsent-
  nahme aus dem Nachlaß 2221 18
 Verfügungsbefugnis des Vermächtnisvoll-
  streckers 2223 7
 Verfügungsbefugnis des Vollstreckers,
  Unterbrechung und Aufleben 2211 8
 Verfügungsbefugnis des Vollstreckers,
  Wegfall 2211 7
 Verfügungsbegriff, weiter 2211 15b
 Verfügungsbeschränkung
  Vorbem 2197 ff 41, 104
 Verfügungsentziehung und Grundbuch-
  sperre 2211 30
 Verfügungsmacht, freie und nicht kausal
  bedingte 2205 75
 Verfügungsmacht, Mißbrauch 2205 11
 Verfügungsmöglichkeit, vollständig besei-
  tigte für Nachlaßgegenstände 2208 6
 Verfügungsverpflichtung 2206 6
 Vergleichsabschluß 2205 50; 2206 3
 Vergleichsantrag 2205 154
 Vergütung
  s. Alphabetisches Stichwortverzeichnis
  zu § 2221 BGB
 Vergütung, zu hohe als Entlassungsgrund
  2227 15
 Vergütung des Nacherben-Vollstreckers
  2222 24
 Vergütung des Vermächtnisvollstreckers
  2223 16
 Verhinderung bei Mitwirkung einzelner
  Angelegenheiten 2227 17
 Verjährung der Ansprüche gegenüber
  dem - 2219 22
 Verjährung, Duldung des Eintritts 2205 47
 Verjährung von Nachlaßansprüchen
  2212 19
 Verjährung des Vergütungsanspruchs
  2221 24
 Vermächtnis, Aufgabe des - 2203 5, 29
 Vermächtnis, Ausführung der Beschwerun-
  gen 2223 1 ff
 Vermächtnis und beaufsichtigende Testa-
  mentsvollstreckung 2216 19
 Vermächtnis oder Testamentsvollstreckung
  2197 41
 Vermächtnis, unwirksames 2203 12

Testamentsvollstrecker (Forts.)
 Vermächtnis und Vergütung des - 2221 6
 Vermächtnisansprüche, Geltendmachung
  gegen den Erben 2213 21, 22
 Vermächtnisempfänger, Vielzahl 2221 47
 Vermächtniserfüllung 2219 4
 Vermächtnisnehmer als - 2197 59; 2202 27
 Vermächtnisnehmer und Drittbenennung
  2198 24
 Vermächtnisnehmer als Gläubiger der
  ordnungsgemäßen Verwaltungsver-
  pflichtung 2216 8
 Vermächtnisnehmer, Haftung ihm gegen-
  über 2219 17
 Vermächtnisnehmer, hierauf beschränkte
  Verwaltungsbefugnis 2205 16
 Vermächtnisnehmer und Nachlaßverzeich-
  nispflicht 2215 17
 Vermächtnisnehmer, Rechtsverhältnis
  zum - 2218 6
 Vermächtnisnehmer und Vermächtnisvoll-
  strecker, Rechtsbeziehungen 2223 12
 Vermächtnisnehmer und Verwaltungsver-
  pflichtung des - 2205 13
 Vermächtnisse, Erfüllung bedingter oder
  betagter 2217 22
 Vermächtnisvollstrecker, Vergütung
  2221 14
 Vermächtnisvollstreckung
  Vorbem 2197 ff 86, 98
 Vermächtnisvollstreckung neben Testa-
  mentsvollstreckung für die Erbschaft
  2223 3
 Vermehrung verwalteten Gutes 2205 4
 Vermeintlicher Testamentsvollstrecker
  2197 72 ff; 2206 23; 2218 33; 2219 20, 21
 Vermeintlicher Testamentsvollstrecker,
  Vergütung 2221 54
 Vermögensanlage und Erfolgszwang
  2216 13
 Vermögensendzustand, herbeizuführender
  2203 4
 Vermögensrechtliche Nachfolge
  Vorbem 2197 ff 4, 5
 Verpfändung eines Erbteils 2211 14
 Verpflichtung zur Freigabe entbehrlicher
  Nachlaßgegenstände 2217 2 ff
 Verpflichtungsbefugnis und Amtsbeendi-
  gung 2210 12 ff
 Verpflichtungsbefugnis, Einschränkung
  2206 10
 Verpflichtungsbefugnis des Erben
  2211 15a, 17
 Verpflichtungsbefugnis, erweiterte
  2206 5 ff; 2207 1 ff
 Verpflichtungsbefugnis, gegenständliche
  Beschränkung 2208 8

Testamentsvollstrecker (Forts.)
Verpflichtungsbefugnis, inhaltliche Beschränkung **2208** 6, 7
Verpflichtungsbefugnis des Verwaltungsvollstreckers **2209** 18
kein Verrichtungsgehilfe **2219** 29
Verschaffungsvermächtnis und erweiterte Verpflichtungsbefugnis des - **2207** 2
Verschulden **2219** 7 ff; **2227** 5
Versicherungsfälle aus einem Haftpflichtverhältnis **2205** 22
Verträge zugunsten Dritter auf den Todesfall **2205** 165
Vertragliche Verpflichtung zur Amtsannahme **2202** 25
als Vertragspartei **2205** 86
kein Vertreter des Erben **2212** 2
Vertreterbestellung und anschließendes Handeln im Namen des - **2205** 70
Vertretung, gegenseitige bei Mehrheit von - **2224** 8
Vertretung nach dem Gruppenprinzip gegenüber dem - **2218** 37
Vertretung als Gruppenvertretung **2220** 3
Vertretung im Willen, für die Anordnung ausscheidende **2197** 10
Verwaltung des Nachlasses
s. a. Alphabetisches Stichwortverzeichnis zu § 2205 BGB
Verwaltung des Nachlasses als einzige Aufgabe **2208** 7
Verwaltung des Nachlasses als selbständige Aufgabe **2209** 1 ff
Verwaltung als selbständige Aufgabe (Verwaltungsvollstreckung) **2205** 1; **2209** 15 ff
Verwaltung als Selbstzweck **2216** 4
Verwaltungsanordnungen oder Beschränkungen der Verfügungsbefugnis **Vorbem 2197 ff** 48
Verwaltungsanordnungen des Erblassers **2216** 19 ff
Verwaltungsbefugnis und Amtsbeendigung **2210** 12 ff
Verwaltungsbefugnis und Amtsbeginn **Vorbem 2197 ff** 79
Verwaltungspflicht **2205** 13
Verwaltungsrecht, allgemeines und besonderes **2197** 41; **2210** 10
Verwaltungsrecht und Aufwendungsersatz **2218** 30
Verwaltungsrecht, beschränktes oder Verwaltungsanordnung oder Mitvollstreckung **2208** 14
Verwaltungsrecht und Besitznahme des Nachlasses **Vorbem 2197 ff** 11
Verwaltungsrecht nicht bezüglich des Erbrechts als solchem **2212** 25

Testamentsvollstrecker (Forts.)
Verwaltungsrecht, fehlendes und Passivprozeß **2213** 15
Verwaltungsrecht und Freigabe von Nachlaßgegenständen **2217** 9
Verwaltungsrecht, gegenständliche Beschränkung **2208** 8
Verwaltungsrecht des Nacherbenvollstreckers **2222** 11
Verwaltungsrecht und Prozeßführungsrecht **2212** 1
Verwaltungsrecht und Verfügungsbegriff **2211** 15b
Verwaltungsrecht und Verfügungsrecht **Vorbem 2197 ff** 11
Verwaltungsrecht des Vermächtnisvollstreckers **2223** 2, 7, 8
Verwaltungsverpflichtung, ordnungsgemäße **2216** 1 ff
Verwaltungsvollstreckung, kritische Sicht **2209** 2
Verwaltungsvollstreckung, zeitliche Beschränkung **2210** 4 ff
Verwirkung des Vergütungsanspruchs **2221** 25
Verzicht des Erben auf Befreiungsverbote **2220** 5
Verzicht des Erben auf Haftung **2219** 16
Verzicht auf Rechnungslegungsanspruch **2218** 23
Verzicht auf Rechte des Erben **2218** 23
Verzicht auf Verwaltungs- und Verfügungsrecht durch Freigabe **2217** 15
Verzichtsmöglichkeiten im Verhältnis des Erben zum - **2218** 3
Verzinsungspflicht **2218** 27
Vollmacht für Dritte **2218** 13
Vollmacht, erteilte und Amtsbeendigung **2225** 10
Vollmacht, Generalvollmacht des - **Vorbem 2197 ff** 76
Vollmacht über den Tod hinaus **2208** 25
Vollmacht über den Tod hinaus und hieraus folgende Verfügungsbefugnis **2211** 12
Vollmacht und Tod des Vollmachtgebers **Vorbem 2197 ff** 53
Vollmacht, unwiderruflich erteilte **2197** 17
Vollmacht, unwiderrufliche zur Nachlaßverwaltung und Verwaltungsvollstreckung **2209** 11
Vollmacht und Vollstreckereinsetzung, Abgrenzung **Vorbem 2197 ff** 54
Vollmachterteilung durch den - **2205** 70
Vollmachterteilung als Erbenverpflichtung **2209** 14
Vollmachterteilung bei einer Mehrheit von - **2224** 15

Testamentsvollstrecker (Forts.)
Vollmachterteilung oder Testamentsvollstreckung **Vorbem 2197 ff** 55 ff
und Vollmachterteilung, unterschiedliche Wirkung **Vorbem 2197 ff** 62
Vollmachterteilung durch den Vollstrecker und Amtsbeendigung **2210** 13
Vollmachtslösung bei Gesellschafterbeteiligung **2205** 109
Vollmachtslösung und Unternehmensfortführung **2205** 97 ff
Vorausvermächtnis oder Testamentsvollstreckung **2197** 41
Vorempfänge **2204** 25
Vorerbe als - **2197** 42, 54
Vorerbe, Anwartschaftsrecht **2205** 19
Vorerbe, Bindung des Testamentsvollstreckers wie ein - **Vorbem 2197 ff** 46, 50
Vorerbe, freies Verfügungsrecht **2208** 5
Vorerbe, Löschung seines Vorkaufsrechts **2205** 48
Vorerbe und Nutzungsrecht bei Verwaltungsvollstreckung **2209** 21
Vorerbe, unentgeltliche Grundstücksverfügungen **2205** 55
Vorerbfolge oder Dauervollstreckung **2209** 10
Vorerbfolge oder Testamentsvollstreckung **2197** 42
Vorerbschaft und Nachlaßerträgnisse **2209** 19
Vorerbschaft und Nachlaßverwaltung **2205** 8
Vorerbschaft, Nutzungsauskehrung **2216** 9
Vorerbschaft und Testamentsvollstreckung, Konstellationen **2222** 1
Vorerbschaft und Testamentsvollstreckung, Nachlaßschutz **2214** 6
Vorerbschaft und - **2205** 155
Vorkaufsrecht **2206** 7
Vorläufiger Rechtsschutz durch das Prozeßgericht **Vorbem 2197 ff** 40
als Vormund des Alleinerben **2197** 55; **2225** 5
Vormund, Ausschluß durch Verwaltungsvollstreckung **2209** 7
Vormund, Bindung des Testamentsvollstreckers wie ein - **Vorbem 2197 ff** 46, 50
Vormund und - **2205** 76
und Vormund, Vergleich **2221** 3
und Vormund, Verhältnis **2211** 1; **2218** 7
Vormundschaft und Erbauseinandersetzungsvertrag **2204** 44
Vormundschaft für den Nacherben **2222** 6
und Vormundschaft, Rechnungslegungsanspruch gegen den - **2218** 22

Testamentsvollstrecker (Forts.)
und Vormundschaftsgericht **Vorbem 2197 ff** 42; **2204** 22; **2205** 76; **2208** 6; **2218** 22; **2222** 6
Vorschußrecht, nicht gegebenes **2221** 18
Wechselbegebung **2205** 38
Wechselbezügliche Verfügung **2197** 15
Wechselverbindlichkeiten, Eingehung **2208** 6
Wegfall **2197** 7; **2216** 20; **2224** 35 ff; **2225** 7; **2227** 37
Wegfall eines Vollstreckers, eines Mitvollstreckers **2210** 20; **2224** 35 ff; **2225** 7; **2227** 37
Weirich'sche Tabelle **2221** 42
Weisungen Dritter und Bindung des - **2208** 14
als Weisungsgeber bei Gesellschaftsbeteiligungen **2205** 111
Weisungsgeberlösung und Fortführung eines Handelsgeschäftes **2205** 101, 102
Wert der Nachlaßgegenstände **2215** 13
Wertpapierdepot **2203** 10
Wertpapiere **2216** 13
Wesen **Vorbem 2197 ff** 4 ff
Wichtiger Grund für Entlassung durch das Nachlaßgericht **2227** 1, 1 ff
Wichtiger Grund für eine Erbauseinandersetzung **2204** 6
Widerklage durch den - **2212** 13
Widerklage gegen den - **2212** 13
Widerklage im Passivprozeß gegen den Erben **2213** 5
Widerruf der Anordnung **2197** 14
Widerruf des Erben von Aufträgen unter Lebenden an den - **2216** 19
Wiedereinsetzung in das Amt, ausgeschlossene **2227** 35
Wiederkaufsrecht **2206** 7
Willenserklärungen, Entgegennahme empfangsbedürftiger **2205** 26
Willensmängel **2205** 86; **2206** 18
Wirkung des Testamentsvollstreckung **Vorbem 2197 ff** 7
Wirtschaftsprüfer als - **2197** 65
Witwe als Familienoberhaupt, Verwaltungsvollstreckung **2209** 8
Zahl **2224** 2
Zeitliche Beschränkung seiner Rechtsmacht **2208** 12
Zeitliche Beschränkung der Verwaltungsvollstreckung **2210** 4
Zeitliche Erweiterung seiner Rechtsmcaht **2209** 2
zeitliche Geltung **Vorbem 2197 ff** 109
Zeitpunkt der Annahme, Amtsablehnung **2202** 13
Zeitpunkt für Fähigkeitserfordernis **2201** 4

Testamentsvollstrecker (Forts.)
ZGB-DDR **Vorbem 2197 ff** 113 ff
Zurückbehaltungsrecht des - **2218** 21, 26; **2221** 23
Zusammenhalt großer Vermögen durch Verwaltungsvollstreckung **2209** 9
Zustellung von Steuerbescheiden **2213** 1
Zustimmung Dritter mit dinglicher Wirkung, ausgeschlossene **Vorbem 2197 ff** 52
Zustimmung der Erben oder Dritter als Kontrollmechanismen **Vorbem 2197 ff** 49
Zustimmung des Erben bei erweiterter Verpflichtungsbefugnis **2207** 5
Zustimmung des Erben zu unentgeltlichen Verfügungen **2205** 56 ff
Zustimmung des Erben zu Verpflichtungsbegründung des - **2206** 13
Zustimmung zur erweiterten Rechtsmacht **2208** 26
Zustimmung zur Prozeßführung durch den Erben **2212** 9
Zustimmung als unentgeltliche Verfügung **2205** 40
Zustimmungsklausel des Erblassers **Vorbem 2197 ff** 49
Zuwendung ohne Gegenwert **2205** 44
Zwang zur Annahme und Amtsfortführung **2202** 28
Zwangsversteigerung von Nachlaßgrundstücken **2205** 2
Zwangsversteigerung eines Nachlaßgrundstückes **2204** 20
Zwangsverwaltung **2205** 148, 149
Zwangsvollstreckung **2205** 148, 149
Zwangsvollstreckung aus Aktivprozessen **2212** 20
Zwangsvollstreckung auf Betreiben des **2212** 13
Zwangsvollstreckung durch Eigengläubiger des Erben, Schutz **2214** 3, 3 ff
Zwangsvollstreckung aus einem Urteil im Passivprozeß gegen den - **2213** 9
Zwangsvollstreckung, Klage auf Duldung in den Nachlaß gegen den - **2213** 11
Zwangsvollstreckung in den Nachlaß aufgrund Passivprozesses **2213** 4, 26, 27
Zwangsvollstreckung im Passivprozeß gegen den Erben **2211** 18; **2213** 15
Zwangsvollstreckung bei Verwaltung einzelner Nachlaßgegenstände **2213** 12 ff
Zweck der Verwaltung **2217** 1
Zwei Testamentsvollstreckungen **2197** 15
Zwischenzeit **2197** 5, 8

Testamentsvollstrecker (Mehrheit)
Abberufung als Folge von Meinungsverschiedenheiten **2224** 30

Testamentsvollstrecker (Mehrheit) (Forts.)
Alleinhandeln bei objektiver Notwendigkeit **2224** 43
Amtsführung, gesetzliche Regelung **2224** 11
Anordnung des Erblassers **2224** 4 ff, 28
Aufhebung von Verwaltungsanordnungen **2216** 32
Auskunftsklage **2224** 19
Auslegung des Testaments **2224** 22
Außenverhältnis **2224** 12
Außerkraftsetzung einer Verwaltungsanordnung **2224** 18
Begrenzung nicht vorgesehen **2224** 2
Beschneidung der Rechte **2224** 44
Beschwerderecht gegenüber Nachlaßgericht **2224** 31 ff
Bindung an Weisungen Dritter als Mitvollstreckung **2208** 14
Dritter als Schiedsrichter **2224** 6
Eidesstattliche Versicherung **2224** 19
Eigene Rechte und Pflichten des Vollstreckers **2224** 24
und Einschränkung der Machtfülle **2208** 3
Einstimmigkeit **2224** 5
Erbauseinandersetzung, Klage hierauf **2224** 19
Erbe und Vollstrecker, Streitigkeiten **2224** 28
Erblasserwille **2224** 4
Erhaltungsmaßnahmen **2224** 41 ff
Ernennung **2197** 68, 69
Ernennung eines Nachfolgers **2224** 23
Ersatzberufung **2224** 38
Feindschaft zwischen Vollstreckern **2227** 13
Forderungen, eigene eines Vollstreckers **2224** 24
Gebühren **2224** 14, 34
Geldentnahme **2224** 22
Gemeinschaftliche Amtsführung **2224** 11 ff
Genehmigung übriger Vollstrecker **2224** 16
Generalvollmacht, erteilte **2224** 15
Gesamtschuldner **2224** 17
Geschäftsverteilung **2224** 9
Grundbuchberichtigungsantrag **2224** 18
Haftung **2219** 18; **2224** 17
Handlungsfähigkeit **2224** 39
Innenverhältnis **2224** 12 f
Kollegialverfassung **2224** 6
Konkursantrag **2224** 18
Kontrollsystem **Vorbem 2197 ff** 45
Meinungsverschiedenheiten **2224** 22, 42
Nachfolger **2224** 23
Nachlaßgericht, Ausschluß der Anrufung **2224** 5, 6
Nachlaßgericht, Entscheidung bei Meinungsverschiedenheiten **2224** 21 ff, 26
Nachlaßgericht und Parteiwille **2224** 6

Testamentsvollstrecker (Mehrheit) (Forts.)
Nebenvollstreckung 2224 7
Prozeßgericht 2224 22, 24, 42
Prozeßunterbrechung bei Wechsel der Vollstreckerperson 2224 20
Rateinholung oder Mitvollstreckung 2224 3
Rechenschaftsklage 2224 19
Rechtsanwalt, gemeinschaftliche Beauftragung 2224 14
Rechtsfragen, strittige zwischen den Vollstreckern 2224 32
Richterliche Zuständigkeit 2224 21
Sachfragen, strittige zwischen den Vollstreckern 2224 22
Schwebende Unwirksamkeit bei fehlender Gesamthandlung 2224 16
Stimmenausschlag 2224 6
Stimmenmehrheit 2224 6
als Streitgenossen 2212 6; 2224 19
Teilgebiet 2224 9
Testamentsvollstreckervergütung 2221 29
Testamentsvollstreckerzeugnis 2224 40
Verfügung, gemeinsame 2224 13
Verfügung von Todes wegen bezüglich Anordnungen für die Amtsführung 2224 10
Verhinderung eines Vollstreckers 2224 36 f
Vertretung, gegenseitige 2224 8
Verwaltungsanordnung, bloße statt Mitvollstreckerbestellung 2224 3
Vollmachtserteilung 2224 15
Wegfall eines Mitvollstreckers 2224 35 ff
Wirkungskreis 2224 7
Zahl 2224 1
Zustimmung eines sich weigernden Vollstreckers 2224 26
Zweckmäßigkeit 2224 27

Testierfähigkeit
abgestufte
s. Alphabetisches Stichwortverzeichnis zu § 2229 BGB
Ablehnung beschränkter, partieller - 2229 17
Abnormes Persönlichkeitsbild 2229 23
Arteriosklerotische Demenz 2229 22
Beginn 2229 11, 15
Begriff 2229 9
Beitrittsgebiet und Anwendung des früheren **Vorbem** 2229 ff 32
Beschränkte Geschäftsfähigkeit und - 2229 11
Besorgnis der Testierunfähigkeit 2249 18
Betreuungsgesetz 2229 16, 20
Beweislast für Testierunfähigkeit 2247 130
Demenz 2229 22
Dritteinflüsse 2229 10
Entziehungserscheinungen 2229 23

Testierfähigkeit (Forts.)
Erblasser-Vorstellung, erforderliche 2229 10
Erkenntnis, fehlende rechtlicher und wirtschaftlicher Zusammenhänge 2229 18
Formenauswahl, Einschränkung ohne Einfluß auf die - 2229 13
Gebrechlichkeit 2229 14
gegenständlich begrenzter Lebensbereich 2229 12, 20
Geistesschwäche 2229 17
Geisteszustand und freie Willensbestimmung 2229 16
Gesamtverhalten, Gesamtbild der Persönlichkeit 2229 19
und Geschäftsfähigkeit 2229 9, 10, 20
Geschäftsunfähigkeit und Testierunfähigkeit 2229 11
gesetzliche Vertretung, unzulässige 2229 15
Internationales Privatrecht 2229 13
Krankhafte Störung der Geistestätigkeit 2229 16 ff
Lichte Zwischenräume 2229 16
Minderjährigkeit 2229 15; 2233 5, 6
Negative Testierfähigkeit 2253 12; 2257 8
Ortsangaben, Zeitangaben im eigenhändigen Testament 2247 108
Parkinson-Syndrom 2229 22
Psychopathie 2229 22, 23
Querulatorische Veranlagung 2229 23
Rauschgiftsucht 2229 22, 23
Reversible Veränderungen 2229 16
Rückgabeverlangen aus amtlicher Verwahrung 2256 12
Schwierigkeitsgrade, abzulehnende abgestufte - 2229 12
Sittliche Fehlvorstellungen 2229 10
Sprachbehinderung 2233 20
Störung der Geistestätigkeit 2229 16
Stummheit 2229 14; 2233 20
Taubheit 2229 14
Taubstummheit 2233 20
Testamentswiderruf durch Urkundenvernichtung, Urkundenänderung 2255 4, 5
Testierunfähigkeit 2229 15 ff
Testierunfähigkeit, Besorgnis 2249 18
Testierunfähigkeit, Besorgnis des nahen Eintritts 2250 18
Testierunfähigkeit, Rückgabe des Testaments aus amtlicher Verwahrung 2256 12
Trunksucht 2229 23
Ursachen einer Testierunfähigkeit 2229 16
Urteilsfähigkeit, herabgesetzte 2229 22
Vollendung des 16-Lebensjahres 2229 15, 11
Volljährigkeit 2229 11
Vorübergehende krankhafte Störung der Geistestätigkeit 2229 16

Testierfähigkeit (Forts.)
Widerruf des Widerrufstestaments **2257** 8
Widerrufstestament **2254** 7
Willensbestimmung, freie **2229** 16
Zeitangabe und Testierunfähigkeit zu dieser Zeit **2247** 114
Zeitpunkt **2229** 16
Zeitpunkt der Testamentserrichtung, fehlende Angaben und zeitweilige Testierunfähigkeit **2247** 113

Testierfreiheit
Anordnung der Testamentsvollstreckung **2197** 19
Begriff, Abgrenzung **2229** 38
und jederzeitige Abänderung des letzten Willens **2257** 1, 2
und Widerruflichkeit letztwilliger Verfügungen **2253** 5

Testierwille
Beweislast **2247** 125
als rechtsverbindliche Willenserklärung **2247** 15 ff

Tod
des Erben und angeordnete Testamentsvollstreckung **2225** 5
des Testamentsvollstreckers **2218** 34; **2225** 1, 7, 13
des Vollmachtgebers **Vorbem 2197 ff** 53

Todeserklärung
Antrag durch Testamentsvollstrecker **2205** 27
und Gültigkeitsdauer außerordentlicher Testamentsformen **2252** 8

Todesgefahr
Besorgnis naher **2250** 15

Treuhändereinsetzung
und Anordnung der Testamentsvollstreckung **2197** 40

Treuhandlösung
Gesellschaftererben **2205** 108
bei der Unternehmensfortführung durch Testamentsvollstrecker **2205** 93 ff

Übergabe einer Schrift
Errichtung öffentlichen Testaments durch eine - **2232** 30 ff

Umsatzsteuer
Besteuerung der Testamentsvollstreckervergütung **2221** 60

Umwandlung
juristischer Personen und Testamentsvollstreckeraufgaben **2225** 15
und Testamentsvollstreckung **2205** 146
des Unternehmens als Erblasseranordnung **2205** 105

Unentgeltlichkeit einer Verfügung
des Testamentsvollstreckers
s. Testamentsvollstrecker

Unerlaubte Handlung
und Haftung des Testamentsvollstreckers gegenüber Erben **2219** 3
Haftung des Testamentsvollstreckers und des Erben für - **2219** 28, 29

Unternehmen
Nachlaßerträge und Verwaltungsvollstreckung **2209** 19

Unternehmensfortführung
und Testamentsvollstreckervergütung **2221** 53

Unternehmensveräußerung
und Verwaltungsrecht des Testamentsvollstreckers **2205** 103

Unternehmensverwaltung
durch Testamentsvollstrecker **2205** 28

Unterschrift
Bürgermeistertestament **2249** 33 ff
Dreizeugentestament **2250** 20
eigenhändiges Testament **2247** 60 ff, 80 ff

Urheberrecht
Testamentsvollstreckung bezüglich seiner Ausübung **2205** 162

Urkunde (öffentliche Urkunde)
Bürgermeistertestament (Nottestament) als - **2249** 6
notariell beurkundetes Testament als - **2232** 39, 40

Urkunde (private Urkunde)
amtlich verwahrtes eigenhändiges Privattestament **2248** 11
Aufnahme privatschriftlichen Testaments in die Nachlaßakte **2260** 38
Dreizeugentestament **2250** 36
eigenhändiges Testament **2247** 8
Seetestament **2251** 10
Testamentsvernichtung, Testamentsveränderung **2255** 7 ff

Veräußerungsverbot
und letztwilliges Verfügungsverbot **2211** 2

Verfassungsrecht, Verfassungsmäßigkeit
Testamentserrichtung durch Stumme, Taubstumme, Sprachbehinderte **2233** 20
Testierfreiheit und eigenhändiges Testament **2247** 7

Verfolgtentestament
als testamentarische Sonderform **Vorbem 2229 ff** 38

Verfügung
Begriff **2205** 32
als dingliche Verfügung **2211** 15a
Einzelfälle **2205** 32
Erbauseinandersetzungsvertrag **2204** 44
Erbenverlangen auf Freigabe von Nachlaßgegenständen durch den Testamentsvollstrecker als - **2217** 8

Verfügung (Forts.)
Freigabe durch den Testamentsvollstrecker 2217 16
Kündigung der Miete 2211 16
über Miterbenanteil bei Anordnung einer Dauervollstreckung 2211 14
Mitvollstreckung 2224 14
durch Prozeßhandlung 2212 2
und schuldrechtliches Geschäft 2205 32
unentgeltliche 2205 42 ff
durch Urteil 2211 18
Verpflichtung hierzu über Nachlaßgegenstand durch Testamentsvollstrecker 2206 6
und Verwaltung durch Testamentsvollstrecker 2205 32
und Verwaltungsbegriff 2205 23
Verfügung von Todes wegen
s. a. Erbvertrag ; Testament
Ablieferungspflicht gegenüber Nachlaßgericht 2259 5 ff
Anordnung und Dauer der Testamentsvollstreckung 2216 30
Anordnung der Testamentsvollstreckung und wirksame - 2197 18
Anordnungen des Erblassers und Befolgung durch den Testamentsvollstrecker 2216 21
und Aufgabenkreis des Testamentsvollstreckers 2205 38
Ausführung durch den Testamentsvollstrecker 2203 3
und beaufsichtigende Testamentsvollstreckung 2208 19
Befreiung des Testamentsvollstreckers trotz Befreiungsverbotes 2220 4
und Begriff der letztwilligen Verfügung 2203 3
Beitrittsgebiet und Anwendung des ZGB Vorbem 2229 ff 32
Bestimmungen des Konsulargesetzes Vorbem 2229 ff 40 ff
und Erbauseinandersetzung 2204 3
Erblasserersuchen um Ernennung des Testamentsvollstreckers 2200 5
Erblasserwille bezüglich der Rechtsmacht des Testamentsvollstreckers 2208 4
Ermächtigung zur Mitvollstreckerernennung, Ernennung eines Testamentsvollstrecker-Nachfolgers 2199 1 ff
und Eröffnungsfrage 2260 12
Erteilung transmortaler und postmortaler Vollmacht Vorbem 2197 ff 56
und Formerfordernis eigenhändigen Testaments 2247 10
und Nachlaßgegenstände, vom Testamentsvollstrecker benötigte 2217 11

Verfügung von Todes wegen (Forts.)
und Prozeßführungsbefugnis des Testamentsvollstreckers 2212 7
Rechtmäßigkeitsprüfung durch den Testamentsvollstrecker 2216 15
Rücknahme eines Testaments aus amtlicher Verwahrung keine - 2256 4
Schiedsgerichtliche Zuständigkeit für die Testamentsvollstreckung 2212 30, 31
Testamentsvollstrecker - Mitverfügung, Anordnungen zur Amtsführung 2224 10
Testamentsvollstreckervergütung 2221 2
Vermächtnisnehmer, Beschwerungen 2223 3
Vollmacht, unwiderruflich erteilte 2197 17
Vollmachterteilung Vorbem 2197 ff 56
Vollmachtserteilung Vorbem 2197 ff 56
Widerruflichkeit 2253 5
Widerrufstestament 2254 7
Wille zur Rechtsverbindlichkeit 2247 15
und zwingende Formvorschriften 2231 19
Verfügungsbefugnis
und Begriff des Verwaltungsrechts 2211 15b
und eingeschränkte Rechte des Testamentsvollstreckers 2204 5
der Erben unter Einspruchsrecht des Testamentsvollstreckers 2208 13
des Erben und Verwaltungsrecht des Testamentsvollstreckers 2205 8
und Erblasser - Verwaltungsanordnungen für den Testamentsvollstrecker 2216 25
und Freigabeverpflichtung des Testamentsvollstreckers 2217 15
Guter Glaube des Erwerbers bezüglich vorhandener - 2205 40
über Nachlaßgegenstände aufgrund Bevollmächtigung des Erben Vorbem 2197 ff 63
und Prozeßführungsbefugnis 2212 1, 5
Testamentsvollstrecker, Erweiterung seiner Rechte 2208 22 ff
Testamentsvollstreckerbeschränkung bei unentgeltlichen Verfügungen 2205 42 ff
des Testamentsvollstreckers Vorbem 2197 ff 17; 2205 32
des Testamentsvollstreckers, dingliche Beschränkung Vorbem 2197 ff 48
des Testamentsvollstreckers, Einschränlung aufgrund des Erblasserwillens 2208 6
des Testamentsvollstreckers und Kernbereichslehre 2205 122
Testamentsvollstreckung als Dauervollstreckung 2211 1
und Testamentsvollstreckung als Verwaltungsvollstreckung 2209 15

Verfügungsbefugnis (Forts.)
Verfügungsmacht des Erben bei Dauervollstreckung **2211** 2
Verwaltungsbefugnis des Testamentsvollstreckers und Mißbrauch der - **2205** 11
Verfügungsverbot
letztwilliges für den Erben, Rechtsnatur **2211** 2
Vergütung des Nacherbenvollstreckers 2222 24
Vergütung des Testamentsvollstreckers
s. Alphabetisches Stichwortverzeichnis zu § 2231 BGB
Vergütung des Vermächtnisvollstreckers 2223 16
Verjährung
Erblasser - Rechtsstreit und Testamentsvollstreckung **2212** 19
Haftung des Testamentsvollstreckers **2219** 22
Testamentsvollstreckervergütung **2221** 24
Vermächtnis
Annahme, Ausschlagung als höchstpersönlichs Recht **2205** 18
beschränktes Verwaltungsrecht des Testamentsvollstreckers **2205** 16
Freigabeverweigerung durch den Testamentsvollstrecker wegen Erfüllung von - **2217** 22
Nachvermächtnis, Vollzug durch Testamentsvollstrecker **2223** 9
Testamentsvollstrecker für Ausführungen auferlegter Beschwerden bei einem - **2223** 1 ff
Testamentsvollstreckerpflichten und Vermächtnisnehmer **2218** 6
Testamentsvollstreckervergütung aufgrund Erblasserwillens **2221** 6
Testamentsvollstreckung und Verfolgung des Anspruchs **2213** 21, 22
Vermächtnisnehmer
Beteiligter an Testamentseröffnung **2262** 6
Ernennung zum Testamentsvollstrecker **2197** 59
und ordnungsgemäße Verwaltung durch den Testamentsvollstrecker **2216** 8
Widerruf einer Vermächtnisanordnung **2262** 12
Vermögensrecht
und Testamentsvollstreckung **Vorbem 2197 ff** 5
Vermögensübertragung
und Testamentsvollstreckeramt **2225** 15
Vermögensverwaltung
Verwaltung durch den Testamentsvollstrecker **2216** 13
Verpfändung
des Erbteils und Testamentsvollstreckung **2205** 35

Verpfändung (Forts.)
des Erbteils und Verfügungsbefugnis des Testamentsvollstreckers **2205** 80
Verschaffungsvermächtnis
und erweiterte Verpflichtungsbefugnis des Testamentsvollstreckers **2207** 1 ff
Verschulden
Entlassung aufgrund einer Pflichtverletzung des Testamentsvollstreckers **2227** 5
Verschuldenshaftung
des Testamentsvollstreckers **2219** 7 ff
Verselbständigung des Nachlasses
und Testamentsvollstreckung **Vorbem 2197 ff** 8
Vertreter (gesetzlicher)
Ernennung zum Testamentsvollstrecker **2197** 56
Haftung des Testamentsvollstreckers als - **2219** 27
als Testamentsvollstrecker und Befreiung von dessen Pflichten **2215** 8
und Testamentsvollstreckeramt **Vorbem 2197 ff** 15
und Verwaltungsbefugnis des Testamentsvollstreckers **2205** 10; **2209** 7
Vertretung
und Anordnung der Testamentsvollstreckung **2197** 12
Ausschluß bei Widerruf letztwilliger Verfügung **2255** 16
und In-sich-Geschäfte des Testamentsvollstreckers **2205** 59 ff
bei Mitvollstreckern **2224** 8
bei Testamentsvollstrecker - Mitvollstreckung **2224** 8
Verwahrung des Testaments
s. Testament (amtliche Verwahrung)
Verwaltungsrecht
des Testamentsvollstreckers
s. Testamentsvollstrecker
Verweisungen
im eigenhändigen Testament **2247** 68 ff
Verwirkung
Testamentsvollstreckervergütung **2221** 25
Verzicht
des Erben auf Befreiungsverbote für den Testamentsvollstrecker **2220** 5
Verzichte
Erbenrechte gegenüber dem Testamentsvollstrecker **2218** 23
Volljährigkeit
und Testierfähigkeit **2229** 11
Vollmacht
s. a. Generalvollmacht
abstrakte, isolierte **Vorbem 2197 ff** 71 ff
und Anordnung der Testamentsvollstreckung **2197** 44

Vollmacht (Forts.)
und Beendigung des Testamentsvollstreckeramtes **2225** 10
und Erlöschen des Testamentsvollstreckeramtes **2210** 13
Ernennung zum Testamentsvollstrecker **2197** 59
Erteilung transmortaler und postmortaler - **Vorbem 2197 ff** 53 ff
Generalvollmacht über den Tod hinaus oder auf den Todesfall **Vorbem 2197 ff** 74, 75
bei Mehrheit von Testamentsvollstreckern **2224** 15
an den Testamentsvollstrecker **Vorbem 2197 ff** 76
Testamentsvollstrecker bei einer Gesellschaftsbeteiligung **2205** 109
und Testamentsvollstreckung **Vorbem 2197 ff** 68
Testamentsvollstreckung und Vollmacht Dritter **2218** 13
über den Tod hinaus und Anordnung einer Dauervollstreckung **2211** 12
Unternehmensfortführung durch Testamentsvollstrecker aufgrund einer - **2205** 97 ff
unwiderruflich erteilte über den Tod hinaus **2197** 17
Widerruf durch Erben **Vorbem 2197 ff** 71 ff

Vorerbe
Ernennung zum Testamentsvollstrecker **2197** 54
und Person des Nacherbenvollstreckers **2222** 15
Stellung des Testamentsvollstreckers wie ein - **2208** 6
Vollmacht, postmortale für - **Vorbem 2197 ff** 78

Vorerbschaft
Nachlaßerträge und Verwaltungsvollstreckung **2209** 19
und Testamentsvollstreckung **2197** 42; **2205** 155 ff

Vorläufige Vormundschaft
früheren Rechts und Ausschluß von der Testamentserrichtung **2229** 40 ff

Vormundschaft
Ernennung des Testamentsvollstreckers zum Vormund **2225** 5
und Rechnungslegungsverpflichtung des Vormunds **2218** 22
und Testamentsvollstreckerpflichten **2218** 7
und Testamentsvollstreckung als Dauervollstreckung **2211** 1

Wehrmachtstestament
als testamentarische Sonderform **Vorbem 2229 ff** 35

Weirich'sche Tabelle
Testamentsvollstreckervergütung **2221** 42

Wertpapiere
Verwaltung durch den Testamentsvollstrecker **2216** 13

Wichtiger Grund
Entlassung des Testamentsvollstreckers **2227** 2 ff

Widerklage
durch den Testamentsvollstrecker **2213** 5
durch Testamentsvollstrecker **2212** 13

Widerruf des Testaments
s. Testament; Testament (eigenhändiges)

Widerruflichkeit / Unwiderruflichkeit
Anordnung der Testamentsvollstreckung **2197** 14
Bestimmungserklärung des Dritten bei der Testamentsvollstreckung **2198** 7 ff
Generalvollmacht für den Testamentsvollstrecker **2205** 98
letztwilliger Verfügungen **2253** 6 ff

Widerspruch
Löschungsbewilligung durch Testamentsvollstrecker **2205** 48

Willenserklärung
Testament als rechtsverbindliche - **2247** 15 ff

Willenserklärungen
Entgegennahme empfangsbedürftiger durch Testamentsvollstrecker **2205** 26

Wirtschaftsprüfer
Ernennung zum Testamentsvollstrecker **2197** 65
als Testamentsvollstrecker **2221** 9

Zeitangabe
im eigenhändigen Testament **2247** 105 ff

ZGB der DDR
s. DDR, ehemalige

Zurückbehaltungsrecht
und Freigabeverpflichtung des Testamentsvollstreckers **2217** 14
Herausgabeverpflichtung des Testamentsvollstreckers **2218** 26
Rechnungslegungsanspruch gegenüber Testamentsvollstrecker **2218** 21
Testamentsvollstreckervergütung **2221** 17

Zustimmung
der Erben zur Nachlaßverwaltung aufgrund Erblasseranordnung **2216** 24
Maßnahmen des Testamentsvollstreckers **Vorbem 2197 ff** 49

Zustimmung (Forts.)
der Nachlaßbeteiligten zur erweiterten Rechtsmacht des Testamentsvollstrekkers **2208** 25
des Testamentsvollstreckers zu einer Aufrechnung durch den Erben **2213** 5
zu unentgeltlichen Testamentsvollstreckerverfügungen **2205** 56

Zwangsversteigerung
eines Nachlaßgrundstücks durch Testamentsvollstrecker **2204** 20
und Testamentsvollstreckung **2205** 149

Zwangsvollstreckung
und Eigengläubigerzugriff bei Testamentsvollstreckung **2214** 3
Geltendmachung durch Testamentsvollstrecker **2212** 13
Passivprozeß gegen den Testamentsvollstrecker **2213** 9
Passivprozesse gegen den Nachlaß **2213** 26
und Testamentsvollstreckung **2205** 148
Urteil zwischen Testamentsvollstrecker und Dritten **2212** 20

Zweizeugentestament
Nottestament in der früheren DDR als - **2250** 37

J. von Staudingers
Kommentar zum Bürgerlichen Gesetzbuch
mit Einführungsgesetz und Nebengesetzen

Übersicht Nr 25/5. März 1996

Die Übersicht informiert über die Erscheinungsjahre der Kommentierungen in der 12. Auflage und in der 13. Bearbeitung (= Gesamtwerk Staudinger). *Kursiv* geschrieben sind diejenigen Teile, die zur Komplettierung der 12. Auflage noch ausstehen.

	12. Auflage	13. Bearbeitung
Erstes Buch. Allgemeiner Teil		
Einl BGB; §§ 1 - 12; VerschG	1978/1979	1995
§§ 21 - 103	1980	1995
§§ 104 - 163	1980	
§§ 164 - 240	1980	1995
Zweites Buch. Recht der Schuldverhältnisse		
§§ 241 - 243	1981/1983	1995
AGBG	1980	
§§ 244 - 254	1980/1983	
§§ 255 - 292	1978/1979	1995
§§ 293 - 327	1978/1979	1995
§§ 328 - 361	1983/1985	1995
§§ 362 - 396	1985/1987	1995
§§ 397 - 432	1987/1990/1992/1994	
§§ 433 - 580 a	1978	
§§ 433 - 534		1995
Wiener UN-Kaufrecht (CISG)	NICHT	1994
§§ 535 - 563 (12. A. 2. Bearb.)	1981	
§§ 535 - 563 (Mietrecht 1)		1995
§§ 564 - 580 a (12. A. 2. Bearb.); 2. WKSchG	1981	
§§ 581 - 610; Landpacht	1982/1988/1989	
§§ 611 - 619	1989/1993	
§§ 620 - 630	1979	1995
§§ 631 - 651	1990	1994
§§ 651 a - 651 k	1983	
§§ 652 - 704	1980/1988	1995
§§ 705 - 740	1980	
§§ 741 - 811	1982/1985	
§§ 812 - 822	1979	1994
§§ 823 - 832	1985/1986	
§§ 833 - 853	1986	
Drittes Buch. Sachenrecht		
§§ 854 - 882	1982/1983	1995
§§ 883 - 902	1985/1986/1987	
§§ 903 - 924	1982/1987/1989	
§§ 925 - 984	1979/1983/1987/1989	1995
§§ 985 - 1011	1980/1982	1993
ErbbVO; §§ 1018 - 1112	1979	1994
§§ 1113 - 1296	1981	
WEG		
Viertes Buch. Familienrecht		
§§ 1297 - 1302; EheG u.a.; §§ 1353 - 1362	1990/1993	
§§ 1363 - 1563	1979/1985	1994
§§ 1564 - 1568	1994	
§§ 1569 - 1586 b; HausratsVO		

	12. Auflage	13. Bearbeitung
§§ 1587- 1588; VAHRG	1995	
§§ 1589 - 1625	1983/1985/1992/1993	
§§ 1626 - 1630	1992	
§§ *1631 - 1633; RKEG*		
§§ 1634 - 1665	1989	
§§ 1666 - 1772	1984/1991/1992	
§§ 1773 - 1895; Anh §§ 1773 - 1895 (KJHG)	1993/1994	
§§ 1896 - 1921	1995	

Fünftes Buch. Erbrecht

§§ 1922 - 1966	1979/1989	1994
§§ 1967 - 2086	1978/1981/1987	
§§ 2087 - 2196	1980/1981	
§§ 2197 - 2264	1979/1982	1996
§§ 2265 - 2385; BeurkG	1979/1981/1983	

EGBGB

Einl EGBGB; Art 1 - 6, 32 - 218	1985	
Art 219 - 221, 230 - 236	1993	

EGBGB/Internationales Privatrecht

Einl IPR; Art 7 - 11	1984	
IntGesR	1980	1993
IntEheR (Art 13 - 17); IntEheprozeßR	1983/1990/1992	
Art 18, 19 aF (= Art 19 nF)	1979	
Kindschaftsrechtl. Übereinkommen; Art 19 (nF)		1994
Art 20 - 24 nF	1988	
Art 24 - 26 aF (= Art 25, 26 nF)	1981	
Art 25, 26 (nF)		1995
Art 27, 28 aF, 5, 6 nF	1981/1988	
Vorb Art 27 - 37 nF	1987	
Art 10, 27 - 37 nF		
Art 38 nF; IntSachR	1985/1992	

Demnächst erscheinen

§§ 134 - 163	1996
§§ 581 - 606	1996
§§ 883 - 902	1996
§§ 903 - 924; Umwelthaftungsrecht	1996
§§ 1967 - 2086	1996
Einl IPR; Art 3-6	1996

Nachbezug der 12. Auflage
Abonnenten der 13. Bearbeitung haben die Möglichkeit, die 12. Auflage komplett oder in Teilen zum Vorzugspreis zu beziehen (so lange der Vorrat reicht). Hierdurch verfügen sie schon zu Beginn ihres Abonnements über das Gesamtwerk Staudinger.

Dr. Arthur L. Sellier & Co. - Walter de Gruyter & Co., Berlin